东南大学图书馆

东南大学图书馆是我国历史最悠久的大学图书馆之一，其前身是始建于1902年的三江师范学堂藏书楼。1923年国立东南大学时期兴建独立馆舍，定名为国立东南大学孟芳图书馆，该建筑被称为中国20世纪初期图书馆建筑的优秀作品之一。一百多年来，图书馆先后经历南京高等师范学校"图书仪器部"、国立东南大学孟芳图书馆、国立中央大学图书馆、南京工学院图书馆等历史发展阶段，1988年5月复更名为东南大学图书馆。2000年4月南京铁道医学院等院校与东南大学合并办学，图书馆规模进一步扩大。在学校新校区的总体规划下，2007年3月九龙湖校区李文正图书馆落成并启用，形成了以九龙湖校区馆为总馆、四牌楼校区馆和丁家桥校区馆为分馆的新格局，资源配置更加合理、服务功能更加完善。

东南大学图书馆现有馆舍面积6.1万多平方米：有各类型阅览室35个，包括现代化的电子阅览室3个、多媒体视听阅览室1个和电子培训教室1个，研读室20间，总阅览座位6000多席。截至2007年底，全馆拥有各类型服务器31台，计算机800多台，网络交换机端口总数2000多个，数据存储容量达50TB。图书馆另有大、小学术报告厅2个及配套使用的会议室2个，是学术交流活动的良好场所。

至2007年12月底，东南大学图书馆馆藏印刷型文献累计为300余万册，订购中文现刊3200多种，外文现刊906种；各类数据库145个，数字化书刊资源总量达到129.48万册。馆藏文献以理工科、生物医学类为主，涵盖人文社科、经济管理等学科，形成了以电子信息、土木建筑、机械动力、生物医学等学科文献为收藏特色的馆藏资源体系。

目前全馆实行统一的开架制度，每周开馆时间达98小时，绝大多数阅览室从早上8时连续开放至晚间10时，年均流通量150万册次；提供阅览、外借、复印、多媒体阅览、参考咨询、馆际互借、代查代检、科技查新、用户培训等多类型、多层次的服务。馆内阅览区域、公共区域均设置有网络端口和OPAC查询终端，总馆和分馆部分区域可通过无线方式上网，读者可以方便地查询馆藏信息、使用各类专业数据库等。图书馆每天24小时不间断地提供数字化信息服务，在校师生可以通过校园网或VPN接入服务自由访问图书馆各种数字化资源或进行预约、续借图书等自助式服务。

图书馆设有采编部、系统与数字化建设部、九龙湖馆流通阅览部、九龙湖馆信息咨询部、四牌楼馆流通阅览部、四牌楼馆信息咨询部、丁家桥分馆、文献情报教研室和办公室九个部门。2007年度在职职工144人，其中高级职称16人，中级职称69人，具有博士学位者3人，本科以上学历人员近50%，图情专业背景人员占到45%，理工生医专业背景人员达26%。全体馆员本着"读者至上、服务第一"的宗旨，努力为读者营造文明、有序、便利、舒适的学习及信息利用环境。

作为中国高等教育文献保障系统（CALIS）成员馆和江苏省高等教育文献保障系统（JALIS）成员馆，东南大学图书馆担负着图书资源与数字资源共知、共建、共享的重任。教育部在东南大学图书馆设有"教育部科技查新工作站（L04）"和"教育部外国教材中心（土木建筑与工程力学类）"；JALIS在东南大学图书馆设有"江苏省高校工学文献中心"和"江苏省高校西文图书采编中心"。设于馆内的东南大学情报科学技术研究所，担负着图书馆学硕士点教学和图书馆各类人力资源培训的任务。

东南大学图书馆践行"止于至善"校训，正朝着建设"有特色、开放式、数字化、研究型的国内一流大学图书馆"的目标不断前进！

电话：025-52090328，025-83792410
邮编：211189
地址：江苏省南京市江宁区东南大学图书馆

东莞图书馆
DONGGUAN LIBRARY

公共文化设施管理
先进单位
中华人民共和国文化部
2006年8月

2006年8月荣获国家文化部"公共文化设施管理先进单位"奖

第二届文化部创新奖
中华人民共和国文化部
二○○七年

2007年1月,"区域图书馆集群管理与协同发展模式"项目荣获第二届文化部创新奖

2008年6月,荣获由美国图书馆协会主席颁发的国际创新奖

总服务台前读者排队办证

建设城市中心图书馆

　　东莞图书馆的定位是以数字图书馆为基础,体现知识交互理念、融合传统图书馆功能的现代城市中心图书馆。采用开放灵活的藏、借、阅、查、展、售一体的新型服务模式,设有大陆首家漫画图书馆、全国首家自助图书馆、衣食住行图书馆、粤剧图书馆、东莞书屋、台湾书屋等10个馆中馆,拥有的20余个对外服务窗口,开展外借、阅览、参考咨询、专题、电子信息、视听等服务,举办讲座、培训、展览、学术交流、读者沙龙等活动。

自助图书馆　　漫画图书馆　　衣食住行图书馆

粤剧图书馆　　东莞书屋　　台湾书屋

IT图书馆　　玩具图书馆　　礼仪之家　　东莞市民学习网　　政府会议信息服务

构建城市图书馆公共服务体系

　　东莞图书馆以区域图书馆协同发展思路为指导，推行总分馆制，按照中心馆—分馆—服务站的形式促进图书馆向基层延伸，截至2008年底，已建立起1个总馆、40个分馆、102个图书流动服务站的地区图书馆网群以及123个全国文化信息资源共享工程基层服务点，服务遍布全市32个镇（街），实现了"一馆办证，多馆借书；一馆借书，多馆还书"的一体化服务，初步构建起了城市图书馆公共服务体系。

东坑分馆（镇街）

长安威西分馆（社区）

理想0769分馆（楼盘小区）

东莞三星机电有限公司分馆（企业）

东莞常平中学分馆（学校）

图书馆ATM（图书自助服务站）

图书流动车

文化共享工程基层服务点

引领城市阅读风气

　　东莞图书馆充分发挥图书馆场地、文献、人员等方面的资源优势，积极拓展服务领域，面向社会开展多样性的阅读活动，着力打造"东莞读书节"、"市民学堂"、"东莞动漫节"等活动品牌，营造城市阅读氛围，引领城市读书学习风气。

东莞读书节

市民学堂

东莞动漫节

荣获中国图书馆学会2005年度、2007年度"全民阅读"先进单位奖

城市图书馆书系

市民学堂系列

地址：中国广东省东莞市鸿福路南侧中心广场内，523071　Add：Central Plaza,DongGuan,GuangDong,China
电话Tel：86 769-22834111　　22834144　　网址Web:http://www.dglib.cn　　电子邮箱E-mail:service@dglib.cn

中山市中山图书馆

　　中山市中山图书馆建于1988年,1991年11月正式对外开放,总建筑面积9144平方米。近年来,市图书馆在市文广新局的领导下,以"创新务实、高效管理、优质服务、读者满意"为办馆方针,严格贯彻执行ISO9001:2000质量管理体系,不断优化藏书结构,提高服务质量,扩大服务区域,增强服务功能,提高信息市场占有率,促进文化信息资源共享。至2008年底我馆馆藏总量达89万册,拥有图书、报纸、期刊、古籍线装书、视听、电子等多种载体文献,成立流动图书服务点70多个。2004年我馆被文化部评为一级图书馆。

　　2008年初,中山市第一个图书馆分馆——长洲分馆在长洲社区落成,投入5万多册图书,并不定期进行更换,吸引了长洲社区及西区、沙溪等邻近地区许多读者前来借阅,给长洲以及周边的居民的文化生活带来了极大的便利。此外,我馆设立汽车流动图书馆,用大巴装载5000册图书定时、定点、定路线地巡回式服务,免费为全市各镇区、社区、企事业单位提供方便快捷的图书借阅、文献查询、办理借书证等一系列服务,大大地解决了社区以及偏远地区群众和外来员工读书难、借书难、还书难的问题。

　　"香山讲坛"是中山市中山图书馆开办的大众公益讲座,是我馆致力打造、培育的文化品牌,以人文精神和智慧思想引导独立思考和探索精神,为听众开启心智,提升自我。自2006年11月开办以来,以鲜明的思想特色、高雅的文化品位,深厚的人文底蕴,成为传播先进思想,宏扬人文精神,启迪民众心智的文化场所。"香山讲坛"以贴近实际、贴近市民、贴近生活为出发点,关注社会发展脉搏、关注不同阶层思想,吸纳八方思想精华,在专家学者与普通公众之间搭建交流与沟通的平台,主题涉及哲学、经济、教育、心理学、文学、艺术、历史、军事等市民普遍关心的社会思潮以及热点问题,内容兼具学术性、知识性、趣味性,深入浅出、雅俗共赏。"香山讲坛"已成功举办讲座100多期,已形成较完善的讲座工作制度体系,并引起了社会的广泛关注和极大反响,成为人们追求文化价值的精神家园,亦成为中山市的品牌文化活动之一,影响力不断扩大,知名度不断上升,听众人数不断增加,市民好评如潮,并得到市各级领导部门和社会各界的充分肯定,以及社会各方的关心和大力支持。

河北科技大学图书馆

　　河北科技大学图书馆位于河北省省会石家庄市,现有建筑面积1.74万平方米,在建面积5万平方米。

　　图书馆资源丰富,馆藏中外文文献190.66万册,收订中外文期刊2843种,引进和自加工各种电子资源数据库27个,数据总容量10T。已基本形成适合本校师生教学、科研需要,并能与社会企事业单位共享的藏书体系。

　　图书馆面向本校师生和省内外机关、企事业单位服务,在两个校区三个图书馆实行藏、借、阅、咨询一体化的全开放式服务与管理模式,可跨校区借还图书。文献资源管理信息系统功能齐全,文献采集、信息交流和图书管理全部实现自动化和网络化。新校区临时图书馆采用统一门禁,与校园网"一卡通"系统相连接,实现了图书馆内对读者无禁区的人性化服务。周一至周日从早8:00—晚10:00开馆,时间达每周92小时。

　　网络信息服务体系内容丰富、设备先进、功能完善,服务效率高。目前,图书馆建有千兆骨干带宽,百兆交换到桌面的局域网,各种网络设备、服务器、计算机等通过千兆接口与校园网相接。除在馆内提供读者检索终端外,还通过校园网开通公共书目查询(OPAC)服务。图书馆引进和自加工了涵盖电子期刊、电子图书、数据库、音视频资料等多种媒体形式的数字化资源,开发了"学科导航系统"、"附书光盘管理系统"等应用软件,现已建成比较完整的多功能网络信息服务体系,基本实现了资源存储数字化、服务手段现代化、信息传递网络化,为师生提供全方位、多层次、高质量的信息服务。图书馆网络系统24小时开放服务,用户可以随时进行书目、电子资源及借阅情况的查询,办理预约、续借手续。

　　图书馆建有河北医药化工信息、专利咨询服务、传感器信息、防震减灾知识等专业网站;研制了链接2万多个站点的科技教育虚拟图书馆、机械工程虚拟图书馆、生物医学及医药化工虚拟图书馆等导航系统,并自建"药物研发知识库"、教学课件库、试题试卷库和专业数据手册库等多种数据库。

　　"河北科技大学科技信息研究所"为省内外机关、企事业单位提供了多项查新服务和定题服务,承担了多项网络工程建设和企业网站的建立与维护工作,并通过自建的医药化工信息网易镜像站承担信息咨询、软件开发和网络工程等项目。

详细地址:新校区图书馆:体育南大街南行,至裕翔街与石栾公路交叉口南行1500米
中校区图书馆:河北省石家庄市裕华东路70号　　邮政编码:050018
联系电话:0311-81669908, 0311-81669054, 0311-88632142
网址:http://lib.hebust.edu.cn/　　　E-mail:library@hebust.edu.cn

国家圖書館出版社·出版特色

图书馆学、信息管理科学

搭建业界交流平台　　反映行业发展动态

　　国家图书馆出版社是国内唯一一家中央级图书馆学、情报学、文献学与信息资源管理著作专业出版社，出版上述领域的学术专著、教学用书、工具书以及面向图书情报工作者和信息资源管理相关领域工作者的工作用书与普及读物。

古　籍　影　印
继绝存真　传本扬学

　　整理、影印中文古籍和各种稀见图书文献是该社出版的又一特色。其中，不仅出版有国家图书馆四大专藏中《敦煌遗书》、《永乐大典》和《赵城金藏》的影印本；而且承担了由文化部和财政部共同组织实施的"中华再造善本工程"的出版发行工作，现已出版了第一期"唐宋编"、"金元编"，共758种8974册，令世人瞩目。更令学界称道的是，该社以"藏用互补"的出版理念和一流的编辑能力，共编辑出版古籍专题资料丛书百余种，涵盖古籍万余种。2007年始致力于开发民国文献资料与民国期刊资料。此外还整理、编辑出版各种文史著作和传统文化普及读物。

國家圖書館出版社·出版特色

國家圖書館出版社

打造专业品牌　　　服务学术研究

国家图书馆出版社，原名书目文献出版社，1979年成立，1996年更名为北京图书馆出版社，2008年改为现名。

该社是中华人民共和国文化部主管、国家图书馆主办的中央级出版社。建社三十年来，依托国家图书馆的丰富馆藏，并与各图书馆密切合作，形成了两大专业特色：一是编辑出版图书馆学、信息管理科学著、译作，出版各种书目、索引等中文工具书；二是整理、影印中文古籍和各种稀见图书文献。此外还整理、编辑出版各种文史著作和传统文化普及读物。

该社多年来坚持打造专业品牌，以传承优秀文化、服务学术研究为己任，找准定位、发挥特色、提升品牌，赢得了社会效益与经济效益的双丰收；不仅专业图书年销售码洋居国内同类出版之首，而且海外出口码洋领先业界，尤其是古籍影印图书质量与规模享誉海内外，并逐渐打造出了一支高、精、专的编辑、出版人才队伍。

· 网址：www.nlcpress.com
· 地址：北京市西城区文津街七号
· 邮编：100034
· 社长总编办公室：010-66126146，66126151(传真)
· 发行部：010-66126153，66175620，66151313，66139745，66114536
010-66170897；66121706(自动传真)，66126156 (门市)

中国图书馆年鉴

CHINA LIBRARY YEARBOOK

2007

中国图书馆学会
国家图书馆 编

圙 國家圖書館出版社

图书在版编目(CIP)数据

中国图书馆年鉴.2007/中国图书馆学会,国家图书馆编. 一北京:国家图书馆出版社,2009.2

ISBN 978 - 7 - 5013 - 3988 - 4

I.①中… II.①中… ②中… III.图书馆事业—中国—2007—年鉴 IV.G259.2 - 54

中国版本图书馆 CIP 数据核字(2009)第 015677 号

书名	中国图书馆年鉴 2007
著者	中国图书馆学会 国 家 图 书 馆 编

出版 国家图书馆出版社(原北京图书馆出版社)

　　　(100034 北京市西城区文津街 7 号)

发行 010 - 66139745　66151313　66175620　66126153

　　　　　66174391(传真)　　　66126156(门市部)

E - mail　btsfxb@ nlc. gov. cn(邮购)

Website　www. nlcpress. com→投稿中心

经销 新华书店

印刷 北京联兴盛业印刷有限公司

开本	850 ×1168(毫米)　1/16
印张	59.5(彩插 8)
字数	1500(千字)
版次	2009 年 2 月第 1 版　2009 年 2 月第 1 次印刷

书号	ISBN 978 - 7 - 5013 - 3988 - 4
定价	280.00 元

编辑说明

1.《中国图书馆年鉴》是反映中国图书馆事业年度发展状况的大型资料工具书。首卷出版于1996年,反映1990年至1995年间的情况。自1999年始,编辑出版周期为隔年一卷,包括1999年卷、2001年卷、2003年卷以及2005年卷。自2006年卷起,改为每年编辑出版一卷。

2.《中国图书馆年鉴》自2007年卷起,由中国图书馆学会、国家图书馆联合主办,编纂工作由国家图书馆研究院《中国图书馆年鉴》编辑部主持。

3.《中国图书馆年鉴》2007年卷反映2006年中国图书馆事业的发展状况。

4.《中国图书馆年鉴》2007年卷的动态性信息由全国各省、自治区、直辖市图书馆学会、中国图书馆学会各分支机构及所属各专业委员会、相关专业机构或教学研究机构提供。年鉴的统计资料来自文化部、地方文化行政部门、专业协作组织、中国图书馆学会高校图书馆分会以及有关专业机构。年鉴的参考性、指南性资料,由年鉴编辑部组织力量整理编辑,并得到中国图书馆学会编辑出版委员会年鉴专业委员会的指导。专文由年鉴编纂工作委员会确定选题、特邀作者撰写。

5.《中国图书馆年鉴》2007年卷正文采用分类编辑法。全文由纪事、专文、图书馆工作、学术研究与活动、法律法规与规范性文件、专业文献、统计资料等几大部分构成。书后附有综合索引。

6.《中国图书馆年鉴》是"中国年鉴资源数据库"的入库年鉴。

目　录

纪　事

专　文

图书馆工作

学术研究与活动

法律、法规与规范性文件

教育事业与图书馆··(646)

专业文献

统计资料

索 引

纪　　事
Chronicle

纪　事

中国图书馆学会志愿者行动专题

综述：托起中国图书馆事业的希望

——记中国图书馆学会首次志愿者行动

一、背景

2006年7月底至8月初，"中国图书馆学会志愿者行动——基层图书馆馆长培训"分别在湖南、陕西和黑龙江三省热烈地展开。来自全国图书馆界的26名志愿者，满怀激情地对300多名地、县级基层图书馆馆长进行了系统、高水平、高质量的培训，活动取得圆满成功。

组织较大规模的专家志愿者行动，在中国图书馆学会历史上还是第一次。这次活动是在党中央提出科学发展观、构建和谐社会、建设创新型国家和建设社会主义新农村等重大战略思想指导下，由我国图书馆界组织的一次大型创新活动。这次志愿者行动，是贯彻党中央建设社会主义新农村、繁荣和发展农村文化事业的重大举措，是解决基层图书馆问题的有益尝试。

中国公共图书馆事业虽已有百年历程，但现代图书馆理念即使是在图书馆界内部也没有完全得到确立，全国图书馆事业发展极不平衡，近三分之一的县级图书馆因为缺乏购书经费成为空壳，即使有些硬件相当好的图书馆，因为理念的问题、人员素质的问题、机制的问题、管理的问题，等等，并没有很好地发挥出现代图书馆的社会功能，没有为当地民众文化素质的提高、经济和社会的发展提供良好的图书馆服务。与其他事业发展一样，图书馆事业发展的关键因素还是人。所以，中国图书馆学会决定开展基层图书馆馆长培训，目的就是要逐步在全行业提高全体从业人员的科学文化水平和专业服务技能，进而普及现代图书馆理念，充分发挥现代图书馆传播知识、传播信息的作用，为经济和社会的发展提供最好的图书馆服务。

这次活动的发起，起因于2005年7月，由北京大学信息研究所与湖南省图书馆、衡阳市图书馆组成联合调查组，对衡阳地区11个市县基层图书馆进行了详细调研，全面了解了基层图书馆的生存状况，调研成果引起了中央领导的高度重视和社会各界的广泛关注，在图书馆界产生了深刻的影响。同年10月，调研组成员、北京大学信息管理系李国新教授在中国图书馆学会首届"百县馆长论坛"主旨报告中提出了振兴县级图书馆的三大措施：实现基本保障、提升馆长水平和改善服务效益，提出"有必要实施全国县级图书馆馆长的培训计划，培养出一批深刻理解和谐社会的内涵、深刻理解现代图书馆的理念和实现方式、有一定专业水平和管理能力的职业图书馆馆长"。

2005年11月，在中国图书馆学会第七届学术研究委员会成立大会期间，一些代表倡议，中国图书馆学会以志愿者的形式开展基层图书馆馆长培训。这个倡议一提出，即引起了政府行政主管部门的支持和中国图书馆学会的重视。在中国图书馆学会2006新年峰会上，这一活动被安排进年度学会工作。

2006年3月8日，中国图书馆学会在网上发布了"基层图书馆培训"志愿者行动招募公告，在全国范围内招募担任基层图书馆馆长培训班主讲人的志愿者。此举得到了全国图书馆界的积极响应,先后有 30 多位专家教授和图书馆工作者报名参加志愿者。经中国图书馆学会组织专家遴选,并与志愿者所在单位进行协商,最终确定 26 人入选"基层图书馆培训志愿者"。其中既有大学的专家学者,国家图书馆,省、市公共图书馆,科研系统图书馆,大学图书馆以及中学图书馆的馆长,也有普通的图书馆员,其中有三名是中国图书馆学会的副理事长。

2006 年 4 月 25—26 日,中国图书馆学会在北京召开"基层图书馆馆长培训方案研讨会",对培训的意义、目的和对志愿者定位做了说明,就培训讲授大纲和培训形式进行了研讨,对讲义的编写和专家的组织分工进行了安排与布置。随后,志愿者围绕社会主义新农村建设中的图书馆、基层图书馆馆长实务、基层图书馆的资源建设与服务、基层图书馆的自动化网络化建设、基层图书馆的宣传推广等五大专题,精心编写了专门的授课教材和发给学员们的相关参考资料汇编。

二、行动

2006 年 7 月 25 日,中国图书馆学会在 2006 年年会闭幕式上举行了"志愿者行动"启动仪式,詹福瑞理事长发表了热情洋溢的讲话。他说,在无偿、公益、利他这个基本原则上开展的志愿者培训活动,是图书馆服务原则与志愿者行动宗旨的精神契合,将对基层图书馆的实际业务产生直接影响,同时也是图书馆人自律、自助、自强的一个信号和标识。图书馆人只有靠我们自己的不懈努力,才能赢得生存之地,赢得理解和关注,赢得社会的尊重。这次志愿者行动必将载入中国图书馆事业发展史册。随后詹福瑞理事长亲自向奔赴三个地区的志愿者行动组授予队旗。

紧接着,由中国图书馆学会三位副理事长,即国家图书馆副馆长陈力、北京大学信息管理系主任王余光和中国社会科学院文献信息中心主任杨沛超,分别担任领队,带领三组志愿者奔赴湖南省衡阳市、陕西省榆林市和黑龙江省牡丹江市,向基层图书馆管理者们进行了一次系统的业务培训,并同基层图书馆馆长们进行了零距离的接触与交流。在整个志愿者行动过程中,志愿者向基层图书馆馆长们宣传了图书馆学新理念,介绍了图书馆工作新方法,启迪了图书馆馆长们的新思维,开阔了图书馆实际工作者的新眼界。由于老师准备充分,讲课深入浅出,理论与实践结合程度高,受到学员的普遍称赞。培训期间,安排了大量时间用于专家答疑、师生互动、座谈讨论,现场气氛热烈,掌声连连。志愿者们的奉献精神激发了基层图书馆工作者履行图书馆职业使命的强烈的社会责任感,更加坚定了图书馆工作者传播文明、传播知识的职业荣誉感。

本次基层图书馆馆长培训活动,在三个地区都取得了圆满成功。活动呈现出四个显著特点:

第一,各地政府行政主管部门的高度重视。三个承办地的文化厅和市政府领导都亲临培训班开班仪式并讲话,对志愿者行动给予了高度赞扬,鼓励学员要抓住这次难得的机会认真学习。同时也表示,要按照中央对公益性文化事业改革的"增加投入、转换机制、增强活力、改善服务"的 16 字方针,加大政府对公共文化基础设施建设的投入,落实各种相应的政策。尤其是陕西省文化厅,直接组织了这次活动,使整个培训活动组织严密,安排得当,保障有力。更为难能可贵的是,政府部门的主管官员能够直接参与到志愿者行动的全过程之中。如陕西省文化厅主管图书馆的赵登峰、丁雪燕处长陪同志愿者辗转驱驰数百公里,考察各地的基层图书馆,并自始至终参加培训班的全部课程,以普通学员的身份听讲、记笔记、看资料、参加讨论。用县馆馆长的话说,"倍受鼓舞,十分感动"。这给图书馆事业以极大的希望,因为公共图书馆事业是政府公共服务职能的具体体现,政府作为了,我们的图书馆事业也就有了基本保障。

第二,志愿讲授的专家队伍,是一支团结协作、恪尽职守的队伍。专家们的全程参与、精心准备、密切合作、互相鼓励,是授课保持高水平、获得广泛好评的重要基础。这次培训的五个专题,正好涵盖了目前基层图书馆馆长们急需了解和掌握的业务知识和操作技能。专家们充满激情地讲授了"社会主义新农村建设中的图书馆"、"图书馆与大众阅读"、"'直接支持'现代图书馆人职业生涯管理"、"基层图书馆馆长实务"、"基层图书馆信息资源服务"、"图书馆的宣传推介"、"互联网助你学习迅速腾飞"、"基层图书馆自动化与网络建设"、"如何在基层图书馆发展和创新讲座工作"、"基层图书馆,面对未成年人的时代使命"、"图书馆员的职业道德"、"数字图书馆的发展趋势"等课程。每个老师在讲课中都竭尽全力,追求最佳效果。有的广征博引、鞭辟入里、气势如虹、酣畅淋漓;有的视角新颖、思想活络、事例丰富;有的幽默生动、寓教于乐,极富感染力;有的与学员平等交流,气氛融洽。为了避免课程内容的重复,志愿者们相互认真听课,不断调整思路,补充或修改着自己的讲稿,甚至是集体讨论,及时改变授课内容与讲法。本次培训活动的形式也是切合实际,多种多样,没有采取学校上课或者以往图书馆业务培训中常用的灌输式,而是采取讲座、提问、答疑、座谈相结合的形式,注意引导学员结合自己工作实际进行思考。除了讲授理论外,更多的是教给学员们在实际工作中正确处理问题的方式和方法。学员反映培训有的放矢,使自己开阔了眼界、理清了思路、掌握了技巧、坚定了信心。正如学员所表达的:"能有来自大都市的专家、学者作为志愿者来到我们身边,为我们答疑,为图书馆的发展指点迷津,为我们的工作传经送宝,为我们基层转达呼声,鼓舞士气,这种胸怀、这种气度、这种崇高的思想境界,足以让图书馆界的同仁们倍受感染、感动和震撼!"

第三,参加培训的学员参与面广,参与热情高。按照中图学会原来的计划,这次培训只覆盖三个承办城市。不料消息传出后,各地馆长纷纷要求参加。最终,参与这次培训的馆长覆盖了三个省全省所有的地区。在学习与交流中,学员们需求强烈,踊跃提问,争先恐后地谈出自己的困惑。尤其是在志愿者专家的精心引导下,提供学员之间相互交流的时间,使一些工作开展有成效的基层图书馆馆长,有机会交流自己的成功经验,给所有学员以极大的鼓舞。牡丹江组的学员激动地说:"各位专家、学者从不同的层面、不同的角度和高度,不同的调研课题为我们基层图书馆的发展空间、面临的机遇和挑战做了详细的对比和分析。让我们开阔了视野,增长了见识,让我们更有信心战胜眼前的困境,让我们看到了图书馆的希望!"

面对党和政府近期一系列发展文化事业的方针政策,许多馆长表达了共同的心声:中国图书馆事业特别是基层图书馆事业发展的春天来了。从春天的喜悦到秋天的收获,需要我们付出长期的、艰苦卓绝的努力。历史注定我们这一代图书馆人只能是栽树的一代,不会是乘凉的一代。甚至引出了学员们发自内心的豪言壮语——"挺起我们的脊梁,让基层图书馆在我们这一代馆长手中活起来"。

三、收获

这次培训活动,无论是作为学员的基层图书馆馆长,还是作为志愿者的专家、学者和各级馆长,都从中得到极大的收获。

首先,本次培训共有300多名基础图书馆馆长,他们接受了一次与中国基层图书馆发展密切相关的、基本的、比较系统的职业理念、专业素养的培训。专家们的讲课博得了学员的一致好评,不少课程讲完,下面的学员们纷纷涌来,致贺、询问、合影,现场气氛尤为热烈。正如许多基层馆的馆长所说,此次志愿者行动不仅是我国图书馆界一件具有创新意义的大事,对基层公共图书馆来说,更如久旱逢甘露,授课内容之新,规格之高,专家队伍阵容之强大,在基层图书馆馆长培训历史上都是前所未有的。能够亲耳聆听到北京大学、南开大学等专家、教授的讲授,如同真正在北大、南开等高等学府的课堂上坐了一回,感觉好极了。通过集中授课、分组讨论、与专家面对面互动交流等多种形式,达到了多点碰撞、深层渗透、解除困扰、指点迷津的良好效果。通过培训开阔了视野,启迪了思路,明确了职业责任,明确了发展方向,明确了奋斗目标。

其次，进一步强化了馆长们的现代图书馆观念。由于基层图书馆的发展面临着许多困境，因此本次培训专题的设计，紧紧围绕着现代图书馆观念和现代图书馆的运营。专家们认为，所有的困境，首先是观念的困境，因此，观念的转变，是最根本的转变。

通过志愿者专家的授课，带来了新观念、新动向。学员们纷纷表示："要把专家、学者的思想境界带到工作中，学以致用，把在培训中学到的宝贵经验和丰富的知识贯穿到图书馆工作的各个环节。在图书馆这个社会的主流文化阵地上，充当文化火炬的角色，肩负起点燃当地文化火焰的使命。"北京大学的李国新教授激动地说："没想到我们半年多的精心组织和准备得到了如此热烈的反响和认同。更多的馆长不再怨天尤人，而是找差距、想办法、寻找突破口，他们对《公共图书馆宣言》所阐述的现代图书馆理念和精神表示了极大的认同，对党和政府发展文化事业的方针政策表示了极大的认同。"馆长们必须具有的现代图书馆观念得到了进一步的强化和升华。

第三，专家志愿者们在奉献的同时也有巨大的收获。

收获之一，参加本次行动的志愿者，从自愿报名、认真备课到激情授课，接受了一次国际志愿者精神的洗礼——"志愿、利他、不计报酬、有益社会进步和事业发展"，使自己的思想境界和无私奉献的精神也得到升华。如志愿者之一的上海图书馆党委副书记王世伟感言："在志愿者服务的日子里，不仅是学到了理论、知识与实践，而且使人的灵魂受到了一次深刻的洗礼，感悟了图书馆人的善良、敬业、丰富与高尚，进一步领略了图书馆在社会中的意义和艰难，图书馆事业发展的遥远路程与光明愿景。"苏州图书馆馆长邱冠华深有体会："三个月的备课和讲授无不是一种锻炼和考验，逼迫自己阅读了大量的专著和文章，因而对一些理论、一些问题就有了新的认识和看法，在学术上养成了比较严谨的学风，这不能不说是一种额外收获。另外在市场经济时代，以志愿者的身份，利用自己的知识无私和无偿地为社会、为图书馆事业的发展做了一些事情，做好了一些事情，心中充满了自豪感和成就感。"

收获之二，志愿者们切身感受了中国基层图书馆发展的现状。志愿者们在行动过程中，走访和考察了多个基层图书馆，看到了真实的公共图书馆的基层，感受了基层图书馆人的执著和奉献，了解了基层图书馆馆长的喜怒哀乐、甜酸苦辣。南开大学徐建华教授感慨地说："基层图书馆人，用他们实实在在的行动，默默无闻地支撑着中国图书馆事业的大厦，是值得我们尊重的。"南开大学于良芝教授也说："这次活动对培训者来说，提供了一次密切接触当地同行、了解他们的困境和问题的机会，我们感受到落后地区的同行们在极度困难的情况下生生不息的社会责任感。"同时，专家们也看到了落后地区图书馆事业的积重难返。除了经费的短缺，在一些图书馆中，人员的臃肿和人性化服务的缺失问题也比较突出；即使在一些被当地同行视为榜样的一级图书馆，人性化服务理念的缺失也是随处可见的。这些，为专家们今后的研究、教学、管理实践提供了丰富的材料，积累了真实的事实依据。因此，志愿者活动对志愿者本人也是一次教育和鞭策。

收获之三，参加本次行动的志愿者之间也是一次难得的相互学习的机会。中国图书馆首批志愿者行动的实践者，在本次行动中充分体现了"服务他人，贡献社会，充实自我，锻炼才能，真心服务的志愿者精神"。26名志愿者为了一个共同的目标，从不同的地区，从20个不同的单位，走到一起。在短短近10天的相处和讲课中，大家在付出的同时，也不断的相互交流着，学习着，相互学习知识，相互学习为人、治学的态度以及求真务实的精神。作为志愿者，大家都有共同的感受：在这次难以忘却的经历中，体会到了团队合作的力量，更深切地感受到了期望与责任，获得了宝贵的精神财富。志愿者们在讲课中各具风采，如李国新教授的神采飞扬，王余光教授的大众情结，徐建华教授的睿智幽默，杨玉麟教授的侃侃而谈，王惠君馆长的成功范例，王学春馆长的儒雅气度，毕红秋研究馆员的倾情传授，刘小云女士的循循善诱，陶青先生的深入浅出，等等，都给学员和志愿者留下了深刻的印象。志愿者们同时也无不相互感动着。总之，大家谈到对这次志愿者培训的感想，都异口同声地用四个字来表达："终生难忘！"

收获之四,这项行动所起到的示范和表率作用,已播种发芽。老师们认真的备课,精彩的演讲,诚恳的交流,谦和的倾听,以及课余与学员们的同台欢歌,充分展示了我国图书馆界专家学者的风范和风采,给参加培训的基层图书馆馆长们留下了深刻而美好的印象。一些学员在培训中,已经和志愿者建立了较长期的联络关系(用学员自己的话说是"拜师"),相信在培训结束后,培训者和学员之间还会继续以答疑、解惑、献计、科研合作等形式交流。如果这样的交流能带动一部分馆长的继续教育,这将成为此次培训的意外收获。据悉,志愿者培训行动尚未结束,就已经有某发达地区的图书馆主动与陕西图书馆联系,准备结成更为直接有效的帮扶对子。王世伟回来以后,还在陆续的为黑龙江省的一些学员赠送书籍和光盘;郭斌正在组织书源给湖南省的基层图书馆赠送新书。正如我们所预计的,图书馆人帮助图书馆人的志愿者行动,将以此为契机,蔚为大观。

中国图书馆学会组织的首次志愿者行动,是图书馆界学者与实际工作者精神契合的开始。通过此次培训的洗礼,大家的职业荣誉感和自信心空前高涨,形成了在目前有利于基层图书馆发展的大好形势下,只有开拓进取,才能立于不败之地的强烈共识。大家相信,理论与实践强烈碰撞所产生的火花,必将燃起基层图书馆建设与发展的熊熊烈焰。

中国图书馆学会组织的首次志愿者行动,已在基层公共图书馆馆长中掀起巨大波澜。随着培训班的结束和馆长们新一轮基层图书馆工作创新实践的开始,志愿者行动所代表的自律、自助、自强的精神,必将深深植根于广大基层公共图书馆的土壤,长成参天大树,结出累累硕果。

愿志愿者的脚步越走越坚实,志愿者行动的道路越走越宽广!

(中国图书馆学会秘书处 尹岚宁)

中国图书馆学会 2006 年会闭幕式关于志愿者行动的讲话

中国图书馆学会理事长、国家图书馆馆长　詹福瑞

各位朋友!

这次志愿者行动是必将载入中国图书馆事业发展史册的一次重要活动!

基层图书馆馆长志愿者培训活动从去年年底于良芝教授、范并思教授等倡议,到今天的整装待发,其间凝结了许多人的心血和热忱。应该说这一行动的直接动因,是 2005 年中国图书馆学会组织的科协年会分会场和首届百县馆长论坛,正是这两次会议引发了社会对基层图书馆生存发展状况的普遍关注,同时也激发了业内专家、学者的热情。

社会各阶层人士以志愿者的身份参加图书馆这样的公益性机构的服务活动,这在国图、上图、首图及高校图书馆都时有所见。但像现在这样有组织的图书馆人帮助图书馆人的志愿者活动,在我们的图书馆史上还为数不多。

这次志愿者培训活动,除将对基层图书馆的实际业务产生直接影响外,我想,还有两层更深刻的意义蕴涵其间:

一、它是图书馆服务原则与志愿者行动宗旨的精神契合

在无偿、公益、利他这个基本原则上,图书馆服务与志愿者行动在精神上是一脉相承的。如果说有区别的话,那就是驱动方式不同:前者是政府履行公共服务职能的制度安排,后者则完全是一个社会人博爱精神的自然表现和自觉行动。从这个意义上讲,我们的这次志愿者活动,正是这两者的有机融合,因而展现出我们图书馆事业最为光彩动人的一面。

二、它是图书馆人自律、自助、自强的一个信号和标识

"兄弟齐心,其利断金"。中国正处于发展过程中,在一定阶段内,它的关注重心,是由经济、教育,然后才到文化,而在文化生活中,图书馆所面临的处境还远没达到它应处的地位,整体弱势。那么,我们到底应该如何面对这样的形势呢? 政府和社会各阶层的关注、支持是必不可少的,剩下的就是要靠我们自己了,靠我们自己的不懈努力——自律、自助、自强! 惟有自律,我们才能赢得我们的生存之地;惟有自助,我们才能赢得理解和关注;惟有自强,我们才能赢得社会的尊重!

从这个意义上说,我们的这次志愿者活动就是自律、自助、自强的一个标识,一个信号。我们要通过这样的活动向业内和社会发出这样的信息:我们有能力靠我们自己的力量,相互帮持,荣辱与共,创造我们美好的明天!

希腊神话中的大力神安泰只要脚踏土地,就能从大地母亲那里汲取无尽的力量,而一旦离开大地就将失去生存的能力。我想,我们图书馆人的"大地母亲"就是广大的社会公众,我们只有通过我们的艰苦努力,无私奉献,真正赢得了广大社会公众的关注、尊重和理解,并进而成为社会公众权益的代表,那时,我们将获得无穷无尽的力量,我们的事业才能获得真正的发展与昌盛!

感谢各位志愿者的无私奉献和所在单位的鼎力支持! 感谢湖南、陕西、黑龙江省文化厅、省图书馆学会和图书馆同仁的支持与配合! 感谢社会各界的热情关注!

最后,套用高适的两句诗寄语即将奔赴基层图书馆一线的志愿者们:

"自古博爱多知己,业界谁人不识君!"

今天我们从鲜花盛开的云南昆明出发,明天我们在基层图书馆收获的必将是基层图书馆大大发展的丰硕果实!

同志们,出发吧!

在基层图书馆馆长培训志愿者行动仪式上的发言

苏州图书馆馆长 邱冠华

尊敬的理事长、各位老师、各位代表:

受全体志愿者的委托,我非常荣幸地代表参加今年"中国图书馆学会志愿者行动·基层图书馆馆长培训"的志愿者发言。

大家知道,尽管图书馆是现代社会的一种制度安排,与义务教育制度一起被称为维系现代社会政体有效运行、现代社会和谐发展的基石,但中国的现实是图书馆事业远不如义务教育那样受重视,这既有历史的原因,文化的背景,社会的基础,有领导认识的因素,也有许多是我们自身的问题。中国公共图书馆事业已有百年历程,但现代图书馆理念即使是在图书馆界内部也没有完全得到确立,全国图书馆事业发展极不平衡,近三分之一的县级图书馆因为缺乏购书经费成为空壳,即使有些硬件相当好的图书馆因为理念的问题、人员素质的问题、机制的问题、管理的问题,等等,并没有很好地发挥出现代图书馆的社会功能,没有为当地民众文化素质的提高、当地经济和社会的发展提供良好的图书馆服务。与其他事业发展一样,图书馆事业发展的关键因素还是人。所以,中图学会决定开展基层图书馆馆长培训,目的就是要逐步在全行业提高全体从业人员的科学文化水平和专业服务技能,进而普及现代图书馆理念,充分发挥出现代图书馆传播知识、传播信息的作用,为经济和社会发展提供最好的图书馆服务。

中国图书馆学会以志愿者的形式开展基层图书馆馆长培训的设想,源于从去年11月中国图书馆学会第七届学术研究委员会成立大会期间一些代表的倡议。这个倡议一提出,即引起了政府行政主管部门的支持和中国图书馆学会的重视。在今年年初的中国图书馆学会2006新年峰会上,这一活动被安排进今年学会工作。经过中图学会半年多的筹备,通过志愿者三个月的备课,年会之后我们将分别奔赴湖南衡阳、陕西榆林、黑龙江牡丹江三个培训点。

我们深知,这次活动尽管只有26名志愿者,却肩负着中国图书馆学会的重托,全体图书馆界同仁的期望,我们深感责任和压力的重大。三个培训点的图书馆同仁,在艰苦的条件下,创造出了不凡的工作业绩,积累了丰富的工作经验,因此,我们只能是去交流我们的理念、心得、经验和教训。我们希望通过开展志愿者行动,向社会、向民众、向领导、向同行宣传志愿者精神——志愿、利他、无报酬、有益社会进步和事业发展,同时,也以实际行动表达我们图书馆人的职业信念和职业责任。

请为中国图书馆学会志愿者行动祝福,祝愿这个活动成功并使理论和实践产生出碰撞和交融;请为我们的事业祝福,祝愿我们的图书馆事业兴旺发达;请为我们的读者祝福,祝愿我们的读者能够通过我们的努力享受到最好的图书馆服务。真诚地邀请大家加入中国图书馆学会志愿者队伍,在向社会宣传现代图书馆理念的同时,提高我们自身的素质和能力,进而提升图书馆的服务。现代社会需要图书馆,而我们所要做的,就是要通过我们的服务,让图书馆成为读者的天堂。

谢谢大家!

中国图书馆学会"基层图书馆馆长培训志愿者行动"分组名单

衡阳组

领　队:陈　力　国家图书馆副馆长、研究馆员

副领队:刘忠平　湖南省衡阳市图书馆馆长

　　　　胡京波　中国图书馆学会秘书处副研究馆员

成　员:范并思　华东师范大学商学院信息学系主任、教授

　　　　金武刚　华东师范大学商学院信息学系副教授

　　　　叶新明　浙江科技学院图书馆副研究馆员

　　　　郭　斌　(女)北京市西城区图书馆管理协会会长、副研究馆员

　　　　李超平　(女)浙江大学信息资源管理系副主任、副教授

　　　　唐承秀　(女)南开大学图书馆副研究馆员

　　　　王　涛　(女)江苏经贸职业学院图书馆副馆长、副研究馆员

榆林组

领　队:王余光　北京大学信息管理系主任、教授

副领队:徐大平　陕西省图书馆副馆长、研究馆员

　　　　卓连营　中国图书馆学会秘书处副研究馆员

成　员:李国新　北京大学信息管理系教授

　　　　徐建华　南开大学商学院信息资源管理系教授

　　　　王惠君　佛山市图书馆馆长、研究馆员

　　　　杨玉麟　西北大学公共管理学院副院长、教授

　　　　王学春　河南大学图书馆副馆长、副研究馆员

　　　　陶　青　无锡市图书馆技术部主任、副研究馆员

　　毕红秋　（女）黑龙江省图书馆主任、研究馆员
　　刘小云　（女）南京图书馆副研究馆员

牡丹江组
领　队：杨沛超　中国社会科学院文献信息中心主任、教授
副领队：师丽梅　（女）黑龙江省图书馆副馆长、研究馆员
　　　尹岚宁　（女）中国图书馆学会秘书处副研究馆员
成　员：于良芝　（女）南开大学商学院信息资源管理系教授
　　　郑　玲　（女）安徽大学图书馆副研究馆员
　　　邱冠华　苏州图书馆馆长
　　　富　平　（女）国家图书馆数字图书馆处处长、研究馆员
　　　于爱君　（女）黑龙江省图书馆副研究馆员
　　　王世伟　上海图书馆党委副书记、教授
　　　尤敬党　无锡市第一女子中学图书馆馆长、副研究馆员

中国图书馆界引人注目的互助创举

——记中国图书馆学会志愿者行动衡阳培训

一、关于志愿者行动衡阳培训的起因

　　2005年7月底至8月初,由北京大学信息研究所与湖南图书馆、衡阳市图书馆组成联合调查组,对衡阳地区11个市县基层图书馆进行了详细调研,全面了解了基层图书馆的生存状况,调研成果引起了中央领导的高度重视和社会各界的广泛关注,在图书馆界产生了深刻的影响。同年10月31日,调研组成员、北京大学信息管理系李国新教授在中国图书馆学会首届"百县馆长论坛"主旨报告中提出了振兴县级图书馆的三大措施:实现基本保障、提升馆长水平和改善服务效益,提出"有必要实施全国县级图书馆长的培训计划,培养出一批深刻理解和谐社会的内涵、深刻理解现代图书馆的理念和实现方式、有一定专业水平和管理能力的职业图书馆长。"2006年1月8—9日,中国图书馆学会在海口召开新年峰会,李国新、范并思、李超平等倡议开展志愿者行动,由学会组织全国专家学者免费培训基层图书馆馆长,与会人员纷纷赞同,应邀参会的衡阳市图书馆馆长刘忠平迅速电话向市文化局主要领导请示并得到支持,于是当场申请承办首届志愿者行动。后经常务理事会审议,实施中国图书馆学会志愿者行动被正式列入学会2006年工作计划,衡阳被确定为志愿者行动首站承办地,筹备工作随之启动。

二、关于志愿者行动筹备过程

　　2006年3月8日,中国图书馆学会在网上发布"志愿者行动——基层图书馆馆长培训"招募公告,得到全国图书馆界的积极响应,最终确定26人入选。
　　4月25—26日,中国图书馆学会在北京召开"基层图书馆馆长培训方案研讨会",对培训的意义、目的和对志愿者定位做了说明,就培训讲授大纲和培训形式进行了研讨,对讲义的编写和专家的组织

分工进行了安排与布置。衡阳市图书馆馆长、市图书馆学会理事长刘忠平应邀出席，并根据此前调研情况做了关于培训内容需求建议的发言。

5月底，中国图书馆学会向湖南省图书馆学会发出通知，确认"组织全国图书馆界专家学者于2006年7月下旬到8月初，分别在湖南省衡阳市、陕西省榆林市和黑龙江省牡丹江市举办基层图书馆馆长培训"。

衡阳市图书馆立即全面投入筹备工作。确定由湖南省图书馆学会、衡阳市图书馆、衡阳市图书馆学会承办；向市委、市政府、市文化局和省文化厅领导做专题汇报；制订实施方案；成立以文化厅领导挂帅的领导小组及办公室；承办工作分四组进行，任务、责任明确到人；对办馆环境进行改善，全面改造洗手间，把原自带书刊阅览室装修改为多功能报告厅，添置必需设备；编印培训须知，周密考虑住宿和就餐安排；制作宣传横幅、条幅等。

7月25日，中国图书馆学会在2006年年会闭幕式上举行"志愿者行动"启动仪式，詹福瑞理事长向三组志愿者巡讲团授旗并发表了热情洋溢的讲话，衡阳市图书馆馆长刘忠平代表承办单位发言。

三、关于志愿者行动实施情况

2006年年会刚一结束，中国图书馆学会副理事长、国家图书馆副馆长陈力博士率领志愿者衡阳巡讲团直接来到湖南。

7月29日，"中国图书馆学会志愿者行动——基层图书馆馆长培训"开幕式在衡阳市图书馆报告厅隆重举行。国家图书馆副馆长陈力，湖南省文化厅党组成员宋军、社文处处长邹健、社文处副处长金铁龙，湖南省图书馆学会理事长、湖南图书馆馆长张勇，湖南省图书馆学会秘书长、湖南图书馆副馆长雷树德，湖南省少儿图书馆副馆长杨柳，衡阳市委常委、宣传部长阳新丽，市人大副主任石正宏，副市长许满意，市政协副主席廖本翔，市文化局局长谭明生、副局长欧阳展之、助理调研员李健生等领导和专家志愿者及来自全省各级公共图书馆负责人、部分高校图书馆负责人共130余人出席。

开幕式由张勇馆长主持，许满意副市长首先致辞，宋军、陈力先后发表讲话。

衡阳巡讲团由陈力博士领衔，成员包括华东师范大学系主任、教授范并思，华东师范大学副教授金武刚，浙江大学信息资源管理系副主任、副教授李超平，北京市西城区图书馆管理协会会长郭斌，南开大学图书馆副研究馆员唐承秀，江苏经贸职业技术学院图书馆副馆长王涛，浙江科技学院图书馆副研究馆员叶新明，中国图书馆学会副研究馆员胡京波。按照统一部署，专家们在五天时间内，围绕社会主义新农村建设中的图书馆、基层图书馆馆长实务、基层图书馆的资源建设与服务、基层图书馆的自动化网络化建设、基层图书馆的宣传推广等五大专题，对我省基层图书馆管理者们进行了一次系统的业务培训。由于准备充分，老师讲课深入浅出，理论与实践结合程度高，普遍受到学员的称赞。培训期间，安排了大量时间用于专家答疑、师生互动、座谈讨论，现场气氛热烈，掌声连连。

8月2日，衡阳培训圆满完成了教学和讨论计划，闭幕式如期举行。衡阳市图书馆馆长、刘忠平主持闭幕式；李健生代表市文化局讲话，主要从意义与收获、感谢与祝福、期待与理解三个方面谈了主管部门的感受，希望馆长们以这次培训为新的起点，扎实工作，开拓创新，为基层图书馆事业发展贡献力量；郭斌代表志愿者行动衡阳巡讲团发言，表达了参加志愿者行动的初衷以及在衡阳期间的感想和收获，并承诺将继续为湖南基层图书馆事业发展服务。邵阳市图书馆馆长杨亦农代表102位学员发言，向主办单位、承办单位和支持单位表示感谢，认为这次行动让湖南的基层馆长们开阔了视野，理清了思路，学员们将受益终生；志愿者行动衡阳巡讲团副领队胡京波代表中国图书馆学会做培训小结，向学员颁发培训结业证书；湖南省图书馆学会秘书长、湖南图书馆副馆长雷树德致结业词——《让志愿者之花在基层图书馆绽放》。

四、关于志愿者行动的特点

中国图书馆学会志愿者行动衡阳站活动取得了圆满成功,活动呈现出四个显著特点:

一是学员需求强烈。衡阳培训的对象是湖南各级基层公共图书馆管理者,他们整体业务素质的局限无疑是基层图书馆事业发展处于困境的直接因素之一。在困境中坚持的馆长们迫切需要接受系统的、高水平的业务培训,理解业界前沿理论和观念,掌握资源建设与服务、图书馆推广、阅读指导及公共关系等工作技能。

二是内容比较丰富。这次培训的五个专题正好涵盖了目前基层图书馆馆长们急需了解和掌握的业务知识和操作技能,每个专题在讲授理论的同时还结合了大量案例,内容相当丰富。学员反映培训的有的放矢,使自己开阔了眼界、理清了思路、掌握了技巧、坚定了信心。

三是形式切合实际。这次培训没有采取学校上课或者以往图书馆业务培训中常用的灌输式,而是采取讲座、提问、答疑、座谈相结合的形式,注意引导学员结合自己工作实际进行思考。除了必须的理论讲授外,更多的是要教给学员们在实际工作中正确处理问题的方式和方法。

四是备受各方关注。图书馆界高度关注,在招募志愿者时可谓应者云集,各地争相承办,基层馆长积极参加;政府部门高度关注,省文化厅党组副书记、副厅长吴爱华专门听取了承办工作汇报,副厅长宋军和社文处领导专程来衡出席开幕式,衡阳市市委、市政府、市人大、市政协领导同时出席,副市长许满意还首先致辞,市文化局局长谭明生直接领导,省文化厅、市政府、省图书馆学会从经费、组织工作上给予了支持;社会高度关注,尤其各类媒体推出了重点报道,使志愿者行动除培训取得直接效果外,还产生了更为深远也是目前基层图书馆事业急需的影响。

五、关于志愿者行动的意义

组织较大规模地开展图书馆志愿者行动,在中国图书馆学会历史上还是第一次。作为一项创新的举措,至少可以从以下四个方面预期行动的意义和影响。

首先,这次活动是在党中央提出科学发展观、构建和谐社会、建设创新型国家和建设社会主义新农村等重大战略思想指导下,由图书馆界组织的一次大型创新活动。它不仅体现了中国图书馆学会关注民生、关注基层,而且还向社会发出了强烈的信号,必将推动基层图书馆事业的发展,志愿者的无私奉献精神必将激励广大基层图书馆工作者提高认识、克服困难、开拓创新,在三个文明建设中发挥更大的作用。

其次,这次活动是图书馆服务原则与志愿者行动宗旨的精神契合。志愿者行动遵循无偿、公益、利他的原则,与图书馆服务一脉相承。多家著名大学、科研机构、各类图书馆承担了本单位志愿者的交通和食宿费用,志愿者免费上课,分文不取。因此,活动的意义必将远远超出基层图书馆馆长培训时间本身。

第三,这次活动是图书馆人自律、自助、自强的信号和标识。图书馆界在呼吁政府和社会关注、支持图书馆事业的同时,必须自律、自助、自强,才能赢得我们的生存之地,才能赢得理解和关注,才能赢得社会的尊重。我们要通过这样的活动向业内和社会发出这样的信息:我们有能力靠我们自己的力量,相互帮持,荣辱与共,创造我们美好的明天。

第四,这次志愿者行动必将载入中国图书馆事业发展史册。社会各阶层人士以志愿者身份参加公益性机构的服务活动,在我国图书馆中并不鲜见,但像这次有组织的图书馆人帮助图书馆人的志愿者行动,在我们的图书馆史上还为数不多。所以,这次志愿者行动将在我国图书馆事业发展史上写下浓墨重彩的篇章。

（衡阳市图书馆　刘忠平）

志愿者衡阳行

7月28日与陈力、张勇二位大馆长及李超平一起从长沙赶往衡阳，在衡阳又遇到了其他志愿者。房间不贵，100多/间，有电脑，但不能下载任何东东，又是Win98，U盘也不能用，只好用自己的电脑了。晚上，在中图学会网站上读到了詹馆长在年会志愿者出发式上那篇"同志们，出发吧"的精彩报告。

7月29日，志愿者培训第一天。上午开幕式，湖南省文广局局长，社文处处长，省馆张勇，衡阳市委宣传部部长，人大、市府、政协各一名副头代表衡阳市四套班子，出席了上午的开幕式。副市长许满意代表衡阳方面发言，省厅宋军代表省文广局发言，谈了基层图书馆问题和对馆长的要求。陈力馆长代表志愿者发言，介绍了志愿者行动的来源与组织，以及这次志愿者行动的意义。简短的开幕式后，立即开始了正式的培训活动。

上午首先由陈力馆长发言。按原计划，陈力的培训内容是"面向公众的图书馆宣传"现场示范活动，但因为发现是对馆长讲，陈馆长临时调出另一个讲稿，就当前基层公共图书馆的热点问题进行了讲解。大馆长就是大馆长，临时调出的讲授内容，讲得如同针对这个活动准备的一样。下午李超平老师同样讲这个主题，李老师的准备十分充分，可以说我没有见到过准备如此充分的培训报告。这两个报告的成功是可以期待的，略有些不足是，陈馆长报告结束后，可能是代表们不敢在大馆长面前放肆，提问不够充分。而李老师的报告实际没有留提问时间。所以互动不如报告精彩。

晚上，培训班举行了一个所有志愿者和部分馆长召开的座谈会。这给了报告后想讲而不敢讲或没有机会讲的馆长们一个机会。许多馆长讲了他们的困难和治馆理念，听罢收获很多。

下午的报告是15点开始，我们中午去看了几个代表性的图书馆：珠晖区图书馆、衡南县图书馆、衡阳市少儿图书馆。珠晖区图书馆曾是湖南第一所城区图书馆，1994年评估的上等级图书馆，我后来给代表们讲参观感受是"人在阵地在"。这个感受可以有不同的解读，我的一个解读是：说"人在阵地在"的时候，往往是阵地被打得稀烂的时候，因为阵地上还有一两个人活着，所以还有这个阵地。在衡南县馆，我们体验了李国新、王了舟们曾经进行过的调查体会。因为图书馆不大，有些还不开门只能在外面看，看了三个图书馆赶到会场，居然还听到了李超平报告的大部分内容。

晚上，我和本组另一名志愿者金老师再次讨论了报告的内容顺序。基本确定为：上午，报告，另安排很少时间提问。下午，第一段，讨论，第二段，讲解培训资料。我和金老师对原准备内容进行了调整。

因为这一培训的特殊性，也因为陈馆长与超平的报告太精彩，报告结束后，我和将在后面几天讲课的其他志愿者均感到压力很大。晚上，我一遍遍地思考明天报告的基调。最后决定，我必须讲我认为是正确的方向，也就是说要讲现代图书馆理念，讲纯正的公共图书馆精神，甚至用比李老师报告中一些引起部分代表商榷意愿的案例更加极端的案例。大不了下午讨论中被"群殴"批判就是。想到此，我放心地入睡了。

8:30培训准时开始，馆长们听得很认真。我在讲稿前加了一个"总纲"，对培训内容的说明，只有几个字：公共图书馆——民众的权利、政府的责任、图书馆人的理想。我将重点放在我所写的公共图书馆的基本理念与服务原则。我告诉馆长们，陈力和张勇两位大馆长一早走了，我们可以更随意地发言和轻松地讨论了。我的发言到11:15分结束，留了一些时间提问。因为已宣布下午有讨论，问题不是特别多。而且有关"收费VS免费"、"为弱势人群服务"等问题，我都以下午讨论为由没有即时

11

回答。

中午休息时,我与金老师再议了一下下午的讨论,金一直在准备 PPT。

下午 3:00 讨论开始,金老师主持讨论,PPT 上字幕是"现在是讨论时间","基层馆长 PK XX 教授","话题:收费 VS 免费","话题:公共图书馆 VS 弱势人群服务","话题:图书馆 VS 网吧",等。在讨论第一个话题的时候,金希望馆长们能"批判"我的观点。他特别作了一个举手的现场调查:多少图书馆正在实行免费服务,约 5 分之一的馆长举手;多少图书馆听了这两天的报告后打算免费服务,有 4 名馆长举手。因为不是提问而是"讨论",馆长们能够到台前拿着话筒谈他们的治馆理念与策略。与前一天晚上的座谈会一样,听他们的发言感觉收获很大。

下午 4:30,休息过后,金老师解读学会印制的培训资料,说明这些资料的价值与入选目的,一些特别重要的段落,在 PPT 中有特别提示。在"经典名言"的最后,金加上了祁东馆图书馆宣传周的标语"政府投入 服务大众"。相信这个解读,对于馆长们会后学习"新农村建设中的图书馆"有关文件,会有很大的帮助。

5:30 培训结束,接受了中图学会颁发的志愿者荣誉证书。吃晚饭时我对其他组的志愿者说,接力棒交给你们了。的确,不论是讲课、讨论的现场情形还是与馆长们的事后个别交谈,都能使我比较放心地离开衡阳了。下午 7:09,与金老师一起乘车离开衡阳,刘忠平馆长送我们到车站。在车站才看到超平老师一个短信:"讲课很顺利吧。他们能接受吗"。我回信道:"讲课不辱使命,讨论很有收获。"

在衡阳两天,通过与馆长们的交流,一个重要的感受是,基层图书馆正面临发展的大机遇。这个机遇一方面得益于社会经济发展的物质基础,一方面得益于政府对于"公共服务"的认识和"新农村建设"的实施。很多图书馆通过图书馆宣传、公关,使得图书馆经费有了较大幅度的上升。

图书馆收费问题,对于一些大型图书馆,因为它们的资源丰富、馆舍条件好、周边人口多,收费的确能够为馆员带来一些经济上的好处。但对服务功能几乎丧失殆尽的基层图书馆,收费所可以获得的益处就很少很少了。我没有调查过基层图书馆能够从收费中获得多少好处,但听到这样一些实例:

某馆馆长决定实施免费服务,书记不同意,说是"坏了规矩"(实际是书记坏了规矩)。馆长说,全馆不过就 10 来个读者了,我就自掏 100 元帮他们付了吧。书记这才作罢。

某馆馆长不收费的理由是,一年借书证收到最多 10000 元,应付税收等各方面检查却要花掉 5000元。不值。

某馆参加了湖南省"愿景"的签署,将此事向政府汇报,政府决定按图书馆收费服务的额度增加拨款,图书馆免费服务。

总体上看,除了有文件明确禁止的场地出租还可以挣一些钱外,基层图书馆依托文献进行了收费服务基本上已经走进了死胡同。外借阅览的收费服务不但没有给基层图书馆带来可观的收入,反而成为读者流失、图书馆服务功能丧失的祸根。当然也有一些脑筋转不过来的馆长,只是埋怨图书馆没有读者,不反思自己的服务。都没有读者了,还收什么费啊。

中西部地区读者对于图书馆收费服务并不抵触,有的图书馆收费是读者"呼吁"下开展的,有的图书馆希望读者向政府投诉某些服务不到位行为却没有读者投诉,甚至有图书馆免费服务后读者不相信,打电话来核实事情的真伪。

刘忠平馆长送我到车站时告诉我,讨论时他没有机会发言,本来他想讲的一件事是:今年政府对于文化事业的统计报表中增加了一项本单位利用公共服务设施创收的数量。就是说,政府已经决心从根本上改变公共服务不公共的问题。

据说不久前年会上,程焕文教授在议题解读中,谈到图书馆开放、平等、免费的趋势已不可逆转。从基层图书馆馆长那里,我得到的信息能够证明此。但是,我们仍然需要普及现代公共图书馆的基本理念,不然面对免费服务坏了规矩的指责,馆长们只能赌气般地说我自己为读者埋单。我在报告中在讨论中反复要讲的一点是:即使你的图书馆不得已在收费服务,你一定不能让领导认为收费是正确的事情。

衡阳培训的对象是来自全省各地的馆长。在与他们的接触中,我能感受他们的艰难——这是意料中的,同时我还能感觉到他们的优秀——这令我非常吃惊。他们对于公共图书馆的"原教旨"有一种朴素的整体认同。有了这样一个公共图书馆事业的基础,也就不难理解"21世纪新图书馆运动"能够产生于湖南这个地方了。

摘录自:http//oldhuai.Blogchina.com《老槐也博克》

志愿者行动:推进基层图书馆发展的盛举

——记中国图书馆学会2006基层图书馆培训志愿者行动
陕西省公共图书馆馆长培训班

盛夏的7月底8月初,是陕西榆林一年一度最宜人的季节,风沙远去,大漠披绿。而几场夏雨,俨然天公作美,以此迎接参加中国图书馆学会2006基层图书馆培训志愿者行动陕西省公共图书馆馆长培训班的9位专家志愿者和65位来自全省各地的市县公共图书馆馆长。

此次培训是中国图书馆学会在党中央、国务院大力倡导建设社会主义新农村、繁荣农村文化事业的新形势下发起并组织的,旨在通过专家志愿者的智慧投入,向基层公共图书馆馆长传达国家关于发展基层公共文化事业的宏观政策以及全新的公共图书馆办馆理念与实务,使基层图书馆馆长获得自律、自助、自强的精神力量,真正发挥基层公共图书馆在建设社会主义新农村和构建和谐社会中不可替代的作用。培训活动得到了陕西省文化厅的大力支持和陕西省图书馆、陕西省图书馆学会、榆林市文化局、榆林星元图书楼等多家单位的协助。

7月30日—8月4日,由中国图书馆学会副理事长、北京大学信息管理系主任王余光教授,中国图书馆学会学术研究委员会常务副主任、北京大学信息管理系李国新教授,南开大学商学院信息资源管理系徐建华教授,广东省佛山市图书馆馆长、研究馆员王惠君,西北大学公共管理学院副院长杨玉麟教授,河南大学图书馆副馆长王学春副研究馆员,黑龙江省图书馆毕红秋研究馆员、南京图书馆刘小云副研究馆员、江苏省无锡市图书馆陶青副研究馆员等专家组成的志愿者队伍分别讲授了:"图书馆与大众阅读"、"社会主义新农村建设中的图书馆"、"'直接支持'与现代图书馆人职业生涯管理"、"基层图书馆馆长实务"、"基层图书馆信息资源服务"、"信息资源建设"、"图书馆的宣传推介"、"互联网助你学习迅速腾飞"、"基层图书馆自动化与网络建设"等课程。

此次志愿者行动不仅是我国图书馆界一件具有创新意义的大事,对陕西的基层公共图书馆来说,更如久旱逢甘露,授课内容之新,规格之高,专家队伍阵容之强大,在陕西基层图书馆馆长培训历史上都是前所未有的。通过集中授课、分组讨论、与专家面对面互动交流等多种形式,达到了多点碰撞、深层渗透、解除困扰、指点迷津的良好效果,受训馆长对活动好评如潮。

长期以来,陕西公共图书馆事业的发展深受经费不足、设施设备落后等客观条件的制约,但影响更大的则是观念、理念的滞后,是从业人员特别是馆长专业知识技能与管理水平的欠缺。通过培训,专家们将全新的发展理念、最新的专业知识传授给受训馆长,受训馆长们被志愿者为基层公共图书馆事业发展奔走呼号的无私奉献精神深深感动,纷纷表示要以培训为契机,迅速行动起来,改变等、靠、要的旧观念,以积极的心态和饱满的自信突破困境,奋发有为,做好工作,开创基层图书馆事业新的辉煌。许多馆长情不自禁地说,能够亲耳聆听到北京大学、南开大学等专家、教授的讲授,如同真正在北大、南开等高等学府的课堂上坐了一回,感觉好极了。安康市汉滨区少儿图书馆馆长万行明在学习心得中更有精彩的描述,他写道:"李国新教授的神采飞扬,王余光教授的大众情结,徐建华教授的睿智幽默,杨玉麟教授的侃侃而论以及王惠君馆长的成功范例,王学春馆长的儒雅气度,毕红秋研究馆员的倾情传授,刘小云女士的循循善诱,陶青先生的深入浅出,无一不似一泓甘洌的清泉,流进每位学员的心间。"

这是图书馆界学者与实际工作者精神契合的开始,理论与实践强烈碰撞所产生的火花必将燃起基层图书馆建设与发展的熊熊烈焰。通过此次培训的洗礼,大家的职业荣誉感和自信心空前高涨,形成了在目前有利于基层图书馆发展的大好形势下,走出去,一片蓝天,坐下来,死水一潭,只有开拓进取,才能立于不败之地的强烈共识。

中国图书馆学会组织的首次志愿者行动已在基层公共图书馆馆长中掀起巨大波澜,随着培训班的结束和馆长们新一轮基层图书馆工作创新实践的开始,志愿者行动所代表的自律、自助、自强的精神必将深深植根于广大基层公共图书馆的土壤,长成参天大树,结出累累硕果。

愿志愿者的脚步越走越坚实,志愿者行动的道路越走越宽广!

(陕西省图书馆学会 尚庄)

榆林组志愿者行动报道之一

7月27日,中国图书馆学会志愿者行动基层图书馆馆长培训榆林组的全体成员在古城西安如期集合。当最后一位组员——黑龙江省馆的毕红秋一路风尘从北国哈尔滨赶到西安时,已是临近午夜。

28日清晨,全体志愿者乘车出行。29日黄昏,抵达培训地榆林。行程数百公里,沿途考察了铜川市耀州区图书馆、延安宝塔区图书馆、黄陵县轩辕图书馆、吴旗县图书馆、定边县图书馆等六家图书馆。用杨玉麟教授的话说,这一路颠簸驱驰虽然辛苦,但却颇有收获,一是沿途亲身考察了数家基层一线图书馆,感同身受,喜忧参半;二是同仁相伴,老友新朋,朝夕相处,交流心得,其乐融融;三是一路山川秀美,往日贫瘠荒漠,今日喜披绿装,一派生机,令人欣喜难耐。

陕西省文化厅社文处赵登峰处长、丁雪燕助理调研员,陕西省图书馆谢林馆长、徐大平副馆长一路陪同,关怀备至。

30日上午8时30分,举行了中国图书馆学会志愿者行动基层图书馆馆长培训——陕西省文化厅公共图书馆馆长培训班开幕式。与会者有来自陕西全省各市、县的64位馆长,以及省、市文化部门的政府官员。榆林市委常委、宣传部长王建领代表榆林市委市政府致欢迎词,中国图书馆学会副理事长、北京大学信息管理系主任王余光教授代表中国图书馆学会和全体志愿者也做了简短的发言。

在开幕式上,徐建华教授还以个人名义向榆林市星元图书馆捐赠了127册新书。

随后,王余光教授围绕"图书馆与大众阅读"的主题,做了本次培训班的首场讲座。王教授从李小缘、杜定友等图书馆前辈关注阅读,亲力亲为,到常熟、东莞等图书馆的现代管理理念、措施,娓娓道来,出语平和,意味隽永。在讲到阅读对人生的意义时,他引用了一位馆长的叙述:有一位女士满面愁容地走进图书馆,而当出馆时已是神清气爽,精神焕发,这时,与会的各位县馆馆长们都露出了会心的微笑。

30日下午,由中国图书馆学会学术研究委员会常务副主任、北京大学信息管理系李国新教授做题为"社会主义新农村建设中的图书馆"的专题报告。李教授的报告主要分三个部分:中国基层图书馆事业的现状、公共图书馆的使命与定位、促进基层图书馆事业发展的宏观政策。内容翔实、观点鲜明、视野开阔。尤其是他以联合国教科文组织《公共图书馆宣言》为例,阐述公共图书馆的使命与定位,广征博引、鞭辟入里、气势如虹、酣畅淋漓,与会者无不为之动容。报告刚刚结束,大家纷纷涌来,致贺、询问、合影，现场气氛达到高潮。

30日上午，由南开大学商学院信息管理系徐建华教授主讲，题目是"'直接支持'与现代图书馆人职业生涯管理"。他从"他力与自力"的关系入手，强调图书馆人要充分发挥自己的主观能动性，充分利用各种社会关系，为自己创造充实而快乐的职业生涯。徐教授的讲授视角新颖、思想活络、事例丰富、寓教于乐。特别是他的讲课方式：一面放PPT，一面板书，语言幽默生动，富于感染力。

30日下午，按计划安排，会场移到榆林市星元图书馆，由西北大学图书馆公共管理学院副院长杨玉麟教授主讲，题目是"基层图书馆信息资源服务"。主要分信息资源服务理念与基本原则、信息资源服务内容与方式、信息资源共享、用户研究与用户教育、信息资源服务的评价等五个部分。杨教授是"榆林组"成员中唯一的本地人，用他自己话说是地道的"地方军"。杨教授献身西北图书馆教育事业20余年，足迹遍及全省各个地区，桃李满天下，深谙基层图书馆的实际状况，所以他的讲授颇有针对性，并时时与听众交流，气氛融洽。尤其是让我们全组成员感动的是，杨教授是根据组内的临时安排，提前出讲，而且是刚患感冒，带病登台。而在讲台上，两个多小时的讲授，条分缕析，抑扬顿挫，让所有与会者领略了"西北汉子"的硬朗风格。

1日，根据主办地的安排，休整一天。

2日，由广东佛山市图书馆王惠君馆长讲授"基层图书馆馆长实务"，由此，由理论探讨转入实务分析阶段。

榆林组志愿者行动报道之二

2日上午，由佛山市图书馆的王惠君馆长主讲"基层图书馆馆长实务"，由于这一专题的课件是北京西城区图书馆馆长郭彬、苏州图书馆馆长邱冠华与王馆长共同完成的，所以上半时的讲座基本是按照事先预备的课件"按部就班"，略显沉闷。中间休息，李国新、徐建华等纷纷向王提议，调整讲授路线。果然，下半时王越讲越精彩，以至杨玉麟教授在场下赞不绝口："太感动人了！""这样的事例对县馆馆长们太有帮助了！"这从一个侧面说明，对基层图书馆馆长这样的"特殊"听众，一定要"因地制宜"，有针对性，不能"决胜于千里之外"，照本宣科。另一方面，也说明团队的作用是多么的重要！"我们是一个整体。人人为我，我为人人。"这是榆林组全体成员的共同意愿，并因此而自豪。

2日下午，全体与会者包括培训专家在内，分成三个组研讨。会场气氛十分热烈，大家就已讲授的课程以及基层图书馆面临的紧迫问题畅所欲言。讨论中我们发现在陕西这样的经济较为滞后的地区，仍有不少基层图书馆的馆长在困难的环境中，不怨天尤人，自强不息，凭着对这份职业的热爱，勇敢、勤奋甚至坚苦卓绝地工作着，这让我们感动。在交谈中我们还发现，不少基层图书馆的馆长具有很高的境界：思想活跃，目光敏锐，视野开阔，这让我们欣喜。再就是抱怨、发牢骚的少了，提建设性意见的多了。这是一个良好的征兆，预示着在西北这块积淀了几千年厚重文化的华夏大地，图书馆事业会像已经披上绿装的黄土高坡那样生机盎然，蔚为大观。

小组讨论结束后，陕西省馆徐大平副馆长向我们介绍说，谈到对这次志愿者培训的感想，有好几个馆的馆长都异口同声地用四个字来表达："终生难忘！"其实，这也是我们榆林组全体成员的共同感受。为了一个共同的目标，我们从不同的岗位，不同的地方，走到了一起，几天的相处，我们彼此都已经成了很好的朋友。有一个细节：在昨天晚上的联谊会上，我们每个人都被邀请上台表演节目，轮到王惠君馆长，演唱《安妮》，唱到高音部唱不上去的时候，他不由自主地回头看台下的我们，这时我们不约而同地举起双手，为他拼命地鼓掌加油！

我们在奉献他人的时候，也寻觅到了自己真正的快乐。

榆林组志愿者行动报道之三

　　3日全天和4日上午,由王学春、毕红秋、刘小云、陶青四位志愿专家,就"基层图书馆信息资源建设"、"基层图书馆的宣传推介"、"互联网在基层图书馆中的作用"以及"基层图书馆自动化网络化建设"等基层图书馆建设和发展中的实际问题做了专题报告,由于四位主讲人均来自图书馆实际工作一线,所以讲者真切,听者认真,会场气氛十分融洽。

　　随后,举行了简短的结业仪式。

　　至此,中国图书馆学会志愿者行动2006年基层图书馆馆长培训榆林组的全部活动圆满结束。

　　这项活动从动议到实施历时半年有余,从策划立项、招募志愿者、研讨教案,到具体行动、最终告捷,其间誉者有之,疑者有之,谤者有之,酸甜苦辣,非亲历者莫能备尝,而李超平老师用最为朴实的语言对这项活动做了终评——"我们做对了"。

　　这项行动引起了政府主管部门的充分重视,陕西省政府主管部门从政策、组织、人员、物资等方面提供了多方位的保障和支持。换句话说,如果没有各级政府主管部门的全力配合,要想顺利完成这样有组织、有规模的志愿者行动,难度是相当高的。更为难能可贵的是,政府部门的主管官员能够直接参与到志愿者行动的全过程之中。如陕西省文化厅主管图书馆的赵登峰、丁雪燕处长陪同志愿者辗转驱驰数百公里,考察各地的基层图书馆,并自始至终参加培训班的全部课程。这给我们以希望,因为公共图书馆事业是政府公共服务职能的具体体现,政府作为了,我们的图书馆事业也就有了基本保障。这应当是本次志愿者行动的一项重要收获。

　　我们通过这项行动给图书馆人特别是陷于困境之中的基层图书馆人树立了信心,使他们明了,他们不是孤立无助的个体,他们是整个图书馆事业中不可或缺的一分子,只要他们需要,我们这个大家庭的所有成员都会伸出援助之手。因为我们终于明白了一个道理:帮人就是帮自己,唯有自助,才能自强,才能赢得我们应有的地位和尊重。天下图林一家人。

　　这项行动的另一个效应,就是它的示范和表率作用。据悉,志愿者培训行动尚未结束,就已经有某发达地区的图书馆主动与陕西图书馆联系,准备结成更为直接有效的帮扶对子。正如我们所预计的,图书馆人帮助图书馆人的志愿者行动,将以此为契机,蔚为大观。这是我们的美好愿望,我们有理由相信这个愿望最终会实现。

　　最后,我们再次真诚地感谢陕西省馆谢林馆长自始至终的关爱和呵护,感谢徐大平副馆长忙前忙后的辛勤操持,感谢陕西省图书馆、陕西省图书馆图书馆学会的全体同仁的鼎力支持!

(中国图书馆学会秘书处　卓连营)

在榆林组结业仪式上的讲话

——榆林组小结
北京大学信息系教授　李国新

各位馆长、各位同仁:

　　中国图书馆学会理事长詹福瑞先生在志愿者行动启动仪式的讲话中说,这次志愿者行动是必将载入中国图书馆事业发展史册的一次重要活动。到现在,我们榆林组的培训即将结束,效果和反响大家有切身感受,其他两个点传来的消息也令人振奋,同样是反响热烈。三个点,一共培训了三百多名基层图书馆长,占了全国县级图书馆长的七分之一。可以说,中国图书馆学会组织的这次以志愿者形式实现的基层馆长培训活动,取得了圆满成功。

我们榆林组的培训活动有哪些特点?我觉得主要有三点。

第一,政府行政主管部门高度重视。省文化厅直接组织了这次活动,省市文化行政主管部门、省市中心图书馆的领导全程参与培训活动。整个培训活动组织严密,安排得当,保障有力。图书馆事业的发展必须有政府的高度重视,政府的重视,首先是政府行政主管部门的重视。陕西省各级文化行政主管部门通过这次活动所体现出来的作为,让我们看到了政府重视的落实。我提议,全体志愿者、全体与会馆长,对省市文化行政主管部门给予的支持和重视表示深切的感谢!

第二,参与面广,参与热情高。按照中图学会原来的计划,这次培训只覆盖榆林地区。没想到,消息传出后,各地馆长纷纷要求参加。最终,参与这次培训的馆长覆盖了全省所有的地区,来自60多个县市,占了全省县市的三分之二。我代表中国图书馆学会,代表全体志愿者对馆长们的热烈响应、积极参与表示深深的谢意!参与就是最大的支持!

第三,志愿讲授的专家队伍,是一支团结协作、恪尽职守的队伍。专家们的全程参与、精心准备、密切合作、互相鼓励,是讲授保持高水平、获得广泛好评的重要基础。作为这次活动的倡导和组织者之一,在此,我也代表中国图书馆学会向来自全国各地的专家志愿者表示敬意和感谢!

就我们榆林组而言,这次培训活动的主要收获是:

首先,我们一起接受了一次与中国基层图书馆发展密切相关的、基本的、比较系统的职业理念、专业素养的培训。正如许多馆长所说,通过这样的培训,开阔了视野,启迪了思路,明确了职业责任,明确了发展方向,明确了奋斗目标。有了这样的体会和收获,我相信,对图书馆事业发展的影响一定会是深远的和历史性的。

其次,进一步强化了馆长们的现代图书馆观念。培训专题的设计,紧紧围绕着现代图书馆观念和现代图书馆运营。听完讲授,许多馆长在讨论中说到,知道了基层公共图书馆向什么方向发展,知道了公共图书馆该怎么办,该干什么。总之,馆长们必须具有的现代图书馆观念得到了进一步的强化和升华。基层图书馆的发展面临着许多困境。所有的困境,首先是观念的困境,因此,观念的转变,是最根本的转变。我在讲课时曾经说过,馆长是图书馆的舵手。我相信,舵手观念的转变,对图书馆这艘航船的航行方向将会产生具有决定意义的影响。

第三,专家志愿者们在奉献的同时也有巨大的收获。一个收获是接受了一次国际志愿者精神的洗礼——志愿、利他、不计报酬、有益社会进步和事业发展。再一个收获是切身感受了中国基层图书馆发展的现状,感受了基层图书馆人的执著和奉献,了解了基层图书馆长的喜怒哀乐、甜酸苦辣。这些,为专家们今后的研究、教学、管理实践提供了丰富的原料,积累了真实的事实依据。因此,志愿者活动对志愿者也是一次教育和鞭策。

面对党和政府近期一系列发展文化事业的方针政策,许多馆长表达了共同的心声:中国图书馆事业特别是基层图书馆事业发展的春天来了。从春天的喜悦到秋天的收获,需要我们付出长期的、坚苦卓绝的努力。历史注定我们这一代图书馆人只能是栽树的一代,不会是乘凉的一代。让我们不同领域、不同方面、不同地域、不同职业的图书馆工作者、管理者、研究者携起手来,共同创造中国图书馆事业特别是基层图书馆事业的春华秋实!

各位馆长,再见!

牡丹江组志愿者行动圆满结束

8月4日,中国图书馆学会志愿者行动基层图书馆馆长培训班(牡丹江组)圆满结束了。

参加牡丹江组培训班的志愿者有杨沛超、王世伟、邱冠华、富平、于良芝、尹岚宁、师丽梅、尤敬党、郑玲和于爱君,分别来自科研机构图书馆、公共图书馆、大学图书馆、中学图书馆和著名大学。其中有图书馆学的专家教授,有经验丰富的各级馆长,还有普通的图书馆员。

五天的培训,志愿者的讲授有前沿的理论,又有可供基层图书馆借鉴的经验,讲课内容丰富,形式多样,深入浅出,使学员们热情高涨,激情澎湃,掌声连连。

总结次本培训有以下几个特点:

一、授课专家心系基层,引发学员永久的感动

培训班的第一天,上海图书馆党委书记王世伟现场赠送图书给宝清县图书馆,实现了这个馆近些年来未进新书零的突破。当宝清县馆馆长手捧图书走下讲台的时候,台下许多人的眼里都充盈着泪水。苏州图书馆馆长丘冠华在讲课当日也向牡丹江市图书馆赠送了数字馆藏图书。

二、专家齐心协力,平易近人;学员听课专心,细做笔记

参加本次培训的近百名学员与志愿者专家教授们面对面的交流,零距离的接触,缩短了彼此之间的陌生感,很快打成一片。尽管天气时有闷热,但没有一人舍得走出课堂,每天都认认真真做笔记,积极提问发言。

三、互动形式异彩纷呈、群情激昂

授课期间,各位志愿者组织讨论答疑形式各异、随机问答、相互交流、气氛热烈。学员们纷纷表示,这是一次前所未有的、高质量、高水平的培训。希望今后有更多这样的机会。

四、专家的激情激发出学员的誓言

窗外细雨霏霏,室内讨论热烈。社会主义新农村建设的号角激发了每一位基层馆馆长内心久藏的热情。"挺起我们的脊梁,计基层图书馆在我们这一代馆长手里活起来!"这就是我们的誓言!"图书馆人就是这样——给点阳光就灿烂,没有阳光也灿烂!"何其感人的心声!它将激发起每个图书馆人肩负的使命。我们尽管还有这样那样的困难,只要我们有这样的信念,基层图书馆就大有希望。

五、志愿者考察各级图书馆,增加感性认识

在培训班之前和培训活动期间,志愿者参观考察了6个图书馆。从省馆到市馆,从县馆到乡镇乃至农村图书馆,还有独具特色的朝鲜族图书馆,都给志愿者留下了深刻的印象。

六、课余生活开心愉快,共享欢乐时光

在这次全省同仁的相会中,在与志愿者专家们相聚的日子里,学员和专家自发的别开生面的联欢会,展现了图书馆人的风采。学员的老歌新编,载歌载舞;志愿者们高昂的歌声、清雅的诗歌朗诵、颇具专业水准的歌伴舞;牡丹江市图书馆的员工们以饱满的热情和高涨的士气,给我们奉献的精彩节

目,使台上台下水乳交融,欢乐的音符飘散在牡丹江畔,给我们留下了美好的回忆。

短暂的五天过去了,我们可以自豪地说,我们实现了我们的愿景。志愿者们以实际行动证明了:中国图书馆学会的首次志愿者行动成功了!美丽的牡丹江留下了志愿者的足迹,我们相信,志愿者行动将成燎原之势,有更多的有识之士加入到这支队伍中来,为中国的图书馆事业倾洒热血。

在此,感谢各级政府领导,感谢黑龙江省图书馆,感谢牡丹江市图书馆,以及来自全省各地的图书馆馆长们对本次志愿者行动的大力支持。

最后,我们共同发誓:挺起我们的脊梁,让中国的图书馆在我们共同的努力下发展壮大。让我们携起手来,为构建和谐社会贡献我们的力量!

牡丹江组志愿者行动媒体报道

借鉴办馆经验 促进提档升级

本报讯 7 月 31 日,为期 6 天的中国图书馆学会志愿者行动——基层图书馆馆长培训班在我市举行开班仪式。来自北京、上海、苏州等地图书馆的授课专家将到会进行 5 个专题的讲座。

副市长高艳华出席开班式。

此次行动是中国图书馆学会为响应党中央建设社会主义新农村、繁荣和发展农村文化事业号召而组织的一次全国性大型活动,旨在为图书馆提供志愿服务,交流借鉴各地先进办馆经验,推动基层图书馆提档升级。中国图书馆学会在国内选择了 3 个试点城市,除我市外,开班式同时在湖南衡阳、陕西榆林举行。

高艳华说,此次专家来牡讲授、讨论、交流答疑,将使我市图书馆从业人员有机会向与会专家教授学习借鉴先进的管理经验、办馆理念,从而推动我市图书馆不断进行专业理论的更新,适应快速发展和建设社会主义新农村的需要。

(原载《牡丹江日报》2006 年 8 月 1 日;记者:高扬)

图书馆的城市历史方位

"在一个家庭中,如果父亲、祖父都是读书人,他们的后辈将来必定有出息,同理,引申到一个国家,这个国家也会繁荣昌盛……"作为苏州市图书馆的一馆之长,邱冠华这样诠释着知识及书籍的魅力。

说到传承人类文明与进步的公共图书馆,邱馆长引用了一位外国学者的评价,这评价一语道破了公共图书馆身兼使命与民主政治的关系:"义务教育和图书馆是维系现代政体运行的两大基石。"如何开启民智,如何提高全民素质,如何在未来全球化竞争中立于不败之地,这些都需要国民的终身学习。而知识的更新与获取将通过这一生长在各地的公共图书馆实现完成。

邱冠华表示,1904 年,我国拥有了第一个公共图书馆。建馆百年来,公共图书馆事业在我国裹足不前,直至 90 年代后期,公共图书馆的历史责任才被众人发掘。但直至现在,仍有不少人存有图书馆是吃"钱"机器的狭隘认知,却不知道图书馆是政府为民、利民的最好平台。邱馆长打趣到:"前不久,国家某领导人到苏州走访,当谈到苏图书馆建设时,众市民却高赞苏州市政府,为政府颜面'贴金',好似与图书馆馆员的辛劳无关。"

他表示,知识积累是一个长期过程,图书馆的社会效益至少在 5—10 年后显现。"退一步讲,市民涌向集高雅、休闲、娱乐于一身的图书馆,至少比酗酒滋事、搓麻将强百倍吧,这就需要政府及民众转变观念。"

据了解,苏州市市区人口原来仅为110万,2005年市政府投入320万购书经费,现纸本图书120万册,数字图书430万册。丰富的文献资源吸纳了众多读者,持证读者达2.1万人,每年至少有8600名读者常年"光顾"苏州图书馆,截至目前,苏州图书馆接待150万名读者。人均图书1.1册,高于国家规定人均图书1册的标准。邱馆长则用"人山人海"来形容他们兴盛的图书事业。

邱馆长坦言,作为公益事业机构,公共图书馆也同样需要经营,而这经营的含义包括资源、服务及树立机构形象。馆舍位置是否位居四处辐射的中心位置、馆舍建筑是否具有亲和力、布局是否呈现大开间、宣传是否到位等等细节都将关系到图书馆能否吸纳更多的读者,更好地盘活图书资源,增加图书流量。当然,购书经费是图书馆再发展的原动力,是关系到社会效益成倍增加的催化剂。

(原载《牡丹江日报》2006年8月11日;记者:何津津)

公共图书馆应彰显平民意识

"图书馆可谓为穷人的大学,有钱人通常不会来这里借阅。"苏州图书馆馆长邱冠华亮出鲜明的观点,这样的评价自然决定了公共图书馆的定位与方向,那么如何极大地服务于读者不仅是专业图书馆,还将是所有企事业图书馆(网点)考虑的问题。

如何做到服务于读者,令全民共有精神财富得到最大限度的利用,这就需要图书馆蹲下身体从读者的需求出发,与读者对话。

苏州市某县城图书馆破天荒做出免费办证的决定,该举措真正实现了资源与信息共享的本意。而苏州图书馆则采取低价位收费的办法来降低民众迈进、贴进文明门槛的难度,下岗职工、农民工等弱势群体都有机会受到知识的恩泽。

公共图书馆通过丰富多彩的社会活动也是拉近与民众距离的重要手段。苏州图书馆与本市19所学校联合举办了"校园阅读大王"征文活动,两万名学生参与其中,通过积分的方式鼓励学生翻阅难易度迥异的书籍,积分最高者在得到证书等荣誉的同时,还有机会与博学的苏州图书馆馆长共进晚餐,畅谈古今。

为了兑现阅读无贫贱之分的权利,苏州图书馆在全社会范围内发起捐书义举,苏州图书馆将捐书箱分设在各所小学及市(区)级图书馆内,鼓励本市每名学生献出一本旧书。经过全社会的努力,满载爱心的图书源源不断地涌来,分别被摆放在苏州市各农民工小学图书室内。

"信息公平是社会信息公平的一个方面。南北方的差距很大程度是源于信息不对称。"邱馆长表示,在知识经济社会里,全球竞争的重心已经由过去的能源竞争转化为现在的信息竞争。而缩小差距的最关键因素则是缩短知识信息的传输过程,以最快的速度到达民众手中。身兼知识传播的图书馆则应当尽快实现与图书业界的同频共振。为了与图书业同步,苏州图书馆提高进书频率,天天都有新书到馆。"即使新图书尚未出版或正式面市,我们已经下发了订货单,新书一旦出炉,就被立即送上我们的书架。"邱馆长自豪地说。

图书馆是一个流动的知识宝库,理应最大化地被盘活、利用。目前,苏州图书馆正式拟建社区图书网点,通过日臻活跃的物流市场,中心馆负责调配,民众到社区网点借阅,将公共图书馆的触角伸向民众心中。另外,中心馆与高校间的馆籍互借也在不断完善,读者可通过图书馆推荐或自荐到高校借阅,最终实现文化资源的共享。

(原载《牡丹江日报》2006年8月14日;记者:何津津)

教师是开启心智的钥匙

"前不久,有一所学校邀我去评课,教师讲授的是美文《九寨沟》,课节设计无以挑剔,却被我评价为是最失败的一课。"全国中小学图书馆委员会培训部副主任、无锡第一女子中学图书馆馆长尤敬党毫不留情的说到。而失败最致命原因是在课节之初率先将三幅秀丽风光九寨图呈现在众生眼前。

尤敬党认为,自由、随意、想象是人的本能,每人都有思想历程体验的权利。而这位老师恰恰忽略了这一点,过分强调现代手段在教学中的重要性,反之侵占了学生自由想象的空间。

透过这一实例,尤敬党总结到,教师的教学水平和素质是第一位的,而校长的水平和能力也是第一位的,这些都将事关学生的发展与成败。

尤敬党所供职的学校特别注重校图书馆建设。一幢4层、1500余平方米的楼舍全部用来藏书与休闲。倡导人格平等、尊重学生的尤敬党提出阅览和外借同室、教师和学生平等使用读书的主张,并坚决反对增设防盗仪。在他看来,增设防盗仪就是学校不信任学生的无声表现。宽松的借阅环境激发了学生阅读兴趣,学生们遨游在知识的海洋中。

俗话说,以学立业,以德立身。尤敬党认为,教育的功能不仅是知识的填充,更应该是道德的完善。学校教育最重要的是人格教育,最看重的应该是生命成长过程。然而,我们的部分教师却以分为本,培育出来的学生只会做题,不会做人与做事。结果在人才争夺趋于全球化的竞争中位居下风。

正如尤敬党所说,太阳每天都是新的,学生每天也都是新的,昨天已经逝去,崭新的一天才刚刚来临,教师要带着一双发现的眼睛去挖掘学生今天的潜能。只有这样,充满激励的鼓励才会扬起他们生活的风帆。

(原载《牡丹江日报》2006年8月15日;记者:何津津)

书籍是人类精神的营养源

"让从事不同职业的女孩站在一起,她们之间可能不会有多大差别,30年后再相聚,大学女教授的风度与气质肯定会比工厂女工略胜一筹,就连走路姿势等细微动作都会相差甚远。"尤敬党用这么一个简洁明了的实例来证明知识的魅力。

在尤敬党看来,一个人有多少文化、看多少书全部都写在脸上,浓妆、靓服根本无法掩盖一个人的浅薄。

然而,在信息爆炸的今天,研读、精读逐渐被浅阅读所代替,快餐式文化孕育了读图时代。快节奏成人社会带给孩子的却是幼稚漫画、浮躁心理。尤敬党担心地说,现今社会忽略了精神的养育,而这将关系到未来中国有没有希望。

[亲近文字]

其实,"远离图像"这一提议在图书馆业学术界引起不小的纷争,但"亲近文字"的倡导颇得所有专家的支持。

尤敬党认为,孩子要远离电视、网络这些传播媒介,以小学三年级学生为例,每人每日看电视不得超过30分钟。相反要多增加阅读时间。

"亲近文字是精神给养的关键。"尤敬党这样认为。俗话说,话不投机半句多。为什么有的人与他人第一次接触没多久就谈不下去,有的人闲聊两次就会让人生厌,而有的人却成为知己,这就在于阅读的力量。阅读将赠予人类广博知识、深刻思想、愉悦而洁净的心境及修养。

[终生阅读]

在给牡市一位学生家长的留言上,一位专家写下了这样一句鼓舞人心的话语:"让读书伴随着生活,你的人生才是最幸福的。"

尤敬党认为,阅读是每个人与生俱来的权利,是不可剥夺的权利。而阅读本身就是思想历程的体验。

他还提醒广大家长,阅读习惯的养成多在13岁之前,而学生时代是阅读黄金期。他建议人生阅读的第一本"大块头"应当是意大利日记体的《爱的教育》。而高中阶段,每生至少要阅读50—100本著作。《静静的顿河》、《钢铁是怎样炼成的》等经典著作都是学生最应抢先阅读的书籍。

诚然,并不是装订成册的纸本图书都是健康、科学、有益身心的精神食粮。对书籍颇有研究的尤敬党总结,孩子首先要学会选择性地阅读。如果人生阅读的第一本书是言情小说,这个孩子的阅读水平也就将维持在这个层面上,而人生阅读的第一本书籍是欧洲经典著作,那么此孩子的文学修养将保持在上另一个水平处。

[阅读也需同行者]

采访中,几位专家普遍认为,阅读绝对不是一个人闭门饱读,而应当走出去,及时与他人进行思想沟通。

"阅读与交流是一对双胞胎,缺一不可。"尤敬党毫无保留地袒露着他的读书心得。他认为,只阅读不交流是书呆子所为,越阅读越孤独,不及时宣泄出去,读书只会使人心情抑郁。而真正的阅读一定要有伙伴,在浓郁阅读的围绕中,大家边阅读、边交流。

尤敬党建议,学校不妨搭建一个读书平台,通过征文、队会等形式,加强师生之间、生生之间的互动、交流。另外,家长也要学会聆听。

最后,专家告诫广大读者,生活是丰富的、鲜活的,但要有思想的丰富,要有个性的生活。要想令自己的思想丰实起来,首先从书籍武装头脑开始。

(原载《牡丹江日报》2006年8月16日;记者:何津津)

中国图书馆学会第七届编译出版委员会成立

中国图书馆学会第七届编译出版委员会成立大会召开

中国图书馆学会第七届编译出版委员会成立大会于 2006 年 3 月 20—21 日在北京天竺苑宾馆召开。新一届委员会的委员以及中图学会副理事长胡越、秘书长汤更生和第六届编译出版委员会主任徐引篪出席了大会。

第七届编译出版委员会主任戴龙基主持了 20 日下午召开的大会开幕式。胡越副理事长发表了简短的讲话,他对新一届委员会的成立表示热烈的祝贺。之后,第六届编译出版委员会主任徐引篪做了《第六届编译出版委员会工作总结》;第七届编译出版委员会副主任郭又陵宣读了《第七届编译出版委员会组织规则》;第七届编译出版委员会副主任李万健宣读了"第七届编译出版委员会委员名单";戴龙基主任做了《中国图书馆学会第七届编译出版委员会组建与工作规划报告》。在开幕式结束时,学会领导向参会委员颁发了聘书。

随后,编译委员会下属的三个专业委员会(图书馆著作编辑出版专业委员会、图书馆学期刊编辑出版专业委员会、图书馆年鉴编辑出版专业委员会)分组讨论了今后四年的工作规划。

21 日上午,会议在李万健副主任的主持下继续进行。首先,各专业委员会主任分别汇报了各自的讨论情况。随后,大会表决通过了《第六届编译出版委员会工作总结》、《第七届编译出版委员会组织规划》、《第七届编译出版委员会组建与工作规划报告》。戴龙基主任就全体委员的讨论结果进行了概括性总结,对三个专业委员会的工作规划与展望做了充分的肯定。

全体参会委员一致认为:此次会议虽然日程很短,只有两个半天,但会议内容充实,工作落实到位,很有实效性。大家表示,回去以后要认真贯彻会议精神,切实担负起委员的职责,齐心协力为中国图书馆事业的发展,同时也为圆满完成本届编译出版委员会的各项工作而努力奋斗。

本次会议得到了北大方正电子有限公司和北京义华数图科技有限公司的大力支持。

(顾文佳)

中国图书馆学会第六届编译出版委员会工作总结

中国图书馆学会第六届编译出版委员会主任 徐引篪

(中国图书馆学会第七届编译出版委员会全体会议 2006 年 3 月 20 日审议通过)

2002 年 1 月中国图书馆学会第六届编译出版委员会召开了成立大会,会上对今后活动和工作的开展作了明确部署和分工,即本届编译委的工作主要围绕着图书馆学期刊、图书馆学著作(特别是博士文库等)和图书馆年鉴的编辑出版而开展,并确定由副主任委员、《中国图书馆学报》主编李万健负责期刊的编辑出版,副主任委员、北京图书馆出版社社长郭又陵负责著作的编辑出版,北京大学肖东发教授负责年鉴的编辑出版工作。

在近 4 年的时间里,各负责人认真地按照分工努力开拓,与广大委员同志一起,为繁荣我国图书馆学的编译出版工作做出了积极的贡献。现汇报如下:

一、图书馆学期刊编辑出版方面

图书馆学期刊编辑出版专业委员会主要抓了三方面的工作:一是组织全国的图书馆学期刊总结、交流办刊经验,研究解决办刊业务中的问题,提高专业期刊的总体水平;二是组织评选、表彰优秀期刊和优秀编辑,为刊物和办刊人树立榜样,鼓舞士气,繁荣专业期刊事业;三是积极参与专业学术活动,编发著述,繁荣图书馆学研究。具体进展是:

(1)2002年9月,在江苏常州召开了第九次全国图书馆学期刊工作研讨会。会议有两项内容,一是就刊物定位、经营管理、编辑部建设等问题进行研讨,明确办刊方向,为各编辑部提供解决业务问题的办法;二是对在学会领导下评选出的12家优秀期刊和6家受表彰的期刊进行表彰,并交流经验。到会专业期刊近50家,代表60多人。会议开得生动活泼,解决了不少问题,对提高刊物水平帮助很大,效果很好,受到各刊的一致好评。

(2)2003年10月,在宁夏银川召开了第六届图书馆学期刊编辑专业委员会工作会议。会议就委员会的工作进行了研讨,对办刊中的一些问题,如网上参考文献著录等问题,提出了原则性的解决意见。会议重点是研究制订了《全国图书馆学期刊优秀编辑评选办法》、《全国图书馆学期刊优秀编辑评选标准》和《推荐受表彰的老编辑的办法》等文件,为在全国评选、表彰优秀编辑、老编辑打下了基础。接下来在全国范围内开展的图书馆学期刊优秀编辑、受表彰老编辑评选、推荐活动,产生了积极影响,对办好专业期刊发挥了很大的推动作用。

(3)2004年8月在甘肃敦煌召开了全国图书馆学期刊优秀编辑、老编辑表彰暨经验交流会。会上,学会对评选出的24名优秀编辑和16名在编辑岗位上工作15年以上的老编辑予以表彰,有9名优秀编辑、老编辑在大会上作了经验交流,所有优秀编辑在分组会上交流了自己的经验体会,使与会同行深受启发,效果甚佳。

(4)鼓励各期刊编辑部参与或主办各种学术研讨、交流活动,积极参与编纂著述。委员会的很多成员参加了"图书馆事业百年"丛书的策划、编辑活动。《中国图书馆学报》、《图书情报工作》等许多刊物都多次主办或参与举办学术研讨会,并编著出版了一批著作。

二、图书馆学著作编辑出版方面

图书馆学著作编辑出版专业委员会的工作主要依托北京图书馆出版社来进行,北京图书馆出版社在本届期内有很多新的创举,包括出版了岗位培训教材、博士文库、纪念文集、会议论文集和规范、手册等各种类型的图书馆著作。主要有:

(1)与文化部社图司沟通策划、组织出版了图书馆岗位培训教材,共16册:《图书馆工作概论》、《文献编目工作》、《参考咨询工作》、《文献信息开发工作》、《图书馆古籍整理工作》、《图书馆地方文献工作》、《图书馆业务研究和业务辅导》、《少年儿童图书馆(室)工作》、《乡镇图书馆工作》、《图书馆管理工作》、《文献标引工作》、《文献资源建设工作》、《读者工作》、《连续出版物工作》、《图书馆规章制度选编》。

(2)策划并组织国内四个博士点编辑出版了《信息管理科学文库》,已出版11种:《信息文化论——数字化生存状态冷思考》、《网络时代的资源共享——中日文献信息资源共享比较研究》、《信息生态与社会可持续发展》、《知识共享机制研究》、《中小企业的信息管理与咨询服务》、《竞争情报——中国企业生存的第四要素》、《证券市场信息机制》、《网络信息组织:模式与评价》、《图书馆数字参考咨询服务研究》、《信息伦理学》、《中外版权贸易比较研究》。这些著作的出版,不仅反映了当前我国图书馆学情报学的研究述水平,而且也从一定程度上起到了发现新人、培养新人的作用,受到业内广泛好评。

(3)为庆祝中国图书馆事业百年,出版了《中国图书馆百年纪事》、《中国图书馆事业百年》、《20世纪西方与中国的图书馆学》、《20世纪中国图书馆学研究文库》(全套共8种,已出版2种)。

(4)为促进图书情报工作的规范化、标准化,出版了《中图法》电子版、《新版中国机读目录格式使用手册》及其系列手册、《中国少年儿童文献分类主题词表》、《西文编目实用手册》、《图书馆文献采访工作手册》系列丛书等。

(5)出版了国家级和部委级研究项目的成果和翻译出版了反映国外本领域先进理论、技术和方法的著作,如《中国图书情报网络的研究》、《图书馆信息服务与管理》、《欧洲联盟信息政策研究》等研究成果,和《21世纪国会图书馆数字战略》、《引文索引法的理论及应用》等国外著作。

三、年鉴的编辑出版方面

完成了2001至2003各年的年鉴编辑出版工作。

关于中国图书馆学会第七届编译出版委员会组建与工作规划的报告

中国图书馆学会第七届编译出版委员会主任　戴龙基
(中国图书馆学会第七届编译出版委员会全体会议2006年3月21日审议通过)

各位委员:

2005年7月在桂林召开的中国图书馆学会第七届会员代表大会上,七届一次常务理事会任命了编译出版委员会的主任、副主任。从2005年10月起,编译出版委员会的组建工作一直在紧张有序地进行,经过半年多的辛苦工作,今天,中国图书馆学会第七届编译出版委员会的组建工作宣告完成。

下面,我向大会报告七届编译出版委员会的组建情况和初步的工作规划,请各位委员审议,并提出进一步修改的意见和建议。

一、总体目标

履行《中国图书馆学会章程》中规定的"编辑、出版、发行图书馆学各种载体的文献信息资料,促进学科发展","介绍、评定和推广图书馆学科研成果","普及图书馆学、信息科学和信息技术基本知识,提高社会公众的图书馆意识"等基本职能,与学会秘书处密切配合,协同学术研究委员会、图书馆交流与合作委员会、科普与阅读指导委员会完成和推动中国图书馆学会的各项工作。

二、组建情况

本届编译出版委员会的组建工作于2005年10月中旬正式启动。首先,我们采用网络通讯、审议的方式,由委员会的主任、副主任提议、审议、拟定了七届编译出版委员会的组建原则。在11月召开的第一次编译出版委员会主任会议上,根据组建原则和中图学会提供的相关信息,确定了编译出版委员会委员的推选程序和名额分配方案。此后,新一届编译出版委员会委员组成方案经过了多次协调修改,委员的组成与分工充分征求了各专业委员会筹备召集人和学会相关负责人的意见,而新增委员也都经由各单位组织推荐。在此基础上,2006 年 1 月,在北京召开了第二次编译出版委员会主任会议,最终确定了各专业委员会的组成人选。

本届编译出版委员会由 51 名委员组成。其中,编译出版委员会主任 1 人,副主任 3 人;下设 3 个专业委员会,即图书馆学著作编辑出版专业委员会、图书馆学期刊编辑出版专业委员会、图书馆年鉴编辑出版专业委员会。此外,七届编译出版委员会各专业委员会委员即为编译出版委员会委员,不再另设编译出版委员会委员。

现将本届委员会委员的总体情况汇报如下:

(1)人员更新情况:新委员 14 人,更新比例为 27.5%。

(2)职称结构:在本委员会全体委员中,具有正高级职称的 35 人,占 68.6%;具有副高级职称的 14 人,占 27.4%;中级职称 2 人,占 4%。

(3)年龄结构:40 岁以下有 8 人,占 15.7 %;41—50 岁有 18 人,占 35.3%;51 岁以上有 25 人,占 49%。

(4)人员类型分布:在全部委员中,来自公共图书馆系统的有 11 人,占 19.6%;期刊编辑系统的有 10 人,占 19.6%;文献情报单位有 6 人,占 11.8%;高校系统 20 人,占 39.2%;其他人员占 9.8%。在本届委员中,编研人员 23 人,占 45%;教研人员 15 人,占 29%;管理人员 13 人,占 26%。

此外,本届委员中女性委员 10 人,占 19.6%;来自中西部的委员 18 人,占 35.3%;北京地区的委员 24 人,占 47%。

本届编译出版委员会在组建过程中,严格遵循了如下原则:

(1)各专业委员会主任、副主任、委员实行编译出版委员会主任会议聘任制,聘任过程公正公开,民主集中。

(2)各专业委员会挂靠在主任委员所在单位。

(3)为工作方便,原则上编译出版委员会的副主任兼任一个专业委员会的主任职务。

(4)所有委员不跨专业委员会兼任委员。

(5)所有的拟聘委员,都经过了所在单位的确认程序,绝大多数委员所在单位都书面承诺对委员任职期间,在专业委员会的工作和活动中给予时间上、经费上的支持。

三、工作规划

中国图书馆学会是一个广泛凝聚界内理论工作者和实践工作者力量的群众性学术组织,作为学会工作的重要组成部分,编译出版委员会应当充分发挥群众性学术团体的优势,努力为理论工作者和实际工作者搭建一个相互交流学习的平台,促进理论与实际的紧密结合,瞄准共同的目标,团结协作,形成和推出一批既有理论深度、又对实践工作有真正指导意义和应用价值的高水平的学术研究成果。

根据今后几年我国图书馆事业及学科发展趋势,结合各专业委员会的工作对象和特点,三个专业委员会分别草拟了各自的工作规划,下面是工作规划的要点,请各位委员根据自身情况深入讨论,充分发表意见,予以补充、完善:

(一)图书馆学著作编辑出版专业委员会

(1)继续做好上一届确定的重点项目《信息管理科学博士文库》的编辑出版工作;

(2)做好各类基金支持项目成果的编辑出版工作;

(3)编辑出版《当代图书馆学研究文库》丛书;

(4)做好《图书资料馆员》、《古籍馆员》和《文献修复师》三种职业资格岗位培训教材的审稿与出版工作;

（5）加强与学科领域内专家学者的联系,出版反映学科发展的前沿和趋势问题的学术专著;

（6）进一步做好反映基层图书馆发展状况和工作成果的书稿的编辑出版工作。

（二）图书馆学期刊编辑出版专业委员会

（1）进一步加强和完善本专业委员会的组织建设及工作规划的制定;

（2）召开第 10 次全国图书馆学期刊工作研讨会,交流工作经验,提高办刊水平,促进专业期刊协调有序发展;

（3）组织业内专家进行第 5 次全国优秀图书馆学期刊的评选工作;

（4）组织第 2 次全国图书馆学期刊优秀编辑评选、表彰及经验交流暨老编辑表彰活动;

（5）组织专业学术研讨活动,提高编辑队伍专业水平和组织稿件的能力,促进图书馆学情报学学术研究及其发展。

（三）图书馆年鉴编辑出版专业委员会

（1）拓展和加强本专业委员会的工作范围和工作力度,逐步形成多样化的反映事业发展和学科进展的年度总结性出版物系列,使之成为业内年鉴及其他年度总结性出版物编辑出版工作的组织、规划、协调和指导机构;

（2）积极探索组织编纂反映各系统、各地区图书馆事业发展状况的分类年鉴、地区性年鉴的可能性与实用性,构建和完善能够及时、准确、客观、全面反映中国图书馆事业、图书馆学科发展状况的年度出版物体系;

（3）协调、督促《中国图书馆年鉴》编辑部妥善安排各年卷的编辑进度,制定合理的日程计划,充实栏目内容,提高学术水准,树立和增强其影响力和权威性。

四、值得思考的几个问题

1. 如何扩大和增强编译出版委员会在学会工作及图书馆出版行业内的影响力?

科协下属的 167 家一级学会大多设有“编辑出版委员会”（或“出版委员会”）,这些委员会作为各学会及所在行业编辑出版工作的枢纽,发挥着引导、规范乃至直接推动的重要作用。如何调动各方面积极因素,整合现有编辑、出版资源,充分发挥本委员会的作用,这是需要各位委员认真思考的重要问题。

2. 各专业委员会如何根据自己的特点,调动各方面力量,使各项工作更富成效?

本会下属的著作、期刊、年鉴三个专业委员会代表了学会编译出版工作的三个重要方面,而各专业委员会的委员组成人数有限,不可能囊括业内的所有的部门与人才,如何拓宽工作界面、尽可能多地联合所在领域的各方力量协同共进,这是各专业委员会能否充分发挥作用力、影响力的关键所在。希望各专业委员会的主任、委员能就此达成共识,群策群力,共谋发展。

3. 中国的图书馆学和图书馆事业已经有了百余年的历史,而迄今还缺乏对整个事业状况、学科状况、研究成果进行综括、前瞻、提炼、解说的大型工具书和指导性文献（如事业发展、学科发展白皮书、分类年鉴、图书馆学著述总目、提要、图书馆学中英词典等）,这与我们这个学科的发展是不相协调的,也是我们工作的缺失。能否集合大家的智慧和力量,在这方面有所突破、有所成就,也请各位建言献策。

各位委员,“十一五”期间是我国全面建设小康社会的关键时期,在落实科学发展观,构建和谐社会,建设创新型国家的大背景、大前提下,我国的图书馆事业必将迎来一个高速发展、繁荣兴盛的美好时期,在此期间,作为中国图书馆学会的一个重要组成部分,本委员会肩负着不可推卸的重要职责和神圣使命,为此,希望各位委员齐心协力,密切合作,贡献真知灼见,为中国图书馆事业的发展,同时也为圆满完成本届编译出版委员会的各项工作而努力奋斗。

谢谢大家!

附件一:图书馆学著作编辑出版专业委员会工作规划

1. 继续做好上一届确定的重点项目《信息管理科学博士文库》(中国图书馆学会学术研究委员会、编译出版委员会推荐书籍)的编辑出版工作。加强与各博士点和博士生导师的联系。适当调整编委会成员。在保证入编论文质量的前提下,重点选择实践意义强或理论价值更高的书。

2. 继续关注信息管理科学的前沿课题,着重做好各类基金支持项目成果的编辑出版工作,包括国家社科基金项目、自然科学基金项目和省部级、重点大学各种基金项目的书稿。

3. 与丛书编委会密切配合,编辑出版《当代图书馆学研究文库》丛书,并争取使这套丛书列为中国图书馆学会学术研究委员会和编译出版委员会推荐书籍,反映新时期图书馆学研究的基本状况,同时宣传当代杰出中青年学者的研究成果。

4. 根据中华人民共和国劳动和社会保障部、中华人民共和国文化部制定的国家职业标准,做好《图书资料馆员》、《古籍馆员》和《文献修复师》三种职业资格岗位培训教材的审稿与出版工作。

5. 做好国家教委"普通高等教育'十一五'国家级教材规划"中信息管理科学选题的申报、组稿、审稿及编辑出版工作。

6. 与学会有关部门和编委会合作,继续做好《中国分类主题词表》印刷版与电子版的推广应用工作。

7. 积极配合《中图法》编委会做好《中图法》第五版出版的前期准备及审订工作。

8. 加强与学科领域内专家学者的联系,出版反映学科发展的前沿和趋势问题的学术专著。

9. 北图出版社作为图书馆界重要的话语阵地,应进一步做好反映基层图书馆发展状况和工作成果的书稿的编辑出版工作。

附件二:图书馆学期刊编辑出版专业委员会工作规划

1. 在七届编译出版委员会成立和工作总体部署之基础上,抓紧本专业委员会的组织建设和工作规划的制订工作。对本专业委员会要完成的主要任务作出较详细的计划,落实到单位和个人,力求做到有计划,有人干,有成效。

2. 抓紧近三四年来全国图书馆学专业期刊办刊工作的经验总结、交流工作,以提高办刊水平,促进专业期刊发展。要特别注重对刊物的定位、经营管理、编辑人才的培养和编辑部建设、学术规范,以及刊物种类、刊期多少与当前专业学术发展的关系等重要问题进行研讨,以明确方向,进一步办好刊物,更好地发挥其作用。为此,计划今年 10 月前后召开第 10 次全国图书馆学期刊工作研讨会,对上述一些问题进行研讨,争取在一定程度上统一认识,改进工作,见到成效。

3. 组织业内专家进行第 5 次全国优秀图书馆学期刊的评选工作,并对评选出的优秀期刊予以表彰,进行经验交流,学先进,共奋进。

4. 计划在 2007 年末到 2008 年初,组织第 2 次全国图书馆学期刊优秀编辑评选、表彰及经验交流暨老编辑表彰活动。

5. 倡导、鼓励相关期刊与专业界共同组织专业学术研讨活动,提高编辑队伍专业水平和组织稿件的能力,促进图书馆学情报学学术研究及其发展。

附件三：图书馆年鉴编辑出版专业委员会工作规划

1. 拓展和加强本专业委员会的工作范围和工作力度，逐步形成多样化的反映事业发展和学科进展的年度总结性出版物系列，使之成为业内年鉴及其他年度总结性出版物编辑出版工作的组织、规划、协调和指导机构。

2. 积极探索组织编纂反映各系统、各地区图书馆事业发展状况的分类年鉴、地区性年鉴的可能性与实用性，构建和完善能够及时、准确、客观、全面反映中国图书馆事业、图书馆学科发展状况的年度出版物体系。

3. 协调、督促《中国图书馆年鉴》编辑部妥善安排各年卷的编辑进度，制定合理的日程计划，充实栏目内容，提高学术水准，树立和增强其影响力和权威性。

4.《中国图书馆年鉴》编辑部工作规划

(1)合理安排《中国图书馆年鉴》编辑部的日常工作

受中国图书馆学会的委托，北京大学信息管理系、北京大学信息传播研究所承担了《中国图书馆年鉴》的编辑工作。编辑部是年鉴编制工作的具体操作单位，年鉴编辑出版委员会要经常与编辑部沟通，做好日常的工作安排。

(2)从本年度开始，《中国图书馆年鉴》改为逐年出版

这是我们面临的新挑战。单年编制带来的新问题非常突出，对稿件的催缴、编审都提出了更高的要求。出版周期缩短，时间性增强，本委员会要针对这一新问题妥善安排年鉴的编辑出版工作。

(3)妥善安排《中国图书馆年鉴》(2006年卷)的编辑进度，制定合理的日程计划

在2006年2月底之前，通过中国图书馆学会发布《中国图书馆年鉴》(2006年卷)编纂大纲和征稿通知。催促各稿件提供单位在2006年5月底之前把稿件提交年鉴编辑部。编辑部将在2006年9月底完成年鉴的审校工作。通过以上各个环节的工作，《中国图书馆年鉴》(2006年卷)争取于2006年年内出版。

(4)做好栏目、内容修改，提高学术水平

《中国图书馆年鉴》经过前几年卷的积累，年鉴的栏目设置已经趋于稳定。目前面临的主要问题是做好栏目内各项内容的编排工作，提高部分栏目的学术水平。

(5)扩大宣传，增进年鉴编辑工作交流

依托中国图书馆学会的网站，在年鉴出版栏目中及时通报年鉴的编纂进程，交流年鉴编制过程中的问题与经验。在2007年初的秘书长联席会议上委托年鉴编辑部主编与会进行年鉴编辑工作交流。

中国图书馆学会第七届编译出版委员会组织规则

(中国图书馆学会第七届编译出版委员会全体会议2006年3月21日审议通过)

一、编译出版委员会成立的依据与性质

第一条　根据《中国图书馆学会章程》规定，设立编译出版委员会，它是中国图书馆学会在全国范围内负责指导及组织图书馆与信息领域编译出版活动的工作机构。

第二条　编译出版委员会隶属中国图书馆学会理事会领导。

第三条　编译出版委员会的权力归全体编译出版委员会委员所有，其日常事务委托给编译出版

委员会主任联席会议决定。主任联席会议由本委员会主任和副主任构成,是编译出版委员会的领导机构与决策机构。

二、编译出版委员会的人员组成

第四条　编译出版委员会由若干具有本专业高级职称、有较高的图书馆学与信息管理理论水平和实际工作经验,能够承担本委员会的一项或多项任务的人士(委员)组成。委员由编译出版委员会主任联席会议提名,被提名人所在单位同意,任期四年,可以连聘连任。

第五条　编译出版委员会设主任 1 人,副主任若干人。主任、副主任由常务理事会提名并聘任。委员会委员的构成要兼顾系统平衡,由编译出版委员会主任联席会议提名并聘任。

三、编译出版委员会的任务

第五条　编译出版委员会的任务是:
1. 组织并开展图书馆与信息领域的各种编译出版活动;
2. 按照编译出版委员会的任务,策划各专业委员会的编译出版与交流活动;
3. 受中国图书馆学会委托,代表中国图书馆学会参与有关专业编译出版与交流活动;
4. 完成学术著作、年鉴、期刊等出版物的编辑、出版和发行工作。

四、编译出版委员会的机构组成

第六条　编译出版委员会根据开展编译出版活动的需要,下设若干专业委员会:
① 图书馆著作编辑出版专业委员会
② 图书馆学期刊编辑出版专业委员会
③ 图书馆年鉴编辑出版专业委员会

第七条　各专业委员会设主任委员 1 人,副主任委员若干人,由编译出版委员会主任委员提名,各专业委员会其他委员由相应专业委员会主任委员提名,经被提名人所在单位同意,编译出版委员会主任聘任,报中国图书馆学会备案;任期四年,可以连聘连任。

五、专业委员会及其委员产生的原则

第八条　专业委员会组成及挂靠单位的总体原则
1. 各专业委员会委员实行编译出版委员会聘任制;
2. 各专业委员会设正主任委员 1 人、副主任委员原则上不多于 3 人、委员原则上不多于 15 人(含正副主任);
3. 为了便于开展工作,主任、副主任委员最好有 1 人在京;
4. 委员产生时要兼顾系统和地区之间的平衡;
5. 委员构成以中年为主体,同时体现老中青相结合的原则;
6. 各专业委员会筹建主持人由编译出版委员会主任联席会议确定。筹建主持人负责提出本专业委员会的副主任、委员建议名单;
7. 每位委员只担任一个专业委员会的委员,不跨专业委员会兼任;

8. 原则上一个单位在一个专业委员会内担任委员的人选只能有一人；正主任委员所在单位可以在该专业委员会内再增加一人担任委员；

9. 每个专业委员会挂靠于在该专业领域内学术影响较大、学术活动活跃、有能力支持该专业委员会开展活动，并且是中国图书馆学会团体会员的单位。该挂靠单位原则上即为主任委员所在单位。

第九条　主任委员的产生原则

1. 各专业委员会设正主任 1 人；

2. 专业委员会主任委员由编译出版委员会主任联席会议直接聘任；

3. 为了更好地发挥编译出版委员会在专业学术活动方面的指导和协调作用,编译出版委员会副主任原则上应兼任一个专业委员会的主任委员；

4. 本专业领域内的知名专家；

5. 具有正高级职称；

6. 有能力、有条件、有良好的社会关系开展工作；

7. 在职人员；

8. 对专业领域学术活动有足够的热心；

9. 能主动、自觉地配合编译出版委员会的工作；

10. 是中国图书馆学会会员。

第十条　副主任委员的产生原则

1. 各专业委员会设副主任委员原则上不多于 3 人；

2. 专业委员会副主任委员由各专业委员会筹建主持人提出建议人选；

3. 是本专业领域专家,有一定的学术影响；

4. 具有副高级以上职称；

5. 有条件组织和参加专业领域学术活动；

6. 在职人员；

7. 对专业学术活动有足够的热心；

8. 能积极配合主任委员开展工作；

9. 是中国图书馆学会会员。

第十一条　委员的产生原则

1. 各专业委员会所设委员原则上不多于 15 人（含主任和副主任委员）；

2. 专业委员会委员由筹建主持人提出建议人选；

3. 是本专业领域专家,有一定的学术影响；

4. 原则上具有副高级以上职称；

5. 有能力和条件参加专业领域学术活动；

6. 在职人员；

7. 能积极配合和支持主任与副主任委员的工作；

8. 是中国图书馆学会会员。

第十二条　专业委员会委员的最终确定

1. 根据专业委员会筹建主持人的建议名单,编译出版委员会主任联席会议决定候选人名单；

2. 将候选人名单提交中国图书馆学会理事长核准；

3. 核准后的名单提交中国图书馆学会常务理事会备案。

六、专业委员会的任务与工作

第十三条　编译出版委员会与各专业委员会原则上每年开展不少于一次学术活动,不限规模、不限形式。

第十四条　各专业委员会年度工作总结须在次年1月底前报编译出版委员会;编译出版委员会年度工作总结须在次年2月底前经中国图书馆学会秘书处报学会常务理事会。

第十五条　编译出版委员会及其各专业委员会委员应积极参与相关的编译出版与交流活动,主动承担本委员会交托的具体任务或具体工作;编译出版委员会及其各专业委员会的委员可优先取得本委员会编印的有关材料和参加本委员会开展的有关活动。

七、编译出版委员会的经费来源

第十六条　经费来源:编译出版委员会的经费由学会拨款并尽可能开辟其他经费来源;各专业委员会的经费主要自筹(包括挂靠单位资助),学会适当补助。

八、其他

第十七条　本组织规则的最终解释权归中国图书馆学会编译出版委员会主任联席会议。

第十八条　本组织规则由中国图书馆学会常务理事会批准执行。

中国图书馆学会第七届编译出版委员会

2006年3月20日

中国图书馆学会第七届编译出版委员会名单

(按姓氏笔画为序)

主　任:戴龙基

副主任:刘兹恒、李万健、郭又陵

委　员:马张华、勾学海、方　卿、王　波、王世伟、王宗义、王知津、王海泉、司　莉、刘　荣、刘其新、刘培一、刘慧娟、孙　坦、孙成权、朱静雯、毕红秋、许儒敬、初景利、吴　杰、吴　晞、吴　格、张　彦、张久珍、张广钦、张白影、张志强、张欣毅、李广建、李国新、李晓明、李常庆、杨华、邱均平、邹荫生、陈能华、卓连营、周金龙、金丽萍、赵炳武、倪晓建、徐　雁、徐建华(四川)、徐建华(南开)、顾文佳、蒋　弘、韩继章

各专业委员会名单

1. 图书馆学著作编辑出版专业委员会(16人)

主　任:郭又陵(兼)

副主任:方　卿、徐　雁

委　员:王知津、王海泉、刘培一、刘慧娟、孙　坦、吴　格、张志强、李广建、李常庆、陈能华、金丽萍、倪晓建、徐建华(南开)

2. 图书馆学期刊编辑出版专业委员会(19人)

主　　任:李万健(兼)

副主任:张欣毅、李晓明、邱均平、周金龙

委　　员:勾学海、王　波、王宗义、司　莉、刘其新、孙成权、毕红秋、吴　晞、杨　华、邹荫生、赵炳
　　　　武、徐建华(四川)、蒋　弘、韩继章

3. 图书馆年鉴编辑出版专业委员会(14人)

主　　任:李国新

副主任:马张华、王世伟、张久珍、卓连营

委　　员:刘　荣、朱静雯、许儒敬、初景利、吴　杰、张　彦、张广钦、张白影、顾文佳

中国图书馆学会第一届科普与阅读指导委员会成立

中国图书馆学会第一届科普与阅读指导委员会成立大会召开

2006年4月23—24日,中国图书馆学会第一届科普与阅读指导委员会成立大会在广东省东莞图书馆隆重召开。来自图书馆界、学术界、出版界、中国阅读学研究会以及相关行业的60余名专家学者从全国各地汇聚东莞,参加了本次盛会。

在4月23日上午召开的成立大会上,中国图书馆学会副理事长、第一届科普与阅读指导委员会主任、北京大学信息管理系主任王余光教授作了《让阅读成为我们生活的一部分》的主旨报告。王余光教授从阅读是人的权利谈起,指出阅读有利于提高民族素质,应该让阅读成为每个人生活的一部分,让所有的人都有书读,在中国社会经济转型时期,更应该将中华民族悠久的读书传统发扬光大;并针对我国家庭藏书与读书人比例不断下滑的趋势,希望重建家庭藏书,让书籍走入每个家庭,让"耕读传家"的传统在新时代得以延续,建议将购书经费列入家庭开支,建立家庭必备的基本藏书,给家庭成员营造阅读的环境和氛围,养成阅读习惯;他最后指出图书馆应在开展大众阅读中发挥更重要的作用,图书馆应该主动地采取一定的措施来推动社会阅读,图书馆也应该营造阅读的氛围,让图书馆成为每个读书人的理想居所。王余光教授的主旨报告精彩纷呈、妙语连珠,古今中外精彩论据信手拈来,他的呼吁"让阅读成为我们生活的一部分"得到了与会代表的广泛认可。

4月23日下午,科普与阅读指导委员会在东莞图书馆报告厅举行了第一次全体大会。中国阅读学研究会会长曾祥芹先生、澳门图书馆暨资讯管理协会副理事长梁德海先生、福建阅读学研究会秘书长黄天轼先生分别在大会上发言,祝贺中国图书馆学会第一届科普与阅读指导委员会的成立,并都代表各自的学会表示了愿意与中国图书馆学会科普与阅读指导委员会开展合作、交流学习、互通有无的态度。随后,本次大会的特邀代表台湾大学图书资讯学系副教授陈书梅女士为大会作了题为《从台湾地区阅读活动推广的概况谈公共图书馆之阅读指导服务》的报告。

此后,第一届科普与阅读指导委员会副主任、武汉大学图书馆文理分馆馆长黄鹏向与会代表作了《中国图书馆学会科普与阅读指导委员会组织规则》报告。《组织规则》报告中对科普与阅读指导委员会的委员组成、委员会及各专业委员会的任务及工作经费的来源等方面做了原则性说明。《中国图书馆学会科普与阅读指导委员会工作思路》印发给每位代表,请大家在各专业委员会分组讨论时认真研读、审议。

随后,科普与阅读指导委员会进入了各专业委员会分组讨论阶段。与会代表们回到各自所属的专业委员会,在各专业委员会主任或副主任的主持下,对《组织规则》及《工作思路》报告以及本专业委员会的工作任务与规划进行了广泛而深入的讨论,大家集思广益、各抒己见,讨论热烈而务实,取得了诸多共识,为各专业委员会的工作开展绘制了美丽蓝图。

4月24日上午,举行了第二次与会代表全体会议暨闭幕会。闭幕会由王余光教授主持。

国家图书馆业务处代表黎知谨向代表们介绍了国家图书馆文津图书奖的情况。为了传播先进文化、提高全民素质,更好地履行国家图书馆文化传播和社会教育的职能,2004年国家图书馆设立了"国家图书馆文津图书奖",旨在通过评奖活动发挥国家图书馆在倡导读书、组织读书、服务读书中的重要作用,培养全社会的阅读习惯,鼓励作者写好书,出版社出好书,读者读好书。

郑州大学崔慕岳教授代表科普与阅读指导委员会专家委员成员在闭幕大会上作了发言。他指出:中国图书馆学会第一届科普与阅读指导委员会的成立顺应了天时地利人和,必将在推动全民阅读、营造书香社会的过程中发挥自己的历史使命;并郑重表态专家委员会一定做好各专业委员会的服务工作,定期开展讲座,审核工作、开列推荐书目。崔教授还提出了三点建议:首先要加强图书馆学的学科建设,将阅读文化研究作为图书馆学科体系的重要方面;然后要加强图书馆学专业的课程建设,丰富课程内容,向台湾图书馆学界同行学习,开设阅读文化方面的本科课程;最后建议中国图书馆学会、中国阅读学研究会与教育部文化素质教育指导委员会合作,共同推进全民阅读活动。

闭幕大会的第三项议程是各专业委员会代表向大会汇报各自专业委员会四年任期中的工作规划部署情况。随后,代表们鼓掌通过了《中国图书馆学会科普与阅读指导委员会组织规则》及《工作思路》两份报告。

中国图书馆学会副理事长倪晓建教授和秘书长汤更生女士为中国图书馆科普与阅读指导委员会主任、副主任、各专业委员会主任及委员颁发了聘书。大会在南京大学信息管理系徐雁教授的精彩总结报告之后圆满落幕了。

(王媛)

中国图书馆学会第一届科普与阅读指导委员会名单

专家委员会(12 人)

本委员会为顾问性质,由社会知名人士及学者组成,指导或审核相关工作及成果(如定期推荐书等)、讲座等。

朱永新(苏州市副市长)

白化文(北京大学信息管理系教授)

崔慕岳(郑州大学信息管理系)

倪晓建(首都图书馆馆长)

陈　力(图家图书馆副馆长)

戴龙基(北京大学图书馆馆长)

薛芳渝(清华大学图书馆馆长)

郝振省(中国出版科学研究所所长)

曾祥芹(中国阅读学研究会会长)

李万健(《中国图书馆学报》常务副主编)

崔健飞(全国文化信息资源共享工程副主任)

刘百宁(留德中国物理学者学会主席)

阅读文化研究委员会(15 人)

本委员会之职责以研究为主,在此届四年内将完成若干课题,如多卷本《中国阅读通史》、《插图本中国阅读史》、《图书馆与社会阅读》、《近十年中国阅读现状分析》等。组织学术研讨会。

挂靠单位:待定

主　任:王　龙(包头师范学院图书馆研究馆员)

副主任:姚伯岳(北京大学图书馆副研究馆员)

　　　　王　波(《大学图书馆学报》编辑)

委　员:王三山(武汉大学信息管理学院副教授)

　　　　何锡章(华中科技大学文学院教授)

柯　平(南开大学信息管理系主任)
刘洪权(安徽教育出版社编辑)
王余光(北京大学信息管理系教授)
张　积(北京大学新闻传播学院副教授)
尹岚宁(中国图书馆学会秘书处)
崔　波(郑州大学图书馆副馆长)
李金荣(广东技术师范学院图书馆研究馆员)
徐建华(南开大学信息管理系教授)
黄镇伟(苏州大学人文学院教授)
黄仕忠(中山大学古文献研究所所长)

推荐书目委员会(16人)

本委员会主要职责是编辑《中国读书人经典书目》、《中国推荐书目年度报告书》等。并从事相关研究。

挂靠单位:苏州图书馆
主　任:邱冠华(苏州图书馆馆长)
副主任:燕金武(黑龙江大学图书馆副馆长)
　　　　王新才(武汉大学信息管理学院教授)
委　员:李天英(中国人民大学出版社编辑)
　　　　黄　鹏(武汉大学图书馆文理馆馆长)
　　　　王子舟(武汉大学信息管理学院教授)
　　　　王友富(高等教育出版社编辑)
　　　　曹敏燕(中国文化报)
　　　　刘康宁(国家图书馆业务处副处长)
　　　　王　媛(清华大学图书馆)
　　　　邓咏秋(北京图书馆出版社编辑)
　　　　赖洁玉(湖北长江出版集团读书期刊社、《中国图书年鉴》)
　　　　阚元汉(新闻出版署信息中心《全国新书目》总编)
　　　　雷树德(湖南省图书馆副馆长)
　　　　韩宝明(北方交通大学图书馆馆长)
　　　　王惠君(佛山图书馆馆长)

家庭藏书读书委员会(16人)

本委员会开展相关研究与活动,如中国家庭藏书文化、耕读传家的传统、重建家庭藏书与读书、亲子阅读、现代女性读书、休闲阅读等。

挂靠单位:待定
主　任:徐　雁(南京大学信息管理系教授)
副主任:林公武(福建省阅读学会副会长)
　　　　王宗义(上海《图书馆》杂志常务副主编)
委　员:孙孝诗(青岛市图书馆副馆长)
　　　　傅　敏(深圳大学图书馆副研究馆员)

汤更生(中国图书馆学会秘书长)

严　红(武汉大学出版社副编审)

钱　军(南京邮电学院图书馆副研究员)

甘其勋(中国阅读学研究会副理事长)

周心慧(首都图书馆副馆长)

毕红秋(《图书馆建设》副主编)

黄天轼(福建省阅读学会秘书长)

范　凡(北京大学信息管理系博士研究生)

虞浩旭(天一阁博物馆馆长)

曹　巍(《大学出版》杂志编辑部主任)

朱　敏(山东工商学院图书馆馆务委员)

图书馆与社会阅读委员会(16人)

本委员会对各图书馆开展科普与阅读活动加以指导、协助,为其提供理论及实践方面的咨询或帮助。本委员会以研究为主,重点讨论图书馆与阅读社会的建立、图书馆阅读环境、社区乡镇图书馆与阅读、读书节与读书月等问题,编辑《中国阅读活动与研究年度报告》。

挂靠单位:东莞图书馆

主　任:李东来(东莞图书馆馆长)

副主任:周黎明(《图书情报知识》副主编)

　　　　李西宁(山东省图书馆副馆长)

委　员:吴　晞(深圳图书馆馆长)

　　　　敬　卿(国防科技大学图书馆副馆长)

　　　　周金龙(《图书情报工作》主编)

　　　　张欣毅(《图书馆理论与实践》主编)

　　　　王景发(《图书与情报》副主编)

　　　　王　珊(国家图书馆分馆馆长)

　　　　顾玉青(河北省图书馆副馆长)

　　　　戴　靖(中国图书馆学会秘书处)

　　　　吴　锐(长春市图书馆副馆长)

　　　　郭秀海(济南市图书馆副馆长)

　　　　宛　玲(河北大学管理学院教师)

　　　　于　忠(丹东市图书馆)

　　　　余海宪(华东师范大学图书馆副馆长)

媒体与社会阅读委员会(13人)

本委员会将促进出版与阅读的良性互动,成为图书馆界与出版界沟通的桥梁,并开展畅销书与阅读、出版与读者培育、出版与时尚阅读等专题研究。争取编辑出版大型丛书《人人文库》。

挂靠单位:高等教育出版社

主　任:阎志坚(高等教育出版社)

副主任:吴永贵(武汉大学信息管理学院副教授)

　　　　汪　涛(北京海豚出版社编辑)

委　员:赖雪梅(《新华书目报》总编)

李常庆(北京大学信息管理系副教授)

赵　京(北京中视希望国际文化交流有限公司总经理)

钟智锦(北京文景出版公司编辑)

汪　琴(世界知识出版社编辑)

杨　平(《中国图书评论》)

杜桂玲(广西师范大学出版社上海贝贝特公司编辑)

许　欢(北京大学信息管理系博士研究生)

马俊华(高等教育出版社文科分社)

姜火明(《新华书目报》记者)

2006 年中国图书馆事业大事记

（国家图书馆参考咨询部　胡月平整理）

1 月

1 月 6 日　中国国家图书馆古籍馆揭牌,古籍馆藏目前已达 260 多万册件,其中善本古籍 27 万册件,普通古籍 164 万册件,特藏文献 70 余万册件,古籍藏量宏富,品种齐全,内容丰富,为中国之首。

1 月 7—11 日　北京图书订货会在北京国际展览中心举行。这次北京图书订货会有三个"第一":第一次邀请港澳台地区 145 家出版单位参展、第一次举办"书稿版权交易活动"、第一次将音像出版单位纳入订货会的参展成员。

1 月 8—9 日　中国图书馆学会 2006 新年峰会在海口召开,30 余位代表莅会。本次峰会的与会人员,除学会领导及相关专家学者、馆长外,还集中邀请了一批既熟悉业内状况、又具有参政议政能力,身兼"两会"代表、委员身份的各个系统、各个层面的图书馆馆长。本次峰会共有四个议题:图书馆法制环境的构建与行业自律、县级图书馆的生存与发展、西部高校与高职高专图书馆的振兴与发展、图书馆公共关系。

1 月 12 日　中国高校人文社会科学文献中心(CASHL)中心馆工作会议在四川大学召开。会议由 CASHL 西南区域中心——四川大学图书馆承办,来自北京大学、复旦大学、武汉大学等全国 7 个 CASHL 中心馆的 17 位代表参加了此次会议。

1 月 19 日　北京地区高校图书馆工作总结暨馆长新春联谊会在北京理工大学图书馆报告厅召开。

1 月 23—24 日　北京市图书馆协会学术年会在北京市房山区召开。

1 月　首届文化部创新奖揭晓,"城市教室"上海图书馆市民讲座、中国试验型数字图书馆、"数字故宫"建设等项目获得这一殊荣。

1 月　上海图书馆推出"上海年华"网站,以馆藏文献资源为基础,以大量老照片、图片、文字及视音频资料,介绍了百余位中国早期电影演员及逾 300 种中国早期现代电影期刊。

1 月　由中国科学院上海生命科学研究院和上海图书馆"强强联手"共建的全国唯一一家纯生命科学图书馆,和上海图书馆实现"通借通还"的服务。

2 月

2 月 15 日　皇家书苑"文澜阁"开始修缮。

2 月 24 日　世界唯一印学图书馆落户杭州。目前世界上唯一一所专门收集印谱、印论著作和资料及相关美术类等书籍的印学图书馆——西泠印社印学图书馆在杭州开馆迎客。

2 月 28 日　中国图书馆学会组织业内人士研讨《信息网络传播权保护规定》(征求意见稿)会议

在国家图书馆召开。中国图书馆学会图书馆法律与知识产权研究专业委员会李国新教授、肖燕教授将汇总有关意见,向有关方面反映业界的呼声。

2月 复旦大学图书馆民国时期书刊馆藏实现全文数字化。作为数字图书馆资源建设内容的组成部分,复旦大学图书馆民国时期书刊馆藏实现了全文数字化,这标志 CADAL 民国时期书刊子项目取得阶段性成果。

3月

3月9日 "学科导航建设研讨会暨方略辽宁地区发布会"在大连理工大学图书馆召开。

3月13日 中国图书馆学会接待美国图书馆协会前任主席卡罗尔·布雷·卡西诺一行 40 人来访。

3月14—18日 中国图书馆学会举办"中英图书馆管理高层论坛暨如何当好图书馆馆长研讨班"。

3月16日 国家科技图书文献中心郑州镜像站正式开通,这也是我国第七家国家科技图书文献中心镜像站。

3月18日 国家科学图书馆揭牌。全国人大常委会副委员长、中科院院长路甬祥和国家自然科学基金委主任陈宜瑜共同为该馆揭牌。中国科学院国家图书馆是在整合中科院所属的文献情报中心、资源环境科学信息中心、成都文献情报中心和武汉文献情报中心的基础上组建的。兰州、成都、武汉同时举行了分馆的揭牌仪式。

3月18日 由上海新华发行集团、上海出版社经营管理协会和上海市书刊发行协会联合举办的2006 全国图书馆 B2B 会议在沪召开。来自全国的 50 余名图书馆馆长以及近 100 名图书馆采编人员研讨了上海新华发行集团推出的 B2B 网上服务系统。该系统可为各地图书馆提供一周新书、销售排行榜、远程添货等服务。

3月20—21日 中国图书馆学会第七届编译出版委员会成立大会在北京召开。

3月21日 四川省数字图书馆正式在省图书馆开通,"科技之春"送文化下乡活动同时拉开帷幕。5月,省数字图书馆还将提供在因特网上服务全省公共读者的模式。

3月31日—4月1日 专业图书馆分会召开"中央国家机关图书馆文献资源建设研讨会"。

3月 集美大学建成国内首家智能管理图书馆。集美大学诚毅学院图书馆综合书库正式对外开放,配套建设的"RFID(无线射频识别)智能馆藏管理系统"已投入试运行。

4月

4月8日 全国文献缩微工作会议在盐田召开。来自全国各省市公共图书馆的代表齐聚大梅沙京地酒店,召开全国公共图书馆文献缩微工作会议,部署全国文献缩微的重点拍摄任务,扩大珍贵文献抢救范围。

4月12日 上海图书馆与加拿大蒙特利尔市公共图书馆友好合作交流备忘录签字仪式在上海图书馆贵宾室举行。加拿大蒙特利尔市市长热拉尔·特朗伯雷亲临现场并为仪式致词。上海图书馆馆长吴建中博士与蒙特利尔市图书馆副馆长路易斯·拉伯里女士分别代表各自的图书馆在合作文本上签字。

4月17日　中央文明办、民政部、国家新闻出版总署、国家广电总局联合在京宣布:第四期万家社区图书室援建活动将从城市拓展到农村,全国农村图书室援建工程启动。从今年到"十一五"期末,每年援建3万—5万个农村图书室,5年内在全国三分之一以上村委会建立图书室,确保2亿多农民受益。各直辖市、计划单列市和省会城市争取在5年内完成本辖区的农村图书室援建工作。

4月17日　藏书达70万册的北京中小学数字图书馆在北京四中启动,全市中小学师生注册后可免费阅读。

4月17—21日　中国图书馆学会在北京举办了"网络环境下图书馆参考咨询服务研讨班",来自全国各图书馆的近60位代表参加了研讨。

4月23日　中宣部、中央文明办联合新闻出版总署、文化部、教育部等11个部委,共同向社会提出倡议,开展"爱读书,读好书"的全民阅读活动。国家图书馆和中国图书馆学会联合举办"图书馆:公众的权益和选择——来吧,到这里读书"的大型公益活动。国家总书库首次向公众开放参观。联合国教科文组织授予中国图书馆学会"世界读书日"徽标在中国的使用权。国家图书馆还举行了向知识资源匮乏地区"捐献一本好书,共建书香中国"互动活动。600余人参加。

4月23—24日　中国图书馆学会科普与阅读指导委员会成立大会在东莞召开。

4月25日　深圳市文化局召开"图书馆之城"建设工作会议暨基层图书馆建设经验交流会。

4月—10月　中国图书馆学会与文化部全国文化信息资源建设管理中心及红军长征经过的15个省的省级分中心共同开展"文化共享长征行"活动,学会提供的"汉字——从甲骨文到计算机"展览全程巡展。此外,学会还组织了"纪念日科普展"、"德国景观建筑展"、"地球在呼唤"、"绿色生命"、"超越物质性"等5个主题展览在全国28家图书馆巡展,观众达50000人次。

5月

5月8日　上海图书馆与挪威奥斯陆公共图书馆暨挪威奥斯陆大学新闻、图书馆与信息学系之间的三方友好合作备忘录的签字仪式在上海图书馆举行。挪威奥斯陆副市长洪特维兹女士、挪威奥斯陆公共图书馆馆长塞特伦女士、上海图书馆馆长吴建中博士和挪威奥斯陆大学校长列林根教授等出席了仪式。

5月13日　全国公共图书馆网上参考咨询经验交流会在广州珠岛宾馆召开。由广东省中山图书馆领衔开发、全国30个公共图书馆组建的"联合参考咨询网",拥有我国目前最大规模的中文数字化资源库群,成为国内图书馆开展数字参考服务的著名品牌。

5月15—19日　中国图书馆学会在北京举办了《新版中国机读目录格式使用手册》培训班。来自全国各图书馆的30多位代表参加了培训。

5月19日　来自全国200多家图书馆的馆长们在深圳南山图书馆报告厅内济济一堂,第二届文博会"当代图书馆建设与发展论坛"在这里举行。这是深圳首次举办以当代图书馆建设为主题的文化论坛,与会的图书馆馆长们就图书馆的馆藏建设与管理、现代图书馆的服务创新、数字图书馆的前景等话题展开了热烈研讨与交流。

5月19—20日　中国图书馆学会专业图书馆分会举办中央国家机关图书馆第2次会议。

5月21日　首图启动汽车图书馆,读者可直接在车上阅读。上午,一辆载着2500册图书的中型面包车从首都图书馆出发,向平谷区大华山镇进发,这是首图启动的第一辆"汽车图书馆"。今后,由3辆图书车组成的首图汽车图书馆将为10个郊区县送去图书。

5 月 26 日—6 月 25 日 "文明的守望——中华古籍特藏珍品暨保护成果展"在国家图书馆展览厅展出,参观者可以免费观看甲骨"四方风"、宋司马光《资治通鉴》手稿、敦煌遗书、《永乐大典》、《四库全书》等国宝级收藏。

5 月 28 日 国家图书馆开通网上咨询台。网上咨询台以实时咨询和表单咨询两种方式,向读者全面介绍和推荐国图收藏的各类馆藏资源以及设置的各信息服务机构及其服务。

5 月 31 日—6 月 2 日 中国图书馆学会党校图书馆委员会召开"全国党校图书馆数字资源共建共享工作会议",启动全国党校系统数字图书馆资源共建共享工程。

5 月 百度与北京大学图书馆签订独家战略合作框架协议,网民可以通过百度搜索北大图书馆的数字图书内容。

6 月

6 月 10—14 日 中国图书馆学会专业图书馆分会召开 2006 年学术年会。

6 月中旬 中国图书馆学会高校图书馆分会举办"中国图书馆馆长暑期培训班"。高校图书馆分会组织 30 位大陆图书馆专家、学者,赴台湾参加海峡两岸"大学图书馆建筑、管理、服务理念学术研讨会"。

6 月 17 日 电子工业出版社与新疆人民出版社合作的"新闻出版行业多文种数字资源管理系统"项目研发启动仪式在新疆举行。

6 月 17 日—7 月 2 日 中国图书馆学会组织 36 名代表赴新奥尔良市参加美国图书馆协会(ALA)年会,由中国科协委托学会承办的"中国科技期刊展"参加了 ALA 年会展览会。

6 月 20 日 西藏图书馆建馆 10 周年庆祝会在拉萨举行。西藏图书馆是自治区"八五"重点建设项目之一,总投资为 1843 万元,于 1991 年动工修建,1996 年 6 月 20 日开馆。

6 月 21 日—23 日 中国图书馆学会用户研究与服务专业委员会召开"2006 长春国际图书馆学术会议",主题是"理性、开放、和谐的图书馆"。

6 月 24 日—30 日 中国图书馆学会少数民族图书馆专业委员会召开"第九次全国民族地区图书馆学术研讨会",主题是"民族地区图书馆的发展与创新"。

6 月 26 日—28 日 中国图书馆学会社区和乡镇图书馆专业委员会召开"第五届中国社区和乡镇图书馆发展研讨会",主题是"社区乡镇图书馆与和谐社会"。

6 月 29 日 《国家图书馆藏敦煌遗书》编纂出版座谈会在北京人民大会堂举行。

7 月

7 月 1 日 《信息网络传播权保护条例》开始实施。条例规范了信息网络传播权的定义,努力在保护著作权人利益和社会公共利益之间建立平衡点。该条例一方面将著作权人的传统权益进行网络化延伸,扩大保护,提高其创造积极性;另一方面为促进整个社会科技、文化事业的发展,反对权利滥用,对著作权人的信息网络传播权进行了一定的限制。《条例》为教学科研单位、公益性图书馆、档案馆等机构的网络传播设置合理使用条款,为远程教育及扶助贫困开绿灯,对于缩小贫富差距所带来的数字鸿沟具有重要意义。图书馆界积极关注并参与了条例的立法工作,在条例征求意见的过程中提交了多份修改意见,是业界参与国家立法活动的有益尝试。

7月6日　国家图书馆"创新人才计划"正式启动。

7月11日—12日　国家科学图书馆举行科技文献与网络资源实用技巧夏季短学期班活动。中国科学院研究生院的近300名研究生参加了该课程的学习。

7月12日　深圳图书馆新馆举行隆重的落成暨开馆仪式。国家文化部副部长周和平、广东省副省长雷于蓝和深圳市市长许宗衡一起启动光电按钮,为新馆揭牌。深圳图书馆新馆总建筑面积49 589平方米,现有藏书180余万册。该馆还采用了无线射频技术,即用RFID系统替代传统的条码技术。通过RFID系统,可以实现图书自助借还书、图书自助分拣、自动整序排架、自助清点馆藏、智能图书车和射频防盗报警等一系列自动化管理功能。

7月18日　全国新闻出版服务社会主义新农村建设工作座谈会在兰州召开。"十一五"期间,我国将实施"农家书屋"工程,力争在全国农村建设20万家"农家书屋",并逐步建立起为农民"出书、供书、读书、用书"的长效机制,基本形成农村出版发行服务新格局,让出版物发行网络延伸进村。

7月23日—27日　中国图书馆学会2006年年会在昆明召开。中国图书馆学会志愿者行动"基层图书馆馆长培训"正式启动。"2006年中国图书馆应用技术与专业设备及图书馆资源展览会"同期举办。美国华人图书馆员协会主席李海鹏一行14人参加中国图书馆学会2006年年会。

7月25日　《中华人民共和国柳州市图书馆和美利坚合众国辛辛那提市图书馆建立友好图书馆关系议定书》正式签订,开辟了广西公共图书馆与国外公共图书馆签订友好关系的先河。

8月

8月4日　朝阳区图书馆地方文献研究中心专家顾问座谈会在图书馆会议室举行。

8月14日　由国际图联善本手稿专业委员会、浙江省文化厅主办,浙江图书馆承办,以"中国书写与印刷文化遗产和图书馆工作"为主题的国际图联杭州会前会,在浙江图书馆举行。

8月17日　上海国际图书馆论坛开幕。在论坛举行的3天中,世界各地的图情界专家、学者将围绕"管理创新与图书馆服务"主题,就组织文化、营销与推广、危机管理、绩效评估和用户服务等方面的最新研究成果、实践经验以及未来发展趋势进行广泛的学术交流和探讨。

8月19日　第72届国际图联大会中文代表预备会议召开,近200位海内外华人代表共庆中文成为国际图联工作语言这一具有里程碑意义的盛事,《IFLA快报》(中文版)首发。学会向全国图书馆界发起募捐活动。

8月20日　为进一步提高读者服务质量,营造良好的办证秩序,自动叫号机系统在国家图书馆办证处顺利投入使用。

8月20日—24日　中国图书馆学会组织158名代表参加在韩国首尔举行的第72届国际图联大会,来自100多个国家和地区的5000余名代表参会。大会主题为"图书馆:知识与信息社会的动力引擎",共设置分主题76个,分会场216个,其中17个分会场设中文同声传译。中国科协委托学会承办的"中国科技期刊展"参加了IFLA大会展览会。

8月26日—9月1日　塞尔维亚国家图书馆馆长斯雷登·乌格利契奇先生、副馆长韦斯娜·伊尼亚茨·马尔芭莎女士一行2人来国家图书馆访问并与国家图书馆进行业务交流。

8月28日—29日　海南省高校图工委在博鳌召开工作会议,研究全省图书馆事业"十一五"发展规划及相关的工作。

8月30日　全国首家整合社会科学文献资源并提供相应信息服务的专门机构——"上海市社会

科学文献中心"8月30日在上海揭牌成立并开始运行。

8月30日—9月2日　第十三届北京国际图书博览会在中国国际展览中心举行。本届博览会国内展台数由去年的614个增加到今年的639个,海外展台数由去年的485增加到今年的550个,展台总数达到1189个。

8月31日　国家图书馆举办了"中俄图书馆、出版机构圆桌会议",会议的主题是"通过书籍促进交流"。中俄图书馆和出版界代表20余人出席了会议。

9月

9月5日　国家图书馆举办了"意大利文化书籍展览"开幕式。

9月13日　中共中央办公厅、国务院办公厅发布《国家"十一五"时期文化发展规划纲要》,提出要完善公共文化服务网络。完善公共文化设施网络布局,加强图书馆、博物馆、文化馆、美术馆等公共文化基础设施建设。创新公共文化服务方式,鼓励具备条件的城市图书馆采用通借通还等现代服务方式,推动公共文化服务向社区和农村延伸。促进数字和网络技术在公共文化服务领域的应用,支持民办公益性文化机构的发展,鼓励民间开办博物馆、图书馆等,积极引导社会力量提供公共文化服务。编制图书馆、博物馆、文化馆(站)等公共文化设施建设的国家标准。县(市)图书馆逐步实行分馆制,丰富藏书量,形成统一采购、统一编目的图书配送体系,充分发挥县图书馆对乡镇、村图书室的辐射作用,促进县、乡图书文献共享。按照"政府资助建设,鼓励社会捐助,农民自我管理,市场运作发展"的要求,支持农民群众开办"农家书屋"等。

9月13日　《公共图书馆建设标准》编制大纲工作开编会暨第一次工作会议在北京召开。建设部、国家发展改革委员会、文化部领导、中国图书馆学会及有关专家出席了会议。《公共图书馆建设标准》的编制工作由建设部、国家发展改革委员会主管,文化部主编,中国图书馆学会受文化部委托,承担标准的编制工作。

9月15日　全国文化法制工作会议在安徽合肥开幕。会上对国家图书馆等98个公共文化设施单位进行表彰,授予它们"公共文化设施管理先进单位"的称号。

9月15日—24日　第七届北京图书节在北京地坛公园举行。本届以"阅读新生活,创意新北京"为主题的北京图书节由北京市委宣传部、首都精神文明办、北京市新闻出版局等单位主办。

9月16日　中国图书馆学会在北京承办了2006中国科协年会第五分会场,主题为"科学技术普及与提高全民科学素质",来自5个学会的近200名代表莅会。

9月16日—19日　中国图书馆学会参加了中国科协在北京举办的主题为"预防疾病　健康生活"的2006年全国科普日活动,推出了"图书馆:现代生活的第二起居室——健康生活　快乐阅读"的活动主题和"阅读疗法"处方。

9月16日　由北京大学信息管理系和东莞图书馆联合举办的北京大学图书馆学高层开放论坛在北京大学三院隆重举行。

9月20日　甘肃省图书馆建馆90周年暨文溯阁《四库全书》入甘40周年庆祝大会在兰州举行。

9月20日—21日　在广州召开"第18届全国十五城市公共图书馆工作研讨会"。

9月27日　宁夏大学图书馆和宁夏图书馆签订文献资源共享合作协议。

9月27日　"携手建设创新型国家——首都图书馆系列活动"荣获北京科技周"最佳活动奖"。北京科技周组委会办公室召开了科技周工作总结表彰大会,大会对在北京科技周期间的优秀活动及优秀组织单位予以表彰。

9月28日 "国家图书馆西部援助计划"启动暨向四川省18家图书馆赠书仪式在四川省图书馆隆重举行。四川省仪陇县等县(市)的18家图书馆获得此次赠书。

9月28日 东莞第二届读书节开幕式暨"城市阅读论坛"开坛活动在东莞图书馆举行。

10月

10月9日 第二届数字时代中美图书馆与情报学教育国际研讨会在武汉大学人文馆主厅开幕。来自国内外多所大学的信息管理学院院长(或系主任)、大学图书馆馆长、档案馆馆长齐聚一堂,共商图书馆与情报学学科发展事宜。

10月13日 国家图书馆2006年度"创新人才"候选人专业答辩会召开,这是该馆首度面向社会招贤,并首度举办答辩。

10月13日 上海图书馆与昆士兰州立图书馆友好合作备忘录签字仪式在昆州首府布里斯班市的州议会大厦内隆重举行。

10月13—15日 第十次全国图书馆学期刊工作会议在井冈山召开,54人与会。评选出12种优秀期刊和8种受表彰期刊并颁发证书。

10月13—15日 "2006中国数字出版年会"在北京香山饭店举行。本次年会由国家新闻出版总署主办,中国出版科学研究所承办。来自全国各地出版界、数字出版界、图书馆界等领域的350多人参加了会议。今年的数字出版年会首次专函邀请图书馆界的代表参加。图书馆界有10多人出席了本次年会。

10月14—18日 中国图书馆学会图书馆史研究专业委员会召开"第一届图书馆史学术研讨会",主题是"建国以来中国图书馆史研究"。

10月18日 "第二届国家图书馆企业信息服务年会"举行。会议邀请了国家专利局、药监局、业内资深顾问、知名内容供应商以及各医药企业代表参加这次盛会,就如何有效的利用医药信息资源提升我国医药企业的科研竞争力和企业创新能力,为共同促进我国医药企业的发展壮大献计献策。

10月18日 由北京雷速科技有限公司召开的"学科导航3.0研讨会"在河南省新乡市隆重召开。

10月18日—20日 中国图书馆学会少年儿童图书馆专业委员会承办"全国少年儿童图书馆工作经验交流会"召开,会议由文化部社会文化图书馆司主办。

10月18日—21日 中国图书馆学会地方文献研究专业委员会召开"地方文献工作学术研讨会",主题是"21世纪地方文献工作发展研究"。

10月19日 上海图书馆副馆长周德明先生与雷吉纳大学图书馆馆长卡萝尔·希克森女士共同为"上海之窗"揭幕。

10月19日—21日 数字图书馆研究与建设专业委员会召开"数字图书馆与开放源码软件(OSS)"学术研讨会,主题是"研讨开放源码环境下的数字图书馆建设,探索我国数字图书馆的创新发展策略"。

10月24日—27日 中国图书馆学会与新闻出版署信息中心、江苏省委宣传部等联合主办了"2006中国·南京馆藏图书展销会"。其间,"图书馆文献采访工作研讨会"于25日召开,主题为"倡导行业自律和规范供需市场共建和谐",70余人与会。

10月25日 上海图书馆代表团在蒙特利尔麦吉尔大学图书馆举行了"上海之窗"揭幕仪式。

10月27日　主题为"图书馆业务外包"的第二期馆长沙龙在首都师范大学图书馆举行。

10月29日　"首届全国公共图书馆展览资源共建共享交流会"在上海图书馆召开。来自全国80家图书馆的150余位代表签订了"全国公共图书馆展览资源共建共享"协议。

10月29日—11月1日　中国图书馆学会在北京举办了"图书馆管理与服务创新研讨班",来自全国各图书馆的近50名代表参加了研讨。

10月30日　国家科学图书馆推出"9—9"每天12小时的网上实时咨询服务。10月30日起,通过网络向中国科学院的用户提供每周7天的实时参考咨询服务,每个工作日上午9点到晚上9点(简称"9—9"),每个周六、日的上午9点~12点、下午2点~5点。

10月30日　中国图书馆学会图书馆建筑与设备专业委员会举办"图书馆景观新领域国际论坛暨首届图书馆个性家具展览会"。

10月30日—11月2日　中国图书馆学会第三届青年学术论坛在武夷山召开,主题为"在创新中成长",78人与会。

10月　教育与培训专业委员会启动"全国高校图书馆学专业教育现状调查"项目。

11 月

11月1日—8日　国家图书馆詹福瑞馆长率团访问了香港和澳门。

11月2日　上海图书馆学会双月学术讲座邀请到法国国家图书馆馆长让—诺尔·杰恩尼(Jean-Noel Jeanneney)先生,在上海图书馆给百余名专业听众作了一场题为《欧洲数字图书馆建设》的讲座。

11月3日　全国首家"工会职工书屋"在河南内黄挂牌。

11月6日　江苏省建设"文化大省"的标志性建筑——南京图书馆新馆落成典礼仪式在新馆东门广场举行。南京图书馆是江苏省省级公共图书馆,国家一级图书馆,也是全国第三大公共图书馆。

11月6日　上海图书馆藏民国及海内外珍稀年鉴展开幕。

11月6日—7日　中国图书馆学会与中国出版工作者协会等在深圳联合主办了"全国读书文化研讨会"并通过了《关于全民阅读的深圳宣言》。

11月7日—10日　中国图书馆学会召开"全国图书馆网站建设研讨会"并举行征文评奖。

11月8日　由国家图书馆科技查新中心举办的北京地区图书情报机构科技查新工作研讨会在国家图书馆召开。

11月9日—18日　天一阁举行建阁440周年庆祝活动。

11月10日　中国科学院国家科学图书馆与中国科学院合肥物质科学研究院信息中心共同成立的"学科信息服务站"正式挂牌。

11月10日　北京市文物局图书资料中心与国家图书馆古籍部签订"明代佛经保护修复装裱"委托合同,将中心所藏一批珍贵文物——明代佛经交付国图古籍部修复。这批文物均为国家一、二级文物,这是本市首次利用美国驻华使馆提供的文化保护大使基金进行文物修复。

11月12日　中国图书馆学会专业图书馆分会召开"第二届军地图书馆馆长工作交流座谈会"。专业图书馆分会全年举办培训班8个,培训学员380名。

11月14日　俄罗斯艺术馆虚拟分馆展示会暨俄罗斯艺术馆向中国国家图书馆捐赠出版物仪式在国家图书馆举行,仪式由国家图书馆业务处处长汪东波主持。

11月14日—21日　张玉辉副馆长率团访问了日本国立国会图书馆。

11月15日　由中国国家图书馆和苏州独墅湖图书馆共建的首家国家数字图书馆实验馆落户独墅湖图书馆。

11月15日　首都师范大学电子文献研究所发布了最新研制出的个性化电子图书馆——国学U盘智能图书库。

11月16日　由中国科学院国家科学图书馆和长春应化所共建的"长春应化所学科信息服务站"在长春成立。

11月20日　国家图书馆中国民航分馆(民航数字图书馆)正式开通互联网网站：http://www. caacelibrary. cn:801/index1. htm。目前国家图书馆中国民航分馆(民航数字图书馆)互联网网站推出了国际国内行业动态、民航法规、民航标准、国际民航研究报告、民航信息快报、国际民航组织附件等频道。

11月23日　作为市政府规划建设的十大公共技术服务平台之一的宁波市科技文献检索服务中心正式开通运行。用户只需登录中心网站(http://www. nbsti. net)免费注册后,即可查询和下载相关科技文献资料。

11月27日　"雅鉴真赏：上海图书馆藏明清名家手稿展"在位于上海市淮海中路1555号的上海图书馆第一展厅开幕。

11月底　国家科学图书馆正式向科研用户推出了更方便的新的网上咨询台系统(http://dref. csdl. ac. cn/)。

12 月

12月10日—12日　"中国图书馆学会2007新年峰会"在苏州召开,30名代表与会。中国图书馆学会理事长、国家图书馆馆长詹福瑞宣布成立专门的课题组,委托范并思教授任课题负责人,开展广泛的调研,起草以宣示图书馆核心价值为主体的《图书馆服务宣言》。

12月13日　澳门图书馆暨资讯管理协会举行"建立澳门图书馆联合书目系统"新闻发布会。澳门图协理事长王国强表示,该会今年得到教青局赞助,建立澳门图书馆联合书目系统,现有七间学校及公共图书馆参与。该会希望利用几年时间为本澳所有学校图书馆建立联合书目,以减少图书馆老师在编目处理上的工作。

12月14日　教育部社科司与中国高校人文社会科学文献中心(CASHL)联合在北京大学启动了CASHL学科中心。

12月15日　深圳图书馆庆祝建馆20周年。国家图书馆、美国国会图书馆、香港图书馆、澳门图书馆及全国各省市图书馆馆长们共聚一堂,为深圳图书馆庆祝20周岁生日。大家在对深圳图书馆的先进技术表示赞叹的同时,也对其开放、平等、免费的理念表示赞赏。

12月18日　中科院国家科学图书馆开放研究生信息交流学习室,为研究生量身定做个人"书房"。

12月20日　广西壮族自治区图书馆庆祝建馆75周年。国家图书馆及全国各地50多家单位以各种方式祝贺广西图书馆迎来75周年庆典。

12月22日　苏州大学在独墅湖校区隆重举行庆典仪式,庆祝该校图书馆成立百年,同时宣布独墅湖校区的炳麟图书馆开馆。

12月22日　国家图书馆向全国2000多家基层图书馆赠送服务卡,今后,这些图书馆可以通过网络远程共享国图的数字文献资源。11月22日,中国国家图书馆"基层图书馆服务卡"首发仪式在四川广安市邓小平图书馆隆重举行。通过"基层图书馆服务卡",四川省所有基层图书馆可以免费使用国家图书馆购买的可授权的第三方使用的13万种28万册电子图书和国家图书馆现有的其它的数字文献。

12月23日—24日　十余位图书馆界专家、学者实地考察杭州地区图书馆"一证通"工程,并进行理论研讨。来自国家文化部、北京大学、南开大学、浙江大学、华东师范大学、上海图书馆、中山图书馆等的专家、学者充分肯定了此项工程在创建以杭州图书馆为中心的市、区(县)、街道(乡镇)、社区(村)四级图书馆服务网络,形成"十五分钟文化圈"中所作出的贡献。

12月25日　上海图书馆"新馆开放十周年大型座谈会"在上图报告厅举办。

12月26日　北京地区高校图书馆工作总结暨2007年馆长新春联谊会在北京师范大学召开。

12月27日　首都图书馆二期暨北京市方志馆工程举行奠基仪式。

专　　文
Special　articles

专　文

全国文化信息资源共享工程的战略提升和快速发展

崔健飞
（全国文化信息资源共享工程）

全国文化信息资源共享工程是萌发、植根于我国公共图书馆行业,利用我国公共图书馆行业的数字技术和人才队伍,依托我国公共图书馆组织系统发展壮大起来的信息化文化传播工程。它 2002 年 4 月由国家文化部、财政部启动,经过 4 年的建设,其规划蓝图、资源建设、技术路线、服务模式、投资机制日趋成熟。到了 2006 年,共享工程在国家发展战略层面,从整体上获得了重要提升,成为我国公共文化服务体系中基础性重点工程。新中国成立以来,依托我国图书馆事业发展起来像共享工程这样被置于国家发展战略如此重要地位的单项文化项目,尚不多见。它对于促进我国图书馆事业的发展,发挥着并将继续发挥其重要作用。

一、全国文化信息资源共享工程的战略提升

1. 成为国家新农村建设的重要文化工程

2006 年 1 月,中共中央发布《中共中央国务院关于推进社会主义新农村的若干意见》(〔2006〕1 号),其中规定:“发展文化信息资源共享工程农村基层服务点,构建农村公共文化服务体系”。2006 年 2 月,中共中央总书记胡锦涛在省部级主要领导干部建设社会主义新农村学习班上要求“发展文化信息资源共享工程农村基层服务点,构建农村公共文化服务体系”。在这之前的 2005 年 11 月 7 日中共中央办公厅、国务院办公厅下发的《关于进一步加强农村文化建设的意见》中,已经在第三章“加强农村公共文化”中单辟一条即第 7 条,指出了共享工程在农村文化建设中的作用,此条表述为:“开展农村数字化文化信息服务。加快全国文化信息资源共享工程建设。积极发展文化信息资源共享工程农村基层服务点,重点支持边远贫穷地区乡镇、村基层服务点建设。文化信息资源共享工程要与农村文化设施建设统筹规划,综合利用,使县文化馆、图书馆和乡综合文化站、村文化活动室逐步具备提供数字化文化信息服务的能力。要依托农村党员干部现代远程教育和农村中小学现代远程教育网络,以共建方式发展基层服务点。”

解决农村的问题,是我国工作的重中之重。农民素质的提高,以及他们健康、文明、充实的文化生活及其幸福指数,是解决农村问题的一个关键。全国文化信息资源共享工程在解决这个问题上被赋予了使命,可谓意义非凡。

我国农村是较少享受到图书馆服务的广大区域,我国农民是较少享受到图书馆服务的巨量群体。中国政府以强大的行政推力,迅速把图书馆服务拓展到广大的农村,为世界各国所罕见。文化信息资源共享工程农村基层服务点,实际上是现阶段农村图书馆的先声。《联合国教科文组织公共图书馆宣言 1994》(Unesco Public Library Manifesto 1994)呼吁:“每一个人都有平等享受公共图书馆服务的权利,而不受年龄、种族、性别、宗教信仰、国籍、语言或社会地位的限制”。“公共图书馆是传播教育、文化和信息的一支有生力量,是促使人们寻找和平和精神幸福的基本资源。”“公共图书馆原则上应该免

49

费提供服务。建立公共图书馆是国家和地方政府的责任。必须专门立法维持公共图书馆,并由国家和地方政府财政拨款。图书馆应该是继承文化、传递信息、扫盲和长期教育战略的基本组成部分。"这些人类关于公共图书馆服务的基本共识和理念,在我国是以公共图书馆中的全国文化信息资源共享工程为开路先锋的,它的保障基层人民群众基本文化权益的宗旨及其积极实践,被基层群众称为"惠民工程"。当一个文化行动长年福泽百万里城乡,庶几堪为神州文化生活的史诗。

2. 成为国家公共文化建设的重点工程

2006年3月,我国全国人大十届四次会议通过了《中华人民共和国国民经济和社会发展第十一个五年规划纲要》,全国文化信息资源共享工程被列入其中的重点文化工程栏目,并规定其功能为:"推进文化资源数字化,以农村为重点促进文化信息资源共享。"在当月的温家宝总理"政府工作报告"中,共享工程被两次提及,提出了积极推进共享工程的要求。这是全国文化信息资源共享工程被提升纳入我国整体发展战略的一个重要标志。工程之所以被提升到如此高度,可在2006年10月的中国共产党十六届六中全会上解读出其最重要的原因。十六届六中全会作出《中共中央关于构建社会主义和谐社会若干重大问题的决定》,其中指出:要"优先安排关系群众切身利益的文化建设项目,突出抓好广播电视村村通工程、社区和乡镇综合文化站(室)工程、全国文化信息资源共享工程"。"关系群众切身利益"是国家行政的最重要的宗旨,全国文化信息资源共享工程的性质和任务契合了这一宗旨。

全国文化信息资源共享工程的任务是:应用现代科学技术,将中华优秀文化信息资源进行数字化加工和整合,通过共享工程网络体系,以卫星网、互联网、有线电视/数字电视网、镜像、移动存储、光盘等方式,实现优秀文化信息资源在全国范围内的共建共享。具体说,它有4项主要内容:(1)征集、整合加工优秀健康的数字资源,并通过卫星、网络、移动硬盘、光盘等方式传送到全国各级中心及基层点。(2)采购软、硬件设备,并把它们安装于全国各级中心及基层点。村基层点硬件设备标准,一般为一台电脑服务器、一台投影仪及幕布、一个卫星接收设备。(3)铺建基层服务点。各级中心及基层点依托现有图书馆、文化馆站系统建设,但由于我国基层图书馆、文化站以及村文化室并不完善,所以乡镇、街道以下基层点的创建任务颇为艰巨。(4)培训各级中心尤其是基层计算机、卫星接收操作人员。上述4项主要工作开展,其经费绝大多数由中央和各级政府财政支出。

工程的地位和意义表述为:文化共享工程是中国公共文化服务体系的基础工程,是政府提供公共文化服务的重要手段,是实现广大人民群众基本文化权益的主要途径,是改善城乡基层群众文化服务的创新工程。工程的地位和意义表明:(1)共享工程属于政府提供公共文化服务,它的资金来源是公共财政,它的服务是非盈利的,是免费的或是相当优惠的;(2)工程的服务对象是城乡基层群众;(3)工程的任务和服务宗旨,是"实现广大人民群众基本文化权益","改善城乡基层群众文化服务"。(4)工程的服务手段是现代信息技术,处在现代文化传媒发展的技术高地,体现海量、快速、便捷服务的特点。上述四点都是与城乡基层群众的文化生活、幸福指数,包括素质的全面提高,息息相关。

全国文化信息资源共享工程的宗旨和任务,成为它纳入国家发展战略和在我国人民生活中占重要位置的原因。

共享工程既成为国家公共文化建设的重点工程,便受到高度重视。首先是领导重视。中共中央政治局常委李长春同志多次做出重要批示,并多次视察各地共享工程建设情况,有力地推动了工程的开展。中共中央政治局委员、书记处书记、中宣部部长刘云山同志,国务委员陈至立同志也十分关心工程建设,多次亲自召开会议,协调解决工程建设中存在的困难和问题,对工程建设作出具体部署。很多各级地方政府领导也亲自抓本地区共享工程建设。

其次是领导机构的加强。组织协调共享工程的领导机构也进一步升级。由文化部牵头,国家发改委、财政部、教育部、科技部、农业部、卫生部、国家广电总局、国家新闻出版署、国务院法制办等10个部委组成全国文化共享工程部际联席会议,部际联席会议办公室设在文化部,由文化部部长担任该部际联席会议的召集人。

第三是政府投入经费增加。中央财政计划在"十一五"期间将投资工程24.7亿元,加之地方投资,总数应在55亿元以上,为新中国成立以来公益性单项文化项目投资最多的项目之一。领导力度的加强、经费投入巨量增加,特别是群众的旺盛需求,这些都成为全国文化信息资源共享工程迅速发展的强大促进力。

3. 成为国家公共文化体系的基础工程

2006年9月,中央办公厅、国务院办公厅颁布《国家"十一五"时期文化发展规划纲要》(以下简称《纲要》)。在这个规划纲要中,全国文化信息资源共享工程被摆在非常突出的位置,成为我国公共文化服务的基础性工程。

《纲要》第3章"公共文化服务"的第1节"完善公共文化服务网络"(《纲要》总第8节)中,所列的5项发展任务,都与共享工程有关。第1条的第一句是:"建设一批代表国家文化形象的重点文化设施,大力推进文化信息资源共享工程等重大文化工程建设。"第2条是"完善大中城市公共文化设施,加强图书馆、博物馆和文化馆(中心)建设"。共享工程依托我国图书馆、文化馆系统推进,大中城市的图书馆、文化馆即是共享工程的省级分中心、市级支中心以及基层服务点。第3条:"在巩固县县有图书馆、文化馆的基础上,基本实现乡镇有综合文化站,行政村有文化活动室。"县图书馆是共享工程的县级支中心,乡镇综合文化站、村文化活动室分别是工程的乡镇基层服务点和村级服务点。目前乡镇服务点建设,是与另一个我国公共文化的重大工程"社区和乡镇综合文化站(室)"工程配套进行的。第4条为"加强各级广播电视无线发射转播台(站)的维护,更新设备,保障正常运行",这也与共享工程有关,因为工程的各级中心都有卫星接受设备,同时工程丰富的资源,也通过很多地方的有线电视、数字电视传播,例如贵州遵义的有线电视和山东青岛、广东佛山的数字电视,均设有共享工程专栏。第5条"在中西部及其他老少边穷等地广人稀的地区配备流动文化服务车,建设流动服务网络",流动服务车提供的也有共享工程的资源服务。

以上列举的,是《纲要》第3章"公共文化服务"中第1节各条与共享工程间的密切关系。"公共文化服务"一章中的其他各节,依次为"加强农村文化建设"、"普及文化知识"、"建立健全文化援助机制"、"鼓励社会力量捐助和兴办公益性文化事业",均与共享工程的资源服务和运作机制有关。这种与我国公共文化服务体系诸多工作有着密切联系的现象,体现了共享工程在公共文化服务体系建设中的基础性地位。分布全国各地的共享工程的信息化设备和丰富的数字化资源,将激活和提升我国传统的公共文化包括公共图书馆的服务方式,使之面貌一新。

工程网络信息服务平台提供的信息平台是丰富海量的,以文化为主,兼含农业种植技术、农业养殖技术、农民工进城务工技能,也有城乡群众共同需要的医疗保健、金融理财等实用信息资源。具体包括话剧、歌剧、音乐、舞蹈、京剧与各地方戏剧、小品、戏曲、杂技、皮影、木偶、说唱艺术、电影、电视剧、文学、历史、美术书法、政治经济、哲学宗教、文物典籍以及各类电子书刊、动漫作品、综艺晚会等,并把我国自然历史文化遗产和非物质文化遗产列为两大主要线索。共享工程提供的数字资源,其内容基本涵盖了我国现有文化产品所涉及的所有种类,并已积累了63TB的资源量,并将在"十一五"期间建成拥有100TB资源量的大型资源库。它对我国数字文化产品的传播与服务,将提供一种基础性支持和整体性支撑。

4. 成为国家信息化发展战略的组成部分

2006 年 5 月,中央办公厅、国务院办公厅颁布《2006—2020 年国家信息化发展战略》。这个文件提出,到 2020 年,我国信息化发展的战略目标是:综合信息基础设施基本普及,信息技术自主创新能力显著增强,信息产业结构全面优化,国家信息安全保障水平大幅提高,国民经济和社会信息化取得明显成效,新型工业化发展模式初步确立,国家信息化发展的制度环境和政策体系基本完善,国民信息技术应用能力显著提高,为迈向信息社会奠定坚实基础。建设先进网络文化、推进社会信息化、加强信息资源的开发利用、提高国民信息技术应用能力及造就信息化人才队伍列入国家信息化发展战略的重点任务,也是全国文化信息资源共享工程的题中之意。在"我国信息化发展的战略行动"之第一条"国民信息技能教育培训计划"中,文件指出:"加大政府资金投入及政策扶持力度,吸引社会资金参与,把信息技能培训纳入国民经济和社会发展规划。依托高等院校、中小学、邮局、科技馆、图书馆、文化站等公益性设施;以及全国文化信息资源共享工程、农村党员干部远程教育工程等,积极开展国民信息技能教育和培训。"全国各地共享工程通过集中和分散培训,使基层工作队伍初步建立起来。文化共享工程现已拥有一支近 54 万人的专兼职工作队伍,并利用工程信息化设备,为农民、学生、老年人、残疾人开展计算机培训。共享工程在国民信息技能教育和培训中的作用和潜能,不可低估。

二、全国文化信息资源共享工程的迅速发展

1. 资源总量已达到 58TB

共享工程把资源建设视为核心工作。在现有总量 58T 资源中,内容包括电子书刊、电影、戏剧、地方戏曲、说唱艺术、电视剧、动漫作品、歌舞晚会、知识讲座以及农业实用技术资源等,并建设了一批水平较高的图文专题资源库。采取深度链接的方式,将博物馆、美术馆等国家级文化单位适合基层服务的互联网数字资源纳入文化共享工程网站的整体服务框架。

2. 建成各级中心和基层服务点 6700 个,服务网络初步搭就

依托各级公共图书馆和乡镇、街道文化站,已建成各级中心和基层服务点 6700 个,包括 1 个国家级中心,33 个省级分中心,1775 个市/县级支中心,2085 个乡镇、街道基层服务点,2806 个村、社区基层服务点,与农村党员干部现代远程教育工程、农村中小学现代远程教育工程合作共建基层服务点分别达到 19.7 万和 18.1 万个,初步形成了覆盖全国的服务网络。工程依托县图书馆、文化馆、文化站等基层文化单位,建立了 54 万人的专兼职工作队伍。

3. 技术传播方式因地而异

在具备网络条件的地方,工程主要通过互联网提供服务。在开通城域网、局域网的地区,采用镜像方式传输资源。在网络不发达的地方,通过卫星传送方式传输资源,同时通过光盘、移动存储等方式开展服务。一些地方还通过数字电视或有线电视,传输工程资源。

4. 服务效果不断改善

目前,共享工程辐射人群达到上亿。通过工程平台,文化信息资源源源不断传输到基层,在解决了农民看书难、看戏难、看电影难的问题上,发挥了很大作用,丰富了群众业余文化生活。另有丰富的农业生产生活、农业科技知识等,为农民致富提供了一定的信息保障。许多地方依托文化共享工程开展农业技术培训、农民工培训、再就业培训等,提高了农村信息化水平和基层群众科学文化素质。同

时,共享工程的实施,也使基层文化单位拥有了新的服务手段,增强了活力,充实了服务内容,提升了公共文化服务水平。

5. 与其他远教工程合作共建

2005年1月文化部和教育部联合下发文件,启动了农村中小学现代远程教育与文化共享工程的共建共享,即共享工程提供农村中小学现代远程教育数字资源,对方的基层点与共享工程基层点合作向群众开放。

2006年12月,全国农村党员干部现代远程教育试点工作领导协调小组办公室与全国文化信息资源共享工程领导小组办公室联合下发文件,启动农村党员干部现代远程教育工程与全国文化信息资源共享工程的资源合作,使共享工程合作基层点得到迅速发展。山东省、河南省共享工程,与农村党员干部现代远程教育工程的合作最为成功。山东在全国第一个建立起了覆盖全省的基层服务网络。河南文化共享工程被列为2007年省委省政府为群众办的十件实事之一,依托农村党员干部现代远程教育工程服务网络,村级基层服务点已达3.8万个,覆盖率达到90%以上。

还与中宣部"百县千乡文化工程"和全国妇联"美德在农家"活动等合作,合建了数百个基层示范点。国务院扶贫办与共享工程签订协议,通过共享工程平台,对贫困地区30万农民工开展培训。

上海市的共享工程,具有显著地方特色。它与上海市社区信息苑工程同步推进,使共享工程信息服务迅速进入社区。青岛市共享工程合作途径颇广,它与农村党员干部现代远程教育、数字电视、数字图书馆、政府政务网和基层文化设施建设同时合作,形成"五连线"模式。

三、工程存在的一些问题

1. 发展不平衡

既然工程的建设是由各级政府投资实施的,那么政府官员对此重视程度不同,将直接影响工程的进展。一些地方的文化行政主管部门还没有认识到工程的重要性,未将工程建设列入重要的议事日程,更未引起党委、政府的重视,有效的工作机制尚未搭建,使基层服务点建设进展缓慢,发展很不平衡。

2. 资源总量相对不足,技术平台尚不完善

资源不足问题与财政投资有关,也与群众的文化需求不断上升和变化有关。它可能是一个长期存在的规律性问题。一个时代的文化产品能够长期持续满足大众的全部文化欲望,也许只是一种理想境界。技术的不完善,与我国图书馆技术力量的组织整合不够有关,也与现代信息技术尚处在不断探索进步和嬗变有关。

3. 媒体宣传和学界关注不够

自2002—2006年,我国中央、地方主要媒体对文化共享工程不重复报道350篇,共约60万字。其中一些宣传报道并不是媒体主动追踪,而是在共享工程管理部门积极联系下发表报道的。国外媒体没有专题报道。学术界对共享工程的研究更加不够,2006年以前,基本上没有重要学者对共享工程专文研究。这对于一个国家重点文化基础工程来说,显然不够。

"送书下乡"工程实施情况

白雪华

（文化部社图司图书馆处）

一、工程实施背景和基本情况

目前,我国农村文化建设虽然已经取得了一些成绩,但从整体来看,农村基层各类知识信息十分匮乏,文化生活单调落后的问题依然十分严峻。正如胡锦涛同志所指出的,"农村精神文化生活的状况堪忧"。农民看书难的问题表现尤其突出。造成这个问题的主要原因是各地县级图书馆、农村乡镇文化站长年购书费不足,农村文化设施、新书资源严重不足。截至2006年底,全国馆藏图书仅5亿册,人均0.39册,县级馆人均仅0.1册。全国人均购书费0.5元,上海人均达到7.9元,其他人均在0.5元以上的省份包括北京、天津、广东、浙江、江苏等5个,低于全国平均数的有25个省份。县级图书馆2391个,按照《图书馆建设标准》,低于县级最低标准(馆舍面积500平方米)的有557个,未达标率达到23.3%。2006年,全国有733个图书馆无购书经费,其中,县级图书馆709个,占县级图书馆总数(2391个)的30%。在全国县级图书馆中,东部地区平均每馆购书费为19.5万元,而中、西部地区分别只有2.1万元和1.6万元。在县级图书馆中,平均每馆财政拨款为46.9万元,用于人员的支出为30.6万元,占到财政拨款的65.2%。中、西部地区该比例更高,分别为77.1%和72.3%。县级公共图书馆购书经费占总支出的比例持续下降:1979年占37%,1985年降为17.2%,1995年降为10.3%,到2002年降为9.8%。县级公共图书馆平均每馆新购图书册数持续下降,1983年为4400册,1990年降为1700册,2003年降为1690册。

为繁荣农村文化,保障农民群众基本文化权益,有效改变基层群众看书难的问题,帮助贫困地区县图书馆、乡镇图书馆(室)解决藏书贫乏、购书经费短缺的问题,努力满足人民群众对知识、信息的需求,文化部、财政部自2003年起,在全国贫困地区开始实施"送书下乡工程"。工程实施的目标是:自2003至2008年,文化部、财政部向592个国家级扶贫开发工作重点县图书馆和所辖1.1万个乡镇图书馆(室),赠送农村适用图书1000万册。财政部每年为送书下乡工程安排专项经费2000万元,6年共安排1.2亿元。工程第一期为2003至2005年,文化部、财政部向300个国家级扶贫开发工作重点县图书馆和3000个乡镇图书馆(室),赠送农村适用图书390万册。财政部每年为送书下乡工程安排专项经费2000万元,3年共安排6000万元。第二期从2006年到2008年,仍每年投入2000万元。2005年项目第一期完成后,2006年至2008年,继续向全国592个国贫县中的其余292个开展赠送图书的工作。

二、送书下乡工程的特色

(一)政府组织。工程由国家财政每年投入2000万元,6年共投入1.2亿元,集中采购近两年来出版的最新图书,每年采购图书总量超过160万册。为保证工程的顺利实施,财政部、文化部联合成立了全国送书下乡工程领导小组,各省(区、市)也成立了相应机构,负责组织实施这项工作。各地按照受赠图书馆(室)条件,根据分配名额,选定接受赠书的县图书馆和乡镇图书馆(室)名单,填写《受赠图书馆(室)申报表》,报送全国送书下乡工程领导小组办公室。经全国送书下乡工程领导小组审定后,确定接受赠书的县、乡镇图书馆(室)名单。

(二)专家选书。工程入选图书内容涵盖政治、经济、文化教育、法律知识、科普读物、农村实用技术、医学保健、文学艺术、百科知识、名人传记等十大类,均为最新出版图书。为保证所选书籍的权威性、实用性、针对性,每年组织专家对图书进行遴选。几年来,各地纷纷反映,送书下乡工程所送图书质量高、实用性强,能够满足群众的致富需求和农村群众文化生活的需要,很受广大群众欢迎。

(三)集中配送。成立全国图书配送中心,设在国家图书馆。配送中心采取集中采购、统一装帧、直接配送的办法。配送图书使用统一设计的印有"文化部、财政部送书下乡工程"字样的封面及专有标识,力求形象统一。配送中心按照确定的受赠图书馆(室)名单,将图书发运至有关省(区、市)。各地负责接收、配送图书,并发送到本省的县、乡镇图书馆。有关省(区、市)文化厅(局)于每年年底前将本地送书下乡工程的实施情况,有关县、乡镇图书馆(室)接收、利用图书情况等报全国送书下乡工程领导小组办公室。

(四)条件明确。为保证书尽其用,工程对受赠图书馆(室)条件进行了特别规定。县级图书馆必须具备几个条件:一是属国家扶贫开发工作重点县;二是图书馆馆舍面积500平方米以上;三是每周开放时间不少于48小时。乡镇图书馆(室)必须具备五个条件:一是国家扶贫开发工作重点县所辖的乡镇;二是有保存图书、提供借阅的场地,不低于50平方米;三是有接受过县以上图书馆业务培训的专(兼)职工作人员;四是有图书借阅、保管等规章制度;五是每周开放时间不少于20小时。

三、送书下乡工程实施6年成效显著

(一)保障农村群众基本文化权益,弥合城市与农村的文化差距,实现共同发展。

送书下乡工程赠书范围均为国家级贫困县,经济落后,文化事业基础薄弱,需要国家财政予以大力扶持。这些地区的农民群众不能像城市居民那样平等地获取各类知识信息,导致信息匮乏、知识更新慢,无法解决生产和生活中遇到的实际问题。送书下乡工程所送图书均为两年内出版的最新图书,内容涵盖政治、经济、文化教育、法律知识、科普读物、农村实用技术、医学保健、文学艺术、百科知识、名人传记等十大类,能够一定程度满足农村群众的各类信息需求,缩短与城市居民的文化差距,促进当地经济与社会协调发展。

(二)有效改善国家级贫困县基层文化设施资源匮乏的状况,使基层图书馆焕发了活力。乡镇图书室等基层文化设施是农村公共文化服务体系的主体,实施送书下乡工程,极大提高了基层文化设施在农民群众中的影响力和凝聚力,有效发挥文化设施的服务功能,为农村公共文化服务体系建设奠定坚实基础。自工程实施以来,各地基层图书馆陆续接收到获赠新书,丰富了图书馆馆藏,吸引读者又回到了图书馆,基层图书馆焕发了活力。四川省10个贫困县190个贫困乡镇连续两年获赠图书20余万册,受赠单位共计204个,有效改善了基层图书馆办馆条件。四川南充市以这批赠书为基础,配备其他书籍,帮助数个边远贫困山区乡镇建设了科技兴农图书室,如:阆中的五马乡接受赠书5000册;仪陇的土门镇先后接受赠书上万册。江西省自"送书下乡"的图书下发以来,图书馆、室的人气也比过去旺了许多,年借阅量比过去增加了一倍以上。于都县自图书投入流通以来,受惠乡镇图书室共接待读者48 500人次,图书流通83 669册次。县图书馆的读者接待量也明显增加,比去年同比增长16%,而图书的流通则明显侧重于这批新赠送图书。青海省有5个州级、15个县级图书馆、80个乡镇图书馆(室)得到赠书近10万多册。由于这些书籍种类齐全、实用性、适用性强、通俗易懂、印刷精美,受到广大读者的青睐。图书馆的办馆效益有较大改观,读者到馆率增加,图书流通率提高,取得了较好的社会效益。

（三）带动地方及社会各界掀起建设基层图书馆的热潮。为配合工程加强地方基层文化建设，帮助各级图书馆解决藏书贫乏、购书经费短缺问题，全国 22 个省（市、区）的财政厅、文化厅及时制定各地的实施意见和暂行办法，在接受国家赠书的同时，拿出专项资金用于基层图书馆建设，并发动社会各界纷纷捐书，带动了基层图书馆建设，效果明显。此外，各地还将赠书对象扩大到一些农民自办书屋，有效促进了农民自办文化事业的蓬勃发展。

河南省财政厅从 2003 年起，每年为"向基层图书馆配送图书工程"安排专项资金，实行"买一配一"进行拉动，调动和鼓励基层财政为公共图书馆购书的积极性。为配合国家、省级送书下乡工程的顺利实施，进一步加大基层文化工作力度，充分发挥先进文化在农村经济建设中的作用，河南省各地掀起向基层捐赠图书的高潮。国家级贫困县鲁山县，想方设法克服困难，在文化局自身经济条件非常困难的情况下，发动全系统干部职工捐款 1500 元，献书 1200 余册；汝南县委、县政府专门召开全县会议，动员社会各界向图书馆捐赠图书资料，全县上下踊跃参与，迅速掀起了捐赠图书的高潮，共捐赠图书 10 万余册，县馆留 4 万余册，其余 6 万余册陆续送往各乡镇文化站图书室。

广西采取补助拉动方式为部分县图书馆配送图书，对其参加集中采购的部分，按 1：1 的比例配送等额图书。2003 年广西省文化厅在经费紧张的情况下，划拨了 10 万元的送书下乡专款，2004 年广西设立"送书下乡工程"专项奖金 20 万，其中 7 万元采取补助拉动方式为 7 个县图书馆配送约 6000 册图书，13 万用于赠送农村适用图书。此外，文化厅还要求各地（市）结合当地实际在开展"科技活动周"、"三下乡"、"图书馆服务宣传周"、"十月科普"、"全民读书月"等大型活动中，发动社会各界开展送书下乡活动。

（四）带动群众科技致富，促进农民群众文明素质的提高，促进农村优良社会风气的形成。改革开放以来，农村面貌发生了很大变化，文化工作也取得了较大成绩，但是从整体上看，农村文化事业仍较薄弱。在某些地方，"低俗"文化充斥农村文化市场，封建迷信活动屡禁不止。实施"送书下乡工程"，引导农民看书学习，有利于建立健康文明的生活方式，用先进的文化占领基层文化阵地。两年来送书下乡工程的实践证明，这些图书送到农村后，使农民学习了知识，开阔了视野，提高了农民利用科技知识发家致富的本领，用先进的科学文化知识为当地群众架起一座通向致富道路的桥梁。同时，很多地方的农村公共文化机构充分利用受赠图书，面向广大农民群众开展丰富多彩的文化活动，为广大农民群众提供丰富多样的文化服务，引导农民形成正确的道德观念、科学观念和市场观念，丰富了农民群众的文化生活，提高了农民群众的文明素质。基层群众读书热情高涨，营造出团结、向上的乡风、村风和民风，优化了社会精神文明环境。

江西省一些农村乡村干部反映，原来他们的工作方法比较简单，村民有时对干部的某些做法有意见，影响了干群关系。通过阅读如《农村工作新视角》、《乡村干部常用法律问答》等书，他们的工作有了更明确的"准星"，在具体工作中更注意方式方法，保证了工作的顺利。河南很多地方过去农闲时节，村民经常打麻将、喝酒，自从图书送到村文化大院后，既缓解了农村农民群众看书难的问题，同时也丰富了广大群众的业余文化生活，使打麻将、喝酒等不良风气得到抑制，在文化大院读书看报、下棋娱乐、锻炼身体已成为时尚。河北广平县北温村农民穆长河通过读书，自编自导了文艺小节目，在农闲时为广大农民朋友表演，深受好评。

（五）为全国文化信息资源共享工程、两馆建设项目等国家重点文化项目提供有力保障。送书下乡工程所选图书，均与出版社签订版式权转让合同，实施以来，已获得上千种最新出版图书的版权。这些获得版权的图书经过加工，目前已成为全国文化信息资源共享工程电子图书资源的重要来源。实施送书下乡工程，每年为全国文化信息资源共享工程提供获得版权授权的图书上千种，有效解决电子图书资源不足的问题，促进文化信息在更大范围内的有效传播。此外，"十五"期间由国家发改委投入 4.8 亿元实施的"两馆建设项目"已经初步实现了"县县有图书馆"的目标。但是，"两馆建设项目"

只解决馆舍问题,很多地方建起新馆舍后,由于财政紧张,购书经费根本没有落实,里面还是空空荡荡,只是一个空架子,没有发挥应有的作用。实施送书下乡工程,使两馆建设的成果得到了巩固,使新建的文化设施发挥出了应有的作用。

中华再造善本工程综述

姜 红
（国家图书馆出版社）

中华再造善本工程是在国务院领导下,由文化部和财政部共同组织实施的大规模保护、复制珍稀善本特藏,传播中华优秀传统文化的中华古籍文献保护和建设工程,是一个气势恢弘、意义深远的国家文化项目。该工程自 2002 年 5 月正式启动以来,得到了国务院领导的关心和重视,各有关部门也给予了大力支持与协助,到 2006 年底,该工程一期已完成大半,取得了显著的社会效益。

一、工程的立项

1. 缘起

中华再造善本工程能够得以立项,与我国国家领导人对中华古籍的保护和开发利用事业的重视和关怀密不可分。时任国务院副总理的李岚清同志就对图书馆藏书、用书的两大功能有着独到的见解。尤其对善本,他提倡"保护为主、合理使用、加强管理",建议把古籍影印出来,广泛利用起来,用光盘保存起来,充分发挥善本作为书来讲的学术价值和研究价值。

1998 年,岚清同志到国家图书馆视察工作,当时国图拿出许多珍贵古籍善本给他欣赏。岚清同志对其中明代内府彩绘本《千家诗》一书格外感兴趣,因此书与他幼时念的《千家诗》不同,便询问工作人员。工作人员回答说,此书是供宫中皇子诵读的,绘工精美,与坊间流传的不同。岚清同志马上注意到手中的这本宫廷版《千家诗》是画工手绘的,颜色非常鲜艳,虽然历经几百年时光,但绘画线条仍非常精细;而他记忆中的《千家诗》里的画是石板印的,图像很模糊。当即,岚清同志就提出利用现代的技术把它复制出来,让广大人民群众也能读到当年皇子读的书。同时还指出,古籍善本要加强开发利用,不仅提供学界使用,还可以作为国家对外交往的礼品,彰显中华民族悠久灿烂的文化。

岚清同志回去后将此事向江泽民同志做了汇报。江泽民同志在视察国家图书馆工作时还专门看了那本《千家诗》,并令中央办公厅购买了一批北京图书馆出版社出版的影印本《千家诗》,送给中央军委委员,还在中央军委的一次会议上倡导读书,一时传为佳话。江泽民同志更指示,让古籍善本在建设社会主义先进文化的进程中发挥作用,提出要在全社会大兴勤奋读书之风,并对当时国家图书馆复制出版的古籍给予了表扬。可以说,中华再造善本工程的立项创意就来自李岚清同志的启发。

后来,根据岚清总理"古籍善本不但要重视收藏,更要加强开发利用"的要求,北京图书馆出版社按照特殊装帧样式,复制再造了一些善本,作为国家领导人的出访礼品赠送给外国领导人,很受他们的欢迎和喜爱,收到了很好的效果。1999 年,岚清同志出访法国时,赠送给法国元首和法国文化部、国家图书馆、博物馆官员的国礼就是北京图书馆出版社赶制的《赵氏孤儿》一书。中国戏曲《赵氏孤儿》流传到法国,由伏尔泰改编成话剧,名为《中国孤儿》。上世纪 30 年代,我国又把《中国孤儿》译成中文。国家图书馆按照岚清同志的想法,将馆藏《赵氏孤儿》的中法文版本汇集在一起,同时收入在中法演出该剧的剧照,并采用金丝楠木书盒包装。这样一来,该书不仅内容意味深远、版本价值高,而且设计制作精良、观赏品味高,得到了法国元首的高度评价,实际上是向世界人民展示了中华民族的优秀传统文化。

2. 背景

中华民族有着辉煌灿烂的传统文化,漫长的历史发展和文化传承岁月留下了浩如烟海的文化典籍。这些文化典籍是前人留给我们的宝贵精神财富和历史见证,是中华民族传统文化的浓缩和载体。特别是文化典籍中的善本古籍,极富文献研究和文物价值,是中华民族珍贵的历史文化遗产,而且在当前建设有中国特色社会主义、建设民族先进文化的进程中,亦具有启迪民智、古为今用的重要作用。

这些历经沧桑而幸存下来的珍贵古籍,绝大部分收藏在国家图书馆和国内其他图书馆、博物馆等机构作为文物加以保护,很少用于流通,利用率不高。然而即便如此,由于年代久远、各保管单位条件的限制,这些国之重宝有许多亟须抢救、整理,大多数善本古籍被"秘藏"于图书馆、博物馆的库房中,既不能保证这些书的万无一失、永久传承,也无法让学术界研究利用。

重视和保护现存古籍,有计划地开发利用这些古籍,批判地继承历史文化遗产,不断地推陈出新,历来是我们党和国家的一项基本的文化政策。新中国成立以来,党和政府对我国历朝历代的文化典籍采取了有效的藏护措施。上世纪80年代,全国古籍界遵循周恩来总理的嘱托,历时17载,编成《中国古籍善本书目》,为我们了解国内善本古籍的存藏情况提供了极大方便。

遵照党和国家领导人在国家图书馆视察工作时的指示,文化部、财政部委托国家图书馆,对我国各级各类型图书馆保管古籍的现状和需要进行了广泛的调查研究。经调查,全国仅公共图书馆系统即收藏古籍2750万册,其中善本250万册。据《中国古籍善本书目》初步统计,现存古籍善本中传世孤本有4.5万余种,准孤本(仅有两部)约4100种,有许多亟须抢救。

我国有延续1400年的雕版印刷史,这里以宋元刻本为例。两宋319年间刻书出版事业最为鼎盛,据不完全统计,官私刻书有1万多种。元代87年中,刻书也有3142种,其印制数量何止百万。但迭经历史上的政治动荡、兵燹水火之厄,迄今中国辖区所藏宋元刻完帙、复本、残本通计不过2400部,百不存一。而刊印于明清的古籍虽距今仅五六百年,竟也有不少成为孤本。

3. 立项

在党和国家领导人提出的"利用现代印刷技术,将体现历史文化精髓的善本古籍化身百千,让更多的人了解熟悉中华民族的灿烂文化"的精神指导下,文化部、财政部组织了国内古籍版本方面的专家学者进行了充分的论证和酝酿,特制定《中华再造善本工程实施方案》,并于2002年5月27日联合发文《关于印发〈中华再造善本工程实施方案〉的通知》(文社图发[2002]21号),决定在全国实施中华再造善本工程,有计划地利用现代出版印刷技术复制出版珍贵古籍善本,分藏于国家图书馆和各省、自治区、直辖市图书馆,供鉴赏和学术研究之用。要求各省、自治区、直辖市文化厅(局)、财政厅(局)及国家图书馆,按照实施方案的要求,组织有关单位做好选题、申报工作,并将选题申报书报送中华再造善本工程编纂出版委员会办公室。

随同《中华再造善本工程实施方案》下发的文件还有:《中华再造善本工程规划指导委员会人员名单》、《中华再造善本工程编纂出版委员会人员名单》、《中华再造善本工程选用底本标准》、《中华再造善本工程选题申报书》等。

2002年7月19—20日,中华再造善本工程在北京友谊宾馆召开启动会议。出席会议的有:财政部副部长金立群、文化部副部长周和平等领导,国家图书馆馆长任继愈、全国高等院校古籍整理委员会主任安平秋、建设部建筑研究院研究员傅熹年、国家图书馆研究馆员李致忠、中国历史博物馆馆长朱凤瀚、上海图书馆研究馆员王世伟、北京大学信息管理系教授白化文等学者。

著名学者季羡林先生特别为工程启动会议题词:"酉山事业,功在千秋。"任继愈先生题词:"兰台秘笈,分身有术;宋椠元刊,原貌长存。"文化部部长孙家正题词:"传百家之编,承千古文明。"财政部部长项怀诚题词:"继绝存真,传本扬学。"

会议由文化部社会文化管理司副司长周小璞主持。文化部副部长周和平、财政部副部长金立群在会上做了重要讲话。财政部教科文司司长张少春在会上宣布了中华再造善本工程规划指导委员会和编纂出版委员会成员名单。会议还听取了中华再造善本工程规划指导委员会委员、国家图书馆党委书记兼副馆长杨炳延介绍的工程前期筹备情况。中华再造善本工程编纂出版委员会主任李致忠先生就工程选目原则及编纂选目送审稿等相关情况进行了说明。

会议对再造善本工作提出明确要求,中华再造善本工程在遴选编纂方面必须体现出系统性、权威性,在出版方面体现出高质量、高品位。编纂体例、选录范围以及提要的撰写等要力求达到当今学术研究的新高度,而摄影、印刷乃至用纸、装帧等,也要具备现代技术的最高水平。

二、工程的全局

1. 指导思路

中华再造善本工程的指导思想和原则为:以善本古籍的安全保护、开发利用为出发点,以弘扬中华民族优秀传统文化、促进社会主义先进文化发展为目的,坚持统筹规划,兼顾抢救、保护与利用,先易后难,滚动发展。

中华再造善本工程是一个系统工程,目的在于"继绝存真、传本扬学",将分藏于国家图书馆和各省、自治区、直辖市图书馆以及高校、科研系统图书馆,乃至博物馆的珍贵古籍善本,系统地、有计划地、分步骤地采用现代出版印刷技术复制,完成反映原貌、质量上乘的再造善本精品千余种,统一装帧,统一编号,形成整套丛书,为学界所应用,为大众所共享。并根据古籍善本的文物、学术价值和版本特点,采取不同的"再造"方式。例如:选择具有珍贵文物价值的古籍善本,复制出版,分藏于国家图书馆及各省、自治区、直辖市图书馆;选择部分具有学术研究价值的古籍善本,根据需求适量出版;选择部分古籍善本进行高档装帧设计,作为党和国家领导人及有关部门公务活动的礼品。

2. 选目

为体现国家级工程的高品位、高标准,"再造善本"选用底本的总原则是选取具有较高文物、资料和艺术价值的珍稀罕见本。以汉文和少数民族古籍为主,兼顾其他特藏文献。选择底本综合考虑了典籍的存量、分布、现状、功能、质地和流传经过等因素,选择现存数量少,保存状况不佳,流传过程富于传奇色彩的经典文献,以使珍贵文献化身千百,永久流传。考虑到各个时代古籍的留存数量不同,愈古愈少,愈古愈贵,故此次选收版本大抵宋元以前从宽,明清两代从严。为保证"再造善本"的学术质量,在尽可能选择卷帙完足的版本的同时,采用同书同版配补的原则。如元刻本《学易记》,全书为九卷,《中国古籍善本书目》著录,国家图书馆、辽宁省图书馆分别藏有一残帙,具体存卷没有注明。经查,两部残帙原来竟是一部书。此次让多年分散的古籍合璧出版,极大方便了读者,服务了学界,让学术研究有了更全面的资料。

收录范围:①在中国书籍史和印刷史上具有代表性的珍贵典籍;②海内外仅存的孤本,或流传稀少,具有重要版本价值的典籍;③流传有序、递藏分明,有众多学者、藏书家题跋、评论、校勘的珍贵典籍特藏;④著名作品的稿本或有代表性抄本;⑤反映中国优秀传统文化的经典作品,包括中国思想、政治、经济、军事、科学、教育、文学、艺术、地理史上的珍贵善本;⑥具有独特历史资料价值的珍贵古籍特藏。此类文献的选择注意促进民族团结,维护祖国统一,反映古代与近代中外友好往来与相互交流。

考虑到中国古籍散藏于世界许多国家,将其中的善本一次性收集齐全颇属不易,故此次的选录范围暂以我国内地的收藏为主,流散海外的珍稀版本只能留待以后有条件时再行访采。

"再造善本"选取底本的时间跨度很大,在把握"再造善本"的整体风貌时,中华再造善本工程编纂出版委员会注重各个时期具有典型意义的善本特藏的完整性、系统性。同时还注意到"再造善本"的区域特点。如敦煌地区的唐代写本,浙江、福建等地的宋代刻本等,都有一定的区域特点,均有所侧重,同时也顾及到该时期其他地区的代表作品。在选择底本时,凡涉及边境问题和民族问题均考虑到符合国家有关法规和政策。"再造善本"原则上是进行仿真再造,有统一的装帧形式。选择底本时,对需保持其原始风貌的典籍均做出特别说明。

3. 编纂

《中华再造善本》丛书按版本写刻时代,先自唐迄清分作《唐宋编》、《金元编》、《明代编》、《清代编》四编;又按文字之不同,将民族文字古籍集中在一起,专门编为《民族文字编》,其选录的细目亦大体上以写刻时代先后为序。在前四编各为起讫的体例之下,各编所收细目的编次,则基本遵循《中国古籍善本选目》的整体格局,即各编按传统的经、史、子、集、丛编次类归,同一类目之下则以著者时代先后为序。同一种书有多种版本时,先刻本,次抄本;有稿本者,则排在各本之前。

由于中华再造善本工程的工程量较大,项目周期较长,因此决定分两期实施。一期工程秉承上述选目原则,由中华再造善本工程编纂出版委员会,根据我国国内各图书馆现有古籍善本的实际情况,在充分征求专家意见后筛选出了唐宋时期、金元时期的善本古籍共 758 种 1394 函 8974 册,其中唐宋时期 442 种 826 函 5631 册、金元时期 316 种 568 函 3343 册(函册数均未含卷轴装 2 种)。具体结构如下:

唐宋编:经部 80 种 111 函 750 册,史部 97 种 281 函 2141 册,子部 98 种 148 函 888 册,集部 166 种 276 函 1792 册,丛部 1 种 10 函 60 册。

金元编:经部 96 种 160 函 875 册,史部 50 种 146 函 945 册,子部 85 种 143 函 832 册,集部 85 种 119 函 691 册。

《中华再造善本》丛书的底本来源于 20 家图书馆,具体来源为:

国家图书馆 566 种 309 515 拍;

上海图书馆 100 种 36 737 拍;

北京大学图书馆 47 种 30 418 拍;

南京图书馆 14 种 6687 拍;

辽宁省图书馆 12 种 4659 拍;

山东省博物馆 7 种 3491 拍;

上海辞书出版社 2 种 4507 拍;

上海博物馆 2 种 1388 拍;

复旦大学图书馆 2 种 1388 拍;

华东师范大学图书馆 2 种 1004 拍;

故宫博物院 2 种 88 拍;

北京市文物局图书资料中心 1 种 8606 拍;

山东省图书馆 1 种 2577 拍;

清华大学图书馆 1 种 592 拍;

山西省祁县图书馆 1 种 217 拍;

天一阁博物馆 1 种 129 拍;

中国中医科学院图书馆1种123拍;

首都图书馆1种38拍;

天津图书馆1种25拍;

英国国家图书馆1种(卷轴)。

另外,选自私人的藏书有3种567拍。

为方便读者利用,《中华再造善本》丛书所收每种书均撰写简明的提要。内容包括著者生平概要、本书编撰梗概、版刻源流述要、底本评价要点。在这四个方面,每篇提要可以各有侧重,但总以"言之有据、要言不繁"为准则。为方便引用和检索,丛书计划全部出齐后,将统一编制书名索引、著者索引,独成一卷,附置卷末。

4. 出版

《中华再造善本》丛书为保留原书风貌,体现传统风格,使用120彩色反转片进行拍照,通过电分、扫描制版。因是官方印书,为体现新时代政府工程的气魄,最终选用宋代官书《文苑英华》的开本形式,成品尺寸为330×227mm。采用宣纸三色套色印刷或四色彩色印刷,中式线装,体现了中华传统文化风格。封面用纸仿国家图书馆藏乾隆年间库磁青纸特制,函套用蓝色布料,达到仿真再造目的。整个装帧精美典雅,凸现其不失真、有新意、高质量、高品位的"中国气派"。

此次出版对于原版框大小,凡符合要求者一律保存旧貌,不做任何变动。唯底本版框过大,超出规定最大限度者,则只能稍加紧缩。无论何种情况,均在影印本的首页辑封处说明所据底本及版框高、宽尺寸,以及底本为何时何种版本、现藏于何地。原底本所有之序跋、批校,乃至后人之题签、图鉴,概予保留,悉仍其旧。

其实,早在2001年,文化部、财政部就委托国家图书馆进行《中华再造善本》丛书整体制作形式调研。按照既可保护存世的珍稀善本,又可供中央领导人作国际交流的礼品书的思路,国家图书馆从馆藏善本中选取具有代表性、文物性、资料性和艺术性的古籍进行试制,北京图书馆出版社依各书内容进行不同的风格设计,采用现代化的装帧水平,运用最先进的印刷技术,在尽可能多地保持原书风貌的前提下体现出当代特色。两年内共仿真印制了21种珍贵文献,其中的《奏鸣曲——小提琴独奏和通奏》、《中国国家图书馆藏青铜器全形拓片精品集》等,被选为国礼赠送给意大利总统和法国总理。考虑到此类制作形式所需费用较高、制作周期长,短期内不能批量生产,不利快速流通馆藏文献,虽然各级领导和专家学者们对21种试制品整体评价很高,但最终还是确定了现在的制作形式。

2002年10月,经北京图书馆出版社积极申报,新闻出版总署图书出版管理司召开了"中华再造善本工程选题论证会",听取了北京大学袁行霈教授、全国高校古籍整理研究工作委员会安平秋主任、中国社会科学院语言所杨成凯研究员、中国语言文化大学吴书荫教授等专家对中华再造善本工程的意见。之后,向中宣部、新闻出版总署领导做了汇报。新闻出版总署同意为《中华再造善本》丛书特批专项书号。同时全国古籍整理出版规划领导小组会议讨论了北京图书馆出版社的申请,同意将《中华再造善本》丛书纳入国家古籍整理出版"十五"重点规划中。2006年8月,该丛书荣获第一届"优秀古籍图书奖"荣誉奖。

工程启动伊始,北京图书馆出版社就做出了迅速反应。7月,成立中华再造善本图书编辑室,主任由社长兼任,副主任由副总编辑和编辑室主任担任,选配人员,专职从事《中华再造善本》丛书的编辑出版工作。11月,成立宣传发行小组,筹备发行工作。2003年初,中华再造善本工程的图书成批生产出来,又成立储运小组,设立专库存放图书。

5. 印刷

《中华再造善本》丛书在承印厂家、印刷用纸、印制技术、装帧形式等方面都进行了精心的选择。北京图书馆出版社在经过充分的调查研究的基础上,初步遴选出数家能够满足要求的印刷厂,由中华再造善本工程规划指导委员会和编纂出版委员会成员与专家组成考察小组,分别对富阳华宝斋富翰文化有限公司、金坛市古籍印刷厂等数家规模较大的从事古籍印刷工作的厂家的生产过程和水平进行了详细的考察,最终确定了富阳华宝斋富翰文化有限公司、金坛市古籍印刷厂两家作为承印单位。

6. 宣传推广

(1)编纂出版座谈会

在文化部、财政部的严格要求和指导下,《中华再造善本》的编纂出版工作全面铺开。至2002年底,第一批样书分别在北京和浙江印制完成。12月19日,在人民大会堂召开了中华再造善本工程出版工作座谈会。座谈会由文化部副部长周和平主持,国务院副总理李岚清出席并讲话,文化部部长孙家正、财政部副部长金立群分别代表项目领导机构介绍工程情况,中华再造善本工程编纂出版委员会主任李致忠汇报工程进展,国家图书馆馆长任继愈、中国艺术研究院研究员冯其庸在会上发言,罗豪才、中华再造善本工程规划指导委员会和编纂出版委员会全体成员,部分在京专家学者启功、史树青、金开诚、程高华等,以及各学术机构、图书馆代表参加了座谈会,并观看了现场展示的32种样书。座谈会上,专家们谈古论今,一致认为,目前我国的综合国力大幅提升,人民生活实现了由温饱到小康的历史性跨越,社会安定,政通人和,党中央、国务院对文化建设高度重视,中华再造善本工程正是根据我国目前的经济发展水平和社会发展状况开展的国家重要文化工程。会议结束后,中华再造善本工程的工作人员受到很大鼓舞,更加投入地从事这项工作。

(2)走进校园

为了让国家投入巨资制作的《中华再造善本》丛书更充分地发挥作用,2004年起,文化部、财政部开始策划"《中华再造善本》进校园计划"。由财政部拨专款至教育部,教育部旋即以成本价整套采购《中华再造善本》丛书100套,分别配备给100所全国重点高等院校。这一计划的实施必将极大地缓解古籍善本收藏与使用的矛盾。

2005年2月22日,教育部正式发文《关于实施〈中华再造善本〉进校园计划的通知》(教社政司函[2005]35号),决定为全国100所普通高等学校的图书馆各配一套《中华再造善本》。3月,在云南丽江组织了"百所高校配备《中华再造善本》图书工作会议",要求列入配备名单的100所高校,对这些图书进行妥善保护、积极利用,充分发挥再造善本在继承民族文化优秀传统、培育民族精神中的积极作用。并要求高校图书馆对再造善本集中统一管理,按照保护和开发利用并重的原则,从书刊借阅、复制、咨询到光盘数据库检索、互联网络查询等方面,积极开展多种形式、多种层次、多种渠道的服务,为广大师生和社会大众充分有效利用再造善本积极创造条件。

《中华再造善本》进校园是高校文化生活中的一件大事,它对于保护我国悠久的文化遗产,丰富高校的文化底蕴,为广大师生提供文物价值和学术价值兼具的文化精品,将产生广泛而深远的影响。

《中华再造善本》配备学校名单

①教育部直属高校(53所):北京大学、中国人民大学、清华大学、北京师范大学、北京外国语大学、北京语言大学、中国农业大学、北京林业大学、中国传媒大学、中央财经大学、中国政法大学、中央音乐学院、中央戏剧学院、中央美术学院、北京中医药大学、对外经济贸易大学、南开大学、天津大学、大连理工大学、东北大学、吉林大学、东北师范大学、复旦大学、同济大学、上海交通大学、华东师范大学、上海外国语大学、上海财经大学、南京大学、东南大学、中国药科大学、浙江大学、厦门大学、山东大

学、中国海洋大学、武汉大学、华中科技大学、中国地质大学、华中师范大学、中南财经政法大学、湖南大学、中南大学、中山大学、华南理工大学、四川大学、西南财经大学、西南交通大学、重庆大学、西南师范大学、西安交通大学、陕西师范大学、长安大学、兰州大学

②中央其他部委所属高校(9所):哈尔滨工业大学、中国科技大学、中国人民公安大学、北京航空航天大学、中央民族大学、暨南大学、华侨大学、外交学院、国际关系学院

③地方高校(38所):内蒙古大学、河北大学、南昌大学、山西大学、广西师范大学、海南大学、郑州大学、贵州大学、云南大学、西藏大学、青海大学、宁夏大学、石河子大学、山东师范大学、首都师范大学、河北师范大学、黑龙江大学、辽宁大学、河南大学、安徽大学、新疆大学、西北大学、东北财经大学、天津师范大学、河南师范大学、延边大学、哈尔滨师范大学、湖北大学、浙江师范大学、广西大学、西北师范大学、湖南师范大学、云南师范大学、深圳大学、苏州大学、青海师范大学、福建师范大学、西华大学

(3)推介活动

北京图书馆出版社积极配合中华再造善本工程编纂出版委员会,在各地举办了推介活动,取得了较好的影响。

2003年,先后在上海、北京、广州、厦门、深圳等地举办了"再造善本·华夏共享——《中华再造善本》推介展"。在上海图书馆举办的华东地区推介会上,国家新闻出版总署副署长柳斌杰参观了再造善本的样书,给予了高度评价,表示总署对这一项目要给予大力支持。参会的还有上海市委宣传部、文广局领导,南京图书馆、浙江图书馆等20多家图书馆领导和专家,以及中图公司、国图公司、上海书店等图书经营单位的领导。上海图书馆党委书记缪国琴、著名学者章培恒等在会上发言。在北京、广州的推介会上,杨忠、黄天骥、王贵忱、荣新江等学者也对工程的开展给予了高度评价。

2005—2006年,在山东大学、黑龙江大学、新疆师范大学又分别举办了"《中华再造善本》图书展示暨出版座谈会",邀请了山东、黑龙江、吉林、新疆维吾尔自治区的学术界、图书馆界相关人员参加,将影响面辐射到济南、哈尔滨等市和整个新疆地区的其他高校,当地电视台还作了报道。

2006年9月,在台北第二届海峡两岸图书交易会上举办了一系列《中华再造善本》推介活动。其间,在台北展演二馆进行《中华再造善本》图书展示,是展销现场最大亮点;在台北市立图书馆举办了"中华古籍的保护与利用——海峡两岸图书馆论坛",来自两岸学术界、图书馆界的专家、学者就中华古籍的保护与利用展开了讨论与交流;在展场"活动中心"举行台湾致远管理学院全套订购《中华再造善本》的签约仪式,这是北京图书馆出版社在台湾销售的第二整套《中华再造善本》。交易会开幕当天,新闻出版总署副署长于永湛、中国出版工作者协会常务副主席兼秘书长刘波、国务院台湾事务办公室交流局顿世新处长等人,专程到国图出版社展位上参观,并与国家图书馆副馆长张雅芳、中华再造善本工程编纂出版委员会主任李致忠进行长时间热烈交谈,对《中华再造善本》给予高度评价。近20家大陆及港澳台电视台、报刊、网络媒体,先后报道《中华再造善本》相关第一手新闻30余则。其中,10月17日,《光明日报》刊载题为"继千古往圣绝学·愿中华文明永昌——台湾学者眼中的《中华再造善本》"的文章。

北京图书馆出版社还借助国内外各种会议,通过多种渠道向社会广泛进行宣传,先后参加了一系列会议,每年都参加的如北京图书订货会、全国书市、香港书展、国际图书博览会,其他如在美国举办的"中华古籍图书与文化展"、美国亚洲图书馆年会展,等等。在这些展会上,出版社大规模地展示了《中华再造善本》图书,积极、热情地向各图书馆、书店、科研机构、学者及海外中文图书收藏机构和个人发放宣传图册、介绍材料、可供书目等。

（4）媒体

在电视广播、报刊杂志、网络等各种媒体上进行消息报道、专访、书评、广告等形式多样的宣传,组织了上百篇稿件的刊发,形成立体宣传攻势,使中华再造善本工程引起了海内外社会各界的广泛关注,取得了良好的社会效益。

2004 年两会期间,中央电视台做了专题宣传节目,还在"新闻联播"栏目中播发短讯;2006 年,凤凰卫视制作了两期专题宣传节目,约 80 分钟,由著名主持人王汝香主持,分别于 7 月 30 日和 8 月 6 日在该电视台"文化大观园"栏目中播出。

2004 年两会期间,《人民日报》海外版进行整版宣传报道,发表文章和刊登已出书目;同年 6 月,《旧书信息报》就该丛书的编辑出版情况进行了专访;2005 年 10 月 10 日,《人民日报》再次进行通版宣传,刊载文化部和财政部领导、各界专家学者的访谈及已出书目;自 2006 年 1 月起,《古籍新书报》连续 5 期、每期以两个整版版面刊载中华再造善本工程简介及刊登已出书目;2006 年 6 月 5 日,《藏书报》也整版刊登了中华再造善本工程介绍及馆藏者说;自 2006 年第 4 期起,《文史知识》也连续 7 期刊载中华再造善本工程简介及刊登已出书目。

7. 保障

为确保中华再造善本工程顺利实施,按规定时间和质量要求完成再造善本任务,文化部、财政部专门成立了中华再造善本工程规划指导委员会和中华再造善本工程编纂出版委员会,统筹规划,加强领导。中华再造善本工程规划指导委员会主任由文化部、财政部部长担任,副主任由文化部、财政部分管部领导担任,委员由文化部、财政部相关司局领导及部分专家担任,负责协调、指导整体工作,办公室设在文化部。中华再造善本工程编纂出版委员会由古籍版本专家和熟悉出版业务的人员组成,负责工程的日常编纂、出版工作,办公室设在国家图书馆。名单如下:

中华再造善本工程规划指导委员会人员名单

主任委员

孙家正(文化部部长)　　　项怀诚(财政部部长)

副主任委员

周和平(文化部副部长)　　　金立群(财政部副部长)　　　任继愈(国家图书馆馆长)

委员

张少春(财政部教科文司司长)

李　雄(文化部计划财务司司长)

陈琪林(文化部社会文化图书馆司司长)

杨炳延(国家图书馆党委书记、常务副馆长)

安平秋(高等学校古籍整理委员会主任)

傅熹年(建设部建筑研究院研究员、院士)

李致忠(国家图书馆研究馆员)

陈高华(中国社会科学院历史所研究员)

潘寅生(甘肃省图书馆研究馆员)

王世伟(上海图书馆研究馆员)

指导委员会办公室

主任

陈琪林(文化部社会文化图书馆司司长)

副主任

张彦博（国家图书馆副馆长）

成员

王家新（财政部教科文司文化处处长）

刘小琴（文化部社会文化图书馆司图书馆处处长）

边　伟（文化部计划财务司财务预算处处长）

胡惠英（国家图书馆计财处副处长）

中华再造善本工程编纂出版委员会人员名单

学术顾问

朱家溍（故宫博物院研究员）

启　功（中央文史馆馆长、北京师范大学中文系教授）

李学勤（中国社会科学院历史所研究员）

季羡林（北京大学东语系教授）

侯仁之（北京大学地理系教授、院士）

宿　白（北京大学考古系教授）

主任委员

李致忠（国家图书馆研究馆员）

委员

方广锠（中国社会科学院宗教所研究员）

冯其庸（中国艺术研究院研究员）

史金波（中国社会科学院民族研究所研究员）

白化文（北京大学信息管理系教授）

许逸民（原国家古籍整理小组秘书长、中华书局编审）

朱凤瀚（中国历史博物馆馆长、研究员）

周小璞（文化部社会文化图书馆司副司长）

傅璇琮（中华书局原总编、编审）

编纂委员会办公室

主任

周小璞（文化部社会文化图书馆司副司长）

副主任

陈　力（国家图书馆副馆长）

成员

王家新（财政部教科文司文化处处长）

张小平（文化部社会文化图书馆司图书馆处副处长）

张志清（国家图书馆善本部主任、副研究馆员）

刘乃英（首都图书馆副研究馆员）

李国庆（天津图书馆副研究馆员）

陈先行（上海图书馆副研究馆员）

郭又陵（北京图书馆出版社社长）

（注：以上两份名单据文化部、财政部（文社图发〔2002〕21号）文件。）

为了提高专项资金的使用效益和管理水平,根据财政部关于加强专项资金支出管理有关规定的要求,参照国家同类专项资金的财务管理办法,文化部和财政部又制定了《中华再造善本工程专项经费管理暂行办法》(文计发〔2002〕31号),从制度上保证了专项资金的专款专用。2002—2006年,财政部每年拨专款2000万元,共1亿元,用于扶持中华再造善本工程的出版工作。2005年,财政部又向教育部拨1亿元购书专款,用于购买《中华再造善本》丛书,经教育部向全国百所重点高校配发。可以说,正是由于财政部在资金上的大力投入,给予了保障,中华再造善本工程才得以顺利开展和实施。

工作进行当中,随着经验的不断积累,项目的管理也越来越完备,对中华再造善本工程编纂出版委员会、委员会办公室、北京图书馆出版社、各印刷厂的要求越来越缜密。各方从选书、完善各环节规章制度、保证藏品绝对安全、清点、拍摄、拍摄监护、撰写牌记、出样、核对、编辑、制版、印刷、装订、验收、入库、撰写提要等方面积极配合,使工作进行得有条不紊,进度完成得比较顺利。

中华再造善本工程编纂出版委员会组织专家反复讨论,制订了《中华再造善本工程选用底本标准》和《中华再造善本提要撰稿体例》,为项目实施提供了依据。国家图书馆善本特藏部作为其具体办公机构,制订了《中华再造善本编纂出版委员会办公室管理办法》和《中华再造善本工程质量监督管理办法》。

北京图书馆出版社作为项目承办单位国家图书馆的具体实施单位,为了保证中华再造善本工程的实施,根据国家有关出版业、印刷业、质量管理体系等方面的规章制度和《中华再造善本工程实施方案》,制订了一系列针对《中华再造善本》丛书的规章制度和管理办法,包括:《中华再造善本工程拍照标准》、《中华再造善本工程制版、印刷、装帧标准》、《中华再造善本图书质量检查办法》、《中华再造善本编辑技术处理若干问题规定》、《中华再造善本编辑出版流程管理办法》、《中华再造善本图书发行管理办法》、《中华再造善本库房管理办法及工作流程》、《中华再造善本专项经费财务暂行管理办法》。

富阳华宝斋富翰文化有限公司和金坛市古籍印刷厂都按照中华再造善本工程编纂出版委员会和北京图书馆出版社的要求,针对再造善本的特殊性制订了工艺流程和质量保障体系。

三、工程的社会效益

实施中华再造善本工程是一项功在当代、泽被千秋的宏伟事业,是"十五"期间我国文化事业建设的一项重大工程,也是贯彻"三个代表"思想,坚持中国先进文化前进方向的一项重要举措。虽然工程还没有全部完成,但已经呈现出比较明显的社会效益。

第一,中华再造善本工程任务顺利完成大半,成果已经很显著,特别是再造善本进入流通后,对古籍善本的长久保存和开发利用,促进学术繁荣起到了积极的作用,从历次中华再造善本工程工作会议上领导、专家代表的发言中,可以看出对这一点给予了充分的肯定。通过媒体宣传,在大众中也产生了较大影响。

第二,鉴于古籍文物属于不可再生的文化资源,必须及时抢救、复制,以免随岁月流逝而归于澌灭的现实,再造善本将分藏于海内外各藏书机构的珍善孤本复制出版,使珍贵典籍化身千百,分藏于各地。国家图书馆、北京大学图书馆、上海图书馆、辽宁图书馆、南京图书馆等藏书机构对保护善本的这种再造方式均给予了大力支持,为防孤本善本失传、确保善本古籍传承安全打下了很好的基础。目前,除教育部配备的百所大学外,还有几家单位也购藏了此书,可见"化身千百,分藏于各地"的设想已初步实现。

第三,曾经为保护古籍善本而使善本资料常年沉睡于地库的局面已经成为历史,文献资料价值难以发挥的弊端即将消除。"化身千百"的古籍已经开始为学界利用,冯其庸、袁行霈、杨成凯等一批专家已经让再造善本成为自己的案头之物,方便查阅、鉴赏、利用,并开始为促进学术研究的开展发挥一定作用。

第四,再造善本使百姓有了亲近善本书的机缘,大众的共享可以在一定程度上提升国民的文化素养,弘扬优秀传统文化。在众多书展和推介活动中,一些普通读者对再造善本也表现出极大兴趣,不断问询,也有解囊购置的。这说明再造善本已开始进入寻常百姓家,并真正起到大众共享的作用,达到了弘扬祖国传统文化的目的。

第五,开发善本古籍是对这些古籍更积极有效的保护,善本古籍的预期寿命与保存环境和使用的频率密切相关。《中华再造善本》的出版,已经在参观和接待中开始替代原件,从而大大减少了珍贵原件的使用,从根本上更有效地保护了古籍。

第六,随着中外文化交流的日益频繁,高层人士互访中时常以书籍作为政府的馈赠品。试制的再造善本样书就曾被李岚清同志、朱镕基同志等国家领导人出访时作为国礼赠送给外国政要,使他们感受到了中华民族文化瑰宝的无穷魅力。可以说,中华再造善本工程的产品已经成为国际交流的使者,为提升中国的国际地位做了贡献。

中国图书馆事业国际化进程中的一个里程碑

——2006 年中文成为国际图联工作语言纪实

汤更生
(中国图书馆学会秘书处)

2006 年是中国图书馆与国际图联关系史上具有里程碑意义的一年,国际图联正式决定将中文作为国际图联的工作语言之一。这是中国图书馆事业整体走向国际化的重要标志,它意味着中国在世界图书馆大家庭中的话语权和地位得到了进一步的尊重和确立,同时也表明,20 世纪末至 21 世纪初的中国图书馆事业的发展成就及其对国际图书馆界的重要贡献,赢得了国际同行的认可和赞誉,中国未来的发展正在为世界所瞩目。

一、八十春秋,历久弥新——中国与国际图联关系的发展历史

中国与国际图联的渊源,从创始者到合法席位的恢复,到第六十二届北京国际图联大会,再到中文首次成为国际图联工作语言,历经八十载,传承四代人,中国图书馆人创造了历史,也书写了历史。十年历程,夙愿成真——中文成为国际图联工作语言,便是其中的一个重要篇章。

(一)源远流长的参与和贡献

国际图联全称为国际图书馆协会与机构联合会(International Federation of Library Associations and Institutions,简称 IFLA),成立于 1927 年,是一个独立的、非政府性的、非营利的国际组织。国际图联致力于世界各国图书馆事业的发展和各国图书馆间的合作,促进世界图书馆事业总体水平的提高。它代表了全世界图书馆、情报服务机构、图书馆协(学)会和情报协会的利益,作为图书馆界最有影响力的国际组织,一直为探讨世界各国共同感兴趣的图书馆问题提供平台。截止 2006 年 5 月,国际图联拥有来自 154 个国家的 1736 个会员,其中包括 164 个协(学)会会员、1113 名机构会员、410 名个人会员和学生会员以及其他会员。国际图联积极推动学术发展,其下设的 8 个专业部和 48 个专业组围绕

不同主题展开学术活动。国际图联已成功举办过71次大会。

中国是国际图联创始国之一。新中国成立后，由于众所周知的原因，一度中断了与它的联系。1979年中国图书馆学会恢复成立，1981年中国在国际图联的合法席位恢复，中国图书馆学会代表中国成为国际图联的国家级协（学）会会员，北京图书馆（现更名为中国国家图书馆）等单位成为国际图联的机构会员。之后，中国大陆约30余个单位和港澳台地区的18个单位和机构相继成为国际图联的机构会员。

1993—2005年间，3位中国图书馆界代表相继在国际图联管理（执行）委员会中担任委员等重要职务。1993—1999年，中国国家图书馆副馆长、中国图书馆学会副理事长孙蓓欣任国际图联执行委员会委员；2001—2004年，上海图书馆馆长、中国图书馆学会副理事长吴建中任国际图联管理委员会委员；2005—2007年，中国科学院文献情报中心主任（现中国科学院国家科学图书馆常务副馆长）、中国图书馆学会副理事长张晓林任国际图联管理委员会委员。保持中国图书馆界在国际图联领导决策层的代表性和影响力，对增强中国在国际图书馆界的作用，推动中国图书馆界更加积极、主动地介入国际图书馆发展的重大问题和重要活动，更加广泛、深入和系统地加强与世界各国图书馆界的交流与合作，具有重要意义。

1996年8月，第六十二届国际图联大会在北京成功举办，来自100多个国家的3000多位代表参加了这个图书馆界的奥林匹克盛会。中国图书馆工作者与世界各国同行共同探讨了21世纪的图书馆事业发展中的问题和前景。这既是中国图书馆界的盛事和荣誉，也极大地促进了世界对中国和中国图书馆的了解，同时使中国图书馆界的国际交流大大地向前迈进了一步，跨入了一个快速发展的新阶段。

（二）与日俱增的需求和期待

北京国际图联大会后，中国图书馆界参与国际图联事务的程度和范围日益深广。中国图书馆员担任国际图联各部和专业组成员的人数逐年增加，截至2006年7月，中国共有21人次在国际图联担任职务，并在国际图联中发挥着越来越大的作用。自1981年起，中国每年都派出代表参加国际图联的年会，并提交论文参会交流。特别是1999年以来，在中国图书馆学会的发动和组织下，中国代表参加国际图联年会的人数不仅逐年增多，而且已成为参会人数名列前茅的国家之一；中国大陆图书馆员的论文投稿量和入选大会宣读的论文量也在同步增长。

随着中国经济的持续发展和国际地位的不断提高，中文日益受到各国政府部门及社会各界的重视，并在国际合作交流和经济贸易中发挥着越来越重要的作用。在国际图联这样一个世界性的学术及图书馆行业组织中，作为世界上使用者最多的语种之一的中文如果能成为其工作语言，不但与中国的国际地位极为相称，而且与国际图联倡导的文化多样性原则也是协调一致的。

特别是进入21世纪以后，中国图书馆事业呈现出快速发展的态势，在数字图书馆、网络化信息服务、图书馆公共服务、图书馆合作、图书馆建筑、图书馆政策，以及与之密切相关的信息政策、知识产权、开放获取、信息资源长期保存等许多方面，都取得了长足的发展。中文信息资源的建设及其在世界范围的传播与使用，未来中国图书馆在全球信息服务中的地位和作用等等，已经成为国际图书馆界关注的热点和不容忽视的重要力量。因此，中国与世界各国图书馆界之间平等对话、协同合作、沟通交流的需求与日俱增。而另一方面，多年来，语言问题又成困扰中国图书馆界参加国际图联活动的主要障碍，直接影响到了中国代表的论文提交量、参会人数，以及参与深度和互动效果。近年来，随着中国图书馆界学术水平的普遍提高，越来越多的学者迫切希望能在国际图联的讲台上，给各国图书馆界同仁带去来自中国的学术观点和信息，并能就共同关心的问题进行深入探讨和交流切磋。因此，语言障碍就显得尤为突出。

在这种情形下,为了让更多中国的,以及对中国感兴趣的图书馆员和相关机构参与和加入进来,并为他们彼此分享经验和资源提供沟通和交流的便利,国际图联终于决定将增加中文作为国际图联官方工作语言的议题提上了议事日程。

二、十年不懈,夙愿遂真——中文成为国际图联工作语言的申请历程

在改革开放国门打开后,北京第六十二届国际图联大会使中国与世界的窗口彻底敞开,先进的理念和科技给图书馆带来的巨大变革,如扑面而来"世界风",使整个中国图书馆界站在了国际视野下,站在了走向世界的一个新的起点上。也正在这时,一个新的目标开始酝酿,并成为中国图书馆人之后十年的一个期待。

(一)赢得中文工作语言政策

随着文化多样性问题逐渐得到人们的认可,以及国际图联工作语言政策的逐步转变,20 世纪末,中国图书馆界向国际图联提出了将中文列为国际图联工作语言的申请。之后,在中国图书馆学会和中国国家图书馆的引领下,相继担任国际图联管理(执行)委员会委员的孙蓓欣、吴建中和张晓林,都把这个目标当作自己任职期间的一项重要使命。经过中国图书馆人十年不懈的努力,终于在 2006 年,中文正式被列为国际图联的工作语言。

1. 提交第一个中文工作语言提案

1997 年 8 月,在丹麦哥本哈根召开的第六十三届国际图联大会上,由前文化部图书馆司司长、时任中国图书馆学会副理事长杜克和时任国际图联执委、中国国家图书馆副馆长、中国图书馆学会副理事长孙蓓欣等中国图书馆界的代表共同策划,并以中国图书馆学会的名义联名向国际图联主席罗伯特·韦奇伍斯(Robert Wedgeworth)提交了关于建议将中文作为国际图联的工作语言的提案。提案的大致内容是:中国是一个大国,在国际上占有十分重要的地位,而且中文早已成为联合国的工作语言。因此,中文作为国际图联的工作语言是很有必要的,它将有益于让数量众多的中国图书馆员能更容易地在国际图联中进行交流。当时该提案还征得了港、澳、台地区的中国代表,以及西班牙、古巴、哈萨克斯坦、美国等国家的代表的认同,并在提案上签名。理事会上,该提案也得到不少其他国家代表的响应和支持。国际图联执行委员会成员认为,这一提案涉及诸多具体问题,最终决定将其移交专业委员会(Professional Board)讨论并提请下一次理事会审议。1999 年,这一提案再次提请泰国曼谷第六十五届国际图联大会理事会审议时,由于经费等原因未能通过。

这项提案是中国图书馆界为争取中文成为工作语言迈出的第一步,也是中国图书馆界为争取国际地位迈出的新的一步。这份至今仍保存在国际图联总部档案里的建议案,作为我国老一辈图书馆工作者所付出的巨大努力的明证而载入史册。

2. 召开第一次中文代表预备会

为了争取中文早日成为国际图联官方语言,2003 年中国图书馆学会向国际图联提交了一份关于举行中文代表预备会(Chinese Speaking Caucus Meeting)的申请。当时,在国际图联大会具有举办预备会资格的国家和机构只有 11 个,中国参加的是第八预备会,即第三世界国家预备会。同年 12 月,时任国际图联管理委员会委员、上海图书馆馆长吴建中在国际图联会议委员会(Conference Committee)工作会议上,积极游说各位委员,争取通过中国图书馆学会提议的"建立中文预备会议机制"的议案。

2004 年 3 月,在国际图联管理委员会会议上,讨论了由当选主席阿历克斯·伯恩(Alex Byrne)提出的调整国际图联语言政策的建议,即将中文和阿拉伯文作为国际图联的工作语言。虽然会议最终没有通过该项建议,但决定成立语言政策工作小组,吴建中成为五人小组成员之一,在进行专题研究

后形成一份语言政策报告,再提交管理委员会讨论。这次会议对于中国来说,最应该铭记并庆贺的是,它实现了一个历史性的突破:中国图书馆学会向国际图联提交的《关于举行中文代表预备会的申请》获得通过。这是国际图联历史上第一次为讲中文的代表举办预备会议,同时也成为中文作为国际图联工作语言的前奏,标志着中文工作语言的申请工作取得了突破性进展。

同年8月22日晚,阿根廷布宜诺斯艾利斯第七十届国际图联大会的第一次中文代表预备会成功召开。在中国图书馆学会的精心组织下,国际图联主席凯·拉舍罗卡(Kay Raseroka)和当选主席阿历克斯·伯恩应邀莅会表示祝贺,并发表了热情洋溢的演讲。国际图联各专业机构的中国委员,中国国家图书馆严向东和卢海燕、上海图书馆吴建中和冯洁音、北京大学图书馆朱强等先后发言,介绍了所在机构的专业进展和活动情况。第七十一届国际图联大会挪威组委会秘书长、挪威国家公共图书馆馆长泰瑞(Terry)也借此平台,向中文代表宣传2005年国际图联大会并盛情相邀。来自中国大陆,以及美国的陈钦智、陈麦、曾蕾和英国的华人图书馆员等近百位代表出席了会议,会议由中国图书馆学会秘书长汤更生主持。在中国图书馆同仁的共同参与和支持下,内容充实、组织得力、颇具规模的首次中文代表预备会取得圆满成功,赢得了国际图联官方的充分肯定和赞赏。

3. 获准中文成为国际图联工作语言

2005年12月,在荷兰国际图联总部召开的管理委员会会议上,张晓林委员按照中国图书馆学会的既定方针,积极斡旋。最后,会议正式决定,在原有英文、法文、俄文、西班牙文、德文等5种工作语言的基础上增设中文和阿拉伯文;将中文作为2006年韩国首尔第七十二届国际图联大会的工作语言,即在大会期间的主要会场增设中文的同声传译,同时编译出版《国际图联大会快报》(IFLA Express)中文版。国际图联的这个决定让所有中国图书馆人感到无比欣喜、激动和自豪,并且成为中国图书馆发展史上具有里程碑意义的重要历史事件。

(二)筹集中文工作语言经费

2006年3月,国际图联非正式地将此决定告知中国图书馆学会。这个决定让中国图书馆界感到欣喜和振奋的同时,经费问题也成为了中文工作语言能否最终得以实现的关键因素,而且此时距首尔国际图联大会召开仅仅有3个月的时间。根据国际图联的有关规定和惯例,所有工作语言的同声传译人员的国际旅费、住宿费、补贴等费用由国际图联承担;《国际图联大会快报》的编译、制作费,笔译人员和志愿者的国际旅费、食宿费以及同声传译人员的工作费等,均须由中方承担。因此,中国必须在经费和人员两个方面给国际图联一个明确而肯定的答复,才能最终确定中文能够作为2006年国际图联大会的工作语言。中国图书馆学会和中国国家图书馆紧急磋商,决定通过申请政府资助和业界筹措募集两条途径,合力解决实施中文工作语言所需的经费问题。

为了保证中文作为国际图联工作语言政策的顺利落实,2006年3至7月间,经中国国家图书馆和中国图书馆学会两次申请,文化部最终在计划外特批20万元专项经费给予支持。6月18日,中国图书馆学会首次向国内各国际图联机构会员和中图书馆学会会员发出《关于募集2006年国际图联中文工作语言经费的倡议书》,并设立专项资金。该倡议得到了全国图书馆界同仁的积极响应,不到两个月,共筹款15.5万元。参与募捐的30个图书馆、学会组织、企业和个人是:中国图书馆学会、中国国家图书馆、中国科学院国家科学图书馆、上海行政管理学院图书馆、清华大学图书馆、北京大学图书馆、国家行政管理学院图书馆、中国人民解放军医学图书馆、上海市图书馆学会、浙江省图书馆、杭州图书馆、苏州图书馆、中国科学技术信息研究所、中国医学科学院信息研究所、无锡市图书馆、北京市委党校图书馆、北京工业大学图书馆、广西壮族自治区图书馆、重庆合川图书馆、哈尔滨市图书馆、辽宁省图书馆和太原市图书馆等22个单位和机构,柴新军、黄群庆、丹英和一位中国图书馆学会会员等4位个人,以及3M中国有限公司、Thomson科技信息集团、中国图书进出口总公司和常州科晶电子有限公司等 4 个中国图书馆学会企业团体会员。总之,在政府和全国图书馆界的共同努力下,于迫在眉睫之际,为中文工作语言政策付诸实施提供了至关重要的经费保证。

(三)成立中文工作语言工作组

在短时间内集结一支精通英语且具备图书馆专业素养,并能胜任同声传译和快报编译工作的队伍,也是一件相当困难的事情。2006 年 6 月,中国图书馆学会和中国国家图书馆牵头,成立中文工作语言工作组,负责领导、策划、组织和协调工作。工作组由中国图书馆学会理事长、中国国家图书馆馆长詹福瑞担任组长,学会副理事长、国际图联管理委员会委员张晓林、学会秘书长汤更生和中国国家图书馆国际交流处处长严向东担任副组长,成员有顾犇、卢海燕、王燕、杨仁娟、李晨光、王雁行、佟加蒙、綦海慧等,共 12 人组成,下设 4 个小组,分别负责会议同声传译、《国际图联大会快报》中文版、快报中文版《号外》和中文代表预备会等四项工作。中国图书馆学会秘书处与中国国家图书馆相关部门通力合作,选荐并培训同传译员和编译志愿者,确保各项环节落实到位。

三、群策群力,首功告成——中文工作语言实施纪事

2006 年 8 月 20—24 日,"2006 年世界图书馆与信息大会:第七十二届国际图联大会暨理事会"在韩国首都首尔召开,大会的主题为:"图书馆:知识与信息社会的发动机",共设置 76 个分主题。来自100 多个国家的 5000 余名代表参加了盛会,中国参会代表人数约为 300 名(包括来自中国大陆、台湾、香港和澳门地区的代表),其中由中国图书馆学会组织的与会代表 158 名。世界各地的 424 名代表陆续登上国际图联的讲台,宣读论文,其中中国代表 16 人。此外,大会还在中国杭州、上海以及日本和韩国召开了 7 个卫星会议。

第七十二届国际图联大会对中国图书馆界意义非凡。经过中国图书馆界长期不懈的努力和争取,国际图联终于决定在 2006 年将中文列为国际图联工作语言。由于本届大会首次将中文作为工作语言,使"中国"成为会议中一个让中国人骄傲,让世界瞩目的亮点。因此,虽然大会的举办地在韩国,但是在中国图书馆人的心目中,2006 年是继 1996 年北京第六十二届国际图联大会之后的又一个"IFLA 的中国年"。为此,中国图书馆学会和中国国家图书馆牵头,特别策划、组织了许多活动,烘托气势,以志庆贺。

(一)召开中文代表预备会

2006 年 8 月 19 日 18:00,第七十二届国际图联大会中文代表预备会在韩国首尔 COEX 会展中心102 房间隆重举行。在中国图书馆学会的精心策划和组织下,来自中国大陆、台湾、香港、澳门和新加坡、美国的 220 位代表出席会议,共同经历和见证了中文成为国际图联工作语言这一历史时刻。这是中文作为国际图联工作语言后的第一次正式会议。中国图书馆学会理事长、中国国家图书馆馆长詹福瑞首先致词,他充满自豪地阐述了中文成为国际图联工作语言对中文、对世界华语圈、对中国的特殊意义,并向所有给予支持和帮助的国际图联官员、国内外机构和个人表示由衷的敬意和感谢。国际图联主席阿历克斯·伯恩、国际图联当选主席克劳迪亚·卢克斯(Claudia Lux)和韩国图书馆协会会长、国际图联管理委员会委员、2006 年国际图联大会(世界图书馆信息大会)执行委员长韩相烷先后发表了热情洋溢的演讲;李玉文先生代表香港康乐及文化事务署、郑爱清女士代表新加坡国家图书馆管理局和国家图书馆发表贺辞。文化部社会文化图书馆司刘小琴副司长也即席讲话表示祝贺。最后,卢克斯主席、刘小琴副司长和詹福瑞理事长共同为第一期中文版《国际图联大会快报》揭幕。现场全体代表举起盛满香槟的酒杯,共贺中文成为国际图联工作语言,共庆中国图书馆人十年的努力、十年的期待变为现实。会议由中国图书馆学会副理事长、国际图联管理委员会委员张晓林主持。

(二)出版《国际图联大会快报》中文版

《国际图联大会快报》中文版的编译出版工作由中文工作语言工作组的"《快报》小组"负责。小组成员是从中国国家图书馆馆员中选拔的志愿者王燕(组长)、李晨光和王雁行(成员),严向东、顾犇和卢海燕等3位国际图联专业委员会委员担任审校,中国图书馆学会秘书处杨仁娟担任总协调。该小组自组建之日起便迅速进入工作状态。从《国际图联大会快报》第一期和第二期入手,培训语言,把握技巧,提高翻译速度;熟悉内容,强化专业,规范词汇体例;了解流程,设计模板,研究排版软件和印制技术,等等。这个中国团队在韩国首尔 COEX 会展中心的 335 房间里,与来自其他 6 个国家的英语、法语、俄语、西班牙语、德语和韩语工作组的 30 余位志愿者们一起,夜以继日地工作了 7 天,圆满完成了 7 期《国际图联大会快报》中文版的编译工作,每期印制 500 份,共计 3500 份;其电子版同期在中国图书馆学会网站发布,受到了参会代表和国际图联工作语言组的一致好评。

(三)提供会议中文同声传译

2006 年 5—7 月间,在中文工作语言所需经费尚未落实的情况下,国际图联又提出了严格的时限要求,中国图书馆学会和中国国家图书馆面对压力,顾全大局,勇担责任,本着实事求是的原则,积极而诚恳地与国际图联总部及秘书长,与韩国组委会及大会秘书处进行了十余次的沟通和斡旋。鉴于中国在经费、人员和相关外事政策等方面存在的实际问题和困难,根据中国图书馆学会提出的选择主题会场的建议,最终,三方在相互理解和尊重的基础上,于 7 月中旬共同确定了国际图联大会的一个特殊的"中文同声传译方案",即大会的 17 个场次提供中文同声传译服务,共计 32 小时。据估计,中国代表约 500 人次听会。大会安排 16 位中国(包括大陆、香港、澳门和台湾)代表宣读论文,中国图书馆学会委派专人为其中 3 位发言人提供了翻译支持,并组织中国代表现场助威。

2006 年国际图联大会中文同声传译时间安排表

日期	会议编号	会议主题	小时数
8 月 20 日	68	大会开幕式	2
	71	联合国教科文组织开放论坛	2
8 月 21 日	83	图书馆协会管理专业组会议	2
	88	全体会议	1
	89	版权与其他法律事务委员会会议	2
	95	版权与其他法律事务委员会会议	2
8 月 22 日	109	书目专业组会议	2
	114	全体会议	1
	117	国家图书馆专业组会议	2
	123	编目专业组会议	2
8 月 23 日	133	管理与营销专业组会议	2
	138	全体会议	1
	141	知识管理专业组/统计与评估专业组(联合会议)	2
	146	知识管理专业组/统计与评估专业组(联合会议)	2

日期	会议编号	会议主题	小时数
8月24日	151	信息技术专业组/国家图书馆专业组/ 学术研究图书馆专业组（联合会议）	2
	159	闭幕式	2
	160	第二次理事会仪	3
总计			

（四）助力中文首次成为国际图联工作语言

为了庆祝中文首次成为国际图联工作语言，中国图书馆学会会前会后组织了一系列的活动，鼓舞士气，营造氛围，扩大影响，让中国图书馆人的身影活跃在国际图联大会的舞台上。

1.组织中国图书馆界代表参会

国际图联大会为中外图书馆员和专家搭建了开放的交流平台，聚集了很旺的人气、大量的信息和丰富的资源，中国参会代表要充分利用和共享这个平台提供的各种资源，同世界同行交流、学习、合作。中国图书馆学会针对中文工作语言政策首次实施这一重大事项，本着突出重点，维护大局，实事求是，尽心竭力的原则和态度，根据会议特点和中国大陆代表的实际情况与需求，在国际图联、韩国组委会和韩国图书馆协会的认同与支持下，策划组织了丰富的参会活动。中国图书馆学会支持和参与国际图联大会的主要工作包括：公告信息，辅导征文，组织参会，实地参观和业务交流等5项工作。

自2005年10月始，学会就以文件形式下发通知，公告第七十二届国际图联大会信息；同时通过文件、会议、网站、《工作通讯》等多种途径，翻译并介绍有关大会基本情况，发布征文主题及分主题和《国际图联大会论文指导方针》，以及22个委员会和专业组征文通知，号召业界积极投稿。各分支机构、相关专业委员会和上海、浙江、江苏等地方学会，以多种形式辅导图书馆员论文写作，并对相关投稿程序给予指导。编印《第七十二届国际图联大会参会手册》，详细介绍国际图联大会的基本信息、同声传译分会场安排、热点会场推荐、日韩主要图书馆简介等，并对20个主题会场及16位中国发言者做了重点推荐。

本届大会中国图书馆学会共组织了来自18个省、自治区和直辖市的各级各类图书馆及其主管部门，以及12个企业团体会员单位的158人参会，是历年来人数最多的一次；共安排参观了13个日本和韩国的图书馆，是历年来参观馆数最多、业务交流最密集的一次；同时也是组织工作最复杂、最繁重的一次；更是肩负中文工作语言政策首次实施的历史使命，任务最艰巨、责任最重大的一次。

2.发表《快速发展中的中国图书馆事业》

由于国际图联大会在韩国召开，为了更好地宣传和介绍亚洲各国的图书馆事业的发展状况和成就，2006年3—4月间，应《IFLA杂志》（《IFLA JOURNAL》）第72届国际图联大会专刊约稿，中国图书馆学会组织国家图书馆、公共图书馆及高校、专业、中小学和工会图书馆委员会等分支机构共同参与，提供素材，学会秘书处采集数据、挑选图片，汇总并撰写《快速发展中的中国图书馆事业》（《The Vigorous Advancement of Libraries in China》）专文，全面介绍了中国图书馆事业发展现状，在让世界更好地了解中国图书馆同时，也展现了中国在亚洲图书馆界所占有的重要位置。

3.编印《国际图联大会快报（中文版）号外》

中国图书馆学会策划并编辑了《国际图联大会快报（中文版）号外》，刊登了中国图书馆学会理事长、中国国家图书馆馆长詹福瑞的贺词，孙蓓欣、吴建中和张晓林等历任国际图联管理（执行）委员会的 3 位中国委员发表的感言;记述了中文成为工作语言的经过,回顾了中国与国际图联的关系;还公布了响应中国图书馆学会的倡议,参与应募中文工作语言经费的单位、机构和个人名单。《国际图联大会快报(中文版)号外》既是一份宣传品,同时也是一份很有纪念意义和收藏价值的史料,它使得中文成为国际图联工作语言这一历史事件能够全面地记录、保存并流传下去。《号外》共印制了 500 份,一部分寄发给所有中国的国际图联机构会员、募捐的单位和个人,以及中国图书馆学会事业团体会员收存;另一部分由工作人员从北京带到韩国首尔国际图联大会中文代表预备会会场,分发给所有参会代表。

4. 开展国际图书馆协会公关外交

大会期间,中国图书馆学会组织代表出席国际图联图书馆协会管理委员会会议、联合国教科文组织论坛、言论自由开放论坛和梅琳达·盖茨"求知新途奖"颁奖仪式等 12 个会议。立陶宛图书馆协会、马来西亚图书馆协会、德国图书馆协会和美国图书馆协会等国外图书馆行业组织的学术活动形式、同行援助行动、荣誉体系(政府奖、学会奖)构建、图书馆联盟及其与社会机构合作创办"图书馆之友"等方面的做法和经验,给中国图书馆学会带来了很多启示。会议期间,中国图书馆学会分别同日本图书馆协会、韩国图书馆协会、美国图书馆协会、南非图书馆协会和加拿大图书馆协会等 5 个国家协会进行了工作会晤,重点交流了非政府组织的经营运作和管理机制等方面的经验。可以说,借助中文成为工作语言的契机和国际图联大会的平台,实现了中国图书馆学会外交史上的一次大丰收,为其今后在国际图联和亚洲图书馆行业组织中进一步确立地位,发挥作用和扩大合作做了必要的铺垫和准备。

5. 举办"中国科技期刊展"

在国际图联大会展览会上,由中国科学技术协会主办、中国图书馆学会承办的"中国科技期刊展",以图文、光盘、多媒体等形式展示了 513 种中国中英文科技期刊,受到多家国外图书馆等信息服务机构和出版发行机构的关注和欢迎。通过国际图联大会的平台,开辟了一条让中国科技期刊和科学技术成果走向世界,参与国际竞争的重要途径,扩大了中文科技文献信息在世界图书馆等信息服务机构的知名度和影响力,促进了相关文献的收藏与传播。该展览是 2006 年初,中国图书馆学会提出创意和策划方案,并首次接受中国科协的委托承担实施的科协重点资助项目,是中国科协"中国科技期刊国际推广计划"的重要组成部分,同时也是中国图书馆学会为国家科技创新服务的一次重要行动。

6. 参加国际图联大会卫星会议

国际图联为落实其奉行的文化多样性主张,第七十二届国际图联大会在中国杭州、上海,以及日本和韩国召开了 7 个卫星会议,充分体现了亚洲特色,而其中的"中国元素"也颇为引人注目。杭州卫星会议的主题是:中国书写与印刷文化遗产和图书馆工作,由浙江省图书馆承办;上海卫星会议的主题是:多元文化背景下图书馆的管理和营销,由上海图书馆承办。日本东京卫星会议的主题是:亚洲的保存与保护,由日本国会图书馆承办,中国图书馆学会组织了 78 位中国代表出席了会议。代表们在主办者特别设置的"中国图书馆学会专席"上,为中国报告人现场助威,并提供翻译支持。

(五)宣传会议盛况,共享成果,扩大影响

中文成为国际图联工作语言是在全国图书馆同仁的共同努力下赢得的,因此,对 2006 年国际图联大会,中国图书馆界自然有着特别的期待,也成为大家共同关注的焦点。为了让国内同行及时了解中文工作语言的进展情况和国际图联大会的盛况,共同体验成功的喜悦与自豪,分享交流的成果和经验,中国图书馆学会和中国国家图书馆提前制定宣传方案,学会网站于 2005 年底即开辟了"第七十二届国际图联(IFLA)大会"专栏,及时发布各类信息,跟踪报道,并配以图片、录音等,全方位、多角度地纪录和展示了大会实况。仅《国际图联大会快报》网上访问量 3 个月就已超过 5000 人次。

2006 年 8 月 18 日《人民日报》发稿报道会议和中文工作语言情况;新华社驻首尔记者对詹福瑞馆

长进行了专题采访。随后,各大报纸纷纷转载。据不完全统计,有近20位参会代表会后陆续在《国家图书馆学刊》、《图书情报工作动态》、《新世纪图书馆》、《新华书目报》、《中华读书报》、《出版人·图书馆与阅读》和《中国图书馆学会工作通讯》以及地方和省级专业杂志和公共报刊媒体上发表文章或接受访谈。中国图书馆学会撰写的关于国际图联大会概况和中文工作语言实施及中国代表参会情况的报告,呈送文化部社会文化图书馆司,通过《文化要情》上报政府领导部门。

通过以上各种形式的宣传,第七十二届国际图联大会的盛况、中文工作语言的成功实施等会议成果和收获在国内得到了广泛传播,既扩大了影响,又使业界同仁得以共享资源,共庆盛事。

四、里程之碑,意味深长——中文成为国际图联工作语言的重要意义

第七十二届国际图联大会的成功召开,以及中文工作语言政策的首次实施,对于加强中国与世界的文化交流,推动中国图书馆事业的发展具有重要意义和深远影响。无论是对于国际图联,还是中国图书馆界,都实现了一次历史性的突破,翻开了一个崭新的篇章。中文成为工作语言是中国综合国力不断强大的重要体现,也是落实"中国文化走出去"文化战略的重要成果。它标志着近些年来中国图书馆事业的发展得到了国际图书馆界的承认,表明了中国图书馆界在国际图联中占有着越来越重要地位,也意味着中国将对世界知识、信息和文化的保存与传播发挥更加重要的作用。

(一)对国际图联而言,中文成为国际图联工作语言是国际图联尊重文化多样性政策的具体落实和最好体现。正如,国际图联主席阿历克斯·伯恩在第七十二届国际图联大会开幕式上所言:尊重文化多样性,体现文化多样性是国际图联的一贯主张,国际图联管理委员会决定增设中文作为国际图联官方工作语言,是尊重文化多样性的体现;国际图联大家庭中的每个成员都希望能听到来自世界各个国家的更多不同的声音,了解来自非工作语言地区代表的看法和经验。中文成为国际图联工作语言,说明国际图联对中国图书馆事业的关注和重视程度大大提高,并且愿意进一步使国际图联成为让世界了解中国的重要窗口,让来自世界各国的信息在中国的交流与传播得到进一步加强。此举将对吸引更多的中国图书馆踊跃加入国际图联成为其机构会员,深度参与并作出应有贡献起到积极的推动作用。

(二)对中国图书馆而言,中文成为国际图联工作语言是中国图书馆事业国际化道路上的一个里程碑。中文成为国际图联工作语言,是中国图书馆界在国际图联中的地位得到进一步确立的重要标志,也将中国走向世界的道路大大地拓宽了。正像业界人士所有目共睹的,中国作为世界上人口最多、近年来图书馆发展最迅速的国家之一,在国际舞台上已经显现出其在资源建设与服务等方面的独特优势和影响力,也越来越多地参与到全球图书馆事业发展、学术研究和技术应用的前沿创新之中,并发挥着越来越重要的作用。多年来,语言障碍是一直困扰着中国图书馆界参与国际交流与互动的大问题,在中文成为工作语言后,这种情况将会得到较大改善。国际图联的部分专业组接受任何国际图联工作语言的投稿,也有部分小组能够将非英语的其他国际图联工作语言论文翻译为英文。这有利于将中国图书馆发展的现状更多、更全面地介绍给世界,实现中国馆员对国际图联事务更加广泛的、实质性的参与。同时,国际图联大会的部分会议设置同声传译和中文宣讲,这有利于中文代表直接表达自己的立场、态度、主张和学术观点,与国际同行对话交流,从而切实提高参会质量,进一步实现中国代表的话语权,提高中国在国际图联的影响力。

中文工作语言的设立是对中国图书馆事业发展现状做出的肯定,语言障碍的破除有利于中国图书馆人在立足本土,保持特色的基础上,学习国外先进经验,提升职业水准和服务能力,在理念和方法上逐步与国际接轨;同时,与国外同行开展更加深入、细致的交流和探讨,谋求实质性合作,共同应对新时代面临的新问题。由于国际图联语言"门槛"的降低,参与民间国际交流的机构将不仅仅局限于大城市、大图书馆,全国各地、各级、各类的图书馆和馆员都可以获得平等的机会,自觉、自主、自如地

走到世界同行中间,利用这个国际化的公共平台全面参与各种工作和活动。而这种普遍的、全方位的、多角度的参与,必将带来全面的、更多更广泛的了解与合作。总之,中文工作语言的实施必将推动中国图书馆国际交流水平的整体提升。以中文成为国际图联工作语言为标志,中国图书馆又站在了一个走向开放,走向世界的新高度和新起点上。

(三)对国家文化战略而言,中文成为国际图联工作语言是"中国文化走出去"战略的一次最好践行。近年来,随着对外文化交流的深入开展,我国全方位的对外文化交流格局正在逐步形成。我国与周边国家、发达国家和广大发展中国家的文化交流格局日渐清晰,并呈现积极态势。国际图联组织反映的是世界各国的文化政策、文化实力和文明程度,是世界文化的一个重要缩影和展示窗口。全面深入、持续地参与这样大型的国际性组织及其活动,有利于学习交流,协同合作,广交朋友和维权造势,对我国形成全方位的对外文化交流新格局将起到一定的推动作用。今后,中国图书馆界将会以更加主动积极、友好而务实的姿态,配合国家政治、经济、文化和外交等相关政策的需要,发挥民间国际交流的重要作用,充分利用国际图联这个平台,传播中国的文化和信息;进一步与新加坡、韩国和日本等亚洲国家的图书馆界形成共识,增强中国在亚洲的号召力,提高亚洲在世界的影响力。

(四)对于全球华文世界而言,中文成为国际图联的工作语言是全球华人图书馆界大团结、大融合的契机。中文成为国际图联工作语言的意义不仅在于中国本土,还在于使得华语国家和地区,以及海外华人感到欢欣鼓舞,大受裨益,增强了他们的自信心和自豪感。全球华语地区和国家的图书馆员之间,以及华人图书馆员之间的团结友谊和沟通交流将借此机会得到进一步的促进,进而促使"华语文化圈"更加繁荣。今后,在全球各华文图书馆的共同努力下,必将更有效地推动中文文献信息资源在世界范围内的共知、共建和共享;使讲中文的图书馆员逐步凝聚成为世界图书馆界的一支不可忽视的重要力量,在国际事务中发挥积极的、更大的作用。

总之,中文成为国际图联工作语言,不仅是中国图书馆界国际化历程中的里程碑,而且是中国文化事业在国际的地位和影响力得到承认、重视和提高的重要标志。中国图书馆界在政府的支持下,以此为契机,抓住机遇,再接再厉,借助国际图联这个平台,充分地展现中国图书馆事业和图书馆员的风范,让世界了解中国,让中国与世界共同进步,让中国在世界图书馆舞台上发挥更重要的作用。

五、精诚团结,任重道远——历史的总结与反思

如果把"中文成为国际图联工作语言"作为"里程碑"来界定,那么,透过这个特殊的视角,对中国图书馆界近十年的国际化发展态势,及其与国际图联的关系等,做一次认真的回顾、总结、梳理和评价,则有着重要的历史意义和现实意义。

(一)中国图书馆同仁的共同努力

1996 年北京国际图联大会以后的十年中,中国在国际图书馆界发展的总趋势是不断前进,不断壮大,影响力也在不断提升。就其在国际图联的地位和作用而言,便是最好的明证之一。国际图联对中国的认可和中文语言政策的制定,是以中国综合国力的逐步强大,中国图书馆事业的迅速发展,中国专业图书馆人对国际图联的贡献及其在其中的参与度和影响力等等,作为决策基础和依据的。应当看到,从 1927 年国际图联诞生中国的创始之功,到 1996 年北京国际图联大会中国的倾力贡献;从1993 年国际图联执行(管理)委员会的首位中国委员,到之后十年间的六任中国委员在其高层发挥的重要作用和影响力;从 1999 年中国图书馆学会首次在全国范围组织代表出席国际图联大会,到 2006年中国代表的参会人数创下历史新高;再到及时抓住国际图联大会在近邻韩国举办的有利时机,积极斡旋,赢得了韩国等亚洲国家委员在国际图联中的支持和声援。所有这些标志点,一个个努力,一步

步走来,一项项实现。总之,中国与国际图联保持的友好关系,特别是近十年来,中国图书馆界有计划、有组织、有规模并且持续地参与国际图联事务,支持国际图联大会等各项活动,对推动中文工作语言政策的最终成功起到了极为重要的作用。

回顾并反思中国图书馆界在国际图联中所走过的十年,七十年,乃至八十年的历程,不难得出这样的结论:这个良好局面的形成,不是一蹴而就,而是经历了数十年的磨砺和坚持;不是单枪匹马的"精英"行为,而是兄弟齐心的"群英"行动。也就是说,成就这个局面靠的不仅仅是一个或几个大馆、强馆,一个或几个专家精英,靠的是不同系统、各级各类图书馆和相关机构共同组成的一个中国图书馆群体,靠的是来自不同系统、各级各类图书馆和相关机构的专家、学者和图书馆同仁共同聚合的一个中国图书馆工作者群体,靠的是信念、勇气、智慧、力量和各尽所能的付出与奉献。中文工作语言的成功便是最好的明证。它的成功,是中国图书馆界整体同心同德所争取的成功,是中国图书馆人十年的坚韧不拔所赢得的成功,是这个群体的每个单位,每位个人,每份力量和每个贡献汇聚起来所共同铸就的成功。

(二)中国图书馆学会的重要作用

中国图书馆学会在争取中文成为国际图联工作语言的十年历程中发挥了不可替代的、至关重要的主导作用。中国图书馆学会是由中国图书馆员、图书馆组织以及支持和参与图书馆事业的个人和机构自愿组成的社会团体,这个联合体代表着中国图书馆界的共同愿望和整体利益。十年来,为了实现中文工作语言这个目标,中国图书馆学会发挥纽带和桥梁作用,对外与国际图联始终保持密切联系,掌握进程,把握时机;对内一方面积极主动赢得政府支持,贯彻落实国家相关文化外交政策,另一方面,立足行业,凝聚人心;协调关系,形成合力;明确目标,统筹规划;有效组织,稳步实施;锲而不舍,不辱使命。

作为非政府组织(NGO),中国图书馆学会虽然不是政府权力机构,没有行政命令;也不是企业经营机构,没有经济利益驱动。但是,凝聚人心、人力,聚合财力、物力,取之于民,用之于民则既是它的特征和优势,也是它的重要职责和主要任务。因此,中国图书馆学会从自身的定位与责任出发,发挥引领、倡导、协调和组织作用,搭建起一个行业民间国际交流的公共服务平台,为促进我国图书馆事业发展服务,为满足业界的迫切需求服务,为实施图书馆国际化发展战略服务。十年的实践证明,这一思路和做法在国内、国际取得了良好的效果,并且为中国图书馆学会巩固了地位,树立了信誉,提高了声望。

1. 履行义务,勇挑重担,责无旁贷

《中国图书馆学会章程》第二章第六条明确规定,"加强同国际图书馆界的联系与合作"是中国图书馆学会必须履行的职责。随着国际化进程的加快,民间国际交流日益成为学会工作的重要领域,学会也逐步成为开展图书馆界民间国际交流的主渠道和主力军。国际图联是世界图书馆界的奥林匹克组织,是全球图书馆同行建立联系、谋求合作的重要平台,作为它的创始者之一和国家级会员,国际图联工作势必成为中国图书馆学会国际交流工作的主要任务。因此,继1996年承办北京国际图联大会后,争取中文成为国际图联工作语言的艰巨任务便成为中国图书馆学会的又一项新的使命。

2. 服务会员,满足需求,壮大声势

多年来,中国图书馆学会积极履行国际图联国家会员义务,在中国协助国际图联发展机构会员,负责并参与国际图联管理(执行)委员会和专业组常设委员会中国委员的提名及选举工作,为中国争取席位。中国图书馆学会一贯重视国际图联管理委员会委员的选举,认为选举和当选都不是一个个人行为,而是代表中国利益的国家行为,是代表中国图书馆界共同意愿的集体行为。所以,学会在十年中对3位中国委员在国际图联管理委员会的六任(每人连任两届)成功当选发挥了极为重要的作用。中国图书馆学会为支持和满足广大会员参加国际交流的迫切愿望和需求,按照国家"走出去"与"请进来"的文化战略,鼓励各级各类图书馆和图书馆员参与国际图联相关工作和活动。

由于中国代表对国际图联大会的参与度是国际图联认定中文作为工作语言的必要性的重要考量

内容之一，所以，在中国图书馆学会挂靠单位中国国家图书馆的领导和支持下，学会常务理事会决定自1999年泰国曼谷国际图联大会起，在全国范围内有计划、有组织、有重点地为其个人会员和团体会员参加一年一度的国际图联大会提供咨询与服务。主要包括征文咨询、参会咨询、翻译服务、出行服务和专业参观等五项内容。通过7年的不懈努力，中国图书馆学会既成功地将业界的人气聚合，形成规模，又使国内图书馆界对国际图联有了广泛的了解和认知，建立的双边和多边合作也逐渐增加。同时，中国图书馆学会也通过国际图联同美国图书馆协会（ALA）、英国图书馆协会（CILIP）、韩国图书馆协会（KLA）和日本图书馆协会（JLA）等国外行业及专业学（协）会建立了密切的联系与合作。所有这些成效都为中文工作语言的最终获准准备了充分而颇具说服力的理由。

3. 坚定信念，扎实推进，水到渠成

十年前，我国图书馆事业的发展状况无论是政策保障、人才队伍、经费支持，还是交流能力和影响力，与国际先进水平均存在着较大差距，申请中文作为工作语言则更是面临很多问题和困难。但是，中国图书馆界没有气馁，而是戮力同心，积极进取。作为行业组织和代言人，中国图书馆学会发挥了主导和引领作用，始终保持坚定信念，在探索中前进，在前进中发展。回顾中文工作语言的申请历程，大致分为三个阶段：即1997年首次递交申请，2004年首次组织召开中文代表预备会，2006年首次成功实施中文工作语言政策。这"申请之路"上的三个关键点也就是三个阶段性目标，它们记录着中国图书馆学会带领全国图书馆同仁，克服重重困难，承受各种压力，把握时机，求实务实，步步为营，最终取得成功的一段不平凡的历史。

4. 加强公关，整合资源，成就大事

中国图书馆学会以积极主动的姿态，争取文化部、挂靠单位中国国家图书馆、各分支机构的主管部门，以及各省、自治区、直辖市文化和外事主管部门等中央和地方各级政府相关部门的理解和支持，为在国际图联中形成全国图书馆界的整体行动和整体气势，提供了至关重要的政策保障。长期以来阻碍中文工作语言获准的主要问题是经费问题，为了突破这个瓶颈，2006年中国图书馆学会在申请政府资助的同时，首次发起全国图书馆界的募捐行动。将政府和民间的财力集聚起来成就大事，这充分体现了中国图书馆学会的桥梁和纽带作用，彰显出学会在业界的感召力和公信力，同时也增强了图书馆界的凝聚力。所以说，中文成为国际图联工作语言的成功也是中国图书馆学会调动和聚合各方资源，向世界展示中国图书馆人的群体风采，显示中国图书馆人的群体力量的一次成功实践。

（三）机会带来的新挑战

中文成为国际图联的工作语言后，给中国和世界都带来了相互了解，增进友谊，加强合作的机会，中国图书馆界无疑是其中最大的受益者。当然，中国多年来曾经面临的问题不可能因此全部解决，比如语言障碍问题的彻底解决还需要相当一段时期的过渡；中国代表对国际会议的参与深度依然是主要问题，具体表现为：征文投稿量，论文入选率，参会率以及听会、发言和讨论参与度等；另外，鉴于中国的国情，参与国际交流人士的专业水平和角色身份参差不齐，导致主观兴趣和需求各有不同，等等。这些现实情况与问题要求中国图书馆界必须面对，必须继续本着实事求是，循序渐进的原则，加以正确的引导和改善。

作为中国图书馆学会及其分支机构和各级地方图书馆学（协）会等行业和学术组织，亦应继续担当起民间国际交流的组织者和引导者的重要责任，在掌控全局，把握主流的基础上，尊重并关注大多数人的利益和需求，疏通并开拓各种交流渠道。要特别注重鼓励、帮助和推荐更多的中国图书馆员走上国际讲坛，向世界介绍和宣传近年来中国图书馆的发展，诸如数字图书馆的建设与服务、行业标准规范的研究与制定、乡镇社区基层图书馆服务网络的构建、图书馆联盟，以及中国图书馆的"全民阅读"活动和"志愿者行动"等等，让中国图书馆和图书馆员走向世界，融入世界，让国际图书馆界了解现在的中国，真实的中国，将中国图书馆界的国际交流进一步推向深入，走向基层。

此外，为了保障中文工作语言的可持续性，中国图书馆界急需培养和建立一支语言能力、图书馆专业水平、应变和实战能力俱佳的，且能够胜任国际图联大会等国际会议同声传译和文字编译的专门的人才梯队。这支队伍既能为国际图联工作语言提供服务，又可为今后中国申请成立国际图联中文语言中心做必要的准备。总之，如何面对新情况下出现的新问题，如何采取积极有效的措施，站在国际交流的新起点上迈出新的一步，这是中国图书馆界都必须思考和解决的问题。

中文成为国际图联工作语言是继中国成功举办第六十二届国际图联大会之后，中国图书馆国际交流历史上的又一个里程碑。2006年也因此成为具有重大历史意义的一年。同时，历史也昭示了，2006年是承上启下的一年，是准备踏上新的征程继续前进的一年。因此，中国图书馆界也清醒地看到，在这个时间点上，无论是在理念、人才、物质、资金的准备层面，还是在与之相对应的操作层面，均体现出"过渡"的特点。这种过渡是正常的、客观的，是积极的、向上的、向前的，更是令人鼓舞、催人奋进的。2007年以后，中国图书馆界国际交流工作的目标将是：巩固成果，扩大影响，增强实力，持续发展；其核心任务是：加大参与深度，体现中国水平，维护中国利益，扩大中国影响，树立中国形象。

关注基层图书馆建设、提高基层图书馆馆长素质的有效措施

——2006年中国图书馆学会基层图书馆馆长培训志愿者行动纪实

杨玉麟

（西北大学公共管理学院）

党中央提出建设社会主义和谐社会战略决策后，人们普遍感到中国图书馆事业发展的大好时机已经到来。但是，中国基层图书馆事业发展的不平衡和广大中、西部地区基层图书馆事业发展缓慢，已经成了制约中国图书馆事业整体发展的一个瓶颈。中国图书馆学会自2006年起组织实施基层公共图书馆馆长培训志愿者行动，力图促进这种局面的改善。行动取得了非常好的效果，影响了良好的社会反响，并且逐渐变成一种常规的活动。作为志愿者行动的参加者，有义务对2006年志愿者行动全过程作出全面的回顾和总结。

一、志愿者行动发起的背景

2006年中国图书馆学会组织的基层图书馆馆长培训志愿者行动，有着明显的时代背景和专业环境。

背景之一：社会大环境

进入21世纪后，中国改革开放向纵深发展，社会进步非常明显。党中央提出科学发展观、构建和谐社会、建设创新型国家等一系列重大战略思想，并制定出建设社会主义新农村、繁荣和发展农村文化事业等战略决策，这些都构成2006年基层公共图书馆馆长培训志愿者行动的社会环境。

背景之二：学者学术活动

2005年7月。当时，由北京大学信息研究所与湖南图书馆、衡阳市图书馆组成联合调查组，对衡阳地区11个市县基层图书馆的生存状况进行了广泛的调研，其成果引起了中央领导的高度重视和社会各界的广泛关注，在图书馆界产生了深刻的影响。

背景之三："百县馆长论坛"和中国科协年会分会

2005年10月，中国图书馆在河南省林州市召开第一届百县馆长论坛，论坛的主题是：中国县级图

书馆的生存与发展,分主题分别是县级图书馆生存现状与发展前景;县级图书馆的文献资源建设;县级图书馆的服务对象与服务模式;县级图书馆的自动化、数字化和网络化建设。会议讨论的主要话题集中在了当时中国县级公共图书馆的生存现状和发展前景方面,并在此基础上形成了《林州共识》。《林州共识》内容有5条,概括起来说主要内容有三个意思:

首先,全体代表认同"制约我国图书馆事业进一步发展的瓶颈是县级图书馆"这一基本判断,呼吁各级政府在加大对图书馆事业经费投入总量的同时,适时调整发展的战略重点和投入的优先顺序。

其次,与会代表建议各有关方面尽快制定适应社会文化需求及县级图书馆现状的"十一五"规划,健全、完善我国的县级图书馆体制,促进县级图书馆的健康、有序发展。

第三,与会代表建议政府行政主管部门、行业学会加快制定、实施图书馆职业资格准入制度及图书馆从业人员的继续教育制度,并首先启动对县级图书馆馆长的培训,从提高馆长的政治素质、专业水平、管理能力入手,逐步解决县级图书馆人才匮乏问题,促进图书馆服务水平的提高。

北京大学信息管理系李国新教授在其《我国公共图书馆事业进一步发展的突破口——县级图书馆的振兴》的主旨报告中提出了振兴县级图书馆的三大措施:实现基本保障、提升馆长水平和改善服务效益,并提出"有必要实施全国县级图书馆馆长的培训计划,培养出一批深刻理解和谐社会的内涵、深刻理解现代图书馆的理念和实现方式、有一定专业水平和管理能力的职业图书馆馆长。"这是中国图书馆学者最早形成的关于基层公共图书馆馆长培训志愿者行动的理论倡导。

同年,在由中国图书馆学会组织的中国科协年会分会场上,李国新教授关于我国农村基层图书馆事业发展现状的报告,同样引起了业界人士和政府有关部门的普遍关注。

背景之四:学术委员建议

2005年11月,中国图书馆学会举行学会第七届学术研究委员会成立大会。会议期间,李国新教授等学者关于加快基层公共图书馆建设的思想引起广泛关注,南开大学于良芝教授、华东师范大学范并思教授等委员提出"中国图书馆学会以志愿者的形式开展基层图书馆馆长培训"的建议,引起了政府行政主管部门的支持和中国图书馆学会的重视。

背景之五:学会决策

2006年年初,在海口召开的中国图书馆学会新年峰会上,将"以志愿者行动的方式开展基层公共图书馆馆长培训的建议"列入议事日程。经过与会代表充分讨论,决定将这一活动被安排进2006年的学会工作日程。

至此,志愿者行动完成了理论研讨、学者建议和组织决策等程序。

二、志愿者行动的组织过程

2006年3月8日,中国图书馆学会在网上发布了"基层图书馆培训"志愿者行动招募公告,在全国范围内招募担任基层图书馆馆长培训班主讲人的志愿者。招募志愿者的条件为:"(1)具有副教授或副研究馆员(含)以上专业技术职称;(2)在培训内容的某一方面有较高的水平,有良好的表达能力;(3)培训期间的时间有保证,同意不支付讲课报酬、不支付生活补贴的条件;(4)身体健康。"

公告指出:"为响应党和政府的号召,扩大图书馆事业的社会影响,提升图书馆的社会功能,使图书馆在建设新农村、传播新文化、营造新生活中发挥更大的作用,中国图书馆学会决定在2006年7—8月组织图书馆界有影响的理论工作者和实际工者对以县级图书馆管理者为主的基层图书馆工作者进行专业培训。"而培训主题,确定为"(1)社会主义新农村建设中的图书馆;(2)基层图书馆馆长实务;(3)基层图书馆的资源建设与服务;(4)基层图书馆的自动化网络化建设;(5)宣传推介图书馆示范讲座"。

志愿者招募公告得到了全国图书馆界的积极响应,许多专家、教授和图书馆工作者报名参加。经中国图书馆学会遴选,并与志愿者所在单位进行协商,最终确定26人入选"基层图书馆培训志愿者"。其中有大学的专家学者,国家图书馆,省、市公共图书馆,科研系统图书馆,大学图书馆以及中学图书馆的馆长,也有普通的图书馆员,还包括三位中国图书馆学会的副理事长。

同年4月25—26日,中国图书馆学会在北京召开"基层图书馆馆长培训方案

研讨会",对培训的意义、目的和对志愿者定位做了说明,就培训讲授大纲和培训形式进行了研讨,对讲义的编写和专家的组织分工进行了安排与布置。随后,志愿者围绕社会主义新农村建设中的图书馆、基层图书馆馆长实务、基层图书馆的资源建设与服务、基层图书馆的自动化网络化建设、基层图书馆的宣传推广等五大专题,精心编写了专门的授课教材和相关参考资料汇编。

中国图书馆学会在2006年年会于2006年7月在云南昆明举行。闭幕式上,专门举行了"志愿者行动"启动仪式。学会理事长、中国国家图书馆詹福瑞馆长发表了热情洋溢的讲话,首先明确表示:"这次志愿者行动是必将载入中国图书馆事业发展史册的一次重要活动!"关于这次志愿者培训活动,他认为,除将对基层图书馆的实际业务产生直接影响外,还有两层更深刻的意义蕴涵其间:

第一,它是图书馆服务原则与志愿者行动宗旨的精神契合。"在无偿、公益、利他这个基本原则上,图书馆服务与志愿者行动在精神是一脉相承的。如果说有区别的话,那就是驱动方式不同:前者是政府履行公共服务职能的制度安排,后者则完全是一个社会人博爱精神的自然表现和自觉行动。从这个意义上讲,我们的这次志愿者活动,正是这两者的有机融合,因而展现出我们图书馆事业最为光彩动人的一面。"

第二,它是图书馆人自律、自助、自强的一个信号和标识。"中国正处于发展过程中,在一定阶段内,它的关注重心,是由经济、教育,然后才到文化,而在文化生活中,图书馆所面临的处境还远没达到它应处的地位,整体弱势。那么,我们到底应该如何面对这样的形势呢?政府和社会各阶层的关注、支持是必不可少的,剩下的就是要靠我们自己了,靠我们自己的不懈努力——自律、自助、自强!唯有自律,我们才能赢得我们的生存之地;唯有自助,我们才能赢得理解和关注;唯有自强,我们才能赢得社会的尊重!从这个意义上说,我们的这次志愿者活动就是自律、自助、自强的一个标识,一个信号。我们要通过这样的活动向业内和社会发出这样的信息:我们有能力靠我们自己的力量,相互帮持,荣辱与共,创造我们美好的明天!"

启动仪式上,詹福瑞理事长代表中图学会向志愿行动小组授旗、向所有志愿者颁发荣誉证书和志愿者行动徽章。这标志着中国图书馆学会"基层图书馆培训"志愿者行动正式启动。

三、志愿者行动的具体过程

2006年7月底至8月初,"中国图书馆学会志愿者行动——基层图书馆馆长培训"分别在湖南、陕西和黑龙江三省举办。中国图书馆学会三位副理事长(国家图书馆副馆长陈力、北京大学信息管理系主任王余光和中国社会科学院文献信息中心主任杨沛超)分别担任三个志愿者小组的领队,带领三组志愿者共26名志愿者分别奔赴湖南省衡阳市、陕西省榆林市和和黑龙江牡丹江市,去完成基层图书馆馆长培训任务。

无论在黑龙江、陕西还是湖南,志愿者培训活动都得到了当地政府有关部门的大力支持,得到了受训地省图书馆和省图书馆学会的大力协助,据统计,来自三省300多名地、县级基层图书馆馆长接受了一次系统的、高水平、高质量的培训。志愿者不仅给参加培训的基层图书馆馆长们传授了图书馆学的基本理论和知识,还传播了大量先进的办馆理念和先进的管理方法,受到了广大基层图书馆馆长的热烈欢迎。

下面简单介绍笔者直接参与的第三小组志愿者行动的过程。

志愿者第三小组承担了在陕西榆林对 80 多名基层图书馆馆长和业务骨干培训的任务。整个活动得到了陕西省政府和陕西省图书馆、陕西省图书馆学会的大力支持和协助。陕西省文化厅专门发布文件"陕文社〔2006〕26 号"《关于举办 2006 年"基层图书馆志愿者行动"陕西省公共图书馆馆长培训班的通知》,并拨专款予以支持。陕西省文化厅安排所有志愿者在西安集中,乘坐中巴车一路北上,沿途利用两天时间考察了铜川市耀州区图书馆、黄陵县图书馆、延安市宝塔区图书馆、志丹县图书馆、吴起县图书馆、定边县图书馆、米脂县图书馆和榆林市图书馆,得到沿途各地区领导和文化主管部门负责人的积极配合。省文化厅社文处赵登峰处长、丁雪燕助理调研员全程组织活动的开展,并以普通学员的身份参加了全部内容的学习。陕西省图书馆和图书馆学会对活动全过程进行了精心组织,谢林馆长亲自负责,而徐大平副馆长受中图学会委派担任第三小组副领队,学会秘书处和陕西省图书馆办公室全体人员完成了所有的会务工作。

在为期 5 天的培训活动中,所有志愿者按照中国图书馆学会的统一部署,和参加培训的基层图书馆馆长同吃、同住、同学习、同讨论,与基层馆长们就中国目前基层图书馆事业发展的现状和困难等问题,进行了直接的交流。中国图书馆学会副理事长、北京大学信息管理系主任王余光教授讲授了《图书馆与大众阅读》,中国图书馆学会常务副主任、北京大学信息管理系李国新教授讲授了《社会主义新农村建设中的图书馆》,南开大学商学院信息资源管理系徐建华教授讲授了《直接支持与现代图书馆人职业生涯管理》,西北大学公共管理学院副院长杨玉麟教授讲授了《基层图书馆信息资源服务》,河南大学图书馆副馆长王学春副研究馆员讲授了《基层图书馆信息资源建设》,广东省佛山市图书馆馆长王惠君研究馆员讲授了《构建公共图书馆服务体系,促进和谐社会发展》,黑龙江省图书馆《图书馆建设》常务副主编毕红秋研究馆员讲授了《基层图书馆的宣传推介》,南京图书馆刘小云副研究馆员讲授了《互联网在基层图书馆中的作用》,无锡市图书馆技术部主任陶青副研究馆员讲授了《基层图书馆自动化网络建设》。丰富的讲课内容和先进的图书馆理念,极大地吸引了广大基层馆长的学习兴趣。无论在课后提问环节,还是在分组讨论过程中,基层图书馆馆长积极发言,结合讲课内容和自己图书馆工作实践,提出了许多有深度、有内容的问题。

其他两个小组在湖南衡阳、黑龙江佳木斯的活动内容,与陕西榆林基本类似。总之,在整个志愿者行动过程中,三个小组的志愿者向基层图书馆馆长们宣传了图书馆学新理念,介绍了图书馆工作新方法,启迪图书馆馆长们的新思维,开阔图书馆实际工作者的新眼界。由于志愿者层次高、备课充分,讲课深入浅出,理论与实践相结合,培训受到学员的普遍称赞。培训形式除了利用 PPT 课件进行课堂讲授外,还安排了大量时间用于专家答疑、师生互动、座谈讨论,培训现场气氛热烈,培训效果明显好于以往。无论是志愿者,还是接受培训的基层图书馆管理者,都感到有了很大的收获。

四、业界内外对志愿者行动的反响

(1)国家图书馆馆长、党委书记,学会理事长詹福瑞断言:"志愿者行动是必将载入中国图书馆事业发展史册的一次重要活动!"

(2)参加公共图书馆馆长感言"天堂的未来如此美丽"。

安康市汉滨区少儿图书馆馆长万行明:"通过参加培训,我们这些基层馆长能与专家、教授面对面零距离接触,有如踏入北大、南开等高等学府校门,迈入佛山、南京、无锡图书馆人的精神世界。教授们和专家们所传递的图书馆专业理念与工作思路,必将在本省今后的图书馆工作实践中产生深远的影响。如果说"新农村建设"、"十一五"规划及基层文化发展等中央政策的出台,给公共图书馆事业的发展带来了春天,那么此次培训,便是专家、教授给春天里的图书馆之花施了一次肥,浇了一次水。我们有理由相信,图书馆的收获季节一定会来临。作为中国最基层图书馆馆长,我们一定要树立起做好工作的信心,做图书馆事业的卫道士,于工作实践中着力培养西北图书馆人的职业精神,为中国图书馆事业做出自身应有的贡献。"

湖南省韶山市图书馆馆长朱艳红:"参加此次培训相当有益,让我们基层图书馆人员观念更新,增加见识,同时备受鼓舞,让全体基层人员感到图书馆事业前途光明。建议中图学会及图书馆界的专家学者能为我们的图书馆事业多做调研、多做鼓吹,为我们基层图书馆提供更好、更多的政策环境和有利条件,加大对我们的宣传,引起国家决策者的关注与政策倾斜,让我们共同的事业走向辉煌!"

黑龙江省绥芬河市图书馆馆长孙伟卢:"我们要把在培训中学到的宝贵经验和丰富的知识贯穿到图书馆工作的各个环节。把专家、学者的思想境界带到工作中。以人为本,为读者服务是我们的目标! 图书馆是社会的主流文化阵地,每位馆长充当的是文化火炬的角色,负有点燃当地文化火焰的使命。我们聚到一起是一把火,散开是满天星! 在此,我祝愿图书馆界的同仁们:挺起脊梁、走出困境、抓住契机,把我们的事业推向辉煌! 我们虽然很平凡,但我们在平凡中铸就着伟大!"

(3)基层图书馆学会"志愿者行动:推进基层图书馆发展的盛举"。

陕西省图书馆学会尚庄:"此次志愿者行动不仅是我国图书馆界一件具有创新意义的大事,对陕西的基层公共图书馆来说,更如久旱逢甘露,授课内容之新,规格之高,专家队伍阵容之强大,在陕西基层图书馆馆长培训历史上都是前所未有的。通过集中授课、分组讨论、与专家面对面互动交流等多种形式,达到了多点碰撞、深层渗透、解除困扰、指点迷津的良好效果,受训馆长好评如潮。"

(4)媒体"借鉴办馆经验,促进提档升级"。

《牡丹江日报》报道:"7月31日,为期6天的中国图书馆学会志愿者行动——基层图书馆馆长培训班在我市举行开班仪式。来自北京、上海、苏州等地图书馆的授课专家将到会进行5个专题的讲座。副市长高艳华出席开班式。

此次行动是中国图书馆学会为响应党中央建设社会主义新农村、繁荣和发展农村文化事业号召而组织的一次全国性大型活动,旨在为图书馆提供志愿服务,交流借鉴各地先进办馆经验,推动基层图书馆提档升级。中国图书馆学会在国内选择了3个试点城市,除我市外,开班式同时在湖南衡阳、陕西榆林举行。高艳华副市长说,此次专家来牡讲授、讨论、交流答疑,将使我市图书馆从业人员有机会向与会专家教授学习借鉴先进的管理经验、办馆理念,从而推动我市图书馆不断进行专业理论的更新,适应快速发展和建设社会主义新农村的需要。"

《科学时报》记者徐雁龙发表文章,将志愿者行动形象地比喻为:在图书馆事业发展的春天里,志愿者到祖国的中西部去"种树"。

(5)中国图书馆学会的总结。

本次活动特点:"第一,各地政府行政主管部门高度重视;第二,志愿讲授的专家队伍,是一支团结协作、恪尽职守的队伍;第三,参加培训的学员参与面广,参与热情高。"

本次活动收获:"首先,本次培训共有300多名基层图书馆馆长接受了一次与中国基层图书馆发展密切相关的、基本的、比较系统的职业理念、专业素养的培训;其次,进一步强化了馆长们的现代图书馆观念;第三,专家志愿者在奉献的同时也有巨大的收获:接受了一次国际志愿者精神的洗礼,切身感受了中国基层图书馆发展的现状,得到了一次难得的相互学习的机会;第四,本次行动的示范和表率作用已经播种发芽。"

活动整体总结:"中国图书馆学会组织的首次志愿者行动,是图书馆届学者与实际工作者精神契合的开始。通过此次培训的洗礼,大家的职业荣誉感和自信心空前高涨,形成了在目前有利于基层图书馆发展的大好形势下只有开拓进取、才能立于不败之地的强烈共识。大家相信,理论与实践强烈碰撞所产生的火花,必将燃起基层图书馆建设与发展的熊熊烈焰。"

"中国图书馆学会组织的首次志愿者行动,已在基层公共图书馆馆长中掀起巨大波澜。随着培训班的结束和馆长们新一轮基层图书馆工作创新实践的开始,志愿者行动所代表的自律、自助、自强的精神,必将深深植根于广大基层公共图书馆的土壤,长成参天大树,结出累累硕果。"

五、志愿者行动的收获与存在问题

2006年暑期如此大规模的图书馆专家志愿者行动,在中国图书馆学会历史上还是第一次。作为一项创新的举措,它取得了许多令人瞩目的成果,同时也存在一定的问题。

1. 收获

首先,这项行动引发了政府主管部门的充分重视。三个接受培训地的政府文化主管部门都专门下发文件,从政策、组织、人员、培训内容等方面提供了多方位的保障和支持。如果没有各级政府主管部门的全力配合,要想顺利完成这样大规模的志愿者行动,难度是相当高的。政府的积极态度,给我们这些图书馆事业的从业者带来了希望,因为公共图书馆事业是政府公共服务职能的具体体现,政府作为了,我们的图书馆事业也就有了基本保障。这应当是本次志愿者行动的一项重要收获。

其次,通过这次培训行动给图书馆人特别是陷于困境之中的基层图书馆人树立了信心,使他们明了:他们不是孤立无助的个体,他们是整个图书馆事业中不可或缺的一分子,只要他们需要,我们这个大家庭的所有成员都会伸出援助之手。培训结束后,对参加培训的基层馆长们所做的调查显示,绝大多数人认为这种基层馆长培训很有必要,增长了知识,启迪了思维,开阔了视野;既有专家学者讲授理论方面的知识,又有从事公共图书馆基层工作同仁介绍经验,受益匪浅。据悉,志愿者培训行动尚未结束,就已经有某发达地区的图书馆主动与陕西图书馆联系,准备结成更为直接有效的帮扶对子。正如我们所预计的,图书馆人帮助图书馆人的志愿者行动,将以此为契机,蔚为大观。这是我们的美好愿望,我们有理由相信这个愿望最终会实现。

第三,对培训者来说,这次活动提供了一次密切接触当地同行、了解他们的困境和问题的机会,使志愿者直接感受了落后地区的同行们在极度困难的情况下生生不息的社会责任感和自强不息的精神;同时也使志愿者看到了落后地区图书馆事业的实际困难状况。除了经费的短缺,在一些图书馆中,服务意识和服务精神的缺失、人员的臃肿、领导的冷漠等都还比较严重。这些现象都向志愿者提出了新的思考视角。

2. 存在问题

首次基层图书馆培训志愿者行动,凭者图书馆专家学者的倡议,中国图书馆学会的组织、各地政府和图书馆界的积极配合,全体志愿者以高涨的热情,顺利完成了任务,得到了界内的普遍认同和赞誉。但是,认真总结,整个行动也还有一些值得总结的地方。比如:

(1)如何进一步提高志愿者教学水平、保障教学效果的问题;

(2)如何进一步取得各地政府支持,保障每一个基层图书馆管理者参加学习的经费问题;

(3)如何规范教学、学习态度,完善教学内容体系的问题;

(4)如何扩大宣传渠道、加大宣传力度,增强基层图书馆培训志愿者服务的社会认同程度的问题;

(5)如何建立制度,筹措专项经费,保证培训行动长期、全面展开的问题,等等。说到底,是一个如何建立有中国特色的基层图书馆培训志愿者行动的长效机制的问题。

3. 思考

对于上述问题,笔者后来曾在《中国图书馆学报》上发表文章,建议从以下几个方面考虑建立中国基层图书馆培训志愿者行动的长效机制。

第一,明确志愿者行动的社会意义与社会定位。

第二,建立中国图书馆基层培训志愿者行动的常设领导机构与办事机构。

第三,制定中国图书馆基层培训志愿者队伍的遴选办法,规范志愿者行为。

第四,建立活动基金筹措办法和管理、使用制度。

第五,以协议方式约定培训双方的义务。

第六,评估培训效果,建立激励机制。

CALIS 十年建设成果回顾

姚晓霞 朱 强

(CALIS 管理中心)

自 1998 年底启动,经过十年的建设,中国高等教育文献保障系统(CALIS)项目建设进展顺利,已经初步建成了一个全国范围的有效的文献保障体系,自建和组团采购了各类数字资源,提高了文献保障率,增强了服务能力,形成了技术先进、功能完善、实用性强的应用系统,切实改善了全国高校教学科研的文献信息资源环境,取得了良好的社会效益。

CALIS 项目启动十年来的建设成果主要可以归纳为"一套标准、两项机制、三级体系、四个平台、五套系统和六类服务",具体含义如下。"一套标准":高等教育数字图书馆技术标准与规范;"两项机制":共建共享机制、技术研发机制;"三级体系"(运行服务):顶级(全国中心、联机编目中心、技术中心)、地域级(地区中心、省中心、数图基地)、成员馆;"四个平台"(数据加工):书目数据加工(联机编目)平台、期刊导航与目次数据加工平台、OAI 机制数据收集平台、资源调度数据加工平台;"五套系统"(技术支撑):数字对象加工系列软件、数字对象管理系列软件、应用系统与工具系列软件、数字图书馆门户系列软件、支持系统系列软件;"六类服务"(服务项目):集团采购、联机编目、馆际互借与文献传递、参考咨询、文献提供、业务培训。

下面分别予以说明。

一、一套标准

《高等教育数字图书馆技术标准与规范》(以下简称《规范》)总共 37 万字,用于指导和规范在中国高等教育数字图书馆服务体系下各个 CALIS 子项目的建设与服务,以保证各 CALIS 子项目建设成果能够成为 CALIS 服务体系的有机组成部分,引导高校图书馆自身的数字图书馆建设和为高校馆服务的主要数据商、系统商、软件商们所提供的产品与解决方案走上标准化与规范化的道路,最终建立真正开放的、分布式的、可持续发展的中国高等教育数字图书馆。

CALIS 项目直接参与馆 42 个,间接参与馆达 281 个,相关的主要商业化公司达 40 多个,产品不计其数。《规范》确保了各个参建馆采用相同的加工规范来建设符合统一数据质量标准的资源,确保了这些资源能够自动聚合成一个大的全国范围内的数据仓库,确保了 CALIS 分布式服务体系中不同类型和不同层面的应用系统遵循统一的标准和规范,彼此之间能够无缝集成。目前相当多的省市级文献资源共享项目建设都直接采用了这个标准规范。

二、两项机制

在国家的支持和教育部的宏观管理调控下,CALIS 项目建立了适合我国国情的、非常有效的共建共享机制和技术研发机制。正是依赖这两项机制,CALIS 才在国内同级别项目中以最少的投资,取得了最大的成效。在 CALIS 今后的发展中,共建共享机制和技术研发机制还将发挥更大的作用。

1. 共建共享机制

CALIS 项目建设周期之短,规模之大,是我国乃至世界图书馆界都没有过的。在项目建设的各个阶段,CALIS 始终得到各高校的热情关注和积极配合。"十五"建设结束时,CALIS 成员馆已达到 809 个,其中 281 家图书馆不同程度参与了 CALIS 各子项目的建设。而 CALIS 投入的经费用在各馆最少的只有几千元,绝大部分成员馆不是因为有国家经费投入才参加,更主要的是 CALIS 提倡的共建共享理念和机制,获得大家的认同,也让每个参建馆在项目建设过程中和项目建成后有收获,因此才有高涨的积极性。这为项目建设提供了大量的人力资源和文献资源,迅速调动了全国主要的高校图书馆,从而保证了项目的快速实施,在短时间里完成主要建设任务。通过项目建设,培养造就了一批高素质的数字图书馆建设与服务人才,共建共享的理念深入人心,促进了我国高校图书馆事业的可持续发展。

与此同时,CALIS 建设形成的丰富的数字资源和数字图书馆综合服务平台,对于提高整个民族的科学文化素质,配合实施西部大开发战略促进西部高校的发展,缩小地区差距都具有重要的意义。

2. 技术研发机制

"十五"期间,CALIS 项目所有的资源加工和数字化服务都是构建在最先进的技术基础上的。为了将几十套应用系统和海量的资源整合集成为统一的服务平台,要求规范的技术研发机制和优秀的专业技术人员。CALIS 从"九五"建设结束就开始筹建自己的核心技术队伍,同时依托北大信息科学中心、数字图书馆研究所,并与 IBM、Oracle、SUN 等国际著名计算机公司以及中关村著名的 IT 技术企业等建立密切的联系。"十五"建设期间,CALIS 又专门建立技术中心,负责规划和设计高等教育数字图书馆整体框架;组织制定高等教育数字图书馆技术标准和规范;设计和开发数字图书馆关键应用系统和技术;承担中国高等教育数字图书馆系统集成;承担对 CALIS 共建共享网络(全国中心、地区中心、省中心、数字图书馆基地和成员馆)的技术支持;对第三方软件进行 CALIS 体系产品兼容性认证;与知名 IT 厂商进行技术合作,通过建立联合实验室的方式,消化先进技术,编制技术方案,保证了项目建设采用技术的先进性、可操作性和成熟性。

三、三级(运行服务)体系

CALIS 项目在"九五"期间就成功构架了"全国中心—地区中心—高校图书馆"三级文献保障体系,形成了覆盖全国的文献资源共建共享网络,分别负责全国范围、地区范围和学校范围的资源协调与联合建设,文献信息共享服务,工作人员培养与读者培训,应用系统建设等工作。顶级服务体系包括文理、工程、农学、医学 4 个全国性文献信息中心,是 CALIS 服务体系的第一层,作为最终文献信息保障基地,在 CALIS 三级保障体系中起主导作用。全国中心以本身学科优势文献为基础,开展与国内外重要文献服务机构的合作,对全国高校提供最终文献保障服务。地域级服务体系包括东北、华东北、华东南、华南、华中、西北、西南 7 个地区级文献信息中心,是 CALIS 服务体系的第二层,在 CALIS

三级保障体系中起枢纽作用。地区中心以其较丰富的文献资源和较强的服务能力为核心,组织开展本地区的资源共建共享。CALIS 成员馆,即各高校图书馆作为 CALIS 服务体系的第三层,开展基础性的自我文献保障服务,满足本校读者最主要最经常的需求。

"十五"期间,在 CALIS 原有的三级服务保障体系基础上,在管理中心增设了联机编目中心和技术中心,完善了顶级服务体系;在地区级服务体系方面,通过设立 15 个省级文献服务中心和 22 个数字图书馆基地,将各地区重要的高校图书馆的资源和服务与原有的地区中心进行整合;在成员馆发展方面,目前有 800 余家高校图书馆加入了 CALIS。由此看见,"十五"期间,CALIS 大大加强了服务的整体性和面向全国的辐射作用,提高了服务和协调能力,形成了"集中资源、分工合作、均衡负载、用藏结合"的、高效的 CALIS 服务体系。

四、四个(数据加工)平台

这些平台在帮助图书馆建设和揭示馆藏资源,帮助读者查找文献或作为参考咨询工具,促进高校间文献资源共享,开展文献传递等方面,发挥了巨大的作用。

1. 书目数据加工(联机编目)平台

书目数据加工平台以"实现信息资源共建、共知、共享"为原则,不仅包含各类书目记录,而且实现了图片、影像等多媒体信息的连接,构成了一个多媒体联合数据库。该平台的建设以数据实时性强、数据质量高为要求,实现了联机上载、实时查询等功能。

书目数据加工平台主要用于构建 CALIS 联机编目中心所需的全国性和地区性联机编目服务平台,向全国高校提供集中式的联机编目服务(如编目数据的上传和下载服务、数据查重和合并服务、数据质量控制服务等),向全国读者提供联机公共检索服务(OPAC)。各级图书馆直接利用编目客户端或 OPAC 下载 CALIS 联机编目中心的编目数据,提高编目速度,提高新书上架率;构建自己的 OPAC系统,节约成本,加快建设速度。该平台与馆际互借等系统相结合,真正实现信息资源的共享,为用户提供全面、便捷的服务。

目前利用该平台加工的书目数据已近 200 万条。

2. 期刊导航与目次数据加工平台

CALIS 项目利用期刊导航与目次数据加工平台建立了高校中西文期刊目次数据库服务系统,全面报导高校纸本期刊、电子期刊收藏,为高校开展文献传递提供了重要的基础数据库,促进了期刊资源共享。该平台的主要功能有以下三个方面:(1)揭示国内高校期刊资源。尽可能全面揭示目前高校纸本期刊收藏情况,同时全面揭示 CALIS 成员馆所购买的电子全文期刊的情况。(2)报导期刊目次和馆藏卷期信息。以高校收藏的现刊目次报导为主,同时分三个方面提供库中每种刊的卷期起止信息,即:可提供目次检索的起止卷期;该刊某馆收藏起止卷期;以及该刊在某电子期刊库中全文起止卷期。不仅便于开展文献传递,也可给各成员馆提供期刊导航信息服务。(3)整合各类期刊服务。以目次检索服务为基础,整合 CALIS 文献传递、电子期刊全文下载链接,以及其他相关服务。

目前利用该平台加工篇名目次的期刊有 3 万多种,其中有 2.2 万种现刊的篇名目次每周更新一次,加工的数据总量近 3000 万条。

3. OAI 机制数据收集平台

OAI 机制数据收集平台为两级分布式架构,包括成员馆的本地系统和中心服务系统。通过支持一系列标准协议和接口实现中心系统和本地系统的互操作和通信。

针对分布环境下的元数据收集,OAI 机制数据收集平台采用遵循"OAI-PMH"机制的自动收割技术。该平台通过中心服务系统向本地系统发出基于 HTTP 的 OAI 请求,本地系统作为 OAI 协议的数据提供方从本地的元数据正式库中获取数据并以 XML 的方式给予中心系统响应。中心系统接收到 XML 格式的元数据后,将其存储到中心系统的元数据临时库中,并经过中心系统检测后将其发布到元数据正式库中,最终为读者提供服务。

CALIS 高校学位论文数据库和 CALIS 专题特色数据库均采用 OAI 机制数据收集平台加工数据。目前 CALIS 已建成具有 25 万条学位论文记录的高校学位论文数据库和具有 416 万条记录的专题特色数据库。

4. 资源调度数据加工平台

CALIS 资源调度数据加工平台遵循 OpenURL 1.0 标准(并能向下兼容 OpenURL 0.1 标准),通过对各种形态数字信息资源与服务(包括全文数据库、文摘、索引、引文数据库、图书馆网上目录系统、其他 WEB 资源、文献传递服务、按作者进行相关检索服务等)进行整合,建立一个分布式的开放的资源调度系统,能根据读者身份和检索结果向读者提供上下文相关的开放链接服务,引导读者获取分布在本地和异地的相关的资源或服务。

CALIS 资源调度数据加工平台使管理员能够灵活配置和集成各类格式(期刊、期刊论文、图书、学位论文、专利、DC)的资源库及体现其服务功能的连接目标,并按资源商对这些资源库进行组织与管理,能为不同用户设定不同的访问权限。并且,管理员可以通过 OAI 收割方式完成知识库的更新和资源库元数据的收录。

目前 CALIS 资源调度数据加工平台已经在 CALIS 管理中心部署,与 CALIS 管理中心的各类资源和服务进行了集成,并与 CALIS 统一认证中心集成,提供对高校用户的个性化调度服务。CALIS 资源调度数据加工平台也可以部署在图书馆,与本馆的各类资源和服务集成,建立本地调度知识库,面向本校师生提供资源调度服务。

五、五套(技术支撑)系统

CALIS 数字化技术支撑环境建设成果包括已开发出来并投入实际应用的一系列的数字图书馆应用系统与支持工具,主要包括:数字对象加工系列软件、数字对象管理系列软件、应用系统与工具系列软件、数字图书馆门户系列软件、支持系统系列软件,详见表1。这些遵循 CALIS 技术标准规范的软件,共同构成完整的中国高等教育数字化图书馆服务平台。该服务平台是一个整合了纸质资源和数字资源、商业资源和自制资源以及网络资源、一站式服务和代理式服务的多功能数字图书馆服务系统,是 CALIS"十五"建设的最重要内容之一,是整个文献保障体系的运行平台。该服务平台采用的标准规范体系是目前国内最全、采用国际标准和国际通用技术规范最多、实用性最强的数字图书馆标准规范体系之一;该平台采取元数据集中报道,数字对象分布存储和按需调度的方式,集成了我国重点大学图书馆几乎全部的数字化资源;该平台实现了统一认证和跨库跨平台的统一检索,实现了在线文献传递、虚拟合作参考咨询等一整套数字化服务功能;该平台具有保护知识产权的一系列措施。尽管中国高等教育数字化图书馆服务平台在"十五"期间刚完成,尚在推广过程中,但已引起国内外同行的广泛关注。

表1　CALIS 数字化技术支撑环境所形成的应用系统和支持工具

软件系列	软件名称
数字对象加工系列软件	CALIS 高校专题特色数据库本地系统
	CALIS 联机合作编目系统
	CALIS 重点学科网络资源导航库系统(中心和本地系统)
	CALIS 高校学位论文全文数据库系统(中心和本地系统)
数字对象管理系列软件	CALIS 基于 DRM 技术的电子书系统
应用系统与工具系列软件	CALIS 统一检索系统
	CALIS 联合资源检索系统(又称元数据仓储)
	CALIS 分布式联合虚拟参考咨询系统(中心和本地系统)
	CALIS 馆际互借与文献传递系统
	CALIS 资源与服务评估管理系统
	CALIS 教学参考信息管理与服务系统
	CCC 中外文期刊目次数据库系统
数字图书馆门户系列软件	CALIS 数字图书馆门户构建平台(即"门户系统")
	CADLIS 中心门户网站
支持系统系列软件	CALIS 统一用户认证与管理系统
	CALIS 资源调度系统
	CALIS 电子商务与结算服务系统(即"统一计费系统")

六、六类服务

CALIS 建设从一开始就贯彻"边建设边服务"的方针,以服务促建设,以建设推服务。从服务中不断检验 CALIS 建设思路和服务能力,以调整建设的方向和步伐,保证项目的顺利实施,并始终把提高对教学科研的服务能力作为考核 CALIS 建设成效的具体指标,推进各项建设任务。

经过十年的建设,CALIS 目前提供的服务主要有:集团采购、联机编目、馆际互借与文献传递、参考咨询、文献提供、业务培训等六类。这些服务都是以共建为前提开展的,并且以共享为目标进行推广和拓展。通过这些服务,CALIS 建立了优质的文献服务环境,使我国的科研环境在文献信息服务方面大大缩短了与国外的差距,有的已与国际接轨。

1. 集团采购

通过 CALIS 集团采购,带动了我国高校图书馆联合集团引进国内外数据库,大大降低数字资源使用权获取的成本。CALIS 从 1996 年开始引进国外网络型数据库,1998 年组织了第一个数据库集团,从 1997—2006 年间,CALIS 共组织了 75 个数据库集团,累计有 16 992 个馆次参加 CALIS 集团。"十五"期间,续订和新组织集团 69 个。CALIS 集团共购买数据库 283 个,其中文摘索引数据库 126 个,电子期刊数据库 80 个,电子图书数据库 21 个,事实型数据库 52 个,其他数据库 4 个。购买 30 636 种(去重后约 24 000 种)、约 400 万份全文电子期刊,8 557 种、约 30 万份会议录,145 052 种、约 120 万册电子图书(包括学位论文)。平均回溯年限大约 15 年左右。

2. 联机编目

CALIS 联机编目服务为全国高校的联合书刊目录和馆藏服务提供了一个共建共享的平台,已经成为国内高校图书馆进行书刊编目和资源共享的强有力保障,为高校各馆文献资源的整合和馆际互借服务的开展奠定了基础,应用效果明显。CALIS 联机编目服务以联合目录数据库为基础,以高校为主要服务对象,开展了联机合作编目、编目数据批量提供、套录编目、原始编目、编制规范记录、加载馆藏和下载书目记录、编目咨询与系统培训等业务,方便了成员馆的编目工作,提高了书目数据库建设效率。得益于成员馆的共同努力,CALIS 联合目录以其实时性强、数据质量高享誉业界。截止到"十五"项目验收,成员馆通过联机编目方式上载数据 1 910 591 条,下载数据总量超过 16 万条,加载馆藏总量 9 208 784 条,编制规范记录 85 万条。

3. 馆际互借与文献传递

为了更好地在高校开展馆际互借与文献传递工作,更好地为读者提供文献传递服务,CALIS 管理中心在 2004 年 6 月正式启动了 CALIS 馆际互借/文献传递服务网(简称"文献传递网"),作为 CALIS 面向全国读者提供馆际互借与文献传递服务的整体服务形象。该网有服务馆 42 家,基本覆盖了全国服务水平、服务能力较高的高校图书馆,借助"CALIS 馆际互借与文献传递系统"应用软件共同担负着推动全国高校馆际互借服务的重任。该文献传递网具体提供以下服务:提供本馆收藏的中文书和部分外文书的馆际互借服务;提供本馆收藏的期刊论文、学位论文、会议论文、科技报告、专利文献、可利用的电子全文数据库等;代查代索服务:接受用户馆委托请求,帮助查询国内外文献信息机构的文献和代为索取一次文献;特种文献,包括古籍、缩微品、视听资料等,文献是否提供服务,由各服务馆根据各馆情况自行制定。

CALIS 文献传递网基于 CALIS 成员馆丰富的馆藏资源,共同为全国的读者提供馆际互借/文献传递服务。读者能以馆际互借或文献传递的方式通过所在成员馆获取 CALIS 文献传递网其他成员馆丰富的文献收藏。文献传递网成立以来业务量持续增长,2003 年至"十五"项目验收,各服务馆业务量累计达到 491 031 笔。

4. 参考咨询

CALIS 参考咨询服务旨在构建一个中国高等教育分布式联合虚拟参考咨询平台,以本地化运作为主,结合分布式、合作式的运作,达到知识库、学习中心共享共建的模式;并建立由多馆参加的、具有实际服务能力的、可持续发展的分布式联合虚拟参考服务体系。CALIS 开发的虚拟参考咨询系统为两级分布式架构:参建馆级的本地咨询系统和中心级的中心咨询系统。CVRS 中心咨询系统部署在CALIS 参考咨询子项目中心、CALIS 各个地区和省中心,面向全国、地区和省内的高校提供服务。CVRS 本地咨询系统可部署在各个图书馆,为本校提供咨询服务。同时,这些本地系统能与中心咨询系统进行协作,实现联合咨询和知识库共建共享。在本地咨询系统之间、中心咨询系统和本地咨询系统之间,建立完整的协作式的联合服务网络,作为一个咨询整体为用户提供咨询服务。目前 CALIS 分布式联合虚拟参考咨询系统已经在部分中心试运行,其中电子资源学习中心数据库指南、教材及课件数达 80 种,中心知识库记录数达 20 000 条。

5. 文献提供

数字资源是数字图书馆服务的基础,也是 CALIS"十五"建设的重点内容。CALIS 项目组织高校图书馆通过集团购买电子资源产品和自行加工建设,有效避免了重复建设,提高了资源共享水平,节省了我国高校的文献购置经费,形成了以数字化图书和电子期刊为主覆盖绝大多数重点学科的学术文献资源体系,全面揭示了高校的电子资源和纸本资源,使 CERNET 网络的信息资源得到极大丰富,取得较好的经济效益和社会效益。

通过"十五"建设,使得目前我国重点高校所拥有或具有使用权的数字化文献信息资源的总量与"十五"建设初期相比几乎增长了 10 倍,直接受益馆也从近 80 个增加到目前的 809 个。根据"211"院校对回国科研人员的初步调查,普遍感受到已很接近国外一流的文献服务环境。表 2 列出了 CALIS 项目"十五"期间建设的数字资源。

表 2　CALIS 项目"十五"期间建设的数字资源

数字资源类型	建设情况	备注
外文电子期刊	约 24 000 种	CALIS 集团引进
中文学位论文	11.6 万篇	CALIS 数据采集
英文学位论文	13.3 万篇	CALIS 集团引进
教学参考资源	11.2 万种	CALIS 扫描购买
其他全文资源(报告、会议论文、专利、标准、百科全书等)	2400 万篇	CALIS 集团引进
中外文联合书目数据库	276.2 万条 (其中规范数据 85.1 万条)	CALIS 建设
中外文现刊目次库	大于 2400 万条	CALIS 建设
重点学科导航数据库	77 个一级学科 14 万个网站	CALIS 建设
重点学科特色数据库	75 个数据库	CALIS 建设

6. 业务培训

CALIS"十五"期间,开展了众多的业务培训,主要包括引进资源培训、编目业务培训、馆际互借与文献传递服务培训、系统培训、针对西部院校的培训等,详见表 3。通过 CALIS 项目建设实践和国内外分层次的培训活动,在全国高校图书馆范围内,锻炼并造就了一支数字图书馆建设的骨干力量,培养了大批的适应数字图书馆发展要求的信息管理和服务人才,从整体上提高了我国高校图书馆专业队伍的素质,促进了数字图书馆技术的开发,提高了数字信息资源管理和服务水平,对我国高校图书馆的现代化建设和可持续发展起到了积极的推动作用。

表 3　CALIS 业务培训统计

培训项目	培训次数	参加人次	参加馆次
引进资源培训	156	1347	974
各中心的培训	126	5831	—
编目业务培训	26	2134	1265
馆际互借与文献传递服务培训	15	581	—
系统培训	18	945	—
西部培训	—	520	314
其他业务培训	21	2005	—
合　计	262	12 843	—

七、结语

"九五"期间,高校图书馆在CALIS"共建、共知、共享"思想的指导下,初步建立了CALIS的三级保障体系基础框架。"十五"期间,CALIS以先进的数字图书馆技术,构建了中国高等教育数字化图书馆的基础框架,以最先进的手段丰富完善了CALIS的服务功能,积聚了大量的数字资源,形成了受到海内外广泛热切关注的共享服务体系,并培育了一大批把握时代脉搏、适应数字环境、有丰富实践经验的专业技术人员,为今后的建设奠定了良好的基础。

CALIS项目的成功实施,使得我国的高校图书馆基本上完成了从过去"一校一馆、自我保障"的发展模式向"联合协作、整体保障"的发展模式的转变。这一转变大大缩短了我国一流大学和国际一流大学在学术文献信息服务方面的差距,加快了高校图书馆现代化发展的步伐。

公共图书馆联合参考咨询与文献传递服务

莫少强
(广东省立中山图书馆)

一、引言

随着我国公共图书馆数字化、网络化、自动化的不断发展,近年来虚拟参考咨询和文献传递服务正在成为两个热点。越来越多的公共图书馆利用互联网开展联合参考咨询和文献远程传递服务,使图书馆的读者服务和资源共享产生了革命性的变革,大大延伸了情报服务职能和提高了服务效率,取得了巨大的社会效益。自2003年以来,我馆以实现资源共建共享为目标,积极开展网上参考咨询服务,取得了良好的社会效益。在文化部文化信息资源建设管理中心指导下,2005年起我馆联合福建、广西、天津、长春、山东等16个省市的40多个公共图书馆,合作建立了"联合参考咨询网",2008年又改版升级为"联合参考咨询与文献传递网",注册咨询馆员近400位,根据统一规划,统一标准,合作建设,协调管理的原则,积极利用计算机和网络为全国读者服务,累计解答各类咨询123.5万例,免费远程传递文献400多万篇,受到广大读者的欢迎和赞扬。"联合参考咨询网"已成为我国图书馆网上参考咨询的著名品牌,荣获我国政府文化服务最高奖项——"文化部群星奖"。

二、开展联合参考咨询与文献传递服务的重大现实意义

公共图书馆资源共建共享的最终目标之一,就是要打破体制、观念的束缚,让文化信息资源在最大的范围内传递和服务,"让更多的人读更多的书",为构建我国公共文化服务体系,改善城乡基层群众文化服务,构建社会主义和谐社会等方面发挥重要的作用。但是由于体制、观念、管理、技术等方面的原因,我们在共建共享中遇到了许多障碍:(1)版权限制:各馆购买的大批电子资源,被限制只能在馆内使用造成极大浪费;(2)服务单一:省、市图书馆基本上"分灶吃饭",只为本地或本馆读者服务;(3)服务收费:有的馆为读者提供远程原文传递要按件收费,既违背公共图书馆的服务宗旨也影响共建共享;(4)技术瓶颈:全国公共图书馆的全文数字资源都自带检索系统,没有跨库检索平台,更没有

和参考咨询系统实现无缝连接的功能。面对困难,我们通过国内外调研和论证,认识到必须树立全新的共建共享观念,建立数字化的联合参考咨询网络,大力开展网上参考咨询和文献传递服务,才能取得公共图书馆资源共建共享的新突破。

数字参考咨询是一项基于互联网,不受系统、资源和地域等条件限制,能利用相关资源通过专家为用户提供 24 小时不间断服务,并能使用户在限定的时间内获得可靠答案的新型虚拟咨询服务。它最显著的特征是:用户提问和咨询专家的回答以基于 Internet 的各种电子方式进行,包括各种交互式的网络工具:电子邮件(E-mail)、电子公告板(BBS)论坛、网络寻呼机(ICQ)、网络聊天室(IRC)、桌面视频会议(DVC)等。其核心是一种分布式信息网络中心,具有特定知识和技能的“咨询专家”对用户的个性化服务。它突破了传统参考咨询服务的时间和空间的限制,人们可以在任意时刻获取或提供信息,因而是一种更为灵活的、个性化的信息服务和信息获取方式。

联合数字参考咨询服务也称为协作数字参考咨询服务。通过互联网由多个图书馆建立起协作系统,充分利用各自的信息资源和人才优势,协调服务时间,每周 7 天、每天 24 小时为读者提供咨询服务。这种咨询服务综合运用了 FAQ、电子邮件和实时交互技术,体现了图书馆读者服务的发展方向,而文献传递是借助网络技术、数字化技术等现代技术手段发展起来的新型的馆际资源共享方式。在公共图书馆中开展联合参考咨询与文献传递服务具有重大的现实意义:

(1)突破了传统的馆际合作格局,实现全国范围的“读者共享”、“馆员共享”、“数字资源共享”和“网络共享”。利用网络的传递和交互功能,数字参考咨询服务将各图书馆和咨询机构的信息资源结为一个整体,为用户提供全天候参考咨询服务,不仅信息资源可以共享,各图书馆和咨询机构的人力资源也可以共享。信息咨询服务不再是过去那种以单个图书馆和咨询机构为中心的运作模式,而是在网络环境下的整体运作模式。

(2)更加适应用户在数字化环境下的工作、学习和生活习惯,增强合作各方在信息市场中的竞争力。协作联系是因特网的生命,建立在 TCP/IP 协议基础上的因特网实质就是无数计算机之间的相互连接和相互支持。全天候的联合参考咨询使得用户不再受时间、空间的限制,更符合网络环境下用户的新工作方式;利用网络走协作之路,共享别的图书馆和咨询机构的信息、设备及人力资源,提高自身的咨询服务水平,将大大提高合作馆在信息服务市场的竞争力。

(3)突破数字资源只能在本馆内使用的限制,利用联合参考咨询网平台,在合理利用的范围内为读者提供文献到桌面的“一站式”服务,极大地延伸了公共图书馆的情报服务职能。

(4)既可以节约经费,又能提高咨询服务质量。它摆脱了“自给自足”小农经济服务模式,合作各方通过共享资源库、用户库和咨询顾问库,避免了资源的重复建设;相互协作、共同解决一些复杂的问题,减轻了合作各方在人力、物力及时间上的压力;在提高信息资源利用率的同时,也极大地提高了咨询服务的质量。

(5)将培养和锻炼出一大批能够在网络环境下开展参考咨询服务的专业人才和队伍,以适应我国公共图书馆网络化、数字化的发展趋势。

三、联合参考咨询与文献传递网平台的建设

要开展面向全国公共图书馆的联合参考咨询与文献传递服务,平台建设是关键的一环。我们成立了课题组,开展国内外调研并撰写了总体方案。2005 年 1 月 9 日,广东省文化厅在广东省立中山图书馆主持召开了“联合参考咨询服务系统”总体方案论证会。出席会议的有文化部社会文化图书馆司刘小琴副司长,教科司严先机处长,共享工程国家中心专家组组长孙承鉴研究员,以及部分省、市图书馆的领导和专家。会议通过了对“联合参考咨询服务系统”总体方案的论证。会议还建议全国文化信

息资源建设管理中心将联合参考咨询工作纳入共享工程的实施范围,积极推进方案的实施。

我馆根据会议通过的实施方案,积极组织合作开发有关的软件平台。"联合参考咨询网"由一个中心咨询系统和若干个本地咨询系统组成,采用实时和非实时交互技术,构建一个分布式联合参考咨询平台。管理中心设在广东省立中山图书馆,加盟的省馆、副省级图书馆分别安装1台服务器和联合参考咨询网软件。系统采用 Thinker 通用网络信息服务综合管理平台(简称:Thinker netISIMP)为技术核心,软件开发基于微软.Net Framework 框架、C#. NET 语言,利用 Web Service 技术实现多层体系结构。系统有用户管理系统、资源管理系统、参考咨询系统、业务调度系统、质量控制系统以及知识库系统等功能模块,可以满足网络环境下开展联合参考咨询的业务需要,实现"以读者为中心"的交互式信息服务。该系统投入运行后,先后有广东佛山、天津、南京等图书馆采用,逐步建立起"联合参考咨询网"。

联合参考咨询网投入运行后,不断有省、市公共图书馆要求加盟,但由于该系统需要每个合作图书馆都购买和安装服务器和软件,至少投入十多万元,大大地限制了联合参考咨询网的建设与发展。为了突破这一瓶颈,我馆组织开发了具有自主版权的"联合参考咨询与文献传递网",于 2008 年 3 月投入运行。该系统采用中心服务器管理模式,加盟图书馆无须再购买服务器和软件,只需在网站登陆,就可获得远程坐席馆员的所有权限,成为真正面向全国的联合参考咨询与文献传递服务系统。

联合参考咨询网是在全国文化信息资源共享工程国家中心指导下,由我国公共图书馆合作建立的公益性服务机构,其宗旨是以数字图书馆馆藏资源为基础,以因特网的丰富信息资源和各种信息搜寻技术为依托,为社会提供免费的网上参考咨询和文献远程传递服务。联合参考咨询与文献传递网在功能结构上包括以下层次:

(1)资源层:是指参加合作的成员馆建立包括各种印刷型资源(图书、期刊等)、电子资源(电子期刊、数据库等数字资源)、各种自建及引进的特色数据库等,是实现共享的基础。

(2)加工层:在资源层的基础上,建立馆藏书目数据库、文摘数据库、索引库等,使用户可以方便地找到所需的图书文献的收藏情况,以达到图书馆之间的"共知",为共享创造条件。

(3)服务层:利用自己的馆藏及共享的国内外资源,开展网上实时参考咨询、文献传递等共享活动。

(4)技术层:服务于各层次,是共享体系的支撑。包括数据库技术、网络技术、搜索引擎技术及各种标准接口等,也包括文献采集、加工、交换等方面的标准及规范。

(5)管理层:服务各个层次,是共享体系的组织保证。通过制订资源建设规划,统一实施平台建设,制订服务规范及考核方法,分别服务于资源层、技术层、加工层、服务层。通过有效的组织管理和运行机制保证共享体系的实施。

联合参考咨询网首次实现了"读者共享"的理念。即在全国范围内,任何读者在联合参考咨询与文献传递网注册和登陆,就可以得到全国公共图书馆的服务。

联合参考咨询网大量采用电子邮件、文件推送、在线浏览、文献传递等方式进行服务,通过这个系统,各馆可以把大量被局限在馆内局域网使用的电子文献,以合理利用的方式远程免费提供给读者使用,从而真正实现我国公共图书馆资源共享的目标。

联合参考咨询网采用最新的技术和服务手段,如异构跨库检索、表单咨询、实时咨询、移动咨询、电话咨询等技术融为一体,极大地提高工作效率和服务质量。

联合参考咨询网有数字版权管理(DRM)系统,并通过章程、协议、规范等,使作者、读者、资源供应商、图书馆的利益得到平衡,既符合著作权法的要求,又方便读者使用,真正体现公共图书馆公益性的宗旨。

联合参考咨询网有比较完善的读者评价和质量控制系统,建立专业培训制度,培养和造就一大批具有专业知识和学科背景的参考馆员。

　　总之,联合参考咨询与文献传递网平台的建立,真正实现了全国公共图书馆资源共建共享的目标,在文献资源开发利用上具有重要的战略意义和现实意义。

四、联合参考咨询与文献传递网的创新服务

　　联合参考咨询与文献传递网由读者和咨询专家两个前后台界面组成。读者界面有注册、登录、档案管理、表单咨询、实时咨询等基本功能,咨询专家界面有注册、登陆、解答咨询、转移咨询、实时咨询、联机检索等一系列功能,可以完成从读者提问、专家解答、建立咨询档案到业务统计等日常管理工作。与其他数字参考咨询系统相比,本系统有以下创新:

　　(1)充分利用计算机和网络开展服务,对读者不设门槛,不限身份,不分地域,不收取任何费用,自由注册、登陆,面向全国和全球读者,提供网上咨询服务,充分体现公共图书馆和文化共享工程的公益性服务宗旨。

　　(2)参考咨询与文献传递相结合,免费提供中文文献传递,能快速满足读者需要。在 8:00—21:00时段,每个咨询在数分钟至 2 小时内回复。21:00—次日 8:00 时段自动接收问题,白天回复。周六、日和节假日同样有人值班。在目前成员馆普遍缺少外文文献的情况下,广东省立中山图书馆还付费向其他机构购买外文文献,再免费传递给读者,大大提高了服务质量。

　　(3)实现以读者为中心的服务模式。每位读者注册成功后,相当拥有一个自己的专用邮箱,可以长期存储自己需要的文献资料。据统计,最多的一位读者,使用本系统服务达 1000 多次。

　　(4)突破了电子资源只能在馆内使用的局限,大大延伸了公共图书馆的信息服务职能。2003 年以来,累计提供原文传递 400 多万篇,为数十万读者服务,没有接到任何有关版权方面的投诉。实践证明,通过网上参考咨询为读者服务是公共图书馆合理利用数字资源的重要方法和正确途径。

　　(5)异构跨库检索平台与网上参考咨询系统实现无缝链接,咨询专家和读者都能够使用该系统进行网上检索、阅读和索取原文,不仅实现了资源共享,而且读者不受索取文献存储量大小的限制,极大地提高了实用性。

　　(6)全国范围的实时更新和调度功能。所有成员馆的咨询数据实现自动实时更新和全国调度。除采用读者选择专家、系统自动分题、人工调度相结合的分配机制外,还有咨询转移的功能,在不同的咨询员之间,不同的图书馆之间,咨询均可以实现自由转移,既保证了读者的个性化选择,也保证每个问题均能由最合适的咨询员以最快的速度解答,最大限度减少了咨询问题的积压。

　　(7)检索工具与咨询平台紧密结合,操作方便。所有选中的检索结果可以自动地链接到回复窗口,方便地通过咨询平台提供给读者,省掉了传统的复制、粘贴的工作,实现了远程文献的快速传递。

　　(8)多渠道全方位的咨询服务。新版软件除了保留传统的表单咨询方式,还提供了实时咨询和手机咨询的服务方式,读者可以通过实时咨询平台选择在线咨询员进行双向交流,也可以通过发送手机短信的方式向咨询中心提交问题,而咨询员的解答就在系统平台上以短信的方式回复给读者。

　　(9)设有公共网关,可以接受其他咨询系统转发来的咨询问题,由专家答复后自动给读者发出邮件,读者在网上直接阅读回复内容和远程传递的原文。这是目前国内网上参考咨询软件唯一有此功能的系统。

　　(10)网上参考咨询质量控制。联合参考咨询网建立了网上参考咨询质量控制系统,设立了读者评分、系统自动评分、人工评分三个考核机制,多角度对质量进行严格控制,以保证咨询质量,力求为读者提供优质服务。

　　(11)实时统计和网上发布功能。系统可对所有咨询业务进行实时统计,包括文献提供数量、各成

员馆咨询量、各咨询员咨询量、读者满意度等,并在网上实时公布排行榜。

五、联合参考咨询与文献传递网的数字资源建设与共享机制

随着文化共享工程和数字图书馆建设的不断推进,能够为读者提供检索和原文传递的数字资源也日益增多。在参加联合参考咨询网的40多个合作馆中,结合数字图书馆建设,分别引进了超星、维普、万方、清华同方、书生等商业数字资源库,拥有我国目前最大规模的中文数字化资源库群:电子图书120万种,期刊论文3000多万篇,博硕士论文80万篇,会议论文30万篇,外文期刊论文500万篇,国家标准和行业标准7万件,专利说明书86万件,以及全国公共图书馆建立的规模庞大的地方文献数据库和特色资源库。这是联合参考咨询网开展网上参考咨询服务的物质基础和核心。但是,由于数字资源数量庞大,分散在全国各地,并受到版权法的限制,给资源共享带来极大的困难。为了实现联合参考咨询网海量数字资源的共享,我们采取了以下办法:

(1)按照资源共享的创新理念编制《联合参考咨询网章程》。我们在章程中声明:联合参考咨询网实行资源共享的最终目的,是为读者提供免费的网上参考咨询和远程文献传递服务。资源共享是读者对公共图书馆文献资源的共享,而不仅仅是图书馆之间的资源共享。因此,联合参考咨询网实行"读者共享"的理念和做法,即任一位读者在某个成员馆注册和登陆成功,就被自动认同为本网读者,可以得到所有成员馆的免费服务。

(2)成员馆签订《联合参考咨询网资源共享协议》。我们将为读者提供服务的电子数据库定义为"共享资源"和"本馆资源"两大部分。"共享资源"是指由成员馆在参考咨询服务中联机使用的全文数据库;"本馆资源"是指成员馆拥有本地镜像仅供自用的电子数据库,两类资源均可通过本网络以合理利用方式远程提供读者使用。成员馆应首先使用"本馆资源"为读者服务。在"本馆资源"不足情况下,广东省立中山图书馆订购的全文电子数据库,可作为首批"共享资源"提供使用。各成员馆引进的全文数据库和特色资源库也可以用附件方式上传,提供全网共享。

(3)设立异构跨库检索系统,能够对本地数据库和远程数据库进行整合和检索,并将检索结果和文献链接地址自动发送给读者。读者注册、登陆后或在自己的邮箱中即可阅读原文。

(4)根据著作权法和有关平等互利的原则,要求读者在使用本系统前在网上签订《读者注册协议》并承诺:(a)自己在免费阅读他人作品的同时,同意他人以同样的方式免费阅读自己的作品;(b)使用他人作品仅限于本人学习、研究之用而非商业用途。

(5)提供作为资源共享的电子数据库的版权问题,全部由资源供应商负责解决。所有成员馆在购买电子数据库时,在订购合同中说明"允许在网上参考咨询业务中通过电子邮件免费为读者提供文献服务","其网络版权由资源供应商负责解决"等条款,从法律的层面保障了资源共享的合法性。本系统投入运行几年来远程传递文献数百万篇,至今没有遭遇任何有关版权的诉讼,实践证明我们所制定的资源共享政策是正确的,既符合版权法的规定,也满足了读者需要。

(6)我们通过联合参考咨询与文献传递网软件平台全部实现了上述功能,从而从技术层面保证了所有成员馆、读者、咨询馆员的资源共享,并建立了资源共享的长效机制。

六、联合参考咨询与文献传递网的社会效益与评价

我们利用联合参考咨询与文献传递网积极为广大读者提供各类咨询解答,提供远程文献传递,大大延伸了图书馆的情报服务职能,体现了公共图书馆公益性服务的宗旨,取得了重大的社会效益。广大读者对我国公共图书馆适应形势的发展需要,充分利用计算机网络和文化共享工程,积极开展网上

参考咨询服务给予了高度评价和热烈欢迎。联合参考咨询网服务方便快捷,一般在数分钟至24小时内,就可为读者免费提供参考咨询答案和传递中外文文献,解决了读者问题,发挥了资源共享的优势,体现了社会公平和为消除信息鸿沟、城乡差别所做出的巨大努力。许多读者纷纷来信感谢国家实施的文化共享工程。如读者 yklhs 来信说:"感谢联合参考咨询网不收费用的决定,给没有任何背景,没有良好学习环境的普通大众提供一个公正健康的公共信息空间……感谢提出这个构想的人们,感谢每一个工作人员,希望咨询网站能够更好地发展下去,并坚持现在的服务立场,使每一个热爱生活,热爱知识的人获得改变命运的机会。"许多读者在联合参考咨询网的帮助下,获得多项重要成果或顺利完成博士、硕士学位论文。如杭州飞鹰船艇有限公司总工程师赵汉星,珠海丽珠医用生物材料有限公司谢国剑,香港新亚研究所研究员冯国强等,均获得国家、省部级或其他重要成果,他们先后来信表示衷心感谢。中国科学院文献情报中心研究员孟连生在《中国数字参考咨询发展概述》一文中称赞:联合参考咨询网"目前每月向用户提供约1.5万人次的咨询服务,提供约5—10万篇次的全文传递服务,是目前中国参与服务的机构和咨询馆员人数最多、服务功能最全、服务开放时间最长、服务对象范围最广、提供服务数量最大的 DRS 系统。"

在文化共享工程中开展网上参考咨询工作,为我国众多的中小型图书馆和农村基层图书馆(室)实现资源共享,改变资源、经费、人才缺少状况,提高整体服务水平带来了历史性的机遇。通过"联合参考咨询网"、"FirstDRS 图书馆联合参考咨询服务中心"等网络平台,广大中小图书馆和基层图书馆能够方便地共享数千万篇(册)的文献资源,具有同北京、上海、广州等中心大城市公共图书馆基本相同的信息服务能力,能够更好地为基层和农村的读者提供优质服务。如中国水产科学研究所南海水产研究所冯正平、紫金县图书馆王锐夫、乳源县图书馆林俊杰等,都来信表示从资源共享中得到很大的帮助,甚至认为"从此天下无弱馆"。

2006年5月13日上午,全国公共图书馆网上参考咨询经验交流会在广州珠岛宾馆召开。出席会议的有文化部全国文化信息资源建设管理中心副主任张晓星,文化部社会文化图书馆司图书馆处长张小平,国务院法制办教育科技文化卫生法制司副处长宫士友,广东省文化厅副厅长杜佐祥,以及来自全国的部分省市公共图书馆馆长、参考咨询员和读者代表共90多人。会议充分肯定了联合参考咨询网在文化共享工程建设中发挥的重要作用。根据读者十多万人次的网上评分和综合评价,评选出名10名全国优秀参考咨询员,发给奖励证书和奖金。会议号召向获得荣誉称号的优秀参考咨询员学习,学习他们自强不息,奋发向上,锐意进取,开拓创新的奋斗精神;学习他们认真负责,爱岗敬业,文明服务的崇高品质;学习他们热心公益,埋头苦干、无私奉献的服务精神;学习他们脚踏实地,磨炼提高,兢兢业业的敬业精神,以高度的政治责任感和使命感,努力做好公共图书馆网上参考咨询工作。

七、联合参考咨询与文献传递服务的发展与前瞻

实践证明,开展网上参考咨询和文献传递服务,是在网络环境下我国公共图书馆实现资源共享,进一步保障人民群众公平的阅读与文化权益的迫切需要,是公共图书馆为更广大的读者服务,不断提高服务质量的重要举措,是文化共享工程为广大农村和基层提供优质服务的重要途径。全国公共图书馆联合开展网上参考咨询和文献远程传递服务,具有重大的现实意义,必将产生深远的影响。《文化部、财政部关于进一步推进全国文化信息资源共享工程的实施意见》(文社图发[2007]14号)中指出:"省分中心、市县支中心要依托计算机网络环境,积极开展网上参考咨询服务。"我认为,我国公共图书馆要进一步开展联合参考咨询和文献远程传递服务,必须注意抓好以下环节:

(1)各级公共图书馆要充分认识开展联合参考咨询和文献远程传递服务的迫切性和重要意义,将此项工作列入本馆重要的核心业务范围和文化共享工程服务 体系,参加联合参考咨询与文献传递网,

建立参考咨询馆员制度,设立网上参考咨询员岗位,积极开展资源共享和各项网上信息服务。

(2)为实现资源共享和体现公共图书馆公益性的宗旨,要建立资源共享与免费服务的机制。拥有数字资源的成员馆,应在遵守知识产权规定的框架内,以自愿为原则,通过联合参考咨询网平台提供检索和文献远程传递服务。没有数字资源的基层图书馆,可利用其他成员馆的数字资源,通过联合参考咨询网平台免费为读者提供服务。

(3)由广东省立中山图书馆组织研制的"联合参考咨询与文献传递网"软件平台要进一步完善和优化,面向全国提供服务。新系统具有成员馆和读者管理、专家实时咨询、文献远程传递、数字版权管理、排行榜统计、协调管理与咨询调度等功能,设置畅通全国的网络环境,能够保证提供每天24小时的联机服务。联合参考咨询网管理中心设在广东省立中山图书馆,并负责系统的日常管理和维护。

(4)制定业务规范,提供良好的服务。服务质量是参考咨询的生命,必须向用户提供规范的参考服务。要做到咨询回复明确、及时、权威,对读者有指导作用;不仅为用户提供直接的、事实型的答案,更应该为用户提供深层次的信息,指导他们掌握获取专业领域信息的方法,同时潜移默化地提高用户的信息素养。

(5)开展联合参考咨询业务培训。网上参考咨询服务的开展,对从业人员提出了更高的要求,需要培养和造就网上参考咨询专业人才队伍。要制订各类咨询服务人才培训规划,采取在岗培训、短期培训班、网络论坛和讨论组等培训方法,强化咨询服务规范、服务技能的培训,实行资格证上岗制度。

(6)加强联合参考咨询与文献传递网的宣传力度,在各公共图书馆网站和文化共享工程网站首页设置统一的"联合参考咨询与文献传递网"图标与链接(www. ucdrs. net),让广大读者能够更加方便快捷地访问。

(7)评估和表彰。建议文化部将联合参考咨询与文献远程传递服务列入公共图书馆评估体系,并作为考核一级图书馆的重要依据之一。联合参考咨询网管理中心每年将对积极开展服务取得优异成绩的单位和个人进行表彰和奖励。

八、结束语

联合参考咨询与文献远程传递服务是传统参考咨询服务在网络环境下的继承和发展。这种新型的服务方式适应了网络条件下用户的信息需求和利用图书馆方式的变化,实现了信息资源、人力资源、设备资源的高度共享,因此成为公共图书馆提高服务水平和质量的一个新的亮点和契机。各级公共图书馆应抓住机遇,积极利用文化共享工程网络和服务平台,大力开展联合参考咨询和文献远程传递服务,为建立公共文化服务体系,建设和谐社会做出积极贡献。

2006 年国内图书馆学研究热点综述

程　鹏

(国家图书馆研究院)

2006 年,是我国图书馆事业发展和图书馆学研究最为精彩的一年。"图书馆人文研究"、"图书馆精神"仍成为这一年图书馆学研究的主线。弘扬现代公共图书馆精神,协调图书馆与社会的关系,以人为本,建立和谐社会,走近平民,关注弱者,平等服务,缩小数字鸿沟等"以人为本"的人文精神深入广大图书馆人的心,正在指导着图书馆工作,为图书馆实践所接受。纵观 2006 年国内学术专著、重点的专业刊物,以及浏览专业网站,这一时期的图书馆学研究在图书馆学理论、图书馆发展、图书馆服务、信息资源建设和数字图书馆等方面都不乏新的热点。

一、图书馆学理论研究

1. 图书馆学基础理论的研究

基础理论的研究决定着图书馆学体系的构建与未来发展趋势。图书馆学的基本任务是对图书馆学发展中的基本问题进行解释。图书馆学基础理论研究一直是中国图书馆学研究中最活跃的领域之一,近一年来这方面的研究热点主要集中在学科发展研究、学科研究的规范、图书馆学基本问题研究等方面。

图书馆学发展研究一直是图书馆学基础理论研究的热点问题。图书馆学在知识管理新环境下的发展走向是这段时期业界关注的重要课题。

当代图书馆学发展面临的重大问题之一就是如何采用主流科学方法和话语系统与学术界进行对话和交流。对此,叶鹰提出了构建科学化的图书馆学的观点,[1] 他还对图书情报一体化的理论进行了探讨。[2] 盛小平提出了构建一种以知识为中心的图书馆学学科体系。[3] 周九常提出了新图书馆学五原理。[4]

台湾的黄慕萱认为整个图书资讯学都过于侧重应用研究而忽视了理论构建。图书资讯学的理论应该根植于本身,而不是简单地把别人的理论拿过来,经过"加工"、"改造"就当作自己的理论基础。从自身出发,构建自己的理论基础,这是所有图书资讯领域的研究者们应该共同努力的。[5]

柯平等从图书馆学发展史观和图书馆学的学科特性为视角,对图书馆学的发展规律进行了探讨。[6]

随着图书馆学学科建设的深化和发展。图书馆学研究者对本学科的元问题研究日益敏感,图书馆学的研究对象、内容、学科性质、科学目标学等都成了目前研究的热点。

图书馆学研究对象是图书馆学研究的元问题,也是自 20 世纪 80 年代以来中国图书馆学界研究的热点和重点。从图书馆学诞生之日起,图书馆学的研究对象就一直是图书馆学研究者们长期争论的一个问题,而且这种争论从来就没有停止过。各个时期新观点、新理论层出不穷。为了搞清这个问题,许多研究者投入了大量的研究精力,但却一直没有形成统一的认识。针对我国图书馆学研究对象热的现象,也有人提出了不同的看法,对图书馆学研究对象的研究重新进行了审视,提出了如下的 5 个问题:(1)研究对象的变换何时了? (2)问题之争有多大的必要性? (3)研究对象到底是什么? (4)学科是成熟了还是没有成熟? (5)是多研究些"问题"还是多谈些"主义"?[7]

社会信息化进程的日益深化,人类社会科学体系结构的演化,对图书馆学产生了根本性的冲击。面对这一冲击,图书馆学界面临构建和完善图书馆学学科体系的历史任务。为完成这一任务,图书馆学的学科建设方向、学科性质与学科定位等便成为近年来图书馆学基础理论研究关注的重要问题。[8]

通过以上对图书馆学基础理论研究热点的分析,可以看出目前我国的图书馆学基础理论的研究具有以下特点:

(1)受外来理论的影响,基础理论的研究视角呈现出多样化的特点,但缺少理论研究的共同指向。

(2)基础理论研究内容本身分散,在某一理论热点、焦点上没有形成完整的体系,使得基础理论研究的范围模糊,研究的系统性也不强。

(3)基础理论的研究相对落后于图书馆实践的发展。现阶段图书馆学基础理论还主要停留在对实践的总结、转化和升华上面,还缺少对图书馆实践的发展做出预测和指导的理论。

2. 图书馆精神

有人指出,过去这一年,中国图书馆学内部最大的变化是从研发数字图书馆热转向大力宣扬图书馆精神。[9]关于图书馆精神和公共图书馆精神的研究成为图书馆学的一个新的增长点。关于图书馆精神的研究主要集中在图书馆精神的发展历程,图书馆精神的概念、图书馆精神的含义、内容,图书馆精神研究的意义,图书馆精神的价值体现及核心能力,等等。

目前众多研究者对图书馆精神的理解和论述可以说是百花齐放,五花八门,这既反映出人们对图书馆精神的理解存在一定的差异,也说明图书馆精神是在不断的建构之中,没有永恒的或凝定不变的图书馆精神。对图书馆精神的探讨,既是对传统思想的总结,也是对现存问题的反思,还希望图书馆界不仅仅是做概念上的研究,而是把探讨的结果真正切实地转化为对图书馆事业的热爱和行动,从而实现全社会对图书馆价值观的肯定和弘扬。

3. 图书馆制度

关于图书馆制度的研究,始于范并思在《新世纪,图书馆学基础研究什么》一文中所提出的观点:图书馆学基础研究,要研究观念而非概念,要研究制度而非机构。当前关于图书馆制度的研究主要集中在两个方面:一是关于公共图书馆的社会制度属性的研究;二是与图书馆有关制度问题的研究。

近几年,关于图书馆制度研究的代表人物当属范并思和蒋永福。范并思从公共图书馆创立的出发点和运作模式出发,论证了公共图书馆是社会用以调节知识与信息公平的制度保障。从最近几年来公共图书馆研究热的兴起,可以看出关于图书馆制度研究所形成的连锁效应是:公共图书馆在国家图书馆事业中的主体地位得到更多的认同,图书馆权利意识苏醒,对图书馆法制问题的关注被赋予了新的内涵。[10]蒋永福认为,图书馆制度是国家及其政府为了保障公民的知识权利而选择的一种制度安排,图书馆制度属于国家的文化制度范畴。图书馆制度分为宏观、中观和微观三个层次。他还认为,对图书馆发展来说,技术和制度两者都重要,但制度高于技术。当今中国图书馆建设水平落后,其主要根源在于制度的落后。[11]此外,公共图书馆制度还从关心平民的信息需求、促进民主政治和消除数字鸿沟角度,维护了社会的信息公平。[12]

4. 图书馆权利

图书馆权利的概念最早来自于美国,是在二战以后的民主化浪潮中,随着人们"权利"意识的觉醒和图书馆走向大众开始浮出水面的。[13]中国图书馆界对"图书馆权利"的关注始于2004年几个事件的相继媒体曝光。"图书馆权利"问题的全面提出和迅速成为研究热点,成为近几年图书馆学研究中最炫目的亮点,也是继上个世纪公共图书馆运动后我国图书馆界一个最大的突破。[14]

近年来,关于图书馆精神、图书馆的人文取向、公共图书馆制度、图书馆员职业准入制度、知识自由与图书馆、信息公平与信息开放获取等方面的研究在一定程度上体现了对"图书馆权利"的探索。一些重要的学术和行业组织会议都把"图书馆权利"作为议题之一;同时《图书馆》、《图书馆建设》和《图书馆杂志》也都设立过有关"图书馆权利"的专题栏目。此外,围绕着"图书馆权利"这一主题,聚集了一批学者不断地对其深入研究。在我国图书馆生存环境日益艰难、存在价值日益模糊、权利观念日益强烈的情况下,有关"图书馆权利"的研究不仅需要理念宣传、概念界定和意义分析,更应从多学科、多层次、多主体的角度来丰富该领域的研究路径,进而为"图书馆权利"的实践提供理论依据。

当前在图书馆覆盖面不是很广,普及率也不是很高的中国,要想真正实现图书馆的权利、保障全体公民平等利用信息的自由,还不能说是一件很容易的事。但可喜的是,图书馆界目前都已把图书馆权利作为重要的研究议题,为图书馆权利在我国的实现打下了一个很好的基础。同时,近年来社会舆论对图书馆权利的关注,也在一定程度上反映了在我国宣传并实现图书馆权利的迫切性。图书馆对于公众的服务承诺能否兑现,不仅仅取决于中国图书馆事业的发展,也取决于"图书馆权利"观念的更新。

5. 与其他学科的关系

图书馆学是一门独立的学科,但不是一门孤立的学科。它与其他学科有着各种各样的联系。图书馆学发展的历史表明,它是在不断汲取其他学科发展成果的基础上发展起来的。这一时期,图书馆学与知识管理的关系,仍是研究的热点。大家认为知识管理是管理学新发展出来的一个分支研究领域,它最早形成于企业、组织管理理论中,但发展很快,受到社会各界的关注。1998 年以来图书情报界也将知识管理理论吸收过来,成为一个新的研究热点。知识管理是信息管理发展的新阶段。知识管理真正的显著方面分为两个重要的类别:知识的创造和知识的利用。对于图书馆这样的知识服务机构来说,知识管理就是对知识资本进行组织、开发、传播,以达到知识扩散、知识创新与知识增值的目的。知识管理理论与方法在图书馆学中的应用主要集中在两个领域:一是图书馆人力资源的管理,即运用知识使组织充满学习力、创新力;二是知识提供过程中的增值服务,即通过知识的加工、控制、建构,使知识服务从"满意服务"过渡到"成功服务"。

关于图书馆学与其他学科的关系,叶继元评述了国内现有的关于图书馆学、情报学、信息科学、信息管理学等学科关系的几种代表性观点,结合图书馆学、情报学、信息管理学等学科发展的实践,分析了各学科之间的关系。[15]

6. 图书馆学研究方法

一门学科有无专门的研究方法,是衡量该学科发展成熟与否的一个重要标志。在传统图书馆学向现代图书馆学发展和变革的过程中,不仅图书馆学的体系结构、研究内容、学科性质和学科的建设和发展方向要发生一系列的发展和变革,其研究方法也要发生重大的变革。研究方法的发展与变革直接影响着图书馆学的学科建设和发展方向。中国的图书馆学研究者们一直在为探寻图书馆学的专门研究方法而努力着。因此,关于图书馆学研究方法的研究是当今图书馆学的重要研究内容之一。

我国图书馆界对图书馆学研究方法的研究可以追溯到 1923 年杨昭炬写的《图书馆学》一书,他在该书中把图书馆学研究分成归纳、演绎和证实三种方法。[16]今天的图书馆学研究方法已大大丰富了,也更加注重专门方法的研究。

这一时期,关于图书馆学研究方法总结性的文章很多,如罗方等的《我国图书馆学方法论研究的现状及趋势》、[17]袁静的《2000—2004 年我国图书馆学情报学方法论研究进展》[18]以及赵喜英的《新时期图书馆学研究方法的思考》[19]等。他们都从不同的侧面对我国图书馆学研究方法的研究的现状进行了回顾和总结,客观分析了目前研究中存在的问题,并对今后的研究趋势做出预测。

内容分析法(Content Analysis)是近年图书馆学领域比较受人关注的研究方法,是近年图书馆学领域比较受人关注的研究方法,研究成果也较多。

综观这一时期发表的文章,关于图书馆学研究方法的研究有以下特点:(1)理论研究有所进展,这时期的研究继承了以前的研究成果,具有明显的总结性和反思性特征;(2)专门方法的研究是研究的重点,特别是关于内容分析法的研究。

二、图书馆发展

我们面对的是前进中的读者、飞速发展变化的社会,因此,图书馆必须随之发展,才会把图书馆的价值功能发挥起来。一年来,图书馆界针对网络环境下传统图书馆如何发展这一热点问题开展了大量的研究。主要涉及到以下方面:图书馆发展战略与趋势研究、图书馆的新功能、图书馆的评价、图书馆联盟、复合图书馆、社区图书馆、图书馆权利、图书馆职业以及图书馆史。

1. 图书馆发展战略与趋势研究

图书馆发展战略是对未来的一种整体谋划,它决定着图书馆的发展方向,涉及图书馆与环境的关系、图书馆使命的确定、目标的建立、基本发展方针和竞争战略的制定等。在变化如此迅速的今天,面对信息技术的急遽发展和知识经济的严峻挑战,图书馆必须做出全面的战略,为其发展提供理论上的指导。

国家可持续发展战略给图书馆的发展带来了新的机遇,图书情报事业要不断探索,摆正在国家可持续发展战略中的位置,寻求自身发展空间。胡昌平等就"国家可持续发展中的图书情报事业战略"进行了研究,发表了一系列文章,系统阐述了图书馆的发展战略。[20]

关于图书馆未来的发展,王子舟指出图书馆要发展,应解决好两个问题:一是要以提升公众知识理性为已任,二是其发展重心应由"高端"(国家及省市级图书馆)向"低端"(区县级图书馆)转移。[21]

台湾世新大学的顾敏指出,变换化图书馆管理和超越传统图书馆服务是解决当前文献处理、图书馆事业和资讯服务专业所面临的许多核心问题时的两条新路线。21世纪的图书馆势必要积极建立起若干全然创新的服务的超越服务,即"四个超越":超越图书馆对知识媒体的集中典藏、守藏、保藏;超越图书馆现有的知识服务规模;超越图书馆自动化系统中的书目索引;超越图书馆在传统上担任的知识接口功能与知识说明功能。[22]

胡俊荣认为世界发达国家图书馆的现状和发展趋势总体上可概括为以下11个方面:图书馆资源数字化、网络信息资源久存化、图书馆服务个性化、信息素养教育标准化、图书馆管理现代化、图书馆用户社会化、图书馆组织联盟化、图书馆经营产业化、图书馆馆舍无界化、图书馆事业法制化和图书馆发展国际化。[23]

2. 图书馆的评价

在人类的社会实践中,认知、评价、选择三者缺一不可,而评价则起到了关键的价值把握作用。图书馆学研究的重大课题之一就是对图书馆的存在价值进行认知、评价和选择。图书馆界也认识到图书馆评价对图书馆实践的指导意义,因此,这一时期,关于图书馆的评价成为研究的热点之一。主要集中在关于图书馆综合评价和图书馆服务评价两方面。

近年来,国内外图书馆学界通过积极引入管理学、市场营销学等相关学科领域的研究成果,开展了一系列有关图书馆评价的理论建构和实证研究工作,取得了令人瞩目的成就,但是将模糊的服务质量观念概念化和具体化是图书馆管理领域所面临的不可回避的任务,对馆员素质的考评方式也需要改进,这些是促使图书馆评价体系不断完善的动力。对图书馆工作的评价,不仅要注重对用户服务的评价,同时要对图书馆的整体环境、资源的可获取性、可靠性等方面进行整体评价,力求全面、科学、客观。

3. 图书馆联盟

图书馆联盟(Library Consortium)是指两个或两个以上的图书馆之间建立的具有正式合作协议的一种网络化组织。[24]图书馆联盟是图书馆在现代社会中的生存模式,也是当今图书馆的发展方向。图书馆联盟是未来图书馆发展的主要特征,即通过资源共享互助合作的方式来满足日益增长的读者需求。图书馆联盟强调的是互助合作,既可以是馆际合作,也可以是传统图书馆与数字图书馆、纸型资源与电子资源的互补共存。

国外对图书馆联盟的研究开始的比较早,图书馆联盟也已进入了快速发展阶段,国内最早关于图书馆联盟研究的报道出自《大学图书馆学报》2000年第3期戴龙基、张红扬的"图书馆联盟——实现资源共享和互惠互利的组织形式"一文。我国对此的研究也是近几年才逐渐增多起来。虽然说起步比较晚,但起点却较高。目前,我国图书馆联盟的理论研究和实践探索正在深入、积极地开展。

4. 复合图书馆

复合图书馆又称混合图书馆,对它的研究始于1996年。复合图书馆之所以一直格外受人关注,主要是由于在数字图书馆的实践中人们意识到,由于经费、版权、安全、效益、用户习惯等多方面的问题,实现完全数字化的数字图书馆更多的是一种理想,而不是现实。在过去的几年里,复合图书馆的思想已经被国内外图书馆界普遍接受,也一直是研究的热点,一年来,关于复合图书馆的研究领域越来越广泛,研究的问题也越来越深入,主要集中在对复合图书馆的认识、复合馆藏建设、复合环境中的用户服务、复合图书馆相关技术、复合图书馆的管理等。

总的来看,近一年来关于复合图书馆的研究取得了一定的进展,但由于这一研究在国内图书馆业界尚处于起步阶段,许多观点仍有待进一步探讨。譬如关于复合图书馆建设的模型、复合图书馆数字化管理模式、复合图书馆用户服务、复合图书馆所需要的技术等,不同学者对这些问题都有所涉猎,但研究的还不够深入,尚未形成成熟的、有指导意义的理论模式。我们还需更加深入细致地思考和研究,以期建立起与新形势相适应的关于复合图书馆的理论体系和实际可操作模式。

5. 社区图书馆

20世纪60年代,西方国家提出了社区图书馆的概念,经过40多年的发展,形成了一整套系统理论。20世纪90年代初,社区图书馆的理论传入我国,从此开始了有关社区图书馆的研究,近几年成为研究的热点之一。我国关于社区图书馆的研究虽然起步较晚,但论文数量增长很快,研究主题呈现多样化。

关于社区图书馆的建设与发展,冯晓霞认为社区图书馆是社区文化建设的重要组成部分。[25]周裙认为未来的社区信息服务的发展将呈现出以下趋势:(1)服务方式由信息与引荐服务面向大众及网站"全天候"开放的形式发展;(2)服务主体多样化;(3)研究内容多样化;(4)服务人员专业化、服务方式智能化;(5)充分利用现有的信息技术;(6)服务推广与用户培训。[26]潘长春认为必须认清三个"定位":一是社区图书馆的价值定位;二是社区图书馆的服务定位;三是社区图书馆的社区定位。[27]吴碧兰认为目前我国的社区图书馆处于初步发展阶段,社区图书馆的构建思路要以立法为保障,以联合办馆为途径,以多元化为特点,以特色服务为出路。[28]

三、图书馆服务

图书馆服务是图书学研究的一个老问题了,也一直是热门话题。随着时代的发展,每个时期都有它新的理念、新的模式和方法。目前,在网络环境下,对图书馆服务提出了更高的要求,图书馆服务理论和方法、服务模式、图书馆服务创新与可持续发展、图书馆知识服务、图书馆参考咨询服务、图书馆服务质量评价以及图书馆信息服务的发展趋势,等等,已成为业界同仁共同关注的焦点问题,出现了许多新的服务增长点,比如:信息共享空间(Information Commons,简称IC)、信息集成服务等。

1. 图书馆服务的新理论和新方法

图书馆服务是图书馆学的一个重要领域,也是图书馆学理论与图书馆实践的最佳结合点。这一时期,关于图书馆服务研究一个突出的特点就是图书馆界在认同服务重要性的前提下,以理论为落脚点,去阐释图书馆服务,这方面的文章很多,比较有代表性的当属陈力的《公共服务中的图书馆服务》,[29]柯平的《图书馆服务理论探讨》、《理解图书馆服务——新图书馆服务论之一》,[30]《当代图书馆服务的10个理念——新图书馆服务论之二》,[31]程亚男的《图书馆服务的人文分析与评判——三论图书馆服务》,[32]徐引篪的《图书馆普遍服务的理念及其实现》,[33]黄宗忠的《服务是图书馆的永恒主题——兼评国外图书馆服务的新理念、新方法》,[34]范并思和胡小菁的《图书馆2.0:构建新的图书馆服务》[35]等。

2. 图书馆服务模式

目前,图书馆界比较热门的服务模式概括起来有以下几种:个性化服务模式、自助服务模式、信息共享空间(Information Commons,简称IC)、信息集成服务等。

个性化服务能够满足不同读者和用户的个性需求,信息技术的发展也为图书馆提供个性化服务创造了条件,个性化信息服务已经成为提高图书馆服务质量和信息资源利用效益的重要手段。

信息共享空间(Information Commons,简称IC)是国外大学图书馆在20世纪90年代末期,为适应用户的研究和学习需要而建立起来的一种基础设施和新的服务模式。目前国内图书馆界对IC的研究尚处在介绍阶段。

近几年来,理论界和信息服务行业在关注个性化服务的同时,也非常重视和关注信息集成服务。信息集成服务,按集成对象涉及的范围分,可分为信息集成、技术集成、应用集成、管理集成。根据不同的标准,信息集成服务有不同的模式,比如关联模式、结构组织模式、综合模式、分析模式。[36]

3. 图书馆知识服务

自1999年,任俊为在《图书情报知识》上发表题为《知识经济与图书馆的知识服务》一文,这是国内第一次将"知识服务"的概念引入图书情报领域,随后,2000年张晓林在《中国图书馆学报》上发表了《走向知识服务:寻找新世纪图书情报工作的生长点》,正式提出图书馆知识服务的研究主题,从此掀起了图书情报领域理论与实践工作者对图书馆知识服务研究的热潮。近一年来,该主题的研究一直在延续,并且随着我国知识工程及数字图书馆建设的展开,理论研究不断深入。阐述图书馆知识服务的原理、知识服务的实施、知识服务的模式、知识服务产业化等方面内容的论文较多。

通过对一年来关于图书馆知识服务研究的文献分析来看,图书馆知识服务原理与构建问题是大家比较感兴趣和关注的话题,而对于知识服务的实践性以及知识服务管理,尤其是知识服务中用户的知识管理研究,国内还是空白。尽管图书情报界提出了许多关于图书馆开展知识服务的对策,这些对策大多基于理论上的探讨,对于知识服务实践也只是停留于理论上的总结,无法为图书馆成功实施知识服务提供例证与经验。

总之,我国图书馆知识服务研究有待进一步深入。图书馆工作者应该加强国内外学术交流,促进知识服务理论发展;同时积极进行国内外知识服务 比较研究,借鉴他人先进经验,丰富图书馆知识服务理论,指导知识服务实践。

4. 数字参考咨询服务

数字参考咨询服务(Digital Reference Service),也称虚拟参考咨询服务、电子参考服务或在线参考服务。数字参考咨询服务突破了传统参考咨询服务时间和空间的限制,可以在任意时间获取或提供信息,是一种更为灵活的个性化的信息服务和信息获取方式。数字参考咨询服务是当今国内外图书馆界继数字图书馆之后又一热点研究课题。我国图书馆界对于数字参考咨询服务的关注始于20世纪90年代中后期,从2000年以后一直是研究的热点。现在关于数字参考咨询服务的研究,主要集中在:(1)数字参考咨询的理论与发展;(2)数字参考咨询的服务模式;(3)数字参考咨询的标准与评价。

四、信息资源建设

信息资源建设是图书馆最重要的基本建设。20世纪90年代以来,以电子计算机技术和现代通信技术支持的信息高速公路正在把人类社会由工业经济推向知识经济时代,图书馆信息资源也日益发展成为包括文献信息资源和网络信息资源在内的丰富的信息资源。面对快速发展的网络化、数字化的信息环境,如何搞好信息资源建设已成为图书馆业务工作中亟待解决的问题。关于信息资源建设的研究热点主要集中在:(1)信息资源共享;(2)信息资源组织;(3)FRBR研究;(4)学科信息门户;(5)机构库。

1. 信息资源共享

目前关于信息资源共享的研究主要集中在两方面:(1)信息资源共享理论的研究;(2)信息资源共享模式的研究。

关于信息资源共享的理论研究,王宗义对"文献资源共享"的理念进行了科学的解读,他认为文献资源共享是图书馆活动中的一个特定概念。[37]肖希明提出要研究信息资源共享政策体系建设问题。[38]

金胜勇、于淼基于共建共享,构建了文献信息资源建设理论。他们认为基于共建共享的资源建设理论内容包括:资源建设原则;信息资源结构和补充理论;信息资源组织和评价理论。[39]

石刚指出信息资源建设核心是共享,他认为要完善组织管理机制;完善资金投入机制;完善管理和运行机制;完善法律法规体系;完善技术规范与数据标准;完善人才培养机制;营造共享环境社会氛围。[40]

梁晓天等从信息资源的有效配置方面分析馆际间横向资源共享的意义与优势,探讨横向资源共享存在的问题及产生的原因,他们认为参与横向间馆际资源共建共享的各个图书馆应结成图书馆联盟,并委托第三方机构对共享项目进行管理,同时制定规章制度,完善资源共享机制,减少共享成本,最终促进横向资源共享的发展。[41]

关于信息资源共享的模式研究,王东升、卢克建提出构建以用户需求为基础、竞争为手段、标准化数据为平台的图书馆信息资源共建共享模式。[42]

2. 信息组织

近十年来,特别是近五年来,传统图书馆学、情报学中的检索语言领域(包括分类法、主题法、索引法、以及文献信息标引和检索等)已经成为最活跃、最具生命力、成果最多的学科,由于"检索语言"(或情报语言)已经很难概括它发展的和延伸的领域,现在通常都用"信息组织"这个概念来表述它的研究领域。[43]信息组织已经成为图书馆学和情报学、计算机科学、知识工程学、现代语言学、认知心理学等共同研究的领域,只是各自出发点和侧重点不同。图书馆学对信息组织的研究的广度、研究的深度都不断拓展,理论基础也在不断拓展。目前在信息组织理论的探讨方面,在以下几个方面受到关注:(1)对本体论应用的研究;(2)对语义网的研究;(3)对分类标引的研究;(4)对编目的研究;(5)信息资源组织模式的研究。

3. FRBR研究

FRBR自颁布以来,已逐渐成为编目学发展趋势的一个纲领性文件,具有很多传统编目理论所没有的新特点,而这些特点对于书目记录的影响重大。今年关于 FRBR 的研究,和去年相比,无论是在理论层面还是和编目实践的结合等方面都更加深入,研究的热点主要集中在 FRBR 到底对图书馆编目和 OPAC 带来了哪些变化和影响。

FRBR 借助网络技术条件,将书目间各项内容关联起来,以"作品"为核心,形成了一个聚合各种相关文献的立体网络结构,创建了网络环境下编目理论研究及实践应用的一种新模式,目前国内对FRBR 这方面的研究还不够,追求资源共享、编目标准国际化已成为必然,我们应当及时了解本领域前沿研究和实践,并将 FRBR 理论纳入相关的中文编目规则中去。

4. 学科信息门户(Subject Portal,简称 SP)

我国图书情报界开展学科信息门户的研究已有三年多了,逐渐成为研究的一个热点。有专家指出,专业信息资源建设和服务的网络化发展与新兴的门户网站概念相结合促成了学科信息门户的产生,使学科信息门户成为专业信息资源共建共享的新模式。

学科信息门户是用户访问某学科资源与服务的一个单一入口或通道。它是一种网络服务,用以完成本学科网络资源内容的高度组织集成和网络应用程序的聚集,并将这些资源与应用集成在一个可定制个性化的界面中来满足每个最终用户的需要。它还提供一个统一协作的学术交流环境。从用户的角度来看,它是某学科用户访问该学科网络资源和服务的起始点或称入口。以信息与应用高度集成、个性化服务为显著特征的新一代学科信息门户系统框架正在成为构建基于 WWW 的专业数字图书馆的理想模式。网络信息技术如门户构建、跨系统集成检索、元搜索引擎和智能代理等技术的迅速发展,为构建学科信息门户提供了关键技术支撑。[44]

5. 机构库

机构库(Institutional Repository,以下简称 IR)对图书馆来说是个新生事物。2001 年,俄亥俄州立大学的高级行政官员和图书馆馆长布兰宁(Joseph J. Branin)在探讨开发远程教育体系时,提出并着手建立了俄亥俄州立大学知识库(Ohio State University Knowledge Bank),以保存该校师生员工的数字知识资源,这成为机构库最初的雏形。2002 年麻省理工大学(MIT)和惠普公司合作推出 Dspace,宣告IR 的正式诞生。同年,在"第六届欧洲数字图书馆先进技术研讨会"上,MacKenzie Smith 做了《Dspace:来自 MIT 图书馆和惠普实验室的机构库》的学术报告,详细介绍了 Dspace 的构建原理、运行情况及在开放学术交流和数字资源长期保存中的重要作用,这一报告引起了各国学者的关注,也促成了世界范围内关于 IR 的大规模理论与实践研究。

关于 IR,目前尚无统一的定义,比较有代表性的观点是:

(1)美国网络信息联盟(Coalition for Networked Information)的常务董事 Clifford Lynch 认为,IR是指大学为方便其共同体组织、整理、存储和利用师生员工相关的数字知识资源而提供的一系列服务。此定义强调 IR 的目的是为用户提供一系列服务,但服务对象局限于 IR 所属的机构成员,服务的目的是协助大学共同体组织、利用其师生员工的数字知识资源。

(2)加拿大研究图书馆协会(Canadian Association of Research Libraries,简称 CARL)则指出,所谓IR 就是指搜集、存储学术机构成员的知识资源,并提供检索的数字知识库,同时认为 IR 可以作为一个全球知识库的子库,为世界范围内的网络用户服务。此定义认为 IR 是一个聚集数字信息资源的知识库,其资源对任何国家的所有网络用户开放,但该定义遗漏了一个重要的内容,即 IR 中的绝大部分资源可免费获取。

关于 IR 的研究,国内图书情报界刚刚起步,还有待更进一步深入。

总之,21 世纪是信息化的世纪,对信息资源建设的研究必将掀起热潮。目前及今后相当长的一段时期内,对数字图书馆、文献信息资源共建共享这两大宏观领域的研究将是文献信息资源建设研究的热点所在;在微观方面,数据库建设尤其是特色数据库建设将逐渐成为维系图书馆与读者的生命线,也必将成为图书馆实践者们关注的重心。此外,由于图书馆开发利用信息资源特别是政府的信息资源需要法律法规作保障,而目前我国图书馆信息资源建设在这方面还存在较大的空档,难以跟国际接轨,因此对信息政策法规的研究也必将形成焦点。[45]

五、数字图书馆

数字图书馆已经成为全球范围内信息基础设施热点领域,数字图书馆的研究目前已经超出了图书馆界,成为一项社会化的研究课题。中国图书馆界对数字图书馆的研究经历了从单纯热情(1997—2000年)到冷静思考(2001—2002年)到求真务实(2003—2004年)的变化。[46]2005年到现在,继续延续着务实的趋势,这一阶段,数字图书馆研究的热点领域主要涉及数字图书馆建设及理论研究、数字图书馆服务研究、元数据、数字图书馆中的版权问题、检索技术、数字图书馆的资源研究等方面。

1. 数字图书馆建设及理论研究

关于数字图书馆的概念和定位,陈源蒸认为数字图书馆与传统图书馆有着本质的区别。数字图书馆非图书馆。数字图书馆是一种对未来社会产生革命性影响的信息技术形式。目前把图书馆进行数字资源建设的局部行为当作数字图书馆的整体开发项目是一大误解,如不及时纠正,将拉大我国与发达国家的数字鸿沟。他还认为数字图书馆是全社会的共同责任,对于数字图书馆的研究,需要广泛合作。它不应该只是单个图书馆的行为,更不是少数图书馆员的行为。[47]

关于我国数字图书馆建设的进程,《数字图书馆论坛》在2006年第1期设立了"我国数字图书馆10年回顾专刊",对我国数字图书馆的建设进行了回顾和展望,使业界对国内数字图书馆的研究有个全方位的了解。

2. 数字图书馆中的版权问题

20世纪90年代以来,数字图书馆以其在信息传播及利用方面的独特优势吸引着人们的目光,与此同时,相关的版权问题也日益突出,可以说贯穿着数字图书馆建设和发展的始终。数字图书馆中的版权问题已成为图书馆界、法学界、出版界及网络信息提供商共同关注的焦点。近一年来数字图书馆中的版权研究主要集中在:数字图书馆提供服务过程中涉及的版权问题(如数字图书馆与网络传播权、数字图书馆与公共借阅权)、数字图书馆版权问题解决的途径、中外数字图书馆版权的研究等方面。

总体来说,我国数字图书馆版权研究已经初步形成了一套体系,对数字图书馆建设也产生了积极的推动作用,但整体研究水平还有待提高,还没有形成多学科携手合作的局面,对国外版权法缺乏深入、系统的探讨,缺乏对我国数字图书馆建设中版权保护现状的调研分析。数字图书馆的建设和发展与版权息息相关,我国图书馆界应以更为积极的态度参与版权立法活动的研究及实践,最终实现保护版权人利益和保障公众获取利用信息权利之间的平衡。

3. 数字图书馆的资源研究

这一时期关于数字图书馆资源研究主要集中在数字资源整合研究、数字资源长期保存以及数字资源使用的评价等方面。

数字资源整合是在各种数字资源自主性、分布性、异构性的基础上,运用各种集成技术和手段将各类数字资源集成在统一的利用环境下,实现"一步到位"的检索,让读者和用户极其方便地利用各种数字资源,为其节省宝贵的时间和精力。数字资源的整合是图书情报界一个较新的研究课题,它的研究开始于20世纪90年代后期,是随着数字资源的剧增和在用户对数字资源的利用提出新要求的环境下提出来的,近年来逐步成为研究的热点。

通过这些研究的热点,我们可以看出这一阶段对数字图书馆的研究有以下几个方面的特点:(1)研究的范围广,基本涉及数字图书馆领域的各个方面;(2)数字图书馆建设和理论研究仍是目前数字图书馆研究中的重要课题;(3)有关数字图书馆服务的研究有不断增长的趋势,这表明,随着数字图书馆理论与技术日趋成熟,用户服务问题开始受到重视,成为数字图书馆研究的新的重点领域;(4)建设数字图书馆需要涉及网络通信、多媒体信息处理、信息压缩与存储、信息安全、数据仓库等技术,因此,今后对数字图书馆建设中的关键技术仍需加强研究和探索;(5)有关数字图书馆的版权保护问题、有关检索技术、数字资源及数据库建设等内容,都是建设数字图书馆不可缺少的研究内容。

参考文献

1　叶鹰．科学化图书馆学及其问题建构．中国图书馆学报,2006(2)

2　叶鹰．图书情报一体化的理论基础探讨．图书情报工作,2006(4)

3　盛小平．构建以知识为中心的图书馆学学科体系．图书馆杂志,2006(3)

4　周九常．新图书馆学五原理．中国图书馆学报,2006(3)

5　黄慕萱．图书资讯学在台湾．图书情报知识,2006(1)

6　柯平,等．图书馆学发展规律探究．情报资料工作,2006(4)

7　周九常．图书馆学对象研究:审问与批判．大学图书馆学报,2006(2)

8　杨文祥．论21世纪图书馆学学科建设方向、学科性质与学科定位．见:中国图书馆学会编．21世纪图书馆:发展与变革．北京图书馆出版社,2000.2

9　沈占云．放宽公共图书馆精神之历史、现实的视界——2005年新图书馆运动巡礼．图书馆,2006(2)

10　李超平．观察与思考——图书馆学研究现状分析．中国图书馆学报,2006(2)

11　蒋永福．技术和制度哪个更重要?——关于图书馆制度的思考．图书馆,2005(4)

12　蒋永福．信息公平与公共图书馆制度．国家图书馆学刊,2006(2)

13　李国新．对"图书馆自由"的理论思考．图书馆,2002(1)

14　程焕文,张靖．公理的呼吁 正义的呐喊——《图书馆合作与信息资源共享武汉宣言》的启示．大学图书馆学报,2006(2)

15　叶继元．变中求存,存中思变——图书馆学、情报学与信息管理学等关系再思考．大学图书馆学报,2006(2)

16　李明杰．关于图书馆学方法论的哲学思考．图书馆理论与实践,1999(4)

17　罗方等．我国图书馆学方法论研究的现状及趋势．图书馆建设,2006(2)

18　袁静．2000—2004年我国图书馆学情报学方法论研究进展．图书馆理论与实践,2006(2)

19　赵喜英．新时期图书馆学研究方法的思考．河北科技图苑,2006(2)

20　胡昌平,姜益民．基于可持续发展的图书情报事业战略构建．图书情报知识,2006(2)

21　王子舟．公共知识空间与图书馆．中国图书馆学报,2006(4)

22　顾敏．新世纪图书馆的变换化管理及对读者的创新服务．图书情报工作,2006(5)

23　胡俊荣．发达国家图书馆事业的现状与发展趋势．图书情报工作,2006(2)

24　高凡,徐引篪．图书馆联盟的社会网络资源配置．中国图书馆学报,2006(3)

25　冯晓霞．发达国家社区图书馆建设对我国的启示．图书研究与工作,2005(4)

26　周群．国内外社区信息服务研究进程及发展趋势．图书情报工作,2006(2)

27　潘长春．关于社区图书馆的三个"定位".国家图书馆学刊,2005(3)

28　吴碧兰．略论社区图书馆的构建与发展．农业图书情报学刊,2006(6)

29　陈力．公共服务中的图书馆服务．中国图书馆学报,2006(1)

30　柯平．图书馆服务理论探讨．大学图书馆学报，2006（1）

31　柯平．理解图书馆服务——新图书馆服务论之一．图书馆建设，2006（3）

32　程亚男．再论图书馆服务．中国图书馆学报，2002（4）

33　徐引篪．图书馆普遍服务的理念及其实现．图书情报工作，2005（12）

34　黄宗忠．服务是图书馆的永恒主题——兼评国外图书馆服务的新理念、新方法．图书馆论坛，2005（6）

35　范并思，胡小菁．图书馆2.0：构建新的图书馆服务．大学图书馆学报，2006（1）

36　胡昌平，周永红．信息集成服务回顾与展望．图书馆论坛，2005（4）

37　王宗义．"文献资源共享"理念的科学解读．中国图书馆学报，2005（6）

38　肖希明．推进我国信息资源共享体系建设．情报资料工作，2005（6）

39　金胜勇，于淼．基于共建共享的文献信息资源建设理论的构建．中国图书馆学报，2006（4）

40　石刚．完善信息资源共享环境分析．图书馆论坛，2006（1）

41　梁晓天等．网络环境下馆际间横向资源共享的问题与对策．图书情报工作，2005（12）

42　王东升，卢克建．市场意识下图书馆信息资源共享模式探讨．图书情报工作，2006（1）

43　陈树年，等．近年来我国信息组织研究进展与趋势．图书馆建设，2006（3）

44　孔敬，李广建．学科信息门户：概念、结构与关键技术．中国图书馆学报，2005（5）

45　袁俊华，易红．我国图书馆文献信息资源建设研究源之撮述．图书与情报，2006（2）

48　陈源蒸．数字图书馆非图书馆．大学图书馆学报，2005（4）

49　同48

2006 年国外图书馆学研究热点综述

李　丹

（国家图书馆研究院）

2006 年是世界图书馆全面进入战略转型的一年。一方面，由于数字化、网络化环境带来的正面影响，图书馆面临着一个新的开放的、合作共享的、多元化发展的社会文化环境，无论是图书馆的实际业务工作还是图书馆学理论的进一步发展，都获得了空前的机遇。图书馆一改往日的悲观失落，更进一步摆脱了"消亡论"的阴影，转而直面信息技术的进步，并积极学习新的技术手段，探讨将其应用于图书馆的业务实践中的可能性和途径，为将图书馆建设成为真正的社会信息中心，充分发挥其作为"知识和信息社会的原动力"的作用而努力。另一方面，开放的环境带来了开放的挑战，多元化的世界文化发展格局也使得图书馆在实现其所承诺的社会使命时需要承担更多的压力乃至风险。需要应对的不仅仅是技术进步带来的社会对其职能地位的质疑，以及异军突起的商业信息服务机构的广泛竞争，同时还包括对人类历史文明的传承与保护中遇到的风云变幻，天灾、人祸，一时间都考验着图书馆人的智慧和担当。

一、转型中的图书馆与图书馆员

图书馆作为人类文化遗产保存和传播服务场所，在人类社会文化的发展历史上发挥了重要的作用。但是，上世纪90年代以来，随着信息网络通信技术的出现和发展进步，图书馆的信息中心地位一度遭遇冲击并受到置疑。对此，全球图书馆人经历了一个从自豪中失落，从失落中觉醒，从觉醒中前行的过程。历届国际图联大会及理事会的主题充分反映了这一变化发展的趋势：1995 年，"未来的图书馆"（Libraries of the Future）；1996 年，"变化带来的挑战：图书馆与经济发展"（The Challenge of

Change：Libraries and Economic Development）；1997 年，"与人类发展相关的图书馆与信息"（Libraries and Information for Human Development）；1998 年，"在信息与文化的交叉路口"（On Crossroads of Information and Culture）；1999 年，"站在新世纪的起点：作为世界文明之窗的图书馆"（On the Threshold of the 21st Century：Libraries as Gateways to an Enlightened World）；2000 年，"信息合作：创建未来的全球图书馆"（Information for Co-operation：Creating the Global Library of the Future）；2001 年，"图书馆与图书馆员：在知识时代的重要贡献"（Libraries and Librarians：Making a Difference in the Knowledge Age）；2002 年，"终身图书馆：民主、多样性与传递"（Libraries for Life：Democracy，Diversity，Delivery）；2003 年，"知识之门——图书馆：媒体—信息—文化"（Access Point Library：Media-Information-Culture）；2004 年，"图书馆：教育和发展的工具"（Libraries：Tools for Education and Development）；2005 年，"图书馆——发现之旅"（Libraries-A voyage of discovery）；及至 2006 年 8 月，在韩国首尔召开的第 72 届国际图联大会及理事会以"图书馆：知识与信息社会的原动力"（Libraries：Dynamic Engines for the Knowledge and Information Society）为主题，[1] 图书馆人终于再一次高昂起骄傲的头颅，当仁不让地担当起全社会信息中心，乃至全社会发展引擎的重任。

然而，要真正成为社会信息中心和社会发展的引擎，却并不仅仅是提出口号就可以实现的。这一方面要求图书馆顺应时代潮流，重新考虑自己的发展战略，另一方面还考验着图书馆应对复杂环境和风险压力的能力。

2005 年年底，OCLC 发布"大学生对图书馆与信息资源的认知：给 OCLC 成员的报告"（College Students' Perceptions of Libraries and Information Resources：A Report to the OCLC Membership），[2] 明确强调了在网络环境下图书馆面临的挑战，图书馆给人们留下了刻板的印象，在电子资源服务方面还没有获得用户的认同，相反却受到来自搜索引擎的巨大冲击。这份报告反映的现实受到了图书馆界人士的高度重视，各馆在自己的战略规划和方针政策方面作出了积极的回应，比如大英图书馆 2005—2008 年战略规划将改变检索和导航方式、创建数字化科研环境、寻找新的增长点提供信息增值服务、使图书馆继续成为人们的首选信息门户和研究与教育的良师益友等作为这一阶段的重点发展目标，[3] 美国国会图书馆 2004—2008 年战略计划中则指出，要在新的电子信息时代保持其历史使命，又要在竞争与危机与日俱增的世界环境中为美国的国内外需求作出新的重要贡献，就必须应对变革，更新和重组馆员队伍，建立深入的专门学术技能，继续拓展和加深对信息的客观指导。[4]

环境改变对图书馆的影响是全方位的。欧洲研究图书馆协会（LIBER）对来自 40 个国家的 70 个图书馆的组织变化情况作了调查，指出图书馆的用户服务、数字图书馆建设等各方面都受到电子资源增长、网络活动增加以及大学之间联系增强的影响。[5]François Cavalier 指出，由于学科之间、机构之间的横向联系加深，法国大学图书馆原来按学科划分部门的传统发生了改变。[6]Lorcan Dempsey 对新的资源环境下图书馆目录的发展变化趋势进行了分析。[7] 此外，他还着重对数字图书馆环境的变化作了总结，指出：技术不仅仅直接作用于图书馆的系统和服务，更为重要的是，它改变了人们从事学习和研究活动的方式，图书馆必须要参与到学习和研究实践的主要变革中去，围绕用户的工作流程建立相关的资源和服务；网络聚合了供应和需求，图书馆应当充分利用这一机遇，考虑如何更好地将其服务整合到网络中去，将开放的网络与丰富的图书馆服务结合起来，提高图书馆服务的参与度。然而，这样一来，任何一个图书馆都无法独立支撑所有这些业务活动，图书馆必然需要历史性地依赖基于网络的共享服务平台取得发展。[8]

而在所有这些改变中，图书馆员职业群体受到的冲击无疑是最大的。2006 年 7 月在瑞典召开的 LIBER 年度会议上，Gitte Larsen 女士指出，随着图书馆服务向网络领域的延伸，图书馆员们将面临网络用户越来越广泛的、个性化的需求，这时候，图书馆不仅仅需要考虑服务内容和方式的转变，更为重要的，还需要对图书馆职员的教育和培训目标作出调整。[9]2006 年 8 月在首尔召开的 IFLA 大会除了在图书馆与宣传专业组(Management and Marketing)会议上针对环境变化对未来图书馆员职业发展提出的要求进行了讨论以外,还专门设置了一个"新职业讨论组"(New Professionals Discussion Group),讨论主题为"新型图书馆员的动态角色"(Dynamic Roles for New Librarians)。[10]

然而,影响图书馆发展的环境因素并不仅仅是网络和技术的发展,自然和社会的因素也发挥着至关重要的作用。进入新千年以来,人类社会生存的自然环境和社会环境都发生了剧烈的改变,洪水、飓风、恐怖事件等,天灾人祸不断,这些危机对图书馆的影响是显著的。一方面,图书馆在保存和传承人类文明成果方面承受着更大的压力,另一方面,图书馆作为"知识和信息社会的原动力",还需要在危机过程中发挥信息中心的作用,以其资源和服务优势,安抚民心。LIBER2006年年会着重探讨了这一方面的问题。[11]

二、信息素质教育

2005年11月,由联合国教科文组织(UNESCO)、国际图书馆协会联合会(IFLA)和美国全国信息素质论坛在埃及亚历山大联合举办的信息素养和终生学习高层会谈(High-Level International Colloquium on Information Literacy and Lifelong Learning),发表《信息社会灯塔:关于信息素质和终身学习的亚历山大宣言》(*Beacons Of The Information Society*:*The Alexandria Proclamation On Information Literacy And Lifelong Learning*),[12]将信息素质和终身学习比喻为信息社会中照亮通向发展、繁荣和自由之路的灯塔,并指出,信息素质是终身学习的核心,它能使人们在整个一生中有效地寻求、评价、利用和创造信息,以便达到其个人的、社会的、职业的和教育的目标。它是数字社会的一种基本人权,能促进所有国家的社会内涵。[13]同时,该宣言还明确强调了政府和政府间组织在促进信息素养和终生学习方面的职责和历史使命,并提出了举办地区性和专题性会议,促进包括图书馆员在内的各领域专业人员在信息素养和终生学习的原则和实践方面的专业发展,将信息素养纳入初级教育和继续教育之中等具体措施。这些要求和举措在2006年即被全面付诸实践。

2006年8月,第72届IFLA大会在韩国首尔召开,其中来自4个主要的专业分会场(信息素养专业组分会场、学术研究型图书馆专业分会场、区域活动部、学校图书馆与资源中心)的10余场报告从不同侧面涉及信息素养问题,包括对亚洲、非洲一些国家的国民信息素质及其教育状况的调查和对策分析,图书馆员在信息素养教育中的角色和作用,来自澳大利亚、韩国、加拿大等国的大学图书馆新生信息素质评估与教育实例,网络环境下青少年的信息素质教育问题,等等。[14,15]除此之外,来自加拿大Manitoba大学的代表还介绍了由该校图书馆和远程教育中心等多个部门一起合作设计的交互性在线学习工具——eTools for Success,该工具已经一年级学生课堂教学的补充,不仅以全新的方式丰富了课堂教学内容,同时将信息素养技能集成到教学过程中,打破了传统。此外,该工具的成功应用也为Manitoba大学首个虚拟学习共享区——emporiUM的构建奠定了基础。可见,在继续强调信息素质教育重要性的同时,图书馆已经在积极寻找更好的信息素质教育的方法和工具来有效提升和评估读者的信息意识和技能。[16]

在信息素养教育的实施过程中,广泛的沟通与合作一直为人们所重视。长期以来,图书馆员和教师通力合作,已成为美国大学图书馆开展图书馆用户教育的优良传统;而随着计算机和网络教学技术在信息素质教育工作中的深入和普及,美国大学图书馆还积极开展了不同机构之间的合作。[17]同样来自Manitoba大学的Ganga Dakshinamurti教授和Lena Horne教授指出,如果能够通过图书馆员与院系教员的协作,在一般教学过程中融入信息素养技能的教育,信息素养教育的成果将更为突出和有效。[18]Robert Flatley和William Jefferson则针对目前发展成熟的各种在线的联合信息素养教育标准和指南(如TILT[19])等,提供了一份基于实例的根据自身条件有效遴选、改造以及应用的成功经验。[20]

另外,由于网络技术的发展和应用,图书馆和相关信息机构越来越多地采用在线信息素养教育方式,这就引发了一个新的问题,即如何宣传推广或者说如何确保目标人群,尤其是大学新生参与这一教育过程的问题。针对这一问题,华盛顿州立大学图书馆教育部门一方面增加了对信息素养教育参与情况和成效水平的评估,另一方面还通过在系统内部设置必须完成的作业、任务的形式,强制性地引导学生了解图书馆的资源和服务,树立起有效的信息意识和观念,并掌握相关的使用技能。[21]

三、开放获取与机构库

2006 年以前,在论文作者、研究资助机构、学习和使用者的广泛支持和参与下,开放获取已经取得了长足的进展。大学和相关机构的自存储政策开始由独立实施向联合实施发展,各资助机构的开放获取政策也进一步由研究讨论阶段过渡到具体实施阶段。[22]虽然一些商业出版机构仍然心存疑虑,然而大量数据却证明其担忧是多余的,开放存取并未损伤其最终利益,[23]相反,一些商业机构还从中看到了开放存取对自身发展的促进,比如 ProQuest 新上线的扩展出版模式,向全球 3000 多个图书馆和数以万计的研究者们提供其数字化学位论文数据库的开放存取。[24]然而,该领域的研究者们同时又指出,出版商对开放获取的抵制态度仍将延续,许多同意允许后印本(post-print)存储的出版商相信两点:一是认为知识库中的内容很难在网络中被找到,二是认为作者不会大量存储已发表过的文章。其第一个观点低估了 OAI 协议的互操作性和 Google、Yahoo 等搜索引擎的爬取能力,第二个观点则低估了资助机构和大学对科研人员的激励措施和强制性命令的影响。由于这两个观点逐渐被证明是错误的,一些出版商将想方设法撤回自己对后印本存储的许可。[25]

2006 年 6 月,RUCK 开放获取政策的最终版本终于发布 26,8 月 2 日,SPARC Newletter 对主要的开放获取政策和计划进行了整体回顾,从中总结了十点主要教训:[27,28]① 政策应"要求"实行开放存取,而不仅仅是"请求";② 强制实行开放获取应一直作用到作者论文手稿的最终版本,包含同行评议过程中进行的修改;③ 资助机构可以不对自己的礼仪作出让步,而可以采取另一种方式来帮助出版商;④ 开放获取政策应首先应用于在同行评议期刊上出版的论文;⑤ 政策应允许受资助者使用科研经费或补充经费来支付在开放获取或复合式开放获取期刊上发表文章的费用;⑥ 政策应能够使作者可能选择使用哪个开放获取知识库,只要这个开放获取知识库符合开放获取的既定条件、具有互操作性、能够长期保存;⑦ 政策应执行到资助机构的研究项目所创造全部论文或其资助的论文的具体某一部分中去;⑧ 政策应采取双存储和发布策略;⑨ 政策中无论是否有制裁手段,强制实施开放获取都是可行的;⑩ 资助机构传播开放获取的文献的法律基础应或者有政府许可(对公共资助机构或私人资助机构),政策不能直接或间接地依赖于出版商是否同意。

与此同时,开放获取对期刊经营模式的影响开始扩大,其涉及的范围已经不仅限于开放获取期刊,而是开始将订购型期刊包括在内。虽然作者付费是开放获取期刊的一种可选的运营模式,但事实上,开放获取期刊向作者收费的比例明显低于传统订购型期刊的收费比例。不向作者收费意味着开放获取期刊必须寻求其他抵消成本的方法,一些出版商在尝试用免费的服务吸引用户转到收费的服务,或者提供其他增值服务的方式。[29]

无论如何,开放获取的前景仍然令人振奋,各国政府和各类型研究机构、团体推进开放获取政策制定和实施的热情始终高涨。2006 年 4 月 7 日,英国信息系统联合委员会(JISC)发布一份题为"JISC 发展路线图:2010 开放获取愿景"(*Digital Repositories Roadmap: looking forward*)的文件,期望到 2010 年,通过在政策、文化和技术等方面有意识的努力,使英国利用开放获取机制提供给读者使用的最新学术成果在数量上获得大幅增加,使民众广泛认可开放获取对于促进资源共享和重用的益处,并利用已经达成的各种许可协议、地理和空间信息,更为高效地实现与其他领域数据的有机融合。[30]除此之外,包括印度、中国、巴西、南非、埃塞俄比亚等国在内的发展中国家也开始在发达国家和地区的协助下参与到开放获取运动中来。2006 年 11 月 2 日—3 日,这些国家在印度班加罗尔举行学术出版物电子出版和开放获取的研讨会,并起草了《发展中国家开放获取的国家政策》(*National OA Policy for Developing Countries*)。[31]据统计,至 2006 年 11 月 4 日,开放获取知识库登记系统 ROAR 中已登记的知识库达 761 个,开放档案计划 OAIster 搜索引擎能够检索到的互操作的开放获取知识库的记录约 9 000 000 条。[32]

机构库是与开放获取紧密相连的实践领域,除了开放获取相关的问题之外,人们还对其中的元数据互操作框架、[33]版权解决方案、[34]资源持续获取、[35]联盟式工作机制[36]等方面都产生了一定的兴趣,并各自生发出新的研究议题。另外,一些相关实践案例[37]的经验也陆续得到传播。

其中,北海道大学 Suzuki Masako 和 Sugita Shigeki 对该校期刊论文机构仓储的建设情况进行了介绍,并指出,为了获得研究者们长期自愿的支持,使他们了解机构仓储的目标,并且向他们提供其所提交的论文在机构仓储中被访问的记录是一项有效的举措。[38]这个问题在 Heleen Gierveld 的论文中表述为机构仓储的"营销"(Marcketing)问题,他指出,只有当科学研究者们以实际行动在开放获取的政策框架内向其提供自己的研究成果的存档,机构仓储才能够成为知识传播的重要工具(an important tool for the distribution of knowledge)。在这一观点的基础上,Heleen Gierveld 提出了有关机构仓储营销推广的 8P's:产品(Product)、价格(Price)、位置(Place)、升级(Promotion)、公众(Public)、合作伙伴(Partnership)、政策(Policy)以及资金流(Purse String)。[39]

更为重要的,机构库要在建立资源的基础上提供完整的学术研究支持,必须从战略高度建立整体的服务框架,这将会涉及更多的问题,比如媒体和格式迁移(康奈尔大学、田纳西大学)、数据管理(普度大学)、个性化页面搭建(罗彻斯特大学)、访问控制、引文分析、数据表示、检索优化,等等。[40]

随着机构间合作的加深,同时也由于机构库自身作为资源共建共享平台的本质,机构库之间的互操作问题变得越来越重要。2006 年 4 月 20 日—21 日,微软公司、美国梅隆基金会、网络信息联盟、数字图书馆联盟以及英国联合信息系统委员会在纽约专门就促进机构库之间的互操作问题召开了座谈会,提出了大量的互操作技术和方案,并在这些讨论的基础上,就数据模型与代理(如 Pathways 等)、核心服务(包括收割、获取和存放等)、其他服务接口(如搜索、订阅等)和基础设施构成等问题进行了概要总结。

四、长期保存与保护

图书馆作为人类文明传承的载体,历史性地承担着长期保存和保护人类知识和信息产品的长期保存保护的使命。在过去的一段时间里,图书馆理论界广泛讨论了技术环境变化给长期保存保护带来的机遇和挑战,同时也对相关的技术细节进行过探讨,但是,由于成本方面的限制,以及相关的一些具体问题一直没有得到妥善的解决,长期保存实践进展缓慢,一些商业公司开展的大规模数字化活动也屡屡受到置疑。2006 该领域的研究焦点开始由理论转向实践。

根据大英图书馆 2005—2008 年战略规划的要求,大英图书馆在此期间展开了一项"保存评估调查"(Preservation Assessment Survey)活动,通过收集到的英国 97 个公共图书馆和学术图书馆的反馈情况,对英国图书馆保存活动的需求全貌作了分析,并于 2006 年 2 月发表了一份题为"了解需求:英国图书馆与档案馆保存需求新图景"(*Knowing the need: a report on the emerging picture of preservation need in libraries and archives in the UK*)的报告,归纳了当前有关保存最为重要的几个相关领域,包括:环境监控(environmental monitoring)、存储(storage)、防灾(disaster preparedness)和清理(cleaning),并指出报纸是当前保存状况最为糟糕的印本资源,而其他类型的印本资源的情况相对比较乐观。[41]

同年,数字保存联盟(Digital Preservation Coalition,DPC)针对类似的问题发表了一份报告:"留心差距:评估英国数字保存的需求"(*Mind the gap:Assessing digital preservation needs in the UK*),[42]将英国数字保存需求概括为 8 大部分:① 提高认知度(Growing Awareness);② 从认知走向实践(Translating awareness into action);③ 资助合理化(Funding Justification)——成本效益控制问题;④ 所有人的知识仓储(Repositories for All)——标准化与协作问题;⑤ 新学科(New Discipline);⑥ 政府政策(Government Policy);⑦ 法律与规章制度框架(Legal and regulatory Frameworks);⑧ 降低风险(Reducing Risks),其中每个部分又包含各种具体化的需求描述,同时还提供了相应的背景分析,以及相关对策建议等。Najla Semple 和 Maggie Jones 对该报告进行了深入的介绍,并对其结论进行了强调:"上述这些需求并非是什么'火箭科学'(rocket science),将它们付诸实践不过需要一些基本的常识和良好的管理而已,然而我们现在所做到的和我们需要做到的之间还存在着非常大的差距。"[43]

除了对保存需求进行分析以外,上述两份报告均提到了有关保存保护活动的宣传推广和教育问题,为了图书馆保存保护活动的顺利开展,民众的理解和政府的支持是必要的。IFLA2006 年年会以"保存的推广与教育"(*Preservation advocacy and education*)为主题召开了两场专题会议,就各国图书馆在保存保护方面展开的此类活动的经验和存在的问题进行了广泛的交流。各国国家图书馆在此类活动中发挥着重要的作用。[44]

网络资源的长期保存与保护在这一阶段也进一步向实践推进。有代表性的如美国国会图书馆网页抓取项目专题网站[45]在 2006 年 5 月正式开通(2006 年 5 月),[46]日本网页存档计划[47]在 2006 财年步入实际运营阶段,澳大利亚国家图书馆 PANDORA 选择性存档计划于 2006 年 12 月在图书馆馆藏管理部内部成立新的网页存档与数字化保存分部,[48]等等。

之前有关保存保护的研究已经有很多了,而且在某些问题上似乎已经达成了相当的共识。然而,这当中也许还存在一些误解或者需要进一步思考的问题。Chris Rusbridge 提出的正是这一类的问题:数字化保存真的比印本方式的保存要便宜吗?文件格式的过时真的如我们之前所说的那样迅速吗?真的需要为了保证成本的可控来减少人工干预吗?由于受到资金资助和商业方面因素的影响,数字化仓储项目的时间计划可能需要适时调整,在此过程中如何保持项目的延续性?Chris Rusbridge 同时指出,缺乏连续的资金支持是当前数字保存面临的最大障碍,有一些关于数字保存的理论设想也因此变得不切实际。为此,他呼吁界内人士在组织此类项目时要考虑选择合适的策略,比如有时候我们可能要"少一些,好一些",而有时候则可能要"便宜一些,多一些",图书馆应当谨慎行事。[49]

五、开放合作的数字科研学习环境

所谓数字科研学习环境,是在数字化、网络化环境下对科学研究活动进行全面支撑的一种数字图书馆服务形式。这方面的研究和实践活动以欧洲最为活跃。

数字科研学习环境的主要特征在于围绕研究者和研究活动提供服务。因此,其构建所需要解决的首要问题是要了解研究活动的规律和研究者的实际需求。欧洲研究图书馆协会(LIBER)2006 年年会在涉及这一问题时,就对技术、组织、政治和经济环境的变化给科学研究活动带来的影响,以及研究者和信息服务机构因此而面临的问题和挑战给予了充分的关注。[50]

而在欧洲的数字科研学习环境建设努力中,英国又表现得尤为突出。

在大英图书馆 2005—2008 年战略规划确定的 6 大战略重点当中,创建数字科研学习环境被放在了非常醒目的位置。[51]其关键点包括:建设国家数字图书馆,作为大不列颠科研数字化基础设施的关键要素;与其他机构合作,建立国家科研数字化基础设施,包括学科知识库、机构知识库和虚拟科研环境等;继续实施数字化创新工程,包括重要资源的大规模数字化、19 世纪之前报纸资源的联机检索、音频资源的在线提供以及数字内容的翻译服务等。

英国信息系统联合委员会(JISC)将其发展理念和目标直接定义为"在创新使用信息通信技术以支持教育和研究活动方面提供一个世界领先水平的示范"。[52]2006 年 3 月,JISC 发表"为有效学习设计空间:21 世纪学习空间构建指南"(*Designing Spaces for Effective Learning:A guide to 21st century learning space design*),[53]阐述了 JISC 关于构建一个富技术应用的、个性化的,具备灵活性、响应性、兼容性、支撑性以及扩展性的学习空间的战略目标。2006 年 7 月,JISC 在完成并检查了其"2004—2006 年发展战略"[54]的基础上,提出了其"2007—2009 年发展战略",[55]JISC 主席 Ron Cooke 教授在战略计划的前言中指出,这是一份秉承 JISC 支持学习研究活动理念的战略,但是与此同时,它也在以前完成的计划的基础上进一步对教育和科研环境发生的变化作出了回应,促进信息通信技术在科学研究活动中的应用仍然是现阶段 JISC 主要的努力方向。此外,2006 年 3 月,JISC 还召开了题为"创新的 e-learning"的在线会议;7 月,它又主持发布了一份关于分布式 e-learning 项目的评估和综述报告。[56]

六、数字图书馆:项目管理与合作

从上世纪 80 年代初现端倪到今天,数字图书馆的研究和发展已经经历了近 30 年的时间,各类型的数字图书馆项目陆续由研究和试验阶段向现实服务阶段迈进。一个成功的试验项目要获得成功的实践推广,需要考虑的问题很复杂。英国学术部门在此方面的经验值得借鉴。Peter Brophy 根据过去30 余年来的经验指出,数字图书馆研究项目向现实服务推进至少需要:①对更广泛的目标群体需求的深入了解。一些研究项目在其参与馆中(主要是学术研究型图书馆)的成功推进是显然的,然而在继续教育部门和公共图书馆部门的拓展却并不那么理想。②设法使单个图书馆的馆长们相信通过参与数字图书馆项目节约成本的可能性。③确保目标市场中的主导力量拥有推行项目和服务的愿望与热情。如果这种愿望和热情仅仅来自一些边缘部门,项目和服务的实施将困难很多。④关注并投入重要的技术研发。在没有可行的商业选择的情况下,应当争取到国家额外的财政支持以便自主研发。⑤积极寻找所需要的商业性的替代服务。[57]

除了已有研究成果的推进实施以外,新的研究和试验项目则主要聚焦于大规模的跨机构、跨系统、乃至跨国跨地区的合作,在这一阶段最受瞩目的两个数字图书馆项目都属于这一类型:一个是"欧洲数字图书馆"计划,[58]另一个是"世界数字图书馆"计划。[59]其中,"欧洲数字图书馆"计划是欧盟委员会于 2005 年提出的"欧洲信息社会 2010 年发展规划"(简称 i2010)[60]的一部分,是欧盟数字内容计划的从属项目,由德国国家图书馆负责统一协调,于 2006 年 9 月正式启动。其主要目标在于为建立一个高规范、多语种以及单一访问节点的欧洲国家图书馆、博物馆和档案馆庞大资源入口提供组织准备及技术方案。[61]2006 年年底,美国国会图书馆向联合国教科文组织提议建设"世界数字图书馆",旨在促进不同国家、不同文化之间的理解,提高互联网文化内容的质量及其多样性,并为教育和学术作出贡献,项目工作的重点之一在于提高发展中国家建立数字图书馆的能力,以便所有的国家和区域都能参与到这个项目中来。[62]

2006 年 ILFA 大会联合国教科文组织开放论坛也对上述两个国际性的数字图书馆项目进行了介绍。除此之外,大会还结合亚洲、非洲、拉丁美洲及加勒比海地区、阿拉伯地区等地区的经验,对跨国、跨地区数字图书馆项目实施过程中涉及的资源采选标准、多语言的系统和服务架构、人力资源配置以及资金保障等方面的问题进行了交流和讨论。[63]

由于国家间、地区间的联系与合作的加深,世界图书馆事业和图书馆学科理论越来越呈现出全面协调、整体发展的格局。除上述六个方面以外,本年度在数字资源的组织与管理、数字参考咨询服务、文献传递与资源共享、图书馆服务质量评价等方面也有一些新的动向,在各种会议、期刊论文以及机构活动中或多或少有所体现,限于篇幅,本文不再赘述。

参考文献

1　IFLA Annual Conference[OL].[2008 - 10 - 14]. http://www. ifla. org/IV/index. htm

2　College Students' Perceptions of Libraries and Information Resources:A Report to the OCLC Membership. http://www. oclc. org/asiapacific/zhcn/reports/pdfs/studentperceptions. pdf.

3　Redefining the Library:The British Library's strategy 2005 - 2008. http://www. bl. uk/about/strategic/pdf/blstrategy20052008. pdf

4　美国国会图书馆 2004—2008 年战略计划(节选). 图研参考,2006(7):1—2

5　Suzanne Jouguelet. Organizational charts in a selection of LIBER Libraries:Analysis of current trends. [2008 - 10 - 07]. http://www. diva-portal. org/diva/getDocument? urn_nbn_se_uu_diva-6995 - 1__fulltext. pdf

6　François Cavalier. Organization moving in French academic libraries. [2008 - 10 - 07]. http://www. diva-portal. org/diva/getDocument? urn_nbn_se_uu_diva - 6995 - 1__fulltext. pdf

7　Lorcan Dempsey. The Library Catalogue in the New Discovery Environment:Some Thoughts explores how the library catalogue will develop alongside evolving network discovery systems. http://www. ariadne. ac. uk/issue48/dempsey/

8　Lorcan Dempsey. The (Digital) Library Environment:Ten Years After. http://www. ariadne. ac. uk/issue46/dempsey/

9　Gitte Larsen. Preparing for new and changing roles in research libraries - the need for continuing professional development. [2008 - 10 - 07]. http://www. diva-portal. org/diva/getDocument? urn_nbn_se_uu_diva - 6995 - 1__fulltext. pdf

10　IFLA Annual Conference[OL].[2008 - 10 - 14]. http://www. ifla. org/IV/index. htm

11　Session 1:when the world turns upside down. [2008 - 10 - 07]. http://www. diva-portal. org/diva/getDocument? urn_nbn_se_uu_diva - 6995 - 1__fulltext. pdf

12　The Alexandria Proclamation on Information Literacy and Lifelong Learning[OL]. [2008 - 10 - 19]. http://www. ifla. org/III/wsis/BeaconInfSoc. html

13　宣言:信息素养是信息社会的基本人权[OL]. [2008 - 10 - 19]. http://keniule. blogbus. com/logs/7768450. html

14　刘霞. 图书馆:知识和信息社会的原动力——第 72 届 IFLA 大会见闻. 大学图书馆学报,2006(6):101

15　IFLA Annual Conference[OL].[2008 - 10 - 14]. http://www. ifla. org/IV/index. htm

16　Betty Braaksma,Cheryl Mclean,Peter Tittenberger. Tools for information literacy[OL]. [2008 - 10 - 06]. http://www. ifla. org/IV/ifla72/papers/072 - Braaksma_McLean_Tittenberger-en. pdf

17　Lowie. 美国大学图书馆开展信息素质教育的两种合作类型[OL]. [2008 - 10 - 19]. http://openaccess. bokee. com/500404. html

18　Ganga Dakshinamurti,Lena Horne. Integrating Information Literacy in a First-Year University Course:A Case Study from Canada . http://www. ifla. org/IV/ifla72/papers/125 - Dakshinamurti_Horne-en. pdf

19　the Texas Information Literacy Tutorial. [2008 - 10 - 19]. http://tilt. lib. utsystem. edu/

20　Robert Flatley,William Jefferson. Customizing and Using a Popular Online Information Literacy Tutorial:One Library's Experience[J]. Library philosophy and practice,2006,8(2)

21　*Elizabeth Blakesley Lindsay*, If You Build It,Will They Learn? Assessing Online Information Literacy Tutorials. *College and Research Libraries*,2006,67(5)

22　Peter Suber. Open access in 2005. [2008 - 10 - 07]. http://www. earlham. edu/ ~ peters/fos/newsletter/01 - 02 - 06. htm

23　Peter Suber 著;李麟译. 2005 年全球开放获取事业回顾. 图书情报工作动态,2006(4):17

24　Austin Mclean. Open Access Dissertation and These Publishing from ProQuest:A New Publishing Option Explained. [2008 - 10 - 07]. http://www. diva-portal. org/diva/getDocument? urn_nbn_se_uu_diva - 6995 - 1__fulltext. pdf

25　Peter Suber. Predictions for 2006. [2008 - 10 - 07]. http://www. earlham. edu/ ~ peters/fos/newsletter/01 - 02 -

06. htm

26 The RCUK policy. http://www. rcuk. ac. uk/access/2006statement. pdf

27 Peter Suber. Ten lessons from the funding agency open access policies. http://www. earlham. edu/~peters/fos/newsletter/08 - 02 - 06. htm

28 李麟编译. 世界主要资助机构开放获取政策中的十点教训. 图书情报工作动态,2006(8):7—14

29 Peter Suber 著;李麟译. 2006 年开放获取展望. 图书情报工作动态,2006(7):6—7

30 JISC. Digital Repositories Roadmap:looking forward. http://www. jisc. ac. uk/uploaded _ documents/reproadmap-v15. doc

31 Indian Institute of Science . Workshop on Electronic Publishing and Open Access . http://www. ncsi. iisc. ernet. in/OAworkshop2006/pdfs/NationalOAPolicyDCs. pdf

32 李麟编译. 发展中国家开放获取的国家政策. 图书情报工作动态,2006(12):20

33 R. John Robertson. Stargate:Exploring Static Repositories for Small Publishers. http://www. ariadne. ac. uk/issue47/robertson/

34 Esther Hoorn. Copyright Issues in Open Access Research Journals:The Authors Perspective. http://www. dlib. org/dlib/february06/vandergraaf/02vandergraaf. html

35 Heleen Gierveld. Considering a Marketing and Communications Approach for an Institutional Repository. http://www. ariadne. ac. uk/issue49/gierveld/

36 Robert Tansley,Hewlett Packard. Building a Distributed,Standards-based Repository Federation:The China Digital Museum Project. http://www. dlib. org/dlib/july06/tansley/07tansley. html

37 SUZUKI Masako, SUGITA Shigeki. From Nought to a Thousand:The HUSCAP Project. http://www. ariadne. ac. uk/issue49/suzuki-sugita/

38 SUZUKI Masako, SUGITA Shigeki. From Nought to a Thousand:The HUSCAP Project. http://www. ariadne. ac. uk/issue49/suzuki-sugita/

39 Heleen Gierveld. Considering a Marketing and Communications Approach for an Institutional Repository. http://www. ariadne. ac. uk/issue49/gierveld/

40 Joanne Kaczmarek,Using the Audit Checklist for the Certification of a Trusted Digital Repository as a Framework for Evaluating Repository Software Applications:A Progress Report. http://www. dlib. org/dlib/december06/kaczmarek/12kaczmarek. html

41 Deborah Novotny. Ink causes a stink:Preservation advocacy in the UK. [2008 - 10 - 14]. http://www. ifla. org/IV/index. htm

42 Martin Waller, Robert Sharpe. Mind the gap:Assessing digital preservation needs in the UK. http://www. dpconline. org/docs/reports/uknamindthegap. pdf

43 Najla Semple, Maggie Jones. UK Digital Preservation Needs Assessment:Where We Go From Here. http://www. ariadne. ac. uk/issue48/semple-jones/

44 SI-Preservation and Conservation with Continuing Professional Development and Workplace Learning and the Preservation and Conservation Core Activity (part 1, part 2):Preservation advocacy and education. http://www. ifla. org/IV/index. htm

45 http://www. loc. gov/webcapture

46 美国国会图书馆开通网页抓取项目专题网站. 图研参考,2006(11)

47 http://warp. ndl. go. jp

48 数字资源归档:各大国家图书馆的实践. 图研参考,2007(8)

49 Chris Rusbridge. Excuse Me … Some Digital Preservation Fallacies?. http://www. ariadne. ac. uk/issue46/rusbridge/

50 Session 2:The Brave New World. http://www. diva-portal. org/diva/getDocument? urn_nbn_se_uu_diva - 6995 - 1 __fulltext. pdf

51　大英图书馆著;李忠霞编译. 大英图书馆 2005—2008 年战略规划. 图书情报工作动态,2006(9):5

52　http://www. jisc. ac. uk/

53　JISC. Designing Spaces for Effective Learning:A guide to 21st century learning space design. http://www. jisc. ac. uk/uploaded_documents/JISClearningspaces. pdf

54　JISC strategy 2004 – 2006. http://www. jisc. ac. uk/aboutus/strategy/strategy0406. aspx

55　JISC. Strategy 2007 – 2009. http://www. jisc. ac. uk/aboutus/strategy/strategy0709. aspx

56　JISC. Annual Review 2005 – 2006. http://www. jisc. ac. uk/media/documents/publications/annualreview2006. pdf

57　Peter Brophy. Projects into Services:The UK Experience. http://www. ariadne. ac. uk/issue46/brophy/

58　http://edlproject. eu/

59　http://www. worlddigitallibrary. org/project/english/index. html

60　http://ec. europa. eu/information_society/eeurope/i2010/index_en. htm

61　欧洲数字图书馆项目正式启动. 图研参考,2006(13)

62　教科文组织筹建"世界数字图书馆". http://www. un. org/chinese/News/fullstorynews. asp? NewsID = 8641

63　UNESCO Open Forum:International Digital Library Initiatives. http://www. ifla. org/IV/index. htm

图书馆工作
Library　work

图书馆工作

国家图书馆

【传百家博学　扬精品文化】 2006年1月1日,由著名作家王蒙主讲的"读书与思辩"在国家图书馆分馆开讲,国家图书馆名誉馆长任继愈,馆长、党委书记詹福瑞,党委副书记、副馆长张雅芳出席了讲座,讲座由詹福瑞主持,500多人聆听了讲座。至此,文津讲坛迎来第300期。

文津讲坛是国家图书馆面向社会、面向大众推出的双休日学术文化系列讲座,自2001年元旦开讲5年来,听众超过4万人次。由于该系列讲座强调学术精研与大众普及兼顾,日趋成熟走向系统化、规模化,已成为文化品牌。目前,每场讲座都有录音和录像资料,入藏古籍馆残疾人阅览室(音像资料视听室)提供读者视听。已编辑出版了《文津演讲录》系列丛书5册。(办公室宣传科)

【国家图书馆古籍馆正式揭牌】 2006年1月6日,国家图书馆古籍馆揭牌仪式在分馆举行。名誉馆长任继愈为国家图书馆古籍馆揭牌。国家文物鉴定委员会主任、中国工程院院士傅熹年,国家文物鉴定委员会古籍组组长、国家图书馆研究馆员丁瑜,全国高等院校整理研究工作委员会秘书长黄忠,全国古籍整理出版规划领导小组秘书长黄松,国家文物鉴定委员会委员、图书馆发展研究院院长、全国政协委员李致忠等专家学者,馆长、党委书记詹福瑞,副馆长陈力,馆长助理张玉辉及国家图书馆部分员工参加了揭牌仪式。揭牌仪式由党委副书记、副馆长张雅芳主持。

古籍馆的设立,为国家图书馆古籍文献的保护、保存与开发利用提供了新的契机,也使国家图书馆一期、二期、古籍馆的功能划分更趋合理和科学,并充分发挥各自的特点和优势。(办公室宣传科)

【《钦定古今图书集成》影印出版研讨会在国家图书馆举行】 2006年1月7日,"《钦定古今图书集成》影印出版研讨会"在国家图书馆红厅举行。国家图书馆名誉馆长任继愈,中国艺术研究院研究员冯其庸,图书馆发展研究院院长、全国政协委员李致忠,北京大学信息管理系教授白化文,中国人民大学清史研究所副所长、教授黄爱平等专家学者，国家图书馆馆长、党委书记詹福瑞，副馆长陈力，山东省出版总社副社长钟志诚、齐鲁书社社长宫晓卫等出席了研讨会。

会上，各位专家学者充分肯定了国家图书馆珍藏的雍正版《钦定古今图书集成》一书的学术价值和影响力，并对这次影印出版项目给予了高度评价，称此举为"传承学术巨著、再造皇家善本"的大工程，有着非比寻常的重要性、必要性和及时性。按照原规格影印更是一个创举，是功泽后世、传承文化的大手笔。专家们还中肯地为做好出版工作提出了具体的建议和要求。

《钦定古今图书集成》最初由清代著名学者陈梦雷主持，于康熙四十年至四十五年完成初稿，康熙五十五年进呈，历经16年，得名《钦定古今图书集成》。雍正帝即位，又命蒋廷锡等重新编校，于雍正六年完成。

成书后，雍正亲自题序颁布。连同一部试印样本，共印成64部，每部正文10000卷，目录40卷，分装5020册，共计522函。印本用纸上乘，印刷精美，装帧富丽，是我国铜活字印刷史上最大的类书，至今已有300余年。因其规模宏大、分类细密、纵横交错、次序井然，国外学者一致认为它是获取中国古代知识的宝库，被尊称为"大清百科全书"。（办公室宣传科）

【2006年国家图书馆员工大会隆重召开】 2006年1月16日，2006年国家图书馆员工大会在嘉言堂隆重召开，在主席台就座的有文化部副部长周和平，名誉馆长任继愈，馆长、

党委书记詹福瑞，党委副书记、副馆长张雅芳，副馆长陈力，党委委员李致忠、郭又陵、富平，全馆员工除在岗值班的同志外，均参加了大会。大会由张雅芳主持。

会上，陈力宣读了《国家图书馆关于表彰2005年"优质服务岗"和"优质服务标兵"的决定》《国家图书馆关于2005年科研奖励的决定》《国家图书馆关于授予馆办公室宣传科"馆长特别奖"的决定》，并通报了国家图书馆2005年馆外获奖情况。随后，在欢快的乐曲声中，获得"优质服务岗"的代表和获得"优质服务标兵"的个人，国家社会科学基金项目课题组的代表，国家图书馆馆级科研项目课题组的代表，学术论文奖的代表，学术专著奖的代表，"馆长特别奖"的代表胸配红花，在全场热烈的掌声中上台领奖。詹福瑞同志、任继愈先生、周和平同志先后发表讲话。在嘹亮的《国际歌》中，2006年国家图书馆员工大会圆满结束。（办公室宣传科）

【百余名部长聆听"如何欣赏音乐"艺术讲座】 2006年1月21日晚，由中央国家机关工委、文化部、中国社会科学院主办，国家图书馆承办的"部级领导干部历史文化讲座"2006年首场讲座在国家图书馆音乐厅举行。中央国家机关各部门百余名部级领导干部参加了讲座。本场讲座特邀著名音乐家徐沛东先生主讲，题目为"如何欣赏音乐"。国家图书馆党委

副书记、副馆长张雅芳主持了讲座。

徐沛东先生结合精彩的民乐表演和歌唱表演,介绍了欣赏音乐会的常识、音乐会的演奏形式、交响乐的发展以及歌唱艺术等知识,使部领导们在欣赏中国民族音乐的同时,更领略了音乐的无穷魅力。

"部级领导干部历史文化讲座"自2002年元月正式启动,听讲部级领导万余人次,受到部级领导的广泛好评,并得到了中央、国务院领导的多次表扬。(办公室宣传科)

【送文化 送年货 送温暖——国家图书馆与工地建设者共庆新春佳节】 2006年1月26日,为丰富工地建设者节日期间的文化生活,使工地建设者切实感受到来自国家图书馆的温暖和关怀,国家图书馆举行了向二期工程建设者拜年

华,馆办公室主任张彦,业务处处长汪东波,基建处处长李昌明,报刊资料部主任王志庚出席了活动。活动由馆长助理张玉辉主持。

詹福瑞亲自将第二批中文期刊送到了阅览室,崔宝华代表建设工人接受了期刊。同时赠送的还有一台29英寸电视机和饺子、糖果等食品。

"国家图书馆二期工程建设工人期刊阅览室"自2005年5月底开放以来,国家图书馆报刊资料部先后送去了2600册文学、艺术、教育、法律、农业和医学保健类期刊,深受建设工人的欢迎。本次又增加了社会、体育、经济、施工技术、安全生产等类期刊3200册,并按类排入相应架位的刊盒内,对原有的期刊进行了部分调换。目前,该阅览室期刊达到5400册。工人们在休息时间就可以借阅这些期刊,从中获取有利于提

于丰富他们的业余文化生活,提高生活质量,建设文化型、学习型工地也起到重要的作用。

同日下午,送文化活动还延伸到国家图书馆第四视听室,50余名工地建设者在这里观看了电影《天下无贼》。(办公室宣传科)

【"国家图书馆文津读书沙龙"第十六次活动举行】 2006年1月14日,"国家图书馆文津读书沙龙"第十六次活动在国家图书馆善本阅览室举行,由中国艺术研究院美术研究所所长、研究员、博士生导师郎绍君先生讲"齐白石的艺术人生",近90人参加了活动。

郎绍君先生介绍了齐白石从雕花工匠成长为20世纪中国画大师的主要经历以及不参与政治,只主张"已卜余年享太平"的思想。通过解析《白石老屋》等名画,与听众洞察了齐白石朴实、现实而平淡的内心世界,领略了其绘画"雅俗共赏"、"平易近人"的风格。(办公室宣传科)

【国家图书馆春节活动多】
秉承全年候开馆的承诺,2006年春节期间国家图书馆照常开放,并为读者准备了别具特色的贺岁礼——丰富多彩的

活动。馆长、党委书记詹福瑞,中铁建工集团公司副书记崔宝

高个人技能和指导家乡农副业生产的有价值信息。同时,对

121

文化活动迎接读者的到来。春节期间，共接待读者 32 493 人次。

一、向读者拜年，并向读者卡尾号为 2006 的读者颁发特别贺岁礼

1 月 29 日上午 8 点 50 分，馆长、党委书记詹福瑞，党委副书记、副馆长张雅芳，馆长助理张玉辉及相关部处主任在紫竹厅恭候狗年第一批读者的到来，并向读者拜年。詹福瑞还向读者卡尾号为 2006 的读者颁发了特别的贺岁礼，北方工业大学金元怀、北京联大机械工程学院张广华、北京理工大学高峻嵘等近 20 名读者幸运地获得了国家图书馆文津图书奖获奖图书之一及其他图书共 3 种。

二、举办"中国年——春节民俗展览"

1 月 29 日，"中国年——春节民俗展览"在紫竹厅开展。展览由 29 块展板、100 余幅图片组成，分为"春节的起源和变迁"、"春节风情"和"春节长镜头"三部分。前两部分分别介绍了春节的源流以及春节期间的民俗风情，而由近百年来有代表性的春节民俗画和图片构成的第三部分"春节长镜头"，将引导观众浏览百年来的春节历史长卷，领悟中国社会前进

的轨迹。展览于 2 月 12 日结束。

三、举办两场知识讲座

节日期间，文津讲坛举办了两场知识讲座。1 月 31 日（初三）9：30—11：30，在古籍馆学术活动东厅举办了"琵琶名曲指导"知识讲座，由全国政协委员、国家一级演员、中央民族乐团著名琵琶演奏家吴玉霞主讲。在两个多小时的讲座中，吴玉霞和她的学生们不但演奏了十余首从古到今风格迥异的琵琶名曲，还将琵琶的发展历史、演奏技巧、如何欣赏不同风格的曲目等专业知识作了简明扼要的介绍，近百人聆听了讲座。2 月 2 日（初五）9：30—11：30，在古籍馆学术活动东厅举办了"古典诗词与性情的陶冶"知识讲座，由北京大学教授、国学研究院院长、中央文史研究馆副馆长、国务院学位委员会委员袁行霈主讲，130 余人聆听了讲座。

四、免费观看录像和上网

1 月 29 日至 31 日（初一至初三）9：00—11：00，读者在音像资料第四视听室免费观看了录像片"灵犬莱西"、"马路天使"、"百色起义"，并在第一电子阅览室免费上网查阅资料。

五、引导少年儿童参观

1 月 29 日至 31 日（初一至初三），中学生凭学生证进入各开放阅览室参观，在总馆馆区内，由专人引导少年儿童参观。

六、国家图书馆音乐厅对读者优惠

为更好地为读者提供服务，国家图书馆音乐厅在春节

期间推出电影优惠活动，凡持国家图书馆读者卡的读者可享受半价优惠，活动至 2 月 12 日结束。（办公室宣传科）

【国家图书馆举办 2006 年春节团拜会】 2006 年 1 月 23 日，国家图书馆 2006 年春节团拜会在嘉言堂隆重召开，离退休老同志、民主党派人士、少数民族、党外高级知识分子、归侨、侨眷、台属等 600 余人参加了团拜会。名誉馆长任继愈，馆长、党委书记詹福瑞，党委副书记、副馆长张雅芳，副馆长陈力，馆长助理张玉辉出席了团拜会。团拜会由张雅芳主持。

任继愈先生在讲话中说，目前，国家图书馆的工作日新月异、蒸蒸日上，这是全馆员工和在座各位老同志努力的结果。詹福瑞在讲话中简短地回顾了 2005 年国家图书馆各项工作及取得的成绩。张雅芳、陈力、张玉辉分别向离退休老同志及来宾致以新春的问候，祝愿大家身体健康，春节快乐。会后，老同志们兴致勃勃地观看了电影。

此前，国家图书馆还通过多种方式对全馆 600 余位离退休老同志进行了慰问，把党的温暖和全馆在职员工的关怀带给他们。为使离退休老同志们愉快地度过春节，在国家图书馆资金非常紧张的情况下，馆领导依然决定为离退休人员发放了春节慰问金，总额达 20 多万元，把对老同志的关怀与爱护落在实处。（办公室宣传科）

【斯坦福大学图书馆馆长麦克·凯勒先生来访】 2006年1月4日，馆长詹福瑞会见了美国斯坦福大学图书馆馆长麦克·凯勒先生并进行了友好交谈。

詹福瑞表示，对麦克·凯勒先生担任中国国家数字图书馆工程委员会顾问感到高兴，希望国家图书馆相关业务部门能够与麦克·凯勒先生深入交流，探讨数字图书馆发展趋势及取得的经验，以便能加快中国数字图书馆的发展。

麦克·凯勒先生表示，非常愿意担任中国国家数字图书馆工程委员会顾问，而且也非常高兴再次访问中国国家图书馆。他还热情地邀请詹福瑞馆长于今年访美期间访问斯坦福图书馆。

会见结束后，麦克·凯勒先生在国家图书馆作了题为"斯坦福大学图书馆系统——学术信息资源"的讲座，数字图书馆管理处、报刊资料部、自动化部以及兄弟馆共30余人参加了讲座。（办公室宣传科）

【凝心聚智促发展 固本强基推服务——国家图书馆2006年中层干部、党支部书记工作会议圆满结束】 2006年2月26—28日，国家图书馆召开了"2006年中层干部党支部书记工作会议"，馆长、党委书记詹福瑞，党委副书记、副馆长张雅芳，副馆长陈力，馆长助理张玉辉及全体中层干部、党支部书记参加了会议。会议总结了2005年的工作并部署了2006年工作，专题讨论了《国家图书馆"十一五"规划》及固本强基、推进服务等问题，并签订了任务书和安全工作责任书。（办公室宣传科）

【参考咨询部被评为"2005年度向中共中央办公厅报送信息先进单位"】 2006年2月13日，中共中央办公厅秘书局致电国家图书馆，正式通知国家图书馆参考咨询部被评为"2005年度向中共中央办公厅报送信息先进单位"，这是国家图书馆第二次获此殊荣。

自2003年12月开始，国家图书馆正式成为中办信息报送单位，并由参考咨询部社科参考组负责承担具体工作。两年多来，社科参考组承担此项工作的同志以高度的政治责任感和饱满的工作热情投身于工作中，他们凭借在参考咨询工作岗位多年所积累的文献信息咨询经验、优秀的业务素质和良好的协作精神，密切关注和跟踪国内外热点、难点问题，积极与中办信息处的工作人员进行沟通，力求正确分析和领会中央领导同志的信息需求特点，以敏锐的观察力在信息海洋中遴选有用信息，从客观、全面的角度提供高质量的文献信息服务，使国家图书馆的中办信息报送工作得以顺利进行，国家图书馆报送的信息内容也多次得到中央领导同志的批示，工作成效显著。

截至2005年底，参考咨询部已累计向中办提供各类备选问题1万余个，被选中1000余篇，被选用100余篇，国家图书馆提供信息的被选用比例和数量，在包括国家统计局、新华社等几百家各类信息报送单位中名列前茅。参考咨询部连续两年被评为"向中共中央办公厅报送信息先进单位"，社科参考组的李凡和刘铮两位同志分别被评为2004和2005年度"向中共中央办公厅报送信息先进工作者"。（办公室宣传科）

【中国图书馆学会召开七届二次常务理事会】 2006年2月17日—18日，中国图书馆学会七届二次常务理事会在北京召开。中国图书馆学会理事长詹福瑞，中国图书馆学会副理事长王余光、杨沛超、吴建中、张晓林、陈力、陈传夫、胡越、倪晓建，中国图书馆学会秘书长汤更生和常务理事等39人出席了会议。文化部副部长、中国图书馆学会名誉理事长周和平专程到会看望了与会代表。会议由陈力和吴建中主持。

会议审议通过了《中国图书馆学会2005年工作总结》、《中国图书馆学会2006年工作计划》和《中国图书馆学会"十一五"期间工作规划》（修订稿），以及《中国图书馆学会个人会员管理办法》、《理事建议案审理小组人员构成及管理办法》、《中国图书馆学会理事会成员罢免、增补、更换规定》（修订稿）等。

经民主选举，詹福瑞同志当选中国科协第七次全国代表大会代表，并被推选为中国科协第七届全国委员会委员候选人。

中国图书馆学会顾问、学术研究委员会主任吴慰慈，中国图书馆学会学术研究委员会常务副主任李国新，《中国图书馆学报》常务副主编李万健，中国图书馆学会副秘书长邓菊英、刘细文、顾文佳应邀列席了会议。（办公室宣传科）

【国家图书馆举办"国家图书馆文津读书沙龙"第十七次活动】 2006年2月18日，"国家图书馆文津读书沙龙"第十七次活动在国家图书馆善本阅

览室举办，由中国科学技术馆馆长、研究员王渝生博士主讲《科技的昨天、今天、明天》，近50人参加了活动。

活动中，王渝生馆长以风趣、幽默的语言回顾和展望了科技发展史。他从古代科学技术的萌芽与发展、近代科学革命与技术革命、20世纪的科学发现与技术发明、21世纪科学技术发展的前景四个方面逐一阐述科学技术的发展过程、科学技术与经济发展和社会进步的关系、科技创新与科学普及的重要性，与听众一同探讨了信息化时代依托科技支撑的重要性和现实意义。（办公室宣传科）

【搭建信息桥梁 服务"两会"代表】 随着全国政协十届四次会议和十届全国人大四次会议的闭幕，国家图书馆"两会"服务工作也紧张有序、优质高效地顺利完成。

国家图书馆十分重视"两

会"服务工作。今年元旦过后即开始着手进行相关工作准备，组织具有多年文献信息咨询工作的参考咨询馆员，针对2006年"两会"议题、上一年度社会关注的热点问题以及可能受到代表们广泛关注和讨论的

重要内容进行分析研究，并与全国人大和政协的"两会"信息服务机构进行了沟通，最终将确定的36个专题、1000余篇文字资料提供"两会"信息服务机构，该资料的目录与大会其他相关信息资料一道，被十届全国人大四次会议大会秘书处汇编为《信息查询资料目录》，在人民大会堂会议现场进行发放，供"两会"代表和委员在提案、议案活动中参考。

"两会"期间，国家图书馆共为12位代表和委员完成咨询28件次，人民大会堂会议现场服务25人次，人民大会堂会议现场发放十届全国人大四次会议信息查询资料目录1500份，十届全国人大四次会议信息查询单1500份，国家图书馆致"两会"代表和委员的一封信1300份，《国家图书馆参考咨询

服务》宣传彩页1500份,《国家图书馆文津图书奖》宣传册500册,赴代表驻地送交咨询6次,接待"两会"代表和委员到馆咨询7人次,为8名人大代表办理了国家图书馆读者卡和年审手续。截至3月16日,为人大信息中心提供舆情监测54期,为政协信息中心提供舆情监测15期。该项工作受到了"人大"和"政协"领导的一致好评。(办公室宣传科)

【"国际知识与中国外交"系列讲座在古籍馆举办】
2006年3月19日,由中国国际关系学会和国家图书馆古籍馆联合举办的"国际知识与中国外交"系列讲座2006年首场讲座在古籍馆举办,由全国政协外事委员会副主任、国际展览局主席、中国外交学院院长吴建民主讲"奥林匹克精神与和谐世界"。副馆长陈力主持了讲座。130余人聆听了讲座。(办公室宣传科)

【"文津读书沙龙"第十八次活动在国家图书馆举办】
2006年3月18日,国家图书馆"文津读书沙龙"第十八次活动在国家图书馆善本阅览室举行,由中国科学技术馆馆长、研究员王渝生博士主讲"中华科技灿烂辉煌",副馆长陈力主持了活动,近百人参加了本次读书沙龙。

在短短的一个多小时内,王渝生以幽默、诙谐、生动的语言,回顾和展望了古代科技的辉煌、近代科技的引进、现代科

技的奠基、当代科技的腾飞和未来科技的曙光等问题。他讲述了利玛窦、汤若望、南怀仁等西方传教士对中国近代科技的贡献以及在中国不同寻常的遭遇等鲜为人知的史实,使现场气氛格外活跃。陈力和王渝生还一同讨论了医学尤其传统中医与实际意义上的科技概念之关系,以强调研究工作中"古为今用"、"文理交融"的重大意义。(办公室宣传科)

【"中文网络信息资源采集与保存研讨会"在京召开】 为推动我国网络信息资源的采集与保存事业的发展,提高国家数字图书馆的核心竞争力,2006年3月4日,国家图书馆与北京大学在锡华俱乐部会议室联合举办了"中文网络信息资源采集与保存研讨会"。

会议就实现中文网络信息资源采集与保存的相关技术和方法进行了充分研讨,交流了各自在网络信息资源采集和保存方面的经验。国家图书馆对该领域国内外的主流技术和相关规范作了介绍,并提出了国家图书馆的建议方案,最终达成了就中文网络信息资源采集与保存事业进行合作的共同

意向。

会后,基于双方的合作意向,国家图书馆拟定了与北京大学联合建立"中国互联网信息资源典藏与服务开发实验室"的合作计划书。(办公室宣传科)

【审定"十一五"规划纲要促进国图健康发展——国家图书馆召开首届职工代表大会第二次全体会议】 2006年3月24日,国家图书馆首届职工代表大会第二次全体会议在多功能厅召开。馆长、党委书记詹福瑞,党委副书记、副馆长张雅芳,副馆长陈力,馆长助理张玉辉以及职工代表大会主席团成员出席了大会,98名职工代表和2名列席代表参加了会议。会议由张雅芳主持。

大会听取了陈力关于起草《国家图书馆"十一五"规划纲要(草案)》的说明。随后,各位代表以主人翁的姿态和对国图发展高度负责的精神,结合国家图书馆实际,分组讨论并原则通过了《国家图书馆"十一五"规划纲要(草案)》、《国家图书馆职工代表大会提案工作制度》及《国家图书馆职工代表大会监督与权益维护工作条例》。最后,詹福瑞作重要讲话,他分析了目前国家图书馆的形势,在发展中的优势及面临的挑战。希望全馆员工抓住机遇,迎接挑战,振奋精神,调动一切积极的因素,为推进国家图书馆持续稳定的发展而努力奋斗。(办公室宣传科)

【**通力合作,共铸《永远的丰碑》**】 中央电视台播出的大型主题宣传节目《永远的丰碑》早已家喻户晓,社会反响强烈,这里面也有国家图书馆的一份功劳。一年多来,参考咨询部社科参考组为该节目多次进行相关历史资料考证并提供所需图片资料,已累计提供图书1600余种、期刊180余种。是国家图书馆持续时间最长、社会影响力较大的一项专题咨询服务。(办公室宣传科)

【**中国图书馆学会与美国图书馆协会代表团交流座谈会在国家图书馆举行**】 2006年3月13日,中国图书馆学会与美国图书馆协会代表团交流座谈会在国家图书馆举行。以美国图书馆协会前任主席卡罗尔·布雷·卡西诺女士为团长的40名美国代表团成员参加了座谈会。

座谈会由中国图书馆学会秘书长汤更生主持。她向与会代表介绍了中国图书馆事业发展的现状以及中国图书馆学会发展的历程和履行的职能,介绍了中国图书馆学会在倡导学术繁荣、推动图书馆事业进步方面起到的积极作用和做出的努力。卡罗尔·布雷·卡西诺女士介绍了美国图书馆协会发展的情况及运作模式,特别谈到了美国图书馆协会在推动公众阅读方面起到的积极作用。

与会代表就图书馆如何为社区提供服务,如何为残疾人提供服务等问题展开了热烈的讨论。通过交流,双方一致认为:在挑战与机遇并存的今天,有必要联合社会上一切可以联合的力量,推动图书馆事业的进步和发展。(办公室宣传科)

【**文化部直属机关党委来馆检查贯彻落实《实施纲要》和《实施意见》的情况**】 为深入贯彻中央纪委六次全会和国务院第四次廉政工作会议精神,进一步推动《建立健全教育、制度、监督并重的惩治和预防腐败体系实施纲要》(以下简称《实施纲要》)、《中共文化部党组关于贯彻〈建立健全教育、制度、监督并重的惩治和预防腐败体系实施纲要〉的实施意见》(以下简称《实施意见》)的贯彻落实工作,根据《文化部2006年党建工作要点》有关部署,2006年4月4日,文化部直属机关党委第二检查组组长王喆、副组长鞠雄志,民主党派代表丁炎等4人来馆检查了《实施纲要》和《实施意见》的贯彻落实情况。国家图书馆党委副书记、纪委书记张雅芳,有关直属单位负责人和专职党务工作人员以及国家图书馆党办、纪委监察处的有关同志参加了会议。

会上,张雅芳首先汇报了国家图书馆贯彻落实《实施纲要》和《实施意见》的情况以及在贯彻落实中存在的问题和下一步的打算。其他单位也从自身的实际出发,汇报了《实施纲要》和《实施意见》的贯彻落实情况。大家还就如何实施在招投标过程中的有效监督及如何在实际工作中落实已有的规章制度等问题展开了讨论。(办公室宣传科)

【**"中英图书馆管理高层论坛暨如何当好图书馆馆长研讨班"在京举办**】 2006年3月14日—18日,中国图书馆学会和英国文化委员会在北京联合主办了"中英图书馆管理高层论坛暨如何当好图书馆馆长研讨班",来自全国各图书馆的50多位馆长参加了论坛。

会上,戴比·肖里以苏塞克斯大学为例,向各位代表介绍了英国高校图书馆馆藏资源建设及人力资源建设的情况,并作了题为"21世纪英国高校图书馆展望"的报告;安德鲁·麦克唐纳就图书馆的战略规划、图书馆的市场与营销及图书馆建筑等三个问题同代表们进行了交流;首都图书馆馆长倪晓建结合自己的工作经历,围绕图书馆的工作任务、理念创新、打造品牌、信任与团结四个方面的内容,与代表们进行了交流;陈力就"数字时代图书馆的核心竞争力"这一题目进行了主讲,他首先介绍了"数字时代图书馆的核心竞争力"这一问题的提出,解答了什么是"数字时代图书馆的核心竞争力",从文献信息资源与服务共享的能力、多元化资源的控制能力、多元化的文献信息服务能力、社会教育能力和图书馆传承等五个方面,对"数字时代图书馆的核心竞争力"进行了详细的阐述,对数字图书馆建设与"数字时代图书馆的核心竞争力"之间的关系进行了论述。

本次高层论坛是英国文化委员会资助的 2004—2005 年中英图书馆交流项目。该项目旨在发挥中国图书馆学会国际交流与合作的职能，开拓图书馆管理者的视野，了解国内外图书馆界的发展现状及管理水平，提高我国图书馆的管理水平和服务水平，加快图书馆人力资源的培养。（办公室宣传科）

【文化部部长孙家正视察国家图书馆二期工程工地并慰问工地建设者】 2006 年"五一"国际劳动节前夕，文化部部长孙家正在部办公厅主任黄振春、计财司司长李雄、计财司副司长都海江、驻部纪检组监察

局副局长王喆等同志陪同下，到国家图书馆二期工程暨国家数字图书馆工程建设工地视察，并慰问了工地建设者。

孙家正一行视察了正在建设中的施工现场，他边看边询

问工程的施工及进展情况。在国家图书馆二期工程建设工人期刊阅览室，孙家正和工人们亲切交谈，并代表文化部向建设工人赠送了书刊以及节日慰问品。之后，孙家正一行在工地会议室听取了国家图书馆馆长、党委书记詹福瑞就工程进展情况的汇报。（办公室宣传科）

【国家图书馆"文津读书沙龙"第十九次活动在国家图书馆举办】 2006 年 4 月 22 日，国家图书馆"文津读书沙龙"第十九次活动在国家图书馆善本阅览室举行，由新华社记者王军先生主讲"消失的老北京"，中国社会科学院化学所前所长胡亚东研究员主持，110 人参加了活动。

讲座中，王军从宏观角度出发，讲述不科学的土地制度、强制性拆迁政策以及不合理的交通规划等引起的就业困难、贫富差距拉大、社会不稳定因

素增多、宏观经济发展滞后等方面问题。专业的分析和充满激情的演讲博得了听众热烈的掌声。

王军的《城记》获得首届"国家图书馆文津图书奖"。该书在台湾出版发行后，获得第二届吴大猷科学普及著作银签奖。（办公室宣传科）

【"第一届全国文献编目工作研讨会"在武汉召开】 2006 年 4 月 23 日—26 日，由国家图书馆、中国图书馆学会标引与编目专业委员会主办，湖北省图书馆承办、《新华书目报》协办的"第一届全国文献编目工作研讨会"在武汉召开，会议的主题为"21 世纪的信息资源编目"。来自公共图书馆、高校图书馆、专业图书馆及各方面的代表 100 余人参加了研讨会。

研讨会分"FRBR 相关问题"、"编目实践问题"、"编目理论问题"三个分会场。与会代表就图书馆文献编目的理论和实践进行了全面的探讨，对目

前编目界广泛关注的热点问题进行了充分而热烈的讨论，内容涉及 AARC/RDA、ISBD 和《中国文献编目规则》等的比较和发展研究，FRBR、FRAR 等最新进展等，有力地推动了全国编目工作领域内的学术研讨，促进了同行业工作人员的交流。（办公室宣传科）

【畅游书海度假感受讲座魅力】 2006 年"五一"期间，国家图书馆按照全年候开馆的承诺，照常开放。全馆各部门本着真诚服务读者的理念，坚持工作，圆满地完成了接待任务。开馆 6 天（5 月 7 日因供电系统检修闭馆）共接待读者 67 074 人次，其中 5 月 5 日接待读者 14 520 人次，达到今年单日接待读者最高峰。

国家图书馆举办的文化活动也深受读者欢迎。于 4 月 23 日开展的"中外名人与图书馆"专题展、首届"国家图书馆文津图书奖"获奖书目专题展、全国知识工程项目之——2005 年"知识工程推荐书目"专题展，继续受到读者的关注。

"五一"长假是国家图书馆接待读者的高峰期，这一方面反映了读书度假已成为节日生活的重要内容，另一方面也说明了社会公众图书馆意识日益增强，文献信息资源的需求量和利用率日益提高。（办公室宣传科）

【馆长詹福瑞率国家图书馆代表团访美】 2006 年 4 月 4 日，馆长詹福瑞率中国国家图书馆代表团一行 4 人赴美访问。访问期间，国家图书馆代表团除参加了东亚图书馆会议并发表"中国国家图书馆的展望"的主旨报告外，还与美中政策基金会、美国国会图书馆、哥伦比亚大学东亚图书馆、斯坦福大学东亚图书馆、加州大学伯克莱分校图书馆、加州大学洛杉矶分校图书馆、华盛顿大学图书馆和夏威夷大学图书馆等进行了交流，获益匪浅。

本次访问，促进了中国国家图书馆与美国各图书馆的交流。访问期间，詹福瑞应邀在华盛顿大学和加州大学洛杉矶分校分别举办了介绍国家图书馆和"中国古典文学研究现状"的讲演，受到了广泛赞誉。（办公室宣传科）

【ISSN 会员大会闭幕 ISSN 中国国家中心当选理事】 2006 年 4 月 24—26 日，第 16 届 ISSN 会员大会在位于法国巴黎的联合国教科文组织（UNESCO）总部举行，来自 30 个国家和两个国际组织的 46 位代表和观察员出席了大会，我国 ISSN 国家中心主任王志庚参加了此次盛会。

本次大会是在知识经济方兴未艾的国际背景下，ISSN 组织为了迎接数字出版和网络出版的挑战，探讨连续性资源（Continuing Resource）唯一标识和链接问题的一次非常重要的会议。大会听取并通过了《2004—2005 年理事会工作报告》《2004—2005 年 ISSN 国际中心工作报告》和《ISSN 新系统项目组工作报告》，还讨论《2006—2012 年 ISSN 战略发展规划》《ISSN 国际标准（ISO 3297）修订》等若干重大问题，通过了《2007—2008 年各成员国年度会费分配方案》，最后，大会选举产生了新一届国际理事会，我国 ISSN 国家中心成功当选新一届理事会理事。

据悉，ISSN 国际理事会每

届任期两年,由 1 名主办国代表,1 名 UNESCO 代表和 10 个国家中心组成,由会员大会选举多数票当选,ISSN 国际理事会在 ISSN 组织内具有重要职责,负责指导和监督国际中心和国家中心在会员国大会制定的原则下开展活动,负责通过年度预算和临时预算,负责为 ISSN 机构成员提供专家咨询、业务指导和帮助等。(办公室宣传科)

【李长春来馆参观中华古籍特藏珍品暨保护成果展】
2006 年 5 月 26 日晚 7 时 30 分许,中共中央政治局常委李长春、人大常委会副委员长许嘉璐、国务委员陈至立、全国政协副主席刘延东、全国政协副主席李蒙,在文化部部长孙家正、文化部副部长周和平、财政部部长助理张少春的陪同下,专程来馆参观“文明的守望——中华古籍特藏珍品暨保护成果展”。

李长春饶有兴趣地观看甲骨金石、古籍善本、民族语文文献等珍贵藏品,仔细了解中华再造善本工程和中华古籍特藏保护计划的有关情况,对我国古籍保护工作取得的成绩给予肯定,对古籍保护工作者付出的辛勤劳动表示感谢。

李长春指出,中国古代文化典籍是中华民族 5000 年悠久文明的历史鉴证,是维系伟大民族精神的文化根脉。要从对国家、历史和子孙后代负责的高度,按照科学发展观的要求,加强古籍的发掘、整理、保护、利用,特别是对一些珍贵的孤本、善本,要采取积极抢救措施,有计划、有系统地整理编译和翻印出版,使中华民族优秀文化薪火相传、生生不息,不断发扬光大。要广泛运用高新技术特别是数字技术发展的最新成果,改造传统古籍整理、修复、翻印手段,提高古籍保护的科技水平,丰富民族文化的表现力。要加快馆藏古籍的信息化建设,让更多的古籍进入全国文化信息资源共享工程,为学界所应用,为社会所共享。要大力加强古籍保护人才队伍建设,努力培养一批掌握现代科学技术、精通古籍保护修复技艺、具有奉献精神的专门人才。

李长春强调,在我国第一个“文化遗产日”即将到来之际,要遵循政府主导、社会参与的原则,举办丰富多彩的社会公益活动,广泛开展面向社会公众、特别是广大青少年的宣传教育活动,提高人民群众对文化遗产保护重要性的认识,激发青少年热爱祖国优秀传统文化的热情,增强全社会的文化遗产保护意识。

国家图书馆馆长、党委书记詹福瑞,党委副书记、副馆长张雅芳,副馆长陈力,馆长助理张玉辉参加接待。(办公室宣传科)

【“文明的守望——中华古籍特藏珍品暨保护成果展”开展】 2006 年 5 月 26 日,由文化部主办、国家图书馆承办,全国 14 家公共、高校和科研图书馆共同参与的“文明的守望——中华古籍特藏珍品暨保护成果展”在国家图书馆开幕。文化部部长孙家正,文化部副部长周和平,新闻出版总署副署长邬书林,国家文物局局长单霁翔,财政部教科文司司长丁学东,中宣部文艺局局长杨志今,财政部预算司巡视员王卫星,教育部社科司副司长徐维凡,财政部教科文司副司长王家新,全国古籍整理出版规

划领导小组办公室主任黄松,国家图书馆名誉馆长任继愈,国家图书馆党委书记、馆长詹福瑞,首都博物馆常务副馆长韩永,国家图书馆党委副书记、副馆长张雅芳,副馆长陈力,馆长助理张玉辉以及著名的专家学者袁行霈、冯其庸、傅熹年、李致忠、白化文、朱凤瀚、程毅中、杨成凯、史金波、王余中等出席了开幕式,周和平同志主持了开幕式。

开幕式上,首先由詹福瑞介绍了展览的内容和相关情况。随后,孙家正同志、丁学东同志发表讲话。最后,孙家正

同志、邬书林同志、单霁翔同志、丁学东同志、任继愈先生为展览开幕剪彩。开幕式上,各位领导还向参与古籍修复认捐者的代表颁发了纪念证书。

籍保护的光明未来。

展览共展出来自国家图书馆以及全国各图书馆的古籍珍品200余件。展品包括古籍善本、甲骨、金石拓片、舆图、民族

观众具有强烈的震撼力和冲击力。

此次展览是文化部为阶段性总结"中华再造善本工程"成果、配合"中华古籍特藏保护计划"的开展而举办的一次大型公益性展览,也是我国有史以来规模最大的一次古籍珍品和保护成果展。展览分为:"文明之光——灿烂的中华书籍文化";"生生不息——历代典籍的流散和保护";"西山事业——中华再造善本工程和中华古籍特藏保护计划"、"功在千秋——中华人民共和国成立后的古籍保护成就"四个单元。通过书籍散亡历史和破损古籍现状与修复后形成的鲜明对照,揭示出保护古籍对于传承中华传统文化的重要意义。展览还全面展示了古今保护书籍的方法,宣传中华人民共和国建立以来在党和政府的重视、支持下,图书馆保护古籍工作所取得的巨大成就,展现了古

语文文献等珍贵藏品。展品全部是二级以上珍品,一级品达到60%。不少展品都是久负盛名的国宝,如甲骨"四方风"、宋司马光《资治通鉴》手稿、宋拓本《神策军碑》、西凉建初十二年写本《律藏初分》、宋淳熙十三年(1186)内府写本《洪范政鉴》、宋嘉泰元年至四年(1201—1204)周必大刻本《文苑英华》、宋廖莹中世綵堂刻本《昌黎先生集》、《河东先生集》等。国家图书馆的"四大专藏"——敦煌遗书、《赵城金藏》、《永乐大典》、《四库全书》全部参展。展品中有一件绢底设色,700×700厘米的《福建舆图》,气势恢弘。300多年来色彩仍鲜艳夺目,是一幅具有重要参考价值的古地图,也是一件极为罕见的艺术珍品。展出的50余部宋元善本,都是国家图书馆善本精华中的精华,对

展览突出介绍了"中华再造善本工程"。"中华再造善本工程"是由文化部、财政部于2002年开始共同组织实施的一项气势恢弘,意义深远的国家重大文化项目,是建国以来规模最为宏大的古籍保护工程。目前,已经完成再造善本540余种。100余套再造善本已经进入高等院校图书馆、科研院所、公共图书馆,在科研、教学领域发挥了重要作用。工程立项时的目标正在成为现实,祖先留给我们的珍贵文化遗产必将对构建和谐社会、弘扬优秀传统文化产生深远影响。

展览还力求做到学术性和普及性相结合,并加以系统化,如对宋元刻本、活字印刷术、版画、彩色套印版画等进行了比较系统的揭示。为反映古籍保护的主题,展览在展示敦煌遗书修复工程时首次全面系统介绍了从唐末五代到当代的敦煌遗书修复的不同技艺,着重展示不同的修复技法和处理原则,生动有趣。同时,每日9:00—10:00,14:00—15:00定时向观众进行修复、传拓、雕版印刷技艺表演,展示古籍保护仪器设备的使用原理。(办公室宣传科)

【百余名部长聆听"文明的守望——中华古籍特藏珍品及保护"讲座】 2006年5月28日晚,由中央国家机关工委、文化部、中国社会科学院主办,国家图书馆承办的"部级领导干部历史文化讲座"2006年第9场讲座在国家图书馆音乐厅举行。中央国家机关各部门百余名部级领导干部参加了讲座。本场讲座特邀国家图书馆馆长、党委书记詹福瑞主讲,题目为"文明的守望——中华古籍特藏珍品及保护"。国家图书馆党委副书记、副馆长张雅芳主持了讲座。

詹福瑞介绍了"文明的守望——中华古籍特藏珍品暨保护成果展"的内容和特点,阐述了我国古籍保护取得的成果、面临的严峻形势和对策。演讲注重故事性与学术性相结合,从梳理中华民族悠久而灿烂的书籍文化开始,引出历代典籍的流散和保护,向听众展示了中华人民共和国成立后的古籍保护成就,并突出介绍了中华再造善本工程和中华古籍特藏保护计划,使大家对特藏珍品和古籍保护有了较为全面的认识和理解。

"部级领导干部历史文化讲座"自2002年元月正式启动至今,已举办三年多了,前来听讲的部级领导万余人次,受到部级领导的广泛好评,并得到了中央、国务院领导的多次表扬,在社会上产生了很大的影响。(办公室宣传科)

【倡导全民阅读构建学习型社会——2006年国家图书馆服务宣传周拉开帷幕】 5月28日,2006年国家图书馆服务宣传周拉开帷幕。今年的主题是"倡导全民阅读构建学习型社会"。

本届服务宣传周除举办常规服务,如举办各种讲座和展览,免费观看录像,设立咨询台发放宣传材料,接受读者现场咨询外,还充分挖掘信息资源,满足读者信息个性化需求,开通了"国家图书馆网上咨询台";继续举办"国家图书馆文津读书沙龙"活动,特请美国地球政策研究所所长莱斯特.R.布朗来馆作题为"迅速转向新的经济发展模式"的学术报告并参加文津读书沙龙活动;兼顾为未成年人服务,举办了"自由空间——第五届文津美术教室美术作品展",接待未成年人集体参观"文明的守望——中华古籍特藏珍品暨保护成果展",感受中华千年文明。重点突出以下活动:

开通国家图书馆网上咨询台

网上参考咨询服务是一种借助于网络为远程用户提供信息服务的方式。通过这种服务方式,图书馆可以为非到馆用户提供便捷、经济、全天候的信息咨询服务。今年服务宣传周期间,国家图书馆以网上咨询台的形式,正式开通虚拟参考咨询服务。

"国家图书馆网上咨询台"是国家图书馆二期工程暨国家数字图书馆工程虚拟参考咨询服务子项目的一个组成部分。网上咨询台在国家图书馆网页的首页面上,提供一个明显的服务链接,以实时咨询和表单咨询两种方式,向网上读者全面介绍和推荐各类馆藏资源以及各信息服务机构及其服务,全天候地提供问题解答和指引。在帮助读者有效利用图书馆的同时,还在充分尊重和保护知识产权的基础之上,向读者提供优质的文献信息服务。

网上咨询台在每周星期一至星期五的9:00—11:00、14:00—16:00两个时段,为读者提供实时咨询服务,读者也可以在任何时间通过填写表单的方式进行提问,网上咨询馆员会在2个工作日内进行回复。

网上咨询台开通后,国家图书馆将通过网上参考咨询服务系统,广泛地开展远程服务,同时也可以借助系统自身的功能,认真分析读者的服务需求,为国家图书馆读者服务工作,尤其是网上读者远程服务工作的进一步发展提供客观依据。

莱斯特.R.布朗做客国家图书馆发表学术报告

5月28日9:30,莱斯特.R.布朗在多功能厅发表了题为"迅速转向新的经济发展模式"的学术报告。国家图书馆副馆长张雅芳、人民出版社副社长任超、全国人大环资委副主任委员冯之浚等先后致辞,莱斯特.R.布朗致答谢辞。中国生态经济学会理事长滕藤、国务院发展中心世界发展研究所特约研究员林自新、《科学时报·读书周刊》主编杨虚杰等出席了学术报告会。国家图书馆副馆长陈力主持了学术报告会，近300人聆听了报告。

莱斯特.R.布朗曾7次访问中国，今年的中国行更有着特殊的含义。其作品《B模式：拯救地球延续文明》获得首届"国家图书馆文津图书奖"。学术报告开始之前，张雅芳代表国家图书馆向莱斯特.R.布朗颁发了"国家图书馆文津图书奖"奖牌、证书并向其赠送纪念品。随后，莱斯特.R.布朗向国家图书馆赠送了精装版英文书。

本次学术报告主要围绕全球的经济发展模式展开，莱斯特.R.布朗先生指出："当今的全球文明，是基于环境上不可持续的经济模式，一种将导致经济衰退并且最终崩溃的模式。"布朗称其为A模式，如果按照这样的模式发展，后果是惊人的。因此，他呼吁："我们必须迅速转向B模式。B模式有三个组成部分：重构全球经济；采取一切措施消除贫困、稳定人口，并且恢复希望，以吸引发展中国家的参加；通过先后有序的努力恢复自然界的各个系统。"莱斯特.R.布朗的独到见解和观点引起了与会者的广泛关注，引发了大家对于环境与经济和谐发展这一问题的思考和讨论。

图书馆服务宣传周是全国知识工程领导小组确定的全国公共图书馆服务大型宣传活动，每年五月的最后一周举行，今年是第18届。国家图书馆希望通过举办丰富多彩的活动，在构建和谐社会进程中发挥国家图书馆应有的重要作用。（办公室宣传科）

【国家图书馆召开会议部署开展治理商业贿赂专项工作】 为贯彻落实中共中央办公厅、国务院办公厅《关于开展治理商业贿赂专项工作的意见》以及中纪委第六次全会和国务院第四次廉政工作会议精神，根据中央治理商业贿赂工作领导小组的统一要求以及文化部"关于治理商业贿赂工作实施方案"的精神，5月16日，国家图书馆召开了关于开展治理商业贿赂工作会议。馆长、党委书记詹福瑞，副馆长陈力，馆长助理张玉辉及全体中层干部、馆属企业负责人参加了会议。会议由张玉辉主持。

会上，纪检监察审计处处长毛晓梅传达了《文化部治理商业贿赂工作实施方案》等文件，随后，詹福瑞讲话并提出四点要求：一是要认识治理商业贿赂工作重要性和紧迫性，他说，治理商业贿赂是今年中央确定的反腐倡廉的一项重点工作。要深入学习和领会中央领导同志的讲话精神和有关文件内容，从政治和全局的高度，深刻认识开展治理商业贿赂工作的重大意义，把思想和行动统一到中央的决策和部署上来。二是明确治理商业贿赂工作的总体要求和主要任务，扎实开展治理商业贿赂工作。三是加强组织领导，做好自查自纠。要充分发挥部门领导的作用，明确具体分工，并要求领导以身作则，从自身做起，规范商业行为。同时，各部门应认真做好自查自纠工作，从制度入手检查项目的落实和执行情况。四是建立长效机制，保证国家图书馆工作的顺利进行和干部的健康成长。

张玉辉作总结讲话，他部署了开展治理商业贿赂工作的具体安排，再次强调了制度建设的重要性，要求大家认真做好此项工作。（办公室宣传科）

【"国家图书馆文津读书沙龙"在国家图书馆举办】 2006年5月27日下午,国家图书馆文津读书沙龙第二十次活动在善本阅览室举行,由北京大学、北京舞蹈学院教授袁禾主讲"中国传统文化中的佛教乐舞艺术"。活动中,袁禾利用敦煌壁画以及出土的画像石等资料系统讲述了"飞天"的来源、发展以及给中国舞蹈艺术带来的影响等。她说,"飞天"本是印度佛教的概念,其前身是鬼神部的乾达婆和紧那罗。佛教传入中国后,"飞天"与中国道家的"羽人"以及丝绸文化、绘画美术完美结合,形态上又借鉴中原传统的舞蹈形式和中国人心中"龙"的姿态,形成了独具风格的"飞天"形、神、意。她还与听众热烈讨论了著名舞蹈家戴爱莲、陈维亚各自所编"飞天"舞蹈的差别,从专业角度分析了张继钢编"千手观音"的风格等。

5月28日下午,国家图书馆文津读书沙龙第二十一次活动在善本阅览室举行,由莱斯特.R.布朗作了题为"拯救地球 延续文明"的演讲。国务院发展中心世界发展研究所特约研究员林自新,中国环境专家协会会长吴昌华出席了活动。活动中,莱斯特.R.布朗与听众热烈讨论了中国经济发展对世界生态环境的影响、能量与人类未来生存的关系等问题。(办公室宣传科)

【国家图书馆岗位聘任工作圆满结束】 2005年11月,国家图书馆各部门岗位管理领导小组根据《国家图书馆岗位管理条例(试行)》进行了全员年度考核,并按照《2006年度岗位设置聘任、收入分配管理办法》(图人字[2006]1号)中有关规定,结合2005年度考核情况完成了2006年的岗位设置调整和岗位聘任工作。全馆岗位设置调整及聘任情况已由馆岗位管理领导小组2006年第1次会议审议,并经2006年第9次馆长办公会议研究决定,具体聘任情况如下:

2006年,国家图书馆共续聘了5名专业1级岗位人员,24名代理专业1级岗位人员,68名专业2级岗位人员;结合2005年的考核情况及部门的推荐意见,国家图书馆分别为报刊资料部李春明同志和参考咨询部郎燕珂同志提高了岗位档次,由专业2级2档提高到专业2级1档。职能部门共聘任行政3级岗位44名,行政4级岗位21名,行政5级岗位28名;计划财务处、保卫处聘任63名机动岗位人员。业务部门共聘任代理2级岗位75名,专业3级岗位257名,代理专业3级岗位3名,专业4级岗位174名,代理专业4级岗位2名,专业5级岗位108名,专业6级岗位3名;聘任机动3级岗位16名,机动4级岗位17名,机动5级岗位31名,机动6级岗位142名。

至此,国家图书馆2006年岗位聘任工作圆满结束。(办公室宣传科)

【中外小朋友"六一"来馆参观"文明的守望——中华古籍特藏珍品暨保护成果展"】 2006年6月1日,国家图书馆特邀北京育才学校和农科院附小的百余位中、日、韩少年参观"文明的守望——中华古籍特藏珍品暨保护成果展",国家图书馆馆长、党委书记詹福瑞,副馆长陈力接待了前来参观的小朋友。

詹福瑞来到孩子们中间,他用通俗易懂的语言,介绍了部分珍贵展品及其蕴涵的故事。在司马光《资治通鉴》残稿前,他向小朋友讲解了司马光《资治通鉴》的价值,并引申出司马光砸缸的故事,生动有趣。他还亲手将"爱护国宝小模范"的徽章赠送给小朋友。

詹福瑞表示,希望通过参观展览,让中国的孩子了解中华文明的创造与流传,由此更加热爱祖国的文化,将来也能成为中华文化的传承者;外国的小朋友则会加深对中国文化的了解,成为未来中外文化交流的使者。

随后,小朋友们观看了甲骨"四方风"、北宋拓本《神策军碑》,以及国家图书馆四大专藏——《四库全书》、敦煌遗书、《赵城金藏》、《永乐大典》等珍贵展品,感受几千年生生不息的中华文明。同学们纷纷表示,通过参观、讲解和亲自动手操作,不仅对国家图书馆特藏珍品和古籍保护有了较为全面的认识和理解,也激发了他们热爱祖国优秀传统文化的热情,增强了文化遗产保护意识。(办公室宣传科)

【倾听意见促进服务——国家图书馆举办 2006 年图书馆服务宣传周读者座谈会】
2006 年 5 月 30 日上午,2006 年图书馆服务宣传周读者座谈会在 313 会议室举行。副馆长陈力出席了座谈会。业务处处长汪东波、参考咨询部主任卢海燕、报刊资料部主任王志庚、业务处副处长毛雅君、典藏借阅部副主任胡志成、参考咨询部副主任王磊以及通过网络报名自荐产生的 12 名来自不同工作岗位的读者参加了会议。会议由汪东波主持。

与会读者在肯定了国家图书馆近年来深化改革、承受接待压力、提高服务质量的同时,从不同角度对国家图书馆读者服务工作中存在的问题提出了意见和建议。这些问题既有国家图书馆事业发展的宏观管理问题,也有各个服务项目和网点的具体管理问题,具有一定的参考价值。

在听取了读者发言后,陈力对读者善意的批评和国家图书馆个别读者服务不到位的现象,当即表示接受并落实解决措施;对读者不了解的管理政策与服务,进行了耐心的解释;对读者超出国家图书馆现有能力的要求,作了必要的说明。他还代表国家图书馆向参会读者致以诚挚的感谢,并介绍了读者向国家图书馆反映意见和建议的几个渠道,希望广大读者一如既往地关心国家图书馆的事业发展。他要求有关部门认真对待读者的意见和建议,抓紧时间梳理落实。

利用图书馆服务宣传周召开读者座谈会,直接听取读者意见和建议,是国家图书馆图书馆服务宣传周的传统活动,也是国家图书馆与读者进行交流互动、改进服务的有效途径之一,必将对国家图书馆读者服务工作起到促进作用。(办公室宣传科)

【国家图书馆"践行社会主义荣辱观"板报展获得文化部主题宣传活】 为学习贯彻胡锦涛总书记关于树立社会主义荣辱观重要讲话精神,促进本系统职工队伍思想道德建设,文化部于 4 月中旬开始在文化部系统组织开展了"树立正确荣辱观,增强主人翁责任感"主题宣传活动并进行评奖,共有 25 家单位和司局参加本次活动。国家图书馆十分重视此次活动,积极响应,以版画的形式宣传了国家图书馆"八荣八耻"社会主义荣辱观的学习情况,通过社会主义荣辱观的学习,使全馆广大干部职工对如何树立正确的人生观、世界观、荣辱观有了一个更加明确的认识,形成了知荣弃耻、褒荣贬耻,人人争做社会主义荣辱观践行者的新风尚。此次活动评选结果于 6 月份揭晓,国家图书馆"践行社会主义荣辱观"板报展获得一等奖。(办公室宣传科)

【国家图书馆中国民航分馆正式成立】 2006 年 6 月 13 日,国家图书馆中国民航分馆协议书签字暨国家图书馆中国民航分馆揭牌仪式在民航总局航空安全技术中心隆重举行。文化部副部长周和平,民航总局副局长杨国庆,国家图书馆馆长、党委书记詹福瑞,党委副书记、副馆长张雅芳,民航总局人教司副司长任英利,民航总局航空安全技术中心主任施鼎豪,民航总局航空安全技术中心党委书记杨英宝等出席了揭牌仪式。

国家图书馆中国民航分馆是中国民航总局航空安全技术中心与国家图书馆合作建立的。分馆依托航空安全技术中心技术图书馆,充分利用国家图书馆的资源优势,为民航总局和民航企事业单位提供深入、全面、便捷的服务。民航读者可以通过国家图书馆的联机公共目录查询系统查询并直接办理借阅手续。分馆还将联合

国家图书馆的咨询服务机构，承担民航有关单位的专题调研、委托查询等工作，为民航系统提供高层次的信息分析和咨询服务。

以推进文献信息资源共建共享，服务于国家立法制定和大政方针决策为宗旨的国家图书馆部委分馆服务模式创建于1999年。1999年国家图书馆首次与人事部合作建立了国家图书馆人事部分馆，随后分别与原国家计委、劳动和社会保障部、财政部、国家开发银行、中组部等正式建立了国家图书馆

分馆或文献信息服务合作关系。在国家图书馆的业务指导下，这些部委建立起各自的文献服务和保障体系，并依靠国家图书馆宏富的馆藏文献资源和经验丰富的人力资源，更有效地服务于各自单位的国家大政方针决策工作，取得了良好的成效。

国家图书馆中国民航分馆是国家图书馆与中央国家部委合作建立的第6个分馆，是国家图书馆贯彻落实中央有关文化体制改革方针，为改善服务增加的一个新的亮点。同时也预示着国家图书馆的立法决策服务职能向着专业化的方向迈出了重要的一步。（办公室宣传科）

【专家聚首国图共话遗产保护】 2006年6月9日，在首届"文化遗产日"到来前夕，国家图书馆举办专家座谈会，畅谈我国政府对古籍保护工作的支持、我国古籍保护工作取得的显著成就及面临的困难。图

书馆发展研究院院长李致忠、国家图书馆研究馆员丁瑜、人民大学国学院院长冯其庸、北京大学教授白化文、北京语言大学教授吴书荫、中华书局原编审程毅中、中国社会科学院民族所研究员史金波、中国社会科学院语言所研究员杨成凯、原全国古籍整理领导小组办公室主任许逸民、北京图书馆出版社社长郭又陵出席了座谈会。国家图书馆副馆长陈力主持了座谈会。

与会专家纷纷表示，中华民族是重视文化、重视传统的民族，我们保护的不仅是文物、图书、传统，更是保护一个国家、一个民族的历史、现在和将来。专家们指出，党和政府一向重视文化遗产的保护，中华人民共和国成立之初，人民政府为保护古籍，及时颁布法令法规，抢救修复了一批珍贵的古籍文献。几十年来，在"保护为主，抢救第一，合理利用，加强管理"总原则的指导下，国家建设了一大批图书馆藏书库，让超过千万册典籍得到了初步保护；通过修复，让超过百万册典籍得到了新生；还通过缩微复制、影印整理古籍、数字化等手段，使传世孤罕的古籍化身千百，广泛传播，成绩斐然。专家们还盛赞"中华再造善本工程"，堪称古籍再生性保护的典范工程，国内外反响良好。专家们强调，古籍的生存形式依然严峻，希望有关方面继续重视培养古文献方面后继人才，更好地做好古籍保护工作。（办公室宣传科）

【国家图书馆参加文化部基本建设廉政工作会议介绍二期工程建设经验和体会】
2006年6月15日—16日，文化部召开了基本建设廉政工作会议。受大会委托，国家图书馆馆长、党委书记詹福瑞在会上介绍了国家图书馆二期工程建设过程中的经验和体会。

詹福瑞从加强组织领导，建立健全规章制度，建设廉政工程；严格遵循国家的有关法律法规，做好各项招标工作的组织实施，建设阳光工程；与监理单位携手共管，狠抓工程质量和进度，建设优质工程；以财务结算为中心，引入造价控制机制，建设节约工程；做好为参建单位、工人以及广大读者的服务工作，建设和谐工程；边建设、边服务，稳步推进数图工程六部分进行了详细介绍。（办公室宣传科）

【意大利西西里自治区中央图书馆代表团来访】 2006年6月23日，副馆长陈力会见了意大利西西里自治区中央图书馆馆长 Gaetano Gullo 一行，国际交流处处长严向东、善本特藏部副主任陈红彦、善本特藏部副研究馆员杜伟生参加了会见。（办公室宣传科）

【蒙古国家图书馆来访并与国家图书馆开展业务交流】
2006年7月1日—8日，以蒙古国家图书馆馆长阿凯木为团长，蒙古国家图书馆读者服务部主任巴特孟和（女）、图书编目部主任杜勒姆苏伦、典藏部

馆员巴特孟和（男）、善本部馆员同格勒格为团员的蒙古国家图书馆代表团来访并与国家图书馆进行业务交流。

馆长詹福瑞，副馆长张雅芳、陈力分别会见了代表团成员。双方就古籍保护、国际交换、馆员进修等问题进行了探讨，增进了彼此间的了解。双方还就"中国之窗"赠书项目的开展计划交换了意见。（办公室宣传科）

【国家图书馆启动"创新人才计划"】 2006年7月6日，国家图书馆启动"创新人才计划"新闻发布会在红厅召开。人事部专业技术人员管理司副司长孙建立、文化部人事司副司长殷福、文化部社会文化图书馆司副司长刘晓琴、中组部人才局副局级调研员胡建华、文化部人事司专家与奖惩处处长杨帆，国家图书馆馆长、党委书记詹福瑞，党委副书记、副馆长张雅芳，副馆长陈力，馆长助理张玉辉，相关部处主任以及十几家新闻媒体的记者出席了会议。

詹福瑞在会上对国家图书馆"创新人才计划"进行了介绍，并公布了2006年度"创新人才计划"的选拔领域、选拔条

件、选拔名额及培养措施。他说，国家图书馆站在新的历史起点，出台了《国家图书馆2006—2010年人才发展规划》，提出了"创新人才计划"，旨在培养及引进在图书馆学研究和图书馆业务领域具有创新精神、创新能力的学术带头人，形成由"首席专家"、"学术带头人"和"业务骨干"构成的年龄、专业结构合理的"创新人才"梯队，共同促进国内、国际图书馆间的合作和交流，推动中国图书馆事业的不断发展。

国家图书馆2006年度公开选拔的"创新人才"包括"首席专家"7名，"学术带头人"16名。（办公室宣传科）

【国家图书馆中央国家机关立法与决策信息需求情况调研工作全面展开】 国家图书馆为进一步拓展为中央和国家机关立法与决策服务的深度和广度，从而为中央国家机关提供更为有力的信息支持和保障，以参考咨询部为调研主体、业务处积极支持并参加的国家图书馆中央国家机关立法与决策信息需求情况调研工作，已于5月下旬正式启动，目前该项工作正在全面展开。

本次面向中央国家机关的信息需求调研工作，主要围绕中央国家各部委图书文献收藏及资源建设情况，信息服务的主要服务形式，信息网络环境建设情况，信息需求特点等内容进行。（办公室宣传科）

【文化部创新奖和优秀成

果奖在京颁奖】 2006 年 7 月 14 日，首届文化部创新奖和第二届文化部文化艺术科学优秀成果奖颁奖典礼在北京举行。由国家图书馆牵头完成的科研项目《中国试验型数字图书馆》荣获文化部创新奖；李致忠同志的学术著作《古代版印通论》和刘湘生同志主编的《中国图书馆分类法》(第四版)荣获文化部文化艺术科学优秀成果二等奖，顾犇同志主编的《西文文献著录条例》(修订扩大版)荣获文化部文化艺术科学优秀成果三等奖。(办公室宣传科)

【国家图书馆 2006 年中层干部、党支部书记工作会议召开】 2006 年 7 月 27 日—29 日，国家图书馆召开 2006 年年中中层干部、党支部书记工作会议，会议总结了 2006 年上半年的工作并对做好下半年工作提出了要求。

詹福瑞对今年上半年所作的重点工作作了评点，并结合自己在国内外的考察实际，分析了国内外图书馆的发展现状，指出了国家图书馆面临的严峻形势和压力。与会者结合詹福瑞的讲话，畅谈了如何抓落实，求实效，完成好下半年的工作。

会议希望，全馆员工要以务实进取的精神，踏踏实实做好各项工作，为图书馆事业做出应有的贡献。(办公室宣传科)

【国家图书馆在线视频讲座开通】 2006 年 7 月，国家图书馆在线视频讲座正式开通，读者可直接登陆国家图书馆网站"在线讲座"观看文津讲坛、中国典籍与文化系列讲座及其他相关领域的部分讲座。在线讲座视频库是国家图书馆在互联网上推出的第一个流媒体点播系统。(办公室宣传科)

【德国普鲁士文化遗产基金会代表团来访】 2006 年 6 月 20 日，馆长詹福瑞会见了德国普鲁士文化遗产基金会主席莱曼、柏林国家博物馆总馆长舒斯特和德累斯顿国家博物馆总馆长罗特。

莱曼说，他本人曾任德国国家图书馆馆长，目前德国国家图书馆参与了国务院新闻办公室与中国国家图书馆共同组织实施的"中国之窗"赠书项目，希望能与国家图书馆加强合作，进一步完善德国国家图书馆馆藏中文资料及中文书目数据。

詹福瑞表示，中国国家图书馆一贯重视与国外相关机构开展合作，尤其在数字图书馆建设和资源建设方面，希望能够给德国的汉学家、图书馆界提供更多帮助。(办公室宣传科)

【"政府出版物和政府信息传播与利用研讨会"在国家图书馆召开】 2006 年 6 月 22 日，由国家图书馆信息咨询中心与美国华盛顿大学法学院共同举办的"政府出版物和政府信息传播与利用"国际研讨会在国家图书馆召开，来自国务院法制办、国家档案局、新闻出版署以及专家学者共 50 余人参加了研讨会。

会上，党委副书记、副馆长张雅芳致词并向与会专家介绍了国家图书馆在收藏政府出版物方面所做的努力，以及向公众提供政府信息的读者服务情况；美国华盛顿大学法学院图书馆馆长罗伟介绍了美国政府出版物传播政府信息的现状与挑战；国家档案局档案馆档案室业务指导司王雁宾介绍了国内档案界已公开的现行文件利用情况；国务院法制办信息中心主任孔祥清，电子政务杂志社副主编商维庆，中国人民大学教授周晓英，中国社会科学院法学所田建设、林青，国家图书馆信息咨询中心程真等也分别作了主题发言。

政府信息的充分传播与利用使公民得以了解政府的立场和行为，也是实现公众参与政治，公民行使监督权的前提，无论从国家法治建设还是从国家信息化建设方面来讨论政府信息传播和利用都具有重要意义。(办公室宣传科)

【台湾蒋经国国际学术交流基金会执行长来访】 2006

年 7 月 24 日,经宋庆龄基金会介绍,台湾蒋经国国际学术交流基金会执行长朱云汉等 3 人来馆访问,副馆长张雅芳会见了来宾,善本特藏部主任张志清、善本特藏部敦煌组组长林世田参加了接待。张雅芳介绍了国家图书馆的概况,重点介绍了国家图书馆所藏善本书籍的情况及国际敦煌项目开展的状况,并希望与蒋经国国际学术交流基金会有更多的合作机会。会见之后,在张雅芳等陪同下,来宾参观了国家图书馆善本地库。(办公室宣传科)

【国家图书馆 2006 年度科组长工作会议圆满结束】

2006 年 7 月 29 日—31 日,国家图书馆 2006 年度科组长工作会议在昌黎培训基地召开。馆长、党委书记詹福瑞,党委副书记、副馆长张雅芳,业务处处长汪东波,人事处副处长袁彪,文化教育培训部代理主任曹宁以及 71 名科组长参加了会议。

会上,詹福瑞作了题为"落实'人才兴馆'战略,加强科组长队伍建设"的主旨报告。汪东波向大家介绍了国家图书馆"十一五"规划的起草过程,对"十一五"规划中的部分重要内容进行了阐释;善本特藏部敦煌组组长林世田,图书采选编目部主任助理、西文编目组组长高红分别介绍了自己与科组共同成长的经历和经验。此外,大家还聆听了如何提高执行力的讲座。

最后,张雅芳为 2006 年度科组长工作会议作总结报告。

(办公室宣传科)

【办证处喜迎新面貌】

2006 年 8 月 20 日,在馆领导和各部处领导的关怀下,自动叫号机系统在办证处顺利投入使用。这是国家图书馆改进读者服务工作的又一项新举措,不仅解决了读者排长队的问题,还为读者提供了一个较为舒适的办证环境,也表明国家图书馆对读者的关心和对事业发展的重视。

同时,办证组还实行"柜员制",进一步落实岗位责任制,增强了工作人员的责任心,有效防止了错误的产生,提高了服务水平。(办公室宣传科)

【中文首次成为国际图联大会工作语言】 2006 年 8 月 20 日—24 日,第 72 届国际图联(IFLA)大会在韩国首都首尔举行。经以中国国家图书馆和中国图书馆学会为代表的中国图书馆界长期争取和不懈努力,国际图联管理委员会从本届国际图联大会开始,正式将中文作为国际图联工作语言。大会期间,在原有 5 种(英文、法文、俄文、西班牙文、德文)工作语言的基础上增设了中文同声传

译服务,出版《IFLA 快报》中文版,并免费向参会代表散发。

这不仅表明国际图联对中国图书馆事业的进一步关注与重视,同时也是中国图书馆界在国际图联中占有越来越重要地位的一个标志,对于中国的图书馆界来说,这是一件具有里程碑意义的大事。

国家图书馆馆长、中国图书馆学会理事长詹福瑞担任第 72 届国际图联(IFLA)大会中文工作语言组组长,中国科学院文献情报中心主任张晓林、国际交流处处长严向东、中国图书馆学会秘书长汤更生担任副组长。(办公室宣传科)

【詹福瑞馆长率团参加第 72 届国际图联大会】 2006 年 8 月 20 日—24 日,世界图书馆与信息大会——第 72 届国际图联大会在韩国首都首尔召开,馆长詹福瑞率国家图书馆代表团一行 9 人参加了大会。本届大会共有来自世界各国的参会代表约 5 000 人,其中中国图书馆界代表 280 余人,成为参会人数最多的国家之一。

本届大会的主题是"图书馆:知识和信息社会的原动力"。关注的核心问题是如何实现图书馆和社会的融合,具体体现在:关注社会热点问题,如版权问题、信息自由获取和言论自由问题、艾滋病问题;延

伸图书馆的服务,如图书馆如何为构建信息社会服务、公众在任何时间任何地点获取图书馆的服务、图书馆为特殊群体(智障人士、青少年等)读者的服务、终身教育、提高信息素养等;延伸国际图联的服务,鼓励发展中国家更多参与图联事务,如设立国际图联地区办公室、资助发展中国家代表参加世界图书馆和信息大会。(办公室宣传科)

【"国家图书馆藏中国连环画展"开展】 2006年8月22日,"国家图书馆藏中国连环画展"在展览厅开幕,文化部社会文化图书馆司巡视员周小璞,中央美术学院党委副书记、教授、版画家、全国美协副主席吴长江,人民美术出版集团连环画出版社社长倪延风,中国收藏家协会书刊报收藏委员会主任兼秘书长、连环画收藏家秦杰,原连环画学会副会长孟庆

江,以及著名漫画、连环画大师李滨声、吴祖望、西丁出席了开幕式。国家图书馆副馆长陈力出席开幕式并介绍了展览内容,副馆长张玉辉主持了开幕式。本次展览有以下几个特点:

一、展品珍贵,时间跨度长。展览共展出了国家图书馆

馆藏连环画500余种,是馆藏近4万册连环画作品中的部分精品,时间跨度从明代到20世纪80年代,作品跨越几百年。二、系统地展示了中国连环画的产生、发展、繁荣、鼎盛与调整的历史过程,使观众对连环画的发展有了清晰的认识。三、题材和艺术类型丰富,艺术表现形式丰富多彩。使观众欣赏到线描连环画、素描连环画、水墨连环画、木刻连环画、漫画连环画、电影连环画、彩色连环画等各种艺术形式的连环画精品。四、普及连环画知识。展览对赵宏本、沈曼云、钱笑呆、陈光镒(以上四人号称民国时期的"四大名旦")、顾炳鑫、刘继卣、贺友直、王叔晖、华三川等连环画名家经典作品的进行了集中展示。(办公室宣传科)

【全国信息与文献标准化技术委员会第五分会成立暨工作会议在国家图书馆召开】 2006年8月25日,全国信息与文献标准化技术委员会识别与描述分技术委员会(SAC/TC4/SC5)成立暨工作会议在国家图书馆召开。国家图书馆副馆长、全国信息与文献标准化技术委员会副主任委员陈力为来自国家图书馆、中国科学院图书馆、中国社会科学院图书馆、中国科技信息研究所、北京大学图书馆等单位13位识别与描述分技术委员会委员颁发了聘书并讲话,国家图书馆业务处处长、识别与描述分技术委员会主任委员汪东波主持了会议。

识别与描述分技术委员会,又称第五分会,由原来的第五、第六两个分会合并而成。会上,汪东波介绍了信息与文献标准化技术委员会组建第五分会的经过、隶属第五分会的相关标准进程以及今后3年拟制修订标准。各位委员就将要承担的标准制修订任务进行了充分讨论,纷纷表示要学习与研究标准化的理论,跟踪国内外的相关标准的进展,做好标准的制修订工作,承担好自己的职责,完成分会指派的工作任务。(办公室宣传科)

【国家图书馆举办"中俄图书馆、出版机构圆桌会议"】 2006年8月31日,国家图书馆举办了"中俄图书馆、出版机构圆桌会议",会议的主题是"通过书籍促进交流"。中俄图书馆和出版界代表20余人出席了会议。

今年是俄罗斯文化年,也是俄罗斯作为主宾国参加第13届北京国际图书博览会。俄罗斯联邦出版与大众传媒署期刊、出版、交易部主任妮娜·丽托文奈特,文化部社会文化图书馆司副司长刘小琴分别讲话,感谢中国国家图书馆在北京国际图书博览会举办之际,

举办这次圆桌会议，为中俄图书馆、出版机构的交流搭建了一个平台。

国家图书馆副馆长陈力、俄罗斯国立公共历史图书馆馆长米卡伊·阿法纳斯耶夫、俄罗斯科学院自然科学图书馆副馆长米卡伊·莱乌内、莫斯科外国文献图书馆采访和国际文献展览中心主任里乌德米拉·卡林诺娃、中国科学院图书馆副馆长戴利华、中国科学院图书馆副研究馆员孟建华、中国社会科学院图书馆馆长杨沛超、中央编译局文献信息中心副馆长郗卫东在发言中，表达了进一步加强双方交流与合作的愿望。双方还重点讨论了在俄中国古籍的收集整理、影印出版与数字化，在俄华人和在华俄罗斯人使用图书馆情况的研究，俄罗斯新书目的翻译，加强双方数字资源交换和人员往来等具体事宜。（办公室宣传科）

【《古今图书集成图集》编纂出版座谈会在京召开】2006年9月1日，由国家图书馆和山东齐鲁书社共同主办的"《古今图书集成图集》编纂出版座谈会"在西苑饭店召开。馆长詹福瑞、全国古籍整理领导小组办公室常务副主任黄松、全国高等院校古籍整理研究工作委员会秘书长杨忠、全国古籍出版联合会会长李岩、山东齐鲁书社社长宫晓卫、文化部社会文化图书馆司文化处处长张小平，在京的专家学者李致忠、白化文、程毅忠、杨成

凯、史金波、郝春文、柴剑虹、方广锠、张树栋等，以及来自图书馆界、新闻出版界共60多名领导、专家学者及媒体记者出席了座谈会。

《古今图书集成图集》汇总了《钦定古今图书集成》中的全部图像6000余幅，集合成一部专题类书。内容包括天文星象、疆域图记、山岳形势、神仙传奇、花草树木、禽虫鸟兽、青铜器皿、农桑水利、冠服配饰、乐律玉器、货币量具、仪仗礼器等各个方面，每图配以文字说明。全书以"图片博物馆"的形式，生动再现了中国古代社会的生产、生活与文化形态，为古代历史、科技、文化的研究者提供了丰富的史料，也为当代广大读者认识我国优秀传统文化提供了直观的图片。

《古今图书集成图集》由国家图书馆和齐鲁书社联手推出，以雍正版《钦定古今图书集成》为底本，在结构上按原书6大汇编、32典、6117部的先后顺序，以部相从，依次采撷。集欣赏性、观摩性、阅读性、知识性于一体，尽可能的复活原图生动形象，再现其运笔流畅、粗疏有致的韵致。同时摘录其图解、图说或相关的简要文字，辅佐图片。在印制上，采用原图尺寸、宣纸印刷、古式线装。明

黄书衣，体现了皇家气派；磁青函套，庄重典雅，还原了古书风貌，再现了原版韵味，全部图集共60册。（办公室宣传科）

【"意大利文化书籍展"开展】2006年9月5日—18日，"意大利文化书籍展"开幕式在国家图书馆207室举办。意大利文化参赞魏博、国家图书馆副馆长张玉辉、国际交流处处长严向东、图书采选编目部主任顾犇出席了开幕式。

今年是中国意大利年。作为该文化年的活动之一，意大利外交部向国家图书馆赠送了400余册具有代表性的意大利文化书籍，涉及视觉艺术、语言和文化、历史、社会科学、音乐、电影、戏剧、当地传统等各个方面，连同从国家图书馆馆藏中精选出的100余册意大利图书一并展出。（办公室宣传科）

【全国文影标、中国文影协年会在福建省武夷山市召开】2006年9月6日—9日，全国文献影像技术标准化技术委员会（以下简称全国文影标）、中国文献影像技术协会（以下简称中国文影协）2006年年会在福建省武夷山市召开。来自全国近30个单位的40余位代表参加了会议。

全国文影标主任委员张雅芳、中国文影协理事长孙承鉴分别代表全国文影标和中国文影协作2006年工作报告。福建省图书馆馆长谢水顺应邀参加了会议，中国文影协副理事长张荫松主持了会议开幕式。

在全国文影标工作会议上，张雅芳总结和回顾了自2005年年会以来全国文影标的工作。她说，一年来，全国文影标共上报国家标准9项，发布国家标准8项，国家标准总数达到57项。目前有12项国家标准修订工作正在落实、6项国家标准制修订计划、2项国家标准科研项目正在申报。报告还总结了国家标准宣贯和标准培训工作、国际标准化工作、《数字与缩微影像》技术刊物的工作等情况，并提出了2006—2007年度的工作任务。此外，全国文影标秘书长李健作了《ISO/TC 171第19次会议考察报告》；各分技术委员会就国家标准制修订工作完成情况作了汇报，明确了今后的工作任务；会议还对国家标准制修订工作中存在和需要解决的问题进行了讨论，并讨论通过了全国文影标标准化先进集体和标准化先进个人的评选条件。

在中国文影协工作会议上，孙承鉴首先通报了"中国缩微摄影技术协会"更名为"中国文献影像技术协会"的过程，并充分肯定了各工作委员会的工作。在谈到下年度工作时，他强调，各工作委员会和秘书处应围绕中国文影协更名，扩大中国文影协的影响力和知名度，把各项工作推上新的高度。（办公室宣传科）

【第六次中文文献资源共建共享会议在敦煌召开】
2006年9月7日—9日，由国家图书馆主办、甘肃省图书馆承办、敦煌市图书馆协办的第六次中文文献资源共建共享会议在甘肃敦煌市举办。敦煌市副市长杨晓、敦煌市人大常委杨宗仁出席了开幕式，敦煌市市长孙玉龙为欢迎参会代表举办了专场歌舞晚会。

国家图书馆馆长詹福瑞出席会议并致词。他说，会议要向研究宏观政策和解决技术问题相结合的方向发展，既务虚也务实，在信息交流中寻求双方或者多方的合作机会。每次会议前，要确定本次会议的主题，就大家共同关心的热点问题组织报告，使会议成为两岸五地图书馆界的高层论坛和研究技术层面并举的会议。

在协调委员会会议上，代表们赞同詹福瑞馆长对会议的分析，一致认为，共建共享诚然是会议的追求目标，但有些合作如编目规范等比资源共享更容易实现，可以率先实施。要发挥会议对业界的指导作用，吸引更多的图书界人士参加，进一步促进全球中文图书馆的合作与资源共享。（办公室宣传科）

【纪念毛泽东同志逝世三十周年报纸新闻图片展成功举办】
2006年9月9日，为纪念毛泽东同志逝世三十周年，国家图书馆报刊资料部报纸组联合中国报业协会集报分会在报纸第二阅览室共同举办了"追忆伟人——纪念毛泽东同志逝世三十周年报纸新闻图片展"，展览为期两天，共接待参观者300余人，取得了良好的社会效果。

展览以时间为线索，分15个专题，通过一张张珍贵的历史图片和一篇篇生动的纪实报道，再现了伟人的风采，让人们在历史的回放中再次走近伟

人,共同感受时代的变迁,借此表达对一代伟人的无限思念之情。(办公室宣传科)

【国家图书馆第七届艺术节圆满结束】 2006年9月12日,国家图书馆在国图音乐厅举办了第七届艺术节优秀舞台节目的汇演暨颁奖典礼。

本届艺术节以"讲荣辱、展风采、促和谐"为主题,以"歌颂中国共产党、歌颂祖国、歌颂改革开放、与时俱进、开拓创新的时代精神,体现国图员工热爱祖国、热爱国家图书馆、热爱图书、热爱读者的爱岗敬业高尚情操"为指导思想,并在前六届的基础上大胆创新,文化底蕴更加浓厚,活动更丰富多彩,形式新颖多样,包括舞台艺术表演、摄影、书法、绘画展、DV拍摄放映等一系列活动,成效显著,硕果累累。(办公室宣传科)

【国家图书馆举办参加第72届国际图联大会汇报会】 2006年9月20日,国家图书馆举办了参加第72届国际图联大会汇报会。中国图书馆学会秘书长汤更生,图书采选编部主任顾犇(国际图联"图书编目组"委员),参考咨询部主任卢

海燕(国际图联"版权与其他法律事务委员会"委员),典藏借阅部主任李晓明(国际图联"文献提供与信息共享"组委员),国际交流处处长严向东(国际图联"信息自由获取与言论自由委员会"委员),古籍馆副馆长王珊(国际图联"亚洲与大洋洲事务组"委员)、苏品红(国际图联"图书保存保护组"委员)和报刊资料部主任助理李春明(参加国际图联会前会"亚洲图书保护会议")分别作了汇报,国家图书馆部分中层干部和科组长约40人参加了会议。

馆长詹福瑞在总结发言中说,国际图联这个国际组织及其年会很重要,以今年的大会为例,今年的热点包括对图书馆功能的重新认识、图书馆的延伸服务与社会的密切关系、关注艾滋病、信息自由获取以及贫困国家参与图联事务等。数字图书馆仍然是今年的热点,大家谈论最多的版权问题和资源共享问题同样也是我们关注的问题;加强图书馆、博物馆和档案馆的合作,这或许会成为未来信息社会的发展趋势,加拿大国家图书馆已经先行一步,美国提出将"图博档的合作"作为第四届中美图书馆合作会议的主题。我们虽然有自己的国情,但也应在与博物馆、档案馆资源共享等方面作好预案。

他总结说,今年国家图书馆代表团参会可圈可点:一是经过几代图书馆人的多年努力,中文成为图联工作语言,是中国图书馆界的一件大事,反

映了中国整体地位的提高,成为展示中国图书馆界实力的亮点,国家图书馆协同中国图书馆学会为大会安排了中文同传和语言工作组翻译《IFLA快报》,工作出色,获得好评;二是国家图书馆各专业委员尽职尽责,不仅在自己所在的委员会发挥作用,还旁听相关专业的会议,全身心投入图联大会。在自由活动时,主动参观相关图书馆,热衷于专业交流,表现出国图人的敬业精神。这些委员放弃休息和参观游览,为参会的中国代表起了很好的示范作用,值得在今后的会议上提倡和学习。

他最后说,国家图书馆现代化、国际化的发展目标,要求我们要有开放的观念,要关注世界图书馆发展的前沿,要更多地参与国际合作和业务交流。我们要把目标定得高些:要在国际图联有自己的领导者,在专业组担任职务,在各种讨论会上有自己的声音。他希望在2007年国际图联大会中,国家图书馆和中国图书馆学会继续组织论文和工作报告,在各专业委员会都有中国的声音。(办公室宣传科)

【副馆长张雅芳率团参加第二届海峡两岸图书交易会】 2006年9月20日—24日,由中国出版工作者协会和台湾图书发行协进会联合举办的第二届海峡两岸图书交易会,在台北展演二馆(原世贸二馆)隆重召开。为在台湾地区继续宣传推广《中华再造善本》,副馆长

张雅芳,图书馆发展研究院院长、中华再造善本工程编纂出版委员会主任李致忠,善本特藏部副主任陈红彦,北京图书馆出版社副社长赵海明等一行8人参加了交易会,并与台湾图书馆界同仁进行业务访问与交流。

本届交易会以"书香两岸,情系中华"为主题,期待开启"两岸阅读零时差,合作展望全世界"的目标。来自海峡两岸近500家出版机构展示了100万册图书,是两岸开放交流以来规模最大、书种最齐全的华文书展。其中,大陆参展商196家,参访团303人,展位160个,展销图书码洋1980万元人民币,展出图书10万种、35万册。庞大的大陆参访团和出版商参展,众多的大陆简体字图书在岛内直接面向台湾读者,在两岸图书交流史上前所未有。

国家图书馆所属北京图书馆出版社出版的《中华再造善本》和《永乐大典》是此次交易会的最大亮点。在北京图书馆出版社展位、"大陆精品展示馆"、"精品书区"都大量展示了这两种书。特别是《中华再造善本》,因其是交易会上最贵的图书,线装形式亦为台湾所少见,还因为这套图书是中国政府近年来斥巨资进行的大型文化工程,最大范围的涵盖了中华文化典籍的精髓,因而吸引了业界、媒体、读者的极大关注,展台前人群络绎不绝,在台湾引起极大的轰动。(办公室宣传科)

【"国家图书馆西部援助计划"启动暨向四川省18家图书馆赠书】 2006年9月28日,"国家图书馆西部援助计划"启动暨向四川省18家图书馆赠书仪式在四川省图书馆隆重举行。作为"国家图书馆西部援助计划"的第一个省,四川省仪陇县等县(市)的18家图书馆获得此次赠书。

"国家图书馆西部援助计划"是一项长期工作。国家图书馆每年将10万册复本书和下架书捐赠西部地区一个省的县级图书馆。除捐赠10万册图书以外,国家图书馆还将联合赠书所在的四川省的省图书馆在川举办文化活动;组织由国家图书馆专家学者组成的讲师团对四川该省基层图书馆员进行公益性业务培训,以提高四川基层图书馆的基础业务水平和服务能力;同时,接受西部地区图书馆到国家图书馆参观、考察和业务实习,包括管理干部来馆挂职锻炼。这些措施,是国家图书馆实现为图书馆界提供服务的重要举措。(办公室宣传科)

【国家图书馆"创新人才"候选人在京参加专业答辩】 2006年10月13日,国家图书馆首席专家、学术带头人候选人专业答辩会在国家图书馆举行,来自文化部、中国社会科学院、上海图书馆、首都图书馆、北京大学、南京大学等馆内外的专家组成了专业答辩委员会。

国家图书馆"创新人才"计划实施方案于2006年7月正式启动,该计划在业界获得好评,称赞此举在中国图书馆界乃至文化界都有示范引领作用。截至9月8日,共有101人提出了报名申请,其中馆内人员66人,馆外人员35人。经资格审查,共有71人符合"创新人才"年龄、学历、学术成果等申报条件,其中首席专家8名,学术带头人12名,业务骨干51名。首席专家候选人申报涉及图书馆理论与发展、文献资源建设、信息资源组织、文献学研究等6个领域;学术带头人候选人申报涉及图书馆基础理论、图书馆发展战略、数字资源建设与管理、标引工具研究及应用等10个领域。

依照"创新人才"选拔程序,首席专家和学术带头人候选人需参加专业答辩,答辩会聘请馆内外专家组成专业答辩委员会,中国社会科学院图书馆馆长杨沛超、文化部社会文化图书馆司副司长刘小琴、首都图书馆馆长倪晓建、北京大学信息管理系主任王余光、南京大学信息管理系主任沈固朝,与国家图书馆馆长、党委书记詹福瑞,党委副书记、副馆长张雅芳,副馆长陈力共同担任专业答辩委员会委员。上海图书馆馆长吴建中受邀担任专业答辩委员会主任并主持了当天的答辩会。参加答辩的候选人共计20名，其中首席专家候选人8人，学术带头人候选人12人，主要来自国家图书馆、北京大学、北京师范大学、山东大学、郑州大学、南京图书馆、大连交通大学、沈阳师范大学、天津泰达图书馆等单位。

会上，各位评委主要围绕候选人的学术成就、业务成就进行了提问，候选人在回答问题的同时还阐述了对图书馆理论与发展、文献资源建设、信息资源组织、文献学研究、文献保存与保护、图书馆现代技术与应用等图书馆领域的未来设想。会后专业答辩委员会召开会议，评委们在对"创新人才"候选人的各项学术成果和业绩审核的基础上，对专业答辩的情况进行了审议，并向国家图书馆人才发展工作委员会推荐了2006年度首席专家、学术带头人入选人员名单。

国家图书馆人才发展工作委员会将根据推荐名单对答辩人员进行综合评议，根据其专业能力、学术水平、工作业绩等提出拟定人选，并提交馆长办公会议决定后进行公示。"创新人才"入选人员将与国家图书馆签订聘期任务书。（办公室宣传科）

【多馆馆长齐聚国图 畅谈图书馆建筑与服务】 2006年10月16日下午，21个省、自治区、直辖市图书馆馆长齐聚国家图书馆，围绕图书馆建设与服务这一主题展开讨论。会

议由馆长、党委书记詹福瑞主持，党委副书记、副馆长张雅芳，副馆长陈力、张玉辉出席了会议。

讨论会上，詹福瑞对各馆馆领导前来共同见证万吨钢结构整体提升这一历史时刻表示欢迎和感谢。副馆长张玉辉重点介绍了二期工程奠基以来的一系列阶段性成果。基建处总工程师高岩通过三维动画，模拟演示了工程建设全过程，并展示了建成后的二期工程夜景效果图。业务处副处长刘康宁通过分层设计平面图，具体介绍了二期工程的内部规划理念及利用方案。

随后，部分省、自治区、直辖市图书馆馆长分别介绍了各自图书馆建筑情况、建设经验与教训。（办公室宣传科）

【国家图书馆二期工程暨国家数字图书馆工程万吨钢结构成功实施整体提升】 2006年10月17日，国家图书馆二期

工程暨国家数字图书馆工程（以下简称二期工程）10 388吨钢结构一次性整体提升成功，此举创造了新的世界提升重量纪录。这标志着具有世界一流水平的二期工程最复杂、最艰巨的关键性施工难题得到解决，为年底前完成结构施工奠定了坚实的基础。

文化部副部长周和平，国家图书馆馆长、党委书记詹福瑞，中国铁路工程总公司副总经理李长进，中铁建工集团公司董事长段秀斌，国家发改委的有关领导，国家图书馆党委副书记、副馆长张雅芳，副馆长陈力、张玉辉等出席了万吨钢结构整体提升仪式，并观看了提升过程。（办公室宣传科）

【"2006国家图书馆企业信息服务年会——医药企业的信息发现与企业创新"圆满结束】 由国家图书馆主办、中国图书进出口（集团）公司协办、报刊资料部承办的"2006国家图

书馆企业信息服务年会——医药企业的信息发现与企业创新"于2006年10月18日在国家图书馆多功能厅隆重召开,共120人参加了会议。

会上,国家图书馆馆长、党委书记詹福瑞致开幕词,表达了对国家图书馆企业信息服务年会的良好祝愿。国家知识产权专利局专利文献部部长李建蓉就《专利信息利用与企业技术创新》议题作主题发言,她结合自己在专利工作中的切身经历,开诚布公地提出了自己的看法。汤姆森科技信息集团中国区总监刘煜作的《信息推动创新——Thomson Pharma 助推医药研发与创新》和北京万方数据股份有限公司医药事业部副总经理孟红胜作的《医学信息服务领跑者——万方数据》演讲也博得了与会代表的阵阵掌声。

年会下半场,王志庚作了题为《国家图书馆的医药企业信息服务》的专题报告,详细介绍了国家图书馆在医药企业信息发现中发挥的作用,使企业代表对国家图书馆的信息服务有了深入而全面的了解和认识。随后,来自全球的知名数据库厂商分别作了发言。(办公室宣传科)

【巨幅摄影作品《北京全景图》入藏国家图书馆】 2006年10月19日,巨幅摄影作品《北京全景图》的捐赠仪式在国家图书馆紫竹厅举行并限时展出。捐赠仪式上,国家图书馆副馆长陈力讲话并代表国家图

书馆向作者刘培恩颁发了捐赠证书,业务处处长汪东波主持了捐赠仪式,摄影家和读者近千人参观了《北京全景图》的全貌。

《北京全景图》是华泰康恒投资(北京)有限公司华艺工作室资深摄影家刘培恩于2006年6月9日在北京西山拍摄的一幅大型长卷摄影作品。作品长14米,宽1.2米,是北京摄影史上单幅最长的实景照片。作者抓住了近年来北京出现的一次非常少见、极其难得的高清晰度天气,利用高像素数码相机,在同一点位、同一时间、同一空间,以210度超视角、采取竖构图、长焦距分幅转拍,并通过"photoshop"软件加工技术将27张单幅画面拼接制作而成一幅巨幅摄影作品。(办公室宣传科)

【国家图书馆服务工作会议圆满结束】 2006年10月26日,国家图书馆服务工作会议在文会堂举行。此次会议是继

人才工作会议、科技工作会议后,国家图书馆落实"人才兴馆"、"科技强馆"、"服务立馆"三大发展战略的又一次重要的会议。馆长、党委书记詹福瑞,党委副书记、副馆长张雅芳,副馆长陈力、张玉辉,各部处负责人、科组长以及员工代表共200余人参加了会议。会议分别由张雅芳、陈力主持。

会上,陈力就这次会议出台的《国家图书馆创新服务实施办法》及六个附件作了简要说明。

詹福瑞发表了重要讲话。他首先从四个方面归纳总结了近年来国家图书馆服务工作取得的成绩,并分析取得成绩的原因是具有知名度较高的"国"字品牌、雄厚的文献资源、优质的服务水平、丰富的管理经验和较强的员工素质等五个优势。其次,他从读者对图书馆需求发生变化、国家对文化建设提出新的要求等形势出发,指出了国家图书馆服务工作的薄弱环节是如何向读者提供高

水平的咨询服务,如何充分利用数字与网络技术向读者提供方便、快捷的服务。并再次强调国家图书馆的服务工作应实现变封闭服务为开放服务、变传统服务为现代服务、变粗放服务为精细服务、变文献服务为知识服务等四个转变。第三,他重申了《国家图书馆"十一五"规划纲要》中服务工作的目标与任务,指出要完成国家图书馆"十一五"规划纲要确定的服务目标,必须依靠服务创新。第四,他对什么是服务创新,如何认识服务创新进行了精辟的阐述。指出了"根据图书馆发展的形势和读者不断变化的要求,更新服务观念,深化服务内涵,拓展服务范围,引进科技新成果、改善服务手段的过程"就是服务创新,服务创新能带动全馆一切工作的创新。第五,他针对文件在征求意见过程中,有争议的特邀读者评议员制度和咨询馆员资格认定制度进行了解释和说明。从国家的有关政策和国际图联的相关规定入手,分析了建立评议员制度的紧迫性;从提升国家图书馆服务的知识含量,实现对传统服务优化的视角着眼,论述了国家图书馆实行咨询馆员资格认定制度的必要性和可行性。最后,他要求全馆员工树立"一线为读者,全馆为一线"的服务大局观,各级领导干部要切实负起领导责任,认真抓好会议精神的贯彻落实。

随后,各部处结合《国家图书馆创新服务实施办法》和詹福瑞馆长的讲话,就如何进一步在国家图书馆开展创新服务,全面实施"服务立馆"战略和本部门如何进一步落实的问题,分组进行了认真热烈地讨论,并由各组代表将讨论情况进行了汇报。

张雅芳作会议总结发言,会议在严肃、认真、紧张、热烈的气氛中圆满结束。(办公室宣传科)

【国家图书馆举办张秀民先生百岁寿诞庆贺会暨《中国印刷史》(插图珍藏增订版)首发式】 2006 年 10 月 28 日上午 9 时,著名学者、国家图书馆研究馆员张秀民先生百岁寿诞庆贺会暨《中国印刷史》(插图珍藏增订版)首发式在国家图书馆善本阅览室举行,并进行印刷史、版本目录学的相关学术研讨。国家新闻出版署副署长于永湛,国家图书馆名誉馆长、著名学者任继愈先生,中国印刷技术协会理事长武文祥,国家图书馆馆长詹福瑞和浙江省新闻出版局、浙江出版联合集团的领导,以及出版、印刷史和古籍界专家学者 100 余人汇聚一堂,共同庆贺张秀民先生百岁华诞和《中国印刷史》(插图珍藏增订版)这部 120 万字巨著的出版。国家图书馆副馆长陈力主持了活动。

张秀民先生 1931 年进入国立北平图书馆,从事古籍采编和目录编纂工作,积累了丰富的版本印刷资料。1984 年,积数十年心血的《中国印刷史》稿 50 余万字交付上海人民出版社。1987 年,该书初校样即获得首届"毕昇奖"和首届"森泽信夫印刷技术奖"。第一版出版后,张秀民先生与韩琦博士对此书不断增补修订,增补了关于近代西方印刷技术传入中国的论述、北宋末年邓肃文集中关于毕昇活字印刷的记载,补充了宋代刻工表、印刷史论著目录等最新研究成果 20 余万

字,增配了 300 余幅宋元明清珍稀善本书影,全书篇幅从原书的 50 万字增加到 120 万字,使得全文字著作一变而为开本宏朗、插图精美、印制精良的学术巨著,形象、直观、立体地展现

了中国古代印刷技术发展的全貌。浙江古籍出版社集中精干力量，在短时间内精心编校，终于在张秀民先生百岁寿诞之时使这一煌煌巨著出版面世，堪称出版界和学术界一大盛举，必将在海内外产生重大影响。（办公室宣传科）

【"图书馆馆长论坛"启动——法国国家图书馆馆长让-诺埃尔·让纳内先生来馆作首场演讲】 2006年10月30日，"图书馆馆长论坛"第一期活动在国家图书馆文会堂举行，主讲人为法国国家图书馆馆长让-诺埃尔·让纳内先生。国家图书馆馆长詹福瑞主持了讲座。首都图书馆馆长倪晓建，中央党校图书馆馆长崔永琳、副馆长郝莉，中国社会科学院图书馆副馆长蒋颖，清华大学图书馆副馆长姜爱蓉等10余家图书馆的领导以及国家图书馆部分员工参加了此次活动。

让-诺埃尔·让纳内介绍了Google大规模数字化图书事件的起因和《当Google向欧洲挑战的时候》的出版背景；他强调维护世界文化多元性、尊重各民族文化的独立的重要性；介绍了欧洲数字图书馆计划的

最新消息以及法国国家图书馆近一年来在此方面所做出的努力、取得的成果和存在的遗憾。下午，让-诺埃尔·让纳内与詹福瑞、陈力共同探讨了双方合作事宜，并就相关具体合作项目交换了意见，达成共识。

随着我国图书馆事业的发展及国际化趋势的加强，图书馆管理者之间相互沟通与交流的重要性日益凸显。在此背景下，国家图书馆推出了"图书馆馆长论坛"系列活动，邀请国内外图书馆馆长担任主讲人，受众为图书馆工作者。（办公室宣传科）

【"国家图书馆西部援助计划"公益性培训班首期班在四川开班】 为进一步加强西部地区图书馆事业建设，提高基层图书馆的基础业务水平和服务能力，国家图书馆"西部援助计划"公益性培训班首期班于2006年10月31日至11月3日在四川省内江市图书馆举办。出席此次首期班开班仪式的有四川省图书馆副馆长王嘉陵、内江市宣传部副部长曾洪永、

内江市文化局副局长胡红雨，以及此次授课教师、国家图书馆副研究馆员贺燕和朱兵，内江市图书馆馆长朱明泉主持了

开班仪式。在开班仪式上，贺燕宣读了国家图书馆馆长、党委书记詹福瑞的致辞。

首期培训班由国家图书馆主办，四川省图书馆联办，内江市图书馆协办。培训内容为期刊管理、联合目录编制与参考咨询。全省41个基层区县（市）图书馆的106人参加了此次培训。公益性培训班是"国家图书馆西部援助计划"中的一项内容。（办公室宣传科）

【国家图书馆深入研讨为国家立法与决策信息服务工作】 2006年11月1日，国家图书馆在北京召开了"交流·协作·共进——为国家立法与决策信息服务工作研讨会"。来自中共中央、全国人大、国务院，以及最高人民法院系统的36家信息服务机构的59位代表参加了研讨会。研讨会由副馆长张玉辉主持。

全国人大常委会委员、法律委员会委员、全国人大常委会副秘书长李连宁出席会议并讲话。他对国家图书馆长期以来以为国家立法与决策的信息咨询服务工作为己任，积极开展信息咨询服务工作给予了高度评价。

党委副书记、副馆长张雅芳作了题为《国家图书馆——为中央国家立法与决策的文献信息保障基地》的主题报告。她在报告中介绍了近年来国家图书馆在为中央国家立法与决策服务方面所做的工作。

随后，与会代表还针对国家图书馆为深化国家立法决策

服务职能而提出的下一步工作设想和计划进行了认真的讨论。（办公室宣传科）

【发挥龙头作用　开展基层图书馆服务】 2006年11月22日，国家图书馆"基层图书馆服务卡"首发仪式在四川省广安市邓小平图书馆隆重举行。国家图书馆副馆长陈力代表国家图书馆向四川省公共图书馆赠送基层图书馆服务卡。四川省市州县区和党校、社科院系统100余所图书馆馆长、广安市副市长吴兆华和文体局领导等出席了仪式。

"基层图书馆服务卡"，主要提供国家图书馆可授权第三方使用的数字文献。提供近50万种中外文电子资源的远程网络服务。部分数字资源可以实现在线阅读，图书检索、下载、借阅、续借、归还等功能；部分数字资源囿于知识产权有关规定，无法直接获取原文，但是可以通过馆际互借和文献传递等服务方式向基层图书馆提供文献服务，同时，国家图书馆也在积极与数字资源供应商洽谈，希望将基于IP地址利用的数字资源服务模式变更为基于国家图书馆读者认证利用的数字资源服务。（办公室宣传科）

【"知识光明行"赠书活动在盲校举行】 2006年12月3日是"世界助残日"。上午10时，国家图书馆在北京市盲人学校举行隆重的赠书仪式，国家图书馆副馆长陈力代表国家图书馆将图书和音像资料赠送给盲校师生。由此拉开了国家图书馆2006年"全民读书月"的序幕。

此次共赠送图书3000册、音像资料800件。内容涵盖了少儿教育、中小学教育等，充分照顾到了盲校学生从低龄儿童到高中生跨度大的实际情况。此外，还从国家图书馆近年来举办的数百场知识讲座中精心遴选出100场，制作成多媒体供师生学习参考。陈力表示，为弱势群体提供知识服务是国家图书馆应尽的职责，今后在条件允许的情况下，还将向盲人学校学生提供更多的帮助。刘丽波对国家图书馆多年来无私的帮助表示衷心的感谢。

北京市盲人学校70%属于全盲儿童。学校购书经费十分有限，音像资料购置费用又比较高昂，教学资料十分紧张。从2004年至今，国家图书馆每年都针对该校师生的实际需求向其赠送盲文读物、教学参考、课外读物及有声读物，总计达10 000余册（件），大大缓解了该校的压力，为该校师生的教学提供了便利条件，同时充实了孩子们的课余生活。（办公室宣传科）

【第十届全国省、自治区、直辖市、较大城市图书馆馆长

联席会议在深圳召开】 2006年12月15日—17日，由国家图书馆主办、深圳图书馆承办的第十届全国省、自治区、直辖市、较大城市图书馆馆长联席会议在深圳市举行，来自全国各地的50余位馆长参加了联席会。

本次会议的主题是：文化体制改革与图书馆发展。开幕式上，深圳图书馆馆长吴晞代表深圳市文化局和深圳图书馆对会议的召开表示祝贺，他说，馆长联席会是国家图书馆倡导的、公共图书馆共同参与的图书馆界最高规格的会议，馆长们通过讨论吸取到丰富的营养，经历了思想的交流、交锋乃至碰撞，每次都可以满载而归，对今后工作的开展起到了积极的促进作用。

国家图书馆馆长、党委书记詹福瑞在开幕式上讲话，他说，中央十分重视文化体制改革工作，今年"两会"刚过，全国文化体制改革工作会议也在京落幕，会议提出文化体制改革试点工作将扩展至全国有条件的地区，由此，今年成为中国文化体制改革的"破冰之年"。作为馆长们，既敏锐地察觉到图书馆事业处于一个蓬勃发展的黄金阶段，也深切感受到自身所肩负的重任。此次会议，将

再议改革,共商文化体制改革与图书馆发展。(办公室宣传科)

【文津讲坛六周年座谈会在古籍馆召开】 2006 年 12 月 18 日,文津讲坛满六周年前夕,古籍馆特邀曾在文津讲坛登坛传道的部分专家学者、部分讲座主办单位负责人、媒体代表及读者代表 50 余人,在古籍馆举办了旨在集思广益、倾心听取各方意见的座谈会。馆长、党委书记詹福瑞,党委副书记、副馆长张雅芳出席了座谈会。座谈会由张雅芳主持。

张雅芳首先简要回顾了文津讲坛自 2001 年元旦创办以来走过的历程。她介绍说,文津讲坛是面对社会大众开设的双休日公益性讲座,内容涉及文学、历史、哲学、艺术、经济、教育等多个学科领域,旨在继承"保国粹而惠士林"的文化传统和人文精神,秉承服务社会、服务大众,弘扬中华民族优秀文化,承传文明与知识的宗旨,一贯坚持学术性、高品位,坚持主讲人和主讲内容的精品意识,著名学者任继愈、朱家溍、吴敬琏、厉以宁、王蒙、汤一介、张岂之、袁行霈等都莅临演讲,在京城内外乃至全国都产生了广泛的影响。

詹福瑞在讲话中表示,举办知识讲座,开展文献提供、参考咨询等,日渐成为图书馆为公众提供的主要服务方式之一。文津讲坛是国家图书馆发挥社会教育和文化传播职能的特色服务之一。近六年来,文津讲坛共举办讲座 350 场,听众达 5 万人次,在社会上引起很大反响。根据讲座精华编辑出版《文津演讲录》系列丛书 5 册,刊布甚广,受到社会各界的欢迎,在传承、传播文化与文明的进程中做出了应有的贡献。(办公室宣传科)

【国家图书馆推出向基层图书馆服务新举措】 2006 年 12 月 22 日,国家图书馆基层图书馆服务卡赠送仪式在国家图书馆文津厅举行。这是国家图书馆创新服务模式,促进全国基层图书馆建设的又一服务举措。馆长、党委书记詹福瑞,部分省、自治区、直辖市和基层图书馆的领导出席了赠送仪式,副馆长陈力主持仪式。

赠送仪式上,詹福瑞首先致辞,并代表国家图书馆向参加仪式的北京、天津、内蒙古、河北、山西等基层图书馆的代表赠送国家图书馆基层图书馆服务卡。现场还就如何使用国家图书馆基层图书馆服务卡进

行了演示。

国家图书馆基层图书馆服务卡的分送对象是全国 2000 多个县级基层公共图书馆,通过"国家图书馆基层图书馆服务卡",各基层图书馆可共享国家图书馆可授权第三方使用的数字文献资源,包括近 50 万种中外电子资源的远程网络服务。部分数字资源可以实现在线阅读,图书检索、下载、借阅、续借、归还等功能;部分数字资源囿于知识产权的有关规定,无法直接获取原文,可以通过馆际互借和文献传递等服务方式向基层图书馆提供文献服务。国家图书馆希望以此为基础,深入挖掘资源潜力,探讨为基层图书馆提供数字资源服务的可行性和服务模式。(办公室宣传科)

【百年敦煌千秋伟业——《国家图书馆藏敦煌遗书》正式出版】 2006 年 6 月 29 日,《国家图书馆藏敦煌遗书》编纂出版座谈会在人民大会堂举行。国家图书馆名誉馆长、《国家图书馆藏敦煌遗书》主编任继愈,国家新闻出版总署副署长邬书林,全国古籍整理出版规划领导小组常务副组长、中国出版集团总裁杨牧之,文化部社会文化图书馆司司长张旭,国家新闻出版总署图书司副司长汪晓军,全国古籍整理出版规划领导小组办公室主任黄松,著名学者冯其庸、王尧,敦煌吐鲁番学界的专家学者宁可、郝春文、柴剑虹、荣新江等,以及来自图书馆界、出版界和新闻界

的代表共 100 余人参加了座谈会。馆长詹福瑞主持了座谈会。

会上，各位领导和专家学者对《国家图书馆藏敦煌遗书》的出版给予了高度评价，称赞该书的出版是海内外的一件盛事，对海内外敦煌学研究者有着非同寻常的重要性和必要性。专家们表示，《国家图书馆藏敦煌遗书》的出版是迄今为止对国家图书馆馆藏敦煌遗书最全面的揭示，解决了敦煌遗书保护和利用的矛盾，必将极大推动敦煌学的研究和发展，产生深远的影响。专家们还中肯地为做好出版工作提出了具体的建议，期盼高质量的《国家图书馆藏敦煌遗书》早日全部问世。

《国家图书馆藏敦煌遗书》于 2004 年立项，拟于 2007 年告竣。该书的出版得到了文化部、财政部、新闻出版总署、全国古籍整理出版规划领导小组的大力支持。该书由国家图书馆名誉馆长任继愈先生任主编，馆长詹福瑞任出版委员会主任，北京图书馆出版社出版。该书共收录国家图书馆藏全部16 000 余号敦煌遗书，成书为大 8 开，上下两栏，牙黄色轻型纸单色或彩色精印。预计全套150 册，每册约 400—500 页（包括图录、条记目录、索引等），目前已出版 30 册。（善本特藏部）

各省、市、自治区图书馆

北京市

【概况】 北京市公共图书馆在北京市委、市政府和市文化局、各区县文化委员会的关怀与支持下，在完成北京市"折子工程"，保障市民公平地获取文献信息资源、繁荣基层文化氛围、完善图书馆基础建设、拓展服务范围等方面做了大量的工作，使北京市公共图书馆事业发展又上了一个新台阶。

北京市有 24 家县以上公共图书馆，分布在 18 个区县，其中，首都图书馆为市级图书馆；区级图书馆 16 家，分别是东城、西城、崇文、宣武、朝阳、海淀、丰台、石景山、门头沟、房山、通州、顺义、昌平、大兴、平谷、怀柔区图书馆；县级图书馆 2 家，分别是密云和延庆县图书馆。另外有西城、石景山、丰台、朝阳 4 个独立建制的少年儿童图书馆，其中朝阳、丰台少儿馆隶属于区教育委员会。现燕山行政区划归房山区，燕山图书馆为独立建制的图书馆。2006年，石景山区图书馆、平谷区图书馆、大兴区图书馆新馆开馆，至此，24 家公共图书馆馆舍面积达到 15.44 万平方米，馆藏文献总量 1186 万册（件），阅览坐席 13 007 个，工作人员 1 132人。接待读者 730 万人次，外借文献 824 万册，平均日接待读者862 人次/馆，365 天开馆，并对未成年人实行免费阅览和借书服务。

已具品牌效应的全市图书馆全民阅读活动和红领巾读书活动吸引了广大市民和中小学生的参与。"千场讲座"已经成为市民读书活动的知名品牌，"首图讲坛"、"崇图论坛"、"兴图讲坛"也已成为市民文化休闲的固定内容。2006 年全市公共图书馆举办面向市民的免费讲座 2131 场，与去年相比增加了 83%，30 余万市民参加了讲座活动。

送书服务点达到 1054 个，组织送图书下基层 3220 次，送书 102 万册，比去年增加了 53%；各图书馆还针对边远山区农民、来京务工人员以及监管人员等弱势及特殊群体，开展了多种形式的送书活动。"4.23 世界读书日"、科技周、图书馆服务宣传周等活动，有效地推动了读者对公共图书馆信息资源的利用，以实际行动实现了北京市政府提出的努力繁荣基层文化的目标。

"北京市公共图书馆计算机信息服务网络"和"全国文化信息资源共享工程"建设在2006年得到进一步完善，已有140个街道、乡镇图书馆成为北京市公共图书馆信息管理系统的成员馆，实现了与首都图书馆及18个区县图书馆计算机联网，开展了联合书目检索、网上阅览。"一卡通"联网辐射到10个区县及其街道、乡镇图书馆，网点达到124个。共享工程的基层分中心已经覆盖了全市所有区县图书馆和300多个街道、乡镇，104个行政村的基层服务点，通过联网计算机终端、视听设备实现对全国文化信息资源的共享，在公共图书馆利用网络资源的读者超过26万人次，比去年增加了37%。

在北京市委、市政府大力倡导发展基层文化的号召下，在各区、县政府的支持与帮助下，本市公共图书馆积极参与基层图书馆（室）建设，截止2006年底，本市建立街道图书馆112个，社区图书室688个，建立乡镇图书馆158个，村图书室1720个，全市公共图书馆四级服务网络体系已基本形成。另外，有14个区县图书馆成立图书配送中心，建立图书配送点404个，全年配书35.3万册。

在各级领导的关心与支持下，本市的图书馆事业得到了很大发展，持证读者数和图书借阅册次不断提高，群众的满意度也随之不断得到提升。（首都图书馆）

【"英雄的故事我颂扬"中小学生写故事、讲故事比赛活动】　为贯彻落实《中共中央国务院关于加强和改进未成年人思想道德建设的若干意见》，北京市委宣传部和市精神文明办联合编绘了《永远的丰碑·绘画本》图书，并联合七部委在全市青少年中开展"英雄在我心中"主题教育实践活动。北京市红领巾读书活动办公室参与策划了这次主题教育实践活动。其中"英雄的故事我颂扬"写故事、讲故事比赛是这一主题教育活动的主打项目。

活动分四个阶段、三个分会场、一个主会场进行，历时半年，30余万少年儿童参与到活动中来。首都精神文明办、市妇联、市文化局相关领导以及东城、西城、宣武、朝阳、海淀、大兴等区县文明办的领导参加了设在首都图书馆的主会场故事会。中央电视台、北京电视台、北京人民广播电台文艺台、北京日报等新闻媒体对活动进行了现场采访。北京电视台、中央电视台在黄金时间对活动进行了报道。

6月21日下午，中央文明办未成年人思想道德建设工作组副组长张英伟等领导来到首都图书馆，就"英雄在我心中"主题教育实践活动进行调研，对活动给予了肯定，对各级图书馆开展的丰富多彩的活动给予赞扬。中宣部部长刘云山亲笔批示：要推广北京做法。（刘志敏）

【"北京市文化信息资源共享工程颁牌仪式暨服务工作研讨会"在首都图书馆召开】　2006年5月29日上午，"北京市文化信息资源共享工程颁牌仪式暨服务工作研讨会"在共享工程北京分中心首都图书馆召开，首图周心慧副馆长主持会议。全国文化信息资源建设管理中心张晓星副主任、北京市文化局阮兰玉助理巡视员、北京市文化局社文处张健副处长以及来自北京市21家区县共享工程分中心的负责人出席会议。

会上，张晓星副主任、阮兰玉助理巡视员分别对共享工程建设做了重要讲话，并向区县分中心代表颁发了"全国文化信息资源共享工程"标牌。研讨会上，北京分中心及各区县分中心负责人就如何更好地开展各区县分中心以及基层中心的服务工作进行了研讨。与会者一致认为：应进一步充实共享工程文化信息资源内容；加强对业务人员的系统培训；做好前期调研，因地制宜地开展基层站点建设；加大宣传力度，提高民众对共享工程认知度、认可度，通过各项有力措施，真正发挥共享工程在基层整体文化建设中的重要作用。

2006年北京市将扩大共享工程的覆盖范围，在全市所有乡镇建成共享工程基层中心，在昌平、怀柔、密云、房山、丰台五个区县的104个行政村建成基层服务点，同时，将大力开展文化服务，使共享工程吸纳的优秀的文化资源为广大农民服务，为建设社会主义新农村服

务。（首都图书馆）

【2006年度北京市公共图书馆总结表彰会在石景山区图书馆召开】 2006年12月20

日，北京市公共图书馆总结表彰会在石景山区图书馆召开，北京市文化局社文处张健处长、首都图书馆倪晓建馆长、肖维平书记、胡永欣常务副馆长、周心慧、韩朴、杨素音副馆长以及各区县图书馆馆长及获奖代表百余人出席了表彰会。大会颁发了21个奖项，对在"全民读书活动"、"红领巾读书活动"、"共享工程征文活动"中成绩突出的百余家单位与个人进行了表彰，并向在2004年参加第三次全国公共图书馆评估定级工作中，荣获一级、二级图书馆的首都图书馆等13家图书馆颁发了文化部的证书与标牌。

倪晓建馆长作了全市公共图书馆全年工作总结，他说，全市公共图书馆各项业务与服务工作均取得了较好成绩，无论馆舍设施等硬件建设还是服务等软件建设都达到了前所未有的高度，形式各异的读书活动，更是丰富了广大市民的文化生活。在市文化局的指导下，经过全市公共图书馆的共同努力，圆满完成了《中共北京市委

北京市人民政府关于建设和谐社区和谐村镇的若干意见》折子工程第39项以及《2006年北京市社会主义新农村建设折子工程》第56项的建设任务。"千场讲座"、"送书下基层"、"网上阅览"等活动与上年度相比都增加了37%以上；首图昌平农业资料分馆和密云生态保护资料分馆的建立，突出了特色服务的能力，引导农民利用科学知识走向富裕之路；在密云县石城镇、顺义区北务镇信息服务网络实现了全面覆盖，30个行政村全部能够方便地享受到公共图书馆的图书信息与数字化资源服务。杨素音副馆长对"红领巾读书活动"进行了全面的总结。

张健处长对全市公共图书馆做出的成绩给予了肯定，并对2007年度的主要任务进行了布置；期望各馆继续努力，加强对街乡、社区、行政村图书室建设的指导，构建公共图书馆四级服务体系；要求各图书馆以逐级培训的形式，做好业务人员的培训工作。完善图书馆服务工作，注重对未成年人、老年人、外来务工人员及残疾人等特殊群体的服务，继续开展"全民读书活动"，努力传播奥运文化。（首都图书馆）

【"北京市公共图书馆计算机信息服务网络"工程】 "北京市公共图书馆计算机信息服务网络"是北京市文化局负责承办的、北京市政府承诺的"北京市2002年在直接关系群众生活方面拟办的重要实事"之一，

2002年12月26日，网络正式开通。2006年，"北京市公共图书馆计算机信息服务网络"工程建设投入经费90万元，新建街道联网图书馆36个，联网图书馆增至140个。建立了北京市公共图书馆计算机信息服务网络管理中心，实现了首都图书馆——区、县图书馆——街道、乡镇图书馆三级互联。网络工程的建成，实现了全市各级图书馆的联合采编、联合检索、馆际互借、资源共享和"一卡通"服务。为了进一步保障"北京市公共图书馆计算机信息服务网络"的正常运转，2006年，针对各个联网图书馆的管理员，组织开展了摸底业务考核，通过实操考核，提高了从业人员的业务水平，为2007年的培训做好了前期准备工作。计划到2007年，全市各区县图书馆及各街道、乡镇图书馆将全部纳入网络，并建立流动图书服务车，从而为市民提供更方便、更快捷、更实际的文献信息服务。（首都图书馆信息网络中心）

【北京市公共图书馆"一卡通"服务稳步发展】 "一卡通"是"北京市公共图书馆计算机信息服务网络"工程建设的重要内容之一，是在北京市公共图书馆建设过程中推动读者服务工作的重要举措。这项工作借鉴了国内外同类工作的经验，结合北京市的实际情况，制定相应的实施方案，以首都图书馆为中心馆，各区县图书馆为分中心，街道、乡镇图书馆为

终端,采取"以城市辐射农村"的方式。

"一卡通"服务功能包括:联合检索、馆际互借、网上或电话续借、预约等功能。读者在任意一个成员馆办理联合读者卡——"一卡通",就等于拥有了所有成员馆的服务承诺,根据自己的需要在北京市各个联网点借阅图书文献资料,并可通过就近的一家图书馆归还所有成员馆所提供的图书资料,同时首都图书馆逐步扩充共享数字化资源的种类和范围,"一卡通"读者在任意一台互联网终端就可以再现阅览。这些措施,扩大了读者的借阅范围,方便了读者获取文献资源,真正做到了为读者着想、为读者服务。

截止到2006年底,"一卡通"联网辐射到10个区县,包括城、近郊区图书馆及其街道、乡镇图书馆,网点达到124个之多,其中市级图书馆1个,区级图书馆10个,街道、乡镇级图书馆113个。2007年本市所有公共图书馆及其街道、乡镇图书馆将全部实现"一卡通"。(首都图书馆信息网络中心)

【北京市公共图书馆举办图书馆知识竞赛活动】 2006年10月20日上午,北京市公共图书馆知识竞赛在首都图书馆举办。此次竞赛旨在检验2006年巡回演讲培训成果,全市22支区县公共图书馆、少儿馆代表队,共计66人参加了竞赛。竞赛采取笔试形式,历时两个小时。经过比赛有12家图书馆

分别获得城区和郊区组团体奖,13名选手获得城区和郊区组个人奖。(首都图书馆合作协调中心)

【红领巾读书活动】 由少先队北京市工作委员会、共青团北京市委员会、北京市教育委员会、北京市文化局、首都精神文明建设委员会办公室联合主办、首都图书馆承办的北京市红领巾读书活动,至2006年已经是第24届。

2006年北京市红领巾读书活动,以贯彻落实《中共中央国务院关于进一步加强和改进未成年人思想道德建设的若干意见》为核心,把对少年儿童的思想道德教育和综合素质培养作为全年活动的宗旨和目标,作为参与和谐社会建设的实际行动,围绕"阅读点亮人生、好书伴我成长"的主题,以革命传统教育和"礼仪北京 人文奥运"为着力点,共开展了"英雄的故事我颂扬"中小学生写故事讲故事比赛活动、"英雄给我的启迪"中小学生读书征文比赛、"寻找英雄的足迹"DV大赛、"走近神秘的太空"青少年科普短剧比赛、评选第七届读书小状元、"我们的奥运——京沪少儿网络智力大挑战"现场对抗赛、红领巾讲坛、爱心捐赠总动员、"学英雄 知荣辱 读故事 明是非"书面知识竞赛、"红读"推荐图书活动等10项活动。全市18个区县及燕山地区40万少年儿童参加到活动中来,涌现出优秀组织奖40家,先进单位53家,优秀辅导员65

名,近千名少年儿童在活动中受奖,普及面、受众面、影响力均创历史新高。(刘志敏)

【红领巾讲坛】 为贯彻落实《文化部办公厅关于深入开展公共图书馆讲座工作的通知》精神,整合资源,北京市红领巾读书活动办公室与10家红领巾讲坛示范中心联合推出了红领巾讲坛系列讲座活动。活动对主题进行统一规划,分成四个专题,即:道德教育专题、奥运专题、青少年心理健康专题、科普专题,并统一组织,统一包装,形成合力,收到明显效果。截止10月底,共联合开展讲座(报告会)54场,参与活动达1.2万余人次。

2006年全市少儿图书馆(部、室)共开展青少年系列讲座(报告会)402场,参与活动84 879人次,较好地满足了未成年人的知识文化需求。(刘志敏)

【"走近神秘的太空"青少年科普短剧比赛】 2006年5月21日,北京市红领巾读书活动配合北京科技周开展了科普短剧比赛活动,活动主题《走近神秘的太空》,全市17支代表队参加比赛,其中昌平区的《把种子播下》、海淀区的《太空——美丽的家》、西城区的《快乐太空游》获得一等奖;朝阳区的《寻找我们的家园》、宣武区的《行星不寂寞》、石景山区的《未来太空小卫士》获得最佳创意奖。

5月26日,东城区代表队

和宣武区代表队应邀参加了北京科技周闭幕式演出,成为演出中的亮点,受到欢迎。(刘志敏)

【我们的奥运—京沪网络智力大挑战现场对抗赛 庆申奥成功五周年 京沪少儿网上比赛】 2006年7月13日下午,"我们的奥运——京沪网络智力大挑战现场对抗赛"举行了决赛,比赛分设首都图书馆与上海少年儿童图书馆两个赛区,以异地同时的形式进行。来自北京顺义区南法信中心小学的六年级同学崔宇和来自北京海淀区育英学校初一同学仇程分别夺得了小学组和初中组大挑战赛的最后胜利。京沪学生各60名获得一、二、三等奖。

为了大力弘扬奥运精神、传播奥运文化,引领两地青少年增强交流,进一步了解奥运、积极参与奥运,北京市少年儿童图书馆和上海少年儿童图书馆在奥运申办成功5周年之际联合举办了此次"我们的奥运——京沪网络智力大挑战现场对抗赛"。

比赛自6月份开始在线自由报名、自主练习以来,得到了两地少年儿童的积极响应和热情参与。经过两地学校和区县图书馆组织的预赛、复赛,选拔出北京和上海选手各120名参加了昨天的现场决赛。赛题以拓展思维训练为主,注重个人学习潜能的开发及逻辑思维训练,其中大多数题目都与奥运有关。

北京赛区小学组和初中组各组获得前25名的同学,除了将获得奖品和证书,还将参加由北京市奥组委组织的奥运体验营活动。(首都图书馆)

【北京市第三届"爱心快递"捐书仪式成功举办】 2006年11月15日,北京市第三届"爱心快递图书捐赠总动员活动"捐书仪式在房山区民仁打工子弟学校举行。活动承办方向该学校的"爱心图书室"赠送了19 000册图书。

"爱心快递图书捐赠总动员活动"是北京市"红领巾读书活动"的重要项目之一,由首都图书馆承办,旨在号召社会各界将闲置的、适合青少年阅读的有益图书捐赠出来,输送到图书资源相对短缺的远郊贫困地区、打工子弟学校及特殊教育机构,建立"爱心图书室",部分地解决当地青少年的阅读问题。

该活动得到了北京市各区县图书馆及相关单位的积极响应。在今年的"爱心快递"捐书活动期间,全市20个公共图书馆捐赠点共接受捐书174 719册。这些图书除补充2005年建立的民仁打工子弟学校"爱心图书室"外,年内还将在石景山区华奥学校、延庆县庆源学校、昌平区向上学校、怀柔区杨宋镇中心小学、蒲公英中学等5所打工子弟学校,昌平区桃洼学校、延庆县第三小学等2所远郊区县学校,北京市未成年犯管教所、北京市太阳村(顺义服刑人员子弟)、北京市第二儿童福利院等3所特殊教育单位建立10个"爱心图书室"。

"爱心快递图书捐赠总动员活动"现已成功举办了三届,全市近19万人次参与了捐书活动,总计捐书37万余册。北京市"爱心图书室"数量增至44个。(首都图书馆)

【北京市中小学数字图书馆校园行活动启动】 2006年4月17日,"北京市中小学数字图书馆校园行"活动在北京四中正式启动,本次活动的目的旨在中小学推广数字图书馆。项目组还不定期编辑《"数图"应用推广活动简报》。(杨艳萍)

【"英雄给我的启迪"中小学生读书征文比赛】 为配合北京市委宣传部和市精神文明办等七部委在全市青少年中开展的"英雄在我心中"主题教育实践活动,北京市红领巾读书活动办公室开展了"英雄给我的启迪"中小学生读书征文比赛。活动自年初由班级、学校、区县图书馆逐级开展,至9月末,全市19个区县评选出优秀征文159篇。"红读"活动办公室聘请儿童文学作家和评论家对征文逐篇进行评点,最后评出一等奖10篇,二等奖20篇,三等奖30篇。优秀征文刊登在北京市少儿图书馆网站上。(刘志敏)

【"寻找英雄的足迹"DV大赛】 为配合北京市委宣传部和市精神文明办等七部委在全市青少年中开展的"英雄在

我心中"主题教育实践活动,北京市红领巾读书活动办公室开展了"寻找英雄的足迹"中小学生DV大赛活动,共选拔出9篇参评作品。其中海淀区《育英从西柏坡走来》、西城区《寻访先烈李大钊的足迹》获得一等奖。(刘志敏)

【阳光行动迎读者 阅读园里花芳香——2006年阳光少年读书行动】 2006年暑假期间,首都图书馆举办的"以阅读为基础,搭建知识的平台,以活动为载体,全面促进青少年的健康成长"的阳光少年读书行动,吸引了众多少儿读者。期间办证4 099个,接待少儿读者12 445人次,借阅少儿图书30 752册次,举办专题活动62次,共有80 020人次参加。

期间举办了成长课堂、"红红姐姐讲故事"、模型制作及比赛、童心舞台等系列活动。免费举办《帝企鹅日记》、《我的九月》、《浅蓝深蓝》等少儿电影专场。通过举办讲座、音像放映、电影欣赏、互动活动、故事朗诵等形式,促进了少年儿童课外知识的吸收和利用,充实了课外学习生活。(杨芳怀)

【北京市人大代表莅临首图视察工作】 2006年6月16日,北京市人大代表一行9人在市人大常委会教科文卫体办公室史炳忠主任的带领下到首图视察工作。

首图韩朴副馆长以"转变理念 改善服务 全力打造新首图"为题,向市人大代表汇报了首图的各项工作。人大代表对首图在文化体制改革、文化事业创新、工作机制转变等方面所做的工作及取得的成绩给予充分肯定,对"北京记忆"等文化项目表示了高度赞许,并对首图今后的发展提出了宝贵意见。

市人大代表在市文化局降巩民局长、首图倪晓建馆长、肖维平书记的陪同下,参观了首图电子文献阅览室、地方文献阅览室及历史文献阅览室等,并欣赏了文化艺术展厅和多功能厅正在展出的摄影图片展。(首都图书馆)

【首都之窗"数字图书生活"栏目正式开通】 2006年7月中旬,首都之窗"数字图书生活"栏目正式上线,广大市民可以在线享受数字图书馆的全新服务。

市民可以通过访问首都之窗(www.beijing.gov.cn)"数字图书生活"栏目,及时了解图书信息和北京市公共图书馆的活动信息;在线观看专家学者们对北京历史文化和奥运文化的深入讲解,足不出户即可享受数字文化大餐。市民还可以根据讲座预告,在线留言提问,由讲座主持人代用户现场提问,不用去图书馆就可以与专家进行交流。

市民可以对400多万册北京市"一卡通"成员馆馆藏书目进行联合检索,对首图300多万册馆藏书目进行检索。市民每月还可以在网上了解到最近出版的60种新书和六大类图书在首图的借阅排行榜,以便捷的方式掌握最前沿的图书流行动态。每月编辑将根据社会热点,推荐三本经典图书供市民参考。用户可以在线查阅古籍插图库、视听多媒体资料库、龙源期刊数据库和方正电子图书数据库,享受数字时代的文化服务。

2006年初首都之窗与首都图书馆就开始进行首都数字图书馆服务平台的共建工作。双方力图通过优势互补,利用首图丰富的馆藏资源和首都之窗的影响力,开拓服务于普通市民的网上图书馆服务平台,以更加便捷的方式满足首都市民的文化需求。(首都图书馆)

【首图两任馆长同获文化部文化艺术科学优秀成果奖】 7月14日,第二届文化部文化艺术科学优秀成果奖在京颁奖。在250件专著、论文、研究报告及译著等参评成果中,由首都图书馆馆长倪晓建主编的专著《信息加工》荣获一等奖,首图原馆长冯秉文主编的《全唐文篇目分类索引》获得三等奖。

《信息加工》在吸收国内外最新研究成果的基础上,系统、全面地阐述了关于信息加工的理论、技术与方法,并有所创新,主要表现在:首次提出了关于信息加工的体系,改变了沿袭多年的一二三次文献的传统模式,代之以描述性加工等六大系统组成的信息加工体系新模式;首次提出"精粹信息"、"功能信息"的概念、理论和方法。上述创新不仅在理论上有所突破，而且对信息加工实践产生了良好的社会效果。

《全唐文篇目分类索引》是一部查检唐及五代文献的重要工具书。该书收录了2500余名作者、2.3万多篇文献，并根据文献特点分为人物传记、史事典制、艺文杂撰三大部分。该书编排科学，不仅对所有文献作了科学的分类，并对相关文献作了分析互见、考证订误的学术性工作，为检索唐及五代的文献提供了便利的途径，受到图书馆学界的好评。（首都图书馆）

【首都图书馆二期正式奠基】 首都图书馆二期暨北京市方志馆工程于2006年12月27日正式铲土奠基。文化部副部长周和平，北京市委常委、秘书长李士祥，副市长丁向阳等11位领导出席了奠基仪式。

首图二期工程为北京市2006年重点工程，是政府全额投资建设的大型文化设施，总投资4.6亿元，建筑面积6.7万平方米，位于现首图馆址东南侧的预留范围内。工程落成后，首图服务面积将达到10万余平方米，可容纳文献1000余万册，拥有阅览坐席4000个，日接待能力达到7000—9000人次。该项工程预计2009年3月竣工，加上同期建设的首图二期数字图书馆工程，首图届时将成为国内重要的中文信息资源基地和文化信息网络服务基地，将为市民提供更舒适、科学、便捷的文化休闲空间，大格

局、大开放、大服务的服务模式及设施也将使北京市公共文化信息服务迈上新的台阶。（首都图书馆）

【首图依托地区资源优势，建立特色分馆】 为整合文化资源，实现资源共享，首都图书馆与区县图书馆合作，依托地区资源优势，根据地区文化服务特色与地区经济发展的需求，采取因地制宜和属地管理的方式在昌平区、宣武区、崇文区、密云县、东城区、通州区、房山区、门头沟区，分别建立了农业、宣南文化、民间传统手工艺、生态环境、胡同文化、运河文化、石文化、永定河文化等八个专题资料分馆。专题资料分馆采取共建共管的方式，即首图负责文献资源的提供，区县馆负责运作空间与面向全市开展服务，有效地推动了各地区特色资源的建设与服务。每个专题资料分馆，都是反映北京市历史文化遗产、人文地理、生产生活某一方面的专题知识库，汇总起来便成为北京特色资源总库。（首都图书馆合作协调中心）

【首图山水文园分馆举行揭牌仪式】 2006年6月3日下午，首都图书馆山水文园分馆揭牌仪式，在山水文园会所内隆重举行。首都图书馆馆长倪晓建、加拿大LVC国际投资集团董事局主席李辙等集团领导以及获得首图借阅卡的山水文园业主代表参加了仪式。北京晚报、新京报等媒体进行了

采访，新浪网对此次仪式进行了网络直播。

首都图书馆山水文园分馆是北京市第一家与房地产企业共同合办的图书馆。倪晓建馆长指出，这种方式一方面说明社会各界非常关注文化、关注和谐社区的建设，同时也反映出社区居民对文化的追求。此次首图落户山水文园是想通过读书活动，在这个区域形成一种文化氛围，为科学发展整个区域提供强大的精神动力和智力支持。加拿大LVC国际投资集团李总希望此次引首图进山水文园社区，不光提高居民整体素质，还要充分发挥会所的功能，并逐渐形成一个良性循环，从而带动整个社区的文化建设。

山水文园社区图书馆作为首图分馆之一，很大程度上加强了山水文园所在区域的文化氛围。获得首图阅读卡的山水文园业主更是对山水文园分馆的建成感到高兴，被采访的业主说，首图分馆的建立极大地方便了自己查阅资料，把首图引进社区，不但可以丰富山水社区

居民的文化生活，提高文化品位，更有利于构建社区良好的人际关系。（首都图书馆）

【首都图书馆系列活动荣获2006年北京科技周"最佳活动奖"】 2006年9月27日，首都图书馆策划组织的"携手建设创新型国家——首都图书馆系列活动"以其活动内容的丰富性、形式的新颖性和受众的

广泛性而荣获 2006 年北京科技周"最佳活动奖"。

首都图书馆在 5 月 21 日举办的以"携手建设创新型国家"为主题的科技周期间，推出了"首图展览"、"首图讲坛"、"首图影像"、"首图新体验"等七大主题系列活动，受到市民的欢迎，约有千人参加了活动。开幕式上，首图汽车图书馆的启动仪式成为观众注目的焦点，三辆图书车从开幕式现场直接驶向社区和边远山区，为那里带去丰富的图书信息及科普活动。

期间，首图展览成为一大亮点。"北京公园开放记"历史图片展，通过馆藏史志、旅游指南、旧报刊、历史档案、摄影集、地图等大量的北京地方文献，追寻线索，梳理概括，配合实地考察，揭示出农事试验场、中央公园、城南公园、京兆公园等七座公园的开放经过，以及近代公园对北京城市人文环境的巨大影响。"花韵凝香——首都图书馆馆藏当代书画家作品展"汇集了当代著名书画家以花卉为主题的国画作品三十余件。"奥运灵魂人物系列展"旨在介绍历任奥委会主席在各自的任期内为奥林匹克发展所作出的贡献。

"首图讲坛"精心策划推出了 10 场不同主题、不同风格的讲座。"四库全书与故宫文渊阁"向读者介绍四库全书与故宫文渊阁的渊源；书评会"中西星空的对话"中著名天文学家陈九金讲述十大著名星座的由来和其中隐含的动人故事；而

两场面向青少年的"倾听科普之声"讲座带领孩子们畅游神秘宇宙空间。此外"奥运与科技"、"剪纸艺术讲座"、"丝巾饰品佩带法"、"生死一瞬间——认识猝死"等其他讲座场场精彩，带领读者去领略各学科、各领域的创新天地。"首图影像"在报告厅陆续推出了《地球捍卫战》、《飞行者》、《A. I. 人工智能》等精彩大片免费放映活动。首图还推出了"北京环境与文化"主题图书展，为市民全方位了解北京环境与文化提供图书推介。

科技周为孩子们提供了体验科普的机会。由首图与索尼探梦共同举办的"索尼探梦——体验科普乐园"包括"飞去来器"、"空气泡"、"氦气变声"、"静电杯"等四项实验。同时，还举办了倾听科普讲座、欣赏科普短剧、阅读科普之窗、畅游科普网络等少儿系列活动。（首都图书馆）

【首图推出"奥运系列"精粹展】 首都图书馆"奥林匹克阅览室"自落户首图以来，为读者提供了集综合阅览、视听体验、网上冲浪于一身的全方位的服务项目。在开展活动方面发挥自身优势，组织了包括每月两场的"首图讲坛·奥运文化大讲堂"、"我与奥运有奖征文"活动、"迎奥运，送图书，共分享——首图牵手蒲公英中学"主题读书活动、"足球的世界"——德国足球专题图书展览、"奥林匹克文化节体育书展"、"奥林匹克体育频道"等多

项针对读者、市民以及弱势群体的大型系列主题活动以及针对中小学生的"迎奥运——少儿英语"培训课程等活动。

2006 年首图精心制作了 9 期奥运文化系列展：《夏季奥林匹克回顾展》、《历届夏季奥运会举办城市展》、《历届奥运会吉祥物展》、《2008 年北京奥运会新建场馆展》、《奥运灵魂人物展之历任奥委会主席》、《奥运灵魂人物展之夏季奥运会赛场英雄图文集粹（国外）》、《奥运灵魂人物展之中国奥运赛场英雄图文集粹》等，深入本市区县公共图书馆、社区、部队、大学、中小学、福利院、老年公寓、监狱等 40 多家单位，组织开展巡回展，真正实现了奥运知识与文化的传播与推广。（首都图书馆典藏借阅中心）

【首都图书馆"我与奥运"有奖征文活动各奖项隆重揭晓】 由首都图书馆发起的"我与奥运"有奖征文活动历时 131 天，18 个区县的广大读者积极参与，1 500 余份精彩文章经过激烈角逐后，究竟花落谁家？这一结果于 2006 年 4 月 22 日在首图多功能厅正式公布。

周天宁凭《我与奥运》、李喆凭《奥运会，溅起文化涟漪》分别摘得青少年组和成人组的最高奖项——特等奖，五名读者获得征文一等奖，另有 230 名读者分获其他奖项。本次征文活动的部分优秀作品将陆续刊登在《北京日报》奥运专版等报刊上。

北京奥组委信息中心专

家、原新华社体育部主任记者李贺普先生，奥运研究专家团成员、新中国成立后第一批体操运动员、国家体操队第一任队长陆恩淳先生，《北京日报》奥运专栏主编李健先生及北京市文化局、首都图书馆的相关领导为获奖者颁发了证书和纪念品。

简短的颁奖仪式后，陆恩淳先生为大家奉献了《我与奥运会》的精彩讲座。这位中国体操史上的"开山"人物，用自己的经历以及生平收集的奥运藏品为大家讲述了他对奥运会以及中国体育的美好情怀。讲座结束后，陆老先生把天津电视台对他的专访短片《中国人——无悔人生路》赠送给首都图书馆奥林匹克阅览室。（首都图书馆）

【首图讲坛 再创佳绩】
2006年，首都图书馆继续完善和深化服务品牌，举办多主题系列讲座365场，33 500人次参加。其中包括健康课堂系列、魅力课堂系列、文化艺术系列、上品课堂系列、公益英语系列、名人书评天地系列、爱心帮教系列讲座二监专场、法律系列、老年书法篆刻系列讲座以及"首图奥运文化大讲堂"精彩讲座，受到社会各界的广泛关注。

各系列讲座，均在原有基础上加强了实效性，积极征询讲师和读者的建议，适时调整讲座结构，推进各系列讲座向更高的服务层面发展。其中，在健康课堂、魅力课堂讲座中加入心理健康保健、妇女卫生

保健、服装整体搭配、礼仪文化等与时下社会步调一致的讲座内容，集学术性、教育性和趣味性为一体的首图奥运文化大讲堂讲座主题涉及人文奥运、绿色奥运、科技奥运等方方面面的内容，既增强了讲座的进步性，又获得了读者群的广泛认可，成为读者心目中"首图讲坛"中的精品系列讲座，为各类社会群体提供极具针对性的文化产品。讲座不仅保留大量的老读者群，且吸引了更多的人群关注"首图讲坛"。（首都图书馆典藏借阅中心）

【首都图书馆北京建工集团分馆为来京务工人员举办专场报告会】 2006年5月30日晚，首都图书馆北京建工集团分馆在四建远洋国际中心工地举办了一场别开生面的"践行社会主义荣辱观报告会"，吸引了工地上数百名来京务工人员聆听。

首图专门邀请著名民俗作家王作楫先生到建筑工地为来京务工人员讲座，王先生讲座的内容丰富，更是深入浅出，他通过一个个具体实例，把荣辱观与建筑工人的工作生活紧密联系起来，给工人们上了一堂生动的"知荣明耻"教育课。

报告会还安排了问答互动环节。工人们的积极提问，主讲人的精彩作答，把会场气氛不断推向高潮。为了让工人们更好的学习、体会、践行荣辱观，首图还向每位到场者赠送了《社会主义荣辱观教育读本》。一个小时的报告让很多

来京务工人员感到"不解渴"，希望"以后能多听到这样报告会"。报告会后，来京务工人员代表还发出倡议书"从我做起，自觉践行社会主义荣辱观"。（首都图书馆）

【首都图书馆举办"农民工流动在边缘"图片展】 首都图书馆充分利用自身优势，致力于弱势群体文化项目的开展，受到社会各界的广泛认可与鼓励。2006年"十一"期间，首图与北京市协作者文化传播中心合作，举办"脆弱与潜能——农民工流动在边缘"图片展，让市民通过图片深入了解首都农民工的生活现状，突出农民工奋发向上的顽强精神，同时也让更多的朋友看到首图关注弱势群体共建和谐社会的决心与努力。

此次摄影展于2006年9月26日开展到10月8日结束，为期两周。展品分为"就业，永恒的硬道理"、"保障，梦想与现实的博弈"、"教育，无处停留的成长"等五大部分共计80余幅图片，从不同视角，揭示出"农民工"再就业、二代移民教育、劳动权益等方面的生存现状。鲜明立体的画面不仅记录了农民工在城市中流动的历史和变迁，背后更饱含着感人至深的故事。

9月26日开幕式当天，首都图书馆党委书记、国际行动援助中国办公室代表、北京市协作者文化传播中心统筹在内的多位领导出席。仪式上，照片中的主人公为大家讲述自己

的打工经历,由协作者劳工文艺探访队精心编排表演了定格剧"沉默的力量",得到读者的关注与肯定。(首都图书馆)

【首都图书馆荣获"北京市扶残助残先进集体"荣誉称号】 2006年6月19日,第三次北京市残疾人事业工作会议暨自强模范与助残先进集体、先进个人表彰大会上,授予首都图书馆"北京市扶残助残先进集体"荣誉称号,授予韩丽同志"北京市扶残助残先进个人"荣誉称号,以表彰首图为首都残疾人事业发展和精神文明建设做出的突出贡献。

首图一直把为残障人士提供优质服务视为一项重要工作。首图选择最方便的位置,开设了专为残障人士服务的康复文献阅览室,并为之配备了无障碍通道、轮椅、专用卫生间,并持续开展了丰富多彩的扶残助残活动。本次表彰是对首图助残工作的肯定和嘉奖,

首图必将继续努力,为残障人士打造出更加优质的文化服务。

在本次表彰大会上,55个单位被授予"北京市扶残助残先进集体"称号,60名同志被授予"北京市扶残助残先进个人"荣誉称号,40个单位被授予"北京市残疾人之家"荣誉称号。(首都图书馆)

【蜕变中绽放美丽,潜能中孕育希望——首图举办助残日摄影展】 2006年5月中旬,首都图书馆在二层共享大厅回廊举办了"蜕变中的美丽"——庆祝第十六个全国助残日摄影展,让馆内弱势人群活动更具直观性、生动性和实效性。它使广大读者更加真切地走进弱势人群,感悟知识、文化和科学对于人类生存质量及发展的重要性。(首都图书馆典藏借阅中心)

【共建和谐文化,传递奥运

文明——首图与人大人文奥运研究中心携手送奥运知识进监区】 2006年7月11日,第四届"北京2008"奥林匹克文化节期间,"共建和谐文化,传递奥运文明——首图与人大人文奥运研究中心携手送奥运知识进监区"活动,在北京市女子监狱举行。

本次"送奥运知识进监区"活动,首都图书馆为监区带来了自主设计制作的三套奥运文化展板——"历届奥运会举办城市图片展"、"历届奥运会吉祥物图片展"、"2008年北京奥运会新建场馆图片展"等,这些展板以图配文的形式,生动翔实地介绍了有关奥运文化的各方面内容。展板将在北京市监狱管理局所辖的北京市女子监狱等8个监区进行为期三个月的巡展。中国人民大学人文奥运研究中心主任、人民大学副校长冯惠玲女士为服刑人员带来的奥运文化讲座,受到服刑人员的欢迎。讲座结束后,冯惠玲女士代表人民大学人文奥运中心,向监区的服刑人员赠书百余册,鼓励他们努力改造,争取早日重回社会,找回属于自己的美丽人生。

首都图书馆、中国人民大学人文奥运研究中心和北京市监狱管理局开展此项活动目的在于利用各方资源,为服刑人员提供更多了解奥运知识的机会,丰富其文化生活,为服刑人员了解社会、回归社会提供文化支持。(首都图书馆)

【瑞典哥德堡市图书馆界

代表团到首图参访】 2006年2月21日，瑞典哥德堡市图书馆界代表团在儿童书籍专家Westerlund·Karin带领下一行28人到首都图书馆交流访问，首图胡永欣常务副馆长、杨素音副馆长接待了来访客人。胡永欣常务副馆长向客人介绍了首图及少儿图书馆历史沿革及发展现状，双方就图书馆业务进行了交流。会后，来宾参观了电子阅览室、世界走廊、地方文献中心、古籍阅览室、少年儿童阅览室等处。（首都图书馆）

【首都图书馆与北京市图书馆协会举办专家讲座】 2006年首都图书馆与北京市图书馆协会继续组织开展专家系列讲座活动，先后在3月3日、4月26日、9月7日、12日，分别邀请国家图书馆数字资源管理处处长富平研究馆员、北京市信息化工作办公室公共信息管理处吴钢华处长、北京大学图书馆副馆长朱强教授和北京大学信息管理系秦铁辉教授在首都图书馆为本市图书馆工作人员作学术讲座。

富平研究馆员主讲《新馆建设与数字图书馆》，吴钢华处长主讲《北京市信息化进展情况及"十一五"信息化规划》，朱强教授主讲《数字图书馆的几个问题》，秦铁辉教授主讲《如何写论文》，专家们为本市图书馆工作者带来了国内外最新的图书馆建设动态与数字图书馆发展信息以及北京市"十一五"期间信息化发展蓝图，为本市全面推进图书馆信息化发展提

出了更高的标准和要求。专家们精彩的讲座，使广大听众拓宽了视野，丰富了专业知识，听众达700多人。（北京市图书馆协会）

【践行八荣八耻　提升精神境界——房山区全民阅读经典美文千人接力朗读会隆重召开】 2006年4月23日，由房山区委宣传部、区精神文明办、区教育委员会、区文化委员会、共青团房山区委员会、少年工作房山区委员会、区文学艺术界联合会7家单位主办，由房山区图书馆、房山中学承办的大型朗读会《践行八荣八耻　提升精神境界——房山区全民阅读经典美文千人接力朗读会》在房山中学隆重举行。

首都精神文明办巡视员尹学龙，未成年处副处长李建国，原北京市文化局巡视员、北京市图书馆协会理事长冯守仁，北京市文化局社会文化处副处长张健，首都图书馆党委书记肖维平、中国图书馆协会副秘书长顾文佳、房山区人大主任郭先英、房山区政协主席范文彦、房山区委副书记崔国民、房山区委常委、宣传部部长唐淑荣、房山区教育委员会主任郭志族、房山区宣传部副部长邓思博、房山区精神文明办主任陈永惠、房山区文化委员会主任刘亚军等领导出席，近千名各界人士参加了此次活动。

在朗读会上，尹学龙、张健、崔国民分别作了讲话，对此次的活动给予高度评价，并指出道德建设与读书活动的结合

是时代的产物，它们对人类的发展同等重要。

与会领导们的示范性诵读拉开了朗读的序幕，朗读过程分为五部分：第一部分，工农兵代表以"与书结缘写人生"为主题进行诵读；第二部分，图书馆员以"书香藏韵品自高"为主题进行诵读；第三部分：区文联代表以"龙乡书怀情未了"为主题进行诵读；第四部分，房山中学、房山一小以"胸有诗书气自华"为主题进行诵读；第五部分，房山二小、房山三小、民仁学校以"书当快意读易尽"为主题进行诵读。无论是朝气蓬勃的小学生还是两鬓霜染的老人，大家都一丝不苟充满热情地参与此次朗读活动。现场的精彩表演博得观众的热烈掌声。

朗读会在千人合诵《道德准则　八荣八耻》里落下了帷幕，为此次活动画上了圆满的句号。之后进行的"践行'八荣八耻'基本要求　树立社会主义荣辱观"千人签名活动，将整个活动推向了高潮。通过签字活动，进一步引导广大群众牢固树立社会主义荣辱观，深刻理解"八荣八耻"的科学内涵和精神实质，把社会主义荣辱观具体落实到每个人的行动中，从而真正达到知行统一。

在朗读会上还举行了新华书店和西南物流首发经典文化发展中心向区图书馆、房山中学赠书仪式，两家单位共向受赠单位捐书2000册，充分体现了图书经营者对社会文化事业的支持。（北京市房山区图书

馆)

【东城区图书馆网站"胡同系列"展初具规模】 2006 年东城区图书馆在网站首页又开辟了"禄米仓胡同"、"南池子今昔"、"崇内社区今昔"三个网上展览。

禄米仓建于明嘉靖四十年(1562),为明、清两代储存京官俸禄米的粮仓,如今这仓库还在。点击链接,读者可以看到乾隆年间、民国五年及 20 世纪 90 年代的三张禄米仓地图,还有 1948 年的禄米仓 23 号院居民户口登记表等珍贵图片资料,30 张图文并茂的展板,浓缩了胡同 500 年的历史。

南池子位于明清北京皇城东部,它浓缩了皇城文化的精髓,积淀了大量的历史文化遗存,见证了北京城的变迁与发展,是一个充满无限文化魅力的街区。进入 2002 年后,市政府和区政府先后投入了大量的人力和物力,重新恢复了菖蒲河,修缮了沧桑普度寺等一大批历史文化古迹,使现在的南池子古今交相辉映,别有一番景致。

而崇内社区 600 多年的历史积淀,中西文化的交融、碰撞,使该地区文化底蕴深厚且带有神秘色彩。53 块展板、300 多张图片,静静地诉说着曾经

的"故事",使人们在品味这段浓缩的历史文化的同时,也能感受到时代的变迁、文化的传承。

加上已有的"外交部街今昔展"与"总布胡同今昔展",东图网站"胡同系列"展已达 5 个,可以说初具规模。在读者中也颇具反响。不仅让读者领略到古都北京的历史文化神韵,还让读者切身体会到东城区近年来所发生的巨大变化。(北京市东城区图书馆)

【大兴区图书馆建设农业特色书库,免费向村民开放】 大兴区图书馆积极拓展服务领域,延伸服务范围。针对本区农业经济结构调整战略,馆领导开拓思路,结合本馆丰富的信息资源优势,在市、区各级领导的支持下,筹建了代表大兴区图书馆特色服务品牌的"农业特色书库"。2002 年 3 月在庞各庄镇建立了第一家"农业特色书库"。截止到 2006 年,相继在全区 14 个镇建立了具有一定规模的镇、村级"农业特色书库"95 个,分别配置了包括农业科技、法律、农村文化、科技致富等多方面内容的图书 600—2 000 册不等,村民凭借手里的借阅证可随时到图书室免费借书、看书。大兴区图书馆还定期编印《农业科技信息》,及时有效地为村民提供农业科技知识和农业科技信息的咨询与服务,并利用农闲时聘请有关专家开展科普知识讲座活动,受到村民的普遍好评。(北京市大兴区图书馆)

【德国儿童书展在石景山区少儿图书馆开幕】 在 2006 年"世界读书日"到来之际,石景山区少年儿童图书馆与德国歌德学院联合举办了"德国获奖儿童书展"。此次书展从 4 月 23 日持续到 6 月 1 日,目的是为了使更多的中国少年儿童对德国儿童图书有更多的了解,促进两国少年儿童的文化交流与沟通。

石景山区委常委宣传部部长杨永安、区妇联主席高鸿雁、区文化委员会主任刘燕等领导及北京市图书馆协会社区与基层工作委员会主任郭斌参加了开幕式。

在书展的开幕式上,歌德学院北京分院音像部主任魏妮卡发表了热情洋溢的讲话。石景山区少儿图书馆与歌德学院共同启动了"我为小熊做点事"的活动,旨在激发孩子们热爱大自然、热爱生活、热爱小动物,培养孩子们对美好未来的理想追求。(北京市石景山区少年儿童图书馆)

【日本中野区政府会议代表团参观西城区图书馆】 2006 年 8 月 29 日,应西城区政府邀请,由日本中野区区长田中大辅、议长高桥率领的中野区政府议会代表团一行 17 人在西城区区长林铎、区人大常委会主任张国玉、副区长陈蓓、区委宣传部副部长徐闻等领导的陪同下,来到西城区图书馆进行参观访问。

今年是西城区与中野区结为友好区关系 20 周年。该团一

行专程来访参加纪念活动。西城区图书馆作为西城区对外文化交流的重要窗口，参观图书馆是此次活动的内容之一。

代表团一行先后参观了图书馆中瑞可持续发展信息中心、视障人阅览室、德国信息与德语自学中心、报刊阅览室、旅游资料室、古籍资料室、音乐资料室、多媒体网络中心、参考资料室等厅室，对图书馆以人为本的服务理念、丰富的馆藏以及现代化的设施表示赞赏。"音乐之声"合唱团为来宾们演唱了日本民歌《红蜻蜓》，博得了代表团的热烈掌声。访问在欢乐的气氛中结束。

此次文化交流活动，图书馆为西城区赢得了良好的赞誉，也对两区友好关系的发展起到了积极的促进作用。（北京市西城区图书馆）

【西城区图书馆与美国帕萨迪那市公共图书馆文化交流再结硕果】 2006 年 4 月 7 日，西城区图书馆与美国帕萨迪那市公共图书馆建立姊妹友好图书馆签字仪式在西城区图书馆举办。

美国帕萨迪那市姊妹友好城市中国分会主席爱兰拉姆森先生、美国帕萨迪那市公共图书馆馆长简·桑德斯女士、美国帕萨迪那市市立大学图书馆副馆长丽萨苏机摩托女士、西城区区委书记、副区长、西城区文化委员会、西城区政府外事办等领导及西城区图书馆馆长出席了签字仪式。

西城区与帕萨迪那市自

1999 年 10 月正式结为友好城市以来，西城区图书馆与帕萨迪那市公共图书馆及市立学院图书馆开展了许多有益的交流与合作，为促进两城市友好关系的发展作出了贡献。

签字仪式上，两馆馆长分别发表了热情洋溢的讲话，并表示在过去六年的交流中互相学习，共享宝贵经验，对双方图书馆的发展都非常有益，希望今后进一步加强合作。随后，双方还互赠了精美的礼品。签字仪式后爱兰拉姆森先生一行兴致勃勃地参观了图书馆。（北京市西城区图书馆）

【平谷区图书馆新馆介绍】
平谷区图书馆始建于 1978 年，是平谷区精神文明建设的重要窗口。2006 年初，图书馆正式迁入文化大厦内，新馆大楼以卓立的欧式风格位于平谷区府前西街一号，馆舍建筑面积为 6700 平方米。本馆现拥有读者坐席 500 余个，开放各类借、阅室 12 个。现有各类藏书 20 余万册，订阅报刊 600 余种。馆内设少儿外借部、成人外借部、集体外借部、综合阅览室、电子阅览部、康复阅览室、儿童阅览室、多媒体视听室、宣传辅导部、文献信息开发部、采编部等部室，还建有全国唯一的"冰心奖陈列室"和"冰心奖儿童图书馆"。整幢大楼采用先进的智能化电脑管理，具有建筑智能化和服务功能多的特点。

平谷区图书馆始终以"读者第一、服务至上"为宗旨，为了更好地发挥藏书的作用，馆

藏书刊全部实行开架借阅，并为读者提供了资料代查、光盘检索、送书上门等服务项目，实行全天候服务，每周开馆 70 小时。

为提高图书馆现代化管理水平，适应时代的发展，图书馆业务工作中实现了计算机自动化管理，与全市公共图书馆联网。

除了做好阵地服务工作外，本馆还面向基层图书室进行业务辅导，在服务方式上注重把借阅服务与读书活动相结合。建立图书馆服务点和基层送书点，使本馆的服务领域得以无限延伸。此外，每年举办 40 余场次的各种讲座、报告会、"红领巾读书活动"、图书馆服务宣传周等读者活动异彩纷呈，吸引了大量读者。

自 2004 年开始，图书馆先后在大华山文化站、大兴庄镇白各庄、马坊河北村、滨河社区等乡镇、村、社区建立了"全国文化信息资源共享工程接收点"，至 2007 年全区所有乡镇均建成"接收点"项目。"接收点"成为广大读者获取知识和信息的重要渠道。

作为全国唯一的"冰心奖儿童图书馆"和"冰心奖陈列室"位于平谷区图书馆内，这是在"冰心奖"评委会和北京市文化局的指导下，在平谷区委区政府和区财政部门的大力支持下，经区文委紧张筹备和运作而成的一大文化亮点工程。其中，"冰心奖"儿童图书馆全面保存了历届"冰心奖"获奖图书，是全国最优秀少儿图书最

具代表性的汇集地和海内外儿童图书交流的根据地;"冰心奖陈列室"以图书和实物全面展示了冰心老人平凡而伟大的一生,全面保存了"冰心奖"的相

关资料。自 2002 始,"冰心奖"儿童图书馆已有藏书 2 107 种 7 568 册,并建立了特藏数据库,收录书目数据 2 107 条。"冰心奖"儿童图书馆及"冰心奖"展室的建立,不仅丰富了我馆的馆藏,也将为广大读者了解冰心、阅读"冰心奖作品"提供理想去处,为海内外文学作者、读者提供交流基地,同时也提升了平谷区的文化品位,为平谷区注入了新的文化蕴涵。(北京市平谷区图书馆)

【大兴区图书馆新馆概况】

大兴区图书馆始建于 1958 年,新馆于 2006 年 7 月落成并投入使用。新馆建筑面积 5014.62 平方米,建筑格局为整体建筑地上四层,地下一层。设计藏书容量为 30 万册(件),读者席位 540 席。

大兴区图书馆新馆具有六大功能:面向社会的文化教育宣传中心;文献资源收藏中心;文献信息加工、生产、增值中心;公共信息导航中心;图书馆学研究与事业发展中心;对外文化交流的重要窗口。根据新馆设计功能,设立了 10 个对外服务部门。

大兴区图书馆在几十年的发展历程中,始终以"以人为本,服务第一"为办馆宗旨,力求在发展中有所创新,同时在工作中提高服务质量,树立图书馆的品牌形象,打造图书馆的特色化服务,逐步形成有特色的馆藏文献信息资源服务体系。大兴区图书馆在办馆特色上首先确立了以农业经济发展为主,做好技术信息方面的供给即建立"农业特色书库"。通过建立基层图书馆(室)网络体系,真正解决了广大农民看书难、找资料难的问题。另外,在新馆投入使用以后,"兴图讲坛"、"兴图艺坛"、"未来之星"评选等具有本馆特色的服务陆

续向读者进行展示。近期又购进了"农业数字图书馆"、"书生"电子图书,我们将通过各基层联网点及区图书馆在各镇建立的分馆向全区读者提供更优质的服务,全区的文化信息资源充分共享。(北京市大兴区图书馆)

【石景山区图书馆新馆开馆 8 个月连创本市 3 个第一】

2006 年 4 月 30 日,位于石景山区八角南路的石景山区图书馆新馆开馆仪式隆重举行。文化部社文图司图书馆处处长张小平,原北京市文化局巡视员、北京市图书馆协会理事长冯守仁,首都图书馆馆长倪晓建,石景山区委副书记、区长侯玉兰,区委常委宣传部长杨永安,区人大常务副主任廉果,副区长付生柱,区政协常务副主席马刚等到会并为新馆剪彩,历年来为石图发展给予过帮助的市、区、企业等各界代表及优秀读者千余人共同见证了新馆的启用。仪式由石景山区副区长付生柱主持,区委常委宣传部长杨永安发表了热情洋溢的讲话。

石景山区图书馆新馆建筑面积 9 042 平方米,藏书设计容量 50 万册,阅览坐席 700 余个。新馆充分体现开放性、先进性、智能化、网络化的设计原则,采用全开放、大空间、无间隔的模式布局,共设七部一室,以满足不同层次不同领域读者的需求。新馆除了体现"借阅合一"、"自助借书"、"一卡通"、"纸质/电子二合一"四大新功

能外,还在传统图书馆设施之外添设多功能厅、报告厅、展厅、书店、休闲吧、餐厅等,为读者提供文化、教育、科研、休闲等人性化综合服务。

截止到2006年底,石景山区图书馆建成开放8个月以来,日均接待读者1 177.3人,日均外借图书1 331.5册次,年办"一卡通"借阅证16 313个,在本市区县公共图书馆中连创3个第一。(北京市石景山区图书馆)

【北京市图书馆协会参加举办2006年中国科协年会】

2006年中国科协年会于9月16日—17日在北京召开,大会开幕式在人民大会堂举行。中国图书馆学会会同其他4家学会(协会)共同组织"科学技术普及与提高全民科学素质"专题分会场。由中图学会、北京市图书馆协会和天津图书馆学会共同承办了"信息素养与创新能力"单元会议。会议由中图学会目录学专业委员会主持。

来自北京、天津及其他省市的50多位图书馆工作者参加了年会活动。中国图书馆学会副理事长、首都图书馆馆长倪晓建等主持了会议。

为做好2006年中国科协年会的各项准备工作,北京市图书馆协会从6月中旬开始在协会会员中开展论文征集活动,截止到7月15日,征集到129篇论文。目录学专业委员会的专家对论文进行了认真评审,评出一等奖论文6篇,二等奖论文9篇,三等奖论文15篇,报送中国图书馆学会。

会上,北京大学信息管理系白化文教授作了《敦煌学的发展与科学》的报告;中国青少年科技辅导员协会副理事长王渝生研究员作了《科技辅导员队伍建设的思考》的报告;中国科学院植物研究所陈佐忠研究员作了《满怀热情实事求是普及生态科学》的报告;中国科学院新疆地理研究所研究员夏训诚教授作了《罗布泊科学探险考察研究》的报告;南开大学信息资源管理系主任、博士生导师柯平教授作了《科学阅读观与青少年创新素养培育》的报告;北京大学信息管理系博士生导师王锦贵教授作了《国民素质教育》的报告;浙江大学信息资源管理系主任叶鹰教授作了《信息素养与科技创新》的报告。(北京市图书馆协会)

【北京市图书馆协会召开学术年会】 2006年1月23至24日,北京市图书馆协会学术年会在房山区召开。年会邀请文化部社图司处长张小平、中国图书馆学会秘书长汤更生、副秘书长顾文佳、北京市文化局社文处副处长张健,北京市图书馆协会理事长冯守仁、常务副理事长倪晓建、副理事长王超湘以及来自全市的协会会员代表出席了会议。周心慧秘书长主持会议。冯守仁理事长致开幕词,张小平处长、汤更生秘书长对年会的召开表示祝贺。

会上,在北京市图书馆协会举办的主题为"网络时代的图书馆"论文征集活动中获奖作者代表,北京市社科院馆长王超湘、西城区图书馆馆长郭斌、中共北京市委党校图书馆于书平、东城区图书馆张维、首都图书馆报刊资料中心主任林岫、北京市第九中学宁红红,在大会上分别作了《论现代图书馆的开放理念》、《网络环境下对弱视群体的服务——浅谈西城视障阅览室的建立》、《数字参考咨询的服务模式及其质量评价标准》、《以人为本,服务创新:创建和谐的人文图书馆》、《图书馆信息服务相关问题的探讨》、《中小学电子阅览室:确立新学习方式的独特手段》的发言。

这次论文研讨会是在2005年北京市图书馆协会以"网络时代的图书馆"为总主题开展征文活动基础上进行,收到各成员馆推荐的论文206篇,经过专家评审后有119篇论文获奖,其中一等奖19篇,二等奖44篇,三等奖56篇。获奖论文被收录在《北京市2005年图书馆协会学术论文集》中。

会上邀请了首都图书馆副馆长、研究馆员韩朴作了《学术论文写作方法》的专题讲座。近百名会员代表出席了研讨会。(北京市图书馆协会)

【北京市图书馆协会参加北京社会科学普及周活动】

2006年9月15日—19日,"2006北京社会科学普及周"在地坛公园举行,北京市图书馆协会参加了市社科联举办的

"百家学会现场咨询"及展览活动。2006年活动主题是"以人为本、传承文明、构建和谐、迎接奥运",为实现"新北京、新奥运"战略构想、构建社会主义和谐社会,提供丰富的精神养分。

北京市图书馆协会参加了15日和19日的现场咨询活动,为普及周提供了由首都图书馆地方文献中心制作的集知识性、趣味性、通俗性于一体,图文并茂、内容生动的科普展览《北京之门——老车站》,会同其他专题的展览,为本次社会科学普及周活动添上了浓重的一笔。(北京市图书馆协会)

【2006年图书馆学专家进行巡回讲演】 2006年5月至8月,为提高全市图书馆工作者业务及服务水平,由首都图书馆及北京市图书馆协会组建的"北京市公共图书馆专家巡回讲演团"采取到各区县巡回演讲的方式,就图书馆学理论、图书馆服务、计算机网络技术应用等11个专题进行了共55讲220学时的巡回讲演,促进了全市图书馆专业人员业务素质与服务水平的提高。(首都图书馆合作协调中心)

【北京市图书馆协会医院图书馆专业委员会2005年年会】 2006年5月18日上午,在卫生部北京医院图书馆召开了北京市图书馆协会医院图书馆专业委员会2005年年会,有36家成员馆的馆长参加了会议。医专委主任委员、首都医科大学附属北京友谊医院图书馆吴晓海对2005年医专委的工作进行了总结,并针对2006年的工作常委们进行了分工。会上对医专委成员馆进行了重新登记,会后邀请首都医科大学图书馆馆长马路介绍了美国医学图书馆的发展现状。(吴晓海)

【北京市图书馆协会医院图书馆专业委员会举办讲座】 北京市图书馆协会医院图书馆专业委员会于2006年6月29日上午在北京医院图书馆举办2006年第二次学术讲座,邀请解放军军事医学科学院医学情报专业硕士生导师、《中华医学图书情报杂志》编辑部主任张文举教授谈如何撰写图书情报专业论文,张教授从编辑和研究生导师的双重角度,对论文的选题、资料的收集、论文的撰写和投稿向大家作了详细介绍,成员馆近40名同志参加。(吴晓海)

【中国医学科学院图书馆、北京市图书馆协会医院图书馆专业委员会召开文献信息资源共享研讨会】 为了落实国家科技图书文献中心"十一五"发展规划,深入探讨以国家科技图书文献中心(NSTL)为主体的国家文献资源保障体系和网络服务体系为依托的医院和其他医药卫生单位图书馆资源发展、信息服务及用户培训模式,2006年10月10日,北京市图书馆协会医院图书馆专业委员会(下称医专委)29家成员馆的馆长与负责教学与用户培训的NSTL医学图书馆——中国医学科学院图书馆医学文献检索教研组全体教师共45人,在医科院图书馆召开座谈会,会议由医专委学术组长、北京宣武医院李燕琼馆长和医科院图书馆教研组蔡汾岚研究员主持。

蔡汾岚研究员在座谈会中传达了国家科技图书文献中心"十一五"发展规划的指导思想与发展目标,详细介绍了国家科技图书文献中心(NSTL)的背景、作用,与国家科技进步和创新的关系以及NSTL网络服务系统的特点。NSTL网络服务系统多媒体教程演示、计算机网络技术部为方便终端用户了解使用NSTL资源开发的图书馆数字资源整合系统和《全国外文生物医学期刊馆藏联合目录数据库》演示引起与会代表的极大兴趣。

座谈会就许多医院图书馆关心的问题展开问答式讨论,教研组成员分别就医学信息检索培训、文献数字化加工、CBM数据库开发以及全文文献提供等内容详细解答了代表的提问。各医院图书馆的馆长们也就医院图书馆的资源建设、读者服务工作以及如何有效利用医科院图书馆和NSTL的文献资源等问题展开了座谈,并针对NSTL平台的检索方法、文献服务付费方式以及医科院图书馆网络资源的使用等问题提出了建设性意见和建议。

此次会议不仅有效地解决了各医院图书馆在工作中遇到问题,同时加强了医科院图书馆和各医院图书馆的业务联系。与会代表表示，有 NSTL 和医科院图书馆丰富的文献资源和服务作为后援，以后可以更好地开展图书馆的各项工作。（吴晓海）

【北京市首批"医学科研信息化培训基地和示范单位"授牌仪式暨国家级继续医学教育项目"临床科研课题设计与科研过程中检索数据库技巧"培训班】 2006 年 7 月 28 日，北京市首批"医学科研信息化培训基地和示范单位"授牌仪式在中国中医科学院附属广安门医院图书馆举行。中国中医科学院附属广安门医院成为北京市首批医学科研信息化培训基地。来自北京市图书馆协会医院专业委员会和北京地区 70 多家医院的专家、领导共 100 余人参加了此次仪式，此次会议由北京市图书馆协会医院专业委员会和中国学术期刊（光盘版）电子杂志社联合举办。

目前，我国医学知识信息的数学化开发、整合与利用水平已经达到了一个相当的高度，有力促进了各级医院和其他医疗机构的科研、教学、临床和管理工作。由清华大学主办的国家级网络与电子期刊《中国医院知识仓库（CHKD）》收录了我国公开出版的各类医学专业期刊 1 500 多种，相关期刊 3 000 多种，期刊全文文献 400 多万篇，医学博士硕士学位论文 6 万多本，会议论文 20 多万篇，此外还有报纸医学专业信息、医疗政策法规数十万条。医学全文数据库把我国丰富、

先进的诊疗经验、医学成果整合起来，具有极强的科研参考性和导航性。医生通过检索有关疾病的相关诊疗措施、专家建议，可以有效弥补临床经验的不足，推动医院的课题研究工作，将会创新我国医学科研的现状。

其后，还举办了国家级继续医学教育项目"临床科研课题设计与科研过程中检索数据库技巧"第三期培训班。（吴晓海）

【北京市中小学教育文献信息研究会召开年会】 2006 年 4 月 28 日，北京市中小学教育文献信息研究会在北京大兴召开年会，各区县分会的理事及中小学图书馆老师 300 余人参加大会。学会理事长朱宝利作了 2005 年度研究会的工作总结并布置了 2006 年的工作要点。会议公布了中小学图书馆员 2005 年论文获奖情况并颁发了证书奖品，还邀请了中国图书馆学会副理事长、学术委员会副主任、北京市图书馆协会常务副理事长、首都图书馆馆长倪晓建教授作了题为《学习型图书馆与中小学信息素养教育》的学术报告。（杨艳萍）

【举办中小学数字图书馆推广应用培训班】 3 月 22 日"北京市中小学数字图书馆"推广应用骨干人员培训班在北京教育学院举行开班典礼，来自 19 个区县信息中心、装备中心、师训机构、中小学图书馆的 110 多名学员参加了为期 3 天的培训。（杨艳萍）

【北京市中小学数字图书馆校园行活动启动】 2006 年 4 月 17 日，"北京市中小学数字图书馆校园行"活动在北京四中正式启动，本次活动的目的旨在中小学推广数字图书馆。项目组还不定期编辑《"数图"应用推广活动简报》。（杨艳萍）

河北省

【概况】 河北省现有各级公共图书馆 156 个。其中包括 1 个省级图书馆、1 个少儿图书馆、11 个地市级图书馆和 143 个县市（社区）图书馆。截止到 2006 年底，建筑面积达 26 万平方米。从业人员 1 680 人，其中高级职称 153 人，占总从业人数的 9.1%；中级职称 544 人，占总从业人数的 32.3%。全省各级公共图书馆总藏量 1 351 万册（件），其中古籍 60 万册，图书 1 115.6 万册，报刊 152.6 万册，缩微制品 35.4 万件，其他 47.4 万册（件）。发放有效借书证 43.7 万个。2006 年新购藏量 50 万册（件），购置费 1 106.4 万元。其中新购图书 38.5 万册，购书费 948.5 万元。年总流通人次 588.4 万人次，外借书刊文献 496.7 万册次，举办读者活动 2281 次，参加人数 42.5 万人次。有计算机 2 379 台、电子阅览室终端 1 225，网站 22 个，因特网总带书（Mbps）261，共享工程基层点 838 个。阅览坐席 2 万个，其中少儿阅览坐席 5 700 个。

县（市）级图书馆的发展较

往年尤为迅速，截止到2006年年底，县（市）级图书馆的从业人员1 048人，其中高级职称32人，占总从业人数的1.9%；中级职称297人，占总从业人数的11.7%。全省县、市级公共图书馆总藏量达660.3万册（件），其中古籍9.3万册，图书578.1万册，报刊63.3万册，缩微制品1.5万件，其他17.5万册（件）。发放有效借书证16.9万个。2006年新购藏量18.3万册（件），年均购置费168.9万元。其中新购图书15.5万册，购书费14.1万元。年总流通人次333.3万人次，外借书刊文献289.7万册次，举办读者活动1 798次，参加人数21.1万人次。有计算机1 294台、电子阅览室终端859，网站10个，因特网总带书（Mbps）105，共享工程基层点103个。阅览坐席1.6万个，其中少儿阅览坐席500个。（河北省图书馆学会）

【文化部部长孙家正到我省农村调研】 2006年2月26日至3月1日，文化部部长孙家正、副部长周和平就农村文化建设问题到我省廊坊市和保定市的农村进行调研。

在河北省委常委、宣传部部长赵勇和副省长孙士彬的陪同下，孙家正、周和平先后考察了永清县辛务村文化大院、霸州市堂二里镇文化站、易县图书馆文化资源共享工程等。每到一处，孙家正等都要到当地的图书馆（室）仔细查看书架，询问图书管理人员和读者哪类图书在当地最受欢迎，并要求

送书下乡一定要把农民需要的书送下来。他们还检查了全国文化信息资源共享工程的推进情况，强调要让数字化文化服务惠及农村千家万户。期间进行了两次问卷调查，先后在两个村召开座谈会，了解农村文化建设的真实进展和农民在文化上的真实需求。

在座谈会上，孙家正指出，党中央、国务院十分重视农业、农村和农民问题，非常关心农民是不是一天天富裕起来，日子过得是不是开心。今年中央一号文件就建设社会主义新农村提出要求并作了部署，其中包含了农村文化建设的内容。此前，中共中央、国务院两办还下发了《关于进一步加强农村文化建设的意见》。通过这两个文件我们可以看出，农村文化建设被放在一个非常重要的位置。我们必须认真学习这两个文件，把握先进文化的前进方向，时时刻刻把农民放在心上，关心农民的精神文化生活，充分发挥文化在社会主义新农村建设中的作用。

孙家正强调，在农村文化建设中，我们首先要研究农民的文化需求，要用文化来满足他们求富裕、求安定、求健康、求文明的需求。要认识到农村文化建设的主体是广大农民群众，建设社会主义新农村，最根本的还是要依靠农民自己，我们要全心全意依靠农民，培养不走的文化队伍。农村文化从本质上讲是公益性文化，政府投入应该成为主体，但农村文化建设仅仅依靠政府是不够

的，需要动员全社会的力量来参与。

赵勇、孙士彬在座谈会上就河北如何全面贯彻落实科学发展观、建设社会主义新农村，健全公共文化服务体系，整合农村优秀的文化资源，突出文化信息资源共享发表了意见。（河北省图书馆学会）

【省委常委宣传部长赵勇一行到省图书馆、省共享中心调研指导工作】 2006年3月23日，省委常委宣传部长赵勇一行到省图书馆、省共享中心调研指导工作。先后视察了网络中心、工具书和共享中心等阅览室，并与工作人员和读者进行了交谈。赵勇部长就省图书馆、省共享中心当前中心工作强调指出：省图书馆在市中心，方便老百姓学习，也是图书阅览的服务中心。要以一流的理念、一流的设计、一流的质量，把改建工程搞好。要借改扩建，建成中国一流图书馆。省委宣传部、省文化厅要加强协调共享工程，把国内资源、世界的文化资源引到共享工程网上来，逐渐丰富自身的资源，建设好基层中心，发挥其应有的作用。为贯彻落实赵勇部长的讲话精神，省图改扩建工程进一步完善方案设计和平面功能布局设计，邀请国内一流设计名师名院参与设计，体现现代图书馆的服务理念，强调功能齐全，现代化服务手段先进，服务设施完备，布局合理，方便市民学习，使之真正成为一个能够满足不同层次人群需求的、

现代化的文献资源服务中心。省共享中心还专门起草了资源征集、整合、版权和规划方案。（河北省图书馆学会）

【河北省图书馆实施改扩建工程稳步推进】 省图书馆改扩建工程作为代建项目，与省公益项目建设管理中心密切配合，发扬"一家人、一条心、一股劲"的精神，通力合作，工程推进有了较大进展。办理完成了拆迁、规划、临水、临电、环评、报建、基槽开挖等各种手续。4月底完成了方案设计的比选，天津大学建筑设计院中选。联席会议定省图改扩建工程初步设计和施工图设计由天津大学建筑设计院和河北省建筑研究院共同合作设计完成。

根据设计方案，省图书馆组织专家、部室主任、业务骨干对功能平面设计进行了反复讨论，完成了功能平面设计。6月份前完成了拆除部分的资产清核、评估和处置等工作，拆除了报告厅、期刊阅览楼、大厅、临东大街建房和期刊采编楼7000多平方米，建起了临时围墙、供水泵房和办公场所。7月19日石家庄市规划局召开专家论证会通过了初步设计方案。施工现场三通一平后，9月6日举行了隆重的奠基仪式。省委书记白克明、省长季允石等领导为工程奠基。9月20日省发改委项目审查委主持召开了河北省图书馆改扩建工程初步设计审查会。经过专家和相关部门论证，认为初步设计方案基本符合省发改委对该项目可行性研究报告批复的要求，原则通过。11月1日至12月9日完成了基槽开挖，挖运土方4.7万立方。为强化工程管理，确保程

序规范，省馆还专门制定了《工程建设行为规范暂行办法》、《消防安全暂行管理办法》、《施工安全管理施工方案》、《房屋拆除施工、管理方案》和《岗位责任制》。建立了日志、大事记等档案制度，成立了拆除临时管理小组，制定了工作程序和工作流程。在重大事项和问题上，坚持执行馆务会和联席会议制度，集体讨论研究决定，并及时报请文化厅，接受指导和监督。（河北省图书馆学会）

【河北省图书馆荣获省级文明单位和河北省文化文物系统先进单位殊荣】 2006年3月，省直工委在检查验收河北省图书创建省级文明单位工作时，对图书馆在全省精神文明建设中取得的成功经验和创新做法给予了充分肯定，称赞图书馆在创建精神文明活动中高标准、高起点、高质量，尤其是在抓业务工作方面，有新招、有高招、有亮点，有开拓进取精神，形成了独特的运行方式，搭建了独特的服务平台，拓展了服务功能，营造了浓厚的读书氛围。河北省图书馆被省委省政府授予2004—2005年度省级"文明单位"称号。河北省图书馆9月被河北省技术质量监督局授予"河北省服务质量奖"称号，11月被省人事厅、文化厅授予"河北省文化文物系统先进单位"称号。一是争取增加购书经费，分编中外文图书2万余种，5万余册，新增馆藏书目数据库2万余条；完成了馆藏四库系列的入藏，收录了具有河北特色的影印古籍，丰富了我馆的古籍馆藏；地方文献呈缴工作和征集网络不断拓展；订购中外文期刊四千种、报纸四百余种；完善镜像站建设，更新中国知网数据300GB，强化文献资源建设。截止到2006年底，文献总藏量达到了160万册（件）。二是为适应现代社会公众的阅读需求，激发起广大读者，特别是青少年读者的阅读兴趣，我馆在工程建设期间，在拆除了部分阅览室、服务面积暂时有所减少的情况下，开辟临时借阅通道，在西大门、书库和主要借阅通道等显著位置摆放引导牌进行疏导，方便到馆读者，采取阵地服务、网上读书、送书上门、送书下乡和建立馆外服务点等多种方式相结合，服务社会，受到读者好评。2006年接待读者52万人次，外借书刊、电子文献26万册（件）。免费发放1万张读书

卡,开展网上读书、网上咨询和网上远程传输文献服务,先后给省级贫困县、边远山区县乡图书馆(室)送去书刊近 3 万册,电脑设备 30 台,编辑、发放农村致富信息 5000 余份,有效地配合了我省社会主义新农村文化建设,建立了冀南烈士陵园、安平第一个农村党支部、马本斋纪念馆和晋察冀军区司令部旧址等四个红色旅游文献服务网点,受到当地领导和青少年读者的热烈欢迎。三是在世界读书日和服务宣传周期间,紧密配合中心工作,继续加强未成年人思想道德建设,创建燕赵少年系列读书活动品牌,深入开展全民读书活动,取得突出成效。(河北省图书馆学会)

【全国文化信息资源共享工程"电子图书送下乡"活动在河北正定启动】 2006 年 1 月 25 日上午,全国文化信息资源共享工程面向全国的"电子图书送下乡"活动在正定县基层中心举行开通仪式。电子图书是文化共享工程资源建设的重

要组成部分,管理中心将接受捐赠的 2 381 种、6 100 余册,购置的 1 万余种、35 万余册的电子图书,通过卫星免费提供给共享工程的各级基层中心和服务网点使用,从此公众可以通过共享工程基层中心服务网点免费阅读。文化部全国文化信息资源建设管理中心、河北省文化厅和河北文化信息资源共享中心的有关领导参加了此次活动。

正定县基层中心是我省的一个基层示范点,在省中心的指导和帮助下,他们配备了人员,制定了各种服务规范,为当地的文化建设起到了极大的推动作用。

目前我省已建成各级基层中心和服务网点 323 个,涉及社会各个方面,这批电子图书投入使用后将极大地缓解广大农村人民群众读书难的问题,为我省文明生态村的创建活动和建设社会主义新农村起到积极的推动作用。中央电视台、人民日报、光明日报、中国文化报、河北电视台、河北日报、石家庄电视台、石家庄日报等媒体进行了报道。(河北省图书馆学会)

【河北文化信息资源共享中心注重工作创新取得突出成绩】 近年来,河北文化信息资源共享中心不断拓展渠道,采取两条腿走路的方式,率先实现了优秀文化信息资源的"六个走进"。617 个分中心和基层服务站点构成了省、市、县、乡镇(街道)、村(社区)的服务网络架构。同时紧密围绕党和政府的中心工作,注重服务大局,注重资源整合,注重工作联动,注重工作指导,在占领阵地、弘扬主旋律,在普及知识、丰富文化生活,在提供信息服务、服务经济建设等方面,通过扎实有效的工作,增强了基层文化单位活力,促进了农村公共文化服务体系建设。一是配合文化部全国文化信息资源共享工程试点建设和我省文明生态村创建活动,建成开通了 43 个基层点,取得显著成效。二是加强与部门合作,迅速扩大基层服务点的普及面,让数字化文化服务最大限度地惠及农村千家万户。三是采取多种有效措施,不断拓展资源建设思路,整合地方优秀文化资源,加快资源建设步伐。省中心通过接收、整合、自建和购买等途径,数字资源已达 7T,并建设了一批具有地方特色的专题资源数据库,自建资源达到了 650G。今年编制了燕赵文化信息资源总目录,制作了《香港文化周》、《燕赵十三梅》等 4 个新专题,更新和改版了民间艺术和影视天地等专栏,加工了《第十届中国吴桥国际杂技艺术节》等电子图书,为我省广大基层群众提供了丰富的、具有浓郁地方特色的数字化文化信息资源。四是编辑出版了我省共享工程建设专用培训教材。2006 年省中心编辑出版了《河北省文化信息资源共享工程培训教程》、《河北省文化信息资源共享工程基层中心农村版简明使用手册》和电子版《村民中心使用手册》,为各级分中心提供规范的参考文献和技术指导,方便百姓使用,填补了全国共享工程建设专业用书的空白。五是创

新服务模式，丰富农村文化生活。针对我省广大基层农村群众喜欢唱戏、听戏这一文化活动的特点，省中心以"打造文化服务新品牌，助力和谐新农村建设"为宗旨，历时一年，自主研发了"网上跟我唱"——全国首家网上音乐戏曲互动系统，为基层群众搭建了自娱自乐的文化平台。由于该系统具有应用范围广，集学、唱、赛为一体，内容丰富，操作简便等特点，受到了广大群众和媒体的关注和喜爱，并被专家广泛看好。六是展示成果，加大宣传，扩大影响。省中心专门制作了我省共享工程成果展播专题宣传片《同一个声音》，以更加直观的视觉效果，总结回顾和宣传我省共享工程的建设成果。该宣传片参加了全国共享工程建设成就视频展播，评委会以作品主题突出、地方特色浓郁、有较高的艺术性，评为一等奖。七是起草了我省共享工程"十一五"发展规划纲要和全国共享工程示范省建设实施方案。制定了2006至2010年我省共享工程的实施细则，提出了以建设农业服务网点为重点，发展覆盖全省的服务网络的六大任务。（河北省图书馆学会）

【全省各级公共图书馆春节期间读书活动丰富多彩】我省各级公共图书馆在节假日期间，坚持对读者开放，因地制宜并卓有成效地开展了丰富多彩的读书活动，受到社会各界的赞誉。省图书馆在实施改扩建工程中，加大网上读书活动。

春节期间免费向到馆读者发放电子期刊卡，开通网上电子图书阅览、网上赴美留学择校指南和推介新书目服务。唐山图书馆举办了欢度春节少儿手工制作展览、"徜徉书海，感悟人生"读书征文活动、"我爱中华"诗歌朗诵会、心理素质教育经验交流会、少儿新书展阅和新书刊推介等一系列活动。秦皇岛图书馆备足了新图书、电子图书、电子期刊、影视作品等丰富的文献资源供读者借阅，同时举办了"邮政杯"迎春佳联展和元宵谜会，4 000灯谜爱好者参加了元宵谜会；开辟"反腐倡廉、计生、奥体、红色旅游、港澳台、中外名著"特色系列图书专架，向读者赠送新春贺礼——纪念秦皇岛图书馆建馆廿周年特制贺卡，吸引近万名读者到馆，《河北日报》、河北广播电台、《秦皇岛日报》、《燕赵都市报》等媒体18次报道秦皇岛馆开展春节读者活动的情况。邯郸市图书馆开展新书推荐，方便读者借阅，举办少儿歇后语竞猜、邱县青蛙蝌蚪班漫画展、新格书写法专题讲座等活动，吸引了众多读者。沧州市图书馆举办了"文化信息资源共享工程优秀电影、戏曲展映"和"鸿翔眼镜"杯元宵节有奖猜谜活动，5 000余人参与元宵节有奖猜谜活动。武安市图书馆联合市灯谜协会共同举办了"武安市民俗谜会一条街"大型灯谜竞猜活动。3万条新谜语作品挂在200米长的街道上，200个灯笼悬高高挂起，600米彩旗随风飘扬，吸引了2万余人参

加，突出了谜语新、人数多、规模大的活动亮点，该项活动自1995年以来已成功举办了12载，成为市元宵节一道亮丽的文化风景线。（河北省图书馆学会）

【省、市图书馆举办公益讲座拓展服务】近年来，图书馆公益讲座活动已经从图书馆的衍生服务项目逐步进入到核心业务活动范畴。根据社会需求，我省、市级公共图书馆结合当地文化工作实际，利用文献资源优势，开展了内容丰富的公益讲座活动。省图书馆在实施工程建设期间，积极开展公益讲座调研，制订规划。秦皇岛市图书馆联合市国学研究会、市老年学会共同推出了国学系列讲座。十多位对传统文化有研究的专家学者就"国学的基本知识"、"国学与社会主义荣辱观"、"国学与民营经济"、"司马迁与《史记》"、"左丘明与《左传》"、"文天祥《正气歌》与中国传统道德"等内容进行了讲解。还举办了"中华孝文化与现代和谐社会"、"国学与社会主义荣辱观"两次国学研讨会。听讲的人越来越多，由首场80多人已增加到110多人。5月，沧州市图书馆与沧州市国学院联合推出国学公益讲座，每周举办一次，使星期日公益讲座这一品牌活动更加受到广大读者的认可和喜爱。19场国学讲座几乎场场爆满。《＜弟子规＞与青少年行为规范》、《文化语境下的周易成功学》、《中国茶文化》、《唐诗

之美》、《孟子》、《庄子》等不同的主题,使读者充分领略了国学博大精深的内涵和永恒的魅力。8月27日,石家庄市图书馆邀请河北师大文学院教授举办了《响彻千古的至圣纶音——孔子"论语"与现代人生哲学》公益讲座。(河北省图书馆学会)

【石家庄市图书馆临时借阅处对外开放】 为不影响读者借阅图书资料,石家庄市图书馆在进行升级改造期间,在市博物馆第二展厅设置临时借阅处于2006年11月1日正式对外开放。周一至周日8:30—17:30开放,每月最后一个星期的星期三中午11:30分闭馆,下午内务整理。由于受场地限制,临时借阅处设办证处,成人图书外借处,热门图书外借处,文学、综合类图书、少儿图书外借处和报刊阅览处。文学、综合及少儿图书只提供外借服务,现报和过期期刊提供阅览服务。(河北省图书馆学会)

【唐山市图书馆举办"纪念抗震30周年"系列活动】 伴随着唐山乃至全国人民"纪念抗震三十周年"、"弘扬抗震精神"和"展示美丽新唐山"的热潮,唐山市图书馆以自己特有的方式纪念这段历史。4月底至5月中旬,唐山市图书馆进行了彻底的环境治理,成为市文明委组织的"纪念抗震三十周年,展示窗口文明风采"规范化服务达标竞赛活动中首批达标单位。从服务宣传周期间到

7月,推出了系列纪念活动。举办"震后30年唐山地方文献展"、"纪念抗震30周年专题书展"和"纪念抗震30周年"主题图片展,吸引了众多读者驻足观看;组织各县(市)区文体局、图书馆、读者参加了"弘扬抗震精神,建设美好家园"演讲会和"震后30年图书馆的发展与变化"座谈会。唐山市委宣传部、市文化局领导出席演讲会。"防震抗震减灾知识讲座"、"地震知识我知道"故事会、"抗震减灾知识200题竞答"等活动,吸引了众多小读者参加。网站还专门开辟了"1976.7.28——纪念抗震30周年"专栏,收集、整理了大量的相关图片和报道。

在截瘫疗养院成立25周年之际,市馆的青年志愿者再次为截瘫病人送去他们喜欢的图书。(河北省图书馆学会)

【秦皇岛市图书馆纪念建馆20周年庆典暨馆藏书画展隆重举行】 9月20日,秦皇岛市图书馆庆祝建馆20周年庆典暨馆藏书画作品展在一楼大厅隆重举行。市委常委、宣传部长、山海关区区委书记时晓峰出席仪式并讲话。市政协、市文联、市文化局、市书法家协会、美术家协会等领导同志以及驻秦高校图书馆、县区馆、作者和新闻媒体记者参加了仪式。文化部副部长周和平在贺信中充分肯定了市图书馆在收藏、整理地方文献、开展特色服务方面所取得的成就。文化部社图司司长张旭、国家图书馆馆长詹福

瑞、市委书记宋长瑞和省图书馆馆长李春来写来贺词、发来贺信表示祝贺。时晓峰部长代表市委、市政府对图书馆提出了三点希望:一是面对市党代会提出的两大历史任务,希望图书馆人为我市经济、社会的发展作出应有的贡献;二是希望图书馆继续秉承"读者至上,服务第一"的宗旨,按照现代化、人性化的理念,面向社会提供更好的服务;三是希望图书馆拓展领域、创新思维,优化服务,让图书馆成为市民学习更多技能,汲取更多营养的文化、休闲场所,成为市民相互交流、增进友谊的平台。最后,在热烈喜庆的气氛中,各位领导为本次书画作品展优秀奖获得者颁发了证书及奖品,并参观了馆藏书画展和建馆二十周年成果回顾展。市馆还专门印制了《秦皇岛图书馆馆藏书画作品集》和"纪念秦皇岛图书馆建馆二十周年邮册",以纪念这一秦图历史上的盛事。(河北省图书馆学会)

【秦皇岛图书馆再获"全国公共文化设施管理先进单位"殊荣】 2006年10月11日,文化部下发了关于表彰"公共文化设施管理先进单位"的决定,作为河北省图书馆系统的唯一获奖单位,秦皇岛图书馆受到了文化部的表彰,继2005年10月被文化部评为"全国文化工作先进集体"之后,再获殊荣。(河北省图书馆学会)

【邯郸市图书馆开设少儿

绿色网络服务区】 为了让未成年人"纯洁"上网，邯郸市图书馆遵循公益性原则，专门开设了少儿绿色网络服务区——共享工程阅览室，向未成年人免费提供"河北文化信息资源共享工程"网络资源，鼓励未成年人上网阅读、查询电子文献资料，并免费提供"中国未成年人网脉工程"网站内容；在净化网络环境的同时，针对未成年人娱乐需求，仅提供国家文化部向全国推荐的网络动漫娱乐游戏；同时为保证未成年人学习、上网、休息三不误，除"双休日"、"节假日"外，规定未成年人每天上网时间不得超过 2 小时等，受到学校和家长欢迎。（河北省图书馆学会）

【邯郸图书馆热情为盲人服务】 2006 年 10 月 15 日国际盲人节期间，邯郸市图书馆盲文阅览室接待了一批盲人读者到盲文阅览室参观学习。盲人读者用手"读"着各种特制的书籍，欣喜而激动。馆长表示，以后有了条件，一定购买更多的书籍，配备语音电脑盲人通道，让盲人读者充分享受图书馆提供的读书便利，帮助他们克服身体障碍，共享信息文明。（河北省图书馆学会）

【张家口市图书馆影印出版古籍珍本】 张家口市图书馆馆藏古籍 4 万余册，2000 年完成了卡片式目录的编目工作，并对古籍进行了重新登记和修补工作，今年又遴选出有版本价值和收藏价值的两部古

籍《抄本史记》和《清音阁集》进行影印出版。《抄本史记》一函四册，清顺治年间抄本，书宽 17.9cm，无边栏，楷书抄录，间有朱笔圈点，眉批和行距间有批校，点评之语，每卷卷首右上方及每册左下角皆盖有一方清代官印，印文满汉合璧，汉文篆字为"巡按河东盐政监察御史印"，正文卷端另有一葫芦型印"心在"，再下有"振宜之印"。振宜为清顺治间进士季振宜，此人官至御史，为清朝著名藏书家，其藏书之富甲于江南，此书有季氏之印可为季振宜收藏之佐证。《清音阁集》是明朝隆庆二年进士顾大典所著诗集。顾大典官至福建提学副使，为官廉政，力拒请托，为忌者中伤，谪知禹州，后自免归乡。他妙解音律，能自度曲，文辞清雅，多有佳作。张家口市图书馆所藏《清音阁集》虽非孤本，但各大图书馆均未见收藏，浙江大学中文系、国家图书馆等读者通过馆际互借多有查阅，此番影印出版力求保持原貌，为研究、收藏者一大幸事，也是张家口市图书馆在古籍开发利用上又一新的举措。（河北省图书馆学会）

【沧州市举办第三届读书节】 2006 年 9 月 27 日—11 月 9 日，沧州市举办了历时 40 多天的沧州市第三届读书节。读书节由市委宣传部、市文化局、市教育局、市社科联、市文联、团市委、市妇联、市广播电视局、沧州日报社联合主办，沧州市图书馆和图书馆学会承办。

本届读书节以"读好书、知荣辱、建设和谐新沧州"为主题，突出了传统文化与现代文化的结合，精心设计了一系列针对性、互动性、参与性强的活动。读书节组委会向全市人民发出倡议："读书吧，让读书成为我们的一种习惯和生活方式。"从 9 月 27 日开幕以来，举办了书香溢四方——关注弱势群体爱心捐赠、系列公益讲座、中华经典诗文名篇诵读、文化信息资源共享工程优秀讲座及影片展映、主题演讲大赛、中小学优秀中英文课本剧表演大赛、"读书与生活"摄影展、"我的读书格言"征集评选、"我理想中的图书馆"少儿绘画比赛、我的数字读书生活、狮城少年读书系列活动、黄金周特价书展等 16 项 60 多场（次）内容丰富、精彩纷呈的主题读书活动。除此之外，还走进社区、学校、部队、监狱，将读书活动延伸到狮城各个角落，吸引各界读者 9 万人次争相参与，在全市上下形成了读书明理、读书求知、读书成才的新风尚。11 月 9 日上午，来自市区的中小学生及社会各界读书爱好者 1000 余人欢聚市文化艺术中心礼堂，沧州市第三届读书节闭幕式暨"大斤石材"杯中华经典名篇诵读汇演在这里举行。伴随着高亢激昂的诵读声，历时 40 多天的沧州市第三届读书节活动圆满落下帷幕。（河北省图书馆学会）

【沧州市图书馆向张华绿色家园图书室捐赠图书】 沧州市图书馆在为广大市民提供

优质服务的同时,把关心残疾人、帮助弱势群体作为一项重要工作来抓,在馆内设置了残疾人专用通道、残疾人阅览坐席,开设了盲人图书室,为盲人送书上门,在市聋哑学校开设了服务点。沧州日报发起的"捐一册图书,送一片绿洲"——帮张华绿色家园捐建图书室活动,沧州市图书馆领导的高度重视。2月28日,市图书馆精心挑选了400余册优秀图书捐赠给张华绿色家园。"张华绿色家园"是由原重症尿毒症患者、天津市劳模、河北省"五四"奖章获得者张华等人发起组织,尿毒症病人、肾移植病人、残疾人、癌症病人、下岗职工、青年志愿者以及大学生志愿者自愿参与、自愿联合起来,旨在自爱、自助、互爱、互助的民间爱心群体,现有成员100多名。在社会各界的关心支持下,张华绿色家园捐建图书室正在建设中。(河北省图书馆学会)

【**沧州市图书馆开展县乡村三级图书馆(室)调研活动**】 根据市文化局的部署,沧州市图书馆从2005年下半年开始对全市县乡村图书馆(室)建设的现状及利用情况进行摸底调研,并进一步探讨在建设社会主义新农村的实践中,基层公共图书馆(室)的功能及作用,以及如何改变现状、发挥更大作用等问题。沧州市图书馆明确专门部室和人员负责调研工作,并提出了建设性意见,为市文化局领导决策提供参考依据,并对基层图书馆业务工作进行了有的放矢的指导。(河北省图书馆学会)

【**廊坊市县级数字图书馆全部开通**】 廊坊市图书馆向全市10个县(市、区)图书馆移交共享工程网络设备及后台管理账号、密码,全市县级数字图书馆(文化信息资源共享分中心)全部实现并网运行,标志着廊坊市成为我省第一家县级数字图书馆全部开通的城市,并在全省率先实现了文化信息资源共享工程的国家、省、市、县四级联网。只要拥有一张小小的图书卡,读者就可以在县(市、区)图书馆中通过互联网登录到廊坊数字图书馆,或在家中利用电脑实现网上借阅,在网络上博览群书。廊坊市10个县(市、区)开通的数字图书馆,还具有双向、互动的特点,人们不仅可以通过该系统阅读国家、省、市图书馆浩如烟海的电子图书,还可以细细品读廊坊市各县(市、区)图书馆珍藏的典籍资料。进入廊坊市数字图书馆主页访问的读者已突破21.5万人次,进入专题访问的读者已达3000万人次,日均点击量2.5万人次。为了扩大"全国文化信息资源共享工程"的惠及面,2006年该市又投资170万元,历时7个月,分别在全市10个县(市、区)建设了县级数字图书馆(文化信息共享分中心)。为方便读者,廊坊市各级图书馆根据馆藏特色和地方特色,对网上资源进行了加工、整合、开发出各种内容丰富的数据库。目前,网上运行的数字图书已达25.1万种、期刊有5300种。另外,他们还运行了科技信息、商务信息、地方文献、文化艺术志等多个专题数据库。今年6月份,廊坊市图书馆又购置了种植、养殖视频资料707种,以更好地服务"三农",服务新农村建设。(河北省图书馆学会)

【**抚宁县"图书大篷车"送书下乡**】 鉴于图书馆有书、而不少偏远山区农民却"想读没书"的现状,抚宁县图书馆开出了"图书大篷车",为全县相对偏远的8个乡镇的近200个村庄"配送"图书,设立了免费借阅图书点。图书点设在村委会或村干部家里,由责任心强的村干部担任管理员。"大篷车"每月将各村图书点的图书交流轮换两次,并不断更新。当地农民只需在登记本上签个字,就可免费读到自己所需的科技文化书籍。想看哪类书籍而图书点没有的,只要提出来,"大篷车"下次前来准会给送上门。在此基础上,县图书馆将"图书大篷车"轮流开往全县较大的集市。赶集的农民看到喜欢的图书,交些押金,就可以带回家阅读。据统计,每次"大篷车"赶集的借阅量都超过了1000册。(河北省图书馆学会)

【**纪念长征胜利70周年燕赵少年读书系列活动在全省蓬勃开展**】 2006年8月至12月,由河北省文化厅主办,河北省图书馆学会、河北省图书馆、

173

河北文化信息资源共享中心承办，以"读长征红色书，弘扬长征精神"为主题的纪念长征胜利70周年燕赵少年读书系列活

动和送文化到基层"我的数字生活"系列活动在全省展开。包括"读长征壮丽史诗"百部图书书目荐读、"追忆长征历史"百题知识竞赛、"长征精神代代传"主题演讲比赛、"纪念长征壮举"征文、"雪山·草地"书法创作、"我眼中的八荣八耻"燕赵少年摄影比赛、"我的网上阅读生活"和"网上跟我唱"等一系列活动。燕赵少年读书系列活动自2004年开始，已开展了三年，受到各级文化、教育部门的高度重视和社会各界的大力支持。在2006年读书活动中，各级公共图书馆、图书馆学会精心策划，努力发动，使丰富多彩的读书活动深入到市、县、乡（镇）和各级学校，并走进千家万户，融入市民的文化生活，有力地促进了学习型社会的形成。省图书馆成立了活动办公室，制定系列活动实施细则，以少儿部为主阵地，举办"纪念长征胜利七十周年"荐读图书展。还重新整合栏目资源，以全新的网页向读者免费提供电子图书、期刊、论文、财经视频和讲座资源等数字资源。石家庄市

图书馆抽出专项经费采购图书，奖励作者、辅导老师和学校，并聘请专家对推荐作品进行筛选。唐山市图书馆和图书馆学会通过张贴海报等形式扩大宣传，并到各学校提供咨询、指导服务。秦皇岛市图书馆与书法培训学校联合征稿，组织广大中小学生积极参加以"雪山·草地"为主题的书法比赛活动。邯郸市图书馆选购图书2 000余册，为读书活动提供了丰富的文献资源。邢台市县图书馆积极组织专题图书供读者借阅，把报刊上介绍长征历史、人物、故事的有关文章组织起来举办展览。新河县图书馆以董振堂将军烈士纪念馆落成揭幕为契机，大力开展"读书晓史，了解先烈，了解家乡，贡献家乡"宣传活动，并在以董振堂将军命名的振堂中学开展了"弘扬长征精神，我爱振堂"专题演讲竞赛。沙河市图书馆把《朱德司令的革命道路》等系列图书推荐给中小学生，纪念朱德同志诞辰120周年。张家口市图书馆在市委宣传部等多家单位的积极支持下，精心筹划了书法、演讲、征文、知识竞赛等丰富多彩的主题活动，吸引了大批爱好者的踊跃参与。家庭百科知识竞赛在市妇联的支持推动下成为活动中的亮点，众多家庭开始成为书香家庭，读书学习的风气走进了山城的千家万户。承德市图书馆积极协调各有关部门，组织各会员单位，在全市各区县中小学开展了一系列读书、竞赛活动。一是辅导中小学生网上阅读百

部"长征壮丽史诗"图书、指导学唱优秀校园歌曲；二是联合承德广播电视报社、华文书店等单位，开展了"华文书店杯"追忆长征历史百题知识竞赛和"纪念长征壮举"征文活动；三是举办了"弘扬长征精神"主题演讲活动和"雪山·草地"书法展。廊坊市文化局、图书馆专门成立了活动办公室，多次召开会议进行策划研究，协调各学校、图书馆间的关系，为活动开展架桥铺路。活动中发放免费上网卡近千张，组织读者到馆内免费上网150余人次；参加活动读者达8 000余人，收回知识答题卡2 050余份。市图书馆还审校整合了活动中的征文，并结集成册分发收藏；选取优秀摄影作品冲洗扩印，连同精心装裱的优秀书法作品一起在儿童厅展出。沧州市图书馆在市委宣传部等9家单位的协调推动下，把这次少年读书活动与第三届读书节紧密结合，

推出了中华经典名篇诵读、"读书与生活"、"我的读书格言"征集评选、中小学中英文优秀课本剧大赛等令人耳目一新的活动。16大项60多场（次）主题活动吸引各界读者9万人次争相参与，成为和谐沧州文化和学习型城市建设的亮丽风景。

"读长征红色书，弘扬长征精神"为主题的纪念长征胜利70周年燕赵少年读书系列活动和送文化到基层"我的数字生活"系列活动注重内容和形式上的创新，吸引了全省160余所学校，5万余名青少年参加。其中1.5万余人参加了"纪念长征壮举"征文活动，1000余人参加了"雪山·草地"书法展，2.8万余人参加了"追忆长征历史"百题知识竞赛。共有2100篇优秀征文、350幅优秀书法作品和150幅摄影作品入围，624名读者获个人奖，11个单位获组织奖。"我的数字生活"系列活动发放免费读书卡1万张，"我的网上阅读生活"、"网上跟我唱"和"我眼中的八荣八耻"燕赵少年摄影比赛活动中有54名参赛者获奖。12月上旬，11个地市图书馆优秀小读者代表一行28人，到北京参加了"重走长征路"纪念活动，参观了军事博物馆举办的《伟大壮举，光辉历程——纪念中国工农红军长征70周年》展览，红军在长征途中生死相依、患难与共的感人事迹，深深打动了小读者们，把这次燕赵少年系列读书活动推向了高潮。（河北省图书馆学会）

【河北省图书馆学会首届青年论坛在衡水召开】 2006年10月23日至26日，河北省图书馆学会首届青年论坛"在创新中成长"在衡水学院隆重举行。中国科学院文献信息中心研究员、博士生导师、国务院学位委员会图书馆学情报学评

议组成员、国家社会科学基金评议组成员孟广均教授出席会议，并作了题为《为图书情报事业奋斗一生——与青年人谈治

学》的学术报告。省图学会学术委员会副主任、省高校图工委副主任兼秘书长杨华，学术委员会现代技术研究分会副主任、河北文化信息资源共享中心副主任靳志军，学会常务理事李宏、刘维庆、梁宏杰、张晓峰、黄晓鹏等出席会议。这次活动得到了省文化厅、衡水市文化局和衡水学院的高度重视和大力支持，得到了我省各系统图书馆和青年图书馆工作者的热烈响应。来自全省公共图书馆、高校图书馆、科研单位以及其他各系统图书馆的76名青年代表参加了会议。衡水市文化局、衡水学院、市图书馆和学院图书馆领导到会并致词。

会上，代表们踊跃发言，在"创新中进一步凸现图书馆的功能定位"、"管理与服务创新"、"现代图书馆建筑设计的五条原则"、"公共图书馆稳步发展的几个方面"、"图书馆在知识经济时代的发展方向"等方面进行了学术交流，同时围绕图书馆事业发展与工作中存在的问题进行了认真讨论，提出了解决方案，充分反映了我省青年图书馆工作者对图书馆事业的关注、对图书馆学理论

研究的热情和对工作创新积极的探索。代表们还一致表示要为建设和谐社会、为科教兴国、为河北省图书馆事业的发展，作出更多贡献。

省图学会学术委员会副主任、省高校图工委副主任兼秘书长杨华在闭幕式上向代表们提出了几点希望。他希望青年同志能多参加业界学术会议、参与研讨，在研究中能注重实践研究，并保持研究的持续性。他强调青年人不仅要有朝气、非凡的办事能力，而且要有持久的创新能力。

这次会议是河北省图书馆学会首次举办的青年论坛，由衡水学院图书馆和衡水市图书馆学会承办，无论从会议的交流情况还是参会人员的积极性来看，都是近年来学会举办的非常成功的一次专题会议。全省各系统图书馆的青年代表共聚一堂，畅所欲言，收获很大。衡水市的新闻媒体专门报道了论坛情况，省图学会在《图书情报通讯》、《河北科技图苑》和《河北省图书馆学会通讯》等业内刊物进行总结和广泛宣传。（河北省图书馆学会）

【河北省图学会组织全省各系统图书馆开展"世界读书日"读书和宣传活动】 2006年

4月23日，省图学会响应中央宣传部、中央文明办等十一部委联合发布开展全民阅读活动的倡议，号召全省各系统图书馆开展了一系列网上读书和宣

传活动，深入推动全民读书活动的开展。在"世界读书日"期间，省图一是举办"阅读千种人文期刊杂志、建设人文社区和谐社会"网上读书活动，共有千余种电子期刊免费提供给社会公众；二是与龙源期刊网联合举办《我与数字图书馆》有奖征文大赛，吸引了读者参与；三是在省图网站公布"2005年燕赵少年读书之星"评选结果，苏航等省内20名同学获得了此项称号；四是公布2005年河北省图书馆"读书之星"名单，"读书之星"的评选是在2005年度68万到馆读者中，依据读者1—12月份在省图借阅图书册数的多少，且无违反省图有关借阅规定，据计算机统计资料而确定的；五是在省图网站转发十一部委联合发布关于开展全民阅读活动的倡议书。（河北省图书馆学会）

【河北省高校图书馆科学管理研究会第四次代表大会暨第五次学术研讨会召开】 河北省高等学校图书馆科学管理研究会第四次会员代表大会暨第五次学术研讨会于2006年5月28日—31日在石家庄邮电职业技术学院召开，我省41所高校图书馆馆长及会议代表共60人参加了会议。本次大会的中心议题为换届选举，产生新一届的理事单位，理事及正、副理事长。此次学术研讨会的主题：一是高校图书馆可持续发展研究；二是探讨创建和谐的高校图书馆。

5月28日，研究会第三届理事会第四次会议召开，会议讨论了研究会换届选举事宜，审议并通过了新一届理事会候选人建议名单、研究会第三届理事会所作的工作报告稿、理事会章程的修改等文件；听取了秘书长马仁勇关于会费收支情况的汇报；讨论决定评定评选优秀论文等事宜。5月29日上午，河北省高等学校图书馆科学管理研究会第四次会员代表大会暨第五次学术研讨会正式召开。河北省高校图工委副主任兼秘书长杨华致开幕词，石家庄邮电职业技术学院副院长郎秋洪致欢迎词。开幕式后，研究会理事长吴文广代表研究会第三届理事会作工作报告。研究会副理事长、石家庄铁道学院图书馆馆长刘维庆宣读了《河北省高等学校图书馆科学管理研究会第四届理事会理事单位及理事候选人建议名单》，请代表审议。经大会选举通过，华北电力大学图书馆孔庆勤等28个单位、30名同志为新一届理事会理事。随后新当选理事在杨华秘书长的召集下

召开了研究会四届一次会议，并进行了理事长推选工作，河北经贸大学图书馆馆长梁洪杰教授当选为新一届理事长，王黔平等14位理事为副理事长，何锐鹰理事为秘书长，吴文广、赵国庆为本届研究会顾问。会议期间，被评为优秀论文的部分作者作了大会发言。5月31日下午，举行大会闭幕式，为新当选的理事长、副理事长、秘书长、理事和顾问赵国庆、吴文广颁发聘书；为本届学术研讨会论文获奖人员颁发优秀论文荣誉证书；研究会副理事长、河北医科大学图书馆副馆长宗红侠宣读《河北省高等学校图书情报工作委员会关于表彰2005年度图书资料先进工作者的决定》，并由杨华等给245名先进工作者的代表颁发证书。研究会第四届理事会理事长梁洪杰同志做总结发言。（河北省图书馆学会）

【驻石家庄高校图书馆第五届馆长年会召开】 2006年4月20日—21日，第五届驻省会石家庄高校图书馆馆长年会在石家庄植物园会议中心召开。23所驻省会石家庄高校图书馆馆长共43人参加了本次会议。河北医科大学图书馆承办了此次会议，副馆长许新民主持会议，河北医科大学副校长王更新出席会议并发表了热情洋溢的讲话。河北省图书馆学会理事长、河北省图书馆馆长李春来到会祝贺并讲话。会议针对新形式下图书馆的发展与行业自律等问题进行了广泛探

讨与交流，并举办了图书馆存储、防雷等技术推介会。

驻石高校图书馆馆长年会的前身是"驻石高校图书馆领导联席会"，始于2002年。这次会议商定，2007年驻石高校图书馆第六届馆长年会由石家庄经济学院承办。（河北省图书馆学会）

【河北省高校文献检索课教学学术研讨会在张家口市召开】 由河北省高等学校文献检索课教学研究会（以下简称"教研会"）主办、河北建筑工程学院图书馆承办的河北省高等学校文献检索课教学研究会学术研讨会，于2006年7月19日—21日在张家口市召开。会议得到了河北省各高等学校图书馆的积极响应，37所高校图书馆馆长和文献信息检索课教师共70多人参加了会议。河北省高校图工委副主任兼秘书长杨华、河北建筑工程学院院长王海龙等出席开幕式并致辞。会议邀请国家知识产权局医药生物发明审查部专家魏春宝作了题为《专利与专利文献》的报告，受到与会代表们的欢迎与好评。大会还进行了论文交流与经验介绍，进行了分组交流和讨论，共同探讨了文献信息检索与利用课程建设中面临的困难与存在的问题以及有利的形式，共同商讨了课程改革与创新发展的对策。在大会总结及闭幕式上，进行了本次会议获奖论文的颁奖仪式，教研会副理事长黄晓鹏作大会总结发言。杨华作了重要发言，对河北建筑工程学院领导给予的关怀与支持、对该院图书馆工作人员为会议付出的辛勤劳动致以衷心的感谢。（河北省图书馆学会）

山西省

【省馆太原市劳教所图书流通站建立并开馆】 2006年1月12日，山西省图书馆副馆长石焕发带领有关人员一行9人专程去太原市劳教所图书流通站与市劳教所有关领导和管理人员进行了座谈，并代表我馆向市劳教所赠送优秀图书1 004册、期刊2 675册。该流通站是我馆在惩罚改造罪犯和教育劳教人员的执法机关建立的第一个图书流通站，它的建立，为干警送去精神食粮，解决了他们看书难的问题，同时也为罪犯和劳教人员送去了温暖和关怀，给他们学习知识、重新做人提供了更好的条件和机会。（山西省图书馆学会）

【省委副书记兼省委宣传部长云公民到省馆视察】 2006年2月15日，省委副书记兼省委宣传部长云公民和宣传部副部长申存良、田惠爱一行在文化厅厅长成葆德等厅领导的陪同下到山西省图书馆视察。云公民一行在省馆领导陪同下先后视察了办证台、文源书苑、展览厅、报纸阅览室、借阅部、读者工作部、信息咨询部、自动化网络部、古籍室、地方文献部、基藏室、盲人阅览区、数字阅览室等有关部门。视察后，云公民指出，现在全省的文化事业、图书馆事业正处在一个关键的发展机遇期，要结合"十一五"规划，结合当代文化的需要和建设文化强省的战略目标，做一个可行的图书馆事业发展规划。云公民还对省馆在条件不具备的情况下各方面工作的开展给予了充分肯定，希望省馆抓住发展机遇，为全省的图书馆事业发展添砖加瓦。（山西省图书馆学会）

【省人事厅领导来省馆进行人事制度改革调研】 2006年2月21日，省人事厅副厅长王云龙、专业技术人员管理处处长孟毅芳、副处长贾雄在省文化厅助理巡视员窦明生、人事处处长赵克谦等陪同下来山西省图书馆进行人事制度改革调研。在对省馆的改革情况及存在问题进行了解后，王云龙指出，山西省图书馆作为国家人事部、省人事厅的事业单位人事制度的改革试点单位，目前应先理顺改革程序、完善改革方案、探讨交流、总结经验和充分准备，努力做好改革试点工作。（山西省图书馆学会）

【开拓进取多创造 省馆工会获殊荣】 在上级工会、馆党总支的正确领导和大力支持下，山西省图书馆工会认真贯彻落实"组织起来、切实维权"的工会工作方针，积极开展和创造性地组织多种活动，成绩显著，被中国教科文卫体工会全国委员会授予2005年度"全国教科文卫体系统先进工会组织"。

山西省图书馆工会多年来不断加强组织建设，提高工作水平，配合党、政搞好各项工作。多年来，工会广泛深入群众，关心职工生活，坚持每年给职工赠送生日礼物、传统佳节上门慰问老干部老职工和困难家属并发放节日福利等。工会还积极开展各种文体活动，丰富职工文化生活，举办职工迎春晚会、秋季运动会、广播操比赛、秧歌赛、摄影赛、球类棋牌类比赛，增强职工凝聚力，提高职工综合素质。同时，工会组织还发动职工奉献爱心，为贫困山区和灾区捐款捐物，开展了"关注乳娘、孤残孩子"、"情系残疾兄弟姐妹"等公益捐助活动，深得社会好评。今后，山西省图书馆工会将继续不懈努力，开拓创新，为创建和谐社会贡献力量。（山西省图书馆学会）

【省馆换发 IC 卡式读者证】 2006 年 2 月 13 日，山西省图书馆正式开始为读者换发 IC 卡式读者证。更换新式读者证是省馆酝酿已久的一件大事，其目的是进一步拓宽服务领域，增加服务功能，更好地满足读者的需求，使省馆的读者服务工作再上一个新台阶。此前，有关部门已经做了大量的调研工作，并结合新证的使用修改了省馆的读者证办理办法。新证的使用将真正实现一卡通用，更加方便读者，同时为读者服务工作的进一步发展留下很大空间——可以使读者在更大范围内使用本馆资源，更广泛地实现资源共享。新式读者证与旧证相比有许多优势，可以增加数字阅览、视听及储值功能，方便实现全馆借阅服务的统一管理等。为充分保证读者的权益，换发新证后的各种收费标准不变，对已办证的注册读者换用新证不再收取工本费。（山西省图书馆学会）

【山西省首届民间手工艺民俗文化节在省馆举行】 拓展服务内容，提升公益形象，扩大社会影响，山西省图书馆近年来在传统图书馆服务的基础上，在社会文化的各个领域开疆拓土，实践着公益文化服务者的责任。为了发展文化产业，传承和保护传统手工艺，也为了在节日期间活跃市民的文化生活，让假日期间走进图书馆的朋友度过一个欢乐、祥和、文明的元宵佳节，2006 年元宵节期间（2 月 11 日—13 日），山西省图书馆联合山西省工艺美术协会、山西省民俗协会、太原市工艺美术协会、山西省灯谜学会、太原市风筝协会等单位，举办了为期三天的"山西省首届民间手工艺民俗文化节"。

文化节有三大主题活动：民间手工艺现场展示表演销售、民俗作品展和民间灯谜竞猜。文化节邀请了享誉三晋融汇中国传统吉祥文化的"一刀剪"等剪纸艺术专家和他们的作品参展；还邀请了中国四大漆器之一的"平遥推光漆器"；以盘鹰、沙燕、虬龙见长的太原风筝展览；精美绝伦的鸵鸟蛋绘、鸡蛋画、鸭鹅蛋画等蛋画绘制品；烫画葫芦、内画鼻烟壶、内画项链、内画水晶球、内画各种摆件等内画艺术品；书法雕刻艺术、石雕艺术、根雕艺术、挂毯工艺品、面塑、布艺、刻瓷、紫砂等等民间手工艺品、旅游纪念品、收藏品，可谓精工荟萃、异彩纷呈。同时，山西省图书馆还继续举办了元宵灯谜竞猜活动。

三晋文化历史悠久，文化底蕴深厚而又富有地域特色，散落在民间的手工艺品以及手工制作工艺，集聚了中华民族几千年来的生存和发展的智慧。此次展出的手工艺作品，集中了我省民间手工艺的精华，这些作品融传统文化与现代工艺于一体，在新颖和现代之间散发出浓郁的传统气息，意蕴深厚，风格各异。其中很多工艺品从不同的角度、以不同的艺术造型再现了中国传统文化中的吉祥文化。（山西省图书馆学会）

【省馆接待盲人读者超过千人大关】 在馆领导的高度重视、大力支持和盲人阅览区工作人员的辛勤努力下，山西省图书馆盲人服务充满活力、喜结硕果。截止 2006 年 3 月 31 日，共接待盲人读者 1 074 人次。

盲人阅览区开放 9 个月以来，工作人员无微不至地关心着每一位盲人朋友，他们用辛勤的汗水和无私的奉献，收获了来自盲人朋友的真诚感激和赞扬。工作人员细心呵护盲人朋友，通过交流了解他们的家境、职业、爱好、特长及理想，并记录下来建立详细档案，及时为他们排忧解难。她们的切切关爱感动了许多盲人朋友，无论是多次获奖的乐手还是天分不菲的歌手，无论是小有名气的中医还是大名鼎鼎的按摩师，他们总是不断地通过电话问候、主动帮忙等形式表达对工作人员的感激之情。他们常说的一句话是："需要我们做什么，直接告诉我们。"盲人马冰茹隔几天就追问："有新书到馆吗？我可以为大家写盲文目录。有需要帮助的一定要告诉我。"春节前后，许多盲人朋友打来电话拜年；惊蛰前，盲人朋友特意叮嘱工作人员要吃梨；三八妇女节，盲人李强专门来到省馆，就为了对女工作人员说一句："祝你们三八节快乐"……所有这一切，让工作人员感动不已。

盲人阅览区让盲人朋友享受到家的温暖，盲人也把真情寄托和回馈给工作人员。爱心的互动在省馆的特殊群体服务领域开辟出一个和谐的家园。（山西省图书馆学会）

【省委宣传部副部长、省文化厅党组书记杨波到省馆视察】 2006 年 4 月 11 日，中共山西省委宣传部副部长、省文化厅党组书记杨波在省文化厅赵晋蓉、贾新田副厅长等陪同下到山西省图书馆视察。

李小强馆长、郭彦新书记向杨波副部长一行汇报了省馆近年来的工作情况。杨波副部长肯定了省图书馆的工作成绩，望大家再接再厉，使图书馆工作取得新的突破和发展，并强调了省图书馆应该把馆藏建设、资源共享、读书活动作为当前的三个主要工程来抓，继续提升省馆在全省的重要作用。

杨波副部长一行还在省馆领导陪同下视察了省馆各部室。（山西省图书馆学会）

【省馆荣获全国公共图书馆缩微工作先进集体】 2006 年 4 月 7 日—11 日，山西省图书馆声像缩微部主任单卯生和阎世俊同志参加了在深圳市召开的"全国公共图书馆文献资料缩微工作会议"。

会上，各馆向国家缩微中心领导汇报了上年度任务完成情况及机器设备使用、材料损耗情况。缩微中心主任李健对 2005 年度全国缩微工作作了总结。会议根据 2005 年各馆缩微工作任务完成情况，评选出 11 个先进集体和 11 个先进个人并进行了表彰。省馆去年共完成缩微任务 6.4 万余拍，超过上年计划 210%，优质品率达到了 88.02%，被评为 2005 年度缩微工作先进集体，阎世俊同志被评为 2005 年度缩微工作先进个人。（山西省图书馆学会）

【山西省第四届门券收藏展暨首届华北地区门券交流会在省馆举行】 2006 年 4 月 20 日—28 日，由山西省图书馆和山西省收藏家协会联合主办的山西省第四届门券收藏展览暨首届华北地区门券交流会在省馆举行。这是宣传山西省旅游资源、丰富省城太原群众文化生活、展示协会会员门券收藏成果、汇聚全国券友的一次盛会。此次展出的门券藏品中，有 8 位会员展出了 8 部专题作品，既突出了山西地域文化特色，又兼顾了其他内容。门券专题使用大小贴片共计 360 个，精选门券近 1500 枚。整个展览题材广泛，内容丰富，版面精炼，思想性、艺术性、趣味性、研究性均比以往有所突破。

在展出的专题作品中，"平遥古城的文化魅力"、"壶口瀑布"、"明清晋商兴衰史"、"山西'马踏飞燕'邮资门券赏析"、"五台山门券演变史初探"等专题突出了山西王牌景点的历史文化内涵，给人以启迪和教育，且门券研究性达到了一定水平。"战争与和平"专题以门券为载体，从不同的历史角度反映了中国和全世界人民反对战争渴望和平的强烈愿望。"汉字"、"神州四季皆美景"专题以知识性、趣味性的手法用门券来展示祖国的历史文化和美丽山河。

4 月 27 日，来自山西、北京、天津、河北、陕西、内蒙、山东、江苏、河南、浙江、安徽、吉林、辽宁等地的 100 余名券友齐聚山西省图书馆，参加了山西省收藏家协会门券专业委员会举办的华北地区门券交流会的开幕式。交流会上一些门券收藏专家对展览和交流会的成功举办致以热情洋溢的祝贺。会后，券友们还进行了门券拍卖活动。此次展览和交流会吸引

了众多读者,省城各大新闻媒体对此作了详细报道。(山西省图书馆学会)

【山西省图书馆盲文图书免费外借正式启动】 2006年5月21日,第十六个全国助残日,山西省图书馆正式启动盲文图书免费外借工作。启动仪式在省馆东楼前举行,山西省文化厅副厅长赵晋蓉、山西省残疾人联合会副理事长郝保平等领导和省馆领导及部分盲人读者参加了仪式。盲文图书免费外借的消息迅速在省城太原盲童学校与盲人卫校的师生间传递着,在省城所有渴望像正常人一样阅读、学习、提高自己的视障人士中传递着。

为了改善广大盲人及低视力者买书难、读书难的状况,有效提高盲人的文化素质,使他们享有阅读的权利和接受继续教育的机会,山西省图书馆于2005年6月1日为视障群体开设了全省第一个"盲人阅读区",购买了各类点字盲文书刊近400册,同时配备了收录机等设备,准备了多种有声读物,还购置了专用计算机及相关软件,提供上网检索、咨询、听读服务。为此,省图书馆累计投入经费20余万元,近一年来累计接待盲人读者1 188人次。

为了更大限度地满足盲人读者的阅读需求,同时考虑到盲人读者到馆阅读不方便的特殊情况,在省文化厅与省残联的大力支持下,省馆做了大量的工作,挤出经费添置新书与设备,并与中国盲文图书馆建

立合作借阅关系,增加馆藏,积极筹备开展盲文图书外借工作,还通过省盲人协会发出了《关于向山西省图书馆盲人阅读区提供图书资料的倡议》,号召全社会都来关注盲人的文化需求,让盲人阅读区越办越好。正式开通盲文图书免费借阅能为广大盲人朋友提供更多更好的服务,帮助他们以健全的思想、丰富的知识、实用的技能独立于社会,享受美好生活。(山西省图书馆学会)

【山西省图书馆举办"2006年少儿古诗文诵读比赛"】 诵读中华经典,让优秀的民族精神在我们血脉中流淌;诵读中华经典,让民族文化智慧支撑我们人格的脊梁。2006年5月28日,山西省图书馆与山西长城经济广播、中华古诗文经典诵读工程山西省推广办公室联合举办的"2006年少儿古诗文诵读比赛"决赛在山西省图书馆举行。省城十余家新闻媒体对比赛作了报道。

参加决赛的27名选手从初赛的100余名中小学生中产生,他们的比赛题目是《三字经》、《明日歌》、《将进酒》、《念奴娇·赤壁怀古》、《劝学》、《木兰诗》等古诗词经典篇目,既注重了诵读诗词的意蕴、音韵,又注意了诵读表演的技巧,充分展现了古诗文的丰富意境。诵读会还邀请了来自"唐风琴社"的古琴演奏家彭建军及其学生,以及养正学堂的小朋友们为现场观众演奏经典古琴曲目和诵读经典诗词。比赛评委、山西

省话剧院的一级演员董国华、山西长城经济广播副总监贾军和山西黄河电视台民生频道主持人李欣也为现场观众做了倾情诵读。

省馆举办此次古诗文诵读比赛,目的在于使青少年学生深刻体味到中华经典诗文独有的韵味美和意境美,提高阅读能力和语言表达能力,进而陶冶美好情操,提高文学素养,激发爱国主义热情和民族自豪感。(山西省图书馆学会)

【山西省中小型图书馆业务培训班开班】 2006年5月22日,由山西省图书馆、长治市图书馆联办的山西省中小型图书馆业务培训班在长治市隆重开班。省馆馆长李小强、副馆长石焕发、培训辅导部主任贾运生、长治市文化新闻出版管理局局长陈秀英、副局长杨建平等同志出席开班仪式,李小强馆长与陈秀英局长在开班仪式上致词。

共有来自全省11个地市85个单位的171位学员参加了培训班。石焕发副馆长为培训班讲了第一课《现代中小型图书馆管理与读者工作》,采编部主任赵谓炯、副主任潘泰华和自动化网络部主任李琥分别从图书分类编目、组织加工、文献资源建设、图书馆自动化管理等方面为培训班授课指导。

培训班于5月26日结束,经过考试,全体参训学员成绩合格,获得结业证书。五天的培训学习,对进一步加强全省中小型图书馆的标准化、规范

化建设、提高工作者专业技能起到了积极作用。（山西省图书馆学会）

【赵晋蓉副厅长、李小强馆长赴香港商洽石景宜先生赠书事宜】 2006 年 7 月 12 日，李小强馆长陪同山西省文化厅赵晋蓉副厅长赴香港商洽石景宜先生向山西省部分图书馆赠书事宜。

石景宜先生是全国政协委员、香港汉荣书局董事长，有"文化书使"之称。石先生 1916 年生于广东南海西樵山一个商贾家庭，抗日战争胜利后在广州开了一间书店，后在香港发展为颇具规模的汉荣书局有限公司、导师出版社、导师图书发行有限公司三个公司，是香港著名出版家、香港特别行政区第一届政府推选委员会委员，第六、七、八届全国政协委员。

石景宜先生爱国情深，以书搭桥，促进海峡两岸文化交流。1978 年以来，石先生先后向全国 32 个省、市、自治区近 200 个城市的图书馆、学校及科研机构等 500 多个单位，赠送图书 300 余万册，价值 2 亿多港元。同时，石先生又冲破台湾禁止大陆出版图书入境的各种阻挠，于 1990 年以来先后向台湾历史博物馆等十多个单位赠送大陆出版的珍贵图书 10 万余册。

石先生表示愿为山西省 40 家公共图书馆捐赠价值数百万港币的图书，相关工作已准备就绪，计划于今年合适的时候到山西举行正式的赠书仪式。

赵晋蓉副厅长对石景宜先生虽九十高龄却奔波劳碌、慷慨赠书、传播文明、为两岸文化交流无私奉献的精神深表钦佩和赞扬，并热情欢迎石先生来晋交流。（山西省图书馆学会）

【"读书乐"摄影巡展在山西省图书馆开展】 2006 年 7 月 19 日，由上海图书馆、山西省图书馆联合举办的"读书乐"摄影巡展在山西省图书馆举行了开展仪式。山西省文化厅、山西省摄影家协会、上海图书馆、山西省图书馆、太原市图书馆、长治市图书馆的有关领导参加了仪式。上海图书馆副馆长何毅和省馆馆长李小强代表联办双方致词。

此次展出的 80 余幅作品是从上海图书馆 2002 年以来举办的两届"读书乐"全国摄影比赛获奖作品中精选而出，在近年来全国各地多场巡展中反响强烈。巡展作品走进山西省图书馆，在炎炎盛夏为读者带来一份赏心悦目、怡情怡性的精神食粮。从参展摄影作品中可以看出，无论在哪个角落，读书在人们精神生活中有着十分重要的地位，读书的场景到处可见，读书的乐趣无处不在。一幅幅动人的画面透露出读书带给人们的愉悦之情，一个个精彩的瞬间吹响读书催人奋进的号角！（山西省图书馆学会）

【赵怀舟先生向省馆捐赠线装书】 2006 年 8 月 15 日，山西省中医药研究院基础所赵怀舟先生向省馆捐赠了线装

《金匮要略直解三卷附广成先生玉函经三卷》一套七册，该书为清康熙十二年（1673）刻本，赵先生于数年前购自太原古籍书店，是其珍爱之物。赵先生的慷慨捐赠，支持了省馆的藏书建设，丰富了馆藏资源，省馆将妥善收藏，不负其美意。（山西省图书馆学会）

【省馆举办"赵树理诞辰 100 周年图书图片展"】 2006 年 9 月 21 日，由山西省图书馆与赵树理故居陈列馆联合举办的"永远的怀念——纪念人民作家赵树理诞辰 100 周年图书图片展"在省馆拉开了帷幕。

当抗日的烽火燃烧在太行山上的时候，三晋大地又涌现出了一个平凡而伟大的人，他的名字曾与朱总司令、彭大将军一起响彻太行。他便是人民作家赵树理。他以一个作家对党、对人民特有的忠诚和热爱，一生勤奋笔耕，创作了大量如《小二黑结婚》等群众喜闻乐见、耳熟能详的艺术作品，也使自己成为继鲁迅、茅盾、巴金等文坛巨匠之后的中国现代文学史上极具影响力的作家之一，被誉为大家文学、乡土文学的奠基人，山药蛋派的开山鼻祖……时值赵树理先生百年诞辰之际，为了缅怀先贤，激励后人，山西省图书馆举办了这次图片及馆藏赵树理书刊作品展。此次图片展由"贫寒农家子，萍踪异乡人"、"成名太行山，脱颖万象楼"、"情系《三里湾》，遭厄《十里店》"、"岁寒知松柏，清气满乾坤"、"影视作品

剧照"五部分组成,共展出图片资料200余幅。同时,山西省图书馆将馆藏赵树理先生不同时期、不同版本的书刊,如《三里湾》、《李有才板话》、《李家庄的变迁》等作品80余册,以及由赵树理家属提供的赵树理先生生前的部分手稿、书信、书法和解放前出版的《论赵树理的创作》一同展出,真实再现了人民作家赵树理丰富而坎坷的人生道路和创作生涯。

这次展览不仅是对赵树理先生百年诞辰的最好纪念,而且对于当今文学创作的思考有着强烈的现实意义。(山西省图书馆学会)

【省馆为山西省第九次党代会提供信息咨询服务】 为了充分利用图书馆的信息资源为党政机关决策服务,进一步发挥现代图书馆信息枢纽的功能,2006年10月24—28日,山西省图书馆12位同志在党总支书记郭彦新、馆长助理袁长江带领下,分别在迎泽宾馆、山西饭店和龙城国际饭店为出席省党代会的代表们进行了现场信息咨询服务。

这是省馆首次为省级重要会议提供现场服务,会前从制订工作方案、研究热点问题到数据资源建设、编写相关资料、组织人员培训等做了大量的准备工作。会议期间,同志们着装统一、精神饱满、服务热情、配合默契,体现了良好的职业素质,先后接待各类咨询73人次,发放各种资料130余份,同时充分地宣传了图书馆,让各

级领导和所有代表进一步了解图书馆的功能,增强了代表的信息意识,圆满完成了任务。

这是山西省图书馆首次利用会议向各级领导和社会各界代表展示现代网络技术提供的信息服务。(山西省图书馆学会)

【省馆完成《山西省基层文化状况数据库系统》制作工作】 《山西省基层文化状况数据库系统》(以下简称"系统")是山西省图书馆承担省文化厅交办的基层文化调查工作重点项目。这是自省文化厅开展全省基层文化普查以来首次运用计算机数据库和网络技术来完成数据统计汇总排列工作。"系统"不仅可以对2005年上报数据进行相应的统计分析,还为未来全省文化普查提供模板和依据,方便了文化系统业务工作的开展。

"系统"以全省2005年基层文化调查表为基础,将收集回的数据全部录入,并制作成数据库管理系统。"系统"具备录入、检索、统计、报表打印输出、排序等功能,以 Microsoft Access 为后台数据库,对应文化调查表建有19个数据表,配合 Visual Basic 制作表单及对话窗口,以 WIN2000 以上操作系统为运行平台(需要安装Office2003)。"系统"可在局域网中运行,各客户端工作站可进行查询检索、编辑修改等操作。

"系统"的先期数据整理录入工作时间紧、任务重,工作量

超乎想象,省馆从各部门抽调了录入快手9人进行了数据表整理录入工作。为简化录入程序、提高录入效率,网络部制订了各类型调查表的相应录入规则。自动化网络部李琥主任和王丽莎承担了系统规划和数据库设计的工作,并在采编部主任赵谓炯配合下,编制了用于"系统"的全省区域及机构类型代码,解决了文化厅提供的原有文化系统机构类型代码不符合系统需要的问题。这个代码结构相对简单,便于使用,今后可用于其他文化系统调查工作中。

"系统"的制作及数据录入整理耗时近一个月,国庆后进入冲刺阶段,从2006年10月8日开始,所有"系统"工作人员中午、晚上都进行了不同时长的加班,其中几位年轻同志还进行了两次通宵加班。石焕发副馆长多次亲自到自动化网络部监督指导工作。经过连续作战,全部数据于10月15日录入完毕,并于10月16日送交省文化厅,由各调查组进行校对核查,校对完成的资料再交回省馆,省馆将继续完善系统的后期制作。(山西省图书馆学会)

【省馆举办"开放的山西政策解读"专题讲座】 从2006年3月28日山西省对外开放工作会议在太原市召开,到6—7月山西省对外开放的步伐从长三角地区阔步走向珠三角地区,山西省进一步深化改革、扩大开放的道路更加坚定与从容。

为了让更多的公众了解山西进一步改革发展所出台的相关政策法规，了解山西开放的思路、开放的前景，积极参与到山西的改革开放中来，山西省图书馆文源讲坛和太原市企业家协会、太原市职业经理人联合在 9—10 月组织了以"开放的山西政策解读"为主题的系列专题讲座。

这次专题讲座邀请了山西省商务厅副厅长李双才、山西省委宣传部副部长卢渝、山西省软科学研究会会长李镇西、山西省发展改革委员会外资处处长武东升、山西省政府法制办执法监督处处长马春生、山西省发展改革委员会宏观研究院院长李霆等专家，为大家讲解了《"入世"后过渡期山西对外开放需要关注的热点问题》、《发展文化产业、建设文化强省》、《创新思维与山西的对外开放》、《利用外资与山西经济发展》、《山西开放的昨天、今天和明天》等专题。

来自于各个阶层特别是企业的管理人员约 800 人聆听了此次专题讲座。很多听众非常感谢图书馆举办这样的讲座，他们从这些讲座中，获取了很多实用的前沿信息。进一步扩大对外开放、提高对外开放水平，是省委省政府确立的一项重要战略决策。省馆的文源讲坛将继续关注我省改革开放的步伐，继续为走进讲坛的听众提供高质高效的讲座内容。（山西省图书馆学会）

【省馆 2007 年中文图书招标采购开标会召开】　12 月 30 日，山西省图书馆 2007 年中文图书招标采购开标会在多功能厅召开。省文化厅监察室陈太平同志、评标组、监标组全体成员参加了会议。针对图书采购的特殊性，经报请省文化厅同意，此次招标采取邀请招标的方式，共邀请九家图书经销公司参与竞标。

为了体现公开、公平、公正的原则，招标之前，省馆相继成立了由书记郭彦新和馆长助理袁长江任组长的筹备组、评标组和监标组，先后进行了认真的市场调查，制定了详细的评标规则，制作发放了标书，共有新华书店总店图书馆直供中心等六家图书经销公司应标。

为了减少藏书建设的风险性，增加供书商间的竞争性，更好地保证图书采购数量和质量，本次招标采取分包竞标的方式，共分社会科学图书、自然科学图书、现采图书三包；同时参考借鉴其他图书馆图书招标经验，细化了评标规则，采取打分制。经过评标组成员和记分员认真的评分和统计，以及监标组的分数详细复核，最后经省文化厅监察室陈太平同志的审查，最终按照得分排序确定中标方，并现场宣读了评标结果。（山西省图书馆赵继红）

【倡导全民阅读　共建和谐文化——公众的权益和选择】　在中央及山西省"全面落实科学发展观"、"全面加强社会主义文化建设与和谐社会建设"的指示精神下，山西省图书馆响应中国图书馆学会全民阅读活动的倡导，积极主动、全面深入地开展了一系列形式多样、内容丰富的全民阅读活动，在省城乃至全省反响强烈，取得了良好的社会效益。

省馆利用馆藏资源，利用世界读书日、图书馆服务宣传周、全民读书月等特殊节日，充分吸引社会公众走进图书馆，亲近阅读，亲近图书。在特殊节日提供免费阅览服务吸引读者，提供 IC 卡式一卡通读者证方便读者；建成并开通三晋文化信息网，为读者提供有浓厚地方特色的文化资源；开通全国联合参考咨询系统，为读者提供免费网上咨询和文献传送服务；利用馆藏制作世界读书日专题推荐书目、解读"科学发展观"专题推荐书目、"公众权益与选择"百种期刊推荐、"和好书为友、与经典同行"馆藏优秀中文图书展等，推出专题图书展、优秀书目推荐、优秀期刊推荐、网上新书导读，用现实和网络相结合吸引社会公众，营造浓厚的阅读气氛，创建和谐的文化氛围。

针对未成年人群体，省馆为少儿读者设立了"中华古诗文"阅读专架，开展"遨游信息知识海洋"少儿优秀网站推荐活动并在省馆少儿网站上开设"馆员推荐"、"E 书博览"等专栏，推荐宣传优秀少儿图书 400 余种、优秀少儿期刊 50 余种，引导小读者会读书、读好书。通过对小读者阅读倾向的调查分析，现采少儿图书近千种，上架一周内几乎全部借出，受到小读者和家长的普遍欢迎。少儿活动方面，举办了"小读者庆新春游艺会"、"庆六一少儿英语演讲比赛"、"少儿古诗文诵读会"、"争当义务图书馆员"、"中小学弘扬和培育民族精神月"活动、"优秀小读者"评选等活动，接待小读者千余名，使孩子们的社会实践与课外教育结合起来，真正起到第二课堂的作用。为各类少儿报刊推荐优秀作文习作 50 余篇，《山西晚报》以"蓝天碧野中的童年"为题，整版刊登了美术班 8 名学员的习作。英语培训班学员参加"全国青少年英语技能大赛"，有 7 人次分获省（市）一、二、三等奖。

当前，图书馆的"阅读"已有了新的拓展，图书馆的文化传播功能得到了极大的延伸，山西省图书馆用丰富多彩的讲座、展览、影片播放活动给百姓以新型"阅读"的文化大餐。省馆继续打造文源讲坛"星期日讲座"文化品牌，在原基础上，2006 年在周日下午新开设了热点追踪专栏，围绕公众关心的热点话题，聘请专家学者进行解读，一年来先后围绕国际局势、台海关系、高考志愿填报指导、社会主义荣辱观、赵树理百年诞辰纪念等内容组织 6 场专题讲座，吸引了众多读者。网上公益讲堂、暑期中学生讲座、中国古典诗词欣赏与创作系列专题讲座也都吸引了更多的读者。全年先后举办疾病预防、佛学文化、风采女性、文源·晋商、文源·国学、父母学堂、文源·经济管理、开放的山西政

策解读、古典文学、茶文化、读书等 10 余个专题的讲座 109 场，接待读者 10 余万人次。卫星远程讲座方面，3 月 29 日，举办《中华人民共和国妇女权益保障法》卫星远程普法讲座，来自省人事厅、公安厅、省广电局、省综治办等单位的 120 余人聆听了讲座；5 月 20 日—21 日，举办全省律师业务卫星远程培训，120 余名律师参加了培训。

配合重大形势热点，省馆先后举办山西十人剪纸作品展、太原风筝精品展、舞剧《一把酸枣》摄影艺术展、山西省门券收藏展等特色展览共 17 期，接待参观读者约 20 万人次。省馆还自行制作了"永远的丰碑——纪念红军长征胜利 70 周年图片展"和"全国文化信息资源共享工程图片展"、"公众的权益与选择馆藏书刊展"等具有鲜明图书馆特色的展览。

省馆举办了包括寒暑假、宣传周、读书月、纪念日、消夏电影晚会、周末影院、高校推介等影片免费放映活动 167 场，接待观众 15000 余人次。

山西省图书馆加大了对外交流合作的力度，先后与山西省工艺美术协会、唐风琴社、二十一世纪图书广场、山西茶文化艺术协会、山西长城经济广播等近 20 家单位合作，开展了 20 期丰富的读者活动。特别是与 21 世纪图书广场联合举办的专题报告会"听阎崇年先生谈人生感悟"，吸引了众多听众，受到社会各界的极大关注。

世界读书日活动中，以"图书馆——公众的权益和选择"

为主题，首次面向全省各系统图书馆与广大读者，举办了"我与图书馆、我与图书"的主题征文活动，共征集文章 620 篇。作者包括省内外的中小学生、大学生、在职工作人员和离退休老人。大家以流畅的笔触，或生动地记录自己的读书体会，或抒发图书馆人丰富的内心世界。尤其是几位农村家庭图书室的管理人员，几十年如一日，坚持义务为周边村民提供图书阅读服务，他们的征文真实地记录了其无私的奉献精神和农村图书室的发展历程。

除征文活动外，为了更深入地了解读者需求，探索更加新颖而优质的服务，建立图书馆与读者的互动机制，山西省图书馆组织开展了多次读者座谈会。加强图书馆和读者的紧密联系，使山西省图书馆和全民阅读血肉相连、融为一体，在全社会扩大了全民阅读活动的影响，营造了全民阅读的良好氛围。

山西省图书馆始终把保障公民基本文化权益、提高全民族科学文化素质、繁荣社会主义先进文化和构建社会主义和谐社会作为自身的追求和光荣使命，倡导全民阅读，共建和谐文化，为三晋大地的文化繁荣和社会和谐不懈努力。（山西省图书馆　李德胜）

【首届"田昊杯"万人读书知识竞赛活动暨"长治市素质教育基地"揭牌仪式举行】2006 年 4 月 23 日，长治市图书馆举办了市首届"田昊杯"万人

读书知识竞赛活动暨"长治市素质教育基地"揭牌仪式。山西省图书馆副馆长石焕发、长治市委宣传部部长史耀清,长治市广电总局局长欧蜀俞,长治市文化新闻出版管理局局长陈秀英等领导为"长治市素质教育基地"揭牌。(长治市图书馆 董书忠)

【送书到农村】 2006 年 4 月 27 日,长治市图书馆先后为长治县八义乡官道等七个村送去图书、杂志,为农民朋友办起了图书室,受到当地农民朋友的热烈欢迎。(长治市图书馆 董书忠)

【省文化厅副厅长张建军等在长治市图书馆考察调研】 2006 年 6 月 30 日,山西省文化厅副厅长张建军等领导来到长治市图书馆进行文化建设调研,长治市委宣传部副部长郝黎华、长治市文化新闻出版管理局局长陈秀英等领导陪同,并在长治市图书馆召开了各县区文化局长、文化馆长、图书馆长会议。(长治市图书馆 董书忠)

【"读书乐"全国摄影比赛优秀作品山西巡回展在长治市图书馆展出】 2006 年 7 月 31 日,上海市图书馆、山西省图书馆联合举办了"读书乐"全国摄影比赛优秀作品山西巡回展,在长治市图书馆展出,展期 15 天。展出期间先后有 3000 余人次来参观学习,长治市委书记郭海亮参观了展览。(长治市图书馆 董书忠)

【长治市委书记郭海亮视察市图书馆】 2006 年 8 月 4 日,长治市委书记郭海亮视察了长治市图书馆,并对图书馆的建设与发展提出了希望和要求。他指出:图书馆应充分体现其公益性与服务性,加强图书馆的自动化、信息化建设,积极开展全民阅读活动,推动全市的经济与社会的发展。(长治市图书馆 董书忠)

【举办展览纪念红军长征 70 周年和抗日战争 70 周年】 2006 年 8 月 25 日,为纪念红军长征 70 周年和抗日战争 70 周年,长治市图书馆和长治市红军长征报告团联合在长治市图书馆举办了展览,长治市图书馆将珍藏的抗日战争史料面向读者开放,让青少年更加了解祖国的历史。(长治市图书馆 董书忠)

【长治市图书馆建馆 60 周年座谈会召开】 2006 年 10 月 18 日是长治市图书馆建馆 60 周年,长治市文化新闻出版管理局副局长杨建平、长治市图书馆离退休的干部职工及全体在职人员参加了建馆座谈会。60 年来,在历届市委、市政府和社会各界的关心支持下,长治市图书馆从无到有,从小到大,从旧到新,为满足全市人民的精神文化需求起到了积极的作用,取得了显著的社会效益。(长治市图书馆 董书忠)

【长治市政府秘书长秦跃进到市图书馆视察工作】 2006 年 10 月 26 日,长治市政府秘书长秦跃进到长治市图书馆视察工作,并指出:1. 图书馆要积极引进专业人才,人才是图书馆发展与繁荣的关键;2. 馆藏要充分体现地方特色,抗日战争史料非常珍贵,要整理好,保管好,利用好。(长治市图书馆 董书忠)

【长治市委宣传部长范丽霞在市图书馆视察】 2006 年 12 月 7 日,新上任的长治市委常委、宣传部长范丽霞,在百忙之中到长治市图书馆视察工作,在原宣传部长史耀清、长治市文化新闻出版管理局局长陈秀英、副局长王云尔、杨建平的陪同下,范丽霞部长仔细地察看了报刊阅览室、中文期刊阅览室、青少年阅览室和资源共享工程、数字阅览室,对图书馆的工作给予充分肯定,并指出,要选好书,加强对青少年的思想道德教育,把自动化和资源共享工程搞好,以满足全市广大人民群众的文化需求。(长治市图书馆 董书忠)

【大同市图书馆全面完成人事制度改革工作】 大同市图书馆作为全市人事制度改革试点单位之一,认真贯彻落实上级有关改革精神,在 2006 年年初就制定了改革方案、竞争上岗办法和内部分配改革办法。通过竞聘演讲、专家评议、双向选择、优化组合等程序,产生了新的部室主任,各部门人员亦进行了重新组合。2006 年 1 月,在职职工全部签订了《山

西省事业单位聘用合同书》，顺利地完成了全员聘用工作，实现了职工由"单位人"到"社会人"的转变。（大同市图书馆 管学功）

【大同市图书馆举办"读书丰富人生，构建和谐社会"读书演讲比赛】 为活跃全市人民群众的春节文化生活，推动全民阅读活动的深入开展，由大同市图书馆举办的"读书丰富人生，构建和谐社会"演讲比赛，于2006年2月17日上午在

云冈宾馆多功能厅举行了决赛。这次比赛吸引了来自大同市各行各业的读书爱好者，参赛代表济济一堂，各展风采。经过专家评委的层层选拔，22名选手进行了最后的角逐，最终评出一等奖1名，二等奖3名，三等奖7名，优秀奖11名。大同市委常委、宣传部长邹玉义、市人大副主任王克勤、市政协副主席于学敏、市残联理事长秦成贵、市文化局局长李恒瑞等领导出席并为获胜者颁奖。这次读书演讲比赛引起了大同市各大媒体的高度关注，大同电视台、大同日报、大同广播电视周报等对此作了详尽的报道。这次活动也引起了社会的极大反响，将对大同市建立

"全民读书，终身学习"的学习型社会起到积极的推动作用。（大同市图书馆辅导部）

【大同市图书馆免费为残疾读者、武警官兵开展计算机操作培训】 为满足读者对现代文化知识的需求及应用计算机方便快捷地在网上检索和获取信息资源，大同市图书馆电子阅览室免费为残疾读者、武警一中队、三中队的官兵举办了四期 windowsXP 基础知识初

级培训。通过工作人员的授课与上机辅导，使他们初步掌握了计算机操作的基本技能。培训活动引起了多家媒体的关注，大同电视台、教育电视台、大同日报和大同晚报等对此进行了报道。（大同市图书馆辅导部）

【国家图书馆副馆长莅临大同市图书馆】 2006年7月5日，国家图书馆副馆长张雅芳一行6人莅临大同市图书馆进行业务考察与调研。大同市文化局副局长刘海泉、文化局社文科科长梅效莹及大同市图书馆领导班子成员与国图领导进行了座谈与交流。大同市图书馆馆长管学功就本馆的人事制度改革、"十一五"规划、资源共

享、送书下乡等问题向大家作了详细的汇报。国图领导对该馆在软硬件不尽如人意的情况下，竭尽全力，努力做好读者服务工作予以了赞扬，并表示今后将在资源建设等方面给予大力支持。（大同市图书馆 管学功）

【大同市图书馆开办"平城讲坛"】 为迎接4月23日"世界读书日"的到来，大同市图书馆创办的"平城讲坛"，于2006年4月20日在本馆阅览室正式拉开帷幕。本市知名学者、市委政研室副主任赵忠格进行了首讲。本次讲座以"大同历史

文化"为主题，博古通今的赵忠格就大同的历史沿革、军事战争、知名人物作了精彩的演讲。大同市武警官兵、部分读者及图书馆职工约60余人聆听了讲座。首次讲座非常成功，比原定的时间延长了半小时，听众们还是意犹未尽。一位武警战士激动地说："听了讲座，使我

们对第二故乡大同更加了解，更加热爱。我们决心把保卫大同、服务大同作为自己的神圣职责。"7月25日上午，大同市图书馆特邀国家一级作家、鲁迅文学奖、赵树理文学奖获得者、《小品文选刊》主编王祥夫先生作客"平城讲坛"，为广大中学生和文学爱好者就"读书与写作"进行专题讲座。王祥夫与50多位读者就自己读书、写作的经验和体会进行了面对面的交流。到场的听众与王祥夫互动对话，尽情交流，现场气氛十分活跃。"八一"前夕，"平城讲坛"还特邀大同大学历史系晋商研究学者昝艾民为武警新荣区中队的官兵和读者举办了"晋商文化"专题讲座，受到听众的热烈欢迎。（大同市图书馆）

【大同市图书馆新馆开馆在即】 大同市委、市政府为改变市图书馆多年来有馆无址的现状，决定将地处市区黄金地段、交通便利的市展览馆东厅进行改造，作为大同市图书馆新址。新馆建筑面积5 000平方米，内设借阅部、阅览室、读者自习室、电子阅览室、报告厅等部门。为了更好地服务读者，市财政拨出专款180万元购置了新书架、阅览桌椅、计算机、服务器、磁盘阵列、数码摄像机等设备，并且安装了电梯1部、空调9台，阅览室铺设了静音地板。大同市图书馆新馆将于2007年元月正式开馆接待读者。（大同市图书馆 管学功）

【"全国文化工作先进集体"揭牌暨两节读书活动启动仪式在太原市图书馆举行】2006年1月13日，在太原市图书馆一楼大厅举行了隆重的2005年"全国文化工作先进集体"揭牌仪式暨两节读书活动启动仪式。省委宣传部副部长田惠爱，市政协主席姬和平，市委常委、市委宣传部部长范世康等领导出席。（山西省图书馆学会）

【"太原图书馆学会成立20周年纪念暨表彰大会"召开】2006年7月4日，太原市图书馆学会在神堂沟度假村召开了"太原图书馆学会成立20周年纪念暨表彰大会"。国家图书馆副馆长张雅芳、山西省图书馆学会理事长李小强、太原市文化局、市民政局、市科协等领导参加会议并作了重要讲话。学会理事长李明对学会20年工作作了概要总结和回顾，对今后工作作了安排。此外，大会还特地邀请了国家图书馆副馆长张雅芳为学会会员们作了题为"图书馆服务与改革"的专题报告。本次大会为太原地区图书馆事业的发展起到了积极的促进作用。（山西省图书馆学会）

【积极开展以"倡导全民阅读，构建学习型社会"为主题的、丰富多彩的系列读书活动】太原市图书馆积极发挥图书馆社会职能作用，开展了以"倡导全民阅读，构建学习型社会"为主题的、丰富多彩的系列读

书活动。在"全国图书馆服务宣传周"期间，举办了"家长与孩子的沟通"、"阅读与写作"两场专题讲座；资源共享电子阅览室免费向读者播放优秀影片和名家讲座，同时利用共享工程国家中心提供的文化信息资源，开展文化信息下乡活动；和太原市歌舞团共同举办了"和谐的音符"快乐六一音乐会及"少儿书画展"；为纪念"世界环境日"，举办了马永胜"抹去历史的尘埃"环保摄影展。"七一"期间，举办了"开卷有益——阅读与写作"报告会、"学生心理健康教育"讲座，与山西唐明诗社联合举办纪念建党85周年和红军长征胜利70周年诗书画印名人精品书画展；举办"气象科普知识"展览和刘贵明舞剧《一把酸枣》摄影艺术展及《践行社会主义荣辱观摄影作品汇展》，我市十县区、各部委局系统百余单位万余人前来观看了摄影展。；2006年10月30日—11月7日在本馆成功举办了太原跨省区金秋书画展。省级老同志王庭栋，市委常委、常务副市长张璞，市级老同志谷文波、赵振亮、杨瑞武、霍润德等省市领导出席了金秋书画展的开幕仪式。

开展地方文献特色服务，努力开发地方文献资源，加强地方文献全文和文摘数据库建设。太原市图书馆积极开展地方文献特色服务，努力开发文献资源，分专题下载了航空航天、山西文化、山西旅游等热点信息供读者查阅，定期对《并州文化》等栏目内容进行补充更

新,编制了专题《太原市内名胜旅游》、《太原地区红色旅游资源》与网络链接。截止 2006 年年底,建立文摘数据 458 条,制作成 PDF 全文数据文件 30 余种,多媒体视频资料 41 件,音频资料 36 件。这些资源已链入网站,实现了地方文献信息的特色化服务。

建设太原市图书馆网站并实现相关信息导航。太原市图书馆利用资源建设本馆网站,并利用其实现了本馆信息、网上资源、市政信息、地方资源等信息的导航,设立了信息咨询窗,顺利地开展了电子阅览室信息服务、文化信息资源共享信息服务。服务内容涵盖市政、法律、旅游、文化等各个方面,使读者能够通过网络窗口,更加方便快捷地获取各种信息。本馆还将网站网页信息进行了全面的改扩版设计,增加了信息集萃、市长信息、未成年人教育、本馆精神文明建设等栏目。

撰写"关于太原市各县(市、区)公共图书馆(室)建设发展"调研报告。为加快各县(市、区)公共文化服务体系建设步伐,推动各级图书馆的建设和发展,太原市图书馆对所辖地区农村文化服务及资源共享工程建设情况进行了实地考察与调研,并对调研情况进行了深入细致的汇总分析,撰写了"关于太原市各县(市、区)公共图书馆(室)建设发展"的调研报告,已报送上级有关部门。(山西省图书馆学会)

【开展"八荣八耻行为规范有奖问答"活动】 在开展全民阅读活动中,忻府区图书馆把少年儿童作为重点服务对象,结合党中央倡导在全国开展荣辱观教育的指示,图书馆组织人手,利用馆藏,搜集整理了大量有关"八荣八耻"宣传教育资料,经过精心选编后,印制成 5 000 份浅显易懂、图文并茂的小册子,派出工作人员散发到长征路小学、实验小学、五中、六中等中小学校。在"六一"儿童节当天,在孩子们聚集玩耍的忻府区体育广场,隆重举办了"八荣八耻行为规范有奖问答"活动,上千名少年儿童及许多家长踊跃参加了这次活动。有妈妈带孩子来领取答卷的,有老师对学生辅导指点的,还有爷爷奶奶给孙孙当参谋的,小眼镜与老花镜的对视,新观念与老传统的交融,场面热烈而动人。经过 100 分钟的既紧张激烈又活泼愉快的竞争,答题正确的前 50 名小朋友取得优胜,并获得了优秀少儿读物和网上读书卡的奖励。许多孩子对活动感到格外高兴,家长们也非常支持,他们说:"这样寓教于乐,把大道理变成生动形象、有趣又带激励性的活动,图书馆真有高招!"活动结束了,人们还久久不肯散去,面对群众提出"像这样的活动今后还会有吗"的问题,看到少年儿童热切期待的眼神,工作人员非常感动。(忻府区图书馆 王瑚)

【巩固、发展基层图书流通

点,延伸图书馆服务】 为建设社会主义新农村和构建和谐社会作出应有贡献,是忻府区图书馆 2006 年工作的主题。围绕这个主题,图书馆确定了走出馆门扩大服务覆盖面的方针,在深入基层调查摸底基础上,决定继续加强原有的夕阳红书屋、前郝村等五个农村流通站以及秀容文化大院、和平小区等三个社区流通站及幼儿园和戒毒所等两个特殊群体流通站,继续增设顿村星光大院、永茂教科文大院、庄磨镇文化活动中心等三个农村流通站和民政福利服务中心及干休所文化活动中心等特殊群体流通站。图书馆克服经费紧张、人手短缺的困难,为每个新增站点赠书 100 册,全年分别为 15 个流通站送书 1—3 次,共流通图书 1 万余册次。这些服务基层的有效措施,受到了群众尤其是广大农民朋友的欢迎,收到良好的社会效益,对于新农村建设和构机建和谐社会起到积极的促进作用。(忻府区图书馆 王瑚)

【送科技光盘到乡镇】 2006 年 3 月 16 日,榆次区图书馆工作人员分别来到修文镇、张庆乡、东阳镇,为当地农民朋友送去养殖光盘 140 张。工作人员还分别对当地的养殖大户进行了摸底调查,以便今后为他们提供有针对性的重点服务。(榆次区图书馆 郑海保)

【深入基层搞调研】 榆次区图书馆为配合新农村建设,

2006年10月7日,由区文化局副局长牵头,组成调查组,先后深入到区所属的10个乡镇,对农村公共文化情况进行了详细的考察调研,为建立农村基层文化站点做好前期准备。(榆次区图书馆 郑海保)

【王雅安同志为榆次区图书馆捐赠图书】 2006年12月28日,原晋中市委书记王雅安同志为榆次区图书馆捐赠图书356册,内容涉及文化、政治、经济等方面,充分体现了老同志对图书馆事业的热切关心与大力支持。(榆次区图书馆 郑海保)

【积极支援新农村建设】 榆次区图书馆始终将支援新农村建设作为自己义不容辞的责任,在坚持正常开馆、搞好阵地服务的同时,抽调人力,定期为农民朋友送去文化知识与科技信息。2006年在10个乡镇建立农村图书流通点43个,送去图书6 000余册,科技光盘、戏曲光盘80余张,在普及科学与文化知识的同时,还极大地丰富了农民群众的业余文化生活。(榆次区图书馆 郑海保)

【积极开展世界读书日活动】 2006年4月23日,临汾市尧都区图书馆为了纪念这一读书人的节日,同时贯彻中国图书馆学会"关于开展2006年全民阅读活动的通知"精神,4月23日上午,在本馆门前开展了主题为"图书馆:公共的权益和选择"的系列宣传活动。

本次活动旨在宣传图书馆在履行政府公共服务职能、保证公民自由平等、免费获取文化信息、提高国民科学文化素质方面的作用,号召社会公众走进图书馆,亲近阅读,亲近图书,让读书成为人们的一种习惯和生活方式。尧都区图书馆工作人员纷纷走上街头,散放各种宣传资料,设立咨询台,解答读者咨询,现场办理免费借书证、阅览证,并向公众介绍本馆全民阅读推荐书目,向读者免费赠送本馆编辑的《科技信息》《书翰扁舟》等刊物。同时发放《读者调查表》,开展读者调查活动。

电子阅览室开展读者计算机检索培训、免费查阅网络信息,推出"世界读书日"专题网页等活动。阅览室举办面向未成年人、农民、下岗职工的"馆藏百种图书展""馆藏百种期刊展";适当延长开馆时间,满足读者的阅读需要;"世界读书日"系列活动,受到了区文体局领导的高度重视,局领导班子全体成员参加了街头的宣传活动,并亲自散发传单、捐赠图书,积极支持图书馆工作,将整个宣传活动推向高潮。(山西省图书馆学会)

【宣传周活动丰富多彩】 临汾市尧都区图书馆紧紧围绕图书馆服务宣传周主题,举办少儿读书活动、图书展览活动。借助部分学校举办庆祝"六一"活动的机会,深入市区小学开展"多读书、读好书、会读书"为主题的少年儿童诗歌诵读比赛、演讲活动;馆内少儿部举办了优秀图书展览、阅读辅导活动,培养未成年人树立高尚的思想品质和良好的道德情操;电子阅览室免费接待读者上网,工作人员向读者传授了网上资源检索和利用超星数字图书馆图书查找和阅读的方法;辅导部向小读者介绍本馆的历史、藏书分布情况、图书分类基本知识以及馆藏分类目录的检索查询知识等。这些活动开阔了学生们的视野,让他们更加了解图书馆,并在学习娱乐中受到先进文化的熏陶,许多学生表示他们这次来到图书馆收益很多,以后一定要常到图书馆来读书,增长知识,提高素质。(山西省图书馆学会)

【为村办图书室送书并进行业务辅导】 2006年11月,尧都区图书馆为吴村镇洪堡村的村民赠送了文学、科技、农业等类图书2 000余册,期刊1 000余册。工作人员还对这些图书进行了分类,整理、上架,使书刊能够及时与村民见面,方便大家阅读。其后对村图书室管理人员进行业务辅导,使村办图书室逐步实现科学化、系统化、规范化的管理。(山西省图书馆学会)

【周和平副部长一行考察山西省文化共享工程建设工作】 2006年1月19日—20日,文化部副部长周和平、计财司司长李雄、社会文化图书馆司司长张旭协同财政部教科文司司长丁学东、教科文司文化

处处长吴国生等一行,冒着大雪,在省文化厅副厅长赵晋蓉、

社文处处长成霄冬、计财处处长杨小平、省图书馆馆长李小强等的陪同下,先后前往文化共享工程山西省中心、晋中市榆次区文化中心、清徐农民文化站、祁县权勇农民文化大院、祁县图书馆、太谷民俗博物馆、太原市图书馆、太原市滨河小区文化站、桃南小区文化站、山西省博物馆、山西省煤炭博物馆等地,实地考察我省文化工作及文化共享工程建设工作。

在山西省分中心,李小强馆长向周部长一行介绍了山西省文化共享工程自2002年建设以来的发展情况。重点介绍了省中心在建设全省各级基层站点中发挥的作用,以及各级站点开展活动的成效。周部长对山西省的工作给予了肯定,强调应重视农村、乡镇站点的建设。在太原市桃园北路东社区,站点工作人员向周部长一行演示了流媒体在线电影以及已接收资源的点击阅览,社区主任孙改卿还向周部长一行汇报了社区组织居民、驻地学校学生等群众活动情况并表示,一定不辜负各级领导的关怀,充分利用文化信息共享工程资源,为广大居民提供更加优质

的服务。(山西省图书馆　贾酉全)

【文化共享工程山西省中心召开 2006 年工作会议】
2006 年 3 月 7 日,文化共享工程山西省中心 2006 年工作会议在山西省图书馆召开。山西省图书馆各部室主任、相关部室工作人员参加了会议。

会上,石焕发副馆长总结了 2005 年度全省文化共享工程建设情况,郭彦新书记宣读了中央领导李长春、陈至立对文化共享工程建设的多次批示,李小强馆长传达了国家管理中心的会议精神。李馆长指出,目前文化共享工程建设受到国家各级领导的极大重视,已纳入"十一五"发展规划之中,意义重大;政府对文化共享工程的支持力度逐步加大,投资逐年增加,发展前景良好。这都说明了,国家要通过文化共享工程的建设,把先进文化传播到千家万户,传播到基层尤其是农村,为人民群众提供丰富多彩的文化信息服务,帮助民众摆脱贫困,早日走上物质文化双富裕的道路。李小强馆长要求省图的工作人员要抓住这一契机,加快我省文化共享工程建设的步伐。要求省中心在

抓紧建设站点的同时,努力抓好基层站点工作人员的培训工作,尽快提高基层人员素质,确保各级中心和基层站点的正常运行。要求省中心在做好日常服务工作的同时,进一步加强对分中心和基层站点的管理,逐步建立省、市、县、乡(镇)、村分级管理体系。李馆长还就省中心的管理、资源建设等工作作了安排布置。(山西省图书馆　赵玲玲)

【李小强馆长陪同省文化厅市场处李培勇处长考察汾阳市文化共享工程春节活动】
2006 年 2 月 7 日,春节刚过,山西省图书馆馆长李小强就率领自动化网络部副主任许杰虎、声像部主任单卯生,陪同山西省文化厅市场处处长李培勇来到汾阳市图书馆,详细了解文化共享工程站点春节期间的活动情况。张茂生馆长向李处长和李馆长汇报了汾阳馆春节期间的活动:他们在接到国家中心下发的利用"春节大礼包"的通知和省中心下发的"关于在2006 年春节期间组织开展'利用共享资源、欢度和谐春节'活动"的通知后,精心策划和组织了爱国主义题材影片放映;网上农业科技书刊推荐;送戏曲、音乐光盘到农村等系列活动。节日期间接待参加活动的读者近 8 000 人次。听取介绍后,李馆长认为市分中心在做好节日期间服务工作的同时,还应坚持做好日常的服务工作,不断提高工作人员素质;充分发挥市分中心的作用,辅导好乡

（镇）一级基层站点的工作。李馆长和李处长对汾阳市馆辅导栗家庄村基层站点开展工作给予了肯定。

在汾阳市栗家庄村基层站点，不少农民正在观看农业科技片。看到这一情景，李处长和李馆长倍感欣慰，他们叮嘱村领导，要将这一阵地巩固发展下去，为建设新农村作出积极的贡献。

汾阳市贾家庄村经济发展速度较快，高速发展的经济为其文化建设奠定了良好的基础。针对贾家庄村现有的村内有线电视网络，李处长和李馆长一行与村领导探讨了文化共享工程与电视网络连接的可行性，希望文化共享工程能够早日走进该村，让农民群众足不出户就能享受到先进文化的服务。（山西省图书馆　赵玲玲）

【李小强馆长考察阳高县、天镇县图书馆】 2006年2月8日，山西省图书馆馆长李小强带领地方文献部主任王开学、借阅部副主任王海燕赴大同市阳高县、天镇县，就县级图书馆基础设施、人员素质、文化共享工程建设等情况进行了实地考察调研。在考察中李小强了解到这些图书馆近年来普遍存在着经费短缺、人员素质偏低的问题，两馆工作开展受到了严重制约。

对此，李小强认为山西省图书馆作为全省图书馆系统的业务辅导中心，在搞好自身建设的同时，还应该调整人力、时间，加强对全省市、乡等各级图书馆的业务指导、人员培训等工作，使全省图书馆事业走上正轨。同时，李小强希望各级各地政府也能重视文化工作，加大投入力度，共同扶植各级图书馆（室）建设，使图书馆在我省文化强省的建设中发挥出应有的作用。（山西省图书馆　贾酉全）

【全省社文工作会议在并召开　共享工程建设列为主要内容】 2006年3月21日上午，山西省文化厅在并召开"贯彻中办发27号文件社文工作及非物质文化遗产保护工作"会议，全省文化共享工程建设被列为该会的一项主要内容。山西省图书馆李小强馆长、郭彦新书记、石焕发副馆长、文化共享工程省中心办公室贾酉全主任、赵玲玲副主任参加了会议。

会上，山西省文化厅赵晋蓉副厅长、社文处成霄冬处长、魏存庆副处长、李小强馆长分别作了发言。赵厅长在发言中讲到，当前社文工作面临新的形势，处在新的发展机遇期，不抓住机遇，社文工作将被逐步边缘化。作为社文工程的四大重点工程之一的文化共享工程，从李长春同志九次指示，工程被列入国家"十一五规划"中以及国家在"十一五"期间每年将要加大资金的投入幅度不难看出，工程已被提到了新的高度，省中心的任务十分重大而艰巨。针对工程存在的一些问题，赵厅长指出，省中心要在已建站点继续加大投入，让工程良好运作起来；对准备建点单位要进行先调研后实施。要求各市、县两级不要只靠省里的投入，要积极行动起来，争取市、县的投入，同时也要加强培训学习，搞好自身建设。赵厅长还讲到，这是一次既务实又务虚的会议，希望全省文化工作者都能统一思想，提高认识，明确目标，扎实工作。

李小强馆长传达了国家领导近年来对文化共享工程的批示，并再次强调了文化共享工程的重要性。简要介绍了我省的"十一五规划"内容，强调按照规划要求在"十一五"期间我省要建成1个省中心，11个市中心，1 195个乡建成基层中心，1.6万个行政村建成基层站点，实现全省"一片红"，任务十分艰巨。为此，全省各级中心要下大力气，克服工作中存在的不足，努力提高工作人员的技术含量和服务意识，踏踏实实为农民办好事，为基层办实事。（山西省图书馆　赵玲玲）

【省中心工作人员及省电视台记者深入部分市乡考察采访】 春节刚过，应中央电视台之约，省电视台记者张剑前往长治市、汾阳市、大同市采访春节期间基层站点工作开展情况，我省文化共享工程中心办公室主任贾酉全、省馆读工部主任李红及部分办公室工作人员陪同前往。

2月5—8日，一行人先后来到长治市、汾阳市、大同市，对那里的市县分中心以及部分农村、军营、社区基层站点进行了考察采访。作为市、县级分中心，长治市图书馆、大同市图书馆、汾阳市图书馆在节日期间坚持开展活动为群众服务，除以馆为阵地，开展免证阅览、免证上网、利用共享工程资源放映电影等活动以外，这些馆还根据本地情况，联合乡镇、农村图书室、军营、社区图书流通点，开展送书、送光盘活动，把部分深受群众喜爱的共享工程资源送到基层，为农民朋友、战士及残疾人群服务。

在汾阳市栗家庄村图书室看到，小小的图书室挤满农民朋友。据他们称，农闲时大家总会聚在这里，看书读报了解时事，观看网上种植、养殖技术，提高生产效益，观看电影小戏娱乐身心。一位当地妇女激动地告诉大家：缘于此图书室，更缘于共享工程，她家的葡萄园收入翻了一番，她的文学作品刊登于大小报刊、她的孩子考上了北京某大学……

同样，在大同市武警新荣中队和残疾人文化学会活动场所，看到大同市馆送来图书和光盘，战士们像孩子一样兴奋不已。他们的指导员告诉我们，每次接到送来的书和光盘都会给远离父母家人的战士们带来欢乐，战士们文化生活的开展以及个人修养的提高需要这样的活动，需要文化共享工程的大力支持！几十名残疾人朋友聚在残疾人文化学会活动场所，节日的气氛异常浓厚，正在放映的"大片"是大同市馆的工作人员节前送来的。每逢社区活动日，他们都会放映一部这样的"大片"，来丰富文化生活。

三天的行程，正遇到春节后的第一场大雪。"顶风冒雪"成为伴随行程最贴切的一个形容词。整个行程中，工作紧张有序，省电视台记者张剑用手中的摄像机将各中心、基层站点共享工程活动全部记录下来，严谨踏实的工作作风给大家留下了深刻的印象。

2月16日，中央电视台新闻频道对我省春节期间共享工程各地活动作了报道；2月18日，山西电视台对此也作了详尽报道。（山西省图书馆 赵玲玲）

【文化共享工程山西省中心2006年春节期间开展"利用共享资源 欢度和谐春节"系列服务活动】 为使山西省广大人民群众过一个美好祥和、丰富多彩的新春佳节，文化共享工程山西省中心针对自身及各级分中心和基层站点的特点，精心策划、组织安排了"利用共享资源 欢度和谐春节"系列活动。

一、将文化共享工程的最新文化精品资源传送到农村、社区、军营、企业学校和千家万户，使人民群众在节日期间既能感受文化艺术及影视娱乐，又能学习科技知识，以助新一年的生产和工作。

二、积极组织引导各级市、县分中心和基层站点，充分利用文化资源，因地制宜地开展各种节日活动，让广大人民群众度过一个健康文明的新春佳节。

三、利用网络进行新书网上推荐、期刊专题网上推荐，使广大读者更便捷、高效地利用节假日获取知识、享受文化。

四、春节期间，省图数字阅览室免费开放，广大群众可以免费上网索获取文化信息资源，通过网络捕获最新动态新闻和科技知识。

五、省中心在省图大演播厅，利用文化共享工程资源开展主题为"暇思的年代"影片展播活动。免费为读者播放了《红灯记》、《沙家浜》等现代京剧，《洪湖赤卫队》、《红珊瑚》等现代歌剧，《红色娘子军》、《白毛女》等现代芭蕾舞剧以及80年代轰动全球的影片《冷酷的心》、《尼罗河惨案》，朝鲜革命影片《金姬和银姬的命运》、《永生的战士》等，让人民群众在艺术欣赏中接受革命历史熏陶和教育，度过一个具有特殊回味的春节。（山西省图书馆 赵玲玲）

【文化共享工程太原市分中心精彩活动扮靓节日气氛】 2006的两节期间，文化共享工程太原分中心结合太原市图书馆内活动的安排，进行了两节期间的电影放映和讲座播放以及电子阅览室为读者提供免费上网服务等活动。

一、两节期间，太原市图书馆精心选择了适合各个受众群体的影片和讲座，从正月初一到十五，每天上午播放电影，下午播放讲座，共计放映电影15场，讲座15场，接待到馆读者200余人次。

二、电子阅览室每天开馆的第一小时和下班前一小时，作为读者免费上网时间，鼓励到馆读者更多地利用网上资源，更多地了解图书馆，利用太原市图书馆的文献资源。

三、配合馆内其他部门，分中心先后深入到后北屯村兴华社区和武警三支队军营，播放他们喜欢的影片，丰富了战士和驻地群众的节日生活。（太原市图书馆）

【宁愿自己辛苦　换来读者满意——长治市图书馆春节活动纪实】　2006年春节，是长治市图书馆新馆对外开放后的第一个春节，也是"十一五规划"的第一年。为了搞好春节活动，长治市图书馆组织全馆同志认真学习了省中心"利用共享资源，欢度和谐春节"的通知精神，在全馆进行了总动员。结合本馆的实际，提前安排了春节活动，并要求所辖13个县区图书馆做好春节活动安排，因地制宜，开馆为读者服务，延长开馆时间，开展丰富多彩的节日活动。长治市馆的全体工作人员从1月15日起就进入了准备阶段。中文报纸、中文期刊、青少年综合阅览室的工作人员们边工作、边清理卫生，把

书架书柜重新清洗，把新到的刊物全部及时整理上架，给读者一个全新的视觉感受。数字阅览室特别邀请了海航技术部的技术人员对工作人员进行现场培训。

与此同时，《上党晚报》1月20日头版刊登了《市图书馆春节不"打烊"》专稿，1月25日又发了专版。市广播电台、电视台"上党夜线"专栏连续四次播放了长治市图书馆春节期间的活动安排。

正月初一早上8时，长治市图书馆准时开馆接待读者。市文化新闻出版管理局局长陈秀英、副局长王云尔专程到馆，看望并慰问了节日到馆的读者及工作在一线的职工，并检查了所有开放窗口，提出了保证安全、热情为读者服务的要求，全馆同志备受鼓舞。

从大年初一（1月29日）至正月二十（2月17日），长治市图书馆延长开馆5个小时，每天工作10多个小时。馆领导、党员、团员、业务骨干全部走上了第一线，轮流上岗值班为读者服务。为了满足青少年读者上网学习的需求，工作人员中午不休息，牺牲与家人团聚的时间。分中心的六名同志大年初一中午吃的是大碗方便面。全馆达成共识："宁愿自己辛苦，换来读者满意"。这既是大家的决心，也是大家的行动。正月初二下午6时，一对父子走进多功能演播厅，说小孩正搞"角斗士"的创作，急需观看"角斗士"影片。分中心的王冲、刘伟俩为父子俩放了专场，

父子俩独享了这顿文化"大餐"，看得津津有味。看完电影后父子俩一再表示了对长治市图书馆真诚服务的深深谢意。

春节期间，长治市图书馆所有窗口全部免证阅览，电子期刊24小时为全市8万名互联网用户服务。截止到正月初八，全馆共接待各类读者3 800余人次。（长治市图书馆）

【大同市图书馆服务活动彰显主题——"利用共享资源欢度和谐春节"】　按照上级有关要求，大同市图书馆共享工程分中心暨数字阅览室从元月开始，进行了送文化下乡的系列活动，旨在丰富广大人民群众的节日文化生活，引导群众度过一个健康、和谐、文明的春节。

一、送科技、电影、戏剧影片下乡，提高农民种田技能和文化水平

元旦刚过，大同市文化局副局长刘海泉、大同市图书馆馆长管学功即带着200余册科技图书，两期农业科技扶贫信息，刻录的《玉米的科学种植》、《玉米的病虫害防治》，省中心赠送的《高致病性禽流感防治》，收集到的地方文献《血手印》、《穆桂英挂帅》、《金木鱼》等科技戏曲光盘，先后来到广灵县一斗泉村和阳高县罗文皂村，给当地村民送去科技信息和精神文化食粮，并和村委会一道组织村民观看、讨论。

二、送文化、知识到军营，丰富战士精神文化生活

元月中旬，大同市图书馆

特地来到共建单位、流动图书点消防一中队、武警新荣中队，将100多册图书和刻录好的《中国茶艺》（资源共享下载）、《"厄尔尼诺"现象》（话剧）、《党的女儿》（歌剧）、《现代社交礼仪》（省中心赠送）、《大同风光》、《阿宝CD》（地方文献）等数十张光盘赠送给他们，以丰富他们的文化生活。正月初八一上班，即去武警新荣中队放映电影《开国13次阅兵大典》、《少林足球》（下载），深受战士们的欢迎。

三、送图书、光盘到通达残疾人文化学会。

春节前，大同市图书馆与流动图书站——通达残疾人文化学会举行了联欢活动，送去100多册图书和《阿宝》、《大同风光》、《中国茶艺》、《手工制作》等光盘。正月初六，又去给他们放映了下载的电影等。

四、从2005年12月开始至春节期间，每周三、周日为到馆读者放映电影、戏剧等，如《卡萨布兰卡》、《大同风光》、《现代社交礼仪》等等，共接待观看读者500多名。

五、正月初三至正月十五，大同市图书馆数字阅览室免费接待读者上网。工作人员热情指导，精心服务，确保读者科学文明上网，查阅资料，欣赏电影、音乐等。每日接待读者50多人次，先后接待读者800余人次。（大同市图书馆）

【阳泉市图书馆送文化信息资源到基层】 共享工程阳泉市分中心在两节期间开展了扎实有序的"利用共享资源，欢庆和谐春节"活动，引起了社会的关注，取得了较好的社会效益。

一、共享资源到农村，丰富农民的节日生活

元旦期间，共享工程阳泉市分中心将《贵妃醉酒》等20余种戏曲光碟送到阳泉市郊区李家庄乡甄家庄村。村民赵金义说："今年过年有看头啦，我们喜欢这样的'共享'。"村民陈忠祥说："以前，咱这里就那么几出戏，早看过了，共享工程来了，就天天有新戏看啦！"在村委会的组织下，村民交相传看戏曲光碟，着实过了一个"共享年"。

二、展示丰富资源，共建和谐社区

元旦期间，共享工程阳泉市中心将40盘戏曲光碟送到了政府社区和后底沟社区。在《打渔杀家》、《范进中举》高昂激越的艺术氛围中，市政府离退休干部陶醉期间，其乐融融。后底沟社区居委会先后组织了2次约50余人次观看了国家中心提供的传统戏曲光盘，丰富了社区居民的文化生活。

共享工程进社区又有了新的进展：2月6日阳泉市中心工作人员携带投影设备来到省级文明社区——新华东街社区，演播了医疗保健、种植花草等影片，近百名社区居民前来观看。

三、继续做好数字阅览室工作

节日期间，阳泉市图书馆发放"超星读书卡"20张，开展少儿寒假科教片展演活动，有200余人次的中小学生参与。数字阅览室开展庆元宵影视周活动。阳泉市图书馆网站月均点击率达到了8000次以上。共享工程已经和人们的生活工作学习日趋紧密地联系起来，成为发展壮大图书馆事业，丰富城乡文化生活的重要平台。（阳泉市图书馆）

【资源共享 同心惠民——榆次区分中心两节期间活动展示】 在积极推进全国文化共享工程建设活动中，榆次区图书馆想方设法，不辞辛苦，送书、送光盘到农村，极大地丰富了当地农民群众的精神文化生活，加快了农民科技教育步伐，为社会主义新农村建设出了一把力，添了一块砖。

春节一过，榆次区图书馆工作人员先后深入到榆次区修文、东阳、张庆、长凝等十余个村镇，送去图书8000余册，农村种植、养殖、农副产品加工等内容的光盘104盘。首先，充分利用国家文化部赠送的农村种植、养殖、农副产品加工等方面的图书，分别在四个乡镇建立了图书流动点。这些图书流动点有村集体、学校和个体。榆次区图书馆广开读书服务渠道，在确保不丢失图书的前提下，尽快让农民朋友看到最新、最适用的图书，让最新知识在农村发挥作用。第二，充分利用国家文化共享工程中心赠送的光盘，选择农村有条件的地方，如修文镇东长寿村的农家大院、张庆乡演武村的养鸡专

194

业户、张庆乡北胡乔村蔬菜经营专业户经营的商店、东贾村的学校、为农民群众播放农业科技讲座,受教育者达上万人次。榆次区农村科技节的科技教室里也播放着榆次区图书馆送去的西红柿栽培技术讲座。村民们不仅参加集体组织的农业科技讲座,而且纷纷借上光盘回家仔细观看学习,表示今年将按照学到的新技术育秧栽培。东长寿村的李永峰、郭铁旦等十余人看了科技讲座光盘后,深有感触地说:"过去凭老经验种田效益就是低,你看人家的玉茭棒长的多大。哎,老一套不行了,科学种田是唯一的出路。"农民朋友非常喜欢这些内容贴近农村生产、生活的图书与光盘,并希望能够经常看到更多、更好的图书和科技讲座。(晋中市榆次区图书馆)

【面向中小学生　加大文化含量——曲沃县图书馆举办第十届"移动杯"迎春有奖猜谜活动】 欢天喜地又一年。2006年正月十二下午,曲沃县图书馆拱门高悬,彩旗飘飘,人山人海,摩肩接踵,第十届"移动杯"迎新春有奖灯谜竞猜活动在县图书馆隆重举行。

迎新春猜谜活动是每年一度图书馆献给曲沃人民的一道文化娱乐大餐。今年是第十届了,为了把这次活动搞出新意,年前曲沃县图书馆就认真筹划,力争把今年的竞猜活动搞得既红红火火,又寓教于乐。经过研究,确定了"面向中小学生,加大文化含量"的原则。之

后,充分利用文化共享工程资源,精心准备了旨在提高中小学生文化素质的5 000余条各类谜语,并提前给县城各中小学散发了活动宣传资料1 000余份。同时还在县电视台飘字做宣传,并制作了专门的猜谜活动办法版面。由于瞄准了中小学生这个群体,因而正月十二下午来馆竞猜者达万余人次,其中很多家庭都是"上至七十三,下到手中牵,一家三代人都来图书馆"。许多学生把教师和家长叫来,还把成语字典带来。整个活动热烈有序,盛况空前。(曲沃县图书馆)

【襄垣县图书馆积极开展"乡风文明好戏来"下乡活动】 襄垣县图书馆资源共享基层分中心,根据省、市共享工程分中心的安排部署,认真研究,精

心组织,合理安排,牺牲个人休息时间,党员、干部带头,全力以赴,保证了春节、元宵节期间"文化共享工程资源"、"农业科技图书资料"下乡活动的顺利实施。

一、做好阵地服务

从正月初一到初八正常开馆接待读者,每天延长开馆时间3小时。综合阅览室每晚放映电影两部,数字阅览室每天

从上午9点一直工作到晚上8点。成人外借部、少儿阅览室,为了让读者能在春节期间看到新书、好书,年前专程到省城组织回2万余元的图书,并加班整理,及时投放流通,得到了广大读者的一致好评。

二、"乡风文明好戏来",文艺科技服务农民群众

按照县委、县政府提出的"实施'三五'战略,建设一流强县"的奋斗目标,为欢度一个和谐春节,襄垣县资源共享分中心先后深入本县善福乡七里脚村、王村镇元疙瘩沟村、上马乡里汉村、夏店镇石泉村等农村,进行了送"全国文化信息资源共享工程资源——乡风文明好戏来"展映及"农业科技图书资料"下乡活动。利用投影回放了京剧《许九经升官记》,晋剧《梳妆楼》,曲艺类《对门》、《永远的微笑》,襄垣秧歌《新羊工》、《老八路》,襄垣鼓书《鸿雁捎书》等一批优秀节目,深受广大农民朋友的欢迎。本次活动共播放影片10场,近730余人次观看;赠送农业科技图书200余册,发放农业科技信息宣传资料2 800余份。(襄垣县图书馆)

【汾阳市图书馆利用文化共享工程资源服务各界群众】 汾阳市图书馆实现"365天天开放"七年来,收到了良好的社会效益,特别是2002年建成共享工程站点以来,极大地丰富了馆藏资源和为读者服务的渠道。今年两节期间,汾阳市图书馆每天坚持放映爱国主义题

材的影片,计20部,117场,4 900人次观看。整个活动以青少年为主,极大地丰富了中小学生的第二课堂和节日文化生活;为汾阳市第三批"共产党员

先进性教育活动"的农村党员干部,先后放映"先进性教育讲座"10场,3 000人次观看。党员干部说:我们看了中央党校专家的讲座,心里亮堂了,图书馆的"文化共享工程"办得真好;提供网上农业科技图书500种,期刊1 000种,接待读者1 800人次,大大提高了图书的流通率;送戏曲、民乐光盘到农村,放映电影28部,28场,观众达3 800人次。农民朋友高兴地说:在家门口就能看到各地的戏曲节目,还是"共享工程"好!

汾阳市图书馆配合农业局举办"农业科技讲座"5期,3 800人次参加。重点以种植和养殖技术为主要内容,受到农民朋友欢迎。

元宵节期间图书馆院内每晚放映电影3场,活跃了市民的节日生活。(汾阳市图书馆)

【静乐县图书馆传播文化共享工程资源 着力提高农民群众文化品位】 2006年两节期间,静乐县图书馆领导针对

农村党员干部文化底子薄、没有条件学习的自身局限性,从发展农村基础文化教育、提高农民文化水平出发,培训党员干部,服务群众,开展了送光盘下乡活动。

元月10日,共享工程基层站工作人员积极准备,从接收资源中刻录了光盘,其内容包括党员干部培训和乡村道德与法制两个部分。党员干部培训光盘大致有《好书记张国庆》、《为民书记》、《洪林的故事》等;乡村道德与法制光盘如《迟到的取款单》、《神奇的婚事》、《受伤的刘卫壮》等,以反映农民致富、提高农民道德情操、增强农民法制意识为主要内容。这些光盘于元月13日送到了部分村委。村民可以通过VCD播放,分期分批开展学习活动。这些与农民生产生活息息相关的文化信息资源,受到了广大干部群众的好评。静乐县图书馆在活动结束以后,通过反馈信息,更多地了解了农民群众的需求,为延伸共享工程建设提供了有利条件。

春节期间,静乐县图书馆还与县电视台联合推出国家中心制作的"乡风文明好戏来"戏曲、文艺节目,为全县有线网络的观众送上一道精美的节日大餐。(静乐县图书馆)

【长子县图书馆两节期间隆重推出"三二一"活动】 长子县图书馆全体工作人员,在"两节"期间及早动手,提前安排,在年前就成立了领导小组,分编为三个小组:馆长李广树

负责"文化共享工程"小组,副馆长张丽香负责送影视资源下乡小组,馆长助理冯玉娥负责有奖猜谜小组。于"两节"期间向全县读者隆重推出"三二一"活动。

"三二一"活动即:三十天免费上网读书活动;二十天送电影资源下乡活动;十天有奖猜谜活动。尤其是送电影资源下乡活动的同志们,冒着大雪把影视资源送进农村、社区,送进高墙,感动了农民朋友,乐坏了社区居民,教育了服刑人员。图书馆工作人员还积极配合第三批农村"保持共产党员先进性教育"活动,来到了所包村——宋村乡前辛庄村,为村党员同志放映了三部反腐题材的影片,受到了热烈欢迎。

通过"三二一"活动,扩大了图书馆的知名度,同时也增添了传统节日的文化氛围,先后有800余人次参与了活动,受到社会各界的广泛好评。(长子县图书馆)

【三晋文化信息网正式开通】 2006年4月中旬,三晋文化信息网(http://www.sxcnt.com)建成并正式开通,为广大用户提供具有浓厚的山西地方特色的文化资源。三晋文化信息网共设有三晋纵横、文化艺术、旅游观光、人物春秋、地方民俗、文物博览、魅力山西、三晋文化、锦绣太原、古籍珍品、三晋文苑、娱乐咨询等13个栏目。

三晋文化信息网,是山西省文化信息资源共享工程对外

宣传的窗口，是省中心抓住机遇配合政府开展各项工作、切实让优秀的文化资源惠及百姓的一个重要平台。三晋文化信息网由山西省图书馆数字资源建设委员会、网站编辑委员会负责资源建设、维护和信息反馈。（山西省图书馆　赵继红）

【山西省文化共享工程领导组召开2006年工作会议】
山西省文化共享工程领导组2006年工作会议，于4月12日上午在省文化厅召开。省文化厅副厅长赵晋蓉、社文处处长成霄冬、副处长魏存庆、讲财处处长杨小平、省图书馆馆长李小强、副馆长石焕发、文化共享工程省中心办公室主任贾酉全、副主任赵玲玲以及文化厅侯彦英、刘泉水参加会议。会议的内容为，总结2005年工作，安排布置2006年工作，商定研究全省共享工程"十一五发展规划"等事项。

会议认为，在各级领导的重视下，我省的文化共享工程建设进入了快速发展的阶段，面对目前现状，我们应该调动各级政府和文化主管部门的积极性，充分发挥地、市、县的作用，由地、市、县文化主管部门和图书馆负责管理当地的文化共享工程建设，建立省、市、县、乡（镇）四级管理体制。文化共享工程省中心主要负责全省共享工程建设方案的拟定，管理规章制度的制订，基层站点的建设，基层人员的培训（重点培训市级中心人员），省中心数字资源的建设，本地资源的组织

与发布，年度共享工程工作计划的制定等。市级分中心主要负责市级分中心数字资源的建设，负责培训指导各县分中心的专业技术人员、设备维护，协助各市文化局做好地区各县分中心建设的申报考察工作，维护各县设备的正常运行等工作。县级分中心负责各县乡（镇）、村及文化站、图书馆的基层站点的人员培训，设备维护工作，协助县文化局做好各乡（镇）基层站点的申报、考察、管理等工作。

会议指出，要通过指定规划，明确"十一五"发展期间，我省各级政府对文化共享工程资金投资目标，逐步加大各级政府对各级分中心的经费投入。

最后，会议形成一系列决定：

一、根据国家文化共享工程"十一五"规划纲要，结合我省实际情况，与省财政部门确定我省需要加大投入的实际数额，以保证我省文化共享工程建设工作的顺利进行。

二、建立分级管理制度，落实责任制，充分利用好市级平台。一定要理顺我省的文化共享工程工作机制，两条工作线同时发挥作用：行政管理方面，省文化厅-市文化局-县文化局-乡镇文化站-村文化活动室；业务指导方面，省中心-市分中心-县分中心-乡、镇站点-村基层站点。整个管理平台一定要分工明确，落实到位，逐级管理。

三、加大资金扶持力度，从软硬件两方面提高文化共享工

程的服务水平。由于我省的文化共享工程发展势头很好，覆盖面越来越大，需求越来越高，所需资金也会越来越多。省财政在前三年每年投入160万元，这对我省的文化信息资源共享工程发展给予了极大的支持。要保持我省始终走在全国前列，除每年都有的配套资金外还应加大投入力度，各地方政府也要拿出相应的配套资金来扶持。

四、抓好重点建设，扶持几个典型，起到模范作用。对具备客观条件，主观上也积极努力工作的单位要重点给予扶持，对于不符合标准的站点要加强批评指导，不能因为这些不合格站点破坏文化共享工程的声誉。

五、加强站点建设和专项资金使用的管理，保证好钢用在刀刃上。站点建设由基层逐级申报，社文处统一审核，报分管厅长审批，由省中心负责落实。在专项资金的使用上，用于省中心建设的支出，由省中心拿出意见，送社文处审核，报分管厅长审批执行；用于队伍培训、日常管理等项的经费支出，由社文处拿出意见，报分管厅长审批执行。（山西省图书馆　贾酉全）

【省文化厅召开确定汾阳市等四县（市）申报全国文化信息资源共享工程试点县工作会议】 2006年4月25日，省文化厅社文处召集吕梁市、临汾市、长治市、朔州市文化局主管社文工作领导，汾阳市、乡宁

县、襄垣县、山阴县文化局主管领导以及图书馆主要负责人在省文化厅召开"确定汾阳市等四县(市)为申报全国文化信息资源共享工程试点县"的工作会议。省文化厅副厅长赵晋蓉、社文处处长成霄冬、副处长魏存庆、省图书馆馆长李小强、副馆长石焕发等省文化信息资源共享工程领导组成员出席了会议。

会上,成霄冬处长宣读了《关于确定汾阳市等四县(市)为申报全国文化信息资源共享工程试点县的通知》,并依据文化部办公厅《关于建设全国文化信息资源共享工程试点县的通知》要求,强调四县(市),应尽快成立共享工程领导组,拿出发展规划,确定项目负责人,确保试点县做出成绩,做出经验,取得突破,成为我省文化信息资源共享工程建设的典范,从而带动全省共享工程建设取得更大的成绩。李小强馆长对四县(市)的情况作了简单说明,四个县中有建点时间久、队伍较稳定的老牌文化先进县汾阳市,有技术力量较为雄厚的襄垣县,有各级领导充分支持的山阴县,有硬件条件较为优越的乡宁县,在我省县(市)级共享工程建设中具有较强的代表性。李馆长要求四县(市)图书馆应发挥现代图书馆文献搜集、传播、教育、娱乐的功能,利用共享工程丰富的数据群,为大众尤其是农民服务。四县(市)图书馆还应在技术上支持本县乡、村站点的建设,保障各站点方便快捷地为老百姓提供

服务。李馆长特别强调四县(市)在报送材料时,应清楚报写本县乡、村数量、名称、各乡、村实际状况、中小学教育网络和农村党员远程教育工程在本县的普及程度、建站资金来源等情况,并在限期内将材料尽快报送省中心。

赵晋蓉副厅长在听取情况说明之后,对四县(市)工作也提出了具体要求,要求四县(市)尽快向县(市)委、县(市)政府)领导汇报情况,争取最大支持;尽快了解中小学教育和农村党员远程教育工程在本地的实施情况,共享工程与之结合发展,将减少投入,避免重复建设;各县(市)文化局要做好与县委组织部、教育局的协调配合工作,互相依托,共谋发展;各县(市)分中心要重视人才培养,一方面组织技术人员参加省中心培训,一方面广为吸纳计算机人才,有效发挥分中心的作用。赵厅长还强调,上级的重视只是各县(市)中心发展的一个有利条件,通过加强自身建设,取得工作成绩,争取县(市)财政投入是各县(市)中心需要努力的另一个方面。

魏存庆副处长在总结发言中谈到,文化共享工程是一种政府行为,各县(市)文化局应从行政管理的角度对工程的建设勤问、勤管、勤抓,努力争取软硬件一起发展。各县(市)分中心应加大宣传力度,在当地造成声势,争取上级领导以及社会各界的支持。四县(市)新老典型共存,形成竞争局面,不仅能够促动各县(市)工作开

展,还将充分体现国家"以奖代补"的政策。希望四县(市)能够抓住机遇,改变基层落后状况,争取实现跨越式发展。

会上,四市、县文化局领导、图书馆负责人对文化共享工程建设在认识上取得了一致,表示得到国家和省里的关注和支持是他们谋求发展的一个良好契机,各市、县将提高对共享工程建设的重视程度,下大力气抓好这一工程,让这一工程切实为基层的老百姓带去文化、带去实惠。

会后,在省中心的安排下,四市、县文化局领导、图书馆负责人观看了国家中心提供的共享工程建设资料片以及省中心共享工程建设专题片。(山西省图书馆 赵玲玲)

【山西省文化共享工程2006年学员培训班在省图举办】 在山西省文化信息资源共享工程领导组的支持下,在省中心精心筹备和运作下,山西省文化共享工程2006年第一期、第二期学员培训班分别于3月27—29日、4月10—12日在省馆举办。2006年是文化共享

工程快速发展的一年,省中心经过多方的努力并全面考察,拟定了详细的建站计划,准备

在年内完成50个文化部资助站点建设、40余个省自建站点建设。站点的选择除考虑在全省各县（市）建立县（市）分中心，更要响应国家中心的号召，加大向基层尤其是农村推进的力度，积极参与新农村的建设与发展。

参加两期培训的100多位学员，分别来自50个基层站点，其中包括县级图书馆、乡镇文化活动中心、农村文化站及农民书屋。学员的素质虽然参差不齐，但是对参加培训的热忱以及对建设共享工程站点的积极性却普遍较高。在培训班的开班仪式上，省共享工程领导组成员、省图书馆副馆长石焕发作了重要讲话，介绍了我省共享工程建设的现状和发展规划，强调了共享工程的意义和作用，指出了我省发展共享工程面临的问题和困难。同时，石馆长也勉励学员抓住学习机会，掌握操作技术，努力使自己学到站点开展工作的基本技能。省馆自动化网络部李琥、许杰虎两位主任为学员授课，内容包括计算机基础知识、卫星资源接收技术、计算机网络知识及设备日常维护技术、卫星安装准备工作要求等。培训班课程结束后，省中心向各站点下发了建站设备，为后续的安装与调试工作做好了准备。

（山西省图书馆 赵玲玲）

【山西省文化共享工程图书馆服务宣传周活动综述】

按照全国文化信息资源建设管理中心通知要求，文化共享工程山西省中心下发了"关于在五一期间开展活动及加强宣传报道的通知"，要求全省各级分中心和服务站点在"五一"和"图书馆服务宣传周"活动期间积极做好宣传工作，认真挑选文化信息资源，开展形式多样的服务活动。全省各级分中心和服务站点按照通知精神开展了以下几个方面的主要活动。

一、利用各种方式做好活动宣传工作

文化共享工程山西省中心为了搞好宣传服务活动，结合活动内容制作了网上公益课堂讲座宣传版面，向喜爱讲座的读者介绍了宣传周期间举办讲座的内容、主讲嘉宾等信息。还制作了优秀影片放映宣传版面，将放映影片的时间提前预告广大读者，使不同类型的读者，可根据自己的喜好有选择地参加活动。

阳泉市图书馆围绕"共享文化资源，构建和谐社会"这一主题，面向群众精心策划、组织了具有科技文化特色、形式新颖的各种活动。在馆外悬挂条幅，利用黑板报、宣传画或挂图宣传与图书有关的知识；与报社、工委和团市委联合举办"我与图书馆"、"我与图书"征文活动；与城区图书馆联合举办"我与图书馆""我与图书"的演讲比赛。以上活动扩大了图书馆的社会影响，提高了服务质量，使服务宣传周活动树立了品牌形象，取得了实效。

文水县图书馆的服务宣传周活动得到了县文化局领导的高度重视和支持，调动全文化系统的力量，全力配合图书馆举办活动。5月29日，县文化馆领导亲自带领人员送来了音响设备，在街头宣传点播放本暖气片制作的录音带，艺校学生们走上街头进行文艺表演。县委、县政府、宣传部、文化局有关领导与图书馆的同志们一道身披彩带，进行街头咨询，并散发了"我与图书馆，我与图书"、"优秀图书推荐"、"文化资源共享工程介绍"等宣传资料8 000余份，吸引了众多群众，受到了社会各界的高度关注。

忻州市忻府区图书馆在文化共享工程网站上下载了"知荣明耻"问答题，印刷成500份小册子，利用"六一儿童节"下午各学校放假时机，在市民活动集中的体育广场举办了《知荣明耻》有奖问答活动。长征路小学、七一路小学、实验小学、东街小学、东方红小学的千余名学生以及他们的家长参加了这项活动，现场气氛非常热烈，工作人员对答案全部正确的百余名小学生进行了奖励，奖品有优秀少儿书刊和文化共享工程读书卡。

二、发挥网络优势辅导青少年上网

为充分发挥网络优势，山西省图书馆积极引导少儿读者使用网络资源，适时开展了"遨游信息知识海洋"——少儿网站推荐活动，为小读者推荐优秀科普网站，让他们了解更多科学知识，丰富了图书推荐的形式和方法，对小读者喜欢阅读的图书用"馆员推荐"、"E书博览"等专栏，图文并茂地在少儿网页上进行宣传。根据小读者阅读情况，发布了读者外借图书排行榜，直观地反映出小读者借阅图书的情况，对评价小读者的阅读爱好、阅读倾向有正确的导向作用。

图书馆服务宣传周期间，阳泉市图书馆努力发挥电子阅览室的作用，利用文化共享工程资源内容广、信息量大的优势，为市二中发放"书生"、"方正"电子读书卡150余张，丰富了师生的文化生活，促进了教学工作的开展，受到了老师的广泛赞扬。阳泉市图书馆网站和全国文化共享工程网站已成为广大网民喜欢的网站，月均点击率达到8 000次以上。这说明文化共享工程已经和人们的日常工作、生活和娱乐日趋紧密地联系在一起，成为发展壮大图书馆事业、丰富城乡文化生活的信息平台。

在大同市少儿图书馆的电子阅览室里，经工作人员的辅导，学生们争先恐后要求上网，电脑桌前挤满了人，孩子们各显神通，运用自己在学校学到的电脑知识，有的上网浏览，有的玩一些益智游戏，欢笑声不时传来。仅在六一当天就接待了约200余名读者。

太原市图书馆为了让孩子们能度过一个愉快的儿童节，在"六一"当天为所有办理少儿借书证的读者免收了一半的工本费。还在三层资源共享室举办电影放映活动和百科知识竞赛活动。电子阅览室、少儿阅览室也向少儿读者免费开放。

三、利用影视资源弘扬先进文化

祁县图书馆联合团县委、祁县"珍珍美之都"到边远山区来远镇中心学校，进行扶贫助学活动。在学校，祁县图书馆利用文化共享工程多媒体设备，给低年级5个班的学生轮流放映了爱国主义影片《鸡毛信》、《狼牙山五壮士》、《回民支队》等；给高年级5个班的学生放映了"科技苑"、"百家讲坛"、"人物传记"、"文史知识"等内容的讲座光盘。

太原市图书馆在服务宣传周期间，利用文化共享工程国家中心提供的文化信息资源，开展文化信息下乡活动，先后多次深入到后王村播放优秀影片，其中展播的影片有《一个陌生女人的来信》、《向日葵》、《神话》、《金刚》等，受到了广大农民朋友的喜爱。

图书馆服务宣传周活动中，文化共享工程阳泉市分中心积极行动，成立了文化共享工程下乡村、进社区小分队，组织内容丰富的文化信息资源，深入乡村和社区，放映了生活保健类、科学种田类和爱国主义故事片等群众喜闻乐见的影片，真正做到了文化共享工程的文化信息资源与乡村、社区群众共享，使参加这次活动的乡村、社区的广大村民和居民，开阔了视野，丰富了生活，增长了知识。他们共同要求："希望你们常下来，坚持不断。"同时也提出文化共享工程要因地制宜，要根据当地的实际情况和需要，选择资源，编辑信息，准备节目，提高服务水平，这样才

能更好地把这项活动长期办下去，才能充分发挥其资源共享、寓教于乐，构建和谐、共同提高的作用。

大同市图书馆利用文化共享工程资源，开办"图书馆视频讲座"。6月3日上午，大同市图书馆举办了"武警战士上网、阅览、看电影专场"，30多名战士参与了此项活动。6月3日下午，电子计算机信息部在视听室为读者播放了汪中求主讲的《细节决定成败》讨论光盘，深受读者的欢迎。

服务宣传周活动期间，长子县图书馆每天上午8：00—9：00为到馆读者在电子阅览室利用投影仪播放文化共享工程宣传片，让更多的人了解这一工程，利用这一工程，每天下午放映爱国主义教育影片2部，共放映了14部影片，观众大约840余人。

曲沃县图书馆作为文化共享工程县级分中心，拥有开展视频资源得天独厚的条件。5月31日晚8时，图书馆工作人员携带投影机、DVD、音响、光盘等设备，为曲沃戏校碗碗腔班的50名师生们播放了蒲剧《打祭桩》和《宇宙锋》等戏曲光盘。同学们看到同行的精彩表演赞叹不已。小梅花奖

获得者刘敏说："看先辈，想自己，差距不小，我一定要狠下苦功，

把戏剧艺术的精华接过来，传下去。"县文体局党总支书记侯建华同大家一起参加了文化共享工程资源影片展播活动。6月1日晚8时，曲沃县翔宇实验小学操场内人山人海，翔宇小学师生和家长约600余人，一起观看县图书馆给师生们精心挑选的优秀电影《闪闪的红星》。图书馆为"六一"献上的这份精神大餐是经过充分准备的。早在5月中旬，他们就检修设备，挑选剧目，通过征求多方意见，《闪闪的红星》终于入选。小红军潘冬子的形象，引起学生们的很大反响。校长付晓玲说："潘冬子的形象印在了学生的脑海里。日后，学校将以潘冬子为题搞一系列主题活动，把小英雄的形象发扬光大。"

文水县图书馆利用文化共享工程资源，开展讲座活动。首先组织了文学讲座，内容是《人文与科学的交融》，参加人员3 000余人，大都是文学爱好者，他们仔细听，认真记，希望这样的活动以后多开展，称赞资源共享带来了最新的文化知识。图书馆还组织老年朋友，观看了《老年保健》讲座，受到老年朋友的好评。

侯马市图书馆充分利用文化共享工程传输的文化信息资源，刻录成光盘送到农民群众的手中，方便更多的农民群众掌握科技信息和种植养殖技术，为农民致富奔小康提供更

多的帮助。

图书馆服务宣传周系列活动引起了社会各界的高度关注，得到广大读者的好评，对于"倡导全民阅读，构建学习型社会"，营造全民读书的良好氛围起到了积极的推动作用，同时也促进了全省文化共享工程的自身建设，进一步提高了文化共享工程的社会知名度，增强了文化共享工程工作人员的责任感和使命感，使各级中心的服务水平都有了一个新的提高。（山西省图书馆　赵玲玲）

【厅领导赴基层考察文化共享工程受重视再建新点】

2006年8月19—20日，山西省文化厅党组书记杨波、助理巡视员郭立等领导一行，在临汾市文化局相关人员的陪同下，前往临汾市乡宁县、襄汾县和曲沃县进行文化考察，其中文化共享工程的建设是考察中的一个重要部分。

19日，厅领导在初到临汾之日就召开了文化工作现场会议，并在会上特别强调了文化共享工程是我省文化工作的重点，各级政府应给予足够的重视和支持。在乡宁县，领导们了解到该县目前经济高速增长，带动了文化事业的相应发展，尤其在最近几年中，政府加

大了对文化设施的建设力度，从县级到乡村的文化中心、文化站规模大设施全，为共享工程工作在该县的发展打下了坚实的物质基础。对此，厅领导给予了充分的肯定。

厅领导在对襄汾县调研考察时看到，襄汾县政府投资两个多亿的文化广场和集图书馆、博物馆和文化馆于一体的多功能文化大楼正在兴建之中。新建的文化活动场所必将为襄汾县的文化事业发展带来新的面貌。领导们为此感到由衷的欣慰，同时也表示将大力支持襄汾县委、县政府在文化工作方面的举措。随后领导一行深入到襄汾县景毛乡南小张村等三个村级文化站进行考察。这三个文化站的设施与设备齐全，活动形式多样、内容丰富，为村民所喜闻乐见，不仅吸引了本村村民们参加，有时候还带动周围村的一些村民参加活动，大大丰富了当地农村文化生活。领导们在听取了汇报后，向当地村民作了详细了解，他们认为，三个村文化站的工作有干劲、有成绩，应当给予扶持，当即决定为三站投入设备，建成文化共享工程基层站点。当地政府也表示要加大投资，努力配合三个村文化站的文化共享工程建设。

在曲沃县进行文化调研考察时，重点考察了曲沃县图书馆。曲沃县图书馆是我省工作开展较为出色的一个县级图书馆，在2004年的全国公共图书馆评估定级中被评为县级一级馆。文化厅领导们全面细致地

考察了曲沃县图书馆的各项工作，尤其在看到文化共享工程为该馆的服务工作带来更多生机活力之后，充分肯定了该馆的工作成绩。

考察结束不久，在省厅领导的关怀下，在文化共享工程省中心和襄汾县委、县政府的共同努力下，景毛乡南小张村等三个文化站已建成文化共享工程基层站点，并相继开展活动。

省馆馆长李小强参加了此次考察和调研。（山西省图书馆　吕涛）

【李小强馆长参加全国文化信息资源共享工程专家工作会议】 9月11日—12日，全国文化信息资源共享工程专家工作会议在深圳市召开，上海、广东、山西、福建、广西、四川、深圳、东莞等分中心以及管理中心有关领导和专家参加了会议。

会上，全国文化信息资源共享工程管理中心主任张彦博对共享工程近期工作进展作了介绍，并请各位专家针对管理中心拟开发的共享工程运行管理系统建设方案、移动存储播放器在共享工程中的应用前景、试点县的培训工作和试点县应用部署等方面进行讨论。

与会专家就会议议题进行了热烈讨论，一致认为，应尽快建立文化信息资源共享工程运行管理系统，培训的实用性和针对性要强，试点县的应用部署应结合实际情况因地制宜开展，并针对有关问题提出了很多建设性意见。

本次会议作为6月22日全国文化信息资源共享工程经验交流会之后的全国性工作会议，将为文化共享工程全国运行管理系统的建设、试点县工作的开展、移动存储播放器试点应用等工作提供重要参考，并将在科学管理、有效推进、深入开展文化共享工程的过程中发挥重要而深远的影响。

山西省中心主任、山西省图书馆馆长李小强参加了本次会议。（山西省图书馆　李德胜）

【发挥中心作用　提供特色资源】 省中心开展点对点服务几年来，随着文化共享工程在山西的深入发展，一些市、县分中心和基层站点的服务工作走向成熟与规范，极大地丰富了基层群众的文化生活。但是，由于地域以及个体的差别存在，分中心和基层站点在资源的需求方面呈现出内容的差异性。山西省文化共享工程省中心在加快各级分中心和基层站点建设的同时，也针对这一情况，有的放矢，开展点对点的资源服务，力求充分满足各分中心和基层站点的不同需求。

今年夏季，在文化共享工程山西省中心的带动下，全省各级分中心、基层站点都组织资源在当地普遍开展了消夏电影晚会活动，并应农民群众要求，把一部分农民朋友喜闻乐见的电影、讲座送到田间地头。期间，省中心密切关注各地活动开展情况，想方设法，努力配合。在阳泉市分中心的要求下，省中心搜集并整理了有关核桃树嫁接整修的农业科技资料发往该馆，在最适合核桃树修剪嫁接的7月份，该馆工作人员携带资料以及《核桃树整形剪枝技术》光盘深入北杨家庄村，为该村的树农提供科技服务，及时弥补了村民们在技术方面的不足。夏县分中心急需部分戏曲、电影资料，汾阳市分中心寻求在当地拍摄外景的影片《扑不灭的火焰》等等，省中心都做了一一回应，刻录光盘寄送给他们。（山西省图书馆　贾酉全）

【阳泉市分中心打造"共享工程"服务品牌】 阳泉市分中心结合共享工程工作在当地开展的实际，以下乡村进社区服务队为载体，围绕需要送信息，拓宽渠道速传递，着力打造共享工程特有的服务品牌。

信息资源如何与被服务对象直接见面？如何为被服务群体提供更多样的服务？采取服务队下乡村进社区这一形式，在"共享工程"阳泉分中心的创新实践中取得了明显成效。每次开展活动之前，服务队都要了解掌握对象的生产生活所需，有的放矢地收集整理信息资源，"集束"式投放。大秋农作耕种管理期，服务队深入郊区西垴村，为农民播放《玉米的科学种植》、《玉米病虫害的防治》等影像资料片。随着阳泉地区核桃饮品产业规模的形成，核桃种植在农户中大面积推广，服务队通过与省、市农科部门积极联系，收集并编印制作了一批技术信息和影像资料，在7月份核桃树修剪嫁接的节令送到郊区北杨家庄村。种植专业户贾秉堂还把服务队赠给他们的光盘拿到本村和邻村的核桃种植户播放，一起学习，讨论新技术的应用。农民们请服务队员参观他们的新品种示范田，那里新培育种植的黑红薯、红黑花生、绿优谷等绿色品种，市场前景看好，直接地反映出农民朋友对农业科技信息的迫切需要，服务队员深感当好"二传手"的责任重大。

服务队进社区把重点放在配合暑期学生思想道德素质和居民生活健康品质的提高上，先后十多次在新华东街、青年路、小阳泉南社区等小广场和街心小花园，展映了爱国主义教育和生活保健科普知识片。小阳泉南社区还把"共享工程"的服务列为今年传统庙会的文化活动内容之一，邀请服务队前去展映《战斗中的成长》、《我们村里的年轻人》等"红色经典"影片。"共享工程"信息资源通过服务队的有效传递，贴近了群众，服务品牌日益深入人心。（阳泉市图书馆）

【深切的关怀　殷切的期望——静乐县图书馆电子阅览室喜添新设备】 炎炎夏日，酷暑难当。位于文化活动中心一楼的静乐县图书馆内工作人员正紧张有序地工作着，他们是来自北京中运信息科技有限公司的技术人员，正在为电子阅览室安装电脑，调试运行。

7月6日，是静乐县图书馆大喜的日子。文化部扶贫工作组静乐挂职副县长史云海带着文化部对老区人民的关心和期望，为图书馆送来了价值12万余元的电脑设备。这些崭新的电脑使静乐县图书馆电子阅览室原本陈旧的装备得到了更替，极大地强化了文化信息资源共享工程静乐县分中心的阵地服务功能。

2005年5月，文化部副部长赵维绥一行曾专门来静乐县调研，在图书馆询问了关于共享工程的发展情况，提出了指导性意见。他指出，文化工作一定要为基层群众服务，让群众有更多机会获取更多知识信息享受更多文化服务。这批电脑设备的捐赠，凝聚着文化部领导对静乐文化发展的深切关怀，也饱含着文化部领导对老区人民尽早摆脱贫穷落后、走向文明富裕生活的殷切期望。
（静乐县图书馆）

【我省部分市县分中心举办消夏电影展播活动】 入夏以后，我省大部分市县分中心在省中心的号召和带领下，利用共享工程设备及资源，举办消夏电影展播活动。一些国内外著名影片被搬上了图书馆楼前的荧幕，许多老人、孩子、乘凉的居民以及大批的农民工成为晚会的主要观众，更成为共享工程的直接受惠人群。部分分中心反馈回来一些关于展播活动的消息，省中心对他们的工作和付出的努力支持并鼓励，希望他们能够广开思路开

展更多形式的活动服务大众，最终让共享工程成为社会尤其是基层人们获得文化信息不可或缺的一种有效方式。

一、祁县分中心"红色经典"影片展播活动回顾。7月10日—8月10日，祁县分中心举办暑期青少年"红色经典"影片展播活动。活动的场所设在图书馆主楼一侧，每晚8时10分工作人员准时为青少年学生放映经心挑选的"红色经典"影片，片子以爱国主义教育为题材，如《贺龙将军》、《赣水苍茫》、《三大战役》、《鸡毛信》等，深受青少年朋友的喜爱。尽管天气炎热，学生们场场不落地前来观看，其中不少学生是由家长陪同而来，他们一边观看，一边谈论中国革命史，谈论来之不易的幸福生活。一些学生家长还把家藏的爱国主义影视资料提供给我们，让更多的孩子共同分享。影片展播活动同时也吸引了部分城市居民和农民工，农民工朋友激动地说：白天干活晚上没有什么地方去，能在这里看这么多的好电影真是没有想到，我们在外务工本身压力很大，在这里看电影确实放松了心情，感受到了家的温暖。这次活动历时1个月，接待观众2 600人次，播放资料及下载信息40余条，受到社会各界的好评。

二、图书馆楼前放电影百姓生活更丰富——长子县分中心开展共享工程电影展播活动2006年长子县分中心的文化信息资源共享工程消夏电影晚会，被纳入县委、县政府2006年

广场消夏文化活动方案之中。为认真贯彻落实县委、县政府的"双五战略"宏伟目标,宣传我县建设社会主义新农村和构建和谐长子的巨大成就,不断丰富全县人民的精神文化生活,举办了"溯流而上电影晚会"。晚会为期40天,从7月20日至8月30日,每晚8点在图书馆楼前放映,每晚观看人数达300余人,共计11 400余人次,放映各种优秀故事片38部。在观看人群中,70%为民工,20%为图书馆附近居民,10%为过往群众,绝大部分民工从头至尾,场场观看,并把自己的观看需求反馈给馆里。其中一位叫李贵林的河南籍民工,打工在外,离家半年之多,特别想看到家乡戏——河南豫剧,为此,我馆特为李贵林和这些河南籍民工放映了豫剧《朝阳沟》、《徐九经升官记》,使他们如愿以偿。县电视台在《丹朱视点》栏目对此作了专题报道,长子报也为此发表了专题新闻。

三、沁县分中心利用文化资源共享工程开展消夏周末放映活动。沁县分中心在县文化局的支持下,利用共享工程的设备和资源,配置了DVD、音响等设备,在图书馆楼前开展"沁县文化资源共享工程'溯流而上周末影视'放映活动"。从7月28日起,每周五、六、日晚上8点开始放映,《甜蜜的事业》、《青春万岁》、《上党梆子杨七娘》、《苦儿流浪记》等一系列积极、健康向上的经典影片吸引着众多的群众前来观看,场场爆满。截至目前,已放映12场、15部优秀影片,观众达到2 500多人次,该项活动将一直持续到国庆节。

四、盂县图书馆举办消夏电影展播活动。盂县图书馆利用夏季群众喜欢纳凉和中小学校学生放暑假期间,充分利用共享工程文化资源和投影设备举办"盂县图书馆消夏电影展播"活动,每周五在文化广场为市民播放优秀影片一部,共放映电影10场,观众达2 000余人次,受到市民的好评。

五、静乐县分中心暑期送电影到学校。入夏以来,静乐县分中心以服务读者、服务社会、教书育人为宗旨,发挥图书馆的功能,倡导全民读书,传播先进文化,构建学习型社会,开展了一系列的活动。暑期中,分中心工作人员走进校园,为学生放映优秀的影片《背起爸爸上学》;利用多媒体手段在电子阅览为读者放映《红河谷》、《成吉思汗》等影片,观众达300余人次。

六、让孩子们过个有益的暑假。文水县图书馆自建立文化共享工程分中心以来,充分利用文化共享工程资源,积极开展各项活动。他们特别重视对青少年的教育,为使孩子们过一个有意义的暑假,工作人员精心挑选作品,特意为青少年放映了革命故事片《鸡毛信》、《地道战》,使孩子们受到了革命传统教育和爱国主义教育,得到老师和同学们的一致好评。(山西省图书馆 赵玲玲)

【山西省文化厅与中国移动通信集团山西公司合作共建"文化信息资源网络服务站(点)"签字仪式在国贸大厦举行】 2006年12月18日上午10点,山西省文化厅与中国移动通信集团山西公司合作共建"文化信息资源网络服务站(点)"签字仪式在省城国贸

大厦举行。山西省委常委、省委宣传部部长高建民,山西省委宣传部副部长、山西省文化厅厅长杨波,山西省文化厅副厅长赵晋蓉,山西省文化厅长副厅长贾新田,山西省委宣传部网络处朱新才,山西省文化厅社文处处长成宵冬,山西省文化厅市场处处长李培勇,山西省图书馆馆长李小强,中国移动通讯集团客户部李洪菊,中国移动通信集团山西有限公司董事长、总经理高步文,中国移动通信集团山西有限公司副总经理吴平立,中国移动通信集团山西有限公司副总经理柳耀玳出席了签字仪式。

全国文化信息资源共享工程是由国家财政部、文化部组织并实施,于2002年4月正式启动。这是一项大型的公益性文化网络工程,是一项面向农村面向基层服务的文化创新工程。我省自实施文化共享工程以来,已建成各级分中心及基

层站点 130 个。文化共享工程采取卫星、宽带、硬盘三者并存的传输方式，将大量的文史知识、经典文献、名家讲坛、戏曲节目、中外影片、农业科技等方面的资源传送到各级站点，使基层的文化机构和基层群众能够及时获取共享工程为他们带来的文化信息。

"农村网络文化站"是由中共山西省委宣传部、山西省人民政府新闻办公室、山西省精神文明建设指导委员会主导，中国移动通信集团山西公司投资建设的大型农村网络文化工程，于 2005 年 12 月正式启动。建设农村网络文化站是新形势下我省社会主义新农村建设的重要举措，是从我省经济比较落后、城乡差别较大、城乡之间"数字鸿沟"加深的实际情况出发，不断探索现代网络信息及应用技术装备与我省广大农村的生产生活实现对接的途径，对于打通我省农村经济社会信息瓶颈，使广大农民一步到位实现信息共享，促进我省农村物质文明、政治文明、精神文明协调发展，具有深远的历史意义和现实意义。

山西省文化厅和中国移动通信集团山西有限公司的合作，是我省文化共享工程与企业强强合作的有益探索。合作对于我省文化共享工程基层站点的建设和活动无疑是如虎添翼，文化共享工程的文化资源将通过中国移动的光纤网络和网络服务站（点），迅速传播到山西省的每一个村落；同时，远程教育、疾病信息上报、明星乡镇门户的建立、农村信用合作社的网络电子业务等大批以信息资源为内容的服务，将对转变我省经济增长模式产生极大的推动作用，产生深远的影响；将对我省的新农村建设起到较大的推动作用；也将对活跃我省群众文化生活起到推动作用。我们相信通过双方的共同努力，合作必将使山西省文化共享工程在取得长足的发展。

（山西省图书馆　赵玲玲）

【省中心领导赴曲沃、襄汾两县考察调研】 12 月 14 日—15 日，文化共享工程山西省中心主任李小强率中心办公室主任贾酉全赴曲沃县、襄汾县考察调研两县分中心和部分乡镇基层站点的建设情况。

在曲沃县图书馆，李小强主任就试点县的设备配置、资源整合、网络要求等方面的工作向县文化局纪检委书记、县图书馆馆长何芳作了安排，要求文化局和图书馆必须保证向县财政争取到县分中心的配套经费和正常运行经费，确保中心设备到位后的顺利安装使用。李馆长实地察看了曲沃县图书馆计算机主机房的装修情况，对机房的设计、设备的安放等事项提出了建设性意见。李馆长在曲沃县还先后考察了史村镇和高显镇段家村，对两地的文化共享工程基层站点建站准备情况进行了摸底了解。他强调，建成基层站点后，县分中心要加强对这些站点的管理，重点是在业务上进行指导、技术上给予支持帮助，同时还要配合文化行政监管部门对这些站点进行检查管理，使其向健康的方向发展。而各站点要充分利用共享工程资源，组织开展各类有益的文化活动。县分中心的设备到位后，分中心与站点之间也可在利用宽带网络进行点对点的资源索取服务方面进行有益的探索。

襄汾县委县政府对新农村建设十分重视，结合各村实际，创建了各种形式的文化广场和文化站，将文体活动融为一体，受到广大农民的欢迎。县文化局领导将文化共享工程建设与农村文化站建设结合起来，为南小张、席村、范村投资配置了电脑、投影仪，已申请建成文化共享工程基层站点，赤村、大邓乡等文化站也配备了电脑，并开通了宽带网络。这些状况表明：襄汾县文化局把"文化部试点县工作会议"精神落到了实处，农村基层站点建设工作规范、标准，在我省试点县建设工作中走到了前面。

这次考察调研既是对我省试点县建设情况的了解掌握，也为全省文化工作现场会议做好了准备。全省文化工作现场会议即将在曲沃县召开，文化共享工程建设作为这次会议的一个重要内容，这些工作都将推动我省试点县的建设。（山西省图书馆　贾酉全）

【文化大院发展举步维艰中心领导考察扶助农民】 共享工程山西省中心领导李小强、石焕发等考察权勇文化大院。权勇文化大院是祁县丰泽村农民权勇于1996年开始创办的，经过十年的努力，现已发展成为闻名全国的"权勇文化大院"，为活跃农村文化阵地，创建和谐、文明、健康的新农村作出了突出的贡献。

权勇创办文化大院起步艰难，全家靠他捡破烂和种几亩薄田为生，至今还住在上世纪50年代的危房内。在这样的困难条件下，看到村里许多青年无所事事，整天围着麻将桌转，权勇下决心创办一所文化大院。他把临街的三间房屋腾出用做图书阅览室，购买了种植、养殖、医疗、计划生育等方面的书籍2 000余册，在村里提倡"少抽一支烟，多看一本书，少打一次麻将，多学一点文化"，吸引村里的年轻人走进他的图书室。到目前为止，权勇已经为这个图书室投资1.1万元，藏书发展到7 000册，周围村的群众和外乡打工的人们也成了这里的忠实读者，每天看书的人多达百余人次。

权勇从1982年当了村里的电影放映员以来，就走村串户为群众放电影。在经济拮据的情况下，他个人投资10万元先后9次购买了1 600余部电影拷贝。这些拷贝放在他卧室旁边的屋子里，层层叠叠，没有专用的架子就用砖头、木板搭架子，贴上字条分门别类地存放。胶片之多、存放条件之简陋令人触目惊心。曾有人出高价购买他的拷贝，他没有动心，执著地坚持着自己的事业，每年深入全县农村、山区、企业、学校、街道放电影500场，几年来累计

观看群众达10万人次。

图书阅览和电影放映构成了权勇文化大院开展活动的主要内容。权勇创办文化大院的事迹，受到党中央和地方政府的极大关注，中央政治局委员、中宣部部长刘云山、山西省委书记张宝顺、省长于幼军等视

察并给予指导。权勇以"山乡红色放映员"、"山西十大新闻人物"而闻名全国，人民日报、光明日报、山西日报、中国文化报等多家媒体和山西电视台《魅力人生》、《黄土地》、《一方水土》、《记者调查》等栏目都对他和他的大院作过报道。2005年12月14日，作为山西省唯一的先进个人，权勇参加了中宣部、文化部举办的表彰大会，当晚中央电视台焦点访谈对此作了专题报道。

2005年8月，中央电视台、中央新闻纪录电影制片厂在权勇文化大院拍摄了"百年电影"。2006年3月31日，权勇荣获山西省名人联合会"2005年感动山西"的人物；2006年4月27日，被祁县县委、县政府评为"全县劳动模范"；4月28日又被省劳动竞赛委员会授予山西省"五一"劳动奖章称号；9月光荣出席了晋中市党员代表大会；10月光荣出席了山西省第九次党员代表大会。

2006年11月12日，为了支持权勇文化大院的建设、丰富当地农民的文化生活，省中心主任、省图书馆馆长李小强、副馆长石焕发率行财科科长刘贵昌、资源共享办公室副主任赵玲玲赴祁县对该文化大院进行了考察。李馆长一行详细了解了大院目前的运行状况，目睹了权勇一家处境的困难，对权勇舍小利为大家的行为表示赞叹与支持。李馆长和刘科长亲自动手测量了图书室的面积以及书架的长、宽、高度，并当即进行了分析研究，决定尽一份省馆——"老大哥"的绵薄之力，为大院捐助部分书架用以存放大量的电影胶片和书籍，捐助部分阅览桌椅供村里来看书的大人孩子使用。李馆长还参观了大院里的放映室，为权勇能拥有这么一间虽简陋却不失整洁的小小放映室感到欣慰，决定将大院建成为我省共享工程站点，尽快为大院安装一套共享工程设备，将大院的服务提升到更高档次。

一周后，刘贵昌科长亲自将为大院定做的7层单面复柱钢制书架12副（单排）、6人阅览桌2张、钢管阅览椅16把、角钢书架2架、木制期刊架5架，送到了权勇文化大院并安放妥当。不久，共享工程的设备也顺利到位并完成了安装调试，由此，权勇文化大院实现了对村民的共享工程信息资源服务。（山西省图书馆　赵玲玲）

【山西省中心举办文化共享工程系统升级培训班】　由

于我省部分基层站点建站时间较早，现所使用的设备比较陈旧，卫星接收卡仍然使用北京

网通的清华永星卡，所以，在国家中心改频之后已无法接收到卫星资源。为了保证基层站点工作的正常开展，全方位迅速、及时、高效地为广大基层群众服务，2006年12月25日，文化共享工程山西省中心在山西省图书馆报告厅举办了为期一天的"文化共享工程基层站点系统升级培训班"。来自全省64个基层站点的近70多名技术人员参加了培训。

山西省图书馆馆长李小强、副馆长石焕发、办公室主任李达秀、省中心办公室主任贾西全出席了开班仪式。培训前李小强馆长作了讲话，他指出，文化共享工程的发展得到了中央各级领导的关心与重视，对于文化共享工程建设，各级领导作了多次指示，要求把文化共享工程与新农村建设相结合，全面推广文化共享工程建设，这说明文化共享工程的建设已进入快速发展的新阶段。他要求大家要扎实地做好文化共享工程的服务与宣传工作，只有先做好了工作，才能得到政府的支持。他强调，要注意加强以下几方面的工作：一是

各级分中心要加大自动化设备的投资，通过文化共享工程提高图书馆的自动化水平，建设标准化、数字化图书馆；二是搞好环境治理，为读者提供整洁、舒适、优美的活动环境。三是抓住发展机遇，做好试点县准备工作，要和山西省移动通讯有限公司加强合作，利用山西省移动通讯有限公司已建网络发展自己。随后，计算机部副主任许杰虎为学员们讲授了永新卡情况下卫星接收系统的升级操作、新装 WIN2003 系统的安装与操作方法。通过学习，参训技术人员大致掌握了基本技能，达到了本次培训目的。
（山西省图书馆 贾西全）

【国庆长假期间 市民到馆"充电"——静乐县图书馆国庆节期间活动一览】 国庆长假期间，不少市民、学生来到图书馆享受"文化大餐"，很多人表示正好趁长假静心读书，给自己"充电"。

为了方便市民在节假日读书，国庆节来临之际，经馆领导的研究决定，图书馆在节日期间照常对外开放。阅览室里每天都有少年儿童徜徉在知识的海洋中，他们或埋头看书，或轻声交流心得，或漫步于书架间寻找自己喜欢的书。他们平时学习任务比较重，趁国庆长假过来看一些课外书，既放松身心又可以增长知识。

电子阅览室里的24台电脑，都设置了超星阅览器和部分资料库，文化共享工程在网上也为大家奉献了丰富多彩的

活动。几天中光顾电子阅览室的人很多，每天平均30多人次。他们有的在浏览，有的在查资料，还有的儿童在家长的引导下听网上寓言、童话故事。国庆长假为他们带来了别样的欢乐，图书馆为他们创造了另一个学习的氛围。（静乐县图书馆）

【携带投影仪 宣讲十六大】 长子县图书馆利用共享工程资源巡讲十六大精神。长子县图书馆认真贯彻落实十六届六中全会及省、市第九次党代会精神，充分发挥图书馆文化信息资源共享工程的作用，科学安排，合理布置，对所包村慈林镇秦家庄村及全县部分乡镇进行十六大宣讲，在宣讲中采取以下几种方式：

一是把省委党校刘树信教授来长子为全县副科以上干部宣讲十六大的报告制作成光盘，携带多媒体投影仪为秦家庄村36名党员和群众进行宣讲，让农村党员在村里也能享受到高水平的精彩宣讲。二是把"十六大"报告及省、市第九次党代会的有关主要精神，印刷成宣传资料，在巡回宣讲的乡镇村进行发放，使党员群众人人知晓，户户皆知，真正把十六大精神贯彻于千家万户。三是在宣讲十六大的同时利用共享工程资源为农民朋友放映专场电影3场，大棚种植和蔬菜施肥等科技讲座3场，观看群众达600余人。四是吃住在农家。吃一碗农家的饭，喝一杯农家的茶，和乡亲们坐在一起，

虚心听取乡亲们的意见，说一说村里新农村建设的情况，共谋新农村发展大计。老党员秦富贵说：党和政府好，县里的同志讲得好，我从来没有见过这样高科技的投影仪，让我们农村的党员不出门就能享受与县领导一样的宣讲待遇，感激不尽，希望这种方式常来我村，多带些大棚方面的科技讲座，很感谢政府。（长子县图书馆）

【共享工程下乡来　文化大餐惠农民】 夏县分中心开展共享工程"文化走向基层电影展播活动"2006 年夏县分中心在县文化体育局的支持下，利用文化共享工程的设备和资源与县电影公司合作开展共享工程"文化走向基层电影展播活动"。展播活动为期 8 个月，共放映各种影片 32 部，观看人数达 2 万余人次。从 4 月中旬至 12 月，每月 4 场，为城乡广大干部群众放映精心挑选的"红色精典"影片、"科技信息"影片，如《地雷战》、《暖春》、《暖情》、《生死托付》、《生死抉择》、《离开雷锋的日子》、《农村安全用电》、《预防艾滋病》、《大棚蔬菜种植技术》等，深受城乡干部群众的喜爱。

夏县分中心在活动开展前就制定了具体实施方案，以丰富城内干部职工的生活为主题，结合爱国主义教育，广泛宣传新时期涌现出的先进人物，宣传"八荣八耻"，提倡争做"和谐社会一成员"。提高农村广大群众学科学的热情，帮助他们运用先进科技信息进行种

植、养殖、加工等来发家致富，为建设社会主义新农村作出贡献。在此次活动中广大干部群众观看影片的愿望越来越强烈，导致夏县分中心影片资料匮乏，急需补充。为此，省中心伸出援助之手，将 7 部戏曲、电影资料刻录成盘及时提供给夏县分中心，解决了夏县分中心的燃眉之急。

在开展电影展播活动的同时，夏县图书馆为了补充发展基层图书资料，在全县干部职工中开展"我为农民捐本书"活动，共收到捐书 6 万余册，赠送给 25 个农村图书室，进一步增强了广大农民群众利用科学技术、建设社会主义新农村的信心。

夏县分中心开展"文化走向基层电影展播活动"历时 8 个月，受到了广大群众的欢迎，取得了很好的效果，也积累了丰富的经验。（夏县图书馆）

【长治市共享工程站点正式开通】 2006 年 1 月 29 日，在山西省图书馆和山西省资源共享工程分中心的帮助和支持下，长治市图书馆资源共享工程站点正式开通。站点的开通为长治市 300 万读者提供了一个学习文化知识、获取科技信息的平台。（长治市图书馆 董书忠）

【山西省高校图书馆学术研究与交流合作】 2006 年 9 月 20 日—22 日，华北地区高校图协第 20 届学术年会在天津蓟县召开，山西省 15 所高校图书

馆的 20 名代表参加了本届年会，11 篇论文作为会议交流论文，其中 9 篇入选会议论文集。

10 月 24 日，"2006 年山西省高校图工委采编专业委员会年会"在山西大学图书馆大会议室召开，来自全省高校 23 所图书馆的 30 余名采编专业人员参加会议，交流了采编工作方面的经验，并就如何治理商业贿赂、实行行业自律等进行了研讨。

山西大学图书馆、山西医科大学图书馆、山西农业大学图书馆、山西大同大学图书馆继续参加 2006 年"山西省科技文献资源平台建设"项目。

山西医科大学图书馆 7 名工作人员以副主编与编委的身份参编了由高等教育出版社出版的《医药市场信息》、《病案信息管理》等国家规划教材 6 部；部分人员主持与参与了《以高等医学院校为依托深入进行山西省资源的调查与分析》、《国家五类中药新药满山红滴丸的研制》、《山西省医院信息化建设的调查与分析》等科研项目 7 项，其中主持项目 6 项。（山西大学图书馆　李嘉琳）

【加强协作共建共享各类文献资源】 在 2006 年里，山西省高校图书馆进一步加强协作协调共建共享各类文献资源，一是整合各馆外购资源形成团购优势，既节省了经费，又共享了资源；二是积极开展馆际互借和文献传递服务，收到了良好的服务效果。

2006 年 3 月 13 日上午在

山西大学图书馆召开会议,听取埃迪科森和维普公司介绍产品,并讨论确定了新一轮的团购协议。山西高校 10 余所图书馆馆长参加了会议。

从 2006 年 3 月开始,CALIS 山西省文献信息服务中心积极开展馆际互借/文献传递服务,配合馆际互借/文献传递服务的开展,进行宣传与培训,组织了 4 次与中心工作相关的服务项目和业务工作的培训,针对个人用户采取个别辅导的方式,针对各用户馆采取网络指导的方式推广馆际互借与文献传递服务。截至 2006 年 10 月,发展了本省用户馆 14 家,传递文献 211 篇。几个月的业务总量超出了前几年文献传递的总和。

4 月 26 日清华同方公司在图书馆会议室召开"CNKI 数据库应用研讨会",来自省内 33 所高校图书馆的 40 余位代表参会。(山西大学 李嘉琳)

【抓管理促服务不断提高服务水平】 山西省高校图书馆不断提高自身的服务水平与质量,以满足高校用户日益增长的需求。例如:中北大学图书馆在满足本校教学科研文献信息服务要求的基础上,立足山西高校,不断加强文献资源建设、数字化建设以及文献资源共享,提供个性信息服务,在合理扩充馆藏、提高服务人员素质、更新管理理念、建设合格图书文献保障体系的同时,建成中北大学数字图书馆,形成涵盖本校专业并在兵器学科、机械学科、电子学科等学校传统优势领域具有鲜明特色的知识资源系统,以及多层次、多形式、优质高效、快捷便利的现代化的知识服务体系,成为省内高校构建文化服务体系、搭建信息服务平台的阵地和山西省高校对外文化交流的窗口,为山西省高校教学科研提供先进的信息服务。

运城学院图书馆尝试在服务部门试行量化管理改革,制定《流通量化管理暂行方案》,用机制调动了服务工作积极性。当年流通借还量从上年人均 35 册提高到 55 册,提高了 57%。他们还组织了岗位知识大赛,馆内 56 位同志分别参加了计算机知识、图书分类学、本岗使用软件平台知识等相关知识比赛,参赛同志全部合格。通过大赛提高了工作人员的素质,促进了工作。组织了"百名优秀学生读者评选表彰"活动,表彰了前 20 名优秀读者,增强了图书馆与读者的互动。他们的努力得到了学校的认可,在 2006 年学院组织年度评优表彰活动中,图书馆荣获综合奖第一名。

积极参加征文比赛 高校图书馆积极参加山西省图书馆学会举办的"我与图书馆"、"我与图书"征文活动和其他活动。山西大学图书馆、太原科技大学图书馆获"征文活动组织奖";山西大学图书馆、山西财经大学图书馆、太原科技大学图书馆获"2006 年全民阅读活动先进单位"称号;山西大学图书馆、山西财经大学图书馆获"2006 年图书馆服务宣传周活动先进单位"称号。(山西大学 李嘉琳)

【2006 年山西省高校图书馆发展概述】 2006 年是实施国家"十一五"规划的第一年,山西省高校图书馆坚持以科学发展观统领全局,以建设和谐社会为导向,紧紧围绕学校的发展目标,以提高服务质量为核心,以数字化图书馆建设为目标,努力为学校的教学和科学研究提供优质高效的文献信息资源保障,在各个方面均取得了快速发展。

山西医科大学和太原科技大学顺利完成了国家教育部本科教学水平评估工作。在评估期间图书馆的各项工作受到专家的充分肯定。专家特别对山西医科大学图书馆服务、教学、科研三位一体的办馆模式给予了高度评价。

山西大学图书馆、山西财经大学图书馆 2006 年被全国妇联授予"全国三八红旗单位"称号。山西医科大学图书馆馆长贺培凤当选为山西省科教文卫系统杰出知识女性,当选为山西省科技情报学会常务理事。山西医科大学图书馆王秀平当选为第一届中国医学信息系统专业委员会副主任委员以及中华医学会信息分会委员。

2006 年 5 月 29 日—6 月 2 日"2006 年山西省高校图书馆长会议暨 CALIS 山西省文献信息服务中心启动仪式"在山西大学学术交流中心举行。山西省教育厅副厅长王李金、教育厅高教处调研员张正义出席开幕式,山西大学副校长行龙教授代表山西大学到会祝贺。王李金副厅长启动 CALIS 山西省文献信息服务中心网站。由山西大学图书馆承担的 CALIS 山西省文献信息服务中心从2005年11月开始建设以来,经过半年多的建设已经基本建成了山西省文献信息服务中心门户网站,初步建立了山西省高等学校信息资源保障平台,并于2006年5月通过了 CALIS 管理中心组织的子项目验收。此次启动仪式标志着以资源共享为目的、以馆际互借/文献传递为主要服务手段的一期服务工作已经正式开始。

参加会议的还有来自省内40所高校图书馆的馆长48人及16家公司的代表21人。会议邀请山西大学管理学院裴成发教授作了题为"图书情报学研究与实践进展"的学术报告;山西财经大学图书馆武三琳馆长介绍了本馆学科馆员制度的实施情况;太原科技大学图书馆幸玉亮馆长作了"迎评促建与图书馆发展"的专题发言;山西建筑职业技术学院图书馆栾淑杰馆长就高职高专图书馆的发展与迎评促建作了专题发言。与会代表还讨论了2005年山西省高校图工委工作总结、2006年山西高校图工委工作计划及"山西省高校图工委十一五发展规划(草案)",并就各馆工作及"十一五规划"的制定等进行了交流。(山西大学图书馆 李嘉琳)

【山西农业大学图书馆新馆建成并投入使用】 为了适应山西农业大学招生规模不断发展的趋势,满足广大读者利用图书馆学习的需求,追随图书馆开放式管理的发展理念,山西农业大学从2002年开始规划设计,2003年动工,于2006年9月建成了崭新的图书馆大楼。

新图书馆大楼正面全部为玻璃幕墙,外观造型朴素大方,内部结构简单明了(见附图),功能齐全。整楼建筑面积约2.5万平方米,设各种阅览室近20个,包括电子阅览室、音像阅览室、图书阅览室、期刊阅览室、报纸阅览室、信息教育实验室,以及各种专题研究阅览室,阅览座位3 000多个。另外设有1个现代化多功能报告厅和1个校史展览厅。

新图书馆楼突出了现代建筑的智能化设计,综合布线系统使用整个内网的强、弱电结构化布线。楼宇自动化系统包

括照明、空调、给排水、电梯、门禁、一卡通管理、消防安保及中央监控等;通信自动化系统包括语言通信系统、卫星接受和电视系统、公共广播系统(背景音乐、紧急呼叫等)和电子会议系统(视频会议、同声传译)等等。

图为设计效果图(山西大学图书馆 李嘉琳)

【中北大学新图书馆正式启用】 2006年5月31日,中北大学新图书馆正式启用接待读者。图书馆坐落在校园中央,馆舍始建于2002年,完工于2006年,面积34 606平方米。馆内设有中文自然科学图书基本书库、中文社会科学图书基本书库、中文自然科学图书借阅室、中文社会科学图书借阅室、社会科学期刊阅览室、自然科学期刊阅览室、中文期刊过刊及报纸阅览室、外文期刊阅览室、社会科学样本图书阅览室、自然科学样本图书阅览室、工业技术样本图书阅览室、外文图书阅览室、工具书阅览室等阅览室35个,阅览座位6 114个,周开放时间为105小时。中北大学新图书馆的启用,标志着山西省高校图书馆基础设施的进一步完善,为高校文献信息平台的搭建,提供了有力的基础保障。(山西大学图书馆 李嘉琳)

内蒙古自治区

【概况】 随着内蒙古自治区文化大区建设的不断深入,内蒙古自治区图书馆事业在各级政府的大力支持下有了极大的发展和变化。截至2006年底,内蒙古自治区公共图书馆共计110个,馆藏文献7 611 000册,总面积155 000平方米,年度文献购置费,其中:书2 813 000元;刊3 397 000元,相继建设文化信息资源共享工程

基层站点67个。内蒙古自治区图书馆坚持全年365天接待读者，按照计算机系统的自动统计，截止到2006年12月13日，共接待读者243 878人次，文献流通159 602册次。发展读者3 648人，其中少儿读者987人，残疾人读者47人。办理阅览证10 250人次。

内蒙古自治区各级公共图书馆2006年间各项工作均有所改观。在确保阵地服务的同时，积极拓展服务空间，扩大社会服务延伸力度，在社区、乡村、军队广泛开展了形式多样的阅读活动。呼伦贝尔市图书馆先后在军队、农牧区建立图书流通站，将科技信息及时送到部队及广大农牧民手中；鄂尔多斯市图书馆根据党政机关、农牧民、下岗人员的不同需求，有针对性地编制了《参考与决策》、《科技信息》、《信息之窗》等文摘信息，并免费发放，取得了良好的社会成效；包头市图书馆结合实际在内蒙古人大代表土右旗沟门镇威俊村井办"农家图书室"，并提供相关设备和管理办法，为丰富和活跃当地农村文化生活提供了保障。各馆积极配合当地社会发展现状，结合馆藏资源，以网络视频等形式针对不同需求积极举办各类讲座，取得了较好的社会效益。仅内蒙古自治区图书馆2006年间，就举办网络视频讲座60场，近3 000人次到馆聆听；同时利用工作之余，无偿为广大市民开展视频展播80余场，约4.8万人次现场观看。内蒙古自治区公共图书馆2006

年内有多家新馆破土动工，另有部分图书馆新馆建设项目也在紧张的论证阶段。

进一步强化学术研究氛围，加强合作与交流。2006年，内蒙古自治区图书馆在以往的基础上强化学术理论研究。由中国图书馆学会少数民族专业委员会、中国民族图书馆主办、内蒙古自治区图书馆学会协办、呼伦贝尔市图书馆学会及图书馆承办的"第九次全国民族地区图书馆学术研讨会"的成功召开，为国内少数民族地区图书馆界的交流与合作构筑了平台，对少数民族地区图书馆的良性发展起到了很好的推动作用。此外，内蒙古自治区图书馆与蒙古国国家图书馆签订了《内蒙古自治区图书馆与蒙古国国家图书馆合作协议书》，并进行了文献交换，有利促进了国际间的业务合作与交流。为继续提升自治区各馆业务人员的工作能力和业务技能，内蒙古自治区图书馆学会分别在通辽市、阿拉善盟举办了东、西部地区《中国文献编目规则》（第二版）使用培训班，来自公共图书馆、院校图书馆的业务骨干共计80余人参加了学习。

内蒙古自治区图书馆在完成文献书目数据库建设的基础上，积极加快图书馆数字化建设步伐。对计算机主机房设备进行了升级改造，开通了自动化借阅系统和OPAC文献检索系统，使内蒙古自治区图书馆完全实现了ILAS系统的全面使用。并于2006年4月，开始

停止使用图书馆沿用多年的各种手工借阅证件，统一使用磁卡式借阅证，首次实现了全馆范围内图书借阅、报刊阅览、自学和文献查阅等不同服务方式的"一卡通"管理。为更好地服务于读者，充分利用图书馆网站的平台，经过技术攻关，实现了读者在馆外借助互联网查阅图书馆文献，在网上办理图书续借和预约借书手续的功能，拓展图书馆服务方式，为读者提供了方便。这些现代化技术的应用，标志着内蒙古自治区图书馆实现了由传统图书馆向数字化图书馆的初步转型。

积极发挥全国文化信息资源共享工程内蒙古分中心的作用，扩大文化信息资源共享工程的宣传力度，深入社区、农村、牧区，为广大群众送去渴盼已久的文化信息。为确保该中心正常有效运转，在分中心之下成立了"分中心办公室"、"资源采集部"、"资源建设部"、"计算机网络部"等部门，并制订了具体的工作规划和技术方案。与国家中心达成了由我分中心将优秀影视资源翻译成蒙古语影片在内蒙古地区推广发行的协议，此举对丰富偏远牧区的精神文化生活将产生巨大的影响，由我分中心为国家中心制作的蒙古语解说配汉语字幕的影片《内蒙古风情》被作为文化部举办展览的宣传影片。按照与国家中心签订的有关协议，分中心开始着手搜集区内优秀的地方戏曲剧目和蒙古族大型歌舞剧目。此举对保存珍贵民族文化遗产、丰富国家文化资

源数据库的内容都具有重要意义，省级分中心地区核心的作用得到充分的发挥。年内分中心自筹资金摄录制作了大型晋剧《满都海夫人》，全年共向国家中心推荐优秀地方剧目17部。我分中心依托内蒙古自治区图书馆的文献资源优势，不断充实内蒙古文化信息资源，建立了历史人物、服饰文化、饮食文化、旅游景点等专题资源数据库，充分展示了内蒙古丰富的少数民族人文历史资源，先后制作资源100GB。分中心技术人员奔赴12个盟市的30多个旗县乡村，对基层站点设备进行了安装、调试，建立市级分中心2个，新增基层站点35个（国家援建）；举办内蒙古自治区共享工程市级中心、县级中心技术培训3次，100人次参加了学习。形式多样的社会服务得到了社会各界的好评。

高度重视图书馆科研工作。内蒙古民委主持的课题《蒙古文古籍提要目录》已制订"著录规则"和"协议书"；《蒙古学百科全书·宗教卷》已完成后期制作；《建国前内蒙古地方报刊考录》和《建国后内蒙古地方报刊考录》正在内容补充和紧张编写中；《民地文献联合目录数据库》和《内蒙古自治区民国期刊数据库》也在数据录入和前期准备过程中。由内蒙古自治区图书馆学会倡导编辑的《内蒙古历史文献丛书》，第一辑的一、二册的编辑工作已完成，作为内蒙古自治区60周年大庆献礼项目，定于2007年正式出版发行。（林胜）

【第九次全国民族地区图书馆学术研讨会在内蒙古召开】 2006年6月24日—30日，由中国图书馆学会少数民族专业委员会、中国民族图书馆主办，内蒙古自治区图书馆学会、内蒙古自治区图书馆协办，内蒙古自治区呼伦贝尔市文化局、呼伦贝尔市图书馆学会、呼伦贝尔市图书馆承办的"第九次全国民族地区图书馆学术研讨会"在呼伦贝尔市隆重举行；来自全国各民族地区公共、学校、民族文化宫等图书馆的120名代表参加了会议。呼伦贝尔市副市长金昭及政府、政协、宣传部、文化局有关领导出席了开幕式。内蒙古大学图书馆馆长阿拉坦仓主持会议，中国民族图书馆馆长吴贵飙致开幕词，呼伦贝尔市副市长金昭致了欢迎词，中国民族文化宫副主任杨崇清也就主办本次全国民族地区图书馆学术研讨会的有关情况作了详细介绍。

大会还以论文代表发言的形式进行学术交流，宁夏图书馆馆长张欣毅、内蒙古图书馆研究馆员迗莫勒等8位代表在大会上作了交流发言，就民族文献的收集、数字图书馆的建设、民族地区图书馆人力资源问题、信息分析的现状与发展等方面内容阐述了自己的观点，受到与会代表的好评。此次会议共收到论文200篇，评选出一等奖5篇、二等奖10篇、三等奖17篇、优秀奖18篇。（林胜）

【鄂尔多斯市图书馆新馆主体建设完工】 内蒙古自治区鄂尔多斯市图书馆新馆建设工程在当地各级政府的大力支持下于2006年6月25日正式开工。新馆面积3.3万平方米，设计藏书150万册，含其他文献载体共计200余万册（种、件），新馆计划2007年8月30日全部竣工。（林胜）

【内蒙古自治区图书馆学会开展基层业务培训】 2006年5月、7月，内蒙古自治区图书馆学会分别在通辽市、阿拉善盟举办了东、西部地区《中国文献编目规则》（第二版）使用培训班，来自公共图书馆、院校图书馆的业务骨干共计80余人参加了学习。（林胜）

【呼伦贝尔市图书馆50华诞庆典丰赡】 2006年10月18日，呼伦贝尔市图书馆迎来了50年华诞。庆典得到当地市委、文化局的高度重视和支持。历史图片、学术成果的回顾展，真实生动地再现了呼伦贝尔市图书馆50年的创业发展历程。庆典期间，收到了文化部、国家图书馆、中国民族文化宫等多家贺电。此次馆庆，旨在宣传图书馆，倡导全民阅读，构建和谐社会为契机。（林胜）

【内蒙古自治区文化信息资源共享工程建设成果喜人】 2006年间，内蒙古自治区图书馆继续加强文化信息资源共享工程网站建设工作，制作资源100GB；举办网络视频讲座

60 场，近 3000 人次到馆聆听；同时利用工作之余，无偿为广大市民开展视频展播 80 余场，约 4.8 万人次现场观看。此外，为强化基层站点工作人员技术能力，先后举办了市级分中心、县级分中心技术人员培训班 3 次，共计 100 余人次参加学习；并建立共享工程内蒙古市级分中心 2 个，以及国家援建的新增基层站点 35 个。（林胜）

【内蒙古自治区图书馆为新建分馆进行业务辅导】 为巩固和支持已取得的社会效益，内蒙古自治区图书馆年内分别对内蒙古第四监狱、内蒙古女子监狱、内蒙古女子劳教所 3 所分馆进行了业务辅导，使上述分馆的各项工作步入了专业化管理的轨道。（林胜）

【内蒙古自治区图书馆读者服务宣传周活动丰富】 2006 年 5 月 22 日—6 月 3 日，内蒙古自治区图书馆与内蒙古电视台、北方新报社等单位共同举办了宣传周系列活动。期间，组办的"同在一片蓝天 共享阅读快乐"捐书换卡、"好书伴我同成长"作文大赛、迎六一儿童影视专场及网络视频讲座等活动受到广大市民的普遍欢迎。"同在一片蓝天 共享阅读快乐"捐书换卡活动引起了社会各界的广泛关注和鼎力支持，先后收到捐赠图书 4 000 余册，并及时发送到贫困地区少年儿童手中；"好书伴我同成长"作文大赛共收到文章 500 余篇，经认真评审后，对获奖选手颁发了奖品；本次宣传周得到了多方媒体的广泛关注和支持，共发放"文化信息资源共享工程简介暨馆藏文献介绍"宣传单 7 000 余份，有利地宣传了图书馆的社会职能，同时让更多的民众了解了文化信息资源共享工程的意义和作用。（林胜）

【内蒙古自治区副主席乌兰到内蒙古自治区图书馆视察】 2006 年 1 月 26 日，内蒙古自治区副主席乌兰在内蒙古自治区文化厅副厅长明锐等人的陪同下，对内蒙古自治区图书馆的消防安全工作及全国文化信息资源共享工程内蒙古分中心的建设情况进行了实地视察，并提出了"要完善文化信息资源共享工程建设，加大对农村牧区的服务力度和延伸面"。（林胜）

【内蒙古自治区图书馆对馆内环境进行改造】 2006 年初，内蒙古自治区图书馆在经费拮据的情况下，拨出专款对馆内环境及部分设施进行了合理改造，扩建自学大厅 1000 平方米，并添置了空调和饮水设备，为读者提供了优质的阅读环境，馆内面貌焕然一新。（林胜）

【蒙古国国家图书馆参访内蒙古自治区图书馆】 2006 年 6 月 10 日—19 日，蒙古国国家图书馆副馆长宾巴苏伦女士等一行 6 人应邀对内蒙古自治区图书馆进行业务参访。双方就业务建设等方面问题展开了深入的交流，签订了《内蒙古自治区图书馆与蒙古国国家图书馆合作协议书》，并进行了文献交换，有利地促进了两馆间的业务合作与交流。（林胜）

【内蒙古自治区图书馆学会组织召开在呼理事扩大会】 2006 年 12 月内蒙古自治区图书馆学会组织召开了在呼理事扩大会议，对全年学会工作进行了认真细致的总结。特别就年内举办的一些学术活动进行了点评，以便更好地总结经验，推进服务，增强图书馆界学术氛围。同时，制定了 2007 年度工作计划。（林胜）

【包头市图书馆与蒙古国国家少儿图书馆签订协议】 2006 年 6 月，包头市图书馆与蒙古国国家少年儿童图书馆签订了《包头市图书馆与蒙国国家少年儿童图书馆建立友好合作关系协议书》，为今后国际间业务的交流与合作搭建了平台。（林胜）

【内蒙古自治区图书馆学会《内蒙古历史文献丛书》(第一辑)编辑工作完成】 由内蒙古自治区图书馆学会倡导编辑的《内蒙古历史文献丛书》，经过多方努力，目前第一辑的一、二册的编辑工作已完成；作为内蒙古自治区 60 周年大庆献礼项目，定于 2007 年正式出版发行。（林胜）

【内蒙古自治区图书馆实

现网上预借图书服务】 为了更好地服务于读者，充分利用图书馆网站的平台，经过技术攻关，内蒙古自治区图书馆实现了读者在馆外借助互联网查阅图书馆文献，在网上办理图书续借和预约借书手续的功能，拓展了服务方式，极大地方便了读者。这些现代化技术的应用，标志着内蒙古自治区图书馆实现了传统图书馆向数字化图书馆的转型。（林胜）

【内蒙古大学图书馆概况】
1957 年 10 月 14 日，内蒙古大学图书馆随学校的创建而建立，是新中国成立之后我国少数民族地区建立起来的第一所综合性大学图书馆，开创了中国少数民族高等学校图书馆事业的新篇。50 年来，经过几代内大图书馆人的辛勤努力和开拓进取，内蒙古大学图书馆以环境优美、设施齐全、资源丰富、服务优良、特色鲜明跻身于高等学校图书馆重点建设之列。

建馆以来，内蒙古大学图书馆得到党和国家领导人及自治区领导的亲切关怀，建馆初期周恩来总理亲自为图书馆赠送了影印北京版《西藏大藏经》。班禅额尔德尼·确吉坚赞、陈慕华、李兰清、江泽民、贾庆林等党和国家领导人先后亲临内蒙古大学图书馆视察。

内蒙古大学图书馆 1978 年建成第一座独立馆舍，经过三次改建和扩建，如今馆舍面貌焕然一新，馆舍面积已达 16 185 平方米，阅览座位近 1 500 个。

2.8 万平方米的新校区图书馆正在建设当中。馆舍面积的扩大和建筑设施的改善，为图书馆的现代化建设和发展奠定了坚实的基础。

内蒙古大学图书馆已经形成以蒙古学和生命科学为重点，学校教学、科研专业用书为保障的馆藏体系。截至 2006 年，拥有藏书 143.7 万册。馆藏中蒙古学古籍精品荟萃，清代朱字木刻本《御制蒙古文甘珠尔经》（108 部）、托忒蒙古文清代竹笔手抄本《西游记》、1721 年巴黎版《帖木儿武工记》等蒙古学精品文献为国内外学者所珍视。近年来，大量引进的国内外数据库、电子期刊、电子图书和学位论文等数字资源，深受读者欢迎。自建的"蒙古学特色库"是"中国高等教育文献保障系统"（CALIS）的十五个特色库之一；"蒙古学信息网"开展蒙古学信息资源搜集整合、报道和咨询服务，及时发布国内外蒙古学和相关民族学最新研究动态、报道、论著、网址。

内蒙古大学图书馆一直以来遵循"读者第一、服务至上"的办馆宗旨，为读者提供书刊借阅、资源查询、信息与课题咨询、馆际互借与文献传递、用户培训等服务。2006 年建成的"蒙古文古籍展阅室"，是充分体现民族特色、多层次蒙古文文献资源保护、数字化成果展示的民族文献特色展阅区，成为内蒙古大学乃至国内外较有影响的宣传、展示蒙古文文献的标志性窗口。图书馆已成为学校教学科研中最重要的公共

服务体系之一，为学校的教学科研提供了强有力的文献信息资源支撑。

内蒙古大学图书馆非常重视数字图书馆的研究和建设。2003 年成立的蒙古文数字化研究小组，开展了有关蒙古文文献和特藏文献的标准规范、关键技术、互操作层与互操作标准等的研究。在馆藏文献数字化，特别是蒙古文文献数字化、蒙古文信息处理等方面取得了长足进展。研制开发了蒙古文古籍元数据著录系统、Apabi 全文数据库软件制作。《甘珠尔经》等蒙古文文献大规模的全文数字化制作正在进行。已建成的《中国蒙古文期刊网》，在低层的蒙古文输入、竖排、uni-code 编码存储、检索等方面取得了突破性的成果，在网络环境下，开创了浏览蒙古文全文数据库的先河，为蒙古文学术研究成果的网络传播和共享提供了高效快捷的平台。上述成果已成为少数民族文献数字化的样板工程。

2006 年底，学校共有 2 个分馆和 9 个资料室。为加强本校文献资源建设的整体规划，实现文献资源的最佳利用，为教学科研提供更加个性化的服务，内蒙古大学图书馆正在全面实施文献资源保障系统建设，以资源共享、服务共建、文献分藏、读者分流为思路，在全校实现文献建设、读者服务、资源数字化、业务培训的统一协调，初步形成了内蒙古大学资源与服务共享体系。

2001 年，学校实行图情档

一体化管理模式，将档案室划归图书馆，2004年学校决定成立档案馆，为副处级建制。图书馆现有行政、业务机构6个，分别为办公室、采编部、流通阅览部、蒙古学及其他学科信息咨询部、系统管理开发部、档案馆。

改革开放以来，图书馆以改革促发展，不断增强对现代高等教育的适应性。1984年，图书馆作为学校改革试点单位，率先进行管理体制改革，历时15年，先后完成了八届部室主任招聘和部室人员的优化组合工作，各项工作取得了长足发展。2001年，图书馆开始进行新一轮管理体制改革，在改革中，努力借鉴国内外高校图书馆的先进管理经验，制定了科学合理的管理模式，从机构设置、人员聘任到管理办法、考核措施等方面都有了较大的突破和创新。根据管理和业务工作的需要，科学设岗；打破论资排辈现象，按需聘任；实行量化管理和严格的年终网上考核制度；制定激励机制和奖惩办法；淘汰大专以下学历人员，注重引进各学科专业人才。改革给图书馆注入了勃勃生机，为教学、科研提供了强有力的文献保障和信息服务，为高等教育的顺利发展提供了强有力的支撑。同时，也为不断提高图书馆的学术服务和科研水平，配备了一支多学科、高学历、高素质的专业干部队伍。图书馆现有职工96人，其中博士1人，硕士9人，本科以上学历者占职工总数的70%，全员职工均具备大专以上学历，达到并超过了教育部《普通高等学校图书馆规程》的要求。研究馆员3人，副研究馆员18人，中级职称者46人。

1978年以来，图书馆注重发挥自身资源优势，坚持服务科研并重原则，大力开展图书馆学研究，取得了显著成果。目前，我馆已经拥有一支具有相当研究能力的专兼职科学研究队伍，一批研究成果得到了学术界的高度重视，取得了良好的社会效益。建馆50年来，据不完全统计，已完成和正在进行的各层次科研课题共20项，正式出版专著30余部，参编出版专著近20部，内部印行专著20余部；发表学术论文300余篇。其中有37项论著成果获得各种不同奖项44次。

加强与国内外图书馆界的沟通与学术交流，加快图书馆的现代化、数字化建设步伐。近年来，图书馆多次举办、承办、协办各类研讨班和专题讲座。2000年7月承办"新世纪图书馆建筑发展研讨会"，2004年7月协办"第二届中美图书馆员高级研究班"暨"教育部信息资源公共获取与数据库管理"高级研究班，2006年1月邀请美国南康州大学终身教授刘燕权博士做"数字图书馆"专题报告等，这一系列的大型学术交流活动，为内蒙古大学图书馆和内蒙古自治区图书馆界职工提供了良好的学术交流与学习机会。

目前，"中国高等教育文献保障系统"（CALIS）内蒙古自治区文献信息中心和西部培训中心、教育部部级科技查新工作站、国家教育部民族学科蒙古学文献信息中心、内蒙古高等学校外文文献信息中心、内蒙古自治区高校图书情报工作指导委员会秘书处等机构设在内蒙古大学图书馆。已成为"中国高等教育文献保障系统"（CALIS）编目中心的B级成员馆、中国图书馆学会常务理事馆和中国图书馆学会少数民族专业委员会的主任委员馆。内蒙古大学图书馆因此成为内蒙古高等教育文献资源共享的重要基地，为自治区高校图书馆事业的发展作出了应有的贡献。（索娅）

辽宁省

【**中共中央政治局常委李长春视察辽宁省图书馆**】2006年7月3日上午9时30分，中共中央政治局常委李长春在中共辽宁省委书记、省人大主任李克强，省长张文岳的

陪同下，莅临辽宁省图书馆视察。省文化厅厅长彭益民、省图书馆馆长王荣国等在主楼前迎候中央首长一行。

参观期间，李长春听取了王荣国关于全国文化信息资源共享工程辽宁省分中心建设情况的汇报，并视察了我馆共享

工程阅览室,与工作人员和读者亲切交谈,询问他们对文化信息资源共享工程还有什么要求和建议。

在参观古籍善本书库时,李长春对我馆珍藏的《聊斋志异》手稿、《抱朴子内篇》及宋版的《韵补》等善本精品表现出极大的兴趣,并欣然挥毫签名留念。李长春同志临行前针对图书馆事业的发展强调说:"充分发挥图书馆公益性的性质,图书馆是政府为全社会提供公共文化服务的手段,要把社会效益摆在首位。"

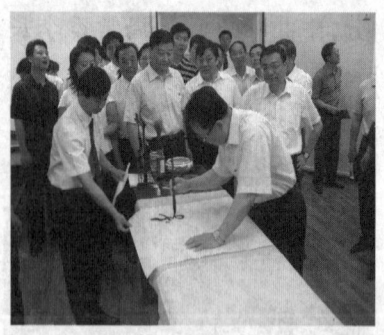

这次李长春对辽宁省图书馆及全国文化信息资源共享工程辽宁省分中心的视察和肯定,充分说明了中央领导对图书馆事业的高度重视,也是对我馆的极大鼓励和鞭策。我们将抓住这难得的机遇,坚持自主创新,奋力拼搏,为我国的图书馆事业、为辽宁的全面振兴作出更大的贡献。(辽宁省图书馆学会)

【全国文化信息资源共享工程省级分中心建设取得较大进展】 2006 年 1 月 16 日—18 日,辽宁省图书馆作为辽宁省文化信息资源共享工程省级分中心,协助省文化厅举办了为期两天的基层示范点技术人员培训班。来自全省 25 个基层示范点的 47 名同志参加了培训。在培训结束后,向各基层示范点发放了设备,并将培训和设备发放工作形成材料,上报全国文化信息资源建设管理中心。由于我省分中心在人员培训和设备发放工作中表现突出,被国家中心授予二等奖。今年上半年,我馆对全国文化信息资源共享工程数据进行了全面更新,数据总量达 1.4TB,其中涵盖了军事、教育、经济、市政、农业、人物、综合等多方面的内容,使共享工程网站的服务面得以增加;另外,我们还整合了我省获"文华奖"、"五个一工程奖"的部分优秀获奖剧目和《辽海讲坛》的部分精华内容,制作了一批题为"辽宁文化资源集萃"的数据光盘,数据总量约 17GB,并最终形成在线访问数据量 5GB。在文化部全国文化信息资源建设管理中心组织的征集各省优秀地方戏剧目工作中,我省分中心工作成绩突出,被授予"杰出奖"。为使广大人民群众进一步了解全国文化信息资源共享工程的建设历程及辽宁省文化信息资源共享工程建设成果,上半年,我馆举办了"文化信息资源共享工程展示"主题展览,展示了国家各级领导对此项公益文化工程的重视以及辽宁各级政府的财政投入情况、数字资源建设、基层中心建设、部分基层中心的服务掠影,以及对今后工程发展的展望,并印制了《辽宁省文化信息资源共享工程》小册子。(辽宁省图书馆学会)

【辽宁省图书馆利用资料优势为"两会"提供全程服务】 在新春佳节即将来临之际,辽宁省的"两会"隆重开幕。辽宁省图书馆为"两会"提供了周到、全面、及时的服务。

会议之前,辽宁省图书馆编印了《为政协九届四次会议服务专题资料》1 000 份,16 个专题,381 篇全文;《为十届四次人大会议服务专题资料》200 份,16 个专题,381 篇全文。这些材料的编印,为"两会"提供了丰富的智力支持。

"两会"期间,我馆组成两个服务组,分赴人大代表和政协委员驻地,为其提供专题资料检索打印、期刊借阅、电子读书卡发放、咨询解答等全方位的服务。免费赠送发放电子读书卡近 200 张,委员及代表可以利用该卡通过我馆主页访问方正电子图书系统,免费阅读和下载 5 万多种图书;现场借阅最新热门期刊 200 余册次;接待课题咨询 10 余项;打印资料 50 余页;免费发放我馆编辑的《领导干部书架》100 份。

此次"两会"服务,不仅在形式上有所创新,在服务内容上也比以往更加丰富。我们为代表和委员提供的"构建和谐社会"、"可持续发展"、"三农问题"、"振兴辽宁老工业基地"、"科技创新"、"区域协调发展"、"调整优化产业结构"等专题资料,深受代表和委员们欢迎。(辽宁省图书馆学会)

【辽宁省图书馆获辽宁省科学技术普及基地称号】
2006年5月20日,"2006辽宁省沈阳市科技活动周开幕式——暨辽宁省科学技术普及基地授匾仪式"在"世园会"广场举行。辽宁省副省长藤卫平、沈阳市副市长苏宏章出席了仪式并作重要讲话。辽宁省图书馆被省科技厅、省科学技术协会授予"辽宁省科学技术普及基地"称号,副馆长高贤、读者工作部主任张桂凤出席了"科普基地"授匾仪式,高贤副馆长代表我馆接受了牌匾。

此称号的获得是上级领导和广大读者对我馆工作的认可与肯定。我们将不断总结经验,通过尝试各种群众易于理解、接受、参与的活动方式,不断探索开展科学普及工作的形式和内容,努力提高面向社会做好科普教育和宣传工作的能力和水平,在普及科学知识、倡导科学方法、传播科学思想、弘扬科学精神方面发挥重要作用。(辽宁省图书馆学会)

【"分享阅读"活动被中央电视台《新闻联播》节目报道】
在纪念第十一个"世界读书日"之际,辽宁省图书馆开展了老年读者、少儿读者以及残疾人读者参加的"分享阅读"活动。大家在轻松、和谐、快乐的气氛中分享着自己喜爱的图书。我们倡导的快乐阅读、享受阅读以独特、新颖的视角和真诚、质朴的理念感动着读者、带动着读者、影响着读者,同时也得到新闻媒体的关注。4月23日"世界读书日"当晚,中央电视台新闻联播节目把我馆的"分享阅读"活动作为辽宁地区代表性活动播出。这是"读书日"当天被中央电视台《新闻联播》节目报道的全国唯一一所公共图书馆。(辽宁省图书馆学会)

【全国助残日系列活动】
在第16个全国助残日到来之际,辽宁省图书馆组织了系列助残活动,让残疾人共享平等与尊重,感受和谐社会的关爱。

2006年5月17日,在我馆弱势群体服务部的策划和倡议下,东北大学基础学院、沈阳药科大学中药学院、沈阳大学外国语学院等几所大学的志愿者来到沈阳市盲校,开展了一次别开生面的"对面朗读"活动。

5月18日,弱势群体服务部又组织了沈阳药科大学的志愿者来到辽宁省残疾人中等职业技术学院,共同欢度残疾人的节日。大学生们与聋人学生进行了一场篮球友谊赛,虽然残校的学生身体有残疾,但是他们打篮球的身手毫不逊色。赛后,大学生用手语同残疾学校的学生进行了交流,并参观了残疾学生的教室和宿舍,有的学生还互相留了联系方式,短短的一个下午,年轻人之间就彼此很熟悉,成了好朋友。5月19日,我们组织辽宁省残疾人中等职业技术学院的全校师生来到图书馆参观,为他们放映了一场喜剧电影《求求你表扬我》,并邀请了辽宁文艺台的主持人为他们讲解。

我馆组织的助残日系列活动,受到了广大新闻媒体的关注,辽宁电视台、沈阳电视台、辽宁电台、辽宁日报、沈阳日报、都市青年报等多家媒体进行了报道。(辽宁省图书馆学会)

【2006年图书馆服务宣传周活动】 6月4日,2006年辽宁省图书馆服务宣传周圆满落幕,今年的主题是"倡导全民阅读,构建学习型社会"。

本届服务宣传周,我馆开展了丰富多彩的系列活动。在三楼开设了两个馆藏精品图书展示橱窗,向读者介绍近期出版的优秀书籍;推出了"八荣八耻图片展"和"公民道德图片展"等展览;作为全国科普教育基地,协助辽宁省社会科学界联合会主办了大型系列文化讲座"辽海讲坛",邀请知名学者、教授进行了"《红楼梦》主要人物形象赏析"等专题讲座,受到了广大读者的热烈欢迎。(辽宁省图书馆学会)

【参与由文化部主办的"文明的守望——中华古籍特藏珍品暨保护成果展"】 2006年5月26日—6月25日,由文化部主办、国家图书馆承办,全国14家公共、高校和科研图书馆共同参与的"文明的守望——中华古籍特藏珍品暨保护成果展"在国家图书馆举办,这是我国有史以来规模最大的一次古籍珍品展示和保护成就展览。辽宁省图书馆作为参展单位之一,选送了宋刻本《韵补》、明代闵凌刻套印本《琵琶记》和清内府毛装本《九家集注杜诗》三部馆藏古籍书参加了此次展览,还将我馆古籍特藏保护工作成就以展板的形式进行了集中展示,充分展示了辽宁省图书馆古籍的特色和多年来古籍保护工作的成绩。(辽宁省图书馆学会)

【辽宁省图书馆 2006 年科普周文化服务社区行活动】为传播科学知识、科学思想、科学方法、科学精神,促进公众科学文化素质的提高,让科普之风真正吹入家庭,深入人心,在科普日到来之际,辽宁省图书馆的工作人员为大东区永丰社区的居民献上了一道丰盛的科普大餐。此次活动内容包括举办"生活有智慧,科学在身边图片展";邀请专家为居民们进行中老年养生知识讲座;向社区居民捐赠了百余册科普刊物;还精心制作了 200 余条题面新颖、融知识性与趣味性于一体的科普知识谜语。此次活动吸引了数千名社区居民的积极参与,展板前摩肩接踵,讲座会座无虚席,猜谜现场人头攒动,居民们在浓郁的文化氛围中学习科学知识,感受科学的魅力。

本次活动是"提高全民素质,科普走进社区——辽宁省图书馆、辽宁省图书馆学会2006 年科普周系列活动之社区行"的第一站。我们用新颖的活动形式,丰富了社区居民的业余文化生活,提高了他们的科学意识和文化素质,为建设文明社区、构建和谐社会贡献了力量。(辽宁省图书馆学会)

【辽宁省图书馆 2006 年科普周文化服务军营行活动】9月 20 日,在辽宁省图书馆党委书记王忠宣、副馆长高贤的带领下,读者工作部一行 6 人,来到沈阳军区某部,和部队官兵一起举行了别开生面的科普周军营行活动。

这次科普周军营行活动的内容主要有四项:举办"'生活有智慧,科学在身边'挂图展";开展"科普谜语竞猜"活动;优秀科普影片展映活动;还向部队官兵赠送了科技文化书刊200 余册。

这次科普军营行活动的目的,就是要充分发挥图书馆馆藏资源优势,通过文化服务的形式,传播科学知识,宣传科学,为科技强军,为提高部队官兵的科学文化素质,为培养军地两用人才,做一点实实在在的工作。

此次活动得到了部队官兵的热烈欢迎和高度评价。官兵们有的驻足科技展板前,认真观看;有的在谜语条前,冥思苦想;有的手捧崭新的科技杂志,喜笑颜开。我们将继续关注部队的文化生活,不断丰富我们

的服务内容,拓展我们的服务范围,提升我们的服务效果,为钢铁长城的坚不可摧作出我们不懈的努力和追求。(辽宁省图书馆学会)

【开辟会议服务新途径,为中共辽宁省第十次党代会提供服务】金秋十月,五年一次的辽宁省第十次党代会在沈阳隆重召开,这是全省人民政治和社会生活中的一件大事,也是辽宁省图书馆开拓会议服务新领域的良好契机。秉承多年为"两会"服务的先进经验,我馆积极探索会议服务新领域,会前,积极与省委办公厅会议筹备组联系会议服务事宜,得到了省委副秘书长高东晓和省委常委、秘书长曾维的重要批示。馆领导班子十分重视,责成信息咨询部负责此项工作。

10 月 23 日,我馆会议服务小组赶赴大会驻地,提供全程会议服务,带去了结合本次党代会 14 个主题而精心编制的《为中国共产党辽宁省第十次代表大会服务专题资料汇编》,并将专题资料的题录、文摘、全文集中,连同相关阅读软件等编辑汇总,刻成光盘;还编辑了介绍辽宁省历次党代会概况的展板,以图文并茂的形式概述了辽宁省第一次到第九次党代会的基本情况,受到了与会代表的欢迎。另外,我们还为与会代表提供了专题服务、课题检索、现场咨询、期刊借阅、资料发放、电子读书卡赠送、文献打印、幻灯放映等多项服务内容。我们的服务得到了代表们

的肯定,他们说,专题资料汇编的实效性和针对性都很强,对学习贯彻大会议题起到了很大的帮助和参考作用。作为参会代表的彭益民厅长也亲临会议服务现场,关切地询问了我们此次会议服务的具体内容和现场情况,并对我们的服务表示赞许。

为党代会提供服务在图书馆会议服务工作中尚属首次。此项工作,开辟了图书馆为会议服务的新领域,拓展了图书馆为党政机关服务的范围,发挥了图书馆作为文化信息集散地的重要作用。(辽宁省图书馆学会)

【庆祝第 23 个国际盲人节系列活动】 伴随着国际盲人节的到来,辽宁省图书馆开展了"庆祝第 23 个国际盲人节"系列活动。10 月 11 日,党委书记王忠宣带领着东北大学、沈阳药科大学、义工在线及我馆部分党、团员等 200 余名志愿者来到了沈阳盲校,举行了"对面朗读"的特别活动——趣味运动会,让视障的同学们过了一个快乐、难忘的节日。孩子们虽然看不到现场的情景,但他们同样兴奋。那活泼的神态,互相搀扶的纯真,让我们觉得他们和健全的孩子一样。在场的每一位志愿者都加入到了比赛的行列,分享和感受着这份与众不同的快乐。系列活动还有以讲述电影的形式为盲人朋友放映电影、盲人电脑上网等。得到了盲人朋友的欢迎和社会各界的赞誉。(辽宁省图书馆

学会)

【积极开展"三下乡"活动】 2006 年 10 月 16 日,辽宁省图书馆联合沈阳农业大学,为当地的农民送去了主题为"无公害蔬菜种植与市场前景"和"辽宁绒山羊养殖技术"两场讲座。在短短一天的时间里,教授们将长期探索总结出的技术和实践经验,浓缩成通俗易懂的语言,毫无保留地奉献给农民朋友。我馆新编的实用技术小册子也受到了当地农民的热烈欢迎,特别是帮助虹鳟鱼养殖户解决了困扰已久的难题,找到了治疗爆发性传染病的方法,得到了当地政府和养殖户的感谢。

10 月 17 日,小分队又马不停蹄地赶到了凤城市赛马镇,为那里的农民送去了丰富的科技知识。此次"三下乡"活动,我们共发放了 51 种"农业实用技术资料"5000 余份,送书 200 余册。(辽宁省图书馆学会)

【加强馆际交流 深化基层辅导】 针对基层图书馆业务人员调动频繁、长期缺乏专业素质教育这一现状,10 月 17 日—19 日,辽宁省图书馆研究辅导部与辽阳市图书馆业务辅导部联合在辽阳市图书馆举办了为期三天的"图书馆基础业务建设培训班"。来自辽阳地区各系统的图书馆、情报单位的一线工作人员 40 余人参加了培训,收到了良好的效果。

通过本次培训,使基层图书馆业务人员提高了业务水

平,使其能在最短的时间内按照标准、规范的业务流程独立胜任工作。同时,这种培训方式也是解决基层图书馆业务普及与提升问题的最有效的方式之一,它能以最小的投入取得阶段性最佳的效果。(辽宁省图书馆学会)

【召开 2006 年辽宁省图书馆学会理事长秘书长联席会议】 6 月 5 日—7 日,2006 年辽宁省图书馆学会理事长、秘书长联席会议在辽阳召开。来自全省图书馆界的学会理事长、副理事长、各市学会秘书长共 30 余人出席了会议。

会议由辽宁省图书馆学会第六届理事会副理事长、秘书长、辽宁省图书馆副馆长高贤主持。辽宁省图书馆学会第六届理事会理事长、辽宁省图书馆馆长王荣国,辽阳市社科联副主席徐长启全程参加了本次会议。

王荣国理事长在会上作了重要讲话。他在讲话中指出:这次会议,是新一届理事会组成以来召开的第一次工作会议。旨在通过本次会议,认真总结 2005 年学会工作,以改革创新精神,开展 2006 年学会工作,以更好地发挥学会的积极作用,为构建和谐辽宁作出贡献。会议期间,各市学会秘书长代表本市学会分别汇报了 2005 年工作,共有 13 个市学会作了认真汇报。汇报结束后,通过无记名投票方式选举出沈阳市图书馆学会、丹东市图书馆学会、辽阳市图书馆学会、本

溪市图书馆学会、营口市图书馆学会、大连市图书馆学会为2005年度先进学会。会议还讨论通过了2006年辽宁省图书馆学会工作计划。

会议开得紧张、热烈、高效，交流了经验、沟通了信息、增进了感情，为2006年省图书馆学会工作再上新台阶、再创新业绩奠定了有力的基础。（辽宁省图书馆学会）

【参加辽宁省第四届社会科学普及周宣传活动】 2006年6月17日，由辽宁省、沈阳市精神文明建设活动办公室，省、市农村经济委员会，省、市社会科学界联合会主办，东陵区委、区政府承办的辽宁省暨沈阳市第四届社会科学普及周——"社会科学进农村"活动启动仪式，在东陵区浑河站西街道满融村举行。

省人大常委会副主任徐德，副省长滕卫平，省政协副主席徐文才，沈阳市委副书记苏宏章等领导出席了启动仪式。

辽宁省图书馆学会为配合此次科普周活动，事前精心制作了大量展板。展板共分三个主题：一是科技新书展，其中详细介绍了30余种适合农民朋友阅读的科技新书；二是树立社会主义荣辱观——"八荣八耻"宣传教育图片展；三是中华民族传统节日图片展。此外，学会还印制了3 000余份农村实用技术资料专辑。当日，在辽宁省图书馆学会副理事长、秘书长、副馆长高贤同志的带领下，辽宁省图书馆学会共派出6名同志参加此次科普周启动仪式。在活动中，现场发放宣传资料1 600余份，解答群众咨询200余件，受到当地农民的热烈欢迎。

辽宁省图书馆学会因工作成绩突出，被辽宁省社会科学界联合会授予"突出贡献奖"。（辽宁省图书馆学会）

【辽宁省图书馆学会圆满完成评估工作】 为进一步规范社会科学类社团，发挥其在社会主义经济建设、政治建设、文化建设与和谐社会建设中的作用，辽宁省社会科学界联合会决定在省级社会科学类社团中开展标准化社团评估活动。

辽宁省图书馆学会接到评估通知后，积极准备评估材料，认真做好迎评工作。8月14日，以辽宁省社会科学界联合会副主席杨路平为组长的辽宁省社会科学界联合会、辽宁省民政厅、辽宁大学三个单位学会负责同志组成的评估小组来到我馆，对省图书馆学会的工作进行评估检查。辽宁省图书馆馆长、辽宁省图书馆学会理事长王荣国对评估组的到来表示欢迎，并向评估组成员介绍了省图书馆学会的发展历程；省图书馆副馆长、省图书馆学会秘书长高贤向评估组作了《标准化社团评估》报告，从思想建设、组织建设、业务建设、基础设施建设四个方面汇报了省图书馆学会工作。

通过评估检查，评估组成员对省图书馆学会工作给予了充分肯定，认为材料准备齐全，汇报层次清晰、新颖，成果丰硕。杨路平副主席还希望省图书馆学会能够继续发挥学科优势，在学科建设上下工夫，巩固评估成果，把学会工作做强做大。（辽宁省图书馆学会）

【"图书馆与社会主义新农村建设"专题研讨会召开】 为响应党中央提出的关于建设社会主义新农村的号召，扩大图书馆事业的社会影响，提升图书馆的社会功能，使图书馆在建设新农村、传播新知识、营造新生活中发挥更大的作用，辽宁省图书馆学会于2006年9月12日—15日在丹东召开了"图书馆与社会主义新农村建设"专题研讨会。来自全省图书馆界的学会领导、论文作者和部分县区图书馆馆长90余人出席了会议。

开幕式由辽宁省图书馆学会副理事长、丹东市图书馆馆长于忠主持。辽宁省图书馆学会副理事长、秘书长、辽宁省图书馆副馆长高贤，辽宁省图书馆学会副理事长、辽宁大学图书馆馆长杨晓军，丹东市社会科学界联合会副主席初明玉，丹东市科学技术协会副主席杨小妹，丹东市文化局副局长刘晓宇等出席了开幕式。

杨晓军副理事长代表辽宁省图书馆学会致开幕辞。初明玉副主席在开幕式上发表了热情洋溢的讲话，对此次会议给予了充分的肯定和高度评价。他认为辽宁省图书馆学会能够紧密结合党的中心工作，适时召开"图书馆与社会主义新农村建设"专题研讨会,充分反映出学会工作具有较强的学术前瞻性和敏感性,具有厚重的时代责任感。这次会议将对图书馆界如何发挥行业资源优势,富有特色地为新农村建设服务提供有利的理论支撑和实践探索,因而具有重要的现实意义。

本次会议共征集论文126篇。其中48篇被评为优秀论文一等奖,69篇被评为优秀论文二等奖,10位优秀论文作者在大会上进行了交流发言。在会议期间,与会论文作者以"图书馆如何为社会主义新农村建设服务"为主题分为三个小组进行了广泛而热烈的讨论,使与会者对今后如何深入开展为新农村建设服务工作有了较为清晰的认识和更开阔的思路。

辽宁省图书馆学会秘书长高贤为大会作了精彩的总结。她在讲话中总结了本次会议的五点收获:一是提高了认识。通过研讨使广大图书馆工作者认识到,在新的历史时期,搞好新农村文化建设,培养新农民是图书馆工作的重要组成部分,图书馆工作者因此而任重道远。二是理清了思路。通过大会发言和分组交流,从不同角度的图书馆服务新农村问题进行了系统深入的探讨,提出了许多切实可行的具体措施,使与会者拓宽了为新农村建设服务的思路。三是交流了经验。会上,丹东市图书馆将其近年来为农村服务的实践经验,系统全面地进行了介绍,为与会者提供了丰富的、可以借鉴的经验。四是推介了技术。

此次会议特邀两家图书馆界IT企业介绍和演示了他们的产品,为基层图书馆了解技术产品,接触现代技术搭建了良好的平台。五是增进了友谊。此次会次,使老朋友相逢,使新朋友相识,省市县(区)三级图书馆工作者欢聚一堂,畅叙友情,共话未来,增强了学会的凝聚力。

为期两天的会议,团结紧张,内容丰富,务实高效,使与会者深深意识到图书馆工作者在社会主义新农村建设中所承担的历史责任,更加坚定了为三农服务的目标和方向。此次会议的召开,开省学会围绕重大专题开展专题研讨之先河,对今后广泛深入开展学会学术研讨工作提供了有益的借鉴。(辽宁省图书馆学会)

【辽宁省图书馆学会被评为2006年度辽宁省科协系统先进集体】 12月22日,辽宁省科协于辽宁省科技馆召开了2006年省科协系统先进集体评审会议。会前,省科协对其下属的129个学会进行了初选,通过初选评出42个具有先进集体评选资格的学会,辽宁省图书馆学会因工作成绩突出而入选。

这次会议通过各学会汇报发言、参会评委投票打分的方式,在42个具有先进集体评选资格的学会中评出20个学会为省科协系统2006年度先进集体。省图书馆学会秘书长高贤通过多媒体的方式汇报了辽宁省图书馆学会一年来的工作情况,展示了省图书馆学会在繁荣学术、普及科学、服务社会等方面所做的不懈努力及社会各界对省图书馆学会给予的充分肯定,获得了评委们的一致认可及高度评价。辽宁省图书馆学会被省科协授予2006年度省科协系统先进集体的光荣称号。(辽宁省图书馆学会)

【辽宁省图书馆学会被评为2005—2006年度"两优一先"先进社团】 辽宁省图书馆学会在辽宁省社会科学界联合会2005—2006年度"两优一先"社团评选工作中被评为先进社团。(辽宁省图书馆学会)

【辽宁省图书馆学会被评为2005—2006年度省级社科类社团标兵单位】 2006年辽宁省社会科学界联合会在其所属的省级社会科学类社团中开展标准化社团评估活动。在此次评估工作中,省社科联从思想建设、组织建设、业务建设、基础设施建设四个方面对所有社团进行了综合评估,经评选有155家社团被评为先进社团,为突出业绩,优中选优,省社科联又从先进社团中又评选出10家标兵社团,辽宁省图书馆学会因工作成绩突出,位列标兵社团中第4名。(辽宁省图书馆学会)

【举办世界残疾人日公益活动】 12月3日是世界残疾人日,辽宁省图书馆与省电台文艺台、省残联联合举办了以"拥抱生命 温馨和谐"为主题的大型公益活动,我馆的青年团员、辽宁省电台的工作人员、大学生志愿者与皇姑区聋哑学校的残疾儿童齐聚兴隆大家庭,为观众献上了一台精彩又感人的文艺节目。各界人士纷纷捐款,为残疾人献上了自己的一份爱心,残疾儿童把自己的书画作品和手工艺品作为回馈,全场观众沉浸在温馨、和谐、感人的气氛中。活动取得了圆满成功,在一首《爱》的歌声中落下了帷幕。活动结束了,大家还沉浸在这爱心的海洋中久久不肯离去。(辽宁省图书馆学会)

【成功举办"辽海讲坛"】辽海讲坛是辽宁省委宣传部主抓、辽宁省社科联主办、辽宁省图书馆和辽宁省图书馆学会承办的公益性系列讲座。今年,共举办百姓讲座37场,受众面达1万余人,收到读者反馈300余份。讲坛汇集社会各个领域的专家学者,采取开放式的讲座、报告方式,内容丰富、种类繁多、形式新颖活泼。如"清代京剧艺术的文化特征讲座"不但有主讲人声情并茂的精彩讲解,还邀请了京剧表演艺术家现场表演,令人印象深刻、久久难忘;"交响音乐之爱情篇——《梁祝》"讲座,生动的话语、优雅的乐曲、精美的视频、受到了听众的极大好评。(辽宁省图书馆学会)

【辽南四市第十届图书馆学学术研讨会举办】辽南四市第十届图书馆学学术研讨会于2006年10月10日—11日在大连图书馆召开,来自辽南地区图书馆界的100多位代表参加了研讨会。学术研讨会的主题是图书馆服务创新与发展。辽南四市共收到论文112篇,其中一等奖47篇,二等奖39篇。

研讨会由大连图书馆副馆长辛欣主持,大连市科协副主席杨立群、大连市文化局副局长张超、大连市图书馆馆长张本义分别为大会致辞。三位领导对来自辽南四市的参会代表表示欢迎,对辽南四市图书馆的发展现状作了详尽阐述,对辽南四市研讨会的学术研究水平及四市之间的协调合作、友好往来给予充分肯定,对四城市图书馆事业的发展前景作了进一步展望。四市图书馆学会各选送一名优秀论文作者在大会上作学术研讨、交流。学术研讨后,为获奖论文作者颁发了证书。通过这次会议,进一步加强了辽南地区图书馆界的学术交流与沟通,加强了辽南四市图书馆之间的相互协作,促进了图书馆学人才成长,推动了辽南地区图书馆事业的发展,使公共图书馆更好地服务于社会、服务于公众。(辽宁省图书馆学会)

【"中文连续出版物的编目与管理"培训班举办】2006年9月21日—25日,大连图书馆业务辅导培训部与国家图书馆培训中心联合举办了为期5天的"中文连续出版物的编目与管理"培训班,来自全国各地的65位从事中文连续出版物的图书馆工作者参加了本次培训。

培训班特别邀请了国家图书馆报刊部的副研究馆员马静授课,深入浅出、简洁明了、范例丰富的讲解,使学员们通过短短几天的学习,基本掌握了"中文连续出版物的编目与管理"这项专业管理技能。同时,由于培训班的学员来自全国各地区图书馆,因此,这次培训班为各地区图书馆界同仁提供了一个交流思想、相互学习、开阔视野的平台。(辽宁省图书馆学会)

【大连市图书馆学会参加"大连市第三届社会科学普及周"活动】大连市第三届社会科学普及周于7月8日—14日举行。今年的主题是"普及社会科学知识,建设创新型城市"。

大连市图书馆学会参加了主题报告会和广场宣传活动。在金州区向应广场我们展出了"大连图书馆馆情介绍"和"八荣八耻"两个主题的宣传展板,同时向市民发放1 000余张"大连图书馆数字资源介绍"宣传单和100册由辅导部主编的《家庭生活小窍门》。普及周期间我们还在长海县图书馆举办了"纪念红军长征胜利70周年图片展";在大连市监狱、沙河口区中山公园街道、西岗区九三社区分别举办了"八荣八耻"和"纪念建党85周年"图片展。(辽宁省图书馆学会)

【大连市图书馆学会举办

"从纸的发展、分类和生产谈纸制文献的保管"专题学术讲座】

图书馆收藏的文献当中,纸制文献所占的比重较大,纸制文献的保管是图书馆面临的一项重要课题。现代社会几乎没有人不认识纸,却极少有人了解所有的纸,更谈不上对纸质文献的保管。针对这个问题,2006年12月7日,大连市图书馆学会特邀请大连轻工学院刘秉钺教授作了题为"从纸的发展、分类和生产谈纸制文献的保管"的学术讲座。来自大连地区图书馆界的93位会员听取了讲座。

刘秉钺教授,现任大连轻工业学院图书馆长,教授,硕士生导师,大连轻工业学院学科带头人,主要从事制浆造纸环保及清洁生产方面的教学和研究工作,同时还担任辽宁省图书馆学会第六届理事会理事,大连市图书馆学会第七届理事会常务理事。

多年的教学和研究工作使刘教授积累了丰富的经验,他从纸的发明、纸的发展讲到纸的分类和生产,又从影响纸老化的因素、纸的储藏环境条件谈到减缓纸老化的速度、提高耐久性的技术措施,并重点介绍外界条件对纸质图书,特别是现籍图书的影响及保护措施。讲座结束后进行了答疑,会员们就工作中遇到的问题向刘教授提问,刘教授作了详尽的解答。(辽宁省图书馆学会)

【2006年5月12日锦州市图书馆新馆正式向读者开放】

锦州市图书馆新馆坐落于松山新区,占地面积1.5万平方米,建筑面积1.3万平方米,馆舍建筑总投资4 500多万元,2006年2月完工并交付使用,2006年5月正式对外开放。

新馆建筑充分体现了现代化、智能化的风格,散发着浓郁的文化氛围。建筑造型别具一格,庄重大气,展示了现代图书馆公共文化建筑的理念;内部装修清新凝重、简洁、明快。采用了目前最先进、最实用的现代化技术装备,并配备了先进的自控联动中央空调系统和防火、防盗报警监控系统以及高清晰度、高保真度的声像系统。

锦州市图书馆新馆共分三大区域,即:读者服务区、办公区和藏书区。一、二、三层为读者服务区,设有各种功能的阅览室10个、开架外借处和基藏书外借处。门厅设有总服务台,方便读者集中借还图书。另外还设有设施先进的教学培训基地、计算机中心、参考咨询中心和举办各种展览的展示厅以及可供学术报告、文化娱乐的大、中型多功能厅;四层为办公区;五层为密集架书库。

新馆装备先进的计算机管理系统,采用综合布线系统,网络配置方便灵活,信息点共计400多个,并通过光纤接入互联网。图书馆自动化管理系统可提供采访、编目、公共查询、连续出版物管理、流通外借、读者管理、数据库生成管理、检索与服务、Internet服务等功能,读者可通过互联网访问锦州市图书馆网站,查询馆藏书目信息,并办理网上预约借书和网上续借业务。新馆通过卫星接收天线,接收文化信息资源共享工程的海量数据,并供读者使用。

为进一步发挥图书馆的服务功能,新馆在继续保持原来传统型、大众化、普及性服务功能的基础上,又新开设了经典研究阅览室、古籍线装书阅览室、外文书籍阅览室、多媒体电子阅览室、视听阅览室、自修学苑以及快餐厅、咖啡厅等服务空间。(辽宁省图书馆学会)

【营口地区图书馆馆长、业务骨干培训班】 2006年4月27日,举办了营口地区图书馆馆长、业务骨干培训班。营口地区公共图书馆及大中专院校图书馆馆长、业务骨干50余人参加了培训。(辽宁省图书馆学会)

【第四届社会科学普及周暨"社会科学进农村"科普宣传活动】 2006年6月16日—22日,营口市图书馆学会参加了由市委宣传部、市社科联和市文明办联合举办的我市第四届社会科学普及周暨"社会科学进农村"科普宣传活动。(辽宁省图书馆学会)

【阜新市图书馆学会召开六届七次理事会议】 2006年5月25日,阜新市图书馆学会在辽宁工程技术大学组织召开阜新地区图书馆学会六届七次理事会议。(辽宁省图书馆学会)

【开展送书下乡活动】
2006 年 7 月 6 日,阜新市图书馆分别为彰武县后新秋镇和阜蒙县苍土乡两个农民读书基地送书 1000 册,并在当地小学中开展了"明荣辱、学科学、报祖国"主题读书征文活动,共征集作品 60 余篇。免费发放以农科信息为主要内容的宣传资料 22 种 1 600 份 3 万条次。(辽宁省图书馆学会)

【朝阳市图书馆学会组织召开公共图书馆馆长联席会、图书馆学会理事会】 为加强馆际间的学习和交流,促进朝阳地区图书馆事业的发展,3 月 16 日在辽宁省孤儿学校图书馆组织召开了图书馆学会理事会

2006 年召开县(市)区图书馆馆长
联席会和学会理事会

和公共图书馆馆长联席会。会上馆长们畅所欲言,交流了 2005 年的工作经验,讨论通过了 2006 年学会工作计划,并以举手表决的方式增补了 6 位理事。(辽宁省图书馆学会)

【积极参加朝阳市组织的"携手共建新型朝阳"为主题的科普宣传周活动】 5 月 20 日,朝阳市图书馆馆长林向东、书记段兴龙亲自带领有关部门同

志参加科普宣传周活动,向市民宣传科普知识。(辽宁省图书馆学会)

【举办业务讲座】 5 月 23 日朝阳市图书馆邀请丹东市图书馆副馆长姜岳为朝阳地区公共系统、教育系统、卫生系统的 20 多个图书馆 170 多名图书馆工作者作《怎样做一名优秀图书馆员》、《如何当好基层图书馆馆长》的专题讲座。这次系列讲座是朝阳市图书馆界规模最大、参加人数最多的一次,对提高朝阳地区图书馆工作者的服务能力和业务水平,推动朝阳图书馆事业的发展起到了积极作用。(辽宁省图书馆学会)

【送科技下乡,服务"三农"】 为满足农村对科技信息的需求,朝阳市图书馆先后搜集整理编印 10 余种农业科技信息专题资料和 13 种《农业科技信息资料汇编》小册子。深入到龙城区西大营子镇郝家村、北票市巴图营乡、朝阳县羊山

2006 年到朝阳县羊山镇送科技资料

镇、富达农场、朝阳县大平房镇进行科技调研,并为当地的农民送去科技书籍和各种农业专题资料 1.4 万份。为西大营子镇郝家村订阅"农业信息报"、"新农业"等报刊 7 份,捐献衣

物 200 多件。(辽宁省图书馆学会)

【组织朝阳市公共图书馆参加"图书馆服务宣传周"活动】 5 月 29 日—6 月 4 日组织朝阳市内公共图书馆上街宣传。(辽宁省图书馆学会)

【举办健康知识讲座】 6 月 30 日,朝阳市图书馆与朝阳市图书馆学会在报刊阅览室联合举办了"珍爱生命、享受健康"的专题讲座。本次讲座聘请市中心医院保健科科长李景贤主讲,来自社会各界的图书

2006 年举办健康知识讲座

馆读者 54 人聆听了讲座。李科长从什么是健康、怎样使亚健康状态变为健康状态、养成良好的生活习惯、合理膳食、适量运动、心态平衡等几个方面进行了深入浅出的讲解。(辽宁省图书馆学会)

【编辑专著】 9 月中旬,朝阳市图书馆组织编写的介绍朝阳地区公共图书馆如何为农村经济建设服务的经验、成果一书《图书馆与农村经济建设》由吉林大学出版社正式出版。该书由四部分组成:图书馆的工作收获、图书馆与农村经济建

设、图书馆与多元化服务、朝阳地区公共图书馆简介。（辽宁省图书馆学会）

【业务培训】 由朝阳市图书馆副馆长刘颖、孙育新主讲的"图书馆基础知识、基本技能"业务培训班于 10 月 21 日

2006 年图书馆开展基础业务培训

2006 年业务培训考试

开班，朝阳市中心医院、第二医院、双塔区少儿图书馆的职工及本馆全体职工参加了为期一个半月的培训。（辽宁省图书馆学会）

【开展读者问卷调查活动】 10 月中旬，朝阳市图书馆开展了读者问卷调查活动，调查的内容分为 5 个方面：(1)您认为朝阳市图书馆新馆选址在哪里合适？(2)您认为新馆建成后应增设哪些读者服务窗口？(3)您认为新馆建成后阅览室应开展哪些专门性阅览服务？

(4)您对新馆开馆时间有何建议？(5)您是通过哪种渠道了解或获得图书馆资源的？此活动为期一个月，共发出问卷近百份，许多读者非常认真地填写了调查表，为图书馆服务工作、事业建设提出了很多有参考价值的合理化、建设性意见。（辽宁省图书馆学会）

【开展"社科进社区，联手建文明"活动】 2006 年 8 月中旬，根据朝阳市精神文明办关于开展"社科进社区，联手建文明"活动精神，朝阳市图书馆学会与朝柴社区结成帮扶对子。为更好地开展"社科进社区"工作，掌握社区的基本情况，学会对朝柴社区情况作了调研。为解决社区居民看书难的问题，图书馆学会克服经费紧张的困难，免费为朝柴社区订《朝阳日报》、《社区》报刊各 1 份。（辽宁省图书馆学会）

【举办"八荣八耻"教育专题讲座】 2006 年 6 月 4 日，盘锦市图书馆、盘锦市职业技术学院团委、盘锦市职业技术学院图书馆在市职业技术学院联合举办"八荣八耻"教育专题讲座，市图书馆、市少儿图书馆、市职业技术学院图书馆等干部职工和市职业技术学院学生共 500 余人参加。（辽宁省图书馆学会）

【召开辽西五市第十八届图书馆学理论研讨会】 2006 年 9 月 7 日，盘锦市图书馆承办了辽西五市第十八届图书馆学

理论研讨会。我市有 15 名论文作者在研讨会上分别获一、二等奖。此次会议历时两天，共有 80 余人参加。本次理论研讨会的成功举办加强了辽西五市图书馆界的学术交流与合作。（辽宁省图书馆学会）

【葫芦岛市图书馆开展科普之冬活动】 2006 年 1 月 13 日，葫芦岛市图书馆协同市科协等多家单位赴金星镇开展科普之冬活动，实地发放《农业科

技信息》资料。4 月 19 日，再赴科技服务基地金星镇，为用户上门送科技图书、资料。6 月 19 日，会同连山区图书馆送科技下乡到寺儿卜，送书 300 册、发放资料 5 000 份；（辽宁省图书馆学会）

【葫芦岛市委副书记来馆调研】 2006 年 2 月 14 日，市委副书记郑宏伟、市政府副市长王景兰、市委宣传部部长钱福云来我馆调研，对我馆服务工

225

作给予一致肯定，并就深化发展提出了更高的要求。（辽宁省图书馆学会）

【组织"庆六·一读书开放日"活动】 2006年6月1日，儿童馆组织"庆六·一读书开

放日"活动，组织有奖猜谜、影片播放、棋类比赛及"八荣八耻"竞答活动；同时举办"知荣明耻，从小践行"有奖征文活动，为14名获奖者分别发放了证书和奖品。7月25日，儿童馆启动"小手牵小手，爱心伴你走"爱心捐助活动，举办贫困山

区孩子上学难图片展，号召小读者牵手献爱心，捐书捐文具，10月将所捐图书320册、书包、文具近百件交市慈善总会转交

贫困山区小学。牵手助学活动赋予孩子们的教育意义是深远的。（辽宁省图书馆学会）

【"庆国庆，迎中秋"军民联谊会】 2006年9月30日，葫芦岛市图书馆与共建部队102团举办"庆国庆，迎中秋"军民联谊会。近年我馆陆续建立多个军营图书室，不断为部队官兵上门送书，支持部队文化建设，连年荣获双拥工作先进单位。（辽宁省图书馆学会）

吉林省

【吉林省图书馆春节期间举办"我的图书馆、我的精神家园"系列活动】 为满足社会各界读者的文化需求，丰富广大读者的节日生活，吉林省图书馆在春节期间举办了一系列丰富多彩的读者活动。1月在主楼一楼大厅举办的"吉林省第二届'青青草'杯读书征文展"拉开了系列活动的序幕，同时在"青青草"网站举办的"吉林省首届'青青草'杯原创作品大赛"，丰富了孩子们的寒假生活。

1月18日—19日，图书馆邀请王姝等三名专职律师为读者提供免费法律咨询，对读者

咨询的农村牲畜纠纷、劳动纠纷及怎样书写合同书等问题进行了耐心细致的解答，通过活动让更多的人了解法律知识，解除法律疑惑。

1月20日，图书馆邀请吉林大学博士何志鹏、史海波，在主楼大厅开展为读者现场书写春联并免费赠送活动。活动现场气氛十分热烈，无论是年近古稀的老人、大学生，还是八、九岁的小朋友都表现出了非常高的热情，把大厅的几张书案围得水泄不通。活动赠送了80副对联仍不能满足读者要求。现场读者纷纷表示明年会继续参加省图书馆每年举办的这一活动。

2月4日，净月社区分馆播放共享工程名家讲座——《让健康伴随着您的一生》，受到社区居民的热烈欢迎。虽然是正月初七，可前来观看的人仍然很多。通过观看讲座，使观众充分意识到亚健康状态对身体健康的危害。一位中年妇女看过讲座，深有感触地说："人到中年，身体各个方面明显不如从前了，讲座使我认识到如何才能让身体从亚健康走向健康！想不到小小社区图书馆，不但能为读者提供书刊文献，还能提供这么好的声像资料。

感谢图书馆为我们提供了这样好的服务！"

正月十五，省馆举办"元宵节 猜灯谜"活动。醒目的大红灯笼，五颜六色的百余条谜语，驻足猜谜的热情读者，使整个图书馆喜气洋洋。一位5岁女孩猜了4次后终于猜对谜

底，兴高采烈地领到纪念品和共享工程读书卡。女孩的父亲说："奖品虽小但意义很大。猜谜使孩子开动脑筋，受到鼓舞。"一对年近古稀的老夫妇，相互搀扶着来到活动现场，兴致十足地猜对了4条谜语。活动结束时有些读者仍意犹未尽，纷纷表示希望图书馆每年都能举办猜灯谜活动。（马慧艳 张毕臣）

【吉林省社科联在省图书馆召开科普讲座座谈会】2005年，由吉林省社会科学联合界主办、省图书馆协办的"吉林省哲学社会科学普及系列讲座"已成功举办14期，得到社会各界的广泛关注和好评。为更好地服务大众，省社科联于2006年1月20日上午在省图书馆召开了"科普讲座座谈会"。省社科联副主席郭绍墨、秘书长张喜才、科普处处长王

立明与省图书馆、长春市图书馆、长春市少儿图书馆馆长等相关单位负责人以及新闻媒体30余人，出席了座谈会。座谈会开得十分热烈，大家对科普讲座给予了高度评价，对今后讲座的发展各抒己见。省馆馆长石丽珍在座谈会上表示，讲座已成为图书馆的一项重要工作，省馆一定坚持"细心、细致、

细节"的服务理念，努力追求讲者与听者的协调统一，使讲座越办越好。省社科联郭副主席对2005年的讲座作了简要总结，他感谢各图书馆和各新闻媒体的大力支持，同时对2006年科普讲座提出了新的要求，即"巩固提高、开拓创新、做大

做强"。座谈会取得了预期效果，在热烈友好的气氛中结束。（马慧艳 张毕臣）

【省图书馆爱民社区分馆开展活动受欢迎】 为深入宣传谭竹青先进事迹，2006年2月18日上午，省图书馆爱民社区分馆与爱民社区联合举办了"向长春市东站十委主任谭竹青同志学习"的活动。爱民社区各居委会主任、社区居民及

到馆读者60余人一起观看了"谭竹青的先进事迹"光盘。这位"小巷总理"的平凡事迹深深感动了在场的每一个人。长春电台记者和东亚经贸新闻报记者进行了现场采访。一位大学生在接受采访时深有感触地说："这里的书非常好，环境也很温馨。但我没想到图书馆还能举办这样好的活动。我会告诉更多的同学和朋友到这里来。"在3月3日全国第七个

"爱耳日"，爱民社区分馆又举办了以"预防听力损伤和耳聋，

人人享有健康听力"为主题的宣传活动,为50余人普及了耳朵保健知识。活动特别邀请长春市绿园区中医学院专家董主任所做的耳朵保健知识讲座受到大家的热烈欢迎,长春电台《老人与少儿》栏目记者对活动进行了现场采访并给予报道。(马慧艳 张毕臣)

【吉林省图书馆举办"青青草"杯原创作品大赛】 为丰富青少年假期生活,提高他们的写作水平,省图书馆以"青青草"网站为平台,分别在2006年寒假和暑假期间开展了"青青草"杯原创作品大赛。大赛面向全省青少年,采用网上提交、电子邮件、邮寄信件等交稿方式征集原创作品,在2006年寒假期间开展的吉林省首届"青青草"杯原创作品大赛共收到来自长春、吉林、四平、桦甸、辽源等地393名参赛选手的444份作品,共有61篇作品分获一、二、三等奖。暑期比赛收到来自吉林、辽源、四平、延吉、桦甸、前郭等6个市县的575篇作品参赛,共评出获奖作品117篇。两次大赛均得到了全省中小学生的积极参与,比赛作品内容广泛,充分展现了当代中小学生的写作水平。(马慧艳 张毕臣)

【文化共享工程国家管理中心派人到吉林省调研】
2006年3月20日,共享工程国家管理中心资源处处长赵保颖和赵海燕同志在吉林省文化厅副厅长谢文明、省分中心主任、

省图书馆馆长石丽珍等陪同下,专程到桦甸市进行调研,了解吉林省乡村文化共享工程的

开展情况。赵处长等一行先后到桦甸市图书馆、市文化馆、金沙乡密胜村进行了调研,并在密胜村文化活动室与20余位农民进行了座谈。座谈会上,金沙乡领导重点汇报了共享工程进展情况和取得的成效,之后农民代表发言。会场气氛非常热烈,大家充分肯定了共享工程给老百姓带来的好处和实惠,给农村带来的变化,同时在资源需求上也提出了一些想法和建议。赵保颖处长和与会的

领导对农民朋友提出的问题一一作了解答。谢文明副厅长对我省在社会主义新农村建设中文化工作的重点作了简要的介绍,精彩的对话博得了阵阵掌声。此次调研深入基层,倾听了最基层群众的意见,对共享工程的深入开展、资源的建设必将产生积极的推动作用。桦

甸市副市长李春林、吉林市文化局副书记李仁玉、桦甸市文体局局长刘润书等有关领导陪同参加了调研。(马慧艳 张毕臣)

【吉林省图书馆连续七次被评为"省直文化系统先进单位"】 2006年3月10日,在"省直文化系统2005年度总结表彰大会"上,省文化厅领导作了2005年度工作总结和2006年度工作计划报告,同时对2005年度先进单位进行了表彰。省图书馆再次被评为"省直文化系统先进单位",这是省图书馆连续七次获此殊荣。(马慧艳 张毕臣)

【吉林省图书馆开展"八荣八耻"系列教育活动】 为贯彻落实中央宣传部、中央文明办关于在全国范围组织开展"八荣八耻"宣传教育活动的通知精神,吉林省图书馆于2006年4月3日召开了"八荣八耻"系列教育活动动员大会。会上,党委书记杨柏林作了学习动员,就胡锦涛总书记关于树立社会主义荣辱观的"八荣八耻"重要论述的重大意义和精神实质作了说明,强调图书馆作为文化宣传单位,有责任向全社会大力宣传和倡导"八荣八耻"价值取向和行为准则。最后,石丽珍馆长强调要把活动与实际工作相结合。此次动员大会拉开了省馆"八荣八耻"系列教育活动序幕。4月6日,吉林省图书馆团支部召开了以"树立社会主义荣辱观,增强服务意

识"为主题的座谈会，团员们围绕"八荣八耻"各项内容，结合工作实际谈了各自的学习体会，纷纷表示要认真领会馆领导讲话精神并应用到自身行动中。党委书记杨柏林到会并讲话。（马慧艳 张毕臣）

【全省文化共享工程现场会暨培训班在桦甸召开】
2006年4月12日，全省文化共享工程现场会暨培训班在桦甸市召开，来自全省9个地区和部分市（县）文化局主管局长、图书馆馆长及桦甸市各乡镇的镇长、文化站长等近百人参加了会议。省文化厅副厅长谢文

明、桦甸市委副书记孙雅清、桦甸市副市长李春林、省文化厅社文处处长蒋占富、共享工程省级分中心主任石丽珍等领导出席了会议。会上，桦甸市副市长李春林就桦甸市共享工程的开展及为农民服务的情况作了发言；省图书馆馆长、共享工程省级分中心主任石丽珍向各位代表详细介绍了我省开展文化共享工程以来所取得的成绩和存在的问题；省文化厅谢副厅长对我省共享工程近年来所取得的成绩给予了充分肯定，同时要求大家要再接再厉，开拓创新，积极研究探索构建社会主义新农村公共文化服务体

系的新途径，以改变农村文化生活贫乏的状况，满足农民群众日益增长的精神文化需求。他还就今后一段时期全省共享工程的工作重点作了进一步部署，着重强调要从三个方面采取有力措施，加强我省共享工程建设。省文化厅社文处处长蒋占富主持会议并传达了中共中央、国务院领导同志关于文化共享工程的指示精神。会议还下发了《吉林省文化共享工程"十一五"发展规划（征求意见稿）》，播放了桦甸市基层中心实施共享工程经验短片。

会议期间，与会代表集体参观了金沙乡密胜村和驻桦甸森警大队两个基层服务站。密胜村基层服务站播放的二人转，以及从省里请来的农业专家与法律专家开展的咨询活动吸引了大批农民。由于正值春耕时节，专家们一到现场就被农民们围得水泄不通，他们争相询问各自关心的有关种子选购、土壤施肥、土地承包等与生产、生活密切相关的问题。农民们如此强烈的求知欲望，让专家们非常感动，他们耐心细致地解答了农民提出的各种问题。本次会议得到了新闻媒体的密切关注，新华社吉林分社、省电视台、吉林人民广播电台、

《吉林日报》等多家媒体给予了报道。（马慧艳 张毕臣）

【共享工程吉林省分中心在长岭举行"共享工程基层示范点揭牌"仪式】 2006年5月18日，共享工程吉林省分中心来到作为2004年全国共享工程基层示范点之一的长岭县永久

镇柳蒿泉子村，举行"共享工程基层示范点揭牌"仪式。文化厅领导向柳蒿泉子村基层示范点发放了国家中心赠送的服务器、投影仪等设备，省分中心同时赠送了精心选择的对农业生产能起到重要引导作用的科学

种植、养殖资源光盘100张，图书400余种。这是我省共享工程与社会主义新农村建设相结合的第一步，为省分中心服务乡村、更多地输送资源打下了良好的基础。（马慧艳 张毕臣）

【吉林省图书馆两社区分馆举办"迎六一儿童节"活动】
2006年5月27日,吉林省图书馆正阳社区分馆与爱民社区联合举办了"迎六一儿童节"活

动。活动以"关爱儿童、庆祝六一,知荣明耻、从小抓起"为主题,播放文化共享工程动画影片、举行儿童画展及组织青少年朋友自编自演娱乐节目等多种形式的活动,让社区孩子们

过了一个快乐而有意义的儿童节。活动吸引了社区周围的青少年朋友及居民200余人参加,《东亚经贸新闻》报记者还进行了现场采访。(马慧艳　张毕臣)

【省图书馆文化共享工程走进"园丁社区文化艺术节"】
2006年6月3日下午,由长春市净月开发区园丁社区、园丁物业公司、园丁一期业主委员会组织,省图书馆净月社区分馆(共享工程基层中心)协助

举办的"园丁社区第一届文化艺术节"正式开幕。市文化局、净月开发区、街道社区等相关部门的领导参加了开幕式,并观看了由社区工作人员、社区居民及幼儿园小朋友表演的丰富多彩的文艺节目。虽然节目现场下着蒙蒙细雨,但仍有近

600人观看了开幕式演出。文化艺术节期间,省图书馆净月社区分馆还为社区居民全天播放文化共享工程中有关保健知识的讲座光盘和科教、动画等影片,通过多种形式宣传共享工程,丰富了社区居民的业余文化生活。(马慧艳　张毕臣)

【吉林省分中心举办"吉林省文化共享工程活动网上图片展"】
自2002年12月共享工程在吉林省实施以来,得到了全省各级政府的高度重视。基层中心主要以市县图书馆为依托,形成了高效的共享工程网

络体系;基层服务网点充分发挥其作用,为我省社会文化建设注入了新的活力。为扩大宣

传力度,共享工程吉林省分中心于2006年5月15日—6月15日,特别举办了"吉林省文化共享工程活动网上图片展"。此次展览共展出图片近200幅,反映了共享工程各基层中心深入农村、学校、军营、社区和企业开展活动的情况,如白城市农民美术书法作品展、敦化红石乡科技培训班、桦甸农民画

展、抚松在当地"科普宣传周"期间发放文化共享工程资源、辽源市利用广场举办文艺活动等等,展示了近几年来吉林省开展文化共享工程工作取得的丰硕成果。(马慧艳　张毕臣)

【吉林省图书馆举办"吉林省第三届'青青草'杯书法、绘画、摄影作品展"】　为进一步提高我省中小学生综合素质,活跃校园文化生活,吉林省图书馆于2006年6月1日在主楼大厅举办了"吉林省第三届'青

青草'杯书法、绘画、摄影作品展"。本次展览共收到来自辽源、白山、通化、四平、延边、松原、长春等地区的 319 幅绘画作品、82 幅书法作品、73 幅摄影作品、235 份校园读书报。活动既锻炼了学生们动脑、动手及

创新能力，提高了他们的艺术修养，也体现了图书馆的社会教育职能。所有获奖作品同时在省图书馆"青青草"网站展出。（马慧艳　张毕臣）

【"吉林省再就业网络培训基地"成立】　文化共享工程吉林省分中心与吉林省英图网络有限公司、中国网通集团吉林省通信公司联手创立"吉林省再就业网络培训基地"，无偿为下岗再就业人员提供系统网络培训。2006 年 5 月 31 日，省分中心主办的"吉林省再就业网络培训基地桂林社区培训班"拉开了"吉林省再就业网络培训基地"工作的帷幕，8 月 4 日上午，在英图网络联盟航母店

隆重举行了"吉林省再就业网络培训基地"启动仪式。启动仪式邀请全国文化信息资源建设管理中心主任张彦博、省政府副秘书长王国才、省文化厅副厅长马玉英、文化市场管理处处长翟学军、中国网通集团吉林省通信公司副总经理朱亚夫等领导，以及新华社吉林分社、吉林日报、吉林电视台、新文化报记者、培训人员所在街道负责同志共 100 余人参加，张

彦博主任和王国才副秘书长为基地揭牌。

　　该基地的创立，是共享工程吉林省分中心利用网络空间，发挥文化信息资源和自身人才优势的一个新举措，它为再就业人员提供了一个免费学习知识、了解信息、掌握技能、提高素质的平台，这在吉林省尚属首次。作为一种长效机制，此举还对提升网吧品位、扩大其社会影响起到重要作用。目前，吉林省英图网络通信有限公司作为吉林省内最大的网吧经营企业，其旗下连锁的 80余家网吧都已建成文化共享工程示范基地，各示范基地均设有文化共享工程服务专区，点击人数已达 110 万人次。此举得到了全国文化共享工程中心张彦博主任的充分肯定。（马慧艳　张毕臣）

【省级分中心举办吉林省农村文化干部文化共享工程培训班】　文化共享工程建设的重点在农村。为加大对"三农"的服务力度，充分发挥乡镇文化馆、站的作用，加强从业人员队伍建设，共享工程吉林省分中心从今年起举办"全省农村文化干部文化共享工程培训班"。培训采取分片、分批的形式进行，6 月 12 日在白城举办的第 1 期培训拉开了全省农村文化干部共享工程培训工作的帷幕，来自白城市各乡镇的农村文化干部及各市、县图书馆馆长 60 余人参加了培训。面向农村文化干部举办共享工程培训班在我省尚属首次。

此次培训由白城市群众艺术馆承办。省文化厅对此次培训非常重视，社文处处长蒋占富专程赶到白城在开班仪式上作了重要讲话。他要求广大农村文化干部要高度重视共享工程工作，利用共享工程资源在农民求富、求美、求乐，提高素质，建设社会主义新农村中发挥其独特的功能和作用。共享工程省级分中心主任、省图书馆馆长石丽珍主讲了培训班的第一课。她重点向农村文化干部们介绍了共享工程建设、管理、服务等相关知识以及我省开展共享工程工作以来所取得的成绩、存在的问题，并提出了一些建设性的意见。培训使农村文化干部对实施共享工程的重要性、必要性和紧迫性有了新的理解，同时对如何在我省农村深入开展共享工程有了新的认识和新的思考。会后进行了热烈的讨论，大家纷纷表示：一定要把学到的知识运用到实际工作中去，利用现有设备，建点服务，让更多的农民群众共享文化资源。（马慧艳　张毕臣）

【国家图书馆馆长詹福瑞一行考察吉林省图书馆】
2006年6月22日上午，国家图

232

书馆詹福瑞馆长一行6人到吉林省图书馆考察。省文化厅副厅长谢文明、省馆领导班子热情接待了考察组，并在座谈会上向国家馆的各位领导汇报了

省图书馆的工作，考察组就改革与管理、网络与数字图书馆建设、信息咨询服务等问题与参会省馆中层干部进行了广泛交流，詹福瑞馆长对省馆的各项工作，尤其是对"青青草"网站和手机图书馆的创建给予了充分肯定。会后，国家馆领导参观了省馆的各个业务部门，并对古籍保护等具体问题提出了指导性意见。（马慧艳　张毕臣）

【吉林省图书馆党委被评为省直文化系统先进党组织】
2006年6月30日上午，在省直文化系统纪念建党85周年暨"创先争优"表彰大会上，吉林省图书馆党委被评为省直文化系统先进基层党组织，并代表

受表彰单位在大会上发言。省图书馆党委书记杨柏林被评为优秀党务工作者，张波同志作为新党员参加了厅党委组织的入党宣誓仪式。（马慧艳　张毕臣）

【吉林省青少年素质教育基地落户共享工程吉林省分中心】 2006年7月3日，吉林省青少年素质教育基地落户共享工程吉林省分中心，并在省图

书馆一楼大厅举行了揭牌仪式。吉林省教育厅副厅长车秀兰、省文化厅副厅长谢文明，共享工程吉林省级分中心、吉林教育台的领导和员工、学生代表以及新闻媒体的记者参加了仪式。谢文明副厅长发表了热情洋溢的致辞，并与车秀兰副厅长为基地揭牌；吉林教育台宫伟台长对基地的建设目标及运作方式作了详细介绍，长春

市九十中学的朱贺同学代表广大的青少年在仪式上发言。省

级分中心负责人、省图书馆石丽珍馆长表示,在与教育台的合作中要充分发挥省馆的优势,在活动的策划、培训课程的设置上,力求做到新颖、活泼、有创意,以求吸引越来越多的青少年参与其中,共同把基地做强、做优、做大。(马慧艳 张毕臣)

【全省市、州图书馆(少儿)馆长共享工程座谈会在省图书馆召开】 2006年9月6日,全省市(州)图书馆馆长共享工程座谈会在吉林省图书馆召开。省文化厅副厅长谢文明、社文处处长蒋占富等领导和省内9个地区图书馆馆长及长春市、延吉市2个少儿图书馆馆长参加了会议。蒋占富处长首先传达了全国文化共享工程贵州会

文化共享工程建设等问题进行了探讨。

谢文明副厅长作了重要讲话,对我省文化共享工程一年来所取得的成绩给予了充分肯定,并从四个方面对今后工作进行部署:一是提高认识,统一思想,充分认识文化共享工程建设的重要性和紧迫性;二是做好调查研究工作,各地要深入基层,了解基层群众的文化需求;三是及时向市(州)领导汇报文化共享工程开展情况,以引起各地领导的重视,争取更多的资金投入;四是做好吉林、白城、松原、白山四个辖区的县(市)文化共享工程的试点工作,并发挥其示范作用,推动全省工作的深入开展,让文化共享工程走进千家万户,惠及普通百姓。最后,与会者观看

【中共中央政治局常委李长春视察共享工程桦甸市基层中心】 2006年9月16号,中共中央政治局常委李长春同志在中宣部、文化部、信息产业部、新闻出版总署、国家广电总局和省、市等领导的陪同下,深入到吉林省桦甸市金沙乡密胜村,视察文化共享工程试点情

况。在听取金沙乡密胜村的汇报后,李长春与当地农民亲切座谈,详细了解了农民在此项工程中的受益情况。座谈会气氛非常热烈,当了解到该村种植大户孙祥通过观看共享工程提供的科技种田光盘,提高玉米种植的科技含量增加了收入;退休教师刘佰言患病后受人蒙蔽练上了法轮功,在观看了共享工程提供的《远离邪教,幸福安康》等光盘后幡然醒悟,烧掉了法轮功书籍和练功用

议精神;省级分中心主任石丽珍汇报了今年以来全省文化共享工程工作情况;与会馆长也分别就如何借鉴其他地区的先进经验和成功做法、加快我省

了由省分中心制作的《白城农民美术书法作品展》和《吉林省文化共享工程成果展》两个短片。(马慧艳 张毕臣)

具,还成为村文化站的管理员时,他很高兴地说:共享工程通过你们的实践,对社会主义精神文明建设,对抵制邪教以及

邪教文化的渗透，对于农民传统的生产生活习惯和思维方式的转变，起到了非常大的作用。吉林省的文化共享工程走在了前列。文化部和吉林省委、省政府要共同配合，尽快把这里的做法在全省推广。（马慧艳 张毕臣）

【文化部副部长周和平视察文化共享工程敦化市基层中心】 2006 年 8 月 2 日，文化部副部长周和平视察了共享工程敦化市基层中心和雁鸣湖镇腰甸村基层服务点。在敦化市图书馆，周和平副部长走进每一个服务窗口了解读者服务和馆藏文献情况，对图书馆一流的服务环境和现代化的设施设备非常满意。他到机房详细了解了服务器的硬盘容量、卫星接收、资源利用等信息资源建设情况和共享工程建设活动情况，当洪炜馆长向其汇报利用共享工程的资源设备，深入农村、社区、学校、部队开展活动达 40 余次时，他对敦化市基层中心将服务直接送到一线老百姓身边的做法非常认可，同时对敦化市政府对文化事业的重视给予了充分肯定。雁鸣湖镇腰甸村是吉林省的小康模范示范村，周和平副部长与当地村民亲切交谈，了解并肯定了腰甸村基层服务点利用各类视频资源开展活动，丰富村民文化生活、促进农业生产发展的做法。（马慧艳 张毕臣）

【共享工程国家管理中心主任张彦博两次视察桦甸并送

设备】 2006 年 8 月 4—6 日，共享工程国家管理中心主任张彦博和资源处刘虹同志在吉林省文化厅社文处处长蒋占富、共享工程省级分中心主任石丽珍等陪同下，先后到辽源、桦甸、吉林等地视察。在桦甸，张彦博一行观看了桦甸市实施文化共享工程工作纪实专题片及展板，参观了桦甸市图书馆，考察了驻桦森警大队和金沙乡密胜村两个共享工程服务点。在座谈会上，张彦博一一解答了森警官兵和农民朋友提出的问题，并对桦甸市基层中心开展文化共享工程工作所取得的成绩给予了高度赞扬和充分肯定，指出："阵地你不占领别人也要占领，桦甸市作为共享工程的先行点，这个阵地占领得好。"

国庆节期间，张彦博主任在省馆馆长石丽珍、副馆长孙利民的陪同下，再次专程赶往金沙乡密胜村基层服务点，为他们送去了价值 4 万元的硬件设备并发表了热情洋溢的讲话。他说："李长春同志对桦甸市文化共享工程工作给予了充分肯定，这不仅是桦甸的荣誉，也是吉林省的骄傲，对国家中心也是极大的鼓舞和鞭策。文化部领导对李长春同志的讲话

非常重视，特地派我们送来设备，希望你们再接再厉，把文化共享工程做得更好，惠及广大农民。"（马慧艳 张毕臣）

【"青青草"网站开通仪式在桦甸举行】 2006 年 11 月 28 日，桦甸市"青青草"网站开通仪式在向阳小学举行。"青青

草"网站是省图书馆创建的一个让学生开心、教师放心、家长省心的网站，此次在桦甸市中小学校的开通，为当地学生树立正确的荣辱观，远离"三厅"（游戏厅、网吧、录像厅）提供了一个绿色空间。省图书馆党委书记杨柏林、桦甸市文体局局长刘润书及教育局相关领导参加了开通仪式，杨柏林为网站的开通进行点击，桦甸市教育

局领导及教师代表先后向全市中小学生发出倡议，学生代表也作了表态发言。开通仪式后省馆工作人员为在场学生讲解

了"青青草"网站的栏目设置和功能并进行登录辅导。（马慧艳　张毕臣）

【省图书馆净月分馆举办"电影播放月"】 为丰富社区居民和周边建筑工人的业余文化生活，继去年的"电影播放月"之后，省图书馆净月社区分馆于今年7月31日起，继续于每天傍晚时间在社区开展活动。针对观众大多为老人和农民工的实际情况，工作人员特意从共享工程资源中选取一些乡村题材和娱乐性强的影片进行播放，使得每天的活动都充满欢声笑语，气氛热烈。"电影播放月"活动受到社区居民和农民工的热烈欢迎，每天的观众人数都在200多人，受众群体达7 000人次。（马慧艳　张毕臣）

【吉林省第二届"青青草"杯百首诗词朗诵比赛成功举办】 为进一步推进未成年人思想道德建设，使广大青少年继承和发扬传统文化中健康向上的道德精神和人生信念，由省精神文明办、省关工委、省教育厅、省文化厅主办，吉林教育台、省图书馆承办的"吉林省第二届'青青草'杯百首诗词朗诵

比赛"，经过初赛和预赛，于9月23日在长春市第103中学礼堂举行了决赛。来自白山市图书馆、四平市图书馆、吉林市图书馆、长春市图书馆、吉林省图书馆、吉林省孤儿学校等6支代表队参加了决赛。小选手们从道具到服装、从表情到歌曲都经过精心的选择和充分的准备，其精彩表演不时引来阵阵掌声，比赛场面气氛热烈，各代表队都赛出了自己的风格。比赛最后评出了一等奖6名、二等奖7名、三等奖7名。吉林电视台、吉林教育台、《吉林日报》等新闻媒体对活动进行了报道。（马慧艳　张毕臣）

【吉林省文化共享工程资源建设协调会在省图书馆召开】 2006年10月19日，吉林省文化厅在省图书馆召开了全省文化共享工程资源建设协调会。省文化厅副厅长尹俊明、艺术处处长孙喜军、社文处杨继芳、艺术研究院院长王尚甫、副院长关大欣、省分中心主任石丽珍及省图书馆班子成员、分中心的工作人员参加了会议。省分中心主任石丽珍详细汇报了我省文化共享工程的建设情况，并重点谈了资源建设中存在的问题，提出了我省资源建设的总体设想；省文化厅

艺术处处长孙喜军、省艺术研究院院长王尚甫、副院长关大欣等同志分别就此问题发表了意见，并就如何解决存在的困难和问题进行了深入的探讨。尹俊明副厅长作了重要讲话，对我省文化共享工程三年多来所取得的成绩给予了充分的肯定。同时强调，资源建设是文化共享工程持续发展的关键。他要求各有关部门要通力合作，明确任务，落实责任，在规定时间内完成国家中心交给的有关剧目的征集工作，并尽快把我省的地方戏曲资源数据库建设起来。此次协调会议的召开，对今后我省文化共享工程资源建设将起到重要的推动作用。（马慧艳　张毕臣）

【吉林省图书馆召开深化"创三优"活动读者座谈会】 2006年11月17日下午，吉林省图书馆组织召开了由读者监督员、部分读者和各部室主任参加的"吉林省图书馆深化'创三优'活动读者座谈会"，孙利民副馆长主持了会议。

会上为读者朋友播放了"省图馆情简介"短片，介绍了图书馆为深化"创三优"活动而推出的"互学、互帮、互进"活动实施方案，并就服务工作广泛

征求了读者意见。参会读者发言踊跃，他们不但关注省馆的事业发展，而且了解省馆的点滴变化。大家对省图书馆的优质服务、优美环境、优良秩序给予了充分肯定，普遍认为：省图虽然馆舍条件较差，但在人性化服务及所采取的措施方面却做得很好。如为不方便和视力不好的读者代检索、为读者车辆存放区配置监控器等等。参会读者还对省馆的基础服务、社科讲座、馆藏质量等方面也给予了很高赞誉。第一汽车集团的余炳松读者说："省图的讲

座丰富了我的知识面，提高了我的综合素质，我为不听讲座的人感到遗憾，我为听讲座的朋友感谢图书馆。"吉林省社会科学院的赵悦读者说："我们一家三代都是省图读者，因为这里不但资源丰富，还能找到家的感觉。"与会读者在肯定省馆工作成绩的同时，也提出了很多合理化建议，孙利民副馆长对这些建议和意见一一给予解释并指定相关部室主任予以落实。整个座谈会气氛融洽而热烈，将对省馆各项工作的开展和深化"创三优"活动起到积极的促进作用。（马慧艳　张毕臣）

【国家管理中心为桦甸基层中心配送"移播器"设备】2006 年 11 月 28 日，受共享工程国家管理中心委托，省图书馆党委书记杨柏林代表省级分中心为桦甸市图书馆及 12 个乡镇及街道送去了"移播器"播放设备。"移播器"是国家中心新近开发的文化共享工程播放设备，是为方便基层农民自己操

作，让他们足不出户就享受优秀文化信息资源而量身定制的，具有存贮量大、可更新内容、可自动生成工作日志、操作简单、携带方便等优点。桦甸市委宣传部长刘建良在受赠仪式上表示：国家中心把设备首批就给了桦甸，这是对桦甸市文化共享工程工作的充分肯定，我们一定不辜负国家领导的期望，把这套设备使用好，利用好，真正为基层老百姓服好务。桦甸市文体局局长刘润书对下一步工作进行了详细部署并提出了新的要求。受赠仪式

后，桦甸市基层中心还门就设备的使用对各乡镇负责人进行了设备使用情况的培训。（马慧艳　张毕臣）

【文化共享工程吉林省分中心举办农业科技系列讲座】为贯彻党中央提出的"科技兴农"战略，全面提高广大农民群众的科学文化素质，12 月 2 日，文化共享工程吉林省分中心在长春市绿园区合心镇举办了农业科技系列讲座，特邀吉林农业大学的杨连玉、刘晓龙、

王家民、吕铁彪、杨贺元等专家分别为到场的近百名农民作了《牛肉优质高效生产技术》、《食用菌生产技术》、《生物质气化集中供气技术》、《葡萄的种植技术》等专题讲座。专家们将他们多年的研究成果，用生动风趣的语言进行了深入浅出、简明易懂的讲解，受到农民的热烈欢迎。大家纷纷表示，以前他们一到农闲时节便无所事

事，今年省分中心把农业专家请进镇里，送来各种农业实用知识，拓宽了他们的致富思路，使他们受益颇丰。专家们也被农民的热情所感动，表示今后一定会多到农村去，走进田间地头、菌房、牛棚、果园解决农民遇到的实际问题。以后省分中心还将根据农民的具体需求举办各种类型的科技讲座，使文化共享工程更加贴近农民、让农民真正从中受益。（马慧艳 张毕臣）

【白山市图书馆举办"五个一百"读书征文展】 为加强未成年人思想道德建设，引导更多的青少年多读书、读好书，白山市图书馆与市中小学德育办于2006年5月联合举办了"五个一百"读书征文展活动，市区17所学校参加了征文活动。征集作品1 017篇，104名学生分别获得了特等、一等、二等奖。"六·一"儿童节期间全部参赛作品在图书馆一楼大厅展出，市区2 000多名学生及家长观看了征文展。白山市图书馆馆从获奖征文中选送了30篇征文参加了吉林省图书馆举办的全省"五个一百"征文展，30篇征文全部获奖。（白山市图书馆李彤）

【白山市图书馆在吉林省"第二届'百首诗词'朗诵比赛"中再创佳绩】 为配合吉林省"第二届中小学生'百首诗词'朗诵比赛"，白山市图书馆与市中小学德育办联合举办了"白山市区中小学生'百首诗词'朗诵比赛"，市区19所中小学校的34名学生参加了比赛，经过评委认真评选，评选出特等奖1个，集体一等奖5个，个人一等奖14个，集体二等奖4个，个人

二等奖20个，三等奖8个。白山市馆在获奖选手中推荐四所学校的学生参加了吉林省图书馆举办的"吉林省第二届中小学生'百首诗词'朗诵比赛"，荣获了团体一等奖1个，个人一等奖2个，个人二等奖1个，保持了白山市选手在吉林省图书馆举办的历届诗词比赛中第一名的荣誉地位。白山市图书馆也再次获得了优秀组织奖。（白山市图书馆李彤）

【白山市图书馆学会被吉林省图书馆学会评为"2002—2006年度学会工作先进集体"】 白山市图书馆学会几年来在吉林省图书馆学会和市社科联的领导下，在做好学会基础性、常规性工作的同时，积极开展学术活动，多次举办"论文研讨会"、"论文笔谈会"。组织市图书馆学会会员参加中国图书馆学会、吉林省图书馆学会举办的各种学术活动，提高全市图书馆工作者的理论研究水平，促进白山市图书馆事业的发展，全市图书馆工作者百篇论文发表在国家、省、市级刊物上。学会被吉林省图书馆学会评为"2002—2006年度学会工作先进集体"。（白山市图书馆李彤）

【白山市图书馆深入扎实地做好"全国文化信息资源共享工程"工作】 白山市图书馆充分利用"共享工程"深入农村、社区、学校、军队、机关等基

层站点为群众服务。2006年，图书馆编印《科技资料摘选》48期，3 500份。刻录光盘4 080张，流通图书1 090册，播放影像资料45场。受益群众达万余人。（白山市图书馆李彤）

【北华大学图书馆新馆落成，搬迁工作圆满结束，试开馆运行】 北华大学东校区新建图书馆于2006年8月竣工，9月交付使用，建筑面积达21 812平方米。图书馆于9月19日正式开始搬家，10月29日所有图书上架及所有家具设备安装调试完毕，东校区图书馆在学校领导、相关职能部门及图书馆全体人员的共同努力下，已经全部完成搬迁工作，并于11月1日试开馆运行。

北华大学图书馆大门

图书馆搬迁工作是2006年迎评促建工作中的一件大事，为了实现"创建一流图书馆的目标"，在图书馆施工过程中，馆领导对图书馆的功能布局、设备设施配备、内部装修设计、家具及专用设备等各项方案进行了反复论证、调整和完善，并派专人在施工现场负责有关建设的联系和沟通工作，积极协调各方面的关系，及时解决问题，配合工程加快建设步伐。

在图书馆搬迁之前，学校就召开了东校区图书馆搬迁工作协调会，副校长佟成春受图书馆搬迁工作领导小组组长、校长刘和忠委托主持了会议，副校长欧阳军和各相关职能部门负

北华大学图书馆阅览室

责人参加了会议。会上，佟成春副校长对图书馆搬迁工作进行了周密部署，图书馆苏丽馆长就搬迁工作与各职能部门进行了具体协商，根据实际情况

北华大学图书馆大厅

制定了详细的搬迁工作计划。同时图书馆根据学校领导"踏实工作，全力做好图书馆的搬迁工作，使图书馆搬迁的工作能够顺利完成"的指示精神，从暑假开始，图书馆工作人员放弃休息时间，加班加点，着手提前做好各种准备工作，在完成日常工作的同时，陆续对图书、过刊、古籍、工具书、外文等进行分类加工、贴磁条、完善数据和打包等各项工作，在工作中

责任明确，有条不紊，经过紧张而忙碌的奋战，最终按预定时间提前完成全部书刊的清理打包工作。打包工作结束后，图书馆主要面临的就是搬迁工作，为此多次召开馆务会及部

北华大学参考室

主任扩大会议，商讨搬迁的具体工作步骤；召开了全馆的动员大会，胡增祥书记作了搬迁工作的总动员，对全馆干部、党员和职工群众提出了要求。苏丽馆长确定了详细的搬迁工作日程及工作计划；王延广副馆长作为此次新图书馆搬迁工作的总指挥，对图书上架人员的工作目标作了详细的规定。

9月19日拉开了图书馆搬迁工作的序幕，在时间紧、任务重的情况下，图书馆参加搬迁工作全体员工万众一心，奋勇拼搏，所有的工作都是在超工作量、大负荷、加班加点的情况下完成的。在整个搬迁工作中，大家不分年龄，不分男女，不分部门，年龄大的同志与年轻同志一样，从搬运、拽包、分类、上架处处起模范带头作用，而年轻的同志更是干劲十足，重活抢着干，巾帼不让须眉，女同志更是干劲冲天，汗水湿透衣背，双手磨起血泡，双臂累得举不起来……但大家都毫无怨

言，因为他们知道，早日完成工作就能让读者早日利用图书馆，充分体现了图书馆人一切为了读者的服务精神。经过全体工作人员齐心协力、奋勇拼搏，能打硬仗的不懈努力，在规定的时间内提前完成了整个搬迁任务。据不完全统计，此次搬迁工作总计上架各类图书51万册，期刊4万多册，安装计算机380台，摆放阅览桌椅千余套。所有设备于试开馆前全部安装到位。

在短短一个多月的搬迁工作中，由于图书馆前期基础工作做得比较扎实，工作计划做得比较周密，各项工作有条不紊进行，圆满完成了任务。并在11月1日试开馆运行，新图书馆将为全校师生提供一个幽雅、清新的阅览环境，使读者感受到现代图书馆的气息。图书馆人将认真贯彻"真诚服务开拓创新"的服务理念，为广大读者提供主动、热情的服务，满足读者的各种需求。（北华大学图书馆）

【省长助理、市委书记徐建一到北华大学调研时参观图书馆】 2006年11月14日下午，省长助理、市委书记徐建一在校党委书记张连斌、校长刘和忠等校领导陪同下，来到刚刚落成并投入使用的北华大学图书馆参观。徐书记听取了刘校长和苏丽馆长关于图书馆的功能和使用情况的介绍，并参观了电子文献阅览室、中文期刊阅览室和研究生学习间，对图书馆的管理、清新幽雅的环境

和服务设施非常满意，并与在图书馆内学习的同学亲切交谈，询问了他们的学习和生活情况。他勉励同学们珍惜好的学习环境，努力学习、刻苦钻研，为北华大学和吉林市的发展多作贡献。市委副书记陈福、副市长杨金顺及市相关部门和学校有关部门负责人陪同参观。（北华大学图书馆）

【教育部评估专家组成员考察图书馆】 2006年12月11日上午9点30分，教育部本科教学工作水平评估专家组组长

易佑民率考察组成员:周一志、王磊、马凤才、吴仁友、王文斌、侯平、季星，在我校校长刘和

忠、副校长佟成春等领导的陪同下来到东校区图书馆考察。考察组成员在图书馆考察了自然科学阅览室、社会科学阅览室、图书馆主机房、电子阅览室、特藏室、基藏书库。图书馆全体工作人员衣着整齐，精神焕发，对评估专家的到来表示热烈的欢迎。（北华大学图书馆）

【吉林省高校图工委副主任委员会议在北华大学图书馆召开】 2006年12月22日下午，吉林省高校图工委副主任委员会议在北华大学图书馆会议室召开。北华大学副校长佟成春出席会议。会议听取了由图工委秘书长、吉林大学图书馆馆长李书源所作的《图工委2006年工作情况汇报》，总结了

图工委2006年以来的工作，肯定了各成员馆对图工委工作的支持，并对2007年高校图工委的工作进行了布置与安排。参加会议的全省各高校图书馆馆长还兴致勃勃地参观了北华大学东校区图书馆，并对新馆的规模、现代化的管理手段与整洁清新的阅读环境大加赞赏。（北华大学图书馆）

【北华大学图书馆召开第

239

四届学术年会】 2006 年 1 月 6 日,北华大学图书馆第四届学术年会在北华大学教育技术中心 111 室召开。北华大学科研处处长陈建光、吉林大学博士生导师毕强应邀出席会议,图书馆 55 名员工参加了学术年会。会议由胡增祥书记主持、副馆长苏丽宣布了获奖名单。毕强教授作了题为"数字图书馆理想与现实"的学术报告。本届年会具有学术氛围浓、学术水平高、成果多等特点,是一个弘扬学术、尊重知识、发展科技、开拓未来的大会。(北华大学图书馆)

【北华大学举办馆员培训活动】 2006 年 4 月 15 日,北华大学图书馆在教育技术中心 501 室举办了以"职业形象与职业礼仪"为主题的馆员培训活动,拉开了 2006 年"迎评估、塑形象、比贡献"优质服务竞赛活动的序幕,邀请长春职业技术学院高岚职业形象培训中心主任高岚作了题为"图书馆职业形象也职业礼仪"的专题报告。图书馆 89 人参加了培训,通过这次培训活动图书馆职工树立了"有知识、有文化、有修养、谦虚而又不失热情、淳朴而又充满真诚"的职业形象意识,弘扬了"真诚服务、开拓创新"的精神风貌,对今后图书馆的读者服务工作、服务质量和对本科教学水平评建工作,将起到积极的促进作用。(北华大学图书馆)

【北华大学图书馆举办纪

念"世界读书日"活动大会】 2006 年 4 月 21 日下午 2 点,由学校图书馆、党委宣传统战部、学工部、团委联合举办的"北华

大学纪念 4·23 世界读书日活动大会"在新校区多功能报告厅召开。学校领导副校长佟成春、党委副书记张波参加了会议,各单位各部门负责人、各学院团委书记、教科办主任、教工代表、学生代表以及图书馆部分职工近 300 人参加了活动大会。大会由图书馆馆长苏丽主持,副校长佟成春作了激发广大师生读书、捐书的动员讲话;教工和学生代表在会上分别发言;到会的学校领导、部分处科级干部、教工和学生代表现场向学校捐赠了图书,并在写有"捐一册书受万卷益、献一片心育百年人——读书捐书行动为迎评促建添彩"的横幅上签名留念。活动大会还对"读书与人生"有奖征文获奖作者进行了表彰,向"读书排行榜"前 10 名教师和前 20 名学生赠送了精美的图书。大会在热烈的气氛中圆满结束。(北华大学图书馆)

【北华大学图书馆受到省图书馆学会表彰】 2006 年 9 月 25 日—26 日,在吉林省图书

馆学会第七次会员代表大会暨 2006 年学术年会上,北华大学图书馆因积极参加学术活动,工作成绩突出,被吉林省图书馆学会授予"2002—2006 年度先进图书馆"荣誉称号,常曼被评为优秀学会工作者,胡增祥、贾红英、王彤、王静华、臧丽、魏晓敏、张立、李百鸣、齐宏坤、徐颖、王淑华、杜忠平等 12 人被评为优秀会员。同时,杨庆芝获得省学会 2006 年学术年会论文一等奖;刘建英、王慨、谢旭丽获得年会论文二等奖。北华大学图书馆苏丽馆长、贾红英主任、常曼代表图书馆全体会员参加了表彰。(北华大学图书馆)

【教育部评估专家组成员陈思东、吴仁友莅临北华大学图书馆检查指导工作】 2006 年 12 月 12 日上午 10 点 30 分,教育部本科教学工作水平评估专家组成员陈思东、吴仁友在北华大学联络员陪同下来到图书馆进行现场考察。评估专家现场考察图书馆工作汇报会在图书馆六楼会议室举行。专家们首先观看了图书馆的专题

片,然后苏丽馆长汇报了关于图书馆概况、现代化管理手段、文献资源的利用、读者培训、参

考咨询及图书馆为学校教学科研服务等情况，并回答了专家提出的问题。专家认真地询问了图书馆各方面情况，并和工作人员就具体的业务工作进行了沟通。随后评估专家在图书馆领导的陪同下，先后考察了社会科学图书阅览室、自然科学图书阅览室、参考书阅览室、中文期刊阅览室、电子文献阅览室等。评估专家现场考察后，对图书馆采取十项措施来提高图书馆的利用予以高度评价，并对图书馆的工作提出了宝贵的意见和建议。（北华大学图书馆）

【CCEU2006 年会在东北师范大学图书馆举行】 2006年9月18日至21日，艾利贝斯集团产品中国用户联合会

（CCEU）2006 年会在东北师范大学图书馆举行，艾利贝斯公司及 24 个图书馆的 76 名代表出席了本次年会。会上，艾利贝斯公司向与会代表通报了中国用户发展状况，介绍了艾利贝斯公司及公司技术、产品发展方向和新产品研发状况，还介绍了公司用户服务支持系统 CRM、电子资源管理系统 Verde。Sun 公司代表也在会上介绍了公司的代表产品。分组会议期间，ALEPH500 小组由艾利贝斯公司方面推介 ALEPH 50018 版及 ALEPH 报表中心（ARC），然后由用户代表进行相关问题交流。12 家用户代表分别发言陈述了各馆的使用情况及在使用中遇到的一些问题；Metalib/SFX 小组则重点交流了 Metalib 和 SFX 的建设和使用情况。与会用户代表最终与艾利贝斯北京代表处达成两点协议：第一，用户馆在图书馆学科核心期刊上发表有关艾利贝斯的论文，由公司方负责版面费，以资鼓励；第二，艾利贝斯公司同意每年派工作人员巡访每个用户馆，时间至少保证两个工作日，实地协助用户解决相关问题，并提供维护服务。最后大会讨论并投票确认了 2007 年年会的承办馆——陕西师范大学图书馆。（东北师范大学图书馆业务部）

【东北师范大学图书馆建馆 60 周年】 2006 年 9 月，东北师范大学喜迎 60 年校庆，东北师范大学图书馆也走过了 60 年的风雨历程。东北师范大学图书馆创建于 1946 年，前身为东北大学图书资料室，馆址在佳木斯，1948 年学校迁往吉林市，正式成立东北大学图书馆。1949 年 7 月，图书馆随学校迁往长春，1950 年 4 月 1 日随校名改为东北师范大学图书馆。1958 年 10 月，因隶属关系改变，图书馆再次随校名易名为吉林师范大学图书馆。1978年，学校重新划归教育部领导，1980 年，图书馆恢复现名。如今，东北师范大学图书馆已经发展为一所为教学科研服务、文献资料丰富的大型图书馆。为了迎接建馆 60 周年，东北师范大学图书馆重新编纂了馆史，并举办了馆史实物展和图片展，对馆内环境进行了美化，在校庆期间，接待了大量回校参加庆祝活动的校友。（东北师范大学图书馆业务部）

【东北师范大学图书馆成为 CASHL 学科中心】 2006年 7 月，"CASHL2006 年工作会议暨学科中心建设筹备会"在吉林大学召开。经中国高校人文社会科学文献中心（CASHL）组织专家评审，报经教育部社科司批准，东北师范大学图书馆成为 CASHL 学科中心，重点进行"基础教育"及"世界史"等学科领域文献资源的建设。12月 15 日，中心正式挂牌。东北师范大学图书馆承建的 CASHL

241

学科中心可以提供服务的基础教育及世界史学科专业文献资源包括:中文印本图书近26万种、中文印本期刊3 302种(其中现刊为859种)、中文电子图书8.8万种、中文电子期刊579种、中文数据库11个;外文印本图书19 505种、外文印本期刊774种、外文电子图书1 366种、外文电子期刊805种、外文数据库24个。近年来,东北师范大学图书馆向基础教育及世界史相关用户提供课题咨询或检索报告80件/年,举办电子资源检索培训650人次/年,提供馆际互借/文献传递170件/年。CASHL管理学学科中心成立后,将继续致力于发展各类信息服务,为基础教育及世界史教学和科研提供更好的文献保障。(东北师范大学图书馆业务部)

【吉林大学图书馆2006年通过教育部本科教学评估】
2000年6月,原吉林大学、吉林工业大学、白求恩医科大学、长春科技大学和长春邮电学院合并组成新吉林大学,原五校图书馆也随之合并。2004年,原解放军军需大学并入吉林大学。重组后的吉林大学图书馆现有馆舍面积97 629平方米,工作人员383人。现有各类纸质书刊692.46万册(截至2006年7月底)。在纸质图书中,有40万册古籍文献,其中6000余部为古籍善本。地方志与谱牒、古文字文献的收藏,与亚细亚文库、满铁资料及地质资料报告、地形图等构成吉林大学图书馆的特色收藏。此外,还收藏电子图书131万册,近年来购买了Web of Science和EI在内的45种文献数据库的网络使用权。

吉林大学图书馆现是中国高等教育文献保障系统(CALIS)东北地区中心、CALIS数字图书馆基地、中英文图书数字化国际合作计划(CASHL)项目成员馆、中国高校人文社会科学文献中心(CASHL)东北区域中心、教育部引进文科图书中心书库、教育部化学科学外国教材中心、教育部科技查新工作站、吉林省高校图工委秘书所在馆,与30多个国家和地区的130多学术机构建立了业务联系和文献交换关系。

2006年9月,教育部对吉林大学的本科教学进行了评估。吉林大学图书馆以这次评估为契机,以评促改,以评促建,以评促改,在馆藏建设、网络环境、自动化管理、服务质量、馆员精神面貌等方面上了一个新台阶。先进的管理手段和良好的服务效果,获得了专家们的一致好评,顺利通过教育部本科评估的相关检查。目前,吉林大学图书馆全体图书馆人正在为快捷方便地满足读者各种信息需求,以全新的姿态和求真务实的精神,努力工作,为建设国内一流、国际知名的高校图书馆奉献力量。(王亚玲)

【吉林大学图书馆中心馆于2006年9月14日正式启用】
在全校师生共贺合校6周年暨建校60周年的喜庆时刻,迎来了吉林大学图书馆启用典礼暨迎校庆书画摄影展开幕式。开幕式由吉林大学党委副书记蔡莉主持。出席开幕式的嘉宾有吉林省文化厅厅长周维杰、吉林师范大学党委副书记高林波、长春市书法家协会秘书长

刘成等省市领导十余名,还有20余家省内公共图书馆领导。参加开幕式的校内来宾有党委书记张文显、校长周其凤、副校长赵继。吉林大学党委书记张文显、校长周其凤和吉林省文化厅厅长周维杰为图书馆中心馆启用暨迎校庆书画摄影展开幕式剪彩。东北师范大学图书馆馆长于群代表兄弟单位致辞。吉林大学图书馆馆长李书源致辞。吉林大学图书馆党委书记陈长生宣读兄弟单位贺函。(王亚玲)

【长春大学图书馆迎评促建】2006年,长春大学全力备战本科教学水平评估工作。根据学校总体部署,图书馆成立

了评估工作办公室,认真研读评估指标体系的内涵,层层分解,逐级动员,落实责任到人。全体馆员以高度的责任心、饱满的工作热情投身到迎评工作中,戮力同心、艰苦工作,高质量地完成学校下达的迎评任务。教育部专家组给予很好评价,结果优秀。迎评促建使图书馆职工队伍得到了锻炼,服务意识得到了深化,馆藏资源得到了丰富,基础设施得到了改观,图书馆事业得以发展。

评估促进文献建设。按照教育部生均年购进图书4册的标准,全年购进纸质图书近5万册,中外文期刊2 065种。购进万方外文数据库,新建教学参考书数据库,填补了我校图书馆数字文献资源的两项空白。新增随书光盘4 505张。在图书采购中,继续采用招投标方式,严格遵循教学急需优先、学科建设优先、科学研究优先原则,反复征询教学单位意见,组织学校业务通、素质高的教师代表到北京参加图书供货展销会进行现采。图书到馆后,缩短加工工期,30天内加工完毕,上架与读者见面。中外文期刊登到加工时间不足一周。筹建教学参考书数据库过程中,反复向教师征集书目,经过汇总、审核、订购、建库等一系列工作,于年底数据库建成。

截至2006年,馆藏图书132万余册,其中纸质图书116万册。生均图书101.1册,生均年购进图书4.4册,随书光盘7 366张;各类中文数据库5个;外文数据库2个;馆舍面积23 598.89平方米;全年共接待读者119万人次。文献资源建设为学校教学和科研工作提供了较好的服务。

评估促进内部管理。借迎评促建东风,图书馆在内部管理上苦练内功。强化职工队伍建设,定期组织馆员进行业务学习。杨玉林馆长就《21世纪世界高校图书馆的现状和发展趋势》为全体馆员作专题学术报告;聘请图书馆学系的教师为馆员进行系统的学习辅导,内容包括计算机操作、丹诚集成系统使用、机读格式、图书分类等文献管理的基础知识等。全员进行岗前培训,择优定岗,把业务能力强、职业素质好的同志安排在为读者服务的第一线。各部门把"读者第一,服务为本"的理念融入工作实际中。营造学术氛围,提倡员工在本职工作领域内开展学术研究,全年共收到学术论文17篇,在省级以上刊物发表10篇。积极创造条件,鼓励和支持馆员进行高学历教育。2006年,获得硕士学位的馆员由上一年的3人增加到6人。

更新完善硬件设施。全年更新借阅室监控仪10台、管理用电脑25台、安装电子大屏幕一个,设置公共检索区,提高了管理、服务的自动化、网络化。

评估提升服务质量。一是馆藏资源全方位对读者开放。将教师阅览室"只阅不借"的管理模式改为流通借阅;工具书、外文原版书库经清点整理,重新向读者开放;完善随书光盘的网上下载、借阅工作。二是加入CALIS系统,为校内读者提供馆际互借服务。三是提供全方位的参考咨询服务。四是深入院系进行馆藏资源宣传,不定期的将文献信息以《参考》为题送到教学单位。在全校范围内进行读者培训并建立读者信息员队伍,开展全新模式的新生入馆教育,全年培训各类读者3 800人次。(长春大学图书馆)

【长春大学图书馆增加馆藏资源利用】 挖掘潜力,增加资源利用的一切可能。首先,改变教师阅览室(样本书库)的管理模式,由"只阅不借"到开架借阅。教师阅览室过去是从为教师提供特色服务的角度出发而建立,该室藏书原则是每种图书只收藏一册,品种全,但没有复本量。多年来一直遵循"只阅不借"的原则,资源利用效果不好,很多书闲置。经调研论证,于2006年将其对学生读者开放,并可以外借。由于没有复本量,因此借期短,暂定10天。改进管理模式后,加大了流通,拓宽了借阅范围,减少了"死书"现象。其次,对工具书、外文原版书库进行了清点和整理,重新对读者开放。(长春大学图书馆)

【长春大学图书馆读者培训工作新举措】 对新入校的同学进行入馆教育是学校图书馆每年必须做的常规工作。2006年的新生入馆教育,立足常做常新、讲求实效的基点,改进入馆教育方式。把在礼堂集中开大会,改为分散小班专题讲座并结合现场参观讲解。不同类型的学生采取不同的方法:盲人学生,接到盲文阅览室感受环境,讲解规则;聋哑学生,专门请特教学院的手语教师配合讲解;不同专业的学生参观的侧重点不同。一个月的时间完成讲座24场,培训新同学2 800人之多,小班讲座与现场参观相结合收到较好效果,调动了新同学到馆借阅、学习的积极性。与此同时,业务部与现代技术部对新同学借阅证的办理程序进行改进,缩短办证时间,为新同学认识图书馆、利用馆藏资源开了好头。(长春大学图书馆)

【川、吉、苏、桂、冀五省(区)图书馆学会第十届学术研讨会在长春举行】 2006 年 9 月 5 日—8 日,由吉林省图书馆学会承办的"川、吉、苏、桂、冀五省(区)图书馆学会第十届学术研讨会"在长春市长白山宾馆隆重举行。70 余名来自四川、吉林、江苏、广西、河北五省的论文作者和代表,以及吉林省图书馆员工共 120 余人参加了会议。吉林省图书馆学会理事长、吉林省图书馆馆长石丽珍主持了开幕式,吉林省文化厅副厅长谢文明、社文处处长蒋占富出席开幕式,谢文明发表了热情洋溢的欢迎致词。四川省图书馆学会秘书长、四川省图书馆副馆长王嘉陵代表川、苏、桂、冀四省学会在开幕式上讲话。会议特别邀请上海图书馆馆长吴建中、吉林省社

会科学院院长邴正出席开幕式,并分别作了题为《互联网能代替图书馆吗? ——关于公共图书馆发展的思考》、《社会和谐与文化和谐》的报告,赢得与会代表的一致好评和赞誉。广西图书馆学会副理事长、广西科技学院图书馆副馆长韦任平

分组讨论,并在闭幕式上作分组讨论汇报。四川省广安市图书馆张钧、吉林省图书馆宋艳、江苏省启东市图书馆黄振飞、广西南宁市图书馆周明和河北省邯郸市图书馆祁向东等 5 位优秀论文作者分别代表各省,围绕会议主题"公共图书馆与

和江苏省图书馆学会秘书长吴林分别主持了第一、二小组的

和谐社会的构建"及分主题作了会议交流发言。

本次会议由五省自行组织征文并评奖，共评出一、二、三等奖104篇。其中，吉林省图书馆学会共收到征文76篇，评出一、二等奖20篇。王嘉陵、吉林石丽珍、吴林、韦任平及孟洪涛等领导为优秀论文作者代表颁发了获奖证书。孟洪涛作了大会总结，并表态一定承办好2008年第十一届五省区学术研讨会。吉林省图书馆学会副理事长、长春市图书馆馆长刘慧娟主持了闭幕式。会议期间，与会代表还参观了东北师范大学本部图书馆。（张毕臣 马慧艳）

【吉林省图书馆学会第七次会员代表大会暨2006年学术年会在吉林市隆重召开】
2006年9月24日—27日，吉林省图书馆学会在吉林市西关宾馆隆重召开第七次会员代表大会暨2006年学术年会，来自全省各系统、各类型的图书馆工作者、七届理事候选人、先进学会及先进会员单位代表、优秀学会工作者和优秀会员代表、获奖论文作者代表等170余人参加了会议。省文化厅副厅长董维仁、省社科联副主席郭绍墨、秘书长张喜才、吉林市政府副秘书长孙耀谦、吉林市文化局局长张国利等领导应邀出席了大会。孙耀谦发表了热情洋溢的欢迎致词，董维仁作了重要讲话，郭绍墨对省图书馆学会的工作给予充分的肯定。吉林省民政厅民间组织管理局、中国图书馆学会、上海市图书馆学会等十余个上级领导机关

和兄弟学会发来了贺函、贺电。

25日上午，大会主席团成员、东北师范大学校长助理、图书馆馆长于群主持了第七次会员代表大会暨七届一次理事扩大会。全体代表审议通过了六届理事会理事长、省图书馆馆长石丽珍所作的《吉林省图书馆学会第六届理事会工作报告》；审议通过了大会主席团成员、吉林大学图书馆馆长李书源所作的《关于吉林省图书馆学会章程修改草案的说明》及《吉林省图书馆学会章程》；选举产生了七届理事会理事。在七届一次理事扩大会上，选举产生了七届理事会常务理事，并选举产生了新一届理事会领

导班子：理事长石丽珍，副理事长李书源、于群、刘慧娟、孙成江、毕强、李云彪，秘书长张毕臣。大会还通过了授予魏克智、孙启彦为七届理事会名誉理事的决定；通过了学术工作委员会、资源建设工作委员会主任、副主任名单，学会秘书处副秘书长人选。大会对六届理事会期间为学会工作作出突出

贡献的先进学会、先进会员单位、优秀学会工作者、优秀会员进行了表彰。

下午，省学会副理事长、东北师大图书馆馆长于群继续主持召开了吉林省图书馆学会2006年学术年会。东北师大传媒科学学院书记孙成江、吉林出版集团副总经理、吉林人民出版社社长胡维革分别作了题为《提高图书馆核心竞争力，走可持续发展之路》和《公共图书馆与和谐社会的构建》的学术报告，受到全体与会者的热烈欢迎。学会副理事长兼学术工作委员会主任、吉林大学文献信息研究中心副主任毕强宣读了《吉林省图书馆学会2006年学术年会征文评选结果》，并同其他四位副主任一起为获奖论文作者代表颁奖，最后进行了会议总结。本次学术年会共收到征文126篇，经学会学术工作委员会委员评审，共评出一等奖9篇、二等奖20篇、优秀论文奖20篇。

会议期间与会代表还参观了吉林市博物馆和吉林市图书馆，游览了美丽的松花湖。会议在与会代表依依不舍的气氛中圆满结束。（张毕臣　马慧艳）

【吉林省代表参加中国图书馆学会2006年学术年会】2006年7月23日—27日，吉林省14名代表参加了中国图书馆学会2006年昆明学术年会。我省有36篇论文参选，获奖14篇。省图书馆学会安排乾安县图书馆馆长李晓川代表我省在"2006中国图书馆学会会员联谊晚会"上表演的二人转受到好评，李晓川获"幽默风趣奖"。另外他还获得了中图学会资助，成为5位基层地区贫困图书馆参会受益者之一。（张毕臣　马慧艳）

【刘青华代表吉林省参加中图学会第三届青年学术论坛】2006年10月30日—11月2日，吉林省图书馆学会选派东北师大图书馆青年学者刘青华代表我省，参加了中国图书馆学会第三届青年学术论坛。他表现活跃，其所在的"大王峰"组合获得了"论坛之星"荣誉称号。此次论坛我省11篇论文参加了征文评选，有6篇获奖。（张毕臣　马慧艳）

【延边州图书馆学会举办2006年学术年会】2006年11月2日，延边州图书馆学会在延边大学中心图书馆举办了"省、州图书馆学会2006年学

术年会"。省图书馆学会理事长石丽珍、学术工作委员会副主任赵淑琴出席会议，石丽珍理事长作了关于文化共享工程的报告。本次年会共收到论文43篇，评出一等奖4篇、二等奖8篇，其他获优秀论文奖。（张毕臣　马慧艳）

【吉林省图书馆学会连续第5年被吉林省民政厅评为全省先进社团】根据省民政厅2006年12月31日下发的吉民管字[2006]19号文件《关于表彰省本级先进民间组织及优秀秘书长（会长）的决定》，吉林省图书馆学会被评为2006年度全省先进社团，这是学会自2002年以来连续5年获此荣誉。张毕臣被评为全省优秀秘书长。（张毕臣　马慧艳）

【吉林省图书馆学会筹建完成个人会员数据库】为迎接2006年吉林省图书馆学会第七次会员代表大会的召开，加强会员管理工作，使我省会员的发展、统计、查询、信息更新及上网更加及时、方便、准确、全面，吉林省图书馆学会于2006年年初开始筹备建立《省学会个人会员数据库》，向所属会员单位发放《吉林省图书馆学会会员登记表》，对会员22项信息进行重新统计。在全体会员的共同努力下，学会共收到会员反馈登记表1144张，及时准确录入计算机，历经半年时间于"七代会"召开前圆满完成了数据库建设工作。同时，可上网查询会员名单，实现了

对会员的动态管理。（张毕臣 马慧艳）

陕西省

【概况】 陕西省现有公共图书馆111所(含少儿图书馆4所)，省级馆1所，地、市级馆6所，县级馆104所。从业人员共计1 777人，比2005年增长了5%，其中高级职称45人，中级职称332人。全省图书总藏量913.3万册，比2005年增长了3%，其中图书772.8万册，古籍66.5万册，善本7.9万册，报刊115.2万册，缩微制品6.1万册。本年新购藏量23.6万册，其中新购图书19.3万册。全年总流通人数368.3万人次，书刊文献外借182万人次，277.9万册次。公用房屋建筑面积19.1万平方米。其中书库面积3.5万平方米，阅览室面积4.4万平方米。阅览室坐席数共计1.2万个。其中少儿阅览室坐席2 000个。全省公共图书馆计算机共计1 369台，比2004年增长了1.69%，有电子阅览室终端432个，设网站6个，总带宽155兆，共享工程服务点106个。（陕西省图书馆学会）

【业务进展】 陕西省图书馆积极开展延伸服务，2006年，开办省艺术学校分馆，藏书达1.4万余册，并为电子阅览室配备了70多台计算机。购置大型图书流动车，载藏图书5 000多册，在企业、社区、校园及广场等地方为市民提供办证、借阅书刊、图书预约及信息咨询等

服务，与总馆实现通借通还，年内共建成两个流动服务点。咸阳图书馆重视地方文献建设，全力打造以方志、文史资料家谱类、民俗民间文化类、地方作家文库类为主的地方文献四大体系。蓝田县图书馆优化服务措施，修订办证制度，办理"一证通"、免证借阅、代借代还、上门送书等多项便民措施。（陕西省图书馆学会）

【志愿者行动】 7月底8月初，由中国图书馆学会发起并组织，由省文化厅、陕西省图书馆共同协办的陕西省公共图书馆馆长培训班在陕西榆林召开。此次志愿者行动不仅是我国图书馆界一件具有创新意义的大事，对陕西的基层公共图书馆来说，授课内容之新，规格之高，专家队伍阵容之强大，在陕西基层图书馆馆长培训历史上都是前所未有的。培训通过集中授课、分组讨论、与专家面对面互动交流等多种形式，受到中国图书馆学会的高度评价和受训馆长的一致好评。来自全省各市、(区)县的64位馆长参加了此次培训。（陕西省图书馆学会）

【全省古籍普查工作】 普查工作于3月底开始，12月15日结束。普查范围：凡抄写、雕版印刷、活字印刷、影印于1911年以前的历代书籍；线装本丛书和地方志下延至1949年。受文化厅社文处指示，业务指导工作由陕西省图书馆特藏文献部主持。这次普查涉及全省十

个地区42个市县。通过这次普查，较全面的了解了全省公共图书馆古籍藏量和破损程度。经统计全省古籍藏量大约171 073册，位列前十位的有西安所辖的临潼区图书馆7 247册，长安区图书馆5 882册；汉中地区勉县图书馆13 188册，汉台区图书馆6 459册；与利地区米脂县斌丞图书馆4 134册；延安宝塔区图书馆15 098册；铜川地区耀州区图书馆5 000册；宝鸡地区扶风县图书馆6 869册；咸阳地区三原县图书馆3 500册；渭南地区富平县图书馆18 367册。普查的另一方面说明，破损情况十分严重，而且保护环境很不好。比如勉县、南郑、岐山、澄城、星元、眉县、潼关等。（陕西省图书馆学会）

【文化共享工程】 陕西文化信息网为了加强对非物质文化遗产的宣传，在"陕西省非物质文化保护"特色数据库中公布我省非物质文化遗产保护的政策、动态。并公布了第一批和第二批世界非物质文化遗产代表作名录。推出"文化共享长征行"陕西省主题网站，重现1934年10月—1936年10月的这段历史。

举办活动：1. 春节和元宵佳节，共享工程举办了"送电影到福利院"活动，各个基层站也开展了"庆新春闹元宵"、杂耍表演、迎新春卡拉OK大赛、迎新春锣鼓大赛、迎春谜语竞猜等文化活动。2. "文化共享长征行"红色影视展播活动。从8月1日—10月23日，历时3个

247

月。共推出70部红色影片在陕西省各地文化基层站、陕西省各连锁网吧、大中型单体网吧、家庭电视终端及古城热线互联星空频道连续播放,在陕西掀起声势浩大的"红色风暴"。3.圆满完成全国文化信息资源共享长征行陕西境内各项活动。9月份,在陕西丹凤县举办接旗仪式,接过从湖北省传来的活动旗帜;10月份,在陕北吴起县举办接旗仪式,接过从宁夏回族自治区传来的旗帜。10月28日,在延安举行了"文化共享长征行"延安大会师暨总结表彰大会,参加"文化共享长征行"活动的15个省分中心在延安出席了大会。此次"文化共享长征行"活动中所有在陕的活动都由陕西省图书馆承办。(陕西省图书馆学会)

【文化体制改革】 陕西省图书馆参加陕西省人事厅组织的省直事业单位公开招录工作人员,通过笔试、面试的方式向社会公开招聘了5名工作人员。同时,积极筹备新馆开放以来第二次全员岗位聘任工作。作为全省文化体制改革的试点单位,认真贯彻落实全省文化体制改革工作会议精神和省委宣传部指示精神,在对本馆体制改革诸方面的基本情况认真研究,对存在问题深入分析的基础上,有针对性地提出解决问题的对策和建议,完成了《陕西省图书馆体制改革调研报告》和《陕西省图书馆体制改革工作方案》。省文改办有关领导在文化厅领导的陪同下

到馆进行实地调研。省人事厅、省委组织部相关部门领导也先后到馆进行文化体制改革有关的座谈。(陕西省图书馆学会)

【数字化、网络化建设】 陕西省图书馆利用SIRSI UNI-CORN的Z39.50功能,实现了与国家图书馆、上海图书馆联合编目中心的远程通讯,充分发挥了UNICORN系统的网络功能,推进了资源共建共享工作水平。TRS系统全面升级,另外,加强电子文献的推介工作,目前万方数据已经成为陕图网站上最热门的电子资源,日平均使用人数超过600人次。2006年陕图网站点击数为367 686人次,平均每天为1 007.36人次。西安图书馆网站发布阅览室导读44期,添加"天禄讲坛"简介、"天禄阁介绍"和西图信息等内容。安康市图书馆4月份购进《华夏2000图书馆里软件》,经三个多月数据加工,建数据10万余条,自此彻底摆脱了传统手工操作。(陕西省图书馆学会)

【政府与社会捐赠】 2006年2月,北京天时图书音像有限公司响应国家支援西部贫困地区号召,通过陕西省图书馆学会向我省24家基层图书馆赠送图书38种6 000余册,总价值15万元。陕西省图书馆全年接受陕西省质监局、韩国驻华大使馆新闻处、日本电气书院、齐白石之嫡孙齐可来等单位、个人赠书及征集文献共计1 698

种,4 942册。安康市图书馆收到各地各种赠书2000余册,征集、交换地方文献200余册。蓝田县图书馆收到"读来换取读书会"及西安市饮食文化研究会赠书4200余册。(陕西省图书馆 强颖)

【未成年人及弱势群体服务】 陕西省图书馆少年儿童分馆创造性地开展多项服务活动,通过举办少儿画展、亲子阅读、少儿才艺汇演、诗词朗诵比赛、手工讲座、英语夏令营、招录小小管理员、少儿健康沙龙、读书演讲比赛等活动,吸引了千余名小读者踊跃参加。同时,开办英语、绘画、速记等各种类型的少儿培训,全年共接待读者56 830人次,外借图书34 850册次,办理新借书证1 166个。蓝田县图书馆举办"让未成年人走进图书馆"活动,免费接待3 000多名少年儿童参观图书馆。眉县图书馆和县青少年活动中心联手,举办读书征文活动,并组织12名选手参加演讲比赛。(陕西省图书馆 强颖)

【读者活动】 陕西省图书馆全年共举办会议、展览、讲座232场次。全民阅读活动、服务宣传周、全民读书月期间,陕西省图书馆、西安图书馆、咸阳图书馆、安康市图书馆、宝鸡市图书馆、蓝田县图书馆、眉县图书馆、汉中市图书馆、千阳县图书馆、未央区图书馆等均组织了大型图书宣传活动,如举办知识讲座、电影展映、读书征文、

书法书画展、播放科普知识宣传片、鸟类野生动物标本展、剪纸艺术展、馆藏珍贵图书展、共享工程宣传、新书推介、问卷调查等。尤其是西安图书馆举办"盛世霓裳——唐代服饰精品展"，接待参观人数 3 000 余人，乾县图书馆举行图书漂流活动，为 6 个乡镇，22 个村，送书近 500 册。

陕西省图书馆"陕图讲坛"全年共组织了 20 余场知识讲座，作为品牌活动，受到各位读者和市民朋友的广泛关注。西安市图书馆"天禄讲坛"全年举办公益讲座 50 场，听众达 5000 人次。千阳县图书馆深入开展公共图书馆讲座活动，举办业余文学创作讲座、青少年读书讲座、全民健身气功培训班、科普知识宣传等，并分两次在乡村进行工艺品产业培训，听众达 1000 人。（陕西省图书馆 强颖）

【业务培训教育】 2006年，陕西省图书馆教育培训部共开展教育培训项目 124 个，培训 2 766 人。同时，继续加强对地县馆及本馆工作人员的专业技能培训，开办了 5 期图书馆专业的业务知识技能培训班，共有 132 名地县馆、各大专院校图书馆的同志参加了培训学习。

西安图书馆全年举办各种培训班 73 个，参加学习的人数达 1 250 多人。全年共派出 23 人次参加各种学术研讨会和培训班。宝鸡图书馆举办全市图书馆业务培训班一期，培训从

业人员 70 余人。（陕西省图书馆 强颖）

【会议、参观与外出学习】 2006 年，陕西省图书馆副馆长徐大平、工会主席朱玉印作为中国图书馆代表团成员，出席了在韩国首尔举行的第72届国际图联大会。此外，陕西省图书馆全年共派出馆领导、各部门负责人及业务骨干 10 余人参加了网上参考咨询、文化共享试点工作、讲座培训、公共图书馆展览资源共建共享、地方文献工作、少年儿童图书馆工作等经验交流会及业务培训。西安图书馆崔星、贾佳参加了在云南蒙自召开的 2006 年西南地区市州图书馆协作网年会。12 月，西安图书馆馆长张弥出席了第十届全国省、自治区、直辖市、较大城市图书馆馆长联席会议。此外，安康市图书馆组织员工赴四川广安市图书馆参观学习。（陕西省图书馆 强颖）

【学术活动】 11 月，陕西省图书馆学会联合中国图书馆学会成功地举办了"全国图书馆网站建设研讨会"，共收到论文 71 篇，20 个省市自治区、56 个单位的 81 位网站专家、工作人员和有关领导参加了这次会议；配合省文化厅在全省公共图书馆范围内共同举办"公共图书馆与社会主义新农村建设"的主题论文评奖活动，以推动公共图书馆在建设社会主义新农村中的作用。活动收到征文 35 篇；配合组织中图学会

2006 年学术年会的征文活动，组织我省会员赴昆明参加会议。本次中图年会，我省会员共获一等奖 2 篇，二等奖 11 篇，三等奖 7 篇，同时，还组织了 8 名基层馆非论文作者赴昆明观摩会议。在中图学会第三届青年学术论坛征文活动中，我省会员入选征文 3 篇，西安图书馆李琼、卢联红获奖，并出席了会议。西安图书馆制定政策鼓励职工开展学术研究，全年共发表和交流学术论文 50 篇。宝鸡市图书馆学会召开第五次会员代表大会，召开了 2006 年学会年会、公共图书馆馆长联席会。（陕西省图书馆 强颖）

【领导视察与馆际交流】 3 月，国家文化部、国家文物局有关领导就加强未成年人思想道德建设课题，对陕西省图书馆有关方面工作开展情况进行调研。4 月，共享工程国家中心副主任崔健飞来到陕西省分中心考察调研。9 月，文化部副部长周和平在我省视察全国文化资源共享工程陕西分中心的建设情况，先后到延安时安塞县图书馆和陕西省图书馆视察工作。10 月，全国文化信息资源共享工程专家咨询委员会主任孙承鉴、规划发展处处长刘刚共同听取了陕西省分中心主任谢林关于共享工程在陕西的工作进展工作汇报。

2006 年，陕西省图书馆先后接待了十堰市图书馆、西安外国语学院图书馆、山西省图书馆、山西运城职业技术学校、陕西省档案馆、香港、台湾图书

馆、吉林省图书馆等200余人的参观访问。西安图书馆接待意大利佛罗伦萨文化代表团及日本、美国等国家和地区图书馆界的同仁的文化访问。宝鸡市图书馆、湖北十堰市图书馆两批40余人到安康市图书馆参观学习。蓝田县图书馆全年共接待市区县馆参观20余次。（陕西省图书馆　强颖）

【图书下乡，社区服务，业务辅导】 咸阳市图书馆、略阳县图书馆、铜川市图书馆、宝鸡市图书馆、乾县图书馆、千阳县图书馆、蓝田县图书馆、汉中市图书馆、眉县图书馆等为扶持社区及农村文化建设，深入社区、工地、乡村，为乡、镇、村文化站及驻地部队免费办理图书借阅证，赠送图书、赠送阅览设备，开展上门送书、送电影服务，为群众提供各类科技信息。同时，深入学校、企事业单位、农村图书馆（室）搞好图书业务实践指导工作，3月，宝鸡西山地区首家村级图书馆在宝鸡市图书馆工作人员的努力下在石尧村建成，共购买新书600余册。（陕西省图书馆　强颖）

甘肃省

【概况】 截至2006年底，甘肃省现有县以上公共图书馆92所（含少儿图书馆1所），其中省级馆1所，地市级馆8所，县级馆83所。全省公共图书馆馆舍总面积11.3万平方米，其中书库面积3.4万平方米，阅览面积3.2万平方米。阅览座位

11 969个，其中少儿阅览座位2 890个。藏书总量872.5万册（件），比2005年增长了1.4%；其中图书700.8万册，古籍56.1万册；报刊合订本152.9万册，视听文献、缩微制品3.3万册件；开架书刊303.6万册，约占总藏书量的34.8%。当年，全省新增藏量13.3万册（件），其中新购图书11.3万册，当年订购报刊12 507种。全省公共图书馆从业人员1 219人，比2005年增长了3.3%；其中，省级馆185人，地市级馆249人，县级图书馆785人；中级职称以上的专业技术人员245人，占从业人员总数的20%，其中高级职称40人，中级职称215人。在信息化装备方面，全省公共图书馆拥有计算机1 002台，比2005年增长了12.2%；其中省级馆178台，地级馆292台，县级馆532台；有30个图书馆建起了电子阅览室，终端数521个；已建成的共享工程分中心、支中心95个，其中省级分中心1个，地市级支中心13个，县级支中心60个，乡镇、村、社区等基层点16个。在图书馆自动化、网络化建设方面，省图书馆、兰州市图书馆、白银市图书馆、天水市图书馆、麦积区图书馆、清水县图书馆、张掖甘州区图书馆、临泽县图书馆、陇南武都区图书馆等11所图书馆实现了业务工作自动化管理，省图书馆、兰州市图书馆、白银市图书馆、张掖甘州区图书馆等4个图书馆建立了自己的网站。2006年，全省公共图书馆事业经费4972.1万

元，比2005年增长了10%；其中新增藏量购置费649.3万元，比2005年增长了5%。全省图书馆在册读者12.8万人，与2005年持平；全年接待读者305.9万人次，比2005年降低了3.4%；书刊外借149.8万人次，流通书刊265.4万册次；举办各类读者活动3 699次，比2005年增长了243.4%，参加人数达41万人次。（董隽）

【甘肃省高校图书馆2006年概况】 截至2006年，甘肃省有全日制普通高校和高职学院图书馆24所，笔者调查统计了21所，统计数据基本能反映甘肃高校图书馆的概貌。21高校图书馆馆舍总面积28.82万平方米，其中阅览面积11万平方米，拥有各种阅览座位28 309个。藏书总量1 524.3万册（件），其中图书1102.4万册，报刊合订本107.4万册，视听文献6.6万件，古籍28.2万册，电子文献208.3万册。21所高校图书馆从业人员895人，其中大专学历268人，占总人数的30%；本科学历366人，占41%；研究生学历57人，占6.4%；大专以上学历达到77.2%。21所高校图书馆拥有中级职称以上专业技术人员415人，其中，馆员298人，副研究馆员112人，研究馆员5人。在图书馆自动化、网络化建设方面，有20所图书馆实现了图书馆业务工作的自动化管理，建立了各自书目数据库；有17所图书馆建立了电子阅览室，有14所图书馆建立了自己的网

站;21 所图书馆拥有计算机 4 058 台,其中电子阅览室用机 1 970 台,OPAC 检索 195 台,复印机 24 台。2006 年 21 所高校图书馆新增藏量购置费 3 437.44 万元,当年新购图书 743 371 册,订阅报刊 22 143 种。21 所高校图书馆注册读者 152 841 人,当年接待读者 480 万人次,流通书刊 557 万册次,举办各类读者活动 158 人次,参加人数 75 449 人次。(董隽)

【周和平视察甘肃省图书馆、兰州市图书馆】 8 月 22 日,文化部副部长周和平及随行人员文化部图书馆处处长张

小平、国家图书馆副馆长张雅芳等一行在甘肃省副省长李膺,省文化厅厅长马少青,副厅长王兰玲、卢鸿志等陪同下,在兰州考察了文溯阁《四库全书》藏书馆、省图书馆、敦煌研究院、兰州市图书馆,视察了兰州市图书馆。周和平说甘肃省委、省政府对文化工作非常重视。甘肃省在财政并不宽裕的情况下,克服了很大困难,近几

年着力建设了重点文化设施。甘肃省的同志,在经济欠发达的情况下,工作状态很好,取得了很大成绩。周和平说,甘肃省委、省政府尤其重视国宝的保护工作,文溯阁《四库全书》的保护工作做得很好。周和平还在兰州市图书馆电子阅览室自己动手上机,查看文化信息

资源共享工程设备运行情况。在听取了省文化厅的汇报后,周和平对甘肃省基层农村文化建设、非物质文化遗产保护和文化信息资源共享工程建设等方面的工作给予了充分的肯定。周和平说,甘肃的同志在认认真真干事,取得了很好的成绩。今后要进一步抓住机遇,继续发展甘肃文化事业。(祁自顺)

【天水市图书馆完成古籍书库建设改造工程】 2006 年,在天水市委、市政府的关怀和市文化文物出版局的帮助及支持下,天水市图书馆完成了对古籍书库建设改造工程。工程进展顺利,制作了高档木质仿古书柜、木质雕花字画柜,并对书库进行了装修。天水市图书馆现藏有各类典籍 5 万余册,位居甘肃省地、州、市公共图书馆之首,其中 600 余册善本更为专家称道,但因种种原因保护

典藏设施陈旧落后,影响制约了珍贵文献的保管和利用。这次改造工程的完成对古知籍文献的保护管理利用及天水市特色文化大市的建设有着积极的推动作用。古籍书库已于 7 月份正式对外开放。(王文涛)

【兰州少儿图书馆安宁区图书馆联合开展"读书知识满校园,馆校联合庆六一"活动】 2006 年 5 月 31 日,兰州市少儿图书馆安宁区图书馆联合以"读书知识满校园,馆校联合庆六一"的读书活动。此次活动包括:读书、读报、奥运知识问答,古诗接龙比赛、朗诵,有奖猜谜等。活动内容丰富多彩,寓教于乐。活动结束后,两馆向该校赠书 140 多册,智力拼图 21 幅。兰州日报、兰州晚报、省电视台公共频道等新闻媒体对此次活动进行了全面报道。(王文涛)

【嘉峪关市图书馆送文化进军营】 2006 年 4 月 28 日,在驻嘉武警支队营区内,嘉峪关市图书馆举行了以"阅读丰富军营,共建和谐社会"的主题赠书仪式。此举是嘉峪关市图书馆针对驻嘉武警支队、驻嘉消防队官兵驻地离市区较远,业余时间看书困难等问题而做出的上门服务。在赠书仪式上,嘉峪关市图书馆领导和驻嘉武警支队领导分别发表讲话。部队官兵对所送新书表现了浓厚的兴趣,现场读书气氛十分浓烈。嘉峪关市图书馆承诺将定期更换图书。(王文涛)

【兰州市图书馆被文化部授予"公共文化设施管理先进单位"称号】 2006年，兰州市图书馆被文化部授予"公共文化设施管理先进单位"荣誉称号。兰州市图书馆坚持"二为"方向和"双百"方针，坚持开放性和公益性原则，积极投身"兰州文化圈"和"文化兰州"建设中，有效发挥了图书馆公共文化设施的功能作用。继2005年被文化部评为"国家一级图书馆"，2006年被中国图书馆学会授予"2005年度全民阅读活动先进单位"等称号后，再次被文化部表彰授予"公共文化设施管理先进单位"荣誉称号。（王文涛）

【甘肃省图书馆麦积区图书流通站正式启动】 2006年1月20日，甘肃省图书馆麦积区图书流通站正式成立。双方签订了协议书，第一批1000册新颖图书于3月初运至麦积区图书馆。今后每季度将有2000册优秀书刊源源不断地从甘肃省图书馆传送到麦积区图书馆，使基层的群众有书可读，真正实现其文化享有的权利。麦积区图书馆将按协议要求做好流通图书的科学管理、宣传推介工作，使其发挥最大社会效用。这是甘肃省图书馆面向基层、服务基层、进一步促进社会主义新农村建设、构建和谐社会延伸服务的重要举措，也是麦积区图书馆探索出的"公益性事业社会办"的又一次成功实践。麦积区图书馆积极争取社会各界的大力支持，先后争

取到石景宜先生、上海浦东新区图书馆、中国科协、中央文明委、"送书下乡"工程、省图书馆金颐女士和刘兰先生及地方作者赠书共计2.2万册。甘肃省图书馆麦积区图书流通站得启动，将进一步提升基层图书馆的服务能力。（王文涛）

【"图书馆自动化、网络化建设"培训班在西固区图书馆举行】 2006年3月22日，甘肃省图书馆与西固区图书馆联合举办了"图书馆自动化、网络化建设"班，西固区各企业信息中心、学校图书馆、社区图书流通站的工作人员70余人参加了培训。会议由甘肃省图书馆副馆长肖志涛主持，西固区副区长曹纯科作了讲话，陈喜贵以及西固区文化局领导参加了会议。甘肃省图书馆技术部主任祖央就图书馆自动化、网络化建设情况联系省馆工作实际作了深入浅出、有理有据的讲解与说明，与会同志均反映此次培训班受益匪浅。（王文涛）

【兰州市文联在榆中县图书馆设立特藏室】 2006年，兰州市文联在榆中县图书馆设立特藏室，集中收藏文联会员作品，这是兰州市文联首次在县级馆集中收藏作品。首期收藏的有138种380册图书，主要以市作协会员作品为主，另有部分书画作品和市文联近年来出版的《兰州文苑》。特藏室年内收藏图书可达150种500余册。今后，文联所属的作协、影协、美协、书协及其相关人员出版

的作品将收集于此。（王文涛）

【玛曲县文化图书馆业务楼开工建设】 2006年4月11日上午，玛曲县文化图书馆业务楼在玛曲县团结东路开工兴建。玛曲县委县政协人有关领导出席了开工奠基仪式。该业务楼属国家援藏项目，设计为四层综合楼，总投资为160万元，总建筑面积为1470平方米，其中图书馆占802平方米，在设计和标准上均按图书馆建筑规范设计。（王文涛）

【全省"百乡千村"文化对口帮扶活动正式启动】 2006年5月26日上午，旨在推动甘肃省农村文化建设的"百乡千村"文化对口帮扶活动，在兰州东方红广场和全省范围内同时启动。甘肃省委常委、省委宣传部部长励小捷宣布全省"百乡千村"文化对口帮扶活动启动。省政协副主席黄亦纯、省长助理郝远出席了启动仪式。这次活动由甘肃省文化厅发起组织，意在通过全省各级文化部门与乡、村文化站（室）结对帮扶，经过三至五年的努力，在全省建成100个设施较为完善、功能较为齐全、能对当地文化经营场所进行指导、能经常性组织开展各类文化艺术活动的标准文化站；建成1000个集图书室、读书会、各种农民文化艺术兴趣小组和文艺演唱自乐班为一体的示范性村文化室，彻底改变农村文化基础设施不足、文化服务缺乏、文化生活单调等问题，全面提升甘肃省农

村文化建设水平,丰富农民的精神文化生活。启动仪式上,甘肃省文化厅为全省首批文化艺术辅导员和志愿者颁发了证书和绶带。甘肃省图书馆向对口帮扶的白银区四龙镇、平川区共和镇文化站捐赠了第一批价值近 7 000 元的图书。(王文涛)

【兰州市图书馆组织举办第二届兰州读书节】 2006 年 5 月 14 日至 6 月 18 日,在为期一个月时间里,兰州市图书馆策划并承办了由中共兰州市委宣传部、兰州市文明办、兰州市文化出版局、兰州市教育局主办,主题为"读好书、知荣辱"的第二届兰州读书节活动。读书节活动先后举办了"春天送你一首诗"广场诗歌朗诵会,"爱学习、爱生活、爱兰州"读书征文大奖赛,"读书乐"全国摄影获奖作品展览,"读好书、知荣辱"读书知识竞赛,"知荣辱、树新风"青少年卡通画、漫画大奖赛,"金城大讲堂"启动,读书节徽标设计大奖赛,甘肃八教授书画家联展,"知识工程"推荐阅读书目,"送好书到乡村",全省公共图书馆讲座研讨会,图书馆服务宣传周以及闭幕式等 14 项主题活动。据不完全统计,共有 10 多家国家、省、市新闻媒体参与了宣传报道,新闻报道 80 多篇(次),10 余万人次的读者直接或间接参与了读书节活动,在社会上产生了广泛影响,为兰州市建立学习型城市及创建全国文明城市营造了一定的氛围。(王文涛)

【全省公共图书馆讲座研讨会在兰州举行】 2006 年 5 月 13 日至 15 日,由甘肃省文化厅主办、兰州市图书馆承办的全省公共图书馆讲座研讨会在兰州市图书馆举行,来自全省各地、州、市的近 70 位公共图书馆馆长和讨论活动负责人参加了此次研讨会。会议还邀请了讲座工作在全国较突出的文化信息资源建设管理中心、上海图书馆、山西图书馆、长春市图书馆的专家到会进行了交流,并邀请甘肃省社会科学院院长范鹏教授作了题为"社会主义荣辱观的科学内涵和现实意义"专题讲座。会议期间,适逢第二届兰州读书节开幕,与会代表应邀参加并观摩了第二届兰州读书节开幕式暨"春天送你一首诗"广场诗歌朗诵会。(王文涛)

【甘肃省图书馆帮扶清水县红堡镇贾湾小学】 2006 年 5 月 13 日,甘肃省图书馆馆长郭向东一行到达清水县红堡镇贾湾村,向贾湾小学捐赠了一批教学设备,包括课桌椅、电脑、书架及千余册图书等,建立了图书流通站。清水县教育体育书记局崔忠和、红堡镇党委书记赵贵平、镇长窦明辉及贾湾小学全体师生参加了捐赠仪式,对省图书馆扶助贫困地区基础教育表示衷心感谢,并赠送了锦旗。(王文涛)

【兰州市图书馆新建青少年科技指导站图书流通站】 2006 年 5 月 30 日,兰州市图书馆新建的"兰州市图书馆青少年科技指导站图书馆流动站"正式挂牌,这是该馆建立的第 13 个图书流动站。挂牌仪式上,兰州市图书馆向该图书流动站赠送了书刊 500 余册并流动图书 200 册。兰州市城关区青少年科技指导站针对的是南北两山及较边远的中小学校。(王文涛)

【麦积区图书馆举办建馆 90 周年庆典活动】 2006 年 10 月 15 日,在天水市麦积区文化馆院内社会各界人士齐聚一堂,共同举办"麦积区图书馆建馆 90 周年、麦积区文化馆建馆 50 周年"庆典活动。国防大学教研室主任、少将胡爱祖空军航空医学研究所政委、大校张向阳,原省人大副主任李文辉、省政协教科文卫委员会主任于忠正、天水市政府副市长郭奇若、甘肃省图书馆、兰州市图书馆、天水市图书馆,武都区图书

馆以及麦积区四大班子领导和嘉宾共 300 多人应邀出席庆典仪式。北京京陇经贸文化发展促进会、甘肃省天水籍在京工作人员、北京市海淀区书协、上海浦东新区图书馆、北京金大都画院、甘肃省精神文明办及省市诸多兄弟馆等 60 多家单位为"两馆"馆庆发来了贺电、贺

信。天水市麦积区图书馆前身是1916年天足会在天水建立的天水县第一阅报社、公立图书馆。1920年，正式建立天水县图书馆，新中国成立后，市、县分设，至1985年天水县图书馆更名为北道区图书馆，2005年更名为麦积区图书馆。麦积区图书馆藏书类型较为齐全，现有馆舍面积1 510平方米。经过几十年的积累，逐步形成了以为社会科学类主，自然科学类为辅，载体形式多样，学科结构较合理，兼具综合性与地方性特色的藏书体系，基本能够满足全区群众的阅读需求。共设有10个服务部门，是全国文化信息资源共享工程区级分中心。在2004年第三次公共图书馆评优定级时被评为"二级图书馆"（王文涛）

【白银市科技数字图书馆（筹）挂牌】 2006年11月16日，白银市科技数字图书馆（筹）挂牌仪式暨首届文化月活动启动仪式在白银市图书馆院内拉开帷幕。白银市人大副主任王有琪，市政府副市长边恺，市政协副主席李世荣，市政府副秘书长、市政府办副主任魏忠，市文化出版局局长崔雪刚，省国学研究会（筹）领导黑生夏，万方科技数字有限公司负责人，清华同方负责人，及文化局相关领导出席了挂牌仪式。王有琪、边恺为白银市科技数字图书馆（筹）进行了揭牌。万方数据有限公司为白银市图书馆授予了国家工程技术图书馆—国藏中心的牌子，清华同

方公司为白银市图书馆授予了CNKI数字图书馆示范单位的牌子。仪式结束后，领导们参观了白银市科技数字图书馆（筹）数字资源数据库、白银市图书馆特色馆藏图片展，并参加了国学公益讲座。（王文涛）

【甘肃省图书馆赴宕昌开展送文化下乡活动】 2006年1月17日，为丰富甘肃省边远地区基层群众的精神文化生活，更好地发挥甘肃省图书馆为全省公共图书馆服务的职能，加强馆与馆之间的联系，由孟繁新带队赴陇南市贫困县宕昌县图书馆慰问，为他们带去了"文化共享工程"制作的优秀影视剧目和一批实用技术光盘。当地政府组织在宕昌县图书馆举行了简单而又隆重的捐赠仪式。孟繁新、宕昌县委副书记孙书诚、县文化局局长沈和义和宕昌县图书馆馆长牛建宏等30多人参加了仪式，当地电视台等新闻机构进行了专题报道。捐赠仪式后，文化共享工程甘肃省分中心专题介绍了全国文化信息资源共享工程建设的现状及我省的发展情况，省图书馆研究辅导部开展了图书馆业务辅导。（王文涛）

【白银市图书馆召开"知荣辱树新风建和谐促发展"读者座谈会】 2006年4月16日下午，白银市图书馆、白银市读者协会组织广大读者召开了以"知荣辱、树新风、建和谐、促发展"为主题的读者座谈会，旨在认真学习宣传贯彻胡锦涛总书

记关于树立社会主义荣辱观的重要讲话精神，引导广大市民树立正确的道德观念，促进良好社会风气的形成和发展，切实服务于构建社会主义和谐社会。白银市图书馆负责人认为，图书馆作为精神文明建设的重要窗口，要认真履行社会职责，从纠正行风、规范言行、修养德行等方面加强工作，提升服务质量。要向全市公共图书馆馆员和广大读者发出倡议，树立明是非、知荣辱、讲道德的道德观念，为营造良好的社会氛围作出自己应有的贡献。（王文涛）

【白银市图书馆启动"地方文献特色馆藏"建设】 自2005年8月开始，白银市图书馆针对白银市地方文献资料匮乏和馆藏量少、地方特色不突出的实际的情况，创建白银地方文献资源特色馆藏，即"红军会宁会师特色馆藏"、"白银民间收藏数字馆藏"和"三个专题系列"。馆藏内容包括：红军会师前后中央的电令、文件、报刊、书信等官方文献资料；红军会师前后的军事团队、军事活动、重要战役、战斗等军事文献资料；红军会师期间，在白银三县两区开展活动中产生的文献资料；参加红军会师的党政军高级领导人，以及红军指战员的个人资料；建国后，历年来官方、民间与红军会师有关的文件、文稿、回忆、创作等文献资料；与红军会宁会师有关的革命历史文物、图片、声像资料；三县两区民间收藏的文物、古

玩,并以书画作品、文人手稿墨迹、家谱等文献为主;民间民俗传统手工艺(绝活)品;白银历代地方名人的书画、手稿墨迹;《白银市历史文化遗迹文献资料汇集》;《白银市重大历史事件文献资料汇集》;《白银市历代名人文献资料汇集》。目前,"红军会宁会师特色馆藏"信息资源已有300万字数据,20GB存量;三个专题已经聘请白银市文化界老同志开展工作,进展顺利。(王文涛)

【甘州区图书馆在市交警支队设立图书阅览室】 张掖市甘州区图书馆在市交警支队设立了甘州区图书馆图书阅览室。这是继甘州区图书馆设立金安苑社区、佛城社区、驻地部队和甘肃省第三劳教所图书借阅室后又新设立的一处外借阅览处。这次甘州区图书馆为市交警支队图书馆借阅室提供了《历史演义系列丛书》、《市场营销学》、《毛泽东传》、《孙子兵法》、《飘》等各类政治、经济、文学著作500余册,为干警们就地阅读提供了方便,丰富了干警们精神文化生活,满足了阅读需求。(王文涛)

【省图书馆研究辅导部赴天水、陇南等地进行业务辅导】 2006年9月2日—9月14日,省图书馆辅导部副主任董隽一行两人赴天水、陇南等市县图书馆进行巡回辅导。在为期12天时间里,先后对甘谷县图书馆、秦安县图书馆、天水市图书馆、礼县图书馆、西和县图书馆、成县图书馆、康县图书馆、徽县图书馆、两当县图书馆等9个图书馆进行了业务辅导。本次辅导的另一项主要内容是对市县图书馆的古籍收藏与保护等情况进行调研,在上述9所图书馆中,拥有古籍的有天水市图书馆、甘谷县图书馆、西和县图书馆、两当县图书馆等4家,其中天水市图书馆古籍数量最多达到61 538册,2005年投资20多万元建成了邵力子捐书陈列室暨古籍文献阅览室,设有分类、题名、著者三套卡片目录,古籍均做有函套,设有专柜、专架保存,规章制度健全,整理与保护工作做得很好。其次是甘谷县图书馆,拥有古籍图书23 346册,建立了一套书本式目录,设有专库保存,防虫、防盗、防火措施较好,但库房已是危房,设施比较陈旧,大部分古籍没有函套,目录体系不健全,整理与保护工作还有待于进一步加强。西和县图书馆与两当县图书馆古籍数量不多,分别是1 631册、50册,均无目录,个别有函套,整理与保护还需加强。上述4个图书馆在古籍整理与保护方面反映出来的共性问题有两个,一是缺乏古籍的保护费用,二是古籍整理缺乏专业人员。截至2005年,全省公共图书馆中拥有古籍的图书馆有51家,古籍的藏量为541 392册。由于古籍具有不可再生性,保护与整理工作显得尤为重要。今后古籍整理与保护应成为业务辅导工作的一个重点。(王文涛)

【"文化共享长征行"在甘肃省红旗交接】 2006年9月29日,在沿着红军长征路线跨越12省之后,"文化共享长征行"的红旗到达了甘肃省。在红色圣地会宁县,来自共享工程甘肃省分中心、青海省分中心和会宁县的三方代表在会师塔下举行了红旗交接仪式。交接仪式由会宁县人大常委会副主任吴琴英主持,甘肃省文化厅副地级助理巡视员郁小龙讲话。甘肃省图书馆馆长郭向东从青海省图书馆副馆长张志青手中接过了"文化共享长征行"的红旗。随后举行了捐赠和授牌仪式,郭向东代表共享工程甘肃省中心向会宁县图书馆捐赠计算机设备、卫星接收设备、数字资源及光盘等,郁小龙向会宁县新建基层点授予共享工程"县级分中心"的铜牌。参加交接仪式的还有甘肃省文化厅社文处副处长王学军、甘肃省图书馆副馆长马立淑、会宁县政协常务副主席何年胜、会宁县文化文物出版局局长王士忠等。交接仪式结束后,与会代表共同参观了会师楼、庆祝三军会宁会师联欢会会址、三军指挥部和红军总司令部旧址、将帅碑廊及红军长征胜利纪念馆。(王文涛)

【全省图书馆基础业务知识暨图书馆员继续教育培训班在省图书馆举行】 为进一步提升全省各级各类图书馆基础业务建设的规范化和标准化水平,提高广大会员和图书馆工作者的管理与服务意识,甘肃省图书馆学会于10月10日—20日在省图书馆举办"全省图书馆基础业务知识暨图书馆员继续教育培训班"。来自全省各高校图书馆、公共图书馆、科研院所图书馆的54人参加了培训。此次培训班以图书馆基础业务知识为主要内容,开设的课程有:中国文献编目规则(第二版)、连续出版物管理、读者工作、中图法(第四版)。在学习的间隙,学会组织学员系统地参观了省图书馆从采编到流通的各个环节。(王文涛)

【"同在阳光下"西部文化扶贫活动捐赠图书落户甘肃省县级图书馆】 由北京停云馆文化投资有限公司倡议发起的"同在阳光下"西部文化扶贫活动,联合天津出版集团西泠印社、山东人民出版社、南开大学出版社、百通出版社等国内多家出版机构,于今年8月底捐赠甘肃省17个县级公共图书馆价值487 056元人民币的图书1万余册,图书接受工作已顺利完成。此次活动的17个受赠单位为:甘州区图书馆、古浪县图书馆、民乐县图书馆、凉州区图书馆、高台县图书馆、崆峒区图书馆、天祝县图书馆、静宁县图书馆、民勤县图书馆、山丹县图书馆、庄浪县图书馆、肃南县图书馆、玉门市图书馆、肃州区图书馆、肃北县图书馆、文县图书馆、敦煌市图书馆。(王文涛)

【红古区图书馆举办第二届图书征文大赛】 2006年8月,红古区图书馆以"知荣辱,树新风"为主题举办了红古区第二届图书征文大赛。经评审,共有3所学校获组织奖,12名教师获园丁奖。从中筛选的部分作品参加了第二届兰州读书节征文大赛,有14篇各获二三等奖及优秀奖,红古区图书馆获得兰州读书节组织奖。(王文涛)

【甘肃省图书馆建馆90周年暨文溯阁《四库全书》入甘40周年庆祝活动新闻发布会】 2006年9月15日,甘肃省图书馆建馆90周年暨文溯阁《四库全书》入甘40周年庆祝活动新闻发布会在兰州举行,甘肃省图书馆馆长郭向东主持新闻发

布会,甘肃省文化厅副厅长王兰玲向来自中央和本省的20余家新闻单位记者通报了本次庆典活动的内容。为庆祝省图书馆建馆90周年暨文溯阁《四库全书》入甘40周年,省图书馆将举行大型纪念活动,并于9月21日在九州台文溯阁《四库全书》藏书馆举办《四库全书》展。(祁自顺)

【甘肃省图书馆建馆90周年暨文溯阁《四库全书》入甘40周年庆祝大会在省图书馆举行】 金秋九月,创建于1916年的甘肃省图书馆迎来了她的九秩华诞,文溯阁《四库全书》调拨甘肃保管也已40周年,为展示省图书馆的丰厚馆藏和文化积淀,反映图书馆事业发展的新貌,宣传全省文化战线取得的显著成就,甘肃省图书馆举办了系列庆祝活动,隆重纪念建馆90周年和文溯阁《四库全书》入甘40周年。

庆祝活动以9月20日上午举行的甘肃省图书馆建馆90周年暨文溯阁《四库全书》入甘40周年庆祝大会为中心,当天的甘肃省图书馆,红毯铺地,彩旗招展,披上了节日的盛装,省政协主席仲兆隆、省人大常委会副主任程有清、省政协副主席陈剑虹、省长助理郝远等省领导和省委宣传部、省发改委、财政厅、人事厅、文化厅、新闻出版局等相关厅局的领导出席庆祝大会,省内图书情报单位、文化系统单位、相关研究单位的专家学者也应邀出席盛典。20余家省内外新闻媒体参与报道了本次活动。

甘肃省图书馆这次馆庆活动的主题是"存继典籍,传承文明",先后举办了"五会四展"九

项大的活动,编辑出版了两本纪念文集。九项活动包括:甘肃省图书馆建馆90周年暨文溯阁《四库全书》入甘40周年庆祝大会、"四库全书讲论"专家报告会、第六次文献资源共建共享合作会议、馆庆新闻发布会、离退休老同志欢庆会、甘肃省图书馆90年图文展、馆藏书画珍品展、馆庆书画作品展、千古巨制——四库全书展。两本纪念文集分别是《甘肃省图书馆九十年》和《四库全书研究文集》(2005年四库全书研讨会文选)。

建馆90年来,走过了不平凡发展历程的甘肃省图书馆,已形成了一个学科结构合理、文献类型齐全、载体形式多样、兼具综合性与地方性特色的文献收藏体系。该馆现拥有藏书超过300万册,特色馆藏西北地方文献达2万余种,7万余册。其中收藏有享誉海内外的文溯阁本《四库全书》,国内收藏最完整的大型明版木刻丛书《永乐南藏》以及国内罕见的《汉隽》、《三国志·蜀志·诸葛亮传》等宋元刻本30余部;此外,还收藏有敦煌写经、宋元明清至近现代的珍贵字画2 000余轴等。浩瀚而特色鲜明的甘肃省图书馆已逐步成为研究西北史地、民族宗教以及敦煌学、丝

路学的文献中心。目前,省图书馆每年接待读者40余万人次,流通书刊逾100万册次。近年来,省图书馆在做好社会服务的同时,着力加强数字化建设,不断提升网络服务功能,积极推行文化共享工程,协助全省各地建成各类共享工程基层中心和图书流通站60多个,极大地丰富了基层群众的精神文化生活。

自1966年文溯阁本《四库全书》入甘,至今已整整四十载。这本始纂于1772年的丛书,辑录了乾隆以前中国历代的重要著作,是我国最大的一部丛书。《四库全书》编纂完成后,曾分别送至北四阁南三阁庋存,文溯阁在北四阁中起建最晚,但早于南三阁。《四库全书》抵甘40年来,一直由甘肃省图书馆收藏,至今不但保存完好,且无论是保护环境、还是研究利用,都发生了翻天覆地的变化。2005年在兰新落成的文溯阁《四库全书》藏书楼,作为全省爱国主义教育基地,继续担负着《四库全书》收藏和保护的重任,同时也担负着《四库全书》研究、开发、利用的重任。

(祁自顺)

【第六次中文文献资源共建共享合作会议在敦煌召开】

9月8日,由国家图书馆举办、甘肃省图书馆承办的第六次文献资源共建共享合作会议在甘肃敦煌先期召开,来自中国内地、中国台湾、香港、澳门和美国等国家和地区的近40名代表,就各合作项目的进展情

况及成果展示、面临的机遇与挑战、中文文献资源共建共享领域未来的发展趋势及合作模式进行了深入的探讨。"中文文献资源共建共享合作会议"是以中文文献为主轴,跨地域、跨国界的合作务实会议,旨在研讨全球范围内的中文文献资源共建共享问题,通过具体的合作项目带动中文文献资源共建共享的逐步实施,推动全球中文资源收藏单位间的交流合作。目前该会已在北京、台北、澳门、南京、香港等地成功举办了五次,陆续开发了十余个合作项目。(祁自顺)

【甘肃省图书馆、甘肃省科技情报研究所强强联合】 为充分利用国家和省内科技信息资源,发挥省内现有文献信息资源整体功效,实现文献资源的共建共享,为甘肃科技进步和经济建设提供有效的科技信息资源保障,甘肃省图书馆与甘肃省情报所强强联合,全面开展业务合作和工作对接。2006年2月15日下午,应甘肃省科技情报所所长曹方的邀请,甘肃省图书馆书记孟繁新、馆长郭向东一行11人到省科技情报所进行了工作座谈和业务对接,双方认为资源的共享、机制的共振、业务的共赢、机构的共存,这个形势已经呈现端倪,合作发展已经是共同的愿望。经过充分的研讨和交流,双方初步形成"六个共同"的合作思路。1. 共同建设"甘肃省科技文献资源共享平台",整合、共享信息资源,打造甘肃省虚拟

数字图书馆。2. 共同实施网络系统开发与建设，包括网络规划、网站策划、应用软件开发、人员培训等方面，展开密切的合作与协作。3. 共同开展声像与宣传工作，利用声像手段和声像媒体，对两家事业发展进行多角度的宣传报道，特别是珍贵文献和地方文献的宣传普及，共建甘肃科技音像信息数据库。4. 共同编辑《图书与情报》。5. 共同组织申报科研项目，初步考虑在统一检索软件、珍贵文献保存、甘肃科学技术史等方面进行合作。6. 共同组织学术讲座、展览展示、工作交流、教育培训等。甘肃省科技情报所继去年与中科院资源环境科学信息信息中心、兰州大学图书馆业务成功对接之后，又与省图书馆实现强强联合，甘肃省图书情报界四大巨头的联手，必将为建设创新甘肃提供强大的信息资源保障。（祁自顺）

【丁远崤做客金城　畅谈创造快乐双赢的人际关系】
2006 年 6 月 5 日上午，著名的畅销书作家，目前最热门最受欢迎的关于人生成功与人际关系以及企业文化务实方面的实力派演讲大师丁远崤作客兰州市图书馆，正式启动第二届兰州读书节系列主题活动之一的"金城大讲堂"，并以《方与圆——创造快乐双赢的人际关系》为题，为广大读者进行激情演讲。丁远崤是创下 500 余万册发行纪录的《方与圆》一书的作者，曾在国内各地举办过讲座，深受欢迎。在 6 月 5 日的演讲中，丁远崤用幽默诙谐的语言、浅显易懂的事例向听众谈到了人生目标的确立及对未来人生道路的准确把握。他精彩的演讲赢得了在场听众的阵阵掌声。（祁自顺）

【甘肃省图书馆隆重推出《周末名家讲坛》】 为满足广大读者的精神文化需求，发挥图书馆传播先进文化，创建学习社会的职能，甘肃省图书馆 4 月 8 日起隆重推出公益性远程系列讲座《周末名家讲坛》，以视频播放的形式将国家图书馆、上海图书馆、全国文化信息资源共享中心及北京大学远程教育等精彩讲座展现给甘肃读者，用现代技术手段把名家、大家请到读者身边，使广大读者能跨越时空聆听四海论坛，接受精神熏陶，提高文化品位，启迪智慧人生，丰富假日生活。讲座内容涵盖文学艺术、经济生活、科学人文、医疗保健等多方面领域，主讲人有闻名中外的院士、教授、作家、学者和成功人士，名家们将以他们渊博的知识、丰富的阅历、激昂的热情、诙谐的语言使读者得到美的享受，获得愉悦的教益。（祁自顺）

【泾川县图书馆工作步入新轨道】 泾川县图书馆坚持读者至上、服务第一的办馆宗旨，不断加强职工队伍建设，努力提高自身素质，积极研究和探索县级公共图书馆生存和发展的新路子，充分发挥其传播先进文化的主阵地作用，热情为教育、科研和生产单位及广大公众服务，为该县培养高素质人才、建设学习型社会及科普宣传、史料保存、经济建设和社会发展作出了大量艰苦细致的工作。2006 年，泾川县图书馆积极推进新的管理模式，大力发展人力资源，对内部机制和人员分工从日常事务和业务工作两个角度进行改革调整和优化组合。在注重新书入馆的同时，特别强调和提高新购资料和原馆藏书籍的借阅利用率。以读者需要、评估标准来决定新书采购的轻重缓急，把全心全意为读者服务视为图书馆工作的落脚点，从服务方式、服务内容、服务手段等各个方面作了改进和调整。改制后的图书馆，业务上设立图书借阅、现刊阅览和资料典藏三个工作室。针对日常工作，图书馆下设文秘办公室和后勤事务组两个办事机构。指派专职人员负责现刊收发、签到工作，督促重要期刊及时到位，保证期刊的连续、完整性；专人负责资料室典藏书籍调度、管护和保养，并定期施放卫生球，严格防虫、防蛀、防火；对各类历史文献资料及时清点、上架、排序、归位，确保各类历史典藏书籍安全有序，得到专业保护。重组后的业务机构适应和满足了当前形式发展的需要，有力地推动泾川县公共图书管理事业步入新的运行轨道。（祁自顺）

【省图书馆、文化共享工程甘肃省分中心送文化进社区】

258

在2006年图书馆服务宣传周来临之际,为了加强社会主义精神文明建设,发挥图书馆的教育阵地作用,通过倡导全民阅读活动,使广大公民树立正确的荣辱观,省图书馆安排了丰富多彩的读者活动。深入基层、服务社区是本次活动主要内容之一,为宣传"全国文化信息资源共享工程",延伸读者服务功能,送文化进社区,把图书馆的服务送到社会公众的身边,吸引越来越多的人走进图书馆,利用图书馆,共建书香社会,4月25日甘肃省图书馆与安宁区图书馆、福兴路社区联合举办了"中老年健康保健"读者报告会,来自福兴路社区的中老年朋友40多人参加了报告会,报告会以关注中老年健康、倡导健康生活为主题,以视频播放的形式,用现代技术手段把医疗保健知识送到社区,深受中老年朋友的欢迎。5月24日,甘肃省图书馆、共享工程省级分中心工作人员等一行6人又深入兰州市安宁区费家营社区,送文化、送知识进社区。工作人员通过发放省图书馆简介、文化共享工程简介等宣传单,向社区居民宣传图书馆、文化共享工程。与此同时,专门为社区中老年朋友举办了以中老年健康为主题的保健知识视频讲座。费家营社区共30余人接受了宣传,现场收看了保健知识讲座,通过此次活动有力地配合了图书馆服务宣传周和全民读书活动的开展。(祁自顺)

【甘州区图书馆流动讲座进商场】 甘州区图书馆在积极开拓馆内讲座业务的同时,把讲座延伸至学校、商场、社区,结合社会热点问题办起流动讲座,力图打造没有围墙的"城市教室",把图书馆的教育职能加以拓展,让知识流动起来,流进各个角落,让学生、居民就近地享受图书馆的服务,为专家学者与读者之间直接搭建起沟通平台。为了让流动讲座尽快办起来,图书馆在博盛商厦的大力支持下积极筹划了走进商场的第一场义务讲座。4月22日下午、23日上午和下午,利用上班前一小时和下班后一小进,博盛商厦200多名员工聆听了由中国人民大学金正昆教授主讲的《服务礼仪》中的商品展示、商品介绍、导购、推销、纠纷处理、售后服务等服务礼仪内容影视讲座。商场管理人员和员工都表示,讲座让他们获益匪浅,尤其对整个商厦外树形象、内强素质起了积极的作用,希望今后能多举办类似的活动。(祁自顺)

【甘肃省图书馆技术部一行赴张掖指导工作】 为提高图书馆藏书自动化应用技能,解决自动化软件在运行当中存在的问题,帮助职工更好地学习和掌握图书馆自动管理知识和技能,推动大家学习、普及、应用图书馆自动化管理知识,促进图书馆自动化管理工作高效、快捷、规范地开展,2006年7月19日—21日,甘肃省图书馆技术部副主任祖央和技术部杨

永霞,来张掖市图书馆进行了图书馆自动化管理的培训,全馆职工参加了培训。培训采取边操作、边讲解、边提问的方式进行,对工作中出现的问题进行现场解答指导。(祁自顺)

【麦积区图书馆开展周末讲座】 为完善社会教育职能,自6月份以来,麦积区图书馆认真贯彻落实文化部办公厅《关于深入开展公共图书馆讲座工作的通知》的精神,及时启动了周末讲座、电影展映活动,将公益讲座作为图书馆核心业务来抓。近三个月播出的视频讲座6场,内容涉及未成年人教育、老年健康、文史艺术知识等;播出爱国主义影片12部,受到广大市民及中小学生的普遍欢迎,观众累计达1 200多人次。以视频播放的形式将国家图书馆、上海图书馆、全国文化信息资源共享工程等优秀资源奉献给读者,用现代技术手段把名家、大家"请到"广大读者身边,启迪心智,开阔视野,丰富了广大市民及中小学生假日生活。同时,在图书馆服务宣传周期间,麦积区图书馆还开展了视频资源和爱国主义影片进部队、进农村、进乡村校园活动,丰富了驻地官兵的业余文化生活,满足了农民朋友对农技知识的需求,开拓了乡村小朋友的知识视野。麦积区图书馆通过多渠道、多形式的工作开展,使"共享工程"真正成为陶冶性情、增长知识、休闲娱乐的重要途径和有效手段,提高了广大市民的文化生活质量,

为社会主义新农村建设和构建和谐社会主义作出了应尽贡献。(祁自顺)

【麦积区图书馆开展暑期未成年人教育活动】 为了让青少年的暑期活动丰富多彩，麦积区图书馆在 2006 年暑假开展的活动可谓异彩纷呈。应家长和社会的要求，举办了"未成年人暑期培训班"，开设了器乐、舞蹈、美术、英语及小学生作文等科目的辅导培训，累计培训学员达 520 人。充分发挥了图书馆的社会教育职能，在加强未成年人思想道德建设的同时，提高了他们的综合素质，在培养专业人才和特长人才方面发挥了重要的作用。环境优美、图书类别丰富的未成年人阅览室全天免费对外开放，平均每天接待读者 170 人次，借阅图书 810 册次，使孩子们在提高艺术素养的同时，开阔了阅读视野，满足了他们的求知需求，从小培养了未成年人的图书馆意识，使他们亲近阅读，走进图书馆。此外，麦积区图书馆推出了"优秀书目推介"、"爱国主义影片展播"等寓教于乐的读者活动，每星期日下午的爱国主义影片展播深受读者喜爱，对青少年起到很好的思想道德教育作用。与此同时组织开展的"互赠图书，传递美好"的读书分享阅读活动，增强了图书馆对未成年人的吸引力和感染力。(祁自顺)

【天水市图书馆石佛村图书室及麦积区图书馆石佛村图书流通点成立】 麦积区石佛镇位于三阳川北部，是人文始祖伏羲创立八卦的圣地。这里文化底蕴深厚，民风淳朴。人们崇尚知识，热爱学习，被誉为麦积区文化区。2006 年上半年在石佛镇石佛村村委会和天水市图书馆、麦积区图书馆的积极努力下，于 7 月下旬建立了天水市图书馆石佛村图书室及麦积区图书馆石佛村图书流通点，为渴求知识信息的广大农民朋友送去了精神食粮，为他们建立了一个集图书借阅、自学及休闲娱乐为一体的文化精神乐园，有力地促进了该村新农村建设步伐。天水市图书馆发挥天水市中心图书馆的职能，已在麦积区建立了伯阳中心小学流通点，使那些苦于无钱买书的农村小学生能阅读到优秀书刊。这次为进一步拓宽服务领域，经多次走访、协调，决定在石佛村建立图书室，他们精心挑选购买了 846 册新颖图书及 4 个实用书架，总价值达 2 万元，送至石佛村；麦积区图书馆赠送了新书 171 册，并于 7 月 24 日派 4 名业务骨干顶着盛夏酷热加工图书，培训管理人员，帮助建立了规章制度，经过 3 天加班加点的工作，使这批新书及时与广大农民朋友见面，并且投入流通使用。(祁自顺)

【甘肃省图书馆学会 2005 常务理事会议在省图书馆举行】 2006 年 1 月 5 日上午，甘肃省图书馆学会 2005 年度常务理事会议在省图书馆举行。会议由省图书馆学会常务副会长郭向东主持。会议讨论审议并原则通过了《甘肃省图书馆学会 2005 年工作总结》、《甘肃省图书馆学会 2006 年工作计划》、《甘肃省图书馆学会 2005 年财务工作报告》、《甘肃省图书馆学会关于成立若干分支机构的决议》、《甘肃省图书馆学会分支机构管理办法》等文件。会后，学会办公室根据各位常务理事的建议对上述文件做进一步的修改，以书面形式再次征求各位常务理事的意见，并以正式文件的形式下发到各理事和会员单位，希望这次各分支机构成立之后，尽快开展工作，为促进我省图书馆事业的发展而共同努力。(张毅宏)

【甘肃省图书馆对灵台县图书馆进行业务辅导】 2006 年 3 月 15 日至 24 日，省图书馆研究辅导部一行 2 人对灵台县图书馆进行了为期 10 天的业务重点辅导，在对该馆基础业务进行了全面的调查了解后，结合图书馆的实际情况，提出了整改方案。首先，调整了馆藏布局，设立了新书架；其次，规范图书馆业务流程，现场培训人员；再次，健全目录体系。重新整理排列了分类目录，并在此基础上增设了书名目录，基本达到了评估标准的要求。按照中图法(第四版)、中国文献编目规则的要求，结合 2004 年县级公共图书馆评估标准，以文化部、财政部 2004—2005 年"送书下乡工程"捐赠该馆的 2 700 余册图书为例，从图书的登录、加工、分类、著录、排列等各个方面，进行了认真系统的辅导，用了短短 10 天的时间完成了 2 700 册图书的分编、整理工作，该馆的工作人员也通过实际操作掌握了图书整理和分编的基础知识，具备了基本的业务工作能力。（张毅宏）

【甘肃省图书馆学会组织开展 2006 年"全民阅读活动"活动】 2006 年 4 月，根据中国图书馆学会《关于开展 2006 年全民阅读活动的通知》的要求，甘肃省图书馆学会及时转发通知，对活动作出安排和部署，在全省开展围绕贯彻、落实第十届全国人民代表大会第四次会议关于"全面落实科学发展观"、"建设社会主义新农村"以及"全面加强社会主义文化建设与和谐社会建设"指示精神的"全民阅读活动"，号召各会员和理事单位结合图书馆业务工作，联合社会力量，根据当地实际情况开展多种形式的读书活动。接到通知后，各单位纷纷行动走访，组织开展了形式多样、内容丰富的"全民阅读活动"；建立农村图书流通点，促进社会主义新农村建设。关注未成年人、关注弱势群体是今年活动的两个点。省图书馆学会利用工作通讯——《甘肃图书馆工作》对我省的"全民阅读活动"和"图书馆服务宣传周活动"作了集中的宣传报道，并将我省"全民阅读活动"开展的情况及时总结上报中国图书馆学会和省社科联。甘肃省图书馆学会由于组织工作出色，于

2004 年，2005 年连续两年被中国图书馆学会授予"全民阅读活动"最佳组织奖；兰州市图书馆被授予 2005 年度"全民阅读活动先进单位"。为了把"全民阅读活动"深入持久地开展下去，办出实效，甘肃省图书馆学会对在 2005 年度活动中工作出色的兰州市图书馆、白银市图书馆、麦积区图书馆、庆城县图书馆、陇东学院图书馆、陇南师专图书馆等 6 家理事和会员单位进行了表彰。（张毅宏）

【甘肃省图书馆学会第六次会员代表大会在兰州隆重举行】 2006 年 6 月 19 日，甘肃省图书馆学会第六次会员代表大会在兰州隆重召开，来自全省公共、高校、科研图书馆、工矿企业系统以及其他相关系统图书情报单位的 100 多名代表出席了大会。大会审议并通过了《甘肃省图书馆学会第五届理事会工作报告》、《甘肃省图书馆学会章程》，以及《甘肃省图书馆学会第五届理事会财务工作报告》、《甘肃省图书馆学会会员会费标准及管理办法》；原则通过了《甘肃省图书馆学会"十一五"期间工作规划》（建议稿）。

会议通过无记名投票方式选举产生了甘肃省图书馆学会

第六届理事会，于国刚等 79 人当选为第六届理事会理事。新一届理事会产生后立即召开了第六届理事会第一次会议，并选举产生了第六届常务理事会，马立淑等 27 人当选为常务理事。原甘肃省图书馆馆长潘寅生、中国科学院资源环境科学信息中心研究员孙成权当选为第六届理事会名誉会长；甘肃省图书馆馆长郭向东当选第六届理事会会长，兰州大学图书馆常务副馆长兼书记江志学、中国科学院资源环境科学信息中心主任张志强、西北师范大学图书馆馆长赵登明、甘肃农业大学图书馆馆长刘喜、西北民族大学图书馆馆长陈自仁、兰州大学管理学院副院长沙勇忠当选为副会长；甘肃省图书馆学会办公室董隽同志当选为第六届理事会秘书长。中国科学院资源环境科学信息中心业务处处长吴新年、兰州大学图书馆副馆长韩喜运、西北师范大学图书馆傅晔当选为副秘书长。同时，大会还表彰了 2005 年度全民阅读活动先进单位和甘肃省图书馆学会 2004—2006 年度优秀会员。这次代表大会是在实现"科学发展"、建设"和谐社会"的背景下召开的，甘肃省图书馆学会第六届理事会将会继续在繁荣学术研究、促进学术交流和人才培养等方面积极工作，特别是要继续加强全省图书馆自动化、网络化、数字化等方面的理论研究和实践探索，为构建"和谐社会"、"学习型社会"，为我省经济文化建设提供强有力的信息

保障。（张毅宏）

【甘肃省图书馆学会 2006 年学术年会在兰州举行】 2006 年 6 月 20 日，甘肃省图书馆学会 2006 年学术年会在兰州召开，来自全省各公共、高校、科研系统图书馆的 40 余人参加了会议。本次年会的主题是

"和谐社会与图书馆"。受甘肃省图书馆学会的邀请，中科院资源环境信息中心研究员孙成权在研讨交流之前作了题为《数字图书馆未来发展趋势》的学术报告。报告概述了数字图书馆发展历程，分析了我国数字图书馆建设中的问题，在大量事实和资料的基础上，展望了未来数字图书馆的发展趋势，在研讨交流中，与会代表分别就数字图书馆、网吧与电子阅览室的职能比较、如何在现有经费条件下改善图书馆硬件、软件环境以及图书馆基础工作、现代图书馆人才培养与利用、馆际协作等问题进行了深入探讨。本次年会提交论文 115 篇，非地县图书馆组一等奖获得者是：赵国忠；二等奖 10 篇获得者是：马春燕；肖志涛；陈军、石含芳；李征；赵娟、王惠敏；王凤娥；刘瑛；毛显祥；吴健君；李万梅。三等奖 17 篇，获得者是：秦文芳；张曼；易雪梅；赵

文慧；张莹；杨晓东；尹玉霞；高继明；穆冬谧；张晓萍、彭宝珍；韩葆青；芦帆；丁铃；唐雪梅；徐双定；李英；张雪莲；戴黎春。地县图书馆组一等奖空缺。二等奖 9 篇获得者分别是：宋天云；田德海；蒋立贡；牛微、查方；陈银芳；宋廷旺；周改珠；蒲莉；王维平。三等奖 18 篇获得者是：张月华；许丽芳；毛万强；刘惠芳；高进桂；倪天元；李晓岩；陈向东、郝海宁；张有寿、杨麦；张晓萍；张玲凤；张亚莉、王保玉；周文、刘维仁；李铁红；郁映辉；张晓萍；姜莉。（张毅宏）

【甘肃省图书馆学会组织推荐成果参加"甘肃省第十次社会科学优秀成果评奖"活动】 2006 年 6 月，甘肃省第十次社会科学优秀成果评奖工作全面展开，省图书馆学会按照《甘肃省第十次社会科学优秀成果奖评奖细则》的要求，及时转发有关通知，组织会员积极申报，截止 6 月 30 日，收到申报成果 10 项。其中 3 项著作，6 篇论文，1 本工具书。根据《细则》的有关规定，成立了由 5 名省内知名专家组成的初评小组，于 7 月 15 日召开了初评会，对申报成果逐项进行了评议和综合打分，按要求推荐 5 项成果上报省社科联参加复评。"甘肃省社会科学优秀成果评奖"是我省社会科学方面的最高奖，每两年评选一次，至今已连续举办了九届。甘肃省图书馆学会十分重视这项工作，组织会员，推荐成果，积极申报，在前九次成果评奖中，学会累计有 33 项

成果获奖，其中一等奖 1 项，二等奖 5 项，三等奖 23 项，佳作奖 4 项。（张毅宏）

【甘肃省图书馆学会与嘉峪关市图书馆联合举办业务培训班】 2006 年 6 月 26 日—7 月 1 日，由甘肃省图书馆学会和嘉峪关市图书馆联合举办的"图书馆基础知识业务暨图书馆员继续教育培训班"在嘉峪关市图书馆举行，开设了文献编目、期刊管理、中图法第四版、图书馆工作概论等课程，来自嘉峪关市图书馆、酒钢图书馆、嘉峪关一中图书馆、嘉峪关四中图书馆的 20 名学员参加了培训。培训班期间还对上述各馆在业务工作中存在的问题进行了现场辅导，这种将图书馆员基础业务知识培训班办在基层的方式，受到地县图书馆同行的好评。（张毅宏）

【"全省图书馆基础业务知识暨图书馆员继续教育培训班"在兰州举行】 2006 年 10 月 10 日—20 日，甘肃省图书馆学会在兰州举办了"全省图书馆基础业务知识暨图书馆员继续教育培训班"，开设了中国文献编目规则（第二版）、连续出版物管理、读者工作、中图法（第四版）等课程，来自全省高校、公共、科研院所图书馆的 54 人参加了培训。培训期间，还组织学员系统参观了省图书馆从采编到流通的各个业务环节，在增强专业知识的同时也增强了对图书馆实际工作的感性认识。（张毅宏）

【中国科学院国家科学图书馆兰州分馆2006年度工作取得新进展】 2006年是中国科学院知识创新工程进入三期的第一年，也是中国科学院国家科学图书馆组建、以新的体制机制运行的第一年。在这一年里，在国家科学图书馆理事会领导下，按照国家科学图书馆统一规划与工作部署，中国科学院国家科学图书馆兰州分馆认真落实院党组改革决定，稳步推进体制机制改革、着力进行业务布局调整、狠抓各项工作措施的落实，各项事业都取得了显著的发展。

一、明确三期创新发展的思路

自中科院文献情报系统整合组建为中科院国家科学图书馆以后，面对新的体制机制和中科院三期创新发展形势，兰州分馆领导班子及时组织开展战略研究，提出了兰州分馆创新三期的发展战略，即："一个目标、两个中心、三个机制、四条思路、五项措施"。"一个目标"就是建立起有效服务"三个基地四个一流一个思想库"的现代文献情报服务体系。"两个中心"就是建立现代科技信息服务中心和资源环境科学战略情报研究中心。"三个机制"是建立有效融入知识创新活动的学科化知识化信息服务机制；建立有效服务科学决策的资源环境科学战略情报研究机制；建立促进知识化信息服务和战略情报研究的信息技术开发与应用机制。"四条思路"是突出特色，强化优势，提升能力，拓展领域。

二、推进体制机制改革

根据《中国科学院文献情报系统中长期发展规划》和《中国科学院国家科学图书馆组建方案》的要求，按时完成了业务结构调整和部门设置，并对不同的业务类型推进了分类管理。主要包括对地球科学进展杂志社实行了运行机制的市场化改革，对后勤服务和物业管理实行了社会化运行改革，对部分业务与服务岗位推行了成本核算管理。

三、圆满完成创新三期岗位设置和聘任工作

根据国家科学图书馆创新三期岗位聘任工作的统一部署安排，按要求圆满完成了创新三期岗位的设置与聘任工作。为更好地落实国家科学图书馆的各项业务规划，创新岗位设置重点向学科化信息服务和战略情报研究业务领域倾斜，加强了学科化信息服务队伍和战略情报研究队伍建设。

四、推进面向科研一线和决策需求的重点业务工作

全面启动了面向科研创新一线的学科化信息服务，进一步加强了面向院高层战略规划与决策、面向院科技创新基地的战略情报研究与服务工作等重点业务工作，取得了很好的成效。

1. 面向科学决策需求加强战略情报研究工作

结合业务结构调整和岗位设计，完成了战略情报研究团队的建设，组建了生态与环境战略情报研究团队、资源与海洋战略情报研究团队、区域发展战略情报研究团队、全球环境变化情报研究团队，使战略情报研究团队的研究方向、任务更加明确，通过情报研究的岗位培训，团队能力也得到了及时的提升。

战略情报研究与服务，主要集中于面向院领导、科技创新基地、业务局决策的战略情报需求开展，同时，还开展面向国家相关科技部委和地方的战略情报研究。

（1）重点开展面向院内的战略情报研究

积极参加中国科学院规划战略局部署的三大宏观战略研究课题（"国家创新体系各单元发展态势分析"、"国际科研机构发展态势分析"、"重要国际组织关注的科技与发展问题"）的部分调研任务，并承担完成了其他有关常规项目的工作任务。

积极主动地与生态与环境、资源与海洋科技创新基地建立密切联系，了解基地的发展战略和方向及其情报需求，为基地做好战略情报服务，先后接受院资环局委托任务"中印资源环境领域科技合作现状调研"、"Nature与Science地球科学论文统计分析"、"和谐社会建设与资源环境科技创新"等情报调研任务，有效保障了院领导和创新基地决策的战略情报需求。面向院生态与环境、资源与海洋科技创新基地，提供了大量最新的资源环境科学发展信息，得到了中科院领导和相关人员的肯定。

积极主动地与资源环境类研究所建立密切的联系，为研究所的发展规划开展情报研究工作，如为新成立的烟台海岸带可持续发展研究所提供了《海岸带及其可持续发展研究分析报告——烟台海岸带可持续发展研究所 2006—2020 发展规划的参考资料》。

将承担的《科学研究动态监测快报——资源环境科学专辑》和《科学研究动态监测快报——地球科学专辑》作为重要基础情报工作来抓，编辑出版质量不断提高，全年共编发 30 期，《快报》上编发的文章被《科学新闻》周刊全文转载 19 篇，《快报》的有关内容报道得到院领导和院资环局、院经济社会可持续发展相关研究所领导和科研人员的充分肯定与好评。

（2）积极开展面向国家相关科技部委的战略情报研究

积极开展面向国家自然科学基金委、中国气象局等国家相关科技部委的战略情报研究服务，相关工作取得了显著的成绩。其中一名同志被聘为国家自然科学基金委员会地球科学部第三届专家咨询组秘书组成员，作为核心人员承担了国家自然科学基金委员会地球科学部"地球科学'十一五'发展战略研究"项目，参与撰写并公开出版了《地球科学"十一五"发展战略》报告；承担了国家自然科学基金委学部主任基金项目"中国与国际地球科学发展现状比较与资助战略分析"和"国外科学基金地球科学学科资助规律研究"，完成并公开出版了著作《国际科学基金地球科学资助战略分析与我国比较研究》，上述研究成果在国家自然科学基金委员会党组"筹划未来的战略研究"汇报会上汇报，得到了基金委领导和地球科学部领导的肯定，起到了重要的决策咨询作用。受中国气象局科技司委托，完成了对美国大气海洋科学发展规划与战略的调研，完成了《NOAA 战略规划报告汇编》研究报告，为中国气象局制定"十一五"规划起到了及时的、直接的咨询作用。

（3）发挥优势开展面向地方的区域发展规划研究

发挥资源环境科学领域情报研究的积累优势，积极开展面向地方的区域发展战略和规划研究工作，取得了显著的成绩。先后承担完成了甘肃省中长期科技发展规划专题"甘肃水资源及生态环境和循环经济发展的科技问题研究"、"金昌市中长期科学技术发展规划研究"、"乌海市乌达区中长期工业发展规划研究"等项目，完成了研究报告《甘肃水资源及生态环境和循环经济发展的科技问题研究》、《金昌市中长期科学技术发展规划（2006—2020年）》、《乌海市乌达区中长期工业发展规划》。相关研究成果和对策建议被《甘肃省中长期科学和技术发展规划纲要（2006—2020 年）》等采纳。

2. 面向科研一线推进学科化信息服务工作

（1）全面启动面向西北地区三个分院所属研究所的学科化信息服务

根据国家科学图书馆的统筹规划和安排部署，及时推进面向科研一线的学科化信息服务工作，并取得了很好的效果。聘任了 8 位学科馆员，通过集中培训和分工，下半年全面启动了中科院兰州、西安、新疆三个分院所属 12 个研究所和 1 个天文站的资源环境、化学化工、核科学、光学与天文学等领域的学科化信息咨询与服务工作，与相关研究所的图书馆建立了密切的合作机制，与所负责的研究所相关部门及重点服务对象建立了沟通与联系机制，为今后的学科信息服务的深化打下了良好的基础。

（2）开展针对性的学科化信息服务工作

为兰州化物所薛群基院士向甘肃省委理论中心学习组做的专题报告《发展甘肃高技术产业的若干思考》准备资料和演示文稿；与新疆生态地理所图书馆合作，完成了新疆生态地理所委托的关于生物多样性研究进展与发展趋势的调研，提供了有关生物多样性研究的高被引论文、热门论文、研究前沿等，提交了《生物多样性研究的文献计量分析》报告；为寒旱所"内陆河流域生态－水文过程观测与研究"项目提供了前期文献调研工作，共提供文摘 5000 余篇，原文 130 余篇；为西安光机所、国家授时中心、乌鲁木齐天文站提供原文传递、专题检索达 80 余人次；为近物所科研人员提供原文传递达 670 余篇；为西北高原生物所生态中心提供了 22 个主题的 ISI 数据,1600 余条题录;为兰州油气资源中心提供有关油气资源研究的相关文献全文 60 余篇;为青海盐湖所、新疆理化所提供专题信息服务,提供文献题录 1100 余篇,提供全文 700 余篇;为水土保持所提供本所研究人员发表的论文全文、相关国际会议信息报道、SCI 农业期刊影响因子、国外核心期刊刊名缩写与全称对照等。

3. 面向用户需求积极开展信息技术应用和系统开发工作,完成了"中国西部环境与生态科学知识积累平台"(国家自然科学基金重点项目中国西部环境与生态科学数据中心子项目之一)的年度研究和建设任务,完成了兰州市科技发展计划项目"兰州三农科技信息门户系统"的研究和建设并顺利通过兰州市科技局组织的评审验收。

五、提高科技期刊影响力

经过努力,各刊物编校质量都有明显提高,刊物的影响力不断提升。其中,《地球科学进展》(月刊)的影响因子由上年的 1.206 提高到 1.245,《天然气地球科学》(双月刊)的影响因子由上年的 1.023 提高到 1.573。《遥感技术与应用》经费较上年增加 13%;《天然气地球科学》经费较上年增加 5.6%。

六、创新文化建设和行政后勤工作跨越发展

以建设"文化先进、制度完备,安全到位、管理规范,工作有序、服务高效,团结友爱、团队合作,文明诚信、事业发展"的和谐单位为指导思想推进创新文化建设,在分馆范围内形成了适应新形势、新环境的创新服务、和谐发展的良好氛围。

适应需求加大职工业务培训力度,先后组织员工参加了第 72 届 IFLA 会议、美国数字图书馆考察、学科馆员培训班、战略情报研究培训班、中美数字图书馆信息系统研修班、国际国内相关学术会议,较好提升了业务人员适应创新性业务工作的能力。全年公开出版著作 2 部、译著 2 部,合作出版译著 1 部,公开发表学术论文 55 篇,提交研究报告 30 多篇,院专报信息 5 份。

新办公大楼各项建安工程竣工验收并正式启用,使本馆工作、服务环境大大改善。(金颐)

【兰州大学图书馆举办"计算机文献检索及信息资源综合利用"培训讲座】 2006 年 2 月 23 日下午,兰州大学图书馆在图书馆本部多媒体报告厅举办了"计算机文献检索及信息资源利用"培训讲座,主讲人为兰州大学查新中心董翔。讲座内容包括计算机文献检索的基本知识、从信息资源查询及获取途径角度谈综合利用信息进行科学研究。100 余名兰州大学图书馆业务工作人员人参加了此次讲座。(金颐)

【青海省科技厅副厅长一行参观考察中国科学院资源环境科学信息中心】 2006 年 2 月 26 日上午,青海省科技厅副厅长邢小方一行 3 人在中国科学院兰州分院院长助理姬贵林陪同下来到中国科学院资源环境科学信息中心进行参观考察。

中国科学院资源环境科学信息中心党委副书记、副主任王彦东向考察人员介绍了本中心基本情况,业务处长吴新年介绍了文献信息服务和区域科技合作工作的进展,双方围绕如何发挥中心科技信息资源和人才队伍优势,加强青海省科技信息服务、合作建设青海省科技文献平台等方面问题进行了交流座谈。参加座谈的还有中国科学院资源环境科学信息中心信息服务部、办公室等有关部门的负责同志。(金颐)

【中国科学院资源环境科学信息中心信息服务部获甘肃省教科文卫工会表彰】 2006 年 3 月 6 日,甘肃省教科文卫工会表彰了一批在教科文卫体系统中工作,立足本职、爱岗敬业、开拓创新、积极进取,用自己的辛勤劳动和聪明才智,为促进全省教育、科研、文化、卫生、体育事业的蓬勃发展做出了积极贡献的女职工先进集体和优秀个人。中国科学院资源环境科学信息中心信息服务部工会女职工委员会获"先进女职工集体"荣誉称号。(金颐)

【中国科学院广州天然气水合物研究中心领导和专家参观访问中国科学院资源环境科学信息中心】 2006 年 3 月 6

日，中国科学院广州分院副院长兼中国科学院广州天然气水合物研究中心主任黄宁生、首席科学家樊栓狮、首席研究员陈多福等一行 6 人参观访问了中国科学院资源环境科学信息中心。

中国科学院资源环境科学信息中心主任孙成权和副主任张志强在座谈会上介绍了中心创新发展情况、特色信息资源建设、知识化信息服务以及战略情报研究工作，专门介绍了《天然气水合物信息网》网站和《天然气地球科学》（双月刊）发展和运行情况。黄宁生主任也介绍了中国科学院广州天然气水合物研究中心的组织结构、运行机制、2004 年成立以来在天然气水合物研究方面取得的成绩和下一步工作目标和重点。

双方就联合办好《天然气水合物信息网》网站和《天然气地球科学》（双月刊）事宜进行了讨论。

黄宁生主任一行同时对兰州有关研究所就天然气水合物的合作研究进行了调研。在中国科学院兰州分院副院长杨生荣研究员等陪同下，黄宁生主任一行与中国科学院寒区旱区环境与工程研究所冻土工程国家重点实验室的冻土专家马巍、吴青柏等就我国天然气水合物研究现状、青藏高原羌塘盆地多年冻土区天然气水合物存在前景进行了座谈，并讨论了合作开展我国冻土区天然气水合物研究问题。樊栓狮、陈多福还到中国科学院地质与地球物理研究所兰州油气研究中心与有关油气地质专家进行了座谈。（金颐）

【中国科学院资源环境科学信息中心作为国家科学图书馆兰州分馆揭牌】 在中国科学院知识创新工程进入三期之际，为了优化全院文献情报资源配置、加强一线信息服务、整体对接国家平台，中国科学院党组决定整合院级文献情报机构，将中科院文献情报中心、资源环境科学信息中心、成都文献情报中心、武汉文献情报中心整合组建为中国科学院国家科学图书馆。

2006 年 3 月 18 日，新组建的中国科学院国家科学图书馆揭牌仪式在北京举行，全国人大常委会副委员长、中国科学院院长路甬祥出席了揭牌仪式，并为中国科学院国家科学图书馆揭牌。

中国科学院资源环境科学信息中心作为国家科学图书馆兰州分馆，与成都、武汉分馆一起通过视频方式同时举行了揭牌仪式。兰州分院院长程国栋出席会议并与省科技厅副厅长陈继为兰州分馆揭牌。中科院兰州分院党组书记王学定、副院长杨生荣、省图书馆馆长郭向东和省科技厅、文化厅、省图书馆等有关部门的领导，兰州分院各所（中心）领导和图书情报室负责人，兰州分馆职工、研究生、离退休职工代表 100 余人参加了揭牌仪式。

国家科学图书馆兰州分馆馆长张志强主持了兰州分馆的揭牌仪式，并通过视频发言。他代表国家科学图书馆兰州分馆全体职工，衷心感谢院党组、院领导以及社会各界对分馆工作的肯定、关心和支持。他说，将中科院院级文献情报机构整合组建为中科院国家科学图书馆，是院党组为适应文献情报信息服务数字化、网络化、知识化的新形势要求，贯彻落实全国科学技术大会、国家中长期科学和技术发展规划纲要精神，配合国家科技文献平台建设，增强文献情报对科技创新的支撑能力和服务水平而作出的重大决定，是中科院知识创新工程三期文献情报系统改革与发展的重大举措，必将对本院文献情报事业的发展产生重大而深远的影响。他表示兰州分馆将以建设国际一流、国内领先的科技文献情报服务环境为目标，以有效满足科技创新的信息需求为根本追求，认清形势、转变理念，明确定位、强化使命，提升能力、创新模式，深化服务、争创一流，为中科院国家科学图书馆的发展、为有效支撑科技创新作出应有的贡献。（金颐）

【西北民族大学 2006 年图书情报委员会会议】 2006 年 3 月 24 日，西北民族大学 2006 年图书情报委员会会议召开。来自各学院和图书馆的 26 名委员参加了会议。会议邀请了西北民族大学人事处、财务处、国资处、迎评促建办公室负责人参加。校长金雅声出席了会议。会议由西北民族大学图书情报委员会主任委员、副校长郭郁烈主持。

西北民族大学图书馆馆长陈自仁首先在会上作了2005年图书情报工作总结，依据2007年教育部对西北民族大学本科教学水平的评估要求，结合本校图书工作的实际情况，陈馆长提出了六大工作要点：一，加强文献资源建设，力争纸质文献总藏量突破100万册，增加期刊订购种类，回溯订购清华同方系列数据库、万方博硕士学位论文所有数据库，新订两种以上外文数据库。同时加强理工科数据库的订购力度，续订各种数据库新增数据。二，加强榆中校区图书馆的建设，继续充实榆中校区图书馆文献馆藏量，进一步创新服务模式，拓宽服务领域，提高服务质量，为大规模的文献搬迁工作做好各项前期准备。三，开展"读者至上、服务第一"的教育活动，进一步更新观念，提高服务水平，编写读者培训教材，开展参考咨询、文献传递等知识信息服务，并创造条件在全校分三个层次开展文献检索课程。四，继续制定和完善各项规章制度。五，加强队伍建设，加大力度引进文献学、图书情报学、计算机、外语等专业的高学历人才，全面提高图书馆职工队伍整体素质，开展业务培训工作。六，积极开展科学研究工作。

会上，金雅声校长充分肯定了图书馆一年来在文献资源建设、管理与读者服务等方面取得的成绩。他高度赞扬了榆中校区图书馆的工作。金校长

从2007年教育部本科教学水平评估标准的角度出发，对图书馆今后的文献信息资源建设提出了具体的工作意见。他指出，第一，图书馆今后要继续加大纸质图书的购置工作力度，学校尽可能地保证图书经费；第二，要进一步加强图书情报专业技术人员队伍的建设，同时要完善服务人员的聘用机制；第三，根据评估要求，改革资料室管理体制，将资料室划入图书馆，院部在保证每周开放时间达到70个小时的条件下，可继续保留资料室；第四，学校要加强安全监控工作，建立全方位的监控系统，保证图书馆文献资料的安全，尤其是要加强对馆内收藏珍本与善本的保护；第五，要严格执行学校关于文献资料借阅的归还、赔偿等规定。

与会人员审议通过了《西北民族大学图书馆文献采购规程》以及《图书馆关于催还图书的紧急通知》，并围绕院部资料室管理体制改革的问题展开了讨论，大家一致通过了资料室管理体制改革的方案，针对图书馆今后的发展，委员们提出了许多建设性的意见和建议。

郭郁烈副校长在会议结束时作了总结性的发言，他赞同图书馆提出的有"为"才能有"位"、思路决定出路的工作方法，对图书馆的工作给予高度的评价。他说，图书馆要进一步认清形势，总结经验，寻找差距，提高对信息时代和知识经济条件下，满足素质教育及公民终身学习要求的开放化、数

字化和现代化图书馆建设的认识，完善管理措施，健全规章制度，明确岗位责任，全力创建高度文明的图书馆。他希望大家都能以这次会议为契机，百尺竿头，更进一步，努力使西北民族大学顺利通过2007年本科教学评估，并创建西北地区一流的民族高校图书馆。（金颐）

【中科院国家科学图书馆兰州分馆传达中科院2006年度工作会议和党风廉政建设工作会议精神】 2006年3月27日，国家科学图书馆兰州分馆召开职工大会，传达贯彻中科院2006年度工作会议和党风廉政建设工作会议精神，通报国家科学图书馆第一次馆务会议主要内容，安排部署近期工作。

张志强馆长以"建立有效服务'三个基地四个一流一个思想库'的文献情报服务体系"为题，传达了2006年院工作会议精神。他说，这次工作会议，是鼓干劲、谋发展的大会，会议印发的《中国科学院章程》《中国科学院中长期发展规划纲要（2006—2020年）》等重要文件，进一步明确了中科院的未来发展目标，确定了三期创新的主要任务，创新的形势喜人又逼人，催人奋进，要认清发展大势，找准定位，立足本职，积极主动地服务创新、参与创新，为建立有效服务"三个基地"、"四个一流"、"一个思想库"的文献情报服务体系做出应有的贡献。

张志强还传达了李静海副院长在国家科学图书馆（筹）第

一次馆务会议上的讲话精神，通报了国家科学图书馆领导的分工和近期工作安排，并就兰州分馆的近期工作提出了要求。

兰州分馆党委书记王彦东主持会议，并传达了3月19日召开的院党风廉政建设工作会议精神。他说，我们要深刻认识科技创新改革发展中党风廉政建设的重要性和必要性，增强使命感和责任感，切实加强党的建设和党风廉政建设工作，为文献情报系统改革和建设一流国家科学图书馆、服务科技创新提供政治、思想、组织和作风保障。王彦东联系兰州分馆的实际，提出了今年的三项主要工作任务：第一，认真学习党的十六届五中全会、中纪委六次全会、国务院第四次廉政工作会议和院党风廉政建设会议精神，开展学习贯彻党章的活动，加强党的建设；第二，以提高领导、参与、组织科技创新的能力为重点，加强领导班子、领导干部的素质和能力建设；第三，贯彻标本兼治、综合治理、惩防并举、注重预防的方针，抓好党委《关于贯彻落实〈建立健全教育、制度、监督并重的惩治和预防腐败体系实施纲要〉的实施意见》的落实，根据国家科学图书馆的建设情况，规范业务、管理流程，修订完善规章制度，推动单位的改革、创新和发展。王彦东书记要求各部门和党支部在4月10日前集中一段时间，认真组织好学习讨论，深入领会院工作会议和党风廉政建设工作会议

精神，认真贯彻落实院领导关于文献情报工作的指示、院文献情报系统中长期发展规划纲要、国家科学图书馆组建方案的精神，落实好近期的工作任务，搞好创新三期开局之年的工作。（金颐）

【国家科学图书馆常务副馆长和党委书记调研指导兰州分馆工作】 2006年4月4日—5日，中科院国家科学图书馆常务副馆长张晓林和党委书记兼副馆长沈颖来到国家科学图书馆兰州分馆调研指导工作。

4月4日，兰州分馆召开职工大会，张晓林常务副馆长、沈颖书记分别向兰州分馆全体职工工作了题为《为科技自主创新打造一流的文献情报服务能力》和《深化改革，迎接挑战》的报告。

张晓林常务副馆长的报告从发展形势与改革目标、发展布局与改革战略、发展挑战与改革任务等三个方面，分析了文献情报服务模式的发展变革、中科院文献情报工作所面临的形势与任务，全面介绍了中科院文献情报系统发展规划、国家科学图书馆的总体发展目标、业务布局、发展措施和重点工作任务，同时提出了国家科学图书馆2006年的工作计划。沈颖书记在报告中从国际国内发展的背景、当前面临的形势与挑战、战略选择、目标确立、价值取向和发展要求等方面阐述了中科院文献情报系统进行体制改革的必要性和迫

切性。

兰州分馆馆长张志强主持了报告会。在报告会之前，宣布了中科院关于国家科学图书馆暨兰州分馆领导班子的任命文件。张晓林同志在讲话中对兰州分馆过去的工作给予了充分的肯定，对今后的工作提出了明确要求。他说，兰州分馆从1955年组建以来，在过去50多年中，为中国科学院的科技创新、国家的科技创新和发展做出了重要的贡献，已经成为中科院资源环境领域科技信息服务和战略情报研究方面的主力军，成为全院文献情报系统的核心发展力量。他希望新一届领导班子在今后的工作中，紧紧依靠全体职工，在国家科学图书馆和兰州分院的领导下，努力工作，积极进取，把兰州分馆的各项工作做得更好，为我院三期创新的信息服务和战略研究作出新的贡献。

在兰期间，两位馆领导与兰州分馆的部分业务骨干和中层干部进行了谈话，了解大家对单位发展的想法和意见与建议，拜会了兰州分院领导和中科院驻兰各所的领导。（金颐）

【兰州大学图书馆举办"科技查新"讲座】 为了增进兰州大学全校教师、研究生及科研人员对查新工作的了解，更好地为读者服务，兰州大学"科技查新"讲座于2006年3月3日在兰州大学图书馆本部多媒体报告厅举办，由兰州大学查新中心刘勐主讲。讲座较为详细地介绍了我国科技查新的起源

和发展、兰州大学科技咨询与成果查新中心的服务内容、服务对象、查新程序、收费情况等。约有30余人听取了此次讲座。（金颐）

【国家科学图书馆兰州分馆开展提升信息服务能力大讨论活动】 为全面贯彻落实文献情报系统改革措施，深刻领会院领导的讲话精神和指示，按照国家科学图书馆2006年工作计划要求，兰州分馆开展了提升信息服务能力大讨论的工作。

2006年4月6日—7日，兰州分馆召开了跨部门的提升信息服务能力大讨论。兰州分馆馆长张志强、书记王彦东全程参加了讨论会，大家就信息服务面临的形势与挑战、信息服务的现状与问题、提升信息服务能力的对策建议等展开了热烈讨论，达成了共识。讨论会对文献情报工作面临的形势进行了全面分析，提出目前在信息服务能力方面存在的主要问题与不足具体表现在：

1. 对服务对象群的信息需求变化特点缺乏敏锐的判断力，跟踪分析不够。

2. 对信息资源发展变化趋势研究不透，更多地关注了常规信息资源，对信息资源的变化趋势缺乏关注，对一些难得文献没有有效地保障机制。

3. 对资源的集成化揭示不够，尤其是针对学科化信息服务的资源集成组织工作还有待进一步加强。

4. 深入科研一线的学科化信息服务开展得不够深入和经常化，与科研人员互动不够，服务馆员与科研人员之间没有建立起有效的信息沟通渠道与方式。

5. 对服务用户群的特点研究不够，对相关研究所的学科定位与发展布局、科研状况等缺乏深入的了解和把握，影响了服务的针对性和有效性。

6. 个性化特色化信息服务不够深入，服务力量配备不足。

7. 在队伍规模减小的情况下，人员力量部署过于分散，核心竞争力不足。

8. 对读者和用户的资源与服务宣传、信息利用培训等工作还有待加强。

9. 服务方式方法单调，不能因读者而异。

10. 馆员知识结构和业务素质不能很好地适应知识化信息服务的新要求。

针对兰州分馆信息服务中存在的问题，大家献计献策，提出了一系列提升信服务能力的具体措施：

1. 建立研究所信息服务学科馆员制度。长期组织开展信息需求调查，及时把握需求发展动向、特点；及时了解科学家对服务方式的需求，并及时制定出响应策略；调查研究科学家需求的新资源，判断现有资源的满足率，建立相应的资源服务保障机制。

2. 加强信息资源需求分析与调查，除了做好常规资源的有效保障之外，尤其要重视那些科研创新需求的难得资源的调查了解，及时建立有效的提供渠道与机制，充分发挥信息人员的专业优势，帮助解决科研人员的信息需求。

3. 建立学科信息服务馆员与科研人员良好互动机制，进一步加强面向科研一线的学科化信息服务。探索建议学科馆员与科研用户良好的互动机制，及时沟通信息，使信息服务工作融入科研，真正成为科研创新工作的助手和参谋。

4. 积极关注服务对象研究所科研创新动态，以学科化信息服务为窗口，及时把握相关研究所的发展战略、发展定位、发展目标、学科布局和科研状况。及时了解相关研究室、实验室的学科与科研重点，为重大、重点项目提供跟踪服务。及时收集和了解科研用户的需求信息，为科研工作提供跟踪服务。

5. 建立研究所信息服务专门小组或团队。在已经开展的个性化特色化信息服务的基础上，总结经验，研究差距，制定有效的应对策略，有力地推进相关服务工作。要建立起信息资源建设人员、信息技术人员、情报研究人员和学科馆员密切协作的机制，优化力量组合，形成强势的学科化信息服务能力，切实保证提供符合科研人员要求、令科研用户满意的学科信息服务。

6. 通过研究所信息服务小组或团队，建立长期稳定的资源与服务推介及用户培训机制，继续加强研究生的培训外，强化对一线科研骨干的宣传与培训工作，提升科研用户一般信息需求的自助服务能力，有效满足一线用户的信息需求。

7. 探讨和推行适合服务对象特点的形式多样的服务模式，针对不同用户，开展形式多样的服务。要加强学科馆员综合素质与能力的培养，提高沟通技巧，与科研人员建立良好的服务与被服务的关系。

8. 加强信息服务人员能力建设。切实加强馆员继续教育与培训，同时开拓新的人才队伍建设机制，有效地改善队伍的知识结构和能力结构。

9. 建立与研究所图书馆工作人员的协同工作机制。加强与研究所图书馆的合作，协同做好科研一线的学科信息服务工作。

通过这次讨论，对兰州分馆信息服务人员认清形势、转变观念、明确措施、深化服务，将起到了积极的作用。（金颐）

【兰州大学榆中校区图书馆召开读者座谈会】 为了加强与读者的沟通，建立良好的交流和沟通机制，改善和提高图书馆的服务和管理水平，兰州大学图书馆在兰州大学校团委的支持和协助下，于2006年4月13日下午在兰州大学榆中校区召开读者在座谈会。来自兰州大学各学院的40余名读者代表与兰州大学图书馆业务领导及有关工作人员十余人参加了此次座谈。

座谈会上，兰州大学图书馆方面首先介绍说明了召开座谈会的主要目的、榆中校区图书馆的建设定位和总体运行情

况、特色服务项目内容，并通报了2005年读者调查结果。座谈会上气氛热烈，读者发言踊跃，着重对图书馆自习座位、书包柜管理、文献资源建设等问题提出了建议和意见。图书馆方面针对提出的问题一一作出了回答，表示今后将进一步改进服务工作，深度加强与读者的交流，与读者共建一个文献资料获取方便、内部环境舒适优雅、关系和谐的图书馆。（金颐）

【兰州大学图书馆邀请 Thomson Scientific 培训专员举办 SCI 使用讲座】 2006年4月27日下午6点30分，兰州大学图书馆邀请 Thomson Scientific 培训专员石翡女士举办了题为"一流的科学需要一流的科学信息"的 SCI（Science Citation Index 科学引文索引）使用讲座。近200名读者听取了讲座。讲座内容包括：Web of Knowledge 平台新功能介绍；SCI 的选刊标准及收录情况介绍；利用 Web of Science 数据库选择研究课题；利用 Web of Science 促进科学研究发展。（金颐）

【甘肃省数字图书馆建设与应用研讨会召开】 2006年4月25日，甘肃省数字图书馆建设与应用研讨会在兰州大学图书馆召开。此次研讨会由北京北大方正电子有限公司主办，甘肃省内部分高校图书馆、公共图书馆馆长及相关技术人员40余人参加了研讨会。研讨会首先由兰州大学图书馆副馆

长韩喜运致辞并发表了讲话，北京北大方正电子有限公司技术人员围绕"数字图书馆建设与应用"展开论述并对公司开发的相关数字产品进行了介绍，兰州大学图书馆副馆长陆为国就目前兰州大学数字图书馆建设及数字产品采购的思路进行了介绍。研讨会期间，各参会人员之间就数字图书馆建设的认识及未来数字图书馆的建设思路进行了深入的交流。（金颐）

【《乌达区"十一五"及中长期工业发展规划》通过专家咨询验收】 2006年4月28日，由乌达区政府主持，对中国科学院国家科学图书馆兰州分馆（中国科学院资源环境科学信息中心）承担的院地合作项目《乌达区"十一五"及中长期工业发展规划》进行了专家咨询和验收。

《乌达区"十一五"及中长期工业发展规划》是在中国科学院国家科学图书馆兰州分馆与乌海市建立科技合作关系后第一个专题研究项目。项目课题组成员经过8个多月的研究，完成了《乌达区中长期工业发展规划纲要（2006—2020）》、《乌达区工业结构布局调整中长期规划（2006—2020）》、《乌达区循环经济发展战略与对策》三个报告以及近8万字的附件参考资料。

中国科学院兰州分院副院长王学定、兰州大学经济学院教授郭爱军、兰州分馆研究员张志强、乌海市政府副市长李

斌、乌海市经委主任郭金伯等专家组成员以及乌海市科技局、乌达区政府和相关局领导参加了会议并对研究成果进行了讨论。

与会专家和领导对项目研究成果给予了充分肯定，认为该研究成果对乌达区政府领导决策具有重要参考价值，专家组形成了专家意见并建议通过验收。项目下达单位在听取了课题组的汇报以及专家组的意见后决定原则通过项目验收。（金颐）

【中国科学院国家图书馆兰州分馆召开三期创新岗位聘任动员大会】 2006 年 4 月 30 日，中国科学院国家图书馆兰州分馆召开全体职工三期创新岗位聘任工作动员大会，安排部署岗位聘任工作。中科院国家科学图书馆副馆长、兰州分馆馆长张志强传达了《国家科学图书馆岗位聘任办法》、《国家科学图书馆正高级岗位聘任要求》、《国家科学图书馆创新岗位设置》等文件精神，并详细介绍了兰州分馆创新岗位设置及具体要求。张志强指出，这次岗位聘任是我院进入三期创新工程和国家科学图书馆正式组建后的首次岗位聘任，对于国家科学图书馆的三期创新和未来发展具有十分重要的意义。全体职工要认真学习贯彻院党组关于我院文献情报系统改革的决定精神和院领导关于文献情报系统改革发展的讲话精神，积极参与竞聘工作。通过新一轮创新岗位聘任，贯彻落实院领导讲话精神和国家科学图书馆三期创新方案，体现兰州分馆三期创新发展目标，完善业务结构布局和人事管理机制，强化队伍建设，鼓励和培养优秀人才，充分调动全体职工的积极性，为国家科学图书馆暨兰州分馆三期创新和未来发展奠定坚实的基础。兰州分馆党委书记王彦东主持动员大会，并针对此次岗位聘任工作提出要求。（金颐）

【中纪委驻中科院纪检组组长王庭大检查指导国家科学图书馆兰州分馆工作】 2006 年 5 月 15 日下午，中纪委驻中科院纪检组组长、院党组成员王庭大，在兰州分院党组书记王学定、副书记王芝兰、院监审局副局长李晓光等的陪同下，到国家科学图书馆兰州分馆检查指导工作，并参观了书库和阅览室。

在听取了兰州分馆党委书记王彦东关于分馆基本情况、三期创新目标任务和贯彻院党风廉政工作会议情况的汇报后，王庭大充分肯定了兰州分馆贯彻院党风廉政建设会议精神的工作。他在讲话中首先指出要学习贯彻好党章。学习贯彻党章不是一句空话，要认真理解胡锦涛总书记在中纪委全会上的讲话精神。第二，抓好领导班子建设。"火车跑得快，全靠车头带。"领导班子好了，单位才能朝气蓬勃，才能带领大家搞好创新。第三，惩防体系建设，重点是关口前移，预防为主，抓制度和教育，保护科学家和管理干部。亡羊补牢也必要，但关键是要事先预防，不出问题。这项工作既是党委的责任，也是行政领导班子的责任，要共同做好，为实现"四个一流"、为三期创新保驾护航。（金颐）

【"校园共享书计划"暨毕业生捐赠图书活动】 兰州大学图书馆联合兰州大学资源环境学院于 2006 年 5 月 20 日—6 月 30 日期间共同举办了"校园共享书计划"暨毕业生捐赠图书活动。参与"校园共享书计划"的在校学生可以凭"共享卡"共享捐赠图书，也可以用自己的书到图书馆交换捐赠图书。本次活动各捐赠点所收图书全部收藏在兰州大学榆中校区图书馆"捐赠图书阅览室"，并向全校师生开放。为了充分发挥这些捐赠图书的作用，部分捐赠图书用来转赠给贫困地区的在校学生。兰州大学图书馆联合兰州大学资源环境学院向每一位捐赠者赠送了纪念书签，并在捐赠图书登记造册后，在兰州大学图书馆主页设立了捐赠榜，公布捐赠人名单及赠书处理结果。此次活动捐赠图书具有保存和阅览价值，受到了全校师生的欢迎和一致好评。（金颐）

【拉美 12 个国家青年外交官参观兰州大学榆中校区图书馆】 2006 年 5 月 29 日下午，来自秘鲁、哥伦比亚、乌拉圭、玻利维亚、厄瓜多尔、阿根廷、巴西、智利、古巴、巴拿马、多米尼亚、委内瑞拉等 12 个拉美国家的 20 名青年外交官在外交部前驻秘鲁大使麦国彦的陪同下访问兰州大学。兰州大学副校长杨恕和兰州大学外事处随行人员陪同代表团参观了兰州大学榆中校区图书馆。杨校长向各位外交官介绍了兰州大学图书馆的概况，宾主双方就兰州大学中外图书资料交换等问题进行了交流。（金颐）

【南开大学图书馆考察团参观考察兰州大学图书馆】
2006 年 5 月 31 日，南开大学图书馆副馆长李广生带领考察团一行 7 人参观考察兰州大学图书馆。兰州大学图书馆对考察团的到访表示热烈欢迎，并召开了座谈会。兰州大学图书馆各部室主任参加了座谈会，他们通过演示幻灯片、赠送资料等形式，向考察团介绍了本馆的发展历程与基本现状、文献资源管理、读者服务、信息采集等各项工作情况。考察团也在座谈会上介绍了南开大学图书馆的概况。双方就文献采购、网上预约服务等业务问题进行了交流。（金颐）

【西北民族大学榆中校区图书库扩容】 随着图书购进量的加大和榆中校区师生文献借阅量的日益增长，为解决榆中校区书库拥挤的问题，通过榆中校区图书工作部的努力和有关部门的支持，榆中校区图书馆新增设了一个综合书库。

新书库位于榆中校区计算机学院教学楼地下室，占地面积 900 多平方米，可容纳 15 万册图书。截至 2006 年 5 月，新书库内的所有图书完成上架及安全设施安装工作，争取在最短时间内向全体师生开放。新书库今后保存的图书除一部分新书外，还有图书馆针对榆中校区所在院部整理出的大批 2003 年之前购进的专业参考用书，弥补了榆中校区图书馆只有新书而无旧书的空白，也使得师生今后借阅图书资料有更多的选择。

新书库投入使用后，榆中校区图书馆书库面积将达到 3000 多平方米，馆藏图书达到近 20 万册，进一步改善了榆中校区图书馆的借阅环境。（金颐）

【新疆昌吉学院考察团参观考察兰州大学图书馆】
2006 年 5 月 11 日，新疆昌吉学院副院长钟福国、图书馆馆长张慧诚带领考察团一行 7 人来到兰州大学图书馆进行考察交流。兰州大学党总支书记药丽雯、副馆长韩喜运在座谈会上致辞，对考察团的来访表示热烈的欢迎，并介绍了兰州大学图书馆的基本情况，兰州大学图书馆各部室主任也在座谈会上向考察团介绍了本馆迎评工作的相关情况。当天下午，考察团走访了兰州大学图书馆各业务部门，进行了对口交流。（金颐）

【中国科学院白银高技术产业园信息工作站揭牌】
2006 年 5 月 20 日上午，由中国科学院国家科学图书馆兰州分馆与白银市科技局联合共建的"中科院白银高技术产业园信息工作站"揭牌仪式在中科院白银高技术产业园创业大厦举行。作为甘肃省"2006 年科技活动周"暨"白银市科技创新年"活动启动仪式的一项议程，甘肃省人大常委会副主任杜颖及省科技厅厅长张天理等相关部门负责人参加了启动仪式，中国科学院院士薛群基、中科院兰州分院副院长杨生荣、中科院国家科学图书馆兰州分馆馆长张志强和相关人员也应邀参加。

挂牌仪式由白银市委常委、白银区委书记袁崇俊主持，白银市委副书记、市长袁占亭与中国科学院国家图书馆副馆长、兰州分馆馆长张志强共同揭牌。（金颐）

【国家科学图书馆常务副馆长和党委书记调研指导兰州分馆工作】 2006 年 8 月 8 日—9 日，中科院国家科学图书馆常务副馆长张晓林和党委书记兼副馆长许平来到国家科学图书馆兰州分馆调研指导工作。

8 月 8 日上午，张晓林常务副馆长、许平书记在兰州分馆张志强馆长、王彦东书记的陪同下首先参观了新办公大楼并看望了在岗工作的干部职工。随后，出席了有分馆中层以上干部、创新副研人员和新进研究生参加的兰州分馆近期工作情况汇报会，同中层干部、创新高研和新进的 7 名硕士生交流座谈。8月9日上午，与3个业务部门、2个管理部门的负责人进行了座谈讨论。

在与分馆中层干部、创新副研和新进硕士生人员的座谈会上，兰州分馆张志强馆长首先汇报了自3月份国家科学图书馆成立以来兰州分馆在岗位聘任、体制机制改革、新大楼项目验收与业务部门搬迁、主要业务工作、家属楼拆迁等方面的进展情况。之后，分馆信息服务部、情报研究部和信息技术部等三个业务部门的负责人分别就本部门的机构、人员和工作进展情况向两位领导作了汇报。

张晓林常务副馆长充分肯定了兰州分馆在推进改革工作中所取得的成绩。他说，国家科学图书馆总体改革进展比预料的好。但是改革才走完了万里长征的第一步，深度的改革才刚开始，下半年改革的难度更大。改革本身不是目的，我们正面临着服务创新和管理改革的双重任务。作为院支持的创新队伍，创新岗位上的全体图书馆同仁要面向一线研究人员和研究生，面向院局、面向国家战略需求，做出具有高显示度的服务成果和贡献，建成长期、可持续的工作机制。张馆长希望大家要认清大势，主动地推进创新，要利用网络条件，组织起全院文献资源，依靠国家科技条件平台和国际资源，整合、嵌入读者经常、主要使用的信息工具，切实将我们的服务纳入用户的信息空间。在管理改革方面，要注意结合服务创新、技术创新和资源建设，推进组织机制改革，让每一个图书馆工作人员为用户而工作，为科学院而工作。服务、情报、技术部门都要了解用户，在服务创新中不断前进。要建立起高效考核机制，建设强有力的人才团队，加强科学决策、民主决策、规范决策，让图书馆同仁的聪明才智在日常工作中发挥出来，创造价值。

许平书记针对国家科学图书馆体制改革和兰州分馆发展的问题作了重要指示。她说，国家科学图书馆的成立将我们科学院图书馆系统原来的零金碎玉串连成项链，我们图书馆的战略地位得到了提高。我们现在已不仅是地区中心，不仅是科学院系统的图书馆，而是要建立一个服务科技创新、服务区域发展、服务国防建设的国家科技信息平台。建设这样一个大的国家图书馆要求我们要有大气度、大气魄，统筹规划设计资源建设、技术开发，切实提升我们在国家科技事业中的功能和地位，发挥引领作用。她还建议兰州分馆要在科学院框架下加强战略设计、特色积累加强和总馆、各专业馆的网络共建与合作，结合科学院中长期规划和10+1基地建设，瞄准资源环境领域里的发展趋势和重大项目开展创新服务；在发展中要定到位，站好位，落实到位。

张志强在会议总结时说，张晓林常务副馆长、许平书记和大家面对面的交流，让大家进一步认识清了科学院图书馆体制机制改革发展的大势和必要性，认识了发展中的竞争、机遇和挑战。他要求分馆各部门、各参会人员要认真领会两位领导讲话的精神，结合科学院科技创新和兰州分馆创新发展的实际，深入思考在科学院未来发展中如何体现自身的价值并做出应有的贡献。要结合兰州分馆事业发展的要求，将工作细化，落到实处。

8月9日上午，张晓林常务副馆长、许平书记又专门召开了兰州分馆部门负责人座谈会，听取他们对国家科学图书馆及兰州分馆改革发展的意见建议，并就有关问题进行了讨论。（金颐）

【西北民族大学图书馆举办电子文献资源培训】 为加强全校师生掌握各种数据库检索的熟练程度，提高师生利用数字文献的积极性，西北民族大学图书馆于5月29日、30日，6月1日、2日下午分别在校本部和榆中校区举办了12场电子文献资源培训。来自全校各院部的600余名教师、业务骨干、在校学生参加了此次培训。图书馆电子阅览室同时接待师生免费上机实践。

西北民族大学图书馆邀请了北京超星数图有限公司、清华同方知网（北京）技术有限公司、北京万方数据股份有限公司、北京中宏金智咨讯有限公司、兰州联合信息技术有限公司的专家为全校师生进行相关数据库培训。专家们通过培训课件清晰明了地向参加培训的师生介绍了各种数据库的特点、检索功能、检索方法以及在检索过程中如何熟练使用各个功能项等，并进入校图书馆主页操作演示。专家们针对不同的培训对象进行了由浅入深的讲解。在专家与师生的答疑互动中，专家除了一一解答师生们提出的问题外，还通过向师生的提问方式来巩固培训课程。同时通过赠送精美实用的纪念品等形式，充分调动了培训师生的学习积极性，使师生在轻松随意的氛围中掌握和巩固所学的知识。

此次培训受到了接受培训师生的一致好评。他们认为，图书馆电子文献资源培训时间安排合理，内容实用，希望今后增加培训场次和培训深度。（金颐）

【兰州大学图书馆向甘南合作民族师专捐赠图书】
2006年6月3日，兰州大学图书馆韩喜运副馆长一行4人前往甘南合作民族师专，为该校图书馆带去了各类捐赠图书3万册。甘南合作民族师专为此举行了隆重的接收仪式，杨志红书记代表学校向兰州大学图书馆赠送了纪念镜框。此次捐赠图书活动加强了兄弟院校图书馆之间的联系与交流，增进了友谊与合作。（金颐）

【OVID数据库及网络资源利用讲座】 兰州大学图书馆邀请大连医科大学图书馆副馆长刘薇薇于2006年6月20日晚7:00—9:00举办了OVID数据库及网络资源利用讲座。OVID(On-line Visual Display U-nit Interrogation of Data Bases 联机数据库视觉显示器询问)在线期刊数据库共收录了60个出版商提供的2192多种生物医学期刊，最早可回溯至1993年，其中有300余种期刊被SCI(Science Citation Index 科学引文索引)收录。目前兰州大学图书馆订购了LLW(Lippincott Williams&Wilkins)公司出版的84种生物医学期刊全文数据库，该数据库所包含的期刊大部分是临床期刊。这次讲座内容涉及如何查全查准、如何利用不同的功能提高检索效率及如何从Medline(联机医学文献分析和检索系统)中获取全文等。讲座结束后，刘薇薇老师还进行了有奖问答，现场气氛活跃。约90余人参加了此次讲座。（金颐）

【美国大学生访问团参观兰州大学榆中校区图书馆】
2006年6月9日下午，受兰州大学农业科技学院邀请，由美国德州大学和休斯敦州立大学的23名本科生及带队教师组成的访问团参观了兰州大学榆中校区图书馆。在兰州大学榆中校区图书馆办公室主任的陪同下，访问团参观了图书馆期刊阅览室、书库、外文图书阅览室以及电子阅览室等。来访客人对图书馆的剪纸艺术装饰和外文图书颇感兴趣，并拍照留念。（金颐）

【中科院国家图书馆兰州分馆ARP项目所级系统实施工作通过验收】 2006年6月20日，依据院《ARP项目所级系统（一期）实施工作验收规范》，由中国科学院ARP项目管理办公室组织、院ARP项目所级系统第四验收小组对中科院国家图书馆兰州分馆ARP项目所级系统（一期）实施工作进行了验收。

验收会议由史广军同志主持。国家科学图书馆兰州分馆ARP项目所级系统实施工作主管领导张志强馆长致欢迎词，兰州分馆党委书记王彦东参加了验收会议。

验收小组听取了张志强馆长关于本馆ARP项目所级系统实施情况的详细汇报，现场检查了兰州分馆ARP项目所级系统各模块的实施和应用情况和相关管理制度文档，并实地考察了兰州分馆ARP项目所级系统运行环境。ARP项目所级系统人力资源、薪酬、财务、资产、科研项目、电子政务和网上报销等模块及IT运维等关键用户和最终用户逐个模块向验收组进行了演示汇报，并回答了验收组提出的问题。

验收专家组认为，国家科学图书馆兰州分馆ARP项目所级系统实施工作符合验收规范，满足正式运行的要求，同意通过验收，待上报院ARP项目指导小组批准后，可投入正式运行。（金颐）

【西北民族大学图书馆清查逾期未还图书】 为避免国有资产的流失，保证图书的正常流通,西北民族大学图书馆从2005年12月开始对本校教职工逾期未还的图书进行了清查工作。本次清查整理图书面向西北民族大学28个院部及职能处室的300名教职工,逾期未还图书计1000余册。图书馆流通部向相关单位送发了《图书馆关于催还图书的紧急通知》,附上教职工拖欠图书清单。通知发出后图书馆收到催还图书约130册,图书遗失赔款约1100元。2006年3月,图书馆再次向校院部发出《西北民族大学关于催还图书的紧急通知》,并附有教职工欠书清单以及《西北民族大学关于师生员工遗失损坏和逾期归还图书的处理意见》(民大发[2006]7号文件)。截至2006年6月,图书馆共收回催还图书馆约230册,遗失图书赔款约2000元。(金颐)

【中国科学院国家科学图书馆兰州分馆新办公楼正式投入使用】 2006年7月,中国科学院国家科学图书馆兰州分馆新大楼(2号楼)正式投入使用。兰州分馆对各阅览室、网络机房等公共与办公区域重新布局和调整,将最便捷的区域安排为读者公共服务区域:社科期刊、报纸阅览室和电子阅览室设在新大楼一层,开架图书阅览室设在新大楼二层,科技期刊阅览室设在新大楼三层;信息技术部、情报研究部设在新大楼六层。新调整的兰州分馆布局整齐有序、环境整洁幽雅、室内宽敞明亮,以崭新的面貌

喜迎各位读者朋友。(金颐)

【中科院资源环境领域方向项目"资源环境科学创新研究评价与发展战略研究"通过项目结题验收】 根据中国科学院资源环境科学与技术局《对院知识创新工程二期第一批重要方向项目进行终期验收的通知》,由中国科学院资源环境科学与技术局综合处、中国科学院寒区旱区环境与工程研究所等单位7位专家组成的项目验收专家组,于2006年7月14日在兰州对中科院资源环境科学信息中心承担的资源环境领域方向项目"资源环境科学创新研究评价与发展战略研究(KZCX 3 - SW - 501)项目"进行了项目结题验收。项目组负责人张志强研究员对该项目实施情况及取得的成绩等作了全面而简洁的汇报。

该项目的总目标是应用文献计量学等分析方法,以国际及国内重要检索工具数据库为依据,对国际地球科学发展态势与中国地球科学发展现状进行比较研究,特别是对资源环境科学创新研究进行评价,分析我国及中科院资源环境科学研究的水平及国际影响力;开展资源环境科学发展战略研究,为国家及中科院制定资源环境科学发展战略政策提供战略和决策依据。

经过3年多的工作,项目取得了以下重要成果:

1. 项目基于院属资源环境类研究所在SCI、EI、ISTP、CSCD中论文被收录与被引用情况,

完成并提交了3份年度分析研究报告——《中国科学院资源环境类研究所论文与引文统计(1998—2002)》、《中国科学院资源环境类研究所论文与引文统计(1999—2004)》、《中国科学院资源环境类研究所论文与引文统计(2000—2005)》,以及全球变化研究、青藏高原研究等领域的文献计量研究报告;利用ESI(基本科学指标)、SCI、中文科技期刊数据库以及各学科国际权威数据库,对资源环境科学及其分支学科研究发展态势进行分析,系统评价了国内外资源环境科学研究的发展现状和前沿领域。

2. 系统地开展了21世纪初10—20年国际上主要地学相关机构与国际组织的地球科学、资源环境科学发展战略规划、研究前沿科学领域与科学问题的分析研究,提供了有关国际地球科学研究机构、国际地学组织关于21世纪初地球科学发展战略规划的15份背景资料分析报告。完成了综合研究报告《国际地球科学与资源环境科学发展战略分析》,指出了当今地球科学与资源环境科学研究的根本目标,总结了当前地球科学与资源环境科学的三大综合性优先研究领域和十大专题性优先研究领域,归纳出了地球科学与资源环境科学研究的主要特点。相关研究成果在资源环境科学与技术局组织的资源环境科技中长期规划中发挥了重要的决策参考作用。

3. 创办了《资源环境科学快报》,并以此为阵地,组织专

门团队，系统、全面、持续地开展了地球科学与资源环境科学学科发展动态监测研究，提供国际资源环境科学研究重大进展、前沿科学问题、重大科学计划、新兴研究领域、地学研究资助战略、地学研究机构调整等科学信息。项目执行期间编辑出版了42期，共发表近100篇文章。《资源环境科学快报》向100多个单位发送，对中科院和国家有关部委宏观决策和资源环境科学战略研究起到了积极有效的参考和咨询作用，得到了资源环境科学界的充分肯定。由于所报道的资源环境科学发展动态的文章具有前沿性、研究性、学术性、动态性、及时性、咨询性等特点，所报道的许多稿件被有关刊物及时采用和转载，仅《科学新闻》上采用的文章达36篇。

《地球科学进展》创新发展成绩显著，刊物的影响因子不断上升、影响力不断扩大，已经成为国内具有重要影响的地球科学和资源环境科学的综合性学术期刊。刊物在2003—2005年共出版27期，字数达715万字。为提高刊物的质量，开办了《发展战略论坛》、《973计划研究》、《IODP研究专栏》等特色栏目，以及通过多种方式积极组织高质量的文章。为提高刊物的时效性，2005年刊物由双月刊改为月刊，文章发表周期平均缩减为4.3个月，刊物的时效性显著提高、发文数量大幅增加，而刊物质量稳中有升，稿件质量没有因改为月刊而降低，稿件退稿率仍保持在70%

以上。为了加强刊物的网络化、自动化建设，完成了《地球科学进展》的网站设计和建设，实现了刊物工作的集成化业务处理平台。据中国科技信息研究所《期刊引证报告》统计，2004年影响因子为0.980，在全国1576种科技期刊中排名为71位，被引频次达761次，排名为175位；2005年影响因子已达1.206，在全国1608种科技期刊中排名为52位，比2004年上升了19位，被引频次达1187次，排名为117位。

项目研究的成果，已经及时提交相关部门和领导参考，得到了相关部门的肯定和好评，发挥了重要的决策咨询作用。项目在执行过程中，稳定并培养了一支从事地球科学与资源环境科学学科情报研究和战略情报研究的重要团队。

验收组在认真听取项目组的项目执行情况汇报、认真查看项目成果资料并进行质询的基础上，形成的验收意见认为，项目组织管理工作到位、经费使用合理、人才培养和队伍建设成绩显著、国际学术交流活跃、下一步工作的设想和思路清晰。总之，项目圆满完成了总体目标与各项考核指标，所取得的成果与项目总体目标要求一致，一致同意通过验收。

此外，专家们还就今后开展相关的工作提出了很好的意见和建议：论文与引文统计分析工作，要剔除误差，力求准确；资源环境科学领域范围非常广泛，在学科发展分析研究中，应针对一些专门的学科领

域及其重大科学问题进行深入分析；对国际地球科学与资源环境科学发展的动态监测研究信息，要从主要是一般性信息的提供，向深层次的归纳与分析发展，要把信息集成化，把有用的信息提炼出来，体现信息的价值；单位的发展，要有高的目标定位，不能简单地定位于一般的信息服务机构，要向决策服务机构方向发展；学科情报研究和战略情报研究，有了高的定位，主动开展前瞻性的研究工作，才能有助于决策机构从所提供的信息中得到前瞻性的判断。（金颐）

【《图书情报学论集》出版发行】 2006年新学期伊始，西北民族大学图书馆在2005年图书情报学术研讨会的基础上收集编撰的《图书情报学论集》由甘肃人民出版社出版发行。

《图书情报论集》的主编由西北民族大学图书馆馆长陈自仁担任，副主编为彭清深和赵国忠。该书装帧精美，封面设计古朴典雅，书中所收录论文都经专家认真评审筛选，共收录专业论文31篇，约20万字。内容涉及图书馆管理创新、服务创新与图书馆可持续发展、期刊管理、信息资源建设、文献利用和开发以及数字图书馆技术与发展模式等领域。

《图书情报论集》是西北民族大学图书馆自建立56年来首次出版的专业论文集，它的出版发行在一定程度上体现了西北民族大学图书馆近年来学术水平的提高，同时也将成为社

会了解西北民族大学图书馆的窗口。（金颐）

【西北民族大学《图书馆规章制度汇编》出版】 西北民族大学《图书馆规章制度汇编》从草案到定稿历时一年，在图书馆职工中征求意见，修订完善后于2006年9月编印并出版。新汇编内容包括图书馆岗位职责、业务规范、读者服务条例三个方面。新汇编的出台，使图书馆各部门的各项工作进一步规范化、标准化。《图书馆规章制度汇编》首先在本校范围内发放，并用作各单位之间的学习交流。图书馆专业人员以新汇编作为工作准则，明确各自岗位职责，规范自己的工作，改进工作方法，为读者提供更优质的服务。（金颐）

【中国科学院国家科学图书馆兰州分馆秋季工作会议】 2006年9月20日，中科院国家科学图书馆兰州分馆秋季工作会议在新大楼报告厅召开，全体职工参加了会议。会议的主要内容是：学习贯彻中国科学院2006年夏季党组扩大会议精神，交流和分析讨论国家科学图书馆兰州分馆的工作形势，布置第四季度的工作重点和任务。会议由党委书记王彦东主持。

为达到充分学习和交流的目的，这次会议首先安排各部门负责人分别汇报工作。业务处、综合办公室和财务室等管理部门负责人分别从"加强成本核算与积极争取课题任务"、

"财务运行状况与加强财务管理"、"加强房屋经营管理工作"、"创新三期人员聘用制实施办法"等方面报告了国家科学图书馆组建以来半年的工作和下一步工作设想。信息服务部、信息技术部、情报研究部负责人，分别汇报了各部门半年来的工作进展情况、下半年工作思路和措施。

张志强馆长作了题为《兰州分馆工作进展情况报告与近期工作安排》的总结报告，全面总结了自3月18日国家科学图书馆组建以来兰州分馆的工作，分析了分馆发展中面临的问题，提出了兰州分馆的发展战略设想和近期工作安排。

王彦东书记在总结讲话时指出，各部门要组织职工进行认真深入讨论，要在深入学习贯彻2006年夏季院党组扩大会议精神的基础上，结合国家科学图书馆的整体发展战略和发展考虑，统一思想，明确目标，扎实工作，切实做好兰州分馆的各项工作，为国家科学图书馆的发展作出贡献。（金颐）

【金昌市科技局领导一行参观访问国家科学图书馆兰州分馆】 2006年9月22日上午，金昌市科技局局长李海成等一行3人到国家科学图书馆兰州分馆进行了参观和座谈。他们此行的目的是就兰州分馆高峰研究员承担的"金昌市中长期科技发展规划"项目进行总结交流，同时就进一步的深入开展合作进行探讨。兰州分馆业务处处长吴新年、情报部

主任高峰以及情报研究部部分研究人员接待并参加了座谈。

吴新年处长首先简要地介绍了中国科学院国家科学图书馆兰州分馆（中科院资源环境科学信息中心）的总体发展情况，重点对单位的业务布局、资源优势、情报研究力量以及人员队伍向对方作了介绍。高峰研究员对历时一年的项目研究作了简要介绍和归纳总结，认为项目的完成得益于金昌市科技局的大力支持，得益于金昌市有关专家和领导的大力支持，感谢地方上从多方给予的积极配合。

李海成局长表示与兰州分馆的合作非常愉快，从"十一五"科技规划研究到中长期科技发展规划研究都取得了比较满意的成果，他代表金昌市科技局对国家科学图书馆兰州分馆的领导及高峰博士等表示衷心的感谢。他说，金昌市市委、市政府主要领导看过规划材料后很满意，特别是市委书记李建华对该规划给予了充分的肯定。在谈到项目研究经验时，李局长谈了几点体会：第一，项目的中前期工作做得比较扎实，基础调查资料搜集很全；第二，与当地实际相结合，突出了地方特色，规划不仅具有较高的高度和全新的视野，而且可操作性强；第三，与地方研究专家的紧密结合、多次开展讨论也是该项目的特色之一，中国科学院丰富的研究经验与地方专家丰富的实践经验紧密结合于规划研究和制定中。总体上项目合作是成功的，圆满地完

成了项目任务。通过这次合作希望也促进其他领域的深入合作，如目前正在考虑策划"金昌市农业高科技示范区建设规划"，希望在今后能够进一步开展相关合作研究。（金颐）

【西北民族大学图书馆图书情报专业基础知识职工培训】 针对近年来一批新进工作人员对图书馆基础知识和业务技能缺乏岗前教育的问题，西北民族大学图书馆根据2006—2007年职工培训计划，以"注重基础性和实用性知识的培训，提高动手能力"为基本原则，采用讲座和现场演示相结合的方式，于2006年9月26日举办了图书情报专业基础知识培训班，首批来自馆内三个部门的63名职工参加了培训。培训内容包括图书分类知识、图书编目、连续出版物等基础课程、图书馆自动化系统中CNMARC格式及数据录入的基本规则及方法以及图书馆职业道德教育和思想政治教育工作等，培训教师由多名精通专业知识的副研究馆员和馆员组成。此次培训分批举行，使图书馆全体职工都得到了一次系统掌握专业理论知识、促进业务水平提高的机会。（金颐）

【甘肃省部分高校图书馆馆长（书记）赴美业务考察】 2006年9月下旬，甘肃省部分高校图书馆馆长（书记）前往美国，对夏威夷大学图书馆、洛杉矶罗耀拉大学图书馆、美国国会图书馆和纽约哥伦比亚大学

东亚图书馆进行了为期13天的业务考察。在美期间，考察团受到了美方同行的热情接待。考察团同时还考察了美国图书市场。

这次赴美考察团采取实地参观与同行座谈相结合的方式。考察团成员每到一家图书馆，在参观书库、阅览室、工作环境的同时，通过在与该馆同行的座谈交流，重点了解了美国高校图书馆的文献采访、文献加工、数字化建设、工作环境、现代化管理和读者服务等方面的情况，取得了良好的考察效果。（金颐）

【"一流的科学研究需要一流的信息——ISI Web of Science的利用及对科技创新的推动"、"CSA & Refworks 数据库"培训讲座】 2006年10月16日，兰州大学查新中心邀请汤姆森科技和英国剑桥文摘出版社的肖月、王剑飞两位培训专员，在兰州大学图书馆作了题为"一流的图书馆需要一流的信息——ISI Web of Science的利用及对科技创新的推动"、"CSA & Refworks 数据库"的培训讲座，近200名师生参加了讲座，会场气氛热烈。参加讲座的师生一致表示此类讲座对他们在专业资料检索方面极有帮助。（金颐）

【《甘肃省资源型城市经济转型与可持续发展策略研究》通过项目验收】 2006年10月24日，在中国科学院兰州分院组织的"西部之光"项目专家评

审会议上，中国科学院国家科学图书馆兰州分馆高峰研究员承担的《甘肃省资源型城市经济转型与可持续发展策略研究》项目顺利通过答辩验收。

该项目于2003年1月正式开始实施。在项目组研究团队的共同努力下，项总体完成良好，达到了出成果出人才的目的。完成研究报告12篇，约25万字；完成研究论文10余篇。研究成果应用良好。针对白银和金昌两个城市的经济转型研究报告得到了当地政府部门的充分肯定和认可，被当地城市经济转型的决策积极采纳。项目的实施，有效地发挥了国家科学图书馆兰州分馆在西部地区经济社会可持续发展决策咨询中的作用，提升了兰州分馆区域发展决策咨询的影响，扩展了兰州分馆区域发展研究队伍的规模，提高了项目研究团队的研究能力。目前，该项目已申请后续项目6个，经费30余万元。（金颐）

【新疆昌吉学院图书馆派人到兰州大学图书馆参加专业理论与实践培训】 在新疆大学昌吉学院图书馆办公室主任的带领下，该馆采编部两位专业技术人员来到兰州大学图书馆，于2006年10月初至11月参加了为期一个月的专业理论与实践培训。兰州大学培训人员针对该院校图书馆基础理论及实际工作中存在的薄弱点从三方面进行了系统培训：一，强化基础理论学习。介绍她们参加了甘肃省图书馆学会举办的

"全省图书馆基础知识暨图书馆员继续教育培训班"，用十天的时间系统学习了《中国文献编目规则》、《图书分类学》、《连续出版物管理》、《读者工作》等图书馆学基础理论知识，扎实了图书馆学基础理论功底。二，掌握现代文献编目工作技能。昌吉学院采编部的两位学员在兰州大学图书馆采编部深入而系统地学习了计算机文献编目工作要点和中文CNMARK格式的使用，针对不同类型的文献进行了反复细致的操作实践，很快掌握了中文图书CNMARK格式的应用。三，了解图书馆自动化管理系统应用。初步了解兰州大学图书馆Unicorn系统不同模块的使用，学习掌握图书馆自动化管理系统五大模块的功能以及书目数据库建设前期准备工作重点。此次培训对新疆昌吉学院图书馆自动化系统的运用提供了一定的帮助。通过培训，加强了两馆之间的交流，增进了彼此的友谊，为今后两馆之间的广泛合作打下了良好的基础。（金颐）

【国家科学图书馆正式启动对中科院兰州分院研究所的学科化信息服务】 2006年11月8日—17日，根据国家科学图书馆学科化信息服务的统一部署，国家科学图书馆兰州分馆正式启动了对中国科学院兰州分院各研究所的学科化信息服务。启动仪式旨在广泛宣传国家科学图书馆2006年起推行的学科化信息服务，使研究所领导、科研人员和图书情报人员更多地了解学科化信息服务和学科馆员的工作。

11月8日上午，首先在中国科学院地质与地球物理研究所兰州油气资源研究中心举行了面向兰州油气资源研究中心的学科化信息服务站揭牌仪式。兰州油气资源研究中心副主任夏燕青、国家科学图书馆兰州分馆党委书记王彦东出席了启动仪式并讲话。学科馆员进行了现场培训与资源介绍。

夏燕青副主任首先对国家科学图书馆的学科化信息服务表示欢迎和支持。他说："国家科学图书馆兰州分馆与兰州油气资源研究中心历来有着良好的合作，在过去的发展中，兰州分馆工作人员为我中心的科研人员与研究生提供了积极主动、形式多样的信息服务。相信今后兰州分馆的学科馆员更会是我们科研工作中的得力助手。"

王彦东书记在讲话中对兰州油气资源研究中心领导及科研人员对国家科学图书馆学科化信息服务工作给予的大力支持表示衷心感谢，他向与会的科研人员和研究生简要介绍了学科化信息服务启动的目的、学科化信息服务的背景、内容、任务和目标，同时介绍了到所服务的学科馆员。

11月9日上午，面向兰州化学物理研究所的学科化信息服务启动仪式在兰州化学物理研究所理化楼学术厅隆重举行。兰州化学物理研究所所长刘维民、党委书记赵秀茹，国家科学图书馆副馆长、兰州分馆馆长张志强、党委书记王彦东出席了仪式。刘维民所长在致辞中首先强调了文献信息服务对科研工作的重要支撑作用，指出在创新三期，兰州化学物理研究所将围绕中国科学院提出的"一流的成果、一流的效益、一流的管理、一流的人才"的总目标不断凝练创新目标、优化科研结构与布局，而要做好这些工作都有赖于"一流的信息服务"。刘维民所长充分肯定了国家科学图书馆兰州分馆一直以来在为兰州化学物理研究所提供积极主动的信息服务方面所作出的努力与成绩，并强调指出，在今后的合作中，兰州化学物理研究所科研人员、研究生及所图书馆应积极支持国家科学图书馆的学科化信息服务工作，支持学科馆员的工作，加强双方的沟通与交流，遇到问题及时协商解决，共同做好科研创新的信息保障工作。他希望国家科学图书馆的学科化信息服务能够尽快在研究所全面展开，并能尽快得到研究所广大科研人员和研究生的认可与肯定，同时也希望兰州化学物理研究所的科研工作在学科化信息服务的支撑下能够更上一层楼。

国家科学图书馆副馆长、兰州分馆馆长张志强代表国家科学图书馆在兰州化物所学科化信息服务启动仪式上讲话。他首先对兰州化学物理所领导、科技处、研究生处和所图书馆的领导与科研人员对学科化信息服务工作的重视、支持和对这次活动的周到安排表示感谢，接着向与会的领导和科研人员、研究生简要介绍了学科化信息服务工作提出的背景、学科化信息服务工作的意义、内涵、任务和组织形式等。张志强馆长指出，图书馆业务重点发展变化的根本目的，是在新的信息环境下，充分保障科研人员的信息需求。在谈到学科化信息服务工作的内容与形式时，他说，学科化信息服务是适应新的信息环境的一种"主动式信息服务"，学科化信息服务以有效保障用户信息需求为目标、以用户的信息需求为中心、以学科信息服务馆员（学科馆员小组或团队）为纽带，与研究所图书馆员一起，面向科研一线信息用户开展个性化、学科化、知识化的信息服务。学科化信息服务要一般服务（资源的推介与使用培训）与重点服务（针对实验室、重大重点项目、学术带头人）相结合，要求信息服务馆员"深入一线、了解需求、深化服务、注重实效"。学科馆员要经常到所联系的研究所，主动了解研究所的创新方向、学科布局和学科重点，加强资源使用的推介与培训，加强科研人员的信息需求调研，及时了解科研人员对信息资源建设的意见和建议，多形式地开展针对性、个性化、集成化和知识化的信息服务。

11月10日，通过在近代物理研究所举行大型的学科化信息服务推介活动，正式拉开了近代物理研究所学科化信息服务工作的序幕。由近代物理研

究所科技处、人教处、所图书馆与国家科学图书馆兰州分馆共同举行的学科化信息服务启动仪式和服务推介活动，吸引了近代物理研究所众多的科研人员和研究生，在近代物理研究所近期工作非常繁忙的情况下，仍有70多位科研人员和研究生参加这次活动。

11月15日，在寒区旱区环境与工程研究所举行了学科化信息服务启动仪式。寒区旱区环境与工程研究所副所长丁永建、国家科学图书馆兰州分馆党委书记王彦东出席了启动仪式，丁永建副所长和王彦东书记分别发表了讲话。

11月16日—17日，兰州分馆党委书记王彦东带领学科馆员前往西宁分别在青海盐湖所和西北高原生物研究所举行了学科化服务站揭牌仪式，青海盐湖所副所长贾优良以及所科技处、所信息中心的领导和西北高原生物所所长赵新全、副所长张怀刚以及所科技处、人教处的领导分别参加了在本所举行的揭牌仪式，并对学科馆员的到来表示热烈的欢迎。青海盐湖所参加启动仪式的有100多人，西北高原生物所参加启动仪式的有50余人。

在兰州分院各研究所的学科化信息服务启动仪式上，国家科学图书馆兰州分馆的学科馆员都为与会的科研人员和研究生作了学科信息服务的讲座，并就科研人员和研究生关心的信息资源使用等问题进行了详细的解答和交流。同时还向与会人员赠送了国家图书馆

编印的《CSDL 资源与服务指南》和国家科技图书文献中心（NSTL）提供的网络服务系统试用卡。（金颐）

【甘肃省科技厅副厅长赵旭东一行调研指导国家科学图书馆兰州分馆工作】 2006年12月12日下午，甘肃省科技厅副厅长赵旭东带领省科技厅国际合作处、科技发展促进中心负责人和有关专家到中国科学院国家科学图书馆兰州分馆调研指导工作。在中科院兰州分院党组书记兼副院长王学定、兰州分馆馆长张志强、党委书记王彦东的陪同下，赵旭东一行参观了科技阅览室、社科阅览室、电子阅览室、书刊库、网络机房及情报研究部等部门，了解了分馆的科技信息资源状况。赵旭东对分馆宽敞明亮的读者阅览环境和整齐有序的工作秩序表示赞赏，并希望兰州分馆在服务地方科技事业发展中发挥更大的作用。

赵旭东一行听取了兰州分馆全球环境变化研究信息中心曲建升副研究员关于中科院"西部之光"人才培养计划项目"甘肃省利用清洁发展机制的对策与实现途径研究"进展情况的汇报，对该项目在推动地方相关工作开展方面所作的贡献给予充分的肯定，并对项目组下一步的工作重点提出了具体的建议和要求。

听取汇报的领导和专家指出，该项目选题紧密结合甘肃省经济社会发展问题，对甘肃省抓住清洁发展机制的机遇具

有重要意义,目前项目组已取得了阶段性的成果。建议在下一阶段,项目组既要关注宏观的政策问题,也要在微观层面对技术操作问题提出更多的具体建议;要在项目原有设计的基础上,扩大研究领域,对后京都时代甘肃省可能面对的风险,以及甘肃省参与温室气体减排行动的策略、机制与效益进行深入的综合研究。

兰州分馆馆长张志强对省科技厅、兰州分院领导与专家对项目组工作的肯定和建议表示感谢。他要求项目组继续坚持目前的良好态势,认真吸取各位领导和专家的意见,加强案例比较研究,密切与各方面的合作,关注甘肃特有资源与优势,进一步完善研究手段,争取在较短的时间内取得更好的科学、经济和社会效益。(金颐)

【日本驻华大使馆一等秘书神田忠雄考察访问国家科学图书馆兰州分馆日本信息中心】 2006年12月15日上午,在甘肃省商务厅的安排下,日本驻华大使馆一等秘书神田忠雄在甘肃省商务厅国际合作处副处长蔺永红、甘肃省政府外事办公室工作人员的陪同下,考察了中科院国家科学图书馆兰州分馆"日本信息中心"。

中科院国家科学图书馆兰州分馆(中科院资源环境科学信息中心)"日本信息中心"于2005年10月挂牌成立,得到了日本科学技术振兴机构(JST)的支持,是双方从1996年开始的科技信息领域良好合作关系的继续,双方的合作内容还列入中日政府间科技合作协定项目。在2006年年初,在日本科学技术振兴机构(JST)的资助下,中科院国家科学图书馆兰州分馆派员到日本科学技术振兴机构(JST)访问学习。

兰州分馆馆长张志强研究员接待了神田忠雄一行并主持了考察和汇报活动。张志强首先欢迎神田忠雄先生第二次来我单位进行考察访问,简要介绍了中科院国家科学图书馆的改革发展情况,以及兰州分馆的发展历史、业务部门设置、人员状况、主要业务工作内容及进展情况,对神田忠雄先生在日本信息中心揭牌一周年之际代表日方专门考察日本信息中心的建设发展情况以及日方对我们工作的关注表示感谢。他说,兰州分馆们将日本信息中心作为单位的特色信息服务工作来抓,日本信息中心是立足中国科学院、服务全国的网络化信息服务的业务工作单元。兰州分馆将更多更深入地介绍日本科技发展的最新动态、开展日本科技政策研究、日本地域经济文化方面的信息咨询服务,进一步推介日本信息中心的信息服务工作,扩大日本信息中心在国内的影响力,使日本信息中心成为中国科研人员了解日本科技进展、日本科技政策和日本地域经济文化的重要窗口。

日本信息中心执行主任陈春介绍了日本信息中心的成立背景、组织结构、与科学技术振兴机构(JST)的合作、主要任务、信息服务与信息分析、与日本其他机构的交流与合作以及发展计划。日本信息中心主任马建霞演示了日本信息中心网站主页、详细介绍了相关内容。

神田忠雄对日本信息中心的各项工作进行了详细的了解和询问,特别关注日本信息中心的工作人员队伍状况、有关中国科研机构和研究人员数据库的建设与开放获取情况、文献资料的交换与读者使用情况等,衷心希望日本信息中心开展的工作能取得更大的影响力,表达了对中日广泛深入的文化交流的信心和对兰州分馆与日本信息中心蓬勃发展的期待,并对此次中方接待表示感谢。

张志强在总结讲话中指出,日本科学技术振兴机构(JST)于2006年7月成立的"中国综合研究中心"把支持日本信息中心的发展作为其主要工作之一,表明了与中日双方相关科研机构的合作潜力巨大。希望在神田忠雄先生及日本大使馆的帮助下能与日本更多的科研机构特别是科技信息机构建立合作关系,增加科技文献资料的交换的品种与数量、扩大人员交流互访、扩大合作领域、深化合作层次。

会谈结束后,张志强陪同神田忠雄一行参观了日本信息中心的资料陈列和阅览区域以及兰州分馆的各个阅览室、书刊库和网络机房等。

神田忠雄的此次考察访问将进一步促进兰州分馆与日本

相关科技信息机构的合作，推进日本信息中心的特色信息服务工作。（金颐）

【兰州市科技局一行四人检查国家科学图书馆兰州分馆承担项目进展情况】 2006年12月15日下午，兰州市科技局局长周锦彪、计划处处长饶国光、成果处处长白亚涛、兰州市政府信息办主任秦遇龙等一行四人，在中科院兰州分院副院长杨生荣、院长助理兼科技合作处处长姬贵林的陪同下，来到国家科学图书馆兰州分馆专听取了该馆承担的兰州市科技发展计划项目"兰州三农科技信息门户建设"的进展汇报。中科院国家科学图书馆兰州分馆馆长张志强研究员主持汇报会。

"兰州三农科技信息门户建设"是兰州市科技局列项支持的2006年科技发展计划项目之一，由国家科学图书馆兰州分馆与兰州市科技情报研究所合作承担，项目旨在通过网络手段和现代信息技术，深度开发三农科技信息资源，建立和形成一个集成化的三农科技信息发布、交流、传播与利用的开放信息环境，形成基于网络的三农科普宣传阵地，在提高地区农业劳动者的科技文化素质、促进三农科技技术的推广和深入应用、提高农业科技对农业及农村经济发展的贡献率等方面发挥积极的作用和影响，促进解决农村科技信息贫乏问题，为三农问题的解决提供科技支撑。

项目负责人祝忠明研究员代表项目组对项目近一年来在门户信息组织总体框架的设计与实现、信息加工与组织标准规范的建设、系统平台的开发实现、信息内容的采集与组织建设等主要方面所取得的进展情况进行了介绍和汇报。项目组成员就"兰州三农科技信息门户系统"的主要功能和服务进行了现场演示。

在听取了项目组的汇报、观看了信息门户的演示后，与会领导和专家对项目组所做的工作和取得的进展给予了充分肯定和高度评价，并对项目的完善和持续发展建设提出了具体的建议和要求。与会领导和专家认为，该项目的选题紧密结合关系我国改革开放和社会全面和谐发展全局的"三农"问题，通过信息化的手段和方法与信息资源的开发利用为国家和地方关注的难点问题的解决积极发挥自己的作用，具有重要的现实意义，值得充分肯定和赞扬。项目的内容设计和考虑细致周全、有较强的针对性和实用性，其技术实现具有鲜明的开发性、实用性、易用性、管理可扩展性。项目实施所取得的总体进展，已经超出了项目设计任务书的内容要求。同时，听取汇报的领导和专家也指出，项目组应再接再厉，进一步树立和贯彻"紧贴需求，服务三农"的门户建设指导思想，突出特色，加强对有关兰州地区特色农业的发展的内容组织、产品展示与宣传，加强信息资源来源的开发力度，加强门户

动态性和交互性功能和服务的开发，并加快对门户长期运行和发展的机制的研究和建立，努力把"兰州三农科技信息门户"做成品牌。兰州市科技局局长周锦彪还特别提出，由科技局计划处、成果处会同项目建设单位尽快就项目的完善、正式启动和宣传以及对如何长期合作使三农科技信息门户朝着品牌化的方向发展的问题进行研究和部署。

最后，张志强馆长对兰州市科技局、兰州分院领导与专家对项目组工作的肯定和建议表示感谢。他要求项目组不要仅局限于项目书规定的任务，要按照领导和专家的意见，进一步完善门户系统设计、加强信息的组织发布、扩充兰州特色的内容，注重和加强门户信息组织的真实性、时效性、针对性、部分内容互动性和网站系统的安全性建设，使项目建设更加有显示度，并积极准备相关材料，配合门户网站的正式发布、宣传与演示。（金颐）

【兰州大学图书馆荣获 CASHL 学科中心资格】 中国高校人文社会科学文献中心（China Academic Humanities and Social Sciences Library）简称CASHL，是教育部根据高校人文社会科学的发展和文献资源建设的需要引进专项经费建立的，是教育部高校哲学社会科学"繁荣计划"的重要组成部分，是全国性的唯一的人文社会科学外文期刊保障体系。其宗旨是组织若干所具有学科优

势、文献资源优势和服务条件优势的高校图书馆,有计划、有系统地引进国外人文社会科学期刊,借助现代化的服务手段,为全国高校的人文社会科学教学和科研提供高水平的文献保障。CASHL学科中心的建设,旨在充分发挥各学科中心馆在学科资源收藏和服务方面的个性化优势,补充CASHL的书刊资源,与已经建成的全国中心、区域中心共同配合,使CASHL的资源得到更好的宣传和利用,服务更加深入,受益群体更大,同时也提高学科中心馆自身的资源和服务水平。

兰州大学在西北民族研究、敦煌学等学科领域具备一定规模和高质量的资源收藏和服务特色,开展文献服务的资源、服务和软硬件环境较好,并积极地参与了CASHL学科中心的建设,对学科中心的建设目标和建设内容、拟承担的任务以及如何体现共建共知共享的原则、完成任务的保障等都有积极的规划,于2006年7月通过专家组申报评审,并报教育部社科司批准。

2006年12月14日—15日,中国高校人文社会科学文献资源建设研讨会暨CASHL学科中心启动仪式在北京大学图书馆召开。兰州大学图书馆副馆长陆为国和采编部牛勇参加了本次会议。兰州大学图书馆荣获CASHL学科中心的资格。(全颐)

青海省

【概况】 截至2006年,青海省公共图书馆机构数43所,其中省级馆1所,地市级馆7所,县级馆35所。从业人员365人,其中副高级职称以上21人,中级职称107人。馆藏总量3 243 240册(件),其中图书2419934册,古籍78432册,善本14952册,报刊544076册,视听文献、缩微制品14 699件。公用房屋建筑面积36 728平方米,其中书库9 733平方米,阅览室6 100平方米。阅览室坐席2 302个,其中少儿阅览室坐席483个。累计发放有效借书证52 270个。年总流通人次为681 933人次,文献外借574 580册次。年购书经费72.2万元,其中省图书馆50万元。计算机230台,电子阅览室终端170个,网站1个,因特网总宽带8兆,"共享工程"服务点64个。

全省本科院校图书馆3所,职业学院图书馆6所,省电大图书馆1所,省党校图书馆1所,地市级党校9所。从业人员245人,其中副高级职称以上81人,中级职称90人。馆藏总量398万册(件),其中图书338万册,古籍11 853册,善本10 858册,报刊500 673册。公用房屋建筑面积5.28万平方米。阅览室坐席5 587个。年总流通人次为699 859人次,文献外借308 198册次。年购书经费225万元。计算机324台,电子阅览室终端135个,网站3个,因特网总宽带7.5兆。

全省科研、工会、企业、党政、军队、医疗、中学、乡镇图书馆事业发展较为平稳,各馆(室)读者活动、馆藏资源建设等方面都有一定规模的发展。(青海省图书馆学会)

【省垣作家首次捐赠个人图书仪式在青海省图书馆举行】 2005年新年伊始,由青海省作家协会、青海省图书馆举办的省垣作家首次捐赠个人图书仪式在青海省图书馆举行。省文联主席樊光明、省作家协会主席董生龙、省作家协会荣誉主席陈士濂、省文化厅厅长曹萍、副厅长王承喜及54位作家和省图书馆领导出席了赠书仪式。

此次由作家协会荣誉主席陈士濂发起并组织我省老、中、青三代54位作家,共向我馆捐赠了85种338册,价值5 521元的图书。

文化厅厅长曹萍、副厅长王承喜、作协主席樊光明分别向54位作家颁发了荣誉证书。馆长于立仁代表省图书馆全体职工向54位作家表示了感谢。(青海省图书馆学会)

【省政府副秘书长解源到省图书馆调研"共享工程"】 2005年3月5日上午,省政府副秘书长解源在省文化厅副厅长王承喜、省文化厅社文处处长李晓燕的陪同下,到青海省图书馆检查调研"共享工程"并和我馆领导及相关部门负责人进行了座谈。解源说:"今年我们一定要把握好《文化部、财政部关于加强全国文化信息资源共享工程建设的意见》精神,把我省的'共享工程'做好,今年下半年国家和我省又给了我们15个站点的建设任务,我省分中心要以《意见》为指导,进行一次文化站点建设调查,把全省'共享工程'建设成为广大基层群众、未成年人学习的阵地和全省各族人民群众提高素质的'文化港湾'。"省图于立仁馆长、戚芹书记、刘正伟副馆长分别向解副秘书长及文化厅领导汇报了我省"共享工程"进展情况及存在的问题。

王承喜副厅长要求省级分中心首先要把基础工作做好,抓紧对基层站点工作人员的培训,加大工程实施的力度,扩大覆盖面,提高影响力,使广大群众享受到便捷的文化服务。

解副秘书长检查我馆网络中心及相关部门工作情况时,详细询问了全国文化信息资源共享工程青海省分中心的投资、搭建、运行情况。(青海省图书馆学会)

【省图书馆学会第六次会员代表大会暨第十次图书馆科学讨论会在西宁举行】 青海省图书馆学会第六次会员代表大会暨第十次图书馆科学讨论会于2005年3月25日在青海省图书馆报告厅隆重举行。来自各系统的会员代表、论文作者及特邀代表共83人出席了本次大会。

大会开幕式由省图书馆馆长于立仁主持。省科协常务副主席杨坚中、省社科联学会部

秘书长刘志安、省民间组织管理局局长傅积仓、省文化厅社文处处长李晓燕、省文化厅人事处助理调研员刘春兰、青海师大图书馆原馆长、研究馆员蔡成瑛等领导、专家出席了开幕式。青海省图书馆学会第五届理事会常务副理事长、省图书馆党委书记戚芹致开幕词。大会宣读了中国图书馆学会等21家兄弟省学会发来的贺信、贺电。蔡洪涛、胡芳、南丽萍三位论文作者围绕文献资源的开发利用、书目数据库建设中存在的问题、中文期刊更名浅析等,进行了大会交流发言。大会还对47篇获奖论文作者颁发了论文证书。

学会换届选举工作会议,分别由学会五届理事会副理事长、青海大学医学院图书馆馆长刘军,学会五届理事会副理事长、青海省社会科学院文献信息中心副主任张毓卫主持。大会以举手表决方式,先后通过了学会五届理事会常务副理事长戚芹所作的《青海省图书馆学会第五届理事会工作报告》《青海省图书馆学会章程》和学会五届理事会常务副秘书长李盛福所作的《青海省图书馆学会第五届理事会财务报告》,并以投票方式选举出于立仁等31人为青海省图书馆学会第六届理事会理事。大会休会期间,先后召开六届一次事理会,以投票方式选举出于立仁等19人为学会六届理事会常务理事。六届一次常务理事会议审议决定,特聘请省文化厅巡视员王承喜为学会第六届理事

会名誉理事长,同时以投票方式选举出省图书馆馆长于立仁为学会六届理事会理事长,省社科院文献信息中心副主任张毓卫、青海师大图书馆馆长刘霞、青海民院图书馆馆长马生海、青海大学图书馆馆长陈伟、省图书馆副馆长刘正伟为副理事长,省图书馆李盛福为学会六届理事会秘书长。(青海省图书馆学会)

【伊朗姆库图书馆代表团到青海省图书馆参观访问】 2005年4月27日下午,伊朗姆库图书馆馆长马哈茂德·纳杰菲、副馆长赛义德·穆罕默德、秘书穆罕默德·阿里一行三人组成的伊朗图书馆代表团在中国伊协副秘书长巴拉提·热吉甫、青海省伊协秘书长甘良才和翻译杨会营的陪同下来青海省图书馆参加访问。省图书馆副馆长张志青、业务科科长蒲宁英等热情接待了来访的国外同行。

库姆图书馆代表团一行在参观了我馆新书阅览室、报纸阅览室、电子阅览室、地方文献室、内阅室、二楼文学书库及古籍书库之后,宾主双方就图书馆建设亲切座谈。马哈茂德·纳杰菲馆长还向我馆赠送了2册有关库姆图书馆情况的图书。会后,宾主双方合影留念。

(青海省图书馆学会)

【青海省图书馆2005年度"图书馆服务宣传周"活动落下帷幕】 根据全国"知识工程"领导小组办公室安排部署,第

18届全国图书馆服务宣传周活动于2005年5月29日—6月4日在全国各省市图书馆举行。青海省图书馆为配合此次活动，紧紧围绕"倡导全民阅读，构建学习型社会"的活动主题，先后在新宁广场、馆内通过精心制作的展板、宣传栏、横幅以及主动办理借书证、提供信息咨询、导读、散发宣传单等丰富多彩的宣传形式，积极向广大市民宣传图书馆服务周的活动内容。

此次活动，充分体现了我馆在保持共产党员先进性教育活动中，积极贯彻落实"三个代表"重要思想和党的"十六大"提出的形成全民学习，终身学习型社会，促进人的全面发展的重要内容，广泛向社会宣传知识在全面建设小康社会中的重要作用。近年来，我馆努力进行馆舍环境改造，为广大读者提供舒适的读书场所，相关科室连续举办各种类型的读书讲座，努力营造有利于求知、有利于全民学习的氛围。特别是在国务院颁布加强未成年人思想道德教育的有关文件后，我馆积极对未成年人开展各项有宜于他们的活动，向未成年人推荐优秀图书，放映优秀爱国主义教育影片，开展适合青少年教育的讲座、展览、参观等活动，引导未成年人充分认识图书馆，利用图书馆，使公共图书馆真正成为未成年人的第二课堂，受到了未成年人家长和学校的好评。

宣传周活动期间，青海电视台、西宁电视台、《西宁晚报》、《西海都市报》纷纷对此次活动进行了采访报道。（青海省图书馆学会）

【中国图书馆学会第二期《中国文献编目规则》培训班暨"数字图书馆发展与展望"报告会在西宁举行】 由中国图书馆学会主办、青海省图书馆学会、青海省图书馆承办的中国图书馆学会第二期《中国文献编目规则》（修订版）培训班暨"数字图书馆发展与展望"报告会于2005年6月19日—23日在青海省图书馆举办。来自全国各地及我省的171名学员参加了本次培训班和报告会。

青海省图书馆学会理事长、青海省图书馆馆长于立仁，青海省图书馆副馆长张志青分别主持了报告会和培训班。青海省图书馆党委书记戚芹在开班式上致欢迎词。青海省文化厅巡视员王承喜在开班式上发表了热情洋溢的讲话。

开班式结束后，北京高校数字图书馆研究会理事长、北京邮电大学图书馆原馆长、特聘教授马自卫，首先作了题为"数学图书馆发展与展望"的主旨报告；中国高等教育文献保障系统管理中心副研究馆员俞爽爽，北京大学图书馆副馆长、研究馆员谢琴芳先后讲授了《中文图书编目规则》和《文献标目法》。三位专家的报告和授课，内容丰富，实例明晰，语言通达，效果显著。通过几天的学习，学员们受益匪浅。这次培训班和报告会，将对省内外今后的数字化图书馆建设及中文图书编目的标准化、规范化起到积极的促进作用。

培训班及报告会结束后，中国图书馆学会向全体学员颁发了由国家人事部监制、中国继续教育联合学院印发的《继续教育证书》。（青海省图书馆学会）

【国家教育部副部长袁贵仁视察青海师范大学图书馆】 2005年5月30日，国家教育部副部长袁贵仁一行在省政府办公厅副秘书长王予波、省教育厅厅长杜小明、省委教育工委专职副书记李鲁会的陪同下，视察了青海师范大学图书馆。（青海省图书馆学会）

【宋秀岩省长、马培华副省长视察青海师范大学图书馆】 2005年7月12日，青海省人民政府省长宋秀岩、副省长马培华在省政府副秘书长王予波、省教育厅厅长杜小明的陪同下，视察了青海师范大学图书馆。视察期间，宋秀岩详细了解了青海师范大学图书馆的发展现状，并与图书馆工作人员和读者进行了亲切交谈。（青海省图书馆学会）

【省委常委、省委副书记刘伟平视察祁连县图书馆】 2005年7月22日，青海省委常委、省委副书记刘伟平视察了青海省海北州祁连县图书馆。他在详细了解该馆书刊管理、借阅、购书经费等情况之后，专门叮嘱陪同视察的州、县领导，要着力解决该馆的购书经费缺

乏的问题,同时要求该馆全体工作人员,要热情做好读者服务工作,为社会主义新农村建设作出积极的贡献。(青海省图书馆学会)

【全省图书馆馆长联席会议在省图书馆召开】 2005年6月23日上午,全省公共、高校、科研院所图书馆馆长联席会议在青海省图书馆召开,来自全省州、市、县公共及高校、科研院所图书馆的43位馆长出席了会议。

联席会议由青海省图书馆馆长、青海省图书馆学会理事长于立仁主持,青海省图书馆党委书记戚芹、副馆长张志青及相关部门人员也出席了会议。会上,于立仁馆长就召开此次会议的内容和目的作了说明。他说,省图书馆作为全省龙头馆,将加大对基层图书馆的业务培训和业务辅导工作,基层馆可派人到省馆进行学习,业务交流,省馆也将派业务骨干到基层进行集中授课、培训,帮助基层图书馆提高业务知识水平和业务管理能力,使基层馆能够在当地的经济、社会和文化事业发展中发挥更大的作用。

乐都县图书馆馆长郭维秀、湟源县图书馆副馆长张英、尖扎县图书馆馆长毛成林分别介绍了各自的馆情、业务开展工作及存在的困难。青海民院图书馆副馆长许西乐、省社科院文献信息中心副主任张毓卫分别就我省高校、科研院所图书馆发展状况向与会议代表进

行了交流。

联席会上,各位馆长一致认为,召开这样的会议很有必要,今后应进一步加强基层馆与省馆的业务沟通,这种沟通与交流对提高基层馆业务素质,树立图书馆意识,改进工作方法有着积极的促进作用。会上大家达成共识,今后馆际间将定期不定期地开展业务交流和培训工作,以促进我省图书馆工作迈上一个新台阶。(青海省图书馆学会)

【我省代表参加"中国图书馆学会第七次全国会员代表大会"】 2005年7月17日—19日,"中国图书馆学会第七次会员代表大会"在广西桂林隆重举行。来自全国各省、市、自治区图书馆界的代表共227人参加了本次大会。会上,青海省图书馆馆长、青海省图书馆学会理事长于立仁,青海省师范大学图书馆馆长、青海省图书馆学会副理事长刘霞被选举为中国图书馆学会第七届理事会理事;青海大学图书馆孔繁青、青海师范大学图书馆王清香被大会授予中国图书馆学会2001—2004年度"优秀会员"称号;我会秘书长李盛福同志被大会授予中国图书馆学会2001—2004年度"优秀学会工作者"称号,并颁发了证书。

另外,7月21日至24日在桂林召开的"中国图书馆学会2005年学术年会"上我会会员龙梅宁的论文《以人文本,推动图书馆人力资源的开发与管理》被评为"优秀论文",张志

青、刘正伟、贾永红的论文被评为"交流论文",并颁发了证书。(青海省图书馆学会)

【上海闵行区政协代表团到青海省图书馆参观访问】 由上海市闵行区文化、教育、宣传等部门组成的政协代表团共24人,于2005年7月28日、8月11日先后分两批到我馆参加访问。

代表团在我馆馆长于立仁和副馆长张志青、刘正伟的陪同下,参观了新书阅览室、报纸、期刊阅览室、开架借阅书库、地方文献中心等业务部门。在新书阅览室,代表团成员与我馆工作人员进行了面对面的交流,详细询问了开展业务工作的情况。在地方文献中心,于立仁馆长向代表团介绍我馆地方文献中心近年来在征集本省各个时期出版的各类文献的一些好做法时,得到了代表团成员的一致首肯,他们还颇有兴趣的翻阅了我省各个时期出版的报纸和杂志。

在参观过程中,于立仁馆长向来访客人详细介绍了我馆的馆情及发展过程中存在的困难,并诚恳地向他们征求建议和意见,以期今后加强彼此间的交流和合作,共同推进图书馆事业的发展。(青海省图书馆学会)

【青海省首家盲文、盲人有声读物阅览室正式对外开放】 在青海省文化厅、青海省残联的关心支持下,青海省图书馆盲人阅览室于2005年9月9

日正式对盲人读者开放。目前，盲人阅览室有文学、医学、语言文学、艺术、法律、哲学、历史、社会科学总论等八大类84种、198册盲文图书；还有文学、医学、艺术、历史、社会科学总论等五大类102种、941盘(张)有声读物；10张阅览桌和10台多功能VCD机，以后还将逐步增加一些盲文图书和有声读物，为我省视障读者提供更多便利的学习环境及有利条件。

盲人阅览室的开放，填补了青海省图书馆为特殊人群服务的一项空白，也彰显出了我省各级政府对残疾人群关怀，从而扩大了图书馆文化传播功能和服务于各层次读者的需求，体现了图书馆以人为本、以读者为中心的管理理念，通过全方位的优质服务，使图书馆所有文献发挥更大效能，起到有效的作用，为本省经济、社会的全面发展作出应有的贡献。(青海省图书馆学会)

【华汉集团向"青海青少年读书教育基地"捐款仪式在省图书馆举行】 2005年9月17日上午，华汉集团(台资)向"青海青少年读书教育基地"(青海省图书馆)捐款仪式在省图书馆一楼大厅举行。

出席捐款仪式的嘉宾和领导由华汉集团总经理于洋、华汉集团行政部经理汤燕、北京力也文化传播有限公司总经理葛钊、省文化厅副厅长杜新琴、社文处副处长郭红、省图书馆党委书记戚芹等。省图书馆副馆长刘正伟主持了捐款仪式，于洋先生和杜新琴副厅长分别代表华汉集团和省文化厅讲话。古城台小学杨旭同学代表我省青少年在捐款仪式上献辞致谢。

华汉集团此次向"青海青少年读书教育基地"捐赠的10万元人民币，将用于"华汉青少年读书活动中心"内部的馆藏和文化服务设施建设。"中心"建成后将为青海广大青少年的思想道德教育和文化素质的提升发挥重要作用。

捐款仪式上，我馆领导分别向华汉集团及北京力也公司赠送了纪念品。(青海省图书馆学会)

【我省代表参加第九届全国省、自治区、直辖市、较大城市图书馆馆长联席会议】 2005年9月14日—16日，第九届全国省、自治区、直辖市、较大城市图书馆馆长联席会议在安徽省黄山市屯溪区召开。青海省图书馆于立仁馆长参加了会议。

此次会议由国家图书馆主办，安徽省图书馆承办。文化部社会文化图书馆司及国家图书馆的领导和42家公共图书馆的代表共计70人出席了会议。会议研讨了公共图书馆人事体制改革、图书馆在城市文化建设中的作用和公共图书馆坚持公益性服务等议题。于立仁馆长向大会提交了题为《强化公共图书馆公益性服务意识》的论文。在会议分组讨论中，于立仁馆长还就近几年来我省公共图书馆的发展现状向与会代表作了介绍，并希望沿海及发达地区图书馆在条件许可的情况下，给予西部公共图书馆大力支持和帮助。(青海省图书馆学会)

【首都图书馆一行七人到省图书馆参观访问】 2005年10月13日下午，以首都图书馆副馆长周心慧为领队的首都图书馆、北京各城区图书馆馆长一行七人到我馆参观访问。

来访客人在我馆馆长于立仁及业务科、办公室相关人员的陪同下先后参观了借阅部、新书阅览室、报纸、期刊阅览室、开架借阅书库、地方文献中心、少儿阅览室、盲人阅览室等业务部门。在开架借阅书库，客人们详细听取了借阅部主任的情况介绍；在地方文献中心、少儿阅览室及网络中心还分别与工作人员进行了面对面的工作交流。他们对我馆开展的各项业务工作给予了充分的肯定。

在参观过程中，于立仁馆长向来访客人详细介绍了我馆馆情及发展过程中存在的困难，并诚恳地向客人们征求办馆经验和意见，以期今后加强彼此间的业务交流和合作，共同推进图书馆事业的发展。(青海省图书馆学会)

【我省部分州、市、县图书馆馆长赴内地考察学习】 为提高我省公共图书馆的管理水平，加强和扩大与外省、市图书馆的业务交流，2005年10月16日—25日由西宁市、海西州、海

287

北州、大通县、湟源县、互助县、同仁县、天峻县图书馆馆长组成的学习考察团一行 10 人,由省图书馆学会李盛福秘书长带队,赴江苏省图书馆、苏州市图书馆、浙江省图书馆、上海市图书馆进行为期 10 天的考察学习。学习考察团所到之处,均受到了兄弟省、市图书馆的热情接待。此次活动,使各馆馆长增长了知识,开阔了视野。兄弟省、市图书馆办馆的先进经验、工作作风、工作方法、服务方式、服务水平给学习考察团每一位成员留下了深刻的印象。各馆馆长表示,回去后一定要将兄弟省、市图书馆的好经验、好方法结合本馆实际发扬光大,为我省图书馆事业的繁荣和发展作出新的成绩。(青海省图书馆学会)

【省图书馆派员赴京参加"共享工程"省级分中心技术骨干培训班】 为进一步做好我省"共享工程"省级分中心及基层分中心的业务基础建设工作,使"共享工程"在我省健康发展,2005 年 11 月 21 日—25 日,我馆网络中心工作人员在北京参加了全国文化信息资源建设管理中心举办的省级分中心技术骨干培训班。

四天的培训内容主要有:NDCNC 共享工程版应用系统安装、使用、调试、维护等;文化共享工程基层版资源介绍;服务器、投影仪及幕布等设备的签收、验收、调试环节;服务器、投影仪及幕布等设备的安装、使用、维护、包装等;各种软硬件的使用操作技巧及常识等相关内容。同时进行了上机操作和测验,培训中,我馆网络中心工作人员认真参加培训并同兄弟馆同行就"共享工程"建设工作发展情况进行了探讨,在结业考试中也取得了良好的成绩。(青海省图书馆学会)

【全省"共享工程"基层分中心(二期)建设培训班在西宁举行】 为进一步加强"全国文化信息资源共享工程"在我省基层网点的建设和基层点专业技术人员的业务技能培训,我省继 2004 年举办第一期"共享工程"基层分中心业务建设培训之后,今年又在省图书馆举办了为期 4 天的基层分中心建设设备安装、调试及使用技术培训班。来自西宁市等 15 个州、市、县级公共图书馆、5 个乡镇文化站、2 个自然村、2 个社区的 28 名工作人员参加了培训班。

此次培训班分别讲授了《计算机基础知识》《中国网通卫星站基础知识》、卫星天线安装调试、软件安装及使用以及实习等内容。

通过培训,学员们基本掌握了相关的知识和操作要领,为下一步各基层网点"共享工程"设施的安装、调试和实际应用以及今后能够更好地为基层群众提供文化服务打下了较好基础。(青海省图书馆学会)

【省图书馆举行"青春书话"中小学生有奖征文颁奖会】 2005 年 12 月 3 日下午,由省图书馆培训中心和《西宁晚报》社联合举办的"青春书话"中小学生有奖征文颁奖会在我馆影像资料室举行,来自西宁市各小学的学生共 40 余人参加了颁奖会。此次征文活动共收到征文 34 篇。经《西宁晚报》社副刊部的老师认真评选,共评出一等奖 5 名,二等奖 5 名,三等奖 10 名,优秀鼓励奖 14 名,所有获奖的作品在我馆"知识长廊"中进行展览,一等奖作品陆续在《西宁晚报》的"青春在线"栏目中刊登。(青海省图书馆学会)

【省图书馆少儿书法班九名学生在第十三届全国"素质杯"少儿书画竞赛中获奖】 近两年,青海省图书馆加强青少年读者的服务工作,非常重视未成年人的素质教育,通过开辟中小学生第二课堂、书法培训、英语交流等系列活动,广泛开展校外教育,加强图书馆对未成年人的服务力度。

在近日揭晓的 2005 年第十三届全国"素质杯"少儿书画竞赛活动中,由省图书馆培训中心辅导培训、组织和推荐的少儿书法班 9 名学生参加了此次竞赛活动,并取得了 2 金、1 银、3 铜和 1 名优秀、2 名鼓励的好成绩。这是自 2001 年我馆组织参加第六届"素质杯"全国少儿书画竞赛后的第二次竞赛组织活动。参加此次竞赛的学生大多数为小学各年级学生,平均年龄为 9 岁。据了解,目前在培训中心少儿书法班参加培训的学生共 23 名,推荐参加此次竞赛的学生是从近两年在我馆少儿书法班学习的近40名学生中选拔的。在此次获奖的作者中，西宁南山路小学四年级一班陈震、虎台小学四年级二班黄嘉栋获鼓励奖；五四大街小学五年级张彦获优秀奖；新宁路小学五年级三班左妍、五四大街小学五年级王国晨、寇青宇获铜奖；桥电小学五年级崔祺获银奖；古城台小学六年级赵倩楠、南方小学六年级王彤获金奖。我馆少儿书法班教师、培训中心主任王进先同志被大赛组委会特聘为委员，授予"素质教育优秀辅导员"称号。（青海省图书馆学会）

【青海省图书馆2005年业务数据统计分析】 2005年我馆新办借书证2 156个、退证635个。总流通人次为308 947人次，总流通册次为1 013 172册次。其中外借图书人次为116 311人次，图书流通为185 524册次。读者外借率为159.5%，图书周转率为0.63%，全年读者流通人次、流通册次分别比2004年递增1.8%和4.4%。今年到馆人次和图书馆周转率的增加，是缘于购书经费的增加。各阅览室增加了很多新图书，基本能满足读者的需求。2005年除订购报刊外，购买图书8 721册，募集图书3 300册，全年新书入藏12 547册。

图书外借情况，新书借阅室、文学借阅室借阅人册次相对较高，新书借阅室占总借阅册次的41%，文学借阅室占总借阅册次的30%、借阅率最低的是闭架书库占5%。从这些数据看，新书阅览室借阅率比2004年有所降低，文学借阅室大幅增加，闭架借阅也有所增加。

从图书流通类型看，文学类流通量较大，其次是B、D、F、G、R、K类图书。借阅R、B类图书的读者年龄均在35岁—45岁，借阅D、K类图书的读者均在45岁—50岁，退离休的读者均在报纸阅览室。

从阅览人次看，报纸阅览室读者最多，其次是期刊阅览室、电子阅览室。今年购书经费的增加使我馆增加了许多新图书，读者借阅率比往年有所增加。

我馆盲人阅览室于2005年9月10日正式对外开放，9月—12月接待视障读者161人次，阅览册次为532册次，购入盲文图书198册，视听文献94盘。

从今年统计情况看，我馆文献资源的利用率有所提高，但我们还需加快文献资源现代化建设，进一步深入调研，更好地完成采编工作，使馆藏资源得以充分发挥作用。（青海省图书馆学会）

【省文化厅、省图书馆联合向青海建新监狱捐赠图书】 2006年5月29日上午，省文化厅、省图书馆联合向青海建新监狱捐赠图书仪式在青海省图书馆举行。省文化厅社文处副处长李玉学、青海建新监狱监狱长董青宁、副监狱长朱科、青海省图书馆馆长于立仁、党委书记李智信、副馆长刘正伟以及建新监狱30名干警和省图书馆部分职工参加了捐赠仪式。

省文化厅、省图书馆共向青海建新监狱捐赠图书、期刊2 000余册，价值1.2万余元，所捐图书包括文学、军事、思想道德、农业种植等四大类。《青海日报》《青海法制报》《西宁晚报》《西海都市报》及青海电视台等媒体分别对此次活动作了报道。（青海省图书馆学会）

【我省文献信息资源共享工程取得新进展】 为从根本上改变我省基层文化设施建设的落后局面，利用信息技术实现文化建设的跨越发展，省文化厅积极实施文化信息资源共享工程，在2005年建成单机卫星服务点15个的基础上，2006年又新建23个，使我省共享工程单机卫星服务点总数已达到38个，同时开始启动共享工程州级分中心建设，在海西、海南和海北州图书馆分别建成各拥有微机10台的电子阅览室。

于2002年4月由文化厅、财政部联合启动的"全国文化信息资源共享工程"，是国家在新的历史条件下构筑公共文化服务体系的一项文化基础工程、民心工程、德政工程。工程采用现代信息技术，对文化信息资源进行数字化加工和整合，通过互联网、卫星、移动硬盘和光盘，最大限度地满足广大人民群众的精神文化需要，充分发挥文化启迪思想、陶冶情操、传授知识和鼓舞人心的积极作用。

据介绍,该工程以图书馆、文化馆、乡镇和社区文化站、村文化室为主要实施对象,以单机卫星服务系统为重点,并借此全面推动农村文化活动点建设,广泛开展农村文化活动,构建农村文化服务体系。单机卫星服务系统除提供文化信息外,还可用于中小学远程教育和农村党员远程培训。(青海省图书馆学会)

【青海省副省长吉狄马加到省图书馆视察工作】 2006年8月7日上午,青海省人民政府副省长吉狄马加在省文化厅厅长曹萍一行的陪同下对青海省图书馆进行了视察。

吉狄马加副省长在省文化厅领导和青海省图书馆馆长于立仁同志的陪同下先后对省馆借阅部、新书借阅室、少儿阅览室、盲文借阅室、开架书库、期刊部、地方文献中心、网络中心、电子阅览室进行视察并同工作人员进行了亲切交谈。

视察中,吉狄马加副省长仔细询问并认真听取了于立仁馆长对图书馆情况的介绍,吉副省长对图书馆近年来的发展给予了高度评价,认为"图书馆是城市文化发展的名片,对提高整个城市市民的文化素质起着重要的作用"。吉狄马加副省长表示,省政府将继续对青海省图书馆的各项工作给予大力支持,希望省馆全体职工继续努力,争取为全省图书馆事业的发展作出更大贡献。

陪同吉狄马加副省长视察工作的还有文化厅副厅长马占魁、杜新琴、杨自沿、纪检组组长穆梅兰、办公室主任周斌、副主任邓福林、社文处处长李晓燕及相关职能部门的负责同志。(青海省图书馆学会)

【全省图书馆馆长第二次联席会议在尖扎县举行】2006年8月8日—10日,由青海省图书馆学会、青海省图书馆主办,青海省尖扎县图书馆承办的"全省图书馆馆长第二次联席会议"在尖扎县政府会议室举行。来自省文化厅、黄南州政府、尖扎县委县政府各有关领导及全省26所各类型图书馆馆长等43位同志参加了本次会议。

会议由青海省图书馆学会副理事长、青海省图书馆副馆长张志青主持。尖扎县副县长刘克英致欢迎词。省文化厅厅长曹萍、黄南州副州长开哇、黄南州文体广电游泳局副局长白卫东、省图书馆学会理事长、省图书馆馆长于立仁先后在会上讲话。

召开这次会议,目的是进一步加强各馆之间的交流,联络各馆之间的感情,并通过各馆之间的相互学习和交流,对我省图书馆事业的发展起到积极的促进作用。

曹萍厅长的讲话,首先肯定了全省图书馆在数字化、网络化建设、共享工程、送书下乡、科技咨询、社区服务等方面所取得的成绩。同时指出了省、州、市、县图书馆所存在的问题:一是购书经费短缺;二是专业人员缺乏,业务素质偏低;三是业务基础薄弱;四是有些地方党政领导不够重视图书馆工作等等,她希望这些问题引起大家的重视。随后,曹萍厅长结合将要全面推开的文化体制改革,就知识信息对提高人们的科学文化素质的重要性、社会对图书馆事业发展的需求、图书馆所提供的信息资源对社会全面发展所起到的积极作用、图书馆人思想观念的改变等方面进行了全面阐述。最后,曹厅长对全省图书馆馆长提出了五方面的要求:一是抓学习,提高自身学历层次,扩大知识面,全面提高素质;二是抓培训,积极参加省上举办的各类培训活动;三是抓管理,提高图书馆服务水平;四是抓活动,积极创新;五是图书馆要在新农村、新牧区建设中发挥积极的作用,通过提供科技知识信息,为农牧民致富增收做好服务。

会议期间,西宁市图书馆、大通县图书馆、海北州图书馆、平安县图书馆、尖扎县图书馆等,结合本馆实际,就各馆如何在构建和谐社会,努力促进全省图书馆事业持续发展方面进行了大会交流发言。(青海省图书馆学会)

【"共享工程"国家中心张彦博主任考察我省"共享工程"实施情况】 2006年8月19日—8月22日,"共享工程"国家中心主任张彦博、顾问孙承鉴、工程师胡晓峰一行三人对我省"共享工程"实施情况进行了考察。

考察期间,张彦博主任一行先后深入青海省级分中心、海北州分中心、湟中县分中心、贵德县分中心,对工程设备使用、维护,资源利用等情况进行了调研。8月21日上午,孙承鉴研究员应邀向省级分中心科以上干部和业务骨干作了题为"创新与数字图书馆建设"的报告。

考察期间,孙承鉴研究员还听取了我馆"数字图书馆"一期建设情况汇报,对我馆起步实施的"数字图书馆"建设工作作了技术指导,并就文献数字化加工、网络建设及网络管理等业务工作提出了权威性意见。(青海省图书馆学会)

【中共中央政治局常委李长春视察湟中县文化信息共享工程】 2006年8月25日,中共中央政治局常委李长春在青海考察工作时,专程走访了文化共享工程西宁市湟中县级分中心,了解该县资源服务情况,并观看了文化共享工程展板。

李长春十分关心青海的公共文化服务建设。他深入农村文化中心户,了解基层群众文化活动情况;走进农牧民家中,查看广播电视村村通收视效果。李长春强调,要大力推动公共文化服务体系建设,重点抓好西新工程、广播电视村村通工程、文化信息资源共享工程等建设,加大力度,加强基础设施建设,提高服务水平,让广大基层群众共享文化发展的成果。要深入发掘青海丰富的文化资源,推进民族文化与高新技术相结合,与产业相结合,与市场机制相结合,陪育和形成具有高原特色和浓郁风情的民族文化品牌。(青海省图书馆学会)

【青海省2006年基层图书馆业务人员培训班圆满结束】 2006年8月30日—9月3日,由青海省图书馆、青海省图书馆学会联合举办的2006年基层图书馆业务人员培训班顺利结束,来自省、市、县部分图书馆的业务人员共28人参加了培训。培训班共讲授了《图书馆学概论》、《图书分类》、《文献编目》、《文献资源建设工作》、《文化信息共享工程》等五门课程。

此次培训班,对进一步提高基层馆业务人员的业务素质,使基层馆业务人员更好地掌握图书馆工作的技能和方法,将起到积极的作用。(青海省图书馆学会)

【青海省图书馆网站建设工作正式启动】 随着数字图书馆发展步伐的不断加快,传统图书馆的资源和服务逐渐向网络化转型。为了加强与外界的交流,拓展图书馆服务的范围和功能,青海省图书馆自2005年开始筹建青海省图书馆网站。经过一年多的准备工作,2006年8月青海省图书馆网站建设工作正式启动。网站建设最终目标为:分阶段建设,逐步建立结构合理、内容丰富、功能强大的信息发布平台、信息服务平台、信息交流平台、地方文化展示平台、业务研究、辅导与交流平台;通过互联网为读者提供全方位、多层次的文献信息服务及全面展示青海地方文化的青海省图书馆互联网站。(青海省图书馆学会)

【"文化共享长征行"旗帜传到我省】 2006年9月26日上午,"文化共享长征行"青海接旗仪式在青海省图书馆隆重举行。省文化厅社文处处长李晓燕、省图书馆馆长于立仁、副馆长张志青、四川省图书馆网络中心主任陈雪樵,我馆部分职工以及西宁市图书馆、大通县图书馆、湟中县图书馆、乐都县图书馆代表和读者代表出席了仪式。

"文化共享长征行"是为纪念红军长征胜利70周年,由国家文化部联合全国文化信息资源建设管理中心、中国图书馆学会以及江西、福建、贵州、四川等15个长征途经省份文化信息资源共享工程省级分中心共同举办的系列服务活动,旨在通过红旗的传递和相关文化资源共享服务活动,弘扬和传承"长征精神",推进全国文化信息资源"共享工程"在这些省区的发展。

接旗仪式上,出席活动的领导和群众代表纷纷在"文化共享长征行"的旗帜上签名。29日,红旗将由我馆领导护送至甘肃会宁。

此次活动,受到了省内多家媒体的重视和报道。(青海省图书馆学会)

【全省县乡图书馆、文化馆

专业技术人员培训班在省图书馆举行】 为落实省委组织部、省人事厅"111 工程"培训任务，帮助全省县乡图书馆、文化馆专业技术人员全面了解和掌握相关专业基础知识、业务技能和工作方法，省文化厅委托我馆和省文化馆于 2006 年 11 月 21 日—27 日，对来自全省县乡图书馆、文化馆的 80 名专业技术人员在西宁集中进行了培训。

培训主要采取系统性理论授课、实践操作、参观学习等方式进行。两个培训班分别聘请我省著名的专家和学者讲授了《青海文化事业与文化产业发展》、《创新思维与创造力的发挥》、《专业技术人员权益保护》、《非物质文化遗产保护》、《文化信息资源共享工程技术》等课程。

本次培训班的举办，首先得益于省人事厅对我省县、乡基层专业技术人员人才培养问题的大力支持，得益于省文化厅对此次培训班的高度重视。

在结业仪式上学员代表纷纷表示，他们将把这次所学知识带回基层，做好基层县乡图书馆、文化馆的业务工作，为丰富基层农牧民群众文化生活贡献力量。（青海省图书馆学会）

【国务院台湾事务办公室、海峡两岸出版交流中心、九州出版社向省图书馆捐赠图书仪式在西宁举行】 2006 年 11 月 14 下午，在一阵阵欢快的乐曲声中，国务院台湾事务办公室、海峡两岸出版交流中心、九州出版社向省图书馆捐赠《台湾文献汇刊》仪式在青海图书馆隆重举行。

出席捐赠仪式的嘉宾和领导有国台办海峡两岸出版交流中心主任、九州出版社社长徐尚定、海峡两岸出版交流中心秘书长关键、副秘书长李勇、九州出版社首席宣传策划张慧群、青海省人民政府台湾事务办公室主任潘铁民、青海省文化厅副厅长杨自沿、青海省文化厅社文处处长李晓燕及省图书馆部分职工和读者代表。省图书馆党委书记李智信主持了赠书仪式。海峡两岸出版交流中心秘书长关键发表了热情洋溢的讲话。

《台湾文化汇刊》涵盖明清及民国初期的私人著述及地方志书，新收录了台湾地区出版的《台湾文献丛刊》所未能收进的 100 余种古籍，包括大量孤本、珍本，完整辑录了体现台湾与祖国大陆渊源的档案资料，并刊入了包胞的祖传私家文件，是迄今为止研究台湾问题最权威的资料，填补了台湾历史文化研究在文献资料建设方面的一项空白。

仪式上，于立仁馆长代表全馆职工向海峡两岸文化交流中心、九州出版社赠送了礼品。海峡两岸交流中心主任、九州出版社社长徐尚定表示，他们还将于近期陆续向我馆捐赠《明清宫藏台湾档案汇编》、《民国时期台湾档案汇编》、《海外遗存台湾档案选编》、《民间遗存台湾文献选编》计 500 册。（青海省图书馆学会）

【北京天时图书音像有限公司为我省捐书】 由于经费拮据，十多年来，我省多数州、县图书馆一直无力购买新书来满足广大读者的读书需求。为帮助基层图书馆摆脱困境，青海省图书馆学会秘书处经过 2005、2006 两年的积极努力，通过中国图书馆学会，从北京天时图书音像有限公司争取到了总价值为 20 万元、总册数为 8 365 册的捐赠图书。这批捐赠图书，将部分解围我省 21 所州、市、县图书馆无新书向广大读者借阅的困境，并在社会主义新农村建设中发挥积极作用。（青海省图书馆学会）

【2005 年、2006 年黄南州图书馆读者活动丰富多彩】
"三下乡"活动——2005 年、2006 年青海省黄南州图书馆在"三下乡"活动中，先后为该州同仁县保安镇城内村和州消防支队直属中队捐赠图书共 850 册；为 8 所小学的流动图书点送书上门 32 次，流通图书 1 354 册次，接待小学生 7 100 人次。

"图书馆服务宣传周"活动——2005 年 5 月，黄南州图书馆与同仁县图书馆联合举办了以"倡导科学，杜绝迷信"为主题的"图书馆服务宣传周"活动。活动期间，共散发宣传材料 3 000 余份，吸引读者 5 000 多人次；2006 年 5 月，两馆共同举办了"倡导全民阅读活动，构建学习型社会"为主题的"图书馆服务宣传周"活动。活动期间，利用图片、横幅、黑板报等，向广大读者介绍宣传图书馆的服务功能、服务内容、服务方式等,同时向广大观众播放了《现代女性礼仪》、《现代化社交礼仪》、《盆景制作和欣赏》以及无公害蔬菜生产教学系列等电视光盘20余部,散发宣传材料2 000余份,接待读者3 740人次。另外,向该州同仁县直岗拉卡镇古日麻村赠送图书1 000余册,阅览桌椅18套,价值达2万余元。

"六一"国际儿童节活动——2005年6月1日,该馆为所在地隆务镇地区小学生举办了"我爱我家"作文竞赛活动,参加竞赛的小作者达1 200人次,1万多观众参加颁奖歌舞晚会;2006年6月1日,该馆为同仁县地区小学生举办了"我做合格小公民"演讲比赛活动和为期一周的"小学生手工制作展览",参加活动的小学生达1 263人,吸引观众达2万人次。

所有这些活动,对宣传图书馆功能、吸引读者崇尚科学、提高读者阅读兴趣起到了积极作用,活动得到了广大读者青睐和好评。(青海省图书馆学会 李盛福)

山东省

【概况】 全省17个市共有公共图书馆147个,其中省级图书馆1个,副省级图书馆1个,计划单列市图书馆1个,市级图书馆13个(临沂市和菏泽市没有市级图书馆),县级图书馆131个(其中两个少儿馆)。全省乡镇、社区图书馆3 055个。全省93个公共图书馆被文化部分别命名为一、二、三级图书馆,其中一级图书馆26个,二级图书馆44个,三级图书馆23个。

截至2005年底,全省公共图书馆总建筑面积为389 741.7平方米,比2001年(299 862平方米)增加89 879.7平方米。从2001年至2005年期间,全省公共图书馆建筑面积保持着增长的趋势,部分市级和县级图书馆对馆舍进行了扩建,还有一些图书馆已经将新馆的建设纳入当地城市建设规划中,如淄博市等。

总藏书量为2 435.1768万册(2001年2 136万册)、年入藏总量为891 649册(2001年591 907册)、年补助经费总数为10 536.25万元(2002年5 946.97万元)、年总购书费为2 039.78万元(2001年1 467万元)。从2001年、2002年和2005年数据可以看出,各级政府部门增加了对图书馆事业的经费投入,增幅明显。大部分图书馆每年购书经费已经被列为当地财政专项经费中,为图书馆的开展正常服务和必要的文献资源建设提供了经费保证。

职工总人数为2620人,与2001年(2538人)、2002年(2494人)、2003年(2590人)、2004年(2609人)相比,增幅较小,当前各级图书馆缺乏专业人才仍是制约全省图书馆事业发展的重要因素。

随着各级政府对图书馆经费投入的增加,全省各级图书馆改善了办馆条件,提高了服务质量,扩大了图书馆的社会影响力。到2005年底,全省持证读者总数为628 974人、总阅览坐席为25 828个、儿童阅览坐席为6 606个、老年阅览坐席为2 945个,计算机设备4 191台,电子阅览室计算机终端为2 638台。

全省现有乡镇、社区图书馆3 055个。根据中共中央办公厅、国务院办公厅《关于进一步加强农村文化建设的意见》,全省各级文化主管部门将进一步完善乡村文化设施建设,依托乡镇、社区图书馆建立农村公共文化服务网络。在全国第三次公共图书馆评估定级工作和全国文明城市建设创建工作的推动下,全省建成"文化信息资源共享工程"基层服务点264个,遍布全省17个地市。

近几年,全省文化事业建设有了长足的发展。但是,全省图书馆事业的发展与快速发展的国民经济和人民群众日益增长的文化需求还不相适应。

全省尚有8个区、5个县有馆无舍。8个区分别是:潍坊市坊子区、日照市东港区、泰安市岱岳区、枣庄市山亭区、济南市天桥区、淄博市周村区、淄博市临淄区、东营市东营区。5个县分别是:桓台县、陵县、沂南县、荣成市、嘉祥县。

其中,淄博市周村区、淄博市临淄区、桓台县因为原址被拆掉,造成有馆无舍,目前三馆正等待市文化中心的建成,解决馆舍问题。另外,商河县图书馆、平阴县图书馆依靠租用场所维持正常运转,济南市长清区图书馆则是借来的馆舍。

全省还有9个区没有图书馆，分别是：烟台市莱山区、潍坊市潍城区、济宁市市中区、威海市环翠区、莱芜市莱城区、莱芜市钢城区、临沂市罗庄区、临沂市河东区、聊城市东昌府区。（山东省图书馆学会）

【山东省文化信息资源共享工程分中心积极落实基层示范点实施工作】 山东省文化信息资源共享工程实施以来，在丰富和活跃群众文化生活、传播社会主义先进文化等方面发挥了积极作用。目前，全省基层站点近300个，为了使广大群众享受到更加优质便捷的公共文化服务，充分发挥基层站点的作用，山东省文化厅于元月17日向全省各市文化局、文化信息资源共享工程分中心下发了鲁文群〔2006〕1号《关于充分发挥文化信息资源共享工程基层站点作用的通知》文件，要求全省各级基层站点强化服务意识，提高服务水平，充分发挥技术设备的作用，利用国家中心、省中心传送的电影、戏曲、讲座、文献、科技、文化娱乐等优秀数字资源，面向农村，面向社区，面向群众，广泛开展数字文化服务。并且要求各级文化主管部门，高度重视共享工程基层站点建设，积极争取各级党委、政府和社会各界支持，加大投入，逐步扩大共享工程在我省城乡的覆盖范围。同时将在今冬明春对由国家中心赠送设备新建的基层站点进行检查。

根据文件要求，元月19日

省文化厅组织山东省图书馆副馆长李西宁、山东省图书馆研究辅导部主任陶嘉今等人前往聊城市和茌平县两级基层站点开展服务工作专项检查和调研工作，并对由国家中心资助建设的基层站点的设备安装、使用、人员培训和开展服务等情况进行专项检查。（王彬）

【山东省图书馆学会召开2006年驻济常务理事会】 新春将至，辞旧迎新。2006年元月13日，山东省图书馆学会在山东省图书馆召开在济常务理事会。会议由省学会副理事长、省图书馆副馆长李西宁主持，省学会副理事长、省文化厅社会文化处副处长蔡焱代表省文化厅致辞，省学会副理事长兼秘书长、省图书馆副馆长赵炳武作了学会2005年工作总结和2006年工作计划。与会的常务理事就学会的各项工作提出了建议和意见，并将各自单位的工作情况进行了交流。大家一直认为，过去的一年取得了一定的成绩，获得了不少宝贵经验。最后，省学会常务副理事长、省图书馆馆长王运堂作了会议总结。大家一致认为，在新的一年里，要继续加强学会的组织建设，繁荣学术研究，加强相互间的交流，团结合作，多干实事，进一步推动我省图书馆事业的发展。学会驻济常务理事18人参加了会议。（王玮）

【山东省图书馆举行第三届元宵节"书海灯谜会"】 为

了渲染节日气氛，丰富泉城人民的文化生活，由山东省文化厅主办，《济南时报》和山东省图书馆共同承办的第三届知识广场"书海灯谜会"，于2月10日在山东省图书馆知识广场正式开幕，为广大市民奉上了一道丰盛的节日文化大餐。

本届灯谜会自正月十三开始，为期4天，有谜语近2万条供观众猜射。内容除普通灯谜外，还特意设置了漫画灯谜、剪纸灯谜等，生动有趣，特色鲜明，并采用了当场兑奖和现场抽奖的方式，吸引了大量市民参加，虽然天气寒冷，谜会现场却是人群涌动，场面热烈。众多灯谜爱好者聚集在省图书馆艺术展厅内踊跃竞猜，报谜声、讨论声、掌声、赞叹声此起彼伏。4天时间累计接待猜谜爱好者近2万余名。开幕式前，还特意邀请济南市灯谜协会秘书长王麟举行灯谜知识讲座，为市民讲解猜谜技巧及相关灯谜知识。

此前，山东省图书馆已成功举办了两届"书海灯谜会"，每年都有上万名市民参加，产生了良好的社会效益。通过这些群众性娱乐活动，不仅推动了社区精神文明建设，而且更好地拓展和提升了山东省图书馆的文化综合服务功能,发挥了图书馆的精神文明基地作用,以实际行动贯彻落实"三个代表"的重要思想,使得山东省图书馆真正成为"文化的殿堂、读者的家园、群众的客厅"。

(王玮)

【2006 年山东省公共图书馆馆长联席会在日照市召开】

全省公共图书馆馆长联席会于 2006 年 3 月 8 日—10 日在山东日照召开。省图书馆馆长王运堂、省图书馆副馆长赵炳武、省图书馆副馆长李西宁、日照市副市长徐清、日照市委宣传部副部长、文化局局长赵斌以及全省 17 个市级公共图书馆馆长等领导出席并参加了会议。

本次会议的议题主要是:1. 传达"两办"《关于进一步加强农村文化建设的意见》精神;2. 各地文化信息资源共享工程实施与建设情况交流;3. 研讨全省第五届公共图书馆业务竞赛的相关事宜;4. 通报 2006 年山东省图书馆学会学术年会筹备情况。会上王运堂馆长首先就"两办"《关于进一步加强农村文化建设的意见》文件精神作了重要阐述,传达了文化部副部长周和平在今年关于建设全国农村公共文化服务体系会议上的有关讲话的重要内容,并指出今后几年全省公共图书馆事业的发展要树立和落实科学发展观,明确建设社会主义新农村的重要性,把构建农村公共文化服务体系作为重要工作来抓。其次,传达了文化部办公厅《关于进一步广泛、深入开展图书馆讲座工作的意见》,并就讲座的选题策划、组织宣传、成果转化等问题作了简明扼要的阐述。最后,王馆长对省馆 2005 年的工作作了总结,同时部署了省馆 2006 年工作。

李西宁副馆长将全省近几年文化信息资源共享工程的发展状况作了回顾和总结,并依据中央有关文件精神,对 2006 年全省文化信息共享工程工作作了部署,同时听取了青岛市图书馆共享工程建设经验的典型发言。随后,省图书馆学会常务副秘书长、省馆辅导部主任陶嘉今介绍了省学会 2006 年学术年会筹备情况和第五届业务竞赛的相关事宜。

会议上,全省 17 地市公共图书馆长交流了 2005 年工作,并沟通了 2006 年工作打算和思路。与会代表就图书馆新馆建设、图书馆多元化和多层次服务、图书馆改革与创新、人才培养和社会培训等方面的问题作了充分的交流。

会议期间,与会代表参观了日照市的主要文化设施。

(王玮)

【山东省图书馆学会 2006 年学术年会在烟台圆满落幕】

为了加强学术研讨与交流,进一步推动我省图书馆事业的发展,2006 年 5 月 16 日—17 日,山东省图书馆学会 2006 年学术年会在美丽的海滨城市烟台隆重召开。本届年会主题是"图书馆事业发展趋势展望"。这是自 2004 年青岛首届年会成功举办之后的第二次年会,是山东图书馆界的一件盛事,也是近几年来山东省图书馆学会最为重要的学术活动,是为进一步加强山东省图书馆学会的组织建设,弘扬山东省图书馆学会的学术研究精神,以适应新形势条件下对学会工作的需要,推动山东省图书馆事业更快更好的发展而召开的一次会议。

山东省图书馆学会副理事长、山东省文化厅社会文化处副处长蔡琰,山东省图书馆学会副理事长兼秘书长、山东省图书馆副馆长赵炳武,烟台市文化局副局长孙旭明,中国图书馆学会常务理事、北京大学信息管理系主任王余光,中国图书馆学会学术研究委员会常务副主任、北京大学信息管理系党委副书记李国新,烟台图书馆党支部书记陈华殿,山东省图书馆学会常务理事、济南市图书馆馆长郭秀海等领导

出席了开幕式。开幕式由赵炳武秘书长主持。来自全省各系统图书馆的领导、会员代表、省学会第十三次科学讨论会部分获奖论文作者90余人参加了会议。

蔡琰副理事长首先致开幕词,孙旭明副局长致欢迎词,郭秀海馆长宣读了山东省图书馆学会2001—2005年度先进学会名单、山东省图书馆学会2001—2005年度优秀会员名单以及山东省图书馆学会第十三次科学讨论会获奖论文名单。大会为获奖单位及个人颁发了奖牌和荣誉证书。王余光和李国新分别作了题为"图书馆与社会阅读"和"中国图书馆事业的现状、发展与热点"的专题学术报告。部分获奖论文作者进行了大会交流。会议期间,与会代表进行了广泛而深入的探讨与交流,会场气氛热烈融洽,研讨内容理性务实,达到了年会的预期目标。(陶嘉今　王玮)

【文化部周和平副部长等领导视察山东省图书馆】 2006年5月14日上午,文化部副部长周和平、社会文化图书馆司副司长刘小琴、全国文化信息资源建设管理中心主任张彦博一行5人在山东省副省长张昭福、副秘书长司安民、省文化厅文厅长杜昌、副厅长李宗伟、济南市委副书记徐长玉的陪同下视察了山东省图书馆。

周和平副部长此行的目的是调研农村文化工作,推广山东文化信息资源共享工程的经

验。他认为,山东的工作一向认真、踏实,文化工作更是如此,无论政策、措施都抓得实在、扎实,富有成效。全国文化信息资源共享工程目前已经列入"国家发展十一·五规划",中央各级领导非常重视这项"德政工程"、"民心工程",要求采取多种服务方式和手段,努力实现文化共享工程"县县建有分中心,乡乡建有基层服务站,50%行政村建有基层服务点"的目标。周副部长对山东省文化共享工程的建设工作给予充分的肯定,他指出山东作为首批文化共享工程的试点单位,取得了很好的成绩,积累了宝贵的经验,探索了一条文化共享工程与农村党员干部现代远程教育、数字电视、数字图书馆和基层文化建设相结合的"五连线"新模式,为多快好省地建设文化共享工程提供了新经验,值得各地借鉴。计划在6月份的全国文化信息资源共享工程工作会议上介绍山东的经验。

省文化厅李宗伟副厅长汇报了山东省文化信息资源共享工程的进展情况和下一步的工作计划。

随后,周和平副部长一行参观了省图书馆的计算机网络

中心、古籍书库、电子阅览室、办证处和外借部等服务窗口,与工作人员进行了亲切的交谈,并在电子阅览室亲自上网点击了文化共享工程网站,查看了有关资料。

省图书馆馆长王运堂、副馆长李西宁陪同文化部领导视察了济南、聊城等四市的文化共享工程。(王玮)

【山东省第五届公共图书馆业务竞赛赛前培训班在济举办】 根据省文化厅"关于举办山东省第五届公共图书馆业务竞赛的通知"精神,竞赛办公室于2006年6月27日—30日在省馆举办了为期4天的"山东省第五届公共图书馆业务竞赛赛前培训班"。省馆副馆长赵炳武,省馆馆长助理、中文采编部主任王玉梅,省馆参考咨询部主任于青,以及来自全省17地市代表队的领队、辅导老师和队员60余人参加了培训班开课仪式,由省馆研究辅导部主任陶嘉今主持。

开课仪式上,赵炳武馆长谈到,随着全社会信息化、数字化、网络化进程加快,开发利用网络信息资源已成为公共图书馆实现现代化服务的一项重要任务。第五届业务竞赛在加强图书馆自动化、数字化、网络化建设,提升全省公共图书馆信息服务能力,全面提高图书馆从业人员的业务素质和专业技能,推动全省公共图书馆事业发展等方面将具有重要意义。他要求各位学员珍惜这次培训机会,认真学习,相互交流,争

取在即将到来的竞赛中取得好成绩。

培训班上，陶嘉今主任详细介绍了第五届业务竞赛的特点、内容、方式、题型，讲解了竞赛细则（讨论稿）和《图书馆学基础》。王玉梅主任和于青主任分别讲解了《信息组织》、《信息描述》和《网络信息检索》的知识要点。培训班还邀请了万方数据股份有限公司的讲师详细介绍了万方数据库的结构、功能以及使用方法，受到学员欢迎。

本次赛前培训班紧密结合业务竞赛的内容和特点，使全体学员明确了业务竞赛的要点和范围，熟悉了竞赛环境，协助各代表队进一步搞好参赛前的准备工作。（王彬）

【"2006年山东省暨济南市社会科学普及周"活动在山东省图书馆举行】 2006年6月24日上午，由省委宣传部、省社科联、济南市委宣传部、济南市社科联共同主办，省社科联、济南市社科联、山东省图书馆承办的"2006年山东省暨济南市社会科学普及周"开幕式暨咨询活动在山东省图书馆多功能厅举行。山东省人大常委会副主任王道玉，山东省人大常委会原副主任、山东省图书馆名誉馆长苗枫林，济南市委、市政府、山东省社科联、济南市社科联、山东省广电局、大众日报社、山东省图书馆等有关单位的领导同志出席了开幕式。开幕式上王道玉作了重要讲话，苗枫林亲自点击启动了山东社

会科学普及网。普及周活动为期两天，充分利用山东省图书馆的场地资源，举办了社会主义荣辱观宣传作品展示、全省

社科联系统工作"亮点"展示、济南市经济社会发展成果展示等专题展览，10余个省级学会和高职院校参加了现场义务咨询服务；活动还邀请了省市知名专家作专题报告，为广大市民群众献上了一道精美的文化大餐。

这次社会科学普及周活动，通过群众喜闻乐见的形式深入宣传、普及哲学、社会科学知识，广泛传播社会主义先进文化；围绕树立和落实科学发展观的主线，突出马克思主义基本理论、社会科学基本知识和社会主义荣辱观的宣传普及，对于提高广大群众的思想道德素质和科学文化素质，推动在全社会形成与构建和谐山东相适应的共同思想基础、积极价值追求、良好社会风尚、文明生活方式以及和谐人际关系，具有十分重要的意义。（王玮）

【山东省图书馆学会、山东省图书馆联手打造"大众讲坛"文化品牌】 为满足人民群众日益增长的精神文化需求，拓

宽公共图书馆服务内容和服务方式，文化部下发了《关于深入开展公共图书馆讲座工作的通知》，根据通知的要求，省学会联合省图书馆开设了"大众讲坛"，准备通过讲座这一方式为广大群众提供健康向上的精神食粮。

通过与省科学院、省社科院、省科协、省企业家协会、省经济学会、山东大学等单位积极联系，邀请在某一领域有突出贡献且知识渊博、思维敏捷而且关注社会、生动幽默的专家学者等做主讲人。讲座内容主要涉及时政热点、文学艺术、法律讲解、健康知识、经济论坛、科普教育等。"大众讲坛"系列讲座主要有在济南工作的两院院士主讲的"院士讲坛"、山东省部分十大杰出青年主讲的"青年论坛"、全国知名学者主讲的"名家讲坛"、以讲述山东历代学者的人生故事、学术理想、风骨人格以及那个时代社会发展的轨迹为主的"学人系列"、知名心理专家主讲的"家长课堂系列"等。

经过缜密的策划和认真的筹备，自2006年3月份开始向社会正式推出"大众讲坛"系列讲座，每月举办两场。截至2006年年底，先后举办了《马瑞芳讲聊斋》、《古典文明与西方文明》、《青年成才道路的规划与设计》、《了解孩子的行为目的》、《陆侃如与冯沅君》、《我国周边安全环境与台海局势》、《红楼梦》与《揭秘红楼梦》等，在社会上引起了强烈的反响。在积极建设学习型社会、倡导

树立社会主义荣辱观的背景下,这一富有成效的活动意义深远,因此,省学会将把"大众讲坛"作为长效活动坚持下去,经过不断的完善,努力把它打造成知名文化品牌。(王玮)

【山东省委书记张高丽等省领导视察山东省图书馆】
2006年8月8日上午,省委书记、省人大常委会主任张高丽,省委常委、宣传部长王敏,副省长张昭福在省文化厅厅长杜昌文的陪同下视察了山东省图书馆。

张高丽一行先后视察了省图书馆的目录厅、社科外借室、电子阅览室、全省文化市场网络监控中心等部门,还饶有兴致地参观了馆藏精品,并与工作人员进行了亲切的交谈。张高丽认为省图书馆较好的办馆条件、优质的服务、统一的着装,展示了良好的精神面貌。

王运堂馆长向张高丽书记汇报了我馆基本情况。当听到我馆建馆近百年,馆舍规模居全国第三,馆藏数量居省级馆第三,计算机网络比较先进,能够提供较好的网络服务后,张高丽书记十分高兴。他还非常关切地询问了我馆读者情况,了解到我馆持证读者已达15

万,年接待读者200余万人次,每天平均接待5 000余人次,年流通图书资料400余万册次时,他说:省图书馆在省文化厅的领导下,工作开展得卓有成效,如果馆舍位置再好一些,会吸引更多的读者走进图书馆,利用图书馆。

张高丽书记边视察边听取汇报,在目录厅观看了计算机书目检索演示,并询问了图书资料借阅手续,认为我馆给读者提供了快捷、方便的借阅服务。在电子阅览室,张高丽书记看到这里不仅能够查阅我馆电子文献,还能观看全省农村党员远程教育与共享工程结合的课件时,给予了充分肯定。杜昌文厅长向张高丽书记汇报了我省共享工程的进展及我省作为全国共享工程试点省份在贵州会议做典型发言的情况。张书记指示要把这项"德政工程、民心工程"抓好。在网络监控中心,张高丽书记查看了对某市网吧的实时监控情况,并提出了要加强对非在线网吧管理的问题。杜昌文厅长表示要加强市场稽查力度,杜绝黑网吧危害文化市场的现象。在观看馆藏珍品陈列时,张高丽书记强调说:这是你们的镇馆之宝,一定要保护好。

张高丽书记视察中对我馆工作进行了充分肯定,指出:你们这个馆建设的很好,管理也很好。通过视察,省委常委、宣传部长王敏认为,山东省图书馆是全国最大的省级公共图书馆,一定要努力做好读者服务工作。张昭福副省长也对我馆

科学、规范的管理工作给予了肯定。

视察结束时,王运堂馆长代表全馆职工感谢省委、省府对图书馆事业的关怀、支持,感谢省领导为全省读者建成这样一个好馆、大馆,并表示一定要勤奋工作,为读者提供优质服务,为建设文化大省作出新的贡献。

省委、省府办公厅的有关领导,省文化厅副厅长李宗伟、厅纪检组长李华文陪同视察。

(山东省图书馆学会)

【山东省第五届公共图书馆业务竞赛纪实】 2006年9月29日,由山东省文化厅主办,省图书馆承办的山东省第五届公共图书馆业务竞赛决赛在省图书馆报告厅落下了帷幕。此次竞赛从策划到成功举办历经一年半的时间,全省17个地级市和省图书馆的共18支代表队参加了这次竞赛。这次竞赛活动为全省图书馆界培养了一大批业务骨干,充分展示了专业队伍的风貌,为全省公共图书馆业务的发展指明了方向,尤其是加快了各级公共图书馆信息服务工作的步伐。

一、自2001年第四届公共图书馆业务竞赛以来,全省公共图书馆的面貌发生了较大的改观,各公共图书馆在业务、管理上都有不同程度的进步,使图书馆的社会地位得到不断提升,社会影响逐步扩大。随着科学技术的发展,图书馆服务模式逐步从传统方式转向以计算机技术和网络技术提供服务

为主,图书馆也面临着新的机遇和挑战。为适应图书馆事业发展的需要,全省公共图书馆应加快图书馆自动化、数字化、网络化建设步伐,加强图书馆信息服务能力,全面提高图书馆从业人员的业务素质和专业技能,这已成为全省业内共识。在全国第三次公共图书馆评估定级工作结束后,业务竞赛就提到议事日程。

为了组织好业务竞赛,省文化厅、省图书馆的领导会同有关专家做了大量筹备工作。省图书馆在2005年1月全省公共图书馆工作会议上,针对竞赛的相关工作征求了全省各级图书馆的意见。11月委派研究辅导部2位同志到南京市图书馆观摩"江苏省公共图书馆网络信息资源利用知识大赛",借鉴兄弟省馆经验。2006年初向省文化厅递交了《关于举办"山东省第五届公共图书馆业务竞赛"的请示报告》,向厅领导汇报竞赛项目、竞赛形式、参考资料等事宜。省文化厅在2006年3月9日全省公共图书馆馆长联席会上传达了鲁文群〔2006〕4号文件《关于举办山东省第五届公共图书馆业务竞赛的通知》。随后成立了以文化厅副厅长李宗伟为组长、社文处领导和省图书馆主要负责人组成的竞赛领导小组,责成省图书馆具体承办本次竞赛,并对竞赛组织工作、竞赛细则的制定等提出了明确要求。

根据省文化厅的有关指示,省图书馆成立了竞赛办公室,积极进行竞赛的筹备工作。

竞赛办公室从竞赛的整体构思、竞赛方案的设计,到竞赛细则的制定,进行了多次策划、研究和讨论。5月在青岛会同全省部分代表队的领队和指导老师,召开业务竞赛工作座谈会,针对业务竞赛题型、评分标准、奖励办法等进行了讨论。6月底在济南举办了为期4天的"山东省第五届公共图书馆业务竞赛赛前培训班",向所有参赛队员讲解了本次竞赛的特点、内容、方式、题型等。8月中旬,召开各代表队领队会,对竞赛细则及比赛相关内容作了详细的阐释,及时将竞赛信息传递给全省各代表队。

省图书馆一方面集训本馆的一支代表队准备比赛,一方面成立了竞赛组织委员会和裁判委员会,认真细致地准备各项工作。9月4日,竞赛组委会召开工作会议,组建了会务服务、赛场调度、宣传报道、后勤保障、计算机网络保障、安全保卫等小组,进一步明确了赛程安排和组委会工作人员的职责分工。截至9月26日,竞赛裁判、试题、场地、设备调试以及会务接待等各项工作已基本就绪,为确保大赛的顺利进行做好了充分准备。

为了迎接全省业务竞赛,各地文化局、图书馆高度重视,通过组织培训、模拟比赛等方式,认真选拔,组成参赛队伍,积极备战,力争取得优异成绩。青岛和潍坊组织各县市区图书馆的专业人员参加培训班,系统学习业务竞赛的理论知识和实践操作,并在此基础上,组织

举办了全市范围的业务竞赛,从中选出队员参加全省竞赛。枣庄和烟台早在竞赛通知下发之初,就确定了队员,并组织专业人员成立辅导小组,全面辅导参赛队员强化理论学习和实践训练。济南以此契机,在全市掀起业务学习的热潮,通过考试选拔的形式确定参赛队员。济宁多次组织全市年轻专业人员参加业务学习,通过多次预考的形式选拔参赛队员。当然成绩的取得与队员、辅导老师艰苦的努力是分不开的。为了准备业务竞赛,有的年轻队员把婚期推迟;有的队员在孩子出生之际就离开了家,进入封闭集训阶段;有的县馆队员为参加集训,每天要花费3个多小时乘坐公交车往返于市馆和县馆之间。各代表队辅导员老师在整个竞赛过程中付出了艰辛的劳动,他们同队员一起学习一起,在学习上给予悉心的指导,在生活上给予无微不至的关怀。

二、在竞赛的策划过程中,竞赛组织者借鉴了兄弟省馆举办类似竞赛的新思路、新理念、新方法,吸取了第四届业务竞赛的经验。这次竞赛在延续了第四届业务竞赛以计算机操作为主的比赛方式基础上,在竞赛内容、竞赛环境、参赛队员等方面提出了更高的要求。

这次竞赛参考资料是由教育部高等学校图书馆学学科教学指导委员会组织编写的图书馆学专业核心课程系列教材——"面向21世纪课程教材"。竞赛组织者根据全省公

共图书馆现状和图书馆事业发展的需要,选择了《图书馆学基础》、《信息描述》、《信息组织》、《网络信息检索:工具·方法·实践》四本教材。这套教材包括图书馆学基础知识、文献信息资源组织与揭示、计算机网络知识、数据库知识及其利用、网络信息资源利用等内容,并对虚拟图书馆、图书馆转型策略与目标、信息资源网络建设、知识管理与图书馆、未来图书馆形态等前沿课题作了深入分析。

为体现未来图书馆对复合型人才的需求,本届竞赛设立了"信息技术知识"和"信息技术利用"两个项目。这两个项目与前四届业务竞赛相比,具有综合性和实践操作性的特点,要求参赛队员有完整的知识体系结构和丰富的实践操作经验。为了鼓励在这两个项目表现突出的队员,竞赛设立了个人优胜奖,奖励在信息技术知识和信息技术利用两个项目中总成绩前6名的参赛队员。在本届竞赛中首次设立了优秀辅导奖,奖励在业务竞赛中获团体总分一等奖和个人优胜奖代表队的辅导老师。另外"信息技术利用"项目首次将比赛环境延伸到图书馆之外的因特网上,因此竞赛期间计算机、大型数据库、各种网络设备的稳定性和安全性以及竞赛试题的设计是竞赛成功举办的关键。本次竞赛对所有参赛队员以及竞赛组织者都将是一个新的挑战。

三、2006年9月28日上午

9时,简短而隆重的开幕式在省图书馆报告厅隆重举行。

开幕式由王运堂同志主持。李军处长致开幕辞,强调了业务竞赛的重要意义,指出现代信息技术手段的应用为公共图书馆事业的发展带来了机遇和挑战,对图书馆从业人员提出了更高的要求,希望各代表队将业务竞赛作为业务交流和促进的平台,保持平常心态,发挥出最高水平。烟台经济技术开发区图书馆马国斌代表参赛队员发言,决心赛出良好的精神风貌,赛出风格,赛出水平。山东省图书馆李洪梅代表裁判员讲话,表示全体裁判员一定严肃、公正、认真地履行裁判员职责,保证竞赛工作严谨有序地进行。

开幕式在热烈的掌声中结束。随后,参赛队员在项目裁判长的带领下进行了"信息技术知识"项目的抽签,有秩序地步入赛场。为了避免计算机出现故障,计算机网络保障组和部分裁判员在现场巡视,一旦选手使用的计算机出现了故障,就马上予以排除,排除不了,就更换机器,其间耗用的时间则相应顺延,尽可能保障队员的比赛时间不受损失。在上午的比赛中为了防止队员通过网络传递答案,竞赛办公室提前阻断了各个计算机之间的联系。比赛正式开始前,队员在项目裁判长统一指挥下,完成了验机工作。9点30分,随着蔡焱同志一声令下,"信息技术知识"项目的比赛正式开始。按照比赛规定,队员要将做完

的试题存在优盘里,交给打印处的工作人员,将试题打印出来。时间飞快地流逝着,不断有队员走出赛场,来到打印处。在一阵紧张而有序地忙碌之后,第一场比赛结束了。

中午参赛队员和领队回到宾馆就餐、休息。而一部分裁判员开始了紧张的阅卷工作。另一部分裁判员和计算机保障组的工作人员,开始清理计算机和优盘里的试题,同时将下午比赛试题拷入计算机指定位置。

针对上午打印试题时比较拥挤的情况,组委会增设了一个打印服务窗口。下午进行的是"信息技术利用"项目比赛。14时30分,比赛正式开始,这项比赛侧重检验选手们的实践应用能力,16时考试圆满结束。

本次竞赛阅卷量大,7名裁判要审阅54份答卷。上午理论考试成绩比预计的时间晚了一些,18时左右裁判长将成绩公示。在成绩公告栏前,各队的领队一边把焦急等待的队员安排回酒店就餐休息,一边仔细地查找自己队员的成绩,并预测一下总成绩能否进入决赛。而此时,新一轮的阅卷工作开始了。下午实践操作题虽然题量不大,但答案类型较多,增加了判卷的难度。为了确保评分结果的权威性和公正性,裁判员们反复审核每个选手的答案和评分,一直加班到深夜两点多,复核完成绩,确保万无一失后才休息。

经过28日的紧张角逐,29日上午进入团体决赛的是省

馆、济南、青岛、烟台、淄博、潍坊、济宁、枣庄、威海共9支代表队。在决赛中,精彩激烈的场面频频闪现,在个人必答、集体必答、风险题阶段,选手们充分展示了他们在专业理论和实践方面的知识,赢得了观众一阵又一阵的掌声,也得到了莅临赛场的各位领导、专家评委和各参赛代表队的一致好评。在闭幕式上,当领队、辅导老师和队员们从领导手中接过一座座奖杯时,每个人的心中都洋溢着喜悦。(王彬　王玮)

【山东省图书馆学会成功举行第十三次科学讨论会】近年来,全省图书馆事业发展很快,广大图书馆工作者在努力做好本职工作的同时,结合实际工作,从实践和理论上对图书馆工作的诸多方面进行了有益的探索,形成了较好的学术氛围。

山东省图书馆学会第十三次科学讨论会于2005年10月举行,研讨主题为"图书馆事业发展趋势展望"。本次活动得到全省广大会员的大力支持,各系统图书馆工作者踊跃撰稿,内容涉及图书馆工作的各个方面,针对图书馆工作中带有普遍性的实际问题,深入探讨,提出了许多新观念、新方法,具有较高的学术价值和现实意义。截至2006年2月10日,共征文356篇。

经省学会专家评委会严格评审,评出一等奖3篇,二等奖32篇,三等奖及优秀奖若干。为加强学术交流,使论文的学术水平得到认证,作为今后职称评定的重要学术依据,省学会决定将190余篇具有一定学术水平的获奖论文编辑出版,以便广大图书馆工作者能够相互借鉴、学习,更好地推动我省图书馆事业的发展。(王玮)

【莱芜市图书馆2006年基本情况】　1. 加强基层图书馆建设,在做好阵地服务的同时,深入基层、社区搞好辅导工作。为钢城图书馆开馆,先后派出20人次到钢城帮助工作,并整理图书5 000余册、期刊300余种,建起了阅览室、借书室、采编室,并安装了管理软件。2. 抓资源共享工程建设,在局领导的指导下,对我市农村党员远程教育网与信息资源共享进行了整合,并协助两区建起了接收站。3. 加强业务学习,重视人员培训。全年共派出学习16人次,同时每周五下午还进行业务学习,采取集中学习和个人学习相结合的方式,使全馆形成了自觉学习氛围。全年在正式出版物发表论文10篇,其中一篇获省级二等奖,5篇获中国图书馆学会优秀论文奖。4. 为提供优质服务,为读者提供方便,提高办事效率,今年对局域网进行了升级,更换了设备及软件,投资10万余元。(莱芜市图书馆)

【济宁市广泛开展向基层图书馆捐赠图书活动】为深入实施"知识工程",积极配合济宁市社会主义新农村建设宣传教育活动的开展,济宁市"知识工程"领导小组办公室于2006年12月专门下发了《关于在全市第十届农民文化艺术节期间开展向基层图书馆捐赠图书活动的通知》。此项活动以"倡导读书风尚,建设和谐济宁"为主题,充分发动各级党政机关、企事业单位的广大干部、职工和社会各界力量,踊跃捐书、捐款,扶持乡镇图书馆建设。经过一个多月的组织发动,共收到捐赠图书10余万册,捐款近15万元,所捐图书经过济宁市图书馆工作人员分类整理后,将于2007年上半年陆续送往基层图书馆。(纪文杰)

【青岛市图书馆盲人电脑培训中心】　根据盲人读者特点,2005年5月,由青岛市图书馆和市盲人协会共同发起,CARES机构青岛办事处提供部分设备赞助而共同成立了"盲人电脑培训中心"。2005年—2006年,共举办培训班6期,培训学员200余人。网络知识培训班从一开始就本着服务盲人、拉近电脑网络与盲人的距离、拓宽盲人学习途径、丰富盲人文化娱乐需要为宗旨,一切从盲人实际需求出发。通过培训,盲人朋友不仅学会了如何上网查阅、下载所需的资料,了解最新的医学信息,解决了培训资料缺少、集中培训不方便等难题,同时丰富了他们的业余生活,为他们今后更好地了解社会、融入社会打下了良好基础,进一步拓宽了图书馆为残疾人服务的渠道。(青岛市图书馆)

【青岛市图书馆盲人文学沙龙活动】 青岛市图书馆盲人文学沙龙2002年成立,并于每月的第一个周末举办,盲人会员30余人。5年来,文学沙龙活动越办内容越丰富,逐步形成了具有一定规模的特色活动。活动形式主要有文学讲评会、会员作品欣赏交流会、精品诵读会等。(青岛市图书馆)

【图书诚信之旅活动】 为积极倡导社会主义荣辱观、构建美好、诚信、文明、和谐社会,2006年4月23日,青岛市图书馆开展了"图书诚信之旅活动"。这次活动是对"图书漂流"的一次改良。它在图书漂流的基础上对借阅人和还书地点作了一定的限制。青岛市图书馆在对社会各界所捐图书进行技术处理后,把捐赠的近7000册图书放置在图书馆的"图书诚信之旅流通室"中。参加活动的读者通过登记身份证号码,可以任意挑选图书带回去阅读。看完后可以还回指定的8个基层图书流通中心,也可以传递给周围的人。青岛市图书馆在12月22日做了一次回收、清点,回收图书5 000余册,收到读书感言近1 300张,回收率达到了71%。本市各大媒体均对此次活动进行了跟踪报导,并给予高度评价。社会各界普遍认为,"图书诚信之旅"活动,紧密配合青岛市的"八荣八耻"教育,形式新颖,效果显著,既弘扬了青岛"诚信、和谐、博大、卓越"城市精神,又彰显了青岛读书人的诚信品格,起到了"传

递知识、培育成新、提升文明"的作用,成为展现我市精神文明建设成果的一道独特、靓丽的风景线。(青岛市图书馆)

【麦克美高杯双语大赛】 为进一步倡导"全社会读好书、用好书"的良好风气,在市民中点燃读书热情,以世界读书日为契机,青岛市图书馆与青岛麦克美高文化用品有限公司,共同举办了为期一个月的经典美文双语诵读比赛。比赛的参赛对象是青岛市五市七区中小学生,可自由选取中英文对照的诗歌、散文、语言故事、童话故事等,比赛分为初赛、复赛、决赛三个阶段,各区市图书馆分别组织辖区内的中小学生开展初赛和复赛,最后每馆推选3名选手于5月下旬到青岛市图书馆参加了决赛。双语大赛不仅提高了广大青少年学生的文化素质和审美标准,而且对提高青少年的双语水平和双语的规范化有着很大的促进作用。(青岛市图书馆)

【青岛文化大讲堂】 青岛文化大讲堂由青岛市图书馆的"半月一讲"活动发展而来。随着知识社会的到来,社会信息量的需求愈来愈大,本着与时俱进精神,充分发挥好图书馆的文化资源作用,通过举办各种知识讲座,为各学科各专业的专家学者提供一个平台,把浓缩的知识、审美理念,通过文化大讲堂深入浅出传递给读者,让大众在休闲中学到知识。2005年青岛市文化局与青岛市

图书馆在原有讲座活动的基础上联合推出"青岛文化大讲堂"文化活动品牌,有针对性地举办各种知识文化讲座。紧密围绕社会热点,举办时事政治讲座;发掘广大听众所关心的热点问题,举办普及性文化艺术知识讲座;结合青岛地域特色,举办青岛文化特色的专家系列论坛;在组织形式上注意寻求多方联合,即注重在本学会内发挥各单位的人力物力资源作用,又注重联合青岛各大专院校,和其他学会,拓宽讲座平台共同打造文化大讲堂品牌;在内容上注重社会热点和大众需求找课题。在举办现场讲座的基础上,还充分利用国家文化共享资源的名家视频讲座资源,在每周日播放视频名家讲座。在各级部门领导的关心支持下,"青岛文化大讲堂"深受青岛广大读者市民的欢迎。(青岛市图书馆)

【淄博市图书馆新馆建设工作取得突破性进展】 数年来,淄博市图书馆新馆建设一直是全市上下共同瞩目的民心工程。自去年市委、市政府进

一步确立图书馆、档案馆、方志馆三馆合建的方案后,新馆建设工作得到了上级有关部门的高度重视,由市文化局领导牵

头协调,专门成立了新馆建设工作领导小组和新馆建设办公室,经各方积极努力,在去年完成立项、定址、前期规划等工作的基础上,今年又完成建筑设计方案招标、评标等工作,经过图书馆业内专家、建筑专家论证,从国内外投标的 5 套不同风格的设计方案中遴选出最佳方案,并广泛征求各方意见,现已基本完成建筑扩初方案设计,进入深化设计前的修正阶段;建筑监理和勘查招标工作也已完成,施工招标正在筹备进行,新馆建设工作取得了新的实质性进展。(淄博市图书馆)

【淄博市第三届公共图书馆业务竞赛成功举办】 2006 年 11 月 3 日,"淄博市第三届公共图书馆业务竞赛"在淄博市图书馆和张店区文化艺术中心两个赛场拉开了帷幕。本次竞赛全面采用自动化、网络化的现代技术手段为操作方式,这在淄博市图书馆历届业务竞赛中尚属首次,标志着市县两级公共图书馆现代化服务水平有了新的提高。竞赛分设信息技术知识和信息技术利用两个

项目,涵盖了图书馆基础知识、文献信息资源组织与揭示、计算机网络知识、数据库知识及

其利用、网络信息资源利用等内容,与以往传统服务项目相比凸显了现代信息技术应用等特点。经过一天的激烈角逐,淄博市及各区县代表队发挥出色,取得了理想效果。此次竞赛对全面促进淄博市图书馆事业的发展,提高公共图书馆专业队伍的服务水平,提升公共图书馆文献信息服务能力起到了积极的促进作用。(淄博市图书馆)

【淄博市图书馆组织举办"淄博市中小学生'手抄报'有奖征集"活动】 为提高中小学生读者的书写、动手、动脑能力,淄博市图书馆自"六·一"前夕起组织举办了为期两个半

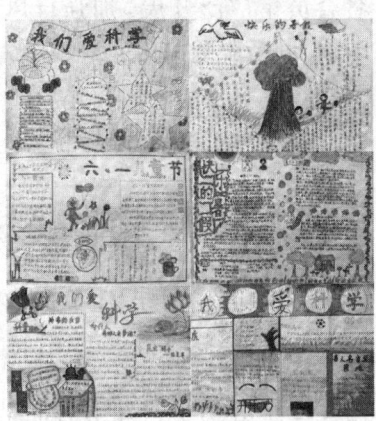

月的"手抄报"有奖征集活动,小读者参与踊跃,活动持续至暑期结束。工作人员对收集到的手抄报精心挑选 120 余份,在馆内二楼长廊展出后,装订成册,收为馆藏,并对"优秀手抄报"作者及积极参与者给予了相应奖励。(淄博市图书馆)

【威海市宣传"全国文化信息资源共享工程"内容】 在 4

月 23 日世界读书日和 5 月底的图书服务宣传周活动中,威海市图书馆先后走进山东省水运学院和山东省会计学校,为千余名大中专学生宣传并讲解"全国文化信息资源共享工程"的内容,专题播放"共享工程"中爱国主义影片及根据名著改编的优秀影片《鸡毛信》《地雷战》《简爱》《红与黑》等,同学们写出"观赏名著评析"文章 80 篇贴于校园宣传栏内。(威海市图书馆)

【威海市图书馆参加山东省第五届公共图书馆业务技能竞赛获团体三等奖】 威海市图书馆 3 月接到山东省文化厅关于举办"第五届公共图书馆业务技能竞赛"的通知后,成立了由业务馆长毕淑芳任组长,3 名参赛人员为组员的业务竞赛小组。经过 3 个月的刻苦训练,于 9 月 27 日代表威海市图书馆参加了比赛。经两轮角逐,进入前八名,最后决赛获得团体三等奖。在个人单项比赛中,杜丽娜获得信息技术二等奖、信息技术利用三等奖,徐丹获得信息技术利用三等奖。(威海市图书馆)

【威海市图书馆加强馆藏数字化建设】 为进一步方便读者,实现文献现代化的规范管理,上半年对成人阅览过刊室进行过刊自动化回溯建库,共完成 1.2 万多册过刊的机读数据,实现了成人阅览过刊库的数字化管理。下半年,集中统一力量对外借部门流通量较

大的 10 万多册图书进行倒架、粘贴防盗磁条、清点馆藏，11 月 15 日正式向社会开架借阅。（威海市图书馆）

【威海市图书馆图书馆学会工作】 图书馆学会组织会员分别参加了山东省图书馆学会第十三次科学讨论会和图书馆与和谐社会建设研讨会，共撰写论文 21 篇，其中获二等奖 1 篇，三等奖 17 篇，优秀奖 3 篇。（威海市图书馆）

【威海市图书馆举办中小学图书馆管理员培训班】 为进一步规范中小学的图书管理，提高管理人员的业务素质，2006 年 8 月，威海市图书馆对市区 36 所中小学图书馆管理人员进行培训。通过 6 天的学习，管理人员掌握了图书管理理论知识和业务操作技能。（威海市图书馆）

【威海市图书馆举办幼儿早期阅读专家讲座】 为了培养儿童早期阅读，养成良好的读书习惯，威海市图书馆于 8 月 27 日邀请了威童早教中心专家在市图书馆儿童阅览室举办了"幼儿早期阅读知识讲座"，为百余名家长深入浅出地讲解如何引导孩子进行早期阅读。市馆根据家长需求，适时购进一批适合亲子教育的图书。（威海市图书馆）

【威海市图书馆举办"读书与人生"座谈会】 2006 年 12 月 9 日，市图书馆与山东省海运学校海韵学社举办了"读书与人生"座谈会。本次座谈会邀请威海市两位业余作家，通过阅读他们的通讯集及小说作品，了解威海人、威海事，关心威海文化，从而提高学生对地方文献的认识。（威海市图书馆）

【潍坊市图书馆学会开展"加强行风建设，创新服务品牌"活动】 为落实中国图书馆学会提出的《中国图书馆馆员职业道德准则》、省文化厅和市文化局《关于在全省（市）文化系统开展民主评议行风活动的实施方案》的精神，潍坊市文化局与市图书馆学会联合下发文件，2006 年 4 月—12 月在学会各会员馆广泛开展"加强行风建设、创新服务品牌"活动。各县市区文化局、学会各会员馆领导高度重视，列入重要议事日程。市文化局及学会秘书处认真组织协调，加强督导交流。各会员馆转变工作作风，弘扬求真务实、开拓创新、注重特色的行业精神，扎实推进工作，特别是在"世界读书日"、"图书馆服务宣传周""全民读书月"期间，组织了一系列创新服务活动。广大读者密切配合，广泛参与，热情关注；上下联动、优势互补，创一流服务，树良好形象，使全市图书馆行风建设进一步加强，服务领域进一步拓展，特色活动明显增加，得到社会各界人士的普遍关注和一致好评。2006 年 11 月 2 日—3 日，"加强行风建设，创新服务品牌"活动总结表彰在寿光市林海生态博览园隆重举行，大会对经评选产生的 10 家先进集体、12 个创新服务示范岗及 18 名先进个人进行了表彰，先进集体的代表分别就本馆的服务品牌和特色活动进行了典型发言，与参会的各馆进行了广泛的交流。各位到会领导给予活动充分肯定并对建立行风建设的长效机制提出了具体的要求和建议。（林娟）

【潍坊市图书馆知识拥军又结硕果】 根据市直机关党工委在全市开展"优质服务项目"的安排，潍坊市图书馆确立申报了"图书馆社会服务网点建设"的项目，积极开展知识拥军和社区服务，活动效果显著。9 月 1 号，拥军分馆"潍坊市图书馆武警支队分馆"正式挂牌，市直机关党工委副书记田宝林、市文化局纪检书记潘长岭、武警潍坊支队政委董清虎等领导出席了揭牌仪式。为此，市馆先期选送了 600 余册图书和部分期刊，并为武警支队 8 个中队办理了集体借书证，各中队可以直接到市图书馆借阅，同时将全国文化信息资源共享工程国家中心发布的数据复制到武警支队内部网络发布系统，供武警官兵欣赏。同时，继续为已建立的部队服务点提供送书上门、定期调换、阅读指导等各项服务，保证各服务点部队官兵能够看到新书，满足部队官兵的读书要求。2006 年底，"图书馆社会服务网点建设"被评为潍坊市政府优质服务项目。（林娟）

【书寄缅怀情 画抒强国图——潍坊市纪念红军长征胜利70周年大型书画展举行】 2006年10月20日上午，由潍坊市委组织部、市委宣传部、潍坊军分区政治部、市委市直机关工委、市文化局、市公路局、市文联等单位联合主办，市书画家联谊会、市图书馆、奎文区文化馆承办的"潍坊市纪念红军长征胜利70周年大型书画展"隆重开幕。市委常委、宣传部长刘明珂出席开幕式并致辞。市政协副主席姜绍华、潍坊军分区副政委刘善信、省市老领导和社会各界300余人出席开幕式。刘明珂在致辞中说，伟大的长征精神是中华民族百折不挠、自强不息的民族精神的集中体现，是保证我们革命和建设事业从胜利走向胜利的强大思想武器。我们以书画展的形式纪念经军长征胜利70周年，不仅是缅怀过去，还要启迪未来，既是对伟大长征精神的弘扬，也是贯彻落实党的十六届六中全会精神，建设"和谐文化"的具体实践。此次展览共收到书画作品826件，充分展示了我市书画艺术的整体水平。展览到10月26日结束，作品在潍坊市图书馆和奎文区文化馆同时展出，引起社会极大反响。潍坊市图书馆荣获"最佳组织奖"。（林娟）

【《潍坊古籍书目》正式出版发行】 经过4年的努力，潍坊市第一部古籍联合目录——《潍坊古籍书目》由潍坊市图书馆、潍坊市博物馆编辑完成，由北京图书馆出版社正式出版发行。该工具书的出版，为全面了解和挖掘利用潍坊的古籍文献提供了有利条件，也是我市各相关单位开展馆际合作、实现资源共享的有益尝试。该书共收录潍坊市图书馆、市博物馆、潍坊学院图书馆和各县（市、区）图书馆，博物馆（文管所）以及个别藏书家收藏的古籍3 635种。按照经、史、子、集四部分类法编排，对每一种古籍的书名、卷数、著者、版本、版框尺寸、装订形式、行款、版心、鱼尾、牌记、题跋、序、刻工、避讳、藏书印记等情况进行了详细完整的著录，书后附有书名索引和著者索引。（林娟）

【潍坊市图书馆建立地方文献征集长效机制】 为完整系统地收藏我市地方文献资源，丰富图书馆的馆藏，使出版单位、编（作者）的作品得以广泛收藏和查阅利用并促进地方文献征集工作的规范化、秩序化，保证市馆收藏的完整性、系统性和连续性，为开发利用地方文献资源奠定基础，提高服务水平及能力，为潍坊争创全国文明城市创造良好条件，潍坊市馆加大地方文献征集力度，制定具体实施方案，将城区有关单位划片分区，各部室分工协作，各司其职，与各单位保持长期联系，以建立地方文献征集长效机制。同时，与各县市区图书馆签订地方征集协议，建立健全地方文献征集网络.《新华书目报》以"《求实创新 保护文献》——记山东省潍坊市图书馆"为题，对潍坊市图书馆建立地方文献特色馆藏的情况进行了专题报道。（林娟）

【潍坊市图书馆文献信息服务成果累累】 2006年共编制《外载本市信息索引》12期，信息达5 000余条，以此为检索点，为各级领导、部门提供信息服务10余次，176篇，其中为宣传部提供有关"王乐义先进事迹报告会"系列报道信息15种、75条；编制《图书馆专业信息》共12期，2 000余条，编制《保健信息》4期；编印了《潍坊旅游》，重点介绍本市的旅游及各地的风味小吃等，满足读者的特殊需要；编制《中国（寿光）国际蔬菜科技博览会新闻报道索引》1期，100余条；编制《潍坊国际风筝会信息索引》1期，200余条。利用本馆文献为诸城市武装部提供1983年—1990年《天津日报》关于李瑞环讲话的信息资料56册；为潍坊军分区政治部查阅《解放军画报》关于潍坊驻军有关图片32册；为潍坊市党史委提供有关抗日战争时期的统计资料，查阅图书、大众日报(1939—1942年)共计199篇；为CCTV-4走遍中国—节庆中华栏目提供88年至89年《大众日报》《潍坊日报》有关潍坊风筝节的报道；为市工艺美协的邓华先生编写《浮烟山与麓台书院》一书，提供《潍县志稿》中的人物图片资料，读者邓华先生荣获"山东省图书馆首届读书节十佳读者书香家庭"称号。与市科委、农科

院、潍柴等单位建立密切的联系，及时了解掌握各单位科研项目的进展情况，其中十项获潍坊市科学技术进步奖。（林娟）

【潍坊市图书馆各级各类展览活动常办常新】 为活跃城区春节文化生活，通过多方呼吁，重点联络赞助方，潍坊市图书馆于正月初十一—十六成功举办了"商业银行杯"潍坊市第八届元宵灯谜会。今年的灯谜与往年有了新变化，一是举办场地扩大，现场猜谜在市图书馆和市商业银行部分营业网点同时进行，方便了市民参加；二是联合《晨鸿信息》印制了有奖谜卷30万份发往各县市区，拓展了参与层面；三是组织人员将印制的彩色谜卷分别送至市、区各部、委、局、街办、居委会，收到了良好的宣传效果；四是宣传有了新突破，除市里各新闻媒体给予全面报道外，经市里推荐，冠名"相约文博会"在2月8日的《大众日报》"聚集文博会"栏目里进行报道。在第二十三届国际风筝会期间，我馆根据实际情况，积极筹备，精心组织，全体同志克服各种困难，在不影响日常业务工作的前提下，齐心协力，互帮互助，与市艺术馆联合成功组织风筝会文艺演出，为国际风筝会增光添彩。先后举办"迎新春名家书画作品展"、"活着的龙——大型爬行动物展"等各级展览、活动十余次。（林娟）

上海市

【概况】 上海文化共享工程在市文广局等相关部门的积极推进下，一手抓基层服务点建设，在完成区县基层中心全覆盖的基础上，不断向社区、农村延伸；一手抓资源建设，整合上海市文化信息资源，通过上海数字文化网发布到各基层服务点。截至2006年底，全市已建各级中心和服务点434个。其中市级分中心1个，市少儿分中心1个，区县基层中心25个，街道（乡镇）图书馆基层服务点84个；建在社区信息苑、学校、军营、企业等的基层服务点323个，基本形成了市、区县、街道（乡镇）、居委（村）4级服务网络。为完成全国文化共享工程"十一五"发展规划提出的以农村服务网点建设为重点的总体目标，上海以崇明县作为试点县，在崇明三岛的16个乡镇图书馆率先实现了文化共享工程基层服务点的全覆盖。10月25—27日，"首届全国公共图书馆展览资源共建共享交流研讨会"在上海图书馆召开，会上签订了"全国公共图书馆展览资源共建共享协议书"，实现了公共图书馆展览资源的共建共享。5月29日—6月4日举办的2006年度图书馆服务宣传周以"倡导全民阅读，构建学习型社会"为主题，广泛开展各类读书活动，吸引了50余万市民参加。为推动上海市社区图书馆事业发展，市文广局于2006年9月—2007年11月开展街道（乡镇）图书馆等级评定工作。

以"文化多元化背景下图书馆的管理和营销"为主题的2006年国际图联管理与营销委员会上海会前会于8月16日在中国浦东干部学院召开，来自欧、美、亚太等国家和地区的40多位图书馆界专业人士以及国内代表参加了会议。同期召开的第三届上海国际图书馆论坛围绕"管理创新与图书馆服务"展开了广泛的学术交流和探讨。

"上海之窗"项目是"中国图书对外推广计划"的组成部分，主要通过向境外图书馆及藏书机构捐赠由国内出版的图书，全方位地向境外读者介绍中国历史和文化。从2003年起，上海图书馆尝试在图书互换业务的基础上，在有友好协议关系以及位于友好城市的境外图书馆内设立"上海之窗"。至2006年底，已在全球21个国家和地区的29家图书馆建立了"上海之窗"，共向这些境外图书馆赠送了近万种图书，这些赠书使当地华人社区的读者和海外读者对中国以及上海的风土人情、改革开放后的变化有了更深刻的了解和认识。上海图书馆还与加拿大蒙特利尔市图书馆、挪威奥斯陆公共图书馆、俄罗斯圣彼得堡国家图书馆、澳大利亚昆士兰州立图书馆等签订了友好合作交流协议。上海社会科学院与上海图书馆联合成立的"上海市社会科学文献中心"于8月30日成立。上图举办了一系列有影响的展览，如上海图书馆藏明清名家手稿展、著名诗人任钧文献捐赠展等。区县图书馆发动社会力量参与,举办各种读书活动;结合文化共享工程建设,重视抓好网上虚拟服务,把受读者喜爱的讲座、戏曲、经典影视等信息资源送到部队、学校和为农综合服务站播放;虚心听取读者对图书馆的意见,进一步改进服务工作,"上海市社会科学文献中心"成立

静安区图书馆在了解商务楼青年白领需要图书馆服务、但又抽不出时间到图书馆借阅图书的情况后,开展了"图书进商务楼"活动,已在18个大型商务楼设立图书室。

市少儿馆针对不同年龄段的少年儿童,精心组织各种活动,有"我们的国际汽车城"全市青少年汽车知识创新大赛、"文明礼仪伴我行"少儿多媒体创意比赛、低幼儿的"知荣辱、树新风、做文明的小主人——八荣八耻童谣吟诵活动"等。各区县少儿馆也开展了丰富多彩的活动,如长宁区少儿图书馆组织全区中、小学生,举办纪念建党85周年和红军长征胜利70周年诗歌朗诵比赛;松江区为岳阳艺术幼儿园、辅读学校送书上门;奉贤、崇明举办少儿书画赛;浦东川沙少儿馆举办"学妈妈、讲妈妈、画妈妈"幼儿亲子活动;普陀区少儿图书馆开展"少儿荣辱观系列教育活动"等。

高校举办了多次学术研讨会和年会,如东南地区师大图书馆馆长会议,主要探讨图书馆的人事制度改革、人才队伍

建设和服务功能拓展;海外图情见闻专题报告会使图情工作者了解和掌握了海外图情界的发展状况。华东师范大学闵行校区新图书馆和同济大学嘉定校区新图书馆都已建成和开放,在保留传统服务功能的基础上又增加了新的服务功能,设立小型研究室等。上海戏剧学院图书馆和戏剧学院附属上海戏曲学校联合主办的"粉墨中国——传统戏曲展览与现场演示"在美国进行了半个月的文化交流,受到了所到学校的美国师生及当地华侨和华裔的欢迎。

2006年是中国科学院知识创新工程(3期)试点的开局年,上海分院各研究院、所图书情报工作围绕战略目标做好信息服务支持创新发展。中科院上海地区业务交流委员会4月专门组织各所图书情报人员就"贴近科研,创新服务,提高文献情报保障能力"进行专题研讨。上海地区各所信息中心(图书馆)利用网络和资源的优势,支持全院文献传递、开展学科馆员服务、开展网络化参考咨询服务。8—11月,配合中国科学院国家科学图书馆(筹)在全院各所开展学科馆员工作,宣传国家科学图书馆开发的中国科学文献数据库服务系统(Science China)。在中科院国家科学图书馆的支持下,在上海分院各所举行了学科化信息服务站挂牌仪式,开展学科化信息服务的内容宣讲9场,有200人次接受了培训。(赏图)

【上海制定文化共享工程"十一五"规划】 为落实2006年全国文化信息资源共享工程工作经验交流会等三个全国重要会议精神,市文广局会同上海图书馆制定了上海市文化共享工程"十一五"规划,明确了五个方面的工作。1. 明确了中心城区、郊区的街道(乡镇)和郊区的中心村依托社区信息苑,同步推进网点建设工作。2. 明确了"十一五"内上海农村地区实现文化共享工程基层服务网点全覆盖的目标。3. 明确了崇明县的试点工作。崇明县在6月实现了乡镇基层服务点的全覆盖,这次试点工作主要是推进村级基层服务点的建设,在中央财政、市财政的支持下,帮助崇明完成文化部交办的试点县工作。4. 明确了上海文化信息资源整合与共享问题。"十一五"期间,要建设一批资源数据库,资源总量达到3TB,通过无偿提供、补贴和购买版权(或使用权)的方式进行征集和资源整合。5. 保障措施,提出要加强领导和工作协调,各级政府要加大投入,加强队伍建设,确保服务质量和运行安全,妥善解决版权问题。(金晓明)

【"三位一体"建设社区图书馆电子阅览室、文化共享工程基层服务点与社区信息苑】 社区信息苑利用网络信息技术,整合各类资源,已成为满足广大市民多渠道获取文化信息需求的新颖的公益性公共文化阵地。社区信息苑在服务功

能、方式、对象上与社区图书馆电子阅览室、共享工程社区基层服务点基本相同，因此，市文广局于8月7日发出《关于明确上海市社区图书馆电子阅览室、文化共享工程基层服务点与社区信息苑"三位一体"建设与服务的通知》，要求区县和街道（乡镇）充分利用社区信息苑的扶持政策、设施和技术优势，避免重复投入与建设，使社区有限的建设经费和场地资源得以更有效的合理配置、整合利用。强调三者同步推进、共同建设后，实行"一站式"服务。社区图书馆电子阅览和文化共享工程社区基层服务点的服务功能主要由社区信息苑来承担。社区信息苑就是社区图书馆电子阅览室和文化共享工程基层服务点，并统一在社区信息苑内挂上"社区图书馆电子阅览室"和"文化共享工程社区基层服务点"的牌子，为读者提供包括网上服务在内的数字化信息服务。社区信息苑建到哪里，社区图书馆电子阅览室与文化共享工程基层服务点就建到哪里。社区图书馆与社区信息苑仍按现有的管理方式，在管理上两者具有独立性。对社区图书馆信息服务工作的考核，主要依据社区信息苑服务状况。凡社区信息苑与街道（乡镇）图书馆建在同一楼内的，将认可是街道（乡镇）图书馆的电子阅览室。社区图书馆总面积、阅览座位与社区信息苑面积、阅览座位可一并计算，但社区图书馆的传统文献借阅面积、阅览座位必须符合上海市街道（乡镇）图书馆等级评定标准中的不同等级的要求。（金晓明）

【"文化共享工程"崇明中学基层服务点】 2006年9月6日，"全国文化信息资源共享工程"崇明中学基层服务点揭牌仪式在崇明中学举行。市人大常委会副主任胡炜，市科教文委副主任周渝生，上海图书馆党委书记邵敏华，上海市作家协会副主席赵丽宏，崇明县人大常委会副主任殷惠生等领导以及崇明中学师生700多人出席仪式。上海图书馆向崇明中学赠送了图书、科技影片光盘及"上图讲座"光盘，上海图书馆与崇明中学交换了"文化共享工程"建设"文化共享工程"崇明中学基层服务点挂牌协议文本，胡炜与邵敏华为"文化共享工程"崇明中学基层服务点揭牌。崇明中学成为继上海中学、师大二附中、复旦附中、交大附中之后的第五个高级中学基层服务点，也是上海市第317个基层服务点。揭牌仪式后，市作协副主席赵丽宏为崇明中学700多名师生作了《文学：阅读、回忆和思考》的讲座。（金晓明）

【首届全国公共图书馆展览资源共建共享交流研讨会】 2006年10月25日—27日，由文化部全国文化信息资源建设管理中心、中国国家图书馆和上海图书馆共同主办的"首届全国公共图书馆展览资源共建共享交流研讨会"在上海图书馆举行。来自全国80家省市图书馆的近150位专家、学者，围绕"图书馆展览与构建公共文化服务体系"主题，就进一步拓宽展览管理、策划、实施、资源共享等方面的工作思路，创新服务模式，发掘展览空间，提高展览服务水平，进行学术探讨和经验交流。同时举办的还有"第三届'读书乐'全国摄影比赛首展开幕式"、"全国文化信息资源共享工程成果宣传展"及"'上图展览'十年发展历程展"。会议期间，由国家文化部全国文化信息资源建设管理中心、中国国家图书馆首届公共图书馆展览资源共建共享交流研讨会与上海图书馆3家主办单位向全国公共图书馆联合发出倡议，共同签订《全国公共图书馆展览资源共建共享协议书》，实现公共图书馆展览资源共建共享，让图书馆展览资源在公共文化服务体系的建设中发挥更大的作用。协议的签订有助于进一步推动全国公共图书馆展览业务的发展和展览资源的交流互动，成为全国各兄弟图书馆之间沟通与合作的纽带与桥梁。（金晓明）

【上海市文广局开展街道（乡镇）图书馆等级评定】 为推动上海市社区图书馆事业发展，提升服务能力和水平，市文广局于2006年9月—2007年11月开展街道（乡镇）图书馆等级评定工作。各区县文化行政主管部门根据市文广局制定的《上海市街道（乡镇）图书馆等级评定标准（2006年版）》，对本区县的街道(乡镇)图书馆进行初评,并将评估结果报市文广局。全市街道(乡镇)图书馆按照特级馆、一级馆、二级馆和三级馆共4个等级评定,区县文化行政主管部门直接评出二、三级馆,并上报市文广局备案;特级馆和一级馆报市文广局复查与审核后确定。考评分4个阶段实施:1. 2006年9月—2007年6月份为自评整改阶段。各区县要下发《标准》,成立专家组开展评估检查,并要求本区县各街道(乡镇)图书馆对照《标准》进行自查自评,发现问题及时整改。2. 2007年7月为考评申报阶段。各区县局对本区(县)各街道(乡镇)图书馆进行等级初评,并将结果上报市文广局。3. 2007年8月~11月上旬为全市复评抽查阶段。市文广局对各区县上报的结果进行评审,组织市专家评估组对各区县上报的所有特级馆进行复评,对一级馆进行抽查。4. 2007年11月底为命名表彰阶段。召开总结表彰会,命名等级单位。(金晓明)

【上海文庙藏书楼尊经阁重新开放】 上海文庙亦称学宫,是古代上海的最高学府,尊经阁是贮太经、御制诸书及百家子史的藏书楼,通俗地说就是县学的"图书馆"。尊经阁始建于1484年,后毁于1853年清军镇压小刀会起义的战火中。1931年,上海市教育局拨款在尊经阁原址复建了一座绿瓦翘檐的中西结合式图书馆,并于1932年6月开放,成为上海最早的一座市立公共图书馆。"文革"期间,馆藏图书被毁,房屋改作他用。1997年始,文庙管委会在原地重建尊经阁,还开始搜集、选购古旧书籍,恢复尊经阁藏书功能。此次重新修缮的尊经阁,不仅在外貌上彰显其尊容,在功能上也是名副其实的儒学藏书楼。尊经阁现藏有儒学经典等古旧书籍228种,计15大类,共5 700册。其中不乏古版善本珍品,如百衲本《二十四史》,中华书局版《四部丛刊》,清版《皇清经解》,元刻本《朱子大会别集》,明仿宋刻本《尔雅翼》,明初版《孟子集注大会》和《论语集注》,明版《春秋集传大全》、《盐铁论》,清雍正内府本《钦定书经传说汇纂》和《钦定诗经传说汇纂》,清乾隆时"毁书"吕留良等所编《四书朱子语类》等。另有日本珂罗版《至圣文宣王》、香港1898年版中英文对照《四书》以及部分中华再造善本影印书等。上海图书馆也借出191种近1 000册古籍儒家专著供展出,丰富了尊经阁陈列的图书种类。尊经阁于2006年12月14日正式对外重新开放,同时也被确定为上海图书馆下属的"儒家经典展示基地"。(金晓明)

【"上海年华"数字资源库启用】 "上海年华"大型多媒体数字化资源库是上海图书馆上海科学技术情报研究所数字图书馆建设的重要项目之一。资源库以上海开埠以来的地方史精华为主题、以政治史和经济史为背景、以社会史和文化史为主脉,通过多媒体数字化的表现形式,系统集成了上图的馆藏文献,多维度、多层次地展现了上海的时代风貌和地域特征。此次启用的"上海年华·电影记忆",以网络"数字图书馆资源库"的形式提供1950年以前的电影资讯,内容包含《中国现代电影期刊全目书志》和《中国电影明星录》两部分。已收集了逾300种华文现代电影期刊、近百位现代电影明星的资料,其中不少资料为首次披露,是目前国内图书馆界及电影界最大的相关内容数字资源库。用户可以在"上海年华·电影记忆"数字图书馆实行"交互漫游",也可以通过网络链接为上海434个文化共享工程基层服务点所使用。(金晓明)

【华东师范大学闵行校区新图书馆投入使用】 华东师范大学闵行校区新图书馆建筑2004年10月18日奠基,于2006年8月竣工,9月4日试运行。新图书馆由两栋建筑连接构成,建筑面积约3.9万平方米。主楼设有电子阅览室、多媒体视听阅览室、古籍阅览室等,主要读者服务区设在裙楼,每层建筑面积约5000平方米。新馆开放的服务功能有图书借还、新书阅览、报刊阅览、参考咨询、读者培训、电子阅览、自助复印等,每周开放时间为96小时。

【同济大学嘉定校区图书

馆开馆】 同济大学嘉定校区图书馆位于校园核心区域,自2004年11月启动工建设,总投资1.6亿元,总建筑面积34 620平方米,地上14层,地下1层,建筑平面轮廓方整。馆内设有阅览座位5 763个,规划藏书总量150万册,收藏有与嘉定校区学科专业相关的中外文图书23万余册、中外文现刊1 500种、中外文期刊2.3万册。此外,读者还可在嘉定校区图书馆访问到30余万册电子图书、2万余种中外文电子期刊、50余种网络版学术资源数据库。新落成的图书馆开馆仪式于2006年12月8日举行。本着在服务于本校师生的同时,也向所在区域的政府机关、周边企业和科研院所开放馆藏科技文献资源的精神,开馆典礼上,同济大学分别与嘉定区政府、上海大众汽车有限公司签署了《文献资源共建共享合作协议书》。根据协议,对方科技、管理人员可与该校师生一样免费享用馆藏所有科技文献资源,还包括馆内举办的会议、报告、讲座等资源。此外,图书馆还可根据对方科技人员开展研发工作的需要,为他们提供专题性的信息咨询和文献提供服务,如科技查新、文献传递等;为对方高层次科研人员、管理人员开设专家阅览室,提供个性化的文献信息服务。图书馆已为大众公司第一批110位中级以上科技人员办理了同济"一卡通"。(金晓明)

【2006 年度图书馆服务宣传周】 上海各级公共图书馆围绕"倡导全民阅读,构建学习型社会"主题,广泛开展各类读书活动。在5月29日—6月4日期间,各级公共图书馆和东方社区信息苑共推出各类读书活动458个,参加活动人数50余万人次。1. 市文广局将服务宣传周列入局重点工作加以部署。按照文化部要求,市文广局结合正在开展的"知荣辱、讲文明、迎世博"市民践行公共道德教育实践活动,对图书馆服务宣传周工作作出部署,并列入5月份局重点工作。2. 各级公共图书馆精心策划,积极发动社会力量参与。如宝山区图书馆围绕"书香宝山"要求,将5月份定为"宝山读书月",策划书评、读书征文、知识竞赛、展览、讲座、作家与读者交流、少儿美术、网上论坛等丰富的活动。虹口区图书馆为读者推出讲座、公益性技能培训、影视赏析、网上BBS互动交流及众多少儿读书活动等达22个。浦东新区图书馆与市少教所及一些中小学校联合举办"走进科学——建设和谐浦东"系列活动、"家庭教育的艺术——学会与子女进行沟通"等各类讲座和"在刑未成年人思想意识教育"主题活动等。3. 结合"知荣辱、讲文明、迎世博"市民践行公共道德教育实践活动和"百万市民学礼仪"等,积极发挥图书馆作用。如闸北区图书馆举办中学生"除陋习,做文明市民——给父母长辈一封信"活动。杨浦区图书馆通过开展"好习惯伴我成长,文明礼仪让我们的生活更美好"小品展示活动,宣传"八荣八耻"等。4. 重点突出讲座形式,进一步发挥图书馆社会教育职能和"知识服务"作用。上海图书馆的活动分为讲座、展览和阅读活动三大类,讲座有纪念越剧百年的"越剧唱腔的发展与趋向",有"弘扬博大图书文化——图书装帧设计的历史渊源"等,还请来市发改委主任蒋应时开讲"上海'十一五'规划与上海发展"。市少儿馆为引导未成年人学习科学文化知识,丰富课余生活,服务周期间创设少儿讲座。另外,许多社区图书馆也举办了科普、阅读、艺术鉴赏、文明礼仪等讲座。5. 开展适合未成年人阅读特点的图书推介、讲座、展览等活动,增强图书馆对未成年人的吸引力和感染力。市少儿馆举办了"我们的国际汽车城"全市青少年汽车知识创新大赛、"文明礼仪伴我行"少儿多媒体创意比赛、朗诵演讲及幼儿心理讲座、迎奥运儿童添画涂色等活动。(6)注重与读者的网上互动交流,结合文化共享工程建设,重视抓好网上虚拟服务。崇明县实现16个乡镇文化共享工程基层服务点全覆盖。各级文化共享工程基层中心(服务点)和东方社区信息苑积极开展各类活动。上海市社区文化服务中心启动"社会主义荣辱观专题网络论坛",面向青少年就社会热点问题进行网上互动交流,从5月20日开始,每月进行2次网络互动活动。(7)坚持"读者第一、服务至上"的宗

旨,虚心听取读者对图书馆的意见,改进服务工作。普陀区图书馆和各街道(镇)图书馆分别召开读者座谈会,让读者对图书馆服务工作"找茬"。杨浦区图书馆开展"让我们做得更好"——馆藏问卷调查。嘉定、奉贤等区图书馆还上街设摊,发放图书馆宣传资料,听取读者意见。(金晓明)

【上海图书馆举行纪念世界图书日系列活动】 2006年4月23日是联合国教科文组织定的"世界图书与版权日",上海图书馆启动了"知荣辱,懂和谐,会创新——去图书馆读书!"为主题的读书月活动,举办了各类专题讲座、展览和"八荣八耻"主题书目推荐等活动,吸引了大批读者参与。同时,为配合第八届上海读书节"2006上海市进城务工青年读书系列活动",上海图书馆与团市委上海市"千校百万"进城务工青年培训工作领导小组办公室联手举办了"学习——成才"全国优秀进城务工青年、中铁三局集团上海华海工程有限公司副总法律顾问黄涛的专题报告会,会上上海图书馆党委副书记王世伟代表上海图书馆向进城务工青年代表赠送了读者证以及图书等。此外,4月23日也是西班牙作家塞万提斯的逝世纪念日,上图图书文化博览厅举办了"堂吉诃德主题藏书票展"。(金晓明)

【上海图书馆荣膺两项"银鸽奖"奖项】 "银鸽奖"由中共

上海市委对外宣传办公室主办,每两年举办1届,设出版类、新闻类、广播影视类和项目类4个大项,上海市新闻办、市传媒集团以及在沪的各新闻、出版、文化单位均选送作品参赛。上海科学技术文献出版社"上海图书馆珍稀藏品"系列明信片荣获出版类二等奖;上海图书馆上海科学技术情报研究所选送的"上海之窗"图书捐赠荣膺项目类三等奖。(金晓明)

【"革命回忆录专题文库"文献巡回展览】 "革命回忆录专题文库"的文献内容以新民主主义革命时期为主,包括正式出版物、印刷型非正式出版物、作者手稿、照片、革命历史文献、历史图像资料以及虽未正式出版但具有一定研究价值的书稿等。2006年4月—10月在部分上海市中心图书馆进行了巡回展览。巡展期间,这批珍贵的文献资料受到了参展图书馆的重视及广大读者的关注和好评。崇明分馆作为巡展的首展地,正遇图书馆服务宣传周,把展出文献和展览介绍放在阅览室的醒目位置,每天均有大量读者浏览和阅览。在嘉定图书馆展出期间,有近500人次阅读。(金晓明)

【上海图书馆馆藏民国及海内外珍稀年鉴展】 《上海文化年鉴》编辑部为庆祝创刊20周年,联合《上海年鉴》编辑部于2006年11月6日—11日在上海图书馆三楼新书博览厅举办"资政存史、鉴往知来——上

海图书馆馆藏民国及海内外珍稀年鉴展"。年鉴是一种资料密集型的工具书,按年度出版,概述或反映某一地区、某一领域或某一专业当年的发展情况,记录该范围内的最新事实和最新成果,并通常汇集大量有关图片和统计图表。年鉴不仅具有存史资政的功能,更有鉴戒价值和学术价值。上海图书馆收藏有大量各类年鉴,其中各个时期出版的中文年鉴计6000多种、西文年鉴1.1万多种。此次展览选取了部分馆藏民国年鉴及海内外常用及珍稀年鉴,包括《世界年鉴》、《新译世界统计年鉴》、《申报年鉴》、《中国要览》、《上海市年鉴》以及《欧罗巴年鉴》、《英国官方统计年鉴》、《歌德年鉴》、《威尔逊年鉴》、《数学年刊》、《美国历史年刊》等。(金晓明)

【上图举办著名诗人任钧文献捐赠展】 任钧(1909~2003)广东梅县人,原名卢嘉文,笔名有卢森堡、森堡、孙博等。曾参加太阳社、中国左翼作家联盟、中华全国文艺界抗敌协会等,是中国诗歌会的倡议者和发起人之一,也是当时新诗运动的先行者之一。"著名诗人任钧文献捐赠展"11月9日—20日在上海图书馆二楼古籍文献目录厅展出,共展出任钧后人捐赠的其父遗存的信函、创作手稿、书画作品、日记和签名本等各类文献91件。其中有臧克家、楼适夷、柳倩、蒋锡金、许杰、徐中玉、詹同、赵家璧、《诗笔丹心——任钧诗歌文

学创作之路》出版发行捐赠座谈会赵铭彝等著名文化人士写给任钧的信函;任钧在上世纪40年代后期至90年代初期创作的诗歌和散文手稿,在这些创作手稿中最珍贵的是他在1948—1951年所创作的诗歌手稿,共8册;任钧写于1937年9月—1950年7月的亲笔日记共18册,时间跨度长达14年。(金晓明)

【木偶戏走进少儿图书馆】
从暑期开始,上海少年儿童图书馆邀请上海著名的木偶剧团和木偶表演艺术家,为广大的少年儿童举行木偶专场演出,第一场演出于7月17日在少儿馆新落成的多功能厅举行。木偶艺术家们不仅表演许多传统的和创新的木偶节目,还和小朋友们进行面对面的交流,向小朋友们介绍木偶方面的知识。少儿图书馆的老师们也在此基础上开展了一系列互动式活动,培养小朋友们的动手动脑能力,小朋友们不再是被动的观摩者,还参与到节目中来,在愉快的气氛中,学到课堂上学不到的知识。(金晓明)

【上海少儿图书馆服务宣传周暨庆"六·一"节读书系列活动】　为了进一步倡导全民阅读,构建学习型社会,引领少年儿童知荣辱、学礼仪、讲文明、迎世博、多读书、读好书,健康成长,上海少年儿童图书馆于"六一"期间围绕"阅读明理、阅读知礼",组织策划系列读书活动。在图书馆的大草坪上,

幼儿园小朋友举行八荣八耻童谣吟诵活动。在小学部,小学生们争先恐后地进行猜谜游园活动,在另一个图书室则是举行中华儿女爱我中华诗歌朗诵表演会;在中学部的情景礼仪大课堂上,则是通过情景表演,使同学们明白礼仪在日常生活中的重要性,为同学们树立良好的礼仪风范。在网上,一场文明礼仪伴我行的多媒体创意比赛正在悄然进行,吸引了不少少年儿童的积极参与。另外还重点推荐了一批知荣辱明是非的优秀读物。少儿馆还联合嘉定区文广局在6月3日举办了"我们的国际汽车城"上海市青少年汽车知识创新大赛,全市各区县共18支参赛队参加了比赛。(金晓明)

【上海两高校获"十五 CALIS 项目建设突出贡献奖"】
2006年9月29日,中国高等教育文献保障系统(China Academic Library & Information System)在浙江大学召开了 CALIS 第十次中心负责人联席会议,会上宣布了"十五 CALIS 项目建设突出贡献奖"获奖单位名单。CALIS 管理中心设立的"十五 CALIS 项目建设突出贡献奖",旨在对"十五项目建设"中作出突出贡献的单位进行表彰,下设全国和地区中心建设奖、省中心建设奖、项目组织奖、文献传递服务奖、引进资源建设奖和特别贡献奖。奖项的评定主要根据各参建单位的"十五"建设任务完成情况、子项目验收的专家组意见和对

CALIS 项目的配合和支持程度。上海有两所高校图书馆获奖。其中上海交通大学图书馆获得"全国和地区中心建设奖"一等奖、"项目组织奖"一等奖、"引进资源建设奖"二等奖以及"文献传递服务奖"三等奖。复旦大学图书馆获得"项目组织奖"二等奖、"文献传递服务奖"一等奖。(金晓明)

【中科院上海地区文献传递工作获表彰】　在2006年9月6日召开的中国科学院文献资源建设和服务工作会议上,上海生命科学信息中心文献传递服务工作以全年完成中科院系统的5 071份文献请求量连续第三年位居各分馆及特色馆第一名,准时完成请求处理率99.86%,位居全院第一名而再次得到中国科学院国家科学图书馆表彰。中国科学院上海地区的有机化学研究所、药物研究所、硅酸盐研究所、应用物理研究所、光学精密机械研究所、微系统研究所的全文传递工作也同时获得了表彰。(金晓明)

【上海生命科学信息中心获市科委奖励】　中科院上海生命科学信息中心是上海研发公共服务平台的主要参建单位之一,并于2004年成为该平台科技文献服务系统的首个加盟服务单位。截至2006年上半年,信息中心已接收系统请求文献2 895篇,占整个系统总请求量的80%,实际满足请求2610篇,满足率达到90.2%,准时回复率达到100%,均列各加

盟单位之首。2006 年，信息中心获上海市科委颁发的"上海研发公共服务平台 2005 年度对外服务先进单位"称号，信息中心周成效同时获得"2005 年度对外服务先进个人"荣誉称号。（金晓明）

【第三届国际上海图书馆论坛（SILF－2006）】 第三届国际上海图书馆论坛（SILF－2006）于 2006 年 8 月 17 日—19 日在上海图书馆召开。论坛围绕"管理创新与图书馆服务"主题，就组织文化、营销与推广、危机管理、绩效评估和用户服务等方面的最新研究成果、实践经验以及未来发展趋势进行了广泛的学术交流和探讨。来自中国、美国、英国、法国、俄罗斯、澳大利亚等 28 个国家和地区的 170 多位中外代表参加了学术交流和研讨。会议期间共举行了 1 场全体大会、6 场专题分会，共有 75 位代表在会上进行了发言。在本次论坛开幕主旨报告会上，国际图联管理委员会当选主席卢克斯（Claudia Lux）博士作了题为《全球化对图书馆的影响及国际图联的作用》的演讲，国际知名专业杂志《图书馆管理》主编奥康纳（Steve O Connor）作了题为《面向未来的有创见的图书馆管理者》的演讲，300 多位中外来宾出席了论坛开幕式。来沪参加这两个国际会议的图书馆及其他各界重要人士包括：CAVAL Collaborative Solutions 执行总裁 Steve O'Connor 先生、国际图联管理委员会委员 Marian Koren

女士、Emerald 出版集团营销总裁 Eileen Breen 先生、国际图联管理与营销委员会主席 Angels Massisimo 女士、俄罗斯圣彼得堡国立图书馆长/俄罗斯图书馆学会理事长 Vladimir N. Zaytesv 博士、俄罗斯国家图书馆副馆长 Ekaterina Ilyina 女士、澳大利亚昆士兰州立图书馆长 Lea Giles-Peters 女士、美国洛杉矶法律图书馆长 Marcia J Koslov 女士、莫斯科涅克拉索夫中央市立图书馆长 Svetlana Prosekova 博士、加拿大麦吉尔大学图书馆长 Janine Schmidt 女士，以及国际图联管理与营销委员会委员 Trine Kolderup Flaten 女士、Christie Koontz 女士、James Mullins 先生和 Dinesh K. Gupta 先生。此次论坛由上海科技文献出版社出版了论文集，共收录论文全文 85 篇及文摘 7 篇。（金晓明）

【2006 年国际图联年会管理与营销委员会上海会前会】 主题为"文化多元化背景下图书馆的管理与营销"于 2006 年 8 月 16 日—17 日在浦东干部学院召开。参会代表共来自 15 个国家和地区（包括我国的香港地区），正式参会代表共 42 人，其中中宾 6 人（不包括上海参会代表），外宾 36 人；论文集共收录论文 25 篇，大会安排了 5 场小组讨论会，共有 19 位论文作者在小组讨论会上做了发言并进行了交流。（金晓明）

【2006 年全国体育院校图书馆馆长会议暨新世纪体育图

文信息学术研讨会】 2006 年全国体育院校图书馆馆长会议于 2006 年 6 月 2—3 日在上海体育学院图文信息楼召开，来自全国 17 所体育院系的图书馆馆长及研讨会的论文作者代表共 60 人参加了会议。会上复旦大学秦曾復馆长、同济大学慎金花馆长、上海高校图工委庄琦秘书长和上海体育学院陆爱云馆长分别作了主题报告，报告的题目分别是：《现代图书馆的发展趋势》、《高校图书馆人才资源建设与管理》、《上海高校图书馆的建设》、《上海体育学院图书馆的建设与思考》。（金晓明）

【华东地区教育部直属高校图书馆馆长会议】 华东地区教育部直属高校图书馆馆长会议于 2006 年 11 月 21 日—25 日在华东师范大学图书馆举行。复旦大学、上海交通大学、浙江大学、南京大学等 21 所高等院校图书馆馆长及代表参加了会议。上海高校图工委秘书长庄琦就近 3 年来上海高校图书馆事业的发展情况，从馆舍面积、使用经费、人才队伍等方面介绍了上海各高校图书馆系统所取得的进步及在学校中地位的提升情况。会议以"新时期高校图书馆面临的新课题及高校图书馆'十一五'发展展望"为主题，展开了广泛的交流与研讨。各与会馆长在介绍本馆的基本情况基础上，针对新时期高校图书馆所面临的新课题，特别是在现代化图书馆理念、"十一五"规划、做好本科教

学评估工作、新馆建设等方面，提出了各自的观点和看法，并探讨了解决问题的基本方案。（金晓明）

【"图书馆资源共享、参考咨询服务"学术报告会】 由上海高校图工委、上海交通大学图书馆联合主办的"图书馆资源共享、参考咨询服务"学术报告会于 2006 年 5 月 26 日上午在交大医学院信息资源中心演讲厅举行。来自上海市各高校图书馆的馆长和从事资源共享、参考咨询服务工作的专业人员及在沪交流访问的部分外省市高校图书馆代表等 100 多人参加了本次报告会，来自美国俄亥俄州 Otterbein 学院图书馆馆长 Szudy 女士作了专题报告，介绍了俄亥俄州 OhioLINK、OPAL 等图书馆联盟机制的运作方式，该方式使图书馆能降低数据库采购成本，让更多的读者共享图书数据库资源，以及为读者开展更便利的参考咨询服务等内容。（金晓明）

【2006CALIS 医学图书馆员继续教育馆长论坛】 2006CALIS 医学图书馆员继续教育馆长论坛于 2006 年 11 月 8 日上午在交大医学院信息资源中心开幕。论坛围绕"医学图书馆员的继续教育"、"面向临床医学信息服务的医学图书馆发展趋势"、"网络时代图书馆员心理素质探讨"等主题展开，来自台湾、香港及大陆地区医学图书馆界的 50 多位专家进行了广泛的探索和讨论。会议

制定了"2006—2007 年度 CALIS 医学图书馆员远程继续教育课程计划"，并于 11 月 9 日举行了"CALIS 医学图书馆员远程继续教育课程"开通仪式。此次会议还分别在北京和台湾设立了分会场，并开通实时全程网络直播。（金晓明）

【海（境）外图情见闻专题报告会】 由上海市高等学校图书情报工作委员会主办的"海（境）外图情见闻专题报告会"于 2006 年 12 月 8 日在同济大学嘉定校区图书馆召开，来自上海 59 所高校和外省市图书情报单位的领导及专业技术人员共 105 名代表参加了本次报告会。专题报告如下：同济大学图书馆慎金花馆长："第 72 届 IFLA 大会情况及国外高校图书馆评估工作相关情况报告"；上海师范大学图书馆吴志荣副馆长："日本同行怎样管理图书馆"；上海交通大学图书馆陈兆能馆长："海外图书馆给予的启示"；上海大学图书馆刘华副馆长："台湾地区图书馆考察实录"；上海海事大学图书馆陈伟炯馆长："安全、舒适——图书馆人性化设计与服务的永恒主题"；复旦大学图书馆钱京娅副馆长："参加第二届全球数字图书馆国际学术研讨会、访问埃及亚历山大图书馆回眸"；华东师范大学图书馆余海宪副馆长："参加美国 ALA2006 年会，参观美国图书馆的相关情况"。（金晓明）

【中国科学院上海地区图书情报交流会】 中国科学院上海地区图书情报交流会于 2006 年 4 月 22 日—23 日在浙江嵊州举行，主题是"贴近科研，创新服务，提高文献情报保障能力"。会议由中科院上海地区图书情报业务交流委员会和中科院上海生命科学信息中心主办，来自上海分院各所图书馆 70 多名图书情报人员参加了会议。代表们对各所目前的文献资源建设情况、各所科研人员对于文献的需求以及如何在三期创新中更好地解决这些需求进行了讨论，认为在三期创新新形势下，图书馆面临着严峻的考验，电子资源的购买和使用让科研人员体会到了快速便利的服务，同时也给图书馆的传统服务带来了巨大冲击。在到馆人数日益减少的情况下，提供深层次的情报咨询服务才是专业图书馆情报发展的方向，才能面向市场满足科研需求。（金晓明）

【卢湾区图书馆推出网上期刊服务】 卢湾区图书馆联手龙源期刊网，建立网上电子期刊阅览室，推出网上电子期刊服务。卢图龙源电子期刊阅览室挑选 12 大类 372 种特色人文大众期刊，内容涵盖时政、财经、文学、教育、休闲、健康、时尚等领域，免费服务于读者。馆内读者可以不受限制地登陆电子期刊阅览室，浏览全文期刊。馆外读者只要领取一张电子阅览卡，并登陆图书馆网站：http://www.lwlib.com.cn，即可借助网络技术在家中阅览特色

人文期刊。现已向部分社区居民免费赠送电子阅览卡，受到了社区居民的欢迎。（金晓明）

【上海百幢楼组读书成果在静安区展出】 2006年10月19日，第八届上海读书节"读书，创造和谐生活"百幢楼组读书交流展示在静安区曹家渡街道社区文化中心举行。市文明办主任朱匡宇、市文广影视管理局党委书记陈燮君、上海图书馆党委书记邵敏华等为首批15个上海市优秀读书楼组的代表颁发了奖状。近年来，在市读书指导委员会的指导和广大社区群众的支持参与下，全市范围的楼组读书活动蓬勃开展，仅静安区读书楼组就从最初的几个发展到现在的几百个，参加读书活动的居民从几十人次发展到万余人次，活动覆盖全区5个街道的78个居委，先后荣获"全国文化先进区"、"全国文化先进社区"、"全国特色文化广场"、"全国社区文化优秀辅导员"、"全国文化系统先进工作者"等5项国家奖项和"第7届上海国际艺术节群众活动创新项目奖"、"上海市首批群众文化活动特色区域"、"上海市首批群众文化活动特色项目"等32项市级奖项。在展示会上，静安区文化局、曹家渡街道和浦东新区潍坊街道、普陀区长寿路街道作了交流发言；来自静安区江宁街道天河社区、南京西路街道铜仁社区的楼组读书小组成员展示了各自的读书才艺；主题为"读书，创造和谐生活"的百

幢楼组读书活动摄影展也同时拉开序幕。（金晓明）

【"文明礼仪伴我行"中小学生寄语征集活动】 静安区图书馆暑期举办了为期一个半月的"文明礼仪伴我行"中小学生寄语征集活动。这次寄语征集活动的主题是：积极践行"八荣八耻"，迎世博、迎奥运，传播华夏礼仪，做文明的东道主。活动旨在从小培养广大青少年的文明礼仪习惯，引导他们树立社会主义荣辱观，在广大青少年学生中营造"讲文明、学礼仪"的良好风尚，激发他们参与礼仪建设的积极性和创造性。活动共收到全市来稿512条，参与人数479人。共选出一等奖3名，二等奖6名，三等奖8名。8月14日，静安区图书馆举行了颁奖仪式。（金晓明）

【黄浦区图书馆举行《名家谈上海》系列讲座活动】 黄浦区图书馆为把图书馆办成"城市阅览室"和"知识广场"，联合上海历史博物馆，共同推出了《名家谈上海》每月讲座。2006年8月30日下午2:00，首场讲座《名家谈上海——城市文化与城市生活》在黄浦区图书馆11楼举行，由上海博物馆馆长陈燮君主讲。讲座从城市与城市历史文脉、城市文化让城市生活更美好和城市文化与博物馆文化三方面阐述了城市文化的重要性和积极性，特别是对具有坚韧性和灵动性综合特征的上海城市文化描述，信息量大，综合面广，吸引了上海历史

博物馆、黄浦区文化系统单位、社区市民等150余人参加。（金晓明）

【南汇区基层图书馆管理员业务培训班】 为提高南汇区镇、村图书管理员的业务水平和综合素质，2006年8月23日，由上海市图书馆学会、上海市图书馆行业协会、南汇区图书馆共同举办的为期8天的图书馆管理员业务培训在南汇区图书馆正式开班。全区各镇、行政村图书馆(室)图书管理员近60人参加了学习。通过《图书馆学概论》、《信息资源共享》、《数字图书馆原理及应用》和《信息资源编目》4门课程系统、详细的讲解，使基层图书管理员们对图书馆学的基本理论、国内外图书馆事业研究、发展现状和信息时代图书馆员如何利用计算机技术为读者提供个性化的信息咨询、检索服务等图书馆相关专业知识有了一定的了解，初步掌握了图书馆最基础、最核心的分类、编目内容。（金晓明）

【"海牙之窗"在长宁区图书馆落成】 2006年9月5日，来自荷兰海牙公共图书馆的200余册赠书"海牙之窗"在上海市中心图书馆长宁区分馆正式对读者开放。这批赠书是根据上海图书馆在2004年底与荷兰海牙公共图书馆所订立的友好合作交流备忘录中有关互赠图书的内容，并作为上海图书馆于2005年2月向海牙公共图书馆赠送的200册左右书籍的

交换,由海牙公共图书馆运往上海的。在送往长宁分馆之前,这些图书均已经过分类编目,可通过 iPac 公共检索系统在中心馆的各成员馆进行联机检索。(金晓明)

【嘉定区图书馆创建"百姓书社"】 国庆前夕,由嘉定区图书馆创建的"百姓书社"正式对外开放。首批"百姓书社"共有 8 个,分别位于安亭、马陆、黄渡、徐行工业区、菊园新区。"百姓书社"是设立在嘉定区农村范围内的微型公共图书室,大多数建在喜爱读书、愿意提供场地并能进行日常开放管理的农户家中,选址都定在离村、镇较远的自然村落里。这里的农民由于离镇、村级图书馆(室)较远,无法便捷地享受公共图书馆的服务。"百姓书社"的建成,丰富了他们的文化生活,使他们一出家门,就能借到各种新书,看到各种报纸杂志。嘉定区图书馆为每个"百姓书社"购置了书架、阅览桌椅、报架、期刊架等,为每个"书社"配置了 500 册图书、10 种报纸、15 种杂志,并定期为这些"书社"更换新书、开展各类读书活动。(金晓明)

【杨浦区图书馆蒲公英杯职工文明礼仪教育系列活动】 为提高馆员的思想道德和文明礼仪素养,杨浦区图书馆组织开展了"文明礼仪大讨论、职场礼仪讲座、文明礼仪风采展示"三大系列的文明礼仪主题教育活动。2006 年 10 月 27 日,"扬礼仪风采,图文明新貌"——杨浦区图书馆职工演讲比赛、摄影比赛成果展览共同为本次活动拉下了帷幕。13 名来自全馆各个部门的代表,抒发了自身在文明礼仪实践中的收获和感想。79 幅优秀摄影入围作品又从读者接待、图书借阅、信息服务、读书活动、公益讲座、馆外送书等多重视角展现了杨浦区图书馆文明服务的新风貌。本届"蒲公英杯"职工文明礼仪教育系列活动共收到礼仪征文 14 篇、摄影作品 122 幅及情景模拟案例 15 个。(金晓明)

【"闸北之春 2006 外语歌曲演唱比赛"颁奖暨优秀节目展演】 2006 年 5 月 20 日上午在不夜城绿地广场举行,由闸北区文化局主办、闸北区图书馆、闸北区文化馆承办,旨在展示"新闸北区人"的风采。来自八街一镇近 30 位获奖选手和上海大学国际交流学院的外国留学生参加了表演。本次外语歌曲比赛历时 3 个多月,有近百名爱好者参加了比赛,其中有 4、5 岁的幼儿园小选手,也有近 90 的高龄选手。(金晓明)

【虹口区图书馆成为海外中国教育基金会捐书点】 海外中国教育基金会(OCEF)以援助中国贫困地区的教育事业为使命,十余年来,基金会先后在中国农村地区资助逾万人次的贫困儿童上学读书,帮助 90 余所学校建立了图书室,并开展了修建校舍等其他特别项目,受益学生和学校遍及中国 19 个省和自治区。11 月 1 日,海外中国教育基金会的图书项目组正式在虹口区图书馆设立了新的捐书点。此次虹图捐书点在不到 1 个月的时间内共募集到热心读者及虹口区图书馆职工近千册图书期刊,还有不少读者表示愿意捐献时间,协助整理募捐来的书刊。(金晓明)

【奉贤区图书馆"折纸剪纸刻纸"三纸展活动】 2006 年 6 月 10 日下午 2 时,首届"文化遗产日"宣传活动之一——奉贤区图书馆"折纸剪纸刻纸"三纸展示活动在南桥镇文化广场举行。折纸大师徐菊洪的作品一纸折成,不剪不贴,形形色色的动物,变幻莫测的脸谱,魔幻纸球令人叹为观止。区馆张建荣老师的作品形状各异、造型复杂,则是由成百上千个纸三角插成,具有很强的装饰效果。出自奉城八旬老翁顾雪祥之手的"八仙过海""西游记人物谱"等刻纸作品刀法细腻。来自田林的王丽娟、金才杰的各种纸盆景、花卉、洋娃娃,精致可爱、惟妙惟肖。此外,金汇的卫庆明,庄行学校的部分学生作品也参与了展示。现场共展出作品 100 余件。(金晓明)

【徐汇区图书馆周六公益文化讲座】 2006 年 5 月 13 日起,徐汇区图书馆利用 2005 年底落成的北楼学术报告厅,推出特色文化服务栏目——周六公益文化讲座。2006 年全年,已举办 9 个系列、33 次讲座,参加听讲的市民有 4000 余人次;9 位讲师——上海大学美术学院教授庄小蔚、上海戏剧学院教授刘明厚、上海市历史博物馆研究员薛理勇、徐汇区文化局副局长宋浩杰、上海评弹团团长秦建国、上海戏剧学院戏曲舞蹈分院副院长宋捷、著名海派作家蒋丽萍、上海音乐学徐汇区图书馆周六公益文化讲座院教授钱苑以及上海市历史博物馆馆长杭侃为社区居民、读者以及大、中学生们定期作人文社科类知识讲演。利用徐汇区图书馆内良好的硬件设施,各位讲师采用语言讲述和 PPT 幻灯片、DVD 影片播放相结合的方式,令听众们接受知识更加直观、听讲心情更加轻松。7 个月里,听众们学到了学院派玻璃艺术、西方戏剧、上海及徐汇地方志、评弹艺术渊源与流派、京剧经典剧目、欧洲古典文学名著、西方古典音乐和中国历代国宝等各种不同领域的知识。讲座也吸引了一些闵行、长宁、卢湾、普陀甚至浦东的市民前来听讲。(金晓明)

【金山区图书馆举办书友迎春联欢会】 金山区图书馆书友会成立于 2002 年 6 月,同时,创办《书友》季刊,以展示书友读书活动的成果。将近 5 年的时间里,书友会坚持每月 15 号的书友聚会,坚持每季刊出《书友》一期,并通过开设网上读书论坛、读书征文、专题评论、金山历史文化的采风、联欢会等多种形式扩大书友会的影响力,吸引读者和网友的加入。2006 年 1 月 26 日晚上 7 点,金山区图书馆举办了一次别开生面的金山区图书馆举办"书友迎春联欢会"。联欢会以知识竞答和灯谜为主要内容。知识竞答由金山本土历史文化、文学知识、书友趣事 3 部分组成,旨在通过对本土文化和古今中外文学知识的了解,提高书友读书的兴趣和乐趣。联欢会上,图书馆还向书友们每人赠送《于丹〈论语〉心得》一册,鼓励书友爱读书,读好书。(金晓明)

【宝山区首创区域性信息资源共享平台】 2006 年 6 月,由宝山区文广局组织推进、区图书馆具体实施的宝山区网络图书馆正式开通,首创上海市区域性信息共享平台。网络图书馆以光缆专线设施为基础、以网络信息技术为依托、以宝山区图书馆各类数字化资源为主要内容,以覆盖社区为目标,最终实现本地区各级各类图书馆之间文献资源与信息服务共享。宝山区图书馆现有数字化资源 14 种,主要有全国文化信息资源共享工程、中国期刊全文数据库(清华同方)、中国重要报纸全文数据库、中文科技期刊全文数据库(重庆维普)、万方数据、国研网、中国资讯行、龙源期刊网、超星数字图书馆和解放报业集团属下所有报纸全文数据库等 10 个专业数据库,以及书目检索、地方新闻、地方文献、长江口民俗文化等 4 个自建数据库,共有电子图书 100 余万册,电子期刊 9 000 多种,学术论文 1500 多万篇,总量达 5TB。网络图书馆建成后,社区图书馆只需通过 IP 接入方式就可进入区图书馆局域网,无偿获取区图书馆的数字化文献资源。张庙、友谊、淞南和罗店等 4 个街道(镇)图书馆成为该区网络图书馆的首批成员。(金晓明)

【青浦区图书馆开展"保健苑"活动】 随着工作、生活节奏的加快,人们的压力也随之增大,身体亚健康现象日渐突出。青浦区图书馆为使广大群众了解和掌握更多保健知识,增强体质,提高生活质量,特开展"保健苑"活动,为大家提供健康知识交流平台。内容包括保健知识咨询、分发健康宣传资料、举办保健知识讲座等。"保健苑"首期保健知识讲座于 7 月 8 日举行,内容分为儿童佝偻病防治和老年人夏季养生知识两个方面。讲座每两周举办一次。(金晓明)

【普陀区图书馆"情系世博文明礼仪伴我行"夏令营】 普陀区图书馆为让青少年学生过个健康愉快的暑假,从 5 月份就开始策划夏令营活动,考虑到上海 2010 年举办世博会,特将青少年学礼仪定为夏令营主题,命名为"情系世博文明礼仪伴我行"夏令营。拟了 ABC 三套礼仪知识竞赛试题,每套试卷的最后一题都是:请为 2010 年在上海举办的世博会写下你的礼仪格言。在 7 月 11 日—8

317

月 24 日的夏令营期间,共有中小学生 1 200 人次参加夏令营活动,有 20 名同学参加了"情系世博文明礼仪伴我行"夏令营复赛,根据题目作一个礼仪方面的小演讲,从切合主题、语言组织、仪表风度、整体印象等方面给予打分评出奖次,学生们在比赛中学到了文明礼仪,提高了修养。(普陀区图书馆)

【汉字——从甲骨文到计算机大型科普展览】 2006 年底,由中国图书馆学会、上海市图书馆学会和浦东新区图书馆联合举办的汉字——从甲骨文到计算机大型科普展览在浦东新区图书馆展出。展览为 84 幅绢丝挂轴,共分为汉字的起源、汉字的构造、汉字的演变、汉字的书写、汉字的贡献、信息时代的汉字 6 个单元。展览以汉字的演变为主线,以学术研究成果为基础,通过简洁、有趣的文字和丰富的连环画、漫画、图片等媒介为观众开启了一个系统介绍中国文字的窗口。展览用有力的数据说明,从甲骨文到竹简,从丝绸书写到造纸再到活字印刷,在汉字的发展史上,科技进步从来都是决定性因素。中国人不但发明了用计算机录入象形文字的技术,而且创造了计算机录入汉字比录入英文速度还快的纪录。(金晓明)

【松江区图书馆举行图书工作者专业征文颁奖会】 2006 年 10 月 27 日松江区图书馆举行"和谐松江与图书馆"征文颁奖会,有关领导、镇(街道)文体站图书管理员、获奖作者等 30 多人参加。征文活动从 6 月开始以来,松江区图书馆员工、镇(街道)文体站站长、图书管理员等积极参与,收到稿件 53 篇。征文内容丰富,有的分析基层图书馆的现状、原因,提出加强基层图书馆的对策,有的注重谈基层图书馆对外来民工服务措施,有的谈建设和谐社会中的图书馆作用,还有关于馆员继续教育、公共图书馆地方文献工作的探讨等。(金晓明)

【远程教育卫星网落户延吉图书馆】 延吉图书馆电子阅览室自对外开放以来,已接待了近 25 万人次的读者。为配合延吉街道创建"学习型社区",图书馆又将电子阅览室的内存资源作了整合,连接了上海远程教育卫星网,成为杨浦区首家社区教育卫星网中心站。为便于读者使用,以快捷方式放在每台电脑的桌面上。同时图书馆利用内部网络优势,在 2 楼大厅公共播放平台定时播放。图书馆电子阅览室已成为社区"天网—地网—人网"三网合一工程建设的核心阵地,颇受广大居民和读者的欢迎。7 月 27 日—28 日,杨浦区委、区府、教育局、信息委、文化局、延吉街道的相关领导和文汇报记者对图书馆的社区教育卫星网项目进行了视察,并肯定了这一新的社区文化教育模式。(金晓明)

【莘庄钩针编结培训班开班】 为传承具有莘庄地方特色的钩针编结工艺,在闵行区非物质文化遗产保护中心和闵行区图书馆的指导下,莘庄镇文化中心在镇图书馆创建了"家庭工艺"特色馆藏,并开设"家庭工艺坊",组织举办钩针编结传承培训活动。9 月 23 日下午,钩针编结基础培训班在莘庄镇文化中心正式开班,报名学员超过 100 人。学员们观看了电视片《莘庄钩针编结》,听取了闵行区图书馆馆长张乃清莘庄钩针编结百年兴衰史的知识讲座。第一期基础培训班为期 4 个月,传习编结基本针法、花块编织、识图、针法、拼接、花块组合等编结工艺知识。(金晓明)

【闵行区图书馆黄浦江人文热线专题网页开通】 为推进网上咨询服务,闵行区图书馆自 2006 年初起,自建了以黄浦江流域人文资源为主的数据库,分为浦江之旅、源头之谜、时代之歌、世博之特、上海之窗(英文版)、他山之石等版块,并设有历史图库、各类地图、政策法规等专栏。3 月底试开通以来,引起了读者的关注,点击浏览者达 2000 人。在此基础上,又开通了"咨询热线",设有"你问我答"、"我问你答"和"课题咨询"多种形式,由图书馆工作人员及时解答,重大课题请有关专家回复。同时,还设有《我与黄浦江》征文栏、《黄浦江畔留个影》个人图片展示栏。(金晓明)

【闵行区建成公共图书馆服务网络平台】 年内闵行区图书馆与 7 家社区图书馆联网运行,2007 年实现区内全覆盖,从而形成以区图书馆为总馆、社区图书馆为分馆、下设服务点的三级联网管理体系。作为服务网首家分馆的莘庄镇图书馆,已完成改建任务,3 月 9 日开通外借服务。服务网建设是利用闵行区已建成的有线宽带城域网,在区图书馆与各社区图书馆之间联网建立信息系统公共平台,并采用集约化管理方法,统一借书证,统一开放时间,统一采购编目,统一标识,规范各馆图书流通和信息服务的流程,实行通借通还。为加快资源建设,在各馆现有馆藏量和购书经费的基础上,由区财政每年再下拨 65 万元专项经费,而各镇、街道按户籍人口人均 0.5 元投入购书经费,用于丰富特色馆藏和增加报刊订阅量。区图书馆以"流通中心书库"、"数字图书馆及多媒体资源库"和"全国文化信息资源共享工程"三大资源,通过网络辐射各个分馆和服务点。读者凭证可在区图书馆和各分馆阅览、借书、上网和参加活动,通过电脑可检索上海图书馆、上海市中心图书馆各分馆和本区各社区馆的馆藏书目,共享区图书馆局域网信息资源,实现"图书馆际联网运行,文献借阅一卡流通,信息资源就地共享,知识服务送到小区"的目标。(金晓明)

【崇明三岛 16 个乡镇文化共享工程全覆盖】 根据文化部的"全国农村公共文化服务工作经验交流会"关于加强农村文化建设的会议精神,以及《全国文化信息资源共享工程"十一五"发展规划》提出的以农村服务网点建设为重点的总体目标,文化共享工程上海分中心将崇明县作为文化共享工程试点县,从 2006 年初开始了实地调研、场地落实、书刊配置、设备安装、人员培训等各项准备工作。2006 年图书馆服务宣传周期间,在崇明全县的崇明岛、长兴岛和横沙岛 16 个乡镇图书馆率先实现了文化共享工程基层服务点的全覆盖。上海图书馆整合了"全国文化信息资源共享工程"的优质文化资源,在 5 月底开展了文化资源"科技文化资源送崇明三岛"活动,为崇明三岛送去了科普图书、"上图讲座"资源、革命回忆录文献展览、网上参考咨询、科技影片、情报服务及"文化共享工程"网络资源等 7 项科技文化信息资源。5 月 30 日下午,在崇明县农行广场举行了"文化共享工程崇明基层服务点揭牌"仪式。(金晓明)

【海峡两岸三地艺文界艺术作品展】 2006 年 7 月 30 日上午,由崇明县人民政府台湾事务办公室、(台湾)中华亚细亚艺文协会联合主办,崇明县文化广播电视管理局、崇明画院协办的海峡两岸三地艺文界艺术作品展在崇明县图书馆展厅开幕。共计展出台湾中华亚细亚艺文协会 20 位画家 46 幅作品、香港 9 名画家 9 幅作品以及 33 位崇明籍画家 33 幅作品。(金晓明)

【崇明县第 23 届少儿书画赛】 由崇明县文化广播电视管理局主办、崇明县图书馆承办的崇明县第 23 届少儿书画赛决赛,在崇明县城桥小学举行。少儿书画赛是崇明县少年儿童的一项传统赛事,此次比赛是长兴、横沙两岛划归崇明县后举办的首次比赛,赛事吸引了包括长兴、横沙两岛在内的全县近万名少年儿童参加。5 月 28 日,来自全县 16 个乡镇 60 多所中小学的 360 余名少儿书画爱好者中的佼佼者参加了主题为"创导全民阅读,构建学习型社会"的比赛,创下了少儿书画赛参加人数的历史新高。(金晓明)

江苏省

【概况】 2006 年江苏共有各级公共图书馆 100 个,(宿迁市馆正在建设之中,但已封顶,故在 100 个之内)其中省级馆 1 个,地级市馆 16 个,包括宿迁市馆及 3 个地级少儿馆,县级市馆 27 个,县级馆(含少儿馆)26 个,区级馆 30 个。2006 年以下各项数据有所增长。

2006 年全省公共图书馆面积为 52.6 万平方米,比前一年增长了 8.3 万平方米;图书馆总经费 2 亿 300 多万,比前一年增长了 3000 多万;2006 年全省公共馆藏书总量 3 273.74 万册,比前一年增长了 167 万册;购书经费 5 256 万元，比前一年增长了 1300 多万元。2006 年全盛购书量 164.77 万册，比前一年增加了 45.98 万册。2006 年全省外借人数 1 053 万次，比前一年增加了 74 万人次。内阅人数增加了 17 万人次，外借册次增加了 52 万册。各级公共图书馆共举办各种活动 2 618 次，参加人数达数 10 万人。

新馆建设方面：南京图书馆于 11 月 7 日建成并部分对外开放，面积为 77 860 平方米。江阴图书馆，由原来的 3 502 平方米增加到 12 722 平方米，增加了 3 倍多。吴江图书馆也在原来 3 540 平方米的基础上翻了近 4 倍，现为 1.4 万平方米。还有江都市馆和盱眙县馆在原来的馆舍面积上扩建近 1 倍左右，另外，宿迁地区新增加了 2 个馆，一个是宿迁市馆，宿迁市自 1998 年升级为省辖市后一直没有市馆，在经过几年的努力后，终于在 2006 年建成，面积为 6 000 平方米。另一个是宿豫区图书馆，从无到有，现有面积 500 平方米。还有 3 个馆从 2005 起开始拆迁重建至今，分别是无锡地区南长区馆、连云港地区的灌南县图书馆和徐州地区的睢宁县馆。（江苏省图书馆学会）

【南京图书馆概况】 2006 年底，南京图书馆从业人员 384 人，内部机构设置：采编部、读者服务部、信息技术应用部、信息资源开发部、研究辅导部、历史文献部、学报编辑部、馆长办公室、党委办公室、人事组织部、后勤保障部、物业管理部、社会工作部。全年坚持"以人为本，服务第一"的办馆宗旨，以新馆落成为重点，突出抓好新馆落成及部分开放各项准备工作的落实，顺利完成 2006 年度工作目标。

基础业务 全年共入藏中文图书 48 599 种、140 218 册；中文期刊 6 004 种、81 439 册；中文报纸 1 546 种；外文图书 2 850 种、3 006 册；外文期刊 2121 种、14 253 册；视听资料 26 460 种、74 246 件。根据新馆搬迁需要，完成约 90 万册图书整理、入藏和新馆典藏库需要的 130 万册书刊的整理工作；完成 97.7 万册古籍整理工作以及 38.5 万册民国文献的图书分级与整理。为确保新系统的试运行，完成 190 693 种中文图书简单书目数据、1.7 万种中文期刊的整合工作；完成了 21 万条古籍数据和 7 万条民国数据的 MARC 转换。

读者服务 全年累计发放有效借书证 20 852 张；年流通 545 616 总人次，其中外借 297 159 人次、503 745 册次；举办各类读者活动 256 次，参加活动的读者达 28 317 人次。举办了历时一个月以"大力倡导全

民读书，构建和谐文明社会"为主题的"2006 新春大型系列读书活动"。关注弱势群体，建立了新馆工地、玄武区老年公寓、博爱安养庇护中心、南京女子监狱等"南京图书馆书刊服务流通点"。在"4·23 世界读书日"，与麦田计划工作组共同举办了为贫困山区的孩子捐资助学活动。积极参与全社会关心未成年人思想道德建设活动，为青少年举办公益讲座、资料片播放、免费绿色上网等公益活动。积极开展"科普宣传周"及"图书馆服务宣传周"活动并被评为"科普宣传周先进集体"。全年共放映影片 150 余场，举办讲座 53 场，并于 8 月协助文化厅举办"新时期文化发展战略主题报告会"3 场文化名人讲座。自 9 月起，新馆展览厅成功举办"第三届城市摄影大会暨历史文化名城摄影展览"、"图书馆景观新领域国际论坛暨首届图书馆个性家具展览会"、"人类的记忆——联合国教科文组织 60 周年纪念大型图片展"、"消防漫画、摄影展"、"江苏高速 3000 成就展"等 10 个展览。

图书馆现代化工作 主要业务环节实行自动化管理，并启动新系统培训、试运行工作，全馆自动化建设水平进一步提高。为实现新的 ALEPH 图书馆业务管理自动化系统与原系统的顺利对接，成立"ALEPH 系统项目实施小组"，开展专业培训，并在试运行前使用力博软件进行平稳过渡。新馆信息系统建设方面，顺利完成会议系统的布线，开通了数字中继电话系统。在应用软件系统工程建设工作方面，确立《应用软件

系统工程建设方案》,明确了软件系统建设的步骤和实施计划。数据库建设方面,已完成《南京图书馆特色馆藏》全文数据库,并初步建成《江苏历代画家数据库》。《中国近代文献图像数据库》、《百年人物》等多个特色数据库正在建立中。

学术研究与对外交流　继续做好《新世纪图书馆》、《江苏图书馆之窗》的编辑出版工作。理论研究方面,继续组织参加"文化理论创新工程组织奖",全馆共报送14篇论文。加强对外交流,扩大与国内、国外图书馆界的交流与学习。组织安排专人赴日本石川县图书馆友好交流,赴美国参加美国图书馆协会年会,赴韩国参加第72届国际图联大会,赴甘肃参加第六次中文文献资源共建共享合作会议,了解图书馆发展的最新动态,做到在交流中学习。接待国内外图书馆界行以及澳大利亚维多利亚州总督一行、英国艾克萨斯郡议会代表团、日本爱知县议会代表团、阿根廷议员代表团等的参观访问,通过友好交流,较好地展现了南京图书馆的风采。

综合管理　推进内部机制改革,调整内设机构。进一步加强制度建设,推进工作规范化、管理科学化的进程。坚持业务例会制度、每月业务工作月报制度。起草并试行《南京图书馆新馆固定资产管理办法》、《南京图书馆公章使用管理补充规定》、《关于发放加班费、劳务费等有关费用的规定》。继续实施学习型组织方

案及开展部门作风评议。继续抓好安全保卫、后勤保障,进一步加强财务工作的规范管理,规范物品采购程序。积极配合文化厅相关工作,协助文化厅做好"香港汉荣书局石汉基先生向江苏省60个公共图书馆赠书活动"。(江苏省图书馆学会)

【2006新春系列大型读书活动】　2006年1月15日—2月12日,南京图书馆举办为期28天的"2006新春大型系列读

书活动",活动以"大力倡导全民读书,构建和谐文明社会"为主题,围绕"倡导健康网络文化、建设文明阅读社会"和"用博爱之心,结和谐之情"两个分主题,开展了"免费发放万张电子图书读书卡"、"优秀图书推荐阅读"、"有奖读书知识竞赛"、"经典名著电影展映及专家点评"、"'我爱读书'活动评选"、"电子图书免费使用培训"、"为社会弱势群体送书并建立图书流通服务点"等多项活动。活动内容丰富,特点鲜明,参与对象覆盖面广,总体参与读者达2万余人次,仅电子图书读书卡即发送1.3万张,取得了显著的社会效益。(江苏省图书馆学会)

【"我理想中的南京图书馆"征文活动圆满结束】　"我理想中的南京图书馆"征文活动于2005年11月起正式在南京图书馆全馆开展,截至2006年5月底,共征得作品184篇。经过专家的评审,共评选出一等奖2名,二等奖4名,三等奖6名以及鼓励奖20名,读者服务部、采编部、研究辅导部被评

为优秀组织奖。2006年9月6日下午,南京图书馆在新馆多功能厅举行了"我理想中的南京图书馆"征文活动颁奖大会,会上,馆领导为获奖个人和集体颁发了荣誉证书。颁奖大会结束后,一等奖获得者单红彬、袁屏以及其他个人奖获得者代表共8名,为全体员工作了精彩的演讲,阐述了各自理想中的南京图书馆,表达了对图书馆事业的热爱,展现了新时期图书馆人的良好素质。"我理想中的南京图书馆"征文活动的开展,较好地激发了南图职工的主人公意识,征文作者在文中提出的各项意见和建议,对南图新馆工作的开展,起到了积极的促进作用。(江苏省图书馆学会)

【南京图书馆新馆落成】2006年11月6日,南京图书馆新馆落成典礼仪式正式在新馆

东门广场举行。仪式由省文化厅厅长章剑华主持。省委书记李源潮、省长梁保华出席仪式

并为新馆落成揭牌。省委常委、省委宣传部长孙志军为新馆落成致辞。省人大副主任王湛、省政府副省长张桃林、省政协副主席黄因慧及省委办公厅、省政府办公厅、省编办、省发改委、省财政厅、省人事厅、省文化厅、省文联等有关部门负责同志也参加了南图新馆落成典礼。参加典礼的还有南京图书馆共建单位的领导、部分专家学者及读者代表。落成典礼仪式结束后,李源潮书记、梁保华省长及到场的嘉宾参观了新馆各开放区域。(江苏省图书馆学会)

【南京图书馆新馆部分对外开放】 2006年11月6日起,南京图书馆新馆部分对外开放。开放区域为一层的中文报刊阅览室、少儿书刊借阅室、视障人书刊借阅室、文化用品

商店(新书展示区)、综合服务区、目录检索区及地下一层的展览厅、多功能厅、学术报告厅、六朝遗迹展示区。开放以来,南图新馆注重抓好读者服务工作,利用新馆先进的条件,积极拓展新的服务模式,开展读者活动。利用少儿书刊借阅室和视障人书刊借阅室的条件,赴学校、盲校等单位联络活动。先后与长江路小学、省残联等单位联合开展了小学生课外活动、残障人士参观利用盲图等活动。积极探索会展工作的模式与途径,截至2006年年底,新馆已成功举办讲座18场,展览10场。新馆部分开放以来,平均日接待量已达4000人次,先进的条件、人性化的服务,获得了社会各界好评。(江苏省图书馆学会)

【机构调整,竞争上岗】根据新馆工作需要,经省机构编制委员会批准,南图对内设机构进行调整,将原总务部和保卫部合并成立后勤保障部,并增设物业管理部和社会工作部,社会工作部挂靠在馆长办公室。新调整后部门干部的选拔,采取竞争上岗的方式,公开竞聘。12月8日,召开了南京图书馆部分内设机构负责人竞争上岗动员会,文化厅副厅长、南京图书馆党委书记马宁作了动员讲话。12月30日,举行了竞岗演讲会,25名报名参加竞岗的同志作了竞职演讲,并由馆领导、文化厅有关处(室)负责同志和群众代表组成的考评小组进行现场考评。演讲后,通过民主测评、组织考察,由馆党委研究确定最终的人选。(江苏省图书馆学会)

【文化资源共享工程江苏省级中心】 2006年,继续做好文化资源共享工程江苏省级中心各项工作。加强“江苏文化网”的建设,截至2006年底,“江苏文化网”总体加工资源已达1.2T,点击浏览人次已达65万人次;协助省文化厅完成对共享工程基层点的调研,并起草调查报告;根据共享工程国家管理中心及厅社文处的工作要求,组织安排好戏曲征集、长征活动策划、讲座资源共享、基层点核查、卫星设备发放接收等工作,并完成江苏省级中心宣传片的拍摄、上报工作;积极开展宣传工作,制作并向广大读者发放精美的共享工程宣传页,免费发放电子读书卡;加强省级中心和全省共享工程服务点的统计工作,定期上报有关数据,同时及时与国家中心进行沟通交流;继续参与文化厅与江苏省省委组织部“农村党员干部现代远程教育”的各项工作,今年赴浙江、山东两地调研,探索两项工程进行合作的新思路、新办法。今年,江苏文化信息资源共享工程获得了2005年江苏省文化建设优秀成果奖——重大文化项目奖二等奖。(江苏省图书馆学会)

【吴江市图书馆新馆开馆】 2006年4月,投资近6000万元、面积1.4万平方米的吴江图书馆新馆落成,5月29日正式对外开放。新馆布局合理,舒

适方便,主要活动阵地有少儿借阅厅、期刊阅览室、图书借阅大厅、电子阅览室、文献检索室、古籍阅览室、报告厅、展览厅、培训室等,不仅馆舍一流、设备一流,服务更求一流。在办馆理念上也有了新的突破,首先是融入了公共服务的理念,所有阵地都用于对读者开放,取消了年度收费,凭市民卡就能获得图书馆的服务;其次是融入了复合图书馆的理念,纸质文献和电子资源、网络资源相结合,直接服务和虚拟服务相结合,从文献资源建设到各种读者服务,从馆舍安排到弱电系统建设,都采取了一系列措施,努力实践复合图书馆建设;第三是融入了文化传承的理念,馆内专设"吴江学者著作陈列室",努力搜集乡贤著作,把吴江古代县志、乡镇志24部全部数字化,实现全文检索,可供网络阅读。

面貌一新的吴江图书馆坚持求真务实传统,各方面的工作高标准严要求,更将读者工作视为中心任务,以更加舒适化、人性化的阅读环境和丰富多彩的活动吸引读者。2006年举办了吴江市首届读书节,以读书报告会、作家签名赠书和市民知识竞赛等形式渲染读书气氛。常年开展的培训、展览、讲座等新服务项目,更使吴江图书馆出现了多年来少见的兴旺景象。开馆后,注册读者数量大幅增长。为了进一步推进吴江的农村文化建设,加快公共图书馆的现代化建设进程,整合社会资源、拓展服务领域,为全市图书馆的数字化和网络化建设打好基础,2006年下半年,吴江图书馆开始推进乡镇分馆的建设,从模式、机制、管理、服务等诸方面进行大胆的改革与创新,吴江的图书馆事业也将因此而再攀新的高峰。(江苏省图书馆学会)

【"中国图书馆学会科普与阅读指导委员会的推荐书目委员会"将挂牌苏州图书馆】 中国图书馆学会科普与阅读指导委员会是中国图书馆学会的第五个委员会,以研究图书馆与阅读文化、研究图书馆在指导全民阅读活动中的作用、倡导"爱读书、读好书",指导和推动全民阅读活动的开展。科普与阅读指导委员会下设"专家委员会"、"推荐书目委员会"等六个委员会,由图书馆学、文献学、教育学、出版学等各方面的专家组成,苏州市朱永新副市长被聘为专家委员会委员,苏州图书馆邱冠华馆长被聘为"推荐书目委员会"主任委员。按中国图书馆学会规定,委员会的牌子将挂在主任委员的所在单位,因此,"推荐书目委员会"将挂牌苏州图书馆。(江苏省图书馆学会)

【首届"苏图之春"少儿读书活动在苏州图书馆举办】由苏州市知识工程领导小组主办、苏州图书馆、苏州日报社、苏州少年文学院、角直冯斌作文博物馆承办的首届"苏图之春"少儿读书活动于4月8日在苏州图书馆正式拉开帷幕。来自全市17所中小学校的300多名师生参加了在苏州图书馆学术报告厅举行的开幕式。市委宣传部副部长高志罡在会上作了重要发言。苏州图书馆、宝带实验小学分别介绍了近年来开展少儿读书活动的情况,苏州最小的出版图书的作者达梦园谈了自己的阅读体会,苏州科技大学教授王家勋的读书经验也让在场的学生受益匪浅。开幕式结束后,著名科幻作家叶永烈为学生作了《小灵通与未来世界》的科幻讲座,他告诫学生们要多读经典名著和科普作品,开阔自己的视野,提高创造力和想象力。

本次活动包括"2050年:苏州的一日"图文比赛、"校园阅

读大王"的评选、"《我的半本书》比赛"、"苏州少年文学院第四届中小学生100小时限时阅读大赛"以及"网上答题活动"等内容。苏州图书馆、平江实验学校等还邀请了著名校园青春作家饶雪漫到馆(校)作读书指导。千余件学生作品,即《2050年:苏州的一日》绘画作品和征文稿以及《我的半本书》作品,在苏州图书馆四楼展厅对社会公开展示。据统计,本次"苏图之春"少儿读书活动共有1605人获奖,其中特等奖66名,一等奖162名,另有8名学生被评为"校园阅读大王"。(江苏省图书馆学会)

【苏州图书馆与苏州高新区狮山街道办事处签约合作建设社区分馆】 继苏州图书馆与苏州市沧浪区政府合作建设4个社区分馆后,6月13日,苏州图书馆又与苏州高新区狮山街道办事处正式签订合作建设新升、馨泰两个社区分馆的协议。市文广局副局长陆凯、高新区社会事业局局长徐江枫出席了签约仪式。

这两个社区分馆是苏州图书馆采用与区政府、街道办事处合作建设社区分馆的第六、第七个分馆,这种合作模式的实质是当地政府向苏州图书馆"购买服务",由当地政府出资建设硬件,并支付图书馆的运行经费和部分购书经费,由苏州图书馆全面负责管理开放,包括人员委派、资源调配、互借互还、统一管理,执行苏州图书馆统一的服务规范,与苏州图

书馆实行资源共享。通过这样的合作模式,当地政府以较少的投入完成了社区公共文化服务设施的建设,并且使这些公共文化服务设施的服务更加专业;苏州图书馆则以提供服务的形式实现了自身业务的拓展,扩大了服务范围,方便了读者,发展了图书馆事业。苏州图书馆设想通过这种形式,逐步构建起苏州市的图书馆网络,使公共图书馆服务体系逐步覆盖全市,共同营造书香社会。(江苏省图书馆学会)

【地方文献阅览室开设"台北图书馆交流图书专架"】 苏州图书馆地方文献阅览室开设了"台北图书馆交流图书专架",该专架的书刊全部来自于台北图书馆。首批已经上架的40多册书刊中,大多数都属于台北地方文献,比较全面地反映了台北市历史文化和城市风貌,如《台北城市像簿》、《穿越时空看台北》、《恋恋台北》、《台北河川桥梁之旅》、《跃动之都——台北》等。还有《台北市立图书馆五十年史述》、《台北市立图书馆馆讯》等书刊对台北图书馆作了详细介绍。通过这批原版交流书刊,我们可以加深对台北市的认识和了解。(江苏省图书馆学会)

【首届苏州阅读节隆重开幕】 以"阅读让苏州更美丽"为主题的苏州市首届阅读节由市委宣传部、市文明办等联合主办,旨在激发和引导全市人民特别是青少年的阅读热情,

增强阅读能力,提高人们的阅读品位,从而形成健康阅读风尚,提升市民综合素质和城市文明程度。本届阅读节将为苏州市民送上精彩纷呈、内容丰富的文化大餐。包括中华经典

诵读大赛、名家大讲堂、"十佳藏书家"和"十佳书香社区"评选、市民综合知识百题测试、"感动接力——图书漂流"、"阅读让苏州更美丽"征文、图书展销、经典图书书画创作竞赛、优秀地方文化读物评选、"阳光书屋真情捐书"、"流动图书大篷车"启动、青年阅读知识竞赛等活动。(江苏省图书馆学会)

【放飞孩子知识的梦想——苏州市未成年人流动图书大篷车】 苏州市区目前拥有外来人口140万,尽管苏州图

书馆每年接待150多万读者,分馆逐步布向社区,但城市边远地区的读者距离图书馆较远,特别是未成年人,活动半径更小,难以享受到图书馆的服务。

为倡导全民阅读、实现社会信息公平，苏州市文明办投入70万元，主办"苏州市未成年人图书流动大篷车"项目，由苏州图书馆具体承办。该流动车由金

龙客车改装而成，车上配备发电、空调、无线上网、饮水等设备，装有适合未成年人阅读的图书6 000多册，无线上网系统与苏州图书馆图书管理系统相连，读者所借图书与苏州图书馆、各个分馆实现图书通借通还，小读者如果在流动车没有找到喜欢的图书，还可以向工作人员提出预约，下次服务时流动车就会为他带去。

目前流动车在全城区设立服务点16个，每两星期为一个服务周期。（江苏省图书馆学会）

【感动接力　图书漂流】小船可以漂流，竹筏可以漂流，一片小小的树叶可以漂流，谁曾想过，图书也可以漂流？而这种漂流，是不是意味着图书馆又有了新的服务内涵呢？

苏州图书馆设立了一个图书漂流网站（http://tspl. szlib. com），放漂者或者取阅者，首先在网站进行登记，取得一个会员号后即可通过网站登记放漂、取阅，并刊登、交流阅读心

得等。而此项活动也鼓励市民捐赠、制作放漂图书，在捐赠或放漂图书中写上自己的感言。此次图书漂流活动旨在通过读者推荐的最受感动的一本书，并附感言、感想、心得和体会，在众多读者中的"接力漂流"，搭建一个推荐好书、交流思想、传播友情的平台，从而提升市民读书的精度、深度和阅读能力。（江苏省图书馆学会）

【苏州市首届社会科学普及宣传周】　由市委宣传部、市社科联主办的苏州市首届社会科学普及宣传周9月15日在观前街新艺广场拉开帷幕。市委常委、宣传部长徐国强，市政协副主席苏惠心出席了开幕仪式。

包括苏州图书馆学会在内的17个学会和其他15个单位开展了现场咨询服务，苏州市图书馆学会编写的《网络信息资源利用》、《善用图书馆》等资料，获得了市民的青睐，500份资料被市民领取，广场上还有我市32个学会制作的宣传展板供市民观看。本次宣传周从9月15日开始至9月21日结束，期间开展了一系列的科普活动，苏州图书馆为市民安排了3场专题讲座。（江苏省图书馆学会）

【爱心磁带征集活动颁奖典礼暨爱心磁带专架揭牌仪式】　2006年10月15日上午，为庆祝第23个国际盲人节，全市近200位盲人和50余位志愿者齐聚苏州图书馆报告厅，参

加"让我的声音陪伴你"爱心磁带征集活动颁奖典礼暨爱心磁带专架揭牌仪式。

本次爱心磁带活动从今年5月份开始启动，54位爱心志愿者共提供了50多个小时的声音资料，丰富了盲人们的阅读内容。爱心志愿者表示今后愿意继续参加此类活动，图书馆也因此成立了"让我的声音陪伴你"爱心小组，将这些爱心志愿者们集结到一起，继续为盲人朋友们以及其他残疾人朋友奉献自己的爱心。（江苏省图书馆学会）

【地方文献阅览室开设2006年首届苏州阅读节"优秀地方文化读物"展示专架】　为配合2006年首届苏州阅读节"优秀地方文化读物"的评选活

动,在苏州市新闻出版局的大力支持下,我馆在地方文献阅览室开设了"优秀地方文化读物"100种推荐书目展示专架。该专架集中展示了评选活动组委会多渠道搜集和统一推荐的100种优秀地方文化读物。(江苏省图书馆学会)

【沈国放做客《名家大讲堂》】 2006年11月1日,外交部前发言人、世界知识出版社总编辑沈国放应首届苏州阅读节《名家大讲堂》邀请做客苏州图书馆,给苏州老乡谈谈国际大事。这位曾经叱咤外交界的大使魅力不减,他主讲的《国际形势中的热点暨大国之间的关系》讲座吸引了近800名读者前来聆听,整个学术报告厅座无虚席,还开设了多功能厅作为分会场,所有过道台阶也堵得水泄不通,受欢迎程度可见一斑。

沈国放主要围绕当今国际形势的四大特点来串讲当前诸多国际问题与大国之间的微妙关系。报告结束后,沈国放接受现场听众的踊跃提问,每次回答都迎来阵阵掌声。《名家大讲堂》自开办以来,受到了市民的一致好评,其中朱栋霖、阎崇年、沈国放等几场讲座甚至

达到了爆棚,造成了一定的轰动效应。(江苏省图书馆学会)

【"扬州的夏日"青少年科技文化系列活动】 2006年7月14日—8月28日,扬州市图书馆承办了由扬州市委宣传部、文明办、教育局、团市委、扬州日报社主办的"扬州的夏日"青少年科技文化系列活动。此次活动的特点是:时间长、规模大、效果好、形式多样,有讲座、有展览、有电影、有参观、有演示比赛等10多个项目,内容涉及政治、思想道德建设和爱国主义教育,活动紧凑,天天有新意,场场无虚席,每项活动都有媒体跟踪报道,活动成绩显著,受到广大青少年和家长热烈欢迎,每次参加活动人数均过万。扬州市图书馆从2004年起已成功举办了3次"扬州的夏日"青少年科技文化系列活动,该活动已经成为扬州青少年思想道德建设活动的品牌。(江苏省图书馆学会)

【扬州市图书馆学会荣获全国大中城市社科系统先进】 2006年8月9日,在齐齐哈尔召开的全国大中城市社科联第十七次工作会议上,扬州市图书馆学会被表彰为(2004—2005年度)全国大中城市社科联系统先进学会。(江苏省图书馆学会)

【扬州市图书馆地方文献征集利用工作启动】 自9月开始,扬州市图书馆启动了地方文献的征集和利用工作。一

是为地方文献设置专用阅览区,实行开架阅览,方便了读者的利用,初步实现了"人书合一";二是加强宣传,广泛联络,召开恳谈会,主动寻采等形式并用,至12月底,共征集到地方文献162册;三是积极向市政府争取,出台扬州市地方文献呈缴制度。(江苏省图书馆学会)

【省级非物质文化遗产扬州申报项目全部资料入藏扬州市图书馆】 11月29日,江苏省省级非物质文化遗产扬州28个申报项目的文字与视频资料入藏扬州市图书馆,其中包括活字印刷技艺、富春茶社、八刻技艺、饮食文化、沐浴文化、美发文化、扬派盆景艺术、中国邮文化、扬州弹词等,资料对各个申遗项目的历史、特色、效果都作了详尽的描述。(江苏省图书馆学会)

【扬州市图书馆电子阅览室推出"办证阅览"模式】 2006年11月,扬州市图书馆在规范电子阅览室管理的基础上,充分挖掘自身潜力,不断探索创新,将电子阅览纳入图书馆业务管理系统,率先在全市电子阅览室推出"办证阅览"的管理与运行新模式,一改过去按小时收费的模式。读者可以像到图书馆阅览图书、报刊一样,通过办理年度电子阅览证的形式免费接受网络服务,使进入图书馆的各年龄层次读者都可以充分享受到公共图书馆电子阅览室的完善服务,突出公共图书馆的公益性、社会性、

服务性和教育性。（江苏省图书馆学会）

【扬州市图书馆网站开通】
经过近半年的紧张筹备制作和试运行，扬州市图书馆网站于12月30日正式开通。该网站开通了走近扬图、读者指南、特色资源、网上服务、地方文化等主要栏目。在服务窗口增设读者使用的查询机，让读者通过局域网及时了解图书馆动态，了解图书馆所有资料的目录，方便读者借阅，查询"共享工程"资源。（江苏省图书馆学会）

【常州市图书馆学会召开六届十四次理事会议】 10月20日 常州市图书馆学会召开了六届十四次理事会议，市学会理事共9人参加了会议。本次理事会的主要内容是讨论学会理事换届大会及第十一次科学讨论会的筹备事宜和发展新会员。市学会理事长、市馆副馆长程广荣首先谈了关于此次换届大会和科学讨论会的安排设想，包括会议名称、会议主题、会议议程等，同时提出由于近年来学院图书馆在不断壮大，而科研情报系统及工会系统图书馆却在萎缩，所以新一届理事会名额和分配将作出一些调整。经过各位与会理事的讨论协商，初步确定了会议日期、会议地点、参加人数以及理事的名额分配等。最后，本次理事会还发展吸收了12名新会员，其中市图书馆5名，戚区实验中学1名，大学城机电学校5

名，纺织服装职业技术学院1名。（江苏省图书馆学会）

【常州市图书馆学会第七次会员代表大会暨第十一次科学讨论会】 常州市图书馆学会于12月8日在江苏工业学院图书馆召开了"第七次会员代表大会暨第十一次科学讨论会"，来自全市各系统图书馆学会会员及获奖论文作者近百人参加了大会，江苏省图书馆学会秘书长吴林，常州市社会科学哲学联合会副主席陈满林、市文化局副局长钱潮及社文处处长庄锡连以及江苏工业学院、市教育装备站、市图书馆等有关领导应邀出席了会议。会议由学会副理事长华危持主持，学会理事长程广荣作"常州市图书馆学会第六届理事工作报告"，副理事长钱树云作关于"修改学会章程的说明"，与会代表认真听取、审议并通过了学会第六届理事会工作报告，通过了修改后的学会章程，并以无记名投票方式选举产生常州图书馆学会第七届理事会，新一届理事会由23名理事组成。
紧接着学会又召开了"第十一次科学讨论会"，本次科学讨论会主题是：区域图书馆协作发展与资源共享。共收到市及各辖区图书馆征文56篇。20位论文作者分别获一、二、三等奖，大会向他们颁发了获奖证书，其余论文收录进本次科学讨论会论文集光盘。（江苏省图书馆学会）

【淮安市图书馆学会2006年度学术年会暨学术报告会】
为提高淮安市图书馆工作者的理论水平和业务技能，推动全市图书馆学研究，促进全市图书馆事业的进一步发展，市学会于12月13日组织召开市学会2006年度学术年会暨学术报告会。本届年会得到全市各系统图书馆工作者的积极响应，共收到征文80多篇，内容涉及图书馆专业领域的许多方面，论文质量较往届有明显提高，体现了我市图书馆工作者努力学习、不断提高的精神。经评审组评议，有6篇论文获一等奖、13篇论文获二等奖、26篇论文获三等奖。师院图书馆、楚州区和涟水县图书馆获组织奖。年会上，市学会副理事长、师院图书馆副馆长陆宝益为与会人员做了主题为"论图书馆员职业道德"的学术报告。（江苏省图书馆学会）

【淮安市科协两年一届的自然科学优秀学术论文评选】
淮安市图书馆学会按照市科协要求，在全体会员中进行了广泛的宣传和发动，共征集了30多篇应征论文，市学会组织了专业评议小组，严格按照标准进行评审，经过市科协组织专家评议，师院图书馆陆宝益《试论创建我国统一的网络信息分类法》和师院图书馆相东升《图书情报学基金资助课题研究现状分析》两篇论文荣获二等奖，另有5篇论文获三等奖，均获得了市政府颁发的"论文证书"。（江苏省图书馆

学会)

【参加全国少年儿童图书馆工作经验交流会】 在文化部社会文化图书馆司于温州召开的"全国少年儿童图书馆工作经验交流会"上,淮安市图书馆《强化素质教育,倡导读书育人》、金湖县图书馆《金湖县少儿图书馆30年工作回眸》和楚州区图书馆《淮安市儿童流动图书馆工作纪实》三篇文章参与了会议交流并被《会议材料汇编》录用。(江苏省图书馆学会)

【召开五届常务理事会第四次会议】 淮安市图书馆图书馆学会五届常务理事会第四次会议于12月13日在市图书馆召开,来自全市公共、高校等图书馆的20多位市学会常务理事及部分理事代表出席了会议。本次常务理事会经过讨论,决定增选淮阴工学院图书馆蒋同洋馆长、江苏食品职业技术学院图书馆张国才馆长和江苏财经职业技术学院图书馆郭德怀馆长为市学会常务理事。同时,增选蒋同洋馆长为市学会副理事长。(江苏省图书馆学会)

【精心组织公益性"淮图讲座"】 在知识经济飞速发展,人们对知识信息的需求日益强烈的新形势下,图书馆讲座作为一种便捷有效的学习方式,越来越受到人民群众的普遍欢迎。今年以来,淮安市图书馆邀请多位专家学者走进"淮图讲坛",为市民举办浅显易懂、雅俗共赏的专题讲座。市馆还利用上海图书馆"讲座中心"无偿提供的讲座资料,义务为广大市民播放。讲座活动的开展,为满足人民群众日益增长的精神文化需求作出了贡献。(江苏省图书馆学会)

【淮阴师院图书馆主办大学生读书节】 2006年11月1日—30日,淮阴师院图书馆联合院团委主办了以"点燃知识的火炬,照亮七彩人生"为主题的淮阴师范学院2006年大学生读书节。举办本次读书节的目的就是希望同学们积极参加读书活动,以读书长知识、以读书增智慧、以读书树理想、以读书育人格。读书节中,著名学者、中国上古文化专家萧兵就"如何读书,读什么书"为大家作了精彩的报告。读书节期间,通过学者报告、新书推荐、传统文献和电子文献讲座、读书感评比、读书格言征集、读书笔记展评、有奖读书知识竞赛等系列活动,引领学生读者与经典交友,与大师对话,与学术接轨,与真理同行。《中国教育报》等多家媒体对本次活动进行了宣传报道。(江苏省图书馆学会)

【图书馆服务宣传周活动】 为响应全国知识工程领导小组和省文化厅的号召,淮安市图书馆学会联合各公共图书馆,于2006年5月29日—6月4日,开展了一年一度的图书馆服务宣传周活动。为了突出本次宣传周"倡导全民阅读,构建学习型社会"的主题和中共中央宣传部等部门《关于开展全民阅读活动的倡议书》以及文化信息资源共享工程,各馆因地制宜,利用现有条件,进行宣传。同时,各馆工作人员积极开展各项便民服务活动。市馆在市区一品梅广场、富丽花园等地拉起横幅,展出新书、报、刊数千册,并开展免费阅读、现场办证、业务咨询等活动。淮阴区图书馆精心组织部分图书,送到当地驻军某部,开展集体外借服务。各县区馆结合本地特点,开展了丰富多彩的便民服务活动。宣传周活动的开展,充分发挥了图书馆社会教育的职能,取得了很好的社会效益。(江苏省图书馆学会)

【红领巾读书征文活动】 为积极响应省文化厅号召,淮安市图书馆学会和各县区公共图书馆于今年5月—9月,在全市中小学中宣传发动,认真组织开展了主题为"牢记八荣八耻,树立社会主义荣辱观"的红领巾读书征文活动并得到校方的密切协作。同学们在认真阅读相关书籍的基础上,写出了近千篇征文,畅谈阅读的心得体会。市学会从中评选出30篇征文报送省厅评选。最终获一等奖2名、二等奖7名、三等奖21名,市馆荣获"红读"活动组织奖。(江苏省图书馆学会)

【淮安市图书馆送书到工地】 民工是城市的建设者,不断谱写着城市的"建设乐章"。但他们收入较少、业余生活贫乏。针对这种状况,淮安市图书馆决定给予他们文化帮助、精神支持。10月26日,市馆向市区上海花园小区建设工地赠送了400多册科普、文艺书刊,受到了民工朋友的热烈欢迎。(江苏省图书馆学会)

【少儿读书演讲比赛】 为激发学生读书的兴趣,从小养成热爱读书的好习惯,让每一个学生都想读书、爱读书、会读书,并在读书活动中体验读书乐趣,获取知识,陶冶情操,树立理想,2006年9月20日,淮安市图书馆在市人民小学举办了少儿读书演讲比赛。小学生从多角度立意,从多生活层面着笔,用少儿纯真的心灵和朴实的语言,生动地表达了自己学习"八荣八耻"和"社会主义荣辱观"的心得体会。11月2日下午,淮安市图书馆与淮安市实小联合举办了"在阅读的天空中成长"读书演讲比赛活动,小选手们生动、风趣、精彩的演讲赢得了阵阵掌声。淮安市图书馆分别向两次比赛的获奖选手颁发了证书并赠送了图书和阅览证。这些活动的开展,受到学校和家长的欢迎。(江苏省图书馆学会)

【少儿读书夏令营】 为了加强革命传统教育,让少年朋友度过愉快而有意义的暑假,2006年7月29日—30日,淮安市图书馆与南京体育学院联合举办了一期主题为"学新旅精神,做时代小主人"的少儿读书夏令营活动。内容包括:参观

新安旅行团纪念馆并请该校校长作专题报告、举办主题演讲比赛、南体大学生教健身操和跆拳道等。同学们反映参加这些活动既愉快又有意义,希望能经常开展。(江苏省图书馆学会)

【成立淮安市图书馆淮阴区长安小学分馆】 为帮助淮阴区长安小学解决学生课外阅读书籍缺乏的现状,改善学生阅读条件,市图书馆在该校建立了图书流通分馆,向该校赠送了部分图书设备,并提供业务指导,受到学校师生的欢迎。(江苏省图书馆学会)

【淮安市图书馆学会开展文明礼仪服务活动】 淮安市图书馆学会和市图书馆立向全市各公共图书馆发出了《关于在全市公共图书馆扎实开展"服务礼仪"学习活动的意见》,并组织市、县(区)两级公共图书馆,掀起了一股服务礼仪知识的学习热潮。各馆领导十分重视此项活动,把它作为全新打造对外形象、提高工作人员综合素质、提升服务意识、全面提高读者服务工作水平的重要措施。同时,各馆都把"服务礼仪"知识的学习作为业务学习的主要内容,迅速拟定学习计划,为每名职工配备了《服务礼仪教程(第二版)》,要求工作人员以认真负责的态度,积极投入到"服务礼仪"知识的学习中去。各馆还根据省馆下发的《全省公共图书馆文明礼仪服务规范》,结合各馆读者服务工

作实际,对所学内容进行实际工作中的演练与实践,力争达到最好的学习目的和效果。(江苏省图书馆学会)

【淮安市图书馆赴陕西参观学习】 2006年年3月,淮安市学会组织部分会员和市馆部分工作人员赴陕西省西安市图书馆进行了参观学习;11月,市馆组织部分人员赴南京图书馆新馆进行了参观学习。(江苏省图书馆学会)

【获得了市委、市政府颁发的"淮安市科协工作先进集体"荣誉称号】 在5月25日隆重召开的2006年"淮安市科学技术大会"上,淮安市图书馆学会受到了市委、市政府的表彰,获得了市委、市政府颁发的"淮安市科协工作先进集体"荣誉称号。(江苏省图书馆学会)

【金陵馆被南京市委市政府授予"建设新南京先进单位"荣誉称号】 由于金陵馆在组织开展各类社会活动、推动创建学习型社会和建设新馆工程等工作中成绩显著,2006年3月21日被南京市委市政府授予"建设新南京先进单位"荣誉称号,这是继前两年省市两级政府授予该馆江苏省和南京市文明单位荣誉称号后政府部门对该馆工作成绩的再次肯定。(江苏省图书馆学会)

【金陵图书馆在全国农民读书征文活动中获组织奖】 2006年5月20日,"读好书促

和谐"全国农民读书征文活动颁奖仪式在京举行,金陵图书馆在此次活动中获组织奖,这是金陵图书馆连续第四次荣获此项殊荣。(江苏省图书馆学会)

【南京图书馆学会召开第三次会员代表大会】 2006年5月25日,南京图书馆学会第三次会员代表大会在金陵图书馆后一楼学术报告厅举行,市科协、市民政局和省图书馆学会的有关领导以及来自全市各系统图书馆的代表共计80余人出席了会议。与会代表认真听取、审议并通过了学会第二届理事会工作报告,通过了修改后的学会章程并表决通过第三届理事会成员名单,金陵图书馆馆长马恒东在会上被选为南京图书馆学会第三届理事会理事长。(江苏省图书馆学会)

【金陵图书馆"名家讲座"成为南京市公共文化领域内的品牌项目】 2006年9月20日,金陵图书馆"名家讲座"在南京市科技会堂举行,共有700余名听众聆听了国家历史文化名城研究中心主任阮仪三教授作的题为《中国历史城市遗产的保护和合理利用》的专题报告。金图"名家讲座"已经连续举办了三年,包括阎学通、罗援、王蒙和龙永图在内的多位知名专家学者专程为南京市党政机关干部、高校师生、社科人员和各界人士作专题报告,该项活动已经成为南京市公共文化领域内的品牌项目。(江苏省图书馆学会)

【金陵图书馆新馆封顶仪式在河西新馆建设工地举行】 2006年10月12日,金陵图书馆新馆建设工程自2005年10月28日开工奠基,经过近一年的紧张施工,新馆的封顶仪式于10月12日在河西新馆建设工地举行,南京市副市长许慧玲及有关部门负责人出席了封顶仪式,整体建筑预计将于2007年6月正式竣工。封顶仪式的举行标志着金图新馆建设工程已经迈入了一个新的阶段。(江苏省图书馆学会)

【金陵图书馆清江花苑分馆开馆】 2006年12月26日,金陵图书馆清江花苑分馆开馆仪式在下关区热河南路街道清江花苑社区举行。清江花苑分馆是金陵图书馆第一个开始运行的社区分馆,金陵图书馆今后还将依照这种新型的总分馆管理模式,陆续在其他条件成熟的社区开设分馆,在全市范围内大力推动基层公共文化设施的建设。(江苏省图书馆学会)

【纪念红军长征胜利70周年知识问答、谜语竞猜活动】 为纪念红军长征胜利70周年,南通市馆和市少儿馆联合承办了由市文化局、江海晚报社主办的"纪念中国红军长征胜利70周年知识问答、谜语竞猜"大型广场活动。这次活动编选有关"红军长征"知识问答题200余道,百科知识谜语1000余条,

1万余名市民参加活动,观看"纪念中国工农红军长征胜利70周年图片展"。南通电视台进行了现场采访,播发了新闻。(江苏省图书馆学会)(附照片)

【举办"我心中的南通市图书馆新馆"征文活动】 南通市馆和江海晚报社联合举办"我心中的南通市图书馆新馆"征文活动。共收到稿件43篇,评出一等奖1名,二等奖2名,三等奖3名。江海晚报以《市图书馆新馆畅想曲——市民谈南通市图书馆新馆》为题发表了征文摘编,部分获奖征文也在副刊刊出。这次活动为广大市民参与图书馆新馆建设搭建了平台,为宣传图书馆,拉近市民和图书馆的距离作了有益的尝试。(江苏省图书馆学会)

【南通市馆和博物苑联合举办"静海讲坛"公益型讲座】 南通市馆近年来把举办公益型讲座列入图书馆一项重要业务工作,推出"静海讲坛"系列讲座,2006年11月11日,市馆邀请南通大学文学院教授、著名红学专家徐乃为作"红楼梦的文学史地位及其艺术特色"的演讲。150多位读者出席听讲,演讲结束后,徐教授还接受了读者的提问,为读者签名。

12月31日,复旦大学中国历史地理研究所所长、博士生导师葛剑雄教授作"追寻玄奘之路——中亚南亚五国行"的演讲。160多位读者和南通大学、南通职业大学、南通高等师范学校师生出席听讲。演讲结

束后，葛剑雄就中日、中印关系等话题回答了听众的提问。（江苏省图书馆学会）

【市馆积极参加市委宣传部、文化局组织"三下乡"活动】 南通市馆参加市委宣传部组织的"三下乡"活动，于1—2月向通州市石港镇、刘桥镇、兴仁镇赠送图书500册、200册和200册。（江苏省图书馆学会）

【南通市馆举办陆启中著《爱的永恒》首发式】 2006年2月22日，我市作家陆启中诗歌新著《爱的永恒》首发式在南通市馆举行，《爱的永恒》是诗集《爱的三部曲》中的一部。作家刘培林、南通大学教授徐景熙、屠国春、姚馨丙等参加了仪式并对作品进行了研讨。（江苏省图书馆学会）

【参加"2006年度南通市第五届科技节暨第十八届科学宣传周"活动】 南通市馆参加市第五届科技节暨第十八届科普宣传周活动。在馆内悬挂"携手建设创新型国家"（全国活动主题标语），在外借部设置"科普新书专架"供读者借阅，在新书介绍专栏编辑专辑"科普新书介绍"，向读者推荐科技新书50余种。（江苏省图书馆学会）

【举办图书馆学会科学讨论会暨2006年学术年会】 2006年11月19日，南通市馆图书馆学会科学讨论会暨2006年学术年会在南通中学图书馆举行。江苏省图书馆学会、南京图书馆、南通大学、市文化局、市社会科学联合会和市、县公共图书馆、高职、中学图书馆的有关负责人和图书馆代表80余人出席。会议由南通大学图书馆馆长董建成主持，省图书馆学会秘书长吴林、市文化局副局长姚恭祥、市社科联秘书长蒋建民分别致辞。会议收到论文59篇，评出一等奖5篇，二等奖10篇，三等奖17篇。

南京图书馆副馆长许建业作了"公共文化体体系下公共图书馆发展路向"的学术演讲。会议还就图书馆联盟、高校图书馆与企业联姻、少儿图书馆为中小学生服务、地方文献整理等共同感兴趣的问题进行了研讨。（江苏省图书馆学会）

【南通市图书馆参加援建全市小康示范村图书室活动】 为加快建设社会主义新农村步伐，市政府有关部门在全市6县范围确定了小康示范村，并拨出5万元专款，委托南通市馆采购广大农民喜闻乐见的科技养殖、文艺图书4 000余册，赠送小康村图书室。7月8日，市、县（市）文化局、图书馆负责人和小康示范村代表60余人出席了在通州兴仁镇徐庄村举行的赠书仪式。17个小康示范村的代表接受了赠书。（江苏省图书馆学会）

【南通方志馆开馆】 2006年9月26日，南通方志馆在博物苑中馆举行揭牌仪式。省委党史办负责人和南通市委书记罗一民及有关方面人士80余人参加了仪式并参观了史志书籍展。南通市馆选送了光绪版《赣榆县志》和《崇明县志》等志书参加展示。南通市近年来在图书馆的大力支持下，编辑出版了各类专业志、乡镇志、企业志40多部，对推动全市三个文明建设和和谐社会建设发挥了积极的作用。（江苏省图书馆学会）

【《刘宝泰函稿》由扬州广陵书社出版】 南通市如东县图书馆馆长曹华主编的《刘宝泰函稿》近日在广陵书社出版。刘宝泰是东南亚马塘人，曾入袁世凯幕分掌文案，民国初年曾任山东省图书馆馆长。《刘宝泰函稿》上、下两册。上册为在袁世凯幕所作文函稿及致友朋信件，下册为在山东时的文稿，均按原件尺寸影印。省图书馆学会秘书长吴林为该书作序。（江苏省图书馆学会）

【泰州市市委书记朱龙生视察泰州市图书馆】 2006年10月9日，市委书记朱龙生，市委常委、宣传部长李国华，市委常委、市委秘书长周家新，市政府副市长刘励以及市发改委、市财政局等部门的主要负责同志在市文化局领导的陪同下视察了泰州市图书馆。朱龙生一行来到图书馆的各个部室，认真听取了市图书馆馆长周谨的工作介绍，仔细询问了图书馆的运作情况。在观看当代泰州人士著述展时，朱龙生一行对展览中列举的当代文化名人产生了极大的兴趣，给予了热情洋溢的赞扬,同时肯定了图书馆举办这种展览的深远意义。视察过程中,朱龙生对泰州市图书馆深远的发展历史、图书馆人良好的工作作风和丰硕的服务成果感到高兴,勉励图书馆人继续发扬一流的工作精神,做好图书馆工作,服务好泰州市民,为发展先进文化、建设文化泰州作出更大的贡献。(江苏省图书馆学会)

【泰州市召开少儿工作会议,探讨新时期少儿工作的新思路】 泰州市少儿工作会议于5月26日在靖江市图书馆召开。会议安排了现场参观靖江市少儿馆和两个少儿分馆的内容,使得会议探讨内容尤其是特色服务工作更有针对性。大家对找准办好少儿馆与创建学习型社会、少儿图书馆与学校联合办分馆、社会效益与经济效益等"三个"契合点有了广泛共识。(江苏省图书馆学会)

【泰州市图书馆首场"凤城讲坛"座无虚席】 2006年4月23日下午,由泰州市图书馆和《泰州晚报》联合举办的"凤城讲坛"首场开讲,主题为"饮食与心脏健康",讲座吸引了不少市民,会场座无虚席。此次讲座大多为中老年听众。市人民医院心内科的朱莉博士用通俗易懂的语言,联系工作中遇到的病例,讲解心脏的构造、容易产生心脏病的危险因素、不健康饮食习惯的危害等内容,提醒大家合理控制热能、平衡膳食,养成科学的饮食习惯。

讲座进行过程中,仍不断有一些没有预约的市民来到会场,我馆工作人员不得不临时增加座位。许多听众带笔记本认真做记录,一些准备不足的听众则向我馆工作人员借用纸笔。此次讲座还对到场的《泰州晚报》订阅者免费发放我市首部营养学科普读物《如何吃出健康》。(江苏省图书馆学会)

【"爱心奶奶"暑期社区活动(流动书库)正式启动】 2006年7月4日,"爱心奶奶"暑期社区活动的重要组成部分——流动书库启动仪式在泰州市图书馆举行,《泰州晚报》总编倪郭明和市图书馆馆长周谨在仪式上作了简短的发言。海陵区景光社区、南蒲社区的"爱心奶奶"代表从泰州市图书馆周谨馆长手中领取了"流动书库"标牌,并分别接收300册图书,这批书包括文史、科学、童话、寓言、名著等,种类繁多,均适合少儿阅读。活动期间,我馆将提供3 000册图书在城区10个社区流动,供中小学生免费阅读。这次活动是我馆建馆以来规模最大的一次社区服务活动。(江苏省图书馆学会)

【马宁副厅长出席泰州泰兴市图书馆建馆50周年纪念会】 2006年12月18日,泰兴市图书馆建馆50周年纪念会在朱东润故居举行。江苏省文化厅副厅长、南京图书馆党委书记马宁、文化厅科教处王处长,在泰州市文化局副局长柳生荣、处长顾成兴等陪同下出席

了纪念会。泰州市图书馆学会和市图书馆领导沈萍、周谨、徐进与兴化、姜堰、靖江三市图书馆领导到会致贺。社会各界人士100多人参加了纪念活动。马宁高度肯定了泰兴市图书馆进取不息的精神、所取得的辉煌业绩。当听到泰兴市委常委、宣传部长戴仁泉说泰兴正在高起点规划建设新的图博中心时,马宁高兴地称之为"建设和谐泰兴的力举",希望早日变宏图为现实。(江苏省图书馆学会)

【泰州靖江市图书馆为"三农"服务又有新举措】 2006年4月26日,靖江市文化局局长季灿华、靖江市农工办副主任叶桂林、靖江市图书馆馆长冷稼祥等一行,在生祠镇党委书记方捷的陪同下,来到生祠镇金星休闲农庄,为"靖江市图书馆'兴农富民科技苑'——金星休闲农庄示范基地"挂牌。这是靖江市图书馆以宣传社会主义精神文明和普及农业科技知识为己任,主动为基层农民服务,积极配合社会主义新农村的建设一大举措,市图书馆为金星休闲农庄无偿送去各种农村系列最新科技书籍1500余册和书架、桌椅,共投入2万元。整个图书室环境优美,是农民学习、休闲的好地方,不需出门就能及时获得农民所需的有关政策、法律法规、国内外农业科技知识、实用技术、市场经济等最新信息。(江苏省图书馆学会)

【泰州兴化市图书馆春节举办"兴化百姓家谱展"】 春节期间，"兴化百姓家谱展"在馆前"兴化报廊"橱窗与广大市民见面，受到广大读者的欢迎。今年"家谱展"除了保留去年展览中郡望、堂名、家联特色内容外，还体现以下特色：展示当代优秀人物，有政界、军界、科技界、企业家等成果；展示与姓氏相关的地名文化，如城乡的古迹、名人故居、街巷、景点等；展示民族间的团结，如蒙古族葛、马、冒姓，分别介绍了少数民族与兴化汉人融合的渊源。同时对少数民族姓氏中涌现的杰出代表作介绍，如厦门大学经济学院院长、著名财会理论专家葛家澍；展示本地宋、元、明、清四大家高、陆二姓，如明代大学士"五朝元老"高谷，道教"东派"之祖《封神演义》作者陆西星。除此而外，为了满足广大读者寻根需要，还介绍同姓的几支不同来源。展览还宣传了刚建立的"兴化姓氏文化联谊会"的宗旨，以兴化人亲情、乡情、友情为纽带，为海内外兴化籍人士后裔寻根、问祖、修谱、修志。开展文化、经济交流，为促进家乡经济发展、文化繁荣、社会和谐、百姓幸福、祖国统一献计出力。（江苏省图书馆学会）

【泰州姜堰市图书馆地方文献工作再创新篇章】 姜堰市图书馆历来重视地方文献的收集整理工作，在研究、整理、调查、挖掘有关地方人文历史资料上给予了人力、物力、信息全方位的协助。2006年4月，得悉姜堰籍市民王根法撰写《王氏溯源》、《泰州王氏考》事后，馆领导给予了极大的支持，先后去泰州、东台搜集相关资料。为了扩大成果，馆领导又邀请了十多位专家学者对此文献进行了专题研讨座谈。与会专家对《王氏溯源》、《泰州王氏考》的文献价值、历史佐证等各抒己见。专家们一致赞扬姜堰市图书馆领导的远见卓识，并希望姜堰市图书馆能一如既往给予充分支持，使姜堰王氏思想源远流长的历史能够得到更深度的挖掘，推进地方文化事业的长远发展，给后人留下宝贵的文化遗产。（江苏省图书馆学会）

【泰州兴化市姓氏文化联谊成立大会隆重举行】 2006年3月18日，兴化市姓氏文化联谊成立大会在市人大会议室隆重举行。参加会议的有原兴化四套班子、兴化市文化局、理事单位领导和姓氏宗亲代表。另外，参加《刘氏宗谱》颁发仪式的南京、盐城、大丰、滨海、兴化等地的宗亲代表以及专程赴会祝贺的盐城民俗学会、大丰施耐庵纪念馆等地的专家学者计100多人参加了会议。有关领导来到市图书馆为联谊会举行了揭牌仪式。兴化市姓氏文化联谊会的成立，为兴化市姓氏文化活动搭建了一个新的平台，这将更好地为当地百姓开展修谱修志，为海外华人寻根认祖、为开展历史文化研究、为宣传兴化、为构建和谐社会、为地方三个文明建设服务。（江苏省图书馆学会）

【泰州泰兴市图书馆召开暑期关心下一代工作联谊会】 2006年6月28日，泰兴市图书馆召开暑期关心下一代工作联谊会，泰兴市文化局、泰兴镇四牌街道、南街社区、城南小学等部门单位关工委负责人和师生代表近100人与会，图书馆馆长、关工小组负责人赵固平同志作了热情洋溢的讲话，各单位负责同志亦纷纷谈了打算。泰兴市图书馆是泰兴市关心下一代工作先进集体，他们充分利用一级馆藏书资源，强化少儿工作，紧紧围绕"中华魂"、"民族精神代代传"等爱国主义读书宗旨，近期新添青少年学习用书3 000余册。会上，图书馆向特困生免费发放图书借阅证120多份，并计划在暑假里开展"爱心助成长"、"争做双合格"、"老少共建"、"八荣八耻"、"永远的丰碑"等读书征文活动。（江苏省图书馆学会）

【泰州靖江市少儿图书馆举行"读书标兵"颁奖仪式暨作家报告会】 靖江少儿图书馆6月30日在靖江外国语学校举行了"2005—2006年度'读书标兵'颁奖仪式暨作家报告会"。颁奖仪式和报告会由靖江少儿图书馆馆长冷稼祥主持。他通报了今年读书标兵推荐评选的标准和产生的过程，并宣布了当选的2005—2006年度读书标兵名单。为配合这一活动，图书馆还邀请来了省著名作家戴珩作"读好书、知荣辱"作家报告会。旨在通过读书报告会的形式使小读者们懂得以读书为乐、以读书为荣的价值观念,热爱书籍,热爱学习。戴珩先生、冷稼祥馆长等向当选的读书标兵的靖江市外国语学校、城北、城西、城东和城南5所小学计180名学生颁发了证书和读书标兵纪念章。(江苏省图书馆学会)

【泰州靖江市图书馆举办"靖江——江阴书画联展"】
靖江、江阴一衣带水,人民相亲。勤劳智慧的两地人民凭借得天独厚的自然环境和优越的人文资源,努力开拓,发展经济,繁荣文化,取得了卓越的成果,尤其两地对沿江地区的经济开发,更是欣欣向荣,令人瞩目。为了进一步推动靖江、江阴两地的经济文化互动,促进两地文化交流,丰富广大群众的业余文化生活,展示沿江开发取得的巨大成就,展现两地人民丰富多彩的精神生活和崭新面貌,2006年10月15日,"靖江——江阴书画联展"在靖江市图书馆举行了开幕仪式。本次展览共展出两地美术、书法作品各40幅。作品题材广泛,风格各异,意蕴深厚。(江苏省图书馆学会)

【泰州市图书馆学会第三次会员代表大会圆满召开】
2006年12月20日,泰州市图书馆学会第三次会员代表大会在江苏畜牧兽医职业技术学院(简称江苏牧院)报告厅召开,

大会由学会常务副理事长周谨主持。省图书馆学会秘书长吴林、江苏牧院副院长臧大存、市文化局副局长柳生荣、市社科联常务副主席潘时常、市民政局社团处处长张华林等有关领导应邀出席,来自全市的70余名会员代表参加了这次盛会。会上,第二届理事会理事长沈萍代表市学会作了题为《加强学术研究,促进协调发展》的工作报告,报告回顾了学会过去4年的工作,并对今后5年的工作提出4点建议。二届理事会副理事长徐贞武作了《关于修改〈泰州市图书馆学会章程〉的报告》,审议并通过了新的章程。学会秘书长徐进宣读了表彰2003—2006年度先进会员的决定。本次会议选举并产生了新一届学会理事会组成人员。新任学会理事长、泰州市文化局副局长柳生荣就今后的学会工作作了重要讲话。他指出图书馆学会是一个载体、桥梁和纽带,是广大会员进行学术交流的平台,今后学会应强化责任意识、团队意识、创新意识,新的理事会将在原有的基础上尽心尽力,争取使学会工作再上一个新台阶。(江苏省图书馆学会)

【装潢改造后的盐城市图书馆新馆试运行开放】
盐城市图书馆始建于1901年。1987年由政府投资在毓龙东路兴建新馆一期工程,2002年又在原地扩建二期工程。一、二期工程一起装潢改造后的盐城市图书馆新馆于2006年8月1日落

成对外试运行开放,目前是盐城市文化标志性建筑之一。新馆建筑气势恢弘、简洁明快,充满现代气息,大楼主体四层、局部七层,总建筑面积1.1万平方米,坐落在风景秀丽、闹中取静的毓龙东路26号,是盐城市精神文明建设的一个重要窗口。该馆设立了胡乔木藏书纪念室和雕塑,为盐城市爱国主义教育基地。珍贵的古籍善本、丰富的地方文献资料、精美的名人字画,构成了盐城市图书馆的特色馆藏。新馆拥有较完备的现代通讯设施、微机网络检索、多媒体导读、自动化管理系统,设立图书外借处、少儿借阅室、报纸阅览室、期刊阅览室、参考资料室、电子阅览室、自修室等近20个服务窗口;开放面积近1万平方米,提供各类阅览座位1000多个。古色古香的楼台亭阁、宽敞明亮的办证大厅、整洁舒适的阅览场所、优美雅致的人文环境、浓郁醇厚的文化氛围与现代智能的先进设施相融合,发挥了图书馆文献借阅、信息咨询、教育培训、会展讲座、体闲娱乐等服务功能。(江苏省图书馆学会)

【构建和谐家庭读书征文演讲比赛】
2006年3月10日下午,由盐城市妇联和市文化局联合举办的构建和谐家庭读书征文演讲比赛在盐城市行政中心三楼会议室举行。盐城市图书馆学会和市图书馆代表市文化局与市妇联的同志一起,对来自全市的56篇征文进行了认真严格地评选,结果评出一

等奖 3 名,二等奖 7 名,三等奖 12 名。射阳和滨海获得一等奖,亭湖、大丰和响水获二等奖,东台、建湖、盐都和阜宁获三等奖。在征文获奖的基础上又推选县市(区)9 名同志参加演讲比赛。作为盐城市首届家庭文化艺术节的六项活动之一,这次家庭读书征文及演讲比赛为打造书香社会作出了有益的尝试。(江苏省图书馆学会)

【盐城市图书馆学会第 19 次科学讨论会暨 2006 年年会】
会议的主题为"社区与乡镇图书馆建设"。2006 年 12 月 28 日,来自全市各系统图书馆的领导、学会理事和论文获奖代表、红领巾读书活动获奖代表共 64 人参加了本次 2006 年的年会。会议对 2006 年学会工作进行了全面总结,为 2006 年"红读"征文和年会论文获奖作者颁奖。共收到论文 70 篇论文,经过评审,评选出一等奖 11 篇、二等奖 18 篇、三等奖 22 篇。大会安排了 10 位获奖论文作者上台与大家交流了心得体会。市学会理事长刘进对年会作了总结讲话,提出了下一年度市学会的工作设想,明确了新一年的工作目标。(江苏省图书馆学会)

安徽省

【概况】 2006 年,安徽省 85 个公共图书馆总藏量 962.65 万册(件),其中书报刊 932.7 万册,比 2005 年增加 107.9 万册,增长 11.3%。全年读者总流通人次 559.9 万人次,比 2005 年增加 98.9 万人次,增长 12.1%;累计发放读者有效借书证 25 万个,书刊文献外借 413 万册次;举办的各种读者活动 2 242 次,参加人数 29.2 万人次;信息化装备初具规模,计算机 1 623 台,电子阅览室终端数 862 个,网站 13 个,因特网总带宽 520 兆;共享工程各级服务点 81 个,其中省级分中心 1 个、地级市支中心 7 个、县级支中心 15 个、乡镇(村、社区)基层点 55 个。统计数据显示,2006 年全省各级公共图书馆在新增文献藏量、接待读者人次、书刊文献外借册次、举办各种读者方面较上年度均有较大幅度增长,各级公共图书馆坚持"读者第一、服务至上"的宗旨,以人为本,在努力改善服务的同时,不断拓宽服务领域,开辟新的服务渠道,千方百计地满足人们日益增长的文化需求,为构建公共文化服务体系和社会主义和谐社会作出了积极贡献,取得了显著的社会效益。

总体看,省图书馆、合肥市图书馆总藏量和社会服务水平较高。2006 年,安徽省图书馆和合肥市图书馆拥有藏量 308.7 万册(件),流通人次为 140.9 万人次,累计发放有效借书证 8.82 万个,书刊文献外借 117.2 万册次,分别占全省总量的 32%、25.1%、31.5% 和 28.37%。尤其是扩建后的安徽省图书馆,2006 年全年接待读者 137.7 万人次,书刊文献外借 101.2 万册次,举办各类读者活动 153 次,参加人数 6 万人次,同比上年增长 13.9%、13%、240% 和 150%,创历史最高水平。

全省公共图书馆投入稳步增长,但基层馆建设亟待加强。2006 年,全省 85 个公共图书馆经费总收入为 6 590.2 万元,比 2005 年增长 9.1%,其中财政拨款为 5 856.4 万元,比上年增加 420.7 万元,增长 9.2%,新增藏量购置费为 724.4 万元。经费投入不平衡问题仍十分突出。省图书馆、合肥市图书馆两个馆的财政拨款为 2 964.5 万元,占全省 85 个公共图书馆财政拨款总额的 44.9%,而 70 个县级馆的财政拨款不足全省拨款总额的 30%,多数县级图书馆财政投入很少,其中有 24 个县级馆无专项购书经费。此外,公共图书馆现有藏书品种老化,新增藏量增长缓慢,影响了综合功能的充分发挥。

为改变我省部分公共图书馆存在的经费投入低、藏书量少、馆舍面积小、设施陈旧简陋、现代化装备达不到要求等落后局面,推进我省公共图书馆事业健康发展,文化主管部门省文化厅积极争取设立专项资金,为事业发展提供经费保障。2006 年省文化厅和省财政厅联合下发了《安徽省农村文化建设专项资金管理暂行办法》(财教［2006］1010 号)文件。省财政农村文化专项资金 2006 年投入 1000 万元,2007 年安排 1500 万元。《办法》对县级图书馆设立了设施维修和设备购置项目以及图书购置项目的补助。2006年专项资金对全省县级图书馆共投入242万元。另争取省财政文化信息资源共享工程专项经费34万元，下拨到共享工程试点县图书馆。此外，中央财政2006年对中部地区试点县县级中心给予41万元的经费支持，并为其服务点配备了相关设备，我省三个试点县太湖县、繁昌、蒙城县图书馆已利用该笔经费进行了相关设备购置，试点县所辖乡镇、村基层点获得下拨相关设备35套。

随着国家对公益性事业单位的"加大投入、转变机制、改善服务、增强活力"分类管理政策的进一步落实，各级政府和文化部门正在改变长期以来漠视公共文化服务领域的管理理念，逐步加大对公共图书馆的投入。公共图书馆作为我国构建公共文化服务体系的重要组成部分，维持其健康发展，有效运行，将会在保障社会所有成员的基本文化权益、促进人的全面发展、促进社会主义精神文明方面发挥不可替代的重要作用。（张海政）

【安徽省文化信息资源共享工程进展】 2006年，安徽省各级政府部门对文化基础设施的建设高度重视，用于文化建设的资金投入不断增加，使图书馆信息化有了较快发展，文化信息共享工程建设进展顺利，全省公共图书馆信息化装备初具规模。

2006年6月22日安徽省文化和财政政府主管部门领导在参加了贵州召开的全国文化信息资源共享工程经验交流会后，省文化厅领导明确提出要加快我省文化信息资源共享工程建设进展，加快共享工程省级中心及基层站点的建设，"十一五"期间，努力实现在全省50%以上的行政村建立文化共享工程基层服务点的目标。

2006年安徽省财政投入共享工程资金140万元。其中在投入省图书馆新馆计算机网络设备费中划拨出100余万元专门用于省级中心软硬件服务设备建设，另拨专项资金40万元用于扶持各地基层网点建设，平均每个点获得资金扶持2—4万元。省级中心购置了共享工程专用资源加工服务器、视频点播服务器升级及资源加工专用扫描仪、资源加工专用工作站、计算机存储设备和视频采编等设备。还增添数据的备份、智能信息采集系统、非线性编辑系统等应用软件，SAN存储上预留4TB的空间用于共享工程资源存储及备份，为省级分中心更好地开展工作提供了物质基础。

，省中心在资源建设上采取了购买与自建相结合的方式。根据国家中心的要求，加大了建设本省特色资源的力度，重新整合地方特色文化资源，建设地方特色数据库。2006年上半年，兼顾中长期发展，制定了安徽省图书馆三年特色数字资源建设规划，并通过自建、下载、购买等方式建设了一批集文本、图像、音频、视频于一体的多媒体数字资源库。截至2006年底，已建成"安徽美术数据库"、"安徽徽派建筑数据库"以及"皖南事变"、"安徽路桥"、"安徽文化概览"、"安徽家谱"等专题文献库，共计完成1.33GB数字化加工任务。此外，积极参加由国家管理中心牵头的资源共建，在全国文化信息资源建设管理中心组织的中国优秀地方戏剧目征集工作中，省中心共征集安徽优秀地方戏曲剧目288部，包括黄梅戏、庐剧、推剧、皖南花鼓戏、泗州戏和岳西高腔等8个剧种。向国家中心报送了159部具有地方特色的优秀剧目，播出时间308小时，总容量为263.27GB，由于征集优秀剧目工作成绩突出，2006年10月安徽省级分中心被全国文化信息资源建设管理中心授予"全国文化信息资源共享工程中国优秀地方戏剧目征集杰出奖"。省中心还充分利用安徽省图书馆知识服务品牌——"新安百姓讲堂"选择性地加工制作讲座视频资源。自2006年8月以来，安徽省分中心共加工制作视频讲座21部，上报共享工程国家管理中心8部。外购数字资源有：万方数据、电子图书、维普科技期刊、清华同方等电子版书刊数据库共5TB，另购经典电影500GB，音频150GB。这些资源整合后，通过共享工程网站供广大读者利用，初步实现文化信息资源共享。

2006年省中心还对省图书馆网站进行了全面改版，增加了资源共建共享、安徽特色资源等栏目，包括：安徽名人、徽学文献、桐城文派、安徽美术、安徽戏剧等；设置了视听服务、培训讲座和精彩推荐等。经过几年的建设和积累，安徽省分中心的数字资源近7TB，为"共享工程"提供共享服务奠定了基础。

2006年，省级中心积极创新服务方式，利用国家中心共享工程资源，继续把宣传、实施"共享工程"与加强未成年人思想道德教育、社区文化建设紧密结合起来。在日常服务中，努力为青少年构建网上课堂，提供适合青少年课外学习的网络资源，引导未成年人远离网吧，开展"中小学生弘扬和培育民族精神月活动"；举办"六一"少儿网络寻宝大赛；"共享工程"经典影片欣赏；"文化信息资源共享工程进社区"；配合社区党员先进性教育，组织观看纪念中国人民抗日战争的大型专题资料片等活动，还利用共享工程卫星接收设备成功转播了国家中心举办的各种培训班、培训讲座等远程教育等。通过组织开展形式多样、内容丰富的活动，使越来越多的公众学习了解"共享工程"资源，从中扩大了知识视野，获取了有价值的信息，收到了很好的社会效益，扩大了共享工程影响。

2006年在共享工程基层点建设上采取"示范引导，逐渐推广"的办法，利用国家资助的配套设备，在有代表性的地区建示范点，并采取验收合格发放标牌的形式以确保基层站点的设备有效运行。太湖县、繁昌县和蒙城县三个试点县已经被列入中央财政支持的试点县。截至2006年底，全省共建成各级中心81个，包括省级分中心1个、地级市分中心7个、县级分中心15个、区级分中心4个、乡镇基层中心33个、行政村19个、社区1个、街道服务点1个。建成的各级分中心和各基层点利用共享工程的丰富资源积极开展服务，在节庆日送优秀节目下乡，丰富边远地区群众文化娱乐生活，全年组织农民上万人观看了农业实用科技知识科普片。农民朋友称赞：又听，又看，又学技术，共享工程真是一项富民的"实用"工程。

但我省共享工程建设与全国的其他兄弟省市相比，基层网点的建设进展缓慢，覆盖面较低。总体看，政府投入资金缺口较大，基层网点建设存在较大差距，为进一步加快我省的新农村建设，使惠及亿万农民兄弟的文化信息共享工程早日发挥作用，各级政府要加强对此项工作重要性的认识，加强科学规划，加大资金投入，加快网点建设速度，力争早日在"十一五"期间实现在全省50%以上的行政村建立文化共享工程基层服务点的目标。（张海政　侯勇）

【安徽省图书馆制定本馆图书馆事业"十一五"发展规划】　2006年6月，在广泛征求全馆意见的基础上，结合当前图书馆发展实际，经深入讨论，安徽省图书馆制定出本馆"十一五"发展规划。规划坚持以邓小平理论和"三个代表"重要思想为指导，全面落实科学发展观，以实施省政府提出的"抢抓机遇、乘势而上、奋力崛起"的发展战略为动力，以满足人民群众日益增长的文化信息需求为根本，以业务建设为中心，以"增加投入、转变机制、增强活力、改善服务"为抓手，坚持以人为本，坚持改革创新，不断提高办馆水平和办馆效率，建立起与和谐社会相统一、与现代信息社会相适应、与科学发展相一致的服务理念和运行机制，加速人才培养，优化资源配置，完善服务体系，强化科学管理，推进共享工程，实现跨越发展。其规划目标是把安徽省图书馆建设成为国内有影响力的省级文献信息中心，实现从传统图书馆向现代图书馆的转型。（许俊荣）

【安徽省地方文献呈缴本工作有进展】　为全面、系统、完整地保存皖版文献，为子孙后代留下珍贵的文化遗产，推进皖版文献呈缴出版物工作的进展，安徽省图书馆克服重重困难，积极争取省委宣传部和省新闻出版部门支持。2006年8月1日，省委宣传部向全省各报社、出版社下发了《关于呈缴出版物的通知》，要求各出版机构重视并积极支持安徽省图书馆开展安徽特色文献资源建设。通知下发后，得到了省内多家出版机构的积极响应，截至2006年底，已有252家报刊单位按照要求呈缴了所出版的有关文献资源，另有35家报刊单位也表示支持皖版文献的呈缴工作。政府相关部门的积极协调，促进了安徽省图书馆地方文献呈缴本工作的进展，丰富了安徽省图书馆的地方文献馆藏资源建设，也为以后正式出台安徽省地方文献呈缴制度的地方法规奠定了基础。（张海政）

【安徽省图书馆馆藏家谱资源上网发布】 安徽省图书馆藏古籍40万册，其中善本3121种、30 707册，较为珍贵的有元刻《增广注释音辨唐柳先生集》、清著名书法家梁同书手稿本《频螺暂存稿》、清姚莹撰稿本《康卫纪行》等。家谱在馆藏善本中亦占有重要地位，如《王谢世家》（三十卷）、《汪氏世范录》、《新安名族志》（二卷）、《汪氏渊源录》（十卷）等数十种家谱收入《中国古籍善本书目》，其中三分之二为孤本，是收入古籍善本书目中的家谱数量仅次于国图、上图的图书馆。近年来，随着宣传力度的加大，本省各地方凡新修家谱，即送赠我馆珍藏，遂使本馆收藏族谱数量已达400余种。为了促进谱牒研究的深化，方便修谱人士"寻根问祖"，省馆特开通"谱牒文献"栏目，将部分馆藏族谱资源（以老谱为主）整理上网，供读者浏览检索。（许俊荣）

【"心之声——安徽省听障学生美术工艺作品展"在省图书馆展出】 2006年3月3日—10日，由安徽省教育学会特殊教育专业委员会、安徽省残疾人美术协会和安徽省图书馆共同主办的"心之声——安徽省听障学生美术工艺作品"在省图书馆西一楼大厅展出，共展出全省23所特殊教育学校的听障学生的国画、素描、水粉、书法、工艺、电脑设计等229幅作品。3月3日上午9点，展览开幕式在省图西广场隆重举行，来自省残联、省文联、合肥市市委、省教育厅、省文化厅、省美术家协会、省图书馆等有关领导以及合肥特殊教育中心中学部的师生共300余人参加

了开幕式。开幕式上，省特殊教育学会、省残联、省图书馆、省美术家协会等领导同志对展览的开幕表示热烈的祝贺，并对省图坚持公益性服务导向、积极参与助残活动给予肯定。随后参加开幕式的嘉宾前往展厅观赏了出自听障学生之手创作的艺术作品。这些表达了听障学生的思想、情感、追求和希冀的作品，令观众对听障学生表现出的自尊、自强、自信、自立的高贵品质所折服。听障学生用自己对生命感悟的特有旋律，参与并融入社会，成为我们和谐社会辉煌乐章中不可或缺的篇章。公益性展览活动既彰显了人文关怀，同时也呼唤全社会都来关心帮助这些身残志坚的孩子们，让他们的生活和人生更加精彩。（张海政）

【"美国黑人文化艺术图片展"在安徽省图书馆隆重开幕】 2006年6月16日，由安徽省图书馆与美国驻上海总领事馆联合举办的为期一个月的"美国黑人文化艺术图片展"在省图书馆隆重开幕。近200多位来宾参加了开幕式。此次展览共展出配有中英双语的40多幅海报作品，集中展现了当代著名非裔美籍作家和爵士乐及爵士乐手的风采，每一幅图片都是精心挑选的上乘之作，它引领人们超越时空，去欣赏不同文化背景的人们对艺术永恒的追求，并从中真切地感受到美国黑人文化的独特艺术魅力。开幕式前，省文化厅副厅长田传江与美驻沪总领事馆新闻副领事马剑兰女士和信息中心陈

蝶女士进行了亲切交谈。田传江副厅长充分肯定了美驻沪领事馆与省图书馆开展文化交流以来取得的成绩，并希望进一步加强双方在文化领域的合作和交流。在随后举行的开幕式上，主办双方向来宾致词。马剑兰女士首先代表美驻沪总领事馆发表了热情洋溢的讲话，易向军馆长代表省图书馆，向

出席开幕式的各位来宾表示热烈的欢迎和良好的祝愿，田传江副厅长和纪检组长姚安海、省文联书记处书记吴雪、省外办亚太处处长黄玉华女士一起为展览剪彩，之后，来宾们饶有兴致地参观了图片展。（张海政）

【省图书馆与媒体联手创办的公益性讲座——"新安百姓讲堂"精彩亮相】 2006 年 3 月 4 日，由安徽省图书馆与新安晚报社联手打造的安徽省首个公益性讲座"新安百姓讲堂"精彩登场。在"新安百姓讲堂"启动仪式上，省图书馆馆长易向军表示，公益性科技文化知识讲座在提升城市品位和市民综合素质等方面的作用，在构建和谐社会的新形势下越来越

显得重要。集社会各界智力资源打造的"新安百姓讲堂"将长期举办内容丰富的各类讲座，将其打造成一个社会各界广泛参与、高层次、高品位的文化品牌。首场讲座，省图书馆容纳 300 人的多功能报告厅里座无虚席。来自全省各地的听众聆听了合肥一中副校长王勇的"迎战高考"精彩讲座。听众们纷纷称赞"新安百姓讲堂"内容贴近百姓，有品位，讲座让人们利用周末时间学习知识、掌握

信息，非常好。截至 2006 年底，"新安百姓讲堂"已举办 66 场各类讲座，听众达 1 万余人。（张海政）

【省图书馆专题服务成效显著】 2006 年，省图书馆专题服务工作从新世纪新阶段社会主义现代化建设和经济社会发展的大局出发，选定社会热点、重点、难点问题，深入其中，充分利用网络和书刊资料，编印并及时提供各种题材的决策参考、信息资料、专题文献等取得了显著社会效益。2006 年，推出专题文献 14 期，计 120 余万字，图片 140 张；推出决策参考 5 期，计 40 余万字；推出《读者园地》11 期、《报章掠影》19 期、剪贴专题服务 12 册；编制电子版简报 8 期。（许俊荣）

【省图书馆举办"小读者读书交流会"】 2006 年 4 月 23 日是"世界读书日"，省图书馆借阅部少儿阅览室特邀请安徽人民广播电台"快乐起跑线"栏目主持人月亮姐姐与小读者一起畅谈读书感想。参加这次"小读者读书交流会"的有来自合工大附小、红星路小学、实验

小学等学校的 20 位小读者。他们畅所欲言，交流了自己最喜爱的图书。月亮姐姐围绕读书

话题，精心辅导小读者如何阅读有意义的图书。此次交流会，旨在引导小读者以书为友，养成爱读书、会读书、读好书的良好习惯，让读书成为成长的需要，让读书成为快乐的习惯。（孙瑞华）

【省图书馆举办"亲近阅读提升写作"读书交流会】 2006 年 8 月 25 日上午，著名校园文学作家、孩子们心中的"阳光姐姐"伍美珍来到省馆，以"亲近阅读 提升写作"为题，与现场 100 多位中小学生和家长面对面交流。这次与著名校园文学作家面对面的交流会受到家长和小读者的欢迎，现场气氛活跃，不少家长和小读者向"阳光姐姐"提出各种问题，都得到了满意的答复。许多家长希望图书馆今后能多举办类似活动，提供这样一个平台，让孩子更多地参与这种面对面的交流活动。（孙瑞华）

【省图书馆举办"弘扬和培育中小学生民族精神月"活动】 2006 年 10 月—11 月，省图书馆计算机网络中心、借阅部共同举办了"弘扬和培育中小学生民族精神月"系列活动。

10 月 21 日，合肥市的 60 多名中小学生来到省馆电子文献阅览室，参加"弘扬和培育中小学生民族精神月"活动。仪式开始，同学们齐唱中华人民共和国国歌，并在省图书馆吕超老师带领下学唱革命歌曲《过雪山草地》，悲壮的旋律感染了每一位同学，合肥市十八

中初一班赵陈琦同学，还即兴朗诵了自己写的《西行漫记》读后感。抑扬顿错的语调，发自内心的感受，赢得了同学们的热烈掌声。最后，同学们观看了电影《长征》。几位同学家长和《安徽商报》的记者也参加了整个活动。大家普遍认为以"211"——唱2首革命歌曲，写1篇读后感，看1部长征故事片这种活动形式来纪念红军长征胜利70周年非常有意义。

为配合这一活动，11月5日下午，在少儿活动室举办了以"中小学弘扬和培育民族精神"为主题的"第三届小读者读书交流会"。安徽人民广播电台"快乐起跑线"栏目主持人月亮姐姐主持了本届读书交流会，来自合肥市18中、南门小学等学校的18位小读者参加了交流讨论。月亮姐姐与小读者们交流了阅读"少年红色经典"系列图书的感想。读书交流活动使小读者们感触良多，踊跃发言，场景动人。（侯勇　孙瑞华）

【安徽省图书馆积极开展2006年度图书馆服务宣传周活动】　根据全国"知识工程"领导小组的统一部署，2006年度公共图书馆服务宣传周活动于5月29日—6月4日举行。省图书馆经过认真策划和精心准备，紧紧围绕"倡导全民阅读，构建学习型社会"活动主题，开展了一系列的活动，进一步扩大图书馆的社会影响，较好地发挥了图书馆的教育阵地作用。宣传周活动期间，举办了

数据库资源利用培训讲座和英语对话会；开展了送书下乡活动；在合肥市五里墩社区和老年公寓建立图书流通网点；召开读者座谈会，广泛征求读者在管理、服务等方面的意见和建议；开辟"阅读与人的自身发展"的板报专栏和专题简报，指导广大读者广泛开展阅读活动；组织小读者与农村小学的学生结对子；开展少儿网络寻宝等丰富多彩的少儿读者活动。（许俊荣）

【安徽省图书馆全年接待到馆读者人次和流通图书册次创历史新高】　2006年，安徽省图书馆共接待读者1 377 134人次，书刊外借1 012 261册次。读者人次和书刊外借册次双双首次突破100万大关。与2005年相比，接待读者量增长39.2%，书刊外借增长32.1%，实现了读者服务的工作的又一次跨越。（许俊荣）

【安徽省公共图书馆首届馆长联席会议在合肥隆重召开】　2006年11月29日—30日，安徽省公共图书馆首届馆长联席会议隆重召开。会议主题：全省文化信息资源共建共享与公共服务。来自全省75个县（区）、市、少儿图书馆的83位代表，齐聚省会合肥，共同探讨在新形势下公共图书馆面临的发展机遇，充分交流在新的形势下各图书馆的发展状况，探讨公共图书馆为公众服务的广度与深度，推动文化信息资源共享工程，促进我省公共图

书馆事业的发展。文化部全国文化信息资源建设管理中心、国家图书馆、省文化厅、省图书馆等领导参加了会议开幕式。开幕式上省文化厅社文处处长侯进、国家图书馆副馆长张玉辉、省图书馆副馆长阚华发表了热情洋溢的讲话，对首届馆长联席会议的召开表示热烈的祝贺。

与会代表听取了文化部全国文化信息资源建设管理中心主任张彦博作的专题报告"抓住机遇，加快发展，全面推进文化共享工程建设"的报告、张玉辉副馆长就国家图书馆改革作的专题报告，听取了省图书馆长易向军作的题为"抢抓机遇，振奋精神，加快我省图书馆事业发展"的报告、国家图书馆善本特藏部陈红彦副主任作的"以馆藏资源为依托，推广文化，服务大众"的报告。合肥市图书馆、太湖县图书馆、铜陵市图书馆、马鞍山市图书馆、合肥市少儿图书馆、五河县图书馆的馆长作了大会交流发言。

与会代表紧紧围绕"全省文化信息资源共建共享与公共服务"的会议主题展开了热烈的讨论。经过交流和讨论，大家在许多方面达成了共识，如，在知识经济时代和建设和谐社会中，公共图书馆将发挥不可替代的作用；公共图书馆应该向全社会敞开知识大门，读者服务是图书馆工作的灵魂；政府的扶持是公共图书馆事业发展的重要保障等。大家认为，中共中央《关于深化文化体制改革若干意见》为未来图书馆

的改革与发展指明了方向,《国家"十一五"时期文化发展纲要》为我们加快图书馆事业发展树立了信心。我们应该抓住机遇,振奋精神,充分认识公共图书馆在构建公共文化服务体系、构建社会主义和谐社会、建设社会主义新农村中的历史责任,创新理念,转换管理体制和运行机制,以人文关怀为根本,注重走内涵发展之路,在现实规模基础上,在现有经费的条件下,依靠政策和法规、改革体制、健全管理、理顺关系、挖掘潜力、扩大功能,发挥主观能动性,努力工作,以出色的业绩赢得社会的满意和认同,争取政府的重视和关注,进一步把公共图书馆建设好,为经济、社会发展做出应有贡献。

本次会议收到经验交流材料32篇,内容涉及各地公共图书馆加大基础建设、开展特色服务、举办读书活动、提升公共文化服务能力、推进文化信息资源共享工程建设等。会议期间,还组织与会代表参观了《中国书史展》和《全国文化信息资源共享工程情况展》的图片展览。(许俊荣)

【安徽省图书馆2006年获得多项殊荣】 2006年,安徽省图书馆相继荣获了"全国教科文卫体系统先进工会组织"、"全省文化工作先进集体"、"全省宣口大练兵活动先进集体"、"全省十五人事教育培训工作先进集体"以及"安徽省文明窗口"、"2004—2005年度省直'三优'文明单位"等荣誉称号。

团支部在第六届青年志愿者行动评选表彰活动中,获得安徽省青年志愿者行动贡献奖。另外,受省厅委托,由我馆组成的代表队在参加省直工委举办的"坚持科学发展观,推进全民创业"知识竞赛中,获得第一名,该代表队又代表省直机关工委参加全省比赛,并在比赛中获得好成绩。(许俊荣)

【合肥市图书馆举办"十·五"回顾暨馆藏精品展】 2006年6月22日,"合肥市图书馆'十·五'回顾暨馆藏精品展"在该馆四楼多功能厅开幕,合肥市委副书记孙志刚、市委常委宣传部长杨思松、副市长张雪平、市文化局局长黄先明及中国科技大学、安徽大学、合肥工业大学、安徽农业大学等高校部分领导和专家学者及县区图书馆的馆长、文化系统各单

位的领导前来观看了展览。展览主要从"新馆建设、业务拓展、读者服务、对外交流"等方面回顾新馆建设以来的主要成就,同时展示了一批该馆近年来收藏的精品藏书,如成书于明朝的大型类书《永乐大典》、《明清小说全集》、《唐女郎鱼玄机诗集》、《明解增和千家诗注》及该馆编辑的极具参考价值的地方文献《香花墩志》等一批精品古籍图书。(凌波)

【合肥市图书馆协办"安徽人文讲坛"】 由安徽省社科联、合肥市社科联、新安晚报社联合举办,合肥市图书馆协办的"安徽人文讲坛",从2006年7月开始,于每月第二个星期日下午在合肥市图书馆学术报告厅开讲。讲坛以经济社会发展的现实为背景,以传播人文知识、弘扬人文精神为目的,以满足大众对社会科学知识的需求为出发点,以评析安徽历史文化和人民群众关心的时代话题为主要内容,坚持导向性,突出科学性,强调知识性,注重故事

性,并力求在选题、风格上形成"安徽人文讲坛"的特色,如《徽商悲喜剧》、《从朱熹到戴震——浩荡儒风新安里》、《徽商的用人之道和公关艺术》、《安徽三大美学家的学术成就与人生态度》、《淮系洋务集团与中国近代化起步》、《和谐社

会中的婚姻关系》，讲座聘请的讲席教授都是省内知名专家。

2006年7月9日，"安徽人文讲坛"首讲《徽商悲喜剧》由安徽大学教授朱万曙主讲。讲座由主办单位省社科联党组书记、副主席程必定主持，省社科联副主席祁家云、合肥市委宣传部事部长夏毓平及《新安晚报》社的部分领导均出席了首场讲座，近300名听众前来聆听讲座。以人文讲座为载体的社科普及形式收到了广大市民的广泛欢迎和好评。截至2006年12月，"讲坛"每月如期举办，已接待听众近2万人次。（凌波）

【合肥市图书馆十年送书下乡回访】 2006年12月，合肥市图书馆带着一批科技书籍来到三十岗乡和肥东县马桥村等几家农村图书室，这是合肥市图书馆在坚持"十年送书下乡"后的回访，目的是了解所扶持的农村图书室的发展情况和他们的需要，帮助他们更好地为农民读者服务。自1995年，合肥市图书馆响应中央九部委关于在农村建立"万村书库"的号召，积极开展送书下乡活动，帮助农村建立阅览室。肥东县马桥村就是合肥市图书馆扶植的第一个农村示范图书室。十年来，合肥市图书馆先后在长丰县高塘乡、郊区骆岗镇王卫村、新店、肥东县杨店乡岗岭村等地建起了十余个图书室，赠书近万册。（凌波）

【马鞍山图书馆新馆开工建设】 近年来，马鞍山市加大了对市政文化基础设施的建设投入。2006年，在市各级政府的重视和支持下，马鞍山市图书馆新馆已于2006年底开工建设，新馆选址在新规划的市政广场，建筑面积1.9万平方米，由澳大利亚TMG公司设计，投资超过1个亿。预计2007年年底主体工程完工，2008年年底投入使用。（贾莉）

【第一届中国诗歌节系列文化活动·"心声——当代诗人作品展"在马鞍山市图书馆展出】 2006年10月25日—11月1日，经国务院批准，由文化部、中国作家协会、安徽省人民政府主办，马鞍山市人民政府承办，以"诗意的中国，和谐的中国"为主题的第一届中国诗歌节在马鞍山开幕，本届诗歌节是一次国家级文化盛会。马鞍山市是一座与诗歌有缘的城市，有"历朝诗歌千余首，均为我乡山水吟"之称，是诗仙李白终老之地。白居易、贾岛、杜牧、苏轼、王安石、文天祥、郭沫若等众多文人墨客在此留下千余首脍炙人口的诗篇。首届诗歌节期间，作为第一届中国诗歌节系列文化活动之一的"心声——当代诗人作品展"在马鞍山市图书馆展出。来自全国的300多名著名诗人的1 800多部诗集与广大读者见面。展出作品中，有诗集、评论集、理论专著以及个人小传等，作品集中展示了代表着国内诗坛上最高水准的精品佳作，著名诗人艾青、李瑛、舒婷等人的作品也在其中，内容具有很高的艺

术价值。（贾莉）

【蚌埠市图书馆新馆落成部分投入试运行开放】 2005年12月正式交付使用的蚌埠市图书馆新馆，在搬迁工作完成和部分设备到位后，于2006年5月18日部分投入试运行开放阶段，先期对读者开放的服务窗口有：期刊阅览室、报纸阅览室，12月30日又陆续开放了图书外借服务窗口，随着面貌一新的图书馆新馆服务环境和功能大大改善，来馆看书的读者越来越多，截至2006年底，新馆已接待读者近3.5万人次。（孟庆杰）

【铜陵市图书馆举办"铜陵·国际藏书票提名展"】 2006年5月1日—10日，由安徽省美术家协会和铜陵市图书馆共同举办的"铜陵·国际藏书票提名展"在铜陵市图书馆隆重展出，共展出藏书票247枚。此次展览旨在向全市人民群众普及藏书票知识，提高对藏书票艺术收藏欣赏能力，促进人们更加爱书、读书、藏书，寓艺术与知识修养为一体，从方寸之中领悟读书的真谛。此次展出的作品，除有一批国外藏书票艺术家和国内著名藏书票艺术家的作品外，还有本市藏书票艺术家及爱好者的作品。（储立新）

【铜陵市建立街道中心图书室】 为进一步加强铜陵社区图书室的建设与管理，充分发挥每个社区图书室的作用，

2001 年以来，铜陵市在全市三区一县十个街道陆续成立 10 个街道中心图书室，并于 2006 年 5 月进行集中授牌。成立街道中心图书室目的是起到示范作用，并承担对其辖区其他社区图书室工作的指导、管理、协调等职责。铜陵市图书馆将重点对街道中心图书室进行指导、管理、援建。（储立新）

【合肥市少儿图书馆建立首家民工子弟图书馆】 2006 年 6 月 16 日，合肥市少儿图书馆在市三里街街道建立的"民工子弟图书馆"正式揭牌，并向

民工子弟开放。这是安徽省首家专为民工子弟开办免费为其服务的图书馆。它的建立获得了社会各界的广泛关注和好评，人民日报、中国文化报和中国教育报均配图配文进行报道，中国人民政府网、人民网、新华网、新浪网等多家主流网络媒体、省外媒体浙江日报和省内各大媒体予以报道，文化部也多次来电询问具体情况，

在提交给国务院办公厅的《为农民工提供多样的文化服务》的专题信息中，专门介绍了这个民工子弟图书馆。图书馆的服务受到了广大市民特别是民工子女及家长的一致欢迎。（汪茜）

【合肥市少儿图书馆创建安徽省首家全英文少儿图书馆】 2006 年合肥市少儿图书馆经过多方努力，与美国加利福尼亚州明德基金会签订协议，共同建设安徽省首家全英文少儿图书馆。同年 10 月，由该会捐资 5 万美元购买的 7 406 册英文少儿图书从美国运抵合肥市少儿图书馆。英文少儿图书馆将于 2007 年向市民正式开放。届时，合肥市的少年儿童将多了一个学习英文、了解外国文化的全新的空间。（汪茜）

【合肥市少儿图书馆被命名为"合肥市小公民道德建设计划实践基地"】 2006 年 6 月，为了表彰合肥市少儿图书馆在开展未成年人思想道德建设、构建社会主义和谐社会中所作的贡献，该馆被合肥市家庭教育暨小公民道德建设领导小组授予"合肥市小公民道德建设计划实践基地"荣誉称号，副市长张雪平、市委宣传部副部长程德壮等领导出席授牌仪式并亲自颁发奖牌。（汪茜）

【桐城市图书馆与中国光华科技基金会签订共建冠名挂牌协议】 2006 年 3 月，桐城市图书馆与中国光华科技基金会

签订协议，接受基金会捐赠的价值 200 万码洋的图书，并挂牌建立"光华图书馆"。此举是改变公共图书馆资金依靠政府投入单一资源建设的资金渠道的有益尝试，与其他社会团体共建冠名是一条弥补政府投入资金不足，丰富资源建设的新思路。该项活动的开展对丰富市馆的资源建设、促进桐城地区的文化建设、构建和谐社会、完善公共文化服务体系具有深远的意义。（吴青）

【桐城市图书馆新馆竣工】 2006 年 6 月，政府投资 400 万元兴建的桐城市图书馆新馆竣工。新馆大楼高六层，建筑面积 3000 平方米。（吴青）

【桐城市图书馆联系商务印书馆为该市贫困山区中小学捐书】 为了使贫困山区的孩子多读书，读好书，拓宽知识视野，桐城市图书馆主动联系商务印书馆为该市贫困山区中小学捐书，经多方努力，积极争取，得到了商务印书馆的大力支持。2006 年 1 月，商务印书馆为该市贫困山区中小学捐赠字典、词典、百科知识等各类工具书 4 000 册，价值人民币 15 万元，分别发放到 20 余所中小学师生们手中。（吴青）

【明光市图书馆暨汪道涵藏书楼获准筹建】 汪道涵，1915 年 3 月出生，原籍安徽省嘉山县（现为明光市），是抗日战争时期投身革命的老一辈革命家，于 1941 年任嘉山县抗日

民主政府县长，解放后曾先后任上海市委书记、市长和中国海基会会长等。2005年12月24日，汪道涵在上海逝世，享年90岁。汪道涵一生酷爱读书，2005年11月13日，病重期间委托其子汪致重专程来家乡，表达了汪道涵希望把毕生收藏的几十万册珍贵图书文献捐送给家乡明光市图书馆的心愿。明光市委市政府领导对此事十分重视，召开专门会议，并决定新建明光市图书馆暨汪道涵藏书楼。2006年6月，明光市图书馆暨汪道涵藏书楼项目经明光市发改委发改投字〔2006〕30号文批准立项，8月可行性报告获滁州市批准。该项目同时还受到了安徽省政府高度重视，经省发改委发改投资〔2006〕1122号文件批准，一次性安排明光市图书馆建设项目补助投资12万元，并将汪道涵藏书楼工程项目列为安徽省"861"工程重点项目。工程建设地址已选定于该市龙山路中段北侧，龙庙山东侧，预计占地13.87亩，总建筑面积达8 300平方米。获准筹建的明光市图书馆暨汪道涵藏书楼项目，是明光市文化图书事业发展的一个重要里程碑，也是爱国主义教育的一个重要基地。该项目的建设，对提升城市的品位和形象，对促进当地的社会与经济的快速发展将产生积极影响。（蒋克珠）

【繁昌县图书馆让服务更加贴近市民百姓】 繁昌县图书馆重视把以人为本的服务理念体现在图书馆服务的每个细节上，坚持365日天天开馆，2006年年均接待读者12万人次，借阅书刊20万册次，服务网点遍布全县各乡镇及部分行政村、社区。除了日常的读者服务工作外，主动深化服务，努力使图书馆的服务更加人性化。如开通读者服务热线电话，从单纯借还到预约借书拓展为文献咨询、意见反馈等业务范围；实行借书"一卡通"，即"一人办证，全家看书"；开展军民共建活动，与当地驻军共建图书室，年送书下连队千余册；竭诚为弱势群体提供特殊服务，为方便离退休老同志、病残读者的借阅需求，坚持送书上门等服务。多年周到、热心的服务赢得了读者对图书馆服务的广泛赞誉。（管霞）

【繁昌县图书馆积极举办"新春灯谜有奖竞猜"活动 丰富当地市民文化生活】 "新春灯谜有奖竞猜"是繁昌县图书馆开展的一项传统文化活动，自上世纪80年代以来坚持每年举办。从1999年起，活动规模已从单一图书馆举办延伸至乡镇、村、部队、学校等联动猜谜的形式。图书馆主办的"新春灯谜有奖竞猜"现已成了当地春节期间深受老百姓喜爱并广泛参与的文化活动。截至2006年，繁昌县图书馆举办的各类灯谜竞猜活动达48场次，参加人数达5万人次，极大地丰富了当地市民的春节文化生活。（管霞）

【繁昌县图书馆坚持科技兴农 主动深化服务】 繁昌县图书馆积极拓展服务领域，不断加强为公众服务的力度和广度。坚持面向基层的办馆方向，在科技兴农、深化服务上做了多方面的有益探索。

坚持面向基层开展科技兴农服务，定期编印《信息摘要》。自上世纪80年代，从不定期刊印到定期刊印，截至2006年底已编印120期，刊印近5万册。所编《信息摘要》内容涉及农业科技、科学常识、文化天地、县域经济等，全部无偿送到城乡百姓手中，受到了县领导的肯定和社会各界的好评，县科技局的领导还找上门来，要求挂名并给予一定的经费支持。

建立基层图书借阅网点，让送文化下乡变为种文化在村庄。截至2006年底，繁昌县图书馆已帮助乡镇、村、社区、部队、机关建立基层图书室17所，年调阅书刊近5 000余册。

课题跟踪服务。繁昌县图书馆为了搞好课题跟踪服务，主动与县农科部门联系，建立了科技示范户、农业专业户档案，免费为他们查阅相关科技资料，同时还聘请有关专家下基层进村庄举办农科技术讲座，面对面解答农民朋友的咨询，现场指导帮助农民科技兴农，通过这种方式以点带面激励农民走上科技致富之路。（管霞）

【繁昌县图书馆建"谢鸿轩捐赠图书、楹联专藏室"】 谢鸿轩先生是安徽繁昌籍台胞，对家乡怀有深厚的感情，于1992年—2006年，先后为繁昌县图书馆捐赠图书2 398册，楹联11幅。繁昌县图书馆专门筹建了"谢鸿轩捐赠图书、楹联专藏室"，共接待省内外各界人士5000人次，成为两岸文化交流的一个窗口。（管霞）

【安徽省高等学校图书馆发展概况】 截至2006年，安徽省有高校图书馆85所，其中本科院校图书馆27所，高职高专院校图书馆55所，民办院校图书馆3所。从业人员1 340人，其中研究馆员6人，副研究馆员165人，中级职称469人。全省高校图书总藏量3 120万册，其中图书2 880万册，古籍25万册，善本3万册，报刊450万册。阅览室坐席数共计9.5万个，电子阅览室席位7 200个。（朱爱瑜）

【2006年安徽省图书资料专业技术人员"以考代评"考试辅导班】 2006年4月22日—27日，安徽省图工委秘书处在安徽大学逸夫图书馆举办了图书资料专业初、中级技术职考试辅导班，全省共有93位图书馆员参加学习。（朱爱瑜）

【安徽省高校图书馆2006馆长年会】 2006年4月6日—9日，安徽省高校图书馆2006年馆长年会在淮北煤炭师范学院召开，省教育厅高教处处长黄泽秋、各高校馆馆长共90人参加了会议。淮北煤师院院长王磊出席开幕式并致词。

省教育厅高教处处长黄泽秋介绍了安徽高等教育的发展概况，并谈了高校的评估、文献保障体系等热点问题。图工委副主任兼秘书长、安徽大学图书馆馆长许俊达作了"学习贯彻科学发展观、促进图书馆事业发展"的主题报告，图工委副主任、中国科学技术大学图书馆馆长邵正荣、合肥工业大学图书馆馆长方罗来、安徽师范大学图书馆馆长庄华峰分别就创新型国家建设与高校图书馆新任务、图书馆管理创新以及和谐型图书馆的建设等问题作了主题报告。会后，与会代表分别参观了淮北煤炭师范学院图书馆和曲阜师范大学图书馆。（朱爱瑜）

【2006年图书资料专业技术人员继续教育培训班】 2006年7月1日—10日，安徽省高校图工委秘书处在安徽大学逸夫图书馆举办了全省图书资料专业人员继续教育培训班，聘请安徽大学图书馆许俊达教授、安徽师范大学图书馆庄华峰教授、中国科技大学图书馆邵正荣教授，分别讲授了"终身教育与图书馆"、"图书馆学研究漫谈"、"网络通讯技术"课程，全省58位学员参加学习，通过考试拿到继续教育证书。（朱爱瑜）

【2006年"图书馆学"专业研究生课程进修班】 安徽省高校图工委与南京大学信息管理系联合举办2006年图书馆学专业研究生课程进修班，共招

收31名学员。本届研修班的成功举办将为全省高校图书馆事业发展补充一支人才后备力量。（朱爱瑜）

【安徽省高职高专院校图书情报专业委员会2006年会】 2006年7月19日—20日，安徽省高职高专院校图书情报专业委员会2006年会在安徽警官职业技术学院召开。教育厅高教处王厚林同志到会讲话，图工委秘书长许俊达教授就高职高专图书馆评估作了专题报告，会议邀请合肥工业大学方罗来馆长、安徽省图书馆阚华研究馆员介绍图书馆建设经验。高职高专专业委员会负责人李少芬、丁传奉主持会议并总结。会后，代表们参观了安徽警官职业技术学院图书馆。（朱爱瑜）

【《大学图书情报学刊》新一届编委会会议】 2006年1月25日，《大学图书情报学刊》新一届编委会在安徽大学逸夫图书馆召开，15位编委和编辑部全体成员出席会。省教育厅陈贤忠厅长、高教处黄泽秋处长莅会并作了重要讲话。《学刊》执行主编许俊达教授对《学刊》2004—2005年工作作了汇报，编委们充分肯定了编辑部的工作，提出了许多建设性意见，并希望《学刊》早日跨入核心期刊行列。此次会议还对编辑部未来工作的进一步开展做了初步规划，起到了承前启后的作用。（朱爱瑜）

【海南省高校图工委与安徽省高校图工委开展交流】 2006年3月6日,海南大学图书馆馆长詹长智教授率海南省高校图工委13位常委馆馆长来到安徽省省会合肥市,在安徽大学图书馆与安徽省高校图工委座谈。双方就"十五"期间高校图书馆的网络化、数字化建设以及高校图工委的工作经验进行交流,特别探讨了"十一五"期间本省高校图书馆的发展规划和发展目标。随后,詹馆长一行参观了安徽大学逸夫图书馆。(朱爱瑜)

【《中国社会主义社会形态论》被收入《国家社科基金成果文库》】 2006年3月18日,由全学社会科学规划领导小组举办的《国家社科基金成果文库》出版座谈会在北京举行。首批推出10部优秀成果,以安徽大学图书馆馆长许俊达教授为课题组负责人的研究成果《中国社会主义社会形态论》被收入其中。(朱爱瑜)

【安徽理工大学西区和北区新图书馆相继全面投入使用】 2006年5月和8月,安徽理工大学建筑面积分别为5 100平方米和8 300平方米的西区、北区新图书馆相继全面投入使用。(朱爱瑜)

【安徽理工大学图书馆自主研发的"教学参考书推荐系统"正式启用】 安徽理工大学图书馆自主研发的以辅助教学为目的的"教学参考书推荐系统"正式对读者开放。该系统从公共课、基础课和专业课三个层面,将图书馆纸质资源和电子资源有机链接在一起,供读者查询、下载和使用。(朱爱瑜)

【淮北煤炭师范学院图书馆获"2005全民阅读活动先进单位"荣誉称号】 2006年6月,中国图书馆学会授予淮北煤炭师范学院图书馆"2005全民阅读活动先进单位"荣誉称号。(朱爱瑜)

【安徽师范大学图书馆在三校区开展"读者服务宣传月"活动】 2006年5月—6月,安徽师范大学图书馆在三校区积极开展"读者服务宣传月"活动,通过举办读者恳谈会、破损图书展览、学术讲座、评选优秀读者、成立读者协会等一系列活动,加强了图书馆与读者之间的互动,并创办了"读书人报"。(朱爱瑜)

【安徽大学图书馆入选第二批"安徽省文明窗口"】 2006年6月15日,经安徽省文明行业办公室评选考核和省文明委审定,安徽大学图书馆入选第二批"安徽省文明窗口"。(朱爱瑜)

【蚌埠学院图书馆新馆修建工程竣工】 2006年10月,蚌埠学院图书馆新馆竣工,总面积达20 500平方米,55万多册图书及图书馆设备顺利搬迁到位。书库按学科设置,采用藏阅一体的模式,向全校师生开架借阅。(朱爱瑜)

【安徽省科技文献信息资源共建共享平台建设正式启动】 2006年12月,安徽省科技文献信息资源共建共享平台建设正式启动。该平台是我省科技基础条件平台的重要组成部分,是推动我省科技创新体系建设的基础性、关键性工作。中国科技大学、合肥工业大学、安徽大学、安徽农业大学、安徽医科大学等高校图书馆为该平台的参建单位。(朱爱瑜)

【池州师范专科学校图书馆和池州市人民政府成立市校共建图书馆】 2006年12月26日,池州师范专科学校图书馆和池州市人民政府按照"一个资源库,两个服务窗口"的模式,正式挂牌,成立市校共建图书馆,并向社会读者开放。分属不同隶属部门的图书馆联合共享服务模式,目前在国内并不多见,此举是一种探索和尝试。(朱爱瑜)

【合肥学院图书馆新馆建设立项】 2006年12月,合肥学院"十一五"发展规划的重点项目之一的图书馆新馆建设立项,3.8万平方米平面设计方案已完成,进入施工图设计阶段。(朱爱瑜)

【黄山学院南区图书馆工程批准立项】 2006年安徽省高校唯一获得赠款项目的黄山学院南区图书馆工程获得邵氏

基金会400万港元的资助,同时获得安徽省教育厅1:1的配套建设资金。工程概算总投资4 500万元,建筑面积为33 610平方米,设计藏书150万册,阅览席位5 400个,每日可接待读者6 000人次,为目前我省高校第二大图书馆。该图书馆把学习基地、现代信息枢纽、文献学术交流中心三者综合起来,建成后将成为皖南地区一个开放性、多功能、现代化、人文化、数字化的文献信息中心。(朱爱瑜)

浙江省

【泰王国玛哈扎克里·诗琳通公主一行参观浙江大学数字图书馆】 2006年4月6日上午,在浙江大学党委书记张曦的陪同下,泰王国玛哈扎克里·诗琳通公主一行参观了浙江大学数字图书馆及中美百万册数字图书馆(CADAL)项目设在浙大图书馆的研发中心。诗琳通公主听取了浙江大学图书馆数字资源建设和CADAL项目的介绍,并就数字图书馆建设的一些问题进行了交流和探讨。(陈华)

【国务委员陈至立等领导视察浙江大学数字图书馆】 国务委员陈至立一行在浙江省副省长盛昌黎、浙江大学党委书记张曦、校长潘云鹤的陪同下于2006年4月27日上午视察了浙江大学数字图书馆建设及CADAL项目管理中心。陈至立饶有兴趣地听取了CADAL项目情况的汇报,对CADAL项目所建数字图书馆成果给予了肯定,并对下一步工作作出了重要指示。随后,陈至立一行实地参观了CADAL项目设在图书馆的文献加工中心。教育部副部长袁贵仁、科学技术部副部长马颂德、文化部副部长赵维绥以及浙江省政府办公厅副主任马林云、浙江省教育厅副厅长郑继伟、浙江大学常务副校长倪明江、副校长来茂德、图书馆副馆长高跃新、马景娣等陪同访问。(陈华)

【全国政协副主席、中国工程院院长徐匡迪等领导视察浙江大学数字图书馆】 2006年11月19日上午,全国政协副主席、中国工程院院长徐匡迪,中国工程院党组副书记、副院长潘云鹤、浙江省政协副主席李青在浙江大学党委书记张曦、校长杨卫、常务副校长倪明江的陪同下考察了浙江大学数字图书馆。徐匡迪听取了CADAL管理中心关于数字图书馆建设情况的汇报,并饶有兴趣地观看了数字图书馆应用的演示,对CADAL项目所建数字图书馆成果给予了高度肯定,他指出,浙江大学的数字图书馆项目建设非常有意义,取得了很好的成果,要继续发挥这一优势,扩大共建单位,充分发挥数字图书馆服务的效益。(陈华)

【国务院西部开发办、国家发改委主任马凯等领导视察浙江大学数字图书馆】 2006年10月29日上午,国务院西部开发办主任、国家发展和改革委员会主任马凯,教育部部长周济,浙江省委副书记、省长吕祖善,国务院西部开发办副主任、国家发展和改革委员会副主任王金祥,国务院西部开发办副主任曹玉书,浙江省副省长王永明等领导在浙江大学党委书记张曦、校长杨卫的陪同下,考察了浙江大学数字图书馆。马凯主任一行参观了数字化加工中心和中心机房,认真听取了浙江大学副校长来茂德关于数字图书馆建设情况的汇报以及观看了由CADAL管理中心关于数字图书馆应用的演示。马凯主任充分肯定了浙江大学在数字图书馆项目建设中取得的成绩,并请社会发展司胡祖才同志会同教育部、文化部研究,要联合国家图书馆的力量,既要发挥浙大的优势,又要发挥国家图书馆的优势,各方面要联合起来,分工协作,统一标准,避免重复建设,做好顶层设计,建立中华人民共和国的数字图书馆。(陈华)

【第二届浙江省未成年人读书节隆重举行】 为了更深入地贯彻落实中共中央、国务院《关于进一步加强和改进未成年人思想道德建设的若干意见》精神,倡导未成年人多读书、读好书,2006年10月18日—28日,由浙江省文化厅主办、浙江图书馆承办的第二届浙江省未成年人读书节隆重举行。

读书节的开幕式和闭幕式分别在温州少儿图书馆和金华

少儿图书馆举行,文化部社会文化图书馆司副司长刘小琴出席开幕式并讲话。读书节以"我读书、我快乐、我智慧"为主题,以浙江图书馆为主活动场所。读书节期间,全省各地公共图书馆和少儿图书馆为了营造良好的节日氛围,同步推出了400多场次各类读书活动。其中包括名家解读和家庭教育等100场讲座系列;各类主题征文、读书摄影大赛、童谣征集及图书捐赠;"中外藏书票收藏珍品展"、"中华杰出少年图片展"等展览;少儿书画优秀作品征集、读书游园、好书点播等读书兴趣活动等等。

本届读书节还特别创新设计了"'我荐你读'未成年人自荐书籍"征集活动,吸引了更多的青少年参与,旨在通过他们自身的视角,把自己的阅读趣味和喜悦说出来,让同龄人共同分享。举办"招兵买马——浙江图书馆文澜读书·未成年人书评会会员招募"、"浙江省公共图书馆读者图书交换"等系列广场活动。在现场,读者们饶有兴趣地欣赏起书评会的成果——《文澜小集》,更有不少未成年人读者当场填写了参加书评会的申请表格,表现出极大的热情。

历时11天的第二届浙江省未成年人读书节在书声琅琅、书香飘溢中落下帷幕。本次读书节整体活动针对性、互动性、参与性强,注重传统读书与现代读书的结合,形式生动活泼,富有时代特色,切合青少年兴趣爱好和性格特征,深受欢迎,同时也启发了全社会读书的自觉意识。"我读书 我快乐 我智慧"的主题语将更加深入人心。(吴荇 王效良)

【浙江文化共享工程试点建设卓有成效地推进】 2006年,作为试点省的浙江省文化共享工程试点工作卓有成效地推进。省政府办公厅下发了《关于开展浙江省文化信息资源共享工程试点工作的通知》,成立了共享工程联席会议制度,设立了共享工程专项资金(每年500万元),为工程建设提供了必要的保障。各市纷纷出台试点建设文件,确保试点任务完成。

通过一年的试点建设,较大幅度地充实和丰富了文化共享工程的数字资源,完成了百部戏曲的征集、千场电影(含科教片)的引进、万册电子图书资源库的建设任务,为实现县县建有分中心、乡乡建有基层中心、全省50%(其中示范地区为60%)行政村和社区建有基层服务点的目标奠定了基础,从而更多更好地惠及基层广大人民群众。

2006年度全省基层网点新增106个,累计建成各级分中心和基层服务点435个;与农村党员远程教育系统合作共建,全省建设农村党员系统终端接收站点29 415个(注:全省行政村为31 888个)。

为共享工程开放中文期刊数据库,年度下载文献量60 071篇;全省完成各类讲座资源的数字化制作共30场;完成如新编地方志数据库等多个专题数据库建设,数据量达7T;积极开展地方戏曲的征集工作,征集地方戏剧24部,征集工作势头良好。各地积极探索资源服务新办法,如绍兴市越都社区推出了共享工程"四大员"活动后,社区群众形象地称"文化共享工程,你我拥有的文化大餐",基层服务点的辐射作用逐步显现。

浙江省文化厅、财政厅与省委组织部合作,联合签发《关于利用农村党员干部现代远程教育系统实施文化信息资源共享工程的通知》,把乡(镇)、村现代远程教育终端接收站点作为文化信息资源共享工程基层服务点。省分中心已向省农村党员干部现代远程教育中心资源库提供经典老电影、各类讲座、农村科技、健康教育等视频节目1 000多部,大约可播放1 200多小时,共计800G;开设文化共享频道,供各基层接收站点播。

共享工程浙江省分中心还在全省举行了"数字文化"下乡活动。他们设计制作了文化信息资源共享工程的宣传画、光盘等3万多份,分发到全省市、县级分中心和基层服务点;编辑《工作简报》7期;向国家中心主站及《工作简报》投稿10篇,分别在中国文化报、农民日报、新华网、嘉兴日报、浙江在线、浙江日报刊发,为我省的文化信息资源共享工程推声助势。(吴荇 王效良)

【杭州市图书馆事业基金

会】 杭州市图书馆事业基金会是我国第一家公共图书馆事业基金会,于2003年12月8日由杭州图书馆发起成立,注册资金400万元,会长由杭州图书馆馆长褚树青担任。

基金会秉承贯彻落实《国务院关于支持文化事业发展若干经济政策的通知》,推动全社会关心支持图书馆事业的发展,促进杭州市文化体制改革和发展,全面推进图书馆事业的现代化的宗旨,借鉴了西方发达国家向民间筹措资金发展公共事业的做法,向社会各界募集资金。并聘请专业人士制定《杭州图书馆事业基金章程》及《杭州图书馆事业基金管理使用办法》,使基金会工作有法可依,依法而行。其专项资金将主要用于杭州图书馆、市少儿图书馆、余杭、萧山区馆、临安、建德、淳安、富阳、桐庐等县市公共图书馆的事业发展。

基金会成立至今,各会员单位都及时交纳了会费,保证了基金会工作的正常开展。社会各界也积极捐款、赠物,以表示对基金会的支持。理事成员之一——华宝斋集团董事长蒋山以个人名义捐赠了86 900元;杭州市政协副主席俞国庆率市政府书画研究院王伯敏、周沧米等著名画家,专程前往杭图为基金会挥毫作画24幅,并将作品无偿捐献给基金会。

利用社会各界捐赠的资金,基金会支持建设杭州图书馆分馆,加强对弱势群体的文化扶持。2004年,支援三门县文化建设,赠送价值3万元的图书资料。2005年与杭州少儿图书馆联合在民工子弟学校——杭州明珠实验学校内建立分馆,为民工第二代的成长提供健康的书籍保障;为保证杭州地区各公共图书馆“九馆一证通”工程网络的畅通、便捷,基金会出资1万元,用于淳安图书馆网络建设;与会员单位桐庐图书馆签订协议,出资11.8万购置车辆,专门用于各区、县(市)会员单位之间的图书流动、运送。另外,基金会还援助国内贫困地区公共图书馆,如延边图书馆,向其捐赠了1万元购书款。

在资助事业发展的同时,基金会还举行了一系列藏书、读书等活动,如2004年,基金会接受杭州西子联合控股有限公司赞助5万元整,与该公司联合举办主题为“身边的科学”的“西子联合杯”征文活动。活动共有7 000余人参加,经专家评出特等奖及一、二、三等奖获得者共155人。2004年又举办了杭州市第二届“藏书、读书”家庭评选活动,共有100余个家庭参与,20个家庭脱颖而出,浙江省委常委、杭州市委书记王国平欣然题词“读书人家”、“藏书人家”,赋予了此次活动更加丰富的内涵与深远的影响。

2005年为营造“读书”氛围,创建学习型社会,“捐一本好书·献一份爱心”活动又在全市开展,杭州市委宣传部、市文明办、杭州日报社等单位联合主办此次活动,杭州西子联合控股有限公司协办,杭州市公共图书馆基金会承办。活动自5月10日起在杭州市各区、县(市)同步启动,截至6月20日,共收到社会各界捐赠图书21万余册。市委书记王国平给予了高度评价,同时也参与了本次捐书活动,市委副书记叶明为本次活动题字。余杭区、临安市、桐庐县、富阳市四家会员单位积极将活动情况上报,经多方努力,四个区、县(市)举行了四套班子领导带头捐书的大型捐赠仪式,进一步提升了本次活动内涵及外延,《杭州日报》等多家新闻媒体全程报道,在社会上取得了很大的反响。

2006年6月,杭州市图书馆基金会承办“一本书,一块钱,一份爱心”杭州图书馆爱心捐书活动,受到社会各界的踊跃支持和热烈响应。此次爱心捐书共获得捐书29 209册,捐款2 551.1元。获赠图书均盖有杭州市图书馆事业基金会的捐赠章,并经过加工、整理,通过各会员单位流通至偏远山区、学校、福利院图书馆(室)等。

到目前为止,杭州市图书馆事业基金会各项工作都进展得非常顺利。接受捐赠总计约80万元人民币,主要用于资助我市图书馆事业的现代化建设,奖励对图书馆事业发展有重大贡献的先进集体和个人,与建设“生活品质之城”的创新理念相融合,极大地提高了人民群众的文化生活品质。2007年初,基金会进行换届工作,各理事成员一致推选原杭州市政协副主席、市委统战部部长曾东元担任会长,推选原市政协

349

主席虞荣仁及西子奥的斯公司总裁王水福担任名誉会长。（唐晴）

【宁波市数字图书馆项目启动】 宁波市数字图书馆（英文名称 NingBo Digital Library，简称 NBDL）是由宁波市政府批准，宁波市教育局牵头，计划、科技、财政、文化等部门和相关行业协会组成的宁波市数字图书馆建设与管理领导小组负责总体规划的新型网上联合体。它的建设由宁波大学园区图书馆负责牵头并成为管理中心，各在甬高校图书馆及主要信息服务机构共同参与。从 2007 年到 2011 年，用 5 年时间，投资 4000 万，建设一个服务于宁波教育、科技、文化、社会发展和经济建设的文献信息资源共建共享平台。

2006 年初开始，宁波市数字图书馆的先期调研工作启动，到目前为止，已拟定《宁波市数字图书馆建设与管理办法》《宁波市数字图书馆项目申报指南》《宁波市数字图书馆项目建设任务书》《宁波市数字图书馆规划纲要》《宁波市数字图书馆项目设计方案》等一系列管理和实施办法，有待专家进一步论证后定稿。梗概如下：

一、管理体制：

1. 不要求改变各成员馆（单位）原有的正常管理和运作模式。

2. 坚持"整体规划、分工合作、共建共享、服务社会"，各成员馆（单位）应根据自身的工作任务和服务对象确定文献资源建设与服务重点，合理分工，避免不必要的重复建设；同时，积极扩展服务范围，主动向地方产业和社会各界延伸。

3. 经费坚持专项经费补助与各馆正常经费投入相结合，并积极引导企业及科研机构参与建设。

二、主要目标：

1. 建成综合性的数字文献信息资源服务平台，重点为宁波市各类大中院校、科研机构、龙头骨干企业和高层次人才提供有效的数字文献信息服务，服务保障水平达到国内先进水平。

2. 建成引进国外著名文献服务系统的窗口。

3. 建成与国内其他数字文献服务系统合作的枢纽。

4. 建成数字文献资源管理与服务的人才培养基地。

5. 建成企业及社会团体提高数字文献信息自我获取能力的教育培训基地。

三、主要任务：

1. 建设中心门户网站，有效集成各成员馆（单位）的文献资源与服务。

2. 通过本地收藏、远程包库、原文传递等多种方式向服务对象提供文献信息服务。

3. 针对宁波市的产业结构与社会发展，建设好地方特色文献数据库。

4. 加强文献信息资源的深度开发，通过在甬高校与企业的产学研合作，为全市重点行业和骨干企业提供信息咨询服务。

四、经费概算：

截至 2007 年底，第一期项目经费概算为 500 万元。主要是中心门户建设和一些硬件配套设施的建设。第二期项目经费使用期为 2007—2011 年，概算总数共 4000 万元，每年 1000 万元。主要是不断完善中心门户，重点放在资源的建设和宣传推广上。（胡春波　颜务林）

【《浙江省古籍善本联合目录》编纂启动工作会议在杭举行】 2006 年 4 月 13 日，《浙江省古籍善本联合目录》编纂启动工作会议在杭州召开。浙江省档案局副局长王茂法、浙江省文物局调研员金萍、浙江省博物馆副馆长李刚、宁波市天一阁博物馆馆长虞浩旭、浙江大学图书馆副馆长兼书记高跃新、杭州师范学院图书馆常务副馆长杜庆和、温州大学图书馆副馆长刘素艳、浙江图书馆馆长程小澜、浙江图书馆李性忠研究馆员、杭州图书馆馆长褚树青、宁波市图书馆馆长庄立臻、嘉兴市图书馆馆长崔泉森、绍兴图书馆馆长俞苗荣等出席会议。

与会领导、专家一致肯定了编纂全省古籍善本联合目录的重要意义，认为古籍善本是至关重要的文化遗产，编纂它的联合目录对于历史文化的研究、文物工作的推进、弥补一些文献的缺失，都具有十分重要的作用。其意义不仅在于能够最大限度地加强善本这一珍贵文化遗产的保护，更重要的在于能使它的社会效益最大化，发挥它绵延久远的巨大作用。这将是浙江在文化大省建设中非常重要的一项基础性工作，与会代表纷纷表示，一定会按照要求做好本单位的著录工作，积极配合编纂工作。

会后，在浙江图书馆举行了《浙江省古籍善本联合目录》编纂业务培训，由浙江图书馆古籍部主任童正伦主讲。50 多位学员参加培训。（吴荇 王效良）

【湖州图书馆新馆隆重开馆】 2006 年 4 月 30 日，湖州图书馆新馆开馆典礼隆重举行。文化部社文图司副司长刘小琴、浙江省文化厅副厅长金庚初、社文处处长尤炳秋、浙江图书馆馆长程小澜等出席了开幕式。

湖州图书馆新馆占地 40 亩，建筑面积 1.6 万平方米，总投资 7 500 万元。具有现代气派的建筑外观、宽敞明亮的内部空间、人性化考虑的业务窗口布局，基本体现了现代化图书馆的功能要求。

新馆设施设备技术先进、功能齐全，设计有 100 万册（件）的馆藏空间、1 300 个阅览座位、321 座的报告厅、450 平方米展示厅，同时拥有 265 台联网电脑、188 个座位的电子和多媒体阅览室、近千平方米的少儿阅览室、成人自修室、地方文献室、古籍室等设施，能满足不同层次读者的需求和公共图书馆各项服务的开展。（吴荇 王效良）

【西澳大利亚州政府文化艺术部常务副部长艾勒斯特·布朗访问浙江图书馆】 2006 年 5 月 15 日，西澳大利亚州政府文化艺术部常务副部长艾勒斯特·布朗到浙江图书馆参观访问。浙江图书馆馆长程小澜、副馆长刘晓清、贾晓东、事业发展研究所所长林祖藻欢迎艾勒斯特副部长的到来，并与其进行了亲切的座谈。艾勒斯特副部长详细了解了浙江图书馆的业务工作，并简述了西澳图书馆事业的现况。当了解到澳洲图书馆早在 2001 年就与浙江图书馆建立友好交换关系时，艾勒斯特大为赞赏，表示今后要进一步加强两地图书馆的交流与合作。（吴荇 王效良）

【浙江图书馆举办首届新盲文培训班】 为了关爱盲人，使他们增强识别汉语双拼盲文的能力，从而为他们今后的工作生活带来便利，2006 年 6 月 5 日—6 日两天，"首届学习新盲文培训班"在浙江图书馆盲人阅览室举行，由该馆的盲人老读者汪立明为学员们授课。13 名学员参加听课。

汪立明教授学员学习盲文字母和拼音方法，学员们踊跃提问、积极发言，在老师的指导下进行了摸读、拼写练习。整个培训过程气氛热烈，大家都很珍惜这样的学习机会，并希望以后能有更多的培训。（吴荇 王效良）

【浙江图书馆举行首次"网站建设读者座谈会"】 2006 年 6 月 10 日下午，"浙江图书馆网站改版及数图门户网站建设读者座谈会"在浙江图书馆召开。会议由浙江图书馆网络与数字资源中心主任宓永迪主持，浙江图书馆副馆长刘晓清、网络与数字资源中心副主任陈晔及工作人员、14 位特邀读者代表参加。

与会读者代表就浙江图书馆网上服务业务的建设、网站的建设等内容与图书馆工作人员进行了座谈。读者代表在肯定浙江图书馆网上服务已经取得成绩的同时也提出了很多中肯和宝贵的意见。有读者代表建议浙江图书馆网站在定位上应更高，要成为先进文化和知识的传播者，在数据建设中应立足浙江的历史文化，着重致力于资源的学科深度建设。读者代表们还建议举办各类网上活动，开展多种网上服务，在聚集网站人气上多下工夫，如开办读者论坛、新书点评打分、自助式还书、网上借阅证办理等各种提升读者参与度的栏目和新型网上服务，多为广大读者着想，做好网上服务工作。

浙江图书馆表示，将认真吸收读者的合理化建议，在今后的工作中努力加强网站中各类优秀资源的宣传推广，同时开展多种网络读者的活动，让读者参与浙图网站建设，共同扶持浙江图书馆广大读者的"网上家园"。（吴荇 王效良）

【浙江图书馆开展非物质文化遗产保护系列宣传活动】 2006 年 6 月 10 日是我国第

一个"世界文化遗产日"。为进一步宣传和普及非物质文化遗产保护工作，由浙江省文化厅、钱江晚报主办，浙江图书馆承办的"非物质文化遗产保护"系列讲座在浙江图书馆举行。5月30日，该系列讲座第一讲由中国民俗学会副理事长、华东师范大学对外汉语学院常务副院长、华东师范大学终身教授陈勤建开讲，主讲"梁祝传说和非物质文化遗产保护"。第二讲、第三讲，分别由中国民族民间文化保护工程专家委员会副主任乌丙安及浙江省文化厅社文处副处长王淼主讲。无论专家还是政府官员，对于非物质文化遗产保护的传承问题都有着同样的共识，呼吁改变传承上的传统固有观念，加强保护材料资源。讲座第四讲由杭州师范学院人文学院研究员顾希佳主讲"情系故乡热土，传承千年文脉"，以杭州的文化土产"小热昏"的诞生是民间艺人学习苏州说唱形式并代之以杭州方言为例，说明非物质文化遗产的扩散现象是集体的智慧，保护它不能仅仅局限于乡土情结，更要有国家意识和人类意识。同时，他对国内颇为普遍的对非物质文化遗产的申请"争抢"行为表达了自己的看法，认为保护非物质文化遗产应该是勇于付出的一种公益行为，而不应该以谋利企图为目的。

6月10日—7月10日，结合浙江图书馆丰富的馆藏，浙江图书馆"文澜展窗"推出"文明的守望——中国的世界遗产"精彩图片展。中国的世界遗产，指的是经联合国教科文组织审核，被批准列入《世界遗产名录》的位于中国境内的世界遗产项目。目前，中国共拥有35项世界遗产。该展览的23个展板，图文并茂地再现了中国的世界遗产。据不完全统计，参观人次达2000左右。（吴荇　王效良）

【"内容管理领域分析"学术报告会在杭举行】　2006年6月16日下午，浙江省图书馆学会和浙江省高校图工委联合主办的"内容管理领域分析"学术报告会在浙江图书馆报告厅举行，由美国雪城大学副教授秦健博士主讲。"内容管理领域"是数字信息资源管理中具备前瞻性的一个专门领域，对正在发展的国内图书馆数字信息工作有很好的借鉴作用，来自全省各公共、高校图书馆的同行们参加听讲。（吴荇　王效良）

【"论文投稿和课题申报培训"讲座在杭举行】　2006年6月21日下午，浙江省图书馆学会举办"论文投稿和课题申报培训"讲座，分别由《浙江社会科学》副主编王立嘉和浙江省社会科学联合会学会处处长谢利根主讲。两位专家理论联系实际，就论文的规范性写作、投稿和科研课题立项、完成及结题等方面进行了详细讲评。来自全省图书馆工作者300余人参加听讲。（吴荇　王效良）

【"公共服务和表演艺术数字化"专题学术报告会在浙江图书馆举行】　2006年6月23日，由浙江省图书馆、浙江大学图书馆和浙江省图书馆学会读者服务与用户教育分委员会联合举办的"公共服务和表演艺术数字化"专题学术报告会在浙江省图书馆举行。报告会邀请了美国康奈尔大学图书馆副馆长 Anne R. Kenney、研究与信息服务部主任李欣主讲。来自全省各公共、高校图书馆的70余位业务骨干参加了报告会。

如何创新是图书馆界的热点话题。李欣主任以"图书馆＝创新的空间"为题，从图书馆生存的危机入手，提出图书馆创新的途径，她的报告引用了一些当前美国知名企业的创新思路和实践，为图书馆创新打开了思路，并从实践方面给出了佐证。非物质文化遗产数据库的建设对非物质文化遗产的保存、传播和利用起着非常重要的作用，Anne 副馆长围绕此主题，将康奈尔大学图书馆的一些具体做法在报告会上作了详细的介绍和阐述。报告结束后，两位专家又与浙江图书馆网络与数字中心的馆员就非物质文化遗产数据库建设进行了交流。专家们希望浙江图书馆在非物质文化遗产数据库建设方面进一步做出成绩康奈尔大学图书馆表示愿意并期待在这些方面与浙江图书馆有良好的合作。（吴荇　王效良）

【浙江省科技文献共建共享平台投入试运行】　浙江省

科技文献共建共享平台是根据我省科技发展的需要，以提高我省科技文献资源保障能力为目标，按照"资源共享、优势互补、平等自愿、互惠互利"的原则，联合省内大学、科研院所、公共图书馆等图书文献机构，整合科技文献信息资源，提高成员单位文献资源和特色资源的利用率，共同为我省的科技创新和科学普及提供文献信息服务的公共科研基础条件平台。目前，成员单位文献资源总量占全省的80%以上，覆盖自然科学、工程技术、国内外专利标准等领域。同时，经科技部批准建立的国家科技图书文献中心杭州镜像站是本平台的重要组成部分，与本平台的资源互为依托，协同服务。平台提供全方位、一站式、信息化的科技文献服务，登录本平台网站（网址：www.kjwx.zj.cn），实现科技文献的检索、订购和传递，文献满足率可以达到95%以上。（吴荐 王效良）

【2006年国际图联杭州会前会隆重举行】 2006年8月14日—16日，由国际图联善本手稿专业委员会、浙江省文化厅主办，浙江图书馆承办的2006年国际图联杭州会前会在浙江图书馆举行，主题为"中国书写与印刷文化遗产和图书馆工作"。来自美国、德国、法国、西班牙、澳大利亚、加拿大、瑞典、新加坡、韩国、尼泊尔及中国大陆和香港地区的150余名专家、学者参加了会议。入选会议的论文63篇，以"论文预印本"的形式在会前印刷出版，为代表们提供了交流的平台。

大会开幕式由2006年国际图联杭州会前会组委会副主席、浙江省文化厅副厅长金庚初主持，2006年国际图联杭州会前会组委会主席、浙江省文化厅厅长杨建新致欢迎词，2006年国际图联杭州会前会组委会主席、国际图联善本手稿专业委员会主席Susan M Allen，国际图联前执委Marian Koren代表国际图联，国家图书馆馆长、中国图书馆学会理事长詹福瑞先后致辞。大会还宣读了国家文化部社图司副司长刘小琴发来的贺词。

大会举行的学术报告会分三个时段，分别由2006年国际图联杭州会前会组委会主席、国际图联善本手稿专业委员会主席Susan M Allen博士，国际图联善本手稿专业委员会原主席、美国耶鲁大学图书馆馆长Alice Prochaska博士，2006年国际图联杭州会前会组委会副主席、国际图联善本手稿专业委员会秘书长Jan Bos博士主持。三个主旨发言分别为：中国国家图书馆研究馆员李致忠所作的《中国印刷术的发明与发展》，美国普林斯顿大学东亚图书馆馆刊主编罗南熙博士所作的《中国文化传统之一的现代面貌：手工纸张的技术与性质》，北京大学萧东发教授所作的《中国现存雕版木板的类型、特征及其社会背景》。在大会上作学术交流的还有：国家图书馆善本特藏部主任、研究馆员张志清（《论早期道教对印刷术起源的影响》），复旦大学陈正宏教授（《从写样到红印——〈豫恕堂丛书〉中所见的晚清书籍初刻试印程序及相关史料》），甘肃省图书馆历史文献部主任、研究馆员易雪梅（《甘肃地区书写与印刷文化遗产——从考古发现看雕版印刷和造纸等技术的发展》），浙江图书馆研究馆员林祖藻（《图书馆藏书的一大奇观书馆印书板片的收藏保护与利用》），德国国家柏林图书馆Walravens Hartmut博士（《德国国家柏林图书馆的一些明代/清初版本图书》），浙江图书馆丁红研究馆员（《木活字印刷文化在浙江家谱中的传承与发展》），宁波天一阁博物馆李大东馆员（《修复破损古籍善本手稿必须整旧如旧》），温州市图书馆潘猛补研究馆员（《温州古代造纸史》）。

下午在正式议程完成后，2006年国际图联杭州会前会组委会办公室主任、浙江图书馆馆长程小澜主持闭幕式，2006年国际图联杭州会前会组委会副主席、国际图联善本手稿专业委员会秘书长Jan Bos博士作了大会总结。2006年国际图联杭州会前会组委会主席、国际图联善本手稿专业委员会主席Susan M Allen，2006年国际图联杭州会前会组委会主席、省文化厅厅长杨建新分别致辞，充分肯定了此次会议的意义和成绩。这是浙江省文化事业与国际接轨的一个标志，更是浙江省公共图书馆界的一次盛会。随后，全体嘉宾和与会代表在杭州剧院观看了由越剧表演艺术家茅威涛领衔主演的大型越剧《藏书之家》。

会议期间,全体代表还赴浙江图书馆古籍部、富阳华宝斋、宁波天一阁、湖州湖笔博物馆、南浔嘉业藏书楼进行实地参观与考察。(吴荇 王效良)

【浙江代表参加世界图书馆与信息大会:第72届国际图联大会及理事会】 2006年8月19日—24日,世界图书馆与信息大会:第72届国际图联大会及理事会在韩国首尔举行,本届会议主题是:"图书馆:知识与信息时代的发动机"。来自全世界150多个国家的5000余位代表参加了这次盛会,浙江省公共图书馆和高校图书馆8位代表与会。(吴荇 王效良)

【"网上阅读,全新选择"——浙江图书馆启动数字资源暨共享工程宣传月活动】 2006年8月5日—30日,由浙江图书馆和全国文化信息资源共享工程浙江省分中心共同举办的以"网上阅读,全新选择"为主题的数字资源暨文化共享工程宣传月活动在浙江图书馆举行。

浙江图书馆副馆长、全国文化信息资源共享工程浙江省分中心主任刘晓清参加了开幕式并致开幕词。他指出,由于数字资源发展迅速,数量增长很快,已经形成了数字资源的完整体系,数字资源在图书馆的馆藏建设中的作用越来越重要。

近年来,浙江图书馆根据馆藏建设和文化信息共享工程的需要,建立了中国学术期刊镜像站点和万方数据资源镜像站点,可以及时提供8000多种中文期刊、10万篇会议录、46万篇博硕士论文的全文检索。通过网络可使用《中国财经报刊数据库》、《EBSCO》(1000多种国外电子期刊)、SpringerLink出版社电子期刊、OCLC netLibrary电子图书、《国务院发展研究中心信息网》、人民日报全文数据库、四库全书电子版、中国基本古籍全文库(1万多种古籍)等几十个数据库的检索服务,数字资源内容丰富,资源总量超过10TB。在特色资源的建设方面,启动了浙江省新编地方志全文数字化工作。建成《风景浙江》、《浙江藏书史》、《中国历代名人图像数据库》、《外国名人图像数据库》、《越剧资料库》、《浙江家谱总目提要数据库》等数字资源。本次活动,旨在宣传推介馆藏数字资源,让更广大读者掌握这些资源的利用方法,以发挥网络的优势,共同打造信息时代阅读的新天地。活动期间进行了CNKI数字图书馆、超星数字图书馆、全国文化信息资源共享工程、浙江省联合知识导航网等数字资源的演示,同时还举行了"数字资源利用"征文活动,并对优秀征文给予奖励。(吴荇 王效良)

【浙江省图书馆学会第十次学术研讨会在温州隆重举行】 2006年11月8日—10日,由浙江省图书馆学会主办、温州市图书馆承办的浙江省图书馆学会第十次学术研讨会在温州图书馆新馆隆重举行。浙江省图书馆学会理事长、浙江省文化厅副厅长金庚初,温州市文化广播新闻出版局副局长徐顺聪,浙江省社会科学联合会学会处调研员石玉岭,浙江省图书馆学会副理事长程小澜、潘杏梅、叶鹰、王效良、褚树青以及来自全省各地区、各系统的图书馆工作者270多人参加了会议。

年会的主题为"图书馆与公共文化建设"。共收到全省征文107篇,评出入选论文65篇,于会前出版论文集《公共文化服务和图书馆实践的创新》。

研讨会开幕式由浙江省图书馆学会副理事长、浙江图书馆馆长程小澜主持,金庚初副厅长首先致开幕词,他充分肯定了省学会这几年积极探索学术和工作的创新,为推动全省图书馆事业的发展和学术的繁荣所做的努力。徐顺聪副局长和石玉岭调研员分别代表温州市文化广播新闻出版局和浙江省社科联致辞。在开幕式上,浙江省图书馆学会学术委员会主任叶鹰教授宣布了浙江省图书馆学会第二届优秀论文评奖结果,获奖代表上台领奖。

开幕式后举行学术报告会,学会邀请了广东省深圳市南山区图书馆原馆长程亚男作《读者权利与公共图书馆精神》、北京大学图书馆副馆长陈凌作《图书馆发展之我见》和杭州图书馆馆长褚树青的《生活品质与公共图书馆服务》等三个主题报告。主题报告集中展现了当前图书馆界的热点问题,给代表们以较大的启示,赢得了代表的热烈掌声。

8日晚上,浙江省图书馆学会召开第六届理事会第二次会议,50多位理事参加会议,听取了秘书处、学术委员会和编辑委员会的工作汇报,并对今后的学会工作提出了建议和意见。

9日上午,浙江省科技信息研究院葛慧莉副研究员介绍省科技文献共建共享平台建设情况,接着,征文入选作者代表围绕主题进行大会学术交流,杭州电子科技大学崔恒燕、浙江图书馆吴晓红、浙江大学图书馆金中仁、温州市图书馆章亦情分别宣读论文。来自北京、上海等地的多家厂商展示了他们开发研制的图书馆新产品新技术,吸引了参会代表的关注。

9日下午,学术研讨会分成七个分会场,由各学术分委会组织活动。第一分会场是理论与教育培训分会场,由浙江大学信息资源管理系副主任李超平作"图书馆推广"的专题报告会。第二分会场举行了"浙江省文献资源共建共享"座谈会。第三分会场由编目与标引分会邀请上海交通大学图书馆编目部主任王绍平和华东师范大学图书馆编目部主任张期民分别作了以"从巴黎原则到国际编目原则"和"如何建立中文规范记录"为主题的专题报告会。第四分会场是网络化与数字化分会场,组织相关主题论文作

者进行了充分和热烈的交流。第五分会场由读者服务与用户研究分委会分别邀请浙江图书馆陈天伦研究馆员作"分析服务合作——浙江图书馆重点读者工作探索"的发言、宁波大学园区图书馆馆长颜务林作"国内公共图书馆与国际标准十个方面的差距"、温州市图书馆张永苏副研究馆员的"关于人文精神和平等服务的现实性的思辨——兼论公共图书馆的重点读者服务"的发言。第六分会场举行了古籍与地方文献研究座谈会,讨论了分委会的工作内容。第七分会场由大连博特公司的王晓平介绍lib2.0软件的应用。这些分会场代表们可以自由选择,随时进出参与,就各自感兴趣的问题进行深层次、多层面的探讨和互动。各会场学术内容丰富,讨论形式多样,代表兴趣浓厚,会场气氛热烈。

这次学术研讨会受到了代表们的一致好评,成为我省不同系统、地区图书馆工作者交流经验、研讨问题、展示自我、沟通情感、增进友谊的不可或缺的重要平台。这次研讨会的召开对提高我省图书馆工作者的学术水平,对推动全省图书馆事业的发展起到了积极的作用。(吴荇 王效良)

【浙江省公共图书馆地方文献工作会议在桐乡召开】2006年10月24日—26日,由浙江省文化厅主办的浙江省公共图书馆地方文献工作会议在桐乡市图书馆举行,浙江省文

化厅副厅长金庚初、社文处处长尤炳秋出席会议,来自各市的文化局局长、社文处长和全省各级公共图书馆馆长等120余人参加了会议。

金庚初副厅长在会上作重要讲话,强调了当前开展地方文献工作的重要意义。武义县图书馆、衢州市图书馆、绍兴市图书馆、绍兴县图书馆等代表介绍了各自地方文献工作的做法和成绩,给与会代表以有益启示。

会议认真讨论、审议了《浙江省公共图书馆地方文献资源建设实施意见》(征求意见稿)和《浙江省公共图书馆地方文献资源建设考核细则》(征求意见稿)。浙江图书馆地方文献部主任袁逸就《实施意见》及《考核细则》的指导思想、制定原则及相关问题作了简要说明。

浙江省公共图书馆地方文献工作会议的召开,将有力推动全省公共图书馆地方文献工作的规范化和制度化建设,在浙江省地方文献工作的发展进程中留下标志性的一页。(吴荇 王效良)

【全国文化信息资源共享工程部分试点县培训班在宁波举行】2006年11月10日,全国文化信息资源共享工程部分试点县培训班在宁波举行。文化部社会文化图书馆司副司长刘小琴、文化部全国文化信息资源建设管理中心主任张彦博、浙江省文化厅副厅长金庚初、宁波市文化局局长柴英等

领导出席开幕式,来自全国 12 个省、市、自治区的 55 个文化共享工程试点市、县的文化局长、县级分中心主任 100 余人参加培训。

会上,刘小琴作了 2006 年文化共享工程试点工作总体部署;张彦博介绍了全国文化信息资源共享工程总体情况及试点工作具体安排;文化共享工程专家咨询委员会主任孙承鉴介绍了全国文化信息资源共享工程的县级分中心建设与数字图书馆结合方面有关问题;广西壮族自治区图书馆馆长徐欣禄介绍了文化共享工程基层服务情况;浙江图书馆副馆长刘晓清介绍了浙江省文化共享工程总体情况;宁波市文化广电新闻出版局副局长张松才介绍宁波市开展文化共享工程取得的经验。

培训期间,代表们实地考察了宁波市文化信息资源共享工程的两个基层服务点江东四眼碶小学和奉化市滕头村。

刘小琴副司长等有关领导对浙江省文化共享工程建设及宁波市充分利用互联网平台发展基层服务点的做法和取得的成绩表示了充分的肯定,代表们纷纷表示四眼碶小学和滕头村在文化信息工程方面的具体做法和经验非常值得学习。

这次试点工作培训会议对于未来五年南方 12 省份全面推进文化共享工程建设具有重要意义,并将把这些地区的文化共享工程建设推向新阶段。
(吴荇 王效良)

【浙江省公共图书馆第二期馆长高级研修班在建德市举行】 2006 年 9 月 7 日—10 日,由浙江省文化厅主办、浙江图书馆市县图书馆服务中心承办、浙江省图书馆学会读者服务与用户教育分委会协办的浙江省公共图书馆第二期馆长高级研修班在建德市举行。

浙江省文化厅副厅长金庚初在开班典礼上致辞,承办和协办单位负责人贾晓东和徐洁出席开班典礼,来自全省 11 个地区的 54 名馆长参加了高研班。

研修班特别邀请了五位图书馆学、法学界的专家进行面对面的讲授。《图书馆》杂志执行主编韩继章主讲"人文图书馆学:从理论走向实践",深层次论述了图书馆学学科性质认识上的人文观点;广东省立中山图书馆副馆长莫少强主讲"联合参考咨询与市县图书馆信息服务",对图书馆联合参考咨询工作的技术平台进行分析,并详细介绍了由广东省立中山图书馆牵头,12 个省市的 30 个公共图书馆合作建立的"联合参考咨询网",为市县图书馆信息服务提供了借鉴;北京大学图书馆副馆长朱强主讲"关于数字图书馆的几个问题",从数字图书馆的定位、建设内容、现状、面临问题、发展战略和最新进展等进行了详细的剖析;南开大学商学院信息资源管理系教授徐建华主讲"当代图书馆人的职业生涯管理",从人力资源的角度用大量的实例讲述了图书馆管理层如

何从职业生涯规划出发达到管理效能最大化,图书馆工作人员如何对自身的职业生涯进行规划,进而完善自我;国务院法制办教科文卫司处长宫士友主讲"我国著作权法律制度暨《信息网络传播权保护条例》解析",以丰富的实践工作经验,以法律为依据,结合图书馆实际,解析了《著作权法》和《信息网络传播权保护条例》,从而极大地增强了学员们对知识产权保护和信息网络传播权保护的意识。

会上,五位专家与学员进行了一系列的研讨、互动,学员们积极提问,专家们认真解疑释惑,高研班取得了圆满的成功。(吴荇 王效良)

【浙江省首届公共图书馆馆长论坛在临安举行】 2006 年 12 月 27 日—28 日,由省文化厅主办,浙江图书馆承办,以"对新时期公共图书馆社会职能与效益的思考"为主题的浙江省首届公共图书馆馆长论坛在临安市青山湖举行。浙江省文化厅厅长杨建新、副厅长金庚初出席开幕式,省文化厅社文处处长尤炳秋、浙江图书馆馆长程小澜以及各市县图书馆馆长、论文作者等 90 余人参会。

金庚初副厅长在开幕式上致辞,他希望大家通过论坛总结经验,对实际工作产生指导意义和借鉴作用。杨建新厅长作了《文化工作者面临的形势和任务》的主题报告。他指出,公共图书馆具有不可或缺的重要地位,作为全省各级公共图

书馆的主要管理人员，我们一定要从小事做起、从我做起、从现在做起。他希望在研讨中馆长们能提升新境界、打开新局面，从而踏踏实实、兢兢业业，实现公共图书馆服务全社会的目标。杨厅长宣布今后浙江省公共图书馆馆长论坛将每两年举办一届。

论坛由浙江图书馆副馆长刘晓清、贾晓东作主题发言。随后，会议进行了大会交流，颜务林、毛旭、郑晓映、俞木雄、俞苗荣、陈惠民等 10 位馆长或代表作了发言，从不同角度探讨了公共图书馆事业的发展方向与前景，对代表们颇具启示。

28 日，论坛进行分组讨论，围绕对新时期公共图书馆社会职能与效益的主题，馆长们踊跃发言，或提出或诠释蕴积于胸的种种问题，交流探讨，取得共识。绍兴图书馆馆长俞苗荣、湖州图书馆馆长张国强、台州市椒江图书馆馆长何建中、舟山图书馆馆长桑秀萍还分别代表所在小组对讨论情况作了小结发言，就如何提高新时期公共图书馆社会职能与效益进行多角度多观点的阐述。浙江图书馆馆长程小澜作大会总结，她表示将及时汇报和研究大家的建议，把公共图书馆馆长论坛办得更好，更有成效。（吴荇　王效良）

【中外藏书文化国际学术研讨会在宁波召开】　2006 年 11 月 9 日—11 日，宁波天一阁举办纪念范钦诞辰 500 周年、天一阁建阁 440 周年——"中外藏书文化国际学术研讨会"。文化部社会文化图书馆司副司长刘小琴，中国社会科学院历史所党委书记、副所长刘荣军，国务院古籍整理领导小组原副组长傅璇琮，南开大学教授来新夏，以及来自京、津、沪、宁等 10 余个省市以及日本、韩国等国家的 40 余位专家和学者参加了会议。

研讨会汇聚了国内外藏书界、史学界、图书馆界等研究领域的专家和优秀科研人员的论文 80 余篇。研讨会以"繁荣学术、积累文化、服务社会"为主题，就中外藏书文化研究、图书与图书馆史研究、天一阁文化现象研究、天一阁的特定藏书等方面进行学术研讨。在研讨会开幕式上，还举行了"中国藏书文化研究基地"揭牌仪式。（吴荇　王效良）

【浙江省第二期欠发达地区公共图书馆业务培训班在浙江图书馆举行】　2006 年 3 月 27 日—31 日，由省文化厅主办、省图书馆学会承办的"浙江省第二期欠发达地区公共图书馆业务培训班"在浙江图书馆举行。

培训班邀请了浙江大学、浙江图书馆和省科技信息研究院的叶鹰、袁逸、丁红、刘如、葛慧莉等专家及业务骨干授课，讲授了《图书馆工作和图书馆学导引》、《图书分类》、《文献采访及管理》、《文献信息检索》等 10 门课程。来自全省欠发达地区 34 个市县图书馆的 60 名工作人员参加培训。学员们认真学习，通过考核，由省文化厅颁发了培训证书。这次培训，对促进欠发达地区的公共图书馆业务建设、提高图书馆服务能力将起到积极的推进作用。（吴荇　王效良）

【2006 年度浙江省图书馆学会科研课题申报立项】　从 2005 年起，浙江省图书馆学会开始启动浙江省图书馆学会科研课题的申报工作。2006 年 3 月 1 日—5 月 30 日浙江省图书馆学会 2006 年度课题开始申报，共收到 43 项科研课题的立项申请，经浙江省图书馆学会学术委员会评审，9 项申请获准立项。（吴荇　王效良）

【浙江省图书馆学会举行第二届优秀学术论文评选活动】　两年一次浙江省图书馆学会第二届学术论文的评奖工作从 3 月开始启动，历经 4 个多月，取得了良好的效果。评选范围是 2004 年至 2005 年在国内外公开发表的图书情报专业论文，学会共收到参评论文 135 篇，经过学术委员会匿名评审，评出一等奖 3 篇，二等奖 10 篇，三等奖 32 篇。（吴荇　王效良）

【嘉兴市公共图书馆系统"一卡通"工程开通】　2006 年 5 月 20 日，嘉兴市公共图书馆系统"一卡通"工程在嘉兴市图书馆、海宁市图书馆、嘉兴市图书馆秀洲区分馆、桐乡市图书馆之间同时开通。8 月份，平湖图书馆也加入"一卡通"工程。

嘉兴市图书馆在吸取上海图书馆和杭州图书馆一卡通经验的基础上，根据自身的特点，提出了分布式"一卡通"服务新概念，并与有关单位合作开发了与这一概念相关的服务软件，在"一卡通"上形成了自己的特色，为全市公共图书馆的合作与共享提供了一个良好的平台。"一卡通"工程实施后，读者能通过计算机检索到嘉兴市各公共图书馆的书目数据，了解各馆的收藏状况，找到自己需要的图书。而且读者持有效借书证即可到本市范围内有关市、县公共图书馆借出自己需要的图书。还书时，读者可以就便将图书还到借书馆或领证馆。因此，"一卡通"工程真正实现了全市公共图书馆书刊资源的共享，给广大读者带来实惠，特别对研究型的读者以及经常在市本级及周边各县（市）流动的读者带来极大的便利。截至年底，异馆借书已有629人次和1449册次。（吴荇　王效良）

【嘉兴市公共图书馆建立数字图书馆共建共享联盟】
数字图书借阅以其数据量大、借阅方便、不受时间和地点限制等优势越来越被广大读者接受和喜爱。2006年嘉兴市各公共图书馆达成协议，在嘉兴市图书馆的数字图书远程借阅系统的基础上，发展成嘉兴市公共图书馆数字图书远程借阅系统，由嘉兴市馆提供主要资金来源，各县（市）馆提供相应比例的资金共同建设数字图书馆

系统，为全市五县二区的读者提供数字化服务。嘉兴市公共图书馆数字图书远程借阅服务系统现已拥有数字图书9万多种，内容涵盖社会学、哲学、宗教、历史、经济管理、文学、艺术、数理化、生物、医学、工程技术等各门学科，并且今后每年将有3万种左右的新书加入，全市的读者因此将会享受到越来越多的资源，对嘉兴市公共图书馆职能的辐射将会产生重大的持续的影响。（吴荇　王效良）

【嘉兴市文化信息资源共享工程推广工作的新进展】
嘉兴市的文化信息资源共享工程的推广在全省处于比较领先的地位，全市已建成各类分中心、基层中心、基层服务点60个，网点多，技术新，效果好，在全国也有一定的影响。2006年，这项工作又有了新的进展。文化部领导2006年上半年两次来嘉兴视察工程的进展情况，对嘉兴市图书馆推广VPDN网络技术方式建设工程的做法给予很高的评价。2006年9月，文化部在山东召开全国文化共享工程试点工作会议，特别邀请嘉兴市图书馆与广东东莞图书馆在会议上介绍经验。嘉兴市图书馆题为《以积极进取的精神做好共享工程的推广服务工作》的发言，产生了很好的反响。2006年底嘉兴市被文化部列为共享工程全国五个试点城市之一。嘉兴市馆积极行动，2006年底采购设备、建立了文化共享工程数字资源镜像站，

并与嘉兴电信部门共同拟定了使用VPDN技术推广文化共享工程的初步方案。（吴荇　王效良）

【平湖市图书馆新馆开馆】
2006年9月25日，平湖市图书馆新馆隆重开馆。占地20亩的平湖市图书馆新馆是一座开放型、综合型、多功能的现代化图书馆，建筑面积7780平方米，总投资达4000万元，主体为三层，局部四层。内设少儿活动区、多媒体信息服务区、图书报刊借阅区、工具书、地方文献、古籍阅览区、闭架藏书区，还拥有100座的多功能报告厅1个，30座的培训教室4个。该馆有藏书25万多册，其中古籍3.2万多册，民国期间旧书1万多册。计算机网络建设为业务管理、办公管理、图书采编、信息检索和电子出版物阅读提供了网络环境，并实现Intranet与Internet的互联，使远程读者能直接访问平湖市数字化图书馆，阅读富有地方特色的众多数据库资源，实现网上图书借阅。平湖市图书馆的硬件建设在浙江省县一级公共图书馆中达到了比较领先的水平。（吴荇　王效良）

【温州市图书馆进行改革试点】
2005年3月，温州市图书馆被列为市级文化系统公益性事业单位改革试点单位，率先推进人事、收入分配和社会保障制度改革。一年多的时间里，全馆上下重温改革要求，调研实际情况，不断统一认识，制

订了《温州市图书馆实施改革试点总体方案》，建立了干部能上能下的竞聘机制，实施了职工竞争上岗的用工机制，推行了以岗定酬的分配激励机制，馆容馆貌焕然一新。2006 年 1 月中层干部竞聘上岗，产生部主任 11 位，除古籍部主任外，平均年龄 30 岁，实现了中层干部队伍年轻化；2 月进行专业技术职务评聘分离的竞聘上岗；6 月进行职工岗位双向选择。2006 年 7 月正式实行新的岗位管理和分配制度。改革优化了人才队伍结构，增强了自我发展活力，提高了服务效率，提升了服务质量，取得了良好的社会效益。（吴芬 王效良）

【《温州文献丛书》40 部 48 册已全部问世】 由温州市图书馆主持、历时 5 年多的《温州文献丛书》40 部 48 册书稿的整理工作全部完成。这是温州市迄今为止最大的一次地方古籍整理出版工作。

《温州文献丛书》共四辑 40 部 48 册 2000 万字，整套丛书系统梳理了宋代以来温州乡哲代表性文献。涉及文化、历史、政治、经济、科技、医学、军事诸多领域，系统整理了上起北宋晚期的周行己、刘安节、刘安上、许景衡，下至新中国成立前后王理孚、刘景晨、孙延钊、梅冷生等温州先贤的文献遗产，时间跨度近千年。丛书以点校、校注（校释）、校笺、校补、汇编等方式进行整理，在抢救挖掘稿本、抄本、孤本的同时，整理汇校了大量文集及零散资料，

是温州市迄今为止最为完整、准确并具权威性的历史文献总汇。（吴芬 王效良）

【温州市少年儿童图书馆新馆开馆】 温州市少年儿童图书馆新馆于 2006 年 10 月 17 日对外开放。新馆建筑面积 9 600 平方米，藏书容量约 20 万册，日均可接待读者 2 000 人次，是我国目前建筑面积最大的少年儿童图书馆之一。

新馆设立幼儿天地、小学借阅室、中学借阅室，同时为广大家长、教育工作者和儿童工作者增设教参借阅室。每个借阅室实行一站式服务，读者可借阅可上网，有专门的工作人员进行指导。另外，还设立了别具特色的动漫馆、科技制作室和成长咨询室，为读者提供特色服务。为满足边远地区读者的阅读需求，还对图书馆自动化管理系统进行更新，读者可进行网上（网址：www. wzst. cn）办证、网上检索、预约及阅读，给少儿读者搭建了一个最佳的现代阅读平台，得到了温州市社会舆论的高度评价。（吴芬 王效良）

【全国少年儿童图书馆工作经验交流会在温州举行】 2006 年 10 月 18 日，由文化部社会文化图书馆司主办的全国少年儿童图书馆工作经验交流会在温州市少年儿童图书馆召开。此次会议旨在认真贯彻落实中共中央国务院关于加强未成年人思想道德建设的要求精神，全面推进少儿图书馆事业

的蓬勃发展。

文化部社文图司副司长刘小琴，图书馆处副处长白雪华，浙江省文化厅副厅长金庚初，温州市副市长钱成良，中国图书馆学会少年儿童图书馆专业委员会主任、湖南省少年儿童图书馆馆长罗建国等领导出席开幕式，来自全国 27 个省、市（县）的 167 名代表参加了会议。

刘小琴副司长在会上发表重要讲话，对少儿图书馆事业发展提出了意见和希望，对少年儿童图书馆在构建和谐社会、培养少年儿童的社会系统工程中的作用、强化知识信息传递功能、加快少年儿童图书馆自动化、网络化、信息化建设、参与文化信息资源共享工程建设、提高少年儿童图书馆工作人员队伍素质、加强少年儿童图书馆理论研究工作等方面提出了更高的要求。接着，来自 23 个省、市的代表作了大会发言，总结了各地少儿图书馆事业建设的工作成绩和先进经验。

大会进行了分组讨论，代表们各抒己见，畅所欲言，振奋了精神，开阔了思路，达成了共识。

闭幕式上，白雪华副处长作大会总结，他说，全国少儿图书馆工作经验交流会议的召开在当前我国深化改革、扩大开放的新形势下，在中央提出的加强和改进未成年人思想道德建设，坚持科学发展观，构建和谐社会的方针背景下，具有特殊和深远的意义。希望全国的

少图工作者团结一致,锐意进取,全面推进少儿图书馆事业更快地发展。大会在热烈、和谐的气氛中圆满结束。

本次会议充分体现了党和政府部门对日益增长的少年儿童阅读需求,对少儿图书馆事业的关心和重视;充分体现了我国公共图书馆界对少年儿童阅读服务的高度关注,除目前我国80余所独立建制的少儿图书馆外,江西、山东、山西、新疆、河南等10余所公共图书馆的少年儿童分馆也派代表参加了会议。

会议期间,代表们还饶有兴趣地参加了第二届浙江省未成年人读书节活动。(吴荇 王效良)

【温州市图书馆学会2006学术年会召开】 2006年11月7日,温州市图书馆学会2006学术年会在温州市图书馆召开,全市共有200多名会员参加了会议。此次年会别开生面,以人人参与、个个互动为宗旨,一改往年纯学术讨论形式,分业务技能竞赛、学术报告会及体育竞技比赛三项内容,受到会员们的热烈欢迎。大家情绪高昂,积极参与,人人出力。会议同时邀请了北京大学图书馆副馆长、温州籍老乡陈凌作学术报告,表彰了荣获温州市第十一届自然科学优秀论文及温州市图书馆学会2005年科研成果优秀奖的会员。这次年会增强了会员们的凝聚力,调动了大家的积极性,效果显著,影响深刻。(吴荇 王效良)

【"中国戏曲网——越剧篇"开通】 2006年10月17日,为庆祝越剧百年华诞,绍兴图书馆制作的"中国戏曲网——越剧篇"开通。中国戏剧家协会党组副书记季国平、浙江省文化厅助理巡视员赵和平、浙江图书馆馆长程小澜等出席开通仪式。

中国戏曲网——越剧篇全面介绍了越剧的发展历史和现状、越剧艺术节的特点和流派、越剧舞台上的新老演员,并为越剧爱好者欣赏越剧艺术和参加越剧活动提供了最好的网上信息平台。在此基础上,绍兴市将逐步把中国所有戏曲资料制作上网,做成真正的中国戏曲网。

据介绍,为保护中国传统戏曲艺术这一非物质文化遗产,从2003年4月起,绍兴图书馆组织专人,着手收集中国戏曲资料,现已收集到中国102个剧种、2 000个剧目的戏曲音像资料,编撰了3万余字的戏曲剧种介绍资料,整理出数百幅具有代表性的戏曲图片资料。在绍兴及杭州举办了"中国戏曲音像巡回展",展览展出了全国300多个地方剧种的图片文字资料,还有一部分上世纪二三十年代流传下来的戏曲老唱片和近2 000个剧目的VCD光盘。在网站开通的同时,中国戏曲音像巡回展分别在绍兴图书馆和浙江图书馆展出。(吴荇 王效良)

【绍兴图书馆少儿馆新馆正式对外开放】 2006年6月1日,绍兴少年儿童图书馆建馆十周年暨新馆开放庆典隆重举行,浙江省文化厅副厅长金庚初等出席开馆仪式。少儿馆馆舍面积为3 000平方米,藏书量7万余册,有少儿报刊200多种;少儿读者年接待量达26万人次,年图书流通量10万余册。在新馆开放仪式上,还举行了文化援助图书赠送仪式。由市图书馆、越城区文教局和共青团越城区委共同建立的"蒲公英书屋——市区外来创业者子女读书基地"将2.6万余册图书捐赠给市聋哑学校等12所学校。(吴荇 王效良)

【衢州市举办首期民工子女文化夏令营活动】 衢州市民工文化俱乐部首期民工子女文化夏令营于8月10日上午在衢州市图书馆举行开营仪式。夏令营期间,衢州市图书馆为小营员们安排了"国家历史文化名城——衢州"专题讲座,向25位民工子女免费发放借阅证,并赠送优秀少儿书籍和组织参观图书馆。8月18日,举办了衢州市民工文化俱乐部第二期民工子女文化夏令营,有28位民工子女参加。(吴荇 王效良)

【衢州市图书馆学会第三届会员代表大会暨第五次学术研讨会】 2006年11月27日—28日,衢州市图书馆学会第三届会员代表大会暨第五次学术研讨会在常山县召开,参会人员共有68人,会员代表55人。会议进行了换届选举,产

生了新一届理事会成员。理事长由衢州市图书馆馆长黄祖祥担任，秘书长为周利红。（吴荇 王效良）

【浙江省第二届篆刻大展在武义县图书馆隆重开幕】 由浙江省书法家协会和武义县人民政府联合主办，浙江省书法家协会篆刻创作委员会等承办的"浙江省第二届篆刻大展和著名篆刻家叶一苇先生90华诞"庆祝活动于11月20日—21日在武义县图书馆叶一苇艺术馆隆重举行。

开幕式由省书法家协会副主席兼秘书长杨西湖主持，中国书法家协会副主席、省书法家协会主席朱关田和金华市政协副主席吴战垒发表了热情洋溢的讲话。省文联党组成员、书记处书记蒋建东，省书协副主席祝遂之、李章庸、陈必武、郑成山，省书协顾问叶一苇、余正、张耕源，县领导何联长、钟明祥、陈增加、吕文革和县书协主席吴舫，以及省书协篆刻创作委员会委员、第二届篆刻大展获奖作者等共300多人参加开幕式。

在开幕式上有关领导为获得者颁发了获奖证书和奖金。王客等8位作者荣获金奖，王臻等12位作者获得银奖，王杰等23位作者获得铜奖，共有300余位作者的作品参加了展览。

开幕式同时首发了由西泠印社出版发行的印制精美的《浙江省第二届篆刻大展作品集》。（吴荇 王效良）

【浙江省图书馆学会代表参加中国图书馆学会2006年会】 2006年7月23日—27日，中国图书馆学会2006年年会在昆明召开，主题为："图书馆发展与和谐社会构建"。浙江省公共高校系统图书馆20多位代表参加会议，3位作者获2006年年会征文一等奖，浙江省图书馆学会和温州市图书馆获2006年年会征文活动组织奖。温州市图书馆是全国唯一的地市级公共图书馆获此殊荣。（吴荇 王效良）

【杭州地区图书馆"一证通"工程专家研讨会召开】 2006年12月23日—24日，来自国家文化部、北京大学、南开大学、浙江大学、华东师范大学、上海图书馆、中山图书馆等十余位图书馆界专家、学者齐聚杭城，对在国内图书馆界引起较大反响的杭州地区图书馆"一证通"工程进行了为期两天的实地考察和理论研讨，充分肯定了此项工程在创建以杭州图书馆为中心的市、区（县）、街道（乡镇）、社区（村）四级图书馆服务网络、形成"十五分钟文化圈"中所作的贡献。

与会专家经过对淳安文昌村图书馆、桐庐分水镇图书馆、杭钢北苑社区图书馆等的考察，对这项工程在提高图书馆服务社会公众的能力、提升地区文化力、提高民众的生活品质方面所起到的积极作用给予充分肯定，尤其高度评价了杭州地区图书馆"一证通"项目在观念、管理、服务、技术、模式等方面的创新。

"一证通"工程是杭州图书馆牵头，融合杭州地区九大公共图书馆及一些特色专业图书馆，并利用互联网与街道、乡镇、社区、乡村基层服务点连接的图书馆服务网络。服务网内实行一张借书证通借通还的借阅制度。在杭州市的城镇和乡村范围内，读者可以在不同的图书馆或服务网点上就便进行书刊的借还和阅读。"一证通"工程对读者意味着杭州市范围内所有具备公益性质的图书馆已经集成为一个公共图书馆，读者实实在在地享受到了资源共享的好处了。（吴荇 王效良）

【第十五届浙江省公共图书馆馆长联席会议召开】 2006年12月19日，由浙江省文化厅主办的第十五届市级公共图书馆馆长联席会议在湖州图书馆召开。浙江省文化厅社文处处长尤炳秋主持会议并作专题发言，全省20位馆长参加会议。

会议指出，从建设和谐文化和文化大省、推进我省城乡一体化和新农村建设的高度出发，必须大力推进我省新农村公共图书馆服务体系建设。要积极构建以省、市公共图书馆资源为后盾，以市、县图书馆为中心，以乡镇、街道图书馆为骨干，以乡村、社区、图书流通站为基础，以数字化网络技术为支撑的城乡高度融合、图书馆资源高度流动与共享的农村公共图书馆服务体系。

我省在城乡一体化建设方面取得了巨大成就，但新农村文化建设任务繁重，农村公共图书馆服务体系建设是新农村文化建设的一项基础工程。为此，要着力解决以下四个问题：一是重点加强地市级及县级公共图书馆建设，发挥其业务指导作用，希望政府在馆舍、经费、管理设施上增加资金投入和政策支持；二是积极探索乡镇图书馆及农村图书服务体系的建设，做到政府主导，财政保障，并纳入市、县(市)图书馆重点工作；三是树立读者为本理念，努力满足农民精神文化生活需求；四是积极推进全国文化信息资源共享工程，加强农村信息服务，为农民提供更多、更好的教育培训、文化娱乐服务，推动农村脱贫致富，提升农民素质。(吴苻 王效良)

【浙江省图书馆界举行一系列中小型学术活动】 2006年7月29日，浙江图书馆与杭州少儿图书馆联合举办"美国公共图书馆少年儿童服务实践与研究前沿"学术报告会，由美国伊利诺大学图书馆陈敏捷博士主讲，来自全省各公共、少儿图书馆60余人参加听讲。9月23日，浙江省2006年省级社会科学普及周活动在杭州举行，浙江省图书馆学会少儿分委会以"阅读是成长的摇篮"为主题，参加了广场咨询活动。

12月7日—8日，浙江省图书馆学会网络化数字化分委会、省高校图工委自动化专业委员会年会在浙江师范大学举行。参加本次会议的有27个图书馆48位代表，其中13个图书馆馆长。浙江省图书馆学会学术委员会常务副主任、浙江图书馆副馆长刘晓清等参加会议。上海图书馆数字化研究所所长刘炜作了"Web2.0与Library2.0"的报告；浙江大学图书馆副馆长高跃新先生介绍了出席埃及国际数字图书馆会议的情况；三家公司的技术专家代表介绍了目前计算机存储技术和硬件设备的技术报告；浙江工业大学图书馆、浙江师范大学图书馆分别介绍了新馆建设中的技术方案，并和同行进行了探讨。12月13日—15日，由浙江省高校图情工委期刊专业委员会和浙江省图书馆学会学术委员会藏书建设与共享分委会联合主办、浙江师范大学图书馆承办的"数字时代期刊管理工作的发展与创新学术研讨会"在金华召开。来自全省43所图书馆的68位代表参加了大会。浙江师范大学副校长吴锋民出席会议。陈华、何华连、陈益君等省内专家作了专题报告，本次会议的召开使大家对中文期刊数据库的质量和期刊一站式服务模式的选择有了清醒的认识。(吴苻 陈华)

【全国高校图书馆网络信息素养教育创新和发展研讨会在杭召开】 全国高校图书馆网络信息素养教育创新和发展研讨会于2006年4月11日—12日在杭州召开。来自全国高校图书馆界的专家学者、论文作者等共90多位代表出席了这次会议。开幕式由浙江省高校图书情报工作委员会副主任兼秘书长高跃新主持。教育部高教司李晓明处长、浙江大学副校长胡建淼、教育高等学校图书情报工作指导委员会秘书长朱强出席了开幕式并讲话。清华大学图书馆孙平研究馆员、浙江大学叶鹰教授、南京大学沈固朝教授、北京航天大学图书馆杜慰纯副研究馆员、高等教育出版社文科分社社长徐挥先生在大会上作了主题发言。会议期间，还分3个组进行了交流和研讨，并由各组代表在大会上作总结发言。最后，由本次会议组委会主任、清华大学图书馆馆长薛芳渝教授做了大会总结。本次会议由教育部高等学校图书情报工作指导委员会主办，浙江省高等学校图书情报工作委员会、浙江大学信息管理系、北京市高校信息素养教育研究会承办，高等教育出版社等协办。(陈华)

【浙江大学图书馆医学新馆开馆】 浙江大学图书馆医学新馆于2006年10月8日对外开放。新馆位于浙江大学紫金校区，总建筑面积11 494平方米，由中文图书、外文图书、中文期刊、外文期刊、参考工具书、电子资源等7个阅览室和1个综合性的密集书库所组成。该馆具有专业性、研究性和既方便又节能等特点。其藏书以医学、药学和生命科学为主，将原藏于玉泉、西溪两个校区的相关文献集中于此，方便了学科组团中相关师生的研究与利用。该馆将"一站式"的服务理念引入阅览室的布局，藏、查、借、阅四位一体，印刷文献、数字资源融为一室，现刊、过刊、参考工具书、检索工具书同室布置，充分兼顾读者在相同时段的多种需求，从而大大提高读者获取信息的效能。该馆建筑上充分利用自然通风和采光，南北向的阅览室通过双层玻璃，巧妙地建立移动墙体，在双层玻璃之间设置露台，解决了幕墙玻璃通风不足的难题，所有阅览座位临窗摆放，使读者充分享受自然风光。通过密集书库和夹层书库的构建，充分利用了一楼5.4米高的楼层空间，提高了该馆的藏书容量，而且大屋顶的设计对防雨、防晒、节能、避暑也起到了良好的作用。（陈华）

【浙江工业大学屏峰校区新图书馆】 浙江工业大学屏峰校区新图书馆于2006年9月28日正式开放。新馆坐落在风景秀丽的杭州市小和山高教园区。建筑大气典雅，宽敞明亮，充满现代气息。新馆总建筑面积3.6万平方米，可容纳藏书量150万册，拥有阅览座位3 500个，期刊2 600余种，报纸100余种。馆藏文献主要以经济、管理、政法、外语、人文、艺术、计算机等学科门类为主，目前已有网络数据库47个，电子图书100万余种，电子型期刊合订本17.5万册，中外文现刊1.7万余种，其中中文印刷型、电子型全文期刊7 000余种，外文原版印刷型、电子型全文期刊1

万余种，已形成覆盖学校各类学科专业、具有较完整的中外文文献信息检索体系的馆藏特色。

新馆配备了先进的自动化、网络化管理设备，引进最新的图书馆管理系统，采用藏、借、阅一体化的管理模式，读者在总出纳台实现借还图书，并与朝晖校区图书馆之间实现图书"通借通还"。新馆允许读者带书包自由出入各个阅览室；各楼层除了安排传统的阅览桌椅外，还设立了休闲阅读区，布置多种款式的休闲家具，为读者创造了更便捷、更舒适、更人性化的阅览环境。新馆现设有第一图书阅览室、第二图书阅览室、综合阅览室、新书阅览室、报刊阅览室、过刊过报阅览室、浙江工业大学文库、电子阅览室、多媒体视频阅览室和多媒体资料室、密集书库；新馆的配套设施还有学术报告厅、展览厅、咖啡吧、贵宾接待室、会议室等。（陈华）

【浙江师范大学图文信息中心落成】 浙江师范大学图文信息中心于2006年10月落成并投入使用，国家图书馆馆长詹福瑞亲临现场剪彩。新大楼位于校区东部主轴线的北端，最高点33.6米，总建筑面积40 970平方米。建筑主体气势恢弘，富有时代气息和艺术品位。前大厅透明、开放的格调，延伸了视觉空间，与欣欣向荣的校园环境交融互动。流线型屋顶流畅向上，包孕着永恒而律动的青春气息。

这个集传统文献与数字资源于一体的智能空间，坚持人性化的服务理念，不仅追求环境的舒适、典雅，同时也让读者感受到图书馆不只是一个读书的地方，也是一个交流的场所。读者不仅享有免费使用170多万册(件)印刷型文献、115万种电子图书、7 000余种中外文期刊及30多个文献数据库的优越条件，而且享有最先进的网络服务平台、高性能的网络环境和完备的服务功能来共享国内外信息资源的充分便利。图文信息中心设有3 300多个阅览座位，图书借阅、影音欣赏、参考咨询、文献检索、定题服务、读者教育、馆际互借、文献传递、信息推送等多类型、多层次的服务，使图书馆成为广大读者博览群书、涉猎各科知识、获取各种信息的重要场所。（陈华）

【浙江省高等教育数字图书馆建设项目正式启动】 2006年，浙江省教育厅正式启动省高等教育数字图书馆建设项目(ZADLIS)，其建设目标是依托"中国高等教育文献保障系统(CALIS)"和"中英文图书数字化国际合作计划(CADAL)"的建设成果，构建面向全省高等院校的数字化文献信息保障服务体系，形成具有国内先进水平、功能齐全、资源丰富、机制稳定、运行高效的浙江省高等教育数字化图书馆。项目建设内容包括数字资源建设、数字图书馆服务体系建设和数字化技术环境建设三个部分。ZADLIS 服务体系由省级管理服务中心和分布于全省 6 个高教园区的分中心组成。全省高校用户除了可以通过登录服务体系网站直接使用 ZADLIS 的数字资源外,还可通过文献传递服务系统远程获取 ZADLIS 未采购的资源,从而对全省高校的教学、科研提供强有力的文献信息保障服务。(陈华)

【浙江省高校图书情报工作委员会六届九次会议】 浙江省高校图书情报工作委员会六届九次会议于 2006 年 1 月 11 日上午在浙江大学西溪校区图书馆举行。会议研讨了换届事宜、2006 年工作计划以及浙江省高职院校图书馆分委会成员的调整和专业委员会有关事宜,汇报了 2005 年度工作情况和全省高校图书馆数据库集团采购情况,通报了 2005 年财务情况。(陈华)

【浙江省高校图工委 2003 级武汉大学图书馆学专业研修班结业典礼】 浙江省高校图工委 2003 级武汉大学图书馆学专业研修班结业典礼于 2006 年 5 月 19 日上午在浙江大学西溪校区邵逸夫馆举行。浙江省高校图书情报工作委员会第六届常委会成员、武汉大学有关领导和教师代表以及研修班学员等 60 余人参加了本次活动。会议由省高校图书情报委员会副主任兼秘书长高跃新主持。武汉大学信息管理学院前院长彭海文在会上讲话,并向学员颁发了《武汉大学研究生课程进

修班结业证书》和《武汉大学研究生课程学员理论成绩登记表》。浙江省高校图书情报工作委员会副主任何立民代表高校图书情报工作委员会讲话。学生代表鄢春根、沈健也在会上发了言。(陈华)

【浙江省高校图书馆举行 2006 年馆长工作会议】 浙江省高校图书馆 2006 年馆长工作会议于 2006 年 5 月 31—6 月 2 日在浙江海洋学院召开。浙江省教育厅高教处处长方永平、省教育厅纪工委副书记李菲和来自本省 61 个高校图书馆的馆长等近 80 名代表出席了会议。浙江海洋学院副院长韩平和浙江省高校图书情报工作委员会副主任竺海康分别在开幕式上致辞。会上,方永平处长作了题为"高等教育现状与发展趋势"的报告;李菲副书记作了题为"高校反腐倡廉"的报告;浙江省高校图书情报工作委员会副主任兼秘书长高跃新作"浙江省高校图书情报工作委员会第六届委员会工作报告";浙江省高校文献资源建设协调委员会副主任赵继海作"浙江省高校数据库集团引进工作 2005 年总结与 2006 年工作计划"的报告;浙江省高校图书情报工作委员会副秘书长徐永明向大会汇报了我委第六届委员会期间的财务情况。最后,浙江省高校图书情报工作委员会副主任何立民作了会议总结。(陈华)

【浙江省高职、高专图书馆举行馆长会议】 浙江省高职、

高专图书馆馆长会议于 2006 年 10 月 30 日—11 月 3 日在台州举行。来自全省 36 个高职、高专图书馆的 40 余位馆长出席了会议。省教育厅、省高校图情工委、台州市教育局、台州职业技术学院等领导出席了开幕式并讲了话。会上,高职院校图书馆分委会副主任方树红作高职分委会第一届委员会工作情况汇报。围绕我省高职、高专图书馆考评指标体系的建立和高职、高专图书馆网页建设以及 2007 年高职分委会工作计划等问题,会议代表进行了充分讨论。大家充分统一了思想,认为提高高职、高专图书馆的业务建设水平是摆在馆长们面前的头等要务。会议期间,还组织参观、考察了台州高教园区图书馆。(陈华)

江西省

【概况】 江西省现有公共图书馆 100 所,省级图书馆一所,地、市图书馆 11 所,县级 88 所,从业人员共计 1409 人,其中:高级职称 66 人,中级职称 277 人。全省图书馆总藏量 1 308.9934 万册,比 2005 年增长了 2.06%,其中:图书 1067.5096 万册,古籍 106.8643 万册,善本 5.1797 万册,报刊 179.3411 万册,缩微制品 9.4658 万册。本年新购藏量 26.9934 万册,比 2005 年增长了 3.68%。全年总流通人数 460.2347 万人次,书刊文献外借 243.4346 万人次,437.2406 万册次。公用房屋建筑面积

21.4641万平方米。其中：书库面积5.4184万平方米，阅览室面积6.1442万平方米，阅览坐席数共计1.7021万个。全省公共图书馆计算机共计451台，有电子阅览室终端451个，设网站75个，总带宽514mbps，共享工程服务点151个。（江西省图书馆学会）

【江西省图书馆连续四年服务到"两会"】 为了向省人大代表和省政协委员提供及时、快捷的信息咨询服务，在江西省十届人大四次会议（2月7日—12日）和江西省政协九届四次会议（2月6日—11日）期间，江西省图书馆组织信息咨询服务小组深入代表和委员们下榻的宾馆，开展了"两会"信息咨询服务活动，受到省人大代表和省政协委员的欢迎，特别是引起了省领导的关注，2月9日中午12时，中共江西省委书记孟建柱参加了赣州代表团的分组讨论后，在省委常委、省委宣传部部长刘上洋，省委常委、省委政法委书记舒晓琴等有关领导的陪同下来到江西饭店省图书馆"两会"信息咨询服务台，亲切看望了省图书馆的工作人员。孟建柱书记对省图书馆的发展十分关心，他详细询问了省图书馆为"两会"提供信息咨询服务、购书经费的落实等有关情况，当得知省图书馆的购书经费已得到落实，近年来各方面工作有了很大进展后，感到非常满意，并连声说："好，好！"孟建柱书记还强调说：图书馆是一个城市文明的标志，图书馆工作很重要，希望你们把图书馆工作做得更好。

"两会"期间，省政协主席钟起煌、副省长胡振鹏等省领导都先后来到省图书馆的信息服务台，了解省图书馆开展信息咨询服务的有关情况，他们对省图书馆编印的《信息与咨询——"两会"参考资料》和省图书馆开展的网上联合参考咨询服务都十分感兴趣，并对省图书馆为"两会"提供信息咨询服务给予很高的评价。中共江西省委宣传部副部长、江西省文化厅党组书记、厅长李玉英几次来到江西饭店省图书馆"两会"服务点，亲切看望和慰问了省图书馆的工作人员。她不仅详细询问了此次省图书馆为"两会"开展信息服务的有关情况，还兴致勃勃地翻阅了省图书馆为"两会"编辑的《信息与咨询——"两会"参考资料》，浏览了省图书馆网站的"两会"信息服务专栏，并对省图书馆为"两会"开展的信息咨询服务工作给予了充分肯定，同时提出了指导性意见，她强调要拓宽思路，整合优势资源，形成品牌特色，与兄弟单位联合，资源共享，进一步开展对"两会"的宣传报道，丰富网站内容。

开展"两会"信息咨询服务活动，是省图书馆走出馆门，拓展服务领域，为江西的政治、经济和社会发展服务的一项有力举措，这项服务从2003年开展以来，取得了很好的效果。今年，省图书馆再次抓住"两会"契机，努力把为"两会"开展信息咨询服务作为一个窗口，充分利用自身优势，采取文献信息的查询、打印、复印、光盘刻录等多种手段，为省人大代表和省政协委员提供了形式多样的服务，不仅利用现代化网络技术，为代表和委员提供快捷、便利的现场信息咨询服务，还将精心编印的《信息与咨询——"两会"参考资料》发放到人大代表和政协委员手中，把新制作的本馆宣传折页带到"两会"，展示图书馆的风采，扩大图书馆的影响，让全社会都来关注图书馆，支持图书馆，利用图书馆。会议期间，省图书馆还为新闻媒体做好会议的采访、报道给予了有力支持。《江西日报》、《经济晚报》、江西人民广播电台、中国江西网、今视网、大江网等各大媒体都先后报道了省图书馆为"两会"开展信息咨询服务的消息。据统计，"两会"期间，共接待人大代表和政协委员近千人次，发放《信息与咨询——"两会"参考资料》800余份，发放本馆的宣传折页近800余份，接受咨询数近千次，查找文章篇目1400余条，检索课题34个，打印、复印各类检索论文、资料等412篇，并制作了大量光盘。此次服务受到代表和委员们的赞誉和好评，成为江西省"两会"的一道靓丽的风景。（江西省图书馆学会）

【省文化厅领导亲切看望和慰问节日坚守岗位的省图书馆工作人员】 大年初一，中共江西省委宣传部副部长、省文化厅党组书记、厅长李玉英，省文化厅副厅长王晓庆等领导来到省图书馆,向节日期间坚守在工作岗位上的同志们表示慰问。李玉英厅长鼓励大家要在新的一年里,爱岗敬业,进一步做好本职工作,为我省图书馆事业的发展作出新贡献。职工们纷纷表示,要以饱满的工作热情认真做好各项工作,真正把省图书馆办成"人民喜爱的图书馆",为我省图书馆事业的更加繁荣,贡献力量。厅领导还深入到读者当中,仔细询问和了解了读者对图书馆服务工作的看法与要求,并向读者们拜年。(江西省图书馆学会)

【省图书馆南昌监狱分馆揭牌】 2006年1月24日,省图书馆首个图书流通站升格为分馆揭牌仪式——省图书馆南昌监狱分馆成立揭牌暨图书赠送仪式在南昌监狱隆重举行。省监狱管理局教育处处长漆松林、南昌监狱党委副书记、政委罗信生,南昌监狱党委委员、副监狱长陈家林、高峻,江西省文化厅社文处副处长万一君,省图书馆馆长章伏源等有关领导出席了仪式。

为配合监狱实现社会化、科学化、法制化管理模式发展的需要,更好地把先进文化和科学技术知识送进监狱,送到服刑人员身边,有效地教育、改造服刑人员,使他们成为有法制观念、有一技之长、对社会有用的人,推动全省社会治安综合治理工作更上一个新台阶,省图书馆与南昌监狱联合,于2003年9月25日在南昌监狱

创建了省图书馆南昌监狱图书流通站。经过几年的运作,南昌监狱图书流通站为监狱服刑人员提供精神文化食粮的服务举措取得了很好的成效,受到了南昌监狱广大干警和服刑人员的欢迎。为此,省图书馆充分利用自身的专业优势,因地制宜地将南昌监狱图书流通站升格为分馆,这既是对图书流通站工作的进一步拓展和深化,更是省图书馆和南昌监狱积极践行"三个代表"重要思想,把先进文化、科学、法律、优秀文学作品和技术知识等送到服刑人员身边,帮助他们尽快改造成新人的具体行动,是省图书馆不断拓展服务领域,走出馆门面向社会,服务社会,充分发挥图书馆作用的有效举措,是监狱教育、改造服刑人员,从思想和心灵深处更好地转化服刑人员的思想意识和陶冶他们情操的重要手段。(江西省图书馆学会)

【省图书馆召开馆站联谊会】 2006年1月13日下午,省图书馆报告厅热闹非凡,省图书馆的各分馆、图书流通站等共建单位的负责人和读者代表与省图书馆职工一道隆重举行了"迎新春联谊会",共有200余人参加了联谊会。

近几年来,省图书馆以"少花钱、多办事、办好事"的精神,努力践行"一切为读者,为一切读者"的办馆理念,强化服务功能,不断把服务拓展到馆外,采用合办分馆、馆所合一、省—县—乡(镇)联动、馆外流通站

等四种模式,先后在民办高校、社区、乡镇、部队、监狱、学校等创建了33个分馆和图书流通站,并向各分馆、图书流通站送去各类图书数万册,有效地延伸了图书馆的服务,使读者服务水平不断登上新台阶,切实为富民兴赣和建设和谐平安社会提供了强有力的精神动力和智力支持,取得了很好的效果。

春节前夕,省图书馆召开"迎新春联谊会",旨在进一步加强与各分馆、流通站的管理和联系,拉近与读者的距离,增进相互了解和友谊。联谊会上,省图书馆干部职工和各分馆、图书流通站负责人及读者代表欢聚一堂,共叙友情,喜迎新春,场面红火、热闹,各单位自编自演的节目更是高潮迭起。南昌启音学校聋哑学生表演的手语舞蹈《感恩的心》优美典雅,南昌监狱干警的男声独唱《龙的传人》等歌曲激情澎湃,武警战士的训练表演威武雄壮,省图书馆职工表演的配乐诗朗诵《雪花的快乐》声情并茂,省图书馆职工的女声独唱《阿里山的姑娘》载歌载舞……欢乐的游戏节目更增添的联谊会喜庆氛围,整个联谊会始终沉浸在欢乐的海洋中。(江西省图书馆学会)

【省图书馆举办丰富多彩的春节读者活动】 在人们欢欢喜喜过春节的时候,省图书馆不仅照常开放接待读者,还在节日期间为广大市民准备了丰盛的精神大餐,营造了一个节日文化休闲的理想场所,丰

富多彩的免费读者活动满足了广大人民群众的节日文化生活需求。

为搞好春节期间的读者活动，省图书馆早动手、早准备、早开始，1月26日，省图书馆就启动了春节读者活动，特别是春节长假期间，省图书馆每天都有精彩的读者活动迎接读者的光临，使整个春节期间到馆的读者都能选择自己喜爱的活动，吸引了众多读者的积极参与。新春有奖猜谜语、对春联等活动使大年初一的省图书馆热闹非凡；国际影视赏析点评《蒙娜丽莎》、《义海雄风》等，使读者在节日期间欣赏到了高雅艺术的魅力；兰兰姐姐故事会——迎新春讲故事比赛、影视儿童剧《少年岳飞》和一日图书管理员等形式多样的少儿活动，寓教于乐，深受小读者的欢迎；而系列讲座《归国学者谈英语学习与留学》、英语角等活动，更是备受莘莘学子青睐……春节期间，省图书馆还把服务延伸到馆外，及时向各图书流通站送去了一批新书，使更多的读者享受到省图书馆的服务，受到广大人民群众的欢迎。（江西省图书馆学会）

【鹰潭市图书馆举办少儿爱国主义教育电影展】 为了吸引更多的未成年人走进图书馆、利用图书馆，同时，为了丰富广大少年儿童的假期文化生活，增强未成年人的爱国主义意识，鹰潭市图书馆充分利用全国文化信息资源共享工程的设备和资源，举办了"鹰潭市图书馆寒假少儿爱国主义教育电影展"。影展期间的每周三下午放映1—2场爱国主义教育影片或科教影片。在元月18日下午举行的首映式上，近百名少年儿童兴致勃勃地观看了爱国主义教育影片《地雷战》。（江西省图书馆学会）

【省图书馆与企业合作办培训】 为增进企事业单位与公共图书馆的交流与合作，充分发挥全国文化信息资源共享工程设备和资源在构建和谐社会中的积极作用，探索图书馆培训服务的新途径、新方法，2月22日—24日，省图书馆与美的日用家电集团合作，在省图书馆举办了2006年美的日用家电集团顾客服务平台TI系统培训班，全省各销售网点的从业人员50余人参加了培训。

在培训中，技术人员介绍了计算机的相关知识，传授了顾客服务平台TI系统的理论知识和操作技术，并利用省图书馆的公用操作系统和有关软件，组织学员实习，取得了很好的学习效果。学员们通过学习和上机操作，很快熟悉了该系统的各项功能，掌握了操作程序和使用方法，为今后更好地服务客户奠定了基础。学员普遍反映培训班办得很好，很实用，不仅能学到许多理论知识，而且，提高了大家的实际操作能力。

此次培训是省图书馆首次推出的与企业合作开办培训的服务项目，它对今后省图书馆不断深化培训服务工作，将起到积极的示范性作用。通过与企业的合作，不仅能增进企事业单位与图书馆的沟通和了解，实现互惠互利，达到双赢的效果，更重要的是能够充分发挥图书馆设备和资源的优势，进一步拓展服务领域，提升图书馆服务社会、服务经济发展的品位和质量，扩大图书馆的社会影响，使图书馆真正发挥为经济发展和社会进步提供文化信息资源保障的积极作用。（江西省图书馆学会）

【省图书馆手抄报、儿童画比赛结果揭晓】 2006年2月19日上午，省图书馆举办的迎新春手抄报、儿童画比赛评选结果揭晓。陈贵越和章傅琦鸿两位小读者分别获得手抄报和儿童画的一等奖，另评选出二等奖、三等奖各两名，12位小读者获得优秀奖。

为丰富孩子们的节日生活，春节期间，省图书馆举办了一系列迎新春系列少儿读书活动。其中，以迎新春为主题的手抄报、儿童画比赛，备受小读者的青睐，征稿结束时共收到来自不同年级小读者的参赛稿件近百幅。这些作品形式多样，内容生动，贴近时代，展示了当代中小学生活泼可爱、积极向上的精神风貌。这次活动的开展，不仅锻炼了小读者的动手、动脑能力，更重要的是充分挖掘出了他们的创作和创新潜力，对开阔小读者的视野、提升他们的综合素质将起到积极作用。（江西省图书馆学会）

【"共享工程"惠及高安城乡人民】 作为全国文化信息资源共享工程基层示范点之一的高安市图书馆,充分利用"共享工程"资源为读者服务,取得很好的效果。短短几天,该馆"共享工程"基层点就接待读者500余人次。

去年底,"共享工程"设备到馆后,高安市图书馆一方面积极组织技术人员进行设备安装、调试,很快建立了由30多台电脑构成的局域网。另一方面,加强对"共享工程"的宣传,使读者很快了解了"共享工程",并利用"共享工程"的资源。他们还利用投影展播等形式,把革命戏剧、科普知识讲座、科教影片以及优秀电影等展现在读者面前,吸引了广大读者的目光,特别是一些农民朋友到图书馆观看了科教影片后,对图书馆有了更加深刻的认识,知道现在的图书馆不再只是看书的地方,还能看到除图书以外的许多对农业生产很有帮助的科技信息,图书馆真正是一个学文化、学知识、学技术的文化活动好场所。他们表示要把这一喜讯告诉其他农民朋友,让大家都到图书馆来学习新知识和新技能,提高自身素质,做建设社会主义新农村的新型农民。

针对目前农村文化工作底子薄,农村文化生活单调、乏味,农民看书难,渴望获得科技知识的新形势,高安市图书馆将进一步加大工作力度,积极争取各方面的支持和协作,将"共享工程"与各乡镇文化站、文化大院等农村文化设施联姻,把"共享工程"资源送到农村,送到广大农民朋友的家门口,丰富广大农民朋友的精神文化生活,让先进文化和科学技术充实农民朋友的精神世界,切实满足农民朋友的精神文化需求。(傅英豪　陈守兴)

【景德镇市图书馆常年开展义务法律咨询日活动】 2006年3月2日,景德镇市文化局和景德镇市司法局联合,以景德镇市图书馆为基地,开展了"18'义务法律咨询日"活动,常年为市民提供法律咨询服务。3月18日的首个"18'义务法律咨询日"在市休闲广场拉开帷幕,吸引了众多市民的目光。活动中,8名律师针对市民咨询的企业改制、养老保险等问题进行现场解答,前来参与咨询的市民络绎不绝。

这项活动旨在不断提高全体公民的法律意识和法律素质,增强市民学习法律知识的兴趣,让广大市民知法、用法、守法,争当文明市民。活动将每月18日上午定为"18'义务法律咨询日",并以此作为宣传社会主义法制的一个重要窗口,由市律师协会聘请律师,定点定时在市图书馆服务大厅,对市民提出的有关法律问题,进行现场义务解答。市图书馆同时开辟电子阅览室,免费为市民查询各种法律资料、信息提供方便,参考资料则及时提供法律书刊,满足市民的需求。(江西省图书馆学会)

【靖安县图书馆丰富中小学生假期生活】 为丰富中小学生的寒假生活,2006年元月20日,靖安县图书馆举办了一场别开生面的少儿读书活动,40余名小读者和家长参加了活动。

该馆开展这次少儿读书活动的目的,就是要在丰富中小学生寒假生活的同时,通过优秀小读者的示范作用,带动更多的中小学生走进图书馆,利用图书馆。此次活动内容丰富多彩,小读者们通过讲故事、英语演讲、优秀作文朗诵、乐器演奏、灯谜竞猜等精彩的表演,充分展示了自己的才华和风采,整个活动充满了喜庆和欢快的气氛。(江西省图书馆学会)

【万年县图书馆流动服务方便读者】 2006年2月19日,万年县图书馆开展了流动服务方便读者活动,免费把一批读者喜欢的生活常识、中外名著、中小学课外读物等书籍送到读者手中,受到广大读者的欢迎。该馆还将每月进行一次巡回送书活动,保证各乡镇的读者都能及时看到各种类型的图书。(江西省图书馆学会)

【省图书馆工会喜获殊荣】 为庆祝中华全国总工会成立80周年,中国教科文卫体工会全国委员会下发《关于表彰全国教科文卫体系统先进工会组织和优秀工会工作者的决定》,表彰在教科文卫体战线涌现出来的先进工会组织和优秀工会工作者,向获得表彰的工会颁发了奖牌和证书。江西省图书馆工会喜获"全国教科文卫体系统先进工会组织"称号，这也是我省文化系统唯一获此殊荣的工会组织。

近年来，省图书馆工会在党总支的领导和各部门的大力支持下，以"三个代表"重要思想为指导，遵循"组织起来，切实维权"的工作方针，坚持"以人为本"和"时刻想着职工，一切为了职工"的工作理念，围绕图书馆的中心工作和服务读者的大局，将维护、实现和发展好职工的利益作为重要职责，充分发挥职代会的作用，积极推进图书馆政治文明建设，努力在促进职工全面发展中做好工作，通过开展丰富多彩的群众性文体生活，营造了良好图书馆文化环境；以特色活动促进女工工作，发挥了半边天不可替代的作用；积极为职工办好事实事，在构建和谐的工作氛围中发挥了积极作用，不断提升了工作创新能力和服务水平，取得了较好的成绩。（江西省图书馆学会）

【省图书馆领导考察农村图书馆工作】 为更好地规划和制定图书馆为新农村文化建设服务的新举措，做好即将开展的"共享工程"基层站（点）建站的试点工作，使图书馆工作更好地服务我省社会发展的新形势，2006年3月23日—24日，江西省图书馆馆长章伏源、副馆长蔡荣生等一行四人，前往武宁县、修水县、德安县、永修县四个县的图书馆以及武宁县的宋溪镇、甫田乡、澧溪镇、船滩镇、田墩村、甫田村等乡（镇）村文化站（图书室）进行考察。此次考察为制定全省图书馆工作服务"三农"的规划，图书馆如何更好地服务新农村文化建设以及为我省开展"共享工程"基层站（点）建站试点等工作获取了第一手资料。（江西省图书馆学会）

【省图书馆举办学习系列讲座】 根据文化部关于强化图书馆讲座等读者活动的精神，为了打造图书馆讲座品牌，省图书馆精心策划，认真组织，努力整合讲座、报告会等读者活动资源，使图书馆举办的讲座、报告会等读者活动形成系列，创出品牌，真正满足广大人民群众的读书学习需要。3月25日，由江西省图书馆读者之家举办的英语学习系列讲座——"英语综合提高的关键和口语快速强化的技巧"讲座，在省图书馆报告厅举办。历时两个多小时的讲座，吸引了包括教师、学生、工人、军人等社会各界人士在内的读者300余人聆听讲座。此次讲座特邀了CCTV杯全国大学生英语竞赛江西省的状元、CCTV杯全国大学生英语竞赛全国总决赛优秀奖获得者黄云燕同学主讲。在讲座中，黄云燕运用中英文对照的方法，生动活泼地向听众阐述了英语综合提高的关键所在和快速强化口语的有关技巧。讲座内容丰富翔实，特别对学生提高英语水平很有启发和帮助。（江西省图书馆学会）

【省图书馆收齐《四库全书》系列】 江西省图书馆斥资90万元购买了《续修四库全书》、《四库全书存目丛书续编》、《四库全书禁毁书丛刊》、《四库全书禁毁书丛刊补编》、《四库全书未收书辑刊》等古籍《四库全书》系列图书，共5个品种2 602册。加上此前收藏的《四库全书》、《四库全书存目丛书》2 703册，到目前为止，该馆已经完整收藏了古籍《四库全书》的系列图书共7个品种5 305册，填补了该省图书馆在该图书品种上的收藏空白，完整收藏《四库全书》系列图书，从一个侧面反映出江西省经济增长以及对公共文化建设的重视。（江西省图书馆学会）

【九江市公共图书馆馆长会议在武宁县召开】 2006年3月23日，九江市公共图书馆馆长会议在武宁县召开，九江市图书馆和全市各市图书馆的馆长出席了会议。江西省图书馆馆长章伏源、副馆长蔡荣生以及九江市文化局、武宁县政府、县文化局等有关领导到会并讲话。

会上，章伏源馆长通报了将要开展的全国"共享工程"基层站（点）建站试点工作等情况。同时强调指出，全省图书馆要结合当地特点，围绕新农村文化建设的新形势，不断拓展服务，切实发挥图书馆在建设新农村文化工作中的积极作用。九江市图书馆馆长熊学民通报了九江市图书馆今年的工作思路和设想，并部署了全市图书馆今年将主要开展的有关服务活动。各县图书馆的馆长分别介绍了本馆去年的工作和今年的主要工作目标等情况,并就有关问题进行了研讨。(江西省图书馆学会)

【全南县图书馆服务到"两会"】 为了扩大图书馆的社会影响,进一步满足县人大代表和政协委员的读书学习的需求,在2月23日—26日的县"两会"会议期间,全南县图书馆开展了为县人大代表、政协委员免费办证和宣传活动,取得了很好的效果。会议期间,该馆除了深入代表和委员们下榻的宾馆,为他们免费办理借阅证外,还将自己编印的"弘扬读书风气 打造书香全南"宣传资料发放到代表和委员手中,较好地宣传了图书馆,宣传了图书馆的服务,提升了图书馆的知名度,深受代表和委员的欢迎。(江西省图书馆学会)

【高安市图书馆强化科技服务】 为发挥图书馆在新农村建设中的积极作用,高安市图书馆从实际出发,向广大人民群众传递致富技术和信息,使低收入阶层能尽快走上共同富裕的道路,受到社会各界的关注。

该馆从现有条件出发,以"人性化"服务满足广大群众的文化、知识、信息和技术的需求,特别是帮助广大农民朋友脱贫致富,走共同富裕的道路。2006年,该馆又购进了一批养殖、栽培、病虫害防治等方面的实用科技图书,并将馆藏的同类书进行合并整理,专门开辟了"科技致富书架",以方便读者借阅利用;该馆还专门编印了馆藏书目宣传单,向全市读者发放,使广大群众了解馆藏信息,深受读者欢迎,也取得了很好的效果。该市伍桥乡有位饲养专业户得知市图书馆有科学养猪方面的图书,专程从20公里以外的山村赶到市图书馆借书,并如愿以偿地借到了《仔猪速养技术100问》、《高产鸭鹅饲养技术》等书籍。他表示:有了图书馆信息技术的支持,回去后除了养好仔猪外,还要增加鸭鹅饲养项目,这样,年收入将比现在翻一番。近年来,该馆还坚持组织人员送科技图书到边远乡村的农民朋友手中,农民朋友拿到这些图书后,纷纷争相传阅,并表示要充分利用现有的土地资源,搞果树栽培,办养殖场,以科技致富,为新农村建设添砖加瓦。(江西省图书馆学会)

【万安县图书馆科技服务到农家】 为充分发挥县图书馆在建设新农村中的积极作用,帮助广大农民朋友早日脱贫致富,自3月1日起,万安县图书馆加大了"科技服务"的力度,推出了多项惠农便民措施。他们一是收集了有关优良种子选择、薄膜育秧常见病防治、假冒伪劣化肥识别等方面的资料,根据农时编印了两期"科技备耕"信息资料,并且兵分四路,在各乡镇赶集之日,将资料送到农民朋友手中。二是精心挑选了一批农业科技图书,分发到全县30多个种植养殖大户,使他们利用科技知识开展种养殖业。三是邀请县农业科技人员下乡,到全县的村图书室开办科技讲座,目前已有1000余人聆听了讲座,效果很好。(江西省图书馆学会)

【省图书馆切实强化讲座工作】 根据《文化部办公厅关于深入开展公共图书馆讲座工作的通知》精神,为了打造图书馆讲座品牌,使图书馆举办的讲座等读者活动形成系列,创出品牌,真正满足广大人民群众日益增长的精神文化需要,4月11日和14日,江西省图书馆先后两次召开了讲座工作专题会议,成立了讲座工作小组,由馆长助理闵以福任组长。同时就如何整合讲座等读者活动资源,将现有零散、随机的讲座资源进行归类,以及完善讲座工作机制等问题进行了研究和探讨。

为扩大图书馆讲座的覆盖面,提高图书馆讲座的影响力,使广大人民群众享受到更为便捷的文化服务,切实将讲座工作作为实践"三个代表"重要思想、落实科学发展观、全面建设小康社会的重要举措,省图书馆将结合社会的发展和读者的需求,依托"共享工程",切实整合讲座资源,建立讲座长效机制,形成讲座系列和品牌,并将精心策划讲座内容,联合北京大学江西校友会共同创办"未名论坛"讲座,推出热点、文化、社会学、科技素养四大系列讲座,同时邀请社会各界知名人士、专家、学者主讲,开设英语学习、少儿以及"共享工程"视频讲座等三大系列讲座,每月利用双休日举办公益讲座,使图书馆的讲座能广泛、深入、持久地开展下去,为建设创新创业江西、绿色生态江西、和谐平安江西,发挥图书馆的积极作用。(江西省图书馆学会)

【省图书馆加强地方文献建设工作】 为充分发挥江西丰富的地方文献资源的作用,使人们能进一步了解江西、建设江西,多年来,江西省图书馆积极争取各方面支持,努力加强地方文献建设,取得了一定的成效。

为搞好我省的地方文献建设,省委、省政府历来对我省公共图书馆的地方文献建设工作极为重视,曾于1984年下发文件规范全省地方文献征集工作。2004年12月,省委书记孟建柱视察省图书馆时,就加强我省公共图书馆地方文献建设工作也作了重要指示。为切实落实孟建柱书记的指示精神,进一步搞好我省地方文献建设工作,省图书馆专门成立了"地方文献建设工作小组",将建立世界级江西地方文献中心纳入本馆"中长远发展规划",并与江西省地方志办公室共同下发了《江西地方文献征集工作的实施意见》,日前,省图书馆又向全省各市、县(区)公共图书馆发出了"关于做好地方文献征集的工作函",旨在集全省各市、县(区)公共图书馆和地方史志办公室以及社会的力量,更好地推动我省各级图书馆的地方文献建设工作,切实满足社会对地方文献的需求。(江西省图书馆学会)

【省图书馆领导赴永新县考察】 2006年4月9日,江西省图书馆馆长章伏源、副馆长蔡荣生一行到永新县图书馆进行了考察和调研。章伏源馆长一行对该馆的文化信息共享工程、电子阅览室、永新籍将军名人文献等特色馆藏等进行了实地考察,同时征集到了永新县出版、发行的《将星灿烂——永新籍将军传》《红永新》《永新名胜、名产、名人传说》《中国对联集成——永新卷》等一批珍贵的地方文献。(江西省图书馆学会)

【永新县图书馆实施"百村千户文化工程"】 为贯彻落实建设社会主义新农村的战略部署,加速农村现代化进程,永新县在新农村文化建设中,因地制宜地推出了"百村千户文化工程",县图书馆积极参与该"工程"建设,并将服务送到乡村,送到农民朋友的家门口。

3月10日,在永新县委常委、宣传部部长胡圣铨等领导的带领下,县图书馆的同志将500余册,价值8000多元,新出版的、适合农民、个体专业户所需的各种优秀图书,送到高桥莲花坪文化科技中心、文竹镇团结村文化科技中心,送到石桥农民画家汤忠勇、里田镇省劳模个体户左雄的家中,受到农民朋友的热烈欢迎,农民朋友拿着一本本图书,激动地说:感谢党的好政策,感谢文化宣传部门和图书馆的同志时刻挂念我们。你们来了,我们农民就有自己喜欢的书看了,也可以像左雄一样利用科技知识发家致富了。(江西省图书馆学会)

【靖安县图书馆开展"建设节约型社会"征文和演讲活动】 为在建设节约型社会中发挥图书馆的积极作用,3月份,靖安县图书馆精心组织开展了以"建设节约型社会"为主题的征文和演讲活动。

此次为期一个月的征文活动,通过扎实有效的宣传发动,认真细致的前期准备和精心组织,吸引了包括行政机关、企事业单位、中小学师生和该馆的核心读者在内的广大群众的参与和积极投稿,经过专家的认真评审,从百余篇应征文章中,评出了获得一、二、三等奖和鼓励奖的征文。同时,为展示优秀征文作者的风采,也为大家提供相互学习、交流的平台,3月30日,靖安县图书馆举办了"建设节约型社会"演讲比赛,把此次活动推向了高潮。来自行政机关、企事业单位、中小学师生的优秀征文作者踊跃参赛,选手们结合实际,从不同角度阐述了建设节约型社会的重要性和现实意义。生动形象、精彩纷呈的演讲,赢得听众热烈的掌声和喝彩,整个赛场高潮迭起。(江西省图书馆学会)

【景德镇市图书馆举办女性形象与礼仪讲座】 2006年4月6日下午,景德镇市图书馆与市妇联合作,在市图书馆报告厅举办了视频讲座——《女性形象与礼仪》,主讲人是上海海运大学公关礼仪学教授鲍日新,来自市直机关的女同志聆听了本次讲座。在讲座中,鲍日新教授以极具魅力的谈吐、生动形象的肢体语言,从新时代女性以怎样的形象立足社会、立足家庭等人们普遍关心的问题,进行了深入浅出的分析和阐述。她指出:礼仪看似是外在的东西,但却恰恰是女性内涵的体现,能改变一个家庭甚至一个人的命运,而且这也是一个国家文明的标志。鲍日新教授还通过生动的事例,剖析了讲究礼仪形象对于女性增加自身修养,提升形象,达到自尊、自立、自强、自爱的重要性。(江西省图书馆学会)

【全国"文化共享长征行"从于都出征】 2006年5月16日上午,由文化部全国文化信息资源建设管理中心、中国图书馆学会、江西省文化厅共同主办,江西省图书馆、赣州市文化局、中共于都县委和县政府承办的全国文化信息资源共享工程"文化共享长征行——纪念红军长征胜利70周年"启动仪式在江西省于都县中央红军长征第一渡纪念碑园隆重举行。文化部全国文化信息资源建设管理中心副主任张晓星、中国图书馆学会秘书长汤更生、江西省文化厅纪检组长魏

玮以及赣州市文化局、于都县委县政府等有关方面领导到会并讲话,于都县各界人士近千人出席了仪式。

在仪式上,张晓星副主任致辞并宣布全国"文化共享长征行"系列服务活动从红军长征出发地——于都县开始出征,94岁高龄的于都县老红军代表钟明将象征着此次活动的红旗交给江西省图书馆馆长章伏源,标志着全国文化信息资源共享工程"文化共享长征行——纪念红军长征胜利70周年"系列服务活动正式启动。会上,张晓星副主任代表文化部全国文化信息资源建设管理中心、省文化厅社文处处长肖向东代表江西省分中心分别向于都县级分中心、盘古山镇基层中心等赠送了设备以及有关光盘和图书,于都县采茶剧团的演员们表演了精彩的文艺节目。

全国"文化共享长征行"系列服务活动旨在重温红军艰苦卓绝的战斗历程,纪念红军长征胜利70周年,加快全国文化信息资源共享工程的建设。在此后的半年时间里,"文化共享长征行"的旗帜从江西出发,沿着红军长征的路线,最后到达陕西。此次系列服务活动将通过开展网上活动、巡回展览、发放宣传品、推荐书目、提供数字资源、赠送设备和图书、组织农村基层图书馆培训等服务活动,向沿途15个省、自治区和直辖市的广大农村群众宣传党和国家的方针政策,弘扬长征精神,加强基层文化建设,帮助广

大农民求知识、求富裕、求健康、求文明,推动社会主义新农村建设。(江西省图书馆学会)

【省图书馆"未名论坛"系列讲座隆重开讲】 省图书馆、北京大学江西校友会共同打造的大型讲座"未名论坛",于5月20日在省图书馆三楼报告厅正式开讲。

20日和21日举办的"未名论坛"讲座由北大校友、江西省委讲师团团长李江源教授主讲《我国面临的五大威胁》,北大校友、江西社科院社会研究所所长王明美研究员主讲《现代化与江西的崛起》,吸引了社会各个阶层的听众,既有政府部门的机关干部和社会知名人士,也有各企事业单位的从业人员以及南昌各高校师生。(江西省图书馆学会)

【省图书馆推出网上期刊免费读服务】 江西省图书馆与龙源期刊网共同策划的,以"阅读千种人文期刊,建设和谐人文社区"为主题的"网络期刊阅读月"活动在五一黄金周拉开帷幕。此次为期一个月的活动,旨在服务大众,推动城市精神文明建设,提升公共图书馆服务的质量和品位,为营造网上阅读期刊的良好氛围搭建平台。"网络期刊阅读月"期间,龙源期刊网把自己的龙头产品《龙源人文电子期刊阅览室》通过省图书馆网站对公众全部免费开放,使人们足不出户就能通过网络阅读到龙源期刊网8年资源积累集成的1000多种老

百姓喜闻乐读、内容丰富、大众类的时尚精品期刊,并且在增长知识,文化休闲的同时,感受互联网服务的魅力,尽享精神文化大餐。(江西省图书馆学会)

【省图书馆举办"五一"少儿系列比赛】 为丰富和活跃"五一"节期间少年儿童的节日文化生活,江西省图书馆组织了两场精彩、有趣的少儿益智游艺比赛活动,深受小读者的欢迎。5月1日上午9点刚到,孩子们就像小鸟一样叽叽喳喳地飞进了省图书馆少儿部,等待跳绳比赛开始。这场跳绳比赛共有87人参赛,按少儿组(8岁以下)和少年组(8岁以上)分别进行比赛,看谁一分钟内跳的数量最多。比赛一开始,小读者们就把赛场围得水泄不通,气氛异常紧张,只听见一片数数声。一个多小时的比赛时间转眼就过去了,少年组竟出现了两个第一,只有进行加赛一决高下,最终龚碧莹小朋友以 198 次/分的好成绩夺得冠军。

5月2日的"钓鱼"比赛,吸引着小读者们如期而至,他们特别关心"钓鱼"比赛是否钓活鱼?有的孩子还带来了钓竿。当组织者把自制的钓竿和纸片鱼拿出来时,全场一片哗然,孩子们都以为太容易了。可当比赛开始后,他们才知道要在2分钟内用鱼线一端面积有限的双面胶粘起很多"鱼",并非易事。这场新颖独特的"钓鱼"比赛,让小读者们耳目一新,也为

节日增添了不少乐趣。该活动普及面大,不受年龄限制,在玩的过程中,更具趣味性和技巧性,很受家长和小读者的喜爱,有 98 位小朋友参加了比赛。(江西省图书馆学会)

【省图书馆举办全省图书系列继续教育培训】 为全面提高我省图书系列专业技术人员的整体素质,满足广大专业技术人员晋升职称的需要,同时积极配合省人事厅继续教育培训工作的开展,江西省图书馆于5月14日—21日,举办了"2006年全省图书系列专业技术人员继续教育培训班",来自全省公共图书馆、高校图书馆以及有关企事业单位的图书情报专业人员 201 人次参加了培训学习。此次图书系列继续教育培训开设了公共科目和专业课共五门课程,参加培训的人员经过培训和考试,成绩合格,均获得了省人事厅颁发的继续教育证书。省图书馆同期还为文博系列晋升职称的专业技术人员开办了"2006年全省文博系列专业技术人员继续教育培训班"。(江西省图书馆学会)

【定南县图书馆 20 年进村入户传播农业科技】 定南县图书馆自1986年开始,凭借13个"小小流动图书箱"进村入户传播农业科技,20年不辍,成了当地群众学习农业科技的光明使者。据统计,20年来,免费为农民读者借阅图书 20 万册次,服务农村读者 25 万多人次。

1986年,定南县图书馆在

实践中摸索出既节约购书资金、又充分利用图书资源、满足广大农民朋友求知欲望的方法——"流动图书箱"。这种方法有效地将图书馆的服务范围延伸至全县乡村。13 个木制流动图书箱每个可装书 60—80 册,13 个流动图书箱一次可流通 1 000 多册图书。每月定期由图书馆或乡镇文化站派人更换箱内图书,确保农民读者能常看常新。乡镇文化站为此相应地制定了开放借阅制度,既延伸了到户服务,又确保了书箱内图书 60% 以上的完好率参与循环流动。

定南县图书馆和乡镇文化站长期的循环送书服务,为农村培养了一大批致富能人和"农技二传手",流动图书箱成了该县农民科技致富的"金钥匙"。鹅公镇坪光村青年郭先达,早在 1989 年就是"流动图书箱"的痴迷读者,他重点借阅种养科技书籍,精心开展实践,在一亩多的水面养鱼几千尾,每年纯收入都在 6 000 元以上,成为当地依靠科技图书致富的能人。老城镇老城村村民有养生猪的传统,县图书馆的流动图书箱根据村民的爱好,专门提供生猪养殖的书,如《养猪三百问》《生猪的疾病与预防》等。如今,该村年销售生猪 1 万多头,年获利 100 多万元,其中年出栏生猪 200 头的有 7 家,仅生猪一项,该村村民人均年获利 680 元,生猪养殖成了该村脱贫致富的一大支柱产业。(江西省图书馆学会)

【"文化共享长征行"旗帜到达福建宁化】 2006年5月30日上午，锣鼓喧天，鞭炮齐鸣，由全国文化信息资源共享工程福建省分中心、福建省图书馆主办，中共福建省宁化县委宣传部、宁化县文化局承办，宁化县图书馆协办的全国"文化共享长征行"福建宁化接旗仪式在宁化县室内球场隆重举行。仪式上，江西省图书馆馆长章伏源将鲜艳的"文化共享长征行"红旗交给福建省的同志，标志着全国"文化共享长征行"系列服务活动结束了江西的行程，将从福建省宁化县继续前行。（江西省图书馆学会）

【省图书馆举办丰富多彩的宣传周活动】 2006年5月29日—6月4日，江西省图书馆开展了以"倡导全民阅读，构建学习型社会"为主题的"2006年度图书馆服务宣传周"活动。活动期间，省图书馆围绕活动主题，通过张贴宣传横幅、发放宣传资料、摆设宣传咨询服务台、组织讲座、"共享工程"宣传、开展咨询、新书推荐、影视展播、少儿故事会、亲子画像、网上免费读期刊、优惠办证等形式多样、丰富多彩的读书服务宣传活动，大力宣传全国文化信息资源共享工程，宣传图书馆的功能和作用，引导广大人民群众读好书、用好书，营造全民学习的良好风尚，取得了很好的宣传服务效果，受到读者的好评。（江西省图书馆学会）

【省图书馆充分发挥图书流通站作用】 为倡导全民阅读，在构建学习型社会、树立正确的社会主义荣辱观教育活动中，切实强化图书流通站的功能，充分发挥图书流通站的积极作用，5月30日，省图书馆将精心挑选的各类新书300余册，送到江西省军区二干所图书流通站，为二干所的离休老同志和广大干部战士送去了丰盛的精神文化食粮，受到了二干所离休老同志及官兵的欢迎和好评。

目前，省图书馆在馆外设置了分馆、图书流通站30余个，为充分发挥各图书流通站的积极作用，经常为图书流通站更换新书，是省图书馆长期坚持开展馆外服务的举措之一，此举不仅丰富了图书流通站的藏书，有效延伸了图书馆的服务，充分发挥了图书流通站的功能和作用，更使图书流通站成为便民、利民的重要的读书学习场所，成为图书馆为广大人民群众服务的前沿阵地，成为镶嵌在城市街头巷尾，散发出阵阵芳香的绚丽奇葩，给人以先进文化的精神享受，尤其是成了人们流连忘返的地方。（江西省图书馆学会）

【省图书馆举办"六一"故事大赛】 为了庆祝第58个"六一"国际儿童节，江西省图书馆精心准备的"兰兰姐姐故事会——庆六一讲故事大赛"读者活动，让小读者们度过了一个快乐而有意义的节日。6月1日下午，省图书馆推出的"庆六一讲故事大赛"要求参赛的小读者选择的故事内容必须以胡锦涛总书记提出的"八荣八耻"为主题，旨在通过这种形式，引导小读者树立正确的荣辱观，争做一名合格的小公民。比赛中，小选手有的单人讲故事，有的双人故事表演，《我为你骄傲》、《企盼》、《勤俭才是做人的根本》等一个个生动、有趣的故事，让观众们深受教育和启迪，选手们绘声绘色的表演更博得观众的阵阵掌声。最后，程湘雯、李希两位小读者分获幼儿组、少儿组第一名。（江西省图书馆学会）

【省图书馆举办亲子画像活动】 为了引导小读者从小尊重长辈，热爱家庭，营造融洽、和睦的家庭氛围，同时，让少年儿童在图书馆度过一个愉快的双休日，6月3日，省图书馆推出的"亲子画像之我爱妈妈"儿童画比赛，吸引了众多小读者和家长的参与。

虽然"六一"节刚过，尽管天气不好，始终下着毛毛细雨，省图书馆少儿阅览室依然像过节一样热闹，别开生面的亲子互动活动——"亲子画像之我爱妈妈"儿童画比赛在这里紧张的进行。比赛中，孩子们拿起画笔，让妈妈做模特，为妈妈画肖像，作为"六一"节送给妈妈的礼物。只见有的孩子天马行空，自由想象，把妈妈变成了天使；有的以颇有功底的素描、速写等技法直观地展现了妈妈的本色形象；有的让妈妈摆好POSE，画得惟妙惟肖；有的则用卡通画技法,把妈妈生气和高兴的样子表现得淋漓尽致、趣味横生。整场比赛让我们看到孩子们的天真可爱和对妈妈的那份浓浓的爱,妈妈们得到这份礼物时,都露出了甜蜜的笑容,场面非常地温馨,散发着浓浓的亲情。此次参加亲子画像比赛的小读者有40余人。比赛结束,9岁的黄欣佳小朋友夺得了冠军。(江西省图书馆学会)

【铜鼓县图书馆举办大型读书有奖竞赛活动】 为充分发挥图书馆在社会主义新农村建设中所起到的传播知识、陶冶情操、启迪思想、鼓舞人心以及培养一代有知识、会技术、懂经营、善管理的新一代农民的积极作用,铜鼓县图书馆结合树立社会主义荣辱观教育,以"2006年度图书馆服务宣传周"活动为契机,在全县范围内举办了以"崇尚科学,崇尚知识,崇尚文明"主题的大型读书有奖竞赛活动。(江西省图书馆学会)

【吉安市图书馆举办"六一"游艺活动】 2006年5月27日上午,吉安市图书馆举办了内容丰富、形式多样的少儿游艺活动,有千余名小读者和家长参加了活动。这一天,少儿阅览室内座无虚席,由孩子们自编、自讲的故事表演,以声情并茂的表情,抑扬顿挫的语言技巧,迎得了全场阵阵掌声;尤其是名师少儿写作知识讲座,其内容深入浅出,生动风趣,得到小读者和家长的一致好评;而有奖猜谜、家庭投篮比赛等游艺活动,更是高潮迭起,充满了喜庆、欢快的节日气氛。(江西省图书馆学会)

【鹰潭市图书馆举办庆"六一"系列活动】 5月27日—6月4日,鹰潭市图书馆举办了庆"六一"系列读者活动。此次活动主要有三项:一是举办以"八荣八耻"为主题的"第二届作文大赛",此次大赛共收到参赛作品48篇,评出一等奖5篇,二等奖9篇,三等奖11篇。二是举办"第二届少儿讲故事大赛"。鹰潭市图书馆还特邀鹰潭市电台、电视台的节目主持人主持比赛,聘请了鹰潭市小学的高级教师担任评委。经过激烈的比赛,在31位参赛的小选手中,评出一等奖2名,二等奖4名,三等奖6名。三是在系列活动期间,给每一位来馆办理少儿借阅证的小读者发放了精美的礼品。(江西省图书馆学会)

【省图书馆驻空军某部图书流通站揭牌】 为加强图书馆与驻赣部队的友谊和联系,将图书馆的服务送到部队,送到广大官兵身边,有效地配合部队开展"创学习型军营,做学习型军人"活动,实现部队官兵"素质大提高,品位大提升"的目标,江西省图书馆与英雄航天员聂海胜曾经战斗过的空军某部共同创建的图书流通站揭牌仪式,于6月12日在该部礼堂隆重举行。空军某部官兵数百人和省图书馆章伏源馆长、谭兆民书记等有关方面领导出席了仪式。在仪式上,双方互签协议,章伏源馆长和部队首长共同为图书流通站成立揭牌,谭兆民书记及部队首长分别致辞,部队向省图书馆赠送了表达军民鱼水情深的锦旗。省图书馆除了向部队赠送500册新书外,还为图书流通站配送了500册新书,今后将定期为流通站更换新书,并将配合部队开展形式多样的读书活动,促进图书流通站的健康发展。(江西省图书馆学会)

【省图书馆再获社会治安综合治理先进单位】 为配合社区街道办搞好馆区及周边的社会治安工作,努力创建平安、和谐社区氛围,近年来,江西省图书馆进一步加大了保卫工作力度,除及时调整保卫科结构外,还专门聘请保安公司承担馆区内外的安全保卫工作,取得了明显成效。日前,从南昌市东湖区彭家桥街道党工委和街道办事处召开的社会治安综合治理总结表彰大会上传来喜讯,省图书馆荣获"2005年度社会治安综合治理先进单位"称号,这也是自2000年以来,省图书馆第4次获得此项荣誉。(江西省图书馆学会)

【省图书馆情系新农村建设】 为把图书馆服务新农村工作落到实处,充分发挥图书馆为新农村建设服务的积极作用,在安义首届杨梅旅游文化节隆重开幕之际,6月22日,省文化厅社文处调研员潘之钰、省图书馆馆长章伏源一行,专程将价值8000余元的有关农业科技、病虫害防治、文化休闲类图书和"共享工程"的有关农业科学技术系列光盘百余种以及用于发展农村旅游事业的高倍望远镜等,送到安义县新民乡珠珞村。

开展为农村广大人民群众服务是省图书馆拓展服务领域、强化省级馆服务功能的重要举措之一。多年来,省图书馆除了经常开展送书下乡活动外,还将图书流通站建到乡镇,把省级馆的服务直接送到广大农民朋友的家门口,送到农民朋友身边,让广大农民朋友,尤其是贫困地区的农民朋友能通过接受图书馆的服务,方便、快捷的学习农业致富新技术、新方法,掌握发展农业的新信息、新动态,取得了很好的服务效果。此次送书到珠珞村,是省图书馆为新农村建设服务的又一具体行动,此举对珠珞村的旅游和经济发展,特别是对农民朋友学习科学文化知识,早日发家致富,将起到积极的促进作用。(江西省图书馆学会)

【李铁映副委员长赠书庐山图书馆】 全国人大常委会副委员长李铁映对庐山公共文化事业的发展特别关心和支持,在庐山出席了"第二届工艺美术行业协会名誉理事长座谈会暨工艺美术行业会议"之后,7月18日,他专门向庐山图书馆和庐山博物馆赠送了他的部分著作及作品,其中赠送给庐山图书馆的图书有:《论民主》(精装版、俄文版及线装版)、《改革开放探索》、《民主问题研究札记》、《海城改革》、《紫竹画集》、《紫竹陶瓷》等13套(册)。李铁映副委员长的赠书不仅具有较高的文化价值和社会价值,而且具有较高的版本价值和收藏价值。庐山图书馆将精心珍藏这批图书,并以此更好地服务读者,服务社会,服务庐山的经济建设。(江西省图书馆学会)

【全省各地开展图书馆服务宣传周活动】 2006年5月28日—6月4日,我省各级公共图书馆以2006年度图书馆服务宣传周活动为契机,围绕"倡导全民阅读,构建学习型社会"这一活动主题,紧密结合当地的实际,开展了形式多样、丰富多彩的宣传服务活动。在活动周期间,各馆还纷纷走出馆门,在当地闹市区摆摊设点,开展了图书馆服务现场宣传咨询活动,向广大人民群众宣传图书馆,宣传全国文化信息资源共享工程,使更多的人能了解图书馆,走进图书馆,利用图书馆,充分发挥图书馆的积极作用。(江西省图书馆学会)

【全省各级公共图书馆开展暑期少儿活动】 进入7月份,全省各级公共图书馆一方面从十分紧缺的购书经费中挤出资金,专门购买少儿书籍,满足少儿读者的需求;另一方面,根据少儿特点,精心策划组织开展少儿培训、知识竞赛、影视展播、一日图书管理员等各种少儿读书活动,吸引了广大少年儿童来到图书馆,度过一个有意义的假期。省图书馆举办的清华英语系列培训班、清华快乐作文、清华奥数、围棋培训班、一日图书管理员、兰兰姐姐故事会、有奖征文比赛等少儿活动,吸引了广大少儿读者的参与;庐山馆实行的免费免证服务、免费提供饮用水、简化借阅图书的手续等方便少儿读者的服务举措,使宽敞的阅览室座无虚席;永修县图书馆努力把少儿阅览室办成少儿暑期的乐园、素质技能培训中心,吸引了200多名少年儿童读者参加英语、美术、舞蹈、跆拳道等培训班的学习;景德镇市图书馆暑假期间平均日均接待读者200人次以上。尤其是我省各级"共享工程"基层分中心充分利用"共享工程"丰富的文化信息资源,开展针对少儿读者的服务活动,取得了很好的效果,他们通过组织少儿读者利用网络资源、观看优秀影片等,有效地搭建了少儿读者利用现代化设备读书学习的平台。(江西省图书馆学会)

【玉山县图书馆新馆落成开放】 2006年7月16日上午,玉山县图书馆新馆落成开馆仪式在该馆门前广场隆重举行,玉山县四套班子的有关领导出席了仪式,省文化厅、上饶市文化局、上饶市图书馆以及该市的各县(区)馆馆长等有关方面领导莅临了仪式,省图书馆馆长章伏源、副馆长蔡荣生一行专程前往祝贺,章伏源馆长在仪式上致辞,热烈祝贺玉山县图书馆新馆正式对读者开放。

玉山县委、县政府经过多方筹集资金 160 万元,从 2004 年 9 月 28 日开始动工兴建玉山县图书馆新馆工程,2005 年底工程全面完工。玉山县图书馆新馆占地 510 平方米,建筑面积 2 100 平方米,新馆设有办公室、采编部、外借阅览室、电子阅览室、资料室、少儿室等服务部门。新图书馆大楼的建成,为玉山县图书馆更好的满足广大人民群众日益增长的精神文化需求,特别是更好地为玉山"建全省经济强县,创全国旅游名城"服务,尤其是为玉山县图书馆今后更快、更好的发展奠定了良好的基础。(江西省图书馆学会)

【景德镇市图书馆送文化进社区】 景德镇市图书馆分别于 6 月 9 日和 20 日到周路口街道和新村街道梨树园社区举办了送文化进社区活动。景德镇市图书馆开展的送文化进社区活动的主要内容包括发放 18' 义务法律咨询宣传品和图书馆服务宣传单,进行现场优惠办证,同时播放由原复旦大学医学院附属医院院长杨秉辉教授主讲的《现代人的健康生活方式》以及由上海海运学院鲍日新教授主讲的《女性形象与礼仪》等视听讲座等,旨在弘扬先进文化、传播科学精神、提升知识素养,也使图书馆较好地履行了"城市教室"的光荣职责。(江西省图书馆学会)

【泰和县图书馆开展馆外服务】 为进一步发挥图书馆的功能和作用,近年来,泰和县图书馆积极开拓思路,不断拓展馆外服务领域,将读者服务和有关活动送到军营,送到社区,送到人民群众身边,取得了较好的效果。6 月 26 日,泰和县图书馆将精心挑选的 300 余册图书送到县武警中队,并在该中队设立流动图书箱,使广大官兵能够便利地阅读有关文献资料。7 月 1 日,该馆利用电脑、投影仪等"共享工程"的设备和资源,在县城广场开展了爱国主义宣传教育活动,向广大群众播放了爱国主义教育影片,吸引了 400 多人观看。(江西省图书馆学会)

【鹰潭市月湖区图书馆搭建高考交流平台】 2006 年 5 月份,鹰潭市月湖区馆精心组织召开了"与高考状元家长亲密接触,分享培育高考状元的经验"座谈会。备受广大考生和家长关注的是,此次座谈会专门邀请了 2004 年江西省高考理科状元汪曦的父母现场向与会者介绍他们教育、培养孩子的方法和经验,许多家长近距离地与汪曦的父母进行了咨询和交流,场面气氛十分热烈,取得了很好的效果。(江西省图书馆学会)

【江西共享工程进军营】 2006 年 8 月 1 日,"共享工程"江西省分中心与英雄航天员聂海胜曾经战斗过的空军某部正式签订建站协议,共同在该部建立"共享工程"部队基层分中心,这也是继在市、县、区图书馆、街道、社区等建立"共享工程"基层分中心之后,江西在部队建立的首个基层分中心。在签订协议的同时,江西省分中心还向该基层分中心配发了有关党史教育、革命历史影片、科学技术讲座等光盘资源,此后还将安装"共享工程"的有关设备。"共享工程"部队基层分中心的建立,将有效地通过现代化设备和网络快捷便利为部队广大干部战士提供丰富的信息资源,在帮助广大干部战士学知识、学文化、学技术,丰富广大干部战士的业余文化生活,加快部队人才培养步伐,提升部队战斗力等各方面都将起到积极作用。(江西省图书馆学会)

【省图书馆举办夏季纳凉影展】 在盛夏酷暑时节,为了丰富农民工朋友和社区群众晚上的业余文化生活,特别是给广大农民工朋友提供一个文化休闲的理想场所,使他们愉快地度过漫长炎热的夏季,江西省图书馆与"共享工程"江西省分中心联合利用现代化技术设备和优秀文化资源,推出了夏季纳凉经典影展活动。此项活动从 8 月 5 日开始,每周五晚上 8:00 时在省图书馆篮球场,利用"共享工程"的设备(投影仪)播放一部优秀爱国主义影片。在夏季纳凉影展上,农民工朋友和社区群众一边观看经典优秀影片接受爱国主义教育,一边消暑纳凉,其乐融融。孩子们在父母的带领下观看影片，呈现出温馨和谐的家庭氛围。此项活动寓教于乐，较好地满足了广大农民工朋友和社区群众夏季纳凉休闲的文化生活需求，使省图书馆的服务进一步得到拓展和升华，在构建公共文化服务体系中发挥了积极作用。（江西省图书馆学会）

【德安县图书馆新馆揭牌】 2006 年 8 月 9 日上午，德安县图书馆新馆开馆揭牌仪式在德安县文化广场隆重举行，省图书馆馆长章伏源为德安县图书馆新馆开馆揭牌，并代表省图书馆赠送了价值近万元的有关农业科技、文学等方面的图书 400 余册。德安县政府、县委宣传部、县文化局等有关领导莅临会议，九江市图书馆以及该市各市图书馆馆长出席了仪式。

德安县图书馆新馆设在新落成的县文化影视大楼三楼，建筑面积为 1 100 平方米，新馆设有阅览室、外借室、资料室等服务窗口。该馆将本着"读者第一，服务至上"的服务宗旨，全年 365 天，天天对外开放，切实满足广大人民群众的读书学习和精神文化需求。（江西省图书馆学会）

【省图书馆召开庆"八一"座谈会】 2006 年 8 月 1 日，江西省图书馆组织在职的转业、退伍军人、部队家属近 30 人，召开了庆"八一"座谈会。会上，省图书馆班子成员与转业、退伍军人、部队家属等一道共同回顾我军成长、发展的历史，畅谈部队生涯和在图书馆工作的感想，大家纷纷表示要继续发扬部队的优良传统，把部队的好思想、好作风带到各自的工作中，充分发挥骨干和带头作用，努力为图书馆事业的发展作出自己应有的贡献。（江西省图书馆学会）

【省图书馆读者之家隆重欢送出国学子】 2006 年 8 月 20 日上午，江西省图书馆读者之家第三届优秀读者、学员出国留学欢送会暨颁奖大会在该馆三楼报告厅隆重举行。会议由读者之家负责人赵毅伟主持，省图书馆馆长助理闵以福等有关领导出席会议并致辞祝贺考取国外大学研究生的莘莘学子。

省图书馆读者之家创办三年来，在馆领导的大力支持和关心下，本着专心致志、热心服务、精心教育的精神，从广大读者中挑选学员，采取系列英语沙龙、讲座、报告会等多种形式，有针对性地因材施教，为莘莘学子搭建了一个良好的学习平台，培育了一批又一批出国留学的优秀人才。如今，省图书馆读者之家已经成为该馆服务读者的一个品牌，受到广大读者和社会的认可。在此次欢送会上，馆领导向徐捷勖（考取美国纽约大学物理学专业）、魏静（考取澳大利亚麦考利大学国际商务与国际沟通双硕士）等学员颁奖，并向他们表示祝贺，祝学员们出国后学有所成，学有所用，为祖国和人民作出应有的贡献。（江西省图书馆学会）

【江西省文化系统文化艺术科学论文评奖揭晓】 2006 年 7 月 14 日，经江西省文化系统文化艺术科学论文评审委员会复审，2005 年度江西省文化系统文化艺术科学论文评奖结果揭晓，在此次参评的图书资料、文物博物、群众文化、演员、演奏、美术（舞美）、编导等七大学科论文中，共有 85 篇论文分别荣获一、二、三等奖。其中，图书资料学科的《试论社会主义市场经济条件下艺术档案的生存与发展》（段薇薇）和《和谐社会与少儿图书馆》（卢涛）两篇论文荣获该学科的一等奖，该学科另有 4 篇论文获二等奖，6 篇论文获三等奖。（江西省图书馆学会）

【玉山县图书馆刘红霞当选县党代会代表】 中共玉山县第十一次党代会于 2006 年 7 月 16 日上午在县文化艺术中心主会场隆重开幕。330 名党代表肩负着全县 16 600 多名党员和 55 万人民的重托，在这里共商玉山发展大计。玉山县图书馆的刘红霞作为代表光荣的出席了会议，她也是该馆有史以来当选县级党代会代表并出席会议的第一人。

（江西省图书馆学会）

【景德镇老年教育活动基地在市图书馆挂牌】 2006 年 8 月 7 日上午，景德镇市老年教育活动基地签约仪式在市陶艺中心举行。景德镇市委副书记樊耀、副市长谢茹、市人大副主任查炳炎、市政协副主席李昌华等有关领导出席了签约仪式，市委副书记樊耀为签约单位授牌。此次签约成为市老年教育活动基地单位有景德镇市图书馆等7个单位，这些单位签约今后将作为该市老年人教育、学习、活动的场所，常年为他们提供有关服务。市图书馆与市老年大学签约，为老年大学的学员们提供文献信息服务。（江西省图书馆学会）

【抚州市图书馆开展为农民工服务活动】 为体现党和政府对农民工的关怀，促进社区的和谐发展，8月4日，抚州市图书馆在西湖绿洲社区开展了"免费借书、读书解困"义务为农民工服务活动，共向农民工赠书刊500余册，为农民工免费办证30余个。与此同时，该馆还在西湖社区开办了书刊借阅室，并将该室作为为农民工服务的窗口和基地，常年为农民工开展服务活动。（江西省图书馆学会）

【铜鼓县图书馆丰富少儿暑假生活】 为了让广大中、小学生度过一个健康、充实、有益的暑假，铜鼓县图书馆通过开展"假期读一本好书"、举办"青少年美术学习讲座"以及"我做图书管理员"等一系列活动，吸引青少年走进图书馆，利用图书馆，较好地打造了学生学习生活平台，受到广大中、小学生的欢迎和家长的肯定。（江西省图书馆学会）

【金溪县图书馆送科技信息下乡】 金溪县图书馆从贫困群众要求最迫切的问题入手，让图书馆的服务真正受益于群众，8月15日，该馆组织全体职工冒着高温酷暑前往秀谷镇丰收村蔬菜种植经营组，开展了送科技信息下乡服务活动。并专门挑选了致富快报、科技信息、农村百事通等近千份资料，无偿提供给广大菜农。（江西省图书馆学会）

【万安县图书馆举办夏季读书活动】 万安县图书馆坚持以人为本、读者至上的服务宗旨，在炎热的夏季，一方面做好阵地服务工作，另一方面积极搞好暑期少儿读者服务，同时积极走出馆门，拓展服务领域，取得了很好的效果。

7月30日，该馆积极参加由县文广局组织的送文化进军营活动，他们向驻地军营赠送图书500余册，同时在该军营设立"流动书箱"，定期为战士们更换新书，满足部队广大官兵的精神文化需求。在活动中，县图书馆的同志还和部队战士一道开展了有奖知识竞赛，场面气氛热烈，呈现出深深的军民鱼水之情。

8月5日，万安县图书馆的"少儿流动书箱"一来到芙蓉镇建丰村上坪龙书舍，一群孩子便蜂拥而至，争相打开书箱翻阅自己喜爱的图书。为广大农村少年儿童设立暑期"少儿流动书箱"是该馆近几年来一直

坚持的服务工作，并且已经形成了制度。每年暑期，他们不畏酷暑，经常用摩托车载着"少儿流动书箱"，将少年儿童们喜欢的图书送到各乡镇文化站和农村书舍，今年已向农村送少儿图书2000多册，接待小读者600余人次。

万安市图书馆经过多方筹资，重新装饰一新的电子阅览室于8月7日正式挂牌对外开放。该室面积80余平方米，配有20台电脑和大功率空调，可为读者提供信息交流、资料查询、网上漫游以及光盘借阅等服务。（江西省图书馆学会）

【永修县图书馆开展地方文献征集工作】 为完整、系统地保存永修县的地方文献资料，更好地宣传介绍永修的人文地理、风土人情以及当地的经济发展等方面的情况，为子孙后代留下丰厚的文化宝藏，近几年来，永修县图书馆积极争取各方面的支持，努力加强地方文献建设，大力开展地方文献征集工作。

永修县是个历史悠久的文明古县，文化底蕴厚实，旅游资源丰富，县委、县政府对地方文献的收藏极为重视，先后两次下发《在全县开展收集整理永修县地方文献资料工作的通知》，发动全县各乡镇、县直各单位支持县图书馆开展此项工作，有效地推动了此项工作的开展。永修县图书馆专门设立了地方文献书架，建立了地方文献档案和目录，还专门组织业务骨干走出馆门，上门收集

地方文献，经过一个多月的走访，取得了很大的收获，先后收集到很多宝贵的文史资料，如：《永修县志》(1985—2000年)、永修县地方戏——"丫丫戏"《七层楼》剧本、《永修革命史》等地方文献。（江西省图书馆学会）

【鹰潭市月湖区图书馆开展少儿读书游艺活动】 2006年8月18日，鹰潭市月湖区馆举办的别开生面的少儿暑期读书游艺活动，受到小读者们的欢迎。整个活动由小读者自己编排，活动内容丰富，有讲故事、诗歌朗诵、舞蹈、器乐独奏、猜谜语和踩气球等项目，活动场面热烈非凡，高潮迭起，充满了喜庆和欢乐的气氛。（江西省图书馆学会）

【赵维绥副部长视察九江市图书馆和庐山图书馆】 2006年9月22日上午，在九江市副市长彭泽洲、市文化局局长郭建林等同志陪同下，文化部副部长赵维绥同志莅临九江市图书馆检查指导工作。在饶有兴致地参观各部室，听取了熊学明馆长关于办馆理念等工作汇报后，赵部长连声称赞：这是沿途来给我留下深刻印象的图书馆，你们走出了一条具有自己特色的路。

此前，9月21日，赵维绥副部长在省文化厅、庐山管理局及九江市文化局等有关领导的陪同下，视察了庐山图书馆，对庐山图书馆的工作成绩给予了充分肯定。

视察中，赵维绥副部长听取了庐山图书馆刘庐松馆长的汇报，参观了各阅览室以及馆史陈列室，观看了馆内收藏的善本书等珍贵的藏书，并饶有兴趣的浏览了"共享工程"网页。当得知庐山图书馆对庐山居民和游客均实行免费免证阅览，"共享工程"庐山基层分中心利用专用服务器以及电子图书、期刊等特色数据库资源，针对庐山游客多的特点，设置旅游文献室、电子阅览室，使游客在闲暇时到图书馆既能阅览图书，又能观看《庐山风光》、《庐山恋》等影视精品，感受庐山图书馆在视觉和听觉上给他们带来的全新享受时，赵维绥副部长称赞庐山图书馆工作做得好。（江西省图书馆学会）

【省文化厅领导视察省图书馆】 2006年9月7日上午，省委宣传部副部长、省文化厅党组书记、厅长李玉英，省文化厅副厅长曹国庆、王晓庆率厅机关有关处室负责人深入省图书馆等厅直窗口单位，检查指导"抓、创、促"活动，慰问高温酷暑期间一直坚守工作岗位的厅直文化单位干部职工。

在省图书馆的视察中，厅领导一行先后到社科借阅室、文学借阅室、少儿阅览室等服务窗口以及采编部等部（室）进行了检查，李玉英厅长等领导看到在如此高温且没有空调的情况下，省图书馆的读者人气仍然很旺，深表赞赏，对省图书馆近年来采取多种措施吸引读者，取得了较好的工作业绩给予了充分肯定。李玉英厅长就省图书馆如何进一步发挥公共文化服务机构的作用，提出了具体要求，她指出，图书馆要在"抓、创、促"活动中，积极争取有关方面支持，努力改善读者的学习条件，要添置空调设备，为广大读者营造一个良好的阅读学习环境；要进一步拓宽思路，深化信息服务，要走出馆门，将图书馆的信息咨询服务主动送到党政机关，为各级领导及时提供决策信息服务；要进一步落实服务承诺制，实行微笑服务，不断提高服务品质，使图书馆的优质服务真正落到实处。

9月8日上午，省图书馆召开了中层干部会议，传达厅领导的指示精神，要求各部门结合工作述职，落实厅领导的指示精神，认真查找工作中存在的问题，提出整改措施，使省图书馆的"抓、创、促"活动在厅党组的统一部署下，取得实质性进展和成果，真正把图书馆办成人民喜爱的读书学习场所。（江西省图书馆学会）

【江西接受"送书下乡工程"绩效考评】 为全面了解和掌握"送书下乡工程"的绩效，提高该工程专项资金的使用效益，2006年10月15日—10月17日，由首都图书馆馆长倪晓建、《乡镇论坛》杂志社副主编徐付群、北京华盛中天咨询有限责任公司部门经理冀欣凯、项目经理曾琳组成的文化部、财政部"送书下乡工程"项目绩效考评现场考评江西组，在江

380

西省文化厅社会文化处副处长万一君、江西省图书馆馆长章伏源等有关领导的陪同下,到万安县图书馆、遂川县图书馆以及这两个县接受了"送书下乡工程"图书的 8 个乡镇(村)进行了现场绩效考评。

文化部、财政部组成"送书下乡工程"项目绩效现场考评组考评"送书下乡工程"的实施情况,主要是对"送书下乡工程"2003 年—2005 年发放图书的管理、使用效果等情况进行客观、公正、实事求是的评估。考评组在江西考评时,深入到县图书馆和有关乡镇,在听取汇报的基础上,对"送书下乡工程"图书的上架、借阅、管理等情况进行了认真的现场检查,并详细了解了"送书下乡工程"图书的使用效果,听取了基层对该工程图书的评价,同时征求了有关意见和建议。考评组对江西实施"送书下乡工程"的成效给予了充分肯定,对如何更好地发挥"送书下乡工程"的作用提出了宝贵的意见和建议。

此次现场考评,既是对我省实施"送书下乡工程"工作的很好总结,更为我省进一步搞好"送书下乡工程"图书的管理和使用奠定了坚实的基础。与此同时,文化部还在近期发放了《送书下乡工程问卷调查》,旨在更规范、更全面地了解和掌握"送书下乡工程"在基层的运作情况。(江西省图书馆学会)

【省图书馆举办国庆读者活动】 为了给广大读者营造一个国庆、中秋双节期间文化休闲的良好氛围,隆重庆祝中华人民共和国成立 57 周年,欢度中秋佳节,山西省图书馆在黄金周期间推出了革命历史影片展播、国际影视赏析点评、少儿有奖征文、读书讲座、图书图片展览等一系列深受读者欢迎的读者活动,吸引了大量读者在十一长假期间来到图书馆,在知识的海洋里尽情遨游。

为了搞好今年国庆、中秋期间的读者活动,省图书馆做到早计划、早部署、早准备,不仅及时刊出"辉煌的成绩——庆祝中华人民共和国成立 57 周年"图片板报,向读者宣传新中国成立以来国家建设的伟大成就,还举办了"纪念红军长征胜利 70 周年图书图片展览",大力宣传和讴歌伟大的长征精神。而且在国庆节前就在馆内张贴宣传海报,在有关媒体发布活动消息,及时将本馆国庆期间的各种读者活动向读者进行广泛宣传,使读者能在黄金周假期里选择自己喜欢的活动,度过一个惬意、休闲并富有文化内涵的假期。

黄金周期间,省图书馆播放的优秀革命历史电影《开国大典》、《大渡河》等吸引了广大读者;《爱国者》、《卢旺达旅馆》等国际影视经典的赏析点评,则使广大英语爱好者在欣赏影片的同时,提高了观看外语影片的能力;"礼仪与团队形象塑造"、"四、六级考研英语的实战技能以及外企求职的必备策略"等讲座,让广大读者在国庆期间品尝到了高品质的文化大餐;中小学弘扬和培育民族精神月活动、少儿有奖征文活动、兰兰姐姐故事会等丰富多彩的少儿读书活动更让小读者们度过了一个欢乐、愉快,而且很有意义的黄金假期。(江西省图书馆学会)

【省图书馆开展义务家教活动】 2006 年 9 月 17 日,由江西省图书馆与南昌大学科技学院合作再次启动的"下岗职工、困难家庭、残疾人家庭及外来务工人员子女义务辅导"开班典礼在省图书馆三楼报告厅隆重举行。接受辅导的同学们在家长陪同下,早早地来到省图书馆等待这一刻的到来。他们中有远道而来的,也有拖着残疾身体的家长和同学,孩子们那种无法用言语表达的求知的渴望,使得这项活动更具有非凡意义。

面对社会上众多的下岗职工、困难家庭、残疾人家庭及外来务工人员在子女教育问题上遇到的实际困难,从 2004 年开始,省图书馆就组织发动大学生开展了为下岗职工、困难家庭、残疾人家庭及外来务工人员子女进行义务家教的活动,深受广大下岗职工、困难家庭、残疾人家庭及外来务工人员和他们的孩子的欢迎和好评。在此次开班典礼上,作为主办方的省图书馆对志愿者给予了厚望,希望他们能把这项非常有意义的活动做大做好。大学生志愿者代表承诺不辱使命,一定把这项爱心活动进行到底。

接受辅导的同学代表则表达了深深地感激之情,决心一定会珍惜这个难得的好机会,好好学习。

开班典礼结束后,双方都迫不及待地进行交流,诸如残疾人行动不方便能否上门辅导、孩子上课与辅导时间有冲突怎么办等问题都得到了现场解答。一位老奶奶得知自己的孙女有人帮助了,激动得直说:"你们真是好人哪!谢谢!"(江西省图书馆学会)

【省图书馆读者之家活动频繁】 为了进一步调动读者之家全体成员读书学习的积极性,尤其是为广大英语爱好者搭建一个相互学习,共同提高英语水平的平台,从9月份起,江西省图书馆读者之家组织开展了多种英语学习活动。

自9月14日起,读者之家以"八荣八耻 提升素质"为主题,连续举办了七期英汉双语"高级公益培训班"。该培训班由归国学者赵毅伟老师主持,美国教师普罗沃斯特先生主讲。每周四下午3时在省图书馆报告厅开课。9月24日上午,读者之家在该省图书馆报告厅举行的由海外留学归国学者赵毅伟老师主讲的"学习英语——突破考试的方法与技巧"讲座,吸引了近300位读者的积极参与。讲座中,赵老师以其深厚的学术功底、广博的留学见闻,标准流利的口语以及幽默风趣的话语从英语的发音、短语、英语学习的经验等方面对如何突破英语考试的方法

与技巧作了详细的阐述。从9月30日起,读者之家还在每周六下午组织开展"国际影视赏析点评"活动。该活动通过播放原声国外经典影视作品,由外语教师当场进行点评,营造了一个良好的语言学习环境,使英语爱好者在欣赏国外经典影视作品的同时,在老师的现场指导下学习英语口语的语法及使用技巧等知识,很受读者的欢迎,首场活动就吸引了许多读者的参与。(江西省图书馆学会)

【省图书馆举办"杨万里与宋代诗风的转变"讲座】 2006年9月16日上午9时30分,"杨万里与宋代诗风的转变"讲座在江西省图书馆报告厅举行。该讲座是省图书馆文化系列讲座中"江西文学史"的第三讲。江西师范大学文学院教授、《江西文学史》副主编王琦珍先生从"江西派"末流弊端与临川之会,从吕、曾"活法"到"诚斋活法","中兴四大诗人"的历史超越,杨万里对宋代诗风转变的贡献等四个方面,全面阐述了江西著名文学家杨万里在中国文学史中的地位和作用。讲座融学术性、知识性、趣味性于一体,引领着听众进入到诗人的创作意境中,听众达100余人。(江西省图书馆学会)

【省图书馆举办国庆少儿活动】 为纪念红军长征胜利70周年,在广大青少年中弘扬和培育民族精神,国庆期间江

西省图书馆举办了一系列少儿读书活动:向小读者推荐一本描写长征的好书——《西行漫记》;播放一部反映红军长征的电影——《大渡河》;学唱一首歌唱红军精神的革命歌曲——《过雪山草地》;请一位老红军战士讲述红军长征的故事;还举办了"一件有益的小事"有奖征文等活动。(江西省图书馆学会)

【省图书馆举办文化系列讲座】 2006年10月15日上午,江西省图书馆举办的文化系列讲座——《地域特色文化与区域经济社会发展》,在该馆报告厅开讲。主讲老师为江西省委党校教授周榜师博士,周榜师博士以自己多年的研究成果为基础,从地域特色文化的界定、地域特色文化对区域经济的影响、地域特色文化对区域社会事业发展的影响三个方面,阐述了地域特色文化对区域经济社会发展产生的重要作用。讲座理论联系实际,尤其以江西为例的分析,对人们思考江西文化与江西经济的关系颇有启发。(江西省图书馆学会)

【万安市图书馆举办读者电脑培训】 为普及计算机基础知识,丰富广大读者的业余文化生活,更好地发挥图书馆的职能作用,万安市图书馆于9月23日和9月25日,举办了两期免费读者电脑培训活动,共有1—6年级的小学生和办理了借书证的新老读者200多人学

习了计算机基本操作方法、文字输入法、Internet 的应用、网络远程教育、网上电影、音乐、聊天、网上购物、虚拟医院、电子邮件等电脑知识和技能。(江西省图书馆学会)

【吉安市图书馆培训"万村书库工程"图书管理员】 为积极配合吉安县文明办实施中共中央宣传部、中央文明办实施的"万村书库工程",9 月 13 日,吉安市图书馆举办了一期"万村书库工程"图书管理员培训班,来自全县 10 个乡镇 10 个村的图书管理员参加了培训学习。培训班开设了图书分类、图书排架、读者工作、图书管理等专业课程,讲授的内容浅显易学,符合农村图书室的实际情况,学员们听得懂,操作简便。(江西省图书馆学会)

【南昌市东湖区图书馆举行暑期图书漂流活动】 为了让小学生过一个书香味浓的快乐暑假,南昌市东湖区图书馆启动了"欢乐暑假,图书漂流——儿童与阅读系列活动",图书漂流活动要求参加的小学生每人须带上 2 本自己最喜欢的图书供交换阅读,这些书籍由东湖区图书馆负责接受、登记、保管、出借、归还及统计等相关事宜。活动结束后,这些书籍都将回到小主人手中,而借阅率最高的图书的小主人还获得了一份小礼品。(江西省图书馆学会)

【永新县图书馆喜获国家馆赠书】 在火红的盛夏之际,永新县图书馆喜获国家图书馆赠书 3000 册。此次国家图书馆向县级馆赠送图书,是国家馆落实文化下基层工作的重要举措,体现了国家馆对老区贫困县文化事业发展的关心和支持,此举有效地填补和丰富了县图书馆的馆藏。(江西省图书馆学会)

【"科学发展 和谐创业"江西省第五届读书演讲大赛隆重举行】 为把全省"科学发展 和谐创业"主题教育活动推向高潮,12 月 20 日至 21 日,由江西省文化厅主办,江西省图书馆、玉山县文化局承办,玉山县图书馆协办的"科学发展 和谐创业"江西省第五届读书演讲大赛在玉山县隆重举行,来自全省各设区市和省直的 12 个代表队共 34 名选手,进行了紧张、激烈的比赛。

开展全省读书演讲大赛是江西省图书馆策划、承办的一项全省性大型读者活动品牌,此项活动旨在充分发挥省图书馆的龙头作用,带动全省公共图书馆全面开展适合形势发展需要的读者服务活动,促进全民读书活动的开展。这项活动主题紧扣我省工作中心,每年省委主题教育活动的主题就是大赛的主题,并且通过各设区市文化局、市图书馆等单位的层层选拔,广泛吸引了广大人民群众参与此项活动,扩大了图书馆的影响,提升了图书馆服务的品位,取得了很好的社会效益。

本次活动 9 月份发文开始启动,历时 3 个多月。与往届大赛相比,本次大赛时间较紧,但效果很好,全省公共图书馆通过精心组队参赛,使参与面进一步扩大,场面也相当热烈。比赛中,演讲者以邓小平理论和"三个代表"重要思想为指导,突出了"科学发展、和谐创业"的主题,他们选取了有关江西发展中的典型事例及自己身边的人和事,以丰富的事例,鲜活的形象,生动的语言,宣传了江西营造科学发展、和谐创业的氛围,赞美了全省人民建设和谐平安江西、共创富民兴赣大业的井冈精神,讴歌了江西在中部地区崛起、促进全省经济社会在新的起点上实现又快又好发展的伟大实践。经过激烈的角逐,南昌代表队的袁晓斌、吴清、新余代表队的廖艳和吉安代表队的罗馨 4 名选手荣获一等奖,8 名选手荣获二等奖、12 名选手获三等奖,12 个图书馆等单位荣获组织奖。(江西省图书馆学会)

【江西全面部署共享工程试点工作】 2006 年 12 月 1 日,江西省文化厅在南昌召开了全省社会文化工作会议。会议传达了全国文化信息资源共享工程经验交流会、全国文化信息资源共享工程试点工作会议精神,下发了《文化部关于印发〈全国文化信息资源共享工程"十一五"规划〉的通知》以及中央领导关于共享工程的讲话、批示等文件,提出了试点工作的任务和要求,全面、具体地部署了我省共享工程试点工作。

省文化厅副厅长王晓庆出席会议并讲话。王晓庆指出，近年来，我省社会文化工作以构建公共文化服务体系为目标，不断加强推进农村文化建设，组织实施了全省文化信息资源共享工程，并以社区文化、节日文化、广场文化、企业文化、校园文化、集镇文化、少儿文化为一体，创造了社会文化发展的新样式。王晓庆强调，我省社会文化工作要以实施全省文化信息资源共享工程，开展全省农村文化三项活动和加强全省非物质文化遗产保护工作为全省社会文化工作为重要内容。王晓庆要求，各地要根据不同工作的特性，寻求各自的发展规律，突出工作重点，抓住主要环节，按照省委、省政府和文化部的要求，把各项工作做实做好，为扎实推进我省和谐社会建设和新农村的建设创造良好的文化环境。

与会同志就各地开展"共享工程"交流了情况和经验。全省各设区市分管社会文化的局长、社文科长、群艺馆馆长、图书馆馆长，我省第一批省级非物质文化遗产保护项目（62项）所在地的文化局长，高安、弋阳、永新、崇义、都昌等5个全国共享工程试点县市的文化局局长、图书馆长以及省图书馆、省群众艺术馆、省艺术研究院、省艺术档案馆等有关单位负责人共120余人参加了会议。（江西省图书馆学会）

【省图书馆召开"构建和谐社会　实现新的跨越"建言献策、建功立业活动座谈会】 为贯彻、落实省文化厅关于开展"构建和谐社会，实现新的跨越"建言献策、建功立业活动的精神，11月1日下午，江西省图书馆召开了"构建和谐社会，实现新的跨越"建言献策、建功立业活动座谈会。会议传达了省委书记孟建柱、省委副书记彭宏松对全省"构建和谐社会，实现新的跨越"建言献策、建功立业活动的要求和省委宣传部副部长、省文化厅党组书记、厅长李玉英在动员大会上的讲话以及省文化厅建言献策、建功立业活动方案，并结合图书馆的实际，全面部署了本馆建言献策、建功立业活动。省图书馆班子成员、中层以上干部以及副高以上职称的专业技术人员和民主党派人士30余人参加了座谈会。

会议要求，要统一思想，提高认识，深刻领会"构建和谐社会，实现新的跨越"建言献策、建功立业活动的重要性，要站在构建和谐社会、加快江西发展大局的高度，立足建设和谐文化、加快文化发展全局的广度，为本馆乃至全省图书馆事业发展的决策部署提供积极的建设性意见。座谈会广泛集中民智，充分发挥大家的聪明才智，开动脑筋，出招献策。经过大家的集体讨论，共提出了关于制定《江西省公共图书馆工作条例》；把"共享工程"建设列入全省社会文化发展总体规划中；增加用于市、县、乡三级公

共图书馆（文化站）购书的全省文化建设专项经费，逐步建成覆盖全省农村的公共文化服务体系，努力构建和谐新农村；设立文献保护经费，改善我省公共图书馆的不可再生资源——古籍的保护条件；尽快立项建设省图书馆的新馆或续建工程以及加强对未成年人服务工作，建立江西省图书馆少儿分馆等六项建言献策。（江西省图书馆学会）

【《江西图书馆学刊》受表彰】 在第十次全国图书馆学期刊工作会议上，《江西图书馆学刊》被中国图书馆学会评为"2002年—2005年度受表彰期刊"，这是该刊首次跻身全国图书馆学期刊前20名。会议对中国图书馆学会从全国60余种图书馆学期刊中评选出的12种优秀期刊和8种受表彰的期刊进行了表彰并颁发了证书。其中12种优秀期刊是《中国图书馆学报》、《图书情报工作》、《大学图书馆学报》、《图书馆杂志》、《现代图书情报技术》、《图书情报知识》、《图书馆论坛》、《图书馆》、《图书馆理论与实践》、《图书馆建设》、《图书与情报》、《图书馆工作与研究》；8种受表彰的期刊是《国家图书馆学刊》、《图书馆学研究》、《新世纪图书馆》、《图书馆学刊》、《四川图书馆学报》、《高校图书馆工作》、《江西图书馆学刊》、《晋图学刊》。（江西省图书馆学会）

【省图书馆读者讲座再起高潮】 为大力宣传中国共产

党第十六届中央委员会第六次全体会议精神,动员广大读者积极参与全省开展的"构建和谐社会,实现新的跨越"建言献策、建功立业活动,由江西省省图书馆、江西省社联、北京大学江西校友会、《信息日报》社共同主办的"未名论坛·社会学系列——和谐社会:新的目标,新的追求"讲座,于11月19日上午在省图书馆报告厅举行。这场互动式的讲座吸引了近300名听众把整个报告厅挤得满满当当,有的听众不得不站在报告厅的窗外听讲,现场气氛十分热烈,再次把"未名论坛"系列讲座推向了高潮。

这场讲座由省政协常委、省社联副主席、研究员、享受国务院政府津贴的专家汪玉奇主讲。在讲座中,汪玉奇以生动、鲜活的事例,声情并茂的语言,深刻地阐述了在新的历史时期,党中央提出建设社会主义和谐社会的伟大意义、目的以及将给广大人民群众带来的实实在在的利益。汪玉奇以《和谐社会:新的目标,新的追求》为题的讲座深深打动和震撼了听众的心灵,不少听众当场就所关心的问题进行了提问,汪玉奇兴致勃勃地就听众感兴趣的问题,从宏观和微观等多个角度进行了剖析,使听众在聆听讲座的同时,对建设社会主义和谐社会这一战略决策有了更深刻的认识和理解,从而更坚定了积极投身到建设社会主义和谐社会的伟大实践中去的信念和决心。

此次讲座是省图书馆与省社联的首次合作,也是省图书馆创办的"未名论坛"系列讲座的进一步深入和拓展,旨在更广泛地吸引我省著名专家、学者成为讲座的主讲人,进一步提升"未名论坛"系列讲座,使读者在公共图书馆能免费听到高品位、高质量的公益性讲座。
(江西省图书馆学会)

【赣州市图书馆喜庆80华诞】 11月9日上午,在欢庆的鞭炮和鼓乐声中,赣州市图书馆隆重举行了建馆80周年庆典大会,省文化厅社会文化处肖向东处长莅临大会并代表省文化厅致辞祝贺赣州市图书馆80华诞。赣州市委常委、市委宣传部部长潘昌坤,市人大常委会副主任刁德连,市政府副市长唐玉英,市政协副主席满瑾到会祝贺。省图书馆副馆长蔡荣生、我省各设区市图书馆和赣州各县(市)馆的同行、赣州市直文化单位的领导以及社会各界的代表300余人出席了庆典大会。

赣州市图书馆发展的80年,折射出赣州市精神文明建设的进程。从1926年到2006年的80年间,赣州市图书馆馆址几经变迁,馆舍从小到大,由简陋到完善。1999年底,赣州市委、市政府斥资在章江新区建设新馆,2001年10月新馆交付使用,新馆建筑面积9 834.34平方米,主楼五层,阅览室座位1 000席,馆内设有展览厅、容纳400多人的多功能报告厅、电子阅览室和图书、期刊、港台、地方文献等近十个阅览室,还有信息咨询服务以及供读者休闲娱乐的书吧等,服务项目已拓展到讲座朗诵、文化展览、专题陈列、音乐欣赏、影视观摩、学术交流、网上咨询、文献提供、新书发布、多媒体互动、文化休闲等多种功能,这座崭新的现代化图书馆已成为赣州文化事业繁荣发展的重要标志。作为一级图书馆,赣州市图书馆汇集了文献流、信息流、知识流、人才流和思想流,成为市民继续学习的终身学校和文化休闲的"第二起居室",市民在图书馆中,将体验到终身学习求知的快乐和互动交流中激扬智慧的幸福,从而提升科学信息素养。

庆典大会宣读了文化部社会文化图书馆司、国家图书馆、首都图书馆等单位发来的贺信,赣州市政府副市长唐玉英致贺词,赣州市图书馆蓝晓蓉馆长介绍了赣州市图书馆80年的发展情况,赣南著名作家舒龙、龚映华、龚文瑞向赣州市图书馆赠送了特别的生日礼物——图书。(江西省图书馆学会)

【奉新县图书馆开展"一个党员一面旗"活动】 奉新县图书馆党支部以新农村建设为契机,近期组织开展了"一个党员一面旗"竞赛活动,取得了明显的效果,奉新县图书馆也因此被人们赞誉为读者离不开的"贴心馆"。

为达到活动的预期的目的,奉新县图书馆党支部采取多种方法吸引广大党员发挥先锋模范作用,他们一是"联户划区"。划分党员责任区,在责任区建立党员联系户和联系人,党员负责本责任区的读者脱贫致富、法律学习、计划生育、政策宣传、后进转化等方面的服务工作;二是"以一带十"。党员在读者中树立榜样形象,以自己的旗帜作用,影响和带动责任区的读者,并由责任区的读者评议、监督党员;三是"月对季查"。印发一份图书知识竞赛须知,须知包括党员"十带头",党员责任区"十包干",党员为读者服务"十上门"和党员月、季、年对照须知向馆支部汇报一次,支部每季对党员评议一次,并在竞赛栏内插小红旗。活动开展以来,取得了很好的效果,党员、职工的形象意识和荣誉感大为增强,并在新农村建设中充分发挥了模范作用。据统计,全馆党员已参加义务劳动日45个,带头为灾区、失学儿童、五保老人捐款700余元,帮助本责任区的读者做好事,办实事,解答各类生产、生活咨询300多件,印发科技宣传单2000余份。(江西省图书馆学会)

【遂川县图书馆举办"万村书库"工程培训班】 为更好地发挥"万村书库"工程在遂川县社会主义新农村文化建设中的作用,9月28日,遂川县图书馆与县文明办联合举办了"万村书库"工程村级图书室管理人员培训班。

培训班着眼实际,以简而快、通俗易懂的方式,集中讲授了图书分类、编目、排架、外借等图书管理方面的理论知识和实际操作技能,并让学员到县图书馆进行图书借阅的实际操作实习,使学员既学到了基本理论知识,又掌握了实际工作方法,更为巩固和发展遂川县"万村书库"工程村级图书室培养了一批基层管理骨干。

(江西省图书馆学会)

福建省

【概况】 福建省公共图书馆2005—2006年在中共福建省委、省政府、省文化厅领导下,认真贯彻落实十六届四中、五中全会精神,公共图书馆的办馆条件、数字图书馆建设、办馆水平、队伍建设得到一定改善。2006年新建立了宁德市图书馆(地级馆)。在馆舍建筑方面,厦门市图书馆新馆25 732 m²,晋江市(县级市)图书馆新馆1.8万平方米,厦门、晋江两馆的自动化设施配置都力求做到"设备一流"而又实用。永安市图书馆(县级市)新馆6 000余平方米已进入装修阶段,贫困县寿宁县图书馆近6 000平方米新馆建成,两馆已进入业务功能设施配置阶段。

经费方面。据63个馆统计,2005年财政总经费6 120.35万元(含社会捐助90.42万元),其中文献资源建设费1 371.98万元,占总经费22.42%;自动化建设(含硬件、软件)339.23万元,占总经费5.54%。2006年计算机1 592台,其中用于电子阅览室852台,共有40个图书馆建立电子阅览室,OPAC专用检索机102台。

文献资源建设方面。至2006年底,63个馆除纸质书报刊外,电子文献总藏量167 743件,视听资料总藏量124 025件,地方文献总藏量111 628册,古籍、线装总藏量435 431册。

目录体系建设方面。福建省联合编目中心目前有50家成员馆,已实现公共图书馆成员全部免费使用省编目中心的MARC数据。

数据库建设方面。2005—2006年福建省图书馆依然与维普全文电子期刊、万方数字化期刊数据库签订了全省公共图书馆共享的网络版使用权,有133家公共图书馆和共享工程基层服务点签订协议,免费参加资源共享。

地方文献建设方面。地方文献资源建设正日益引起各级图书馆重视,各馆自建数据库主要是地方文献特色文献库,如福建省图书馆的地方特色文献库"三坊七巷"多媒体库、《福建名祠》全文库、福建省寿山石雕多媒体库,厦门图书馆的"厦门历史上的今天"数据库、"厦门之最"数据库、闽南海外华人华侨数据库,漳州市图书馆的漳州旧照图片库、漳州名人风物图片库,泉州市图书馆的泉州文史资料库、"泉州历史上的今天"数据库、泉人著述志,石狮市图书馆的纺织服装数字图书馆等,正在不断充实中。

参与非物质文化遗产抢救保护方面。闽南地区图书馆、闽西地区客家聚居住区域的图书馆都先后参与非物质文化遗产普查,参与申报国家非物质文化遗产项目的文本制作。福建省图书馆开展了参与采集非物质文化遗产资源工作。至2006年底,受福建省文化厅委托,已加工征集包括非物质文化遗产、优秀戏曲节目等资源48部,容量68.982G;加工讲座资源18部,容量70G;自建新闻、歌舞、戏曲资源容量74.5G。这些特色资源多根据共享工程国家中心数字资源标准要求制作,已成为福建省分中心特色资源重要组成部分。

多年来,福建省公共图书馆对家族谱的征集取得丰硕成果,许多地方新编的谱牒通过征集或自愿送往各图书馆收藏利用。

延伸服务方面。至2005年底,福建省公共图书馆有流通点647个。2005—2006年福建省公共图书馆较为突出的特点:一是为特殊群体服务,福建省图书馆、厦门图书馆、福州市图书馆等都在所在地的监狱建立分馆,开展送知识文化进高墙服务。二是福建省图书馆的周末公益讲座,福建省图书馆与福建省社科联合开设"社会科学周末讲坛",邀请省内外专家学者到省图书馆举办专题讲座。《海峡都市报》每月刊登公益广告,精彩的讲座吸引了众多市民。2006年福建省图书馆举办馆内外公益讲座97场,其中18场被共享工程国家中心选中,在与讲演者签订相关知识产权协议的前提下,制作完成数字资源送共享工程国家中心,让更多公众共享。

共享工程基层建设方面。2006年全省有117个基层示范点,其中50个为国家财政资助示范点。

此外,随着"农家书屋"建设在福建全省的铺开,福州、龙岩、宁德等地区公共图书馆都热心投入当地的"农家书屋"建设,在提供书刊、培训文化协管员等方面提供支持。

知识更新与图书馆学教育培训方面。几年来,福建省文化主管部门和省图书馆领导致力于提高队伍素质。2005年武汉大学图书馆学专业硕士研究生毕业1人,获管理学硕士学位。此外,2005—2006年还有6人获管理学硕士学位。福建省图书馆长期举办武汉大学图书馆学本科班(专升本,函授),2006年尚有32名学员在读。福建省图书馆根据图书馆业务发展适时举办各种类型业务培训(研讨)班。福州市文化局、漳州市文化局根据省人大关于继续教育的条例要求坚持每年举办图书馆业务培训班,促进基层图书馆员知识更新。(方允璋 雷兰芳)

【福建省图书馆工会被评为"全国教科文卫体系统先进工会"和"全国教科文卫体系统模范职工之家"】 2006年1月,福建省图书馆工会喜获由中国教科文卫体工会全国委员会授予的"全国教科文卫体系统先进工会"称号,同时还获福建省直机关工会颁发的"省直机关工会女职工工作

2002—2004年度先进集体"称号。10月20日,受全国科教文卫体系统工会委员会的委托,福建省工会组织考评组来省图书馆考核"全国科教文卫体系统工会模范职工之家"的创建情况,年底福建省图书馆工会被评为"全国科教文卫体系统工会模范职工之家"。(康新宇)

【福建省图书馆举办福州市首届数码摄影作品展览】 2006年1月1日—2月1日,福建省图书馆和福州市摄影家协会在省馆一楼展厅联合举办"福州市首届数码摄影作品展览",希望以此推动数码摄影的发展,鼓励更多的数码摄影爱好者在新的一年里创作出更多、更好的作品。(康新宇)

【福建省图书馆与福建省文学院、旅程文学网联合举办福建新年诗歌朗诵会】 2006年元旦上午,由福建省文学院、旅程文学网、福建省图书馆联合举办的"福建新年诗歌朗诵会"在省图书馆一楼多功能厅举行。来自宁德、莆田、泉州、三明、厦门、福州等地的20多位诗人登台朗诵了各自创作的诗篇,200多名诗歌爱好者参加了诗歌朗诵会。(廖艳萍)

【福建省图书馆举办"钱钟书与《围城》"名著欣赏等专题讲座】 2006年1月7日上午,由福建省图书馆主办、福建师大文学院协办的"钱钟书与《围城》"名著欣赏文学讲座在省图

387

书馆一楼多功能厅举行。福建师范大学文学院教授、博士生导师孙绍振形象生动地为读者解读了钱中书先生及其名著《围城》，分析了钱钟书先生小说、散文的艺术特色，以及中国幽默散文的历史和发展前景。

当天下午，为纪念严复先生，宏扬其爱国精神、科学与民主思想，由福建省图书馆与福建省严复研究会联合举办的"严复与福州——纪念严复先生152周年诞辰"讲座在省图书馆一楼多功能厅开讲，特邀陈端坤副会长主讲。讲座中还放映了有关严复的电视专题片，赠送热心读者纪念严复诞辰的大型图书和即将搬上银幕的长篇历史电视剧本《严复》。（廖艳萍）

【福建省图书馆举办"五个一"工程奖、文华奖获奖作品和"四进社区"展演获奖作品展播】 2006年2月6日—11日，福建省图书馆连续5天在一楼多功能厅展播"五个一"工程奖、文华奖获奖作品、"四进社区"展演获奖作品，为广大读者免费播放了闽剧《天鹅宴》、木偶戏《五里长虹》、歌剧《阿美姑娘》、民族舞蹈《大漠女儿》和高甲戏《大汉魂》，吸引了众多读者观看。（康新宇）

【福建省图书馆举办高考学习经验交流会】 2006年2月7日下午，省馆一楼多功能厅举行了一场别开生面的"高考、学习经验交流会"。几位北大学子利用寒假时间，为高考备战中的100多名应届高中生介绍自己参加高考的学习经验、学习心得以及高考经历，并现场解答了中学生们提出的各种问题。（廖艳萍）

【福建省文化厅领导到省图书馆调研】 2006年2月15日上午，江西省文化厅副厅长范碧云率社文处处长王晓萌、调研员唐军来到江西省图书馆调研。郑一仙馆长详细汇报了省馆的基本情况及面临的问题。省文化厅领导还参观了文化信息网工作室和共享工程中心机房。（康新宇）

【福建省图书馆与省老艺协联合举办"新春中国书画笔会暨原创作品展示会"】 2006年2月18日上午，省书法家协会会员、省老年书画协会会员及福州市书画界人士20余人在省馆一楼大厅挥毫泼墨，以书、画会友，同时举行书画作品展览，展出油画、水彩、国画和书法作品60多幅。为报答广大读者的厚爱，书画家们还向读者免费赠送现场创作的书画作品。（廖艳萍）

【共享工程福建省分中心在省图书馆举办共享工程福建基层示范点卫星接收系统培训班】 为落实共享工程国家中心关于建设好全国"共享工程"示范点的通知精神，福建省分中心于2006年2月25—28日在省图书馆举办基层示范点卫星接收系统培训班，全省15个全国文化信息资源市县级分中

心、基层分中心和基层示范点的27名管理人员参加了培训，同时举行了共享工程市县级分中心、基层分中心和基层示范点授牌仪式。（龚永年）

【省委常委、宣传部长、教育工委书记唐国忠一行到福建省图书馆调研】 2006年3月3日下午，唐国忠率领省直有关部门负责同志一行来到省图书馆，在省文化厅厅长宋闽旺和馆领导谢水顺、郑智明陪同下参观了报纸阅览室、现刊阅览室、福建文化信息网视频编辑工作室以及网络机房，并观看了福建文化信息网专题介绍片。随后，省图书馆郑一仙馆长向省领导汇报了福建省图书馆近年来的工作，并重点介绍了福建文化信息网建设以及2006年的工作。唐部长边听边记，不时与大家交流，并强调建设文化强省责任重大，任务艰巨，要大力发展公益性文化事业，增加投入，深化改革，转换机制，增强活力，改善服务；要继续实施文化信息资源共享工程，重心下移，拓展工作，传播先进文化，更好地满足广大人民群众多层次多方面精神文化需求。（康新宇）

【"海峡正春风 闽台一家

亲"——"百年闽台话情缘"专家座谈会在福建省图书馆召开】 2006年3月3日上午，由福建省海峡旅游文化交流中心、福建社会科学院台湾研究所、福建福海文教基金会、福建音乐文学学会和福建省图书馆主办的"海峡正春风 闽台一家亲"——"百年闽台话情缘"专家座谈会在省图书馆三楼贵宾厅召开。参加会议的有福建省人民政府台湾事务办公室交流处处长朱文毅，福建社会科学院院长、省台湾研究会会长严正，福建社科院现代台湾研究所所长吴能远，省旅游学会常务副会长、福建海峡旅游文化交流中心主任张木良，福建师大闽台区域研究中心常务副主任林国平，福建省台胞联谊会联络处处长黄其统，福建省音乐文学学会会长陈侣白，福建省民间文学家协会副主席、《福建文学》副主编林如求，福建省图书馆党总支书记、研究馆员谢水顺，福建省艺术研究所副研究馆员刘湘如，《闽台海商》总编李士峰，共青团福建省委少先队总辅导员、青少年教育专家、全国十佳辅导员邱孝感，福建省旅游学会常务理事、影视高级编导林鸣群以及省主流媒体记者等。吴能远所长主持座谈会，专家们畅所欲言，探讨了进一步加强闽台两岸民间文化交流、弘扬民族文化传统、开展民间交往、促进祖国和平统一等问题。(康新宇)

【美国驻广州总领事馆文化领事费贝兰女士到福建省图书馆访问】 2006年3月7日上午，美国驻广州总领事馆文化领事费贝兰女士和国际教育协会美国教育交流中心中国专员莫华璋在福建省文化厅对外处处长卢鸿筠和省外事办官员的陪同下，到福建省图书馆参观访问。郑一仙馆长带领客人参观了外文图书阅览室、视听

资料阅览室以及计算机房，向客人介绍了福建省图书馆与美国俄勒冈州等友好图书馆开展图书与人员交流以及福建省馆在电子资源和文化信息网站建设等方面的情况。费女士和莫先生还与卢鸿筠处长、郑一仙馆长以及省馆有关部室负责人就美国留学资料赠送和使用以及双方文化交流等事宜进行了探讨。(龚永年)

【"世界文化遗产——莱茵河中上游河谷摄影展"在福建省图书馆开幕】 2006年3月10日上午，由中国人民对外友好协会、德国莱法州和黑森州、福建省外事办、福建省文化厅、福建省人民对外友好协会等6家单位联合举办、福建省图书馆承办的"世界文化遗产——莱茵河中上游河谷摄影展"开幕式在福建省图书馆举行。中国人民对外友好协会文化交流

部副主任段北生、德国莱法州公共事务局局长约瑟夫·彼得·梅特斯、福建省外事办主任宋克宁、福建省文化厅副厅长陈秋平、福建省人民对外友好协会副会长楚燕丽等出席了开幕式并剪彩。本次展览由51幅大型照片组成，全面介绍了莱茵河谷、罗什修道院等4个世界文化遗产的风貌。本次展览持续15天，给福州人民提供了一个了解德国历史和文化的机会，近5000名市民观看了影展。(康新宇)

【福建省图书馆举办"女性的人格魅力与成就事业"等专题讲座】 2006年3月11日上午，福建省图书馆和福建省妇女干部学校联合举办"女性的人格魅力与成就事业"公益讲座，省妇女干部学校校长蔡秋红结合当今社会的发展，讲述了许多发生在自己身边的真人真事，深入浅出地阐述如何做一个有魅力的知识型、智慧型女性。讲座吸引了大批女性听众。

3月18日上午，福建省图书馆和福建省文联联合举办"心灵绿洲系列：幸福人生感悟"公益讲座，省文联副主席、著名诗人、作家蒋夷牧结合现

实生活中众多生动的事例，告诉大家应该如何开始又如何追寻自己的幸福人生，使听众深受启迪。

3月25日上午，福建省图书馆和福建师大传播学院联合举办"影视赏析系列：电影艺术欣赏"讲座，著名影评人、福建师范大学传播学院院长颜纯钧通过对电影的社会现实意义、专业技术技巧等进行深入讲解分析，让听众感受到电影这门华丽而美好的艺术的真谛。（廖艳萍）

【福建省图书馆举办"百科全书式的学术大师——朱谦之"、"'十一五'期间我国经济社会发展热点及难点透视"专题讲座】 朱谦之（1899—1972）字情牵，福建福州人，我国当代著名的历史学家、哲学家和东方学家，被誉为"百科全书式的学者"，不少论著成为20世纪中国的学术经典。2006年4月1日上午，福建省图书馆和福建教育出版社在省馆联合举办"百科全书式的学术大师——朱谦之"公益讲座，福建教育出版社副社长孙汉生为读者全面介绍了这位福州籍"百科全书式的学者"在各学科领域的研究成果。4月8日上午，福建省图书馆在一楼多功能厅举办"'十一五'期间我国经济社会发展热点及难点透视"公益讲座，省"十五"计划专家咨询委员会委员、福建师大产业经济研究中心主任、博士生导师郭铁民就"十一五"期间我国经济社会中的"创新发展模式、

提高发展质量；建设资源节约型、环境友好型社会；优先发展教育、提高国民素质；着力推进政府行政管理体制改革"等诸多热点、难点问题向听众阐述了自己的见解。（廖艳萍）

【福建省文化厅开展共享工程基层服务点调研】 为迎接全国文化共享工程"遵义会议"的召开，更好地推进全省文化信息资源共享工程建设，福建省文化厅抽调省厅社文处和省图书馆有关人员组成调研组，于2006年4月10日—20日对全省9个设区市共享工程基层服务点进行了调研（其中泉州、莆田、宁德、南平、三明、福州6个地区采取集中召开座谈会、填写调查表和实地考察

部分基层点方式，漳州、厦门、龙岩3个地区采取书面调查方式），以较全面地了解掌握我省文化信息资源共享工程开展几年来基层服务点的建设、发展、运行情况和存在问题，并为今后更好地开展这项工作提出相应建议与对策。（龚永年）

【福建省图书馆举办"名著赏析系列：唐宋诗词鉴赏"等专题讲座】 2006年4月15日上午，福建省图书馆和福建师大

文学院在省馆一楼多功能厅联合举办"名著赏析系列：唐宋诗词鉴赏"公益讲座，福建师范大学文学院教授欧明俊结合名篇细致分析唐宋诗词的多种抒情手法，深深吸引了前来听讲的唐宋诗词爱好者。

4月15日下午，省图书馆与省礼仪协会联合举办"塑造让您人气急升的社交形象"公益讲座，中国高等职业研究会副会长、省高等职业教育研究会会长孙芳仲为众多听众介绍了各种社交场合应有的礼节，避免人们因缺乏礼仪常识而出现尴尬的局面，同时也能赢得更多求职、升迁、交友、合作的机会。

4月22日上午，省图书馆与福建师大传播学院在省图书馆联合举办"影视赏析系列：中国的媒介素养教育"公益讲座，福建师范大学传播学院科研副院长、福建师大网络文化研究中心常务副主任谭华孚为读者介绍了媒介素养教育的内涵、内容、作用及其实施对策，提高大众认识、甄别、利用传媒的素养。

4月22日下午，省图书馆与省礼仪协会在省图书馆联合举办"社交礼议系列之二：服饰与礼仪"公益讲座，省礼仪协会理事、福建华南女子学院讲师吴允萱生动形象的讲解，让听众认识到"服饰是一种文化和符号"，在人际交往、公务、商务等场合，服饰所传达的不仅仅是个人形象信息，还必须遵循一定的礼仪规则，各种场合有不同的服饰要求。（廖艳萍）

【"福建省全民阅读活动仪式"在福建省图书馆举行】 在第12个"世界读书日"到来之际,为推进福建省全民阅读活动的全面开展,2006年4月23日上午,中共福建省委宣传部、省文化厅、福建新华发行集团等15个部门和单位在福建省图书馆联合举行"福建省全民阅读活动仪式"。有关单位领导和来自市区10余所中小学及高等院校的师生代表参加了这一活动。省委宣传部长唐国忠分别向福州市鼓楼区军门社区、南平市延平区西芹镇以及福州市晋安区晋东小学的居民、农民和师生代表捐赠书籍,共计1 500册。福建省委宣传部还向全省发出《关于开展"爱读书,读好书"全民阅读活动的倡议》,要求全省各地积极组织开展讲座、荐书、咨询、展览、读书征文等丰富多采的读书活动,努力构建学习型社会,为海峡西岸经济区建设提供知识和智力支持。

为配合"全民阅读活动"的开展,福建省图书馆也于当天举行了两场高考师生交流会和诗歌朗诵会。上午,福建省图书馆和福建教育出版社在省馆联合举行"心灵绿洲系列:高考来临,你准备好了吗?——专家·考生·家长心理备考面对面"交流会。国内知名心理辅导专家、福建师大教科学院心理学系主任、硕士生导师叶一舵从应考背景下最需要疏导的心理困惑与心理问题给考生以全方位的即时辅导,并就高考背景下的家长心态调整及应对

策略提供有益的建议。讲演风趣幽默,深入浅出,注重实用,互动热烈,其"有用而快乐"的辅导理念与实效深受考生、教师、家长的欢迎。

下午由福建省图书馆和福建师大传播学院联合主办的"海西诗歌朗诵会"在馆一楼多功能厅举行。莘莘学子为广大读者献上了精心编排的大型合唱《鸽子和少年》(曾获2005年省大学生艺术展演金奖)、大型诗朗诵《土楼回响》以及经典电影配音等精彩节目。(康新宇、廖艳萍)

【福建省图书馆举办"教您学会办公室瑜伽"等专题讲座】

2006年5月1日上午,福建省图书馆在一楼多功能厅举办"教您学会办公室瑜伽"公益讲座,邀请陈晓、刘小玲两位国家教育部、卫生部认证瑜伽导师主讲。两位嘉宾向众多瑜伽爱好者特别是长期在办公室工作又没有时间锻炼的人群传授了简单实用的办公室瑜伽,还为大家表演了精彩的双人瑜伽、单人瑜伽和办公室椅上瑜伽。

5月6日,省图书馆和福州大学公共管理学院在省馆联合举办"职业生涯规划与管理"公益讲座,福州大学公共管理学

院副教授、公共政策系主任李会欣为读者介绍了职业生涯规划的有关理论知识,使之更加明确自己的职业方向、职业目标和人生追求。(廖艳萍)

【福建省图书馆与龙源期刊网共同组织"文化黄金周"活动】 2006年五一黄金周期间,福建省图书馆与龙源期刊网(www.qikan.com.cm)共同策划组织了以"阅读千种人文期刊杂志,建设人文社区和谐社会"为主旨的"文化黄金周"活动,旨在推动城市精神文明建设,丰富公共图书馆服务形式和提升市民的文化品位。活动期间,龙源期刊网将自己的龙头产品"龙源电子期刊阅览室"链接到福建省图书馆网站(www.fjlib.net),对社会免费开放,让读者足不出户就能通过网络浏览1000多种内容丰富的电子期刊,感受互联网期刊服务的魅力。(康新宇)

【福建省图书馆举办"关心我们的家园——小区业主物业权益法律维权"公益讲座】2006年5月13日上午,福建省图书馆在一楼多功能厅举办"关心我们的家园——小区业主物业权益法律维权"讲座,讲座嘉宾郭坚律师就业主物业权益、物业管理纠纷、业委会成立注意事项等问题,为市民提供法律和相关政策的解答。(廖艳萍)

【"社会科学周末讲坛"在福建省图书馆开讲,厦门大学

教授易中天作首场讲座】
2006年5月18日上午，中央电视台《百家讲坛》人气最旺的嘉宾之一，厦门大学教授易中天在福建省图书馆报告厅作了题为"城市个性与城市文化"的讲座。这是福建省社科联、福建省图书馆联合举办的"社会科学周末讲坛"系列学术讲座的第一场，500多名听众把报告厅挤得水泄不通，会场上不时爆发出会心的笑声和热烈的掌声。

5月20日上午，"社会科学周末讲坛"的主题是"陈景润传奇人生"。陈景润是我国著名数学家、中国科学院院士、福州人，他在哥德巴赫猜想研究领域中取得的"1+2"的杰出贡献享誉中外。讲座嘉宾林亚南教授以陈景润传奇人生为主线，通过青少年与大学时代、厦门大学任教、中国科学院攻关"1+2"、成名以后等几个历史阶段，讲述陈景润对科学的热爱、痴迷、奉献的真实故事，吸引了众多青年学生。

5月27日上午，"社会科学周末讲坛"的主题是"闽台两地的姓氏源流"。讲座嘉宾省文史馆卢美松馆长运用大量的史料、翔实的考证、生动的事例为听众们讲述闽台两地的姓氏源流与血缘认同，强调闽台之间一切人文关系的基础是种族联系，其实质是同一种族的渊源与流派关系。闽台人民由姓氏源流的探寻而促进血缘认同，并进而推动家族亲情、民族感情的交流和国家统一愿景的实现。（廖艳萍）

【福建省文化厅、共享工程福建分中心、省图书馆联合组织"文化共享长征行"宣传服务活动】 2006年5月30日—31日，由共享工程福建分中心及省图书馆领导和有关人员组成"共享工程长征行"小分队，带着福建省文化厅赠送给闽西老区图书馆的图书、光盘、DVD机、液晶电脑和背投电视，分别在宁化、长汀举行了"共享工程长征行"接旗仪式，并向当地群众播放专门制作的文化共享工程宣传片，还搜集了一些当年红军长征的信息资料。当地党政领导、老红军、图书馆员工和中小学生代表出席了接旗仪式，省市县电视台和报纸等媒体也作了跟踪报道。（郑卫光）

【福建省图书馆举行图书馆服务宣传周活动】 根据全国"知识工程"领导小组及省文化厅的部署，福建省图书馆于2006年5月29日—6月4日举行了2006年度图书馆服务宣传周活动，主题是"倡导全民阅读，构建学习型社会"。具体活动内容包括：

1. "文化共享长征行"系列服务活动："文化共享长征行"接旗仪式；送书下乡；向长汀县图书馆、宁化县图书馆赠送电脑、电视、DVD机、光盘等；文化信息资源展播及播放有关长征的历史资料片。

2. "保护文化遗产，守护精神家园"系列活动：文化遗产知识、灯谜竞猜；福建省优秀传统剪纸艺术精品大展；著名民间剪纸艺术家现场演示；寿山石艺术等省级非物质文化遗产保护系列讲座；播放文化遗产电视片。

3. "图书馆与我们的生活"读者座谈会。

4. "我爱读书"少儿读书爱书活动（与温泉幼儿园联合举办）。

5. "知荣辱，树新风，做新人"读书座谈会（与省未成年犯管教所联合举办）。

6. 图书展示活动：社会主义道德建设专题图书专架展览；知识工程推荐图书展；进口艺术书刊展览；爱护图书宣传展示活动。

7. 送书活动：到省未成年犯管教所、黎明幼儿园、高湖小学等8个少儿分馆馆外流通点送书约2000册左右。

8. 图书推荐活动：优秀少儿图书推荐；"知识工程推荐图书"书目推荐；闽台专题文献资料书目索引及书刊文摘推荐。

在图书馆服务宣传周活动期间，围绕"倡导全民阅读，构建学习型社会"的主题，从多层面、多角度向社会公众展示、介绍图书馆，让更多的社会公众走进图书馆，了解图书馆、利用图书馆。（康新宇）

【全国文化信息资源建设

管理中心领导孙承鉴副馆长一行来福建检查工作】 2006 年 6 月 7 日,文化部全国文化信息资源建设管理中心领导、国家图书馆孙承鉴副馆长及技术处蒋卫东处长一行来福建检查工作,郑一仙馆长、郑智明副馆长向他们介绍了福建省分中心工作情况,并陪同视察了福建文化信息网视频编辑工作室以及网络机房。(康新宇)

【福建省图书馆举行福建省第一个中国"文化遗产保护日"系列活动】 2006 年 6 月 10 日是福建省第一个中国"文化遗产保护日",福建省图书馆作为活动分会场,举办了以"保护文化遗产,守护精神家园"为主题的系列活动,包括寿山石艺术鉴赏知识讲座、灯谜竞猜、剪纸艺术作品展览与现场剪纸展示、播放非物质文化遗产专题电视片等,以提高公众的文化遗产保护意识。

在灯谜竞猜活动中,民间谜语专家为本活动提供了原创谜语 400 条,内容涉及文化遗产知识、地方方言习俗、诗歌文学戏曲、外语、脑筋急转弯等内容。剪纸艺术作品展览共展出剪纸艺术之乡漳浦民间剪纸艺术作品 70 余幅,并组织民间剪纸艺术家与爱好者现场表演,向读者赠送剪纸作品。寿山石艺术鉴赏知识讲座特邀福州工艺美术总厂郑宗坦、陈锡铭、王一帆三位寿山石艺术大师讲述寿山石参加国石评选的精彩回顾,以及寿山石雕刻技艺点评、寿山石作品赏析及鉴定等。(廖艳萍)

【福建省图书馆职工向灾区捐款捐物】 2006 年 5 月以来,台风暴雨洪水等自然灾害连续袭击福建省,给全省造成严重的经济损失。福建省图书馆响应上级号召,动员、发动广大干部职工开展捐赠活动,6 月 15 日—16 日两天时间共捐款 3 440 元、衣物 1 006 件,送交上级部门统一送往灾区。(康新宇)

【福建省图书馆举办"当前我省金融形势与金融政策"等专题讲座】 2006 年 6 月 17 日上午,中国人民银行福州中心支行吴国培副行长做客福建省图书馆"社会科学周末讲坛",就"当前我省金融形势与金融政策"这个从政府决策部门到市民百姓阶层无不热切关注的热点话题,为听众深入解读。

福建是中国现代漆画的发祥地之一。24 日上午,著名画家、高级工艺美术师、闽江学院艺术系主任汪天亮应邀在"社会科学周末讲坛"举办"漆艺术的传延"讲座。他从厦门大学赠送连战漆画谈起,阐述漆文化的传承,普及漆艺知识,弘扬漆艺文化。(廖艳萍)

【广西壮族自治区图书馆副馆长黄荣东一行来福建省图书馆考察交流】 2006 年 6 月 29 日上午,广西壮族自治区图书馆副馆长黄荣东一行 8 人来到福建省图书馆考察交流,与馆领导及相关业务部门负责人进行了座谈。(康新宇)

【福建省图书馆举办"让金融创造生活——运用信托 规划财富"等公益讲座】 2006 年 7 月 1 日上午,联华国际信托投资公司业务管理部总经理陈颖在福建省图书馆"社会科学周末讲坛"作了"让金融创造生活——运用信托规划财富"讲座,让听众了解信托这一具有广阔前景的金融工具,更好地为自身及所在单位处理理财、融资和特殊财务规划等事务。

7 月 8 日上午,福建师大音乐学院教授林君桓来到省图书馆"社会科学周末讲坛"作"人类进化与人的美"讲座,深入浅出地为听众讲述了"人的美从何而来"、"评判人的美的标准是什么"、"什么样的人是最美的"等问题。

7月15日上午，福建师范大学文学院教授祝敏青以"语言审美艺术"为题，做客"社会科学周末讲坛"，从审美角度对语言的运用加以考察分析，吸引了众多青年听众。

7月22日上午，福建师范大学文学院教授林焱来到"社会科学周末讲坛"，对100多名听众作了"DV文化的无限魅力"讲座。（廖艳萍）

【福建省图书馆与有关单位联合举办"省图之夏"青少年文化活动】 为促进和谐社会建设，体现社会对青少年一代的关爱，福建省图书馆、中国联通福州分公司、福建省礼仪协会、福建省诗歌朗诵协会于2006年7月26日—8月9日在省图书馆联合举办2006年暑期"省图之夏"青少年文化活动。本次活动邀请多位省内知名专家，针对青少年举行多场有关幸福人生观、文明行为规范、健康心理素质以及文学修养等专题讲座，并进行征文评选，对20名优秀征文作者颁奖。（廖艳萍）

【福建省图书馆举办"幽默谈吐"专题讲座】 2006年8月5日上午，福建师范大学文学院教授、著名学者孙绍振来到福建省图书馆"社会科学周末讲坛"，为慕名而来的200多名听众作了一场题为"幽默谈吐"的

讲座。整场讲座主讲人妙语连篇，听众笑声不断。（廖艳萍）

【省政协潘心城副主席一行到福建省图书馆调研】 2006年8月10日下午，省政协副主席潘心城率省政协文教卫体委员会领导及省政协委员一行14人，在福建省文化厅党组副书记、副厅长范碧云陪同下，来到福建省图书馆对文化共享工程进行专题调研。潘心城一行观看了福建文化信息资源共享工程专题介绍片，听取了省图书馆副馆长郑智明关于全国文化信息资源共享工程福建省分中心的工作汇报，并参观了文化共享工程机房及资源建设

编辑平台。在调研座谈会上，潘心城肯定了文化共享工程福建分中心的工作，指出文化共享工程是服务大众特别是基层群众的民心工程，是服务社会主义新农村文化建设的重点工程，是构建社会主义和谐社会的长效工程，意义重大，要突出重点，把这项工作做实做好。省政协领导和委员们还就共享工程的宣传、经费预算、今后发展方向等献言献计。范碧云副厅长感谢潘副主席一行对文化共享工程的调研，强调今后共享工程将以资源建设为重点，

充分整合全省优秀文化信息资源，更好地为群众服务。（康新宇）

【省人大常委会法制工作委员会副主任游劝荣在省图书馆举办"法治与和谐社会"公益讲座】 2006年8月12日上午，福建省人大常委会法制工作委员会副主任、省法学会副会长游劝荣来到省图书馆"社会科学周末讲坛"，以"法治与和谐社会"为题作了一场深入浅出的法制知识讲座，与100多名听众共同探讨这一当今社会共同关注的话题。（廖艳萍）

【省图书馆与省观鸟协会联合举办鸟类鉴赏知识讲座、图片展览和野外观鸟活动】 为了让更多的人认识了解各种鸟类的形态特征、栖息环境、繁殖方式、迁徙时间等科学知识，保护大自然，省图书馆与省观鸟协会于2006年8月19日—20日联合举办"关爱鸟类，回归自然"鸟类鉴赏与观鸟系列活动。19日上午，省观鸟协会会长等在省图书馆一楼多功能厅向100多名听众介绍观鸟概念、技巧、意义以及常见鸟类鉴赏知识，同时举办鸟类图片展览，并现场赠送《身边鸟类100种》画册。20日上午，省观鸟协会组织数十名观鸟爱好者到闽江口野外实践观鸟。（廖艳萍）

【"福建文化信息应用系统"项目验收会在福建省图书馆举行】 2006年8月24日上午，由福建省数字办主持的"福

建文化信息应用系统"项目验收会在福建省图书馆举行。验收组由马亨冰等6位专家组成，省数字办技术处处长陈同彩主持会议。省图书馆自动化部主任沈勤首先向专家组详细汇报了"福建文化信息应用系统"项目有关情况。专家组现场观看了系统演示，对该项目实施和管理中的一些具体问题提出建议。随后，验收组专家现场核查相关材料，填写建设项目验收评价表。项目验收报告认为，福建省图书馆在省数字办和省文化厅领导的大力支持下，充分整合丰富的数字文化资源，取得很大成绩，对福建文化信息应用系统中数字资源统一检索门户达到了百万数据秒级响应给予高度评价，认为福建省文化信息应用系统项目已达到专业验收标准，正式通过验收。

参加验收会议的还有：省文化厅副厅长范碧云、社文处处长王晓萌，承建方省图书馆书记谢水顺、副馆长陈忠芳、郑智明，以及项目承建方福州计通信息技术有限公司、监理方福建省计算技术应用研究所及软件测试方的有关同志。王晓萌处长代表省文化厅感谢专家们的辛勤工作，表示要针对存在问题认真落实改进。范碧云副厅长还就"福建文化信息应用系统"今后的建设和发展同专家们进行了探讨。（康新宇）

【福建省图书馆举办"外籍教师眼中的中西文化"专题讲座】 2006年8月26日上午，省图书馆与福州EF英孚教育共同举办主题为"外籍教师眼中的中西文化"互动讲座，旨在推广应用英语教育的普及，拓展读者的文化视野，提升文化素养。本次讲座邀请了4位外籍教师，来自法国的Jeremy讲座的主题是法国和中国对比"France vs China"；毕业于美国加利福尼亚大学主修地球科学的Jaimie介绍在美国的生活"my life in American"；爱好音乐、运动、旅游的Chris讲述旅游生活"my travels"；来自波士顿语言大学的讲师Judith则介绍了南非的风土人情。（廖艳萍）

【福建省图书馆郑一仙馆长赴澳大利亚和新西兰考察文化事业和产业】 2006年9月4日—18日，郑一仙馆长随福建省文化厅组团赴澳大利亚和新西兰考察两国文化事业和产业，探讨进一步加强双边文化交流合作，具体商谈澳大利亚国家海洋博物馆与福建省图书馆交流合作事宜。（康新宇）

【文化部全国文化信息资源建设管理中心主任张彦博一行到福建考察文化共享工程】 2006年9月8日—10日，文化部全国文化信息资源建设管理中心主任张彦博，在福建省文化厅党组副书记、副厅长范碧云，社文处处长王晓萌，福建省图书馆馆长郑一仙、副馆长郑智明等陪同下，深入福建龙岩、泉州部分县市考察文化共享工程。

在龙岩市新罗区红坊镇倒流水村老人协会活动室，张彦博主任主动向正在观看文化信息视频资源的乡亲们问好，仔细询问他们对文化共享工程资源与服务方面的要求，并代表国家中心向红坊文化站赠送了一批视频资源光盘。随后，张主任向地方文化部门同志及基层文化站工作人员详细了解共享工程设备的使用、维护及资源利用情况和服务方式等问题，并作了具体指导。在历史文化名城泉州考察期间，张彦博主任还就非物质文化遗产保护、扩大文化共享工程的影响力、充实文化信息资源建设等问题指出，要加大文化共享工程资源建设的力度，拓展服务方式和领域，因地制宜地推进文化共享工程的建设。龙岩、泉州两市的文化局及图书馆领导陪同在当地考察。（王其标）

【全国文献影像技术标准化技术委员会、中国文献影像技术协会2006年年会在武夷山举行】 2006年9月5日—10日，来自全国各地的文献影像标准委员会委员、文献影像技术协会会员30余人参加了会议。全国文影标主任委员、国家图书馆副馆长张雅芳出席会议并作了《全国文影标2006年度工作报告》，中国文献标准技术协会理事长孙承鉴作了《中国文影协2006年度工作报告》，李健秘书长作了《ISO/TC171第19次会议考察报告》。文影协各工作委员会、文影标各分会分别进行了年度工作总

结及讨论下年度工作计划。福建省图书馆党总支部书记兼副馆长谢水顺、缩微部主任林蓉清参加了会议。（林蓉清）

【福建省图书馆举办"在诉讼中如何维护你的权利"公益讲座】 2006年9月9日上午，福建省社科联、福建省图书馆在"社会科学周末讲坛"共同举办"在诉讼中如何维护你的权利"法律知识公益讲座，邀请厦门大学张榕教授作客省图书馆，针对市民关注的种种法律问题进行分析，以提升市民法律意识，维护自身合法权益。（廖艳萍）

【福建省图书馆举办"八闽风光·软木画赏析"专题讲座】 软木画是福州手工艺品"三宝"之一，属于珍贵民间文化遗产。为了让广大市民了解这一珍贵的民间工艺品种，使之发扬光大，福建省图书馆于2006年9月23日上午在一楼多功能厅举办"八闽风光·软木画赏析"专题讲座，特邀吴芝生、陈政勇、余逸柏3位高级工艺美术师介绍福州软木画的起源与传承发展以及如何欣赏软木画作品。（廖艳萍）

【福建省图书馆举办"爱心传动、分享阅读"图书捐赠活动】 在倡导终身学习、构建海峡西岸学习型社会、纪念"福建省9.28终身教育活动日"之际，福建省图书馆于2006年9月28日举办"爱心传动、分享阅读"图书捐赠活动。在省图书馆一楼大厅专门设置了图书捐赠点，接受市民捐赠图书，当日共收到捐书200预测余册。汇总后通过福州市希望工程"绿色书库"转交贫困地区、边远山区及城市农民工子女学校，同时回赠捐书者一份"爱心捐赠卡"作为珍藏纪念。（廖艳萍）

【福建省图书馆举办纪念鲁迅先生专题讲座】 为纪念鲁迅先生诞辰125周年和逝世70周年，福建省图书馆于2006年10月7日上午特邀福建人民出版社副社长、中国鲁迅研究会理事房向东在省图一楼多功能厅举办《关于神化、俗化和丑化鲁迅》专题讲座，吸引了许多青少年读者到场听讲。（廖艳萍）

【福建省图书馆举办"非物质文化遗产与东方文化"专题讲座】 2006年10月14日上午，福建省社科联和福建省图书馆在"社会科学周末讲坛"联合主办"非物质文化遗产与东方文化"公益讲座，集美大学民间文学与艺术遗产研究所所长夏敏莅临省图书馆，通过自己多年来的研究成果，就非物质文化遗产与东方文化这一主题展开精彩的论述。（廖艳萍）

【福建省图书馆举办"心理调适的自我体验"专题讲座】 现代人面临生活与工作的重重压力，难免产生种种心理问题。2006年10月21日上午，福建省图书馆邀请心理咨询讲师谢宝平来到省图，为众多听众作了一场题为"心理调适的自我体验"的专题讲座。以人的心理自我调适为主线，试图给人们一把打开认识自我、调整自我的钥匙。（廖艳萍）

【福建省图书馆举办"福建民间信仰"专题讲座】 2006年10月28日上午，福建师范大学社会历史学院教授、博士生导师林国平博士做客福建省图书馆"社会科学周末讲坛"，以"福建民间信仰"为题，运用大量史实和生动事例为听众讲述福建民间信仰的现状，分析福建民间信仰盛行的原因和特点，揭示福建民间信仰的某些奥秘，并就福建民间信仰的社会历史作用等问题与听众展开对话。（廖艳萍）

【福建省机关事业单位工人技术等级（图书资料）岗位培训考核在福建省图书馆举办】 2006年10月16日—31日，2006年福建省机关事业单位工人技术等级（图书资料）岗位培训考核在福建省图书馆举办，来自全省九地市各系统图书馆、资料室的82名学员参加了培训考核。按照省人事厅要求，本次理论技能考核首次采用标准答题卡形式。大部分学员通过半个月的学习培训，分别通过了相应级别的考试。（方允璋）

【文化共享工程南方区省级分中心技术骨干培训班在福建省图书馆举办】 为了满足

全国广大基层特别是欠发达地区群众对文化信息资源的需求,加快文化共享工程在老少边穷地区的实施,共享工程国家管理中心在全国分南北两片举办省级分中心技术骨干培训班。2006 年 10 月 23 日—26 日,43 名来自贵州、重庆、上海、广西、海南、安徽、云南、湖北、湖南、江苏、广东、福建、浙江等南方13 省区的学员及设备厂家技术指导人员参加了在福建省图书馆举办的南方区培训班。国家管理中心副主任张晓星、福建省文化厅副厅长范碧云、社文处处长王晓萌、国家管理中心运行保障处副处长蒋卫东、福建省图书馆馆长郑一仙、书记谢水顺、副馆长陈忠芳、郑智明等领导出席了培训班开幕式。(康新宇)

【福建省图书馆举办"福州城市精神与中国现代化"等专题讲座】 2006 年 11 月 4 日上午,中共福建省委党校教授林怡做客福建省图书馆"社会科学周末讲坛",以"福州城市精神与中国现代化"为主题,通过福州三坊七巷和船政文化这两个独特的视点,阐述福州在中国现代化进程中的历史地位,民族精神在中国现代化建设中的重要性,以及现代化进程中如何培育和弘扬民族精神。

10 月 11 日上午,"社会科学周末讲坛"邀请福建师大体育科学学院教授陈融作"休闲体育与身心健康"专题讲座,讲述了传统竞技体育与现代休闲体育的区别,指出休闲体育不是一般的消遣、娱乐和休养,而是为了促进身心健康、发展自我的一种活动。

10 月 18 日上午,"社会科学周末讲坛"邀请闽江学院教授林友华作"礼仪建设与社会和谐"专题讲座。林教授以生动的事例阐述了礼仪与人生幸福、社会治安的密切关系,指出人际关系和谐是社会和谐的基础,而礼仪缺失是导致人际关系不和谐、引发许多社会矛盾的不可忽视因素。

10 月 25 日上午,"社会科学周末讲坛"邀请中共福建省委党校教授吴秀舜作"我国航天事业与载人航天精神"专题讲座。吴教授以翔实生动的资料和图片向听众介绍当今我国的航天事业,阐述载人航天精神是"两弹一星"精神在新时期的发扬光大,是以爱国主义为核心的民族精神和以改革创新为核心的时代精神的生动体现。(廖艳萍)

【福建省图书馆举办"世界文化圣贤朱熹的其人其事"专题讲座】 2006 年 12 月 9 日上午,福建省图书馆"社会科学周末讲坛"邀请福建行政学院徐刚教授作"世界文化圣贤朱熹的其人其事"专题讲座,为听众解读朱熹的思想和生平。(廖艳萍)

【福建省图书馆召开网络及视听设备改造方案论证会】 2006 年 12 月 12 日上午,福建省图书馆网络及视听设备改造方案论证会在省图三楼会议室召开,邀请我省图书馆自动化、音像设备方面专家阮延生、吕述珩、张文德、郑晓明、郑卫平、潘岚等人对省馆的网络及视听设备改造方案进行论证。馆领导郑一仙、谢水顺、陈忠芳、郑智明、郑卫光及自动化部、视听部有关人员参加了论证会。(康新宇)

【福建省图书馆举办"各国老外话圣诞"专题讲座】 随着我国的改革开放,越来越多的外国人在中国工作、生活。在西方国家一年中最盛大的节日圣诞节前夕,2006 年 12 月 16 日上午,福建省图书馆与福州 EF 英孚教育在福建省图书馆共同举办"各国老外话圣诞"讲座,邀请来自澳大利亚、埃及、英国等 3 名外籍教师介绍各国圣诞节风俗以及他们将如何在中国欢度圣诞节。(廖艳萍)

【福建省图书馆召开 2006 年度回顾展望会议】 2006 年 12 月 18 日—20 日,福建省图书馆在连江县贵安温泉游泳基地召开 2006 年度部主任回顾展望会,馆中层以上领导共 31 人参

加了会议。会上各部门主任汇报了 2006 年度部门工作,提出 2007 年急需馆里解决的问题,

并重点介绍了 2007 年工作设想。(康新宇)

【福建省图书馆举办"闽台民间美术的背景与图式"专题讲座】 2006 年 12 月 23 日，福建师范大学美术学院副院长、博士生导师教授李豫闽做客福建省图书馆"社会科学周末讲坛"，以"闽台民间美术的背景与图式"为题，针对民间美术的区域性、公众性和实用性，阐述了闽台民间美术的源流与嬗变。(廖艳萍)

【福州市图书馆、福州市少儿图书馆开展文化三下乡活动】 福州市图书馆、福州市少儿图书馆每年都配合全民阅读活动，开展文化科技卫生三下乡活动。2006 年春节期间，福州市图书馆和福州市少儿馆与兄弟文化单位一起，带着上千册科普、农业科技和文艺类图书报刊、信息集萃和其他慰问品，来到福清市东侨镇村后村，为当地村民送书送信息，并以写春联、文艺表演等多种形式为村民们提供文化服务，受到广大农民群众的欢迎。(福州市图书馆)

【福州市图书馆把优秀书刊送到军营】 2006 年"八一"前夕，福州市图书馆领导带领拥军小分队，带着精心挑选的数千册军事、科技、文学书刊来到驻榕部队某高炮团、连江 73331 部队、空军某雷达旅等部队流通点，为官兵们送上"八一"建军节的问候。(福州市图书馆)

【福州市举办中小学图书馆业务培训班】 2006 年 11 月中旬，福州市教育局在福州师范学校举办福州市中小学图书馆业务培训班，来自福州五区八县中小学图书馆的 300 多名学员参加了培训学习。培训期间，福建省图书馆学会秘书长龚永年应邀为培训班作了《图书馆学论文写作》辅导讲座。

【闽侯县图书馆开展街头免费咨询、视频播放活动】 2006 年图书馆服务宣传周期间，闽侯县图书馆员工走出馆门，到县城街心广场为群众提供信息免费咨询服务，编印分发科技知识宣传单 200 多份。在开展全民阅读活动中，充分利用共享工程提供的上海图书馆系列讲座资源，组织读者和本馆员工看讲座录像，同时组织了一批爱国主义教育、科普教育、传统国粹等光盘和优秀视频讲座光盘免费借给读者观看。县图书馆还与福州市少儿图书馆联办少儿图书流通点，充分利用市少儿图书馆提供的 2000 多册少儿图书开展少儿读书活动。(闽侯县图书馆)

【南平市图书馆开展文化三下乡活动】 2006 年春节前夕，南平市图书馆协同市、区机关、医院等单位一同来到茫荡镇北山村，为农民群众播放共享工程农业科教片《池塘高效养鱼》《柑橘的种植》，并赠送各种书刊约 200 册。图书馆还事先收集整理适合当地农村的实用科技信息，将其编印成《致富信息》分发给村民，同时还开展了科技咨询、义诊、信贷知识讲座等活动，深受农民群众好评。(南平市图书馆)

【三明市图书馆开展全民阅读活动】 2006 年里，三明市图书馆配合全民阅读活动，积极开展文化共享、视频点播进社区活动。主要通过国家数字文化网开展视频点播走进社区、机关，梅列区妇联、区林业局、高岩社区等单位的近千名机关干部、社区群众通过这种方式观看了各种专题讲座，三明电视台还作了专题报道。在图书馆服务宣传周期间，三明市图书馆在宣传栏上向读者推荐了一批新书好书，举办书名、报刊名谜语有奖竞猜活动，在电子阅览室举办"文化信息共享工程多媒体演示"，专门购买了少年儿童喜爱观看的《小马王》《加菲猫》等 12 部动画片组织少儿观看。同时还组织共享工程视频播放小组赴尤溪县，与尤溪县图书馆合作，为尤溪县工商局、林业局干部职工和中学生播放专题片和故事片，组织有奖猜谜等活动，受到广大职工和中学师生的欢迎。2006 年 9 月，三明市图书馆共享工程视频播放小组与三明军分区"卫生、科技、文化"三下乡慰问团一起，来到大田县武陵八一希望小学，向该校师生赠送了 100 多册期刊和一批动画、科幻、科教、文艺片光盘，并为小学生们播放共享工程影视资

源《中国古代发明》、《口算、心算、速算》、《小马王》等 VCD 科教片、动画片。（三明市图书馆）

【永安市图书馆开展基层图书流通点服务活动】 永安市图书馆近年来积极开展全民阅读活动，送书进社区、进军营、进乡村，先后建立了 7 个分馆和 5 个社区图书流通点，还在部分乡镇 22 个村建设乡村图书流通点，专门组织 3 万册图书用于基层流通。积极开展文化拥军，建立了"永安市图书馆拥军书库"，与部队联合开展"双拥杯"征文、演讲活动，受到部队官兵欢迎。此外还设立"未成年人图书专架"，调整经费购置适合未成年人阅读的图书，简化办证手续，吸引未成年人走进图书馆。（永安市图书馆）

【莆田市图书馆积极加工全市各界捐赠图书，建立农村流动书库】 为创建学习型社会，促进全民阅读活动，莆田市图书馆在 2006 年全市开展捐赠图书建立新农村流动书库活动中，不但积极捐书，还不辞辛劳加班加点，将全市收到的 35 800 多册图书期刊电子读物加工整理，送到各县区农村图书流通点。（莆田市图书馆）

【厦门图书馆开设漳州监狱分馆】 全民阅读活动也包括特殊群体阅读，2006 年 6 月，厦门图书馆与漳州监狱合作创办了厦门图书馆漳州监狱分馆。6 月 23 日，由厦门市文化局领导和厦门图书馆馆长带队，将精心挑选的 6 000 册图书送到漳州监狱。监狱方面指定专人管理图书，向 3 000 多名服刑人员开放借阅，并实现了电子化管理。（厦门图书馆）

【厦门市少儿图书馆积极开展"红读"活动】 厦门市少儿图书馆 17 年来坚持在中小学开展"红读"活动，市"红读"活动组委会办公室就设在市少儿馆。作为承办单位，市少儿馆馆长亲自抓这项工作，专人负责组织实施。每年都举办一两个系列活动。2006 年"红读"活动的主题是"知荣辱，树新风"，具体内容有读书辅导讲座、读书征文、知识竞赛等，注重读书活动的新颖性、创意性、趣味性、知识性、生动性，使"红读"活动经久不衰，每年都有 5 万人次中小学生参与，覆盖面达到 100%。（厦门市少儿图书馆）

【泉州市图书馆开展文化拥军】 2006 年 3 月，泉州市文化局和市图书馆拨出专项经费，为驻守惠安和南安的两个部队建立拥军图书室。"八一"前夕，泉州市文化局和市图书馆为驻守泉州的两个部队送去 5000 多册图书，并为他们配备书架、书柜，建立拥军书库和图书室。10 月又专门组织电影小分队到部队为官兵播放故事影片和泉州历史纪录片。（泉州市图书馆）

【石狮市图书馆"普及科学知识，提高全民素质"主题游园、少儿美术作品展等活动】 2006 年图书馆服务宣传周期间，石狮市图书馆于 5 月 20 日参加在石狮市服装城展览中心举办的"普及科学知识，提高全民素质"主题游园活动，采用投影仪现场演示讲解和发放宣传单、试用卡等形式，向市民介绍市图书馆新推出的电子图书资源和共享工程示范点电子资源，让更多的市民了解图书馆，了解共享工程。5 月下旬和 6 月上旬在市图书馆分别举办成人和少儿书法美术作品展。6 月 10 日在中国魅力名镇惠安县崇武镇举办由石狮市图书馆、市绿洲读书社和市博物馆共同主编的《闽南地方文献资料丛书》第二辑（崇武卷）首发仪式。此外，石狮市图书馆还整理了社区居民需要的休闲娱乐与科普书刊、影视片，以及农民群众需要的农业科学技术书刊、专题片，由图书馆服务队送到社区和农村；还向后花村、林边村图书馆赠送电脑设备，同时配送共享工程资源中"实用农科与知识影库""农事指南"等资源，让图书馆收藏的丰富文献资源发挥应有的作用。（石狮市图书馆）

【龙海市图书馆与有关单位联合举办雷锋事迹报告会】 近年来，龙海市图书馆积极组织开展红领巾读书读报活动。2006 年 3 月 10 日，龙海市图书馆与龙海市关工委、团市委在市图书馆讲座厅联合举办

雷锋事迹报告会,石码地区少先队干部、红领巾读书读报小组组长代表和少先队总辅导员共210人出席了报告会。(龙海市图书馆)

【宁德市蕉城区图书馆开展文化下乡和视频展播活动】 在2006年图书馆服务宣传周期间,蕉城区图书馆组织员工前往猴盾少数民族文化站播放科技专题片和文艺演出节目,受到村民的热烈欢迎,观众达300多人次。还在图书馆大厅为读者播放文化信息共享工程提供的各种宣传片,组织职业中专等学校师生观看《现代礼仪外交》、《中国茶艺》等专题片。全年播放影视节目数十场,观众数千人,既扩大了图书馆的影响,也促进了群众性读书活动的开展。(蕉城区图书馆)

【古田县图书馆举办图书优惠月展览和"树立社会主义荣辱观"读书演讲比赛】 为迎接世界读书日,倡导全民阅读,创建学习型社会,古田县图书馆于2006年4月与有关出版社联合举办图书优惠月展览活动,发放宣传单3000多份,积极向读者推荐好书。6月份还参加了由县委宣传部牵头、县文明办、县妇联、县教育局、县文体局、县图书馆等6家单位联合举办的"树立社会主义荣辱观读书演讲比赛",认真做好推荐、提供图书等各项准备工作。经各校选拔,于6月3日在县文化影厅举办演讲比赛,来自城关7所小学的16名代表现场演讲,评选出一、二、三等奖和鼓励奖,县领导和300多名小学师生观看了演讲比赛。古田电视台、《今日古田报》及县图书馆办的"玉田在线"网站都作了报道。(古田县图书馆)

【福鼎市图书馆举办民间艺人剪纸展和纪念中国共产党建党85周年、红军长征胜利70周年图片展】 2006年图书馆服务宣传周期间,福鼎市图书馆为扩大影响,宣传中华优秀传统文化,在市委和文化主管部门的重视支持下,在图书馆举办了民间艺人上官秀明民间剪纸工艺美术作品展。作者的多幅剪纸作品曾入选全国美展并获奖,国家邮政局还发行了他创作的太姥山剪纸邮票、邮资有奖明信片等。剪纸展览吸引了数千观众到图书馆参观。6月底至7月图书馆还在一楼展厅举办纪念中国共产党建党85周年、红军长征胜利70周年图片展览,两次展览均结合推荐有关专题图书,进一步扩大了图书馆的影响。(福鼎市图书馆)

【霞浦县图书馆向少儿读者免费开放电子阅览室】 为增强图书馆对少年儿童的吸引力,霞浦县图书馆在2006年图书馆服务宣传周和"六一"期间,向少儿读者推荐了一批新书好书,并免费开放投资10万元新建成的电子阅览室,指导少年儿童健康上网。同时还召开了图书馆服务宣传周座谈会,主题是"知识经济与现代图书馆的作用",县委宣传部、县人大、县政协、政府办、县文联的领导以及新老读者代表20多人在座谈会上畅所欲言,为图书馆进一步搞好信息服务、为构建和谐社会发挥作用提出了许多宝贵意见和建议。今年该馆为促进中学生课外阅读活动,还与霞浦一中签订了图书资源共建共享协议,为霞浦一中图书馆提供图书流通服务。(霞浦县图书馆)

【龙岩图书馆举办"庆六一"少儿读书活动】 2006年6月,龙岩图书馆配合团市委、市少工委深入开展"知荣辱、树新风、促和谐"社会主义荣辱观读书活动,为少年儿童新购了价值万元的500余种、近千册各类少儿读物;同时在二楼大厅举办"庆六一"游园活动,包括书展、猜谜、播放动画片等,晚上还在图书馆广场与市财贸幼儿园联合举办了一场生动活泼的少儿歌舞晚会。(龙岩图书馆)

【福建省高校图书馆特色数据库建设项目培训和工作研讨会】 于2006年4月11日—13日在福建中医学院图书馆举行。主要内容:1.统一建库平台——特色数据库建库软件"DIPS数字文献处理系统"的集中培训。2.研讨"福建省高校图书馆特色数据库项目"的具体建设工作,包括筹备中期检查工作的有关事项。参加人员包括福建省高校特色数据库建设项目管理专家组成员和有

关各馆的立项项目组成员以及相关技术人员40人。(郭毅)

【2006年福建省高职高专图书馆馆长年会暨闽皖高职高专图书馆工作交流会】 于2006年6月3日—6日在安徽合肥市隆重召开。参加本次会议的代表有:福建省约30所高职高专院校的图书馆馆长、安徽省10多所高职高专院校图书馆馆长以及安徽大学图书馆、安徽科技大学图书馆的馆长等。安徽省高校图工委副主任、秘书长许俊达出席会议并发表讲话。会议主要任务是研讨新形势下高职高专图书馆工作,认真贯彻国家大力发展高等职业教育的精神,积极推进高职高专教育人才培养模式的改革,加强高职高专图书馆的建设与管理,根据各院校实际情况、教育的培养目标和社会的发展需要,制定适应于教学改革的图书馆服务模式。通过会议建立了闽皖高职院校图书馆之间的友好交流关系,为今后双方加强图书馆工作的合作交流打下了良好基础。(郭毅)

【福建省高校图书馆读者工作2006年学术研讨会召开】 福建省高校图书馆读者工作2006年学术研讨会于2006年6月19日至22日在华侨大学召开,来自全省高校图书馆的65名代表参加了本次会议。大会在福建省高校图工委读者工作专业委员会主任、厦门大学图书馆副馆长向毓轩主持下,由华侨大学副校长吴季怀致欢迎

辞,福建省高校图工委副主任、学术委员会主任方宝川发表讲话。会议请华侨大学图书馆馆长卫红作为《我馆的流通服务工作》的主题发言,热情介绍了华侨大学图书馆的概况及流通服务工作。福建师范大学图书馆馆长方宝川研究馆员为大会带来《美国图书馆的考察与思考》的主题报告,为与会者生动描述了美国之行考察图书馆所引发的思考与启迪。本次学术研讨会共收到论文37篇,内容涉及开放式图书馆的服务与管理、多校区办学环境下的图书馆工作、图书馆人性化服务及人文关怀、参考咨询服务和读者工作组织管理模式及理念等诸多方面。经专家评审,有8篇论文进行大会报告。论文的大会报告由福建省高校图工委读者工作专业委员会副主任叶晓红(福建师范大学图书馆)和齐红丹(福州大学图书馆)先后主持,本次会议还为每篇报告论文指定了评论人,采取报告结合评论的方式,使会议的气氛更加活跃,对相关主题有了更深入的探讨。会议还以"本科院校组"和"高职高专组"分组进行了热烈讨论,讨论范围涉及读者服务工作及大家所共同关心的问题。最后,由读者工作专业委员会向毓轩主任对大会进行了总结。(郭毅)

【2006年华东地区高校图工委(秘书长)年会召开】 2006年华东地区高校图工委(秘书长)年会于2006年9月19日—22日在福建省龙岩市

龙岩学院召开。龙岩学院院长李泽或到会并致欢迎词,会议由福建省高校图工委秘书长郭毅主持。来自华东地区六省一市高校图工委的代表(图工委副主任、秘书长、副秘书长和秘书处成员)、部分高校图书馆的馆长参加了会议。会议交流了华东地区各省(市)高校图工委的工作情况和经验,研讨了华东地区省级区域文献保障体系建设和文献信息资源共享、高校图书馆的数字化建设等。福建省介绍了推动和组织实施"福建省教育厅高等学校图书馆专题特色数据库立项项目"建设,构建统一的建库平台,更好地建立相关信息的共享机制,组织人员培训,确保项目的建设水平和建设效益,CALIS福建省中心的建设与全省高校文献信息资源共享合作机制的形成,加强"福建省高校图书馆文献传递"服务体系建设的情况等。(郭毅)

【福建省高校图书馆文献采访工作2006年学术研讨会召开】 福建省高校图书馆文献采访工作2006年学术研讨会于2006年12月4—7日在莆田市召开,来自全省各高校图书馆的60多名代表参加了会议。莆田学院副院长卢国富致欢迎词,福建省高校图工委副主任、省高校图工委资源建设专业委员会主任、华侨大学图书馆卫红馆长主持会议开幕式。这次研讨会学习、研讨《教育部办公厅关于加强各类高等学校教材和图书采购管理工作的通知》

和教育部图工委发布的《普通高等学校图书馆文献集中采购工作指南》，以推动我省高校文献采访工作更加规范化，并通过各馆相关工作的交流和文献采访工作的理论与实践研讨，进一步提升我省高校图书馆文献采购工作的水平。本次研讨会的主题定位在当前高校图书馆文献资源建设的一系列热点问题的研讨，会议着重讨论了目前高校图书馆文献采购招投标、书目预订和现书订购、图书供应商的选择与要求、采编业务外包关系中的冲突及预防、高校教学评估与文献资源建设关系以及高校图书馆文献资源建设模式等问题。共有20多篇围绕主题的论文在研讨会上交流，其中6位作者在会上作了专题发言。同时还召开了福建省高校图工委资源建设专业委员会成立暨第一次委员会议。福建省高校图工委资源建设专业委员会成员系由各本科院校图书馆推荐的19位同志组成，由省高校图工委副主任、华侨大学图书馆卫红馆长担任主任，由厦门大学图书馆副馆长陈小慧、福建师范大学图书馆郑家杰、福州大学图书馆王玲艳担任副主任。专业委员会将不定期围绕全省高校图书馆的文献资源建设业务开展工作，在推进全省高校图书馆数字资源集团或联合采购、理顺并规范全省高校图书馆纸本文献采购管理等具体工作方面发挥作用，进一步探讨有利于我省高校图书馆文献建设工作的有序的发展道路。本次研讨会的召

开，对促进全省高校图书馆文献资源建设的整体发展与业务规范具有积极的意义。（郭毅）

【福建省高校图书馆"信息检索的发展与高校信息素质教育"研讨会召开】 福建省学校图书馆信息检索的发展与高校信息发展教育，研讨会于2006年12月21日—22日在福州大学图书馆隆重召开。本次研讨会共收到各兄弟院校的论文27篇，其中有6篇论文在大会上报告。同时，共有来自全省各地29个单位的47名代表参加了本次大会。在会议开幕式上，首先由福建省高校图工委秘书长郭毅就教育部颁布的《普通高等学校图书馆规程(修订)》中对"高校信息素质教育的要求"以及"网络环境下的高校信息素质教育"作了热情洋溢的讲话。福建省高校图工委副主任、福建省高校图工委信息技术与文献检索课教学工作专业委员会主任张文德作了"图书馆员应多参加科研工作"的专题发言，鼓励图书馆员多出科研成果。在大会专题发言和分组讨论中，围绕着"信息检索技术的最新发展"以及"当前形势下的高校信息素质教育"两大主题，探讨了Web2.0技术的最新发展及其对图书馆工作的推动作用，以及在当前形势下高校信息素质教育的主要内容、教学方法、评价方式等问题，同时也针对当前网络环境下的参考咨询工作，特别是如何提供个性化的信息服务工作作了探讨。（郭毅）

【福建省高校图工委组织开展"福建省高等学校图书馆专题特色数据库"项目建设】 2006年福建省教育厅开始投资近百万元启动了"福建省高等学校图书馆专题特色数据库"项目建设。九所相关重点建设的高等学校也在此基础上安排配套建设经费，支持"专题特色数据库建设"。根据福建省教育厅《关于开展"福建省高等学校图书馆专题特色数据库"建设的通知》和《关于公布福建省高等学校图书馆专题特色数据库建设立项项目的通知》的文件精神，从2006年1月开始福建省高校图工委正式组织开展"福建省高等学校图书馆专题特色数据库"项目建设。为确保项目建设，福建省高校图工委成立了福建省高校图书馆特色数据库建设项目管理专家组并召开了项目建设工作会议。项目建设将遵循"集中与分散建设相结合与资源共享"的原则，统一制定特色数据库的建库标准和服务功能要求，构建统一的建库平台，建成一批具有福建地方特色、海峡地域特色、华侨文化特色、福建高等教育特色和特定文献资源特色，方便实用、技术先进的专题文献数据库，建立高校文献信息共享机制。数据库涵盖了与选题有关的各种类型的文献，包括题录、文摘、全文、图像、音频、视频等，每个库实际建库内容应不少于三种文献类型，其中一次文献(如全文、图像、音频、视频)不少于30%。"福建省高等学校图书馆专题特色数

据库"将于 2008 年验收建成。2006 年项目建设的进展情况如下：1. 根据项目建设要求，统一了建库平台，特色数据库建库软件在年内安装完毕。构建项目建设统一的平台，更好地建立相关信息的共享机制，确保项目的建设水平和建设效益。2. 根据项目建设需要，进行集中培训。3. 根据项目建设进度，筹备开展中期检查。（郭毅）

湖南省

【2006 年湖南省公共图书馆馆长会议在长沙隆重召开】　2006 年 3 月 14 日—16 日，湖南省各市、州文化局主管图书馆工作的科长，各市、州、区、县 130 家公共图书馆馆长和湖南图书馆、湖南省少儿图书馆馆长等 150 人齐聚长沙，探讨湖南公共图书馆事业的发展途径，共同展望图书馆事业的美好前景。湖南省文化厅副厅长吴爱华、厅社文处处长邹健、副处长金铁龙、湖南图书馆馆长张勇、省少儿图书馆馆长罗建国、湖南大学图书馆馆长郑章飞等领导出席会议。

本次会议是改革开放以来我省公共图书馆界的首次大规模盛会，会议在总结参加文化部第三次公共图书馆评估工作情况的基础上，奖励和表彰湖南公共图书馆第六次服务成果获奖单位和个人，对全省公共图书馆事业发展进行深入研讨，对 2006 年全省公共图书馆工作作出部署。会议还拟定和

发表了重要文献《湖南省公共图书馆共同愿景》，《愿景》以宣言的形式进一步明确图书馆发展的制度保障、社会基础、事业内涵和图书馆员应遵循的职业道德和服务宗旨，反映我省公共图书馆的职业理念，说明公共图书馆在公共文化服务体系中的重要作用，表达了公共图书馆的共同呼声和美好意愿。会议统一了思想、交流了信息、密切了联系、受到了鞭策、增强了信心、凝聚了力量。

会上，吴爱华副厅长作了重要讲话，她在充分肯定全省各级公共图书馆在提升民族素质、促进社会进步方面所取得的成绩的基础上指出，按照中央对国家公益事业单位改革的要求，各级公共图书馆现阶段的主要任务是增加投入、转换机制、增强活力、改善服务，各级公共图书馆要实现这一目标，做到"有为、有位"关键是要在改革创新上下工夫，各级公共图书馆要牢固树立"以人为本、读者至上，维护群众文化权益"的观念，在经营理念上不断创新，在管理机制上不断创新，在服务手段和服务内容上不断创新，以更加积极的姿态努力工作，将全省公共图书馆事业推向一个新的发展阶段。（湖南省图书馆学会）

【湖南省图书馆学会召开第八次会员代表大会】　2006 年 5 月 23 日，湖南省图书馆学会第八次会员代表大会在湖南图书馆召开。湖南省图书馆学会第七届理事会理事长邹华

享，副理事长常书智、陈能华、郑章飞、肖雪葵、肖晓燕，秘书长张勇，来自全省各级各类型图书馆的会员代表共 120 人出席了大会。

开幕式由郑章飞副理事长主持，湖南省社会科学界联合会副主席刘宏、学会处卢本立处长、陈晓季副处长；湖南省文化厅社会文化处邹健处长、金铁龙副处长；湖南省民政厅民间组织管理局常立宪副处长、陈群副处长应邀出席开幕式并致辞。

邹华享理事长受第七届理事会委托，在大会上向代表们作《与时俱进，务实求真，全面推动湖南省图书馆事业向前发展——湖南省图书馆学会第七届理事会工作报告》，《工作报告》从 9 个部分回顾了 5 年来的学会工作：组织高层次论坛，开展学术交流；组织专家在省内巡回演讲，普及学科知识；组织学术成果评奖，促进学科发展；开展国内外交流，促进事业发展；协助省文化厅开展全省公共图书馆评估定级工作；协助省文化厅开展图书馆员职业道德知识竞赛；编辑学术刊物，出版学术著作，教育培训工作；加强学会组织建设，获得一系列荣誉。肖雪葵副理事长作《关于〈湖南省图书馆学会章程〉修改草案的说明》报告。大会通过了《工作报告》和《湖南省图书馆学会章程》。

陈能华副理事长主持选举学会第八届理事会，并就学会第八届理事会组成方案向大会作了说明。大会代表采取等额

无记名投票方式,民主选举由70人组成的学会第八届理事会。学会第八届理事会一次会议选举产生了由29位常务理事组成的第八届常务理事会和学会领导。湖南图书馆馆长张勇当选为理事长,湖南大学图书馆馆长郑章飞、湘潭大学管理学院院长陈能华、湖南省科技信息研究所所长肖雪葵、湖南省少儿图书馆馆长罗建国、湖南图书馆副馆长伍艺、中南大学图书馆馆长张曾荣、国防科技大学图书馆馆长刘春林、湖南师范大学图书馆馆长罗益群当选为副理事长。湖南图书馆副馆长雷树德当选为秘书长,沈小丁当选为副秘书长。(沈小丁)

【湖南省举办第六届公共图书馆服务成果评奖活动】根据湖南省文化厅于2005年3月9日下发的《湖南省文化厅关于开展第六届全省公共图书馆服务成果评奖活动的通知》(湘文社〔2005〕39号文件)的精神,在全省公共图书馆开展了第六届服务成果评奖活动。这次活动得到全省公共图书馆的响应,省评审办公室共收到全省有99所公共图书馆申报的177项服务成果,参与评奖活动的单位比上届有所增加。经省文化厅组织的评审委员会评定,共有118项成果获奖,其中一等奖14项,二等奖30奖,三等奖74项。

湖南图书馆申报了12项成果,湖南省少儿图书馆申报了9项。长沙市、衡阳市、株洲市、常德市、娄底市、岳阳市、湘西自治州组织工作做得好,七市州所有的公共图书馆都申报了服务成果。衡阳市申报的22项成果材料,统一装订成册,显示出整体的水平。这次评奖活动是对近三年全省公共图书馆服务工作的一次总结,获奖项目对当地经济、政治、文化、教育的发展有推动作用,产生了良好的社会效益,提升了公共图书馆的服务能力,促进了全省图书馆事业的发展。

湖南省公共图书馆第六届服务成果评奖获奖目录

序号	申报单位	项目名称	第一服务者	项目合作者
一 等 奖				
1	湖南图书馆	策划组织"活动",全力推进图书馆事业发展	常书智	办公室 党委办
2	湖南图书馆	建设共享工程工作网络,合作发展基层服务网点	伍艺	李月明 罗光灿 杨丹 张文勇
3	湖南图书馆	以读者为本,创新服务机制,全面提高读者服务质量和水平	邓签	尹宁 姜进 杨学峰 罗晓初
4	省少儿图书馆	2005年全省少年儿童"不朽的丰碑——纪念抗日战争胜利六十周年、红军长征胜利七十周年"读书知识竞赛活动	王启福	薛蓉 唐河清
5	省少儿图书馆	"蒲公英阅读大行动"——湖南省少年儿童图书馆首批农民工子弟学校分馆建设与服务	杨柳 薛天	黎戈 成俊 肖煊 周伟
6	长沙市图书馆	加强基层图书馆建设,开展送书进社区、送书下乡服务	张晓原 王自洋 肖雨滋 杨民宪 徐泽利	王衡伍 宓容 刘西义 周湘渊 赵佩纯
7	衡阳市图书馆	为衡阳抗战地方史研究服务	卢向阳	肖寒华 丁民
8	株洲市图书馆	为星火计划、高新技术服务,为中南大学土木建筑学院提供"高性能快速修补混凝土的研究与应用"课题服务	叶梦龙 李晓黎	万水宽 庞继辉 花祥兰 龚琳 周琼芳
9	常德市图书馆	发掘历史 维护历史真实面目——常德市图书馆为本市民间对日索赔提供决策咨询和文献信息服务	诸冰花	刘朝晖 钟毅琼 杨明英

序号	申报单位	项目名称	第一服务者	项目合作者
10	湘潭市图书馆	《齐白石辞典》的编辑、出版与影响及齐白石资料中心的建立	李翠平 梁小平 文鸣	龚文南 肖健 姚建平 贺中和
11	临澧县图书馆	编印《临澧风物大观》	史新林	刘昌大 杨东旭
12	永顺县图书馆	为土家族打溜子、舍巴日、织锦申报首批国家级非物质文化遗产代表作名录提供文献服务	张 镛	姚祖安 李固飞
13	平江县图书馆	为平江青少年提供爱国主义教育服务	童 淑	汤庆隆 肖五喜
14	邵东县图书馆	为周钺正推广和开发中药材提供专题服务	赵瑞芳 姚海珊	
二 等 奖				
15	湖南图书馆	湖南地方文献特色服务	罗力可	赵小琴 欧红 贾武
16	湖南图书馆	湖南图书馆网上参考咨询服务	罗晓初	刘福贵 陈瑛 王晓峰 蔡语
17	湖南图书馆	建设学习型社会,推动基层先进文化建设	胡诗谟 任小东	黄昭 吴翔辉 蒋燕君
18	湖南图书馆	关爱特殊群体,建立全省首家盲人图书馆	蒋燕君	谷建新 黄昭 任小东 胡诗谟
19	湖南图书馆	倡建地方文献联合采编协作网,实现采编工作联机联合编目	罗庭芝	谷建新
20	湖南图书馆	湖南图书馆古旧文献的保护与开发	寻霖	李海波 章曼纯 于蕾
21	省少儿图书馆	电子阅览室网上导航系统	成俊黎戈	薛天 肖煊 刘燕平
22	省少儿图书馆	少儿科普论坛	薛天 黎戈	刘燕平 吴湘宏
23	省少儿图书馆	网络资源建设	蒋韧 黄雅雅	
24	省少儿图书馆	关爱社区贫困儿童健康成长	汤蕾	胡亚玲 朱雨
25	省少儿图书馆	2003 年全少少年儿童"传承中华美德"读书征文竞赛活动、2004 年全省少年儿童"文明·礼貌·卫生·健康"读书征文竞赛活动	王启福	薛蓉 唐河清
26	湘潭市图书馆	湘潭市图书馆主题展览	文鸣 李翠平 梁小平	赵咏梅 龚文南 肖红伟 刘军 肖健 姚建平 袁志立
27	衡阳市图书馆	学习消防英雄,不忘血的教训	李力人	范一心
28	衡阳市少儿图书馆	为小学语文教师教学研究服务,编印期刊索引	闵巧杨惠	谢珂珂
29	邵阳市松坡图书馆	扶贫劳务技能培训服务	姚桃	杨亦农
30	益阳市图书馆	为"GK－250E 密炼机"的研制服务	胡湘萍 呼建华	刘建华 张跃丽
31	株洲市图书馆	与湖南省白马垅劳教所共创在教人员"矫治基地"开展帮教活动	张昊	邹一坚 赵雁
32	长沙市图书馆	挖掘整理长沙历史文化资源,为纪念馆、博物馆提供文献资源服务	宓容	

续表

序号	申报单位	项目名称	第一服务者	项目合作者
33	常德市图书馆	拓展分馆,服务弱势群体	刘杰　彭小莉 杨晖　陈艳萍	欧阳建新　龙敏 陶远忠　简小宜
34	湘西自治州图书馆	为申报中国民族民间文化保护工程综合试点暨湘西自治州民族民间文化保护工程提供信息技术服务	周荣	章小萍　彭念
35	岳阳市图书馆	编制《岳阳作者著述评论索引》	管莉萌	
36	湘乡市图书馆	2004年湖南·湘乡"国土杯"反腐倡廉全国漫画大赛	左都建	朱志红　李剑华 曹军
37	怀化市鹤城区图书馆	致富路上引路人,生态农业跃新篇	颜淑娟　谭宋艳	朗杰　颜淑娟
38	通道县图书馆	开展少年儿童读书征文竞赛活动	向京	吴永高
39	衡东县荣桓图书馆	为纪念罗荣桓元帅诞辰百周年系列活动项目服务	曹湘平	陈红艳　王翔
40	安化县图书馆	为旱杂粮高产栽培新技术推广提供文献服务	陈晓红	
41	沅江市图书馆	坚持办好《沅江书苑》会刊,促进图书馆事业健康发展	肖护延	贺新民　晏毅刚
42	冷水江市图书馆	为"世界锑都"锡矿山闪星锑业公司和湖南金信化工公司服务	唐思京　谢晓波 袁琳	
43	茶陵县图书馆	倡导学风、培育新风:记茶陵县全民读书活动	胡立洁　陈佳林	刘敏强
44	保靖县图书馆	碗米坡库区网箱养鱼课题服务成果	王焕英	吴伯音

(沈小丁)

【国务委员陈至立视察湖南图书馆】 2006年11月18日上午,国务委员陈至立、教育部部长周济、文化部副部长周和平、财政部长助理张少春在湖南省委书记张春贤、代省长周强、省委常委、省纪委书记许云昭和省委常委、省委秘书长于来山等陪同下,视察湖南图书馆和全国文化共享工程湖南分中心。

陈至立一行兴致勃勃地参观了文化共享工程湖南分中心。看到湖南分中心现代化的办公环境、先进的设备设施,陈至立表示由衷的高兴。她关切地询问这些硬件的存储空间,在得知湖南分中心建设、整合了容量为6T的数据库,内容涵盖地方戏曲、电子图书、馆藏书目等时,她面露微笑,对随行的同志说,通过共享工程这个大平台,大量优质的文化信息资源传送到城乡基层文化网点和群众身边,这对于迅速扭转贫困边远地区信息匮乏和文化落后的状况具有重大意义。

随后,陈至立一行来到湖南图书馆多媒体演示厅参观并听取张勇馆长做工作汇报。张勇首先代表本馆向各位领导表示热烈的欢迎,他简要汇报了湖南图书馆和湖南文化共享工程的基本情况,重点介绍了我省在共享工程方面的一些做法和取得的成就,并演示了湖南文化信息网的各种资源。陈至立对"视频点播"播放的地方戏曲很感兴趣,饶有兴致地观赏了花鼓戏《老表轶事》片断,连声夸赞湖南共享工程资源建设得很丰富、有特色。陈至立还现场就数字资源版权、农村基层网点建设和服务等问题进行提问。接着,陈至立等领导还观赏了曾国藩家书、左宗棠信札、毛泽东家谱和齐白石画作等我馆的部分馆藏精品。陈至立看到这些丰富的特色藏品,连声笑夸,湖南是文化大省,果真名不虚传。她还很内行地对大家说,齐白石这幅画应该是早年所画,和后来的风格大不

相同。观赏完特色馆藏，陈至立一行与我馆领导班子、部分职工在一楼中厅合影留念。（湖南省图书馆学会）

【"中国图书馆学会志愿者行动——基层图书馆馆长培训"在衡阳举办】 2006年7月29日—8月2日，"中国图书馆学会志愿者行动——基层图书馆馆长培训"在衡阳市图书馆举办。中国图书馆学会副理事长、国家图书馆副馆长陈力，湖南省文化厅党组成员宋军、社文处处长邹健、社文处副处长金铁龙，湖南省图书馆学会理事长、湖南图书馆馆长张勇，湖南省图书馆学会秘书长、湖南图书馆副馆长雷树德，湖南省少儿图书馆副馆长杨柳，中共衡阳市委常委宣传部长阳新丽，衡阳市人大副主任石正宏、衡阳市人民政府副市长许满意，衡阳市政协副主席廖本翔，衡阳市文化局局长谭明生、副局长欧阳展之、助理调研员李健生等领导和专家志愿者及来自全省各级公共图书馆负责人、部分高校图书馆负责人共130余人出席开幕式。

中国图书馆学会志愿者行动衡阳巡讲团由中国图书馆学会副理事长、国家图书馆副馆长陈力领衔，成员包括华东师范大学系主任范并思，华东师范大学副教授金武刚，浙江大学副教授李超平，北京市西城区图书馆管理协会会长郭斌，南开大学图书馆副研究馆员唐承秀，江苏经贸职业技术学院图书馆副馆长王涛，浙江科技

学院图书馆副研究馆员叶新明，中国图书馆学会副研究馆员胡京波。

专家们从社会主义新农村建设中的图书馆、基层图书馆馆长务实、基层图书馆的资源建设与服务、基层图书馆的自动化网络化建设和宣传推介图书馆示范讲座等五个方面，对湖南省基层图书馆管理者进行业务培训。

这次志愿者行动由中国图书馆学会主办，湖南图书馆学会、衡阳市图书馆、衡阳市图书馆学会承办。

组织较大规模的专家志愿者行动，在中国图书馆学会历史上还是第一次。这次创新行动，是贯彻党中央建设社会主义新农村、繁荣和发展农村文化事业的重大举措，是解决基层图书馆问题的有益尝试。志愿者行动的开展不仅体现了中国图书馆学会关注民生、关注基层，而且还向社会发出了强烈的信号，必将推动基层图书馆事业的发展，专家志愿者的无私奉献精神必将激励广大基层图书馆工作者提高认识、克服困难、开拓创新，早日走出困境，更好地实施服务社会的功能，在三个文明建设中发挥更加重大的作用。（刘忠平）

【湖南省文化信息资源共享工程知识与技能竞赛在长沙举行】 为进一步加强公共文化数字资源网络服务体系建设，推动文化信息资源共享工程持续发展，建设一支掌握现代信息技术的专业干部队伍，

提高湖南省文化信息资源共享工程的服务能力和参考咨询水平，湖南省文化厅于2006年11月22日—24日在湖南图书馆举办全省公共图书馆文化信息资源共享工程知识与技能竞赛活动。

共享工程湖南省分中心承办了这次活动，来自全省13个市州文化局和图书馆的39名参赛队员参加了本次竞赛，竞赛充分展示了选手的专业技能和良好的精神风貌，全面检验了湖南地区共享工程队伍整体素质和服务水平。经过笔试、上机操作和现场决赛三个阶段的激烈争夺，长沙市代表队和娄底市代表队荣获团体一等奖；益阳市代表队等十一支队伍分获二三等奖，39名选手分获竞赛个人一、二、三等奖。竞赛还评出组织奖6名，以表彰全省各地文化局、图书馆积极备战、锻炼队伍、提升共享工程整体服务水平所付出的艰辛努力和取得的优异成绩。湖南省文化厅副厅长吴爱华、厅社文处处长邹健、副处长金铁龙、湖南图书馆馆长张勇、副馆长伍艺、雷树德、省少儿图书馆馆长罗建国、副馆长杨柳等领导分别为获奖单位和个人颁奖。

竞赛活动期间，召开了湖南省文化信息资源共享工程2006年工作会议，全省各市州文化局和图书馆的有关领导参加了会议。会议由省文化厅社文处副处长金铁龙主持，金铁龙就当前全国和全省文化共享工程形势及总体发展状况进行介绍，并对下一步的试点工作

提出了要求。全国文化信息资源共享工程湖南省分中心办公室主任伍艺对前一阶段湖南地区共享工程工作的开展情况进行了回顾,指出了我省的共享工程工作面临的困难和存在的不足,对下一阶段共享工程工作进行了具体安排。(杨丹)

四川省

【概况】 四川省图书馆是全省的总书库,在西部具有示范和带动作用的大型综合性、研究型公共图书馆,馆舍面积1.6平方米,藏书470万册,其中,中文图书300余万册,善本70余万册。中文期刊9 800种,民国版期刊7 309种;外文期刊3 240种;港台版期刊239种;中文报纸1 000余种;外文报纸30种;缩微资料4 000余种;多媒体光盘11 200种。职工232人,高、中级专业人员90余人,为国际图联成员馆、世界银行资料收藏馆,也是四川公共服务最大文献数字化基地。(四川省图书馆学会)

【全省文化信息资源共享工程电视电话会议召开】 全省文化信息资源共享工程电视电话会议于2006年1月11日在四川省人民政府召开,四川省人民政府副省长刘晓锋、副秘书长陈保明,省文化厅、财政厅、教育厅、信息产业厅、新闻出版局、广电总局分管领导,省图书馆、省文化馆中层以上干部以及参加"2005年文化信息资源共享工程业务培训班"的

省内区县图书馆馆长和技术人员参加了主会场会议。(四川省图书馆学会)

【文化部全国文化信息资源共享工程国家中心领导来访】 2006年1月12日,文化部全国文化信息资源共享工程国家中心副主任崔建飞、国家中心规划处处长刘刚在省图书馆馆长李忠昊、副馆长王嘉陵的陪同下视察了"共享工程"四川分中心都江堰市图书馆基层服务站。(四川省图书馆学会)

【四川省市(州)公共图书馆馆长联席会议召开】 2006年1月13日,四川省市(州)公共图书馆馆长联席会议在省电影公司召开。来自全省21个市州及4个县的公共图书馆馆长30余人参加会议。会议由省图

书馆副馆长王嘉陵主持。省文化厅党组副书记、副厅长胡继先,厅党组成员、纪检专员孙舒亚,文化部全国文化信息资源共享工程国家中心副主任崔建飞,省文化厅社文处处长邓熊宏,图书馆党委书记、馆长李忠昊到会并作重要讲话。(四川省图书馆学会)

【四川省举行"第六届迎新

春科技大场"活动】 2006年1月17日上午,四川省"第六届迎新春科技大场"活动在内江市资中县球溪镇举行,在省文化厅机关党委书记李兆权及社文处领导的带领下,省图书馆党委副书记司建华组织文化工程中心、辅导部、参考咨询部、阅览部及行政科的10位同志参加了活动。

在活动中,省图书馆领导向内江市资中县球溪镇文化站赠送各类书籍500余册、"全国文化信息资源共享工程"光碟百余种,同时,工作人员还向广大农民提供了各种内容的咨询服务,并发放了7 000余份农业技术方面的适用资料。另外,我馆还搭建了全国文化信息共享工程基层服务点演示环境,向广大农民兄弟宣传文化信息共享工程,并现场播放了全国文化信息资源共享工程"农村实用技术"的光盘。(四川省图书馆学会)

【"科技之春"四川省数字图书馆开通暨送文化下乡启动仪式】 2006年3月21日在省图书馆正式举行。省委宣传部秘书长朱丹枫,省文化厅党组书记、厅长郑晓幸,省科技厅党组成员、机关党委书记罗治平,省科协科普工作队长刘西林,省文化厅党组副书记、副厅长胡继先,厅党组成员、纪检专员孙舒亚,文化部全国文化信息资源共享工程国家中心办公室主任王芬林,省文化厅社文处处长邓熊宏等相关处室领导、省高校图工委、社科院、省内高

・图书馆工作・

校图书馆及部分市区县公共图书馆馆长应邀参加了开幕式。

郑晓幸、罗治平、李忠昊先后在启动仪式上讲了话。在启动仪式上，省图书馆为全省15个市州计37个县送图书数万册，还举办了"科普图书巡回展"。（四川省图书馆学会）

【四川省图书馆文献资源建设工作培训班】 2006年3月22日—24日在四川省图书馆开班。培训班由省图书馆办公室、采访部联合举办。全馆的专业技术人员和管理人员百余人参加了培训。

这次培训班突破了固有"图书"的含义，根据网络环境下各类文献的载体、类型、特征等发生的变化，增加了如何采用新技术手段采集各类文献的新内容。把视角从单一"馆藏"转向整个社会文献资源建设的需要看问题，把局部性的馆藏建设与全局性的文献资源建设工作有机地结合起来，以做好"文献资源建设工作"。（四川省图书馆学会）

【科普图书巡回展走进农民工子弟校】 2006年4月13日上午，在四川省图书馆馆长李忠昊的带领下，四川省图书馆在成都市红花小学举办了"科普图书巡回展"，近600册精美且内容丰富的图书让就读该校的农民工子弟感动万分，个个爱不释手，如痴入迷地浏览、阅读。

在科普图书馆巡回展仪式上，省图书馆副馆长彭本诚代表省图书馆领导讲了话，红花小学校长及学生代表发了言。省图书馆还向红花小学捐赠了300余册教学辅导书籍及光盘音像资料。（四川省图书馆学会）

【四川省图书馆读者公用查询终端使用管理办法（试行）】 2006年4月28日，《四川省图书馆读者公用查询终端使用管理办法（试行）》在馆内下发并试行。（四川省图书馆学会）

【四川数字图书馆全省开通暨重走长征路宣传文化信息资源共享工程，建设社会主义新农村系列活动】 2006年6月5日上午在峨眉山市隆重举行。此次活动由中共四川省委宣传部、四川省文化厅主办，四

川省图书馆承办。启动仪式由省文化厅副厅长胡继先主持。文化部副部长周和平及全国文化信息资源建设管理中心相关领导、四川省人民政府副省长柯尊平、国家图书馆党委书记、馆长詹福瑞、省文化厅厅长郑晓幸及其他相关领导出席会议并做重要讲话。

四川省图书馆的这次"重走红军长征路"将穿越四川六

市（州）70余个县，全程达7000公里，沿途还将开展邀请老红军和长征问题研究专家、社会科学、农业科学和其他科学专家开设百场讲座、给长征沿线部分贫困地区图书馆捐赠图书1万册、放映露天电影100场、散发建设社会主义新农村资料以及组织群众参观革命遗址等一系列活动。（四川省图书馆学会）

【文化部副部长周和平，国家图书馆党委书记、馆长詹福瑞，文化部社文司司长张旭，全国文化信息资源建设管理中心副主任张晓星等领导视察成都"共享工程"】 2006年6月5日下午，在四川省文化厅党组书记、厅长郑晓幸，党组副书记、副厅长胡继先，四川省图书馆党委书记、馆长、全国文化信息资源共享工程四川省领导小

组办公室主任李忠昊等的陪同下，文化部副部长周和平，国家图书馆党委书记、馆长詹福瑞，文化部社文司司长张旭，全国文化信息资源建设管理中心副主任张晓星等领导视察了成都市双流县金桥镇昆山村、永安镇白果村、锦江区三圣乡红砂村三个"共享工程"四川新农村服务站。（四川省图书馆学会）

409

【国家图书馆党委书记、馆长詹福瑞,全国文化信息资源建设管理中心副主任张晓星参观四川省图书馆】 2006年6月6日上午,在省图书馆馆长李忠昊,党委副书记司建华,副馆长彭本诚、欧君国、晏利宗、中心馆委员会办公室常务副主任徐建华及纪检书记王海涛、馆长助理周焰等陪同下,国家图书馆,国家图书馆党委书记、馆长詹福瑞,全国文化信息资源建设管理中心副主任张晓星参观了四川省图书馆和全国文化信息资源共享工程四川省分中心并指导工作。(四川省图书馆学会)

【四川省图书馆成都市残疾人联合会分馆】 2006年5月21日,四川省图书馆成都市残疾人联合会馆正式开馆。该馆由四川省图书馆和四川省残疾人联合会共同兴建,位于成都市残疾人综合服务中心四楼,面积约350平方米,能容纳50余名残疾人同时阅读。馆内设置了盲人阅览区、儿童阅览区、普通阅览区三个无障碍阅读区,配备了电子阅览室、带语音的盲人阅读软件,有方便肢体残疾者取、放的自动书架;儿童服务区还包含各类玩具和娱乐、学习设施。服务范畴涵盖传统纸质文献(包括图书、期刊、工具书)、视听文献(包括磁带、音视频光盘)和电子网络文献三大部分;在服务内容上着重满足残疾读者独特的信息需求,如健康、励志等方面,此外也涵盖适合普通读者使用的各

学科文献,以社会科学为主,兼顾自然科学和普通读物。该馆为永久性的四川省图书馆分馆。(四川省图书馆学会)

【第三期全省市县(市、区)文化馆、图书馆馆长岗位培训班举行】 2006年5月25—6月2日,第三期全省市县(市、区)文化馆、图书馆馆长岗位培训班在省委党校举行。四川省文化厅、四川省省委党校、四川省图书馆、四川省文化馆的领导出席了开学典礼,来自全省24个市县的33位馆长参加了此次学习班的学习。培训结束,学员们获得了由省文化厅统一制发的岗位合格证书和省人事厅颁发的事业单位专业人员继续教育登记证书。(四川省图书馆学会)

【四川省公共图书馆数字资源全省共享服务暨全省网上参考咨询服务培训班开班】 2006年5月22日—24日,四川省公共图书馆数字资源全省共享服务暨全省网上参考咨询服务培训班在四川省图书馆开班。来自全省各地、市、州已建、拟建"共享工程"基层站点的110余位学员参加了此次培训。其中还包括来自甘孜、阿坝、凉山州的几位少数民族学员。

四川省文化厅社文处处长邓熊宏,四川省图书馆馆长、党委书记李忠昊,副馆长彭本诚、欧君国、王嘉陵等领导出席了开幕式,并分别讲话。此次课程主要对数字资源共享平台和

数字资源系统使用进行培训。课程结束,共享工程四川省分中心给所有参与培训的学员赠送了试用卡。(四川省图书馆学会)

【阅读千种人文期刊构建和谐社会建设人文社区——省图书馆推出"五一文化黄金周"活动】 由四川省图书馆、四川省图书馆学会、"共享工程"四川省分中心与全球最大的中文人文期刊——龙源期刊网共同策划组织,开展了面向全省各市、县公共图书馆,市区基层中心共同参与的以"阅读千种人文期刊杂志、构建和谐社会建设人文社区"为主题的"文化黄金周"活动。龙源期刊网推出了拳头产品《龙源人文电子期刊阅览室》,在五一黄金周内对全省公共读者免费开放,读者可通过网络阅读到时事政治、三联生活周刊、瞭望东方周刊等内容丰富的电子期刊。与此同时,省图书馆现刊阅览室、新书阅览室和电子阅览室等部门全部开放以方便读者阅读。为配合此次活动,省图书馆还举办了"龙源期刊网杯"《我与数字图书馆》有奖征文大赛。(四川省图书馆学会)

【重走红军长征路 传播文化科技知识】 在纪念红军长征胜利70周年之际,为重温红军艰苦历程,发扬红军长征精神,四川省文化信息资源共享工程中心、四川省图书馆学会、四川省图书馆组织了四川省"重走红军长征路,传播文化科

技知识"小分队,沿当年红军长征路线行进,宣传公共图书馆服务和文化信息资源共享工程。长征行活动于2006年6月5日在峨眉山市启动,文化部副部长周和平,国家图书馆馆长詹福瑞,四川省人民政府副省长柯尊平,四川省文化厅党组书记、厅长郑晓幸,四川省文化厅党组副书记、副厅长胡继先,四川省图书馆馆长李忠昊等领导出席了仪式。

2006年8月1日,四川省"重走红军长征路,传播文化科技知识"小分队在举行授旗仪式后,从成都文化公园烈士广场出发,途径泸州、叙永、古蔺、小金、马尔康、红原、汶川、泸定、康定、石棉等地,"三网助三农,助建新农村"送文化送科技下乡等丰富多彩、形式多样的宣传活动,共计发放新农村建设资料5万份,赠送光盘资料和网上读书卡近千份,播放了长征题材电影10余场和举办了专题讲座8场。9月25日四川分中心将把长征红旗移交青海方面,9月28日胜利会师陕北。(四川省图书馆学会)

【武汉大学图书情报系查启森、赵纪云来川调研】 2006年8月18日武汉大学图书情报系查启森、赵纪云在办公室主任陪同下参观了四川省图书馆。(四川省图书馆学会)

【四川省省委副书记陶武先率团出访希腊、埃及】 ,于8月21—9月1日访问了希腊共和国和阿拉伯埃及共和国。四川省图书馆党委书记、馆长李忠昊随团出访。(四川省图书馆学会)

【四川图书馆代表团参加第72届国际图联大会】 2006年8月20日—24日,第72届国际图联大会在韩国首都首尔召开。四川省图书馆学会首次成功地组织了由公共图书馆、高校图书馆和中科院成都分院等15家单位23名代表组成的四川代表团出席了。

为进一步加强同世界各国图书馆界人士之间的交流,促进我省图书馆事业的发展,四川省代表团一行还访问了日本、韩国图书馆。(四川省图书馆学会)

【四川省全国文化信息共享工程"建设社会主义新农村"送电影下乡活动在全省范围内顺利开展】 由四川省文化信息共享工程领导小组、四川省文化厅主办,全国文化信息资源共享工程四川省分中心组织实施的送文化下乡大型公益活动,于2006年7月—9月在四川省全面开展。充分利用文化信息资源共享工程大量的数字资源,以放映电影的形式,把丰富多彩的文化资源和科技信息送到基层、送到农村。四川省文化信息资源共享工程此次"建设社会主义新农村"送文化资源下乡大型公益活动从7月下旬启动至今已先后到达2400余家国家级,省级贫困县、乡、村,放映电影2800余场,惠及我省欠发达地区群众超过104万人次。

在此次送文化送科技下乡活动中,四川省"文化工程"分中心还积极引入与企业合作的新机制,调动全省公共图书馆和"共享工程"基层点的积极性,在无国家投入的前提下使我省"共享工程"基层中心和基层站点增加到402个。(四川省图书馆学会)

【四川省图书馆外文图书采访条例下发】 2006年9月,《四川省图书馆外文图书采访条例》制定并下发。本条例从外文图书采访的原则、采访方式、采访重点、采访工作流程、采访工作人员守则等作了严格规定,使采访工作更加规范。(四川省图书馆学会)

【川吉苏桂冀五省图书馆学会第十届学术研讨会在吉林长春召开】 2006年9月5日—8日,吉、苏、桂、冀五省图书馆学会第十届学术研讨会在吉林省长春市召开。四川省图书馆副馆长、四川省图书馆学会副理事长王嘉陵参加了大会,并代表五省学会为大会致辞。由四川省图书馆学会选送参评的来自各市、州、县的论文共计78篇,获一等奖二名、二等

奖四名、三等奖 8 名。（四川省图书馆学会）

【《民国四川通志》整理工作启动】 为及时抢救四川地方特色文献，四川省图书馆对《民国四川通志》的整理编辑工作近日启动，将其纳入未来两年重点善本保护和"中华善本再造工程"。省图书馆副馆长王嘉陵介绍，该志在清《嘉庆四川通志》后，接续了《四川通志》的编纂，填补了 1816 年后四川百年志书的空白。该书将于 2008 年正式出版。（四川省图书馆学会）

【"国家图书馆西部援助计划"启动暨向四川省 18 家图书馆赠书仪式举行】 2006 年 9 月 28 日上午，"国家图书馆西部援助计划"启动暨向四川省 18 家图书馆赠书仪式在四川省图书馆隆重举行。作为"国家图书馆西部援助计划"的第一省，成都市残联、四川省仪陇县等 18 家图书馆获得此次赠书。

四川省人民政府副省长柯尊平，国家图书馆馆长、党委书记詹福瑞，副馆长陈力、业务处长汪东波，办公室主任张彦，四川省文化厅副厅长胡继先，社文处处长邓熊宏等出席了启动仪式。

启动仪式由四川省图书馆馆长李忠昊主持。国家图书馆馆长詹福瑞和四川省文化厅副厅长胡继先先后致辞。随后，柯尊平副省长和詹福瑞馆长向成都市残联及四川省 17 各县的党政领导赠书。（四川省图书馆学会）

【国家图书馆馆长詹福瑞视察乐山市图书馆】 2006 年 9 月 29 日，国家图书馆党委书记、馆长詹福瑞，在四川省副馆长欧君国、王嘉陵的陪同下，视察了乐山市图书馆。

乐山市图书馆馆长席毅强向詹福瑞一行介绍了乐山市图书馆发展情况。詹福瑞对乐山市图书馆得建设和发展表示关注，对该馆近年来取得的成绩给予充分的肯定。（四川省图书馆学会）

【国家图书馆"西部援助计划"公益性培训班开班仪式】 2006 年 10 月 31 日，国家图书馆"西部援助计划"公益性培训班开班仪式在四川省内江市图书馆举行。"国家图书馆西部援助计划"公益性培训班首期培训班在四川省内江市图书馆开班。国家图书馆副研究馆员贺燕、朱兵，四川省图书馆副馆长、研究馆员王嘉陵，内江市委宣传部副部长曾洪永，内江市文化局副局长胡红雨等出席了开班仪式。仪式由内江市图书馆馆长朱明泉主持。在开班仪式上，贺燕宣读了国家图书馆馆长詹福瑞对本次培训热情洋溢的致辞。出席仪式的其他领导也分别讲了话。来自省 41 个市、县公共图书馆的 106 名学员参加了开班仪式并与出席仪式的领导及嘉宾合影留念。（四川省图书馆学会）

【《李劼人图传》荣获成都市第八次哲学社会科学优秀成果奖】 2006 年 11 月，四川省图书馆副馆长、研究官员、李劼人研究会副会长王嘉陵编著的《李劼人图传》荣获"成都市第八次哲学社会科学优秀成果奖"成都市政府三等奖。（四川省图书馆学会）

【《四川图书馆学报》再次受表彰】 10 月 24 日—27 日，由中国图书馆学会主办的第十届全国图书馆学期刊工作会议在江西省井冈山市召开，来自全国 26 个省（市）、33 种图书馆学期刊的 54 名代表参加了会议。《四川图书馆学报》常务副主编徐建华、责任编辑唐岚参加会议并与参会刊物代表进行了交流。

与会代表认为，《四川图书馆学报》2002 年改版以来，在刊物内容、版式、装帧、编排、编校等方面都有较大的进步和改观。《四川图书馆学报》在本次会议上再次获得表彰。（四川省图书馆学会）

【文献档案数字化建设研讨会暨阅读复印机维修培训班】 2006 年 11 月 6 日—10 日，文献档案数字化建设研讨会暨阅读复印机维修培训班在成都四川大学举行。由全国图书馆文献微缩复制中心、全国文献影像技术协会主办，四川省微缩技术协会、四川大学图书馆协办的。

国家档案局科研所研究员丘晓威，全国图书馆文献微缩复制中心主任、中国文献影像技术协会秘书长李健，四川省图书馆馆长李忠昊，四川大学图书馆馆长姚乐野,四川省中心图书馆委员会办公室常务副主任徐建华,四川省图书馆副馆长王嘉陵,四川大学图书馆副馆长林平等出席了研讨会开幕式。来自全国公共图书馆和中国文献影像技术协会及四川省微缩技术协会单位会员共55人参加了会议。研讨会由四川省微缩技术协会理事长、四川大学公共管理学院教授刘元奎主持。全国图书馆文献微缩复制中心主任、中国文献影像技术协会秘书长李健致开幕词。四川省图书馆馆长李忠昊作重要讲话。(四川省图书馆学会)

【国家图书馆"西部援助计划"数字资源建设与利用公益性培训班举办】 11月21日—24日,国家图书馆"西部援助计划"数字资源建设与利用公益性培训班,在广安市举办。该班由国家图书馆主办、四川省图书馆联办、邓小平图书馆协办。来自全省图书馆界的代表160余人参加了培训。由国家图书馆副研究馆员薛凤珠、吕淑萍、翟喜奎三位老师授课。(四川省图书馆学会)

【雅安市图书馆新馆落成恳谈会召开】 2006年12月13日—14日,雅安市图书馆新馆落成恳谈会在雅安市图书馆新馆召开。四川省图书馆副馆长欧君国、四川省中心图书馆委员会办公室常务副主任徐建华、省图书馆信息中心的全体同仁及泸州、宜宾、乐山、内江、德阳、遂宁等市(州)图书馆和部分县级公共图书馆领导一行40多人齐聚雅安,参加了恳谈会。会后,各馆代表们参观了雅安市图书馆新馆。(四川省图书馆学会)

【峨眉山市基层站举办"信息资源与农民共享年"活动】 2006年2月20日,峨眉山市图书馆、文化信息资源共享工程峨眉山市基层站在峨眉山市双福镇五星村滨河广场举办了"信息资源与农民共享年"活动。

峨眉山市图书馆收集整理种植技术、家禽饲养技术、药材种植技术等信息资料和地方文献送往全市各镇乡,编发了抗战胜利60周年等信息参考,放映了科教影视、图片资料幻灯;编辑出版了峨眉山地方文化名人李克雄(农民)书画明信片一套。(四川省图书馆学会)

【资阳市雁江区图书馆开展文化信息资源共享宣传服务活动】 资阳市雁江区图书馆于2006年2月12日在时代广场,开展了文化信息资源共享工程宣传服务活动,资阳市雁江区区委副书记何正月、区文体局局长刘剑亲临现场参观,资阳电视台对这次活动进行了全程报道。此次活动向市民演示了共享资源,播放了家庭保健、养身和电影等视频资源。(四川省图书馆学会)

【广汉市图书馆举办元宵有奖猜谜活动】 2006年正月十五在广汉市雒城门口,四川电信公司广汉分公司、广汉市计生委、广汉市总工会和广汉市图书馆联合举办了广汉市元宵有奖猜谜及知识问答活动。谜语内容注重知识性、趣味性;知识问答涉及中国电信知识、工会知识、人口与计划生育法、广汉市历史文化常识等诸多内容,吸引了上万的群众踊跃参加,营造了浓郁的春节文化氛围。(四川省图书馆学会)

【南充市举办首届"电信杯"网上有奖读书征文活动】 2006年1月16日—4月20日,南充市文化局、南充市教育局、南充市电信公司、南充市文化信息资源共享工程领导小组办公室、南充市图书馆在全市中小学学生中开展"学朱总精神、读有益书籍,颂美好家园"为主题的网上读书征文活动。通过活动对我市青少进行一次爱祖国、爱家乡的思想教育,同时引导他们学会正确使用互联网、健康上网、绿色上网,多读书读好书让千万册优秀图书走进校园,走进青少年的精神世界。(四川省图书馆学会)

【图书宣传走进登高节】 2006年正月十六,巴中市巴州区图书馆在巴城晏阳初名人文化公园开展了以"弘扬先进文化,构建和谐社会"为主题的图书宣传活动。通过争做合格公民和环境保护等知识挂图,编印发放《时事政治》、《学习与读书》、《生活小常识》、《健康信息》等科普信息资料宣传构建

413

和谐社会公民应遵循的社会道德规范。本次活动共发放宣传资料1万多份。（四川省图书馆学会）

【绵竹市图书馆向读者赠送春联】 2006年元月20日，绵竹市第五届年画节隆重开幕，绵竹市图书馆在前广场为群众免费书写赠送春联500余副，通过活动让大家认识绵竹文化，认识绵竹图书馆。（四川省图书馆学会）

【开江县图书馆为县看守所赠送图书】 2006年3月15日，开江县图书馆来到县看守所，向所内服刑及犯罪嫌疑人员赠送有关法律法规意识的法律书籍以及种植、养殖、汽车维修等图书400余册，并现场放映科教影片4部。（四川省图书馆学会）

【图书进院落 阅读更便捷】 2006年4月14日，成都市青羊区图书馆为配合新华西街道办"文化进院落"及"4.26知识产权宣传日"活动，在署前街开展了"图书进院落"活动，为院内200多名居民进行了《知识产权法》宣讲、新书展示与推介、现场办理图书馆借书证等服务，当场为10位住户办理了借书证，并向新华西街道办赠送了青羊文化局编印的《新市民作品集》50册。（四川省图书馆学会）

【龙泉区图书馆举办客家古镇地方文献展】 2006年4月18日，成都市龙泉驿区图书馆在客家古镇——洛带湖广会馆举行"古驿文献展"。共有100种具有历史意义及研究价值的古驿文献展出，其中包括：《华阳县志》、《龙泉驿区区志》、《龙泉年鉴》、《中国民间文学集成:成都市龙泉区卷》等各类志书、年鉴、文史资料。文展期间，一名游客现场向龙泉区图书馆捐赠了他本人所著《黑湾子:李氏客家人的故事》一书共8册。（四川省图书馆学会）

【今天读书 天天读书——2006年4·23"世界读书日"活动】 2006年4月3日"世界读书日"这一天，四川省各地市州举行了丰富多彩的庆祝活动。绵竹市图书馆面向社会举办4·23"世界读书日"大型庆祝活动，并借此机会在图书馆广场向广大读者进行以"共享文化信息、跨越数字鸿沟"为主题的全国文化信息资源共享工程的宣传活动。凉山州和西昌市图书馆联合编印"倡导全民读书，构建和谐社会——4·23世界读书日"《倡议书》和"走进图书馆，认识图书馆，利用图书馆"、"热爱书、多读书、读好书，构建和谐社会"等宣传资料1200余份。广安市图书馆发放宣传资料1500余份，收到意见和建议200余条，展出邓小平文献资料、《中国大百科全书》以及《中国图书馆全民阅读推荐书目》、中国科协"科学发展观推荐书目"、国家图书馆"文津图书奖"获奖书目等书籍4000余种7000余册，接待前来参展与宣传咨询的读者2000余人次。内江市图书馆向威远县较偏远的界牌镇正安小学捐赠少儿科普图书82册，帮助该校首次开展课外阅读活动。遂宁市图书馆开展了以"倡导全民读书，建学习型社会"为主题的"世界读书日"活动。四川省图书馆馆长李忠昊、市人大罗清贵副主任、市政府副市长于云祥、市政协副主席戚键、市委宣传部副部长于天培、团市委副书记范小华、市文体局骆儒华局长、副局长庞小梅、王道斌、高凤等领导参加了此次活动。（四川省图书馆学会）

【绵阳市图书馆开启"绿色上网通道"】 2006年，绵阳市图书馆将电子阅览室建设成为全市的青少年读者喜欢的礼物——"青少年绿色上网通道"。

"绿色通道"通过管理软件监控和值班人员管理，将色情、暴力等不良网站挡在门外，视窗界面设置绿色上网快速通道，向读者推荐优秀的青少年网站，比如"中国雏鹰网"、"少年读书网"、"红泥巴村"等等，从读书到教学辅导、手工制作、flash小游戏等应有尽有。（四川省图书馆学会）

【阿坝州图书馆、马尔康县看守所警民共建暨赠书仪式在县看守所举行】 2006年5月19日，阿坝州图书馆、马尔康县看守所携手合作警民共建暨赠书仪式在马尔康看守所隆重举行。阿坝州图书馆为马尔康县看守所捐赠了图书230册,杂志80册,价值5000千多元。阿坝州图书馆王馆长提出了共建双方要积极响应党和国家的号召,深刻领会十六大精神,树立"八荣八耻"的荣辱观,体现先进文化的内涵。(四川省图书馆学会)

【峨眉山市基层站举办"黄金五月优秀期刊、影视进部队、社区"活动】 2006年4月30日,峨眉山市基层站举办"黄金五月优秀期刊、影视进部队、社区"活动。共放映9场20部以"爱国主义"教育为主要内容的影片。此次活动旨在推动峨眉山市精神文明建设,促进双拥共建工作进一步发展,提升公共图书馆服务质量,强化图书馆网络信息资源中心地位,让市民真正认知公共图书馆,走进图书馆学习,实现图书馆的职能。(四川省图书馆学会)

【乐山市图书馆举办建馆50周年庆典活动】 乐山市图书馆于2006年6月28日—30日举办了"庆祝乐山市图书馆建馆50周年活动主题庆典活动"。

活动期间,编印了《乐山市图书馆五十年馆藏珍品》集、乐山市图书馆宣传册,举办乐山市图书馆50年馆藏珍品展、图书馆服务宣传活动,免费向乐山市民发放"读者借阅卡"并接受读者咨询,免证三天开放图书馆所有的服务窗口,举办了乐山市图书馆建馆50周年庆典

酒会。省文化厅领导、市各级领导及省图书馆领导和地市州馆领导、文化艺术界知名人士,以及社会各界人士和嘉宾400余人参加庆典酒会。庆典中乐山市图书馆向嘉宾展示了该馆的"馆藏三宝"中第一件"珍品"明朝嘉靖三十九年(1560年)何迁刻本《临川先生文集》。(四川省图书馆学会)

【绵阳市图书馆在"6.26"世界禁毒日开展系列活动】 2006年6月23日,绵阳市图书馆与公安局强制戒毒所共同成立了"绵阳市图书馆、绵阳市公安局强制戒毒所图书馆分馆",并在强制戒毒所举行了分馆挂牌仪式。图书馆向分馆提供了一批图书、期刊,使分馆图书、期刊达到近1 000册,基本能满足戒毒人员的阅览需求。绵阳市公安局禁毒支队、绵阳市公安局强制戒毒所、绵阳市图书馆、绵阳东方艺校等单位在绵阳市公安局强制戒毒所内共同组织举办了"远离毒品,珍爱生命"大型文艺汇演活动。(四川省图书馆学会)

【泸州市少年儿童图书馆关注留守学生】 2006年9月1日,泸州市少年儿童图书馆张庆副馆长带领少儿部的同志,为泸州市"留守学生之家"送去书刊500多册,并在此建立了流动借书点,给"留守学生"送上精神食粮。"留守学生之家"由泸州市团市委、宣传部、教育局、财政局、妇联、关工委、劳务开发办联合在大北街小学建

立。(四川省图书馆学会)

【彭山县图书在青龙镇顺河村建立公益性农村图书室】 2006年3月27日,彭山县图书馆在青龙镇顺河村建立了彭山县第一个公益性农村图书室。该图书室拥有书籍500余册,报纸30余种,均由县图书馆无偿提供。并邀请图书馆退休职工付玉华担任义务图书管理员,每周六、周日向当地农民群众免费开放。(四川省图书馆学会)

【峨眉山市图书馆党支部被评为市优秀党支部】 在中国共产党诞生85周年之际,峨眉市委组织部、市直机关工委对市优秀党支部、优秀党务工作者、优秀党员进行了表彰,市图书馆支部被评为优秀党支部,支部书记黄素芝被评为优秀党务工作者、骆明年同志被评为优秀党员。(四川省图书馆学会)

【阿坝州图书馆为未成年人搭建健康教育平台】 2006年6月5日,由阿坝州文化局、阿坝州教育局、马尔康县教育局主办,阿坝州图书馆承办的"读书进校园"活动,历时一个月,在马尔康第二小学落下帷幕。阿坝州文化局副局长巴桑、阿坝州教育局副局长东巴格西出席了总结表彰大会。在随后举行的赠书仪式上,阿坝州图书馆为马尔康地区各中小学校赠送价值近万元的图书,并在马尔康地区各中小学校开

展了以"弘扬中华美德，从我做起"为主题的作文竞赛，评出特等奖 1 名、一等奖 7 名、二等奖 8 名、三等奖 9 名，部分优秀作文在《四川省民族教育报》上陆续刊登。马尔康地区 7 所中小学校近万名青少年参加了此次活动。（四川省图书馆学会）

【凉山州图书馆深入矿山、走进军营开展公益讲座】
2006 年 10 月 3 日—25 日，凉山州图书馆分别在馆内和会理县拉拉铜矿、西昌市安宁镇武警森林部队直属大队驻地开展了 4 题为《解读四川省第二届冬季旅游发展大会主题之"领略彝族风情"》的公益性讲座，讲座由州非物质文化遗产申报专家组成员、州彝学会副会长、州图书馆馆长熊克江主讲。

讲座共分"中国彝族概括"、"凉山彝族历史"、"凉山彝族风情"、"结束语"四个部分，运用现代多媒体技术，采取"拨笋皮"的手法，通过文字、图片、视频动画等方式，声、像、图并茂地从国内外彝族人口分布、历史渊源、发展轨迹到凉山彝族的迁徙来历，语言文字、宗教信仰、婚姻家庭，最后定格在风俗习惯。（四川省图书馆学会）

【李勇先生向南溪县图书馆捐赠价值 3.4 万多元图书】
2006 年，在北京工作的南溪籍人士李勇再次向南溪县图书馆捐赠精装图书 8 套 35 卷，价值 1.1 万多元。这是李勇第三次向家乡人民捐赠私人藏书。从 2004 年起，李先生已向该馆捐赠

精装本图书 327 册（卷），价值 3.4 万多元。李勇原在南溪从事体育教练工作，酷爱读书藏书。2003 年回家探访时，到县图书馆看到该馆设施落后，图书匮乏，感触颇深，怀着对家乡的一片赤诚，将自己珍藏多年的图书分批捐赠给县图书馆，让家乡人民共享。为大力宣传和倡导李勇热爱家乡的奉献精神，该馆专门设立了李勇赠书专柜。（四川省图书馆学会）

【资阳市雁江区图书馆和临江镇社会服务中心共建新农村书社】 2006 年 8 月 10 日，资阳市雁江区图书馆和临江镇社会服务中心共建新农村书社建成，区图书馆为书社送去图书，期刊 1 300 余册，书架 12 个，阅览桌 4 个以及椅子等，图书、期刊的内容包括文字、艺术、法律、农业科技类书籍，可读性和实用强，并派专业人员进行业务指导。经过建设书社藏书达到 5 000 余册。（四川省图书馆学会）

【三台县图书馆举办《红军不怕远征难》主题图片展】
2006 年 10 月 18—22 日，为纪念红军长征胜利 70 周年，三台县图书馆与绵阳市志愿军老战士联合会在绵阳市"五一广场"举办了《红军不怕远征难》的主题图片展。图片用 40 个主题与大量的珍贵历史照片和文字说明，充分展现了从长征开始到长征胜利结束整个征途中的重大事件和战斗历程。（四川省图书馆学会）

【绵阳市开展首届"青少年网上读书征文"活动】 2006 年 3 月 28 日，在绵阳市图书馆举行了"青少年网上读书征文"活动。该活动由绵阳市图书馆发起并组织实施，绵阳市作家协会、绵阳红凡席殊书屋协办，历时半年。2006 年 10 月 25 日举行了颁奖仪式。市文化局、市教育局、市作家协会、涪城区教文体局的有关领导、城区七所小学的师生及家长 1200 余人参加了颁奖活动。市图书馆对所征集到的文章进行了初选，组织绵阳市著名作家、文学创作人员对初选出的 46 篇征文认真进行选评。最后评选出一等奖 3 名、二等奖 10 名、三等奖 10 名、优秀奖 23 名。（四川省图书馆学会）

【岳池县图书馆整理藏馆幻灯片】 2006 年 6 月—9 月，岳池县图书馆对原存储未整理的文化大革命期间（1966—1976）制作的投影制品进行了详细的整序，并分门别类予以保藏。该馆所收藏的"文革"期间的投影制品主要是以玻璃为载体的幻灯片，有少量的幻灯片是胶片制品。从内容上说，百分之八十是彩色版毛主席语录，其余皆为"文革"期间的标语口号及彩色绘画作品。此馆共整理出能投视的幻灯插片 763 张，其中毛主席语录 693 张（条），标语口号 27 张，玻璃彩色绘画作品 16 张，以塑料胶片为载体的彩色绘画作品 27 张。对这些作品，已编制出卡片式目录、书本式目录各一套，将其

存储于馆计算机之中。并对"文革"期制作的这一非印刷文献纳入特藏室收藏,实行专人管理,盒装式分类存列,为研究型读者查阅这一特定文献给予方便。(四川省图书馆学会)

【攀枝花市图书馆公益讲座走进军营、学校】 2006 年 9 月 4 日下午,在攀枝花市消防特勤中队会议室内,市图书馆举办主题为"攀枝花历史文化和民族文化"的公益讲座。讲座由攀枝花市文物管理所所长刘胜利主讲,讲座从什么是文化以及攀枝花的地理人文概况等方面进行了独到的分析和生动风趣的讲解。9 月 7 日市图书馆工作人员来到米易芭蕉箐乡黑龙小学,为全校师生举办了一场健康知识讲座。讲座由市图书馆副馆长陈临崚主讲,就小学生如何养成良好的卫生习惯和生活习惯、预防疾病等内容,作了深入浅出的讲解。(四川省图书馆学会)

【雅安图书馆新馆正式开馆】 2006 年 9 月 30 日,雅安图书馆新馆正式开馆,雅安市委书记、市长徐孟加等有关领导,省图书馆馆长李忠昊、副馆长彭本诚、党委副书记司建华等一行以及各界读者朋友参加了图书馆开馆仪式。开馆仪式上,雅安市委书记、市长徐孟加及四川省图书馆李忠昊等领导相继讲话。(四川省图书馆学会)

【威远县图书馆新馆开馆】 2006 年 10 月 1 日,新落成的威远县图书馆正式开馆。四川省图书馆副馆长王嘉陵出席了开馆仪式。为庆贺和支持基层公共图书馆建设,四川省图书馆帮助威远县图书馆设立了电子阅览室,开通文化信息资源共享工程丰富的电子文献信息资源,并向该馆赠书 2 000 册。威远县图书馆占地约 1500 平方米。(四川省图书馆学会)

【2006 年省部级(含)以上表彰与奖励】

	表彰或奖励称谓	奖励等级	授予单位	授予时间	获奖者	奖励方式
工作成就	建设社会主义新农村送文化下乡公益活动	三等奖	共享中心省分中心	2006.11	绵竹市图书馆	奖状(现金)
	全国第二届全民阅读活动"十优"图书馆		中国图书馆学会	2006.7	广安市图书馆	授牌
	"建设社会主义新农村"电影下乡公益活动组织奖		省文化信息资源共享民程领导小组	2006.12	广安市图书馆	授牌
	四川省青少年校外活动示范基地		四川省文明委	2006.12	广安市图书馆	授牌
	省级文明单位		中共四川省委四川省人民政府	2006.12	广安市图书馆	授牌
	建设社会主义新农村送文化下乡公益活动	三等奖	全国文化信息资源共享工程四川分中心	2006.11	武胜县图书馆	奖状
学术成就	西南图书馆联盟	一等奖	联盟主办单位	2006.11	王世友	精神
	西南图书馆联盟	二等奖	联盟主办单位	2006.11	黄兆奎	精神
	西南图书馆联盟	二等奖	联盟主办单位	2006.11	王丽颐	精神
	论社区、乡镇图书馆(室)发展方向	三等奖	中国图书馆学会	2006.4	李开成、谢东	证书
	论社区图书馆发展方向	三等奖	川陕甘图情协作网	2006.8	李开成、谢东	证书
	图书馆创新服务和特色服务	二等奖	川陕甘图情协作网	2006.8	代敏	证书
	论图书馆服务模式的创新	优秀奖	川陕甘图情协作网	2006.9	代敏	证书

(吕伟红)

【2006 年召开的学术会议列表】

会议名称	主办者	召开时间	召开地点	会议主题
自贡市图书馆学会第七次会员代表大会	自贡市图书馆	2006.4.22	自贡	超等学会理事会改选,进行学术报告会
年会暨学术研讨会	雅安市图书馆	206.7.7	雅安银鹏山庄	图书馆改革
内江市图书馆学会换届选举大会暨学会学术论文研讨会	内江市图书馆学会	2006.10	资中	学会换届选举暨学术论文研讨会
川滇边四川省少数民族地区图书馆馆长联系会	省图学会少数民族专委会及州图书馆	2006.2	西昌攀枝花两市	协作协调共谋发展
全国中小型公共图书馆联合会 2006 年学术年会	中图学会少数民族图书馆专委会、全国中小型 公共图书馆联合会及州图书馆	2006.7	西昌市	构建和谐社会,促进图书馆事业发展

(吕伟红)

【2006 年开展活动统计表】

	名称(会议 活动 项目)	主要内容	时间	地点	规模(人次)
举办国内学术活动	泸州市图书情报学术年会	学术交流	2006.12.21	泸州市图书馆	100 人
	协办西部援助计划数字资源建设与利用公益性培训班				
	2006 年年会及论文研讨会	优秀论文评选及学术交流	2006.10	资中	46 人
	川滇边四川省少数民族地区图书馆馆长联系会	协作协调	2006.2.21	西昌攀枝花	50 人
	全国中小型公共图书馆联合会 2006 年学术年会	学术研讨协作协调	2006.7.17	西昌	100 人
组织国际学术活动					
	六一少儿科普游园	游园活动	2006.6.1	泸州市图书馆	5000 人
	送科技文化下乡、放映电影	发放科普资料、放科教片	2006 全年	绵竹全市各镇乡	下乡 40 次约 8000 人
	举办"纪念邓小平诞辰 102 周年专题讲座"及"纪念邓小平诞辰 102 周年专场电影——《邓小平 1928》"	纪念活动	2006.8.22	广安市图书馆	1000 余人
	举办"新时代、新女性"专题知识讲座	专题讲座	2006.10.11	广安市图书馆	40 人
	开展纪念"4.23 世界读书日"系列活动		2006.4.23	广安市图书馆	10000 人

	举办"服务宣传周"系列活动		2006.6.1	广安市图书馆	10000 人
	《海洋生物世界》	科普展	2006.7.12	广安市图书馆	3000 人
	《珍禽异蝶》	科普展	2006.8.15	广安市图书馆	5000 人
	《奇妙的大自然》	科普展	2006.8.22	广安市图书馆	7000 人
	送文化下乡、科技赶场	推介科学种植养殖	2006.5	广安区图书馆	3000 人
	图书馆宣传活动、科普宣传活动	宣传图书馆科学技术知识	2006.3	岳池县大东街	
科普活动	参加由自贡市委宣传部、市社科联、市科协、市文等单位组织的"三下乡活动"	送书和资料下乡、放电影	2006	自贡建设镇、成佳镇	
	下乡宣传(13)次	书刊展览发送科技资料图片展	2006	名山、天全、上里、大兴、孔坪等	共 51 人次
	送书下乡、知识问答	农技、科普	2006.2	连山、南兴、三水	1 万人
	航空、航天科普宣传		2006.6	华蓥市图书馆	1 万人
	海洋生物展览		2006.10	华蓥市图书馆	1.5 人
	南充市"电信杯"网上有奖读书征文活动	网上读书征文	2006.11	南充市三区六县	10 万人
	服务宣传周活动	利用共享工程放映科普电影	2006.5	内江市朝阳中学、市聋哑学校、东兴区红庙村	共计 443 人
	三月"科技之春"科普活动月,五月"科技活动周"	科普宣传	2006.3,2006.5	西昌	1000 人

(吕伟红)

【自贡市图书馆学会第七次会员代表大会】 2006 年 4 月 12 日,自贡市图书馆学会第七次会员代表大会在自贡市工人文化宫召开。来自全市公共图书馆和高校、企业、卫生等系统的会员代表 100 多人参加了会议。四川省图书馆副馆长、省图书馆学会秘书长王嘉陵,四川省中心图书馆委员会办公室常务副主任、省图书馆学会副理事长徐建华,自贡市文化局、市科协、市社科联、市民政局和泸州、乐山、宜宾、内江等图书馆的馆长及嘉宾应邀出席会议。

大会由自贡市图书馆学会第六届副理事长郭毅主持。第六届理事长朱乔生作了《开拓创新,促进我市图书馆事业的发展》的报告,第六届副理事长陈烈锋宣读了《自贡市图书馆学会关于表彰 2002—2005 年学会优秀会员的决定》。王嘉陵在会上作了《以人为本,服务创新》的专题学术报告。

大会选举产生了自贡市图书馆学会第七届理事会。自贡市图书馆馆长洪勋当选为理事长、四川理工学院图书馆馆长郭毅、自贡市科技情报所副所长王越险当选为副理事长,牛光驹当选为秘书长、顾世英、王彬当选为副秘书长。第七届理事会聘请朱乔生为顾问。(张晋蓉)

【成都市图书馆学会 2006 年学术年会】 2006 年 7 月 19 日—20 日,成都市图书馆学会 2006 年学术年会在龙泉驿巴金文学院召开。来自全市各系统图书馆会员代表 40 余人参加了会议。成都市图书馆学会理事长钟刚毅、成都图书馆书记王利、副馆长陈实华、副馆长肖平出席了会议并讲话。本次年会以"城市(公共)图书馆的功能定位,城市图书馆如何与所在地和谐发展"为主题。会议共收到学术论文24篇,评出一等奖6篇,二等奖8篇,三等奖12篇。(张晋蓉)

【达州市图书馆学会第六届会员代表大会暨学术研讨会】 2006年7月12日—14日,达州市图书馆学会第六届会员代表大会暨学术研讨会在达州市召开。四川省图书馆馆长李忠昊、副馆长王嘉陵等出席会议。南充、广安、巴中等学会代表及来自达州市公共图书馆、院校系统图书馆70多名代表参加了会议。

会议由达州市文化局副局长戴鸿主持。四川省图书馆副馆长王嘉陵在会上作了题为《资源与服务》的学术报告,四川文理学院曾祥云作了题为《现代图书馆工作环境创意漫谈》的学术报告。经过代表们认真审议,会议通过了《达州市图书馆学会第五届理事会工作报告》和《达州市图书馆学会章程》,产生了达州市图书馆学会第六届理事会。本次学术会共收到论文66篇,评出一等奖5篇,二等奖10篇,三等奖15篇,优秀论文奖36篇。(张晋蓉)

【川陕甘毗邻地区图书情报协作网第六届年会】 2006年8月9日—11日,川陕甘毗邻地区图书情报协作网第六届年会暨学术研讨会在遂宁市图书馆召开。来自陕西宝鸡及四川凉山州、达州、巴中、攀枝花、绵阳、南充、德阳、广元、遂宁等

市州公共图书馆的60多名代表参加了会议。四川省图书馆副馆长王嘉陵、四川省中心图书馆委员会办公室常务副主任徐建华、达州市委、市委宣传部、市文化局等领导出席会议。

会议由遂宁市图书馆馆长黄小平主持。四川省图书馆副馆长王嘉陵在会上作了以《资源与服务》为主题的学术报告。此次年会收到学术论文110篇,通过评选,评出一等奖9篇,二等奖23篇,三等奖35篇。论文汇编为《西部图情论丛》第四辑。(张晋蓉)

【全国中小型公共图书馆联合会2006年凉山年会】 2006年7月17日—19日,由中国图书馆学会少数民族图书馆专业委员会和全国中小型公共图书馆联合会主办,四川省凉山彝族自治州图书馆学会和凉山彝族自治州图书馆承办的"全国中小型公共图书馆联合会2006年凉山年会暨理论研讨会,在四川省凉山彝族自治州西昌市召开。来自北京、天津、上海、四川等十多个省、直辖市的地、县两级公共图书馆馆长、论文作者代表80余人参加大会。文化部社会文化图书馆司副司长周晓璞、天津市南开大学商学院教授徐建华分别作了《非物质文化遗产的申报和保护》、《现代图书馆人的职业生涯管理》专题学术报告。(张晋蓉)

【巴中市图书馆学会第二届会员代表大会暨二00六年学

术年会】 2006年10月16日,巴中市图书馆学会第二届会员代表大会暨2006年学术年会在巴中召开。市文体新闻出版局、市科协等领导和全市三县一区公共图书馆馆长及会员代表50余人参加会议。

会上,巴中市图书馆学会副理事长、巴州区图书馆馆长刘人华代表第一届理事会向大会作了学会第一届理事会工作报告。会议选举产生了第二届理事会。新当选的巴中市图书馆学会第二届理事会理事长、巴中市图书馆馆长杨翠萍在会上代表第二届理事会向大会作了第二届理事会工作意见的讲话。

会上表彰奖励了在2005年度获市科协表彰的学会先进工作者和2006年度巴中市图书馆学会学术论文获奖者及学会先进工作者。(张晋蓉)

【乐山市图书馆学会荣获市社科先进集体】 2006年,乐山市图书馆学会被乐山市社会科学联合会评为社科学会先进集体。(张晋蓉)

【泸州市图书情报学会二〇〇六年学术年会】 2006年12月21日,泸州市图书情报学会2006年学术年会在泸州市图书馆召开,来自全市近40个会员单位的80余名会员参加了年会。市民政局、市社科联、市科协学会部、市文化局等领导同志出席了会议。

年会由学会副理事长郭学贵主持。学会理事长王世友作

了《加大学术研究力度,积极投身于构建和谐社会和建设社会主义新农村的火热生活中》的年会工作报告。

本次年会的主题是:构建和谐社会中的图书情报事业。共收到论文48篇。评出优秀论文13篇。其中一等奖1篇;二等奖5篇;三等奖7篇。(张晋蓉)

【攀枝花市图书馆学会第五次会员代表大会】 2007年1月31日,攀枝花市图书馆学会第五次会员代表大会在市委党校隆重召开。市民政局、市社科联、市科协、市文化局等领导出席会议并讲话,来自全市各系统的73名会员代表参加了大会。会议由学会第四届副理事长赵文广主持。大会选举产生了攀枝花市图书馆学会第五届理事会,并召开了第五届理事会第一次会议,选举产生了常务理事、理事长、副理事长和秘书长。攀枝花市图书馆副馆长陈临峻当选为新一届理事会理事长。(张晋蓉)

【绵阳市图书情报学会开展青少年网上读书征文活动】 2006年,绵阳市图书情报学会在全市范围内组织开展了大型网上读书征文活动。绵阳城区的西山路小学、先锋路小学、绵阳八中等15所中小学学生踊跃参加,共收到征文600余篇。市图书情报学会组织绵阳市著名作家、文学创作人员对征文认真进行选评,于10月25日举行了"绵阳市首届青少年网上

读书征文"隆重颁奖仪式,市文化局、市教育、市图书情报学会、市作家协会的有关领导及师生家长近千人参加了颁奖活动。(张晋蓉)

【绵阳市图书情报学会开展公益讲座】 2006年5月13日,绵阳市图书传播学会举办了"图书馆:探询世界的视窗的讲座";主讲人是中美友好志愿者柯小美女士,她从人与书的渊源谈到人与图书馆的渊源,从东西方历史的交汇和收藏谈到网络时代下多元图书馆的视点,讲座活跃的气氛给参加读者留下了深刻印象。2006年11月19日,举办"绵阳历史演变"社会公益讲座;主讲人是原绵阳市地方志办公室主任王志强,他从绵阳城市地位的变化、绵阳人的构成及繁衍、绵阳城址的演变、绵阳政区的演变、绵阳县名的演变五个方面介绍了绵阳两千多年历史的演变和发展,使到场的百余名读者仿佛置身于绵阳的漫漫历史长河中。今年以来,市图书情报学会共先后组织社会公益讲座、周末电影展演、节日科普宣传等主题活动多达56次,参加活动人员多达65 700多人次。(张晋蓉)

【宜宾市公共图书馆工作暨图书馆学会工作会议召开】 2006年4月6日—7日,宜宾市公共图书馆工作暨图书馆学会工作会议在筠连县召开。会议总结了2005年度全市图书馆工作及学会工作,通报了2006

年全省群众文化工作会议的最新精神,传达了2006年全市文化、

新闻出版工作会议对群众文化工作的要求。并结合全市公共图书馆工作实际,对"十一五"期间图书馆工作提出了积极的建议,特别是对2006年加强社会主义新农村建设、图书馆设施建设及文化资源共享工程建设作了明确的安排和部署。(张晋蓉)

【宜宾市图书馆学会开展多种形式的青少年读书活动和图书馆服务宣传周活动】 2006年3月是宜宾市第十一届"科技之春"科普宣传活动月,宜宾市图书馆、宜宾市图书馆学会积极开展了以"爱科学、讲科学、学科学、用科学"为主题的读书活动月活动,目的是激发广大青少年"爱科学、讲科学、学科学、用科学"的热情,提高青少年的科学素质。这次活动,共购进新书总价近1万,接待小读者近1000人次。为加强"科技之春"科普活动的宣传力度,营造一个青少年爱科学,学科学的氛围,学会积极制作宣传资料,编印读书活动月的新书书目推荐;张贴和发宣传资料共100余份;并积极鼓励到馆的小读者撰写学习心得,共收集小读者的读后感20余篇。

为了响应中共中央宣传部、中央文明办、新闻出版总署、文化部、教育部等11部委共同发布的《关于开展全民阅读活动的倡议书》的精神,2006年6月5日,在江安开展了由宜

宾市图书馆、宜宾市图书馆学会、江安县文明办、县旅游和文化局主办，由江安县图书馆承办的青少年网上读书活动。在宣传服务周期间，江安县图书馆免费为广大青少年读者提供网上读书服务。此次活动受到了江安县委宣传部、县文明办、县旅游和文化局领导的高度重视，同时也受到了媒体的关注，收到了很好的社会效应。（张晋蓉）

【广元市图书馆学会搞好"科技之春"科普宣传活动】
为贯彻落实广元市科协《关于开展2006年"科技之春"科普宣传活动的通知》，2006年3月14日，广元市图书馆学会参加了市科协在广场组织以"倡导文明新风，共建和谐广元"为主题的"科技之春"科普活动。学会将编印的农科信息小册子《养猪专辑》、《养鸡专辑》、《实用科技资料》、《农民致富与信息》等，当场免费发放了100多册、3000余份；展出了锦绣广元、四川省旅游数据库——广元篇、图片80余幅。同时，学会还编印《助你致富》、《花卉专辑》、《蔬菜专辑》、《鸭鹅专辑》四种实用科技信息资料。（张晋蓉）

【四川省高校图书馆概述】
截止到2006年底，四川省共有高校图书馆73所（计入新升格高职、成人院校）。在高等教育迅速发展的背景下，四川高校图书馆继续全面贯彻落实《普通高等院校图书馆规程》，认真制订和实施图书馆"十一五"规划，进一步促进文献信息资源共建共享，不断推进改革和发展。根据对四川省39所主要普通高校图书馆（以下统计数据同）的统计汇总，2006年文献资源购置费达1.35亿元，文献总量6767万册，当年购置中文纸质图书354万册、外文纸质图书4900多册、中文纸质报刊15万份、外文纸质报刊7200多份、中文电子图书505万册、外文电子图书14万册、中文电子报刊109万份、外文电子报刊88万份，数据库237个、自建数据库88个，读者座位90 700个，当年平均生均纸本图书文献69册，生均拥有文献（含电子文献）102册。已有博士、硕士共137人，本科以上学历的比例约占52%，中高级职称比例达56%。

在读者服务上，74%的馆实行超长开放时间，每周开馆时间达90小时以上。在新服务模式的探索中，以读者为中心的"藏、借、阅、咨"一体化和通借通还服务模式，大大提高了文献资源利用率，2006年，四川39所普通高校图书馆外借书刊达1600多万册次。四川各高校图书馆还逐步通过馆际协作协调，扩大文献保障范围，为高校教学科研提供更有力的文献资源保障。

同时，四川省高校图书馆建设也还存在一些问题，主要体现在：经费投入仍然不足，生均纸本图书文献离教育部规定的标准有较大差距，不能充分满足师生的借阅需求；部分高校图书馆数字图书馆建设刚起步，中外文数字资源仍不足；文献资源共建共享尚未形成有效的工作机制。（四川省高校图书情报工作委员会秘书处　袁学良　刘裴裴）

【四川省高等学校图书馆工作会议在广汉举行】　2006年3月28日—3月30日，四川省高校图书情报委员会在广汉举行了四川省高等学校图书馆工作会议。会议由四川大学图书馆承办，省内70所高校图书馆的100余位同志参加了会议。

会议围绕"四川省图工委2005年工作总结与2006年工作计划"、"高校图书馆'十一五'规划制定"以及"高职院校图书馆督查工作"三个主要内容展开。四川省教育厅副厅长周同甫出席会议并讲话，他阐述了四川省高等教育所面临的形势，回顾了四川高校图书馆事业2005年的发展，部署了2006年的工作。教育厅高教处副处长李功成作了四川省高校图工委调整换届方案及相关问题的说明。会议特邀教育部全国高校图工委秘书长朱强研究作了专题报告。四川省高校图工委顾问李秉严、四川省高校图工委秘书长姚乐野分别向大会作了"四川省高校图工委2005年工作总结"和"四川省高校图工委2006年工作计划"的报告。四川农业大学图书馆副馆长杨长平、电子科技大学图书馆馆长张晓东、西南交通大学图书馆副馆长高凡、四川大学图书馆馆长林平副、成都航

空职业技术学院图书馆时雪峰研究馆员等在会上发言。（四川省高校图书情报工作委员会秘书处　袁学良　刘裴裴）

【四川大学图书馆举办教育部"全国高职高专馆长高级研修班"】 受教育部高等教育司委托，四川大学图书馆于2006年9月17日—26日举办了2006年"全国高职高专馆长高级研修班"。该研修班是教育部高等教育司"高等学校青年骨干教师高级研修班"项目的一部分。本次研修班本着"以培促建"的宗旨，目的在于探求新形势下高职高专图书馆管理和服务的新模式，加强高职高专图书馆人员队伍建设，从而促进高职高专图书馆建设发展的规范化和科学化。学员们分别来自全国17个省份的74所高职高专院校，共79人，其中馆长52位，副馆长15位，业务骨干12位。研修班邀请了教育部高教司教学条件处处长李晓明，全国高校图工委秘书长、北京大学图书馆副馆长朱强分别作了题为《＜普通高等学校图书馆规程＞与高职高专图书馆建设》和《中国高等学校图书馆的现状与发展》的专题报告。四川省教育厅高教处调研员赵锦菜，四川大学图书馆馆长姚乐野，电子科技大学图书馆馆长张晓东，成都理工大学图书馆副馆长叶艳鸣，原成都航空职业技术学院图书馆馆长时雪峰，四川大学图书馆编目中心主任黄毕惠，四川大学图书馆技术中心主任张盛强分

别作了题为《四川省高职院校图书馆的现状及发展思路》、《高校图书馆文献资源建设与馆藏发展政策》、《高校图书馆的管理》、《高校馆用户需求、服务特色、服务模式》、《高职高专图书馆建设及评估》、《文献整序（图书、连续出版物、数字资源）》、《现代图书馆的技术支撑系统与软件选型》的专题讲座。学习期间组织全体学员参观了四川大学图书馆江安分馆、西南财经大学图书馆、四川交通技术职业学院图书馆。（四川省高校图书情报工作委员会秘书处　袁学良　刘裴裴）

【四川高校图书馆文献资源建设研讨会在成都举行】 2006年9月19日—20日上午，四川省高校图书情报工作委员会在成都市龙泉驿区星光花苑召开了2006年四川高校图书馆文献资源建设研讨会。省内37所普通高等院校图书馆的领导、采访工作人员共100余位同志参加了会议。会议特邀教育部高教司教学条件处处长李晓明作专题报告。教育厅高教处调研员赵锦菜出席会议并讲话。

会议围绕"图书采购工作的规范化、制度化建设"，"图书馆馆藏发展政策的编制与执行"，"落实'招标投标法'、搞好文献资源建设的对策"，"新形势下图书馆采访工作的重点、难点与应对措施"四个主题展开了研讨。西南民族大学图书馆馆长罗新本、四川大学图书馆馆长姚乐野和副馆长林平分

别作了主题发言。会议还特邀四川大学法学院韩运浦教授就政府集团采购招投标中的法律问题为与会代表作了专题讲座。

会议还研讨了教育部全国高校图工委制订的《普通高等学校图书馆文献集中采购工作指南》及相关附件，强调要进一步规范四川省普通高等学校图书馆的文献集中采购工作。（四川省高校图书情报工作委员会秘书处　袁学良　刘裴裴）

【四川省高校图工委举办第三届"专家论坛"】 由四川省高校图书情报工作委员会主办、西南交通大学图书馆和西南财经大学图书馆联合承办的第三届"专家论坛"于2006年11月4日在西南财经大学光华楼西厅隆重召开。来自四川省高校图书馆、公共图书馆、科学院文献中心和重庆市部分高校图书馆的代表140余人到会。本次论坛邀请了北京大学图书馆馆长戴龙基、清华大学图书馆副馆长姜爱蓉、台湾世新大学资讯传播学系系主任林志凤以及四川省高校图工委原秘书长、四川大学图书馆原馆长李秉严作专题报告。西南财经大学副校长丁任重、四川省高等学校图书情报工作委员会秘书长姚乐野先后致词。

台湾世新大学资讯传播学系系主任林志凤作了题为"图书馆服务的体验与感动行销"的报告，对图书馆的"管""理"工作与营销理念作了独到的诠

释。清华大学图书馆副馆长姜爱蓉女士作了题为"资源整合与门户建设——清华大学图书馆的实践"的报告,以清华大学图书馆的数字化历程与现行系统为实例,介绍了清华大学和她的关于图书馆数字化体验的实践和经验。北京大学图书馆馆长戴龙基教授的"从北大图书馆看高校图书馆发展的基本点"的报告让与会者感受到北大图书馆以文化为导向的图书馆精神。四川省高校图工委原秘书长李秉严研究馆员论述了关于 Web2.0 时代 Lib2.0 的存在,并提出了对于图书馆事业发展的思考。(四川省高校图书情报工作委员会秘书处　袁学良　刘裴裴)

【成都地区暨川西地区高校图书馆第 33 届馆长研讨会在成都举行】　2006 年 5 月 19 日—21 日,由成都信息工程学院图书馆承办的第 33 届成都地区暨川西地区高校图书馆馆长研讨会在成都龙泉阳光城举行,来自 22 所高校图书馆的 50 余位馆长及相关代表出席了本次会议。省教育厅计财处副处长李功成、高教处调研员赵锦菜和省高校图工委秘书长姚乐野到会并讲话。会议由西南财经大学图书馆馆长刘方健和西华大学图书馆馆长吕先竞共同主持,成都信息工程学院图书馆馆长邓传友致欢迎辞。研讨会以"新馆建设、管理、服务模式探讨"、"高校图书馆'十一五'规划讨论"、"评估工作经验交流"为主题,西南财经大学、

四川大学、西南民族大学、成都信息工程学院图书馆进行了专题发言。(四川省高校图书情报工作委员会秘书处　袁学良　刘裴裴)

【成都地区第 34 届高校图书馆馆长研讨会在广汉举行】　2006 年 10 月 19 日—20 日,成都地区第 34 届高校图书馆馆长研讨会在广汉举行,会议由中国民航飞行学院图书馆承办。会议围绕新馆运行模式与管理和新形势下文献信息资源建设两个主题进行了探讨。(四川省高校图书情报工作委员会秘书处　袁学良　刘裴裴)

【成都地区高校图书馆第九届离退休馆长联谊会在成都举行】　2006 年 4 月 5 日,由成都理工大学图书馆承办的成都地区高校图书馆第九届离退休馆长联谊会在成都易园度假村举行。省高校图工委领导、成都地区各高校图书馆退休馆长、主办馆及下届承办馆领导等共计 42 人参加了会议。会议由成都理工大学图书馆副馆长叶艳鸣主持。成都理工大学图书馆馆长李勇代表主办馆致欢迎辞。四川省图工委秘书长、四川大学图书馆馆长姚乐野代表省高校图工委讲话,向到会的离退休馆长介绍了四川省高校图工委及全省高校图书馆 2005 年建设发展取得的主要成绩和 2006 年的工作计划。随后,成都理工大学图书馆老馆长易惠芳副、电子科技大学图

书馆老馆长张筱东代表到会的离退休馆长讲话,对图工委和全省高校图书馆的工作和取得的成绩给予充分肯定,对图书馆事业的发展提出了殷切的希望,对承办馆表示衷心感谢。最后,下届承办馆领导、成都地区高校协作组组长、西南财经大学图书馆馆长刘方健回顾了前八届联谊会的发展历程,表示将不负众望,把离退休馆长联谊会继续坚持下去,办好第十届成都地区高校图书馆离退休馆长联谊会。(四川省高校图书情报工作委员会秘书处　袁学良　刘裴裴)

【川北片区高校图书馆工作研讨会在遂宁市举行】　2006 年 10 月 27—28 日,川北片区高校图书馆工作研讨会在遂宁市举行。会议由西南石油大学图书馆召集,川北片区的六所高校图书馆馆领导及有关专业人员近 30 人参加会议。参会各高校馆就本科评估迎评准备、新馆建设、多校区格局下的图书馆服务等问题进行了深入的交流和探讨,还参观了四川职业技术学院图书馆。(四川省高校图书情报工作委员会秘书处　袁学良　刘裴裴)

【川北地区高校图书馆协作组举办"迎评工作座谈会"】　2006 年 5 月 12 日,川北地区高校图书馆协作组在西华师范大学图书馆举办了"迎评工作座谈会"。川北协作组所在馆与其他兄弟馆共 21 个馆,45 人参加了会议。会议期间大家主

要就迎评准备工作、评估注意事项进行了研讨。西华师大图书馆的同志根据本馆情况就研讨项目作了详细的讲解,为其他到会馆迎接本科教学水平评估提供了借鉴。(四川省高校图书情报工作委员会秘书处 袁学良 刘裴裴)

【川渝高校情报研究会第十六次学术年会暨图书情报服务与创新研讨会在峨嵋山市举行】 2006年6月20日—23日,川渝高校情报工作研究会在峨嵋山市举行了第十六次学术年会暨图书情报服务与创新研讨会。会议由西南交通大学图书馆承办。参加会议的有四川、重庆、上海、广东、山东、福建等省的76所高校图书馆共160多位代表。会议收到论文117篇。研讨会的主题为"图书情报服务与创新",副主题为网络环境下的图书情报服务;情报分析研究方法、技术平台与机制创新;知识创新和知识服务;文献传递与资源共享;参考咨询与信息服务;信息素质教育;数字化网络化信息环境与图书馆服务;新信息环境下图书馆服务的管理与运营;面向知识创新和知识服务的图书馆发展战略等十余个方面。在研讨会上,各省市高校图书馆同行们的交流和探讨了国内外文献情报服务与创新方面的发展趋势与动态,共享了大家的可操作性经验。(四川省高校图书情报工作委员会秘书处 袁学良 刘裴裴)

【四川省师范院校和川南地区高校图书馆馆长工作研讨会在乐山举行】 2006年5月23—26日,四川省师范院校和川南地区高校图书馆馆长工作研讨会在乐山举行。会议由乐山师范学院图书馆承办,共有16个高校图书馆代表出席会议。这次会议围绕图书馆新馆建设与服务、管理模式变革、本科教学评建工作研讨三个主要议题召开,并进行了广泛的交流。(四川省高校图书情报工作委员会秘书处 袁学良 刘裴裴)

【"四川省高等学校图书馆文献传递服务体系建设"项目正式启动】 由成都理工大学图书馆牵头负责申报的四川省高等学校图书馆、情报与文献学规划项目"四川省高校文献保障体系建设——四川省高等学校图书馆文献传递服务体系建设"项目于2006年5月获四川省教育厅批准立项,项目资助经费20万元。9月27日,项目组在成都召开了四川地区高校图书馆文献传递服务工作协调会,四川省教育厅高教处领导、省高校图工委领导、CALIS西南地区文献信息服务中心、成都理工大学图书馆、西华大学图书馆、西南科技大学图书馆、四川农业大学图书馆、四川师范大学图书馆、西华师范大学图书馆、西南石油大学图书馆、成都电子机械高等专科学校图书馆、成都航空职业技术学院图书馆和北京义华数图科技有限公司等单位参加了会议,到会的九家省属高校图书馆及CALIS西南地区文献信息服务中心联合签署了《四川地区高校图书馆馆际文献传递服务协议书》,并决定将四川地区高校图书馆馆际文献传递服务中心设在成都理工大学,西华大学作为备份中心,正式启动项目建设。10月,项目组以联合集团采购形式与北京义华数图科技有限公司签订了购买CALIS馆际互借与文献传递平台的协议。12月基本完成了各成员馆及服务中心平台的安装。2007年3月完成了联网调试,系统进入试运行应用。

该项目以四川高校图书馆馆藏文献资源、购买的电子资源和特色数据库为保障,依托CALIS及NSTL、CASHEL等国家文献保障体系,初步构建了四川省高校学科文献资源共享的文献传递服务体系平台。四川省高等学校图书馆文献传递服务体系建设项目的实施,将有效整合该省高校的文献信息资源,充分发挥省属重点高校图书馆和文献机构的资源优势,通过建立高效、便捷、经济的省属高校图书馆文献传递服务系统广泛开展文献传递服务,提高信息保障和信息利用水平,以充分满足四川省高校,特别是新组建高职院校读者的文献信息需要。(四川省高校图书情报工作委员会秘书处 袁学良 刘裴裴)

【四川省高等学校图书馆特色数据库项目研究进展】 2004年9月,四川省教育厅正式启动四川省高等学校特色数据库建设项目。项目的总目标是：到2007年底，综合利用计算机技术、网络技术和通讯技术，依托国家骨干通讯网络系统和四川各高校图书馆，通过一定的措施和手段调控四川高校特色数据资源的合理分布和系统建设，形成覆盖四川各类高校的特色数据库资源服务网络，建设具有全国先进水平的特色数据库资源，实现四川高校特色数据库资源和服务的共享。

2004年，课题组召开了建设方案讨论会，并聘请专家对方案进行了论证；进行"四川高校文献保障体系——特色数据库"网站建设；召开立项评审会；会同Calis西南中心、四川大学图书馆专门召开了"专题特色数据库培训会"，对参建馆进行了培训。

2005年7月，在《我国数字图书馆标准规范研究》基础上，制定了四川高校特色数据库建设标准。

2006年11月，制定了四川高校特色数据库建设验收办法与标准。

2007年3月，完成了四川高校特色数据库网站建设，实现四川各高校特色数据库集中检索。

四川省高等学校图书馆特色数据库列表

序号	项 目	负 责 单 位
1	汽车特色数据库	西华大学图书馆
2	四川省地质矿产资源文献数据库	成都理工大学图书馆
3	四川旅游资源特色数据库	四川师范大学图书馆
4	天然气特色数据库	西南石油学院图书馆
5	高职高专学生实训与师资培训特色数据库	成都电子机械高等专科学校图书馆
6	无机非金属材料特色数据库	西南科技大学图书馆
7	恐龙数字图书馆	成都理工大学图书馆
8	峨眉山世界自然遗产特色资源数据库	西南交通大学图书馆
9	中医基本方药数据库	成都中医药大学图书馆
10	中国金融信息港	西南财经大学图书馆
11	羌族文献数据库	西南民族学院图书馆
12	四川高校图书馆事实数据库	四川大学图书馆
13	模具设计与制造技术特色资源数据库建设	成都电子机械高等专科学校图书馆
14	烹饪资源特色数据库	四川烹饪专科学校图书馆
15	中国藏学研究及藏文化特色数据库	四川大学图书馆
16	中国盐文化数据库	四川理工学院图书馆
17	攀西地区特色农业资源数据库	西昌学院图书馆

(四川省高校图书情报工作委员会秘书处　袁学良　刘裴裴)

【大事记】

时 间	地 点	内 容
2006.3.28—30	广汉市	举行"2006年四川省高等学校图书馆工作会议"
2006.4.5	成都市	举行"成都地区高校图书馆第九届离退休馆长联谊会"
2006.5.12	南充市	举行川北协作组"迎评工作座谈会"

续表

时 间	地 点	内 容
2006.5.19—21	成都市	举行"第33届成都地区暨川西地区高校图书馆馆长研讨会"
2006.5.23—26	乐山市	举行"四川省师范院校和川南地区高校图书馆馆长工作研讨会"
2006.6.20—23	峨眉山市	举行"川渝高校情报研究会第十六次学术年会暨图书情报服务与创新研讨会"
2006.9.17—26	成都市	举行"全国高职高专馆长高级研修班"
2006.9.19—20	成都市	举行"高校图书馆文献资源建设研讨会"
2006.9.27	成都市	举行"四川地区高校图书馆文献传递服务工作协调会","四川省高等学校图书馆文献传递服务体系建设"项目正式启动。
2006.10.19—20	广汉市	举行"成都地区第34届高校图书馆馆长研讨会"
2006.10.27—28	遂宁市	举行"川北片区高校图书馆工作研讨会"
2006.11.3—7	贵州省	参加"西南地区高校图工委第十一届联席会议"
2006.11.4	成都市	举行"第三届专家论坛"
2006.11	成都市	制定"四川高校特色数据库建设验收办法与标准"
2006.11.29	成都市	举行"EBSCO四川省高校图书馆集团续订会议"

（四川省高校图书情报工作委员会秘书处　袁学良　刘裴裴）

【中国科学院成都文献情报中心概况】　中国科学院成都文献情报中心是中国科学院设在西南地区的文献情报机构,始建于1958年,现已成为西

南地区最大的科技图书馆、实力雄厚的信息服务中心和情报研究中心,并负责管理中国科技网成都网络管理中心、中国科学院成都科技查新咨询中心、四川省科技成果查新咨询服务分中心,同时还是国家科技图书文献中心(NSTL)成都镜像站。2006年3月,成都文献情报中心参与中国科学院文献情报系统改革,改组成为中国

科学院国家科学图书馆(筹)成都分馆。

成都文献情报中心2006年在职职工70人,其中,进入中国科学院知识创新工程的34人,平均年龄38岁,拥有享受国务院政府特殊津贴专家4人、四川省学术带头人2人、四川省专家评审委员会成员3人、"四川省有突出贡献的优秀专家"1人、获四川省"青年科技奖"和四川省青年"管理创新带头人"称号各1人、硕士生导师8人。2006年引进博士1名、硕士2名、双学士1名。在岗职工中,博士、硕士、双学士、学士人员比例为73%。

成都文献情报中心主任方曙、党委书记叶建忠。2006年12月曾文华同志调任中心党委副书记。

2006年继续招收图书馆学情报学硕士研究生,另外,本单位有三名同志完成在职研究生培养获得硕士学位。

1. 业务工作。2006年下半年完成了中国科学院西南地区7个研究所的学科化服务启动仪式,共深入一线进行了105次信息资源需求调查工作,收集问题298个,反馈率100%,转入相应岗位41个;共提供学科情报咨询服务24项,提供了6项信息服务报告,6个信息情报调研报告。

2006年馆藏印本文献总量为215万册(件),完整收藏国际著名的会议文献SPIE、IEEE、LNCS等;电子文献资源囊括了数据库40余种、外文全文期刊

3 400 多种、中文全文期刊 9 000 多种,以及大量的网络版工具书、全文电子图书和专利文献等。同时,作为国家科技图书文献中心(NSTL)成都镜像站,通过网络共享丰富的科技文献资源。此外,开通有天然药物网、战略高技术创新信息平台、专利创新信息平台和四川省科技信息资源共享服务平台等特色资源和服务。

2006 年全年开馆 355 天,接待读者 193 599 人次,借还图书 33 879 册次。通过 CSDL 系统发送请求 1 581 篇、接收请求 1 400 篇,同比增长 32.6% 和 53.2%;文献请求满足率为 92.07%。NSTL 成都镜像站全年新发展交费个人用户 38 个,集团用户 3 个,集团从属用户 162 个,发放免费试用卡 89 个、Apabi 用户卡 570 多个。2006 年为成都镜像站各类用户提供国内外科技文献原文 1 738 篇 27 289 页。

成都文献情报中心网路部是中国科技网(CSTNET)成都网络管理中心,负责中国科技网四川总节点的运营管理,是西南地区最大的互联网科技信息服务商(ICP)。连接科技网网管中心(北京)的网络带宽 155M,为科学院成都各研究所提供服务的网络带宽 1000M,园区宽带网到户带宽 100M。与拥有 28 个节点机房、覆盖大成都 14 个区县的成都信息港合作建立虚拟科技专网。试点建设中国科技网下一代互联网 IPV6,负责 IPV6 网络成都节点的维护与管理。2006 年自主开

发了科技新闻聚合服务系统。该系统是一种分布采集、集中展示的信息服务,通过提供一个"科技新闻中心",使用户在一个网站上就可以浏览众多世界著名的科研、学术机构等相关组织日常发布的新闻。自主开发了"科信通"——信息服务系统,集成主要搜索引擎的功能,直接把信息推送到用户的电脑桌面,为科研人员提供了一条获取最新科技信息的捷径。

成都文献情报中心 2006 年加强了与中国科学院先进工业生物技术创新研究基地和信息科技创新研究基地的交流,与两个基地逐渐开始建立起常规的稳定的服务合作机制。信息科技创新基地已将我中心纳入其战略研究的文献情报支撑体系中。面向院外开展的情报研究工作主要包括:与成都分院、四川省经委共同主办"四川企业科技信息",为本地区的产学研结合提供情报支持;应四川省政协领导的委托,为国家大型企业东方电气提供专题情报服务和战略情报月报服务;全年完成了 300 余项科技查新,200 余项引证检索。

继续与四川省科技厅合作,开展四川省科技文献资源共享平台的建设。四川省科技基础条件平台建设以资源共享为核心,主要依托成都文献情报中心的文献资源,打破资源分散、封闭和垄断的状况,加大改革力度,积极探索符合地方实际情况的管理体制和运行机制。经过两期的建设,目前平

台已建立面向用户、统一服务的网站(http://www.scstl.org.cn)。该网站通过共享整合现有资源、按照最终用户具体使用科技信息资源的方式,实现主要科技信息资源的整合与揭示。

2. 专业杂志。本中心出版两种期刊:《世界科技研究与发展》《天然产物研究与开发》。前者荣获中国科学院优秀期刊奖,有数百位两院院士订阅。后者荣获四川省优秀期刊奖,被包括大英图书馆在内的 20 多个国家的数十家机构长期收藏。(张邓锁)

【中国科学院成都文献情报中心图书馆学情报学硕士点】 中国科学院成都文献情报中心于上世纪 90 年代初开始为中国科学院文献情报中心(北京)代为培养图书馆学、情报学的硕士研究生,于 1998 年与四川大学合作成为图书馆学专业硕士授权点,并于 1999 年开始联合招生,是我国西部地区最早建立的图书馆学硕士培养点,2003 年与川大联合招生情报学硕士研究生。2003 年我中心获得了独立招生的中国科学院研究生院情报学硕士培养点(2004 年开始招生)、2004 年又获得中国科学院研究生院图书馆学硕士培养点(2005 年开始招生),这是中国科学院系统目前在我国西南地区唯一的图书馆学、情报学硕士培养点。

中国科学院成都文献情报中心的图书馆学情报学硕士点拥有一支具有丰富教学经验的

导师人才队伍,现有副高以上教师23人、四川省学术和技术带头人2人、国务院政府特殊津贴专家4人、"四川省有突出贡献的优秀专家"1人。

该硕士点拥有良好的办学环境和条件。图书馆阅览大楼的建筑面积近7 000平方米,馆藏文献印刷版本总量为210万册(件),电子版文献资源囊括了外文全文期刊1 900多种、中文全文期刊9 000多种,拥有专业图书、中文专业期刊和外文专业现刊的品种和质量居西南地区之首。中心负责管理中国科技网(CSTNet)成都网络管理中心,具有得天独厚的网络条件。中心设有研究生专用的网络教室、电子阅览室和配备多台上网电脑的学习室。中心所有科技文献信息资源都免费向研究生开放。良好的学习研究环境有利于提高研究生的研究能力和就业后的工作与适应能力。

该硕士点具有的学科方向:图书馆学、情报学。图书馆学主要关注领域:数字图书馆的建设、信息资源管理、知识管理与服务、信息政策和法律。情报学主要关注领域:信息检索技术、专利情报、竞争情报、网络搜索引擎、数据库技术、信息计量学、信息经济学等。

该硕士点除独立招收图书馆学、情报学专业的硕士研究生外,仍继续与四川大学联合进行图书馆学、情报学硕士研究生招生。主要研究方向是:情报学理论与方法、情报分析与信息咨询研究;文献计量学、决策情报、学科情报与竞争情报研究、知识管理与服务;数字图书馆理论与实践、情报技术研究;信息资源组织与管理、信息传播交流与控制;图书馆用户研究,信息检索、分析与预测;网络经济、信息系统研究与开发;图书馆可持续发展研究与图书馆管理研究、情报管理技术与方法、专利情报、战略情报、图书情报机构的CRM研究等。

附表:

2006年省部级(含)以上科研项目统计表

2006年开展活动统计表

2006年省部级(含)以上科研项目统计表

工作成就	表彰或奖励称谓	奖励等级	授予单位	授予时间	获奖者	奖励方式
工作成就	优秀共产党员		中共四川省直机关工委	2006年	肖国华	证书
学术成就	中国科学院国家科学图书馆2006年度学术年会(论文)	一等奖	中国科学院国家科学图书馆	2006年12月	肖国华	证书
学术成就	中国科学院国家科学图书馆2006年度学术年会(论文)	二等奖	中国科学院国家科学图书馆	2006年12月	韩红	证书
学术成就	中国科学院国家科学图书馆2006年度学术年会(论文)	三等奖	中国科学院国家科学图书馆	2006年12月	柴苗岭 朱江 王桦	证书
学术成就	中国科学院国家科学图书馆2006年度学术年会(论文)	三等奖	中国科学院国家科学图书馆	2006年12月	姜恩波	证书
学术成就	中国科学院系统文献传递与馆际互借服务优秀奖	优秀奖	中国科学院国家科学图书馆	2006年9月	中国科学院国家科学图书馆成都分馆	证书奖牌
学术成就	"图书馆服务创新与发展"学术研讨会(论文)	一等奖	"图书馆服务创新与发展"学术研讨会	2006年8月	陈漪红、朱江、鄢小燕	证书

2006 年开展活动统计表

举办国内学术活动	名称(会议 活动 项目)	主要内容	时间	地点	规模(人次)
举办国内学术活动	中国科学院国家科学图书馆学术年会成都分会 2006	提升支撑自主创新的知识服务能力	2006 年12 月	成都	70 人
组织国际学术活动	第 72 届世界图书馆和信息大会(WLIC)	国际图联大会	2006 年8 月	韩国日本	4 人
组织国际学术活动	美国数字图书馆考察	数字图书馆建设	2006 年10 月	美国	1
组织国际学术活动	深圳、珠海、香港图书馆馆际交流访问	图书馆建设	2006 年12 月	香港珠海深圳	6
科普活动	中外重大科技成果展	重大科技成果展示	2006 年10 月	成都市	1000 人

(张邓锁)

【四川省社会科学院文献信息中心(信息网络中心)图书馆服务工作】 截至 2006 年底，中心总计馆藏图书报刊720 411 册。其中:中文图书416 153 册，外文图书 20 536 册,线装书31 994 册;中文期刊196 426 册,中文报纸 45 454 册;外文报刊9 848 册;磁带、胶卷、光盘、录像带等4 206 件(以上数据为 2007 年初省级机关统一进行的固定资产清理数据统计)。

年内做好书报采购及流通、咨询等服务。订购中文图书3 000 余种，赠送图书编目入库1 100 余册。订购报刊995 种。预订编目、验收入库新书2 000 余册;旧书典藏入库 16 328 册。新刊、过刊验收入库近千种13 642 余册。做好图书报刊流通工作,接待读者 21 534 人次。完成上年 1 000 余种期刊的下架、清理和 3 280 余册过刊的加工、验收、编目、入库上架工作;完成了 151 种报纸的每天上架,每月适时下架、清理、加工和入库陈列工作。(靳岭)

【四川省社会科学院文献信息中心资料编辑工作】 全年编辑出版《社会科学研究参考资料》24 期,字数约 120 万字;《参阅资料》36 期,字数约32 万字。坚持正确的办刊宗旨和办刊方向,增强马克思主义的政治意识和阵地意识,在事关重大原则问题上要旗帜鲜明。及时反映政治、经济、社会、社科理论界等的热点、难点、重大问题和改革开放中的新情况、新问题,为各级领导干部、社科研究工作者、宣传理论、教学工作者提供了有益的参考。通过了 2006 年省新闻出版局的年检。(靳岭)

【四川省社会科学院文献信息中心网络信息服务】 3月,进一步扩大了网络带宽,大大提高了网络质量,保障了全院的科研基础设施建设和科研教学环境条件的改善。

网站编辑工作方面,承担院网的主要编辑任务,年内实现了院网的技术改版,在形式和内容上都进行了进一步充实、调整,并按照院里的要求,承担了从旧版到新版的数据转移及院网的采访、编辑工作,共计上传 400 余篇。承担了"四川社会科学在线"网站主要栏目的编辑工作,全年共计上传各类信息 3 600 余篇。紧跟社会热点推出了西部文博会、理论热点面对面(2006)、和谐社会、科学发展观、建设社会主义新农村、"四川省旅游新跨越对策研究"问答、四川工业强省战略、树立社会主义荣辱观、《进策天府优游》、省社科院"青年学术节暨青年论坛"等专题。网站工作受到省委宣传部肯定。(靳岭)

【四川省社会科学院文献信息中心文献建设与服务】增加了网络版数据库以及联系提供网络版试用数据 6 种;开

展了让科研人员自己到购书中心选书的工作。以上方式受到科研人员和研究生的好评。开展了线装书的物理维护工作，清洁、冷冻杀虫等，维护线装书3 172册。增加了阅览室服务时间，除了每周一至周五的夜间服务，增加了每周双休日的值班工作（上午、下午和晚上）。负责电子阅览室建设的考察调研、方案设计及部分施工监管；负责电子阅览室管理制度的制定；电子阅览室5月8日开馆，至年底，接待读者1 563人次，总上机时间3 325.47小时。（靳岭）

【四川省社会科学院文献信息中心网络信息工作】 年内，配合本院年内网络改造、科研大楼办公区装修搬迁等大量工作，保证了全院网络畅通及临时办公教学区正常的工作秩序。

院网络信息安全管理办公室挂靠中心，对我院单位、个人建立的网站、网页进行信息内容的跟踪检查并建立了自查制度；与网管工作相结合，开通了网络信息安全网站，通过该网将在全院范围内，大力宣传国家关于网络信息安全的法律法规。

6月，在院领导的直接领导下，完成了对省委宣传部关于"四川社会科学在线"网站工作的汇报材料和简报，并参与汇报工作，得到认可，工作经费问题得到保证。10月，承办以院名义召开的网站建设工作会议，做了大量的组织工作，会议取得成功。（靳岭）

【四川省社会科学院文献信息中心决策咨询服务工作】 承担了院报送省领导的《高层内参》的编辑工作和部分组稿工作，全年共编印11期8万字左右。年内为有关省领导、院领导等提供大型专题资料服务3次。

经院研究，年初，中心接受了省党政网的我院终端及我院主页的建设。中心分别到省委、省政府考查调研，解决了组织衔接和技术支持问题，顺利开通了党政网并保证了党政网的技术维护。完成了线路改造，统一采购了相关硬、软件，完成了专网服务器安装、调试和原网站改版、数据库调整等工作。完成了我院主页设计并承担了日常信息上传、硬软件和线路的维护。（靳岭）

【四川省社会科学院文献信息中心科研工作及重要学术活动】 继续完成在研课题：国家社科基金课题（图情类）1项、省社科规划重点课题1项、院青年课题1项。年内，专业人员参与省部级课题1项；承担院重大课题子课题1项；申报省邓研中心课题1项。2006年3月，全国性学术会议"首届中国信息界学术大会"在北京召开，中心主任靳岭的课题论文入选并参会，论文被选评为"全国信息化研究百篇优秀论文"并颁奖，被选入大会百篇论文集——大型实用工具书《中国信息化实践理论文库》（2006年6月正式出版），还获"全国信息化研究百名管理者与学术带头人"荣誉称号，并获院科研成果转载奖。

积极组织论文参加省社科评奖及省社科情报学会、省图书馆学会评奖，获省社科情报学会论文一等奖1项，二等奖4项，三等奖2项。

积极组织论文和参加由中国孔子基金会、中国人民大学孔子研究院、中国孔庙保护协会、香港孔教学院、四川省社科院、中共德阳市委、德阳市人民政府共同主办"国学现代化与构建和谐社会国际论坛"。中心共提交论文共5篇，全部入选会议并受邀参会。其中，4篇国学与现代信息技术专题论文中，3篇论文均为近年进院的青年专业人员撰写。这组论文从不同的视角和层面探讨了信息技术对弘扬国学、继承发扬优秀传统文化的积极作用，受到与会有关专家好评。此外，还参与西部文化论坛等学术征文，青年专业人员参加了院"青年论坛"学术活动。

积极参与信息化研究及相关学术活动。年内，中心5位专业人员在核心期刊发表的有关论文，入选中国社科院文献信息中心主编的大型工具书《坚持科学发展观 构建和谐社会（党政干部理论学习文选）》（红旗出版社出版），其中4位获院科研成果转载奖。

2006年8月31日—9月3日，全国社科院系统图书馆第十一次协作及学术研讨会在乌鲁木齐召开，会议重点围绕"网络环境下文献信息资源共建共享和全国社科院系统图书馆联合联机编目"为主题进行研讨和交流,并就建设社科院图书馆系统交流网站、引文数据库、馆际互借、管理系统、馆藏资源结构、流通服务等工作进行了探讨和交流。中国社科院和全国23个省市自治区及人大书报资料中心、上海辞书出版社、国研网信息有限公司的60多位代表与会,新疆自治区文化厅、图书馆、中科院新疆分院图书馆、昌吉州图书馆负责同志出席了开幕式,新疆社科院院领导、各所处室的负责同志以及新疆日报、新疆电视台记者也参加了开幕式。中心副主任王小英参加了会议。

2006年9月25日—28日,中国社科情报学会成立20周年庆祝大会暨社科情报事业创新与发展学术研讨会在南宁市召开。大会由中国社会科学情报学会主办,广西社会科学院协办。中国社会科学院、各地方社会科学院、党校系统、军队院校系统、高校系统和新闻机构共120多名代表参加了大会。学会秘书长、中国社会科学院文献中心主任杨沛超主持了开幕式,广西壮族自治区党委常委、自治区政府副主席李金早出席大会并发表重要讲话。中国社会科学院学部委员、中国社会科学情报学会理事长黄长著致开幕词。广西社会科学院院长韦克义致欢迎辞。中心副主任贾玲参加了会议。中心组织参会论文2篇,全部入选会议论文集,获论文三等奖1项。中

心还组织学术成果参加会议期间举行的"中国社会科学情报学会第三届优秀科研成果评奖"活动,获中国社会科学情报学会第三届优秀科研成果奖1项。(靳岭)

【四川省社会科学院文献信息中心队建设】 2006年底,中心有职工30人,大专以上学历约占86%。有副高级职称7人,中级职称3人。年内新进大学本科生2人,进行了上岗教育和培训。晋升初级职称3人,晋升中级职称3人。接待新进院见习研究生7名。

为了更好地培养锻炼青年专业人员,调整健全了中心学术委员会,筹备成立了中心"青年研究会"。专业人员参加中国社科院图书情报系统及全国性、全省性学术会议8次;参加专业培训5人次;共发表论文十余篇;组织和撰写"四川社会科学在线"网站热点栏目综述多篇;中心专业人员1人受聘担任2006年度省社科规划课题图情类项目通讯评审专家。

中心是中国社会科学情报学会的常务理事单位,四川省社会科学情报学会的理事长及挂靠单位,四川省图书馆学会常务理事单位。

中心负责人出任多项社会学术职务:中国社科情报学会常务理事;四川省图书馆学会常务理事及专委会副主任;四川省社会科学情报学会副秘书长、常务理事、理事;四川省历史学会理事;成都市图书馆学会副秘书长、常务理事;四川省

图书情报中级学术职务评申委员、四川省社科规划课题图书情报类通讯评审专家(2003年、2005年、2006年)等。

为了更好地凝聚职工,体现中心的精神风貌,中心还积极组织职工参加院里的公益活动和集体活动,在纪念12.9运动71周年大会上获歌曲演唱二等奖及最佳创意奖。关注宣传热点,办好图书馆宣传栏;为贫困地区捐钱捐物;年内,获中共四川省直属机关工作委员会颁发的"四川省直机关先进基层党组织"奖;组织完成院党委办、院纪委办要求的心得体会文章9篇,获"学习党章和荣辱观征文活动"组织奖。(靳岭)

【全国党校文献信息学会、四川分会四川省图书馆学会党校系统分会常务理事会在蓉召开】 2006年5月12日,由分会挂靠馆四川省委党校、行政学院图书馆组织,四川省省级机关党校图书馆承办,全国党校文献信息学会四川分会、四川省图书馆学会党校系统分会常务理事会在成都召开。各市州党校图书馆常务理事馆馆长参加了会议。四川省省级机关党校副校长刘毅出席并作重要讲话。会议通报了全国党校文献信息学会和四川省图书馆学会近期工作,及全国党校数字图书馆建设评估情况;分析研究了数字图书馆建设背景下市州党校图书馆面临的新情况、新问题和新的发展机遇。会议认为分会应加强各成员馆间联系与交流,在推动四川党校系

统图书馆数字资源共建共享、带动市州党校图书馆发展上加大工作力度。会议决定2007年召开分会换届暨理论研讨会。

（李晓梅）

贵州省

【贵阳市图书馆概况】

2006年，贵阳市图书馆实际完成采编整理入藏新书17 695册，外借书刊实际完成173 393册次。编发《文化信息》6期，《经济政策信息》6期，《农业科技文摘》4期。年内送书到基层网点共计50点次，周转流通图书15 780册次。帮助乌当区高新路街道办事处下辖的2个村建设全国文化信息资源共享工程基层服务点；建设图书流通网点2个，包括4月份在三江农场（市劳教所）和9月份在市机关工委建设的图书流通点，首次送书分别为2 200册、8 000册（图书流通网点总数已经达到60个）。在举办读者活动方面，经过馆领导和各个相关部门积极组织，今年我馆共举办各种形式的读者活动14次。

3月22日，市图书馆学会常务理事会扩大会议在本馆召开。会议审议了《贵阳市图书馆学会2006年工作计划（草案）》，并据此确定了工作计划。此外，还根据省市文化主管部门的有关会议精神，对各县（市区）图书馆全面建设文化信息资源共享工程基层服务站的相关工作进行了传达部署。

4月19日，重庆图书馆副馆长宋继珍以及8名部室主任

到本馆考察交流。

9月22日，上海图书馆会议展览中心主任助理拱女士等四人，前来本馆考察，并与本馆领导进行业务交流。

9月27日，为迎接国庆节到来，本馆与市劳教所联合举行"社会主义荣辱观教育"报告会，听众来自劳教所3个大队的劳教人员450人。贵阳电视台对本次活动进行了报道。

10月22日，本馆举办的"建设社会主义新农村"征文比赛，在全市七个区市县共征集文章140多篇，经评定，8篇获得一等奖，17篇获得二等奖，16篇获得三等奖。

11月15日，由贵州省监狱管理局和本馆联合举办的"爱祖国、爱家乡、学知识、促改造知识竞赛"在王武监狱举行。本次比赛，共有贵阳地区的6所监狱派出代表队参赛，经过紧张激烈的比赛，沙子哨队获得一等奖，羊艾队、大洞口队获得二等奖，王武队、贵阳队、金西队获得三等奖。

单位及职工获奖情况

1. 单位获工作目标管理先进单位（市文化局）；

2. 市图书馆学会获工作目标管理先进单位（市科协）；

3. 党支部获先进党支部（市文化局）；

4. 龙志贵获优秀党务工作者（市文化局）；

5. 张华、谢宏、阮怒涛、汪婷获优秀共产党员（市文化局）；

6. 翟贵萍获农村文化建设先进个人（市委、市政府）；

7. 李立珉获先进女职工建功立业标兵（市总工会、人事局、文明办）；

8. 单位获智力支边先进集体（市政协）；

9. 王晓莉获优秀团员（团市委）；

（筑图荣）

【遵义市图书馆概况】

2006年遵义市图书馆围绕市委、市政府提出"科教兴市"和"经济强市、文化强市"的发展战略目标，进一步强化"读者第一，服务至上"的宗旨意识，推进了图书馆事业的更大发展。

2006年上半年，基础业务工作更注重读者服务效果，服务窗口接待读者4.2万人次，解答咨询1669条，内容涉及政治、自然科学、科技、社会科学等各相关知识，促进知识转化率。专题服务5次，针对不同群体（干部、教师、农科技员等）提出的专题要求，进行专题文献检索，提供有效专题信息，为特殊研究提供信息保障。编制二次文献"城市工作信息"6期，为政府及各部门决策参考。编制"蹇先艾专题"书目一册，揭示蹇先艾创作轨迹，为研究蹇先艾作品提供参考。做好导读工作，推荐宣传新书70多种，通过新书推荐激发读者阅读兴趣，提高藏书利用率。电子阅览室继续配合未成年人健康上网，分时段免费上网，方便青少年利用网络学习知识。继续探索建立数字图书馆平台的经验，上传各种数字资源300多条。2006年2月8日，配合市文

局组织春节文化宣传活动,与遵义市群艺馆一同在纪念广场开展了庆祝"元宵"系列活动,利用图片、展板的形式宣传了"沙滩文化"、"共享工程"、"数字图书馆"以及百科知识介绍,3000多人参加活动,形式多样,气氛活跃。

2006年5月19日,拉开了2006年图书馆服务宣传周活动序幕。阵地服务以读者为中心,外塑形象、内强素质,强调服务效果、文明用语,推荐新书目900多种,展出共享工程服务运行图片一期。5月19日,与遵义市老城小学共同举办"青少年安全教育"讲座,请遵义市老城派出所副所长陈蒙讲课,从案例分析到具体防范,深入浅出,生动有力,帮助青少年提高安全防范意识,深受师生好评。5月27日,举办了"图书馆服务宣传周"上街宣传活动,活动围绕阅读丰富人生、共建和谐社会主题,收集了名言警句、图书馆功能介绍、生活百科、综合治理等内容以展板、图片资料等形式进行宣传,解答读者咨询,接待群众5000人次。系列活动的开展,使得一年一度的图书馆宣传活动内容丰富多彩,宣传效果显著。

2006年1月,配合全国文化信息资源共享工程国家中心工作,在贵州省全国文化信息资源共享工程分中心的指导下,积极配合、参与文化部"文化共享工程遵义新春服务行活动"。对遵义市14个县(区、市)共享工程网点设备进行了的安装调试和技术指导,从硬件设备管理到自动化业务的技术要求等方面进行培训,通过培训,使各县(区、市)图书馆共享工程网点管理人员掌握基本基础业务技能,现已启动运行。遵义市全国文化信息资源共享工程分中心工作在遵义市委、政府领导和各级各部门多方的支持下,积极推进资源整合,努力扩大"文化共享工程"的社会覆盖面,经过与协作单位网络公司、市委党校的多方努力,实现了与遵义市广电网络中心资源整合"共享工程"数字资源在遵义有线电视33频道开通,同时还通过与遵义市委党校农村党员远程教育网络整合,使交通不便地处偏远的村寨农民朋友享受到共享工程带来的文化大餐,被国务委员陈至立誉为共享工程的"遵义模式"向全国推广。积极配合做好迎接"文化共享工程"现场交流会召开的相关工作,对全市"文化共享工程"的设备运行、活动开展、人员和场地进行认真的检查和督促,配合省分中心组织的技术专家组对县(区)级分中心和基层中心、基层服务网点的工作人员进行了技术培训,还抽调专人协助市文化局社文科做好相关汇报材料的收集、整理等工作,为"文化共享工程"现场交流会的成功召开贡献了一份力量。

2006年6月1日起,遵义市图书馆正式闭馆进行搬迁准备工作,全馆党员干部、职工在党支部的带领下完成图书馆资料及设备9000包打包工作。为支持市政府红花岗公园建设项目,在新馆未全面竣工的情况下,于2006年8月13日搬入新馆舍。为保障图书财产的安全,全馆职工轮流值班守护图书财产,尽心尽责保护全市人民的文化资源。同时为尽力满足读者的阅读需求,图书馆克服办公场地不落实、新馆还在施工并且还面临施工带来的有害气体影响、电路不通等困难,在10月1日,利用原有的旧设备先行布置开放了报纸阅览室。同时采编部门完成了2007年报刊预订工作,技术部门按要求每星期更换有线电视33频道节目内容。2006年11月2日,遵义市图书馆与遵义市文化局、遵义师院、遵义历史学会联合举办"蹇先艾作品收藏与回顾"展览,纪念蹇先艾先生诞辰100周年,经过认真策划,成立了布展专门小组,负责收集、组稿等准备工作。展览以图片、文字、生前遗物、名家书信、书画等形式展示了老人1906—1994年光辉的历史轨迹,反映了他为中国现代文学和繁荣社会主义文学事业作出的重大贡献,接待了遵义师院中文系学生及社会各界名士参观600多人次。

2006年10月,前任馆长张贵淮光荣退休,新任馆长吴喜文到任。11月,市委、市政府对"图书馆新馆内部设施和设备采购报告"进行调研,市人大会议讨论同意通过,在市财政的大力支持下,拨付524万元购置图书馆设备、设施。12月,遵义市图书馆按照采购法要求,与市政府采购中心一同制定采购

方案,为节约并用好这笔资金,多次进行了市场调研,专家论证,数稿修改采购方案,此项工作正在进行中。(陈庆苏)

【遵义市图书馆搬迁新馆舍】 遵义市图书馆新馆舍于2005年8月1日破土动工,经过近一年的修建,建设项目基本完成,为配合市委、市政府修建红花岗公园重点项目建设需要,遵义市图书馆提前做好搬迁准备工作。5月,为使新馆早日交付使用,积极配合城投公司工作,派馆长助理陈旭协助新馆建设工作。同月由馆长、副馆长及各部主任组成搬迁领导小组,为确保搬迁过程中图书资料的安全保护,认真进行市场调查,选择最佳打包包装材料,特定做纸箱包装,认真制定搬迁方案和预案。为顺利完成搬迁工作,市政府拨付搬迁专项经费13万元。领导小组认真进行调研,科学测算搬迁经费,尽量做到既节约又安全。2006年6月1日正式闭馆开始打包工作,全馆在党支部的带领下,统一思想,提高认识,上下共同努力完成9 000包(图书资料7 849包,办公材料1 151包)打包工作,于2006年8月13日安全搬迁进入1.24万平方米新馆舍,顺利完成搬迁任务。新馆设计藏书150万册,阅览席位1 000个,拥有容纳150人的多功能厅,350人学术报告厅,设立残疾人阅览室,与老图书馆相比扩大许多服务功能,是一座集阅读、休闲为一体的开放式公益性的图书馆,它将

为遵义市经济建设和社会全面进步作出更大的贡献。(陈庆苏)

【遵义市图书馆隆重举办"纪念蹇先艾诞辰100周年"展览】 2006年11月2日是中国现代著名乡土文学作家蹇先艾先生100周年诞辰,为纪念这位贵州文学界领军人物,遵义市图书馆与遵义师院、遵义市文化局、遵义市历史文化研究会共同筹办了纪念蹇先艾诞辰100周年系列纪念活动,其中遵义市图书馆主要承担举办蹇先艾书画作品展览工作。从上半年开始专门组建筹备小组,对其作品和生前遗物进行广泛收集,走访许多蹇先艾同事、亲属及其学生,收集了蹇先艾日记22本,纪念书画27幅,蹇先艾发表的文章130多篇,评价蹇先艾文章180多篇,收集了他的生活用品墨盒、眼镜、印章等物品还有部分证书,组织专人编制了《蹇先艾作品目录介绍》。经过精心准备,2006年11月2日,在蹇先艾诞辰100周年纪念日如期开展。展览分为前言、蹇先艾生平、蹇先艾作品及其评价、结束语四个部分组成,以大量的实物和照片、评价文章及书画较为详实地全面地反映了蹇先艾文学生涯,以及蹇先艾为文学事业的繁荣,为培养青年人呕心沥血忘我工作贡献了毕生精力的轨迹。我们用展览形式追忆蹇先艾生平、缅怀他的业绩、重温他留下的丰厚文化遗产,以此弘扬传统文化精神,继承蹇先艾严谨求实的

学风,不断创造的精神,激励我们为建设和谐遵义作出更大贡献。(陈庆苏)

【2006年全国文化信息共享工程遵义分中心工作卓有成效】 2006年1月10日—19日,国家文化部启动了"文化共享工程遵义新春服务行"活动,为配合此项活动开展,文化共享工程遵义分中心抽出2名技术人员积极配合、协调有关考察、调研及选点工作,进行各点的设备安装调试和技术人员的培训工作,完善了13个县(市、区)和遵义县辖31个乡镇和5个行政村"共享工程"基层服务网点建立,使文化部"文化共享工程遵义新春服务行活动"在春节前顺利完成,各网点在2006年春节期间均以不同形式开展了服务活动,让广大农民在新春佳节享受到共享工程的优秀文化大餐。同时为贯彻中央政治局委员李长春在遵义县龙泉村考察时提出的"资源整合利用"重要指示,使共享工程服务进一步完善和发挥积极作用,共享工程遵义分中心积极整合资源,扩大"共享工程"的社会覆盖面。6月1日开始在省中心的指导下,在遵义市文化局、远教办、广电局的支持和多方协调下,6月20日成功地实现了"文化共享工程"与遵义市广电网络中心"模拟电视33频道"和遵义市委党校"农村远程教育"初步资源整合,有效扩大了"文化共享工程"用户覆盖面和社会影响力。广电网络33频道每天从早上8点至晚上12

点,分三个时段共计 18 个小时滚动播放"共享工程"不同板块节目内容,广电用户及遵义县各乡镇农民均可直接收看到"文化共享工程"的节目内容,覆盖了广电网络总计 50 万户用户中的 30 万户;通过遵义市委党校"远教中心"播放,丰富了全市 227 个乡镇党员干部教育资源内容。由于工作成绩突出,文化部国家中心选择了贵州省作为 2006 年全国"文化共享工程"现场交流会的召开地。为配合此次会议召开,遵义分中心又抽调专人进行大会的准备协助工作,技术人员对各网点的运行、活动、人员、场地条件情况进行检查,配合省分中心技术专家组对网点工作人员进行技术培训,做好了现场会前期准备工作。6 月 22 日—24 日全国文化信息工程现场会在贵阳召开,6 月 23 日—24 日在遵义各基层网点参观视察,使"文化共享工程"现场交流会圆满成功召开。在会上,国务委员陈至立对遵义文化共享工程与网络和党员远程教育相结合的做法表示赞同,并誉为"遵义模式"向全国推荐,让文化共享工程的资源更好地服务于基层。文化共享工程遵义分中心除了做好各网点的技术指导工作外,还充分利用共享工程数字资源服务于农村,每周到网络公司更换共享工程数字内容,共播出戏剧舞台 55 集,农业技术 48 集,大众百科 30 集,老电影 5 部,合计 138 集节目,还通过各种宣传活动介绍共享工程内容扩大影响,使共享工程

436

的数字资源充分发挥作用。

(陈庆苏)

云南省

【2006 中国图书馆学会年会在昆明召开】 2006 年 7 月 24 日,2006 年中国图书馆学会年会在昆明隆重开幕。来自国内图书馆界的近千名代表和美国华人图书馆员协会的 14 位代表,以及全国数十家图书馆服务商和新闻媒体等参加了此次盛会。

开幕式由中图学会副理事长、上海图书馆馆长吴建中主持;国家图书馆馆长、中图学会理事长詹福瑞致开幕辞;文化部社会文化和图书馆司图书馆处处长张小平发言;云南省文化厅副厅长陶国相致欢迎辞;美国华人图书馆员协会主席李海涛介绍 7 月 17 日该协会与云南省图书馆学会、云南高校图工委在美国联合举办的"中美图书馆实务培训研讨会"有关情况,并约定第二届、第三届分别在云南师范大学和云南理工大学召开。

开幕式上,云南省图书馆馆长李友仁和云南大学图书馆馆长方永林上台接受了机械工业出版社向两馆赠送的 5 万码洋新书。

开幕式后,2006 年中国图书馆应用技术与专业设备及图书馆资源展览会正式开幕,詹福瑞理事长、陶国相副厅长等进行了剪彩。

25 日下午,本次年会圆满闭幕。据介绍,年会首次采用

网上征文系统,成果丰硕,共收到 1196 篇论文,有 739 篇优秀论文分获一、二、三等奖。其中,云南省图书馆学会组织了 40 篇论文、55 人次参加征文,获得二等奖 9 篇、三等奖 16 篇,共 39 人次获奖。闭幕式上,浙江大学信息管理系副主任李超平还作了"2006 年年会征文述评",这是历届年会中首次开设的内容。

中国图书馆学会副理事长陈力致大会闭幕辞,他代表中国图书馆学会向云南省各级领导、云南省图书馆学会、云南省图书馆表示衷心感谢;詹福瑞理事长还向年会的协办单位云南省图书馆学会、云南省图书馆颁发了感谢状。

作为协办单位,云南省图书馆学会、云南省图书馆为本次年会的圆满举行做了大量工作。一是举全馆之力与中图学会一道进行了精心的筹备;二是于 24 日晚承办了中图学会会员联谊晚会,精心准备了 5 个富于云南地方民族特色的节目,为本次年会增添了亮丽的色彩,受到了与会代表的高度赞誉;三是高规格接待了国家图书馆馆长詹福瑞、副馆长陈力对云南省图书馆的考察,赢得了他们对于省馆改革试点工作成绩的赞誉,考察中两位领导均认为云南省图书馆的许多经验和做法值得在全国推广;四是于 26 日接待了与会代表近千人到云南省图书馆参观,获得了高度评价。(云南省图书馆学会)

【《云南图书馆》季刊荣获连续性内部出版物评审二等奖】 2006 年 9 月 21 日,在云南省新闻出版局组织召开的"云南省印刷行业协会连续性内部出版物编印专业委员会成立大会和云南省首届优秀连续性内部出版物颁奖大会"上,由云南省图书馆学会主编的《云南图书馆》季刊荣获云南省首届优秀连续性内部出版物评审综合二等奖。

当天,我省内部出版物编辑共 250 人参加了会议。云南省新闻出版局领导在会上宣读了《云南省印刷行业协会连续性内部出版物编印专业委员会简章》及团体会员名单,《云南图书馆》季刊编辑部成为第一批团体会员单位。

对连续性内部出版物进行评审,系云南省新闻出版局根据新闻出版总署《关于进一步加强和改进报刊审读工作》和《关于进一步加强图书审读工作的意见》,大胆创新管理思路,在全国进行的首创。为了搞好此次评审,云南省新闻出版局专门制定了首个连续性内部出版物评审制度,首次对全省参评的 200 多家连续性内部出版物进行了评审。此前,《云南图书馆》季刊常务副主编计思诚被云南省新闻出版局特邀为评审组专家成员。(云南省图书馆学会)

【云南省图书馆学会"第五届二次会议暨第九次学术年会"在昆明召开】 2006 年 3 月 29 日—31 日,云南省图书馆学会召开了"第五届二次会议暨第九次学术年会"会议,来自全省公共、高校、党校、科研、中专、中学、部队、医院、企业等各系统图书馆的会议代表、论文作者和学会常务理事、理事、图书馆馆长近 200 人出席了会议。省文化厅巡视员、图书馆学会顾问赵自庄、省文化厅办公室主任贲权家,省社科联学会部主任卜金荣、科普部主任李春,省民政厅民间组织管理局副局长黄金宝出席开幕式。云南省图书馆学会第五届理事会理事长、省图书馆馆长李友仁作了题为《充分发挥学会的功能和作用为我省图书馆建设提供强有力的智力支持》的工作报告和总结。本次研讨会共收到征文 104 篇,经学会秘书处组织的征文评审委员会的专家评审,并经第五届三次常务理事会讨论通过,有 39 篇论文获得优秀论文奖,其中一等奖 6 篇,二等奖 12 篇,三等奖 21 篇。获得一等奖的 5 位论文作者分别就图书馆的创新发展、信息资源建设、人文关怀及图书馆在构建和谐社会中的作用等内容进行了交流。最后,还表彰了经各分支机构(分会、委员会)和各地州、市图书馆学会评选推荐,并由第五届三次常务理事会审议通过的 37 名在图书馆工作中作出突出贡献的优秀个人,授予他们"云南省图书馆学会优秀会员"称号,同时还给本次征文活动中的论文作者颁发了优秀论文证书和入选论文证书。(云南省图书馆学会)

【云南省图书馆学会向省科技厅申报"云南省图书馆科普设施完善及未成年人系列科普活动"课题项目,获得通过并组织实施】 在省文化厅的关心下,在学会理事长李友仁的鼓励和支持下,学会根据自身学科特点,依托云南省图书馆,积极向云南省科技厅申报 2005 年度《云南省科学技术普及计划项目》,在多方的努力与支持下,学会申报的"云南省图书馆科普设施完善及未成年人系列科普活动"课题项目通过科技厅有关专家学者和领导的审查,现在已在逐步实施。在实施过程中,理事长高度重视该项目的具体工作,多次作指示,并主持召开了有关项目责任人的专题会议,在一年里全馆积极分头实施,分别从以下四方面完成了该项目。把省图书馆作为对未成年人进行科学教育普及的重要阵地;把省图书馆作为对弱势群体进行科学教育普及的重要阵地;把"三下乡"作为科学教育普及工作的延伸;把云南省图书馆作为对广大人民群众进行科学教育普及的文献信息中心和活动场所。(云南省图书馆学会)

【不断扩大对外宣传,云南省图书馆学会积极参加"两会"提供材料咨询服务】 2006 年 1 月 14 日—22 日,为充分利用文献资源、服务改革开放,服务云南省的经济建设,彰显图书馆的职能作用,云南省图书馆依靠丰富的馆藏资源和训练有素的咨询人员,为"两会"提供专题资料服务和咨询服务。到"两会"代表驻地开展现场服务，展示了"共享工程"的数据库资源优势，现场书刊展示借阅，并现场接受咨询500多项，馆内专题资料查询两项。通过服务让与会代表了解认识到了图书馆的地位与作用，宣传了"共享工程"的作用及意义，得到了有关领导的称赞与肯定。（云南省图书馆学会）

【云南省图书馆学会组织"读书日"、"科普日"和"宣传周"等系列宣传活动】 2006年4月23日—6月开展了主题为"图书馆：公众的权益和选择"的全民阅读系列活动，联合昆明市图书馆、五华区图书馆、盘龙区图书馆、官渡区图书馆、西山区图书馆到现场参加活动。

4月23日是联合国教科文组织确定的"世界读书日"12周年的日子，这天，全民阅读系列活动的首场活动在云南省图书馆大门前正式开始，昆明地区六家公共图书馆集中将各馆最具特色的图书、展板、宣传资料、图片提供过路群众阅读、翻看，云南省图书馆利用多媒体展示，大力宣传了全国知识工程项目"知识工程推荐书目"（《中国图书馆全民阅读推荐书目》）、中国科协"科学发展观推荐书目"，以及国家图书馆"文津图书奖"获奖书目和国家共享工程优秀作品。同时，省图书馆、昆明市馆、官渡区馆还组织了有关图书、科普小知识问答等有奖猜谜，得到群众的喜爱和参与，当天接待群众咨询5000人次。春城晚报、都市时报对本次活动进行了宣传和报道。

2005年5月20日，云南省社科联组织了云南省2006年科技活动周活动，云南省图书馆学会作为被挑选出的昆明地区工作做得好的九家学会之一，学会充分发挥自身优势，联合昆明地区六家公共图书馆参加了这一活动，向科技界和社科界的领导和人士展示了昆明地区不同层次和风貌的公共图书馆的集体形象。在活动期间还邀请快速阅读和书商参加活动，丰富了活动内容，当天参加东风广场大型科普游园活动的群众络绎不绝，接待群众咨询近1万人次。

5月25日，云南省图书馆学会联合昆明地区六家公共图书馆在青年路昆明剧院广场，开展了"2006图书馆宣传服务周"集中示范活动，活动得到了各个图书馆的支持。在活动现场，群众积极参与各馆开展的各项活动，当天接待咨询服务5000人次。在集中示范活动后，各图书馆将根据自己的实际情况，组织具有特色的宣传服务活动。（云南省图书馆学会）

【发挥省学会业务优势，指导州市学会开好年会】 首先是对昆明市图书馆学会年会的征文活动给予指导，省学会组织专家参与昆明市图书馆学会28篇征文的评审，本次他们共收到论文104篇，学会秘书处对他们的整个评审工作进行指导，保证了昆明市图书馆学会年会的顺利开展。

其次是帮助红河州图书馆学会对"红河州2006年西南地区市（州）图书馆协作网年会"征文进行评审。此次红河州协作网年会共收到征文125篇，省学会邀请专家组成了评审委员会，不仅完成了评审工作，同时也锻炼了当地的专家，对他们的评审能力也是一次培养。（云南省图书馆学会）

【云南省图书馆学会秘书处参与农村文化调研工作，对全省农村图书室（点）进行调研，并形成报告】 云南省图书馆组成调研小组，学会秘书处参与，于2006年9月16日—23日，先后深入到昆明市官渡区，大理州洱源县、巍山县南诏镇、永建乡，临沧市临翔区、临翔区章驮乡邦卖村、临翔区忙畔乡、耿马县，沧源县勐来乡、勐来乡勐来村、勐角乡，双江县勐勐乡、勐勐民族小学、武警中队等地，围绕新农村文化建设中基层图书馆（室、点）建设这一主题进行调研。（云南省图书馆学会）

【省馆积极为"两会"提供文献信息咨询服务】 省人大十届四次会议和省政协九届四次会议于2006年1月在昆明召开。省馆继去年首次为"两会"代表提供信息服务后，今年再次出动精兵强将到两会现场进行了高质量的文献信息咨询服务。

此次为了向"两会"代表提供比去年更为优质、高效的多层次、全方位服务，省馆很早便展开了积极的前期准备工作，专门成立了领导小组，下设现场服务组、馆内服务组、后勤保障组等三个工作组，并确定了信息咨询服务的主要内容是：为代表撰写提要、议案、大会发言材料和讨论发言收集资料；为代表研究分析国家大事和改革中出现的问题，提供参考信息；为人大代表和政协委员的本职工作、科研课题提供、收集文献信息；为新闻媒体宣传报道"两会"提供相关文献信息。

由于准备充分、运转规范，"两会"期间，省馆训练有素的服务人员以丰富的馆藏资源为依托，通过传统咨询手段和先进的信息网络技术相结合的方法，为"两会"代表提供了高质量的信息咨询服务，共接待"两会"代表咨询服务达350人次，并在现场展示了省馆"共享工程"的成果。

省馆的服务项目受到广大委员和代表们的拥护和支持，现场不断有委员和代表前来咨询。此举不仅方便了委员们和代表们，也为省馆拓展服务领域、增强社会影响力创造了良好的机会。（云南省图书馆学会）

【省女子一监图书分馆正式成立】 元月11日，省馆与省第一女子监狱共同合作建设的图书分馆正式挂牌成立。这是继去年11月省馆在省未成年犯管教所建立图书分馆之后，

又一次将对外图书流通点建到监狱系统内。

省馆李友仁馆长与何永新、王水乔副馆长出席了在省女子一监举行的开馆仪式。李馆长与女子一监的领导共同为分馆揭牌，并作了重要讲话。他说，此次与女子一监共建图书分馆，对于省馆而言主要有三个层面的含义：一是充分体现了省馆"以人为本"、不断拓展服务领域、全心全意为社会服务的服务宗旨和服务理念。特别是在前不久党中央、国务院发出通知要求高度重视犯罪服刑人员"应享有的权利"的时代背景下，省馆将服务范围扩展到犯罪服刑人员的实际行动，很好地诠释了中央的通知精神。二是通过分馆的建立，省馆适时融入了监狱系统教育改造的社会化建设中，将在一定程度上推动教育改造工作的社会化进程。三是及时将省馆全体干部职工浓浓的爱心送到高墙之内，告诉那些不慎迷失方向的女子犯罪服刑人员：社会还在关注着她们、关心着她们，希望她们能感受到社会的爱，将其作为思想改造的力量源泉。

分馆成立仪式后，省馆文艺表演队和女子一监艺术团共同为所有来宾、一监警官及服刑人员表演了精彩纷呈的歌舞

节目，赢得了大家的阵阵掌声。

为了该图书分馆的成立，省馆专门为之成立了领导小组和工作班子，拟订了实施方案，馆领导屡次亲临现场进行专题研究，并及时整合、集中优势的人、财、物力资源，精选了数千册优秀图书，以及一批书架、书柜等设施，为图书分馆的如期成立做好了各项充分的准备。分馆成立后，能够初步满足女子一监数千名服刑人员的阅读需求。

分馆的成立引起了新闻媒体的广泛关注，云南日报、春城晚报、云南电视台、昆明电视台等主流媒体纷纷到现场进行了采访报道。（云南省图书馆学会）

【共享工程基层站点培训班在省馆举办】 2006年1月9日—10日，"2005年度云南省文化信息资源共享工程基层站点建设培训班"在省馆举办，来自全省各州（市）、县公共图书馆及部分乡镇文化站的代表80余人参加了培训。

9日上午，举办了隆重的培训人员大会。省文化厅副厅长熊正益和厅计财处副处长杨习跃、厅社文处部分同志，以及省馆何永新副馆长出席了大会。会议由李友仁馆长主持。

会上，熊副厅长对全国文

化信息资源共享工程的实施情况作了介绍，并就做好我省文化信息资源共享工程提出了四点要求：一是制订规划，分步实施，不断推进工程进展；二是做好资源加工和人才培养计划；三是用好设备，发挥示范作用；四是搞好培训，掌握技能。省馆何永新副馆长代表云南省级分中心作了我省共享工程2005年度工作总结，并与新建的73个基层站点签订了工作实施协议。会后还进行了共享工程现场演示。

培训期间，省馆对基层站点技术人员和部分馆长进行了关于共享工程设备安装、使用、维护等方面的技术培训。培训结束后发放了设备，省馆将组织人力尽快对基层站点进行设备安装、调试、开通，使这些站点尽快向社会提供服务。（云南省图书馆学会）

【西博会组委会感谢函发至省馆】 2006年2月7日，首届中国西部（昆明）文化产业博览会组委会给省馆发来一封热情洋溢的感谢函，函中称：在昆明西博会举办期间，省图书馆充分发挥了职能作用，收集整理了大量有关西博会的新闻报道以及宣传材料，并编制成册，为我省文化产业提供了翔实的资料，谨向省图书馆所付出的辛勤劳动表示衷心的感谢。可以说，这封感谢函充分体现了省委、省政府对于省馆为西博会所做工作的高度肯定。

据了解，为了完成好西博会组委会委托编制《首届中国西部文化产业博览会新闻报道剪报》的任务，省馆典藏借阅部兢兢业业，加班加点，做了大量的工作，广泛收集、整理了2005年8月—12月期间省内外媒体关于西博会的新闻报道，将其精心编制成册，共向组委会提供了3期51册，为省委、省政府加快发展文化产业及时、准确地提供了大量很有价值的素材，作出了积极的贡献，也由此赢得了组委会的赞誉和好评。（云南省图书馆学会）

【昆明市百名儿童汇聚省馆书春咏春】 2006年2月18日—19日，来自昆明市各个幼儿园、小学的百余名少年儿童齐聚省馆，兴致盎然地参加了由省馆与晨光出版社、云南传统蒙学研究会、春城晚报、景星花鸟珠宝世界、云南新文行灯饰有限公司联合举办的"第五届春城景星百童书春·咏春比赛"。

18日早上，首先举行了咏春比赛。近50位小朋友面对评委、记者、家长们关注的目光，毫无惧色，纷纷登台朗诵了中华传统文化诗篇，抒发了对于春天的无限热爱之情。其中最令人感动的是昆明市盲哑学校的两位盲生，他们朗诵的由学校老师创作的两首诗作，情真意切，满怀深情，委婉动人，赢得了阵阵掌声。

19日上午，书春比赛在浓浓的传统艺术氛围中进行。100名少年儿童挥毫洒墨，以书法或绘画等中华传统艺术形式，在纸张上绘就了自身对于美好明天的向往，以及对于尽快长大成才的希冀。个别小朋友写就的"春回大地"等书法作品，气势雄浑，苍劲有力。

昆明市百童书春·咏春比赛自2002年首次举办以来，迄今已成功举办了四届，逐渐成为昆明少年儿童展现自身综合素质的一个品牌性文化活动。尤其是本届比赛的参赛人数、规模、影响均创下了历届之最。一位带着儿子来参加比赛的母亲告诉笔者，希望省图书馆今后多多举办类似的少年儿童文化活动，帮助家长和老师有效提高孩子们的综合修养。

值得一提的是，书春咏春比赛还引起了旅居昆明的国际友人的关注。本次比赛中，就有一位年轻的韩国母亲带着自己的两个小儿子参加了朗诵和书法比赛，尽管韩国孩子的普通话发音不够准确、书法也稍嫌粗糙，但从中折射出了未来中韩文化交流的希望。

本次比赛严格按照幼儿组、初小组、高小组、初中组四个不同层次的组别来进行。2月25日为获奖者举行了隆重的颁奖典礼。我省部分重要新闻媒体对比赛进行了全程采访报道。（云南省图书馆学会）

【著名家庭教育专家屈开在省馆讲授"养成好习惯"】 2006年2月18日—19日，省馆与云南花飞四季文化传播有限公司联合举办了"养成好习惯"培训课。100多名少年儿童和家长亲临省馆少儿阅览室，现场体会了来自北京的我国著名教育专家屈开教授关于"如何养成好习惯"的言传身教。

屈开系"开心妈妈"网站创办人、哈佛中国教育研究中心客座教授，有着20多年的教学经验，擅长儿童心理学。自1995年至今，先后在全国各地做过上百场演讲和培训，学员超过10万名。其著作《把快乐还给孩子》，已被我国许多家庭引用为进行子女教育的"教材"。

在"养成好习惯"培训课上，屈开以生动、灵活、形象、直观、参与度强的互动游戏为载体，结合亲切和蔼、通俗易懂的讲授形式，牢牢地把参加培训的孩子和家长吸引到培训主题中，于潜移默化之中接受了新鲜的知识和信息，教学成果十分突出。一位家长说，屈教授的讲授十分贴近人心，不仅教育孩子如何形成好习惯，还让我们家长也学会了如何去理解孩子，如何在孩子面前起好表率作用。省图书馆能请来屈教授这样的一流专家主讲，真是孩子们和家长们之福。（云南省图书馆学会）

【馆领导深入乡村考察共享工程基层站点】 为进一步加快我省共享工程基层站点建设步伐，总结经验，发掘典型，李友仁馆长、何永新副馆长、王水乔副馆长及计算机中心、办公室有关人员一行8人，于2月10日—14日，在大理州图书馆杨锐明馆长的陪同下，行程1000多公里，分别对我省大理州永平县水泄乡、剑川县甸南

镇、宾川县鸡足镇的图书馆（室）和共享工程基层站点进行了考察调研和指导工作。同时，为各基层站点带去了数量众多的文献及丰富多彩的多媒体电子资源。

在地处偏远山区的永平县水泄彝族乡基层站点，馆领导一行与早已等候在此的永平县县委书记、副县长、县委组织部长、县妇联主任、县文化局长及乡党委书记、乡长等各级领导和负责人举行了座谈。王副县长代表永平县政府动情地说，水泄乡图书室和共享工程基层站点是在省图书馆的全力帮助下建立起来的，得到了省图书馆近万册图书和共享工程设备的捐赠，给广大彝乡人民送来了丰富的精神食粮。尤其是省图书馆此次配发安装的共享工程设备和数字资源，内容很丰富，要充分利用好这个平台和资源，辐射到全乡。下一步准备利用站点设备和资源进行针对全乡党员的培训教育。

在剑川县甸南镇文化站，馆领导一行了解到，该文化站目前已开设了党员电教、公民道德、农业科普、优秀影视等多个栏目，分期分批到机关、学校、村社组织了播放；还充分利用文化站多功能教室，在各个时期组织广大群众进行收看，把实用性强、能结合本镇实际的资讯打印成材料，无偿发放到群众手中，使广大干部群众从中感受到共享工程的实惠。该文化站至今已组织收看资源167场，观看人数达11690余人，受益人数占全镇人口的三

分之一以上。全镇除两个不能用电的村庄外，其余村庄全部都播放过共享工程资源。当地干部群众深有感触地说，共享工程为广大山区农民脱贫致富提供了宝贵信息，是农村群众的好朋友。

在考察中，每到一处，李友仁馆长都反复强调，希望当地政府一如既往像抓烤烟一样抓好文化建设和共享工程建设。思路决定出路，思路来源于知识，要紧紧围绕当前开展的文化信息资源"共享工程"、广播电视"村村通工程"和"2131工程"，找准位置，主动出击，通过"共享工程"把当地的文化资源进行收集、整理和加工，做好专题库建设，把当地文化宣传出去，推介出去。（云南省图书馆学会）

【首届《蜜蜂报》杯少儿诗歌朗诵暨故事讲演大赛在省馆落下帷幕】 为认真贯彻中共中央、国务院《关于进一步加强和改进未成年人思想道德建设的若干意见》和云南省委、省政府《关于加强和改进未成年人思想道德建设的实施意见》精神，全面落实党的教育方针，推进素质教育，由云南省关心下一代工作委员会、云南省青少年思想道德教育研究会和云南民族文化发展基金会联合主办，省馆协办的"首届云南省少年儿童诗歌朗诵暨故事讲演大赛"，于2006年2月26日在省馆圆满闭幕。

本次比赛从去年9月开始，全省各州、市共5万余名少

年儿童参加了初赛、预赛,最后135名小选手脱颖而出参加了2006年2月25日的决赛。云南省关心下一代工作委员会主任张宝三指出,此次比赛有益于引导少年儿童健康成长,从小养成阅读优秀图书的良好习惯,培养少年儿童的课外学习能力、阅读能力、朗诵能力、演讲能力和写作能力。

作为云南省未成年人思想道德建设教育基地,省馆对本次大赛自始至终给予了大力支持,先后为大赛提供了报名、初赛、总决赛的场地,并成功举办了大赛闭幕式,确保此次大赛获得圆满成功。(云南省图书馆学会)

【省馆2006年冬令营着力进行内容创新】 2006年2月6日—26日,省馆以少儿阅览室为平台开展了丰富多彩的冬令营活动。

以前的冬、夏令营,省馆注重的是如何让孩子学会一技之长,并且在具体的实践中得到巩固,以加深印象,因此在活动内容的安排上,侧重于充分利用省馆的现有资源和优势。如:教孩子们学习检索技能,应用于实际的操作中,当好小管理员;在省馆计算机专业人员的辅导下,从基础学起,由浅及深、由表及里,帮助高小学生独立完成电子小报的制作。这样的活动安排虽然取得了很好的效果,但却与现实脱节,也不利于孩子们的成长。因此,本次冬令营活动,省馆添加了一些新内容,让孩子们在学习的同

时走向社会、了解社会,清楚自己肩上的责任,知道自己对社会应尽的义务。如:参加环保调查,让孩子们了解生存环境状况;进行爱国主义教育,让小朋友们明白今天的幸福生活来之不易,只有加倍努力学习才能使之得以巩固。新活动内容的增加,寓教于乐,既提高了孩子们的学习兴趣,又符合孩子天性好动的特点,赢得了家长的好评、孩子的喜爱。许多家长一再表示暑假还要把孩子送来。(云南省图书馆学会)

【省馆地方文献交换工作成果喜人】 在去年10月召开的全省公共图书馆馆长联席会议上,省馆大力倡导图书馆界同仁共同努力,团结协作,全力做好地方文献的收集、整理、利用及交换工作,造福于后世子孙。经过短短4个月时间的努力,如今省馆已通过地方文献交换工作,将所收集的上千种图书赠送给兄弟馆发挥作用,同时本馆也获得了500余种捐赠和交换的图书,极大地丰富了馆藏资源。这其中包含了很大一部分仅靠省馆自身力量极难收集的州(市)、县地方文献,如楚雄州图书馆交换给省馆的地方文史资料、年鉴、统计资料等,又如师宗图书馆交换的当地行业内部出版资料等。(云南省图书馆学会)

【北大才女张曼菱向省馆捐赠作品】 日前,北大才女张曼菱将其编著的10余部作品捐赠给省馆收藏。张曼菱是我国

当代著名作家、红学家、电视制作人,更是一位热心的社会活动家。张曼菱青年时代曾在云南德宏傣家边寨当知青,1978年考入北京大学中文系,1982年以"文科论文第一"的成绩毕业。在校期间就开始发表作品,至今成果不断,其《有一个美丽的地方》曾轰动京华,《天涯丽人》获海南"开拓奖"。她还是中国改革开放后首位登上美国《时代》周刊封面的中国女性。如今张曼菱正在为挽救"西南联大"的史料做着不懈的努力。(云南省图书馆学会)

【中宣部部长刘云山等领导视察省馆】 2006年4月3日下午,中共中央政治局委员、书记处书记、中宣部部长刘云山和中宣部副部长欧阳坚一行亲临省馆视察工作。中共云南省委书记白恩培,省长徐荣凯,省委副书记丹增,省委常委、省委宣传部部长晏友琼等我省领导陪同视察。

刘云山部长一行先后视察了省馆的历史文献阅览室、善本阅览室、电子阅览室、社科图书借阅室、盲人阅览室、少儿阅览室。每到一处,都仔细询问了省馆各阅览室的运行情况和读者服务情况,以及设施、设备的利用情况,并与读者朋友进行了亲切的交谈。特别是在盲

人阅览室,刘云山部长对省馆认真为弱势群体服务的举措给予了充分关注,称赞这是省馆的亮点,还与正在阅读盲文书籍的盲人读者进行了深入的交谈,仔细询问了他们的生活和工作情况,鼓励他们克服困难、发愤图强、学好知识、用好知识。

视察中,省文化厅厅长贺光曙率领省馆领导班子全程参与了接待,并认真作好情况介绍。李友仁馆长自始至终陪同刘云山部长进行视察,积极介绍情况,认真汇报工作。他利用这一难得的机遇,抓紧时间简要汇报了省馆改革试点以来所采取的主要改革措施和取得的主要成效,并介绍了省馆的资源情况和运行现状。刘云山部长在认真听取李馆长的情况介绍后,称赞省馆管理很好,特别是对为盲人读者服务等公益事业建设方面给予了充分的肯定。

为了做好本次迎接中央级领导来访的准备工作,省馆全体干部职工在省文化厅厅长贺光曙、副厅长熊正益以及馆领导班子的安排部署和精心指导下,放弃双休日休息时间进行了认真、周密的筹备,确保接待工作万无一失,圆满地完成了接待任务。(云南省图书馆学会)

【何永新副馆长一行深入怒江贫困山区考察调研】 为做好2006年度我省共享工程新建基层站点的筹备工作,进一步拓展对贫困山区的信息服务

领域,受李友仁馆长的委托,何永新副馆长带领计算机中心和信息开发部有关人员,于3月6日—9日赴怒江傈僳族自治州泸水县和福贡县进行了考察调研。

怒江州地处云南西北边陲,属于少数民族聚居的全省贫困地区之一。由于经济欠发达,当地文化建设相对滞后,一些县级图书馆已经多年未购新书。当地干部群众对于文化知识信息十分渴望,对省馆工作人员的到来十分重视和欢迎。在泸水县副县长和文化局副局长的全程陪同下,省馆一行先后参观考察了泸水县图书馆、片马镇文化站、鲁掌乡文化站和福贡县图书馆,所到之处与当地基层工作人员深入交谈,仔细了解各馆馆藏建设和对外服务情况,对下一步开展自动化管理和共享工程站点建设提出具体指导,并承诺为泸水县图书馆和福贡县图书馆提供相应的技术支持和帮助。省馆工作人员深入贫困地区考察调研的行为,受到了当地政府的积极支持。泸水县和福贡县政府的有关领导纷纷表示,下一步要尽快为本县图书馆配备计算机,争取早日成为共享工程的基层站点。

怒江之行使省馆同志深深感到,边远山区基层图书馆对于增加文献资源和建立共享工程基层站点具有迫切的愿望和强烈的要求;同时在边远山区建立基层站点实现资源共享更能体现和发挥共享工程的优势和作用。(云南省图书馆学会)

【美国图书管理员赴华代表团莅临省馆交流座谈】 2006年3月17日,由美国国际人民交流协会组织的以美国图书馆协会主席卡西亚诺女士为团长的美国图书管理员一行38人到省馆进行了友好访问。

该代表团此行的主要目的是与省馆工作人员座谈,详细了解省馆的服务设施和系统;省馆的推广工作、服务水平、资金来源以及建立合作关系等方面。交流重点主要侧重于为青少年或未成年人提供的服务;图书馆社区服务的延伸等。

在座谈交流会上,双方进行了开放式讨论及提问,大家都争相发言。省馆的年轻人向美国友人表达了自己对图书馆事业的热爱,纷纷表示愿意为建设图书馆事业尽自己的绵薄之力;美国友人则向我们提供了如何为青少年及社区服务的经验。

最后,美国代表团参观了省馆的盲人阅览室和少儿阅览室,美国友人对省馆为弱势群体服务的举措给予了高度评价。(云南省图书馆学会)

【《云南地方文献概说》问世】 2006年3月5日,由李友仁馆长主编的《云南地方文献概说》正式出版发行。在此之前,云南地方文献学之学术理论研究专著尚属空白,省馆编撰的《云南地方文献概说》,较好地填补了这一空白。

《云南地方文献概说》不仅继承了传统文献目录学的优点,而且结合当今高新技术发

展态势有所创新，把旧式的地方文献整理与有效揭示报导地方文献资源信息的新兴技术结合起来，把地方文献中的古今图书结合起来，用现代数据检索手段，为课题研究者及一般读者"揭示群书要义，使之执简驭繁、识别源流、洞悉底蕴，由旨归而得领悟，由揭示而别是非，启一捷径，一索即得"，切实解决了汗牛充栋的文献与读者对图书特定需求的矛盾。从某种意义上讲，堪称颇具学术深度与文化品位的专著，也是有助于文献检索的工具书。全书以 35 万字的容量，从特色文献学理论高度，结合云南实际来审视滇云文献图书，展现其发生、发展的规律、特点及价值，突出了边疆民族特色，显示了明显的区域性。（云南省图书馆学会）

【省馆积极为少儿读者"走进图书馆"提供便利】 为配合昆明市各所中学开展的"走进图书馆"活动，省馆典藏借阅部于近期专门为学生读者办理借书证提供方便，并适当延长了开放时间，以便同学们更好地利用图书馆、走进图书馆。

为使每个学生能够在办理当天就拿到借书证，典藏部工作人员经常放弃中午休息时间；同时，根据学生的作息时间，典藏部工作人员专门在每星期二为他们适当地延长开放时间（17：00—18：00）。

省馆的举措受到广大师生的广泛欢迎，2006 年 2 月 28 日，昆二中初一年级（1）班的班主任主动与省馆联系，当天就为该班学生办理了 40 多个借书证。（云南省图书馆学会）

【读者自制锦旗送至省馆】
近年来，省馆在读者服务工作中始终坚持"以人为本、服务至上"的理念，全力做好读者服务工作，受到广大读者的好评。

3 月 21 日，一位名叫王天林的青年读者专门送来一面锦旗，上书"崇高的事业，精良的服务"，以感谢省馆为其提供的优质服务。该读者长期在典藏借阅部社科图书借阅室查阅资料，每次都得到工作人员热情、耐心、细致的接待，通过长期学习，实现了自己的愿望。因此，王天林专门送来锦旗表达他的谢意。透过这面锦旗，可以深深感受到图书馆工作平凡而又伟大。（云南省图书馆学会）

【李友仁馆长参加全省文化体制改革工作会议暨第三期文化产业高级研修班】 为了进一步深入学习贯彻中共中央、国务院《关于深化文化体制改革的若干意见》和全国文化体制改革工作会议精神，总结交流我省文化体制改革和文化产业发展试点地区的经验，听取专家学者的专题讲座，研究部署我省深化文化体制改革和加快文化产业发展工作，进一步统一思想，提高认识，积极推进文化体制改革，促进文化产业健康发展，云南省文化体制改革工作会议暨第三期文化产业高级研修班于日前在大理隆重举行。

省委书记白恩培，省委副书记丹增，省委宣传部部长晏友琼，省人大常委会副主任梁公卿，副省长刘平，省政协副主席李先猷，省级有关部门负责人，全省各州市、县市区党委主要领导，党政分管领导，重点文化企业代表近 400 人出席会议。这是一次高规格、高档次的文化产业高级研修班，为全省发展文化产业提供了理论支持和思路引导，提高了广大领导干部的思想认识水平和实际运作能力。

省馆馆长李友仁作为第一批省级公益文化事业改革试点单位的代表参加了此次会议，并于 4 月 25 日上午作了题为《深化改革，打造"百年云图"品牌》的发言。讲话中，李馆长对省馆的改革工作作了全面、简要的概括介绍，并提出，目前省馆正在不断巩固改革成果的基础上，全力打造"百年云图"品牌，将改革进一步引向深入。

李馆长的发言引起了与会代表的关注和重视，得到了有关领导的肯定。省委宣传部常务副部长尹欣充分肯定了省馆改革所取得的成绩，尤其是为弱势群体服务做得相当突出，不久前刘云山部长来考察时，已对此给予了肯定，他希望全省的公益性文化事业单位向省图书馆学习。（云南省图书馆学会）

【李友仁馆长为红河州馆长培训班作改革专题报告】
2006 年 4 月 9 日—11 日，红河州文化局举办了全州公共图书馆馆长培训班,该州所属 13 个县文体局的社文科科长和图书馆馆长等 50 余人参加了培训。在培训班开学典礼上,馆长李友仁应邀作了关于图书馆改革的专题讲座。马云川副馆长出席。

李馆长的报告共分三个部分:一是图书馆为什么要改革以及改革的原则和指导思想;二是省馆改革的基本情况、主要做法以及主要成效;三是省馆改革实践的几点启示。他特别强调,要把改革引向深入,解放思想、更新观念是前提;要有一个好的改革方案,形成一整套配套方案辅助完成改革实践;要有一个坚强的领导集体,上下齐心协力,拧成一股绳;要遵循"加大投入,转换机制,增强活力,改善服务"的方针原则,把改革的成果体现在服务上,为社会提供全方位、优质的服务;要争取当地党委、政府和主管部门的支持,前提是自己要做好,有为才有位。

李馆长的专题报告在培训班上引起了强烈的反响,受到全体学员的一致好评,大家纷纷表示上了一堂生动具体的改革教育课。

在此次培训班上,省馆计算机中心主任相国民和培训中心负责人卢骥,还分别为培训班作了共享工程和数字图书馆的专题讲座。(云南省图书馆学会)

【共享工程国家中心工作人员到我省进行专题调研】 2006 年 4 月 18 日—22 日,全国文化信息资源共享工程国家中心委派陈移兵同志到我省进行了共享工程试点县专题调研。

根据 2006 年 1 月《中共中央国务院关于推进社会主义新农村建设的若干意见》精神,国家文化部最近决定在全国组织开展共享工程试点县建设工作,要求于 2006 年在西部地区建立 1—3 个共享工程试点县。省馆作为云南分中心,已经按照有关要求,结合我省共享工程建设情况,在大理、红河和楚雄等三个地区确定申报建立试点县。陈移兵此次前来,就是专门为此进行专题调研。

在我省调研期间,陈移兵受到了省文化厅、省馆和大理州文化局及有关县、乡的热情接待。我省共享工程建设领导小组副组长兼办公室主任、省文化厅副厅长熊正益,领导小组办公室副主任、省馆馆长李友仁先后会见了陈移兵,并就建立我省试点县的问题作了专题汇报。何永新副馆长受李友仁馆长的委托,就共享工程云南分中心的建设情况作了详细介绍。在李友仁馆长的直接安排下,陈移兵对共享工程在省图书馆和昆明地区的开展情况作了参观调研,之后在省馆马云川副馆长、大理州文化局杨葆红副局长和大理州图书馆杨锐明馆长的陪同下,分别对有关县、乡图书馆(室)和文化站进行了考察调研。(云南省图书馆学会)

【省馆在玉溪举办首届公共图书馆基层辅导研讨会】

2006 年 4 月 10 日—11 日,省馆联合玉溪市图书馆,在玉溪成功举办了首届"云南省公共图书馆基层辅导工作研讨会"。昆明、文山、昭通、思茅、大理、楚雄等地公共图书馆、文化站、社区街道办事处共 60 余人参加了会议。

在 4 月 10 日上午举行的开幕式上,省馆副馆长马云川、培训中心负责人卢骥、副研究馆员蔡月萍、玉溪市图书馆馆长马永明、昆明市图书馆主任李乡群、玉溪红塔区图书馆馆长左云黔等人围绕会议主题作了重要发言。当天下午,与会同志就"基层图书馆改革与乡镇图书馆建设"、"城乡图书馆资源共享问题"和"基层图书馆数字化工作"等问题作了分组讨论。4 月 11 日,全体会议代表参观了红塔区大营街杯湖村委会文体活动中心和李棋镇文化站。

此次会议重点总结了改革开放特别是党的十六大以来,我省公共图书馆开展农村基层图书馆(室)建设的经验,对各图书馆在农村乡镇文化站和社区图书室业务建设与辅导方面的经验和做法进行了交流,并就进一步提高各馆辅导人员的业务素质,更好地推动全省农村及社区基层图书馆业务建设作了安排部署。(云南省图书馆学会)

【省馆建成纪念长征 70 周年专题数据库】 为纪念红军长征胜利 70 周年,省馆典藏借阅部于近期制作了"纪念《中国工农红军长征胜利70周年》专题数据库"。该数据库汇集了省馆有关红军长征的书目300余条、图片400余张，并为广大读者提供了珍贵的红军长征路过云南时的历史资料。数据库内容主要有《红军长征》馆藏专题书目、党和国家领导人的题词、红军长征大事记、红军长征总图、红军长征历史图片资料、红军长征经过云南省的相关资料。有关详情，广大读者可登陆云南省图书馆网站（http://www.ynlib.cn）了解。（云南省图书馆学会）

【省馆为《云南人物周刊》举办专题学术讲座】 2006年4月24日，省馆地方文献部应《云南人物周刊》之邀，邀请来有关专家，为该刊编辑部举办了题为《漫话昆明老地名渊源》的专题学术讲座暨采访活动。

讲座上，主讲人——云南文史研究馆馆员李孝友引经据典，围绕昆明老地名的历史渊源，为听讲者进行了深入浅出、精彩纷呈的演讲。精彩的讲说，不仅使大家理清了昆明地名的历史脉络，更重要的是，使听讲者受到了一次热爱家乡的爱国主义教育，从而激发起为家乡建设作贡献的热情。

演讲结束后，《云南人物周刊》的编辑、记者们在地方文献部专业人员的协助下，就昆明老地名的有关掌故及相关问题对李友孝进行了详细采访，并拍摄了若干资料照片。记者们对此次省馆为他们组织的专题学术活动给予了高度评价。

据悉，《云南人物周刊》将于5月初刊载并报道此次讲座。（云南省图书馆学会）

【2006白族三月节在省馆举行】 2006年4月15日，"2006中国云南（昆明）白族二十年系列活动"暨白族三月节庆祝活动在省馆圆满举行。

本次活动由云南省民族事务委员会和大理州委、州政府共同主办。活动当天，在省馆广场上举行了隆重的开幕式，表演了丰富多彩、具有浓郁白族特点的群众性传统文艺节目（如舞龙、舞狮、霸王鞭、绕山灵等）；在省馆报告厅组织演出了由省歌舞剧院、云南民族艺术学院联合表演的歌舞节目，其中有白族歌曲《蝴蝶泉边》、藏族舞蹈《圣地佛光》，以及苗族舞蹈《银饰》等；在省馆多功能厅举行了"首届白族洞经古乐展演暨学术研讨会"；在省馆二楼展厅举办了大型"大理风光摄影书画展"。

活动吸引了在昆明工作和生活的数千名白族同胞前来参加，大家欢聚一堂，共同庆祝这一传统的民族节日。

近年来，随着省馆内部改革的不断深化，公共服务水平的不断提升，吸引着越来越多的社会各界人士来省馆举办各类大型活动。此次白族三月节活动的举行，证明了省馆正日渐成为一个大型的公共文化交流平台。（云南省图书馆学会）

【小记者参观省馆】 2006年4月15日，省馆迎来了90位特殊的小读者。他们是昆明市五华新知中学"小草文学社"的记者。

小记者们首先听取省馆办公室相关人员介绍概况，随后参观了报纸阅览室、少儿阅览室、盲人阅览室、过刊借阅室、自科借阅室、现刊阅览室、文艺书借阅室、社科借阅室、电子阅览室、自带书阅览室。参观过程中，小记者们不断向各借阅室工作人员提出各类问题。看到小记者们对知识如此渴求，工作人员十分高兴，认真地对所提问题作了解答。小记者们把这些答案作了认真的笔录，纷纷表示回去以后要争取写成相关文章发表。

通过这次活动，使小记者们对图书馆有了进一步的了解和认识。他们不仅知道了从"藏书楼"到现代图书馆的演变过程，还了解到整个图书馆的工作程序。小记者们纷纷表示要成为图书馆的忠实读者，使自己在知识的海洋中遨游。（云南省图书馆学会）

【第三届全省公共图书馆馆长联席会成功举行】 2006年6月1日—3日，第三届云南省公共图书馆馆长联席会在美丽的香格里拉县隆重召开。省馆李友仁馆长，何永新、马云川、王水乔副馆长，与来自省内16个州、市图书馆的馆长们，以及本馆部分部室主任一道参加了会议。与会代表紧紧围绕"全省公共图书馆系统在社会主义新农村建设中的地位和作用"、"全省古籍文献的保护、开发和利用"两个主题展开了深入地交流和探讨，成果斐然。

在6月1日的大会开幕式上，迪庆州文化局局长蔡武成首先代表东道主发表了热情洋溢的欢迎辞，并简要介绍了该州文化工作及图书馆事业的现状。随后，省馆李友仁馆长以"充分发挥公共图书馆对于农村文化建设的基础作用，为构建社会主义新农村提供强有力的文化信息支持"为题，从"我省公共图书馆系统为农村文化建设服务的现状"和"今后一段时期全省公共图书馆系统加强为农村文化建设服务的对策及建议"两个方面，作了主题报告。他强调指出，公共图书馆系统作为社会主义先进文化的集散中心、存储中心、服务中心和传播中心，在农村文化建设中具有不可替代的基础性作用，是农村文化建设事业的重要组成部分。尤其是广大基层图书馆直接面对农村、面对农民，在农村文化建设中处于极其重要的前沿位置，直接关系着农村文化生活的质量以及农民文化素质的提高。为此，全省公共图书馆系统一定要坚决按照中央的指示精神，把思想统一到全力加强为农村文化建设服务上来，采取有力的措施，形成强大的合力，为建设社会主义新农村提供强有力的精神

动力和文化信息支持；要积极争取支持，加强领导、组织和协调，全力建设基层图书馆，在全省范围内构建起布局合理、运转协调、统一高效的基层图书馆工作网络，促进基层图书馆事业全面繁荣发展；要继续在全省范围内深入实施全国文化信息资源共享工程，努力加快基层站点建设步伐，着力使数字化信息服务惠及广大农民群众；要充分发挥公共图书馆的教育和疏导功能，全力加强对基层、对农民的培训和指导，以促进基层图书馆（室）业务水平和农民文化素质不断提升；要积极整合各项资源，调动各方力量，呼吁社会关注，举全社会之力来共同建设基层图书馆，为农村文化建设争取强大的支援。

6月2日，会议继续顺利举行。玉溪市图书馆等6个州、市公共图书馆的馆长，以及省馆历史文献部主任唐俊围绕两个会议议题，作了积极的交流发言，从而使参会人员进一步沟通了思想，加强了彼此的交流和认识，深化了馆际协作协调。

经过3天的努力，本次会议于6月3日圆满落下帷幕。省馆王水乔副馆长在闭幕式上作了会议总结。他指出，本次会议圆满完成了各项议程，是一次团结协作的会议，与时俱进的会议，成果斐然的会议。

会议行将结束时，李友仁馆长再次作了重要讲话，提出了今后办会的方向，重申了会风会纪，强调指出，今后将按照

创新的思维、与时俱进的思路来办好会议，使其富有新的内涵和新的意义。

会议期间，省馆还对过去一年来为本馆地方文献征集工作提供了积极支持和帮助的楚雄州图书馆等6个州、市、县公共图书馆进行了表彰和奖励；全体与会人员实地参观考察了迪庆州图书馆及部分文化旅游产业项目基地；昆明蓝天集团、莱尔公司等企业向参会代表推介了相关图书馆专业办公用品。（云南省图书馆学会）

【省馆大力开展2006年度读书系列活动】 为认真贯彻落实中共中央宣传部等部委联合发布的《关于开展全民阅读活动的倡议书》精神，根据全国"知识工程"领导小组的安排部署，在云南省委宣传部、省文化厅、省新闻出版局、省社科联等部门的精心指导和大力支持下，省馆于今年4月以来大力开展了2006年度读书系列活动。

本次活动由馆长李友仁策划指挥，副馆长王水乔负责协调和督促落实，并专门从馆内各部室抽调精干专业人员具体实施。

活动中，省馆积极利用相关设施、设备，以及与活动主题有关的图书、展板、宣传资料、图片，联合昆明市各级公共图书馆，分别在"4·23世界读书日"、"5·4青年节"、"图书馆服务宣传周"、"科普宣传周"、"6·1儿童节"期间，采取集中与分散相结合的方式，组织开

展了讲座、咨询、展览、下乡服务等形式多样、内容丰富的系列读书活动，向广大群众全面介绍了图书馆的职能和作用，展示了图书馆丰富的文献资源，宣传了广博的科学文化知识，进一步营造了全民读书的良好氛围，充分发挥了图书馆作为基础教育阵地的作用。

（云南省图书馆学会）

【省馆组织全体职工赴青岛大连学习考察】 2006 年 5 月 9 日—5 月 29 日，省馆全体干部职工在 5 位馆领导的分头带领下，分 5 批前往青岛图书馆和大连进行了学习考察。通过考察，全馆干部职工进一步开阔了视野，增长了见识，提高了业务素质。

考察中，大家对青岛图书馆的服务举措留下了深刻的印象。特别是该馆的服务理念及服务方式充分体现了"读者至上，服务第一"的宗旨，其实行的"流阅一体"，以及丰富多彩的读者活动，热情周到的服务态度，为读者营造了一种宁静、宽松、极具人性化的阅读氛围，处处体现出该馆是一个高素质、充满人文关怀的公共文化服务机构。

由省馆馆长李友仁带队的第一批考察人员，还与青岛市图书馆相关领导和工作人员，就彼此感兴趣的图书馆业务课题，进行了深入地探讨和交流，进一步加强了沟通和了解，增进了友谊。（云南省图书馆学会）

【省馆成功举办"2006 信息技术与教育国际学术研讨会"】

经过近一年时间的筹备，由省馆与美国青树教育基金会共同举办的"2006 信息技术与教育国际学术研讨会"于 6 月 19 日—21 日圆满举行。这是省馆首次承办的国际性学术会议，结束了建馆近百年来从未举办过国际级会议的历史。在为期 3 天的会议中，来自国内外科技信息界、教育界、文化界、社会科学界、图书馆界的 200 余名专家、学者紧紧围绕"信息技术在社会教育中的应用现状和前景，以及所涉及的伦理道德问题"这个议题，展开了开放、坦诚、深入的探讨和交流，学术成果十分突出。

19 日上午会议正式揭幕前，云南省副省长刘平代表省委、省政府，在省馆三楼贵宾厅亲切接见了前来参加会议的美国青树基金会代表团贵宾，热情欢迎美国专家、学者的到来，宾主双方还就彼此感兴趣的话题展开了热烈的交谈。省文化厅厅长贺光曙、副厅长熊正益和省馆馆长李友仁会见时在座。会见结束后，会议正式开幕，由李友仁馆长和美国青树基金会主席赵耀渝女士共同主持。刘平副省长代表省委、省政府致辞，高度评价本次会议是一次高规格、高层次、"熠熠生辉"的国际学术会议，预祝会议取得丰硕的学术成果。开幕式结束后，省关工委执行主任张宝三、省专家协会会长郭金弟分别介绍了有关情况，美国哈佛大学燕京学社社长杜维明

教授作了精彩的主题演讲"对话文明时代的儒家人文精神"。另外，会场还专门播放了介绍省馆情况的短片，引起了与会人员的关注。

此后在两天半的分组学术讨论中，国内外参会代表纷纷围绕会议主题进行了开放式的学术研讨，研究的范围十分广泛，探讨的程度十分精深，交流的氛围十分融洽，获得的成果十分突出。其中，"信息伦理道德之文化观"、"学术伦理的文化观"、"中美教学观摩"等专家论坛和专题研讨最为令人关注，各界专家结合自己多年的研究结晶，从不同的文化背景，以不同的论点展开了针对性较强的交流和探讨，其中不乏言辞较为激烈的学术辩论，激发了全体参会人员的热情和兴趣，纷纷以提问、辩驳等形式参与到会场讨论中，学术交流成果十分明显。

21 日下午，会议圆满完成了各项议程，胜利闭幕。省馆专门为全体参会人员举行了盛大的闭幕晚宴，200 多名国内外参会代表欢聚一堂，共同庆祝本次会议的圆满和成功。会议闭幕后，还对获得优秀论文奖的国内外学者进行了颁奖。值得一提的是，会议期间省馆还抓住时机进一步加强了与国际知名学者的联系，并将美国斯坦福大学东亚图书馆馆长邵东方聘为省馆常年顾问。

本次会议的成功，从学术角度而言，主要体现在以下三个方面：一是会议邀请来了哈佛大学燕京学社社长杜维明、

美国图书馆协会前任主席布兰奇博士、美国帕顿大学教育学院院长凯瑞恩瑟等诸多在全球文化教育界和图书馆界都有很大知名度和超强影响力的"重量级"专家,他们所带来的尖端学术成果,在很大程度上提升了会议的整体学术水平;二是会议紧扣时代脉搏,牢牢把握住学术研究的热点和重点,站在世界学术研究的最前沿,确定了"信息技术在社会教育中的应用所涉及的伦理道德问题"这个新命题作为学术交流和研讨的主题,体现了鲜明的时代感,以及对于世界学术研究最前沿的敏锐接触;三是参会的国内外专家、学者从不同的角度,站在不同的文化背景下,立足不同的世界观、价值观和文化观,对共同的命题进行了不同的阐释,造成了学术上的交锋和争鸣,无形中提升了学术交流和研讨的深度和精度。特别是中美双方学者围绕会议所确定的"中美教学观摩"、"中西方文化比较"等学术课题,本着求同存异的原则,进行了建设性的积极交流,在一定程度上促进了中美文化的交融,体现了开放式学术交流的成果。

同时,会议的成功对于省馆而言具有四个方面的特殊意义:一是通过承办本次会议,填补了省馆建馆近百年来在举办大型国际性学术会议方面的空白,在百年馆史中开创了一个新的篇章;二是进一步拓展了省馆对外交流的平台,使省馆在对外交流国际化方面取得了更大的成果,特别是通过邀请众多知名国际级学者莅会,加强了彼此的沟通和了解,增进了友谊,进一步扩大了省馆在全球文化教育界的知名度;三是通过会议邀请诸多国际著名学者来馆讲学,积累了相关的运作经验,为今后举办数量更多、层次更高的国际级专家专题学术讲座探出了新路子;四是会议期间布兰奇、刘正福、马尔克斯等众多国际级知名图书馆学专家云集省馆,讲授了目前世界上最为领先的图书馆学理念,使省馆职工足不出户就能学习到最先进的图书馆专业知识,进一步提升了业务水平,充分达到了省馆举办本次会议的初衷。(云南省图书馆学会)

【举办知识竞赛 纪念建党 85 周年】 2006 年 6 月 27 日上午,省馆多功能厅竞答铃此起彼伏,热闹非常,吸引了来往的读者前来观看,纷纷询问究竟。原来这是省馆党总支为纪念建党 85 周年而举办的知识竞赛。来自本馆业务党支部和行政党支部的 18 名党员,分为 6 个小组,进行了相关知识竞赛。

竞赛由必答题、选择题、抢答题三个部分组成,内容主要是党的基本知识和时事政治。参赛的选手立足于平时日积月累的知识基础,以饱满的精神和昂扬向上的风貌,积极参加了竞赛。经过三轮激烈的角逐,最终信息开发部和经营开发部党小组的 3 位选手夺得了第一名,办公室和财务党小组的 3 位选手名列第二,人事老干科和保卫科党小组的 3 位选手取得第三名。

此次竞赛活动内容丰富、形式新颖且灵活生动,牢牢吸引了观看竞赛的全馆共产党员和共青团员的目光,大家纷纷表示,希望今后多举办此类寓教于乐的比赛活动。(云南省图书馆学会)

【省馆积极参与省女子一监禁毒防艾活动】 6 月 26 日"国际禁毒日"当天,由省女子一监新岸艺术团自编、自演,以禁毒防艾(艾滋病)为主题的舞剧《家》在该监狱礼堂上演。作为女子一监的警民共建单位,省馆领导率部分工作人员应邀观摩了演出,进一步加强了与女子一监的警民合作。

舞剧《家》的表演者大多曾是吸毒或贩毒人员,他们通过演出讲述了自己的亲身经历,呼吁全社会携起手来共同抵御毒品和艾滋病的侵蚀。精彩的表演真实而细腻,感人肺腑。

演出结束后,省馆李友仁馆长当场表示将再赠送一批体现时代精神、健康向上、有教育意义的新书给女子一监,以充实图书分馆的藏书建设,更好地为服刑人员提供服务,让她们以积极健康的心态进行改造;同时李馆长强调,作为服务大众的公益性文化事业单位,省馆有责任也有义务积极向广大人民群众更深层次地宣传毒品的"社会危害",使人们远离毒品、打击毒品,为构建和谐的"无毒社会"作贡献。(云南省

图书馆学会）

【文化部领导视察省馆】
2006年7月19日，文化部部长孙家正、副部长周和平在百忙之中亲临省馆视察工作。

当天上午，周和平副部长在省文化厅陶国相副厅长的陪同下来到省馆。在听取省馆馆长李友仁的口头汇报时，不时就省馆馆史、购书经费，以及古籍文献和地方文献的保护、开发、利用等事项提出专业度很高的问题，李馆长均一一作了准确的回答。李馆长还向周副部长简要介绍了新馆的概况和省馆实施改革试点以来服务方面所发生的变化，周副部长对此表现了浓厚的兴趣。听取汇报后，周副部长对省馆历史文献阅览室、善本阅览室、电子阅览室等进行了认真、细致地视察，并不时就有关情况提出问题和建议，精心指导省馆工作。

下午，在省文化厅贺光曙厅长的陪同下，孙家正部长莅临省馆，对历史文献阅览室、善本阅览室、电子阅览室共享工程展示区、社科阅览室、少儿阅览室、盲人阅览室依次进行了视察。在善本阅览室，孙部长仔细观摩了省馆珍藏的《护国司南抄》《佛明宝藏》《钱氏族谱》《滇南本草》等古籍文献，指示省馆要积极采取措施、大力保护好这些珍贵的人类文化遗产；在共享工程展示区，孙部长表示，共享工程消除了数字化服务与农民之间的"鸿沟"，今后要积极送数字化文化信息服务到农村；在少儿阅览室，孙部长亲切询问了数名正在操作电脑和读书的小朋友的学习情况，鼓励孩子们多读好书、努力学习；在盲人阅览室，孙部长与盲人读者进行了亲切的交谈。每到一处，孙部长均对省馆的工作提出了良好的建议。李友仁馆长也抓住难得的时机，抽空向孙部长简单介绍了省馆的改革情况。孙部长仔细聆听介绍，不时点头以示赞许。

今年4月，中宣部部长刘云山曾亲临省馆视察，此次文化部两位领导又来到省馆，表明省馆改革试点工作除得到省委、省政府的认可、肯定外，正越来越引起中央有关部委领导的关注和重视。（云南省图书馆学会）

【省级文明单位考评组到省馆检查工作】 2006年7月5日，由昆明市人大副主任林爽爽带队的创建省级文明单位考评组来到省馆，对省馆争创省级文明单位的工作情况进行了实地检查和测评。前来出席考评工作汇报会的还有省文化厅机关党委副书记郭保全，以及昆明市五华区文明办、华山办事处的有关负责人。

考评主要从三个方面同时进行：一是听取省馆创建省级文明单位的工作汇报；二是实地测评；三是文档测评。

上午9时，考评正式开始。林爽爽组长、胡鼎新副组长带领有关人员在省馆三楼会议室听取了李友仁馆长简要的情况介绍，并认真观看了由云南电视台制作、全面汇报省馆创建文明单位工作情况的专题录像片"云南省图书馆创建文明单位巡礼"。汇报结束后，胡鼎新副组长当场表示，省馆起草的申报省级文明单位工作报告主题突出、层次分明、条理清晰，是所有被检查单位中最好的，可以作为汇报材料中的典型和"范本"来推广。

随后，实地测评组和文档测评组工作人员结束检查，回到会场向大家反馈了检测情况。实地测评组人员表示，经过现场检查，省馆各方面都达到了要求，没有明显要扣分的地方，可以给满分；同时发放的26份职工问卷调查表，结果也全是满分。文档测评组工作人员则表示，省馆创建省级文明单位的意识很强，有关文档资料很全，整理得非常好、非常规范，找不到毛病。实地测评组和文档测评组在高度评价省馆工作的同时，也提出了良好的希望和建议。

考评组长林爽爽最后作了检查小结。她指出，省馆是所有被检查单位中的"标兵"，希望今后在主业建设方面做得更好。

针对考评组的希望和建议，李友仁馆长当场作了明确的表态，表示省馆今后将进一步在做好服务承诺方面着力，努力营造更为浓厚的精神文明建设氛围，大力宣扬昆明精神，积极宣传"八荣八耻"的社会主义荣辱观和建设社会主义新农村的有关精神，与有关单位和部门通力协作，为打造"翠湖文化圈"作出应有的贡献。（云南省图书馆学会）

【省馆开展丰富多彩的暑期少儿活动】 一年一度的暑假来临，为了让孩子们过一个有意义的假期，省馆典藏借阅部少儿阅览室不仅天天开门迎接小朋友，而且举办了丰富多彩的暑期少儿文化活动，如"云图夏令营"、"英语夏令营"、"快乐大作文培训班"、"小记者培训班"等。在这里，小朋友们可以学做图书管理员，学习计算机技能，也可以学习做手工、吹奏葫芦丝，还可以根据自己的兴趣爱好畅游英语世界，以及边做游戏边学写作等。精彩纷呈的活动受到了家长和孩子们的欢迎，获得了较好的社会效益。（云南省图书馆学会）

【省馆公益科普讲座社会效益明显】 最近，省馆联合省科协积极整合师资资源，面向社会公众举办了一系列公益科普知识讲座，社会效益明显。

省馆与省科协联合举办的公益科普讲座主要有：由云南省委党校、云南行政学院科技教研部主任盛世兰教授主讲的"实施科教兴滇战略，增强自主创新能力"讲座；由云南省中医药学会、中西医结合学会秘书长葛元靖主任医师主讲的"健康观念漫谈"讲座；由云南省天文台高级工程师、《天文爱好者》编委、《奥秘》编委高衡主讲的"飞碟、地外生命及外星人"天文知识讲座等。这些公益科普讲座吸引了社会各个层面、各个年龄段的听众朋友，受到了大家的普遍欢迎和一致好评，纷纷表示希望这样的讲座长期举办下去。

目前，省馆着力开展的公益讲座活动已经取得了良好的社会效益，逐步深入人心，树立了一定的知名度。根据社会的需求和讲座工作的需要，省馆培训中心已经开始着手建立专家资料库和听众档案库。（云南省图书馆学会）

【"文化共享长征行"旗帜传至云南】 2006年8月8日，"文化共享长征行"云南段接旗仪式在寻甸县柯渡镇隆重举行。省文化厅社文处处长张瑛，省馆馆长李友仁、副馆长何永新、马云川，贵州省图书馆馆长高誉，以及昆明市文化局、寻甸县文化局、柯渡镇党委、政府的有关领导出席了仪式。接旗仪式的成功举行，标志着"文化共享长征行"云南段各项活动正式拉开了序幕。

"文化共享长征行"是为纪念红军长征胜利70周年，由国家文化部联合全国文化信息资源建设管理中心、中国图书馆学会，以及江西、福建、贵州、云南等15个长征途经省份信息资源共享中心共同举办的系列服务活动，旨在通过红旗的传递和相关文化共享服务活动，弘扬和传承"长征精神"，推进文化共享工程的发展。

当天下午，在柯渡镇红军长征纪念馆前，李友仁代表"共享工程"云南分中心，从贵州省图书馆馆长高誉手中接过了"文化共享长征行"活动的旗帜。李友仁在致辞中说，我们怀着重温长征史、重走长征路、缅怀红军先烈、弘扬长征精神的心情，齐聚在云南的"红色名镇"柯渡，举行"文化共享"长征行云南段的接旗仪式，无疑是一件有着特殊意义的文化盛事，有其特殊的历史背景。1935年4月28日，中央红军长征途经寻甸县，中央军委根据中共中央政治局的决定于29日发布了《关于速渡金沙江的渡江令》；30日，毛泽东、周恩来、朱德等中央领导进驻柯渡镇丹桂村，对抢渡金沙江作了具体的部署，使得中央红军在5月份顺利地渡过了金沙江，取得了战略转移中具有决定意义的伟大胜利。可以说，柯渡与瑞金、遵义、安顺、懋功、阿坝、吴起等"红色名城"一样，在长征史上占有十分重要的地位，为红军最终胜利完成二万五千里长征壮举起到了关键的作用。我们在这里举行"文化共享"长征行的接旗仪式，将有助于沿着红军先烈开辟的光明道路、把长征精神更好地注入到共享工程中,使共享工程发扬光大,在老百姓心中生根发芽,在广大农村开花结果。

接旗仪式上,省馆向柯渡镇文化站捐赠了一套价值3万元的共享工程基层站点设备和价值5万元的1000册图书,以及价值2万元的电子资源及VCD碟片;举行了形式多样、内容丰富的各类文化服务活动;省馆职工艺术团还表演了丰富多彩的文艺节目。接旗仪式后,出席活动的各级领导和数百名当地各界群众以及学生代表纷纷在"文化共享长征行"旗帜上签名,表达了传承长征精神、建设共享工程的信念和决心。

丰富而精彩的接旗仪式不但使老区人民感受了长征精神,而且接受了文化知识的熏陶,受到了大家的高度赞誉和热烈欢迎。当地群众纷纷称赞共享工程是一项民心工程,在农村播撒着致富的种子。

此次"文化共享长征行"云南段接力活动受到了新闻媒体的高度关注。《云南日报》、《春城晚报》派出记者跟踪报道,云南电视台、昆明电视台进行了全程采访、拍摄。(云南省图书馆学会)

【文化部社图司图书馆处处长张小平到我省调研共享工程基层站点建设情况】 2006年7月25日,文化部社图司图书馆处处长张小平到我省调研全国文化信息资源共享工程基层站点建设情况。受省馆李友仁馆长委托,何永新副馆长陪同张小平处长,先后到昆明市盘龙区图书馆、玉溪市峨山县扬武镇文化站进行了调研。

在盘龙区图书馆,盘龙区文化局领导和盘龙区图书馆馆长向张小平处长汇报了该区共享工程基层站点的建设情况。他们说,近年来盘龙区图书馆充分利用共享工程相关资源,根据当地学校、乡镇、社区的不同需求,提供了形式多样的服务,如定期开展讲座、到社区和农村发放共享工程宣传资料、送书进社区等,使广大读者和基层群众享受到了优秀的文化信息资源。听到这里,张处长非常高兴,对盘龙区图书馆所做的工作给予了充分肯定;同时强调,共享工程一定要和当地的文化建设、远程教育等紧密结合,充分发挥资源和设施设备的作用,建立一支高水平的技术队伍,推进文化共享不断发展。

在玉溪市峨山县扬武镇文化站,张小平处长听取了扬武镇党委书记关于该镇共享工程建设情况的汇报,并到文化站观看了工作人员的现场演示。张小平处长十分关心中小学远程教育的落实情况,并就共享工程与农村党员干部远程教育等相关问题和工作人员进行了交流,要求扬武镇根据文化部、教育部的文件精神,以村委会中心小学的先进设施为基础,利用共享工程的丰富资源,结合扬武镇的特色"彝族烟盒舞"进行优秀文化的传播,给当地广大农民群众带来丰富的文化生活,使共享工程真正成为陶冶情操、拓宽视野、增长知识、休闲娱乐的重要途径和有效手段。(云南省图书馆学会)

【浓浓真情泸水行】 2006年8月18日—21日,顶着炎炎的烈日,冒着30多度的高温,省馆李友仁馆长、王水乔副馆长率领部分工作人员,远赴国家级贫困县——怒江傈僳族自治州泸水县开展了"送书下乡"文化扶贫活动。

在泸水县图书馆举行的捐赠仪式上,省馆将价值7万元的2000册图书、价值3万元的共享工程基层站点设备、价值2万元的共享工程农村版电子资源和1万册电子图书,以及价值2万元的3台电脑全部无偿地送给了泸水当地。李友仁馆长说,为泸水县图书馆捐赠图书和共享工程设备,是省馆为建设社会主义新农村而开展的一次富有时代意义的活动,是为了将省馆近年来为基层服务、为建设社会主义新农村服务的实际行动进一步引向深入,同时也是为了更为有力地将省馆的服务领域扩展到农村这个"大舞台"。下一步,省馆将积极与怒江州委、州政府、泸水县委、县政府加强协作,争取早日在泸水建起共享工程基层站点,并在此成立云南省图书馆分馆。

省馆开展的此次文化扶贫活动在怒江当地引起了强烈反响,受到了广泛关注。怒江州委书记解毅自始至终对此次活动给予了充分的肯定和积极的支持。泸水县委、县政府领导纷纷称赞省馆此举就像一场"春雨"，给泸水基层文化建设带来了"甘露"，是一次充满爱心和真情的，富于现实意义的文化下乡活动。（云南省图书馆学会）

【金旭东博士到省馆演讲】
应省馆领导邀请，美国俄亥俄威斯利安大学图书馆副馆长金旭东博士于8月15日在省馆多功能厅作了题为"美国图书馆资源共享的理论与实务"的演讲。省馆基础业务提高班的全体学员和部分工作人员参加了听讲。

金旭东博士在美国从事图书馆业务管理工作，现为省馆客座教授。作为中国人，金博士一直关注着国内图书馆事业的发展，多次利用省亲机会，向国内各大学图书馆、公共图书馆介绍国外图书馆事业的发展动态及学术研究现状。他认为，国内图书馆自动化建设、数字图书馆建设、馆舍建设及设施更新进展较快，但在为读者服务的文献资源共享方面，与美国比较还有很大差距。为此，演讲重在介绍美国图书馆资源共享与图书馆联盟之间的关系、图书馆加入联盟后的优势及其局限性、图书馆文献资源共享的途径与发展方式及运作模式等。

金博士曾有过在美国图书馆联盟工作的经历，他由衷地希望我省图书馆界在为读者提供资源共享服务方面能够迈出更大的步伐，为此可通过组建图书馆联盟入手，先从本地的小联盟开始，逐步发展成地区级、跨省级的联盟。如有可能，他将为此提供咨询和帮助。

演讲结束后，省馆听讲人员还与金博士就图书馆联盟经费来源、物流费用、工作机制等问题作了深层次的业务交流。（云南省图书馆学会）

【纪念闻一多先生学术报告会在省馆举行】 为纪念我省著名民主人士闻一多先生逝世六十周年，7月22日，闻一多的长孙闻黎明先生在省馆多功能厅举办了纪念闻一多殉难60周年专题学术报告会。

闻黎明系闻一多先生的二子闻立雕之子，现任中国社会科学院近代史所思想史研究室主任，兼任中国近代文学会闻一多研究专业委员会副主任和秘书长，以及全国闻一多研究会的理事。主要从事近代中国政治史、思想史、革命史研究。曾参加中国地震历史资料征集与整理工作，完成了"抗日战争时期的第三种力量"、"近代中国人的民主与实践"等多项课题，现主持重点项目"中国共产党革命60年纪要"的写作任务，并承担"抗战建国与中国知识分子"研究项目。

此次闻黎明在省馆举行的学术报告，从三个部分把李公朴和闻一多先生作为历史人物来分析研究，从当时的新闻报道等角度来阐述李、闻事件及其影响。其报告以历史材料为依据，客观、真实、准确地再现了当时的历史状况和社会各方面的反应，具有极高的史料价值和学术价值。（云南省图书馆学会）

【中央督察组视察省馆未成年读者工作】 2006年9月4日，中央督察组在组长翟卫华的率领下亲临省馆，专门就省馆积极发挥阵地作用、为全省未成年人思想道德建设作贡献方面的情况进行了精心视察。

在馆领导班子的陪同和介绍下，中央督察组一行先后视察了善本阅览室、电子阅览室、自带书阅览室、少儿阅览室、盲人阅览室。每到一处，督察组人员都认真地询问有关事项，并与未成年读者亲切交流。

在视察过程中，李友仁馆长向中央督察组汇报了省馆于2004年5月起大力开展的"未成年人文化教育系列活动"，受到了翟卫华组长等督察组成员的充分肯定。（云南省图书馆学会）

【省馆正式启动联合参考咨询工作】 2006年9月19日，省馆正式加入"联合参考咨询网"，向社会提供网上参考咨询服务（http://ynck.ynlib.cn:8001）。

"联合参考咨询网"是在全国文化信息资源共享工程国家中心指导下，由广东省立中山图书馆牵头，云南、福建、广西、天津、长春、山东等12个省市的40个公共图书馆合作开展的公益性服务项目，其宗旨是以数字图书馆馆藏资源为基础，以因特网信息资源和各种信息搜寻技术为依托，为社会提供免费的网上参考咨询和文献远程传递服务。

通过"联合参考咨询网"，广大中小图书馆和基层图书馆能够共享数千万篇（册）文献资源，具有与北京、上海、广州等大城市公共图书馆基本相同的信息服务能力，能够更好地为基层和农村的读者提供优质服务。

省馆正式启动联合参考咨询工作，标志着本馆在依托因特网解答读者咨询方面迈出了重要的步伐，初步建立了"以读者为中心"的网络服务机制，向读者提供数字资源跨库检索、文献资源的原文传递以及参考咨询等"主动式"服务。

（云南省图书馆学会）

【省馆文献采编工作"以人为本"】 如何在文献采访工作中更好地征求读者的意见和建议，使馆藏体系更为合理化、人性化，一直是近年来省馆业务工作的重点之一。最近，省馆采编中心更新观念，大胆开拓，打破"围墙"阻碍，主动走出馆门，进入居民区，与各个层次的读者直接沟通，为搞好馆藏建设征求合理化意见和建议。

此项工作的一个突出成果就是近日省馆采编中心在昆明铭鼎集团开发的创意英国小区设立了全国首个公共图书馆读者荐购窗口，实现了文献采编工作"以人为本"。

此外，采编中心还积极争取本地书商的支持，为读者提供个性化服务：凡持有省馆读者卡的人士，每年均可以在省馆招标和协议的供书书店，自行选择三种新书推荐给省馆，并在三日之内前来借阅。（云南省图书馆学会）

【省馆举办系列天文知识讲座及科普活动】 最近，省馆针对广大读者及天文爱好者的知识需求，联合省科协、省天文学会等单位举办了一系列天文知识讲座及科普活动。

8月20日，省馆与省科协、省天文学会共同举办了专场天文科普讲座，邀请英国赫德福特大学天文学教授休·琼斯先生前来主讲。休·琼斯先生是第100颗太阳系外行星及非常类似太阳系的恒星系统的发现者，系国际权威地外行星专家。

当天，在省馆可容纳170人的报告厅里，来了近250名听众，整个大厅人员爆满，现场气氛十分热烈。听众里有满头银发的老人，也有十多岁的孩子；有云南大学的物理老师，也有对天文学知之甚少的普通市民。大家都十分专注地聆听了这场名为"外星生命探索——寻找太阳系以外的行星"的讲座。在一个多小时的时间里，琼斯先生以精美的幻灯片、前沿的内容和精彩而浅显的讲述，使广大听众深入了解了当今天文学发展的现状。讲座结束后，听众仍久久不愿离去，紧围着琼斯先生咨询相关问题，这让琼斯先生感到非常惊讶和高兴。听众纷纷表示，讲座让大家饱享了一次精神大餐，受益匪浅，希望省图书馆今后多举办这样的讲座。

9月5日，为迎接9月17日"全国科普日"的到来，省馆联合省科协、省天文学会、中科院云南天文台共同组织了"2006年全国科普日大实景天文科普活动"。当晚，10台天文望远镜从云南天文台搬到了省馆广场，吸引了两百多名市民前来参加活动。为了让大家学会观测天象，活动现场有数十名青年科普志愿者、天文爱好者以及天文台工作人员充当"讲解员"和"指导老师"，作天文知识的讲解和观星赏月的指导，与前来参加活动的市民们形成了良好的互动，效果十分突出。（云南省图书馆学会）

【省馆举办图书馆学基础业务知识提高班】 应各州、市公共图书馆和各系统文献情报单位的要求，省馆培训中心于2006年8月15日—31日举办了一期"图书馆学情报学基础业务知识提高班"。来自各州、市基层公共图书馆和医院、学校图书室的工作人员，以及省馆新进职工共计36人参加了学习。

培训班采用教师多媒体课堂教学与学员实际操作相结合的教学形式，使学员在掌握图书馆学、情报学基础理论和基本技能的基础上有所提高。

历时15天的培训，得到了学员们的一致好评，大家纷纷表示希望今后能定期开办这样高质量的培训班。（云南省图书馆学会）

【云南省图书馆学会荣膺省社科联"十佳学会"】 在2006年10月10日召开的云南省首次哲学社会科学表彰大会上,云南省图书馆学会荣获省社科联2004—2005年度"十佳学会"荣誉称号。

本次会议由云南省委宣传部、省哲学社会科学工作委员会、省社科联联合组织召开。会议旨在通过对全省社科界有突出贡献的社科专家、先进集体及优秀个人进行表彰奖励,进一步调动全省哲学社会科学工作者的积极性,推动云南哲学社会科学进一步繁荣和发展。大会共表彰了24个哲学社会科学工作优秀单位、17个哲学社会科学工作先进单位、30名有突出贡献的哲学社会科学老专家、25名哲学社会科学优秀老专家、44名有突出贡献的哲学社会科学专家、18名哲学社会科学优秀专家、25名哲学社会科学优秀管理工作者、10名哲学社会科学先进管理工作者。

省委副书记丹增出席会议并讲话,省委常委、省委宣传部部长晏友琼主持会议,省人大常委会副主任、省社科联主席王义明,省政协副主席李先猷,省政府秘书长黄毅,省社科联常务副主席袁显亮出席会议。

会议召开之前,省社科联专门成立了"双优"评选委员会,在以往评审的基础上,首次进行"十佳学会"的评定工作。经过评委会公平、公正的认真评选,共评出省社科联十佳学会10个、优秀学会24个、十佳秘书长10人、优秀学会工作者20人。云南省图书馆学会荣获"十佳学会"称号,学会秘书长获优秀学会工作者称号。

会上,丹增副书记代表省委向获得先进集体和先进个人称号的单位和个人表示祝贺并作了重要讲话。（云南省图书馆学会）

【省馆调研小组对农村图书馆（室、点）工作情况进行调研】 按照省文化厅《关于组织开展农村文化工作情况调研的通知》要求,云南省图书馆组成调研小组,由党总支书记周景光带队,于2006年9月16日—23日,先后深入到昆明市官渡区,大理州洱源县,巍山县南诏镇、永建乡,临沧市临翔区、临翔区章驮乡邦卖村、临翔区忙畔乡,耿马县,沧源县勐来乡、勐来乡勐来村、勐角乡,双江县勐勐乡、勐勐民族小学、武警中队等地,围绕新农村文化建设中基层图书馆（室、点）建设这一主题进行了精心调研。

调研组每到一地,都认真听取当地党委、政府、文化部门、各级图书馆（室、点）以及村委会负责人对于基层图书馆（室、点）建设情况的介绍;同时,走进乡镇文化站图书室、农村图书流动点,听取最基层图书工作人员的呼声,把握农民真实的精神文化需求,了解农民的文化生活现状。

通过调研,对我省部分地区农村图书馆（室、点）建设情况有了较为深入的了解,总结出了基本做法和主要经验,找到了存在的困难和问题,也提出了确有针对性的建议和对策,为推进我省农村图书馆事业提供了一定的依据。（云南省图书馆学会）

【西部少数民族地区图书信息协作网2006年会召开】 2006年10月11日,"西部少数民族地区图书信息协作网2006年年会"在楚雄州图书馆如期召开。省馆马云川副馆长一行4人出席了会议。

大会开幕式上,马副馆长受李友仁馆长委托,对如何建立西部民族地区更大区域、更大范围的图书信息协作网,积极促进西部民族地区图书馆事业的共同繁荣和发展提出了几项建议:一是进一步推进西部少数民族地区图书信息协作网的建设,强化协作交流意识,不断提高西部民族地区图书馆建设和发展的理论研究水平;二是不断拓展协作网的工作思路,进一步丰富协作合作内容,加强互动,形成规模效应;三是结合全国文化信息资源共享工程建设的要求,根据各馆实际,积极开展文化信息资源的合作建设,推动网络数字化信息服务工作的开展;四是按照社会主义新农村建设的要求,主动参与州、市、县、乡（镇）、村公共文化服务体系的构建,积极发挥图书馆在新农村建设中的作用。

会上,获得优秀论文奖的作者进行了论文交流。（云南省图书馆学会）

【十一黄金周省馆举办系列活动为动漫产业造势】 十一黄金周,省馆经营开发部联合深圳金虹漫画社、昆明都市时报社和云南铃铛出版社,先后在省馆举办了"中国漫画16周年回顾展"、"我国著名漫画家见面会"和"第二届都市时报杯COSPLAY大赛"等一系列精彩纷呈的活动,为我省加快动漫产业发展营造了浓烈的氛围。

10月1日,"中国漫画16周年回顾展"正式开幕,共展出500多件展品,基本上都是我国知名漫画家的畅销作品。开幕当天,观者如云,以致观众需要分批次才能进入省馆二楼展厅参观。大家观看展览后纷纷表示,感谢省图书馆创造了一个良好的平台,真实地展现了国产优秀漫画的精华和国产漫画艰难的发展历程,今后应该大力支持国产漫画事业。

10月2日—5日,国内著名漫画家见面会如期举行,我国知名漫画家翁子阳、颜开等专家到场与昆明的漫画爱好者们联谊。漫画家们在会上动情地述说了各自的漫画创作思路、创作历程,展示了漫画佳作,并现场作画示范。整个见面会气氛活跃,互动效果突出,反响热烈。

10月3日—4日,"第二届都市时报杯COSPLAY大赛"在本馆隆重举行,昆明大部分知名漫画社团积极参赛。比赛期间现场气氛十分火爆,省馆能容纳350人的报告厅挤满了400多名观众。每个社团的出场都能博得观众的尖叫、鼓掌、欢呼,让每一个参赛的选手都有了成为明星的感觉,也让昆明的COSER们实实在在地感受到了大赛热烈的氛围和突出的成果。经过两天激烈的角逐,共产生了团体、个人及原创各3项大奖。赛后,许多漫画社团负责人纷纷主动联系省馆,希望省馆今后多举办类似的活动,让昆明的动漫从业者和爱好者有一个好的平台来展示和学习。(云南省图书馆学会)

【省馆联合学校开展共享工程宣传活动】 2006年9月29日,省馆联合昆明市五华区新知中学,共同举办了针对该校师生的共享工程知识普及活动。

当天下午14时半,新知中学300多名师生应邀来到省馆,认真观看了共享工程专题宣传片,详细了解了共享工程的背景、共享工程云南省分中心工作现状以及省馆特色数据库建设情况,实地参观了省馆各阅览室,并在电子阅览室上机操作,点击进入共享工程网站,浏览共享工程资源。

通过此次活动,不但使新知中学的师生较为全面地了解了全国文化信息资源共享工程的情况,还使大家对我国传统文化和我省地方特色文化资源有了更深的认识,实现了将共享工程"送进校园"。尤其值得一提的是,举办这样的活动,进一步加大了共享工程的宣传力度,扩大了共享工程的受益面。

(云南省图书馆学会)

【省馆与开远市图书馆联合举办业务培训班】 为进一步加强对基层图书馆的业务指导,有效提高基层图书馆从业人员的专业能力和业务水平,省馆培训中心与开远市图书馆于9月18日—27日联合举办了一期"基层图书馆业务培训班"。

该培训班主要面向全省基层图书馆(乡镇图书馆、社区图书馆、学校图书馆、企事业单位图书馆)和各类文献信息中心、文献资料室的广大从业人员,尤其是从未接受过专业、系统的图书馆学情报学教育的各类人员。培训班采用教师课堂教学与学员实际操作相结合的教学形式,使学员较好地掌握了图书馆情报学基础理论和基本技能。

为期10天的培训班,教育成果较为突出。特别是省馆指派业务骨干深入基层开办业务培训班的举措受到了基层图书馆工作者的普遍欢迎。(云南省图书馆培训中心)

【昆明陆军学院图书馆馆长一行到省馆交流工作】 2006年9月27日,昆明陆军学院图书馆馆长闫茹率领该馆部分中层干部及业务骨干,来到省馆进行工作交流。

闫馆长一行先后参观了盲人阅览室、报纸阅览室、自科借阅室等对外服务窗口,对省馆的服务工作进行了全面而细致的实地考察,并与省馆服务窗口工作人员进行了座谈。

交流中,闫馆长一行对省馆"以人为本,读者至上"的服务理念以及"微笑服务"、"优质服务示范岗"等创新举措表示了浓厚的兴趣,对省馆服务水平给予了较高的评价。

闫馆长表示今后将加强与省馆的联系,定期不定期派相关工作人员前来省馆进行工作交流。同时,闫馆长还邀请省馆李友仁馆长在合适的时候参观访问昆明陆军学院图书馆,进一步加强双方的沟通与合作。(金美丽)

【《中国古城——巍山》首发式暨摄影展在省馆举办】
大型摄影作品集《中国古城——巍山》首发式于10月29日在省馆举行。中共云南省委副书记丹增,省委常委、省委宣传部部长晏友琼,省人大常委会副主任、省文联主席梁公卿,中国摄影家协会分党组书记兼秘书长李前光等出席首发式。

在首发式上,《中国古城——巍山》编著者、省文化厅副厅长范建华代表有关机构和人士,向省馆、大理白族自治州、巍山彝族回族自治县赠书数百册。

此外,范建华"中国古城——巍山"摄影展同时在省馆开展,持续至11月5日结束,共展出范建华的摄影作品100余幅,都是作者在巍山从事文化人类学、文化保护研究10年间拍下的作品。(云南省图书馆学会)

【省馆不断深化干部人事制度改革】
继今年5月首次实行干部轮岗后,省馆于10月中旬又进行了一轮新的人事改革,对部分中层干部和工作人员进行轮岗,同时提拔任用了一批年轻干部。

省馆于2004年2月实施改革试点工作以来,就一直致力于不断深化干部人事制度改革。通过对相关改革举措的不断调整、不断完善,力图建立起符合省馆实际、干部能上能下、人员能进能出、充满生机与活力的人事运行机制。

今年到目前为止,省馆继续深化的人事改革举措主要有:对部门任期目标责任制和个人考评制进行进一步修改和完善,使其更加符合省馆的部门和岗位设置实际,进而使省馆实行的人事绩效考核制度更为科学化、规范化,效果更突出;对部分中层干部实行跨部门轮岗,一方面可对干部进行更为全面的锻炼,使其熟悉全盘工作,能够胜任不同的领导角色,提升综合素质;另一方面可以避免干部长期在一个岗位上任职而产生的不良惯性行为和惰性思维,使部门工作保持活力;对部分年轻的工作人员实行跨部门岗位调整,以使这些新同志在新的岗位上得到新的锻炼,更加熟悉和了解图书馆工作,增强业务能力;以"助理制"的形式,对部分基础较好、业务能力较强、日常工作表现较为突出的年轻同志进行提拔任用,把他们选派到重要部门担任"主任助理"职务,着力

磨砺他们的业务才能和管理才能,为省馆干部队伍建设提供后备力量;同时,对部分在中层干部岗位上成绩较为突出的年轻干部实行进一步的提拔,以使中层干部队伍的整体结构更为合理优化,水平更齐整,力量更壮大。(李钊)

【省馆组建共享工程云南省分中心办公室】
为进一步加强共享工程建设力量,按照文化部、全国文化信息资源建设管理中心和云南省文化厅的安排部署,根据省文化厅云文社[2006]21号文件《云南省文化厅关于成立文化信息资源共享工程云南省分中心的通知》精神,省馆于10月17日专门组建成立了共享工程云南省分中心办公室,人员编制初步定为5人。

共享工程实施以来,省馆一直高度重视此项利国利民的重大文化工程,始终将其作为本馆重点业务工作来抓好抓实,取得了阶段性进展。此次为组建好省级分中心办公室,省馆专门从计算机中心、办公室等部门抽调了一批对共享工程较为熟悉、计算机技术精湛、业务能力突出、有干劲、能吃苦的优秀年轻人才充实进分中心办公室工作队伍,为共享工程在云南的进一步深入实施提供了人才保证。

该办公室的成立,标志着共享工程云南省分中心领导机构和工作机构得到进一步健全和完善。(李钊)

【**省馆积极派人参加共享工程2006年度各省级分中心技术骨干进修培训班**】 去年国家资助共享工程基层站点设备的下发工作已经正式启动。为了保证设备发放及安装工作的顺利进行，文化部全国文化信息资源建设管理中心于10月23日在福建福州举办了各省级分中心技术骨干进修培训班。

该培训班由全国文化信息资源建设管理中心运行保障处组织实施，主要对各省级分中心相关负责人和技术骨干进行培训。省馆高度重视此次培训工作，积极指派刚刚组建的共享工程分中心办公室两位同志前往参加。

培训班于10月24日上午正式开班，开幕式上国家中心副主任张晓星和福建省文化厅领导分别致辞。本次培训的主要内容是：1.讲解2005年度国家资助共享工程设备的下发方案和注意事项；2.请厂商讲解即将下发的设备（性能、使用、维护与保修等）和软件的功能与使用；3.讲解运行保障处的月刊制度和相关调查表等。

我省今年下发的设备一共是45套，通过设备的下发和积极参加此次培训，对于进一步增强我省共享工程分中心的技术力量，拓展我省共享工程基层站点，扩大共享工程受众面和受益面，提高共享工程基层站点建设水平及服务质量，起到了积极的促进作用。（云南省图书馆学会）

【**《云南历代督抚生平概略》即将出版**】 为理清云南历代官宦之脉络，同时也为了方便专家、学者进一步深入研究我省的官宦史，由省馆李友仁馆长主编、地方文献部承担撰稿任务、总计有11余万字的《云南历代督抚生平概略》一书，几易其稿后于最近顺利结稿。

在该书的撰稿过程中，编著者通过查考、稽核"记载滇事之书"、"滇人著述之书"，以及云南历代纂修的地方志书和有关资料，择要而从，将元、明、清各朝代以及民国年间出任云南的地方长官、封疆大吏，以《题名录》的形式收入书中。

《云南历代督抚生平概略》共收录了元代15人、明代59人、清代51人、民国时期9人，共计134人。收录中做到了部居有序，条分缕析，目眉清楚，可直接为读者及课题研究者所利用，发挥了积极的参考作用。

目前该书被云南省美术出版社看好，已将其列入该社本年度出版计划之中，拟于11月初正式出版发行。（云南省图书馆地方文献部）

【**省馆工作人员赴温州交流少儿图书馆工作经验**】 2006年10月16日—20日，省馆典藏借阅部2名工作人员到浙江省温州市参加了"全国少年儿童图书馆工作经验交流会"。

文化部社会文化图书馆司副司长刘小琴出席会议并作了开幕式发言，肯定了改革开放20多年来我国少儿图书馆事业所取得的成绩与进步，指出了少儿图书馆事业发展中存在的困难和问题，并就今后如何进一步加强少儿图书馆工作提出了要求和希望。文化部社会文化图书馆司公共图书馆处副处长白雪华作了会议总结，要求各级少儿图书馆发挥优势、取长补短，重视各馆间的交流与合作，以推动少儿图书馆事业不断前进。来自全国26个省、市、自治区的167名代表参加了本次大会。

会议期间，分别进行了大会交流和分组讨论，与会代表围绕少儿图书馆服务工作这一主题，畅所欲言、各抒己见，展开了热烈而卓有成效的经验交流。省馆参会代表所作的关于省馆少儿阅览室工作情况的汇报，受到了文化部参会领导的肯定和与会人员的好评。（云南省图书馆学会）

【**海内外知名专家汇聚省馆纵论民族民间工艺文化**】 2006年10月22日—24日，"中国云南国际民间工艺高层论坛暨民族民间工艺品博览会"在昆明隆重举行。省馆作为分会场之一，认真承办了此次高规格的会议。

会议期间，来自中国、美国、加拿大、日本等16个国家和地区的艺术家、工艺美术家、专家、学者、生产厂商及企业代表共200余人，专门就国际民族民间工艺的渊源和现状、民族民间文化资源的挖掘和整合、民族民间文化产业的开发等重要议题进行了深入的探讨，并在多方面达成了共识,发布了旨在推动世界各国民族民间工艺文化交流与合作,维护世界文化的普遍性、多样性和互存性,促进世界文化和文明共同繁荣与发展的《昆明宣言》。

云南是得天独厚的"民间工艺王国",全省129个县市区都有自己独特且久负盛名的民间工艺,并在新的历史条件下得到了发扬光大。随着近年来云南经济社会的快速发展和文化产业的蓬勃兴起,全省优秀的民族民间艺术正呈现出繁荣发展的趋势。

此次论坛的举行,对于我省优秀民族民间艺术的传承发扬和云南民族文化大省建设起到了积极的推动作用。(云南省图书馆经营开发部)

【省馆向美国青树基金会申请到两个资助项目】 2006年10月18日,接美国青树基金会通知,由省馆培训中心负责申请的两个资助项目已获批准,分别是云南省香格里拉县图书馆资助项目和云南省香格里拉县五中资助项目。目前,美国青树基金会正在积极配备图书馆集成管理系统、电脑等相关设施设备。

这两个资助项目的申请,是省馆积极与国际非营利性组织合作、进一步服务于基层的一次成功尝试,为我省边疆少数民族地区基层图书馆克服资金困难、实现图书馆现代化提供了新的途径。(云南省图书馆培训中心 曹雯)

【省馆加强与本地杂志社的合作积极推进地方文献采访工作】 省馆地方文献采访工作一直以来得到了本省出版社和杂志社的大力支持与帮助,既丰富了馆藏,又惠益了读者,但实际工作中存在的问题依然不少,遗漏和残缺的问题仍较为突出,在一定程度上影响了地方文献的收藏和使用。

为了改进这一状况,省馆自2004年初实施改革试点工作以来,就采取各种有效措施加强与本省各个杂志社的联系,同时开展全省性的地方文献交换工作,收到了非常明显的效果,做到了互通有无,进一步丰富了馆藏,受益面不断扩大。

近来,为了巩固成果,进一步发展协议单位,省馆采编中心于10月16日在昆明市创意英国小区本馆图书室,召开了昆明地区期刊编辑部联席会,进一步加强了与各个杂志社的沟通、联系与交流,有力地推进了地方文献采访工作。同时,通过省馆的功能和作用,将本地的杂志向全国推广,为云南的刊物走向全国作出了一定的贡献。(云南省图书馆采编中心)

【第五届央视英语口语大赛在省馆举办】 第五届CCTV英语口语大赛云南赛区于10月27日—29日在省馆开赛,来自全省各州、市的12支代表队分为小学组、初中组、高中组和成人组等四个级别,按照CCTV英语口语大赛的程序严格进行了比赛,成绩优秀者将参加全国CCTV英语口语大赛总决赛。

近年来,省馆作为"云南省青少年思想道德教育研究实验基地"和"云南省科学普及教育基地",依托本馆先进的设施设备,大力开展了"未成年人文化教育系列活动",通过举办英语口语大赛、青少年诗歌朗诵比赛等寓教于乐的文化活动,让更多的未成年人在省馆这个公共文化活动场所受到了丰富的课外教育,更好地发挥了省馆的知识普及和教育作用。(云南省图书馆经营开发部)

【省馆荣膺"云南省青年文明号"】 鉴于省馆广大团员青年和年轻职工近两年来在发展图书馆事业中的突出表现,共青团云南省委最近决定,授予省馆"云南省青年文明号"荣誉称号。省馆也是省直文化系统唯一获此殊荣的单位。

近年来,省馆以创建"省级青年文明号"为载体,按照内强素质、外塑形象的理念,深入实施了"云岭先锋"暨"创建学习型图书馆"工程,广泛开展了"五学一推广一开展一设立"活动,着力引导、带动全体共青团团员和广大年轻职工紧紧围绕图书馆中心工作,不断加强学习、努力工作、积极奉献,较好地调动和发挥了年轻干部职工的活力与作用,为发展省馆各项事业作出了积极贡献。(共享工程分中心办公室 朱庆华)

【全省南诏和大理国时期写经将集中到省馆统一收藏】 为了进一步对我省南诏、大

459

理国时期的写经进行集中收藏保护,以便更好地整理研究和开发利用这些珍贵文献,11月14日,全省南诏、大理国写经收藏单位协调工作会议在省馆召开。经过协调,今后全省各单位的南诏、大理国写经将集中到省馆统一收藏保护。

会议由云南省文化厅、省文物局主办,云南省博物馆、云南省考古研究所、云南省社科院、大理州博物馆、大理市博物馆和省馆等6家珍藏有南诏、大理国写经的单位参加。省馆李友仁馆长、王水乔副馆长、李孝友研究馆员以及其他5家单位的相关领导出席了会议。

省文化厅熊正益副厅长主持会议。李友仁馆长首先作了发言,详细介绍了省馆对于南诏、大理国写经的收藏保护、抢救修复、整理研究、开发利用的情况,并就省馆下一步工作方案和设想作了汇报,受到了上级领导和与会单位领导的赞许。随后,各单位领导相继介绍了各自单位的收藏保护现状。会议间隙,与会人员参观了省馆善本书库,对省馆南诏、大理国写经的收藏保护情况进行了实地查看,一致认同省馆的硬件和软件是各收藏单位中最佳的,也是珍贵写经的最佳收藏地。各单位领导纷纷表示愿意将各自珍藏的写经集中到省馆统一收藏保护。

会议结束前,熊正益副厅长作了总结性发言。他对集中收藏保护写经的重要性作了进一步说明,认可省馆成为最佳的首选收藏保护单位,对此次

会议各单位达成的共识表示满意,并对下一步的各项工作作了安排部署。(云南省图书馆历史文献部)

【西南地区州市图书馆协作网2006年会通过"红河宣言"】 2006年11月14日—15日,由红河州图书馆承办的西南地区州市图书馆协作网2006年年会在红河州州府蒙自县顺利召开。省馆何永新副馆长出席会议并作了讲话。来自重庆、四川、广西、贵州、云南等省、市、自治区的部分州、市级图书馆领导及代表参加了会议。

会议期间,通过学术讨论和交流,与会者回顾了协作网成立近20年来的发展历程,探讨了进一步加强西南地区州、市级图书馆协作与合作的可行性和前景,并就建立西南地区公共图书馆联盟达成了共识,共同签署、发布了旨在加强馆际交流与合作,实现资源共享,明确行动方向、战略、计划的"西南地区州市图书馆联盟红河宣言"。

省馆十分重视此次协作网年会,何副馆长受李友仁馆长委托专程赶赴蒙自出席会议开幕式,并就如何进一步建设好协作网提出了几点建议:一是着力加强协作网组织建设,建立一个权威、高效、稳定的协调组织,健全和完善协作网长效运行机制;二是协作网内各个州市图书馆应立足实际,充分发挥各自优势,建立各具特色的馆藏体系;三是大力加强现代化、数字化建设,为协作网开

展资源共建共享提供先进的技术支撑;四是积极开展馆际互借,有效提高文献利用率。何副馆长强调指出,西南各省、市、自治区州、市级图书馆应加强沟通、积极交流、互通资讯、密切协作,共同把西南地区州市图书馆协作网建设成为"依靠群体力量,联合行动,突出特色,分工协作,优势互补,利益均沾,资源共享"的协作网。

何副馆长的讲话受到了与会代表的好评和欢迎,对年会发布"红河宣言"起到了积极的指导作用。(李钊)

【省馆李孝友被评为有突出贡献的哲学社会科学老专家】 最近,中共云南省委宣传部、省哲学社会科学工作委员会、省社会科学界联合会联合发出"关于表彰全省哲学社会科学先进集体和个人的决定",对24个"云南省哲学社会科学工作优秀单位"、30名"云南省有突出贡献的哲学社会科学老专家"等一批先进集体和个人予以表彰。其中,省馆研究馆员李孝友被授予"云南省有突出贡献的哲学社会科学老专家"荣誉称号。

李孝友同志是省馆原历史文献部主任,研究馆员,长期以来一直从事古籍版本研究和古籍文献整理工作,著有《云南书林史话》、《昆明风物志》、《云南方志书录解题》等学术专著,编辑、校注了《滇考》、《南园漫录》、《(康熙)通海县志》、《九夷古事》、《云南丛书书录解题》等大型文献,发表学术论文300

余篇,为我省古籍文献学研究作出了杰出的贡献,是云南著名的版本目录学家。1991年退休后被省政府特聘为云南省文史馆研究馆员,同时受聘为省馆高级顾问。(李钊)

【省馆与武汉大学联办的研究生班完成教学任务】
2006年11月6日,省馆与武汉大学信息管理学院联合举办的2005级图书馆学研究生课程进修班结业考试顺利结束。省馆参加学习的28名职工参加了考试。至此,研究生班为期两年的教学工作正式结束。

两年来,本届研究生班结合我省图书馆事业的实际情况,精选了现代图书馆技术和图书馆管理方面的前沿课程组织教学。授课期间,武汉大学派出了在全国图书馆学界成就杰出的专家和教授,如彭斐章教授、王子舟教授、陈传夫教授等前来授课,极大地提高了教学质量。

省馆十分重视该研究生班,馆领导作了广泛的学习动员,使参加学习的中层干部和中级职称以上专业技术人员达20余人。这一方面体现了馆领导对办好研究生班的关心和支持;另一方面也体现了省馆职工致力于提高自身专业素质的热情和积极性。

结业考试认真贯彻坚持标准、严格要求、保证质量的原则,实行教学与考核相分离,由武汉大学研究生院专门选派2位教师来省馆担任监考工作,在省馆的认真组织和积极配合下,较好地完成了既定的考试任务。

考试期间,省馆马云川副馆长受馆领导班子委托,专门到考场进行检查,对考试秩序、考场纪律及组织管理工作给予了肯定,并对监考人员表示了慰问。(杨萌)

【省馆与武汉大学联合举行专升本函授考试和面授】
10月30日—11月9日,云南省图书馆与武汉大学信息管理学院联合举行图书馆学专升本函授考试暨2006度最后一次面授活动。

为组织好此次函授考试,省馆培训中心会同人事老干科,专门就监考人员、考场设置及严肃考场纪律等相关问题作了具体安排,确保了函授考试的顺利进行。

同时,武汉大学派出了以版本学知名专家曹之教授为首的教学骨干队伍前来开展面授。为充分利用此次优质师资集中、教学内容新颖的难得机会,省馆培训中心在征得馆领导和武汉大学同意的情况下,邀请昆明市各级公共图书馆以及各高校、科研单位的20多名图书馆同仁,前来省馆认真聆听了专家们精彩的讲授。

参加听讲的兄弟单位同仁一致表示,感谢省馆提供了一个难得的学习机会,希望省馆搭建的进修与学习平台越来越成熟和开放。(云南省图书馆培训中心)

【共享工程云南省分中心积极验收基层站点设备】
2006年11月6日,共享工程云南省分中心办公室根据文化部全国文化信息资源建设管理中心《关于做好2005年度国家资助文化共享工程基层点设备发放工作的通知》和《关于2006年省分中心设备下发建议方案》等文件精神,对先期到货的共享工程基层站点设备进行认真检查验收。共验收了45台投影仪、45套幕布、90件卫星接收设备。

自2006年度共享工程设备发放工作启动以来,共享工程云南省分中心办公室积极配合国家中心开展工作,先后派业务骨干赴福州、宁波参加国家中心的相关培训,并主动协调基层站点工作人员及时做好设备接收的前期准备工作,为共享工程在云南的进一步深入实施奠定了坚实的基础。(共享工程分中心办公室)

【省馆帮助新知中学顺利通过评估】 在省馆的大力帮助和支持下,昆明市五华新知中学于11月8日顺利通过了五华区教育综合办学评估组的评估,尤其在校图书室建设评估方面,得到了评估组的高度肯定。

新知中学位于昆明市城郊结合部,该校学生大都是外来打工人员和近郊农民的子女,生活不富裕,家长对子女的教育也很松散,给教学带来极大的困难。为了使学生有更好的学习环境特别是阅读条件,该校领导和教师多次主动与省馆联系,希望得到省馆的支持和帮助。省馆李友仁馆长十分关心和重视此事，指派本馆有关部门对该校图书室建设给予有力的支持，使校图书室软硬件均得到了明显的改观，为学校顺利通过评估奠定了良好的基础。省馆为郊区小学，尤其是农民工子女这一弱势群体提供积极帮助的做法，受到了基层教育工作者的广泛赞誉。（云南省图书馆采编中心）

【省馆通过改革解决期刊划到及接刊难题】　长期以来，省馆一直存在期刊划到表与划到刊物排列顺序不一致的问题，给流通接刊工作带来了不便。为此，省馆采编中心在2005年通过改进和调整工作方式，在一定程度上方便了流通接刊人员，但采编中心的划到人员每天却要花费很多时间用于刊物的理顺，问题仍没有得到彻底解决。

今年11月，采编中心继续针对这一难题不断深化业务改革，使得部门在划到完毕后，就可以直接将新刊送交使用部门，无须再做后续的整理工作，从而彻底解决了期刊划到表与划到刊物排列顺序不一致的业务难题，极大地提高了工作效率和统计数字的准确性，使划到人员有更多的精力用于催刊和补刊，较好地促进省馆期刊管理工作跃上一个新台阶。（云南省图书馆采编中心）

【省馆开展连续性资源管理培训】　为了进一步提高全省图书馆业务人员特别是从事连续出版物及报刊管理、分类、著录等专业职工的工作能力和业务水平，以适应现代图书馆的发展需要，根据文化部、教育部、科技部关于图书馆标准规范发展战略与框架的精神，省馆培训中心于11月17日至24日成功举办了一期"图书馆连续性资源管理培训班"。前来参加培训的37名学员来自省内各州、市公共图书馆，以及各高校图书馆。大家均表示此次培训针对性和实用性很强，成果丰富。（云南省图书馆培训中心）

【省馆被评为云南省文明单位】　在2006年12月14日出版的云南日报上，刊登了省馆被云南省精神文明建设指导委员会正式评为云南省文明单位的消息。省馆也是省直文化系统唯一获此殊荣的单位。

去年以来，省馆在荣获昆明市文明单位的基础上，再接再厉，更上一层楼，按照《云南省文明单位创建管理办法》的标准和要求，着力加强精神文明建设，积极开展了省级文明单位创建活动，带动了全馆干部职工整体素质的不断提高，促进了馆内各项工作的全面发展，成效十分明显，于今年7月份顺利地通过了省级文明单位考评组的检查验收。（云南省图书馆办公室）

【拜祭赵藩先生　追溯和弘扬图书馆人文精神】　近日，在5位馆领导的率领下，省馆13个部门的主要负责人远赴大理州剑川县，拜祭了省馆创始人之一、在百年馆史中拥有重要地位的赵藩先生。

赵藩（1850—1927年），剑川向湖村人，白族，是我省历史上成就斐然的少数民族政治家、诗人、学者、书法家、地方文献学家，曾担任过清朝四川巡抚、首届民国国会议员、民国交通部部长、云南图书博物馆（今云南省图书馆）馆长兼辑刻《云南丛书》处总经理等职。在其1912年、1918年两次出任云南图书博物馆馆长期间，收集了大量珍贵的地方文献资料，编辑、整理、出版了《云南丛书》等数百种价值极高的文献专著，为我省文化教育事业、图书馆事业，尤其是地方文献学的发展作出了极为重要的贡献，在省馆百年馆史中有着十分重要的地位。赵藩的文学造诣和书法艺术也颇有成就，著名的《向湖村舍诗集》等文学名作就出自其手，现在悬挂在昆明大观楼的长联是其重要的书法代表作。

赵藩先生的陵墓位于剑川县城郊金华山顶，需徒步爬山2个小时左右才能到达。再加上山路崎岖陡峭，又时值隆冬季节、气温骤降，顺利抵达其陵墓处是一件较为困难的事情。但馆领导发挥表率作用，身先士卒，带领13个部门主要负责人以不怕苦、不怕累的精神，顶着刺骨的寒风，攀着蜿蜒的山道，最终胜利到达赵藩先生陵墓，完成了向这位图书馆老前辈拜祭的仪式。

李友仁馆长动情地说："赵藩先生是省馆创始人之一，是历史上著名的文人、学者、图书馆学家，我们历经漫漫长路来拜祭他，就是要追溯和重温他的治学与图书馆人文精神，号召全体干部职工学习和传承他严谨治学、认真求索、全心为馆、全力办馆的图书馆赤子之心和专业精神。相信对于实地拜祭了赵老先生的图书馆人而言，这是一次极为生动的文化溯源与爱岗敬业现场教育活动"。

大家纷纷表示，回去以后要把此行的情况传达给各部门职工，组织和号召广大职工一道认真学习、全力继承、大力弘扬赵藩先生的图书馆精神，争做优秀、上进、热爱本职工作的图书馆人。（李钊）

【全馆总结会议召开】
2006 年 12 月 19 日—21 日，省馆召集 13 个部门的主要负责人，举行了全馆工作总结会议。李友仁馆长主持，馆领导班子全体成员出席。

办公室、财务科、人事老干科、保卫科、典藏借阅部、采编中心等 12 个部门的主要负责人依次汇报了各部门 2006 年度的工作情况（共享中心办公室的工作总结今年暂并入计算机中心），总结了成绩和经验，找出了存在的问题和不足，提出了下一步的打算。整个总结会气氛严谨、秩序井然、成效明显。

与往年相比，2006 年总结会议的一大特点是在形式有所创新，即：在每个部门负责人总结完工作后，由馆领导和其他部门负责人针对该部门工作情况提出意见和建议，以帮助该

部门进一步认清存在的问题，明确下一步工作的方向和重点。比如，针对办公室工作，馆领导和各部门同志就提出了办公室要进一步发挥桥梁纽带作用和综合协调作用，当好馆领导"参谋"，强化服务意识的建议；针对财务科，提出了应按时提交财务分析报告、做细做好每笔账目的建议；针对人事老干科，提出了要加强保密、掌握好人事政策的建议；针对保卫科，提出了要提高自身素质、加强自身建设、确保全馆人财物安全的建议，等等。事实证明，这对于各部门改进工作、促进发展是大有裨益的。与会人员纷纷表示，希望来年继续保持并发扬这一新的办会形式，使总结会议办得更好，效果更突出，更能促进各部门乃至全馆的工作。（李钊）

【书香溢满张家寺村】 按照《云南省图书馆关于开展文明单位城乡结对共建活动的方案》，经过精心筹备，省馆于 12 月 12 日在昆明市盘龙区龙泉办事处张家寺村正式启动了文明单位城乡结对共建活动，同时举行了张家寺村图书流通点挂牌仪式。这也是近年来省馆在基层设立的第十九个对外图书流通点。

省馆李友仁馆长、王水乔副馆长出席活动并分别作了讲话。盘龙区委宣传部、区文化局、龙泉办事处的有关领导也参加了活动。李友仁馆长还向张家寺村图书室授予了"云南省图书馆张家寺村图书流通

点"的牌匾。

授牌仪式上，李友仁强调，全面提高农民的科学文化和思想道德素质是一个不容忽视的重大问题，同时也是广大农民脱贫致富和实现农村经济可持续发展的重要前提。抓好农村图书室建设，能够方便、快捷、有效地传播科学文化知识信息，帮助农民提高素质、脱贫致富。希望丰富精彩的图书与各种读书活动，能够吸引农民朋友走进图书室读书看报，确保文明健康的活动占领农村文化阵地。李馆长还向在场的张家寺村农民承诺，省馆将为全村每户人家免费办理一张借阅卡；于明年初在张家寺村建起共享工程基层站点，把丰富的数字化文化信息资源带给农民朋友。

授牌仪式结束后，与会同志和农民共同参观了张家寺村图书流通点。大家纷纷称赞省馆举办的此次活动就像一场"春雨"，给张家寺村基层文化建设带来了"甘露"。盘龙区区委宣传部副部长李文达由衷地说："在盘龙区所有的'文明单位城乡结对共建活动'中，云南省图书馆开展的活动准备最充分、效果最明显、影响力最大"。

张家寺村图书流通点的设立，能够初步满足该村 70 多户、200 多名农民朋友的阅读需求。它的成立引起了新闻媒体的广泛关注，昆明电视台等媒体到现场进行了采访报道，进一步扩大了共建活动的社会影响。（金美丽）

【共享工程云南省分中心领导深入试点县调研】 为贯彻落实文化部《全国文化信息资源共享工程试点工作方案》，加快我省共享工程试点县建设，共享工程云南省分中心主任李友仁、副主任何永新于11月29日—30日带领分中心办公室工作人员分别深入到红河州弥勒县、楚雄州禄丰县进行了调研。

在弥勒县图书馆举行的调研会上，李友仁传达了《全国文化信息资源共享工程试点工作方案》，对县、乡基层站点需要达到的标准作了说明，强调基层站点软、硬件建设必须符合《试点工作方案》的要求。会上，弥勒县的领导就试点县工作方案、建设模式、实施步骤等事项进行了认真讨论，并充满信心地表示，要严格按试点县建设要求认真抓好落实，力争能被文化部命名为共享工程建设示范县。会后，李友仁一行在红河州图书馆、弥勒县文体局和弥勒县图书馆领导的陪同下，分别视察了弥勒县弥阳镇文化站和弥勒县弥阳镇菜花村农民活动中心。

在禄丰县文体局，何永新副主任向局领导介绍了全国文化信息资源共享工程的情况，并对试点县的软、硬件建设要求以及《试点工作方案》作了说明。随后，何永新副主任一行实地考察了禄丰县图书馆和禄丰县南门社区。（共享工程云南分中心）

【参加"三下乡"活动　把知识送到新农村】 2006年12月24日，省馆集中人、财、物等各项优势力量，参加了由省委宣传部、省文化厅等15个部委厅局共同组织，在武定县文化广场举行的2005—2006年度"云南省文化科技卫生三下乡"集中示范活动。

为了参加好此次活动，馆领导高度重视，专门抽调精干人员组成了赴武定"三下乡"工作组，由馆长李友仁任组长，副馆长何永新和王水乔任副组长，就各项参与事宜进行了精心安排、周密部署。

活动当天，武定县城彩旗飘扬，鲜花盛开，各族群众从四面八方赶来，到处洋溢着节日般的气氛。省馆"三下乡"工作组和楚雄州图书馆、武定县图书馆的同志提前来到统一安排的展台布置好展位，将省文化厅提供的价值5000多元的农科读物、农家历、门联、学生学习用品，以及省馆自己制作的全国文化信息资源共享工程相关资料和价值2000多元的春联、农历、年画等节日礼品，免费向群众进行了发放。当天工作组共为2万多名农民提供了服务，受到当地政府和农民朋友的热情欢迎与广泛赞誉。

此外值得一提的是，为了充分发挥省馆优势，为武定群众提供丰富多彩的图书，省馆于22日在馆内开展了"我为贫困地区儿童捐图书"活动，共收到职工捐赠图书1393册。这些图书在武定县图书馆的安排下，也于24日全部捐给了武定县近城小学，为农村未成年人思想道德建设作出了积极贡献。（金美丽）

【省馆举办盲人计算机培训班】 在省残联和省盲协的大力支持与协助下，首期盲人计算机免费培训班于12月4日—7日在省馆盲人阅览室如期举办。为了办好该班，省残联还专门推荐了一名专业教师进行教学辅导。

举办盲人计算机培训班旨在解决盲人读者学电脑难、用电脑难的问题，提高广大盲人读者运用电脑进行学习的技能水平。此项活动得到了盲人读者的踊跃参与，共有40名盲人报名。由于省馆盲人阅览室硬件设施有限，不能完全满足现有报名人员的学习需求，根据报名顺序确定了14名人员参加第一期培训，剩余人员依次参加以后的培训。

培训班采取每日上午教授理论、下午实际操作的授课方式，学用结合，极大地提高了盲人学员们的实际操作水平。为了方便学员们进行课后练习，省馆还为每位学员提供了MP3光盘语音教材。尤其值得一提的是，省馆充分考虑到盲人学员的实际困难，帮助其中6位学员购买了永德读屏软件。通过此次培训，14名学员全部掌握了电脑操作基本技能，效果突出。学员们纷纷表示，感谢省馆提供了如此宝贵的学习机会，重新给了他们一双"看见世界的眼睛"。

省馆领导高度重视培训班工作，开班之际王水乔副馆长

464

专门到场作了讲话和指导,并承诺以后将不定期举办盲人电脑培训班,进一步做好服务工作,尽量满足盲人读者各方面的学习需求。(云南图书馆典藏部)

【省馆公益讲座"走进"军营】 2006 年 12 月 21 日,省馆特别邀请云南大学法学院教授李庭鹏来到驻昆某部,为广大官兵举办了一场题为"民法漫谈"的法律知识讲座。这也是省馆把公益讲座办进部队的一次有益尝试。

讲座结合部队普法的需要,向干部、战士讲授了民法的相关知识,解答了官兵们在日常生活中可能遇到的一些法律问题,受到了全体官兵的热烈欢迎。部队领导高兴地说:"法律进军营这一形式,提高的不仅是驻军官兵学法、用法、守法的自觉意识,更为重要的是为部队训练、保障、依法治军奠定了良好的法律基础,希望这样的讲座能经常办到部队中来。"(赵琳)

【高校图书馆迎评促建经验交流及迎新春茶话会在云南师大召开】 2005 年 12 月 26 日,在云南师大图书馆召开"高校图书馆迎评促建经验交流及迎新春茶话会"。云南省教育厅高教处副处长王永全、调研员谢怀昆出席了会议,有 24 位在昆高校图书馆馆长到会。会议由省高校图工委副主任兼秘书长、云南师大图书馆馆长杨德华主持。杨德华首先作了2005 年度工作总结,并通报

2005 年度图工委收取会费的情况。秘书处办公室主任杨丽娟向会议通报了组队参加在成都举行的"西南地区第十届图工委联席会议"的整体情况。昆明理工大学图书馆馆长张仲华作了主题发言,着重谈了理工大学图书馆在通过教育部对该校本科教学评估中的具体做法,与到会代表分享了宝贵的经验,也道出了真切感受。

王永全副处长在会上指出,目前我省本专科学生已达25.63 万人,与学生人数相比,图书馆的资源仍然紧张。各校图书馆要借评估之机,以评促建,特别应开发原有的资源,在充分利用上多做工作,着重提高高校检索资源的建设水平。提高高职高专和专升本院校图书馆的办馆理念和办馆水平。之后几年,我省有 9 所高校将陆续迁到大学城,可以说云南教育的春天来到了。谢怀昆调研员也谈了我省高校学生人均占有图书馆馆舍和图书的情况,提出应研究解决由于扩招产生的馆舍不足的矛盾。会议在务实而轻松的气氛中结束。(杨丽娟)

【云南省高校图书馆、公共图书馆、档案馆网络技术应用研讨会在弥勒召开】 信息技术的发展给图书馆带来强烈而深远的影响,传统图书馆的基本运作方式、服务模式和方法都发生了变化。计算机技术、网络通信技术及存储技术的应用已成为现代图书馆信息组织与服务的必要条件,技术应用

的能力决定着图书馆信息服务的质量与水平。

为提高云南省图书馆界信息技术应用水平,促进图书馆网络及数字化服务的开展,云南省高校图工委、高校图工委信息技术专业委员会、云南农业大学图书馆与华为 3COM 公司合作举办了"云南省高校图书馆、公共图书馆、档案馆网络技术应用研讨会"。

会议由省高校图工委信息技术应用专业委员会主任馆云南农业大学图书馆组织,华为3COM 公司承办,于 2006 年 3月 11 日—12 日在弥勒金鼎大酒店举行。参加此次研讨会的有云南大学图书馆、云南师范大学图书馆、云南财经大学图书馆等 18 个高校图书馆,云南省图书馆、玉溪市图书馆、红河州图书馆等 15 个公共图书馆,云南省档案馆、昆明市档案馆、云南大学档案馆、云南师范大学档案馆等 5 个档案馆;参加会议的有各馆馆长、副馆长、技术部主任及技术骨干共 100 余人。

会议由华为 3COM 公司经理唐智华主持,云南省高校图工委秘书处办公室主任杨丽娟代表图工委致开幕词;华为3COM 公司昆明办事处主任张彦兴向会议致词;云南省图工委信息技术专业委员会主任、云南农业大学图书馆馆长赖毅就图书馆信息技术应用的发展作了主题发言;华为 3COM 公司网络技术专家周延作了专题报告《远程 VPN 技术在数字化图书馆的应用》,存储网络技术专家吴吉权作了专题报告《新

一代 IP 网络存储在数字化档案馆和图书馆的应用》。会议期间，组织了对弥勒县庆来中学以及"云南红"酒厂的文化参观与考察。

赖毅馆长关于图书馆信息技术应用的主题发言，针对信息技术在图书馆的应用和发展，就图书馆信息技术应用的三个阶段，指出了各阶段技术应用的特点，就当前数字图书馆发展，提出了图书馆数字化的技术层面及应用层面的要求。华为 3COM 公司网络技术专家周延《远程 VPN 技术在数字化图书馆的应用》畅述了虚拟专用网络技术的发展及其对图书馆服务的影响，提出了使用 VPN 技术解决图书馆信息传输安全及网络信息版权保护方案，扩展了图书馆基于校园网的信息服务。吴吉权专家在《新一代 IP 网络存储在数字化档案馆和图书馆的应用》的专题报告中提出了新一代存储技术整合方案，利用 IP 网络存储技术，实现图书馆现有 DAS 存储、NAS 存储、SAN 存储系统的无缝连接，有效解决了图书馆资源调度、远程容灾、网络运营及服务成本问题。

此次会议是图书馆与技术服务商进行的一次广泛的交流与合作，研讨会内容针对性较强，影响面大，参会馆及人数较多，反映了我省图书馆、档案馆行业对网络及存储技术的关注，效果较好。（云南农业大学图书馆　赖毅）

【云南省高校数字图书馆建设与应用研讨会在云南师大图书馆召开】　2006 年 4 月 7 日，云南省高校图工委秘书处在云南师大图书馆主办了"云南省高校数字图书馆建设与应用研讨会"。省高校图工委秘书长杨德华主持会议并致辞，昆明理工大学图书馆馆长张仲华作了题为"关于图书馆建设和发展的几个问题"的主题发言。本次会议是由北大方正电子有限公司独家赞助，该公司数字内容事业部副总经理王海涛在会上介绍了电子资源产业的发展，地区经理张果讲了"高校数字图书馆的建设与应用"，会上还作了电子产品的答疑、互动研讨和交流。

张仲华在发言中谈到，第一要充分认识信息和信息素质的重要性。信息社会把信息、物质与能量称为人类社会赖以生存和发展的三大要素。信息是促进社会经济、科学技术和人类生活向前发展的重要因素。国家的科学技术进步和社会发展越来越取决于对信息的开发和利用。谁能充分开发和有效的利用信息资源，谁就能强占科学技术的制高点。第二，从 1984 年起开设的《文献检索和利用》课程应被《信息检索》所代替。后者是前者的逻辑发展和自然延伸。现在电子资源越来越丰富，电子检索工具和系统越来越多且方便快捷。随着图书馆管理的自动化和网络化，图书文献的回溯建库，传统检索工具包括卡片等已经或基本退出历史舞台。因此以《信息检索》代替《文献检

索和利用》课程，可以提高教学的针对性，体现时代性，达到有效利用信息资源的目的。第三，图书文献的发展趋势。今后将是纸质和电子文献共同发展，因而加快电子文献建设的步伐，将是大学图书馆十一五规划的核心内容之一。

参加会议的有40余位各高校图书馆的馆长和技术人员。与会代表就电子资源的建设和发展等问题作了热烈的研讨。（杨丽娟）

【数字图书馆——数字资源建设研讨会在云南师大召开】　2006 年 5 月 19 日，在云南师大图书馆召开"数字图书馆——数字资源建设研讨会"，有 40 余位图书馆馆长和同仁到会。会议由图工委副主任兼秘书长、云南师大图书馆馆长杨德华主持。会议就数字图书馆的建设、电子图书的发展和利用等问题作了充分的讨论。

云南大学图书馆馆长万永林在会上详细介绍了云南大学图书馆近年来电子图书的订购和利用情况，用翔实的数据说明电子图书的利用率在云南大学是比较高的。万馆长还把北大方正和超星的电子图书作了比较，同时，对生产数字资源的商家在存储空间和读者利用方面存在的问题提出了改进意见。通过研讨，与会代表对数字图书馆的发展和建设有了进一步的认识。（杨丽娟）

【外文数据库使用培训在

466

云南师大举行】为进一步提高云南师大广大师生利用外文网络数据库的能力,切实有效地解决使用过程中出现的各种问题,云南师大图书馆委托省高校图工委,特别邀请有关外文数据库专家前来对该校教师、研究生和本科生作较深层次的使用培训,以便最大限度地发挥这些数据库在教学和科研中的作用。

培训于 2006 年 6 月 16 日在云南师大田家炳教育书院二楼多媒体报告厅举行。参加培训的有教师、研究生和本科生 200 余人。Thomson Learning 出版集团中国区代表李煜明等就如何有效快捷地利用外文原版数据库解决教学和科研中的问题,对到场师生作了深入细致的指导,并对师生们提出的问题一一作了直观生动的解答。这种全开放、互动式的教学培训很受师生们的欢迎,要求今后继续举办。(杨丽娟)

【外文数据库使用培训在大理学院举行】 2006 年 5 月 12 日,汤姆森学习出版集团北京代表处高级客户经理李煜明受云南省高校图工委的委托,应邀到我校就美国 Gale 外文数据库的使用作了一个上午的讲座。李的讲解细致,信息量大且诙谐精彩,受到外语学院教师、图书馆相关人员及在校的研究生 60 余人的高度赞扬。大家一致认为,Gale 数据库内容丰富,检索便捷,对教学和科研有很大的帮助。(大理学院图书馆 徐树文)

【云南师大图书馆杨德华馆长率队到江西师大图书馆考察】 2006 年 3 月 19 日—25 日,云南师大图书馆馆长杨德华带领师大图书馆的有关同志,到江西师大图书馆考察该校迎接教育部对本科教学评估的情况。江西师大图书馆馆长周洪、总支书记刘双林党等有关同志接待了杨德华一行。他们详细介绍了江西师大图书馆在迎接评估中的具体做法,包括如何以评促建,提高图书馆的软件、硬件条件,如何准备材料、进行岗位练兵、实施环境治理等细节。杨德华一行还在周洪、刘双林等有关同志的陪同下参观了江西师大新校区和新图书馆。通过认真的考察,杨馆长一行得到了很大的启发,对云南师大图书馆准备迎接即将到来的评估有着十分重要的意义。

借此机会,同时也是云南省高校图工委副主任兼秘书长的杨德华馆长,亦与图工委秘书处的有关同志一起考察了江西省高校图工委在组织该省进行电子资源联合采购,实现文献资源共建共享方面的具体做法,并与对方进行了图工委工作经验交流,取得较大效果。该省高校图工委秘书处常设在江西师大图书馆。(杨丽娟)

【云南省财政厅领导到云南师大图书馆检查省高校图工委统一订购的外文数据库使用情况】 2006 年 7 月 3 日下午,云南省财政厅教科文处处长袁国书和会计处处长朱庆芬莅临我馆检查指导工作,他们在邹平副校长和杨德华馆长等人的陪同下检查了云南省高校图工委得到省财政厅和教育厅的支持,连续专项拨款 100 万元所购买的,供我省 25 所高校同时使用的 10 余个外文原版数据库的使用情况,并仔细查看了经济、计算机、文学资源中心、博硕论文等数据库的登录、检索过程,检查了各高校对这些数据库的点击率、检索次数、等待登录人数和全文下载篇数等记录,对由我馆具体实施的这项工作给予了充分的肯定,对云南省高校图工委为全省高校做的这一件大实事倍加赞赏。

两位处长还在杨馆长等人的陪同下参观了我馆的"西南联大特藏室"、"西南联大文库",以及"中华再造善本室",对我馆的特藏书籍,尤其是一些珍贵的历史资料赞不绝口,认为师大图书馆确实办出了特色,办出了水平。两位领导的高度评价让在场的图书馆人员倍受鼓舞。(杨丽娟)

【首届"中美图书馆实务"培训研讨会圆满成功】 由云南省高校图工委、美国华人图书馆员协会共同主办,云南大学图书馆承办的"中美图书馆实务"培训研讨会于 2006 年 7 月 17 日—21 日在云南昆明云南大学召开。

此次会议有 22 个图书馆选

派馆员参加。来自美国高校图书馆的5位美方专家作了"美国大学图书馆的发展及概况"、"美国高校图书馆参考咨询的理论与实践"、"中美大学图书馆公共服务部之比较研究"、"图书馆资源建设概况"、"美国大学图书馆采购实务"、"美国大学图书馆编目实务"等10余个专题的图书馆实务培训。会议期间,来自北京、辽宁、山东、山西、广西、武汉等地高校图书馆及云南地区各高校和公共图书馆的60余位代表与5位美方专家就图书馆在公共服务、技术支撑、资源建设与共享、数字图书馆的建设、图书馆的管理与社会功能等诸多研究领域进行了热烈的讨论与交流。培训结束后,向各位学员颁发了由省高校图工委、美国华人图书馆员协会、云南大学图书馆共同签署的结业证书。

与会代表提问

为期5天的培训取得了很好的效果,与会代表普遍反映会议信息量大、针对性强、系统地学习借鉴到了美方的办馆经验与办馆理念,是一次高水平的学术研讨与培训,希望再次举行这样的会议。

鉴于此,美方专家与云南省高校图工委进行了座谈并达成协议,第二届"中美图书馆实

美方专家进行读者咨询的现场演示

务"研讨会将定于2007年7月9日—11日在昆明举行,由云南省高校图工委、美国华人图书馆员协会共同主办,云南师范大学图书馆承办。（云南大学图书馆　卜彤）

【中美图书馆馆长、专家座谈会会议纪要】　2006年7月21日下午4点,在美丽的春城昆明,在有着80多年历史的云南大学图书馆会议室召开中美图书馆馆长、专家座谈会。出席会议的美方专家有金旭东、李海鹏、袁海旺、蒋树勇、赵力沙。中方到会的有云南省高校图工委副主任兼秘书长、云南师范大学图书馆杨德华,云南大学图书馆馆长万永林,昆明理工大学图书馆馆长张仲华,云南大学公共管理学院党委书记杨勇,云南民族大学图书馆馆长赵世杰,云南农业大学图书馆馆长赖毅,以及云南财经大学图书馆副馆长陈自强,省高校图工委秘书处办公室主任杨丽娟等。

万永林馆长主持会议,对2006年7月17日—21日的"中美图书馆实务"培训研讨会进行总结,并向与会代表通报这次培训的经费收支情况。他首

先向美方专家和派出馆员参加这次培训并主持各场培训的各馆馆长表示衷心的感谢。然后,万馆长把在这次旨在加强中美图书馆界的交流与合作,洞悉国外图书馆领域的新思路,以及热点和前沿问题的培训研讨会中所取得的宝贵经验和需要进一步改进、调整的问题在会上作了阐述。他认为,求真务实、高层次、高水平和培训过程中专家和馆员的热烈互动是这次培训的亮点,但整个培训安排的时间稍长,每天的作息时间过满是下次培训中需要调整之处。另外,以后在邀请参加培训研讨会的对象上,省外的可多针对馆领导,并把对云南丰富的景观考察内容融合进去,使其更有吸引力。

与会馆长对这次的培训研讨会给予了充分的肯定,一致认为,这次活动取得了较大的社会效益,让国内的图书馆人员在图书馆管理、信息技术、资源建设、办馆理念等方面都有新的突破,取得了新的经验。今后继续举办这样的活动将立足省内,辐射全国,带动公共馆。把"中美图书馆实务"作为一种品牌来运作。在举办过程中可加强新闻媒体的介入,扩大宣传和影响,还可结合培训研讨的主题征集学术论文并结集出版,以提高培训的档次和学术水平。下此培训亦可适当邀请美国专家到场以加重国际会议的氛围。

同时,与会馆长也提出了一些建设性的意见,认为在今后的培训讲授中,可突破图书

馆的范畴,引入国内某些热点、难点研究专题的资料搜集,以丰富培训内容。另外,由哪所学校图书馆承办,还可增加具有该校特色的主题内容,使培训更有特色,对国内同类院校派人参会也更有吸引力。如在师大举办,可增加师范教育院校方面的主题,在民大举办,则可研讨民族学科的问题、特色文献的建设等。还可在主讲专家中适当加入中方专家的讲授,以体现中美合作交流的意图。

在这次会上,云南大学图书馆馆长万永林已顺利地把举办第二届"中美图书馆实务"培训研讨会的接力棒交到了云南师范大学图书馆馆长杨德华的手上,举办的时间定在2007年7月9日—12日。并商定,第三届将由昆明理工大学图书馆馆长张仲华接上。中美双方的相关负责人在会上当场签署了"承办交接证",并举行了交接仪式。云南民大和农大的馆长也表示他们将继续把这个接力棒传下去。

会议还就下届培训研讨的主题作了讨论,提出了很多国内图书馆界亟待探讨的议题,并决定,下届的培训主题将由承办馆云南师范大学图书馆进一步与美方专家协商选定。(杨丽娟)

【云南省高校图书馆馆长座谈会在昆工召开】 为了加强省内各高校图书馆之间的交流与合作,云南省高校图工委主办、昆明理工大学图书馆承办的全省高校图书馆馆长座谈会于6月9日下午在昆明理工大学图书馆二楼会议室举行。出席会议的有省教育厅高教处调研员谢怀昆,省高校图工委副主任兼秘书长、云南师范大学图书馆馆长杨德华,省高校

图工委副主任、昆明理工大学图书馆馆长张仲华,省高校图工委副秘书长、昆明理工大学图书馆副馆长张帆,省高校图工委副主任、云南大学图书馆馆长万永林,云南财经大学图书馆馆长于克信,副馆长陈自强,云南民族大学图书馆馆长赵世林,云南农业大学馆长赖毅,昆明医学院馆长兰善燕,云南艺术学院馆长申波,西南林学院副馆长许彦红,云南警官学院馆长唐蒙,昆明师专图书馆馆长刘文旺,云南电大图书馆馆长吴瑞明,昆明冶金专科学校图书馆馆长杨云副,曲靖师范学院图书馆馆长孙苏云、玉溪师范学院馆长庞泽玲、云南国防职业技术学院馆长王玉,图工委秘书处办公室主任杨丽娟及原图工委秘书处的老同志何邦华等省内近20所高校图书馆的代表。

云南省高校图工委秘书长杨德华代表省高校图工委致辞并对近期图书馆的工作进行了通报。省教育厅高教处调研员谢怀昆动员全省高校图书馆抓住全省财政拨款体制变化这一机遇进行资源共享及建设数字型图书馆。昆明理工大学图书馆馆长张仲华就《云南省高校图书馆评估指标体系初稿》向与会的各位馆长征求意见,大家对评估指标体系给予了高度评价和肯定,认为云南省高校图书馆评估指标体系的制定将对全省高校图书馆的发展起到重大的推进作用。

最后与会馆长们对高校图书馆资源共享和联合采购进行了热烈讨论和交流,我省高校图书馆联合采购取得突破性进展。(昆明理工大学图书馆马丽)

【云南省电子资源共建共享的新举措】 2006年7月20日,云南省高校图工委成功地组织并与商家签署了视频数据库《网上报告厅》的集团采购协议。这是我省高校图书馆电子资源共建共享的一次重要举措。本次集团采购是以买断的形式,即参加的学校越多,各校分摊的费用就越低。截至7月20日,参加本次集团采购的学校共计有15所,每所学校均按不同的比例分摊商定的总体费用,并同时共享《网上报告厅》的理工、经管、文史、医学、党政、法律、体育、旅游地理、军事、营销、就业、探索发现、综合、对话等14个系列,以及2005年7个系列的全部内容。各参加学校还享受商家免费赠送《网上报告厅》制作系统和所

提供的光盘备份。

集团采购比各校图书馆单独购买所需的单个系列更经济、更合算，不但极大地节约了各馆购置电子资源的经费，而且还丰富了各校拥有电子资源的品种，为各校师生的教学和科研创造了较好的条件。（杨丽娟）

【云南省高校图书馆馆长联谊会】 2006年1月11日，云南省高校图工委在昆明云安会都召开"云南省高校图书馆馆长联谊会"，有20余位馆长到会。会议由图工委副主任兼秘书长、云南师大图书馆馆长杨德华主持。与会馆长与北京超星数图信息技术公司总经理朱平等探讨了文化产业公司如何与图书馆的发展需求相配合以求共同发展，图书馆如何借助商家的技术力量保护和开发利用古籍等问题。馆长们还就图书馆在使用电子资源的过程中出现的问题给超星公司提出了很多建设性的意见和建议。与会代表进行了双向和多向的交流，气氛轻松而热烈。（杨丽娟）

【云南省高校图工委举办"国际数字资源发展状况"讲座】 2006年7月10日，云南省高校图工委在云南师大图书馆举办"国际数字资源发展状况"讲座。请美国EBSCO公司副总裁Sam. Brooks和该公司大中华区销售总监公丕俭等就"国际数字资源发展状况——预算限制下图书馆的馆藏资源建设"、"学术期刊的滞后和全文数据库"等专题进行了讲座。有20余位图书馆馆长和技术人员参加。

美国EBSCO公司副总裁Sam. Brooks在讲座中强调，电子期刊、数据库等电子资源不能绝对地代替纸本文献，对于一些核心期刊，重要专业文献还是应该收藏纸本，最好是双重收藏，既有利于不同阅读习惯和层次的读者阅读，又有利于图书馆的长期收藏利用。（杨丽娟）

【高校图书馆管理模式交流及电子资源联合采购会议纪要】 2006年10月12日，云南省高校图工委在云南大学洋浦校区新图书馆召开"高校图书馆管理模式交流及电子资源联合采购会议"。会议由省高校图工委副主任、云南大学图书馆馆长万永林主持。云南省29所高校图书馆的55位馆领导及有关部门负责人出席了会议。会前，全体到会代表在万馆长等有关人员的陪同下参观了新图书馆。（杨丽娟）

【云南师大图书馆与清华大学、北京师范大学、武汉大学图书馆成为友好图书馆】 继云南师范大学图书馆与北京大学、首都师范大学图书馆成为友好图书馆之后，最近又与清华大学图书馆、北京师范大学图书馆、武汉大学图书馆成为友好图书馆。

2006年7月24日，北京大学、清华大学、北京师范大学、武汉大学图书馆的四位馆长光临我校图书馆检查工作，来我馆参加西南联大文库建设高层次的研讨会。四位馆长认为云南师范大学图书馆的西南联大文库建设是一项有创意的工作，是对西南联大的传承与保护，为保存人类文化遗产做出了云南师大应有的贡献。研讨会顺利结束后，云南师大图书馆与清华大学、北京师范大学图书馆、武汉大学图书馆签订友好协议，成为友好图书馆。（云南师大图书馆 王顺英）

【昆明理工大学图书馆、昆明冶金专科学校图书馆向云南省石屏县图书馆捐赠图书设备】 云南省石屏县是我省比较贫困的一个县。石屏县图书馆自成立以来，购书经费匮乏，硬件设施也不够完善。在得知这一情况后，昆明理工大学图书馆和昆明冶金专科学校图书馆向石屏县图书馆伸出了援助之手。昆明理工大学图书馆向石屏县图书馆捐赠了3台电脑，1台激光打印机及2 349册期刊。昆明冶金专科学校图书馆赠送石屏县图书馆2 000余册图书。捐赠的设备和书刊使石屏县图书馆的办馆条件有所改善，这种做法也受到当地读者的广泛好评。（杨丽娟）

【云南省高校图工委师范教育院校图书馆协作会在大理召开】 云南省高校图工委师范教育院校图书馆协作会于2006年10月29日—11月1日在大理召开。参加会议的有云

470

南省高校图工委领导和全省20所高校图书馆领导及馆员共70人。会议由大理学院图书馆承办,大理学院纪委书记张明、大理学院副院长李翔、大理州图书馆馆长赵建祥和书记杨锐明到会并讲了话。

会上,高校图工委副主任、昆明理工大学图书馆馆长张仲华作了关于高校图书馆迎评促建的专题报告,并与副馆长廖寅一起就与会者提出的有关评估指标体系问题作了解答;红河学院图书馆馆长张自生,文山师专图书馆馆长刘建也就评估指标体系和自评过程中出现的问题作了专题发言;曲靖师院图书馆馆长孙苏云谈了高校图书馆实行联合采购的实际意义、组织形式,以及发挥的积极作用。

师范教育院校图书馆协作委员会主任、昆明师专图书馆刘文旺馆长作了会议总结。会议期间,与会代表分别参观了大理学院下关校区图书馆以及古城校区及图书馆,对大理学院合并组建五周年所取得的显著成绩给予了充分肯定,并为学院今后的发展提出了宝贵的意见和建议。(杨丽娟)

【Gale数据库使用培训会】
Gale数据库是云南省高校图工委在省教育厅、省财政厅,以及云南师范大学校领导的支持下,在我省成功团购的原版外文数据库之一。这一数据库以其权威的参考书系列著称。云南省的集团购买针对本地高校学科特点,选择了Gale数据库

中的文学资源中心、计算机与工程、医药健康等内容的专题数据库,内容涵盖的学科范围较广,师生对如何利用此类数据库有着强烈需求。

2006年11月2日,云南大学图书馆举办了针对图书馆资源利用的主题讲座——"金钥匙讲坛"。受云南省高校图工委的委托,Gale数据库公司的高级客户经理李煜明为云南大学的师生进行了"Gale数据库的检索与利用"专场培训。培训以课件讲解、演示操作和上机实习的方式,加深了广大师生对数据库的了解、提高了检索技能和利用数据库资源的水平。李煜明还针对师生不同学科专业的要求进行答疑,使培训达到了较好的效果。从培训后的调查显示,师生们对本次培训给予了很好的评价,特别是对主讲老师详细、清楚、逻辑严谨、示例得当的讲解非常满意,希望图书馆能经常性地、持续地举办此类培训活动。

图书馆通过举办数据库培训活动,进一步加强了与师生间的交流和沟通,拓展了图书馆资源和服务的宣传渠道,为图书馆能更好地服务教学和科研创造了更为有利的条件。(云南大学图书馆 卜彤)

【网上报告厅视频数据库使用培训会】 2006年11月17日,云南省高校图工委组织我省高校图书馆以买断的形式联合采购的北京爱迪科森信息技术有限公司"网上报告厅"视频数据库使用培训会在昆明市蓝

色庄园会议中心召开。出席这次培训会的有我省参加"网上报告厅"联合采购的十余家高校图书馆馆长及技术人员30余人。该公司的市场营销总监蒋立佳,西南区大区经理吴博,云南、贵州销售经理徐丹及技术人员等到会。

会议由省高校图工委秘书处办公室主任杨丽娟主持。杨丽娟转达了图工委对参加团购的各图书馆以及提供这次使用培训的北京爱迪科森信息技术有限公司的谢意,并向到会代表通报了我省有关电子资源联合采购的工作进展情况。"网上报告厅"是由图工委组织团购的第一个中文电子资源。这一资源的成功团购,推进了我省高校图书馆电子资源共建共享工作,使参加团购的图书馆和商家共同受益。

会上,昆明理工大学图书馆馆长张仲华、云南民族大学图书馆馆长赵世林、昆明学院师专校区图书馆馆长刘文旺、昆明学院昆大校区图书馆馆长何俐芳等就"网上报告厅"的团购、数据库质量和存贮等问题作了发言。

馆长们在发言中谈了"网上报告厅"的使用情况、读者反馈意见,以及对该公司的建议和希望,也探讨了今后高校与北京爱迪科森信息技术有限公司开展进一步合作,共建电子资源的问题。最后,由该公司的技术人员对与会代表进行了"网上报告厅"使用培训。(杨丽娟)

471

【云南财经大学按要求完成评价指标】 2006 年 11 月，云南财经大学接受了教育部本科教学水平评价，图书馆纸质图书达 140 万册，生均 100 册，管理手段先进，使用效果好，图书馆按要求完成评价指标，学校评价结果为优秀。（云南财经大学 戎俊霞）

【云南财经大学新馆建成】 2005 年 9 月，云南财经大学新馆建成投入使用，率先在云南省实行"全开放、全开架、一卡通"的管理运行模式和"藏、借、阅、咨"一体化的服务模式，引起云南省图书馆界高度关注，2006 年接待兄弟院校参观交流 34 起，接待英国、荷兰、越南、泰国等国外代表团参观 10 起。（云南财经大学 戎俊霞）

广东省

【广东省立中山图书馆概况】 广东省立中山图书馆位于广州市文明路 213 号，建筑面积 3.2 万平方米，是我国大型综合性公共图书馆之一；分馆孙中山文献馆位于文德路 81 号，面积 8 600 平方米。

广东省立中山图书馆作为广东省的总书库，文献编目中心、图书馆信息网络中心，履行着搜集、加工、存储、研究、利用和传播知识信息的职责；研究和采用现代技术，在全省图书馆标准化、规范化、数字化、网络化建设中起骨干作用；承担着为党政军领导机关、重点科研、教育、生产单位和社会公众服务的任务；负责全省图书馆业务指导，开展图书馆研究。近百年来，广东省立中山图书馆形成了鲜明的办馆特色：1. 丰富的馆藏典籍，以富藏地方文献为特征；2. 优质的读者服务，以大面积开架、多元化服务、最大限度满足读者需求为标志；3. 先进的技术设备，以检索自动化、文献电子化、传输网络化，实现信息资源共享为目标；4. 积极的文献开发，以建立区域文献信息中心为方向；5. 活跃的公共关系，以创造文化品牌、增值无形资产为宗旨。6. 创新的服务方式，以建设广东流动图书馆、监狱"求知图新"读书基地为核心。

截至 2006 年底，广东省立中山图书馆藏书 524 万件册，其中新旧平装书 366 余万册；线装古籍 44 万册；外文图书 29 万册；中外文报刊 94 万册。全年接待读者 1 265 万人次，平均每天服务读者 3 万多人次；书刊文献外借 1 195 万册次。（广东省图书馆学会）

【广东省立中山图书馆在全省监狱建立"求知图新"读者基地】 2006 年 2 月 16 日，广东省立中山图书馆——广东省监狱赠书仪式暨"求知图新"读书基地签约活动在揭阳监狱举行，标志着该馆在全省 25 所监狱建立起"求知图新"读者基地。广东省立中山图书馆自 2004 年 4 月与广东省监狱局签约以来，已先后分四批向各监狱点赠送了 11 万册总价值超过 320 万元的图书，并与共建单位开展了一系列的读书和普法活动，受到广大服刑人员的热烈欢迎。（广东省图书馆学会）

【广东省立中山图书馆承办全国公共图书馆网上参考咨询经验交流会】 2006 年 5 月 13 日，全国公共图书馆网上参考咨询经验交流会在广州珠岛宾馆召开，来自全国省市公共图书馆馆长、参考咨询员和读者代表共 90 多人参加了会议。会议促进了全国省市公共图书馆馆长、参考咨询员和读者的交流，同时表彰了一批业务精湛、成绩突出的优秀参考咨询员，为参考咨询工作的进一步开展拓实了基础。广东省立中山图书馆等五个图书馆和读者代表在大会发言和交流。2006 年，广东省立中山图书馆联合参考咨询网共解答各类咨询 26 万例，平均每天 700 例左右，免费远程传递文献 87 万篇，成为我国图书馆网上参考咨询的著名品牌。（广东省图书馆学会）

【广东省立中山图书馆稳步推进广东流动图书馆建设】 2006 年，在广东省立中山图书馆龙头带动下，新建平远、德庆、普宁、信宜、博罗、吴川、汕尾、连平、阳西、恩平、仁化 11 个广东流动图书馆分馆。由广东省立中山图书馆研发的广东流动图书馆自动化系统采编模块在端州、新兴、阳春、紫金等分馆试点取得成功，使广东流动图书馆管理迈入新阶段。3 月 25 日至 27 日，广东省立中山图书馆组织召开第三届广东流动图书馆工作会议,全省 29 个已建以及 6 个待建流动分馆馆长和代表共 80 余人参加了会议。会议人员分别就广东流动图书馆建设中出现的地区配套资金投入、人才队伍建设、图书管理等问题进行了研讨。针对 2006 年度广东流动图书馆将在部分地区试点建设乡镇、乡村图书室,介绍建设镇村图书室、送书下乡工作的经验和教训,为农村图书室建设献计献策。(广东省图书馆学会)

【广东省立中山图书馆在阿尔及利亚国家图书馆设立"中国角"】 2006 年是中国与非洲国家启动外交关系 50 周年及与阿尔及利亚建交 48 周年。根据省政府加强中非文化交流的部署,广东省立中山图书馆克服国内图书市场法语、阿拉伯语等出版物较少的困难,精心挑选了 3 501 种、4 120 册反映中国政治、经济、文化、艺术、文学、历史等各领域的图书,由省文化厅厅长曹淳亮带队赠送给阿尔及利亚国家图书馆,专门建立"中国角",为中阿文化交流和全面合作搭起友谊的桥梁。(广东省图书馆学会)

【广东省立中山图书馆墨脱分馆挂牌】 2006 年 8 月 24 日,广东省立中山图书馆墨脱分馆挂牌暨广东省立中山图书馆向墨脱县赠送图书仪式在墨脱县驻八一办事处隆重举行。广东省立中山图书馆向墨脱县赠送 17 110 册图书,援建墨脱图书馆和 36 个学校图书室,不但填补了墨脱县没有公共图书馆的历史空白,也使服务网点覆盖了墨脱县所有学校及教学点,促使墨脱县人均公共藏书量达到 1.7 册,一举跃居全国县级行政区划人均公共藏书量第一位。(广东省图书馆学会)

【广东省委党校图书馆开展研究式教学参考咨询服务】 2005 年下半年起,党校课题研究式教学、案例研究式教学和体验研究式教学全面开展,广东省委党校图书馆也开展了研究式教学参考咨询服务工作。2006 年该工作逐步完善,制定了相应的工作机制。整个工作流程包括:馆员了解教学情况、组织网上数字参考资源、读者培训与分组辅导、分组按专题或案例提供参考文献、随学员考察并收集研究资料、协助研究报告演示课件制作、读者需求满意度调查、收集学员研究报告备建《广东省党校学员研究报告数据库》。截至 2006 年 12 月下旬,广东省委党校图书馆平均每期派出精干学科馆员 8 人参与此项工作,共提供参考文献 5326 篇,读者培训 8 场次,个别培训与辅导 330 人次,协助制作多媒体课件 32 件,收集学员优秀研究报告 84 篇。这一参考咨询服务促进了党校研究式教学的开展,正成为党校图书馆主动服务的新模式。(何炳祥)

【《广东省党校学员优秀论文数据库》《广东省委党校学员研究报告全文数据库》】 党校学员论文和研究报告主要是各级党政机关和大型国有企业领导干部在党校学习培训期间完成的结业论文或研究报告,理论联系实际,实事求是,对研究、分析和解决当时当地的政治、经济、文化、教育、科技等问题发展意义重大。从 2005 起,广东省委党校图书馆注意收集这一特色资源,2005 年下半年完成《广东省党校学员优秀论文数据库》项目可行性研究,2006 年正式启动项目建设,以 WINDOWS 2000 SERVER 为网络平台,清华同方专业数据库制作管理系统 TPI 为开发工具,ISOflEClll79《数据元素规范描述和标准化》和 ISO15836—2003《信息和文献工作–都柏林核心元数据元素集》两个文件规范编制元数据和检索项,设党政理论、哲学宗教、政治法律、经济、人文社会科学五大分类导航,由广东省委党校负责主体班学员培训的进修部和培训部提供学员优秀论文,图书馆组织专业馆员进行数据整理、格式转换、内容标引、数据入库及网上全文发布。在建设《广东省党校学员优秀论文数据库》的基础上,2006 年下半年起,又建设了《广东省委党校学员研究报告全文数据库》,目前两库已收集党校学员优秀论文 223 篇,研究报告 49 篇,于广东省委党校图书馆网站发布,随着党校办学的延续,这种由厅局级和处级党政干部或国有大企业干部撰写的在党校学习论文或研究报告数据库,数据将不断增加,是一种有特色的全

文数据库。（何炳祥）

【广东省委党校图书馆获多项全国图书馆学会年会优秀论文奖】 在昆明举行的中国图书馆学会 2006 年会上，广东省委党校图书馆共选送了 4 篇论文参加此次征文活动，其中王坚方、和美玲合作撰写的《新农村建设：农民工信息能力弱势分析——以"图书馆距离"为基点》和郑芸撰写的《图书馆隐形知识管理新思维》荣获一等奖，论文编入《中国图书馆学会年会论文集：2006 年卷》；张丽红撰写的《构建图书馆精神家

园》荣获三等奖。大会安排何炳祥研究馆员在以"图书馆关怀"为主题的第一分会场代表王坚方、和美玲两作者宣讲。何炳祥对农民工信息能力弱势作了详细的分析，并以"图书馆距离"为基点，结合自己对广东外来工和图书馆公共服务两方面的研究，从信息价值观念、经济能力和文化教育等角度，分析了农民工与图书馆的距离及其引起其信息弱势的原因，并提出了拉近农民工与图书馆距离的思路。宣讲报告获得与会学者的好评，报告课件被争相复制。（何炳祥）

【广东省党校文献信息学会理事长扩大会议召开】 广东省党校文献信息学会 2006 年理事长扩大会议于 2006 年 10 月 13 日—16 日在肇庆市召开。来自广东省委党校、广州市委党校、深圳市委党校和肇庆、珠海、汕头、佛山、中山、惠州、湛江、江门、韶关、梅州、河源等地级党校以及广州铁路党校的常务理事、图书馆负责人共 19 人出席了本次会议。会议由学会副理事长、广东省委党校图书馆副馆长李青主持，对全省党校图书馆前一段数字化建设工作，特别是文献资源共建共享等工作中存在的问题进行了分

析、研讨，重点就 2007 年我省地市级党校图书馆数字化建设评估工作，包括评估方案和记分标准等内容进行了认真细致的研究。广东省委党校图书馆副馆长张丽红和广州市委党校图书馆馆长冯仿娅还分别主持讨论了就我省党校系统数据库联合采购工作和今后资源共建共享的实施、党校系统基于学科化基础上的联合参考咨询工作等。常务副理事长陈述作了总结发言。（何炳祥）

【广东省党校文献学会2006年学术研讨会】 由广东省党校文献信息学会主办，广东省委党校图书馆承办的 2006 年学术研讨暨业务交流会，于 12 月 29 日下午在广东省委党校图书馆国际会议厅举行，来自广东省委党校图书馆、广州市委党校图书馆和广东行政职业学院图书馆的 30 多位学术积极分子和业务骨干共聚一堂，共同就当前资讯管理学的前沿观点和图书馆业务的具体问题展开理论探讨和学术交流。研讨会共邀请 12 位图书馆同仁宣讲了自己的学术论文，围绕论文观点进行了互动交流，并进行了学术点评。广东省委党校图书馆技术与咨询部副主任郭建蓉，因撰写并宣讲论文《省级党校图书馆联合参考咨询模式初探》荣获优秀学术奖。广州市委党校图书馆技术部主任张锐，因撰写并宣讲论文《利用 Windows Sharepoint Services 进行网络共享协作》荣获最佳创意奖。广东省委党校科研管理处副处长杨劲应邀出席了本次研讨会。（何炳祥）

【广东省委党校图书馆在《羊城晚报》开创"学海观澜"栏目】 "学界观澜"是《羊城晚报》理论部"求是"版与广东省委党校图书馆合作的理论综述专栏，每周一版，每版 2000 字，栏目由《羊城晚报》理论部策划，选题与编写由广东省委党校图书馆学科馆员负责。"学界观澜"对当前中国社会关注的社会热点和难点问题，对理论界专家学者新近研究的成果和动态给予了高度的关注，对

引起学界争鸣的重点问题作了全方位的观点疏理。"学界观澜"自2005年11月4日开启以来,到2006年底为止共出版了52期,目前还在继续出版。"学界观澜"遵循为政府决策服务,为理论研究者服务的宗旨,视野开拓,观点全面,突出重点,由于定位准确,栏目受到了理论界的好评,多次被人民网、南方网、社会科学网等主要媒体全文转载,同时也为广东省委党校图书馆"走向社会"开启了一个很好的发展模式。(王坚方)

【广东省科技图书馆概况】

广东省科技图书馆是兼具科学专业图书馆和公共图书馆双重特性大型综合性图书馆,作为公益性的研究型服务机构,同时承担着省级公共综合性科学专业图书馆、中国科学院广州分院图书馆、广东省科学院图书馆、中科院广州教育基地图书馆四大职能。2003年新馆落成之后,除强化为全省科研

人员服务功能外,亦进一步加大开放力度,面向社会公众、市民和社区开放,成为广东省建设文化大省、科技强省以及区域自主创新的重要文化基础设施之一。

广东省科技图书馆创建于1958年,原名"中国科学院广州分院图书馆",服务对象以科学院内部员工为主;1963年更名为"中国科学院中南分院图书馆",时任中共中央中南局书记陶铸同志亲笔题名为"中南科学图书馆";1978年更名为广东省科技图书馆,隶属省科学院;1987年省人大六届五次会议通过议案决定,将广东省科技图书馆向社会全面开放;1996年为响应党中央提出的"大力加速科技进步、普及科学知识和弘扬科学精神"的号召,省委、省政府决定投资扩建广东省科技图书馆;2003年8月广东省科技图书馆新馆落成并正式对外开放;2005年8月加挂"中国科学院广州教育基地图书馆"牌子。

广东省科技图书馆坐落于广州市先烈中路100号中科院广州分院、广东省科学院院内,学术与科研氛围浓郁。新馆大楼分为主楼和裙楼两部分,是一座古典与现代完美结合的建筑,青砖、绿瓦、白桥交相辉映,前有绿树成荫的休闲广场、后有草木葱茏的内部庭院,环境赏心悦目、幽雅宜人。新馆大楼拥有2万平方米建筑面积、现代化的内部装备以及先进的自动化设施与管理系统,充分体现本馆科技特色,为读者提供舒适的阅读环境与一流水准的服务。

馆藏以综合性科技文献为主,尤以西文科技文献为特色,现有印本馆藏115万册,其中中外文图书40万册、中外文期刊75万册,系统地收藏了CA、EI等检索工具书籍;中外文数据库近50个,包括中文全文期刊近万种、学术论文全文3000万篇、硕博士论文230万篇、西文全文期刊4000余种,总计数据量近亿条;印本型及电子型科技文献藏量均位居省内各大图书馆前列。另自建有生物技术、电子信息、新材料、环境保护、光机电一体化五大高新技术专题信息特色网站,自建《全国科技图书总书目》特色数据库以及自编的《科技信息》网刊。

本馆在职员工60名,其高级职称13人、中级职称18人、研究生以上学历5人、中国科学院科技查新资格证持证人员5人,学科范围包括图书馆学、科技情报学、信息管理、信息工程、计算机、自动控制、机械制造、化工、高分子、生物、地球科学等专业,是一支专业配套、结构合理、素质较高的人才队伍。

本馆现设有流通阅览部(科普部)、资源建设部、信息咨询部(两院信息服务中心)、信息技术部、综合办公室、业务管理部(研究发展部)、财务部、物业管理部八个部门,提供图书借阅、上网浏览、科技查新、专

题与定题信息服务、科技文献检索、专利与标准检索、科技文献翻译、科技论文收录与引用证明、信息发布、市场调研、项目咨询及可行性分析、网上参考咨询和原文传递服务、网上专题信息导航及推送、专题数据库建设等服务项目。

自新馆开放以来，为了切实履行省级科学专业图书馆与省级公共图书馆两大服务职能，从社会与读者需求出发，充分开发现有的人力与资源，不断提升自身科研与服务的能力和素质，不断探索新的途径，开创了多项创新型服务模式。如：为服务科研，开展了高新技术网站重点课题跟踪服务、总分馆信息推送服务、企业会员制信息咨询服务、"广东省科技文献信息网"的构建与跨区域的文献信息服务等；为服务科普，长年坚持面向全社会公众实行免费免证开放阅览，不断延长开放时间，实现全年362天开放，每周开放时间达到65小时；举办了形式多样的论坛讲座、科普展览、科普活动，首创以读者需求为导向的"你选书、我付款"活动，在读者、同行和社会各界引起了积极的反响。同时，我馆依托科普馆藏与计算机网络优势，结合社会力量，开展了多项面向青少年的科普阅读和宣传教育活动，积极改进与完善读者服务模式与管理办法，充分拓展青少年读者群体；努力打造"南方科学文化论坛"和"周末科学文化沙龙"服务品牌；集中全馆力量办好"科技活动月"和"全民读书月"；组织馆员主动走出馆门开展读书和科普宣传；精心策划组织专题科普展览；开设网上科学文化沙龙，通过网络开展科普宣传教育活动；建立与开放青少年科普阅览室、全力打造广东省青少年科技教育基地和黄花片区科普教育中心，取得了良好的社会效应。由于我馆在科普宣传活动中取得的优异成绩，2005年被中国图书馆学会授予"全民读书月先进单位"光荣称号，是全国图书馆界获此殊荣的仅有的两家单位之一。

广东省科技图书馆是"中国科学院广州分院、广东省科学院文献情报网"网长单位、中国科学院广州分院、广东省科学院文献情报工作领导小组办公室挂靠单位及"广东省科技文献信息网"发起单位，同时又是"广东省科技文献资源共享服务示范性平台"建设承担单位、"广东省科技图书文献中心"、"广州市科技文献资源共享服务平台"以及筹建中的"广东省科学数据共享平台"建设主要依托单位；本馆注重对外合作与交流，积极参与中科院外文电子资源集团采购、CSDL联机联合编目、原文传递、随意通等共享服务以及NSTL宣传推广等活动，在图书情报行业中的地位日渐提升，现已成为中国图书馆学会专业图书馆分会常务理事单位，广东图书馆学会常务理事单位及广东省科技情报学会常务理事单位，为广东省及国内图书情报事业的发展起到了积极的推进作用。

新馆开放以来，本馆在馆藏资源与数字资源的建设以及服务水准与科研能力提升方面均做了大量有益的工作，取得了长足的进步。以李宏荣馆长为首的新一届领导集体，认真研究了过去几年里所做的工作，总结我馆发展的经验与不足，提出了面向广东经济社会发展需求、面向提升广东科技自主创新能力需求，打造广东省科技文献保障基地、广东省科学研究服务基地、广东省科学普及教育基地三大基地的战略目标，为提高我省的自主创新能力，建设创新型国家和创新型广东，建设经济强省、文化大省、法治社会、和谐广东作出更大的贡献。（广东省科技图书馆　姜晓虹）

【广东省科技文献信息网简介】　在省科技厅和省科学院的支持下，以广东省科技图书馆为中心，在全省范围内选择有代表性的市（县、区）图书馆作为合作伙伴，以先进的网络技术为手段、以合作共赢为基础、以原文提供和信息咨询为主要形式、以为科技人员特别是科研机构和科技型企业服务为目的，延伸广东省科技图书馆的文献资源服务和信息咨询服务，在充分遵守知识产权法和著作权法的框架体系下，盘活广东省科技图书馆的海量科技类电子资源和文献，从而带动市（县、区）图书馆，增强为科研服务的能力，为增强区域核心竞争力作贡献。目前，由中山市文化广电新闻出版局、中山市科技局等单位支持，由我馆及中山市中山图书馆等单位主办的"省科技文献信息网"试点单位"中山市科技文献信息服务中心"已于2005年12月3日在中山市图书馆挂牌;由肇庆市文化广电新闻出版局、肇庆市科技局等单位支持,由我馆及肇庆市图书馆主办的首个成员单位"肇庆市科技文献信息服务中心"亦于2006年4月28在肇庆市图书馆挂牌;"佛山市科技文献信息服务中心"等正在积极的筹备之中。(广东省科技图书馆 姜晓虹)

【广东省科技图书馆服务分馆列表】

1	中国科学院广州生物医药与健康研究院分馆
2	中国科学院南海海洋研究所分馆
3	中国科学院华南植物园分馆
4	中国科学院广州化学有限公司分馆
5	中国科学院广州电子技术有限公司分馆
6	中国科学院广州地球化学研究所分馆
7	广东省微生物研究所分馆
8	中国科学院广州能源研究所分馆
9	广东省生态与土壤研究所分馆
10	广州地理研究所分馆
11	广东省昆虫研究所分馆
12	广东省科技职业学校分馆
13	广东省测试分析研究所分馆 14 广东省实验动物监测所分馆

(广东省科技图书馆 姜晓虹)

【2006年度广东省科技图书馆省级以上在研项目统计】

序号	课题名称	项目类别
1	华南环境科学文献信息开放式数据平台的研究与建设	省科技计划项目
2	广东省科技文献资源共享服务示范性平台的研究与建设	省科技计划项目
3	广东省科技图书文献中心的建设	省科技计划项目
4	广东省科技文献共享平台建设	省科技计划项目
5	主题综合式科普教育体系及其数字资源平台的研究与应用	省科技计划项目
6	广东省农业循环经济与农业环保法规体系研究	省软科学研究项目

(广东省科技图书馆 姜晓虹)

【2006年度广东省科技图书馆组织会议、活动列表】

会议、活动名称	主办者	时间	地点
"自主创新时代专业图书馆的服务与发展"学术研讨会	中国图书馆学会专业图书馆分会、广东省科技图书馆联合主办	2006年12月16日—19日	广州
"DIALOG联合实验室"揭牌仪式暨指令认证培训	广东省科技图书馆、美国Thomson（Dialog）公司、广州奥凯信息咨询有限公司联合主办	2006年10月9日	广州
"南方科学文化论坛"	广东省科技图书馆	2006年每季度一讲共4讲	广州
"广州市青少年环保作品比赛"颁奖典礼	广东省科技图书馆、广州市越秀区教育局、区科协、区青少年教育协会联合主办	2006年6月18日	广州
"一本书、一个未来、一个梦"大型捐书献爱心活动仪式	广东省科技图书馆、广州市文明办、广州市科学技术协会、广州市越秀区教育局联合主办	2006年12月22日	广州

（广东省科技图书馆　姜晓虹）

【广东高校图书馆事业概览】　作为图书馆事业的重要组成部分，高校图书馆事业发展在整个图书馆事业发展中占有举足轻重的地位。自20世纪90年代中期以来，随着我国经济体制改革的深入，我国高等教育体制改革也全面实施并不断深化，高校发展步入全面快速的发展时期，在师资力量、教学与科研设施、招生规模、交流与合作等方面不断扩大和增强的同时，作为高等学校教学与科研发展的重要支撑，学校的知识"枢纽"和信息中心，高校图书馆事业获得了长足的发展。

广东地处珠江三角洲，毗邻港澳，经济的快速发展带动了文化事业的腾飞。据广东省教育厅普通高校名录，广东省目前共有普通高校103所，9所独立本科学院，其中本科院校37所，专科院校66所。据统计，广州市2005年普通高校在校学生达55.4万，教职工人数近6万。伴随着高等学校的发展，高校图书馆事业迅猛发展。尤其是近年来，随着广东省为构建和谐社会，推动广东经济与文化的繁荣，提出建设文化大省的方针，广东省高校图书馆事业发展迎来了新的良好契机。2004年，广州大学城启建，十余所全国重点高校进驻大学城，纷纷建立了馆舍规模宏大、环境优美、设施现代化的图书馆新馆，为广东高校图书馆事业注入了新的发展空间和动力。

在调查的广东18所教育部、广东教育厅所属的高等学校中，较为全面地反映了广东省高校图书馆的概貌。（中山大学图书馆　王蕾　于沛）

【广东高校图书馆馆舍建设】　为了满足教学与科研发展的需要，2003年以来，广东高校图书馆界掀起了图书馆馆舍新建、扩建的高潮。2003年，包括中山大学、暨南大学、华南师范大学、广州大学等在内的10所高校开始在广州大学城兴建图书新馆，无论是在馆设建筑与布局、馆舍面积与服务面积等方面均走在全国高校的前列。

被调查的18所高校图书馆，馆舍总面积达54.16万平方米，公共服务面积平均占各馆馆舍面积的74.3%。其中馆舍面积在5万平方米以上的有5个馆，包括中山大学（11.8万平方米）、华南师范大学、广东工业大学、广东外语外贸大学、广州大学；3万平方米以上的有4个馆，包括暨南大学、华南农业大学、广东中医药大学、广东药学院；1万平方米以上的有2个馆，包括广东商学院、广州美术学院。由此，1万平方米以上的图书馆共约占61.11%。有7个图书馆在未来五年内有新馆扩建计划，预计扩建面积达15

478

万余平方米。此外,深圳大学城图书馆新馆于2007年3月正式开馆,总面积达51 601平方米。

广东高校图书馆近年来大力推进馆舍改建、扩建和新建的工作,馆舍建筑风格独特优美,如中山大学四个校区图书馆建筑风格迥异,各具特色。大学城图书馆是大学城的标志性建筑,位于中山大学大学城校区的中心,总建筑面积约3.6万平方米,其设计体现了世界图书馆流行建筑的特点,采用全中央空调、全封闭、等载荷、大空间、通透式的设计;选用国际上最先进的3M防盗监测系统、自助借还书系统和复印设备,拥有先进的计算机等技术设备;藏、借、阅、网一体化的现代管理模式,曾获中国建筑界"鲁班奖"殊荣。深圳大学城图书馆形如知识海洋中的"帆船",又似蓄势欲飞的巨龙,气势恢宏,总建筑面积达5万余平方米,成为深圳文化设施又一标志性建筑。

在图书馆功能布局上,广东部分高校图书馆成为全国图书馆界的典范,如中山大学图书馆,打破传统图书馆部室格局,实行大开架、大阅览的功能布局。读者从入馆的那一刻起可以随身携带自己的物品行至馆内任何区域自由地利用馆藏。通透的格局为读者提供了便捷的服务,也营造了人性化的阅读学习空间。广东高校图书馆的馆舍发展引起了全国图书馆界和社会的瞩目,吸引了来自全国各地的参观访问团体

前来借鉴和学习经验。同时,它们也是广东文化事业领域的一群标志和对外文化交流的窗口。(中山大学图书馆 王蕾 于沛)

【广东高校图书馆经费发展】 凭借较为发达的地缘经济发展环境和广东省政府对文化事业的强力支持,以及优越的对外交流环境,广东高校图书馆发展在经费支持上得到了极大的增长。高校图书馆经费来源不断拓宽,包括学校拨款、专项经费、社会捐助、项目经费等多种来源,共同支持各高校图书馆的持续快速发展。其中文献购置费基本上占各高校图书馆经费的主体。据18所高校图书馆2001—2005年经费统计显示,增长率均在200%以上,有的甚至高达约800%。其中,2005年图书馆经费总量在1000万以上的有4个图书馆,中山大学图书馆2005年经费高达4000余万。尤其是自2003年以来,随着广东高校图书馆的新馆扩建高潮,经费上涨比率显著提高。(中山大学图书馆 王蕾 于沛)

【广东高校图书馆信息资源发展】 高校图书馆信息资源建设是高校教学和科研发展的重要保障。广东高校图书馆对信息资源建设极为重视。在调查的18所高校图书馆中,截至2006年底,馆藏总量占据首位的是中山大学图书馆,馆藏文献资源总量已达502万册(件),华南农业大学截至2005

年底馆藏总量达335万册(件),其余馆藏总量在200万以上的有4个馆,在100万以上的有4个馆,在50万以上的有8个馆。其中,图书馆馆藏文献年增长率有的高达约30%,最低的也达6%左右。文献增长量根据各高校图书馆规模大小而有差异,年新增文献在10万册以上的有10个馆,占55.6%。其中广东工业大学2005年新增文献达493 210册(件),华南农业大学新增文献401 684册(件),广州大学新增文献337 691册(件),中山大学新增文献291 466册(件)。

广东高校图书馆积极拓展信息资源发展途径,广泛接受社会、海外机构、团体和个人等的捐赠。尤其是近年来不断扩大国际交流局面,极大地充实了广东高校图书馆的馆藏资源。尤其是广东毗邻港澳,一直与港澳台三地保持着密切的交流,接受大批来自三地的图书捐赠。在调查的18所高校图书馆,共接受赠书近30万册,而其他类型捐赠实物数量也不断上升。这其中有海外华侨、华人,外国友好学术出版机构和团体。值得一提的是,2004年,中山大学与哈佛学院图书馆签订协议,哈佛大学将其喜乐斯图书馆约12万种,15余万册西文藏书无偿捐赠给中山大学图书馆,总价值约3亿元人民币,现存于中山大学大学城图书馆对外开放服务。另有日本岩波书店,自1947年开始向包括中山大学在内的国内5所大学图书馆捐赠其出版物,迄今已向

中山大学图书馆捐赠书刊共计约2.2万余册日文图书，为中日文化交流作出了卓越的贡献。此外，部分高校图书馆建设了特色馆藏，集中收集某一专题的文献资源，如中山大学图书馆先后设立了陈寅恪、梁方仲、姜立夫等多位教授的大师专藏，接受其家人的图书捐赠，广东中医药大学建立建国前中医药文献专藏，广州体育学院设立体育特色专藏，广东警官学院设立公安文献专藏等。此外，在书刊交换方面，广东高校图书馆积极与国外图书馆、学术、出版机构建立交换关系，如中山大学目前与国外200多个单位建立交换关系。

在馆藏文献资源中，印刷性文献仍然占文献资源总量一半以上，但电子资源的采购和收藏近年来比重不断上升。截至2005年底，广东工业大学图书馆电子资源总量达40万册（种），购买数据库30种，华南师范大学图书馆达39万册（种），数据库62个，暨南大学图书馆电子资源总量达30万册（种），数据库60种等，18所高校电子资源总量共达394万余册（种），数据库543个。中山大学图书馆2006年电子资源达96万余册（种），光盘网络数据库达266种。

近年来，随着图书馆数字化建设的不断发展，广东省高校图书馆成为数字化资源建设的主力，尤其是规模较大的高校图书馆，以及部分具有学科优势和特色的高校图书馆开展了特色数据库的开发和建设。

在调查的18所高校图书馆中，有11个图书馆建设有特色数据库，选题包括高校学生学位论文，如中山大学学位论文数据库、华南理工大学博硕士学位论文全文库等；特色学科数据库，如华南理工大学的建筑艺术与技术资料库、广东外语外贸大学语言学与应用语言学全文数据库、中山大学的孙中山研究文献数据库、华南师范大学图书馆建有教育信息数据库、教育资源光盘数据库，本校专家学者论著成果，如华南农业大学专家名人学术文献库、暨南大学学术成果数据库；特色地方文献数据库，如汕头大学的潮汕特藏网、中山大学的港澳地区文献研究数据库、大珠江三角洲文献数据库等；学科导航，如华南理工大学化学工程、制浆造纸工程、通信与电子系统、制糖工程等重点学科、暨南大学图书馆的"华侨华人系列专题数据库"等。（中山大学图书馆 王蕾 于沛）

【广东高校图书馆信息服务状况】 广东地处华南，具有深厚的人文历史传统和文化精神，同时又与国际交流频密，在借鉴国外先进经验的基础上，融合自身深厚的人文传统精神，成就了今天广东高校图书馆发展的局面。尤其是部分高校图书馆的管理、发展与服务理念极为先进。图书馆延长开放时间，提供全面多元化的信息服务，融人性化管理、服务理念与现代化的服务技术、手段于一体。在开放时间上，18所

高校图书馆有5个图书馆周开放时间超过了90个小时，尤以中山大学图书馆，周平均开放时间达99.25小时，南校区总馆更达105小时为最长。华南师范大学图书馆、华南农业大学图书馆、广东商学院图书馆等亦在90小时以上，为最大限度地为用户服务提供了时间保障。

广东高校图书馆在不断提高图书馆借阅、文献传递、新书通报、读者咨询等基本服务的质量的同时，注重为用户提供学术研究的基础设施，如开辟研究室、会议室出借服务，无线上网服务等，注重为用户营造人性化的环境。如中山大学图书馆提供温馨伞服务，为用户免费提供纯净水服务、电影放映服务等。与此同时，更充分拓展和增强网络信息服务、用户信息素质教育等职能，如网络参考咨询、科技查新、专题检索、学科导航、用户文献检索培训等。

在借阅服务方面，2006年中山大学图书馆文献外借量达110万册次，居广东高校图书馆首位，其次如广州大学2005年达104万册次，华南农业大学约达97册次，华南师范大学图书馆达93万册次等。18所高校图书馆生均外借量平均约达20册，最高的如广州大学图书馆达53册，华南师范大学图书馆、广东外语外贸大学图书馆、广州美术学院等均超过30册。

数字化网络信息服务方面，绝大部分高校图书馆建立有图书馆网站（主页），为用户提供友

好的交互界面和网络服务,实现网络数字资源检索与利用、馆藏书目检索、联机书目检索、网络参考咨询等服务。(中山大学图书馆 王蕾 于沛)

【广东高校图书馆人员发展】 近年来,广东高校图书馆在人员结构上发生较大的变化,主要表现在馆员学历层次有显著的提高,年龄结构更加优化,学科结构持续多元化等方面。受调查的18所高校图书馆人员共计974人,其中大专学历314人,占32.2%;学士433人,占44.5%;硕士172人,占17.7%;博士16人,占1.6%,其他130人,占13.3%。由此,学士及以上学历人数为621人,占63.8%,表明广东高校图书馆人员整体素质有较大提高,长期以来图书馆安置家属、闲置人员的局面得到了很大的改善。

与此同时,图书馆人员的学科教育背景多元化,逐渐由原来较为单 图书情报学专业背景发展到现在文、理、工科多专业背景局面,有利于图书馆更好地开展学科资源建设与服务工作。目前,广东重点高校图书馆正式人员聘任学历、学科要求逐渐提高为硕士以上学历,并鼓励拥有其他学科专业背景的人员从事图书馆工作。(中山大学图书馆 王蕾 于沛)

【广东高校图书馆信息资源合作建设与共享】 为实现广东高等学校之间信息资源的共知、共建与共享,广东高校图书馆界积极开展多种形式的信息资源合作建设与共享活动。主要有以下几个方面:

1. CALIS 中国高等教育文献保障系统。CALIS是教育部领导下的以中国高等教育数字图书馆为核心的教育文献联合保障体系,下设包括华南地区在内的七个地区文献信息服务中心。华南地区文献信息服务中心现设于中山大学图书馆,广东省共有13所高校图书馆参加该项目,各成员馆参与了CALIS相关子项目的建设,以及相关电子资源的集团采购。

2. 广东网络图书馆。广东网络图书馆原名广东省高校电子图书馆,始建于2002年,由广东省教育厅主办,华南师范大学图书馆承办,成员馆共有68个,以实现广东全省高校图书馆和高校教育信息资源共享为目的。目前已经拥有了丰富的电子资源,包括电子期刊全文数据库、专题文献数据库、联合目录等资源。成员馆参与电子资源的联合引进,设立有中心站点和学科分中心或镜像站点,保障成员馆信息资源获取的畅通。

3. 广州石牌六校图书馆合作项目。广州石牌是广州高等院校集中的地区。为了实现馆际合作与资源共享,1994年,由广东高教厅组织,集合华南师范大学、暨南大学、华南农业大学、华南理工大学、广东技术师范学院等在内的6校进行馆际协作项目,向6所高校师生提高包括馆际互借、协调采购、编织联合目录、合作业务培训、发放联合借阅证等在内的协作服务。

4. 粤港高校图书馆合作。由于地缘关系,粤港高校图书馆的交流极为便利。双方图书馆界不仅通过互访增进交流,近年来更进一步通过高层论坛的形式增强两地的合作。2005年第一届粤港高校图书馆高层论坛在中山大学图书馆召开,来自香港八所大学的图书馆馆长与广州高校图书馆馆长们进行深入的交流,形成包括定期举办"高层论坛"、建立粤港高校图书馆书刊交换和赠送机制、共同开展古籍保护和修复人才培训等合作共识。2007年第二届粤港高校图书馆高层论坛在香港大学成功召开,会议进一步延续上一届的议题进行深入探讨相关合作途径和机制。

总的来看,广东高校图书馆事业发展呈现以下几个主要特点:一,馆舍建设掀起新一轮的高潮,各高校图书馆纷纷扩建、新建图书馆,尤其是大学城运行后广东10所高校建成了新的图书馆,馆舍面积迅速增长,仅调查的18所院校图书馆总建筑面积达54.16万平方米。这批新馆馆舍建筑风格恢宏,在建筑设计、馆内设施、功能布局等方面集人性化、艺术化和现代化于一体,为广东高等院校的教学科研发展提供了有利的支持。二,服务和发展理念先进,服务水平显著提高。近年来,图书馆精神与理念的探讨在广东高校图书馆界风起云涌,尤其是广东高校图书馆的成功实践经验,深刻影响了全国图书馆界研究发展。先进的图书馆发展理念和服务思想是广东高校图书馆事业发展的重要特征。注重图书馆精神的弘扬和图书馆现代化、可持续化发展的探索,以中山大学图书馆为代表,中山大学图书馆一贯秉承公平、开放、共享的图书馆理念和优良传统,以"智慧与服务"为馆训,不断完善图书馆的各项服务功能,提高图书馆的服务质量,倡导人性化服务和现代化、多元化服务。三,文献信息资源建设。近年来广东高校图书馆随着经费的上涨和新馆的建设高潮,在文献信息资源建设上不断增强,文献信息资源总量迅速增长,资源结构更趋合理,尤其注重数字化信息资源的采购与建设。四,图书馆人员结构优化,图书馆人员学历层次不断提高,学科专业背景多元化,年龄结构更趋合理。五,信息资源共建共享合作趋于成熟。广东高校图书馆集合多种合作模式开展文献信息资源的共知、共建与共享,成效显著,极大地推动了各高校教学与科研的发展。与此同时,广东高校图书馆仍然存在文献信息资源建设、专业人才、数字化建设不足,以及高校信息资源共建共享深入规范协作与协调、用户服务等方面的问题,有待进一步的发展。(中山大学图书馆 王蕾 于沛)

【第一届粤港高校图书馆交流与合作高层论坛在中山大

学图书馆圆满召开】 应教育部邀请,由香港联校图书馆长委员会组织的"香港高校图书馆馆长广州交流团"于2006年3月23日—25日来广东开展访问交流活动,其主要目的是考察广东高校图书馆,通过交流和沟通,加强彼此的了解和认识,进一步探讨两地高校图书馆交流与合作的渠道与方式。

2006年3月24日,粤港高校图书馆交流与合作高层论坛在广州中山大学图书馆举行。香港包括香港中文大学、城市大学、科技大学、理工大学、浸会大学、岭南大学、香港教育学院等在内的8所高校图书馆的10位馆长和代表与广州12所高校图书馆的18位馆长和代表,就粤港两地高校图书馆交流与合作的相关议题进行了广泛而深入的探讨。

本次论坛由香港城市大学图书馆景祥祜馆长与中山大学图书馆程焕文馆长共同主持,主题为:粤港高校图书馆交流与合作回顾与总结和粤港高校图书馆交流与合作行动计划。就粤港两地高校图书馆自20世纪90年代以来的交流与合作历程与经验进行重点的回顾与总结,对今后的交流与合作议题进行集中讨论和决议。经过热烈的讨论与交流,与会代表达成4点共识:定期举办"粤港高校图书馆交流与合作高层论坛";建立粤港高校图书馆书刊交换和赠送机制;共同开展古籍保护和修复人才培训;建议在广州设立香港高校图书馆联

合贮存图书馆。

本届论坛的召开,是粤港两地高校图书馆的交流与合作的新起点,对进一步加强两地高校图书馆界的交流与合作活动具有重要的推动作用。论坛所达成的共识与合作意向对促进两地高校图书馆的发展,乃至整个珠江三角洲高校图书馆界的广泛合作与发展具有深远的意义。本届论坛在友好、真诚、热烈的气氛中圆满结束。(中山大学图书馆 王蕾 于沛)

【第二届粤港高校图书馆交流与合作高层论坛在香港大学图书馆圆满召开】 应香港大学图书馆联合会(JULAC)邀请,广州高校图书馆馆长代表团一行12人于2007年5月9日—10日赴香港进行交流。与会代表先后参观了香港岭南大学图书馆、香港大学图书馆、香港大学医学图书馆和兴伟货仓。5月10日,第二届粤港高校图书馆交流与合作高层论坛在香港大学图书馆成功召开。会议由香港大学图书馆馆长彭仁贤(Tony Ferguson)主持,双方代表介绍了两地高校图书馆文献信息资源联合采购、共建共享的经验,包括华南地区引进资源采购与共享、香港地区高校图书馆馆藏发展协作、香港高校图书馆联网(HKALL)、香港中文名称规范数据库、JU-LAC联合大学贮存计划等。在此基础上,代表们就双方地区高校图书馆合作经验进行深入的交流和探讨,相互学习和借

鉴。此后,中山大学图书馆馆长程焕文就第一届粤港高校图书馆高层论坛所形成的合作共识向双方代表进行进一步的意见征询,与会代表就未来合作中的基础、有利条件及相关困难因素进行了重点探讨和交流,达成进一步的合作意向。

本届论坛延续了第一届论坛交流共识,进一步推动了粤港两地高校图书馆的交流与合作进程。会议决定了下一届主办单位为即暨南大学图书馆。(中山大学图书馆 王蕾 于沛)

【哈佛大学向中山大学捐赠15万册喜乐斯藏书】 2004年10月24日,"哈佛学院图书馆与中山大学图书馆赠书协议签字仪式"在中山大学图书馆总馆隆重举行。中山大学校长黄达人、副校长陈汝筑、美国哈佛大学哈佛学院图书馆馆长柯南茜(Librarian Nancy Cline)、哈佛燕京图书馆馆长郑炯文,以及中山大学各院系和机关的负责人出席本次签字仪式。

在中山大学80周年校庆日即将到来之际,根据签署的《哈佛学院图书馆与中山大学图书馆协议》,美国哈佛大学将其现有的学术研究图书馆——喜乐斯图书馆(Hilles Library)的大约12万册藏书无偿捐赠给中山大学,并于2005年5月至6月期间将这批藏书正式移交给中山大学。喜乐斯图书馆(Hilles library)是哈佛大学的一个主要为本科生服务的人文社会科学图书馆,藏书主要为文学、政治、社会学、妇女研究、艺术和音乐图书,复本少,品种多,具有不可忽视的学术价值。此次将其约15万册藏书全部无偿的捐赠给中山大学,并以此作为一个学术研究专藏供中国学者使用。迄今为止,这是外国大学图书馆首次较完整地向中国高等院校捐赠其图书馆藏书,其捐赠藏书的品种和数量亦为绝无仅有。

2005年11月13日,"哈佛大学捐赠中山大学图书馆喜乐斯藏书开放仪式"在中山大学东校区图书馆隆重举行,中山大学副校长陈汝筑,美国哈佛大学哈佛学院图书馆副馆长琳达·蔺(Lynda Leahy),哈佛大学哈佛学院拉蒙特图书馆馆长、原喜乐斯图书馆馆长希瑟·科尔(Heather Cole)、哈佛燕京图书馆馆长郑炯文,广东省图书馆界同行以及中山大学各院系和机关的负责人及图书馆的有关人员参加了开放仪式。

中山大学图书馆喜乐斯藏书的正式开放,标志着一座跨越太平洋、连接哈佛大学与中山大学的友谊之桥和学术之桥全面贯通,也标志着广州大学城图书馆系统资源建设走上新的台阶。喜乐斯藏书对广州大学城内全体师生开放,并逐步向全社会开放,实现信息资源的共享。(中山大学图书馆 王蕾 于沛)

【2006年海峡两岸图书资讯学学术研讨会会议在中山大学召开】 为促进海峡两岸图书资讯界的相互了解,加强图书资讯学学术交流,台湾中华图书资讯学教育学会与内地图书馆学信息学教育界自20世纪90年代初开始酝酿和发起"海峡两岸图书资讯学学术研讨会",并先后在上海华东师范大学(1993)、北京大学(1994)、武汉大学(1997)、中山大学(1998)、四川成都(2000,中科院文献情报中心)、哈尔滨(2002,黑龙江省图书馆)、大连(2004,大连理工大学)等地成功地共同举办了七届"海峡两岸图书资讯学学术研讨会"。海峡两岸图书资讯学界的这一系列学术研讨会开启并构筑了海峡两岸图书资讯学界学术交流渠道,建立了良好的关系和共识。

为进一步加强海峡两岸图书资讯学界的交流与专业合作,中华图书资讯学教育学会与中山大学资讯管理系于2006年6月18日—22日在广州中山大学举办了"2006年海峡两岸图书资讯学学术研讨会"。本次研讨会主题为:数字时代的图书资讯服务与教育。围绕图书馆资讯学教育与课程建设、数字时代图书馆与资讯服务的变革、数字时代图书馆事业的发展趋势、Google对图书馆的影响、图书馆员的核心能力和图书馆与档案馆的整合等议题进行两岸图书资讯学界间广泛的学术交流。

此次会议由中山大学资讯管理系主任程焕文和台湾中华图书资讯学教育学会理事长杨美华共同主持。台湾大学荣誉教授胡述兆、武汉大学资深教

483

授彭斐章和北京大学教授周文骏代表两岸学者向大会致辞。会议分特邀专家论坛、学术论坛和研究生论坛三个部分。其中特邀专家论坛发言的有胡述兆、李德竹、卢秀菊、范毫英、王受荣、顾敏、彭斐章、周文骏、吴慰慈、孟广均、谢灼华、倪波、孙蓓欣、王振鸣、陈源蒸、谭祥金、赵燕群等专家。其后的学术论坛与研究生论坛，代表们围绕会议分主题进行了深入的探讨和交流。

本次会议，与会专家就海峡两岸未来的学术交流达成了诸多共识，如专家互访、合作编写中国图书馆学史、两岸研究生增进交流、进一步交换两岸图书资讯学相关文献资料等意向。与此同时，中山大学资讯管理系与台湾政治大学图书资讯与档案管理学研究所签署了系所交流协议，增强双方的师生交流。

本次会议还决定了下一届会议承办方武汉大学信息管理学院。（中山大学图书馆 王蕾 于沛）

【深圳大学城图书馆隆重开馆】 2007 年 3 月 30,深圳大学城图书馆（深圳科级图书馆）正式开馆。深圳大学城图书馆坐落于深圳市南山区西丽水路，是大学城的标志性建筑，是深圳第二大图书馆，也是国内第一家兼具高校图书馆和公共图书馆双重功能的图书馆。

该馆总投资 2.28 亿元，建筑长约 524 米，犹如腾飞的巨龙，馆内设有功能完善的学术报告厅、展厅、会议室、多媒体阅览室、计算机培训教室，个人（集体）研究室、媒体实验室、课件制作室、软件学习室，以及书店、咖啡厅等设施。设计藏书150 万册，突出科技文献、外文文献和电子资源，以电子信息、化学生物学、材料科学、物流工程与管理、城市与环境为重点。阅览座位 3 000 个，网络节点1 700 个（全馆无线网络覆盖），可日接待读者 8 000 人次。图书馆采用库阅合一的平面大开间布局，满足藏、检、阅、借一体化的开架管理方式要求。主要服务项目包括信息检索报道、文献借阅传递、参考咨询、多媒体课件学习、数字学术资源存档、专题展览、本地和远程学术交流、用户信息素质教育培训等。

深圳大学城图书馆积极与国际接轨，吸取国内外先进的管理理念和管理方法，实行 5A智能化管理，努力建设成为我国高水平的数字化图书馆之一，并与国内外主要大型图书馆和信息机构人员协作交流、网络互联、资源共享，为用户提供一个利用国内外各类信息的网络环境。（中山大学图书馆 王蕾 于沛）

【第一届广州市图书馆人才高级研修班在中山大学举行】 2006 年 5 月 8 日，由广州市委宣传部主办，中山大学资讯管理系承办，广州市文化局、广州图书馆、中山大学图书馆协办的"广州市图书馆专业人才高级研修班"在中山大学图书馆隆重开班。

5 月 8 日，"广州市图书馆专业人才高级研修班"举行了隆重的开学典礼，出席的嘉宾有广州市委常委、宣传部长陈建华，广州市委宣传部副部长李哲夫，中山大学党委副书记、副校长李萍，中山大学宣传部部长李汉荣，广州市文化局党委书记周素勤，广州市文化局副局长张润华等领导，以及中山大学资讯管理系主任、图书馆馆长程焕文，广州市图书馆馆长刘洪辉，广州市少儿图书馆馆长惠德毅等。

随着广州市文化体制改革的实施，广州市公共图书馆事业进入了快速发展时期，（各地）图书馆纷纷兴建新馆和增建分馆。该研修班是广州市委宣传部为适应广州市大力实施"文化强市"发展战略、加强文化体制改革、积极构建"和谐广州"的需要，进一步加强高素质人才队伍建设，推动广州公共图书馆事业快速、创新和跨越式发展而举办的一个人才培养项目，主要针对广州市属公共图书馆界一批具有中级以上职称、本科以上学历的业务骨干进行培训。研修班立足于提高学员的专业素质和综合素质，以专题讲座、交流互动为主要学习方式，辅以实地考察，邀请全国高校、中国图书馆学会和公共图书馆界著名专家学者，就当前图书馆界关心的热点问题，广州图书馆事业发展面临的主要课题，以及从事现代图书馆管理所必备的知识和能力等进行研讨。

自 2006 年 5 月 8 日—7 月

6日，来自广州市公共图书馆界30名学员进行了为期9周的学习。（中山大学图书馆 王蕾 于沛）

【第二届广州市图书馆人才高级研修班在中山大学举行】 2007年3月12日，由广州市委宣传部主办，中山大学资讯管理系承办，广州市文化局、广州图书馆、中山大学图书馆协办的"第二届广州市图书馆专业人才高级研修班"开学典礼在中山大学图书馆隆重举行。

中山大学校长黄达人教授，广州市委常委、宣传部部长陈建华同志，广州市委宣传部副部长李哲夫同志，广州市文化局局长陶诚同志，中山大学宣传部部长李汉荣同志，中山大学社科处处长蔡禾同志，广州市文化局副局长张润华同志等领导，以及中山大学资讯管理系主任、图书馆馆长程焕文教授、广东省立中山图书馆李昭淳馆长，广州市图书馆刘洪辉馆长等出席了开学典礼。

本届研修班是广州市委宣传部继2006年成功举办第一届研修班之后的又一次广州公共图书馆人才培训活动。学员是来自广州市公共图书馆界一批具有中级以上职称、本科以上学历的业务骨干。研修班从授课专家、教学计划与安排、教学形式与内容等进行了精心的设计与安排，希望籍此研修班，向广大学员传播国际最新的图书馆学发展理念，提高他们的理论水平和专业技能，为广州市

图书馆界培训更多的专业人才。

广州市委、市政府连续两年如此大力地投入和支持广州图书馆人才的培训，把图书馆人才培养放在如此重要的位置，深刻地表明广州市委市政府承担了其对图书馆事业发展应有的职责，这是非常具有远见的战略，在全国亦堪称典范。而依托中山大学资讯管理系和全国图书馆界专家资源支持，逐步提高广州市图书馆人才素质的整体水平，对促进广州市图书馆事业的发展，建设广东和谐文化大省起到重要的推动作用。

本届研修班学员自2007年3月12日至5月31日进行了为期两个半月的学习和培训。（中山大学图书馆 王蕾 于沛）

海南省

【概况】 海南省图书馆是全国最年轻的省级公共图书馆，2003年12月开工建设，2005年底大楼竣工。馆舍落成后经过一年多紧张的筹备工作后，于2007年2月2日正式挂牌成立，4月25日开通网上服务，10月28日全面开馆。

海南省图书馆坐落在绿意盎然、花团锦簇、鸟语花香的海南文化公园内，东邻南渡江，西与美舍河毗邻，是一组美丽壮观的宫殿兼园林式的大型建筑群。整座建筑由南楼、北楼、主楼和角亭组成，东西长160米，南北宽113米，主楼高27米，获

2007年"鲁班奖"。

省馆设有办公室、业务办公室、采编部、借阅部、报刊部、少儿部、地方文献与古籍部、参考咨询部和自动化网络部9个部门，下设社会科学图书借阅室、自然科学图书借阅室、数字多媒体阅览室，以及报刊、参考、少儿、地方文献、古籍等阅览室，建筑面积约2.8万平方米，共有普通阅览席位1000多个，电脑阅读席位300多个。现藏有纸质文献近40万册、数字图书30余万册以及数字报刊8000多种、音像资料数千种。同时拥有海量数字文献和先进的网络系统以及现代化的服务设备，还有报告厅、展览厅、读者服务部、大型停车场等辅助设施为全社会提供优质的服务。

此外，全国文化信息资源共享工程海南省中心和海南省古籍保护中心也设在省图书馆，负责承担文化共享工程和古籍保护工作在全省的实施。（海南省图书馆学会）

西藏自治区

【加强业务培训，提高馆员素质】 2006年1月，西藏图书馆派出4名业务人员，参加了由四川省图书馆学会举办的图书馆学基础业务培训班。当西藏图书馆领导得知四川省图书馆学会举办培训班的消息后，主动联系并征得主办单位的同意，派出了在一线工作的4名业务人员前往成都参加培训。这次培训时间虽然不长，但学

习内容非常广泛,4 名业务人员较系统地学习了现代图书馆发展趋势、机读目录格式、图书馆自动化管理系统、DLIS 系统及其应用、共享工程的现状和发展、地方志概述等课程,并着重学习了 ILAS 图书馆自动化集成系统编目子系统的运作方式。通过这次学习,4 名业务人员开阔了眼界,开拓了思维,不仅初步掌握了相关学习内容,对图书馆自动化集成系统编目子系统运作方式有了进一步的认识。同时也看到了内地兄弟图书馆的发展状况,以及西藏图书馆业务工作当前存在的差距,并对今后现代化图书馆的发展趋势有了进一步认识,为下一步工作奠定了较好的基础。(胡京波)

【西藏培训文化信息共享工程基层工作人员】 2006 年 1 月 20 日,由西藏自治区文化厅主办、西藏图书馆承办的文化信息共享工程基层培训班在拉萨圆满结束,来自全区 15 个基层点的工作人员完成了文化共享工程的资源基本概况、设备安装、使用及维护软件的运用与操作等培训内容。通过这次培训,工作人员基本熟悉并掌握了全国文化信息资源共享软件的应用、设备的安装和调试,为西藏实施文化信息共享工程建设提供了人才保障。举办这次培训班,旨在加快文化信息资源共享工程在基层的实施,丰富农牧区人民群众的文化生活。(胡京波)

【西藏举办共享工程业务人员培训班】 2006 年 5 月,由自治区文化厅主办、西藏图书馆承办的共享工程业务人员培训班在拉萨举办。46 名文化信息资源共享工程农牧区基层网点的操作管理人员参加了培训。自治区文化厅邀请全国文化信息资源共享工程国家中心的专家为培训人员讲授有关课程。全国文化信息资源共享工程是 2002 年由国家文化部、财政部共同组织实施的一项文化创新工程。它整合中华优秀传统文化资源,对现有的各类文化信息资源进行数字化加工和整理,利用覆盖全国的网络化管理和服务体系,实现文化信息资源在全国范围内的共建共享。西藏自治区党委、政府于 2005 年 6 月提出在"2010 年前建成一个自治区级分中心、7 个地市为中心、73 个县(市、区)基层中心和覆盖西藏大部分城市社区、乡镇和重点村的 1000 个卫星三级站,以推动全区文化信息资源共享工程的建设。(胡京波)

【西藏举办图书馆服务宣传周】 2006 年 6 月 15 日,由自治区图书馆学会主办、西藏图书馆承办的 2006 年度图书馆服务宣传周活动在拉萨展开。今年是西藏第十次举办图书馆服务宣传周活动。此次图书馆服务宣传周活动的主题是"倡导全民阅读,构建学习型社会"。这次活动以党的十六大精神和"三个代表"重要思想为指导,大力宣传《中共中央国务

院关于进一步加强全国文化信息资源共享工程建设的意见》,大力宣传图书馆是广大人民群众接受终身教育的第二课堂,有利于提高群众充分认识图书馆、走进图书馆、利用图书馆,增强群众的图书馆意识,培养健康向上的价值取向,丰富自身的精神文化生活。宣传全民学习、终身学习对提高民族素质、实施科教兴藏战略,具有深远意义,有利于营造全民读书、藏书、爱书、用书的良好氛围。这次活动中,自治区党校图书馆、西藏大学图书馆、西藏人民出版社、自治区新华书店等 10 多家单位共展出近万册内容丰富、可读性强的书籍,深受广大读者的欢迎。西藏图书馆还向拉萨师校、拉萨中学赠送了总价值 7 万多元的图书。自治区党委宣传部、自治区图书馆学会等单位负责人出席了图书馆服务宣传周活动。(胡京波)

【西藏图书馆举办建馆 10 周年庆祝活动】 2006 年 6 月 20 日,西藏图书馆在拉萨举办了建馆 10 周年庆祝活动。西藏图书馆是自治区"八五"重点建设项目之一,总投资为 1843 万元,于 1991 年动工修建,1996 年 6 月 20 日开馆。据统计,西藏图书馆自开馆以来,年均接待读者 1.5 万余人次,流通图书 3 万余册,已有 8000 多位固定读者,共举办了 8 期"图书馆服务宣传周"活动、10 余次读者演讲比赛。同时,西藏图书馆还顺应信息时代的要求,加强以全国文化信息资源共享工程为

主要内容的图书信息网络建设，取得了一定的成效。2000年，西藏图书馆被评为全国"读者喜爱的图书馆"。（胡京波）

【广东省立中山图书馆西藏墨脱分馆揭牌】 2006年8月24日上午，广东省立中山图书馆西藏墨脱分馆揭牌暨广东省立中山图书馆向墨脱县赠送图书仪式在墨脱县驻八一办事处举行。揭牌仪式由墨脱县委常委、常务副县长欧珠多吉主持。广东省立中山图书馆馆长李昭淳，墨脱县委副书记、常务副县长许晓珠，林芝地委常务副书记李庆雄先后发表了热情

的讲话。在广东省立中山图书馆向墨脱县政府移交了赠书清单，并代顺丰速运集团公司赠送15万元援建支票之后，李昭淳馆长和行署副专员玉拉共同为广东省立中山图书馆墨脱分馆和墨脱县图书馆匾牌揭彩。在林芝期间，李昭淳馆长一行还由林芝图书馆负责人王炜陪同参观了林芝地区图书馆。省立中山图书馆的毛凌文和张弘昕两位老师为林芝及墨脱图书馆的工作人员举办了三天的图书馆岗位业务培训。《西藏日报》、林芝电视台等新闻媒体对这次墨脱分馆的揭牌活动及赠书仪式作了报道。（胡京波）

【西藏那曲建设"农村青年中心中国移动书屋"】 2006年11月，共青团西藏那曲地委协调西藏移动那曲分公司分别在那曲、班戈、聂荣3县建设"农村青年中心中国移动书屋"。书屋建设资金全部由移动公司投资，每个不少于3万元。建成后的书屋，除提供相应的移动通信业务服务外，将重点配备一批适合农牧区青年需要的图书及具备上网功能的电脑和桌椅等，为广大牧区青年提供免费的图书阅览和上网服务，还将定期开展学习活动和读书比赛活动，促进农牧区形成良好的读书学习氛围。（胡京波）

中国图书馆学会、分支机构及地方学会

中国图书馆学会

【中国图书馆学会 2006 新年峰会】 2006 年 1 月 8 日—9 日,中国图书馆学会 2006 新年峰会在海口召开。与会代表就图书馆法制环境的构建与行业自律、县级图书馆的生存与发展、西部高校与高职高专图书馆的振兴与发展、图书馆公共关系等 4 个议题进行了热烈研讨。詹福瑞理事长强调指出:中国的图书馆界亟须处理好自律与他律、先进与落后、图书馆与社会这三大矛盾;解决好上述矛盾,就掌握了中国图书馆事业发展的大平衡,与和谐社会的建设发展同步,进而融入社会、服务社会、贡献社会。文化部社会文化图书馆司图书馆处副处长白雪华等 13 位北京地区代表出席会议。(学会秘书处)

【2005 年《知识工程推荐书目》发布会】 2006 年 1 月 12 日,由中国图书馆学会和《中国文化报》共同组织实施的 2005 年《知识工程推荐书目》发布会在文化部隆重举行,对入选推荐书目的 430 种图书的 132 家出版社颁发了荣誉证书。此后,学会通过网站、年会等多种渠道大力宣传推荐书目。(学会秘书处)

【《关于对〈信息网络传播权保护规定〉的意见》】 2006 年上半年,围绕国家《信息网络传播权保护规定》的出台,中国图书馆学会联合国家图书馆、业内专家学者多次调研、讨论,于 3 月 7 日向国务院法制办正式递交了《关于对〈信息网络传播权保护规定〉的意见》,反映业内的诉求与呼声,得到了有关决策领导部门的充分认可。(学会秘书处)

【接待美国图书馆协会代表团】 2006 年 3 月 13 日,中国图书馆学会在国家图书馆接待美国图书馆协会前任主席卡罗尔·布雷·卡西诺一行 40 人来访并召开座谈会,就图书馆如何为社区、为残疾人群提供服务等问题进行了热烈讨论。(学会秘书处)

【中国图书馆学会第七届编译出版委员会成立大会】 2006 年 3 月 20 日—21 日,中国图书馆学会第七届编译出版委员会成立大会在北京召开,表决通过了《第六届编译出版委员会工作总结》、《第七届编译出版委员会组织规划》和《第七届编译出版委员会组建与工作规划报告》。编译委员会下属的三个专业委员会(图书馆著作编辑出版专业委员会、图书馆学期刊编辑出版专业委员会、图书馆年鉴编辑出版专业委员会)分组讨论了今后四年的工作规划。北京大学图书馆馆长戴龙基担任该委员会主任。(学会秘书处)

【2006 年"世界读书日"宣传活动】 为响应中宣部等 11 个部委共同向社会发出的关于开展"爱读书,读好书"全民阅读活动的倡议,2006 年 4 月 23 日"世界读书日"当天,中国图书馆学会与国家图书馆共同在国家图书馆文津广场举办了主题为"图书馆:公众的权益和选择——来吧,到这里读书"的大型公益活动,联合发出《图书馆——读者的权益与选择》的倡议。中国科协主席周光召等 11 个部委的领导,联合国教科文组织驻京代表、美国驻华使馆官员等国外嘉宾以及各界名人、社会公众 600 余人出席活动并捐赠了图书。联合国教科文组织还授予中国图书馆学会"世界读书日"徽标在中国的使用权。(学会秘书处)

【中国图书馆学会第一届科普与阅读指导委员会成立大会】 2006 年 4 月 23—24 日,中国图书馆学会第一届科普与阅读指导委员会成立大会在广东东莞召开,下属 6 个分委员会的委员表决通过了《中国图书馆学会科普与阅读指导委员会组织规则》和《中国图书馆学会科普与阅读指导委员会工作思路》。中国图书馆学会副理事长、北京大学信息管理系主任王余光担任该委员会主任委员，首都图书馆副馆长周心慧担任副主任委员。从此，中国图书馆学会在推动全民阅读工作方面有了专门的组织机构和指导原则，将在推动全民阅读、营造书香社会的过程中发挥自己的历史使命。（学会秘书处）

【2006 年韦棣华奖学金评审会】 2006 年 5 月 9 日，中国图书馆学会 2006 年韦棣华奖学金评审会在国家图书馆召开，36 名学生获得总额 64000 元的奖学金。（学会秘书处）

【组织代表参加美国图书馆协会年会】 2006 年 6 月 17 日—7 月 2 日，中国图书馆学会组织 36 名代表赴新奥尔良市参加美国图书馆协会（ALA）年会，并访问了美国国会图书馆、纽约公共图书馆、哈佛大学及哈佛燕京图书馆、新奥尔良市公共图书馆等 6 个图书馆。由中国科协委托中国图书馆学会承办的"中国科技期刊展"参加了 ALA 年会展览会，首次集中向海外宣传和推广我国的 500 余种核心科技期刊。首都图书馆副馆长周心慧等 15 位北京地区代表随中国图书馆学会代表团参会。（学会秘书处）

【中国图书馆学会七届二次理事会】 2006 年 7 月 23 日，中国图书馆学会七届二次

理事会在昆明召开。本次会议首次向全体理事征集"理事建议案"，共收到包括 5 位北京籍理事提出的 8 项建议案。经与会者热烈讨论，审议通过 7 项建议案的受理者及解决方案。通过实施"理事建议案"，体现了民主办会的宗旨，调动了理事们参与学会工作的热情，促进了学会工作的深化。（学会秘书处）

【中国图书馆学会 2006 年年会】 2006 年 7 月 23 日—27 日，主题为"图书馆发展与和谐社会构建"的中国图书馆学会 2006 年年会在昆明隆重召开，近千名代表参会。学会自 1999 年举办年会以来，首次启用"年会征文系统"，共收到征文 1196 篇；组织了 8 个分会场，50 位专家、学者、来自国外的同行及论文作者发言。本次年会还得到新浪网、龙源期刊网等网络媒体的高度关注，不仅对业内专家进行了现场采访，还设置了"新浪在线访谈"，对整个会议进行了全程报道。北京市图书馆协会等 12 家单位获得年会征文活动组织奖。年会期间，还举行了 2005 年"全民阅读"活动颁奖仪式，首都图书馆被学会评为"2005 年全民阅读活动先进单位"。（学会秘书处）

【中国图书馆学会志愿者行动"基层图书馆馆长培训"】 2006 年 7 月 27 日—8 月 4 日，中国图书馆学会志愿者行动"基层图书馆馆长培训"在 2006 年年会上启动后，26 位志

愿者分成 3 组，分别由学会 3 位副理事长陈力、倪晓建、杨沛超带队，前往湖南省衡阳市、陕西省榆林市和黑龙江省牡丹江市，对三省 307 名基层图书馆馆长进行培训。此次活动始于 2006 年 3 月，学会首先在网上发布招募公告，评估遴选志愿者，并于 4 月 25—26 日在北京召开"基层图书馆培训方案研讨会"，为志愿者行动的成功启动做了充分准备。此次志愿者行动是中国图书馆学会历史上首次开展的志愿者活动，是贯彻党中央建设社会主义新农村、繁荣和发展农村文化事业的一个创新举措，是解决基层图书馆问题的一次有益尝试，对我国图书馆事业的和谐发展起到了积极的促进作用。（学会秘书处）

【县级图书馆生存发展启示录】 2006 年 7 月，中国图书馆学会编辑的《县级图书馆生存发展启示录》由北京图书馆出版社出版。该书遴选中国图书馆学会主办的"首届百县馆长论坛"百余篇优秀论文，内容涉及县级图书馆现状与发展前景，文献资源建设，服务对象与服务模式，自动化、数字化、网络化等，另附有 118 个县级图书馆最新统计资料，是县级图书馆理论、实践、经验、成果的全面展示。该书入选文化部"送书下乡工程"。（学会秘书处）

【中文成为国际图联工作语言】 经中国图书馆界多年不懈的努力，国际图联（IFLA）

终于在2006年将中文列为工作语言。为此,文化部划拨专款给予支持;中国图书馆学会同时向全国图书馆界发起了筹措2006年国际图联中文工作语言经费的募捐活动,得到了热烈响应和大力支持,北京地区有国家图书馆、中国科学院文献情报中心、清华大学图书馆、北京大学图书馆等13个单位及个人慷慨捐助。2006年8月19日,第72届国际图联大会中文代表预备会议召开,近200位海内外华人代表共庆中文成为国际图联工作语言这一具有里程碑意义的盛事,《IFLA快报》"中文版"第一期首次发行。在第72届国际图联大会期间,由学会秘书处和国家图书馆工作人员组成的中文语言工作组共翻译、印制《IFLA快报》(中文版)7期,总计3500份;学会还在17个分会场设立了中文同声传译服务。(学会秘书处)

【组织代表参加第72届国际图联大会】 2006年8月20日—24日,中国图书馆学会组织158名代表参加在韩国首尔举行的第72届国际图联大会。大会主题为"图书馆:知识与信息社会的动力引擎"。中国科协委托学会承办的"中国科技期刊展"参加了IFLA大会展览会。首都图书馆副馆长韩朴等66位北京地区代表随中国图书馆学会代表团参会。(学会秘书处)

【2006中国科协年会第五分会场】 2006年9月16日,

中国图书馆学会首次作为牵头学会,在北京承办了2006中国科协年会第五分会场,其组织、协调工作得到中国科协的好评。第五分会场的主题是"科学技术普及与提高全民科学素质",来自中国图书馆学会、中国青少年科技辅导员协会、中国地理学会、中国科学探险协会以及自然博物馆协会等5个学会的近200名代表莅会。9月17日,中国图书馆学会主办了以"信息素养与创新能力"为主题的单元分会场,来自图书馆界的60多位代表参会。(学会秘书处)

【"全国科普日"宣传活动】 2006年9月16日—19日,中国图书馆学会参加了中国科协在北京举办的主题为"预防疾病 健康生活"的2006年"全国科普日"活动,推出了"图书馆:现代生活的第二起居室——健康生活 快乐阅读"科普展览和"阅读疗法"处方。学会组织了近20家图书馆共同参与,数名业内知名专家学者被特邀"坐堂门诊",接待阅读咨询。共有约400人次的读者参与了活动。(学会秘书处)

【2006中国数字出版年会】 2006年10月13日—15日,由国家新闻出版总署主办,中国图书馆学会、中国出版工作者协会等单位协办的"2006中国数字出版年会"在北京举行,350人与会。这是中国图书馆学会第一次参与协办中国数字出版年会,显示了中国图书馆

学会代表中国图书馆界积极拓展社会合作、扩大图书馆社会影响、传播图书馆人职业理念与呼声的积极姿态。学会还主办了其中的"图书馆数字文献需求分论坛"。(学会秘书处)

【中国图书馆学会第三届青年学术论坛】 2006年10月30日—11月2日,中国图书馆学会第三届青年学术论坛在福建武夷山召开,主题为"在创新中成长",78人与会。本届论坛首次进行征文,共收到征文210篇;首次以海选产生的"自选话题"进行开放式讨论;首次进行学术之星、论坛之星、创意之星的评选。这些创新扩大了青年图书馆员的参与面,使论坛成为激发青年活力,发现人才、扶持人才的一个重要媒介。中国图书馆学会副理事长、首都师范大学图书馆馆长胡越等17位北京代表参会。(学会秘书处)

【中国图书馆学会2007新年峰会】 2006年12月10日—12日,中国图书馆学会2007新年峰会在苏州召开。与会代表围绕政府、学会、图书馆三者之间的关系、作用这一核心议题,分别就图书馆核心价值的再认识、图书馆服务网络模式构建、图书馆立法进程与需求、中国图书馆学专业教育与职业需求、中国图书馆学会志愿者行动等5个分议题进行了深入研讨并逐项落实,使本次会议不仅具有现实意义,而且具有长远意义。文化部社会文化图书馆司副司长刘小琴等

10位北京地区代表出席会议。（学会秘书处）

【《公共图书馆建设标准》编制工作】 2006年，中国图书馆学会受文化部委托承担的《公共图书馆建设标准》编制工作取得了显著进展。编制组在北京共召开11次研讨会，实地调研了北京、黑龙江、安徽等地16个不同级别的公共图书馆，形成《公共图书馆建设标准》条文的初稿和说明，编写5期简报和4个专题报告，编辑参考文献资料汇编等。同年，《公共图书馆建设标准》已进入征求意见阶段。（学会秘书处）

高校图书馆分会

【概述】 2006年，高等教育事业的持续健康发展，为高校图书馆的发展营造了良好环境。教育部通过以评促建，一以贯之地推动高校图书馆服务质量的改善，通过专家组织——高等学校图书情报工作指导委员会和"211工程"的公共服务项目——中国高等教育数字图书馆（CADLIS），继续促进高校图书馆的协调发展和资源共建共享。高校图书馆事业在教育部的宏观协调、指导下，在各校的重视下，基本上形成了既有合作又有竞争、既有共享又有特色的良好局面，在业务建设和服务育人方面都取得了显著进步，为高校的教学科研发挥了应有的信息保障功能，广大师生对高校图书馆的反映普遍较好，满意度普遍提升，图书馆在高等教育中的作用得到了越来越多的认可和尊重。（王波）

【评估工作】 2006年，高校图书馆的大发展，和前两年一样，很大程度上得益于教育部的本科教学工作水平评估。根据教育部2004年8月颁布的《普通高等学校本科教学工作水平评估方案（试行）》（以下简称《评估方案》），图书馆属于一级指标"教学条件与利用"下的一个三级观测点，权重为0.2分。它的A级标准为"管理手段先进，使用效果好"；C级标准为"生均图书和生均年进书量（册）达到附表要求"，即综合、师范、民族、语文、财经、政法类院校要求生均图书100册，其他学校生均图书70—80册；年进新书量4册（工科、农林、医学和体育院校为3册，凡折合在校生数超过30000人的高校，当年进书量超过9万册，该项指标即为合格）。C级指标是最低要求，主要是为了避免在大幅扩招的情况下，高等学校图书馆的文献采购量不能同步跟上，导致文献资源的生均占有率降低，从而牵动到教学质量和人才培养质量的下滑。因为考核时只有达到C级才能考虑A级，所以评估中图书馆藏书的A级标准实际包括三个方面的内容：生均藏书100册（70—80册）；生均年进新书4册（3册）；管理手段先进、使用效果好。其中第三个方面的内涵更为丰富，不仅包括藏书数量及其使用效益，还包括图书馆各个方面的建设和服务质量。由于被评图书馆达不到C级指标，该馆所属的高校将受到限制招生乃至停止招生的处罚，直接关系到高校的生存。所以说，《评估方案》的出台和执行，对于缺乏图书馆专门法的我国图书馆事业来说，是一件举足轻重的大事，它以行政手段介入高校图书馆建设，成为撬动高校发展的有力的政策杠杆。高校图书馆的文献资源建设受到了《评估方案》的深刻影响，许多高校为保证图书馆在评估中达标，加大了图书馆经费的投入。2006年，据对297所高校图书馆的抽样调查，文献资源购置费总和为10.93亿元，最高的为复旦大学图书馆的2929万元，最低的为广西工业职业技术学院图书馆的2000元，平均值约为388万元。据对299所高校图书馆的抽样调查，用在购买纸质文献上的总经费约为8.62亿元，平均值约为288万元，最大值约为2480万元。基本情况是，国内一流高校的图书馆的文献采购经费通常保持在2千万元左右，一般重点大学的文献采购经费通常保持在将近1千万元，普通本科院校的文献采购经费在500万元以上。教育部对藏书数量的评估，指导思想在于以点带面，推动高校图书馆各项业务的全面建设。因为图书馆是一个联动系统，牵一发而动全身，购书量的增加必然要求相关环境、设施和服务能力能够跟上。除了对图书馆藏书指标进行评估，以评促建，高教司对高校图书馆的其他工作也进行了管理和指导。2006年所做的工作主要是：一、宣传、推动图书教材领域的反商业贿赂工作。二、对期刊采购和期刊数据库的引进作了调研，委托CALIS改革了管理方案，建立了集团采购方案上报高教司备案的制度，对集团采购中需要注意的问题，提出了明确要求。三、推动CADLIS通过发改委验收，并配合发改委对项目进行了稽查。推动CADLIS项目提高服务能力，让更多的中小图书馆受益。四、举办高职高专图书馆馆长暑期进修班。五、协调有关国际赠书项目。六、改进外国教材中心的工作。修订经费使用方案，加强学科分工，扩大资源共享。为适应高等教育发展形势的需要，教育部对于高校图书馆的引导方向也在不断调整，每一次调整都卓有成效地促进了高校图书馆的发展。2006年，高校图书馆新书入藏量的增加、高职高专图书馆的崛起、高等教育数字图书馆建设的飞跃，很大程度上都是因为教育部的重视而加快了进度。（王波）

【图工委工作】 协调、咨询、研究、指导，图工委推动高校图书馆的发展。高校图书馆在改革开放之后，之所以能够较快地恢复、提高，并在资源共享方面有所作为，一条重要的经验就是在1981年及时地发起、成立了全国高校图书情报工作委员会。该委员会在1999年10月演变为教育部高等学校

图书情报工作指导委员会，秘书处挂靠在北京大学，继承原全国高校图书情报工作委员会的职能，仍旧简称"图工委"，但在性质上不再是专职事业单位，而是一个虚体的专家组织，五年一换届，主要发挥协调、咨询、研究和指导作用。新图工委的委员由从全国遴选的高校图书馆馆长组成，全部都是在管理和专业研究方面有影响、有代表性、有号召力的专家。2006年，为第二届图工委活动期的第三年，委员会分为《普通高等学校图书馆规程》修订、文献资源建设、计算机应用、队伍建设、用户培训、高职高专图书馆、期刊研究与协调等六个工作组开展工作。2006年，图工委各工作组中表现最活跃的是文献资源建设工作组。该组持续推动近年开展的工作，包括《普通高等学校图书馆文献集中采购工作指南》、文献资源发展政策项目、《民国图书辑粹》项目、中文图书评价项目、台湾文史类图书出版情况调研。（王波）

【民国图书辑粹】 《民国图书辑粹》项目指的是对民国时期出版的图书进行一次总调研，整理出一份完整书目，并组织各学科专家，从中筛选出8000种左右优质图书，在遵守知识产权法规的前提下，面向全国高校图书馆进行按需出版、按需补充。2006年，项目组已将筛选出的图书按出版年代分为四辑：第一辑（1912—1919年）、第二辑（1920—1929年）、

第三辑（1930—1939年）、第四辑（1940—1949年），进入复制阶段，并已与海内外数十所图书馆签订了复制图书的供需协议。项目的后续工作是将整理出来的书目数据库化，使之可以从著者、版本、出版者等途径进行检索。（王波）

【中文核心期刊要目总览】 《中文核心期刊要目总览》中文图书评价项目是仿照《中文核心期刊要目总览》的编制方法，对新中国成立以来出版的图书进行计量分析，结合专家的定性评价，确定若干数量的核心图书，为图书馆的文献采购提供参考。台湾文史类图书的出版情况调研是指对1949年台湾出版的文史类图书进行全面调研，遴选出精华图书，通过复制或再版，按需补充进各高校图书馆，以弥补两岸对立期间图书馆这方面图书的缺藏。这两个项目在2006年也有较大进展。（王波）

【大学图书馆学报】 图工委主办的《大学图书馆学报》，是高校图书馆在会议之外进行经验交流和理论研究的重要园地。该刊以理论联系实际、紧跟行业前沿、强调示范指导为特色，代表着高校图书馆学术研究的最高水平，一直是我国图书馆学领域的核心期刊。2006年10月，在江西省井冈山市召开的第十次全国图书馆学期刊工作会议上，《大学图书馆学报》第6次蝉联中国图书馆学会优秀期刊。2006年度，《大

学图书馆学报》发表的关于图书馆2.0、图书馆合作与信息资源共享武汉宣言、图书馆精神、Ontology等热点问题的论文,都引发了热烈反响。(王波)

【数字化图书馆建设】 中国高等教育数字化图书馆(China Academic Digital Library & Information System,简称CADLIS),由"中国高等教育文献保障系统(China Academic Library & Information System,简称CALIS)"和"中英文图书数字化国际合作计划(简称CADAL)"两个专题项目组成。CADLIS于2004年启动,延续了CALIS的既有成果,并有新的发展。2006年8月3日,在国家发改委和财政部委托教育部召开的"十五""211工程"公共服务体系建设项目专家验收会上,CADLIS通过了专家验收。专家组认为,CADLIS在有关领导部门的关心、支持下,在全体参建单位的共同努力下,进展顺利。各类数字资源建设达到或超过了预定目标,总量达180TB,是目前国内外容量最大的公益性数字化文献信息资源之一;技术支撑环境建设所形成的相关应用系统技术先进、功能完善、实用性强、使用效果良好;服务体系建设在完善服务基础设施、提高文献保障率和增强服务方面效益明显,是目前国内外最大的文献资源共建共享和保障服务体系之一;建立了符合国内外主流标准的CADLIS标准规范体系;开展了广泛全面、多种形式的培训和

有效的协作协调工作,国际合作与交流取得了显著成效。CADLIS项目的管理运行机制符合中国国情和高校实际。项目建立的中国高等教育数字图书馆以系统化数字化的学术信息资源为基础,以先进的数字图书馆技术为手段,以CERNET为依托,为高等院校教学、科研和重点学科建设提供了高效率、全方位的文献信息保障与服务,全国共有800多所高校的师生受益,项目建设资源的用户遍及70余个国家和地区。通过项目建设,培养和造就了一批高素质的数字图书馆建设与服务人才,共建共享的理念深入人心,促进了我国高校图书馆事业的可持续发展。专家组建议国家在"211工程"三期建设中继续对该项目予以支持,持续地为我国高等教育提供先进而优质的服务。以CADLIS的平台为基础,在教育部的统一领导下,2004年,挂靠北京大学图书馆,又启动了"中国高校人文社会科学文献中心"(China Academic Social Sciences and Humanities Library,简称CASHL)的建设。该中心是本着"共建、共知、共享"的原则、"整体建设、分布服务"的方针,为高校哲学社会科学教学和研究提供人文社会科学文献保障的服务体系,是教育部高校哲学社会科学"繁荣计划"的重要组成部分,也是全国性的唯一的人文社会科学文献收藏和服务中心,其最终目标是成为"国家级哲学社会科学资源平台"。截至2006年,CASHL已购买7500

多种国外人文社会科学领域的重要期刊、900多种电子期刊、20余万种电子图书,以及"高校人文社科外文期刊目次库"、"高校人文社科外文图书联合目录"等数据库,提供数据库检索和浏览、书刊馆际互借与原文传递、相关咨询服务等。任何一所高校,只要与CASHL签订协议,即可享受服务和相关补贴。CASHL拥有160多家成员单位,包括高校图书馆和其他人文社会科学研究机构。个人用户12000多个。接受检索请求达千万次,原文传递请求14万多篇。CADLIS和CASHL的建设赢得了国际图书馆界的广泛赞誉,被认为在服务成效上足以和日本、韩国的数字图书馆工程媲美,这三个国家的数字图书馆系统代表着目前世界数字图书馆工程建设的先进水平,但是就性价比而言,以CADLIS和CASHL为最优,以最少的投入提供了范围最大的服务。中国高等教育数字化图书馆不仅是一个大型的科研性、服务性项目,而且是一个图书馆联盟,它在数字资源的集团采购、数字图书馆应用人才的培训等方面都发挥十分重要的作用。(王波)

【新馆改扩建】《普通高等学校图书馆规程(修订)》第三十六条规定:"高等学校应按照国家有关标准,建造独立专用的图书馆馆舍。馆舍建筑应充分考虑学校发展规模,适应现代化管理的需要,满足图书馆业务功能的要求,具有调整

的灵活性。"近几年,随着高校的扩张,大学城的开发,一批新建图书馆应运而生;随着高校的合并,一些老馆舍不能满足学科调整而带来的文献布局调整的需要,有必要新建或改造;随着大批中等专科学校升格为高职高专,图书馆的空间和功能显然不能满足需求,其建设问题很快也被纳入了规划。另外,数字化图书馆的建设对信息接点、网络布线、硬件摆放空间等都提出了新要求,需要更好的馆舍条件为其提供操作环境,这也是各校新建或改建图书馆的巨大动力。2006年,据对300所高校图书馆已建馆舍面积所作的调查,总面积约为524万平方米,平均值约为1.75万平方米。馆舍总面积最大的是中山大学图书馆,为117 800平方米;馆舍总面积最小的是天津中德职业技术学院图书馆,为1040平方米。另外,据对300所高校图书馆的在建馆舍情况所作的调查,设计总面积为1 799 773平方米,平均值为5999.24平方米,设计面积最大的是天津师范大学图书馆,为60 000平方米;设计面积最小的是福州英华职业学院图书馆,为200平方米。新建和改建、扩建的图书馆普遍采用国际上流行的"统一柱网、统一层高、统一载荷"的模数式设计,基本上都注意到了网络环境对图书馆的深刻影响,努力把图书馆建设成为楼宇控制自动化、通讯自动化、办公自动化合一的智能大厦,因而一般都具有安全的门禁系统和消防系统,图书馆智能化综合布线系统更是受到特别重视,网络接口等数字化必备元素遍布全馆,使图书馆成为信息空间和多元文化交流的学术平台。此外,从可持续发展的角度出发,新建图书馆相当重视以人为本,从空间环境设计、外部环境的建设、内部氛围的营造等都考虑读者的使用感受和审美需求,如为方便残疾人进出着想,多施行无障碍设计。注意节约用水用电,强调自然照明和通风,争取打造绿色图书馆。在馆舍的管理上,基本上都采用了社会化物业管理,保安、保洁都由图书馆指导下的外包公司来执行,和以往由图书馆自己统包统揽相比,专业化程度高、效率高、效果好,受到读者的好评,也把图书馆员从繁重的体力劳动中解脱出来,提供更多更好的信息服务。从已建成的高校图书馆的使用效果看,它们一般给人留下开放舒适、通透宽敞、网络化程度高、馆藏布局和机构调整自由灵活的印象。2006年,陕西师范大学新校区图书馆、广州大学城中山大学图书馆、兰州大学榆中校区图书馆都因为设计新颖、功能完善、施工质量高,而荣获中国建筑工程质量最高奖——鲁班奖,该年度全国获此荣誉的工程只有87项。这批时代特色浓郁的新建图书馆,大大改变了图书馆在高校师生心目中的传统守旧的印象,一下子使读者看到图书馆是信息时代的技术含量很高的事业,更加愿意到图书馆来读书学习,享受一站式服务的信息空间。同时,也大大提高了馆员对未来的信心,为图书馆在数字化浪潮中搞好网络化布局和功能拓展,在信息服务中大显身手创造了条件、提供了舞台。大多数在新校区建设的图书馆一般都仿照欧美惯例,位于校园中轴线上的中心位置,是学校的主楼,形象地宣示了"图书馆是大学的心脏"的理念,这和上个世纪50年代高等学校学习苏联,一律以行政楼作为主楼的校园布局形成了鲜明反差,因而高校新图书馆的建设还有更重要的象征意义,它表明中国的高等院校正在回归学术本位,努力树立学术尊严。图书馆不仅是信息服务中心,其在校园的地理位置、造型气势也隐喻着学校对待学术的态度,是展示学校形象的窗口。据北京大学图书馆开展的读者调查,在网络环境下,读者对图书馆关注度最大的并不是让他们足不出户就可以获取信息的数字图书馆,而是"图书馆环境舒适、安静,具有浓郁的文化氛围,是学习的好场所"。看来,以数字图书馆代替实体图书馆是行不通的,图书馆不仅是信息中心,也是人际交流的公共空间,还有文化上、学术上的象征意义,只要师生、学校对图书馆这方面的需求不变,图书馆建筑的奠基和竣工仪式就会继续成为大学校园里的重大事件和美丽风景。(王波)

【人力资源管理】 虽然近几年高校图书馆通过新建、扩建,面积在迅速扩张,但是各个图书馆正式职工的在编数量却没有同步增长,服务质量之高今非昔比,高校图书馆开展的以"定岗定编"为中心的人力资源管理创新在这个局面的营造中发挥了重要作用。"定岗定编"是高等学校在"985计划"、"211工程"等教育质量改革工程中,在人力资源管理方面所采取的重要举措,其基本内容是学校根据各个单位的发展需要,严格设定岗位职责和人员编制,依据岗位和编制的数量给予津贴和相关补助。"定岗定编"是一个人力资源管理模式蜕变的过程,"阵痛"在所难免。高校图书馆因为事物杂、人员多,在"定岗定编"的过程中遇到的矛盾、阻力,通常大于学校的其他单位,需要克服更多的困难。到2006年,多数高校图书馆都经过了"定岗定编"的洗礼,在人力资源管理方面打开了新局面。8月份,在贵阳召开的高校图工委二届三次会议上,6所在人力资源管理方面敢于创新、成效明显、影响较大的高校图书馆的负责人分别介绍了本馆的经验。清华大学图书馆重视新人的招聘,面试流程设计精细,兼顾选拔应届毕业生和有工作经验的人才,兼顾当前需要的人才和长远需要的高学历人才,为各种人才都定下了合理的比例。北京师范大学图书馆不仅重视人才的学科结构、学历结构,对人才的学缘结构也给予了关注,力争避免自我繁殖,较大比例地聘用多学缘的人才。西安交通大学图书馆重视对美国高校图书馆人员管理体制的学习,主要做法是把全部人员划分为专业馆员和支持馆员,确定比例,进行分类管理,同时把岗位和职称统一起来,以岗定职。首都师范大学图书馆的特点是重视岗位的细分和描述,力争做到人尽其用。同济大学图书馆非常重视绩效评估和激励机制的探索,采用从发放馆长感谢信到及时提高津贴等多种方式对馆员进行激励,以激励创新应对激励疲劳。北京大学图书馆人员构成复杂,临时聘用人员多,在临时聘用人员的管理方面摸索出了一套比较成熟的管理办法。各馆的探索各有千秋、特色鲜明,极有针对性、借鉴性和指导意义,典型地反映了在"定岗定编"的冲击下,高校图书馆在人力资源管理方面的所思所想、所获所得。高校图书馆人力资源管理的改革,吸收了现代管理理念的精华,成功地平衡了改革与稳定的关系、当前需要与长远需要的关系、合适人才与优秀人才的关系、职称评聘与岗位评聘的关系、考核与激励的问题,坚定地把人文关怀作为人力资源管理的灵魂,认为管理的目的是尊重每个馆员,激发每个馆员的工作激情。高校图书馆的人力资源管理变革的成功在各高校的最显著表现是:图书馆的建筑面积有了大幅度增长,而图书馆的职工人数却没有增长,服务质量反比以前有了很大提高。2006年,据对300所高校图书馆抽样调查,建筑总面积为5 238 551平方米,正式职工总人数为15 629人,平均每名职工管理的面积为355平方米。而2000年,据对274所高校图书馆的抽样调查,建筑总面积为2 548 047平方米,正式职工总人数为13 279人,平均每名职工管理的面积为192平方米。6年时间,每名职工管理的面积多了163平方米。这一方面得益于图书馆建筑模式和功能设计的转变,以及图书馆观念的转变,是图书馆普遍摒弃分学科、分读者对象设置小阅览室的做法,采取一个楼层一个阅览室甚至整楼只有一个门禁的举措,使门禁管理人员大大减少的结果。另一方面,高校图书馆人力资源管理思路的转变功不可没,特别是物业管理社会化、专业馆员和辅助人员分类管理这两种模式的推广,大大解放了高校图书馆正式职工的生产力,提高了图书馆的服务能力和服务效果,避免了岗位和编制的膨胀。目前多数高校图书馆的保洁和保安等物业管理工作都采取外包的方式,图书的拆装、加工、运输、上架等简单任务一般请学生和临时聘用人员完成,效果好,支出少,这是高校图书馆能够实现减员增效的主要经验。(王波)

【集团采购】 由于外文文献价格昂贵,而且上涨幅度加快,高校图书馆近几年普遍减少了纸质外文文献的订购,改订含有海量外文文献的电子数据库,但是这些数据库的价格也是动辄数十上百万元,单个图书馆或无力购买，或无必要全买，或虽然有经费购买，但在议价中势单力薄，拿不到合理的价格，而且各馆各自出人与数据库商谈判，也是人员、精力的极大浪费。鉴于此，在教育部的支持下，CALIS管理中心动员、组织各高校图书馆，每年都发起对电子数据库的集团采购活动。通过集团采购，大馆节省了经费，扩大了电子资源的学科覆盖面，提高了在区域资源共享体系中的服务能力和影响力。小馆获得了以一馆之力无力购买的核心资源，提升了数字化服务水平。除了CALIS组织的集团采购，湖北、江苏等省的图工委也组织过本省的高校图书馆进行过集团采购。到2006年，集团采购已经成为各高校图书馆在购买数字资源时的常规性做法，在节约经费、扩大资源方面发挥了极大作用。2006年，CALIS共组织了72个采购集团，全国共有674个高校和科研机构、3769个馆次参加了集团采购。其中高校系统有621个机构、3663个馆次，购买数据库的费用约为3.24亿，捆绑纸本期刊的费用约为1.77亿，集团购买数据库和捆绑纸本期刊的费用合计约为5.01亿，高校系统购买电子资源和捆绑纸本期刊的总费用约为4.92亿。集团采购共购买了302个数据库，含电子期刊34 964份，电子图书194 874册，电子会议录15 667种。为购买电子期刊数据库，组织35个采购集团，成员馆读者共浏览或下载7798万篇全文，平均每份

期刊（会议录）使用1540篇。为购买文摘索引数据库，组织17个采购集团，成员馆读者共检索3584万次。为购买电子图书数据库，组织6个采购集团，成员馆读者共浏览或下载271万篇（册），平均每册图书使用14篇（册）。为购买事实型数据库，组织8个集团，成员馆读者共检索2716万次。在网络环境下，电子资源的集团采购是高校图书馆探索的一条成功经验，是高校图书馆坦诚合作、共建共享的新形式、新典范，具有重要的现实意义和历史意义。随着集团采购效益的呈现、理念的传播，这种采购形式势必吸引更多的高校图书馆参与，扩展到更多的采购对象，探索出更好的合作和谈判机制。从使用统计看，集团采购来的资源对高校的教学科研发挥了很大作用，用户数和下载量都十分庞大，效益显著。但是也有少数不作调研、盲目参团的图书馆，购买的资源使用率低，造成了一定浪费。CALIS已经通过使用率调查，认识到了这个问题，加强了对准备参团的图书馆在用户需求调研方面的指导，以确保采购到的资源能够得到充分利用，实现效益最大化。（王波）

专业图书馆分会

【"国家创新体系中专业图书馆的服务与发展"年会在成都举行】 2006年6月10日—14日，分会2006年学术年会在四川成都隆重召开。这次年会

得到四川省图书馆和中科院国家科学图书馆成都分馆的大力支持，来自全国各地、各系统的200多名图书馆同仁参加了会议，年会主题是"国家创新体系中专业图书馆的服务与发展"，分别就各主要系统图书馆的中长期规划、服务创新战略、目前正在开展的研究项目、图书馆为企业自主创新提供服务等问题展开了深入的讨论。在"专题访谈"中，专家与代表经常就某个问题展开热烈讨论，传达并体现出一种亲和、求真、务实的风格，极富感召力、吸引力。在"观点论坛"中，第一次邀请企业界专家与图书馆专家一起，共同探讨企业的市场需求与图书馆深化服务的问题。代表们普遍反映这是一次高质量的学术与业务有机结合的研讨活动，业内"大腕"的思想碰撞和各领域前沿业务的实践与探索，给大家带来丰富的精神享受和认识上的飞越，让我们不仅看到了专业图书馆未来的发展方向，也了解到各类型图书馆目前的发展态势以及遇到的问题和寻求解决的途径，获益匪浅。会议收到论文150篇，分别评选出优秀论文一二三等奖，并于会前公开出版了《国家创新体系中专业图书馆的服务与发展》论文集(北京图书馆出版社)。（专业图书馆分会）

【"自主创新时代专业图书馆的服务与发展"学术研讨会在广州举行】 2006年12月16日—19日，分会联合会员单位广东科技图书馆在广州举办

"自主创新时代专业图书馆的服务与发展"学术研讨会,这次会议是6月成都年会的细化与延伸,会议以如何增强专业图书馆自身能力、挖掘自身潜能,提高为科技、企业自主创新服务的能力为主要内容展开研讨。分会理事长张晓林应邀出席会议并作了"嵌入用户过程的科技信息服务"的主旨报告。广东省科学技术情报研究所副所长方小洵、佛山市图书馆馆长王惠君、广东省科技图书馆馆长李宏荣等专家分别从不同文献情报领域出发,介绍了各自单位在"面向用户的信息情报服务"过程中的探索与实践。
(专业图书馆分会)

【专业分会组织国家机关图书馆开展学术交流】 2006年3月31日—4月1日,分会在怀柔县举办"中央国家机关图书馆文献资源建设"研讨会,50余家来自中直机关图书馆的64位馆长参加了会议。会议邀请专家讲授了外国政府图书馆的现状与历史,知识管理在图书馆的应用,关于数字图书馆环境下的公务员信息素质的思考,数字化与信息化环境下的我国政府图书馆的现状与未来等内容。2006年5月19日—20日,分会在北京密云县举办中央国家机关图书馆第2次会议,67名社科类专业图书馆业务骨干参加了会议,会议主要讨论了网络环境下中央国家机关图书馆的资源建设和特色化服务问题。2006年9月14日,分会中央国家机关工作部召开

成立后的第一次工作交流与业务研讨会,20多名来自中直机关图书馆和文献信息机构的负责人相聚在全国人大图书馆,相互交流了各自馆独具特色的资源与服务方式,分享了彼此成功的做法、经验,也总结了不足和失误之处,并在此基础上,提出应进一步加强中央国家机关图书馆之间的交流与合作,将各馆的特色资源整合在一起,从而形成一个整体优势,更好地为中央服务、为社会服务的思路。2006年11月,分会推荐一些中央国家机关图书馆的馆长参加了国家图书馆咨询服务部举办的题为"交流·协作·共进——为国家立法与决策信息服务工作研讨会",探讨了建立为中央国家领导机关法律制定、民主决策提供信息咨询服务的工作网络的可能性。
(专业图书馆分会)

【专业图书馆分会组织第二届军地图书馆馆长工作交流座谈会】 2006年11月12日,组织召开了"第二届军地图书馆馆长工作交流座谈会"。16个来自在京地区军地国防系统图书馆的馆长参加了会议。会议主题为"科技信息资源共享的模式、机制与手段",各位馆长分别结合本系统的情况,介绍了下一步在信息资源共建共享方面的思路与计划,探讨了跨系统资源共建共享的思路。
(专业图书馆分会)

【继续教育工作】 2006年7月,分会培训工作和国家科学

图书馆培训工作整合,优势互补,分会依托国家科学图书馆的资源优势和人才优势,并吸收会员单位的专家力量,以"师资一流、针对性强、实践性强"为特色,面向业界开展多种类型与层次的专业教育活动,吸引了众多高校及专业系统的图书馆员参加。2006年,分会共举办各类培训班13个,其中"第25期图书情报工作岗位培训班"、"第15期图书情报工作高级研究班(主题:战略情报研究的技术方法)"、"图书馆学科化服务培训班"、"复合图书馆的数字资源建设培训班"、"网络环境下图书馆的参考咨询工作"(2期)、"网络信息资源的检索利用与常用数据库培训班"(2期)、及"查新检索培训班"受到业内人士的欢迎,共有387名图书馆员参加了培训。
(专业图书馆分会)

党校图书馆分会

【全国党校图书馆数字资源共建共享工作会议】 2006年5月31日—6月2日由党校图书馆委员会主持,全国党校图书馆数字资源共建共享工作会议于在上海市委党校召开。中共中央党校副校长王伟光同志出席闭幕式并讲话,上海市委副书记、党校校长王安顺同志出席会议并讲话。中共中央党校图书馆馆长崔永琳同志在开幕式上致辞。出席会议的还有上海市委党校和江西省委党校的领导、学会领导、示范馆馆长、示范馆负责数字资源的技

术骨干、学会资源委员会和技术委员会成员及其他相关人员共 50 余人。这次会议是继 2005 年湖南会议之后党校系统数字图书馆建设的又一次重要的工作会议，是一次以科学发展观为指导，贯彻落实湖南会议精神，专门研究全国党校图书馆数字资源共建共享工作、研究解决数字资源共建共享相关问题的工作会议。经过全体与会代表的努力工作，这次会议讨论完善了《全国党校图书馆数字资源建设规划》（2006—2010）、讨论通过了《全国党校图书馆数字资源共建共享工作条例》（试行）、讨论和修改了《全国党校图书馆数字资源共建共享技术操作指南》（试行）等三个文件；具体落实了北京、河北、山西、吉林、上海、江苏、浙江、福建、山东、湖南、广东、重庆、四川、陕西、青岛等首批 15 家共建共享示范单位，并明确了共建任务，确定了马克思列宁主义、毛泽东思想、邓小平理论、"三个代表"重要思想、科学发展观、中共党史、中共党建、当代国际政治、党员干部修养、领导学研究、行政学研究、政法干部教育、企业干部教育等 15 个数据库。所以，这次上海会议的成功召开，标志着全国党校系统数字图书馆资源共建共享工程的正式启动，必将对党校系统图书馆的信息化、数字化、现代化建设产生深远的影响。（党校图书馆分会）

团校图书馆分会

【概述】 中国青年政治学院图书馆作为团校委员会的理事馆，同时又是地处北京地区的一所高校图书馆，我们共同参与各方面图书馆的合作工作和相关活动，同时协调传达给团校系统院校。如参加了 2006 年 1 月在贵阳召开的"中图学会秘书长联席会"，7 月下旬在云南昆明举办"中国图书馆学会 2006 年年会"，10 月下旬在福建厦门举办的"中国图书馆学会第三届青年学术论坛"，"4·23"世界图书与版权日系列纪念活动等等。此外，由中图学会推出的各项学术会议及活动我们都将通知下发，并根据各种情况组织参与。（团校图书馆分会）

【积极参与图书馆界高校系统重要会议与活动】 团校系统以高等教育院校为主，为了更好更快地提升本系统图书馆的工作水平，我们积极主动参与图书馆界高校系统各方面重要的会议与活动。如：我们参与了针对《北京市高校图书馆评估指标体系》召开的专门会议，进行细致的讨论和交流；针对北京高校教育质量指标中增设图书馆方面的指标问题组织了专题研讨，对图书馆的评估标准和发展前景有了新的认识。此外，我们较早地参加了"北京高校图书馆联合体"，同时也是 CASHL（中国高校人文社会科学文献中心）、CALIS（中国高等教育文献保障体系）的成员馆。这样广泛建立了与国内及北京地区高校图书馆间的馆际互借与文献传递关系，实现了文献资源的共建共享。通过一系列活动中大大提高了专业意识，开阔了眼界，同时，为作好本系统工作打下了良好的基础。（团校图书馆分会）

【积极参与电子资源联合采购，提高图书馆数字化程度】 2006 年前后，以 CASHL（中国高校人文社会科学文献中心）和北京高校联合体等机构为主，组织了一系列的电子资源联合评介采购活动，对象主要包括爱迪科森、义华数图、中经网、超星、清华同方、时代圣典等数据库。在各项相关活动中，我们利用开会的机会，先后听取各个公司对其产品和服务的介绍、演示。同时，连续几年逐步扩大了数字资源的规模，建立起了图书馆与数据库商之间的了解和联系，为本系统图书馆数字化程度的提高工作打下了良好的基础。（团校图书馆分会）

【组织科普文化教育展览，开展读者培训工作】 开展多种多样的学术交流、科普文化宣传、培训读者等活动，是我们发挥学术团体和行业服务的双重职能的重要工作。为了扩大图书馆对社会的影响力和作用力，2006 年我们先后与北京高校联合体合作组织了"联合体成员馆资源与服务巡回展"；与国家图书馆合作组织了"中国农业生物多样性展览";与首都图书馆合作组织了"老北京文化展览"等等。此外,还参与了各方面联合组织的专利文献信息展、国外建筑展、外文原版书展等。在各种文化宣传活动中,我们积极开展了读者教育培训工作,寓教育于宣传中,并结合不同阶段的图书馆工作开展了不同类型的读者教育培训。(团校图书馆分会)

军队图书馆分会

【概述】 2006年是"十一五"开局之年,是人民解放军信息化建设深入发展、院校培训任务转型、图书馆人员结构转型的重要一年。在这种形势下,军队院校图书馆专业委员会协调全军院校图书馆以学习贯彻《条例》、《规范》和《评估实施办法》为中心,以加强数字图书馆的理论研究和特色信息资源建设为重点,克服困难,积极工作,促进了全军院校图书馆的建设和各项工作的开展。各图书馆本着"注重特色、注重服务、注重标准规范统一"的原则,大力加强特色信息资源特别是重点学科文献信息的数字化。到2005年年底,总部机关批准立项的重点建设项目已达24个。这些项目大多坚持了更新维护,不断充实新的内容,增强了其应用活力。从方便用户检索应用出发,对数据标引、分类不规范、不到位的,想方设法改进,提高了数据质量。为满足数字图书馆建设和信息服务的需要,数字图书馆应用技术平台的开发不断向深度发展,正在开发资源整合、跨库检索、身份认证等信息服务系统,以提高数字图书馆的信息服务功能。

【《全军院校图书馆信息管理系统升级实施方案》研讨会】 2月28日—3月1日,由军队院校图书馆专业委员会办公室组织的《全军院校图书馆信息管理系统升级实施方案》研讨会在炮兵指挥学院廊坊校区召开。来自军队院校图书馆的有关专家和承担系统开发任务的技术人员共10名同志参加了会议,总参军训和兵种部训练保障局周毅参谋和廊坊校区张彦君政委、训练部马骏处长到会指导。《全军院校图书馆信息管理系统升级实施方案》是在2005年11月组织专家论证的基础上,由南京政治学院上海分院军事信息管理系图书情报教研室主任唐德合主笔拟制的。该系统的升级开发,将坚持注重加强图书馆业务基础建设、注重增强信息服务功能、注重标准规范统一、注重系统安全稳定的原则,本着统一领导、分工开发、综合集成的思路,采用先进成熟的技术,充分吸取当前社会上同类系统之长,力争开发出一套技术先进、功能齐全、安全稳定、国内领先的图书馆管理应用技术系统,提供给全军院校图书馆使用。系统由采访、编目、流通、期刊管理、文献检索、条码打印、电子阅览室管理、馆务管理、系统维护、自动备份等10个模块组成,分别由南京政治学院上海分院军事信息管理系、国防大学图书馆、石家庄陆军指挥学院图书馆、信息工程大学测绘学院图书馆、陆军航空兵学院图书馆和西安通信学院图书馆等6家单位的同志分头完成开发任务。系统开发完成后,由军队院校图书馆专业委员会办公室组织技术专家论证和进行技术测试(验收),并安装到部分图书馆试运行,发现问题,进一步修改完善。系统的安装和技术培训由南京政治学院上海分院军事信息管理系承担,争取2007年底在全军院校图书馆安装使用。

【郑州协作区院校图书馆馆长赴广州南京等地调研】 3月17—25日,郑州协作区的信息工程大学、信息工程学院、测绘学院、电子技术学院、防空兵指挥学院、工程兵指挥学院、外国语学院图书馆、徐州空军学院等8所军校图书馆的馆长赴广州、深圳、珠海、南京、合肥五个城市调研。期间先后参观考察了深圳市盐田区图书馆、龙岗区图书馆,位于珠海市的中山大学分校图书馆,北京师大分校图书馆,海军舰艇学院图书馆,中山大学图书馆,南京师范大学的敬文图书馆,南京政治学院图书馆,合肥电子工程学院图书馆等10多个图书馆。本次调研的图书馆主要包括两个类型,一是地方大学图书馆和公共图书馆,二是军队院校图书馆。选择这样一些图书馆作为调研对象的主要目的在于:其一,了解已参加评估试点单位的评估情况,迎接总部即将展开的对军队院校图书馆的评估;其二,了解发达地区图书馆的建设和发展情况,以便更好地规划筹建新馆舍。此外还考察了所参观图书馆的馆舍结构布局、图书设备建设、读者服务以及人员、馆藏、经费等基本情况。通过此次调研,既了解了军校图书馆参加试点评估的情况,学到了迎评准备工作的经验,认清了图书馆所面临的严峻形势,看到了军队院校馆之间的差距,增强了争创合格军队院校图书馆的信心,也学到了地方图书馆超前的管理理念、服务理念和管理经验,同时也看到了目前军队院校图书馆与地方大学图书馆在资金投入、馆舍建设、数字化图书馆建设上所存在的巨大差距。

【军事后勤学科中心数字图书馆建设方案论证会】 4月27日,后勤指挥学院组织召开了军事后勤学科中心数字图书馆建设方案论证会。总参军训和兵种部训练保障局周毅参谋、总后司令部军训局王俊参谋到会指导,并就如何搞好方案论证和实施提出了明确的要求。后勤指挥学院训练部王向阳部长、李蒙副部长,科研部王友林副部长和后勤系统的各图书馆馆长参加了会议。由军事后勤学科、信息管理和信息技术等塔吉方面的 7 位专家组成的论证组听取了课题组关于该课题建设方案的汇报演示,审阅了有关文档,进行了认真的

讨论,一致认为:军事后勤学科中心数字图书馆的建设,适应军事后勤学科理论发展和军事斗争准备的信息需求,以满足后勤院校教学科研的信息需求为重点,以全军院校数字图书馆应用技术系统为平台,通过后勤院校的联合建设,系统集成,建设具有鲜明军事后勤学科专业特色、动态发展的军事后勤数字信息资源体系,实现基于学科海量信息和知识服务,为后勤院校教学科研、后勤部队训练和总部决策提供信息保障,符合总部关于军队院校教育信息化建设和全军院校数字图书馆建设总体规划的要求,突出了军事后勤学科专业特色。项目建设的指导思想和目标明确,重点突出,内容覆盖了军事后勤学科专业领域,系统设计合理,采用的技术先进,实施步骤稳妥可行。论证组一致通过了本方案,建议加强组织领导,明确任务分工,建立有效机制,密切联合协作,按照方案的实施步骤抓紧建设,尽快实现建设目标,确保信息安全,更好地发挥应用效益。

【空军院校联合数字图书馆建设取得阶段性的成果】 5月,空军院校联合数字图书馆建设项目自 2005 年 6 月立项以来,经空军各院校图书馆一年来的建设,取得了阶段性的成果。一是在空军指挥学院图书馆建立了拥有 15 名工人组成的数字加工厂,购买服务器 1 台,存储容量 3000G,主要任务是将每年订购的军事、空军、航空、

航天类图书、期刊进行数字化加工。截至 2006 年 5 月底,已加工军事、空军、航空、航天数字图书 9500 种,论文 4 万余篇;二是在空军航空大学图书馆初步完成了联合数字图书馆主页的开发工作;三是建立了空军院校图书馆信息资源联合书目数据库。根据各馆提交的 MARC 数据,空军指挥学院图书馆已经完成了书目数据的整合工作,空军院校图书馆整合后的藏书共有 45 万种,其中军事类藏书约 3.5 万种,航空、航天类藏书 1.5 万种;四是空军工程大学工程学院联合各馆已经完成空军各院校的学位论文的调查统计工作,确定了元数据方案和技术方案;五是各院校已经提供了教学大纲和培养方案。空军指挥学院、空军雷达学院、桂林空军学院等校图书馆已经收集了教学参考书 700 多种。截至 2006 年 5 月底,桂林空军学院和空军指挥学院图书馆已经完成了部分教学参考书的加工工作。下一步,空军院校联合数字图书馆将准备多方筹资,继续完成若干子项目的建设任务。

【北京"核心竞争力及其发展新思维高层论坛"研讨会】 6月14日,由北京科技情报学会高等院校科技情报专业委员会主办、国防大学图书馆承办的北京"核心竞争力及其发展新思维高层论坛"研讨会在国防大学召开,来自北京地区军队和地方大专院校图书馆、情报所共 70 名代表参加了会议。

科协学会部的徐新部长和北京科技情报学会的王苏舰常务副理事长及庄子惠秘书长及国防大学图书馆王瑞清馆长出席了

会议并讲话。会议聘请5位专家,从对国外图书馆建设模式的考察中,引发出对我国高校图书馆的发展和建设具有启发性的思考,并针对目前我国高校图书馆建设情况,提出一些创新理念,促进我国高校图书馆在较高层次上的创新发展。国防大学图书馆向会议汇报演示了"军事理论科学数字图书馆"的建设情况。此次活动促进了地方及军队高校图书馆界的学术交流和相互了解。

【军队院校图书馆代表赴美国参加ALA年会】 6月17日—7月2日,南京陆军指挥学院图书馆李洁、陆军航空兵学院图书馆曾纲京、南京政治学院上海分院图书馆章春野等三位同志,应邀随中国图书馆学会代表团赴美出席在新奥尔良召开的美国图书馆协会(ALA)年会,并参观访问了美国国会图书馆、哈佛大学的燕京图书馆、纽约公共图书馆、旧金山公共图书馆、新奥尔良公共图书馆、加州大学洛杉矶分校图书馆、夏威夷大学图书馆等一批

图书馆。短短两周的行程,尽管是浮光掠影、走马观花,但是,他们还是对美国图书馆事业的发展现状深有感触。一是感受到美国的图书馆事业得到了社会的广泛重视。美国前国务卿奥尔布赖特、州长、市长和美国第一夫人劳拉出席ALA年会并在开幕式和闭幕式并做了讲话和演讲。一个普通协会的年会,吸引了这么多重要人物的出席,说明图书馆在美国人生活中的分量。美国社会具有非常浓郁的读书、学习的氛围,对图书馆的依赖程度比较高。所到之处,每个图书馆的读者人数都很多。二是感受到美国图书馆从业人员,无论馆的性质是什么、规模大小,都有着高度的敬业精神和对图书馆工作的职业自豪感。三是感受到美国各图书馆都把服务放在第一位,无论是服务形式、内容、开放时间安排,还是环境的布置,都体现了强烈的服务意识。尽管传统的借阅服务依然是美国各图书馆主体服务形式,但是,都被赋予了新的时代特征,比如:网上借阅、自动借阅、预约借阅等等,灵活多样。四是数字化、网络化起点高。尽管他参观的一些图书馆都不是新建的,馆舍建设年代都比较老,除了环境依然保持着优雅整洁外,基本上都实行了全部的现代化改造。只要通过ID认证,在图书馆的统一界面下,就能实现虚拟资源、实体资源的统一检索和一站式服务。而且,个性化特征明显,每个图书馆网站都有my library、my books、

my messages或者类似的个性化栏目。

【武汉地区军队院校图书馆第十届图书情报研讨会】 7月11日,武汉地区军队院校图书情报专业组在军事经济学院图书馆举办了第十届图书情报学术论文评选暨学术交流活动。协作区10位馆长参加了会议,武汉地区军队院校协作中心办公室吴建平主任、李志刚、张昊参谋莅临会议并发表了讲话。本次论文征集是以军队院校图书馆专业委员会第18次会议精神为指导,以贯彻落实科学发展观、谋划"十一五"期间军队院校图书馆建设发展为主题,围绕"十一五"期间军队院校图书馆建设与发展研究、数字图书馆工程建设研究、军事特色数字资源建设研究、图书馆信息服务研究、数字图书馆标准规范体系建设研究、数字图书馆工程建设与联合协作研究、全军图书馆评估工作研究等7个专题展开研讨。本次活动共收到论文28篇,协作区各图书馆馆长以无记名投票的方式评出一等奖4篇,二等奖5篇,三等奖7篇,从获奖论文中挑选出8—10篇进行了学术交流,获奖论文编入了《武汉军校图书馆》,并在年会上进行颁奖表彰。本次活动,还完成了武汉协作区军队院校图书馆2006年度两项工作:一是按照总参军训和兵种部的要求,武汉协作区图书馆全部选用全军数字图书馆应用技术平台(MDLS系统),专程赴装备技术指挥学院

学习,集中进行了培训,对协作区各图书馆统一进行了安装试用。二是制订了协作区2006年度CNKI数字资源联合采购方案,实现了区域资源共知共建共享。与会人员一致认为,要以此次活动为契机,抓住机遇,更好地发挥图书馆在军队院校建设中的文献信息保障作用,共同为推进全军院校图书馆事业不断发展而努力。

【全军院校图书馆信息素质教育研讨会】 7月18—21日,军队院校图书馆专业委员会在桂林空军学院召开了全军院校图书馆信息素质教育研讨会。来自全军、武警院校图书馆馆长、文献检索教学组长和业务骨干共69人参加了会议,总参军训和兵种部训保局田洪彦副局长、周毅参谋和空军司令部军训部赵一巨研究员到会指导,周毅参谋、田洪彦副局长分别在会议开始、结束时讲了

话。桂林空军学院郝院长、训练部粟部长参加了会议开、闭幕式,郝院长在开幕式上发表了讲话。研讨会共收到论文82篇、参评课件13部,经分别组织专家评审,评出优秀论文一等奖9篇、二等奖24篇、三等奖49篇,优秀课件一等奖1部、二

等奖和三等奖各6部。研讨会开始时,周毅参谋作了动员讲话。他说,信息素质教育(以往称"文献检索教育")是图书馆对读者进行的、以提高信息检索和利用能力为目的的基本理论和技能教育,是图书馆履行教育职能的具体体现,是对读者进行终身教育的基础。对信息素质教育工作,各级领导、机关非常重视,大多数院校都把它纳入教学计划,有课时、有教材、有教员,图书馆承担教学任务,收到了很好的教学效果。许多同志在长期的教学实践中,进行了艰苦的理论探讨,积累了丰富的教学经验。我们这次会议,就是采取理论与实际相结合的方法,深入研讨新形势下特别是院校教学转型后信息素质教育的理论和实践问题,总结交流经验,以促进图书馆信息素质教育创新发展。研讨会以一天的时间进行课件演示和评审,以一天的时间进行大会交流,以半天的时间分组讨论,以半天的时间进行优秀课件示范演示和会议小结、领导讲话。田洪彦副局长在会议结束时讲了话。田洪彦副局长对这次研讨会的召开给予了充分肯定。他觉得这次会议开得非常成功,非常圆满。因为这次会议是正当全军上下贯彻军事训练工作会议,推动军事训练创新发展的时候,会议的主题非常鲜明,重点也很突出。虽然是信息素质教育研讨会,但大家研讨的内容已经超出了这个范围。从总体上看,是站在院校发展和人才培养的高度

上来思考这个问题。大家研究的问题也是我们所关注的问题,大家提出的建议非常中肯,有的可以说是我们下一步工作的方针,有的可以作为我们在教保建设中间的一些措施,有些问题也启发我们研究。田副局长围绕积极推进机械化条件下的军事训练向信息化条件下的军事训练转变这一主题,重点讲了军事训练信息化建设、2110工程建设和院校图书馆建设三个问题。他在强调发挥图书馆在院校教育中"三个支柱"之一功能作用的基础上,从准确把握图书馆的定位、切实加强图书馆的全面建设、大力提高图书馆服务水平三个方面对图书馆的建设发展和工作进行了深刻论述并提出了要求。田副局长从四个方面概括了图书馆的地位作用。第一是图书的维护和管理,继承传统。第二是情报交流中心的地位,应责无旁贷地成为情报交流中心。第三是人才培训的基地,对文化教育图书馆可以承担更大的责任。第四是学术研究的作用。既要研究图书馆的学术问题,也要研究服务对象的学术问题。不要简单地把图书馆当成藏书楼。不然的话,图书馆"三大支柱"之一就撑不起来,前一次调研的时候我感到图书馆看到的主要是书库,是死的东西,汇报工作里也是多少人阅览了,借还书多少册,但是你组织了多少交流,开了哪些课程,为学科建设提出了多少建议,搞了哪些讲座,很少有人讲。当然,在客观上,院校调

整,尤其是学科建设,老编制人多,新编制人少,精力上顾不过来。田副局长还从队伍建设、信息资源建设和条件建设三个方面,重点讲了加强图书馆的全面建设问题。最后对大力提高图书馆服务水平提出了明确的要求。他说:图书馆藏书再多,设备再好,服务跟不上照样不能算好图书馆。提高服务主要有三点:一是服务内容的信息化;二是服务手段的现代化;三是管理规范化。图书馆是个窗口行业,在服务上要规范、要先进。田副局长讲话之后,和与会同志进行了面对面地讨论交流,先后回答了7位同志提出的图书馆领域的软课题研究、指挥院校与技术院校图书馆建设的差别、2110工程建设中图书馆经费列项和管理、院校教育训练费中图书馆经费知情以及电子阅览室管理社会化等问题。

【海军院校图书馆2006年度工作会议】 8月2—3日,海军司令部军训部主持召开的海军院校图书馆2006年度工作青岛海军潜艇学院召开。总参军训和兵种部训练保障局周毅参谋,海军司令部军训部林华副部长、周峰副处长、李超参谋,军队院校图书馆专业委员会召集人、国防大学图书馆馆长王瑞清等和海军院校各图书馆的馆长以及数字图书馆建设技术骨干出席了会议。会议的主要内容:一是演示汇报了海军院校数字图书馆系统集成和资源整合的阶段性成果。到目前为

止,各馆共提交数据6万条,总量超过30个GB。完成教材1108部,学位论文1546部,期刊14种、35 060篇,特色数据库15个、23 500条记录。二是总结交流海军院校数字图书馆建设的主要经验和做法。按照海军院校数字图书馆总体建设方案的要求,2005—2006年海军院校各图书馆依据海军院校数字图书馆工程项目的重点建设任务,对已有的数据库进行回溯标引、集成,对不完整的数据库查缺补漏,有的图书馆对以往使用的不同平台和分类体系,进行了重新建设和标引。为保证建设质量,使全海军的数据能够共享,各图书馆统一使用MDLS平台,使用统一分类体系标引,有的院校图书馆在设备短缺的情况下,自筹经费购买数据库加工的服务器和工作机。通过大家的努力,克服了困难,较好地完成了年度任务。三是讨论制定了进一步完善提高系统整体功能的措施。为了保证海军院校数字图书馆建设的顺利进行,建议在海军司令部军训部领导下,进一步解决数据安全保密问题;建立镜像站点,尽快发挥已建系统的效益问题;按统一的分类体系标引,扩大数据的种类,提高数据质量和完整性。

【空军飞行学院数字信息资源系统建设方案评审会】 8月18日,空军司令部军训部在蚌埠空军第十三飞行学院主持召开了"空军飞行学院数字信息资源系统"建设方案评审会,

来自总参、空军司令部、国防大学和飞行院校等单位的有关专家组成的评审委员会,观摩了课题组的演示汇报,审查了课题组的《空军飞行学院数字信息资源系统总体方案》、《空军飞行学院数字信息资源系统资源建设方案》、《空军飞行学院数字信息资源系统技术方案》及《空军飞行教育训练文献分类细则》等文档,经认真评议,一致同意通过评审。并认为,该建设方案是以飞行教育训练需求为牵引,以空军各飞行院校图书馆为实施主体,以空军院校联合数字图书馆和军队院校数字图书馆技术平台为资源和技术的支撑条件,直接面向各飞行训练团建立的具有鲜明空军飞行院校特色、联合共享的数字化文献信息资源体系和功能强大的信息服务保障体系。

【信息工程大学图书馆"图书联合借阅管理系统"开发成功】 9月,信息工程大学图书馆"图书联合借阅管理系统"开发成功上网运行,全校实现了书刊联合借还。由于全军院校图书馆网络管理系统的设计指导思想是基于独立院校图书馆,只能适合于以局域网为主要环境的单馆管理模式,信息工程大学于1999年成立以后,大学和三个学院图书馆仍使用该系统的突出矛盾是:大学内各图书馆的图书、期刊不能实现统一借阅和归还,读者要想查阅某一种图书、期刊,必须到每个图书馆的主页上或到各馆

书目、期刊检索工作站上进行各自的检索，借书证不能做到一卡通，学员无论转到哪个学院都必须重新办理借书证，图书馆采购人员无法利用该系统进行图书、期刊订购查重，无法避免重复订购的现象，编目人员无法实时套录其他几个馆已有的数据，也无法避免重复编目。为了解决以上问题，大学和训练部首长提出尽快对现有系统进行升级、改造，一切从读者需要出发，在全校范围内实现真正意义上的书目、期刊资源共建共享、图书通借通还。2005年5月学校成立了项目论证研发小组，大学图书馆召集各学院图书馆馆长及技术人员进行了广泛的论证，征求了全军院校图书馆资深专家和技术开发人员的意见，在此基础上，拟制了《信息工程大学图书馆联合借阅管理系统》的设计方案，并开始系统功能的开发。到2006年4—5月，基本完成了远程数据的调用、图书资料的验收与典藏、借阅书证管理、系统的借阅与归还、读者信息的查询、读者信息的统计、图书借阅历史查询、馆藏图书的特性、系统的数据维护、系统参数的设置等功能模块。6月，完成了功能模块的初步测试，并对发现的问题进行了改进。7—8月，课题组对系统作进一步测试，完成了测试报告书，编写了系统功能使用手册，制定有关大学范围内图书统一借阅、统一归还规则，对各馆技术人员进行了系统维护技术培训。暑假开学后，系统在大学范围内

运行正常，真正实现了校内统一借阅、归还、预约、续借等服务，并可以满足了全军院校图书馆流通管理系统的需要，保证了原流通系统平滑地升级到该系统上，同时也为校园一卡通提供了数据转换接口。

【全军院校图书馆自动化管理系统开发暨数字图书馆标准规范体系建设研讨会】 10月13—14日，"全军院校图书馆自动化管理系统开发暨数字图书馆标准规范体系建设研讨会"在张家口市宣化区炮兵指挥学院召开，图书馆自动化管理系统开发组成员、军队院校图书馆专业委员会信息资源和信息技术专家组成员等22人参加会议。总参军训和兵种部训保局周毅参谋参加会议，并在研讨会开始和结束时讲了话。炮兵指挥学院郎副院长、训练部冯部长参加了开幕和闭幕式，郎副院长在研讨会开始时发表了讲话。图书馆自动化管理系统开发组的成员对采访、编目、流通、期刊管理、文献检索、条码打印、电子阅览室管理、馆务管理、系统维护、自动备份等10个模块的功能和前期开发情况进行研究和总结，提出了下一步开发的具体意见。为加强数字图书馆的标准规范体系建设，信息资源和信息技术专家组的成员就军队院校数字图书馆标准规范的建设课题进行了研讨，通过研究提出了"一个框架"（军队院校数字图书馆标准规范建设总体框架体系）、"五个标准"（数字对象唯

一标识符、数字信息长期保存标准、元数据的规范与标准化、分布式联合虚拟参考咨询技术规范和互操作协议）的建设任务。并明确提出一个框架、五个标准中的前三个项，主要由国防大学、装备技术学院图书馆和军事信息管理系统组织人员研究制定，分布式联合虚拟参考咨询技术规范和互操作协议由两个专家组组织人员开发。周毅参谋在研讨会总结中，对这次会议的主要特点作了概括，并就图书馆自动化管理系统开发的安排和数字图书馆标准规范体系建设的分工问题发表了意见。他说，图书馆自动化管理系统经过前一阶段的开发，已经取得了初步成果，下一步的任务仍很重，争取明年上半年完成系统升级的研制开发任务并进行技术测试，然后在部分院校图书馆试用，发现问题，不断完善，并组织专家进行技术验收；下半年由军事信息管理系组织技术培训，为全军院校每一个图书馆培训一名应用该系统的技术骨干，年底前将该系统配发到全军院校图书馆使用。他强调，加强军队院校数字图书馆标准规范建设，实现信息共享，势在必行。要根据会议提出的一个框架、五个标准和发挥两支队伍作用的计划，抓紧实施。"一个框架"就是军队院校数字图书馆标准规范建设要形成一个总体框架体系，理清楚数字图书馆建设需要哪些标准，哪些有了，哪些还没有，那些有的我们可以参照和采用，哪些需要制定，

哪些需要补充;"五个标准",就是数字对象唯一标识符、数字信息长期保存标准、元数据的规范与标准化、分布式联合虚拟参考咨询技术规范和互操作协议,是我们当前急需要建设的标准,要在今年年底至明年年初拿出草稿。另外,知识组织体系描述规范和相关的规范建设是数字图书馆建设下一步建设与发展的要求,要组织力量加强研究与制定。在标准规范建设中,两个专家组要充分发挥各自的作用,不仅要起到指导和咨询作用,而且要参加标准规范的研究制定。周参谋还就军队院校图书馆专业委员会下设专家组、下一步图书馆的建设和工作问题作了指示。他说:图书馆军队院校图书馆专业委员会下设信息资源组和信息技术组,下一步还要成立信息素质教育组,可以作为图书馆军队院校图书馆专业委员会的专家组,各组可以组织一些专项活动,为图书馆军队院校图书馆专业委员会多出主意,为全军图书馆建设作贡献,希望积极的发挥作用。

【南京地区军队院校图书情报专业组工作经验交流会暨2006年度协作工作会议】 10月20—21日,"南京地区军队院校协作中心图书情报专业组工作经验交流会暨年会"在杭州武警指挥学院召开。协作区18位馆长参加会议。会议主要围绕军队院校图书馆评估、信息服务、文职人员的聘用和管理、新馆舍建设等问题进行了研讨和交流。南京政治学院上海分院图书馆章春野馆长介绍了赴美出席美国图书馆协会年会及参观美国图书馆的情况。专业组组长王法权馆长作2006年度协作区工作总结。会议有三个特点:一是内容丰富,选题贴近实际。经验交流会的内容都是目前图书馆面临或者正在进行中的主要工作,已做过这些工作的馆领导把自己的做法和体会在会上介绍之后,很多馆长反映启发很大。二是经验材料,准备充分。陆军指挥学院图书馆、电子工程学院图书馆、国际关系学院图书馆,合肥炮兵学院南京分院图书馆的馆长,把他们在图书馆评估中的做法、文职人员招聘过程及应注意的问题、新馆舍建设与馆长的作用等问题,进行了交流。大家感到,通过这次会议不仅节约了我们去他们馆参观学习来往的时间,而且也减少了他们的麻烦。三是重点突出,方法灵活。会议自始至终紧紧围绕主题进行,大会发言与自由提问?的结合恰到好处。协作组组长在总结2006年度专业组工作时指出,各馆一年来能认真学习贯彻《军队院校图书馆工作条例》精神和联席会年度工作安排,本着相互帮助、相互促进、共同提高的原则,积极开展协作活动,在图书馆数字化建设上,抓住机遇,谋求发展,卓有成效地开展工作,取得了可喜的成绩,使各馆的现代化建设取得了新的进展和突破。同时,通报了在总部立项项目的进展情况,部署了2007年专业组工作重点。

【2007年度数字图书馆建设项目论证会】 10月27—29日,受总部机关主管部门委托,军队院校图书馆专业委员会在空军指挥学院组织召开了2007年申报立项的数字图书馆建设项目论证会,总参军训和兵种部训保局周毅参谋参加了论证会。由军队院校图书馆专业委员会7位专家组成的论证组对2007年申报立项的8个建设项目逐一进行了论证。这8个项目是"中国军事图书总库"、"军队院校学术论文总库"、"在线军事工具书服务系统"、"军事知识元数字图书馆"、"军事经济数字图书馆"、"军事海洋环境信息服务系统"、"军事信息管理数字图书馆"和"全军陆军学院联合数字图书馆"。论证组一致认为,这些项目,适应军事斗争准备和新时期军事战略转变的需要,坚持"立足本院校、服务全军"指导原则,以满足院校教学科研和部队训练的信息需求为重点,大都具有全军院校图书馆共享的重要价值,也是全军军事训练数字信息资源体系的重要组成部分,符合总部关于军队院校教育信息化建设的要求,具有重要的现实意义。这些项目的"总体建设方案"指导思想明确,需求和可行性分析准确,建设目标具体,建设思路清晰,结构合理,重点突出,选用的技术成熟,实施措施得力,具有创新性。论证组一致通过了这些项目的论证,建议总部领导机关

批准立项,尽快启动建设,坚持边建边用,早日发挥其应用效益。

【空军雷达学院图书馆开发的《在线辞典》上网运行】 10月,空军雷达学院经过一年半时间开发制作的《在线辞典》在军事训练信息网(http://www.rad. lib. kjld. mtn/zxgjs)和互联网络上(http://www. dic123. com/)正式运行,日均检索点击次数超过1万人次,受到读者欢迎。《在线辞典》是一款融合了词典、百科的大型知识数据库,融合了13个国家的语言词典和百科,组成25个数据库。数据库记录达1550多万条,中西字符数在25亿左右。包含的数据库有汉语词典、汉字词典、成语词典、汉英词典、汉俄词典、汉韩词典、汉法词典、汉日词典、英英词典、英汉词典、英德词典、英法词典、英俄词典、英日词典、英西班牙词典、日汉词典、日英词典、德汉词典、法汉词典、法英词典、俄汉词典、韩汉词典等语言词典,词汇涉及20多个专业领域;还有近义词反义词词典、汉语百科、诗歌数据库、康熙字典、日文百科数据库、英文百科数据库、俄文词典、谜语词典、歇后语词典、在线百科全书等数据库;以及中文专利数据库、在线名录/指南/手册、电子万年历(万年历查询、世界各地时间、农历及纪念日标注)、中华地图网(中国及世界各地的地图)、中国历史年表、中国家谱、Internet在线电话簿等应用工具。《在线辞典》让用户直接通过WEB网页使用知识词典,可以简单让您在0.5秒的时间内遍历上千本工具书,提供整库检索和单库检索两种检索方式,以及拼音和部首、笔画等查找手段。整库检索则会显示25个数据库中命中的所有数据库;单库检索是点击进入想要查询的库,检索的结果会直接显示在本页面上;而通过拼音或部首、笔画则可直接点击拼音字母或部首、笔画查找。《在线辞典》技术上并不只简单的为用户提供词义的查询,更为用户提供了一个知识体系,将分散独立的各类参考工具上网,不仅方便读者使用,而且通过将各独立的各类参考工具书重组,实现知识之间的关联的知识链。采用了先进的分词技术,维护着一个超大型的词库,通过相近关联的超链展示更多的词义,支持错字母检索的容错技术,以及通过系统在使用的过程中提炼知识点,根据用户的检索词组织最新、最热知识主题。《在线辞典》是《在线工具书参考系统》的重要组成部分。《在线工具书参考服务系统》项目计划收录包含工具书中的词典/辞典、百科全书、年鉴、名录、手册/指南、表/谱/图录/公式和目录、索引/文摘、专利、标准10个大类,1万种工具书。整个软件系统由在线工具书数据库群、关联知识库系统、C-#KDIS全文检索系统和在线工具书WEB应用系统四个子系统组成。为保证质量,制定了《在线工具书制作标准》,采用微软先进成熟的技术,系统安全稳定,占用存储少,目前完成加工的3000种工具书,所需安装空间不到30GB,整个系统空间在100G左右。《在线辞典》的上网运行,标志着《在线工具书参考服务系统》取得阶段性成果,探索出一条采用知识辞典的方法进行知识重组和服务的路子。

【总参军训和兵种部对四所院校图书馆进行评估】 11月5—16日,总参军训和兵种部训练保障局组织评估组依据《中国人民解放军院校图书馆评估实施办法》(简称《评估办法》),先后对西安政治学院、后勤工程学院、装备指挥技术学院、空军指挥学院等四所院校图书馆进行了试点性评估。总参军训和兵种部训练保障局田洪彦副局长参加了空军指挥学院图书馆的评估并在评估结束时讲了话,周毅参谋参加了四所院校图书馆的评估。评估组认真贯彻《中国人民解放军院校图书馆工作条例》,严格按照《评估办法》,采取专家评估与群众评估相结合的方法进行评估。从通过评估结果情况看,四所院校图书馆建设和工作的情况良好,都达到了合格的要求。其特点:一是各级领导重视。各大单位和院校对评估工作非常重视,对照评估指标找差距,采取多种措施"固强补弱",特别是加大了图书资料的经费投入,有力地促进了图书馆全面建设,达到了"以评促建"的目的。二是自评工作扎实。四所院校都按照《评估办法》的要求,由院校领导或主管部门领导主持,机关、教研单位和图书馆代表参加,进行了严格的自评,做出了比较符合实际情况的自评报告,对迎接评估进行了认真准备,提供了比较翔实的佐证材料,保证了评估有据可查和顺利进行。三是方法步骤得当。试点评估采取听取院(部)领导和图书馆关于图书馆建设基本情况和自评情况的汇报、审查有关资料、观看有关演示、实地检查考察、召开各种类型人员(教研人员、学员、图书馆工作人员)座谈会听取意见、评估组按照评估指标体系讨论评议和打分、最后作出并宣布评估意见等方法步骤进行,时间安排比较紧凑。四是试评效果良好。这次试点评估,按照评估指标体系的要求,既充分肯定了各图书馆建设和工作取得的成绩,又指出了存在的薄弱环节和努力方向,还体谅各图书馆的实际困难,院校领导和图书馆的同志都比较满意。通过试点评估,进一步摸索了评估经验,同时,对《评估办法》中个别评估点以及评估系数也提出了修订建议,达到了预期目的。但从试点评估的情况来看,有的图书馆平时不太注意积累资料、规范档案管理;评估前突击赶制佐证材料,造成不必要的紧张。田洪彦副局长在空军指挥学院图书馆的评估结束时讲话中,就军事训练信息化的条件建设,特别是就网络化、模拟化、数字化、基地化建设问题发表了意见。

【全军院校图书馆信息和知识服务研讨会】 11月9—10日,军队院校图书馆专业委员会在重庆第三军医大学组织召开了全军院校图书馆信息和知识服务研讨会,来自全军院校图书馆的80名馆长和业务骨干参加了会议,总参军训和兵种部训保局参谋周毅大校亲临指导并在开幕式上讲了话,第三军医大学张副校长和训练部王副部长参加了开幕式,张副校长发表了讲话。研讨会共收到征文来稿161篇,军队院校图书馆专业委员会聘请16名专家进行了通信匿名评审,评出一等奖16名、占9.94%,二等奖43名、占26.7%,三等奖70名、

占43.47%,并将获奖论文汇编成册,由第三军医大学图书馆印发会议代表。研讨会的特点:一是主题鲜明,重点突出。这次研讨会,是在全面落实院校任务转型的背景下举办的,也是在教育改革、院校转型、由传统图书馆向现代图书馆转变的新形势下举办的。研讨会紧紧围绕"全军院校图书馆信息和知识服务"这一主题,总结交流信息和知识服务的经验,探索新时期新阶段图书馆信息和知识服务的特点和规律,研究进一步加强图书馆信息服务的职能。这是图书馆办馆宗旨的

集中体现,是图书馆建设和发展的根本目的所在。大家感到,通过学习研讨,理清了新形势下图书馆信息和知识服务的新思路、交流了信息时代信息和知识服务的技术应用,研究了搞好信息和知识服务的新对策,感到收获很大。二是内容丰富,形式多样。这次研讨会,虽然时间不长,但做了多方面的安排,有论文交流,有文献信息资源和技术平台介绍,内容丰富多彩。三是虚心学习,团结一致。参加研讨会的各位馆长和骨干,都把这次研讨会当成一次难得的学习、交流机会,积极撰写论文,积极参加会议,会场内外广泛交流,互相学习。研讨会取得的主要成果归纳起来主要有四点:第一,取得了一批理论研究成果。这次研讨会,围绕主题,对新时期新阶段图书馆服务创新、一体化信息服务、参考咨询服务、个性化信息服务、信息推送服务、任职教育信息服务,知识组织、知识服务模式和策略、馆员素质培养及学科馆员制度、人才队伍建设等方面进行了探讨,编印了有129篇优秀论文的论文集,有21位同志在大会上交流和介绍。第二,研讨了图书馆工作的中心和重点。研讨中,大家紧紧围绕讨论重点和中心问题,各抒己见,共同研究谋划院校图书馆信息和知识服务的改革和发展,特别是从总体上规划了如何构建文献信息保障体系、信息和知识服务体系和模式、参考咨询服务平台、素质教育的评价体系,使之符合军队

院校图书馆的实际，为领导机关科学决策提供很好的咨询意见。第三，进一步坚定了图书馆的方向和宗旨。研讨中，大家围绕信息时代图书馆面临的机遇和挑战，从适应新型高素质军事人才培养和提高图书馆信息服务保障能力出发，探讨了图书馆如何落实科学发展观，以人为本，创新服务的问题，提出了许多好的意见和建议，其中包括建立全军院校图书馆信息资源共享服务机制的问题，为全军院校图书馆信息资源共建共享研究了对策，为实现"全军院校一个馆"的目标迈出了新的步伐。第四，增强了图书馆工作的责任感和使命感。研讨中，大家深感新形势下，图书馆建设发展的科技含量提高了，读者的信息需求增大了，信息和知识服务的难度增加了，信息资源共建共享的组织协调更加复杂了，对图书馆工作人员素质要求更高了。作为图书馆馆长和业务技术骨干，不仅要善于谋划、熟悉教学、长于管理，还要懂得技术，深感责任重大，从而进一步增强了做好图书馆工作的责任感和使命感。

【空军工程大学图书馆竣工并投入试运行】 12月初，空军工程大学图书馆竣工并投入试运行。空军工程大学图书馆分主楼和辅楼两部分，建筑面积近2万平方米，设计藏书100万册，阅览座位近3000个，建有两个图书书库、三个图书阅览室、两个电子阅览室、一个教员研究生阅览室、一个外文文献阅览室、一个报刊阅览室和网络控制室，三套网络控制机房，两个各200个机位的军网电子阅览室，并设有安防监控系统、背景音乐和紧急广播系统、数据加工中心、一个300个机位的地网电子阅览室和一期容量为20TB的光纤存储中心。11月底完成了土建工程、二次装修以及一期设施设备、环境工程等建设。为配合开馆，引进了10万册电子图书、CNKI 7个专辑电子期刊和万方数据的中国学位论文数据库、中国会议论文数据库、中国法律法规数据库等数字资源；采购纸质图书10万余册。空军工程大学图书馆建设的总目标是：建设功能完善、设施先进、美观实用的现代化数字图书馆。为了实现建设目标，在新馆的建设理念上，突出了"六化"：一是智能化。在各项弱电系统建设上，突出智能化。建有电子监控、门禁管理、公共广播、背景音乐、计算机管理、有线电视系统、通信系统、多媒体会议系统等。二是数字化。突出数字图书馆功能，坚持纸质资源和数字资源建设相结合，突出数字化文献信息资源建设，并正在建设数据存储中心，具备海量存储能力。三是网络化。除三个电子阅览室外，在书库和阅览室分别设有上网微机，使读者在任何区域均能上网。四是一体化。突出体现在纸质图书的"藏、借、阅"一体化管理理念。五是人性化。在功能区域布局和设施用具选用上，坚持"以人为本，读者第一"，突出人性化的设计。六是绿色化。在环境建设上，注重图书馆内部与外部协调统一，充分运用绿化设计，美化环境，创造温馨的"绿色"阅览空间。12月1日，空军邓政委到大学检查工作时，专门到图书馆视察，给予了很高的评价。

【军队院校军事信息素质教育教学大纲和教材编写研究论证会】 12月21日，由军队院校图书馆专业委员会办公室组织、南京政治学院上海分院军事信息管理系承办的军队院校军事信息素质教育教学大纲和教材编写研究论证会在该系召开，来自全军院校图书馆信息素质教育的13名代表参加了会议。会前，与会代表都作了认真的准备，提交了书面材料。军队院校图书馆专业委员会办公室主任、国防大学图书馆副馆长祁长松在会议开始和结束时讲了话。会议由林平忠主任主持，与会同志就军队院校军事信息素质教育的重要性、迫切性进行了认真的讨论，对军队院校军事信息素质教育的现状和教育对象的层次、类型进行了认真的分析，对信息素质教育教学大纲和教材编写问题进行了认真的研究并达成了共识，落实了任务分工和完成时限。会议一致认为，信息素质教育是图书馆对读者进行的、以提高信息检索和利用能力为目的的基本理论和技能教育，是图书馆履行教育职能的具体体现。在现代信息技术条件下,随着各种载体信息的日益增多,对读者信息检索和利用能力的要求越来越高,加强对读者信息素质教育,提高读者的信息意识、信息知识、信息道德、信息获取和分析能力,是培

养新型军事人才的重要环节,是落实《实施军队人才战略工程规划》的重要举措,具有重要的现实意义和终身教育的深远意义。会议认为,军队院校图书馆信息创新素质教育要遵循如下基本原则:(1)确立全面的信息素质观。军队院校信息素质教育教材体系的内容一定要符合国际公认的美国"高等教育信息素质能力标准",兼顾信息意识、信息道德、信息技能、信息利用与信息创新能力的综合培养,将传统的文献检索真正提升到信息素质教育层面上来。(2)突显军事特色,为军队信息化和未来信息作战培养合格人才。军队院校信息素质教育要突显军事特色,在教学内容上要侧重军事信息、信息作战、信息技术、信息安全等方面的内容;注重学员信息作战能力的培养,包括搜集情报信息,特别是从公开的信息源中搜集、提炼有效军事情报的能力;规范信息操作和信息安全防范措施等。(3)多类型分层次,提

高教育效果。要针对学历教育、研究生教育和任职教育的特点和培养目标,分层次、分系列组织编写教学大纲和教材。学历教育层次注重检索基础知识和本专业领域基本信息资源利用能力的培养;研究生教育层次注重本专业领域研究信息资源、检索能力和信息利用能力的培养;任职教育层次注重其岗位需求的牵引性、实用性、动态性的特点,增加案例教学的内容,注重利用信息资源解决实际问题能力的培养。(4)充分利用网络信息技术,丰富教育手段和形式。积极探寻适合特定教学对象、教学目的的教学模式和教学方法。信息素质教学要充分利用现代网络和信息技术,采取多种教学方式和手段(如"课堂讲授+上机实习+在线辅导")全面实施。改革传统的信息素质能力考核方式,如采用"引路者"(PathFinder)、撰写研究综述等。(5)延伸信息素质教育空间,为基层部队信息人才培养发挥作用。军队院校信息素质教育要依托军事综合信息网,建立全军信息素质教育网站,丰富教育资源,将信息素质教育延伸到基层部队信息人才的培养上,更好地服务部队。会议要求,信息素质教育大纲由4家单位的同志撰写初稿,由军事信息管理系汇总形成讨论稿,信息素质教育教材按照基础理论篇教材和应用实践教材篇(分面向专本科、硕博士研究生、高中初任职教育等不同对象)分别由军事信息管理系和6个图书馆

牵头提出比较详细的编写提纲,于2007年3月底前后再次组织专家组研讨,尔后分头执笔撰写,下半年完成初稿撰写。会议建议:(1)在全军院校图书馆展开规范信息素质教育,提升信息素质教育质量的活动,作为今明两年图书馆重点工作之一,并作为图书馆评估的重要内容。(2)强化对信息素质教育的认识,促进教学课程的正规化,建议将信息素质教育课程列入各类培训的教学计划。(3)加强对信息素质教育教材编写的领导和支持,争取总部机关、各院校领导和机关给予多方面的支持。(4)培养合格的教员队伍。选拔调整优秀馆员担任信息素质教育教员并相对固定,有条件的可与院校有关教研室合作,选择专业水平高、对专业信息利用熟悉同时对图书馆工作热心支持的教员承担部分专业信息能力培养的教学任务;以军事信息管理系为基地,分期培训各馆教学人员;吸收经验丰富,有一定理论基础的图书馆工作人员参与教学。(5)加强对教学资源的建设,建立和完善实习室和实习资料。(6)全军各院校的信息检索课程教员通过邮件组或讨论组的方式建立常态化的信息交流和资源协作共享,共同建立案例库,分享教学实践经验。

【南京政治学院上海分院承办上海市图书馆学会2006年学术年会】 12月22日,由南京政治学院上海分院承办的上

海市图书馆学会2006年学术年会在该院召开。上海图书馆馆长、上海科技情报研究所所长、学会理事长、南京政治学院上海分院兼职博士生导师吴建中教授,上海市图书馆党委副书记、学会秘书长王世伟教授等学会领导,以及来自全市各系统的学会理事、理事会各专业工作委员会成员和会员代表共计360余人参加了会议。军事信息管理系图书馆学、情报学专业教员和博士、硕士研究生旁听了会议。在年会上,南京政治学院上海分院院长、学会学术委员会主任、博士生导师戴维民教授作的题为《信息共享空间—图书馆—知识城市》的主旨学术报告,受到与会代表的高度评价。上海市委党校副校长、上海市行政学院副院长、学会学术委员会副主任王丽丽教授的《共建创新文化的信息支撑平台》,华东师范大学商学院信息学系主任、学会编辑出版委员会主任范并思教授的《社会主义新农村建设与图书馆》,《图书馆杂志》社副社长、学会编辑出版委员会副主任王宗义研究员的《当代图书馆发展与城市文化建设》等学术报告也博得了代表的阵阵掌声。此外还有5位获奖论文作者作了交流发言。此次年会是根据学会2006年工作计划安排,于8月8日在南京政治学院上海分院召开的学会学术委员会工作会议上通过决议,由南京政治学院上海分院戴维民院长牵头,在学会秘书处的直接指导和密切配合下,军事信息管理系具体负责策划、组织和承办的。年会的主题是:图书馆与上海信息共享空间构建。下设分主题:(1)图书馆事业与学习型城市建设;(2)图书馆发展与新城市新郊区建设;(3)图书馆联盟建设;(4)图书馆与和谐社区建设;(5)图书馆与城市精神弘扬。2006年8月发出征文通知后,广大会员积极响应,踊跃投稿。经专家评审,共有78篇论文入选会议,其中6篇论文获得一等奖,8篇论文获二等奖,13篇论文获三等奖,4篇论文获优秀新人奖。华东师范大学图书馆等4家单位获得年会征文组织奖。南京政治学院上海分院军事信息管理系04级博士研究生孙谨的论文《城市信息共享空间构建探索》获得一等奖。学术年会在南京政治学院上海分院的成功举办,对于进一步密切上海分院与上海市图书馆界的联系,扩大军事信息管理系在上海市图书馆学会和学科理论研究中的学术影响,进一步巩固该系图书馆学在全国的优势地位和传统优势,有着重要意义。

【军队政治理论学科数字图书馆通过专家鉴定】 12月24日,总参军训和兵种部委托南京政治学院在南京召开了"军队政治理论学科数字图书馆"项目鉴定会。南京政治学院王建伟院长、训练部蔡惠福部长等院部领导参加了会议。由中国国家数字图书馆专家组组长孙承鉴等军内外11名专家组成的鉴定委员会,听取了课题组的研制报告、技术报告、测试报告、资料审查报告、用户报告、科技查新报告,观看了应用功能演示并进行了现场提问。经过认真讨论评议,鉴定委员会一致认为:经过课题组4年多的研建,形成了具有创新价值的数字图书馆建设理论,研编了军队信息资源共建共享的军队政治理论学科信息资源体系和元数据标准规范,研发了集成化的应用功能技术平台,搭建了融数据分布式存储、自动备份、防火墙与数据容灾机制为一体的信息安全防御体系,建成了网际站点相关数据库分布式智能检索集成与发布利用系统,解决了多元化异构数字资源标准统一整合、用户个性化信息灵活定制、提高网络资源自动分类转载与检索的准确率查全率等难题,实现了基于用户个性化需求的信息定制与推送服务,以及基于学科树导航、元数据提取、关键词组配的跨网站和跨资源库的"一站式"信息资源智能检索与共享服务。该项目信息资源特色鲜明、技术先进、操作简便、性能稳定、安全可靠,研制工作难度大,是目前军内技术综合集成水平高、信息资源丰富、服务功能完备的政治理论学科数字图书馆,在军队政治理论学科信息资源分类和"标准化整合、一站式服务"等方面处于国内领先水平。已在全军政治理论教育和政治思想工作中发挥了重要的信息服务保障作用,产生了较好的军事、经济效益。

【军队院校各地区、各系统图书馆积极开展协作活动】军队院校图书馆各地区专业组积极开展地区图书馆协作，2006年年初相继召开专业组会议，认真传达贯彻军队院校图书馆专业委员会第十八次会议精神，研究安排本地区协作工作活动，西安、长沙两地区坚持几年来的做法，5月29日—6月1日在长沙再次召开联组会，进一步加强了地区间的联系和交流。北京、武汉、石家庄等地区积极推动协作区文献信息资源的共建共享，满足了兄弟院校图书馆的资源需求，提高图书馆文献信息的服务保障能力，在协作区各成员馆的读者中获得了较好的评价与反映。武汉协作区在军事经济学院图书馆举办了第十届图书情报学术论文评选暨学术交流活动，协作区10位馆长参加了会议。南京地区协作组在杭州武警指挥学院召开工作经验交流会暨年会，协作区18位馆长参加会议。会议主要围绕军队院校图书馆评估、信息服务、文职人员的聘用和管理、新馆舍建设等问题进行了研讨和交流。郑州协作区和合肥、蚌埠地区院校图书馆馆长到南京、广州等地区学习图书馆迎接评估的经验。石家庄协作组组织各成员馆馆长、副馆长一行7人赴北京协作区进行学习交流。长春协作区各图书馆加强了馆与馆之间的交流与合作，针对协作组地域分布广、较分散的实际情况，馆长们每个季度通过电话沟通一次，并形成制度，相互通报、交流工作中的经验、做法、体会。青岛地区各图书馆的信息服务工作重要围绕三方面开展：完善基础服务，发展信息服务和创新知识服务，受到了用户好评。西安地区组织已退休或不在领导岗位的17位老馆长在重阳节聚会，共叙图书馆情愫，使老同志深受感动。石家庄协作组采取了联合培训的方式，挑选协作区内技术最好的业务骨干给各馆新聘文员上门当"教员"，手把手地教，有问题当场解决，收到了很好的效果。重庆地区本着公平、公开、公正的原则，充分发挥党支部的集体领导作用，对应聘文职人员进行了全面的考察和考核，基本上招进了图书馆需要的人才。各地区还积极办好信息交流刊物，如北京地区的《图书馆信息交流》、西安地区的《西安军校图书馆通讯》等都办得很有特色。今年各地区专业组工作总结非常认真，既总结了专业组的协作工作，又较好地反映了本地区各图书馆建设和工作的情况，提出了2007年的工作计划。2006年各系统协作活动非常活跃，并得到各系统领导机关的重视和支持。海军院校图书馆2006年度工作会议在海军司令部军训部的主持下在青岛海军潜艇学院召开。会议演示汇报了海军院校数字图书馆系统集成和资源整合的阶段性成果，总结交流了海军院校数字图书馆建设的主要经验和做法，讨论制定了进一步完善提高海军联合数字图书馆系统整体功能的措施。空司军训部在空军第十三飞行学院主持召开了"空军飞行学院数字信息资源系统"建设方案评审会，邀请有关单位的专家对方案进行了评审并一致通过了该方案。总后系统邀请专家并组织所属部分图书馆馆长对军事后勤数字图书馆建设方案进一步研究论证，并落实了任务分工，建设成果显著。第二炮兵司令部军训部组织二炮各院校图书馆拟制"第二炮兵联合数字图书馆建设方案"，并组织多次研究，即将提供专家论证。

【军队院校图书馆专业委员会广泛开展学术交流活动】军队院校图书馆专业委员会作为中国图书馆学会、中国国防科技信息学会的分支机构，还有部分图书馆加入了中国社会科学信息学会，在2006年，积极参加这些学会组织的学术研讨、技术交流活动，开阔视野，多方面了解掌握最新信息，汲取最新研究成果，不断提高队伍素质。军队院校图书馆的同志积极参加了中国图书馆学会7月召开的年会和中国社会科学信息学会2006年10月在南宁召开的学术研讨会，并有多篇论文获奖。11月24日，中国国防科技信息学会召开第四次会员代表大会，选举产生了新一届理事会，军队院校图书馆有23名同志当选为理事、4名同志当选为常务理事、1名同志当选为副理事长。在这次大会上，军队院校图书馆系统有6个图书馆和8名同志分别被评为学会活动先进单位和先进工作者。2006年有5个单位加入该学会，使军队院校图书馆的会员单位达到37个。11月30日，组织军队院校图书馆系统的代表参加了总装备部和国防科工委组织召开的纪念国防科技信息事业创建50周年大会，军队院校图书馆的8名同志被评为"国防科技信息工作50周年先进个人"，在大会上受到了表彰。此外，军队院校图书馆专业委员会还通过会员单位申报、专家评审，向中国国防科技信息学会推荐了19项"十五优秀国防科技信息成果"参评。

（祁长松 刘家坤 吴华 李洁 曾纲京 章春野 果青 王法权 王丽文 李叶霞 张丛凯 耿卫 马增军 刘明新 张振国 陈大武 薛玲 林平忠 包冬梅 孙正东 伦宏 康士泉）

【军队院校图书馆人大代表、政协委员名录】

姓名	性别	年龄	民族	所在单位	主要职务	职称	代表（委员）所在地区及任职情况	通讯地址	邮编
张丛凯	男	43	汉	空军第13飞行学院图书馆	馆长	副研究馆员	蚌埠市政协委员	空军第13飞行学院图书馆	233000

【2006年军队院校图书馆获军级（含）以上表彰与奖励情况】

	表彰或奖励称谓	授予单位	授予时间	获奖者	奖励方式
工作成就	先进单位	南京陆军指挥学院	1月	图书馆	奖状
	三等功	南京政治学院图书馆、空军指挥学院	1月	孙正东、吴华	奖章
	二等功	国防大学	2月	祁长松	奖章
	三等功	国防大学	2月	军事理论科学数字图书馆项目组	奖状
	三等功	陆军航空兵学院	4月	曾纲京	奖章
	学习成才标兵	陆军航空兵学院共青团委	5月	严毅	证书
	专业技术岗位三类津贴	总政	6月	李抒	每月津贴1000元
	情报工作先进工作者	总装备部	6月	戚琼华	证书
	先进党支部	海军大连舰艇学院、桂林空军学院、海军潜艇学院	7月	图书馆党支部	奖状
	优秀共产党员	后勤工程学院	7月	李昌健	奖状
	十佳标兵	空军指挥学院	9月	吴华	证书
	国防科技信息事业50周年优秀工作者	中国国防科技情报学会	11月	祁长松、吴华、文铁峰、高胜平、孙正东、范吉莲、陈云昌、许遗锁	证书
	全军装备技术基础工作先进集体	总装备部	12月	国防大学图书馆	奖状
	三等功	空军工程大学、西安政治学院、国防科技大学、沈阳炮兵学院、海军指挥学院	12月	严红、何桂香、王红梅、杜红霞、于亮、蔡彤霞	奖章
	集体三等功	空军工程大学	12月	图书馆	奖状

学术成就	军队科技进步三等奖	全军科技进步奖评审委员会	3月	海军潜艇作战指挥数据库	证书
	军队科技进步二等奖	全军科技进步奖评审委员会	11月	祁长松	证书
	军队科技进步三等奖	全军科技进步奖评审委员会	12月	徐贵水	

【2006 年军队院校图书馆开展活动统计表】

	名称(会议　活动　项目)	主要内容	时间	地点	人次
举办国内学术活动	郑州协作区院校图书馆馆长赴广州、南京等地调研	迎接总部图书馆评估	3月17—25日	广州、深圳、珠海、南京、合肥	10人
	军事后勤学科中心数字图书馆建设方案论证会	数字图书馆建设方案论证	4月27日	北京	10人
	海军院校图书馆2006年度工作会议	工作会议	8月2日—3日	青岛	30人
	空军飞行学院数字信息资源系统建设方案评审会	建设方案评审	8月18日	蚌埠	10人
	南京地区军队院校图书情报专业组工作经验交流会暨2006年度协作工作会议	工作会议	10月20日—21日	杭州	18人
	2007年度数字图书馆建设项目论证会	建设项目论证	10月27日—29日	北京	9人
	军队院校军事信息素质教育教学大纲和教材编写研究论证会	教学大纲和教材编写研究论证	12月21日	上海	15人
组织国际学术活动	赴美国参加ALA年会	美国图书馆协会(ALA年会,参观访问图书馆	6月17日—7月2日	美国	3人
承办的学术会议	北京"核心竞争力及其发展新思维高层论坛"研讨会	核心竞争力及其发展新思维	6月14日	国防大学	70人
	上海市图书馆学会2006年学术年会	图书馆与上海信息共享空间构建	12月22日	南京政治学院上海分院	360人

【2006 年军队院校图书馆召开的学术会议列表】

会议名称	主办者	召开时间	召开地点	会议主题
《全军院校图书馆信息管理系统升级实施方案》研讨会	军队院校图书馆专业委员会	2月28日—3月1日	廊坊	信息管理系统升级
武汉地区军队院校图书馆第十届图书情报研讨会	武汉地区队院校图书馆专业组	7月11日	宜昌	"十一五"期间军队院校图书馆建设发展
全军院校图书馆信息素质教育研讨会	军队院校图书馆专业委员会	7月18日—21日	桂林	信息素质教育
数字图书馆标准规范体系建设研讨会	军队院校图书馆专业委员会	10月13日—14日	宣化	标准构架
全军院校图书馆信息和知识服务研讨会	军队院校图书馆专业委员会	11月9日—10日	重庆	信息和知识服务

医院图书馆分会

【概述】 2006年,中国图书馆学会医院图书馆委员会从加强学会组织建设和健全学会运行机制的高度出发,及时理清工作思路,修订规则,坚持上情下达、左右协调和联络沟通,为地方医图委分会提供了力所能及的支持和帮助,加强了各地医图委分会的职能作用,激励了各委员馆参与学会工作的热情,充分发挥了医院图书馆委员会的桥梁纽带作用,取得极大的成绩。其中获2006年省部级(含)以上科研项目2项,3人受到中国图书馆学会的表彰,3人获2006年省部级(含)以上表彰与奖励。医院图书馆委员会始终注重立足行业服务,注重围绕行业的重点、热点问题开展国内外学术交流、学习与合作。据不完全统计,全国各地医图委分会共举办各类研讨会、培训班及学术活动60余项,累计达2000余人次。其中7人出席第72届国际图联大会,1人大会发言;1人出席美国图书馆协会年会。上海瑞金医院图书馆邱坚研究馆员参加了美国专业图书馆(Special Library Association of American)2006年年会,并参观了美国斯坦福大学医学图书馆、加州大学旧金山分校图书馆、加州大学伯克利分校图书馆和RENO大学图书馆并与所在馆的管理人员进行了交流。浙江省医院图书馆委员会在2006年年5月召开地区学术会议,总结和交流了当地医院图书馆发展的经验,并在年会期间就"浙江省医疗机构图书馆工作规范"的评估标准进行了认真的讨论,使大家对制订"评估标准"的目的、意义、依据有了明确的认识,并提出了修改意见和建议。在医院图书馆工作规范的评估方面,浙江省医院图书馆委员会走在了全国前列。广东省医院图书馆委员会编写了《广东省医院图书馆管理规范》和《广东省医院图书馆行业自律条例》,为医院图书馆实行规范化行业管理奠定了基础。医院图书馆委员会注重加强学会组织建设,完善内部机制。2006年6月,吉林省图书馆学会医学图书馆委员会在吉林大学第一医院的大力支持下正式成立。广西的同仁们为筹建广西医图委分会克服困难,四方协调,专门成立了筹备小组,有望在2007年上半年成立。医图委分会还编印、发放《学会通讯》等刊物600余份,及时通报上级学会活动情况,刊登介绍各地医图委分会取得的经验、成绩及最新学术动态,切实起到了扩大和宣传学会影响,增强学会号召力、凝聚力的作用。(张文举 张文静)

【NSTL文献信息资源共享研讨会】 为了落实国家科技图书文献中心"十一五"发展规划,深入探讨以国家科技图书文献中心——NSTL为主体的国家文献资源保障体系和网络服务体系为依托的医院和其他医药卫生单位图书馆资源发展、信息服务及用户培训模式,2006年10月10日,中国图书馆学会医院图书馆北京医图委分会29家成员的馆长与负责教学与用户培训的NSTL医学图书馆——中国医学科学院图书馆医学文献检索教研组全体教师共45人,在医科院图书馆多功能厅召开了座谈会,会议由医科院图书馆教研组蔡汾岚研究员和医专委学术组长、北京宣武医院李燕琼馆长主持。蔡汾岚研究员在座谈会中传达了国家科技图书文献中心"十一五"发展规划的指导思想与发展目标,详细介绍了国家科技图书文献中心(NSTL)的背景、作用,与国家科技进步和创新的关系以及NSTL网络服务系统的特点。NSTL网络服务系统多媒体教程演示、计算机网络技术部为方便终端用户了解使用NSTL资源开发的图书馆数字资源整合系统和《全国外文生物医学期刊馆藏联合目录数据库》演示引起与会代表极大兴趣。座谈会就许多医院图书馆关心的问题展开问答式讨论,计算机网络技术部、文献服务部、数字化资源建设部、文献数据加工部、信息咨询部、图书资源部的教研组成员分别就医学信息检索培训、文献数字化加工、CBM数据库开发以及全文文献提供等内容详细解答了代表的提问。各医院图书馆的馆长们也就医院图书馆的资源建设、读者服务工作以及如何有效利用医科院图书馆和NSTL的文献资源等问题展开了座谈,并针对NSTL平台的检索方法、文献服务付费方式以及医科院图书馆网络资源的使用等问题提出了建设性意见和建议。负责资源建设和文献服务工作的王兆令副馆长参加了座谈会并作了讲话,表示医科院图书馆愿意在业务交流、学术研究和教育培训等各方面与各医院图书馆的同仁开展积极的交流合作。此次会议不仅有效地解决了各医院图书馆在工作中遇到问题,同时加强了医科院图书馆和各医院图书馆的业务联系。与会代表表示,有NSTL和医科院图书馆丰富的文献资源和服务作为后援,以后可以更好地开展医院图书馆的各项工作。(张文举 张文静)

【基于 Intranet 技术的医学文献定题服务系统】 海南省人民医院利用海南省自然科学基金提供的资助研制开发——基于 Intranet 技术的医学文献定题服务系统,海南省人民医院信息科主任赵金华担任该项目负责人。该项目的主要研究内容是建立一套基于内部互联网络技术的医学文献定题服务系统。其意义在于充分利用现有的网络资源和一般的计算机平台,构造一套简单实用,方便医务工作者检索的医学文献定题服务系统。为医务人员快速、准确、动态地提供最新中外文相关文献,使他们能及时了解本学科国内外的研究动态,从而避免科研中的重复劳动,提高研究水平。(张文举 张文静)

【数字化资源建设】 数字化资源具有信息量大、检索灵活、不受时空限制、更新周期短等优点,是图书资源发展的方向,上海市各大学附属医院图书馆实现与大学信息资源中心和校园网连接,使可利用的中外文数字资源有较大的增加,使医院图书馆的信息保障能力有明显的提升。目前各大学附属医院图书馆普遍使用的中文数字资源主要有:中国医院知识仓库、中国学术期刊全文数据库、维普数据库、中国生物医学文献数据库、中国生命科学文献数据库和中文图书超星数据库等。西文期刊数据库的增加使医院图书馆提供西文期刊全文的能力有了极大的提高,联网后可提供全文的数据库主要包括:OVID(Medline + LWW + EBMR)、Springer、Micromedex、PML、Elsevier、Wiley、InterScience 等,提供文摘的主要有:Biosis Preview、Cambridge Scientific Abstracts、Web of Knowledge 等。数字化资源不但扩大了信息资源,使医院图书馆以临床医学类期刊为主的馆藏资源向生命科学、人文科学、数理化基础科学、教育科学、工程技术、管理科学等资源拓展,适应了现代医学与其他学科交叉、医学模式变化和复合型医学人才培养等的需要。(张文举 张文静)

【首批"医学科研信息化培训基地和示范单位"授牌】 2006 年 7 月 28 日,北京市首批"医学科研信息化培训基地和示范单位"授牌仪式在中国中医科学院附属广安门医院图书馆举行。中国中医科学院附属广安门医院成为北京市首批医学科研信息化培训基地。来自中图学会医学(院)图书馆北京分会和北京地区 70 多家医院的专家、领导共 100 余人参加了此次仪式,此次会议由北京医院

图书馆分会和中国学术期刊(光盘版)电子杂志社联合举办。目前,我国医学知识信息的数学化开发、整合与利用水平已经达到了一个相当的高度,有力促进了各级医院和其他医疗机构的科研、教学、临床

和管理工作。由清华大学主办的国家级网络与电子期刊《中国医院知识仓库(CHKD)》收录了我国公开出版的各类医学专业期刊 1500 多种,相关期刊 3000 多种,期刊全文文献 400 多万篇,医学博士硕士学位论文 6 万多本,会议论文 20 多万篇,此外还有报纸医学专业信息、医疗政策法规数十万条。医学全文数据库把我国丰富、

先进的诊疗经验、医学成果整合了起来，具有很强的科研参考性和导航性。医生通过检索有关疾病的相关诊疗措施、专家建议，可以有效弥补临床经验的不足，推动医院的课题研究工作，将会创新我国医学科研的现状。其后，还举办了国家级继续医学教育项目"临床科研课题设计与科研过程中检索数据库技巧"第三期培训班。（张文举　张文静）

【浙江省医院图书馆实施工作规范评估标准】　为切实贯彻落实《浙江省医疗机构图书馆工作规范》（浙卫发【2004】260号），加强医疗机构图书馆工作，受浙江省卫生厅医政处委托，浙江省图书馆学会医院图书馆委员会制定了《浙江省医疗机构图书馆工作规范评估标准》（以下简称《评估标准》）并于2006年12月下发。为使各医院图书馆理解掌握评估标准的各项要求，浙江省医图委于2007年3月下旬举办了两期培训班，共80名来自全省二、三级医院图书馆工作的学员参加了为期两天的培训。浙江省卫生厅医政处的领导对这次培训十分重视，医政处王桢副处长亲自到会讲话。王桢副处长指出：自2004年卫生厅下发了《浙江省医疗机构图书馆工作规范》（以下简称《规范》）后，医院图书馆工作已纳入等级医院评审中。由于《规范》缺乏操作性指标，浙江省医图委制定了《评估标准》，它凝聚了学会和医院图书馆工作人员的

心血。培训班的举办正是为了宣传、贯彻、落实《规范》，将图书馆工作标准化、规范化。通过培训，不仅使学员明确、理解、掌握《评估标准》的各项要求，也扩大了学会的影响，同时承担、帮助了医政处的日常工作。浙江省医图委主任马胜林也到会作了重要指示，他强调了培训班的目的是为进一步贯彻、落实卫生厅2004年260号文件，建设、管理好医院图书馆，对医院医疗、教学、科研起到积极的促进作用。他希望学员认真领会掌握各项要求和标准，然后逐项贯彻落实。培训班由浙江省医图委副主任包家元、张平、蔡栋担任培训讲师，分别对二、三级医院图书馆的组织管理及办馆条件、基础业务工作规范、现代化技术手段等三大项内容及各细节要求进行了解读，并回答了学员的各种提问。培训后，原解放军医学图书馆雷春柄研究馆员作了《科技信息对科研创新的作用》的专题讲座，学员们受益匪浅，对培训非常满意。（张文举　张文静）

工会图书馆分会

【积极参与"世界读书日"活动】　1995年，联合国教科文组织把每年的4月23日定为"世界读书日"，2006年中央宣传部、中央文明办、新闻出版总署、文化部、教育部及全国总工会等11家部委联合签署了《关于开展全民阅读活动的倡议书》。全国总工会为配合这一

国际性文化活动，形成职工爱书读书新风尚，提高职工队伍整体素质，专门下发了文件，组织动员职工认真学习并履行倡议书的有关内容，并在《工人日报》"创建学习型班组专栏"和相关网站上启动"我最喜爱的一本书"征文活动，同时提出相应的宣传口号，如"建功'十一五'，和谐奔小康"、"深入开展广场活动，争做知识型职工"、"传承中华文化，建设社会主义精神文明"等。在此项工作中，我们全程参与，积极配合，并号召各基层工会图书馆充分参与到这项工作中来，取得了良好的效果。（工会图书馆分会）

【积极配合"创争"活动的开展】　2003年底，中央文明办、国家发改委、教育部、科技部等与全国总工会一起在全国启动了"创建学习型组织，争做知识型职工"活动。"创争"活动得到了广大职工群众热情支持、积极参与，他们以许振超、李斌等先进人物为榜样，坚持在学习中工作，在工作中学习，把个人的智慧和力量自觉地融入企业的改革与发展之中，融入国家和民族的进步事业之中，取得了明显的成绩。为了积极配合这项工作的开展，我们加强引导，向基层工会图书馆推荐了《金牌工人许振超》、《工人专家李斌》、《深山信使王顺友》等一批优秀的图书，以便更好地为广大职工群众服好务。（工会图书馆分会）

【积极参与"向农民工送文

化行动"】 农民工是我国改革开放和工业化、城镇化进程中涌现的一支新型劳动大军，是推动我国经济社会发展的重要力量，是我国工人阶级队伍的新鲜血液和重要组成部分，改革开放取得的巨大成就，包含着广大农民工的历史性贡献。然而由于一些客观条件的限制，当前农民工队伍的自身素质特别是科学文化素质和技术技能水平，与全面建设小康社会的要求还有较大差距，精神文化生活匮乏的问题还比较突出。认真解决这一问题，是广大农民工的迫切要求，是推进社会主义先进文化建设的具体体现，是贯彻落实以人为本的科学发展观的迫切需要，也是当前工会工作的一项重要任务。为此，全国总工会联合教育部、劳动和社会保障部、文化部和国家广电总局，共同在全国开展"向农民工送文化行动"，并拨出 50 多万元资金，向全国 31 所农民工业余学校赠送 1 万套共 5 万册图书。我们在认真完成相关工作的同时，向全国工会图书馆发出号召，要求他们积极行动起来，广泛参与到这项工作之中，关注农民工群体，积极为他们提供优质的文化服务，不断满足他们的精神文化生活，切实维护他们的精神文化权益，并向各工会图书馆推荐了被新闻出版总署、中宣部、农业部评选为"三农"优秀图书的《农民工有困难找工会丛书》。（工会图书馆分会）

【推出"工会职工书屋"的试点】 通过我们的努力，促成了中国工人出版社与内黄县总工会的合作，共同创建了全国第一家"工会职工书屋"。河南省内黄县是全国新建工会先进县，地处城乡结合部，是社会转型时期开展工会工作的前沿阵地。"工会职工书屋"将先进的文化产品及最新的信息资讯，及时送到广大职工群众的手中，共配有图书 4000 余册，内容涉及社科、文艺、经管、励志、科技、教育、美术摄影及工会专业。工人出版社向"工会职工书屋"赠送了 2000 册图书，其余所有图书也均由中国工人出版社精心选配并代为购买。创建"工会职工书屋"是内黄县总工会为职工群众搭建的一个极好平台，并得到了全国总工会领导的充分肯定。今后，我们还将把这个成功经验逐步推向全国。（工会图书馆分会）

【积极开展馆际交流活动】 我们认为，图书馆工作是一项开放型的服务工作，从业人员必须有开阔的视野，为此，我们积极组织馆际交流活动，让大家在交流中取长补短，不断改进自己的工作方式，提高工作水平。如济南钢铁集团公司图书馆是目前全国唯一的"企业图书馆振兴行动"示范馆，在广泛建立共建共享、馆际互借的流通渠道，实现共享社会图书，努力满足企业的科技发展、生产经营、知识学习、文化生活等各项需要，在为职工搭建学习平台，为企业搞好文化建设服务等方面做出了优异的成绩，我们仅今年一年就组织了 20 多个大型企业工会图书馆的数十名工作人员对济钢图书馆进行了多批次的参观考察。不少参观者表示，原来工会图书馆还可以有这样现代化的设施，还可以实现这样的优质服务，感到既开阔了眼界，也明确了今后本馆的发展目标，增强了做好工会图书馆工作的信心。（工会图书馆分会）

中小学图书馆分会

【开展中学生寒假网上读书系列活动】 在 2006 年寒假期间组织开展"2006 年中学生寒假网上读书系列活动"。利用我委员会所属的全国中小学图书馆协作网（www. schoolbooker. com），在网上为学生提供 1 万多册图书免费让学生上网阅读。在此基础上进行了两项活动：（1）读书征文奖励活动。3 月下旬，我们组织专家、教师对学生的 5 万多件作品进行了评选。评出一等奖 32 名、二等奖 96 名、三等奖 186 名。另外，还评出了优秀指导教师和学校优秀组织奖，向获奖的师生和学校颁发获奖证书。（2）举办迎北京奥运——ELab 网上体育知识问答奖励活动。由教师向学生推荐并利用学校图书馆的有关奥运和体育方面的图书，组织学生自行阅读。有关体育知识的问答题于 1 月 20 日起在全国中小学图书馆协作网上公布，学生通过访问登陆该网站后，在网上进行答题。

我委员会根据学生的答题情况，评选出学生一等奖16名、二等奖137名、三等奖263名，评选出优秀指导教师奖47名和优秀组织奖15所学校。（中小学图书馆分会）

【开展"E-Lab——电子体育运动会"活动】 我委员会和美国EA游戏软件公司合作，开展了"E-Lab——电子体育运动会"活动，通过让中学生参加电子体育运动会，促进他们相互理解、团结合作、积极向上、勇于拼搏的精神，并以此推动数字娱乐文化的发展。通过地方教育部门，在上海、广州、北京、成都和武汉五个城市各选取了15所计算机教室符合条件要求的中学集体参加活动。决赛分别在五个城市举行，各赛出三项比赛的冠军3名，奖品为EA-pogo折叠式自行车；亚军3名，奖品为128MU盘；季军6名，奖品为运动T恤衫；其他所有参加决赛的选手都得到了一个笔记本和一枝签字笔。每个城市另评出学校优秀组织奖5名，优秀辅导教师奖15名。对冠军、亚军和获奖的学校、教师分别颁发了证书。（中小学图书馆分会）

【开展中小学生暑期读书系列活动】 活动从7月开始，9月结束。我委员会组织专家，从全国各地有关出版社新近出版的有关思想道德、文学艺术和科普类图书中遴选中外优秀图书供学校参考。其中供小学生阅读的图书9种14册，供初中生阅读的图书18种23册，供高中学生阅读的图书30种39册。另外，中文在线中小学数字图书馆（网址为：www.chinese all.com）也为学生提供约3000册网上优秀图书，供学生免费阅览。这一系列得到了广大中小学生的欢迎。据统计，有14.5万中小学生参加了活动，提交文章、作品近7000篇/件。最后，根据观众网上投票的统计结果和专家评选，从学生的校报校刊、艺术作品、摄影作品、文学作品、随笔、电脑网页程序作品创作中，分小学、初中、高中三个组共评出一等奖53名、二等奖85名、三等奖139名。另还评出部分教师优秀指导奖、地区教育部门或学校优秀组织奖和组织奖。我委员会对获奖的单位、教师和学生颁发获奖证书。（中小学图书馆分会）

【举办第六届中小学图书馆长暑期研修班】 为进一步贯彻落实教育部《中小学图书馆（室）规程（修订）》的精神，更好地为基础教育课程改革服务，为各地教育技术装备部门的领导和广大中小学图书馆教师提供学习、交流的平台，我委员会在南京举办了第六届中小学图书馆长暑期研修班。在举办暑期研修班的同时，进行了征文和征集优秀阅读指导课教学案例的活动。经专家评选，共评出2006年全国优秀阅读指导课教学案例组织奖2名、特别奖2名、一等奖5名、二等奖8名、三等奖15名，另评出优秀中小学数字图书馆应用案例优秀奖6名。（中小学图书馆分会）

地方图书馆学会

河北省

【河北省图书馆学会2006年工作概述】 2006年，河北省图书馆学会坚持科学发展观，从我省图书馆事业发展的实际出发，紧密依靠全省广大会员和各会员单位的大力支持，各项工作取得了新成绩。得到了上级主管部门和中图学会的充分肯定，在中国图书馆学会2006年年会上，我学会再次荣获全民阅读活动优秀组织奖。在2006年省社科联第六届优秀社团和优秀社团工作者评选活动中，省图书馆学会再次荣获省社科联第六届优秀社团荣誉称号。

一、坚持以学术研究促进事业发展，积极组织全省广大会员和图书馆工作者开展学术活动。2006年学会举办综合性学术征文活动1次，共收到征文106篇，评选出一等奖10篇，二等奖20篇，三等奖30篇，展示了我省广大会员的研究实力，调动了广大会员学术研究的积极性和创造性；高校各专业委员会举办学术研讨会2次，为共同促进我省图书馆学术繁荣作贡献；成功举办第一届青年论坛，来自全省公共图书馆、高校图书馆、科研单位及其他系统图书馆的76名青年代表参加了会议；举办学术报告会 2 次,先后邀请中科院文献信息中心研究员孟广均等作学术报告;积极发动会员参加全国性学术征文,在中国图书馆学会 2006 届年会学术征文活动中,我省有 25 篇论文入选,其中一等奖 1 篇,二等奖 2 篇,三等奖 11 篇。

二、在全民读书活动中充分发挥作用。2006 年,我学会组织的全民读书活动成效更加明显,"燕赵少年读书系列活动"已成为读书活动的知名品牌,公共图书馆在未成年人思想道德建设中的作用更加突出。在"图书馆服务宣传周"和"世界读书日"活动服务宣传周期间,我省 11 个地市及部分县级图书馆开展了丰富多彩的服务宣传活动,如秦皇岛馆开展表彰优秀图书活动站和读书标兵活动,唐山馆针对农民、部队、公安干警和截瘫疗养机构的图书网点开展送书上门服务,邯郸馆举办了"中华传统美德图片展"和"八荣八耻"图片展,武安市图书馆为农民朋友发放《农村科技信息》,并进行"食用菌栽培技术"等科普知识专场放映,各市部分院校图书馆也纷纷开展了各种服务宣传活动,受到社会各界热情称赞。5 月下旬,省图书馆学会积极参加了省社科联举办的全省第二届科学普及周活动,制作了宣传展牌和条幅,印制了"百部优秀图书"推荐书目、读者调查表等,并组织专家在市文化广场进行现场咨询服务,同时利用省图书馆网站组织网上读书活动,收到良好成效。2006 年 8

月—12 月,组织了纪念长征胜利 70 周年燕赵少年读书系列活动。开展了"读长征壮丽史诗"百部图书书目荐读活动、"追忆长征历史"百题知识竞赛、"长征精神代代传"主题演讲比赛、"纪念长征壮举"征文、"雪山·草地"书法创作活动、抗战题材抗战题材影片在线观赏等一系列活动。活动深入到市、县、乡、镇和学校,活动期间共发动全省城市和农村 160 余所学校、5 万余青少年参加,其中 1.5 万余人参加了征文活动,1000 余人参加了书法活动,2.8 万余人参加了知识竞赛活动。12 月上旬,学会组织 11 个地市图书馆优秀小读者一行 28 人,到北京参加了"重走长征路"纪念活动,参观了军事博物馆举办的《伟大壮举,光辉历程——纪念中国工农红军长征 70 周年》展览,红军在长征途中生死相依,患难与共的感人事迹,深深打动了小读者们,把这次燕赵少年系列读书活动推向了高潮。

三、积极开展协作协调和教育培训。召开了 2006 年度市级图书馆馆长联席会和驻石家庄高校图书馆第五届馆长会议。采取调研、培训等多种途径,加强对基层图书馆的业务支持。组团赴吉林参加了在长春召开的"川吉苏桂冀"五省区第十届学术研讨会,并考察了吉林省图书馆和东北师范大学图书馆。

四、积极开展会员发展和管理工作,学会年检和代码证年检工作顺利完成。全年共发展省级会员 81 人,队伍得到进

一步壮大,同时向中国图书馆学会推荐全国会员 50 人。(河北省图书馆学会)

安徽省

【安徽省图书馆学会概况】
安徽省学会在六届、七届理事会的领导下,认真贯彻落实科学发展观,以繁荣图书馆学研究为己任,以服务广大会员为宗旨,大力开展学术交流、科学普及等活动。学会坚持民主办会原则,认真履行民主管理程序,重视省学会的协调职能,加强学会组织建设,使会员队伍不断壮大,截至 2006 年底,省学会拥有会员 1 100 余人。

在学术研是究方面,以发展创新为着力点,积极组织多层次的学术研究和学术交流活动。围绕图书馆学科建设和事业发展,鼓励会员认真探讨新时期学术交流活动的规律,通过省学术年会、学术报告、专题研讨、高层论坛等一系列的学术活动,繁荣了学术研究,培养了一批人才,使图书馆学术活动和质量都有了一定提高。几年来先后成功地举办了"开发文献资源,拓展服务领域"和"国内外图书馆事业现状与趋势"等一系列高水平的学术年会和学术报告会。这些学术活动涉及研究领域广阔,不仅内容丰富、信息量大、选题新颖、视角广阔,而且理论联系实际,得到了图书馆工作者和会员的普遍认同,产生了很好的效果。

学会还注意发挥"联"的优势,努力拓展学会新局面。组织会员积极参与省科协、省社

科联等权威机构组织的课题申报与成果评奖等活动，积极举办公共图书馆评估定级、科普展览讲座、人才培训等工作。近年来有多个申报课题获准立项，并顺利结题。在省政府主办的2003—2004年度安徽省社会科学文学艺术（社会科学类）评奖活动中，我会会员有多人获奖，其中一等奖1项，二等奖1项，三等奖2项，体现了会员在学术研究方面具有较强的研究实力。

学会还依托挂靠单位的支持，积极开展科普讲座和科普展览活动。先后举办了《美国黑人文化艺术图片展》、《德国景观作品展》、《德国现代建筑大型图片展》等多场公益性科普展览，并多次开展科普讲座活动，如与安徽省家庭健康研究会联合推出5讲《卫生与健康系列讲座》，在纪念唐山大地震30周年之际，请地震专家作地震科普知识讲座等。

此外，省学会作为安徽省图书馆继续教育培训基地的实施机构，多年来致力于开展多层次的继续教育培训工作，努力提高全省图书馆工作人员的业务素质，提高全省图书馆业务工作的规范化、标准化水平。在高级研讨培训中，还聘请国内著名学者专家前来讲学。除独立主办专业培训外，基地还先后与中国图书馆学会、国家图书馆、安徽省高兴图工委和安徽大学信息管理学院联合开展培训。4年共举办高级研讨班、专题培训、基础理论等各种培训班近20余期，其中独立举办近10期，参加培训的人员超过1 000余人。由于培训工作成绩卓著，2006年8月，省图书馆继续教育培训基地被省人事厅评为"安徽省'十五'人事教育培训工作先进集体"，受到表彰。2005年，在中国科协学会部与《学会》杂志社联合开展的"学会之星"活动中，安徽省图书馆学会荣获"2005年全国省级学会之星"称号。我省有14个省级学会获"2005年全国省级学会之星"称号。

学会于2006年11月2日—28日召开了安徽省图书馆学会第七次会员代表大会，80余名代表参加了会议，经过民主推荐选举产生了由57名理事组成的第七届理事会。在七届一次理事会上，选举产生了由23名理事组成的常务理事会，并选举易向军为理事长，侯进、陶新民、方罗来、阚华、张海政、陆和健、凌波、周国正为副理事长，张海政为秘书长（兼）。

学会设有秘书处（办公室）、学术委员会、教育培训委员、协作交流委员会和学刊编辑委员会。（张海政）

【安徽省图书馆学会积极开展科普讲座和科普展览活动】 2006年，安徽省图书馆学会依托挂靠单位省图书馆的支持，以提高公众科学文化素质为己任，加强与有关单位的联系与合作，利用学会联系广泛的优势，联合有关单位大力开展公益性科普文化展览讲座活动。6月16日—7月15日，省图学会、省图书馆与美国驻沪领事馆联合在省图书馆西一楼大厅共同举办了为期一个月的《美国黑人文化艺术图片展》（中英双语），展览主要介绍了美国的黑人作家和爵士音乐家在文学艺术方面所作出的杰出贡献，40余幅内涵丰富的精彩画面蕴涵着独特的艺术魅力，展览适逢暑期，前来参观的读者络绎不绝，展览观看人数逾万人次。8月8日至9月28日省图学会在中图学会的大力支持下，引进了两个德国建筑科普图片展——《超越物质性》和《德国建筑景观设计》，并先后在省图西一楼大厅、马鞍山图书馆巡展，来自德国建筑景观图片展大胆前卫的设计风格和极具人性化的设计理念令人耳目一新，前来观看展览的观众逾万人次。

此外，省图学会还联合有关单位积极策划组织"图书馆读者服务宣传周"及科普讲座活动。在5月的"图书馆读者服务宣传周活动"期间，为使更多的读者学会利用电子资源，省学会、省图书馆组织清华同方、维普、龙源电子期刊、超星图书多家数据库供应商举办电子资源利用讲座，由专业人员作详细介绍，为使大家更方便直观地了解各种数据库，多家数据供应商向近百名前来参加讲座的读者赠送了试用读书卡，欢迎大家试用这些数据库查找所需信息。7月中下旬在纪念唐山大地震30周年之际，省图学会和省图书馆还共同邀请省市地震局专家作了两场地震科普知识讲座，与老百姓生活密切相关的科普知识讲座社会反响热烈,每场讲座都座无虚席,在专家与大众面对面的交流中大家获得了许多防震防灾方面的科普知识。内容丰富的科普展览讲座活动在很好地烘托了图书馆的文化氛围的同时,也延伸了图书馆多元服务内涵,受到广大市民的广泛欢迎和好评,取得了很好的社会效益。(张海政)

【安徽省图书馆继续教育培训基地荣获安徽省"十五"人事教育培训工作先进集体】 2006年8月,省图书馆继续教育培训基地由于"十五"期间培训工作成绩卓著,被省人事厅评为"安徽省'十五'人事教育培训工作先进集体",受到表彰。省图书馆学会是安徽省图书馆继续教育培训基地的实施机构,多年来致力于开展多层次的人才培训工作,努力提高全省图书馆工作人员的业务素质,提高全省图书馆业务工作的规范化、标准化水平。在上级主管部门和省图书馆的关心支持下,严格教学管理,丰富教学内容,聘请高素质的师资、配备先进设备,培训形式不拘一格,根据不同的培训内容和要求,把学术讲座、授课、上机实习与参观考察结合起来,取得了很好的继续教育培训效果。(张海政)

【安徽省第七次会员代表大会在合肥隆重召开】 2006年11月27日—28日,安徽省图书馆学会在合肥新世纪宾馆隆重召开第七次会员代表大会。来自全省各地、各系统图书馆界的80余名代表参加了会议,经过民主推荐选举产生了由57名理事组成的第七届理事会。在七届一次理事会上,选举产生了由23名理事组成的常务理事会,并选举易向军为理事长,侯进、陶新民、方罗来、阚华、张海政、陆和健、凌波、周国正为副理事长,张海政为秘书长(兼)。学会设有秘书处(办公室)、学术委员会、教育培训委员、协作交流委员会和学刊编辑委员会。在圆满完成了学会换届的各项议程后,学会特邀南京大学教授叶继元为代表作了题为"国内外图书馆事业现状与趋势"的学术报告。叶继元教授从国内与国外现状比较、对策研究、发展趋势几方面做了深入分析,针对我国的图书馆事业地域发展不平衡、管理水平参差不齐、专业人才不足、资源配置不够完善等问题,认为图书馆事业要步入良性健康的快速发展轨道,首先要加大立法保障机制,有关部门必须要加强规划人力资源吸引人才,强化服务理念与措施,提高文献服务质量、加强资源整体建设,完善保障体系,加快图书馆建设建立职业门槛和质量标准。叶教授的报告紧扣目前图书馆学科的理论与实际,高屋建瓴,深入浅出,令与会代表深受启发,获益匪浅。(张海政)

【中图学会与安徽省图学会在黄山屯溪联合举办《中国分类主题词表》应用培训】 为适应先进的网络技术、计算机技术在图书馆的广泛应用,了解掌握联机编目和检索、远程网络编目技术,提高信息资源的编目效率,及时推广新的标准与规范,让广大图书馆专业人员与信息资源组织与管理的专业工作者尽快掌握《中国分类主题词表》(第二版与电子版)的应用方法,中国图书馆学会与安徽省图书馆学会于2006年9月18日—22日在黄山屯溪举办了《中国分类主题词表》(第二版及其电子版手册)应用培训班。来自省内和全国的图书馆从事采编分类与主题标引、检索系统开发等专业人员近30人参加了应用培训班。该培训由国家图书馆资深研究馆员、《中图法》编委会委员朱芊授课,经过为期5天的集中培训,学员普遍感觉培训内容针对性和实用性强,收获大。(张海政)

【安徽省图书馆学会2006年培训情况一览表】

时　间	举办单位	培训内容	规　模	培训对象
2006.3.1—31	学会主办	职称古汉语培训	50余人	面向社会参与职称考试人员
2006.7.18—25	学会主办	继续教育专业培训	90余人	全省图书馆专业人员
2006.8.20—26	联办	基础专业技术培训	50余人	全省图书馆专业人员
2006.9.22—28	联办	基础专业技术培训	40余人	全省图书馆专业人员
2006.9.18—24	联办	"分类主题词表电子版"专题培训	30余人	全国图书馆专业人员

（张海政）

【安徽省省学会一项申报课题获准立项】 2006年省学会积极组织会员参加省社科联的课题申报。由我会推荐申报的安徽大学管理学院副教授桑良至"清咸丰年间徽州商人账簿研究"课题经评审获准立项。（张海政）

【安徽省图书馆学会在2001—2004年安徽省社会科学（文学艺术）评奖活动中取得丰硕成果】 2006年,根据《安徽省人民政府关于奖励2001—2004年全省社会科学文学艺术优秀成果的决定》（皖政〔2006〕120号文件）,省图书馆学会在省政府主办的2003—2004年度安徽省社会科学文学艺术（社会科学类）评奖活动中取得丰硕的科研成果,多名会员获奖,其中一等奖1项,二等奖1项,三等奖2项。他们分别是庄华峰（安徽师范大学图书馆馆长、教授）等《中国社会生活史》获著作一等奖,吴文革（安徽农业大学图书馆副馆长、研究馆员）、马仁杰《构建档案开放的系统体系》获论文二等奖,傅玉璋、傅正（安徽大学图书馆研究馆员）《明清史学史》和安徽省图书馆《安徽馆藏皖人书目》（获著作三等奖）,这些科研成果体现了会员在学术研究方面具有较强的研究实力。（张海政）

【安徽省图书馆系统2006年开展活动统计表】

	名称（会议、活动、项目）	主要内容	时间	地点	规模
举办国内学术活动	安徽省高校图书馆2006年馆长年会	高等教育发展、高校评估、文献保障体系等	2006年4月6日—9日	淮北市	90余人
	安徽省高校图工委高职高专院校专业委员会年会	高校评估	2006年7月19日—20日	合肥市	60人
	安徽省图书馆学会第七次会员代表大会暨学术年会	学会换届及图书馆学术报告	2006年11月27日—28日	合肥市	近100人
	安徽省公共图书馆首届馆长联席会议	全省文化信息资源共建共享与公共服务	2006年11月29日—30日	合肥市	90余人
组织国际学术活动					
科普活动	科普讲座（2场）（省图和省学会联办）	地震防御知识	2006年7月	合肥市	200余人
	科普展览（省学会主办）	德国建筑景观设计	2006年8月	合肥市	2万人
	科普展览（省学会主办）	超越物质性	2006年9月	合肥市	2万人
	科普展览（省学会和马鞍山市学会联办）	德国建筑景观设计	2006年9月	马鞍山	1万人

（张海政）

【安徽省图书馆系统部级(含)以上科研项目统计表】

项目名称	负责人及所在单位	立项单位	立项时间	结项时间	申请经费	成果及预期成果
清咸丰年间徽州商人账簿研究	桑良至 安徽大学管理学院	安徽省社科联2006年度课题	2006年6月	2007年7月	2000	论文
安徽省高等职业院校图书馆文献资源建设研究	丁传奉 安徽水利水电职业技术学院	安徽省教育厅2006年度科研课题	2006年3月	2007年		论文
和谐社会的信息生态构建研究	张寒生 铜陵学院图书馆	安徽省教育厅2006年度科研课题	2006年			论文
《池州府志》整理与研究	庄华峰 安徽师范大学图书馆	全国高校古委会	2006年9月		6000	点校
《道一编》、《闲辟录》	张健 安徽师范大学图书馆	全国高校古委会	2006年9月		5000	著作

(张海政)

【安徽省图书馆系统2006年省部级(含)以上表彰与奖励】

	表彰或奖励称谓	奖励等级	授予单位	授予时间	获奖者	奖励方式
工作成就	全国教科文卫体系统先进工会组织	先进工会	全国教科文卫体工会	2006年1月	安徽省图书馆工会	牌匾
	公共文化设施管理先进单位	先进单位	中华人民共和国文化部	2006年8月	铜陵市图书馆	证书
	2005年度全民阅读活动先进单位	全民阅读活动先进单位	中国图书馆学会	2006年6月	淮北煤炭师范学院图书馆	证书
	全国文化信息资源共享工程中国优秀地方戏剧目征集	杰出奖	文化部全国文化信息资源建设管理中心	2006年10月	安徽省图书馆	证书
学术成就	国家社科基金研究项目优秀成果《中国社会主义社会形态论》	优秀成果	全国哲学社会科学规划领导小组	2006年3月	安徽大学图书馆许俊达	证书
	2003—2004年度全省社会科学文学艺术优秀成果奖《中国社会生活史》	著作一等奖2003—2004年	安徽省人民政府	省政府(皖政[2006]120号)	安徽师范大学图书馆 庄华峰等	奖金及证书
	2003—2004年度全省社会科学文学艺术优秀成果奖《构建档案开放的系统体系》	论文二等奖2003—2004年	安徽省人民政府	省政府(皖政[2006]120号)	安徽农业大学图书馆 吴文革等	奖金及证书
	2003—2004年度全省社会科学文学艺术优秀成果奖《明清史学史》	著作三等奖2003—2004年	安徽省人民政府	省政府(皖政[2006]120号)	安徽大学图书馆傅正等	奖金及证书
	2003—2004年度全省社会科学文学艺术优秀成果奖《安徽馆藏皖人书目》	著作三等奖2003—2004年	安徽省人民政府	省政府(皖政[2006]120号)	安徽省图书馆	奖金及证书

学术成就	中国图书馆学会 2006 年年会征文	二等奖	中图学会	2006 年 8 月	安徽大学图书馆 傅正、李朝云	证书
	中国图书馆学会 2006 年年会征文	二等奖	中图学会	2006 年 8 月	安徽教育学院 图书馆 夏红	证书
	中国图书馆学会 2006 年年会征文	三等奖	中图学会	2006 年 8 月	安徽大学信息资源 管理系 陆和健	证书
	中国图书馆学会 2006 年年会征文	三等奖	中图学会	2006 年 8 月	安徽巢湖学院图 书馆 钱静敏	证书
	中国图书馆学会 2006 年年会征文	三等奖	中图学会	2006 年 8 月	安徽大学图书 馆 赵安	证书
	中国图书馆学会 2006 年年会征文	三等奖	中图学会	2006 年 8 月	安徽肥西师范图 书馆 胡茂凤	证书

（张海政）

浙江省

【2006 年浙江省图书馆界获省部级(含)以上表彰、奖励】

	表彰或奖励称谓	奖励 等级	授予单位	授予 时间	获奖者	奖励 方式
工作成就	省中心建设个人突出贡献奖		教育部 CALIS 管理中心	2006 年	黄晨、卓勇	证书
	省中心建设奖	一等奖	教育部 CALIS 管理中心	2006 年	浙江大学图书馆	证书
	文献传递服务奖	一等奖	教育部 CALIS 管理中心	2006 年	浙江大学图书馆	证书
	文献传递服务个人突出贡献奖		教育部 CALIS 管理中心	2006 年	谢敏、袁辉	证书
学术成就	第十三届浙江省哲学社会科学优秀成果奖	三奖奖	浙江省政府奖		温州大学图书馆 张靖龙	证书
	浙江省首届社科研究优秀成果奖	二等奖	浙江省社科联	2006 年	徐定宝	证书
	浙江省首届社科研究优秀成果奖	三等奖	浙江省社科联	2006 年	周子	证书
	浙江省首届社科研究优秀成果奖	三等奖	浙江省社科联	2006 年	徐璞英	证书
	中国图书馆学会 2006 年年会优秀论文奖	一等奖	中国图书馆学会	2006 年	周岚岚	证书
	中国图书馆学会 2006 年年会优秀论文奖	一等奖	中国图书馆学会	2006 年	毛薇洁	证书
	中国图书馆学会 2006 年年会优秀论文奖	一等奖	中国图书馆学会	2006 年	金中仁、李文波	证书
	中国图书馆学会 2006 年年会优秀论文奖	一等奖	中国图书馆学会	2006 年	叶新明	证书
	中国图书馆学会 2006 年年会优秀论文奖	二等奖	中国图书馆学会	2006 年	范晓鹏，徐庆宁，江梅，蔡彦，金明生，冯济德红，务务林，	证书

学术成就	中国图书馆学会2006年年会优秀论文奖	二等奖	中国图书馆学会	2006年	龚景兴,颜务林,周利红,郑乐丹,包国武,詹招君,	证书
	中国图书馆学会2006年年会优秀论文奖	二等奖	中国图书馆学会	2006年	陈旭荣,吴谷,李美焕,朱峻薇,仇扬坪,楼卫	证书
	中国图书馆学会2006年年会优秀论文奖	二等奖	中国图书馆学会	2006年	张伟英,阮海红,李彩标,杨萱,陈天伦,宓永迪	证书
	中国图书馆学会2006年年会优秀论文奖	二等奖	中国图书馆学会	2006年	金中仁,王萍霞,王慕抽	证书

(陈华)

【2006年浙江省图书馆界省部级立项课题】

项目名称	立项单位及负责人	立项时间	结项时间	申请经费	成果及预期成果
浙江发展经验研究	绍兴文理学院图书馆张炎兴	2006年国家社会科学基金项目	2008年6月	7万元	专著
高校图书馆数字化建设过程中的著作权保护研究	浙江财经学院图书馆任玉翠	2006年浙江省社科联重点课题	2007年12月	7000元	研究报告
	萧山区图书馆方晨光	2006年浙江省社科联常规课题		自筹	专著

(陈华)

【2006年浙江省图书馆界的学术活动】

会议名称	主办者	召开时间	召开地点	会议主题
网络信息素养教育创新和发展研讨会	教育部高等学校图书情报工作指导委员会主办 浙江省高等学校图书情报工作委员会等承办	2006年4月11—12日在召开	浙江省杭州市	网络信息素养教育创新和发展(学术报告:孙平:从文献检索课走来向信息素养教育走去、叶鹰:信息素质教育之教材建设探讨、沈固朝:新形势下图书情报专业学生信息素养教育问题、杜慰纯:图书馆在信息素质教育中的作用、徐辉:精品课程数字化教学资源建设)
浙江省高校图工委自动化专业委员会和浙江省图书馆学会网络化与数字化分委会2006年年会	浙江省高校图书情报工作委员会、浙江省图书馆学会网络化与数字化分委会	2006年12月6—9日	浙江省金华市	(学术报告:刘炜:Web2.0与Library2.0、高跃新:介绍了出席埃及国际数字图书馆会议的情况)
数字时代期刊管理工作发展与创新学术研讨会	浙江省高校图书情报工作委员会期刊专业委员会,浙江省图书馆学会藏书建设与共享分委会	2006年12月13—15日	浙江省金华市	数字时代期刊管理工作发展与创新(学术报告:陈华:日本大学图书馆情报信息服务发展动态、何华连:《期刊信息资源建设与开发利用、陈益君:开放型图书馆期刊一站式服务模式探讨》)

(陈华)

江西省

【2005 年度省级学会分片总结会在省图书馆举行】 由江西省科协主办,江西省图书馆学会承办的"2005 年度省级学会分片总结会"于 2006 年 1 月 11 日在省图书馆召开,来自全省 21 个省级学会的秘书长等代表 30 余人出席了会议。省科协副主席李雪南,助理巡视员许荣芳,省图书馆学会常务副理事长、省图书馆馆长章伏源等出席会议并讲话。

会议由省科协学会部部长梁纯平主持,本次会议总结了省科协 2005 年度的主要工作,通报了 2006 年度省科协的主要工作计划。各学会分别介绍了本学会 2005 年度工作情况和 2006 年度的工作计划。省图书馆学会秘书长、省图书馆党总支书记谭兆民介绍了省图书馆学会 2005 年工作情况和 2006 年主要工作计划。通过相互交流、学习,加深了各学会之间的了解,特别是每个学会介绍的好经验,使参会代表开阔了视野,也使各学会在今后的工作中能取长补短,把学会工作做得更好。会议达到了预期的目的和效果,对促进我省学会工作的发展将起到积极的推动作用。(江西省图书馆学会)

【省图书馆学会再获殊荣】 2006 年 3 月 16 日,在"2006 年江西省科协学会工作会议"上,江西省图书馆荣获省科协授予"2005 年度先进省级学会"光荣称号,这也是省图书馆学会自 2002 年以来第三次获此殊荣。另外,省图书馆学会的程远同志荣获"2005 年度江西省科协学会工作先进个人称号"。

本次会议由省科协助理巡视员许荣芳主持,省科协副主席李雪南到会并讲话。各设区市科协的领导及省级学会秘书长等代表百余人参加了会议,省图书馆学会的代表出席了会议。会上,省科协学会部部长梁纯平总结了 2005 年省科协的学会工作,通报了省科协 2006 年主要工作计划和设想,部署了 2005 年度社会团体年度检查等工作。先进省级学会代表在会上介绍了典型经验。会议还通报表彰了 33 个荣获江西省科学技术协会授予的"2005 年度先进省级学会"光荣称号的学会(协会)和 49 名"2005 年度江西省科协学会工作先进个人",并进行了颁奖仪式。各设区市科协的代表就学会(协会)工作的发展进行了座谈。(江西省图书馆学会)

【省图书馆学会 2006 年秘书长会议在昌举行】 2006 年 3 月 14 日,"江西省图书馆学会 2006 年秘书长会议"在省图书馆召开,省图书馆学会秘书长、副秘书长以及全省各设区市图书馆学会的秘书长等代表出席了会议,省图书馆学会秘书长、省图书馆党总支书记谭兆民主持会议,省图书馆学会常务副理事长、省图书馆馆长章伏源出席会议并讲话。

会上,谭兆民通报了中国图书馆学会 2006 年主要工作和有关活动情况,通报了 2005 年省图书馆学会的主要工作和 2006 年主要工作计划。各设区市图书馆学会的秘书长分别介绍了本学会 2005 年度工作情况和 2006 年度主要工作计划。与会代表还从学会角度,就如何结合形势发展的需要组织、发动全省图书馆强化农村文化工作,特别是为农民朋友提供先进文化产品,送书、送科技信息到农民身边等深化图书馆服务,发挥图书馆学会的作用等问题,进行了交流和探讨。(江西省图书馆学会)

【省图书馆学会组织开展全民阅读活动】 根据中国图书馆学会《关于开展 2006 年全民阅读活动的通知》要求,省图书馆学会及时下发通知,组织全省公共图书馆、高校图书馆及有关图书情报单位,4 月—6 月份,利用 4·23"世界读书日"、五四青年节、5 月的"图书馆服务宣传周"和六一儿童节,围绕"树立科学发展观"、"推动社会主义新农村建设"以及建设"创新型国家"等主题,结合当地实际情况,联合社会力量,集中开展多种形式的宣传活动和丰富多彩的读书活动,并向社会推出解读科学发展观推荐书目和 2005 年"知识工程"推荐书目。(江西省图书馆学会)

【省图书馆学会再次被评为全国省级"学会之星"】 在中国科协学会学术部与《学会》杂志社联合开展的评选 2005 年

度省级"学会之星"活动中,省图书馆学会再次被评为省级"学会之星",这也是该学会继2002年度当选省级"学会之星"之后,第二次获此殊荣。(江西省图书馆学会)

【省图书馆学会开展"构建和谐社会,实现新的跨越"主题征文活动】 为响应省委在全省开展"构建和谐社会,实现新的跨越"建言献策、建功立业活动,2006年11月6日,省图书馆学会下发通知,组织开展了"构建和谐社会,实现新的跨越"主题征文活动。此项活动与省社联开展的"构建和谐社会,实现新的跨越"主题征文活动相结合,旨在进一步动员和引导全省各设区市图书馆学会和广大会员以实际行动为社会主义和谐社会、实现江西新的跨越建言献策、贡献聪明才智,大力营造"构建和谐社会,实现新的跨越"人人建言献策、个个建功立业的良好氛围。(江西省图书馆学会)

福建省

【福建省图书馆学组会员到寿宁贫困县调研考察】 2006年3月3日—5日,福建省图书馆学会秘书处组织省图书

馆学组21名会员自费到寿宁县调研考察。本次活动得到省图书馆领导大力支持,派出馆车及驾驶员。调研考察活动由省图书馆副馆长陈忠芳和省图学会秘书长龚永年带队,宁德市文化局纪检组长黄德辉、宁德市图书馆学会秘书长、蕉城区图书馆馆长林健、福安市图书

馆馆长倪春江也随行考察。学会秘书处事先发动省图书馆职工积极向寿宁县图书馆捐书捐物,规定参加调研活动的会员每人至少捐献15本书刊。本次活动共捐献书刊580册,34寸彩电和三用机各1台。省图书馆学组会员与寿宁县副县长雷美美以及宁德市文化局、寿宁县文体局、蕉城区图书馆、福安市图书馆、寿宁县图书馆等领导举行了座谈和捐赠交接仪式,还参观了正在建设中的寿宁县图书馆新馆和全国闻名的木拱廊桥。考察返程途中,会员们还顺路参观了新落成开放的福安市图书馆。(龚永年)

【福建省外刊联合目录工作会议在福州大学召开】 2006年5月31日,在福州大学图书馆召开了福建省外刊联合目录工作会议,全省主要外刊收藏单位外刊联合目录工作负

责人10余人参加了会议,会上福州大学图书馆介绍并演示了《福建省外刊联合目录发布系统》。(龚永年)

【福建省图书馆学会举行第七届(2002—2004年度)优秀学术成果评奖活动】 为配合福建省科协第七届优秀学术成果评奖活动,福建省图书馆学会于2006年6月23日在福州举行福建省图书馆学会第七届(2002—2004年度)优秀学术成果评奖活动。共推荐参评第七届福建省自然科学优秀学术论文2篇(其中1篇评上福建省自然科学优秀学术论文3等奖),评出福建省图书馆学会优秀论文一等奖2篇,二等奖4篇,三等奖5篇。(龚永年)

【福建省图书馆学会被评为中图学会2006年年会征文活动优秀组织奖】 为配合中国图书馆学会举办的2006年年会,福建省图书馆学会积极组织发动全省会员和各系统图书馆工作者撰写论文。在本次中图年会上,福建省共提交论文59篇,入选41篇,其中一等奖4篇,二等奖14篇,三等奖23篇。福建省图书馆学会因此被中国图书馆学会评为2006年年会征文活动优秀组织奖。(龚永年)

【福建省图书馆学会2006年学术年会在龙岩市召开】 经过半年多时间筹备,福建省图书馆学会2006年学术年会于10月9日—12日在龙岩市闽西宾馆召开,并争取到福建省科

协重点学术活动经费补助。年会主题是"和谐社会构建、海峡西岸经济区建设与图书馆发展",共征集论文134篇,评选出16篇大会宣读论文。本次学术年会正逢龙岩图书馆建馆50周年庆典,来自全省各系统图书馆的论文作者代表和馆长113人出席会议,是福建省图书馆学会历届学术年会人数最多的一次。龙岩市副市长张秀娟,新罗区委常委、宣传部长林韶立、新罗区人大常委会副主任吕仁安,区政协主席副主席张金国,副区长罗初辉,新罗区文体出版局局长邱小厦等领导出席了年会开幕式和龙岩图书

馆建馆50周年庆典仪式。当晚龙岩市和新罗区文化主管部门还组织了一台精彩的文艺晚会,在龙岩图书馆广场为会议代表和广大市民演出。学术年会期间还召开了福建省图书馆学会七届三次理事会。(龚永年)

【福建省图书馆学会被评为先进学会和全国"省级学会之星"】 2006年3月,福建省图书馆学会被福建省科协评为2005年度福建省科协先进学会。2006年9月20日—21日,福建省科协在福州召开省科协系统学会改革经验交流会,会上表彰了2006年度学会发展创新奖获奖单位和2006年度福建省科协优秀科技期刊。共授予15个学会"省级学会之星"称号,授予19个学会"先进学会"称号,并颁发了获奖证书及奖金。福建省图书馆学会首次荣

获"省级学会之星"称号,学会主办的《福建图书馆理论与实践》也被评为优秀科技期刊鼓励奖。(龚永年)

【福建省图书馆学会参加全国科普日"南方测绘杯"定向越野邀请赛】 2006年9月17日,福建省图书馆学会秘书处

组织省图书馆会员参加福建省科协举办的福建省全国科普日开幕式暨"南方测绘杯"定向越野邀请赛活动。本次活动地点在福州市南江滨公园,共有20多支代表队近百人参加了这一活动。(龚永年)

【福建省图书馆界2006年省部级(含)以上表彰与奖励】

	表彰或奖励称谓	奖励等级	授予单位	授予时间	获奖者	奖励方式奖牌/证书
工作成就	"十佳图书馆"荣誉称号		福建省文化厅	2005.4	石狮市图书馆	奖牌
	国家一级图书馆		文化部	2005.6	石狮市图书馆	奖牌
	全国文化信息资源共享工程基层示范点		文化部	2005.12	石狮市图书馆	奖牌
	第四届军民共建精神文明先进个人		中共福建省委、省人民政府、省军区	2006年	李小萍（霞浦县图书馆）	证书
	先进基层党组织		中共福建省委教育工作委员会	2006.7	集美大学图书馆党支部	证书
	文明单位		福建省人民政府	2006.10	南安市李成智公众图书馆	奖牌
	2006年度"全国省级学会之星"		福建省科协	2006.9	福建省图书馆学会	奖牌
	福建省社科联2004—2005年度先进学会		福建省社科联	2006.12	福建省图书馆学会	奖牌

工作成就	中国图书馆学会 2006 年年会征文活动奖	优秀组织奖	中国图书馆学会	2006.7	福建省图书馆学会	奖牌
	福建省社科联 2004—2005 年度先进学会工作者		福建省社科联	2006.12	谢水顺	证书
	福建省社科联 2004—2005 年度先进学会工作者		福建省社科联	2006.12	龚永年	证书
学术成就	中国图书馆学会 2006 年年会征文奖	一等奖	中国图书馆学会	2006.7	张玉珍(集美大学图书馆)	证书
	中国图书馆学会 2006 年年会征文奖	一等奖	中国图书馆学会	2006.7	杨娟娟(漳州师范学院图书馆)	证书
	中国图书馆学会 2006 年年会征文奖	一等奖	中国图书馆学会	2006.7	陈纪建(福建省图书馆)	证书
	中国图书馆学会 2006 年年会征文奖	一等奖	中国图书馆学会	2006.7	林青(福建省图书馆)	证书
	中国图书馆学会 2006 年年会征文奖	二等奖	中国图书馆学会	2006.7	吴润珍(华侨大学图书馆)	证书
	中国图书馆学会 2006 年年会征文奖	二等奖	中国图书馆学会	2006.7	杜懋杞、曾丽贞、余翔(莆田学院图书馆)	证书
	中国图书馆学会 2006 年年会征文奖	二等奖	中国图书馆学会	2006.7	薛佩伟(惠安县图书馆)	证书
	中国图书馆学会 2006 年年会征文奖	二等奖	中国图书馆学会	2006.7	吴广宇(福建省图书馆)	证书
	中国图书馆学会 2006 年年会征文奖	二等奖	中国图书馆学会	2006.7	傅文奇(福建师范大学图书馆学系)	证书
	中国图书馆学会 2006 年年会征文奖	二等奖	中国图书馆学会	2006.7	林毅(福建省图书馆)	证书
	中国图书馆学会 2006 年年会征文奖	二等奖	中国图书馆学会	2006.7	黄超鹏(南安市李成智公众图书馆)	证书
	中国图书馆学会 2006 年年会征文奖	二等奖	中国图书馆学会	2006.7	林凤(福建省图书馆)	证书
	中国图书馆学会 2006 年年会征文奖	二等奖	中国图书馆学会	2006.7	吴力群(泉州师范学院)	证书
	中国图书馆学会 2006 年年会征文奖	二等奖	中国图书馆学会	2006.7	徐立纲(福州大学图书馆)	证书
	中国图书馆学会 2006 年年会征文奖	二等奖	中国图书馆学会	2006.7	欧阳红红(漳州师范学院图书馆)	证书
	中国图书馆学会 2006 年年会征文奖	二等奖	中国图书馆学会	2006.7	黄曼华(漳州工业学校图书馆)	证书
	中国图书馆学会 2006 年年会征文奖	二等奖	中国图书馆学会	2006.7	林仁贞(福建省图书馆)	证书
	中国图书馆学会 2006 年年会征文奖	二等奖	中国图书馆学会	2006.7	蔡艺洪(晋江市图书馆)	证书
	中国图书馆学会 2006 年年会征文奖	三等奖	中国图书馆学会	2006.7	吴小荣(龙岩财经学校图书馆)	证书

续表

	中国图书馆学会 2006 年年会征文奖	三等奖	中国图书馆学会	2006.7	平清(集美大学图书馆)	证书
	中国图书馆学会 2006 年年会征文奖	三等奖	中国图书馆学会	2006.7	倪丽萍(莆田学院图书馆)	证书
	中国图书馆学会 2006 年年会征文奖	三等奖	中国图书馆学会	2006.7	黄倩君(漳州第二职业学校图书馆)	证书
	中国图书馆学会 2006 年年会征文奖	三等奖	中国图书馆学会	2006.7	阚有清(龙岩图书馆)	证书
	中国图书馆学会 2006 年年会征文奖	三等奖	中国图书馆学会	2006.7	陈方劲(宁德师范专科图书馆)	证书
	中国图书馆学会 2006 年年会征文奖	三等奖	中国图书馆学会	2006.7	傅虹(厦门图书馆)	证书
	中国图书馆学会 2006 年年会征文奖	三等奖	中国图书馆学会	2006.7	苏海潮(厦门大学图书馆)	证书
	中国图书馆学会 2006 年年会征文奖	三等奖	中国图书馆学会	2006.7	陈文革(泉州市图书馆)	证书
	中国图书馆学会 2006 年年会征文奖	三等奖	中国图书馆学会	2006.7	叶鹭秋(厦门理工学院图书馆)	证书
	中国图书馆学会 2006 年年会征文奖	三等奖	中国图书馆学会	2006.7	林碧英(南平市图书馆)	证书
学术成就	中国图书馆学会 2006 年年会征文奖	三等奖	中国图书馆学会	2006.7	张建忠(福建工程学院图书馆)	证书
	中国图书馆学会 2006 年年会征文奖	三等奖	中国图书馆学会	2006.7	饶润梅、谢发徽、陈玉妹(漳州师范学院历史系)	证书
	中国图书馆学会 2006 年年会征文奖	三等奖	中国图书馆学会	2006.7	詹曙萌(漳州师院外语系资料室)	证书
	中国图书馆学会 2006 年年会征文奖	三等奖	中国图书馆学会	2006.7	吴东辰(福建省图书馆)	证书
	中国图书馆学会 2006 年年会征文奖	三等奖	中国图书馆学会	2006.7	陈钦琳(福建建筑科学研究院情报资料室)	证书
	中国图书馆学会 2006 年年会征文奖	三等奖	中国图书馆学会	2006.7	黄天助(厦门少儿馆)	证书
	中国图书馆学会 2006 年年会征文奖	三等奖	中国图书馆学会	2006.7	蒋秋玉(厦门少儿馆)	证书
	中国图书馆学会 2006 年年会征文奖	三等奖	中国图书馆学会	2006.7	沈秀琼(漳州师范学院图书馆)	证书
	中国图书馆学会 2006 年年会征文奖	三等奖	中国图书馆学会	2006.7	许彩娥(福建省图书馆)	证书
	中国图书馆学会 2006 年年会征文奖	三等奖	中国图书馆学会	2006.7	陈玮(福建省图书馆)	证书
	中国图书馆学会 2006 年年会征文奖	三等奖	中国图书馆学会	2006.7	陈丰(德化县图书馆)	证书

	名称					
学术成就	第五届中国社区乡镇图书馆发展战略研讨会征文奖	三等奖	中国图书馆学会	2006.10	朱光华(尤溪县图书馆)	证书
	第五届中国社区乡镇图书馆发展战略研讨会征文奖	三等奖	中国图书馆学会	2006.10	毛贞定(泰宁县图书馆)	证书
	第七届(2002—2004年度)福建省自然科学优秀学术论文	三等奖	福建省科协、福建省人事厅	2006.7	张文德(福州大学图书馆)	证书

(福建省图书馆学会)

【福建省图书馆系统 2006 年开展活动统计表】

	名称(会议 活动 项目)	主要内容	时间	地点	规模(人次)
举办国内学术活动	福建省图书馆学会2006年学术年会	和谐社会构建、海峡西岸经济区建设与图书馆发展	2006.10.9—12	福建省龙岩市	113人
	福建省高校图书馆特色数据库建设项目培训和工作研讨会	①统一建库平台——特色数据库建库软件"DIPS数字文献处理系统"集中培训;②"福建省高校图书馆特色数据库项目"	2006.4.11—13	福建省福州市	40人
	福建省高校图书馆读者工作2006年学术研讨会	高校图书馆读者工作	2006.6.19—22	福建省泉州市	65人
	福建省高校图书馆文献采访工作2006年学术研讨会	文献采访工作理论与实践	2006.12.4—7	福建省莆田市	47人
组织国际学术活动					
科普活动	福建省全国科普日开幕式暨"南方测绘杯"定向越野邀请赛	"南方测绘杯"定向越野邀请赛	2006.9.17	福建省福州市南江滨公园	15人(省图学会) 2000人(全部)

(福建省图书馆学会)

【福建省 2006 年在福建召开的学术会议列表】

会议名称	主办者	召开时间	召开地点	会议主题
福建省图书馆学会2006年学术年会	福建图书馆学会	2006.10.9—12	福建省龙岩市	和谐社会构建、海峡西岸经济区建设与图书馆发展
福建省高校图书馆特色数据库建设项目培训和工作研讨会	福建省高校图工委	2006.4.11—13	福建省福州市	①统一建库平台——特色数据库建库软件"DIPS数字文献处理系统"集中培训;②"福建省高校图书馆特色数据库项目"具体建设工作

续表

会议名称	主办者	召开时间	召开地点	会议主题
福建省高校图书馆读者工作 2006 年学术研讨会	福建省高校图工委	2006.6.19—22	福建省泉州市	高校图书馆读者工作
福建省高校图书馆文献采访工作 2006 年学术研讨会	福建省高校图工委	2006.12.4—7	福建省莆田市	文献采访工作理论与实践

（福建省图书馆学会）

四川省

【重走红军长征路,传播文化科技知识】 在纪念红军长征胜利 70 周年之际,为重温红军艰苦历程,发扬红军长征精神,四川省文化信息资源共享工程分中心、四川省图书馆学会、四川省图书馆组织了四川省"重走红军长征路,传播文化科技知识"小分队,沿当年红军长征路线行进,宣传公共图书馆服务和文化信息资源共享工程。

长征行活动于 2006 年 6 月 5 日在峨眉山市启动,2006 年 8 月 2 日四川省"重走红军长征路,传播文化科技知识"小分队在举行授旗仪式后,从成都文化公园烈士广场出发,途径泸州、叙永、古蔺、小金、马尔康、红原、汶川、泸定、康定、石棉等地,围绕公共图书馆服务和文化信息资源共享工程,开展了大型文艺汇演、"三网助三农,助建新农村"送文化送科技下乡等丰富多彩、形式多样的宣传活动,共计发放新农村建设资料 50000 份,赠送光盘资料和网上读书卡近千份,播放了长征题材电影 10 余场和举办专题

讲座 8 场,于 9 月圆满结束。

此次活动意义深远,受到好评。（程歌）

【为朱老总诞辰 120 周年开展网上征文活动】 为朱老总诞辰 120 周年,由四川省文化信息资源共享工程领导小组主办,南充市电信分公司、南充市图书馆、四川省图书馆学会承办的"南充市'电信杯'网上读书征文大赛",历经 5 个月,在 5 月落下了帷幕。

本次网上读书征文活动,旨在树立青少年的社会主义荣辱观、践行胡锦涛总书记提出的"八荣八耻",构建社会主义和谐社会,引导青少年正确利用互联网、上绿色网,活动以"学朱总精神、读有益书籍、颂美好家园"为主题。共收到 10 万余篇。经海选、预选,最后对入围的 3000 余篇发在网上的优秀文章进行了评奖。（程歌）

【积极参加省科协和省社科联组织的工作】 四川省图书馆学会积极参加省科协和省社科联组织的各项活动。

四川省图书馆学会认真组

织"四川省第十二次哲学社会科学优秀科研成果"初评结果工作。四川省第十二次哲学社会科学优秀科研成果评奖活动开展至今已近半年。经过宣传、动员,我会收到申报学术成果 21 项,其中专著 5 项、论文 16 项。经申报,四川省社科联分配给我会 3 项推荐指标。7 月 4 日四川省图书馆学会组织专家评审组对 21 项学术成果进行了认真、严格的评审,推荐三篇作品为"四川省第十二次哲学社会科学优秀科研成果";7 篇作品推荐为学会优秀成果奖。

5 月和 10 月,四川省图书馆学会配合省社科联开展"社会科学与百姓生活"科普宣传日和"全国全民终身学习活动周"启动仪式活动。在"四川省图书馆学会"的展位上我们介绍了学会的组织、倡导读书、利

用图书馆,并且发放了宣传图书馆的资料,认真组织和积极参与该项活动,取得良好社会效益。(程歌)

【积极参加国际图联学术交流】 世界图书馆和信息大会——第72届国际图联大会于2006年8月20—24日在韩国首都首尔举行。为进一步加强同世界各国图书馆界人士之间的交流,促进我省图书馆事业

的发展,四川省图书馆学会首次成功地组织了由公共图书馆、高校图书馆和中科院成都分院等15家单位23名代表组成的四川省图书馆学会代表团出席了此次大会。本届IFLA大会的主题是"图书馆:知识与信息社会的发动机"("Libraries:Dynamic Engines for the Knowledge and Information Society"),共有来自150个国家的5000余人参加,其中中国代表约有250人。同往年一样,此次大会采用分会场报告和讨论的形式对图书馆工作的知识管理、信息技术、理论与研究、教育与培训、统计与评估、参考与信息服务等诸多方面展开交流。在4天的议程中,同步举行了近200场次的专题报告、讨论会和由来自世界各地的140个公司与机构参加的展览以及

37场图书馆的参观活动,盛况空前。值得一提的是,本届大会中文首次成为国际图联的工作语言。这是中国图书馆界同仁历时近10年努力的结果,表明中国图书馆界在国际图联中地位得到有力提升。同时,也为我们努力利用国际图联这个国际舞台,充分展现中国图书馆和图书馆员的风范,让中国图书馆与世界共同进步提出了要求。

四川省图书馆学会代表团一行顺访了日本、韩国图书馆,开展同行间的国际交流。通过参加国际会议的同志认真学习,积极交流,收益颇丰。(程歌)

【积极参加全国图书馆学学术交流】 积极组织和参加中国图书馆学会二○○六年年会。7月23日至27日中图学会2006年年会在云南省昆明市云安会都召开,来自全国图书馆界专家学者及商家代表约1000余人参会。美国华人图书馆员协会一行9人与会。四川省图书馆学会组团14人参加了年会。

此次年会共收到学术论文1196篇,经中图学会论文评审

小组认真评审,我省入选年会论文共有16篇,多数获奖,其中一等奖1篇,二等奖3篇,三等奖5篇。

(2).积极组织参加中国图书馆学会中国社区乡镇图书馆发展研讨会

中国图书馆学会召开中国社区乡镇图书馆发展研讨会于2006年6月26至28日,第五届中国社区乡镇图书馆发展研讨会在湖北襄樊市召开。此次会议共收到471篇征文。四川省图书馆学会有12篇论文参加评选,其中二等奖1名;三等奖8名。

(3)积极参加中国图书馆学会第三届青年学术论坛

2006年10月30日至11月2日,由中国图书馆学会主办、厦门大学图书馆和武夷学院图书馆协办的中国图书馆学会第三届青年学术论坛在福建省武夷山召开。本次论坛的主题是"在创新中成长",来自全国各地图书馆、高等院校的80余名青年学者共聚一堂,围绕这一主题,就图书馆学前沿问题展开了激烈讨论。

此次论坛共收到学术论文210篇,经中图学会论文评审小组认真评审,共评出一等奖12篇、二等奖51篇、三等奖67篇。四川省图书馆学会有10篇论文获奖,其中一等奖1篇;二等奖3篇;三等奖6篇,其中4名代表参加了大会交流。(程歌)

【积极组织和参加全省学术活动】 四川省图书馆学会组织了2006年"川、吉、苏、冀、

桂五省（区）图书馆学会第十届学术研讨会征文"活动。主题为："公共图书馆与和谐社会的构建"。由四川省图书馆学会选送参评的来自全省各市、州、县的论文共计 79 篇，获一等奖 2 名，二等奖 4 名，三等奖 8 名。16 名会员出席了 9 月在长春吉林举行的研讨会。并且出版《学报》（增刊）一期。（程歌）

【川滇边区图书信息协作网暨四川省图书馆学会少数民族地区专业委员会馆长联系会议】 2 月 21 日在西昌、攀枝花两市召开。四川省图书馆馆长李忠昊、副馆长王嘉陵、四川省中心图书馆委员会办公室常务副主任徐建华、攀枝花市文化局副局长刘虹、攀枝花市图书馆馆长申建斌、凉山彝族自治州图书馆馆长熊克江、阿坝州图书馆馆长王文、云南省楚雄州图书馆馆长姜荣文、德宏州图书馆馆长彭韶华等领导出席会议并讲话。来自川滇边区图书信息协作网暨四川省少数民族地区图书馆界代表 40 人与会，北京市西城区图书馆也应邀派代表参加了此次会议。凉山彝族自治州图书馆馆长熊克江、攀枝花市图书馆馆长申建斌分别主持会议。四川省图书馆馆长李忠昊代表省图书馆、四川省中心图书馆委员会办公室、省图书馆

学会发表了重要讲话。四川省中心图书馆委员会办公室常务副主任徐建华在会上就今后协作网的发展提出几点设想。会议期间，与会代表先后参观了

凉山彝族自治州图书馆、米易县图书馆、盐边县图书馆、攀枝花市图书馆等。（程歌）

【四川省图书馆学会举办"图书馆学基础业务知识培训班"】 2006 年 4 月在四川省图书馆内举行，来自全川和西藏图书馆的 48 名学员参加了培训。此次"四川省图书馆、四川省图书馆学会图书馆学基础业务培训班"是针对我省图书馆的现状而开设的，旨在希望通过培训，普及图书馆学、信息科学和信息技术基础知识，提高广大图书馆馆员的业务素质和从业技能，促进图书馆专业人才队伍的建设，推动图书馆事业的向前发展。该培训班共开设有"新版中国机读目录格式使用手册""文献资源建设""读者服务"等课程。（程歌）

【四川省图书馆学会组织省级课题研究】 四川省图书馆学会首次成功申报省级课题，课题为：四川省公共图书馆的现状与发展战略研讨。发表于《四川省图书馆学报》（2006 年 4、5 期），研究工作已近尾声。（程歌）

重庆市

【概况】 至 2006 年底，重庆市共有县级以上公共图书馆 43 个，其中省级馆 2 个，即重庆图书馆、重庆市少儿图书馆。全市 40 个区县均有独立建制的图书馆，其中区级馆 20 个，县级馆 21 个。据有关部门统计，截至 2006 年底，重庆市公共图书

馆提供座席 8600 个，总藏量达到 792 万册，总支出为 3994 万元，其中书刊购置费 624 万元，书刊流通总人次 330 万人次，书刊流通总册次 586 万册次，全年共发放读者证 12 万个。

2006 年重庆市高校图书馆方面，完成了第三届高校图书情报工作委员会的换届选举工作，下设了培训专委会、学术研究专委会等五个专业委员会。中文图书联采统编系统得到进一步发展，截至 2006 年底，共有 11 所高校图书馆参与，年购书订单量超过 570 万码洋。通过重庆大学图书馆为首的各图书馆共同努力，重庆市数字文献资源服务体系（CDISS）管理平台已构建完成并逐步投入使用，目前我市高校图书馆中正式加入的合作单位有五个，正在试用的图书馆八个。CALIS 重庆文献信息服务中心，依托重庆大学图书馆作为中心服务馆，面对全市高校图书馆开展馆际互借及文献传递工作，目前签定协议的成员馆已有十四所。2006 年 6 月，中心已完成门户系统、联合目录系统及统一检索系统建设，并顺利通过了 CALIS 中心的验收。（重庆市图书馆学会）

【重庆图书馆新馆】 新馆位于沙坪坝区凤天大道，占地总建筑面积达 50381 平方米，建设总投资为 3 亿元人民币。新馆工程 2003 年 7 月列入了重庆市十大社会文化事业基础设施重点建设项目，10 月 8 日完成立项工作。2004 年 12 月 29 日正式开工，2006 年是新馆建设

的关键时期。

重庆图书馆新馆是一座集现代信息、情报收集、书刊借阅、电子媒体阅览、学术交流、休闲娱乐、旅游观光等多项功能的新型图书馆。

新馆由美国 PEA 公司设计,整个图书馆被透明的玻璃幕墙所包围,墙上满是先贤关于书籍和阅读的名言,这一设计和生机盎然的中央景观庭院一起,营造出浓厚的文化氛围。馆舍现代、大气、舒适,给人以赏心悦目之感。新馆建筑群成横向的"U"字形状,分东厅、西厅、报告厅三大部分。东厅 6 层楼的读者阅览区、西厅 3 层楼的多功能区和拥有 400 余个座位的报告厅。全馆上下采用开放性设计,共提供 3000 个阅读座位,可每日接待读者 5000 到 8000 人,注重人性化和休闲化的设计,配备了大量的现代化设施,为残疾人士专门开辟了视障阅览室,为少年儿童专设阅览室及计算机设备,共有 600 多台可同时上网的电脑,1G 光纤互联网接入,设有视听阅览室、缩微阅览室等等。读者除了可以借阅传统的纸质文献外,还可以在图书馆参加各类培训、观看展览、听取学术报告等活动。(重庆市图书馆学会)

【第一届图书馆史学术研讨会】 2006 年 10 月 14 日至 18 日,由中国图书馆学会图书馆史研究专业委员会主办,由重庆第三军医大学图书馆和中山大学图书馆共同承办的第一届图书馆史学术研讨会在重庆召开。来自全国图书馆界的 30 位会议代表参与研讨,就图书史、图书馆史和图书馆学术史等相关研究主题进行了广泛而深入的探讨与交流。研讨会收到论文共 83 篇。经专家评审,遴选出 30 篇征文为优秀论文。(重庆市图书馆学会)

【民国文献数字化工程启动】 2006 年 4 月,重庆图书馆"民国文献数字化"工程正式启动。作为重庆图书馆三大馆藏特色之一的民国文献面临着书页整体泛黄、字迹不清、书页两角脆化等众多问题。权衡再三,重庆图书馆决定采用扫描方式,对珍贵的民国文献进行再生性保护。这一工程预计将在 2008 年完成,届时,读者可通过网络查看重庆图书馆收藏的电子版民国文献。(重庆市图书馆学会)

【图书馆宣传活动】 2006 年全年重庆市公共图书馆共举行各种形式的读者活动 577 次。2006 年 4 月和 5 月,重庆图书馆举办了"世界读书日"和"图书馆服务宣传周"系列图书宣传活动。"世界阅读日"活动内容为现场读者咨询、发放本馆免费上机卡、读者需求调查表、本馆电子资源使用介绍、服务简介和新馆简介、电子阅览室免费上机、举办知识讲座等。"图书馆服务宣传周"主要开展的活动为在重庆图书馆和三峡广场开展现场读者咨询、现场办理借书证、演示共享工程的资源、发放本馆服务宣传资料;召开读者座谈会,评选积极读者;为少年儿童播放免费电影;电子阅览室免费上机和图书

知识讲座等。为配合"世界阅读日",4 月 24 日,重庆图书馆邀请中央《党建杂志》社的总编辑薛启亮先生在本馆举办了《党的建设与城市文化建设》的讲座。(重庆市图书馆学会)

河南省

【"河南图书馆事业建设与发展"研讨会在河南大学举行】 由河南省图书馆学会和河南省高校图工委联合举办的"河南图书馆事业建设与发展"研讨会,于 2006 年 11 月 9 日—12 日在河南大学举行。河南省教育厅、河南省文化厅、河南省科协有关领导以及来自全省公共、高校图书馆的近百位代表出席会议。河南大学副校长宋纯鹏致开幕词,河南省科协、河南省文化厅的领导传达了十六届六中全会及河南省八次党代会精神。在两天的会议议程中,全国高校图工委副主任、河南省高校图工委主任崔慕岳等六位专家分别作了精彩报告。(严真)

【王爱功一行 6 人参加第 72 届国际图联大会】 2006 年 8 月 20 日—24 日,河南省图书馆学会理事长王爱功一行 6 人,赴韩国、日本参加第 72 届国际图联大会。此次会议,开创了河南省图书馆学会自建会 27 年来首次走出国门参加国际图联大会之先河。它不仅进一步加强了同世界各国图书馆界人士之间的学术文化交流,也学到了韩国与日本图书馆界的许多先进的办馆理念,同时也拓展了与东南亚进行文化交流与

合作领域。(严真)

【孔德超参加"中国图书馆学会 2006 年秘书长联席会议"】 2006 年 1 月 5 日—9 日,河南省图书馆学会秘书长、副馆长孔德超参加了由中国图书馆学会主办、贵州省图书馆学会承办的"中国图书馆学会 2006 年秘书长联席会议"。来自全国各省的秘书长就会员发展、业内合作与共赢等工作进行了探讨。(严真)

【河南省图书馆学会编译出版委员会工作会议在河南大学图书馆召开】 河南省图书馆学会编译出版委员会工作会议于 2006 年 6 月 10 日在河南大学图书馆召开。河南省图书馆学会理事长王爱功及全省各地近 20 名代表参加了会议。会议由河南省高校图书情报工作委员会秘书长、郑州大学图书馆副馆长、河南省图书馆学会编译出版委员会副主任崔波主持。河南省图书馆学会副理事长兼编译出版委员会主任、河南省高校图书情报工作委员会副主任、河南大学图书馆馆长李景文在大会上谈了自己任期内的工作思路:第一,与高校图工委密切合作,计划在任期内每年编译出版一部论文集;第二,集中各馆的古籍馆藏优势,合理利用人力资源,编制河南省古籍善本目录;第三,建议各馆同仁,充分利用馆藏资源,选出一些重要古籍进行抢救性整理;第四,广泛开展调研工作,充分搜集资料,编写包括河南

省科研图书馆、公共图书馆及高校图书馆在内的河南图书馆馆情;第五,充分利用国外资源,编译出版一些具有前沿性、实用性的资料,促进全省图书馆事业的快速发展。会上,王爱功、李景文、崔波等同志还向各位委员颁发了聘任证书。(严真)

【河南省图书馆学会 3 会员参加中国图书馆学会第三届青年学术论坛】 2006 年 10 月 29 日—11 月 2 日,由河南省图书馆学会推荐的杨向明、袁红军、范兴坤 3 位青年学者,参加了在福建省武夷山举行的中国图书馆学会第三届青年学术论坛。论坛主题为"在创新中成长"。来自全国各系统图书馆的 80 多位学者参加会议。在论坛上,由河南省图书馆学会推荐的河南大学图书馆范兴坤的"我国图书馆界的专家应该走出图书馆圈到国外及国际大众媒体发文著说,宣传图书馆事业,把图书馆核心期刊的版面更多地留给青年图书馆员"的即席发言,赢得了与会者的热烈掌声。此次论坛的评审工作,首次采用网上三审制,极为公正和透明,最终河南省图书馆杨向明的《中原地区社区图书馆建设与回顾》、郑州师范高等专科学校图书馆袁红军的《图书馆职业精神制度分析》、《虚拟参考咨询成本补偿机制研究探究》入选并获论坛二等奖。(严真)

【河南省图书馆学会派员

参加全省社科信息调研工作会议】 2006 年 4 月 26 日—27 日,河南省图书馆学会派出专人参加了在平顶山举行的河南省社科信息调研工作会议。会议传达了全省宣传信息调研工作会议精神,总结了近两年全省社科调研工作经验,并安排部署了 2006 年的工作任务。大会还对 2005 年度河南省社科联系统 37 个先进学会、9 个先进省辖市社科联和 37 位先进工作者进行了表彰。河南省图书馆学会秘书长、副馆长孔德超被评为 2005 年度先进工作者。(严真)

【王爱功理事长参加在昆明举行的中国图书馆学会 2006 年年会及理事会】 河南省图书馆学会理事长王爱功、副理事长张怀涛、常务副秘书长严真等同志,于 2006 年 7 月 23 日—27 日参加了在昆明召开的中国图书馆学会 2006 年年会及理事会。近千名来自全国各地、各系统图书馆的代表出席会议。河南省图书馆学会共有 12 名会员参加了此次年会,在会员的 12 名论文中,5 篇获二等奖,2 篇获三等奖。中国图书馆学会副理事长吴建中主持开幕式。中国图书馆学会理事长詹福瑞理事长致开幕词,回顾了学会自 2005 年年会以来所取得的重要成就,在《著作权网络传播保护条例》、《公共图书馆建设标准》的制订等方面所作出的积极努力,以及学会主办的科协 2005 年年会分会场、首届百县馆长论坛、2006 年新年

峰会所取得的成果等。(严真)

【《河南图书馆学刊》编辑人员参加在井冈山市召开的第十次全国图书馆学期刊工作会议】 2006 年 10 月 24 日—27 日,《河南图书馆学刊》编辑部一行 6 人在主编王爱功的带领下,参加了在江西省井冈山市召开的第十次全国图书馆学期刊工作会议。全国各地近 40 位编辑出席会议。会上,同仁们就专业刊物网上投稿、参考文献注录规范化等问题进行了探讨和交流。(严真)

【河南省图书馆学会 2006 年学术研讨会综述】 2006 年 11 月 4 日—5 日,"河南省图书馆学会 2006 年学术研讨会"在河南省图书馆报告厅举行。来自全省公共、高校、科研系统及其中学、医院图书馆的 40 余位代表参加了本次研讨会。研讨会共收到征文 94 篇,11 位同志的论文在大会上进行了宣读。与会者立足相关研究领域,从不同学术背景出发,以当今图书馆学大科学观为视野,围绕"和谐社会建设与图书馆发展"、"统筹发展中的图书馆事业"和"图书馆信息资源共知、共建、共享"等三大专题九个方面进行了交流与探讨。

1. 图书馆与和谐社会构建

关于图书馆在和谐社会构建中的作用问题,刘若瑾《和谐社会中的图书馆形象建设》、姚江萍《图书馆形象在构建和谐社会中的作用》等文章认为,图书馆形象是由诸多要素构成的统一体,是社会公众对图书馆及其各项活动的总体印象和评价。因此,图书馆形象建设必须符合自身所在国家的特殊人文背景与习俗的基本要求,从而使历史文化传统得以继承与发扬,并与其现代文化相融合,使社会公众理解和接受。李东黎《公共图书馆在构建和谐社会过程中应重视的几个方面》、赵燕《图书馆发展与"和谐社会"的构建》、刘素娟《高校图书馆在构建和谐社会中的作用》、赵艳丽《加快发展图书馆事业,构建和谐偃师》等,也分别从图书馆的发展与演变过程,详细阐述了图书馆与构建和谐社会的关系,以及图书馆对推进社会文明与进步的强大能动性。研讨会收到的此类征文较多,计有 17 篇,研究也较为透彻。

2. 图书馆事业的发展

涉及该项主题的征文 15 篇。内容虽有交叉重叠,侧重点却有不同。

王文芝《发展文化产业促进图书馆事业——从三门峡市文化产业的发展经验谈三门峡公共图书馆的发展途径》提出了"大文化"涵盖内容广泛,涉及部门较多,仅依靠文化部门一家来发展文化产业是很困难的问题。周献峰《社区图书馆建设论略》立足社区图书馆研究,对目前社区图书馆的建设与规划提出了具体的条框与模式。张绍东《中学图书馆要更好地为学校教育服务》分析了中学图书馆现状与存在的问题,并提出了引导学生到馆阅读的具体方法和措施。

郭爱梅《新时期农村图书馆的统筹与发展》、方明《在社会主义新农村建设中要加强农村图书馆建设》、杨艳萍《开发文献信息资源为三农服务》等,则从另一角度阐述了图书馆事业是一项全民性的事业,如农村图书馆事业即是一例。该批论文一再强调:公共图书馆和各信息部门为农民提供农业科技信息服务,应该从维护社会公平与公正、建立和谐社会的高度来认识。

此外,王凌《和谐社会构建中流动图书馆的可持续发展》、陈景枝《浅论现代图书馆管理与服务的人本化》、庞红霞《图书馆工作水平的提高与图书馆事业的发展》等,分别从图书馆的管理和服务工作入手,叙述了在图书馆事业的发展中起关键作用的读者服务工作,以及多样化的形态和手段。

3. 图书馆新理念的确立

图书馆人文精神、图书馆职业道德的论述也首次出现在今年的学术研讨会上。数量虽不大,但内容深刻,涵盖面较广。

从现有的研究成果看,人文精神的实质是对人的现实存在的思考,对人的价值、人的尊严、人的生存意义和生存质量的关注。图书馆为社会提供人与人、人与信息直接交流的空间,是提高社会民众先进文化观的永久性精神家园。从这个意义上说,图书馆是人文精神的守护者和体现者。如徐洪升《图书馆在构建和谐社会中人文精神的内涵》征文中所描述：随着和谐社会建设的不断深入，图书馆人的价值观也融合在一种时代特征中，越来越多的有识之士意识到"以人为本"，珍视人的价值既是构建社会主义和谐社会的出发点和落脚点，也是图书馆学研究的终极目标。此外，常浩、秦金汉、孙秀香等也以《树立以人为本的图书馆发展观》和《试论图书馆职业道德与素质教育》为题，向大会提交了结合图书馆实际、在具体工作中实现人文关怀的种种举措。在图书馆建筑环境、技术和管理的人性化方面，王新雨《图书馆人文精神浅论》作了一定阐述。该文从图书馆的选址、环境、造型设计、馆内部门布局、无障碍设计和阅览室标志系统人性化设计等方面提出了不少建议，他认为，计算机、英语类图书读者量大、利用率高，多配有光盘、磁带等附件，所以应对该类书采取模糊管理。首先是将两类书集中管理，最好与其附件（光盘、磁带等）一起置于多媒体阅览室；其次，这两类图书按知识内容粗排架，附件细排架等。此类观点鲜明，以实际工作为例的论文，在研讨会征文中数量较大。

4. 图书馆的创新

在经历了改革开放的发展历程之后，中国图书馆事业面临着又一次大的变革。这主要表现在图书馆发展战略上的飞跃，即把图书馆的发展战略由注重于数据加工及信息技术的发展，转变到注重发展知识的作用，并由此提高图书馆的创新能力上来。徐洪升《以知识创新促进图书馆事业的发展》认为，这种变革的核心和动力是知识创新。图书馆知识创新就是通过追踪全世界图书馆学的最新发展动态，结合图书馆工作实践，探索知识的生长点和创新点，从而产生新知识的活动和过程。实现知识创新应该成为制定中国图书馆事业21世纪发展战略的着眼点。我们应以先进的、科学的现代理论为指导，立足于丰富多彩的图书馆实践，对图书馆知识创新的理论与方法进行研究，以便更好地指导图书馆工作实践。

新时期如何发挥图书馆的社会效益，如何在创新中促进图书馆事业的发展？李惠娜《以变革促进图书馆事业的发展》、王红山《如何发挥图书馆部室主任的作用》、徐玲《高校图书馆创新管理》、张素鹏《公共图书馆如何搞好"关注弱势群体服务特殊读者"工作》等予以了回答。李惠娜还认为，实现目标管理模式的创新，首先是馆领导要将目标责任考核层层进行分解，并加强指导与检查，以避免设备和人力资源的闲置浪费及职责、职能的交叉重复。鉴于此，就要建立图书馆的创新机制，并从制度、管理、岗位设置入手，以为图书馆创新发展打好基础。

5. 图书馆人力资源建设

数字化、网络化的发展，迫使图书馆界在近几年把现代化人才的培养、提升提到了重要议事日程。本次研讨会也不例外，涉足此方面内容的征文有9篇之多。汪华茹《谈新世纪图书馆人力资源管理》、赵新龙《也谈图书馆人力资源的管理建设》、李伟《加强馆员的人格修养，为构建和谐社会作贡献》等，皆对图书馆人力资源面临的困难与挑战提出了看法，并就下一步的工作提出了具体的实施步骤。这些步骤主要包括：一是先导式战略，即建立与现代图书馆特征、信息社会相适应的信息观念、开放观念、网络观念、时间观念、决策科学化观念、服务至上观念、系统观念等。图书馆采用先导式战略转变馆员的思想观念，其战略措施就易于实施。二是发展式战略，也就是制定人力资源管理目标及工作计划，并按层次授权，以使职、责、权、利明晰。三是投资式战略，走出去，引进来，是其基本方法。当然，根据目前图书馆的现状，特别是市、县级图书馆经费、人员实际，梁卫华《关于市、县级图书馆人力资源管理的思考》一文认为，既要鼓励支持馆员接受本专业或相关学科的继续教育，还可充分发挥图书馆学会的优势，定期不定期地组织会员进行业务培训，组织专题研讨会，多争取一些国家或省市科研课题，进而提高市、县图书馆整体竞争优势。

6. 数字图书馆建设

数字图书馆建设包含的内容很多，如网站建设中的主页、栏目编排等就是其中的一项不容忽视的内容。对公共图书馆的主页设计，汤树俭《公共图书馆的主页设计与栏目规划问题》提出以下几个原则:一是目的性。网站建设要解决两个问题,即服务对象和服务内容。公共图书馆的服务对象是社会各阶层读者,所提供的信息服务内容就要体现针对性、实用性、大众性原则,符合为政府机构决策提供信息服务和为普通读者提供书目检索、书刊借阅、休闲文化服务的目的。二是方便性。即以服务读者为宗旨的方便宜用设计思想。其表现:实用性、互动性和可操作性。实用,是就方便一切读者而言,追求的是成熟技术的高"傻瓜"性能,它由公共图书馆公共性特征所决定。可操作性亦如此。一个条理清晰、结构合理、主次分明的主页,鼠标的一个点击,即可引导读者往返各个层面,进入检索区域,不至迷失方向,耗费时间。互动性则体现读者的参与意识。如首页的"读者留言"、"咨询台"等,能强化与读者的沟通,便于改进工作和图书馆业务的提升。三是特色性。一个创意新颖、设计完美、结构合理的图书馆主页,应体现图书馆的学术性和完美的艺术性,反映图书馆的文化理念,并形成与他人有别的特征。这些差异体现在网页上,就是具有鲜明个性的网站内容和首页艺术风格。对栏目编排,汤树俭认为公共图书馆存在的主要问题是:在主页栏目选择上,个别图书馆内容缺失,甚至未设书目与报刊检索系统,缺乏实用价值。有些未设专门的版权保护和多语种版本系统,域名不规范,难以与读者

沟通。这不能不说是一种缺憾。如版权声明,凝聚着图书馆大量创造性劳动,但在公共图书馆网站中少数有详细的版权保护声明,多数仅简单标明"版权所有"字样或根本不提及该问题。由此看来,公共图书馆版权意识淡薄,亟待加强。张兆祥《数字图书馆体系结构及其实现》、翟慧杰《论高职院校图书馆数字化管理》、刘琨珊《试论图书馆保护数字版权的特点和自律性措施》等,也分别就数字图书馆的组成、数字图书馆管理的内容、数字图书馆技术保护措施等进行了探讨,并一致认为,数字图书馆是图书馆事业发展的必然趋势,是理想的现代化图书馆模型。数字化图书馆研究的征文,计有6篇。

7. 信息资源建设与共享

论及信息资源建设与共享工程的论文,在今年的研讨会上仍是热点,共收到征文17篇。如高校图书馆共享系统建设类征文,主要有何瑜《试论网络环境下图书馆信息资源建设问题》、李新《网络环境下的图书馆文献信息资源建设与共享》、张磊《关于信息资源共建共享中几个问题的思考》、赵新新《数字图书馆资源建设与共享探索》、刘素娟《高校图书馆文献信息资源的共建共享》等。该批论文观点明确,直指主题:实现高校图书馆文献信息资源的共建共享是高校图书馆文献资源建设现实和未来的必然趋势。周九常的《图书馆知识共享体系的基本架构和实

现模式》则将其共享体系的基本架构和实现模式作了数字模型和体系框架分析,并指出了图书馆知识共享研究存在的主要问题:多立足于图书馆知识共享的某一方面进行研究,而缺乏系统整体的视角,尤其是缺乏对图书馆知识共享管理中的知识共享体系框架和模式的研究,而这恰恰又是图书馆知识共享最基本的问题。同时,还有部分学者生硬地把知识管理中的知识共享理论移植过来,研究存在简单化倾向等。

公共图书馆也提交了一部分共享共建的文章,立意新颖,有一定深度。如温玉梅《网络环境下图书馆文献信息资源共享述论》、郑钟琪《网络环境下的信息资源共享》、王云生《网络环境下图书馆文献资源共享探讨》、赵茜《试论网络环境下的图书馆》等。

8. 图书馆的期刊管理工作

随着计算机技术、数字技术和网络技术的飞速发展,期刊的出版方式由传统的印刷型逐步走向电子型、网络型。尤其是自上个世纪90年代以来,电子期刊如雨后春笋般创立,不仅改变了人们传递、获取和交流信息的方式,也将推动图书馆期刊工作的革命性变革。这是杨琳、洪涛等人在《网络时代图书馆期刊信息资源的深层次开发与利用》、《浅谈网络环境下电子期刊对图书馆期刊工作的影响及对策》中提出的看法。但同时,他们认为,电子期刊不可能在短时期内完全取代

印刷型期刊。因此，目前做好电子期刊与印刷型期刊的扬长避短、互补互利是相当重要的。

对传统期刊工作存有的偏见与认识问题，姚建平《论高校图书馆期刊工作》中写道：以一些人心目中，认为图书馆是以图书为主体来开展读者服务工作的，而期刊仅仅是一种陪衬。于是，把图书馆的期刊工作降到不应有的位置。为使这种错误看法得以纠正，读者和馆员尤其是期刊工作人员均要认识到：一是期刊是重要的信息来源之一。据报道，期刊文献占文献总量的75%；二是期刊是开展学术研讨和繁荣科学文化的重要媒介；三是期刊是普及科技知识、提高全民文化教育素质的重要手段；四是检索类期刊是重要的文献检索工具；五是期刊是宣传党和政府的路线、方针、政策等的重要文献类型之一。由此可见，期刊工作在图书馆工作中占有何等重要的位置。该文同时对期刊的采访、阅览、装订、过刊管理、期刊人员的培训等，提出了切合实际的观点。

9. 图书馆服务工作

服务是图书馆工作的出发点和归宿。这是众多基层论文作者表达出的一致看法。

此次研讨会征文，论及图书馆服务工作的文字明显偏少，且多为基础图书馆的一线工作者所撰写。但这批文字，观点鲜明，理论与实践结合，极富感染力，表达了县（市）级图书馆工作者的敬业精神与学术上的不懈的探索。如偃师市图书馆即有马卫东《浅析公共图书馆的读者服务工作》、韩艳艳《公共图书馆服务模式的探索》、王丽敏《以读者为本的服务理念》等三篇。社旗县图书馆论及图书馆服务的论文数量也不少，如谭振锋《服务创新与县级图书馆事业发展》、张建《图书馆为基层群众服务与构建和谐社会》、王欢《读者推动中的图书馆事业发展》等皆有一定力度。这批论文多以"图书馆是社会需求的产物，其天职就是为社会提供服务"为论点，结合基层图书馆工作实践，大力弘扬服务观，并一再表明："读者第一，服务至上"作为图书馆特有的行业道德准则和服务准则已经提出了许多年，然而由于传统的"重藏轻用"、"书本位"思想影响，"读者第一"的理念还没有真正树立起来，对读者冷漠、刻板、僵化，忽视读者的个性化需求的现象时有发生。因此，树立以读者为本的服务理念，并把它融汇到图书馆工作之中，在今天显得尤为必要。此外，王亚灿、程秋慧《人文关怀下的读者及服务工作》、张丽萍《谈和谐社会中图书馆服务的新理念》等也令人耳目一新。

此次研讨会，不少同志同时提交两篇或三篇论文，表明了积极参与的热情与勤奋的钻研精神。

河南省图书馆学会理事长王爱功在研讨会开幕式上发言，副理事长张怀涛主持会议并作总结。研讨会还为部分获奖作者颁发证书。此外，大会还特邀知名版权专家、平原大学图书馆馆长秦珂，向与会代表作了《〈信息网络传播权保护条例〉对图书馆的影响和启示》专题报告。（严真 汤树俭）

山西省

【2006年全省市级公共图书馆馆长联席会议召开】2006年3月21日下午，山西省图书馆召集参加全省社文工作会议的部分市文化局长、文化科长和市级公共图书馆馆长到馆，召开2006年馆长联席会议。省图书馆馆长李小强、副馆长石焕发出席会议，太原市图书馆馆长李明率副馆长、部主任等一行5人、阳泉市图书馆馆长毛志宏、大同市图书馆馆长管学功、长治市图书馆馆长董书忠、吕梁市图书馆馆长李宏、忻州市忻府区图书馆馆长王瑚、朔州市文化局社文科科长张建国、社文科杨守萍科长等参加了会议。

会上，李小强馆长指出全省各级图书馆是公共文化服务体系的重要组成部分和支撑点，共享工程是服务体系的重要内容之一；我省的共享工程要实现分级建站，分类管理，各级图书馆都要在这个大体系中发挥其承上启下的作用。文化共享工程一方面为农村办事，另一方面给公共图书馆提供了发展机会，各级图书馆要趁势而上，建设自我。因此，李馆长强调，市级馆今年要拿出自己的"十一五规划"，进一步发挥市级分中心的作用。未来的市级中心要建成具有镜像功能，对基层站点能够分级管理，发挥技术支撑的作用。市级馆应在构建公共服务体系中出力，在县级馆的建设中起到支持、辅导的作用；在建立社会主义新农村工作中出力，建立流通书库，并申请将之纳入社会主义新农村体系。李小强馆长要求各馆的业务工作要按标准化、规范化来实施，尤其要针对本地特色，开展讲座、展览等活动，以吸引读者，加大宣传力度，从而制造品牌效应。各馆还应该积极配合全国古籍普查工作，完善古籍保存环境；注重地方文献建设，注意收集各种载体的地方文献，并将其数字化，以便互通有无。

李小强馆长特别强调说，图书馆界的春天到了，全省各级图书馆应该振奋精神，抓住机遇，团结奋斗，为我省的经济腾飞服务，为全省的人民群众服务。

各市馆馆长就本馆情况在会上作了交流。太原市李明馆长谈到，太原市馆自建成后，经费不足，后续无力，困难重重。但他们希望通过更多的工作来争取政府投入。目前，他们注重馆藏特色即地方文献的建设，并依托文化共享工程工作的开展，成立了信息咨询部。阳泉市毛志宏馆长谈到，自建站以来，开展了多样化的服务，尤其是下乡村、进社区送光盘、开展跟踪服务最受老百姓欢迎。经过他们馆的努力，阳泉馆得到了市各级领导的重视，因此目前工作开展较为顺利。大同市管学功馆长谈到，大同

市馆虽"寄人篱下"，但不妨碍各项工作的开展，上年度该馆进行了一系列的人事制度改革，调动了员工的积极性，获得显著成效；数字阅览室、共享工程资源放映室坚持对外开放，接待读者较多；坚持送光盘到农村、社区、军营，服务开展可谓有声有色。吕梁市李宏馆长谈到，吕梁市馆业务工作形成新的局面：购书经费由原来的5万增加到50万；实现自动化办公被列入市文化局工作日程；全市图书馆长会议新近召开；《公共图书馆建设问题》一书的出版正在筹集中；吕梁市图书馆学会成立；每年两节期间的猜谜活动逐渐走向系列化、品牌化，而且新馆已争取立项，新馆建设近在眼前，不久的将来，吕梁市馆将争取成为吕梁山上文化行业中的一面旗帜。

针对交流情况，李小强馆长就两方面问题作了总结发言，首先，针对各馆提出的建立站点后资源建设的问题，指出资源建设有三种方式：其一是拷贝资源，其二是宽带点击、下载，其三是卫星投包。没有建站的单位应加紧创造条件，尽快建成站点，把信息资源服务大众的作用发挥出来。针对改革问题，要求大家做好准备，争取政府投入，尽快转变机制，改善服务，增加活力。最后，李馆长提醒各市级馆，大额购书最好采取招标方式，标的公开透明。会议最后，石焕发副馆长就近期工作对各市级馆作了安排部署。（山西省图书馆学会

赵玲玲）

【山西省图书馆学会参加中图学会2006年秘书长联席会议】 2006年1月5日—9日，"中国图书馆学会2006年秘书长联席会议"在贵州省贵阳市召开。中国图书馆学会秘书长汤更生，副秘书长顾文佳、刘细文、邓菊英，学会7个分支机构，29个省、直辖市、自治区图书馆学（协）会的副理事长、秘书长及海南省图书馆、中国民族图书馆、《中国图书馆年鉴》编委会、北京著泽文化发展有限公司等单位代表46人出席了会议。贵州省文化厅厅长张继增，贵州省图书馆学会理事长、贵州省图书馆馆长黄加服到会并致辞。

会上，汤更生秘书长通报了全国学会2005年的重点工作和2006年工作的计划要点，各学会就2005年工作中的"亮点"在会上作了汇报"展示"。《中国图书馆年鉴》副主编马张华、张久珍对年鉴的编撰工作进行了讲解与辅导，提出各学会应将《年鉴》编撰工作纳入学会日常工作。与会人员就学会的会员发展与服务、业界合作等议题进行了研讨。会上，还向秘书长们颁发了《新华书目报·图书馆专刊》特约记者聘书。

山西省图书馆学会副秘书长赵玲玲代表省学会参加了此次会议，并与参会代表们参观了贵州省图书馆。（山西省图书馆学会　赵玲玲）

【山西省图书馆学会召开四届理事会第九次、第十次常务理事扩大会议】 山西省图书馆学会四届理事会第九次、第十次常务理事扩大会议分别于2006年1月12日，2月10日在山西大学信息管理学院及省情报研究所召开，有17位常务理事和5位秘书长出席了本次会议。会议由省学会副理事长、秘书长石焕发主持。李小强理事长在会上作了2005年省学会工作总结，他强调在各位理事的大力支持下，省学会组织全省会员代表参加了中图学会七次代表大会，我省有3位代表被选为中图学会理事，并有7位同志荣获中图学会优秀学会工作者和优秀会员的称号。在广大会员的踊跃参与下，完成了中图学会年会、百县图书馆馆长论坛、图书馆与历史名城的征文及学术研讨活动，完成了图书馆服务宣传周以及全民读书月活动的组织工作。他指出，今后的学会工作应进一步加强各系统图书馆之间的协作协调，加强文献资源的共建共享，继续做好联合目录的编制，使学会工作更上一层楼。李嘉琳副理事长宣读了省学会2006年工作计划（草案）；李景峰副理事长宣读了中图学会2006年年会征文通知。石焕发秘书长介绍了2006年中图学会秘书长联席会议概况，以及省学会组织有关人员参加2006年美国图书馆年会、国际图联大会的事宜安排。

与会常务理事先后发言，就2006年省学会工作计划、文献数据库的购买、联合目录的编制、文献资源的建设与整合等问题展开了热烈地讨论。大家一致认为，在条件成熟的时候，各单位应联合起来，统一购买所需数据库，实现文献资源的共建共享，使有限的经费发挥更大的作用。在2月10日召开的第十次常务理事扩大会议上，全体常务理事一致通过增补赵玲玲为省学会副秘书长。
（山西省图书馆学会　耿建华）

【山西省社科院图书馆开辟电子服务新途径】 2006年1月12日，山西省社科院图书馆新建成电子阅览室开通仪式暨清华同方电子资源演示会隆重举行。院长张成德，副院长董继斌、阎宝礼及院科研人员60余人参加了会议。清华同方知网数字图书馆技术公司政府事业部经理林伟就电子资源检索方式进行了讲解和现场演示。工作人员还向科研人员发放了网上读书卡。这是山西省社科院图书馆自去年更换新系统以来，服务科研工作的又一项新举措。

今年元月初，山西省社科院图书馆与清华同方知网数字图书馆技术公司签订协议，将其原先订购的1997年至今的清华同方期刊数据由光盘版升级为网络镜像版，并在原有专辑的基础上，增加了优秀博、硕士论文数据库，重要会议论文数据库等，同时实现了跨库检索功能。磁盘阵列的安装和镜像数据的拷贝工作从元月11日开始至20日结束，目前已进入系统试运行阶段，不久将对全院开放。这套系统的开通，在丰富该馆电子资源的基础上，将为科研人员查阅资料提供极大的便利，进一步提升图书馆为科研服务的水平。（山西省图书馆学会　耿建华）

【山西省图书馆学会征集中国图书馆学会年会论文工作圆满结束】 一年一度的中国图书馆学会年会不仅是全国图书情报界的一次盛会，同时也是同行交流信息、相互学习、了解全球图书馆界发展动态的平台。省学会按照中图学会的通知要求，及时向全省各图书馆、各市、县图书馆学会下发了征文通知，积极组织广大图书馆工作者踊跃参与论文的撰写。截至2006年4月底，征集到论文21篇。作者分别来自全省的公共图书馆、大学图书馆、中学图书馆和科研院所图书馆。经过整理登记，学会工作人员及时将征文上传至中国图书馆学会。经过有关专家的认真遴选与评审，最后我省有8篇论文获奖。具体为：山西省图书馆岳慧燕、赵迎春获一等奖（1篇）；山西省图书馆王英、王海燕，左权县图书馆周爱萍，太原成成中学图书馆毛力中分别获二等奖（4篇）；山西省艺术职业学院图书馆冯世辉、山西省图书馆牛晓玲，中国兵器工业集团第207研究所邓改茹，太原科技大学图书馆吉萍、郝桂梅分别获三等奖（3篇）。从评选结果我们看到，此次征集的论文质量较以往有了明显的进步，我省学术研究与业界科研水平不断提高。

通过征文活动，我们力图为广大图书馆工作者提供业务学习与信息交流的渠道，营造浓郁的学术研究氛围，激励更多的、年轻的学术带头人脱颖而出，为我省图书馆事业的发展培养和积蓄人才。同时我们也希望广大图书馆工作者在各自的工作实践中贯彻落实科学发展的理念，把更多的精力投入到理论学习与学术研究之中，为我省图书馆事业的腾飞作出贡献。（山西省图书馆学会　耿建华）

【"现代图书馆面临的机遇与挑战"——北京大学信息管理系周庆山副教授学术讲座在省图举行】　2006年4月21日下午，由山西省图书馆学会、山西省图书馆联合举办的"现代图书馆面临的机遇与挑战"学术报告会，在省图多功能报告厅举行。报告会特别邀请北京大学信息管理系博士、硕士生导师周庆山主讲。来自省城及周边地区的公共图书馆、科研院所图书馆、大专院校图书馆、医院图书馆等20余个图书馆的同行，及省馆职工约150多人聆听了报告。

周庆山选取当前我国图书馆事业发展中的信息法、网络法、信息政策规划与咨询、企业信息化与竞争情报等几个具有代表性的热点问题，为在座的图书馆界同仁作了精辟、全面的阐述。周庆山深入浅出、赋予前沿性的学术讲演，对于大家开阔眼界、提高学术专业水平，大有裨益。（山西省图书馆学会　耿建华）

【山西省图书馆学会有关人员出席中国图学会七届二次理事会暨2006年年会】　2006年7月23日—27日，中国图书馆学会七届二次理事会、中国图书馆学会2006年年会相继在昆明召开。山西省图书馆学会理事长、山西省图书馆馆长李小强，山西省图书馆学会副理事长、山西省图书馆副馆长石焕发等前往出席。

23日，七届二次理事会召开，会议由中国图书馆学会理事长詹福瑞主持。会议的主要内容有：2006年工作情况通报；2006年年会情况通报；2005年财务报告；审议2007年年会主题；审议"理事建议案"。理事们还审议并原则通过了《中国图书馆学会专项资金管理办法》（试行）和《中国图书馆学会志愿者行动试行方案》（讨论稿）等。

24日，李小强馆长、石焕发副馆长率省馆论文作者岳慧艳、牛晓玲、李燕参加了中国图书馆学会2006年年会。有近千名国内图书馆界代表、美国华人图书馆员协会的14位代表、数十家图书馆服务商和新闻媒体等出席。此次年会参加人数多，规模大，会议内容丰富，是继大连年会以来中国图书馆学会的又一次盛会。

年会开幕式由学会副理事长、上海图书馆馆长吴建中主持。中国图书馆学会理事长詹福瑞致开幕词，并传达了联合国教科文组织将"读书日"的徽标使用权正式授予中国图书馆学会，中文成为IFLA大会的第六种工作语言及科协首次将中国图书馆学会评为全国先进学会等喜讯。云南省文化厅领导及美国华人图书馆员协会主席李海鹏分别致辞，对大会的召开表示祝贺。开幕式上，与会领导为获得"全民阅读奖"的单位颁奖。詹福瑞理事长、吴建中、陈力副理事长分别为4个"优秀组织奖"、10个"先进单位"颁发了奖状，以表彰这些单位在2005年全民阅读活动中所做出的优异成绩。我省曲沃县图书馆荣获2005年度"全民阅读活动先进单位"荣誉称号。

其后，大会分八个分会场举行了主旨报告和专题发言。与会人员主要讨论了"面向大众的图书馆关怀"、"中国图书馆法制环境构建"、"图书馆数字资源的建设、共享与服务"、"大众指导与和谐社会"、"Lib2.0的应用技术与实践"等业界的热点问题；并参加了"《CNKI系列数据库产品与技术服务标准》实施效果与知识资源整合技术最新进展报告会"、"人文·网络·谚语·图书馆——龙源期刊网2006人文主题系列活动发布会"、"中国出版业发展格局和走势——机械工业出版社与图书馆同行论坛"。代表们还参观了中国图书馆应用技术与专业设备及图书馆展览会。

7月24日晚，全体代表会聚一堂，观看了中国图书馆学会会员联谊晚会。来自全国20多个图书馆的代表分别为大会献上了精心准备的节目,省馆代表岳慧艳也为大会献上了一曲《月满西楼》,博得大家一致好评。

闭幕式由中国图书馆学会副理事长、首都师范大学图书馆馆长胡越主持,中国图书馆学会副理事长陈力致闭幕词,并为获奖论文作者、论文组织奖获得单位颁发证书。在闭幕式上,还举行了中国图书馆学会志愿者行动"基层图书馆馆长培训"启动仪式。

山西省图书馆学会为此次年会征集到论文21篇,其中有8篇获奖,这是我省参加年会征文活动以来取得的最好成绩。

本次年会,使与会者开阔了眼界,增长了知识,对当前图书馆界的现状及未来有了进一步的了解,对图书馆的未来充满信心。(山西省图书馆学会耿建华)

【山西省图书馆学会参加"全国科普日"暨山西省第三届"科普三晋"系列活动】 中国科协从2005年起,在每年9月的第三个公休日,举办"全国科普日"活动。今年9月17日,省科协将"全国科普日"活动与我省开展的"科普三晋"系列活动结合起来,以"预防疾病、科学生活"和"节约能源"为主题,在全省范围内展开全面系统的科普宣传活动,号召全省各界组织参与,进一步宣传贯彻《科普法》,贯彻实施《全民科学素质行动计划纲要》,努力提高全民族科学文化素质。

作为山西省科协麾下的一个省级学会,山西省图书馆学会积极响应号召,及时向全省各级各类公共图书馆及图书馆学会下发了《关于开展2006年山西省"全国科普日"暨第三届"科普三晋"活动的通知》和《系列活动方案》,就活动主题、活动内容、活动方式作出细致的安排,动员各馆的力量,积极参与活动。

9月17日,山西省"全国科普日"暨"科普三晋"活动在太原市湖滨广场隆重举行,诺大的广场上摆满了宣传版面和各类科技成果、节能设备、部分药品,琳琅满目,省城上万名群众云集湖滨广场,气氛如节日般热烈。山西省图书馆学会石焕发秘书长带领学会办公室以及读工部工作人员,代表学会参加了活动启动仪式。

在启动仪式上,省学会工作人员与省内各省级学会(协会、研究会)参会人员一起聆听了省委副书记云公民、省政协副主席聂向庭等相关领导的重要讲话,观看了"山西省十佳科普志愿者"以及"山西省优秀科普作品"颁奖仪式和"山西省送健康进农村大型义诊活动"出发仪式,并利用精心制作的四块宣传版面和近3000份宣传资料,结合图书馆特色向群众进行了自我展示并提供咨询服务。省图书馆学会的宣传内容主要包括山西省图书馆简介、山西省图书馆办证办法、科普阅读图书推介、文源讲坛介绍、文化信息资源共享工程简介

等,力图凭借科普宣传活动这块平台,一方面围绕活动主题宣传科普知识,向市民推荐科普图书,让更多的群众了解相关知识,提高生活质量;一方面大力宣传图书馆,把图书馆和图书馆的活动推向纵深,让文源讲坛融入市民话题,让文化共享工程与百姓零距离接触,让图书馆这所"人民的终身学校"更多地被市民了解、接受、关注并投身其中,汲取高品质生活的营养,获得大踏步前行的力量。(山西省图书馆学会赵玲玲)

【贾新田副厅长、郭彦新书记等赴韩参加第72届国际图联大会】 2006年8月20日—24日,第72届国际图联(IFLA)大会在韩国首都首尔举行。山西省文化厅副厅长贾新田、山西省图书馆党总支书记郭彦新以及省城图书馆界代表一行数人,随同中国图书馆学会代表团参加了本届大会及8月16日—17日在日本东京分会场召开的会前会,并顺访了日本国立国会图书馆本部及关西馆、京都大学图书馆、韩国国立国会图书馆、釜山女子大学图书馆。

国际图联是国际图书馆协会与机构联合会的简称,成立于1927年,是一个独立的非政府性的非营利国际组织,拥有来自154个国家的1736个会员。中国是国际图联创始国之一。截至2006年7月,中国共有21人次在该组织担任职务,并发挥着越来越重要的作用。

经中国图书馆界的长期争取和不懈的努力，从本届大会开始，国际图联管理委员会正式将中文作为国际图联工作语言。大会在原有5种工作语言（英文、法文、俄文、西班牙文、德文）的基础上，增设了中文同声传译服务，出版了《国际图联大会快报》中文版。

本届大会主题是"图书馆：知识与信息社会的发动机"，包括公开论坛、小组会议、研讨会、海报展、图书馆资料展、计算机系统和图书馆设备展及卫星会议等多种形式。东京会前会的主题是"亚洲图书馆资源的保存与保护"，主要就如何把握亚洲图书馆资料保存的现状、需求及加强协调与合作进行了探讨。共有4000余名代表出席了会议，200余篇国际学术论文在会上宣读。来自世界各地关注图书馆事业的政府官员、图书馆界专家学者进行了内容广泛、形式多样的交流，各种新观点、新趋势和新技术都得到了最充分的展示。（山西省图书馆学会　耿建华）

【"我与图书馆、我与图书"征文活动圆满结束】 为了把全民阅读活动引向深入，进一步提高图书馆读者活动档次，山西省图书馆学会主办了"我与图书馆、我与图书"征文活动。此项活动于2006年5月开展以来，得到了许多热心读者与省内各系统图书馆职工的热烈响应。截至2006年12月底，收到征文600余篇。作者包括省内外的中小学生、大学生、在

职工作人员和离退休老人。大家以流畅的笔触，或生动地记录自己的读书体会，或抒发图书馆人丰富的内心世界，其中不乏优秀的作品。尤其是几位农村家庭图书室的管理人员，几十年如一日，坚持义务为周边村民提供图书阅读服务，他们的征文真实地记录了其无私的奉献精神与农村图书室的发展历程，使学会工作人员非常感动。通过评审，最终有22篇征文入选。评选出特等奖1名，一等奖2名，二等奖6名，三等奖13名，并对积极组织征文活动的9个单位给予了表彰鼓励。此次活动的获奖名单已在山西省图书馆网站向社会公布。

"我与图书馆、我与图书"征文活动以读者喜闻乐见的形式，通俗、生动的主题，提高读者的阅读热情，给予读者更多的参与机会，极大地丰富了2006年全民阅读活动，有利于营造全民阅读氛围，取得了很好的社会效益。、（山西省图书馆　耿建华）

【发挥学会职能作用，搞好全民阅读活动】 2006年山西省图书馆学会积极响应中国图书馆学会以及全国知识工程领导小组指示精神，在全省范围内，开展了世界读书日、图书馆服务宣传周、全国科普活动周等全民阅读活动。省学会充分发挥其组织协调作用，动员全省公共图书馆，大学、中学图书馆，科研院所图书馆等各级各类图书馆，结合实际，开展丰富多彩的阅读活动。通过活动，

不断提高各图书馆的服务能力与社会影响力，同时也使学会工作更加丰富与充实，学会的作用也得到了充分的体现。

一、精心制订活动方案，全民阅读活动丰富多彩

山西省图书馆学会根据中图学会有关精神，认真制定了《山西省2006年全民阅读活动方案》，并及时下发于各个图书馆，就活动主题、活动内容、活动方式等作出详尽的安排。

全省各图书馆、各市县图书馆学会在4.23世界读书日、图书馆服务宣传周活动、全民读书月等活动期间，结合活动主题，大力宣传图书馆在履行政府公共服务职能、保证公民自由平等、免费获取文化信息、提高国民科学文化素质方面的作用。各级图书馆、各市县图书馆学会举办展览、讲座、报告会、演讲会、征文比赛、知识竞赛、送书到基层等活动，延伸图书馆服务，把先进文化送到百姓身边，丰富群众文化生活。图书馆工作人员还纷纷走上街头，散放各种宣传资料，设立咨询台，解答读者咨询。现场办理免费借书证、阅览证，书目推荐，号召社会公众走进图书馆，亲近阅读，亲近图书，让读书成为人们的一种习惯和生活方式。在馆内，各馆积极改善阅读环境，提高服务水平，加大服务力度，推动全民阅读活动的深入开展。

为配合阅读活动，省学会首次面向全省各系统图书馆与省内外广大读者，举办了"我与图书馆、我与图书"主题征文活

动,得到了广泛的关注与支持,收到征文620篇。

二、利用媒体造势,让全民阅读活动深入人心

全省各级图书馆,在往年活动的经验基础上,在各次活动前夕就向政府和主管部门介绍活动的主题和意义,积极争取当地政府和有关部门的大力支持。在活动期间,不少地市领导抽出时间热情参与到活动当中,扩大了活动的影响,提升了活动的知名度。同时,大多数图书馆,能充分利用当地电视、报纸、广播、宣传标语、宣传版面等一切宣传方式,将活动内容广而告知,使广大群众更加直观地领会活动的内容及安排,为阅读活动营造良好的氛围。

三、认真总结活动经验,作好评比表彰工作

山西省图书馆学会广泛收集各单位活动材料,总结典型经验,积极探索活动形式与活动内容的创新。在汇总各家的总结报告后,对2006年在全民阅读活动中取得突出成绩的山西省图书馆、山西大学图书馆等31个单位,予以了表彰和奖励。(山西省图书馆 贾百全)

广西壮族自治区

【广西图书馆学会概况】 2006年末有个人会员1 537名。设内部机构6个(学会办公室、学术工作委员会、现代化技术工作委员会、科普与教育工作委员会、采访工作委员会、编辑出版工作委员会)。现任领导机构是第七届理事会,有理事48人,其中常务理事16人。理事长徐欣禄,秘书长黄永宁。11月15日—18日学会召开第24次科学讨论会。科学讨论会总主题是:办馆理念与科学管理。分主题有:理想与现实;规范化、制度化建设;图书馆工作与岗位设置;大众阅读指导与和谐社会;图书馆数字资源建设、共享与服务。经学术委员会组织评选,入选科学讨论会的正式论文51篇,交流论文21篇。共有105人参加会议。7月23—27日,中国图书馆学会2006年年会在春城昆明隆重举行。以广西图书馆学会理事长、广西图书馆徐欣禄馆长为领队的广西代表团一行14人出席了这一年度盛会。通过这一重要的图书馆业内外信息交流平台,扩大视野,促进广西图书馆事业的发展。在广西参加这次年会征文活动的27篇论文中,获奖论文18篇;其中一等奖两篇入编《年会论文集》。"川、吉、苏、桂、冀五省(区)学术研讨会"是由广西、四川、吉林、江苏、河北五省(区)图书馆学会联合举办的一项省际学术交流活动。会议由五省(区)图书馆学会共同筹备,轮流承办,隔年召开。9月6日,由吉林省图书馆学会承办的川、吉、苏、桂、冀五省(区)图书馆学会第十届学术研讨会在吉林省长春市隆重召开。来自五省(区)公共、学校、科研三大系统图书馆的130多名代表参加了学术研讨会;其中由广西图书馆学会组团出席大会代表10名。广西入选本次研讨会获奖论文共22篇。(广西图书馆学会 贾莹)

【广西图书馆学会第24次科学讨论会】 11月15日—18日在柳州举行,广西图书馆学会主办。主题为:办馆理念与科学管理。105人参加了会议。入选论文51篇,交流21篇。与会者就理想与现实,规范化、制度化建设,图书馆工作与岗位设置,大众阅读指导与和谐社会,图书馆数字资源建设、共享与服务等问题进行研讨。(广西图书馆学会 贾莹)

湖北省

【概况】 2006年是实施国家"十一五"规划和贯彻落实学会"十一五"规划的第一年,也是湖北省图书馆学会第四届理事会成立后的第一个工作年。在省文化厅和省社会科学联合会的领导下,在省图书馆、省高校图工委的支持下,学会贯彻落实科学发展观,以共建和谐社会为向导,以满足广大会员和图书馆工作者需求为出发点,立足服务,搭建平台,加强沟通,扩大影响,完成了全年工作目标,开创了学会工作新局面。

一、鼓励学术创新,搭建理论与实践相结合的平台,积极开展学术交流

1. 组织承办中国图书馆学会的"第五届社区乡镇图书馆发展战略研讨会"。是2005年9月新一届中国社区乡镇图书馆专业委员会成立后,我国图书馆界业内专题研讨会中规模较大、影响较广的一次学术会议。本次会议分三个阶段进行,第一阶段是征文。根据中国图书馆学会社区乡镇图书馆

专业委员会的决定,湖北省图书馆学会秘书处于2006年初发出了征文通知,组织全国各级各类图书馆工作者撰稿。征文的总主题是社区乡镇图书馆与和谐社会,分主题分别是:社区乡镇图书馆在和谐社会中的作用;社区乡镇图书馆服务与创新;社区乡镇图书馆员的职业道德修养;社区乡镇图书馆员的业务能力培养与提高;社区乡镇图书馆文献资源建设与文献资源共享;社区乡镇图书馆与文化资源共享工程建设;乡镇图书馆可持续发展。据统计,到截稿时,湖北省图书馆学会秘书处共收到471篇征文,全国有26个省市的公共图书馆工作者和有关领导撰稿,还有科研图书馆、学校系统图书馆以及社区、乡镇文化站的同仁撰稿。综合大家意见,本届入选论文按自愿结集出版的原则,编印了《润物细无声——社区乡镇图书馆与和谐社会》论文集。第二阶段是召开会议。本次会议有三个显著特点。其一、参加会议成员广泛,领导机关重视。共有来自全国18个省(市、区)150名代表出席了会议。文化部全国文化信息资源建设管理中心副主任崔建飞和国家图书馆副馆长陈力出席并指导了会议。会上,崔建飞副主任作了《大力推进共享工程,强化乡镇文化服务》的专题报告,陈力副馆长作了重要讲话;美国健华图书馆联协负责人左四藏教授作了学术报告。13名论文作者代表在大会进行了学术交流。其二、研讨会主题切

合时代要求,体现人文精神。本次研讨会主题为“社区乡镇图书馆与和谐社会”,此主题是为响应中央提出的构建和谐社会、建设社会主义新农村而确定的。社区乡镇图书馆作为重要的文化设施,在构建和谐社会中扮演着重要的角色,所以,2006年研讨会突出了社区乡镇图书馆与建立和谐社会的关系,同时也提出来了社区乡镇图书馆服务创新、可持续发展等问题,这些都是图书馆界所关心、关注的热点问题,此次研讨会都进行了有益地探讨。其三、研讨会形式灵活、气氛融洽,为促进社区乡镇图书馆事业发展,促进人才成长起到了积极的作用,达到了预期目的。

2. 组织召开了湖北省图书馆学会2006年学术年会。2006年11月1日—2日,湖北省图书馆学会2006年年会在“歌舞之乡”长阳土家族自治县隆重召开来自全省各系统的150余名会员和图书馆同仁出席了此次会议。年会的主题是“图书馆、信息与和谐社会”。共征集论文264篇,其中评出获奖论文114篇。为了交流信息,年会进行了主旨发言。学会常务理事、省图书馆党委书记汤旭岩代表公共系统图书馆作了题为《构建公共图书馆服务体系,整体推进全省图书馆事业发展》的报告;学会副会长、湖北高校图书馆工作委员会秘书长邓珞华代表高校系统图书馆作了题为《前进中的湖北高校图书馆》的报告;中科院国家科学图书馆武汉分馆业务处长江洪代表

科研系统图书馆作了题为《服务创新建一流文献情报服务》的报告。年会征文活动中获一等奖的论文作者在大会上宣读了自己的论文。会议期间,大会还特别邀请学会常务理事、中科院国家科学图书馆副馆长、武汉分馆馆长钟永恒作了《关于个性化服务的思考》的学术报告。二、立足行业需要,举行多种形式学术报告会,努力扩大会员和图书馆工作者的视野

1. 陈传夫教授报告会。2006年3月16日,学会第一场报告会在湖北省图书馆六楼报告厅举行。学术报告会由武汉大学信息管理学院院长陈传夫主讲,报告的主题为“图书馆业态度变化与图书馆服务创新”。来自武汉市公共、高校、职教、医院、科研等系统图书馆约400名会员聆听了这场高水平的报告。另外,为了满足广大会员和图书馆工作者的需要,征得陈传夫教授同意,学会秘书处还将《图书馆业态变化与图书馆服务创新》的Powerpoint在网上发布。

2. 肖希明教授报告会。3月20日—21日,学会第二场报告会分别在黄冈市图书馆、黄石市图书馆报告厅举行。此次报告会也是湖北省图书馆学会组织的第四次专家巡回学术讲座。讲座由湖北省图书馆学会常务理事、武汉大学信息管理学院图书馆学系主任肖希明担任主讲,他就“网络环境下信息资源建设和服务文化建设”主题作了深入浅出的讲解,深受

听众的欢迎。报告会得到了黄冈市图书馆、黄石市图书馆、黄石市图书馆学会、黄冈师院图书馆、湖北师范学院图书馆、黄石理工大学图书馆的支持，相关市各级各类图书馆馆长、中层干部及业务骨干约 200 名听众聆听了演讲。湖北省图书馆学会此前分别在 2002 年、2004 年举办过三次专家巡回学术讲座，都收到了良好的效果。

3. 美国健华图书馆联协左四藏教授报告会。在学会组织承办的中国图书馆学会"第五届社区乡镇图书馆发展战略研讨会"上，学会特邀美国健华图书馆联协负责人左四教授作了"构建和谐社会的速效良方——电子多媒体信息文化资源"的学术报告。由于左教授事前作了比较充分的调查研究，学术报告比较符合国情，引起了与会者的共鸣。

4. 钟永恒研究馆员报告会。在学会 2006 年学术年会上，特别邀请学会常务理事、中科院国家科学图书馆副馆长、武汉分馆馆长钟永恒作了"关于个性化服务的思考"的学术报告。报告从 4 个方面进行了思考，给与会者很大的启发。

三、积极开展合作与交流活动，创新服务项目，扩大学会的社会影响

1. 协办"荆楚讲坛"。"荆楚讲坛"从 2006 年 3 月创办，已经举办了 10 期。"荆楚讲坛"是唱响先进文化主旋律、服务人民群众，打造社科普及品牌的一种新形式。"荆楚讲坛"由省社会科学界联合会主办，

由学会和省图书馆具体组织。"荆楚讲坛"邀请著名历史学家冯天瑜、省创新研究会会长袁伯伟、武大新闻学院教授李敬一、省孔子学术研究会副会长安德义、华师一附中高级心理咨询师尹邓安、省中医院精神心理科主任周小宁、高级人才培训师梁瑛、华师大文学院副院长谭邦和、行吟诗人牛均富、民俗学家刘谦定等各界知名人士前来做客并演讲，听众已达到 3000 人次。"荆楚讲坛"已经产生了一定的社会影响。

2. 举办网络信息检索和数字参考咨询培训班。2006 年 7 月 30 日—8 月 4 日，学会在神农架举办"网络信息检索与数字参考咨询培训班"，来自上海、四川、广东、山西、重庆、江西、河南、广西、安徽、山东、海南、湖北等 12 个省（市、区）30 多名学员参加了这次培训。学会邀请武汉大学信息管理学院图书馆学系副主任黄如花授课。黄如花重点讲授了网络信息资源检索的基本方法、网络信息资源检索的技巧、网上免费信息资源的开发与利用、数字参考咨询面临的机遇与挑战、网络环境下图书馆参考咨询机制的创新、国内外数字参考咨询案例等 6 个方面。3. 组织参加中国图书馆学会 2006 年学术年会。我省有 10 名代表参加 2006 年 7 月在昆明召开的中国图书馆学会年会。会上，武汉市图书馆学会、十堰市图书馆学会获中国图书馆学会 2005 年全民读书活动先进集体。

4. 组织出国参观考察。为

了解世界图书馆发展动态，学习国外图书馆先进技术、管理经验，推动我省图书馆事业的发展，根据学会 2006 年工作计划安排，学会组织 16 位馆长于 5 月 12 日—25 日到欧洲学习考察。代表团在欧洲先后访问了法国国家图书馆、德国海德堡大学城图书馆、比利时图书馆、卢森堡国家图书馆，参观了在建的卡塔尔国家图书馆等。在法国国家图书馆，代表团与东道主就文献资源的共建共享、数字图书馆建设、人力资源的开发与利用、国家汽车图书馆的工作、国家图书馆与地方图书馆的关系以及与我国图书馆的合作等进行了交流。5. 组织"全民读书月"活动。学会根据中国图书馆学会统一安排，组织了与全国同步的"全民读书月"活动。期间，学会还宣传了全国知识工程"知识工程推荐书目"、中国科协"科学发展观推荐书目"和国家图书馆"文津图书奖"获奖书目。湖北省图书馆学会网页上增设"全民阅读"栏目。另外，经过学会秘书处做工作，争取中国光华公益书海工程 5 万元人民币图书，赠送给向长阳县图书馆。

四、办好理论刊物，积极做好学会论文集出版工作，加大人才培养的力度

1. 办好《图书情报论坛》。随着全国图书馆学、情报学学术期刊的变化，2006 年第 1 期起，《图书情报论坛》进行了改版，内容包括重新设计封面，封面压模，骑马装改为胶装，70 克精双胶改为 80 克的精双胶，内

芯出菲林,小 16K 改为国际流行大 16K;调整和增加了栏目,增加刊物容量,每期由 10 万字增加到近 17 万字;加强刊物规范化编排,如样稿从 4 校增加到 5 校,增加页眉、摘要、关键词、作者简介、来稿时间等的描述以及按照正刊规范化标准编排。《图书情报论坛》作为内刊,它的发行量难以与正刊、核心刊相比,年发行量不足 1000 份。有家订户由 88 份增加到 99 份,有家由 3 份增加到 38 份,还有一家由 26 份增加到 33 份,个人整征订比以往也有增加,这是改版后所产生的效果。2006 年中国学术期刊(光盘版)在全国 2 000 余种各类内刊中,首次挑选了 300 种进入中国学术期刊(光盘版),《图书情报论坛》在此之列。另外,为了提高《图书情报论坛》的质量,还向专家约稿,每期刊发 1—2 篇专家稿件。《图书情报论坛》存在困难是没有刊号,刊号制约《图书情报论坛》的发展。

2. 编辑出版年会论文集。积极做好学会论文集编辑出版工作,对于人才培养起到了很好的推动作用。

编辑出版《润物细无声》——社区乡镇图书馆与和谐社会》。本书系中国图书馆学会第五届社区乡镇图书馆发展研讨会论文集,共收论文 284 篇。内容涉及社区乡镇图书馆在和谐社会的作用、社区乡镇图书馆服务与创新、社区乡镇图书馆与文化资源共享工程建设、社区乡镇图书馆可持续发展。这些论文从不同角度反映了中国社区乡镇图书馆事业发展和研究的现状。

编辑出版《图书馆信息与和谐社会,本书系湖北省图书馆学会 2006 年学术年会论文集,共选录论文 127 篇,内容涉及图书馆与信息资源公共获取、图书馆资源建设与资源共享、图书馆职业中的法律与伦理问题、图书馆服务创新与和谐社会、图书馆与学习型社会、图书馆与和谐社会文化建设等方面。这些论文从不同角度反映了湖北省图书馆事业发展现状,有一定的理论和实践参考价值。

编辑《湖北省图书馆学会工作通讯》、《会员通讯》。继续办好《湖北省图书馆学会工作通讯》、《会员通讯》,提高其质量,充分发挥其联系会员与图书馆工作者的纽带作用。全年编辑出版了两期《湖北省图书馆学会工作通讯》,发行约 3000 份,一期《会员通讯》,发行 3000 份,寄至各会员单位、个人会员和兄弟省市学会。

五、坚持民主办会,加强学会组织建设,优化会员服务

1. 认真组织理事会会议。根据湖北省图书馆学会章程规定,学会理事会每年要召开两次。2006 年 2 月 28 日,省图书馆学会第四届理事会第二次全体会议在湖北大学图书馆新馆召开,67 名理事出席了会议。会议审议并通过了 2005 年工作总结报告、2006 年工作计划、2005 年财务报告和会徽图案等决议。10 月 31 日,湖北省图书馆学会召开第四届理事会第三

次会议,审议 2006 年年会有关文件。

2. 学术委员会召开评审会议。于 2006 年 4 月、7 月,学术委员会召开了两次评审会议,分别评审了中国图书馆学会第五届社区乡镇图书馆发展研讨会论文、2006 年学术年会论文。评审会议确定的获奖论文标准,即选题与征文主题一致;论点明确,论据正确、科学、充分;文字通顺、精炼;论文结构规范。其中获一等奖的论文还要突出两点:一是应有创新内容,能反映本专业对热点、重点和难问题;二是为未有公开发表和其他会议未有录用的原创性成果或实践总结,为评获活动公正奠定了基础。

3. 学会各委员会开展了丰富的活动。

"武汉城市圈 9 城市少年儿童爱护环境 从我做起主题征文活动"。由省图书馆学会少儿图书馆工作委员会和省教育厅中小学图书馆工作委员会主办,武汉市少儿图书馆承办。孝感、天门、仙桃、潜江、咸宁、黄石、鄂州、黄冈等 8 城市图书馆协办,特邀襄樊市少儿图书馆参加此次征文活动,各市图书馆均高度重视,大力宣传,得到了当地文化、教育、环保部门的支持。还有的地市,如天门、仙桃等,直接得到了市委有关领导的重视和支持,有效扩大了征文活动的影响力,吸引了大量少年儿童关注环保,投身环保。各馆还充分发挥自身信息服务职能,通过开设环保图书专架、提供环保专题索引、组

织集体阅读以及开设环保专题讲座、交流会等方式，帮助广大参与征文活动的青少年儿童学习环保知识，投身环保实践，从而写出了一批较为生动、质量上乘的作文。本次征文活动共收到征文4 000多篇，评出265篇获奖文章，获奖文章结集《绿色的呼唤》出版。省文化厅、省教育厅、省环保局领导还为本书撰写了序言。组团参加了在温州举行的全国少儿图书馆工作会议。

图书馆自动化委员会召开了学术年会。2006年11月17日，图书馆自动化委员会在华中师范大学报告厅召开了以"数字图书馆——理想与现实"为主题的学术年会。学术年会共征集到论文65篇，20多万字，论文主题主要涉及数字图书馆门户与资源组织、计算机与网络技术、读者服务三个方面。经过专家学者的评审，55篇论文作为本次年会的交流论文，由华中师范大学学报2006年增刊作为会议专辑出版。此外，图书馆自动化委员会于2006年12月22日在武汉理工大学举办了"湖北省图书馆学会硬件系统管理与维护培训班"。共有来自50余家图书馆的120余人参加了培训班学习。此次是现代化委员会首次主办的以我省图书馆技术骨干为主讲教师的培训班，培训班由武汉理工大学图书馆承办，武汉科技大学图书馆和中南财经政法大学图书馆协办。

文献资源建设委员会举办研讨会。文献资源建设委员会于2006年12月15日在华中师范大学召开"2006年湖北省图书馆学会文献资源建设研讨会"。会议的宗旨是：做好文献信息资源的组织和管理，加强廉政建设，增强图书采购的透明度，建立和完善采访制度，确保图书馆文献资源建设的质量。会议还就"集团采购与书刊招标"进行了经验交流和了讨论。来自湖北省公共图书馆、高校图书馆、科学院图书馆及医院图书馆代表约40余人参加了大会。

职教院校图书馆工作委员会举办多项活动。一年来，职教院校图书馆工作委员会在学术研究、专业培训、馆际交流、读书活动等方面都取得了令人鼓舞的成绩。组织高职高专图书馆进行资源共建共享、数字图书馆建设等课题的研究，为全省职教院校图书馆建设提供了正确的引导。举办了"信息检索师资培训班"、"图书信息人员国家职业资格培训班"。组织全省职教院校图书馆间考察、参观、交流。在全省职教院校图书馆开展以"书伴人生"为主题的读书征文活动，活动收到26所学校近4 000篇读书体会文章。

编辑出版委员会组织召开了工作会议。2006年12月22日上午，论坛以"如何进一步提高《图书情报论坛》办刊质量"为主题召开了工作会议。参加会议的有论坛编委会成员、主编、副主编，编辑及特约专家学者。与会者对《图书情报论坛》过去所取得的成绩给予了充分肯定，对《图书情报论坛》存在的问题、今后发展提出了很多建设性的意见，此次会议的召开，对进一步提高刊物办刊质量起到了积极作用。

六、完成其他工作

1. 组织评先工作。为了表彰先进，经过学会审定，评审出"2006年湖北省图书馆学会年会论文组织奖"13个，"全民读书活动先进集体"11个。

2. 收缴会费、继续发展会员工作。在全省各会员单位和个人会员的支持下，全年共收缴会费3万余元；经过各图书馆学会和各图书馆推荐，新增个人会员9人。

3. 完成中国图书馆学会、省民政厅、省社科联布置的有关工作。

为2005年卷《中国图书馆年鉴》撰稿。全省各级各类图书馆积极撰稿，已经上报中国图书馆学会10多条词条，约1万字。

开展社科普及系列活动。按社科联的要求，积极参加"湖北省暨武汉市第二届社科普及周活动"。

根据税务部门、民政厅的要求，办理税务登记证，申报本会年度使用票证数量，到质检中心进行机构代码证的核证工作，通过湖北省民间组织管理局年检，并积极配合民政厅做好地方学会修志工作，并按要求每月10日前到税务部门进行报税。（湖北省图书馆学会秘书处）

550

【湖北省公共图书馆2006年工作综述】 2006年全省各级公共图书馆围绕服务于经济建设这一中心，以改革为发展动力，以贯彻《湖北省公共图书馆条例》为契机，以实施共享工程为抓手，大力推进图书馆事业全面发展，各项工作成绩斐然，亮点不少。

一、图书馆整体实力有了新发展。在去年文化部公布的公共图书馆第三次评估定级结果中，我省有一级图书馆21家（第二次评估为9家），二级图书馆40家，三级图书馆24家，在全国仍居比较靠前的位置。继上世纪90年代初我省实现县县有公共图书馆的目标后，在"十五"期间，各级公共图书馆又围绕"加大改革力度，提高队伍素质；改善馆容馆貌，提高读者人气；加快自动化、数字化进程，提高服务效率"三大目标，认真贯彻落实《湖北省公共图书馆条例》，紧紧抓住"湖北省文化信息资源共享工程"建设的有利时机，团结拼搏，扎实工作，实现了"三年三大步"，全省图书馆事业呈现出全面发展的良好态势，基础设施、基础业务、读者服务、资源共享、人事制度改革等各方面工作都有了新的起色。

二、贯彻落实《条例》取得了新成效。自《湖北省公共图书馆条例》颁布以来，各级政府对图书馆事业的投入明显增加，事业经费和购书经费呈不断上升态势。全省图书馆事业总经费2001年为3785.5万元，到2004年增至为7213.12万元。全省文献购置费2001年为871.7万元，到2004年已增至为1158万元。2005年，全省文献购置费在30万元以上的中等城市图书馆有宜昌、黄石、荆门、黄冈等馆；20万元以上的有荆州、十堰、孝感、襄樊等馆。鄂州馆不仅购书经费新增加15万元，并且争取到100万元立项建少儿馆。武汉市的青山、江汉、洪山、武昌、江岸、汉阳等区馆和汉川市、黄梅县、天门市等县市馆购书费均达10万元以上。省图书馆2005年已增至370万，2006年将增至500万。一些贫困地区在财政十分困难的情况下，也尽力为图书馆追加补助经费，如利川、竹山、五峰等地。这些都充分体现了各级党委政府对图书馆事业的重视和支持。

三、馆舍建设出现了新亮点。在经费不断增长的同时，馆舍条件也明显改善，阅读环境得以美化亮化。"十五"期间我省一批图书馆新建了馆舍，如武汉、仙桃；大冶、神农架、英山、兴山、巴东、秭归、武穴、孝昌、大悟等图书馆；正在建设中的有宜昌、天门、云梦、远安、洪湖、南漳等图书馆。据了解，全省还有10余家市、县馆新馆建设已纳入当地政府"十一五"规划。全省有85%以上的图书馆进行了扩建、维修和环境整治，其中，武汉市少儿馆搬迁维修投入1300余万元，荆门、孝感、黄石、荆州、鄂州、京山、宜昌市夷陵区等馆维修投入也都超过50万元；山区贫困县阳新县投入33万元，新增馆舍面积近1000平方米。2004年评估后又有一些馆继续投入资金进行了扩建，如十堰馆投入650万元扩建馆舍1300平方米，黄石馆投入40万元进行馆舍扩建和安防改造，恩施州馆投入45万元进行维修，潜江增加维修费10万元，汉川县馆新馆建设费160万到位，罗田争取外援资金42万元扩建800平方米馆舍，丹江口争取到维修资金30万元。这一系列投入大大改善了图书馆的办馆条件，美化了借阅环境，增强了图书馆对读者的吸引力。

四、文献资源建设呈现出新格局。各馆在购书经费逐年增长的情况下，加强了文献资源建设力度。目前，已经形成了多类型、多载体、传统与现代相结合的文献资源体系。在传统文献资源建设方面，十堰、黄石、荆州、宜昌、鄂州、黄冈、孝感、仙桃等馆年入藏量都在5000种以上。省馆在电子文献资源方面加大了投入力度，现拥有电子出版物4.3万件，缩微制品、视听资料4.7万件，购置的其他数据库达到6.5个T，为全省图书馆资源共享提供了有力保障。为弥补购书经费的不足，各馆还采取多渠道，广开书源。去年荆州市馆接受捐赠综合类图书2400册，接受明德基金捐赠少儿类图书10001册，崇阳县馆接受省民盟捐赠的图书1.5万册。仙桃、松滋、京山、红安、咸安区等图书馆还争取国家、省、市有关单位外援图书数万册以上。另外，全省29个国家级和省级贫困县图书馆连续三年得到文化部、财政部"送书下乡"工程共计20余万册赠书，缓解了基层群众看书难的问题。目前，全省各馆特色文献资源已逐步形成，如潜江的曹禺文献中心、襄樊的胡绳文献中心、红安的叶君健文献中心、京山的聂绀弩文献中心等，都充分整合各种文献资源，为形成资源的品牌优势打下了良好基础。

五、读者服务水平有了新提高。各馆在读者服务工作中，积极配合科教兴国和全民素质教育，面向社会大众开展了一系列具有特色的活动。如举办讲座、报告会、读者座谈会、书画展、知识竞赛、演讲比赛、征文比赛等。有些馆的活动已形成了有一定影响的文化品牌，如省馆的"名家讲坛"、武汉馆的"名家论坛"大型报告会以及江汉区的"金桥书评"系列活动等。服务方式也在不断创新，如运用现代科技，开展网上书目检索、网上参考咨询、网上推介新书、网上联合服务；走出图书馆，送书下乡、进社区、进学校，并将送文化和种文化结合起来，全省基层图书流通点总数已达到1 093家。各级图书馆还注重为广大青少年营造良好的读书环境，武汉市的"阳光电子阅览室"，当阳、罗田的"中小学生暑期文化实践"等活动，受到学生和家长的好评。全省各级图书馆还积极改进服务工作，服务窗口明显增多，开架率在60%以上的图书馆达到92%，开放时间每周超过56小时的图书馆占75%。据不完全统计，去年全省公共图书馆总

流通量达到987万册次，流通总人数达到1 039万人次，较上一年度又有新的提高。

六、共享工程建设取得了新进展。全省自2002年实施共享工程以来，各级财政已累计投入2 500万元用于工程建设。已有151家单位与省中心签约，有120余家开始对外服务，其中，中等城市馆已全部通过共享工程验收。共享工程建设推动了全省图书馆自动化、网络化发展。目前全省拥有计算机的公共图书馆已占公共图书馆总数的87%。与此同时，省中心不断加大对技术设备的投入和资源建设力度，加强管理和技术服务，资源建设总量已达150GB，为各基层中心开展服务提供了坚实的基础。各地基层中心积极探索为农村基层群众服务的模式，将服务的触角向社区、乡镇延伸，在利用共享资源开展服务方面，取得了较好的社会效益。如大冶、秭归、当阳基层中心、秭归茅坪镇文化站、浠水竹瓦镇文化站利用共享工程资源，开展下乡镇、进社区、进军营、进学校活动，还下载农业科技资料印成小册子，分发到农民兄弟手中，深受欢迎。通过共享工程的逐级推进，我省公共图书馆服务水平、技术手段得到大大提升，为基层读者服务工作提供了更大空间，为更大范围内的共建共享创造了条件。

七、专业人才队伍建设迈出了新步伐。据不完全统计，全省有86%的公共图书馆开展了人事制度改革，通过改革，优

化了管理机制，激发了内部活力和自我提高的意识。各级图书馆还根据新形势下图书馆事业发展的新特点，把人才培养当作图书馆事业发展的战略问题来考虑。去年省馆、武汉馆围绕"以人为本"的科学发展观和可持续发展这个主题，开始实施以人才为基础、人才培养作为第一资源的"人才战略"，省馆专门制定了《十一五人才发展规划》。省馆、武汉市馆还分别组织中层干部及部分区图书馆馆长到全国近30个省、市图书馆以及香港、澳门进行参观学习，大大开阔了图书馆骨干人员的眼界，并从中学习到了先进的服务经验和办馆理念。特别是广东的开拓进取、打破禁区的办馆理念，很值得我们学习。这几年省馆举办的几期馆长培训班收到了很好的效果，得到职称评定专家组的认可，希望继续把它办下去。全省市州级图书馆也都举办了其他各种形式的专业培训，人数达到千余人次。（湖北省图书馆学会秘书处）

【湖北省图书馆学会举办2006年年会】 2006年11月1日—2日，湖北省图书馆学会2006年年会在"歌舞之乡"长阳土家族自治县隆重召开，这是继2003年年会后的第一次年会，也是新一届理事会成立后召开的第一次年会，来自全省各系统的150余名会员和图书馆同仁出席了此次会议。

年会前，召开了理事会议。理事会议听取了2006年年会筹

备情况报告,通过了年会议程,审议并通过了表彰2005年全民读书活动先进集体、2006年年会征文组织奖、增补理事及常务理事和吸纳新会员等决定。

11月1日上午8点30分,省图书馆学会2006年年会开幕式在隆重庄严的气氛中开始。大会由湖北省图书馆学会副会长、华中师范大学信息管理系主任王学东主持,湖北省图书馆学会会长周济洋致开幕词,长阳县副县长余志鹏发表了热情洋溢的讲话,省图书馆党委书记汤旭岩宣读了省文化厅王建刚副厅长书面讲话。王建刚副厅长对年会的胜利召开表示热烈祝贺,并对学会积极开展学术研讨,推广先进经验,加强信息交流等取得的成绩给予充分的肯定,并对学会今后的工作提出了指导性的意见。湖北省图书馆学会副会长邓珞华、孟惠玲、韩兆海等出席了会议。宜昌市文体局纪委书记余晓露、长阳上家族自治县文体局副局长覃万勤也到会祝贺。开幕式上还举行了2005年"全民阅读"活动颁奖仪式和中国光华公益书海工程赠送图书仪式。经学会秘书处联系和工作,中国光华公益书海工程给长阳县图书馆赠送5万元人民币图书,相信这些图书在长阳县一定会产生良好的作用。

为了交流信息,年会进行了主旨发言。学会常务理事、省图书馆党委书记汤旭岩代表公共系统图书馆作了题为《构建公共图书馆服务体系,整体推进全省图书馆事业发展》的

报告;学会副会长、湖北高校图书馆工作委员会秘书长邓珞华代表高校系统图书馆作了题为《前进中的湖北高校图书馆》的报告;中科院国家科学图书馆武汉分馆业务处长江洪代表科研系统图书馆作了题为《服务创新建一流文献情报服务》的报告。

今年年会的主题是"图书馆、信息与和谐社会",年会征文活动中获一等奖的论文作者在大会上宣读了自己的论文。这些论文的观点把握时代脉搏,紧扣"和谐"主题,注重新农村建设、强调公众阅读,关注信息获取与资源共享,因此获得了与会者的共鸣。会议期间,大会还特别邀请学会常务理事、中科院国家科学图书馆副馆长、武汉分馆馆长钟永恒研究馆员作了《关于个性化服务的思考》的学术报告。这些活动增加了年会的学术气氛。

年会安排在长阳县隔河岩度假村召开,为了活跃参会会员的业余文化生活,会议精心准备了一台名为"光华公益书海之夜"的文艺晚会。长阳县歌舞团带来了具有土家风味的歌舞表演,许多代表也积极登台表演了节目,充分施展自己的艺术才华,年会会场成了欢乐的殿堂。年会还举办了湖北省图书馆学会会员体育友谊对抗赛,这些都为会议增加了光彩。

11月2日下午年会胜利闭幕。闭幕式由省图书馆学会副会长、高校图书馆工作委员会秘书长邓珞华主持。学会常务理事、学术委员会委员、荆州市

图书馆馆长欧阳军作了2006年年会征文述评。闭幕式上,还向获得学术论文组织奖的单位和论文获奖者代表颁发了证书。最后,学会会长周济洋致闭幕词。本次会议的成功举行,得到了宜昌市图书馆、长阳土家族自治县文化局和长阳土家族自治县图书馆的支持,得到了学会团体会员单位和企业厂家的大力支持,学会秘书处的同志们也付出了辛勤劳动。会议期间,代表们还参观浏览了风景秀丽的长阳清江。(湖北省图书馆学会秘书处)

【第五届中国社区乡镇图书馆发展研讨会在襄樊市召开】 2006年6月26日—28日,历时3天的"第五届中国社区乡镇图书馆发展研讨会"在湖北襄樊市召开。会议旨在共同探讨新时期中国社区乡镇图书馆发展与创新,推动中国社区乡镇图书馆工作上一个新的台阶。在中国图书馆学会、文化部全国文化信息资源建设管理中心的领导下,在湖北省文化厅、襄樊市委、市政府、市文化局的支持下,在会议代表的共同努力下,研讨会取得了圆满成功。此次会议是继2005年9月,新一届中国社区乡镇图书馆专业委员会成立后,我国图书馆界业内专题研讨会中规模较大、影响较广的一次学术会议。

本次会议分三个阶段进行,第一阶段是征文。根据中国图书馆学会社区乡镇图书馆专业委员会的决定,湖北省图

书馆学会秘书处于 2006 年初发出了征文通知,组织全国各级各类图书馆工作者撰稿。征文的总主题是社区乡镇图书馆与和谐社会,分主题是:1. 社区乡镇图书馆在和谐社会中的作用;2. 社区乡镇图书馆服务与创新;3. 社区乡镇图书馆员的职业道德修养;4. 社区乡镇图书馆员的业务能力培养与提高;5. 社区乡镇图书馆文献资源建设与文献资源共享;6. 社区乡镇图书馆与文化资源共享工程建设;7. 乡镇图书馆可持续发展。据统计,到截稿时,湖北省图书馆学会秘书处共收到 471 篇征文,全国除 26 个省市的公共图书馆工作者和有关领导撰稿外,还有科研图书馆、学校系统图书馆以及社区、乡镇文化站的同仁撰稿。征文数量在前 10 位的地区分别是:湖北省、北京市、江苏省、辽宁省、天津市、浙江省、湖南省、福建省、山东省、四川省(依征文数量排列)。第二阶段是评审工作。第五届中国社区乡镇图书馆发展研讨会征文评审工作由万群华主任主持,湖北省图书馆学会学术委员会的委员参与评审。评审工作分初审和复审两个阶段。总获奖论文控制在 40% 左右,获奖论文的标准有四条:选题与征文主题一致;2. 论点明确,证据正确、科学、充分;3. 文字通顺、精炼;4. 论文结构规范。根据拟定的标准,论文评审委员会对征文进行了严肃认真的评审,评出获奖论文 199 篇,其中一等奖 26 篇,二等奖 51 篇,三等奖 122 篇。这些获奖论文观点新颖,视角独特,涉及面广泛,见解颇富创意,有较高的理论与实践参考价值。这些获奖论文在一定程度上反映了当代中国社区乡镇图书馆研究发展的概况。综合大家意见,本届入选论文按自愿结集出版的原则,编辑了题为《润物细无声——社区乡镇图书馆与和谐社会》论文集作为向大会的献礼。第三阶段是大会本身。大会有三个显著特点。其一:参加会议成员广泛,领导机关重视。共有来自全国 18 个省(市、区)150 名代表出席了会议。国家图书馆副馆长陈力、文化部全国文化信息资源建设管理中心副主任崔建飞、湖北省文化厅副厅长王建刚和襄樊市委宣传部长胡水华出席并指导了会议。中国图书馆学会社区乡镇图书馆专业委员会副主任王效良、胡银仿,委员林庆云、王嘉陵、高贤、谢林、黄永宁、张晓原等出席了会议。湖北省图书馆党委书记汤旭岩、襄樊市文化局局长文治金、襄樊学院图书馆馆长毕克成也出席指导了会议。会议开幕式由社区乡镇图书馆专业委员会委员、陕西省图书馆馆长谢林主持,社区乡镇图书馆专业委员会副主任王效良致开幕词。会上,文化部全国文化信息资源建设管理中心副主任崔建飞作了《大力推进共享工程,强化乡镇文化服务》的报告,美国健华图书馆联协左四臧教授作了《构建和谐社会的速效良方——电子多媒体信息文化资源》的学术报告。13 名论文作者代表就社区乡镇图书馆与和谐社会中的问题进行了大会学术交流。全体参会代表结合各自的实际工作,从不同角度对社区乡镇图书馆的建设、社区乡镇图书馆在营造和谐社会中的作用进行了讨论。这些高水平的学术报告和高水平的学术交流,将会有效的促进社区乡镇图书馆事业发展。其二、研讨会主题契合时代要求,体现人文精神。本次研讨会主题为:"社区乡镇图书馆与和谐社会"。此主题是为适应中央提出的构建和谐社会,建设社会主义新农村而确定的,应该说主题鲜明,契合时代的要求。社区乡镇图书馆作为重要的文化设施,在构建和谐社会中扮演着重要的角色。所以,今年研讨会突出了社区乡镇图书馆与建立和谐社会的关系,同时也提出来了社区乡镇图书馆服务创新、可持续发展等问题,这些都是图书馆界所关心、关注的热点问题,此次研讨会都进行了有益地探讨。研讨会密切联系实践,体现人文精神。不少论文作者视野独特,他们把视角放到最需要图书馆服务的最普通的老百姓群体身上,体现了社区乡镇图书馆人文关怀精神。如获奖论文《志愿者图书银行——社区图书馆建设新模式》、《关注农民工 营造新家园——社区图书馆为农民工服务的探索》、《对社区(街道)图书馆的调查与思考》等文章,都体现了这种精神。其三、研讨会形式灵活、气氛融洽,达到了预期目的。此次研讨会安排得较为灵活，大会学术交流时有浓郁的学术气氛，发言者旁征博引、观点独到、内容丰富；小组互动交流时，代表们讨论不拘形式、畅所欲言、不少观点新颖，使与会者受益匪浅；这次学术研讨会体现了广大图书工作者和专家学者的智慧，展示了社区图书馆的发展动态，为促进社区乡镇图书馆事业发展，促进人才成长起到了积极的促进作用。最后，代表们还对襄樊市社区乡镇图书馆进行了考察，并游览了中国道教圣地——武当山。

本次研讨会还得到了北京方正阿帕比技术有限公司、安徽儒林图书有限公司、北京华夏网络科技有限公司、武汉高德信息产业有限公司和湖北省高校图书馆服务中心的支持。（湖北省图书馆学会秘书处）

【湖北省图书馆学会组织部分馆长赴欧洲学习考察】
为了解世界图书馆发展动态，学习国外图书馆先进技术、管理经验，推动我省图书馆事业的发展，根据湖北省图书馆学会今年工作计划安排，学会组织部分馆长于5月12日—25日到欧洲学习考察。5月12日，以湖北省图书馆副馆长、湖北省图书馆学会秘书长胡银仿为团长，湖北大学图书馆馆长、湖北省图书馆学会常务理事黄家发为副团长的一行16人从北京出发，25日胜利返回北京，历时14天。代表团在欧洲先后访问了法国国家图书馆、德国海德堡大学城图书馆、比利时图书馆、卢森堡国家图书馆，参观了在建的卡塔尔国家图书馆等。在法国国家图书馆，代表团与东道主就文献资源的共建共享、数字图书馆建设、人力资源的开发与利用、国家汽车图书馆的工作、国家图书馆与地方图书馆的关系以及与我国图书馆的合作等进行了交谈。代表团成员对国外图书馆同行的先进管理经验和先进技术以及别具特色的图书馆馆舍表示了浓厚的兴趣，并且表示将先进管理经验和先进技术利用到自己的工作中去。（湖北省图书馆学会秘书处）

【湖北省图书馆学会举办2006年图书馆服务宣传周活动】
按照全国"知识工程"领导小组办公室的文件"通知"，为贯彻落实党中央提出的努力创造学习型城市和构建和谐社会精神，湖北省图书馆学会于2006年5月27日上午在洪山广场隆重举办湖北省2006年图书馆服务宣传周活动开幕仪式。省人大副主任鲍隆清宣布开幕，省政协副秘书长杨秋萍、省委宣传部副部长李子林、省文化厅厅长杜建国、武汉市文化局党委书记陆柏兴等领导出席开幕式，省文化厅副厅长王建刚主持开幕式。湖北省图书馆、武汉图书馆、武汉市少儿图书馆、武汉大学图书馆、华中科技大学图书馆、中南财经大学图书馆、中国科学院国家科技图书馆武汉分馆、黄石市图书馆、江汉区图书馆、江岸区图书馆、洪山区图书馆、武昌区图书馆、硚口区图书馆、汉阳区图书馆、青山区图书馆的馆领导也出席了开幕式。

杜建国厅长在开幕式上致辞说，图书馆服务宣传周活动由来已久，从1989年的第一届开始，至今已成功举办了18届，通过服务宣传周活动，展示了图书馆形象，提高了图书馆的地位，普及了图书馆知识，使社会关心图书馆，重视图书馆，支持图书馆，使更多的人认识了图书馆，了解了图书馆，走进了图书馆。今年，我们更欣喜地看到大学图书馆、科学院图书馆、地市图书馆也参加省、市、区图书馆的联合宣传活动，它标志着我省图书馆服务宣传周活动已成为跨地区、跨系统的联合宣传服务活动，这在全国尚属首例，对于推动图书馆间的协作协调和资源共享都有着十分重要的意义。中华民族有着悠久的爱书、读书优良传统。古往今来，流传着多少有关读书的典故和佳话。书籍是人类进步的阶梯。从小处讲读书可以冶情悦性、修身齐家，从大处讲读书可以治国安邦、振兴中华。当今世界，是一个知识型、学习型社会，我们要在全社会共同营造一个勤奋读书、努力学习、奋发向上的良好环境，让每个公民都成为一个喜爱书、喜爱图书馆的人，提高全民族的整体素质。我衷心地希望，图书馆服务宣传周活动能对广大市民看书、爱书习惯的养成起一种促进作用，让走进图书馆成为市民生活的一部分。

杜建国指出，举办图书馆服

务宣传周活动,营造良好的读书氛围,引导人们多读书、读好书,是图书馆的重要任务,全省各级各类图书馆,要切实贯彻中央的一系列指示精神,强化服务创新意识,不断提高服务质量,服务基层、服务农民,努力构建农村文化服务体系,把当前的各项工作进一步做好。

围绕今年宣传的主题,湖北省图书馆、武汉图书馆和武汉市少儿图书馆发出了《倡导全民阅读,建设学习社会》的倡议。湖北省图书馆馆长万群华宣读了倡议书:坚持公益性原则,坚持以人为本,读者至上的服务宗旨,积极兴建乡镇、社区图书馆,使最基层的公民享受到信息时代的文明成果,充分满足公众的借阅需求;不断强化图书馆服务的能力,拓展服务功能,丰富服务内容,完善服务方式,创新服务手段,提高图书馆专业人员的素质,将图书馆的服务深入社会、深入基层、深入群众。

开幕仪式结束后,文艺表演及大型宣传咨询活动开始,主要有:读者灯谜会、现场作画、赠画,共享工程成果演示,中外特色书刊展,图书馆服务成果、项目展示,现场办理书刊借阅证以及广场爱国影视展播等。这是我省第一次举办跨地区、跨系统的、大规模的图书馆服务宣传周广场联合活动,在全国尚属首例,较好地营造了"倡导全民阅读,构建学习型社会"舆论氛围,大大提升了图书馆社会形象,推动了图书馆间的协作协调和资源共享。(湖

北省图书馆学会秘书处)

【举办"网络信息检索和数字参考咨询培训班"】 为加强网络环境下图书馆业务建设和专业人员的继续教育,促进网络信息资源的开发和数字参考服务的开展,节约图书馆信息资源建设费用,提升我国图书馆的服务质量,更好地发挥图书馆在促进国民经济建设、教学与科研水平的提高以及和谐社会建设中的作用,武汉大学信息管理学院和湖北省图书馆学会2006年7月30日—8月4日联合在神农架举办"网络信息检索与数字参考咨询培训班"。来自上海、四川、广东、山西、重庆、江西、河南、广西、安徽、山东、海南、湖北等12个省(市、区)30多名学员参加了这次培训。培训班由湖北省图书馆副馆长、湖北省图书馆学会秘书长胡银仿主持,武汉大学信息管理学院图书馆学系副主任黄如花教授授课。

黄如花教授重点讲授了网络信息资源检索的基本方法、网络信息资源检索的技巧、网上免费信息资源的开发与利用、数字参考咨询面临的机遇与挑战、网络环境下图书馆参考咨询机制的创新、国内外数字参考咨询案例等6个方面。这次培训班准备充分,加上老师精心编写教案,培训坚持少而精和管用的原则,学员普遍反映收获很大。最后,学员们还浏览了风景秀丽神农架自然保护区,美丽的风景使大家留连往返。(湖北省图书馆学会

秘书处)

【湖北省图书馆学会在华中师范大学召开文献资源建设研讨会】 2006年12月15日,由湖北省图书馆学会文献资源建设委员会举办的"2006年湖北省图书馆学会文献资源建设研讨会"在华中师范大学召开。会议的宗旨是:做好文献信息资源的组织和管理,加强廉政建设,增强图书采购的透明度,建立和完善采访制度,确保图书馆文献资源建设的质量。这次研讨会的成功召开,将会成为图书馆文献资源建设工作进入健康、理性发展阶段的一个新的起点,必将对我省图书馆事业的发展和文献资源建设起到积极的推动和指导作用。

出席会议的特邀嘉宾与领导同志有:华中师范大学副校长李向农、华中师范大学信息管理系主任王学东、湖北省图书馆学会秘书长胡银仿、武汉大学图书馆学系教授肖希明、安徽儒林图书有限公司湖北片经理李晗、新华出版物流通有限公司湖北片经理杜许滨。来自湖北省公共图书馆、高校图书馆、科学院图书馆及医院图书馆代表约40余人参加了大会。

会议由湖北省图书馆学会文献资源建设委员会主任娄策群主持,副主任严国斌致开幕辞。华中师范大学副校长李向农、华中师范大学信息管理系主任王学东、湖北省图书馆学会秘书长胡银仿给大会作了热情洋溢的贺词;武汉大学图书

馆学系教授肖希明作了文献资源建设的专题讲座。之后，由华中师范大学图书馆副馆长张伟、湖北省图书馆采编部主任严国斌及中科院武汉图书馆邵荣在大会上进行了经验交流，下午会议就"集团采购与书刊招标"主题进行了讨论。

这次会议聚积了我省各系统图书馆的专家、学者和专门从事图书馆采购的人员。会议代表一致认为将在图书馆数字化和网络化不断发展的新形势下，借助这次研讨会平台，围绕"图书馆集团采购与书刊采购招标"这一主题，结合自身工作、学习和实践，开展研讨，把文献信息资源工作推向一个新的高度，在"三个代表"重要思想和六中全会精神的指导下，为建设和谐社会，实现全面小康的宏伟目标作出新的贡献。

（湖北省图书馆学会秘书处）

上海市

【长三角信息共享平台建设中的城市间图书馆合作——长江三角洲城市图书馆发展论坛综述】 在国家"十一五"规划纲要中，区域协调发展被提到了前所未有的高度，其中重要的一条就是形成区域间相互促进、优势互补的互动机制。加强区域交流、合作和共享已成为我国"十一五"期间以及今后经济社会发展的主旋律之一。

长三角是目前我国图书馆发展最快最好的地区之一。长三角各城市所辖区域内的县级以上公共图书馆总共有200多所，约占全国公共图书馆总数的7.8%；大专以上院校图书馆达300所左右，约占全国高校图书馆总数的27.3%。公共图书馆现有藏书总量约8 300万册（件），约占全国公共图书馆藏书总量的20%。在经济社会飞速发展的形势下，长三角地区图书馆既面临着建设与发展的历史机遇，同时也要接受图书馆网络进一步健全和图书馆服务进一步改善的新挑战。面对机遇与挑战，如何充分利用长三角地区图书馆的资源优势，加强整合，形成区域图书馆的紧密网络，参与长三角地区信息共享平台的建设与发展，是长三角地区图书馆思考的新课题。

为积极参与长三角合作与交流发展战略，配合构建"长三角文化圈"格局和长三角区域信息共享平台建设，探索国际化大都市图书馆合作发展新模式，构建长三角地区图书馆共同发展平台，自2003年开始，长三角地区图书馆就酝酿合作和互动，2004年合作正式启动以来取得了长足的发展。

2004年6月4日，上海、浙江、江苏的16个城市公共图书馆在上海图书馆签订了长三角城市图书馆讲座资源共建共享协议书，发展至今已经建立起面向全国的讲座资源信息共享网络。

2004年12月25日，由上海、江苏、浙江三省市图书馆学会倡导发起并举办的首届"长江三角洲城市图书馆发展论坛"在上海召开，来自三地及周边部分地区各级各类图书馆的80余位馆长在论坛举办的"16城市图书馆馆长圆桌会议"上，就建立长三角广泛的合作交流机制和跨地区的人才交流和培育体系、推动跨地区文献资源共建共享和文化共享工程的建设与发展、开展跨地区的学术研究和技术合作等方面达成共识，共同签署了《关于全面推进和加强长江三角洲城市图书馆合作交流的意见书》，从而揭开了以长江三角洲16城市为核心的泛区域图书馆间全面合作的序幕。

2005年11月4日，在杭州举行的第二届"长江三角洲城市图书馆发展论坛"，组建成立了长三角图书馆合作协调委员会，来自三地100多家图书馆联合签署了《长江三角洲城市图书馆合作章程》，确定了网上联合参考咨询、文献提供、展览资源共享、图书馆学情报学继续教育等首批合作项目及其实施方案，长三角地区图书馆合作建设发展取得了关键性的突破。

2006年3月22日，在南京举行的长三角图书馆合作协调委员会第一次会议上，提出了建立以16城市公共图书馆为核心的长三角图书馆联盟的建议，更是将现有的城市图书馆合作模式推向了更高的发展阶段。可以说，长三角地区图书馆的合作，是整个长三角文化合作进程中起步较早、工作较扎实、成效较显著的一个领域。

加快长江三角洲的联动发展，是实现国家发展战略的需要，是我国参与国际竞争的需要，也是长江三角洲城市共同的需要。图书馆对一个地域的文化发展和人才培养起着信息提供和智力支持的重要作用。

但是，没有哪一个图书馆能够单纯依靠自己的力量满足所有读者的信息需求的。长三角地区图书馆事业要繁荣，就必定要互补和协作，走合作发展之路。因此，推进长三角地区图书馆合作与交流，实现图书馆资源的共建共享，为建设长三角地区信息共享平台添砖加瓦，有着十分现实的意义。

积极推进长三角地区图书馆的合作共建，使三地图书馆互利共荣、协调和谐、持续发展是我们共同的目标。随着2010年世博会在上海举办，上海乃至长三角地区城市的文化事业将步入发展的快车道，这既为图书馆事业的发展提供了良好的机遇，也对图书馆工作提出了更高的要求。因此我们要贯彻党的十六届五中全会的精神，在"十一五"和未来发展中，积极探索建立长效合作机制，构建起一个稳定有效的、制度化的图书馆联盟，尽快实现各馆文献资源以及各项业务的全面合作，着力形成区域公共文化服务平台，努力创造图书馆在提供公共服务方面的文化品牌，更好地在构建长三角现代文化圈和长三角地区信息共享平台建设进程中发挥重要作用。（金晓明）

【长江三角洲图书情报人员继续教育研讨会会议纪要】 2006年7月6日—8日，由上海市图书馆学会、浙江省图书馆学会、江苏省图书馆学会共同主办，江苏省图书馆学会承办、淮海工学院协办的首届长

江三角洲图书情报人员继续教育研讨会在美丽的海滨城市江连云港隆重举行。本次会议是为进一步贯彻落实国家21世纪教育振兴计划和长江三角洲地区图书馆学会关于开展和加强图书馆员继续教育工作的有关精神而专门召开的跨地区的学术研讨会。来自长江三角洲地区各系统图书馆、各图书、情报教学单位、三省图书馆学会继续教育委员会委员、从事图书情报人员继续教育管理、教学、科研骨干人员和论文作者代表等40余人参加了会议。本次会议分为三个部分，第一部分主要是听取美国加州大学于红（Holly Yu）教授、江苏省图书馆学会副理事长、南京大学信息管理系主任沈固朝教授、浙江大学信息资源管理系主任叶鹰教授、上海图书馆人事处张东翔处长、中国科学院上海生命科学院图书馆馆长孙继林研究馆员等5位专家的报告。专家们通报了国外图书情报人员继续教育的发展情况与趋势，总结了国内的现实状况，提出了实施中存在的一系列问题、解决办法和发展思路。第二部分是大会发言与讨论，与会代表围绕本次会议的主题："图书情报人员继续教育理论与实践"进行了热烈的发言和讨论，内容涉及当前图书馆员继续教育存在的问题、经验交流和效益评估；学历教育与图书馆员继续教育的衔接；图书馆职业资格准入与继续教育；继续教育机制保证：激励机制：管理、考评、职称和需求满足；继续教育

的内容选题；"创收教育"与"公益性教育"的关系问题；继续教育方式、方法的学术研讨；继续教育的可持续发展；培训证书的标准问题及相关政策等诸多内容。并结合《江苏省图书资料系列专业技术人员继续教育实施办法（讨论稿）》进行了专题研讨。第三部分是论文评审与颁奖，本次会议共收到各类论文24篇，经过会议论文评选委员会评审，江苏宜兴市馆的陶丽君、南京大学信息管理系的杨海平博士等18位作者分别获得了一、二、三奖。经过全体会议代表的共同努力，会议达成三点共识：一是分层次、分类别开展图书情报人员继续教育；二是长江三角洲地区联合编写一套通用培训教材；三是三省（市）图书馆学会推动行政部门尽快发布图书情报人员继续教育规章或实施办法，江苏省作为试点单位，先行运作，然后推广到上海和浙江。总之，与会代表一致认为，这既是一次务实的工作会议，也是一次长江三角洲图书馆员继续教育的协调会，更是图书馆系统与教学、科研、管理等系统密切联系的合作会。（金晓明）

【华东地区少儿图书馆协会主任馆会议纪要】 华东地区少儿图书馆协会（以下简称"少图协"）主任馆会议于2006年9月21日—22日，在美丽的鹭岛厦门召开。本次会议由上海少儿图书馆主办，厦门市少年儿童图书馆承办。上海少年儿童图书馆、江西省图书馆、安

徽省淮南市少年儿童图书馆、安徽省合肥市少年儿童图书馆、江苏省无锡市图书馆、厦门市少年儿童图书馆的领导和相关人员出席了会议。会议由上海少儿图书馆馆长劳丽达主持。厦门市文化局社文处负责人梁路琛出席了会议，代表厦门市文化局对与会代表表示诚挚的欢迎，对会议的召开表示热烈的祝贺，并回顾了华东少图协成立以来所取得的成就，对少儿图书馆工作给予了充分的肯定。本次会议重温了《中共中央关于加强未成年人思想道德建设的通知》及胡锦涛总书记社会主义荣辱观的讲话精神。大家一致认为少年儿童图书馆对加强未成年人思想道德建设，为社会培养"四有"新人，推进城市文化建设发挥着积极的作用。会议讨论确定了华东少图协2007年会的论文主题为"新时期下少儿图书馆的职能定位与发展"。与会代表围绕本次会议的议题，发表了各自观点和看法，并就有关事项达成如下共识：

一、会议决定华东少图协2007年会于10月下旬在福建省厦门市召开。华东地区每个省、直辖市选送论文10篇，其中优秀论文5篇，其余为入选论文，并于2007年5月31日前送交厦门市少年儿童图书馆。

二、会议拟订华东少图协2009年会由江西省图书馆承办。

三、对会费进行适当调整，规定如下：主任馆会费为1600元，副主任馆会费为1200元，成员馆会费为800元，各馆可派遣一人出席会议，每增加一名需缴纳会务费500元。

厦门市文化局对本次会议高度重视。厦门市少儿图书馆对本次会议做了精心周密的安排，使与会代表深切感受到厦门市少儿图书馆同仁的热情。上海少儿图书馆馆长劳丽达代表华东少图协对厦门市少儿图书馆的领导和全体工作人员表示衷心的感谢。

本次会议的圆满成功，为华东少图协2007年年会的举办奠定了扎实的基础，促进了华东地区少儿图书馆间的交流与合作。与会代表确信2007年年会将是华东少图协的一次成功、精彩的年会，为推动华东地区少儿图书馆事业的发展将产生深远影响。

附：2007年华东少图协年会论文主题：

主题：新时期下少儿图书馆的职能定位与发展

分主题：

1. 少儿图书馆如何在未成年人思想道德建设中发挥主导作用

2. 少儿图书馆如何有效地为一切孩子服务

3. 少儿图书馆文献资源的共建与共享

4. 少儿图书馆在城市文化建设中的地位与作用

5. 在新技术影响下，少儿图书馆如何更好地发挥其职能作用

6. 少儿图书馆在构建和谐社会中如何发挥积极作用华东地区少儿图书馆协

【2006年学术活动综述】 2006年在会员单位的积极支持配合下，学会各系统委员会坚持以提高学会学术性为前提，学术活动次数和会员参与率连年保持30%的增长势头，会员参与学术活动达到人均一次的预期目标，学会的学术平台效应愈益显现。

2006年会主题与图书馆事业发展相结合，贴近图书馆发展的实际问题，定位于立足上海面向国内同行开放，成为展示最新学术成果、开阔创新视野的重要平台。组织上海各系统图书馆会员积极参与一年一度的全国图书馆学会年会，逐渐成为学会年度工作中的一项重要工作。与往年相比，2006年的全国年会在参与论文征文、论文获奖率以及参加年会人次分别递增了69%、66%和50%，进一步表现出参与全国性学会学术活动的积极姿态。上海学会系统内有20多人分别在中国图书馆学会各级机构中担任领导和委员会委员职务，在全国各系统中也位居前列，扩大了上海学会在全国的学术影响力。与此相应，各会员单位、系统内和区域性学术活动也日趋活跃，宝山地区、金山石化地区、松江大学城地区、青浦地区等都连续或开拓性地举办跨系统的区域学术交流活动，就共同关心的问题展开研讨，出版论文集以及馆际交流互访等。公共、高校等系统内青年学术组织建设也十分喜人，在2006学术年会中，青年会员踊跃参与，论文应征比例占近1/

3,获奖比例达到46%,有力地促进和推动了各馆人力资源建设和业务发展。学会在举办常规学术活动的同时,也根据时代特点和事业发展需要,年年充实新的内容。为鼓励本市图书馆工作者刻苦钻研业务,不断探索创新,推出的双月学术讲座、青年学术讲座和结合一线工作提高岗位能力的各类专题讲座、培训,获得了广泛好评。作为学会重点树立的品牌学术活动"双月学术讲座",以反映图书馆学情报学理论研究与实践的前沿性、学术性为特点,主要邀请国内外一流的图书馆学情报学专家学者和技术专家作演讲交流,由于它定位比较高,学术价值大,成为最受会员欢迎的学术活动之一。为激励学术研究和创新,学会2006年起研究设立"学会科研课题",并将筹措专项经费,制订课题指南,在全市会员和图书馆工作者中间开展申报。学会参与组织的国际性学术活动趋向活跃,成为学术活动的另一亮点。重点活动有2006年国际图联年会管理与营销委员会上海会前会;第三届国际上海图书馆论坛(SILF-2006);由学会和日本图书馆研究会联合举办的一年一度的"中日国际图书馆学研讨会"等;此外,每年充分利用上海图书馆、复旦大学、上海交通大学、同济大学、中科院上海生命科学研究院等高校、科研系统会员单位国际访问学者这一丰富的资源优势,精心挑选和组织各类专题学术讲座、培训等促进相关工作的发展,包括法国国家图书馆馆长和国际图联主席等在内的专家先后来上海举办了学术报告。同时,学会还协助组织本市各 IFLA 机构会员参与国际图联管理委员会及有关专业委员会中国委员的提名选举工作。学会系统内有 5 位会员分别当选为各专业委员会常委,也是在国际组织中拥有成员最多的地方学会之一。

2006 年上海市图书馆学会学术活动一览表

时 间	内 容	学术类型	地 点
2 月 19 日	"诊断——对蒙特利尔地区公共图书馆现状的评估"(加拿大蒙特利尔市图书馆副馆长 Louise Guillemette-Labory 女士与蒙特利尔市主管文化发展及图书馆事业的协调官员 Roch Poirier)。	讲座	上海图书馆
3 月 6 日	图书馆 IT 技术应用及趋势(美国匹兹堡大学图书馆咨询专家、美国 RMG 咨询公司的 Robert McGee 先生)	双月讲座	上海图书馆
3 月 15 日	图书馆职业理念的演进(上海师范大学图书馆馆长吴志荣)	讲座	同济大学图书馆
5 月 16 日	图书馆学研究与阅读研究导引(浙江大学信息管理系主任叶鹰教授)	讲座	同济大学图书馆
5 月 26 日	图书馆资源共享与参考咨询服务(美国俄亥俄州奥特本学院图书馆馆长 Szudy 女士)	讲座	上海交通大学医学院图书馆
6 月 2 日	如何提高发表学术文章的成功率(英国 Emerald 出版社责任编辑 Kate Snowden 女士)	讲座	上海图书馆
6 月 6—8 日	"首届国际学术期刊展·中国"暨上海学术讲座	展览讲座	复旦大学图书馆
6 月 8 日	John Wiley 投稿培训(美国 John Wiley 公司科学、技术及医学部分东北亚地区编辑总监王晖博士)	讲座	同济大学图书馆
6 月 21—23 日	2006 长春国际图书馆学术会议	研讨会	吉林长春
6 月 22 日	北美中文古籍善本收藏与书志编纂的学术意义(上海图书馆历史文献中心高级研究员陈先行)	讲座	华东师范大学图书馆
6 月 23 日	建立为数据库信息服务的知识网(美国雪城大学信息研究学院秦健教授)	讲座	上海图书馆

时 间	内 容	学术类型	地 点
6月26日	主题:国外图书馆学情报学新进展 1. 国际图书馆学情报学教育新进展(中国科学院文献情报中心孟广均教授) 2. 2006—2010公共服务的主要挑战(美国康奈尔大学图书馆副馆长 Anne R. Kenney) 3. 图书馆=创新的空间(美国康奈尔大学图书馆研究与信息服务部主任李欣)	双月讲座	上海图书馆
6月30日	数字资产管理(美国雪城大学信息研究学院秦健教授)	讲座	上海图书馆
7月6—8日	长江三角洲图书情报人员继续教育研讨会	研讨会	连云港市
7月22—23日	中国图书馆学会2006年年会	年会	昆明
8月16—17日	2006年国际图联年会管理与营销委员会上海会前会—多元文化背景下,图书馆的管理和营销	年会	浦东干部学院
8月17—18日	第三届上海国际图书馆论坛/中挪图书馆学术研讨会——公共图书馆:数字与自然空间的汇聚 1. 实体化与数字化的图书馆:"图书馆2.0"概念与挪威公共图书馆概览(Dr. Ragnar Nordlie, Oslo University College) 2. 城市图书馆:市民的聚会场所——对奥斯陆三所社区图书馆的调查(Dr. Ragnar Audunson, Oslo University College) 3. 公共图书馆与评价:挪威公众如何评价他们的公共图书馆(Dr. Svanhild Aaboe, Oslo University College) 4. CORS数字化参考咨询服务和图书馆合作——上海图书馆网上联合知识导航站案例分析(金红亚,上海图书馆读者服务中心) 5. 两项以现代化技术支撑的传统图书馆服务——流通与参考(Ms. Ann Kunish, Oslo Public Library) 6. 数字化工作室(Mr. Reinert Mithassel, Oslo Public Library) 7. 实验电影院——介绍与传播文化遗产的新思路(Mr. Olav Celius, Oslo Public Library)	研讨会	上海图书馆
8月20—24	第四届国际图联编目专家会议	研讨会	韩国首尔
8月20—24日	国际图联第72届年度大会	年会	韩国首尔
9月21日	数字图书馆与图书馆2.0(上海图书馆上海科技情报研究所刘玮)	讲座	同济大学
9月	国际图联都市图书馆委员会年度会议	年会	法国巴黎

续表

时 间	内 容	学术类型	地 点
9月	香港大学图书馆举行的中西电子书籍研讨会研讨会	香港	
10月25—29	全国公共图书馆展览资源共建共享交流研讨会	研讨会	上海图书馆
10月31日	与日本图书馆研究会代表团学术交流会 1. 日本的公立图书馆改革的现状以及问题(东京学艺大学教授、日本图书馆研究会理事山口源治郎先生) 2. 关于指定管理人员制度的问题(大阪教育大学讲师、日本图书馆研究会研究委员高锄裕先生) 3. 美国公立图书馆的存在目的:历史、现状、问题(京都大学研究所教育学问研究系教授,研究系长,日本图书馆研究会理事、事务局长、日本图书馆情报学会理事、国际图联期刊编辑委员川崎良孝先生)	研讨会	上海图书馆
11月2日	1. 欧洲数字图书馆建设(法国国家图书馆馆长 Jean-Noel Jeanneney 先生) 2. 美国互联网法及其对图书馆的影响(美国多美尼克大学图书馆与信息科学研究生院的前院长李志锺博士)	双月讲座	上海图书馆
11月8—9	2006CALIS 医学图书馆员继续教育馆长论坛	研讨会	交大医学院信息资源中心
11月10日	RFID 在图书馆的应用——以台北市立图书馆为例(台北市立图书馆推广课课长庄俊凯先生)	讲座	上海图书馆
12月8日	2006 年上海市图书馆学会学术年会	学术年会	南京政治学院上海分院
12月15日	研究工作的信息支持:给初入门者的提示(上海图书馆副馆长、上海科学技术情报研究所副所长缪其浩研究员)	讲座	华东师范大学
12月27—29	第三届长江三角洲城市图书馆发展论坛	研讨会	南京图书馆

(金晓明)

【上海市图书馆学会 2006 年学术年会】 2006 年 12 月 22 日在南京政治学院上海分院隆重举行。本次年会得到上海地区广大会员的积极响应和热情支持,到会代表来自本市各个系统的图书馆界专家、同行(包括公共图书馆、高校图书馆、党校系统、中小学系统、企事业系统的代表)共 350 多人。年会共收到论文 102 篇,其中入选论文 77 篇。论文评阅组专家认为:大会论文内容比较充实,从中能够获得信息、开阔思路、学习经验、受到启迪,可以说每篇论文都凝聚着作者的心血和汗水,饱含着不少新思想、新观点和新经验。经学会学术委员会专家组评审,本次年会最终评出优秀论文一等奖 6 篇、二等奖 8 篇、三等奖 13 篇;并有 4 篇论文获"优秀新人奖",同时向获奖论文作者颁发了证书。本次年会是大力弘扬科学发展观、积极培育创新文化,构建和谐社会的大背景下,图书馆作为人类知识信息文化的交汇集散组织,如何充分发挥其优势,构建信息资源共享体系,建设学习型、创新型和谐城市的主旋律的形势下召开的。会议的指导思想是:在科学技术迅速发展、经济全球化、网络化、信息化、城市知识化、建设新农村的和谐社会的背景下，图书馆如何把握契机，发挥其作为城市文明承载和传播者的作用，采用新技术、新理念建立人性化的信息共享空间，向实践知识城市的目标迈进。会议的目的和任务是：总结成绩、交流经验、研讨问题，探索现代图书馆在城市文化发展中的作用与地位，科学规划现代图书馆在城市文化建设中的发展方向。因此，本次年会的主题定为"图书馆与上海信息共享空间构建"。主题突出了学术性、导向性和实践性。会议邀请了南京政治学院上海分院院长戴维民教授作了题为《信息共享空间－图书馆－知识城市》的学术报告、《图书馆杂志》社副社长、王宗义研究馆员作了题为《当代图书馆发展与城市文化建设》的报告、中共上海市委党校王丽丽副校长作了题为《共建创新文化的信息支撑平台》的报告、华东师范大学商学院信息学系主任范并思教授作了题为《社会主义新农村建设与图书馆》的报告。四位专家的报告分别从不同的切入点和视角来探讨现代图书馆在信息文化传播、提高市民素质、建设学习型、知识型城市中的重要作用，指明了图书馆未来发展的方向，体现了图书馆与社会，以及不同层次图书馆之间的关系日益密切。报告内容或高瞻远瞩、或关切实际，深入浅出，让大家感同身受，催人奋进，鼓舞人心，同时也让我们自觉图书馆事业任重而道远。会议还安排部分

获奖论文作者代表王曼隽（上海图书馆）、倪代川（上海大学图书馆）、陈永英（复旦大学图书馆）、郭晶（上海交通大学图书馆）、唐铭杰（宝山区图书馆）等 5 名同志作了大会交流发言，他们分别交流了所在馆的信息，总结了其各自工作中的实践经验，并提出了不少有待进一步思考、研究和解决的矛盾和问题，让大家受益匪浅。本次年会有 4 个特点。1. 论题集中、重点突出。本次会议入选的论文基本都能围绕年会的主题，立足于图书馆如何发挥其资源优势，提高信息服务质量的角度上来撰写会议征文。论文所探讨的主题涵盖了本次年会主题的各个层面，从信息共享空间的全新理念，图书馆的人文精神与城市精神，网络环境下图书馆联盟构建，到体现和谐社会的各基层、区县图书馆建设，以及图书馆信息服务的创新和拓展，知识创新的评价与测量等。重点突出，理念与实践互动。2. 关切现实、关注基层、关注弱势群体。以《城市化进程中的新农村新郊区图书馆建设——嘉定区基层公共图书馆调查与分析》、《科学引领 和谐发展 建设一个充满生机和活力的宝山公共图书馆服务体系》、论上海市镇（街道）图书馆的建设模式、《提升街道图书馆服务构建学习型文化家园—杨浦区街道图书馆建设课题报告》、《公共图书馆与弱势群体的社会流动》、《浅谈公共图书馆老年读者服务工作》等为代表的一大批优秀文

章，从关注现实问题的角度展开研究，体现了构建和谐社会，建设新农村新郊区的主旋律，为下一阶段的理论研究和实践探索提供了活生生的案例和素材，这是本次年会的一个亮点和值得称道的地方。3. 立足实际工作。《图书馆参考咨询服务评估指标体系及评分办法研究方案》、《网上文献传递的理念与实践》、《基于知识库的专家咨询系统设计与实现》、《基于 RSS 构建图书馆信息服务新模式》、《双语服务——上海图书馆创新模式的重要内涵》，从各个视角来关注图书馆信息服务，包括开拓创新模式与提高服务质量等内容，对图书馆信息服务的具体实践具有重要的指导意义。4. 倾向和共识明显。所谓"倾向与共识明显"，就是指本次年会研究的思路、研究重点和研究结论都有一个明显的倾向性与共识，这就是：图书馆是知识信息的交汇集散地，是城市精神和文明承载和传播者；图书馆的生存与发展的核心内容就是拓展信息服务内容和模式，实现信息资源的共建与共享；构建信息共享空间，充分利用城市网络基础设施，以及信息共享空间的创新服务模式开展图书馆各项业务，是当下图书馆迎接知识城市挑战的重要举措；和谐社会、和谐城市、知识城市的构建，要求图书馆必须扩大读者面、关注弱势人群。（金晓明）

【上海市图书馆学会积极拓展国际学术交流】 学会六

届理事会期间参与组织的国际性学术活动趋向活跃,成为学术活动的另一亮点。重点活动有以"数字时代的知识管理和服务"为主题的"第三届中美图书馆合作会议";由学会和日本图书馆研究会联合举办的一年一度的"中日国际图书馆学研讨会";参与组织的"亚洲数字图书馆上海年会"等;此外,每年充分利用上海图书馆、复旦大学、上海交通大学、同济大学、中科院上海生命科学研究院等高校、科研系统会员单位国际访问学者这一丰富的资源优势,精心挑选和组织各类专题学术讲座、培训等促进相关工作的开展,包括法国国家图书馆馆长和国际图联主席等在内的专家先后来上海举办了学术报告。同时,本会还协助组织本市各 IFLA 机构会员参与国际图联大会和管理委员会及有关专业委员会中国委员的提名选举工作。组团出访了挪威奥斯陆与法国巴黎图书馆。2006 年共策划、组织和邀请美国、日本、加拿大、挪威等国家地区的图书馆学情报学专家 8 批、19 人次在上海图书馆进行学术交流活动:

2006 年上海市图书馆学会组织涉外学术交流活动一览

时间	名称	类型	地点
2 月 19 日	"诊断——对蒙特利尔地区公共图书馆现状的评估"(加拿大蒙特利尔市图书馆副馆长 Louise Guillemette-Labory 女士与蒙特利尔市主管文化发展及图书馆事业的协调官员 Roch Poirier)。	讲座	上海图书馆
3 月 6 日	图书馆 IT 技术应用及趋势(美国匹兹堡大学图书馆咨询专家、美国 RMG 咨询公司的 Robert McGee 先生)	讲座	上海图书馆
6 月 2 日	提高在学术性期刊发表文章的几率:来自业内人士的指点(Emerald Group Publishing Limited 的责任编辑 Kate Snowden 女士)	讲座	
6 月 23 日	建立为数据库信息服务的知识网(访问学者、美国雪城大学信息研究学院教授秦健博士)	讲座	
6 月 30 日	数字资产管理访问(学者、美国雪城大学信息研究学院教授秦健博士)	讲座	
6 月 26 日	美国康奈尔大学图书馆服务专题报告会 1. 2006—2010 公共服务的主要挑战(康奈尔大学图书馆副馆长 Anne R. Kenney 女士) 2. 图书馆 = 创新的空间(康奈尔大学图书馆研究与信息服务部主任李欣女士)	报告会	
8 月 17—18 日	第三届上海国际图书馆论坛/中挪图书馆学术研讨会—公共图书馆:数字与自然空间的汇聚 1)实体化与数字化的图书馆:"图书馆 2.0"概念与挪威公共图书馆概览(Dr. Ragnar Nordlie, Oslo University College)(2)城市图书馆:市民的聚会场所——对奥斯陆三所社区图书馆的调查(Dr. Ragnar Audunson, Oslo University College)(3)公共图书馆与评价:挪威公众如何评价他们的公共图书馆(Dr. Svanhild Aaboe, Oslo University College)(4)CORS 数字化参考咨询服务和图书馆合作——上海图书馆网上联合知识导航站案例分析(金红亚,上海图书馆读者服务中心)(5)两项以现代化技术支撑的传统图书馆服务——流通与参考(Ms. Ann Kunish, Oslo Public Library)(6)数字化工作室(Mr. Reinert Mithassel, Oslo Public Library)(7)实验电影院——介绍与传播文化遗产的新思路(Mr. Olav Celius, Oslo Public Library)	研讨会	

时间	名称	类型	地点
10月31日	中日图书馆学会交流报告会 1. 在日本的公立图书馆改革的现状以及问题(日本图书馆研究会理事/东京学艺大学教授山口源治郎)2. 关于指定管理人员制度的问题(日本图书馆研究会委员/大阪教育大学讲师高锄裕树)3. 美国公立图书馆的存在目的:历史、现状、问题(日本图书馆研究会理事(事务局长)/京都大学研究所教育学问研究系研究系长/教授川崎良孝)	报告会	
11月2日	欧美数字图书馆建设专题 1. 欧洲数字图书馆建设(法国国家图书馆馆长 Jean-Noel Jeanneney 先生)2. 美国互联网法及其对图书馆的影响(美国多美尼克大学图书馆与信息科学研究生院的前院长李志钟博士)	讲座	

(金晓明)

【学术活动品牌——上海市图书馆学会双月学术讲座】

上海市图书馆学会紧密围绕图书馆事业发展和图书馆学研究中的重点、热点问题,以服务于经济建设、社会发展和广大会员为目标,努力开展高质量、高水平、多层次的学术交流,拓展学术交流渠道,学术研究和引领能力不断增强。上海市图书馆学会在理事会的领导下,努力适应时代的变化,坚持以提升学会学术地位为前提,积极探索学术工作的创新之路,取得了一些成果。为鼓励会员积极参加学术活动,繁荣和推动上海地区图书馆学学术研究,学会学术委员会在各理事长单位的支持下于2004年起推出面向会员的全新学术活动品牌——双月学术讲座。2006年学会充分利用上海图书馆、复旦大学、上海交通大学、同济大学、中科院上海生命科学研究院等高校、科研系统会员单位国际访问学者这一丰富的资源优势,精心挑选和组织邀请国内外一流图书情报专家,包括国内图情界德高望重的中国科学院文献情报中心孟广均教授,浙江大学信息管理系主任叶鹰教授等,以及法国国家图书馆馆长 Jean-Noel Jeanneney(让诺尔—杰恩尼)先生、美国多美尼克大学图书馆与信息科学研究生院前院长李志钟博士、美国匹兹堡大学图书馆咨询专家和最有影响的图书馆 IT 技术方面的咨询顾问 Robert McGee(罗伯特·麦基)先生、康奈尔大学图书馆副馆长 Anne R. Kenney(安凯尼)、美国雪城大学(Syracuse University)信息研究学院秦健教授等在内的国外专家先后来上海举办了学术报告,有力地促进了本市图书馆学情报学研究和发展。作为学会重点树立的品牌学术活动"双月学术讲座",以反映图书馆学情报学理论研究与实践的前沿性、学术性为特点,主要邀请国内外一流的图书馆学情报学专家学者和技术专家作演讲交流,由于它定位比较高,学术价值大,推出至今已经3年,受到会员的广泛欢迎和高度评价,成为最受会员欢迎的学术活动之一。(金晓明)

【2006年上海市图书馆学会教育培训工作】 在我国图书馆由传统型向现代化转变的进程中,面临着骨干断层、人才匮乏、知识老化的严峻现实。为扭转这种局面,提高图书馆员的业务素质,学会有针对性地、适时地举办各类培训班,并且把办班重点放在信息网络、现代化管理等新技术、新学科方面。2006年学会各系统委员会和各专业委员会积极采用多种形式,共举办培训班、研修班共12个26期60余次,1 980人次参加了培训,取得了较好效果。

我们将按照中国科协继续教育工作座谈会的精神,继续扎实工作,与时俱进,开拓创新,把我学会继续教育工作推向一个新的发展阶段,为大力推进科教兴国战略作出贡献。

2006 年上海市图书馆学会培训一览表

时 间	内 容	类型	期/次数	人次	地点
3 月 22 日	文献服务展示活动——数据库培训	应用	1/1	50	交通大学图书馆
10 月 24 日	"SpringerLink 数据库培训	应用	1/1	30	交通大学图书馆
11 月—2007 年 4 月	第六期图书情报高级研修班	研修	1/16	400	上海图书馆
9 月—12 月	上海市基层公共图书馆管理员业务培训	继续教育	6/24	960	各区县图书馆
6 月—12 月	上海市中小学骨干图书馆馆长业务培训	研修	3/18	540	长宁教师进修学院

（金晓明）

【第六期图书情报高级研修班（科技情报专题）】 为落实《上海市文献资源共建共享计划》，由上海市文献资源共建共享协作网指导委员会牵头，上海市图书馆学会、上海市科技情报学会联合举办，上海图书馆上海科学技术情报研究所教育培训中心具体承办了本期图书情报高级研修班（科技情报主题）（2006 年 11 月—2007 年 4 月）。本期学员共 25 名，其中区级公共图书馆的有 3 名、来自高校、专业图书馆的有 13 名学员，另外有 9 名是馆所的业务骨干。本期研修班分为两个阶段，第一阶段邀请了 15 名专家授课。内容涉及当前情报领域颇具前沿水平的课题，均由资深专家进行授课。第二阶段：调研与论文撰写。邀请 12 名专家为学员的论文作了精心的指导，使学员在规定的时间内按时完成了论文的撰写。本期研修班共收到 24 篇论文。2007 年 4 月 16 日上海市图书馆学会理事长、上海图书馆党委副书记王世伟在结业典礼上作了总结发言，向学员颁发了装帧精美的结业证书，合影留念后，结业典礼在一片欢声笑语中结束。（金晓明）

【促进新农村基层图书馆建设提高基层馆员素质——上海市图书馆学会启动基层图书馆业务培训行动计划】 为切实落实上海市委市府号召的开展社会主义新农村新郊区的建设，进一步提高全市街道、里弄，特别是地处市郊农村的乡镇、村最基层的一线图书馆图书管理员的业务水平和综合素质，帮助镇、村图书管理员掌握图书馆专业知识，适应信息时代图书馆事业的发展步伐，更好地为广大基层读者、群众提供文献信息资源服务，充分发挥基层图书馆的社会教育职能，上海市图书馆学会在年初制定全年培训工作计划的时候，提出了在做好领衔前沿业务培训的同时，将培训工作重点向一线基层倾斜，开展面向全市基层图书馆管理员岗位能力培训计划。该计划得到了上海图书馆有关部门和有关院校的大力支持，安排了具有丰富教学经验的一线教授授课，联合各区县图书馆共同推行。经过半年多的精心筹划准备，首期为期 8 天的基层图书馆管理员业务培训于在 2006 年 8 月 23 日在南汇区图书馆正式开班。本次培训南汇全区各镇、行政村图书馆（室）图书管理员近 60 人参加了学习。学员们十分珍惜这次培训机会，尽管天气炎热，特别是大多行政村离开县城路程比较远、交通不便，有的镇图书管理员工作繁忙，但大家都力争合理安排克服困难，每天 9 点钟准时到达教室，做到学习、工作两不误，保质保量地完成了学习培训课程。而南汇区图书馆为每位学员购买培训教材，尽职尽责做好后勤保障工作，保证了培训正常、有序的开展。老师们精心准备了多媒体培训课件，通过《图书馆学概论》、《信息资源共享》、《数字图书馆原理及应用》和《信息资源编目》四门课程系统、详细的讲解，基层图书管理员们对图书馆学的基本理论、国内外图书馆事业研究、发展现状和信息时代图书馆员如何利用计算机技术为读者提供个性化的信息咨询、检索服务等图书馆相关专业知识有了一定的了解。课堂上，老师们耐心细致、深入浅出地讲解，学员们聚精会神地听讲，认真记录笔记，中午休息时间，学员们还和老师、同学们一起讨论镇、村图书馆（室）读者服务工作中遇到的实际问题和解决办法。每门课程结束后的测试加深了学员们对基础理论、概念的理解，收到了良好的效果。大家纷纷表示要把学到的知识应用到基层图书馆读者服务工作中去，不断学习、总结读者服务工作的新思路和新方法，以满足读者需求为目标，以读者满意为宗旨，充分利用各镇、行政村图书馆（室）文献信息资源，积极主动地探索、开展更广泛领域、更深层次的信息服务，为构建和谐社会、建设社会主义新农村新郊区提供有力的信息资源保障。首期结束后，年内还将赴崇明、松江、宝山、虹口、闵行等区县为基层一线从业人员进行培训。（金晓明）

【上海市图书馆学会荣获2006年度全国"省级学会之星"称号】 2007年1月，由中国科协学会学术部委托《学会》杂志社科技社团评价中心评选2006年300名省级"学会之星"揭晓，上海市图书馆学会入围2006年度全国"省级学会之星"名单。2007年6月25日下午，上海市科协在上海科学堂国际会议厅召开了"贯彻落实全国学会工作会议精神大会"，大会隆重表彰了获得2006年度全国"省级学会之星"荣誉称号的学会，并向获得2006年度全国"省级学会之星"荣誉称号的学会颁发了证书。上海市图书馆学会荣获2006年度全国"省级学会之星"荣誉称号，学会副理事长于建荣代表学会上台接受颁证。此次上海市科协共有22个所属市级学会获得此荣誉。（金晓明）

【上海市图书馆学会咨询服务工作】 为适应上海建设国际大都市对图书馆事业发展的要求，学会积极发挥积聚业内专家资源的优势，组织有关人员参与了一系列具有实践指导意义的课题研究，促进学术繁荣与事业发展的良性循环。图书馆立法是促进和保障我国公益文化事业发展的一项重要法制工作。为了进一步促进和依法保障上海市图书馆事业的建设与发展，学会将推动制定图书馆立法工作纳入了重要议事日程，2004年初与市人大教科文卫委员会组成了图书馆立法研究课题组，开展立法课题的具体研究工作；按照上海市"十一五"文化人才规划编制框架要求，学会承担了对本市公共、高校、科研和专业系统图书馆专项调研，并参与了《上海市"十一五"图情人才规划》的编制工作和"上海市图情领军人才队伍建设实施方案"的研究工作；学会积极参与的上海市哲学社会科学规划课题《图书馆行业职业资格证书制度研究》，于2005年8月通过了专家认证。与会专家一致认为，该课题在全国图书馆行业率先进行了图书馆行业职业资格制度的理论研究与实践探索，并在目前国内相关领域研究中无论在理论上和实践上均有所创新。课题的研究成果对有效地组织和保持图书馆的专业水准，推行职业资格准入制度，促进上海市图书馆行业的人事制度改革具有重要的现实意义。《世界级城市图书馆指标体系研究》课题是国家社会科学基金2005年批准的重点项目。这一研究课题，对于中国图书馆事业的发展，对于大中城市公共图书馆的评估，对于建立中国图书馆的全面质量管理体系，对于中国图书馆事业融入世界图书馆事业的发展之中，对于图书馆学的基础理论研究，都具有重要的意义，受到业内的广泛关注，目前学会正组织相关人员积极参与到这一课题的研究当中。本会还专门成立了由退休的各系统担任领导和高级研究人员组成的上海市图书馆学会高级专家咨询委员会，由学会向咨询专家颁发聘书。咨询委员会的主要任务是着重对新形势下图书馆的有效体制、管理模式、资源共建共享、图书馆网络建设等各项业务领域进行调研、论证，提供研究报告，供有关单位和领导参考。2006，咨询委员会接受市文化行政主管部门以及学会的委托，完成了一系列课题研究和调研工作，如"上海市公共图书馆设施建设标准"、"上海市公共图书馆现状、问题以及对策研究"、"上海社区基层图书馆建设与服务情况调研"等项目。咨询委员会还受各系统图书馆委托,对本单位的业务、建设、人员等进行诊断、规划和人员培训等活动。还深入监狱为特殊人群服务开展教育活动、深入社区为基础公共服务出谋划策。咨询委员会专家们为上海市图书馆事业的发展做出了卓有成效的贡献。2005年3月17日下午,"2004年度上海市群众文化表彰奖励大会"在广电大厦召开,副市长杨晓渡出席会议并讲话。会上"上海市图书馆学会高级专家咨询委员会"因其出色的贡献而受到表彰,被授予"群众文化工作及大型群众文化活动优秀组织奖"。这是在学会历史上首次获得的政府授予的最高单项奖项。(金晓明)

江苏省

【长三角城市图书馆合作协调委员会在南京召开首次主任会议】 2006年3月22日为了积极、有效地推进长三角城市图书馆合作的深入发展,并做好第三届论坛会议的筹备工作,长三角城市图书馆合作协调委员会主任会议第一次会议在南京举行。江苏省文化厅副厅长、南京图书馆党委书记马宁,南京图书馆副馆长许建业,南京大学图书馆常务副馆长郑建民,南京大学信息管理系主任沈固朝,上海图书馆党委副书记王世伟,浙江图书馆馆长程小澜,副馆长贾晓东出席了会议。三省市图书馆学会秘书长等列席会议。会议由南京图书馆副馆长许建业主持。本次会议主要就长三角城市图

书馆深化合作,建立以16城市公共图书馆为基础的长三角图书馆联盟问题进行了磋商,并就进一步推动网上联合咨询平台、会展共享、继续教育等合作项目的落实,以及"第三届长江三角洲城市图书馆发展论坛"主题等内容进行了具体而深入的讨论。(江苏省图书馆学会)

【召开省辖市公共图书馆辅导工作会议暨学会秘书长会议】 2006年3月22日—24日江苏省省辖市公共图书馆辅导工作会议暨学会秘书长会议在南京大学图书馆召开。南京图书馆研究辅导部主任、省学会秘书长吴林主持了会议。省文化厅副厅长、南京图书馆党委书记马宁,省厅社文处副处长谷峰,南京图书馆副馆长许建业,研究辅导部主任及全省13个省辖市公共图书馆馆长和辅导部主任、学会秘书长等有关人员出席了会议。马宁副厅长在会上发表了重要讲话,他针对新形势下的研究辅导工作提出了要求。会上,许馆长通报了省馆2006年工作计划,并传达了文化部关于广泛深入开展图书馆讲座工作的文件,要求各馆从2006年开始把图书馆讲座作为一项重要工作来抓。省文化厅谷峰副处长就2006年社文处的有关工作内容进行了通报,特别针对全省"共享工程"建设提出要求。吴林秘书长通报了2006年省学会、省馆辅导工作计划以及长三角地区图书馆合作事宜,传达了中国

图书馆学会的全年工作安排。此次会议特邀请上海图书馆副书记王世伟和浙江图书馆馆长程小澜分别作了题为"国际大都市图书馆建设"和"构建公共图书馆服务体系"的学术报告。(江苏省图书馆学会)

【江苏省第十届县(市)区图书馆馆长理论研讨会及经验交流会在连云港市东海县欧亚会务中心召开】 2006年5月17日—19日,由省学会和南京图书馆联合举办的"江苏省第十届县(市)区图书馆馆长理论研讨会及经验交流会"在连云港市东海县欧亚会务中心召开。省文化厅社文处、南京图书馆、连云港市图书馆、东海县文化局领导、全省43个县(市)、区公共图书馆馆长等57人参加了会议。省学会秘书长吴林、副主任刘明主持会议。会议围绕"县(市)区图书馆与新农村建设"的主题,总结交流了近几年全省县(市)区图书馆建设主要成绩和工作经验,探讨研究了全省县(市)区图书馆如何为新农村建设服务的做法,以及针对县(市)区图书馆文化信息资源共享工程的建设现状、存在问题,提出了相应措施和对策。会议期间,省馆副馆长、研究馆员许建业作了"公共文化服务体系建构中的图书馆发展路向"的学术报告。最后,吴林秘书长对参加此次会议的论文作了点评,并颁发了获奖证书。此次会议共收到57篇论文,其中,一等奖3篇,二等奖9篇,三等奖24篇。会上,

东海县、江阴市、江宁区、金湖县、张家港市、常熟市、大丰市、靖江市、如东县等图书馆馆长分别联系本馆实践作了发言。（江苏省图书馆学会）

【"2006年江苏省少儿图书馆工作经验交流会"在镇江市召开】 2006年6月7日—8日江苏省图书馆学会在镇江市召开了"2006年江苏省少儿图书馆工作经验交流会"。镇江市文化局副局长蒋宁和省学会秘书长、省少儿专业委员会主任吴林出席会议并讲了话，来自全省公共图书馆、少儿图书馆40多名图书馆工作者参加了会议。这次交流会主要内容：一是全面总结交流近年来少儿馆（室）工作经验，以推动和促进全省少儿馆（室）建设和发展；二是积极为全国少儿图书馆工作经验交流会提供具有我省特色的好文章、好经验；三是研究新形势下少儿图书馆工作的创新与发展，解决在少儿图书馆工作中出现的一些共性问题，共同探索新时期全省少儿馆发展战略。会上有14名同志发言，大家认为，近几年来，全省各地少儿馆（室）建设和少儿馆（室）工作都有长足的发展，尤其是在贯彻《纲要》中发挥着极其重要的作用。主要表现在：一、全省少儿馆（室）建设得到了应有的重视；二、坚持公益性，大胆创新，塑造自身形象；三、少儿工作有声有色，创新式发展。与会代表还参观了镇江市少儿图书馆。此次经验交流会得到了镇江市文化局和市图书馆的大力支持。（江苏省图书馆学会）

【江苏省图书馆学会获得中国图书馆学会颁发的征文组织奖】 2006年7月23日—26日，中国图书馆学会2006年年会在昆明市召开。江苏省共有20余位代表参加了年会。江苏省苏州图书馆馆长邱冠华在第四分会场"大众阅读指导与和谐社会"主持了专题报告会。江苏共应征93篇论文，有63篇获奖，其中获一等奖7篇（13人），二等奖25篇（28人），三等奖31篇（33人），江苏省图书馆学会获得中国图书馆学会颁发的征文组织奖。在闭幕式上，还举行了中国图书馆学会志愿者行动基层图书馆馆长培训启动仪式。苏州图书馆邱冠华馆长代表志愿者发言，江苏省有5位图书馆工作者参加了志愿者行动。（江苏省图书馆学会）

【组织图书馆工作者参加"川、吉、苏、桂、冀五省（区）图书馆学会第十届学术研讨会"】 2006年9月5日—8日由四川、吉林、江苏、广西、河北五省区图书馆学会主办、吉林省图书馆学会承办的"川、吉、苏、桂、冀五省（区）图书馆学会第十届学术研讨会"在吉林省长春市召开，来自五个地区的图书馆界代表近70人参加了会议，江苏有6人参会。研讨会进行了分组讨论，江苏省图书馆学会秘书长吴林主持了第二分会场。有5位代表在大会作了论文交流，其中有我省南通地区启东市图书馆副馆长黄振飞在大会上发言。（江苏省图书馆学会）

【南京馆藏图书展销会及馆藏文献的行为规范与文献资源供需模式构建论坛在南京召开】 由中国图书馆学会、新闻出版总署信息中心、江苏省委宣传部、江苏省新闻出版局、江苏省教育厅、江苏省文化厅联合主办，江苏省图书馆学会协办，江苏新华发行集团承办的"2006中国·南京馆藏图书展销会"及馆藏文献的行为规范与文献资源供需模式构建研讨会于10月25日——27日在南京举办。研讨会由中国图书馆学会秘书长汤更生主持，江苏省文化厅副厅长、省图书馆学会理事长、南京图书馆党委书记兼常务副馆长马宁和江苏新华发行集团副总经理金国华分别致辞。中国图书馆学会资源建设与共享专业委员会起草的《图书馆文献采访工作者行为准则（征求意见稿）》在会上提出，与参会的80余位来自图书馆、发行、出版界的专业人士共同讨论，并同时在图书馆界广泛征求意见。中国图书馆学会资源建设与共享专业委员会副主任、国家图书馆采访编目部主任顾犇、中国图书馆学会资源建设与共享专业委员会委员、中国社会科学院图书馆副馆长蒋颖、国家图书馆中文采访组组长梁爱民和新华书店总店信息中心主任、新华书目报总编赖雪梅分别就《图书馆文献采访工作者行为准则（征求意见稿）》解读、图书馆文献采访工作规范的构架、馆藏文献资源供需平台的构建模式等话题作了专题发言。（江苏省图书馆学会）

【图书馆景观新领域国际论坛暨首届图书馆个性家具展览会在南京图书馆新馆召开】

2006年10月30—11月1日中国图书馆学会图书馆建筑与设备专业委员会、江苏省图书馆学会联合主办，江苏省江阴市、昆山市图书馆协办、南京洪范图书馆设计（研究）中心承办的"图书馆景观新领域国际论坛暨首届图书馆个性家具展览会"在南京举行。图书馆界、设计单位等170多名代表关注

论坛主题并参加了会议。

中国科学院国家科学图书馆副馆长戴利华，江苏省文化厅副厅长、江苏省图书馆学会理事长、南京图书馆党委书记兼常务副馆长马宁等出席了开幕式并分别致开幕辞和欢迎词，江苏省图书馆学会秘书长吴林主持了开幕式。会上邀请了5位专家作学术报告，他们是来自德国MEP－国际建筑师事务所总裁兼首席执行官、国际著名设计师、德国柏林建筑与室内环境设计师协会主席Roman Meyer先生，EDSA亚洲景观设计顾问有限公司、美国21世纪景观设计公司、伟信国际顾问集团景观主案设计师Vijay先生，浙江大学建筑学院教

授、原南京市建筑设计研究院总设计师、国家一级注册建筑师高裕江先生，华南理工大学建筑学院教授、建筑学博士、德国慕尼黑工业大学高级访问学者肖毅强先生和南京图书馆副馆长、研究馆员许建业先生。论坛同步还举行了图书馆个性家具展览会、国外公共景观和图书馆景观设计图片展，展出了由南京洪范图书馆设计（研究）中心近年来成功设计、生产的各种图书馆专业个性家具。论坛结束后，会议还组织代表实地参观了刚刚落成的南京图书馆新馆、江苏省江阴市图书馆新馆、昆山市图书馆新馆和上海图书馆。（江苏省图书馆学会）

学术研究与活动
Academic research and activities

学术研究与活动

专业学术会议

中国图书馆学会 2006 年年会综述

2006 年 7 月 23—27 日,中国图书馆学会 2006 年年会在美丽的春城云南昆明隆重召开。近千名来自全国各地、各系统图书馆的代表,企业会员单位和参展商,以及美国华人图书馆员协会的嘉宾和国内媒体参会。

一、盛会开幕式隆重热烈

7 月 24 日上午,年会开幕式在昆明云安会都隆重举行,吴建中副理事长主持了开幕式。詹福瑞理事长首先致开幕词。他回顾了学会自 2005 年年会以来所取得的重要成就,特别提到学会主办的科协 2005 年会分会场、首届百县馆长论坛、2006 新年峰会所取得的成果,以及学会在《著作权网络传播保护条例》、《公共图书馆建设标准》的制订等方面所做出的积极努力。第一届科普与阅读指导委员会的成立,则将有组织、有计划、有步骤地深入推动社会阅读,发挥图书馆在社会阅读中的作用。经学会的积极推动,中文成为 IFLA 大会的第六种工作语言,对中国文化走向世界具有重要意义。鉴于中国图书馆学会近几年的出色表现,首次被中国科协评选为全国先进学会。今年年会的主题——"图书馆发展与和谐社会构建"是图书馆回归传统的一个主题,切合今后相当长时期我国图书馆建设的现实需求和精神需求。和谐需要维护,更需要营造和创新。希望学会活动能够围绕学会"'十一五'期间工作规划"的工作方向,推动我国图书馆界取得更突出的成绩,开创更美好的前程。

文化部社会文化图书馆司图书馆处处长张小平、云南省文化厅副厅长陶国相、美国华人图书馆员协会主席李海鹏也相继致辞。张小平处长对中国图书馆学会近年来取得的进步给予了高度评价,认为学会已成为中国图书馆发展中不可或缺的力量。陶国相副厅长代表云南省文化厅对大会的顺利举行表示热烈的祝贺,并希望参会的云南省图书馆学会会员们认真向国内同行们虚心学习,汲取先进的图书馆学精华,促进云南省图书馆事业的进一步繁荣与发展。李海鹏主席则希望美国华人图书馆员协会在与中国图书馆学会建立了一定程度交流的基础上,为中美图书馆事业的发展与合作建梁搭桥,作出贡献。

近几年,中国图书馆学会号召全国的图书馆开展全民阅读推广活动,得到积极响应,活动的内容与形式也不断推陈出新。2005 年,中国图书馆学会首次设立了全民阅读活动"优秀组织奖"和"先进单位奖",对于全国的图书馆推广全民阅读活动起到了激励作用。今年,中国图书馆学会收到 15 个地方学会和分支机构报送的 28 个图书馆的推荐材料,经中国图书馆学会科普与阅读指导委员会的评选,共有 4 个图书馆学会荣获"2005 年全民阅读活动优秀组织奖",10 个图书馆荣获"2005 年全民阅读活动先进单位"。在本次年会开幕式上,詹福瑞理事长,吴建中、陈力副理事长分别为这些获奖单位颁发奖状。

开幕式后,领导和嘉宾为"2006 年中国图书馆应用技术与专业设备及图书馆资源展览会"剪彩。本次展览会共有来自图书馆软件技术开发、出版社、网络媒体等领域的 35 家企业参展,设立展台 42 个。其中,由中国科协主办、中国图书馆学会承办的"中国科技期刊展示"首次亮相。它以1:1的比例展示了513种科技期刊的封面,传达了刊物的出版面貌和内容水平。这是学会参与承办的"中国科技期刊推广计划"的重要组成部分之一。

二、内容形式不断创新

(一)主旨发言三大视角

本次年会一改往年安排长篇主旨报告的模式,而是安排了3个主旨发言。其中深圳市文化局副局长李南生做了题为《建设图书馆之城,构建和谐社会》的发言,她向代表们介绍了深圳市构建覆盖全市的图书馆网络"图书馆之城"的理念、做法、经验与体会,受到了与会代表的欢迎。杭州图书馆馆长褚树青发言的题目是《藤蔓再长,瓜落故乡——对公共图书馆服务定位的思考和实践》,指出公共图书馆在服务活动中要充分发挥自身优势,积极争取政府支持,为读者提供优质的服务;与图书馆和图书馆之外的机构、组织结成"联盟",加强合作,构建有利于图书馆发展的公共环境。在回答代表提问时,他指出,图书馆在面对各种困难时,要想方设法地去解决,一切都是"事在人为"。北京大学图书馆馆长戴龙基则通过《共享资源,共建和谐——从〈图书馆合作与信息资源共享武汉宣言〉谈起》的发言,介绍了"武汉宣言"产生的背景及其意义,并以CALIS为例,指出了

资源共享的重要意义与具体做法及其发展前景。这3个主旨发言虽然时间都不长,但由于其主讲人非常具有代表性——分别代表政府、公共图书馆和大学图书馆,讨论的内容不仅包括图书馆业内实际工作中的具体问题,而且从社会的视角来探讨图书馆的发展问题,体现了图书馆与政府、与社会以及不同级别图书馆之间的关系日益密切。

在随后进行的大会发言中,4个分会场的主持人程焕文、李国新、代根兴和邱冠华,分别对年会的4个分主题——"面向大众的图书馆关怀"、"中国图书馆法治环境构建:法律保障与行业自律"、"图书馆数字资源的建设、共享与服务"和"大众阅读指导与和谐社会"作了解读与阐释。这是年会举办七届以来,首次对分主题进行大会阐释,成为今年年会的又一个创新点。4个分主题阐释与即将举办的4个分会场交相呼应,使所有参会代表在进行分会场交流之前就能了解各分主题的特点和意义,以便更有针对性地参与各分会场的交流。

主会场的发言引起全体与会代表的关注和共鸣,提问不断、掌声不断,会场的学术气氛越加浓厚,互动效果十分突出。

(二)主题阐释开宗明义

在今年年会的8个分会场中,由专业委员会和企业组织的各占4个,可谓平分秋色。其中专业委员会组织的第1—4分会场分别对应年会的4个分

主题,主持人分别由冷伏海、李超平、程焕文、徐建华、韩继章、张久珍、李国新、金晓明、马海群、汤旭岩、江向东、代根兴、顾犇、耿骞、吴晞、邱冠华等各专业委员会的主任、委员和业内专家担任,50位专家、学者及论文作者发言。

在第1分会场中,图书馆学理论专业委员会和图书馆史研究专业委员会联合举办了以"面向大众的图书馆关怀"为主题的研讨会。程焕文教授的主旨报告阐述了以民为本、社会公平、和谐社会与图书馆的关系,韩继章教授的专题报告则从理论与实践层面综述了图书馆的人文精神。此分会场的另一亮点是3位来自美国的同行,他们介绍的美国图书馆界的先进服务理念和具体措施,对中国图书馆界同仁具有重要的参考借鉴作用。

图书馆法律与知识产权研究专业委员会主办了以"中国图书馆法治环境构建:法律保障与行业自律"为主题的第2分会场研讨会。会议特邀文化部社会文化图书馆司图书馆处处长张小平、北京市文化局原副局长冯守仁、该委员会委员以及来自美国、台湾地区的论文作者等,不仅从宏观角度阐释了我国图书馆法制建设的重点,介绍了国内外图书馆立法及实施过程中的实例经验,而且深入分析了目前国内有关条例对图书馆权利地位的影响以及相关的对策和解决方案。

第3分会场由资源建设与共享专业委员会和数字图书馆

研究与建设专业委员会联合举办,主题为"图书馆数字资源的建设、共享与服务"。会议安排了4个专题报告和5个专题发言,高波、耿骞、孙坦、刘炜等专家分别就我国五年来信息资源共建共享的研究进展和未来走向、数字图书馆建设、文献资源整合建设等热点问题进行了论述。此分会场由于主题突出,特色鲜明,所以在自由发言和讨论阶段气氛热烈,代表们发言踊跃,会场自始至终被围得水泄不通。

第4分会场由科普与阅读指导委员会、目录学专业委员会及图书馆学教育与培训专业委员会联合举办。围绕"大众阅读指导与和谐社会"这一主题,吴晞、肖希明等专家作了精彩的专题报告,从公共图书馆的服务理念、倡导大众阅读的方法、为读者提供个性化的深层次专题培训活动,到上网与读书的关系、阅读状况问题、民族文化建设等,进行了深入研讨。来自美国的李海鹏、袁海旺先生则通过丰富实例,介绍了国外的具体做法和成功经验,受到听众的热烈欢迎。

(三)企业会员倾力展现

在主会场大会发言之间,还穿插了3个学会企业会员代表的发言,分别是3M中国有限公司官阳主任的《创造人文图书馆》,龙源期刊网总裁汤潮的《借鉴国外经验 繁荣图书馆的使用和建设》和香港迪志文化出版有限公司代表甘玉贞的《中国古籍数字资源在图书馆的使用》。3个企业发言均探讨

了企业与图书馆在共建和谐社会中相互促进、共同发展的关系等较深层次的问题,揭示了企业和图书馆与他们共同的终端用户——读者之间保持的具有人文精神的服务关系,以及由此决定着的图书馆及相关企业生存发展的活力、潜力和生命力。这意味着企业从产品推荐到现象宣传之后,又实现了一个历史性的突破——提升境界,携手合作,互倚互助,共同把图书馆事业做大做强。

在分会场,第5—8会场分别由IBM中国有限公司、大连博特软件科技有限公司、清华同方知网(北京)技术有限公司、龙源期刊网、机械工业出版社和北京世纪金典图书有限公司等单位主办。这是中国图书馆学会历届年会中企业会员单位主办分会场最多的一次,其中不但有图书馆软件技术开发商、资源生产提供商,还有出版单位和网络媒体。通过学会搭建的年会平台,为社会相关企业参与图书馆事业的发展提供了更加广阔的空间,同时也进一步促进了图书馆与社会的相互了解、交流与融合。

(四)网络评审指点学津

本次年会共收到征文1196篇。学会首次在本会网站上启用"2006年会征文系统",使年会征文和评审过程首次利用现代网络系统完成,不但为作者提交论文、评委评审论文提供了便利的方式,而且体现了公平、公开、公正的原则。经过30多位业界专家、学者的评审,评出一等奖89篇、二等奖283篇、

三等奖366篇,北京市图书馆协会等12家单位荣获"论文组织奖"。

为了鼓励图书馆员加强学术研究,在年会闭幕式上,不仅向获奖论文作者和论文组织奖获奖单位颁发了证书,而且邀请图书馆学理论专业委员会委员李超平作本次年会的征文述评,以进一步提高广大会员学术研究和论文撰写的水平。这是年会举办七届以来首次对所有征文进行述评,成为今年年会的又一个创新点。述评肯定了年会论文取得的成绩,比如理论研究的突破、关注现实、关注弱势群体、立足实际工作等等,同时指出了年会论文的不足,她特别谈到部分论文参考文献严重不足,有不止一篇论文只有一篇参考文献。这种不严谨的态度是治学的大忌。她以创新、求实和规范为主题,提出任何一项学术研究必须要跨越三道门槛:其一,避免重复研究;其二,超越现有的研究;其三,论述有论有据。一篇文章参考别人的文献是必需的,列出参考文献是对别人的尊重,也是必须遵守的学术规范。李教授的述评切中时弊,全面而深刻,使代表们受益匪浅。

(五)媒体支持,新浪播报

继去年之后,《新华书目报》在本次年会上再次成为支持媒体。该报利用两期32版的篇幅为年会提前预热,预告信息,全程跟踪,深度报道,综述点评。年会还得到新浪网、龙源期刊网等网络媒体的关注和支持。年会期间,新浪读书频

道不仅对程焕文、李国新、褚树青、肖希明等专家进行了现场采访,而且对整个会议进行了全程报道;在龙源期刊网主办的第七分会场中,还特别设置了"新浪在线访谈"环节,让与会代表有机会"作客新浪"并在第一时间网络播报。这在年会历史上尚属首次。

三、志愿者行动整装出发

在年会闭幕式上,中国图书馆学会志愿者行动"基层图书馆馆长培训"启动仪式隆重举行,这也成为本次年会一个最大的亮点。中国图书馆学会志愿者行动,在学会的历史上还是第一次。这一行动的直接起因,是2005年学会主办的科协年会分会场和首届百县馆长论坛,正是这两次会议引发了社会对基层图书馆生存发展状况的普遍关注,同时也激发了业内专家、学者的热情并提出相关倡议。志愿者行动的宗旨是为了奉行奉献、友爱、互助、进步的准则,秉承智慧与服务的图书馆理念,发挥图书馆专家人才的资源优势,为全国图书馆提供志愿服务,促进图书馆事业的全面发展。而这一宗旨与今年年会的主题"图书馆发展与和谐社会构建"是非常契合的,"基层图书馆馆长培训"则成为中国图书馆学会用实际行动对年会主题进行的最好诠释。其主要内容是组织全国图书馆界有影响的理论工作者和实际工作者,对以欠发达地区县级图书馆管理者为主的基层图书馆工作者进行专业培训。今年3月8日,中国图书馆学会在网上发布了此次志愿者行动的招募公告后,得到了全国图书馆界的积极响应,先后有30多位教授学者和图书馆专家报名参加志愿者队伍。经中国图书馆学会评估遴选,并与志愿者所在单位进行协商,最终确定26人入选。4月25—26日,中国图书馆学会在北京召开了"基层图书馆馆长培训方案研讨会"。在本次年会上志愿者行动正式启动之后,志愿者将分成三个组,分别前往湖南省衡阳市、陕西省榆林市和黑龙江省牡丹江市,对三省的430名基层图书馆馆长进行培训。

在启动仪式上,苏州图书馆馆长邱冠华首先代表志愿者发言,他深感责任重大,志愿者们将通过此次活动,与基层图书馆馆长交流理念、心得和经验,同时真诚邀请业界更多同仁加入志愿者队伍。衡阳市图书馆馆长刘忠平代表承办者发言,指出中国图书馆学会志愿者行动是图书馆界具有创新意义的大事,必将成为图书馆事业发展新的里程碑,对推动基层图书馆事业的发展有着重要的意义,学员们均翘首以盼。随后,詹福瑞理事长对本次志愿者行动发表了专门讲话,指出志愿者行动的深刻意义不仅在于它是图书馆服务原则与志愿者行动宗旨的精神契合,而且更是向业内和社会发出的自律、自助、自强的信号。图书馆人只有通过艰苦努力,无私奉献,真正赢得广大社会公众的关注、尊重和理解,并进而成为社会公众权益的代表,图书馆事业才能获得真正的发展与昌盛。之后,詹福瑞理事长向三组志愿者的代表授旗,本次志愿者行动正式启动。

四、会员联谊其乐融融

继2005年年会"天时之夜——图书馆同仁联谊会"之后,今年年会期间,学会又隆重推出一台精彩的会员联谊会——"'图书馆与阅读'? 2006中国图书馆学会会员联谊晚会"。本台晚会由云南省图书馆学会协办,《出版人? 图书馆与阅读》月刊杂志社独家赞助。晚会以"会员联谊"命名,是因为全部14个节目分别由云南省图书馆学会、高校图书馆分会、美国华人图书馆员协会等推荐,演员阵容主要由全国学会会员或省级学会会员组成,比去年更加充分地体现了会员参与的广泛性。在2个多小时的演出中,演员们始终精神饱满、热情洋溢,他们通过独唱、对唱、二人转、双人舞、集体舞等形式,展示了会员多才多艺、蓬勃向上的精神风貌,博得观众阵阵掌声。为了对积极报名奉献才艺的会员们进行表彰,晚会还设置了一些特色奖项,如"民族风采奖"、"最具人气奖"、"最佳表演艺术奖"、"最佳风度奖"等。为了增加互动,增添喜庆气氛,晚会还特别向5位在年会期间过生日的会员送上了一份生日礼物;同时还穿插了"图书馆与阅读"问卷调查抽奖和有奖问答节目,20 位幸运观众分别获得问卷调查一、二、三等奖和有奖问答奖品。詹福瑞理事长等学会领导,《出版人？图书馆与阅读》月刊杂志社总编陈晓梅在晚会致辞,并为获奖演员颁奖。

中国图书馆学会 2006 年年会在各分支机构、各地方学会、各专门工作委员会以及各级图书馆、各位与会代表的共同努力下,在云南省人民政府和云南省图书馆、云南省图书馆学会的大力支持下,圆满完成各项议程,胜利闭幕。

(学会秘书处)

中国图书馆学会 2006 年新年峰会

2006 年 1 月 8—9 日,由中国图书馆学会主办、海南大学图书馆承办的中国图书馆学会 2006 年新年峰会在海南省海口市召开,30 余位代表莅会。本次峰会的与会人员,除延续首次峰会的成例,由学会领导及相关专家学者、馆长组成外,还集中邀请了一批既熟识业内状况、又具有参政议政能力,身兼"两会"代表、委员身份的各个系统、各个层面的图书馆馆长。

中国图书馆学会理事长詹福瑞致开幕辞,强调指出,用科学发展观构建节约型的和谐社会,是中国社会发展的主流,在此情形下,中国的图书馆界亟须处理好三大矛盾:自律与他律;先进与落后;图书馆与社会。解决好上述这三大矛盾,实际上也就掌握了中国图书馆事业发展的大平衡,与和谐社会的建设发展亦步亦趋,进而融入社会、服务社会、贡献社会。

本次峰会共有四个议题:图书馆法制环境的构建与行业自律;县级图书馆的生存与发展、西部高校与高职高专图书馆的振兴与发展、图书馆公共关系。吴慰慈、陈力、詹福瑞分别主持了各个议题的研讨;程焕文、肖燕、李国新、朱强、范并思、汤更生等就各个议题作了阐释性说明。与会代表围绕议题展开讨论,见仁见智,坦诚热烈,富于成效。最后,詹福瑞理事长对本次会议作了总结,同时还就各个议题的后续行动及相关落实措施作了部署。

会议中,与会代表还就峰会的作用与定位进行了研讨。

海南省委常委、宣传部长周文彰代表海南省委省政府在开幕式上致欢迎词。

(卓连营)

附:图书馆公共关系议题说明

(范并思)

一、图书馆公共关系的任务

按照较为流行的哈罗定义(1976 年,管理学派定义),公共关系是一项管理职能,它:

1. 帮助建立和维持组织与其公众之间的沟通、理解、认可与合作的纽带;涉及对有关问题或议题的管理。

2. 帮助领导层保持对公众舆论的了解及做出适当反映;界定并强调领导层对公众利益所负的责任。

3. 帮助领导层适应并有效地利用变革,发挥出预警的职能以助于预测发展趋势;以前期调研和有效的、符合职业规范的沟通为其主要手段。

不同部门的公共关系有不同的任务。对于图书馆,图书馆开展公共关系活动,旨在使图书馆和政府、媒体和社会各界之间建立良好关系和相互理解,完成图书馆的各项职能和任务,体现图书馆的价值。

图书馆公共关系的任务:

1. 正确有效地对外宣传图书馆的宗旨,解释图书馆的行业立场。

2. 争取外界支持。包括政府、民众、媒体、企业界对图书馆活动的支持。

3. 危机管理。包括危机的预防、预案、危机处理或冲突处理。

二、图书馆学会与公共关系管理

公共关系管理是行业学会的重要职能。美国图书馆学会自 1946 年设立"John Cotton

Dana 图书馆公共关系奖"，每年奖励公共关系先进单位。2004年有 Halifax 等七家共同获奖。俄罗斯国家图书馆和一家公关媒体发起"公共关系和图书馆"全国奖"银质弓箭手"比赛活动，奖励优秀的公关方案、公关著作和公关人物。

图书馆协会一般不设专门的公关部门，而是由许多部门一起组成协会的公关管理体系。如 ALA，发展办公室负责与基金捐赠者的关系；国际关系办公室负责对外交流；政府关系办公室负责与政府的公关（如《爱国者法案》）；知识自由办公室就维护职业精神进行公关；公共信息办公室负责与媒体的公关，公共课程办公室负责对公众的宣传，等等。

ALA 近年来突出的公关活动有：围绕《爱国者法案》开展的宣传图书馆理念、保护读者权利的活动；卡特里娜飓风过后的图书馆宣传。

三、我国图书馆公共关系的迫切性

任何一个行业的发展，都会面临与政府、民众及媒体的关系问题。越是涉及公众利益的行业，此类问题就越显严重；民众权利意识越强烈的地方，此类问题越严重。

进入新世纪以来，中国图书馆事业取得了长足的发展。馆舍条件与购书经费大为改善，服务意识与服务水平大为提高，但同时，由于公众权利意识苏醒，图书馆面临的公关问题越来越突出，图书馆与公众的冲突由以往的"借书处/阅览室/办公室"层面上升为"媒体/市长/法律"层面；由一馆事件演化为地区性、全国性甚至有跨国影响的事件（如国图事件）；由单日事件变为长达数月甚至跨年度的事件（如苏图事件）。

公关问题如果不能很好解决，对外部而言，将伤害图书馆行业的职业形象，影响各界对图书馆的关注与支持；对内部，伤害图书馆员的职业尊严，影响图书馆员的工作积极性，破坏对图书馆工作的科学管理。

面对图书馆公关事件，中图学会比较及时地介入，比如及时组织文章反驳《中华读书报》对图书馆职业的人格侮辱。但由于缺乏足够的公关能力，最终无法使文章见报。

四、中图学会在公关领域的任务

为宣传图书馆的基本理论和职业精神，更好地沟通图书馆与社会（公众、政府、媒体、企业），化解危机，为图书馆事业创造更好的外部环境，学会应加强公共关系。基本任务是：

1. 开展理论研究，分析图书馆公关案例，收集与图书馆公关相关的数据与资料，建立敏感问题/事故易发区的危机处理预案。

2. 通过组织建设和工作条例的制定，完善行业公关体系。通过各种形式的研讨、培训，宣扬图书馆公关意识，普及图书馆公关知识。

3. 建立相应的媒体监测、政府联系方式，以及各种意见收集渠道，最及时地了解社会外界对图书馆的评价，特别是批评性评价。建立行业内的公关信息传递渠道，使从外界获得的信息在界内能通畅地传递。

4. 建立以学会为中心、可灵活调动界内智力资源和公关资源的政府游说、危机处理、媒体应对的动员机制。

具体落实到二项：

1. 成立相应的组织。因为我国图书馆界缺乏公关传统、公关理论与公关人才，建议学会成立相关组织，对外研究处理公关事宜，监测公关动向，对内宣传普及公关知识，总结交流经验，使图书馆界能以比较主动、一致的姿态应对公关事件。

2. 开展图书馆公关研究。有意识地组织一批学者研究图书馆公关问题，系统地积累有关公关的资料，系统地收集分析已有案例，系统地监测国内外媒体信息，建立数据库，为图书馆管理决策提供案例、数据、预案或预警信息。

五、提请讨论

1. 成立中图学会公共关系组织。该组织的组织框架，建议暂时为秘书处下一个非实体性组织。其成员先确定部分骨干，以后可动态吸收对图书馆公关有研究或有资源的人员进入。经过一段时间运行后，再正式确定是否需要该组织以及该组织的所属。

2. 主要成员：待确定，可

推荐。

3. 主要工作：

1）以秘书处为主，吸收在京专家、政府主管部门、媒体从业人员的小组/团队。负责调动组织全国的图书馆公关资源，处理政府游说、媒体应对和危机处理事宜，负责图书馆公关宣传与培训任务，负责提出公关课题等。

2）以一个大中型图书馆为主，开展国内外媒体监测并建立公关资源数据库等基础工作。媒体监测最好得到大馆领导的支持，以大馆资源为基础，争取到相关的课题经费支持，建立一种长期跟踪监测媒体的机制。

3）以某大学图书馆系为主，集中研究公关案例并搜集公关相关资料，建立数据库。

4）其他：可提出近期需要公关运作的图书馆问题，讨论建议处理方案

"县级图书馆的生存与发展"议题说明
（李国新）

一、引起关注的缘起和关注的持续

2005年8月中国科协年会图书馆学分会场主旨报告。《中国青年报》2005年8月20日首发报道：《中国1/4县级图书馆无钱购书 建筑寒酸人员庞杂》，此后，世界范围内300家左右的媒体、网站转载。专供中央领导的《互联舆情》转载。李长春、陈至立批示。

文化部迅速提出了"援助贫困地区图书馆计划"。

2005年10月9日，中央人民广播电台在晚间黄金时段的"新闻观潮"节目做了一次专题谈话节目，专门谈公共图书馆的生存和发展问题。2005年11月，中图学会举办"首届百县馆长论坛"。

"十一五"规划建议提出建设社会主义新农村、中央"两办"发布《关于于进一步加强农村文化建设的意见》后，重要媒体对基层图书馆建设的关注进一步升温。《光明日报》2005年12月24日发表《基层图书馆现状堪忧》的访谈，这是一年前的访谈，本来已经石沉大海，但又翻腾出来了。最近，《人民日报》又主动联系，希望以专版的形式反映县级图书馆的问题。一篇记者的报道，一篇访谈，一篇评论，目前已经组织完成，预计1月13日见报。逐渐形成的共识：县级图书馆的问题，是制约我国公共图书馆事业进一步发展的瓶颈。中图学会应该发自身的优势，与政府密切配合，推动问题的解决。

二、后续行动——目前能够做什么

（1）组织专家志愿者，开展以县级图书馆为主的基层图书馆长义务培训活动。基本设想：以地区为单位进行；名专家、名教授无偿讲授；参加培训的馆长交通费自理，住宿费由学会出面组织赞助解决；时间放在年会之后，年会期间举行一个出发仪式；考虑与义务培

训配合的其他活动，如图书、设备的捐赠。

（2）协调、引导对县级图书馆生存与发展问题的呼吁和调研。已有杂志准备开辟专栏，如上海。

《信息网络传播权保护条例》的形成与颁布议题说明
（肖 燕）

一、背景说明

2001年10月修订的我国著作权法，通过增设"信息网络传播权"拓展了对著作权人权利的保护范围，但是，没有同时增设对著作权人的权利限制条款。著作权法第58条规定由国务院负责制定信息网络传播权保护的具体办法。根据著作权法的规定及国务院的安排，2004年11月，国家版权局牵头成立了《信息网络传播权保护条例》（以下简称《条例》）起草工作领导小组，2005年初正式启动《条例》的起草工作。国家版权局在负责起草《条例》草案的同时，还专门委托中国社科院、中南财经政法大学、北京大学三个专家小组分别起草专家建议稿。2005年6月，国家版权局在充分吸收三份专家建议稿的基础上，形成了《条例》草案文本。2005年7月至10月底，国家版权局多次召开不同行业、界别人士的意见征求会，并在网上公开征集公众对《条例》（草案）的意见和建议。目前，《条例》（送审稿）已报送国

务院审查。

二、图书馆界参与《条例》立法工作的情况

• 2005 年 1 月在哈尔滨召开的首次中国图书馆学会新年峰会上，中国图书馆学会理事会决定，图书馆界应当积极参与《信息网络传播权保护条例》的立法，并委派学术研究委员会下设的图书馆法与知识产权研究委员会负责此项工作的落实。会后，图书馆法与知识产权研究委员会组织了专门工作组，在调研 IFLA 和英美等国图书馆界发布的网络环境下知识产权问题的相关文件与声明的基础上，开始起草《中国图书馆学会著作权问题的声明》（以下简称《声明》）。

• 2005 年 4 月完成《声明》初稿，学会理事长詹福瑞在"世界图书馆与知识产权日"发表的公开讲话中，向社会各界披露了《声明》的要点，引起较大的社会反响。

• 2005 年 5 月，《声明》经过修订，提交学会秘书处，开始向理事会成员与各个分支学会征求意见。

• 2005 年 7 月在广西桂林召开中国图书馆年会期间，向学会理事会提交《声明》审议稿。

• 2005 年 8 月，理事会以通讯审议方式，通过了经过修改的《声明》，并于 2005 年 8 月 20 日正式向社会公布《声明》。应当说，图书馆界以《声明》方式向社会发出保障公众的网络浏览权利的呼声，对国家制定

平衡的《信息网络传播权保护条例》施加了有益的影响，这可以从《条例》第四条和第六条设置的相关图书馆网络传播豁免条款具体体现出来。

• 在《条例》征求意见的过程中，图书馆界的代表多次参会。2005 年 10 月和 2005 年 11 月，针对《条例》规定享有合理使用豁免权利的图书馆涵盖面过窄等情况，图书馆法与知识产权研究委员会部分成员撰写了两份对《条例》的修订意见，由学会提交给国家版权局和国务院法制办有关负责同志。

三、继续参与立法的重要意义与举措

作为单独的研究者，我从 1998 年就关注网络传播的图书馆合理使用豁免问题。我体会到，个人的力量是有限的，只有通过全行业的集体努力，才能对立法产生较大的影响。目前，我国的立法正在变得比较开放，法律法规的条文一方面受到国家的方针政策的影响，另一方面，也是相关的利益群体博弈的结果。社会需要平衡的著作权保护法律法规，图书馆界应当代表公众争取网络传播、浏览相关的豁免权利，以便实现权利人利益保护与公共利益保护的平衡。在《条例》未正式通过颁布之前，图书馆界仍然要统一立场，继续通过各种途径反映我们的诉求。在此，呼吁一些有影响的馆长、学者和业界的代表人物，充分认识我们承担的社会责任，为了公众利益发出呼声，打一场非营

利公益性图书馆网络传播豁免条款保卫战。

四、配合《条例》颁布实施需要完成的工作

• 图书馆有关的网络传播豁免条款作为特例，仅仅允许符合合理使用规定的图书馆进行有限度的网络传播服务。针对图书馆界存在的一些模糊认识，我们应当增强著作权保护意识，加强行业自律。建议大家讨论有无必要制定《图书馆网络传播自律规范》，如果大家认为有必要，还要商讨决定如何落实该任务、如何操作等具体问题。

• 《条例》第六条为法定许可条款，涉及使用作品的报酬支付问题。建议图书馆界进行许可报酬支付标准、支付模式等有关的研究。此外，《条例》实施后，图书馆如何与著作权集体管理组织进行谈判协商等问题也值得讨论和思考。

2006 年中国科协年会第五分会场

——2006 中国科协年会:科普大家烹制科普盛宴

这是一场主题为"科学技术普及与提高全民科学素质"的会议,作报告的嘉宾有敦煌学专家、中国科学院研究员……记者原以为这是一场艰深难懂的会议,然而它并没有使听众感到晦涩枯燥——这是一场令人感到亲切的会议,报告人就好像在与听众聊天。一位听众对记者表示:"真有如沐春风的感觉。"

白化文:春风化雨,润物无声

"我跟主持人是老朋友,他对我的介绍言过其实了,我并没有那么神奇。我的准确定位是——北京大学退休人员。"年逾七旬的白化文是今天第一位作报告的嘉宾,他的开场白一下子拉近了与听众的距离。

白化文退休前是北京大学信息管理系教授,多年从事敦煌学、目录学等学科的研究工作,对敦煌遗书目录和敦煌变文问题的研究有较深造诣。然而,他一开口就语惊四座,他说"敦煌学不科学,就不应该有敦煌学"。他的阐述就围绕着这个话题展开,脱稿,娓娓道来——从莫高窟的发现到敦煌学的提出,从石窟研究扩大到敦煌—吐鲁番学的出现……与会者起初大多不知道敦煌学为何物,然而伴着白化文对敦煌学为什么不科学的阐述,伴着他对一个个敦煌故事的讲解,

伴着他对王老道(王圆箓)的愤慨……半个小时之后,听众不知不觉就对敦煌学的内涵、外延有了大概了解。

报告最后,他说如果要进一步扩展敦煌学的外延,他个人建议就叫"丝绸之路学"——会场顿时笑声轻起。此时,听众已经能够深刻领会这句话的意味。

陈佐忠:满怀热情,醍醐灌顶

第二位作报告的嘉宾是中国科学院植物研究所研究员、中国草学会顾问陈佐忠。他的第一句话是:"在今天上午的会议中,有一位代表报告说:'我国很多农产品的品质不高,都是因为施用化肥的量过高。'我想这句话就有些不够严谨了。"借用这句话,他表达了科学技术普及需要实事求是的观点。

他报告的题目是《满怀热情,实事求是,普及生态科学》。他说:"除了实事求是,我们还要满怀热情,那是出于我们作为科学家的良心。"陈佐忠无疑是一位满怀热情的专家,他准备的演讲幻灯片十分丰富,不断跳跃的画面,不时跳出退化的草场、枯死的大树、酸雨、沙尘暴路线图等画面……陈佐忠的语速很快,因为他要在 30 分钟之内把丰富的内容一一讲解给听众,在主持人位置上端坐的国家图书馆副馆长、图书馆

学会副理事长陈力还在"虎视眈眈"地注视着时间和他。所以,他的报告给人以暴风骤雨的感觉——还没怎么感觉,全身就已湿透。在报告过程中,陈佐忠没有用到一个术语,他一边揭露生态保护中存在的问题和矛盾,一边呼吁普及生态科学不应该回避这些矛盾和问题。

夏训诚:如数家珍,水到渠成

中国科学院新疆地理研究所夏训诚研究员是一位身上长满故事的人物。作为一名沙漠科学家,他已经在中国的西北大漠奔波了 49 个年头,前后进入罗布泊 25 次——仅仅是这个数字,就足以使其成为一位传奇人物。

夏训诚所作报告的题目是《新疆罗布泊地区科学考察新进展》,然而,站在讲台上,72 岁的他先跟听众聊起了彭加木,从 1980 年的罗布泊考察队讲起,一个个故事串起来,逐渐讲到了 2006 年。在讲到刘东生院士参与罗布泊科考的情形时,他说:"当时,我和刘东生院士坐在一辆越野车上。刘东生院士坐在前面,我坐在他的后面,随时准备保护他……其他队员戏称为'一个 70 岁的老人照顾一个 87 岁的老人'。"

夏训诚还透露自己有 5 个孩子,在回答听众提问时,他

说："我很不好意思说自己有5个孩子，有一段时间我经常跟不知底细的人说我有两三个孩子，其实我没有撒谎，两三个加起来还是五个孩子……"站在台上，这位传奇人物笑得像个孩子。就在这样的聊天氛围中，夏训诚把自己25次进出罗布泊看到的和研究所得，一项项展示在与会者面前——罗布泊的地理位置、罗布泊的"大耳朵"构造、罗布泊是否存在漂移、红柳沙包的测年法、罗布泊丰富的钾盐资源等十个问题，就这样一股脑儿地"兜售"给听众。听众听到的好像只是传奇的故事，收获的却是罗布泊研究的最新进展。

李燕祥：以诚动人，以情感人

来自中国青少年辅导员协会的副理事长兼秘书长李燕祥相较于其他作报告的嘉宾，恐怕是最算不上"大腕"的一位。1997年加入中国青少年辅导员协会的他开宗明义："我的报告恐怕跟前几位的都不一样，我做的没有高深的理论，只是活动组织工作方面的一点思考。"

他并没有故作谦虚，他的报告就是《科技教育基础的一点思考》，这是来自基层群众组织的思考和声音。李燕祥报告时，在场者都能够感受到他的真诚和眼神中透出的一丝压抑，他的工作并不容易开展，他们的工作对象是3.67亿青少年。李燕祥说："这是一个庞大的群体，说实话，我们的工作做得并不够，很多方面亟待加强。对青少年进行科技教育，对其成长、成为有用的人有重要的影响。"

李燕祥介绍说，青少年辅导员这支队伍每天都在发生故事，令他下定决心在青少年辅导员协会一如既往地拼搏的是一位贫穷的辅导员，他说，那是一个"发生在很多年前，说起来令人心酸"的故事：一位辅导员，用自己的积蓄为青少年科技教育添加硬件设施，然而，他手头2000多元的医药费没有地方报销，4个月的工资也没有及时发放……这样的情况下，不慎又摔伤了腿，然而他还是及时出现在科技教育的讲台上。

记者注意到，李燕祥在报告过程中大部分时间低着头，

眼睛是湿润的……他的报告很朴实，就四个话题：科技教育的社会和群众基础、科技教育的理论基础、科技教育的人力和物质基础以及科技教育的组织基础，内容并不深奥，但李燕祥的真诚使这些思考深入人心。

这是一场别开生面的会议，会议组织者之一中国图书馆学会秘书处学术工作主管卓连营对记者说："这是科协，也是图书馆学会的第一次尝试，将会议按主题进行组合。今天所有报告嘉宾的题目貌似不相关，但他们的内涵都是与素养教育直接相关的。"他说，科学普及的报告就是要这样做。大会主持人陈力在接受记者采访时表示，图书馆学会申请的会议主题是信息素养，第五分会场的其他学会申请的主题也大致相同，所有的组织都在为提高全民科学素养做工作，今天的报告都是科学技术普及工作一线的专家，所以，今天的报告能够令他"不忍打断"报告人的"超时"。

（原载《科学时报》2006年9月18日 第六版，徐雁龙）

中国图书馆学会第三届青年学术论坛召开

2006年10月30日至11月2日，中国图书馆学会第三届青年学术论坛在福建武夷山召开。与会者80余人，其中包括第三届青年学术论坛征文一、二等奖作者，各系统和各地方学会推荐人选，以及来自北京大学、南开大学、厦门大学、中山大学、浙江大学、福建师范大学信息管理院系的特邀专家学者，部分企业会员代表和媒体记者也参加了会议。在开幕式上，中国图书馆学会副理事长、首都师范大学图书馆馆长胡越，武夷学院副院长裘国伟，福建省图书馆学会理事长谢水顺分别致辞。

围绕"在创新中成长"的会议主题，本次论坛在会议内容和形式上都做了有益的尝试。本次论坛没有邀请专家做专题

报告,而是结合论坛征文,设置专题论坛和自选论坛,通过集体讨论的形式进行充分的交流与研讨,真正实现了"所有与会者都拥有提问和发言的权利,同时也承担回答提问的义务"的"青年论坛精神",最大限度地张扬了青年与会者的个性和才华。会议进程流畅、热烈、富有成效。尤其是厦门大学图书馆实施的网络实时直播,实现了场内与场外实时互动,引起图书馆界的广泛关注和积极参与,首创中国图书馆学会学术活动网上直播。

本次论坛还首次设置了论坛荣誉称号的推选机制。华东师范大学金武刚获得"学术之星"称号;大王峰组合(李国新、梁小枫、刘青华)、仙凡界组合(赵彦龙、郑玲、周媛)获得"论坛之星"称号;华东师范大学金武刚、北京大学张久珍、贵州省图书馆周媛获得"创意之星"称号。论坛组委会还授予厦门大学图书馆萧德洪"特别创意之星"称号,授予厦门大学图书馆"全亮剑"组合(谢明诠、陈晓亮、李剑)"特别论坛之星"称号。

中国图书馆学会学术研究委员会常务副主任李国新进行了会议总结。他指出:"青年论坛从 2002 年走到今天,本身就是一个不断创新的过程,本身就是在创新中成长起来的。创新也是这次青年论坛最突出的特点之一。这次论坛已经出现了许多在中国图书馆学会青年论坛历史上,乃至于在中国图书馆学会历史上堪称首创的形式和方法。"

本次论坛得到了中国科协学术部的重点资助。

(卓连营)

"数字图书馆与开放源码软件(OSS)"学术研讨会

2006 年 10 月 19—20 日,中国科学院国家科学图书馆联合中国图书馆学会数字图书馆研究与建设专业委员会在北京成功举办了 2006"数字图书馆与开放源码软件(OSS)"学术研讨会。

此次会议是新组建的中国科学院国家科学图书馆举办的首次全国性的大型学术研讨会,也是全国图书馆界第一次将"开放源码软件"作为一个如此重要的议题而进行严肃研讨的一次会议。来自全国各地、各个系统的 130 多名数字图书馆研究和建设者参加了本次会议。会议邀请了张晓林、朱强、孙卫、李广建、马自卫等多位国内知名专家,报告当前数字图书馆的特征和未来数字图书馆的发展方向。围绕着"研讨'开放源码'环境下数字图书馆的建设,探索我国数字图书馆的创新发展策略"这一主题,会议组织了"数字图书馆的开源战略和策略"、"开源数字仓储和数字图书馆"、"开源的数字图书馆工具和系统"、"商业数字图书馆新方案"、"开源的内容管理和门户集成"、"开源的检索引擎和搜索引擎"、"开源软件在数字图书馆中的应用实践"等 7 个主题分会,共有 34 名专家学者在会议上做了精彩报告。

透过这次会议,可以清楚地看到在数字图书馆研究和建设的各个领域(如存储检索、收割聚合、开放链接、集成门户、知识技术、可视化、单点登录、内容管理、机构仓储、学术交流等)都存在着相应的开放源码软件,一些开放源码软件已经在国内、外的大型数字图书馆建设中起到了骨干作用。开发、共享和利用 OSS 已经成为全球数字图书馆研究与建设中一项重要的活动和实践内容。在我国数字图书馆的研究和建设实践中,有效地选择、利用、本地化和再开发目前已广泛存在的开放源码系统,对避免低水平重复建设,提高我国数字图书馆系统建设的层次和起点,加快我国数字图书馆的发展有着重要的意义。

第一届图书馆史学术研讨会在重庆成功召开

2006 年 10 月 14 日—18 日,第一届图书馆史学术研讨会在重庆成功召开。本届研讨会是中国图书馆学会图书馆史研究专业委员会自 2005 年 11 月 8 日正式成立以来举办的首届专业研讨会。此次会议的主题为"建国以来中国图书馆史研究"。会议由重庆第三军医大学图书馆和中山大学图书馆共同承办,来自全国图书馆界的 30 位会议代表齐聚美丽的山城重庆,共同就图书史、图书馆史和图书馆学术史等相关研究主题进行了广泛而深入的探讨与交流。

图书馆史研究专业委员是中国图书馆学会学术研究委员会基于当前我国图书馆史学研究现状,旨在进一步推动和繁荣我国图书馆史学研究而首次设立的专业委员会,充分反映了当前我国图书馆史学术研究的迫切要求和广大图书馆史学研究者和爱好者的迫切愿望。图书馆史研究专业委员会为切实地带动图书馆史研究风气,激发广大学术研究者、图书馆工作者的研究兴趣,全面梳理20 世纪中国图书馆史发展脉络,推动图书馆史研究有步骤

的深入开展,召开了本届研讨会。研讨会召开之前,本专业委员会面向全国开展了广泛的会议征文活动,共收到 83 篇论文。经本专业委员会专家评审,遴选出 30 篇征文为本届研讨会优秀论文,并确定优秀论文作者为本届研讨会代表。

2006 年 10 月 15 日,研讨会在重庆市沙坪坝区丽苑大酒店会议室正式召开。会议首先由图书馆史研究专业委员会主任程焕文教授做了一个精彩的"开场白",就本届研讨会缘起、会议设计、会议主题等进行了简要说明,并针对图书馆史研究提出了几点个人观点。接下来,会议分四个学术论坛进行学术研讨,分别是:(1)图书馆史研究,由图书馆史研究专业委员会主任、中山大学图书馆馆长程焕文教授主持;(2)图书史研究,由图书馆史研究专业委员会委员、浙江图书馆研究馆员袁逸老师主持;(3)图书馆历史人物研究,由图书馆史研究专业委员会委员、江南大学图书馆副研究馆员吴稌年老师主持;(4)图书馆史研究发展路向,由图书馆史研究专业委员会主任、中山大学图书馆馆长

程焕文教授主持。

与会代表就上述四个学术论坛主题积极发言,对相关议题进行了深入的学术交流。其中,代表们围绕中国近代图书馆事业、20 世纪中国抗战时期文献研究和图书馆事业、教会藏书与教会图书馆、传统藏书与藏书楼、20 世纪中国图书馆事业发展重要历史人物研究等焦点主题展开了热烈的讨论。会议的第四个论坛中,与会代表就图书馆史研究未来发展路向进行了积极的发言和探讨,提出图书馆史研究今后应加强当代图书馆史料的收集、保存、整理与研究,加强 20 世纪中国图书馆史与学术史研究,以及全面搭建图书馆史研究平台等多个重点意向。会议最后,由本专业委员会主任及委员向入选优秀论文的作者颁发了优秀论文证书,程焕文教授代表图书馆史研究专业会向重庆第三军医大学图书馆赠送了纪念礼品。

会议安排了代表们学术参观,至 17 日本届图书馆史学术研讨会圆满结束。

（王　蕾）

2006 年地方文献工作学术研讨会

2006 年 10 月 18 日—21 日,由中国图书馆学会地方文

献研究专业委员会主办、湖南图书馆承办的"2006 年地方文

献工作学术研讨会"在张家界召开。会议主题是"21 世纪地

方文献工作发展研究"。来自全国各地公共图书馆、高校图书馆等50个单位的80余位代表莅临参加。

研讨会召开之前,本届地方文献研究专业委员会面向全国开展了广泛的会议征文活动,共收到152篇论文。经专业委员会专家评审,遴选出90篇征文为本次研讨会获奖论文。其中一等奖10名,二等奖30名,三等奖50名。

10月19日,研讨会在张家界市武陵国际大酒店会议室正式召开。出席大会开幕式的有中国图书馆学会学术研究委员会主任、北京大学资深教授、博士生导师吴慰慈,地方文献研究专业委员会主任、湖南图书馆馆长张勇,首都图书馆副馆长韩朴和杭州图书馆馆长褚树青,以及专委会各位委员,吉林省图书馆原馆长、著名图书馆学家金恩辉等领导和专家。

会议开幕式由湖南图书馆副馆长伍艺主持。张勇首先致开幕词,对本次研讨会缘起、会议设计、会议主题等进行了简要说明,并针对地方文献工作的开展提出了一些建议和意见。

接着,特邀嘉宾吴慰慈教授讲话。他代表中图学会学术委员会祝贺本届研讨会的顺利召开,就我国地方文献事业在未来的发展趋势和走向问题提出了5点建议:重视地方文献的开发研究;加强信息技术的应用;加强地方文献专业队伍的建设;加强海峡两岸、港澳地区以及国际范围内的学术交流;重视地方文献学学科建设。

随后,韩朴宣读研讨会征文获奖名单,大会向获奖代表颁奖;褚树青通报了第七届地方文献研究专业委员会自2005年11月成立以来的工作情况以及第二次委员会议的主要内容。

开幕式后,荣获本届研讨会征文一等奖的论文代表金恩辉、邹华享、沈静、张伟、王炜、吴澍时、姚荔、张建国进行了论文宣讲,并回答了参会代表的提问。最后,韩朴对征文作了题为《从本届论文的统计结果看我国地方文献事业》的发展动向的精彩点评。会议间隙,全体代表合影留念。

会议期间,还安排了代表进行文化考察,至21日本次研讨会圆满结束。

(伍　艺)

2006 中国·南京馆藏图书展销会及图书馆文献采访工作研讨会

中国图书馆学会与新闻出版署信息中心、江苏省委宣传部、江苏省新闻出版局、江苏省教育厅、江苏省文化厅联合主办,江苏省图书馆学会协办,江苏新华发行集团承办的"2006中国·南京馆藏图书展销会"及"图书馆文献采访工作研讨会"2006年10月25日在江苏南京举办。

由中国图书馆学会资源建设与共享专业委员会起草的《图书馆文献采访工作者行为准则(征求意见稿)》于2006年10月25日在"中国·南京馆藏图书展销会"中的"图书馆文献采访工作研讨会"上提出,与会的70余位来自图书馆、发行、出版界的专业人士共同讨论,并同时在图书馆界广泛征求意见。

中国图书馆学会资源建设与共享专业委员会副主任、国家图书馆采访编目部主任顾犇,中国图书馆学会资源建设与共享专业委员会委员、中国社会科学院图书馆副馆长蒋颖,国家图书馆中文采访组组长梁爱民和新华书店总店信息中心主任、新华书目报总编赖雪梅分别就《图书馆文献采访工作者行为准则(征求意见稿)》解读、图书馆文献采访工作规范的构架和馆藏文献资源供需平台的构建模式,以及优秀馆配商评选等话题做了专题发言。研讨会由中国图书馆学会秘书长汤更生主持,江苏省文化厅副厅长、省图书馆学会理事长、省图书馆常务副馆长马宁和江苏新华发行集团副总经理金国华分别致辞。

由新闻出版总署信息中心和江苏新华发行集团主办的"书目信息数据建设与图书馆文献采访工作研讨会"同期举行。

(学会秘书处)

附:图书馆文献采访工作者行为准则(征求意见稿)

序言

《图书馆文献采访工作者行为准则(征求意见稿)》(以下简称《准则》)是以《国家公务员行为规范》和《中国图书馆员职业道德准则(试行)》为指导,根据我国图书馆文献采访工作实际,为保证图书馆文献采访工作者履行自己的社会职责而制定的行业自律规范。

本准则的贯彻落实,有赖于图书馆文献采访工作者的自觉行动、图书馆馆长的具体指导、图书馆学协会组织的引导激励、图书馆间的积极合作,以及全社会的监督与支持。

本准则所言图书馆文献,指各种类型的图书、报刊、音像资料和电子出版物等图书馆馆藏文献。

本准则所言文献采访工作者,指所有从事图书馆文献的选择和采购的图书馆员,也包括图书馆馆藏发展政策制定和经费管理的图书馆员。

正文

一、社会责任:图书馆具有人类文明保护功能、文献信息传播功能、社会教育功能和娱乐消闲功能。作为图书馆工作的第一个环节,图书馆文献采访工作者应该具有社会责任感,为实现图书馆的功能而努力建设并完善馆藏文献资源。

二、敬业精神:图书馆文献采访工作者要充分认识文献采访工作在整个图书馆工作中的重要地位,热爱自己的工作岗位,甘于奉献,遵循信息资源建设的原则和规律,努力完成本职工作,并积极探索在各种情况下保证文献资源建设最优化的措施。

三、服务读者:图书馆文献采访工作者应时刻意识到自己是广大读者的忠实代表,是在为读者选书和采集文献,没有任何私利。要以服务读者为自己的工作目标,在图书馆采访方针的指导下,努力采集能够满足读者需要的文献。

四、遵纪守法:图书馆文献采访工作者应加强法律意识和道德修养,遵守国家的相关法律法规,尊重知识产权,遵守本行业的相关准则和规范,廉洁自律,自觉抵制文献采访过程中的各种违法违规行为。

五、交流沟通:图书馆文献采访工作者应努力协调与自己工作相关的各个行业(包括文献出版行业、文献销售行业)、馆内外的管理部门(包括馆内的财务管理部门和业务管理部门以及馆外的出版管理部门)和馆内其他部门(包括编目、加工和读者服务)之间的关系,努力让外界了解图书馆采访工作的性质和意义,创造有利于图书馆文献资源可持续发展的外部环境。同时,也应该保持与读者的交流与沟通,考虑到全国文献保障体系的大局、整个图书馆藏书的体系和部门内部的协调工作。

六、中立原则:图书馆文献采访工作者在文献的选择和采购环节中应该遵守中立原则。不应以个人的好恶、学术观点和经济利益决定入藏文献的选择;应对文献采购渠道进行公平、公正的评价和选择。

第五届中国社区和乡镇图书馆发展研讨会

2006 年 6 月 26—28 日,"第五届中国社区乡镇图书馆发展研讨会"在湖北襄樊市召开。会议旨在共同探讨新时期中国社区乡镇图书馆发展与创新,推动中国社区乡镇图书馆工作上一个新的台阶。此次会议是继去年新一届社区和乡镇图书馆专业委员会成立后,我国图书馆界业内专题研讨会中规模较大、影响较广的一次学术会议,共有来自全国 18 个省(市、区)的 150 余名代表与会。国家图书馆副馆长陈力、文化部全国文化信息资源建设管理中心副主任崔建飞、湖北省文化厅副厅长王建刚和襄樊市委宣传部部长胡水华出席了会议。中国图书馆学会社区和乡镇图书馆专业委员会副主任王效良、胡银仿,委员林庆云、王嘉陵、高贤、谢林、黄永宁、张晓原,湖北省图书馆党委书记汤旭岩,襄樊市文化局局长文治金,襄樊学院图书馆馆长毕克成也出席了会议。

本次研讨会的主题为"社区乡镇图书馆与和谐社会"。此主题是为适应中央提出的构建和谐社会,建设社会主义新农村而确定的,应该说主题鲜明,契合时代的要求。社区乡镇图书馆作为重要的文化设施,在构建和谐社会中扮演着重要的角色。共收到征文 471 篇,全国除 26 个省(市、区)的公共图书馆工作者和有关领导撰稿外,还有科研图书馆、学校系统图书馆以及社区、乡镇文化站的同仁撰稿。论文评审委员会经初审和复审,评出获奖论文 199 篇,其中一等奖 26 篇,二等奖 51 篇,三等奖 122 篇。这些获奖论文观点新颖,视角独特,涉及面广泛,见解颇富创意,有较高的理论与实践参考价值,在一定程度上反映了当代中国社区乡镇图书馆研究发展的概况。结集出版了题为《润物细无声——社区乡镇图书馆与和谐社会》的论文集作为向大会的献礼。

今年的研讨会突出了社区乡镇图书馆与建立和谐社会的关系,同时也提出来了社区乡镇图书馆服务创新、可持续发展等问题,这些都是图书馆界所关心、关注的热点问题,此次研讨会都进行了有益地探讨。崔建飞副主任作了题为"大力推进共享工程,强化乡镇文化服务"的报告,美国健华图书馆联协左四藏教授作了题为"构建和谐社会的速效良方——电子多媒体信息文化资源"的学术报告;13 名论文作者代表就社区乡镇图书馆与和谐社会中的问题进行了大会学术交流。全体参会代表结合各自的实际工作,从不同角度对社区乡镇图书馆的建设、社区乡镇图书馆在营造和谐社会中的作用进行了讨论。这些高水平的学术报告和高水平的学术交流,将会有效的促进社区乡镇图书馆事业发展。研讨会密切联系实践,体现人文精神。不少论文作者视野独特,他们把视角放到最需要图书馆服务的最普通的老百姓群体身上,体现了社区乡镇图书馆人文关怀精神。如获奖论文《志愿者图书银行——社区图书馆建设新模式》、《关注农民工 营造新家园——社区图书馆为农民工服务的探索》、《对社区(街道)图书馆的调查与思考》等文章,都体现了这种精神。此次研讨会安排得较为灵活,大会学术交流时有浓郁的学术气氛,发言者旁征博引、观点独到、内容丰富;小组互动交流时,代表们讨论不拘形式、畅所欲言、不少观点新颖,使与会者受益匪浅;这次学术研讨会体现了广大图书工作者和专家学者的智慧,展示了社区图书馆的发展动态,为促进社区乡镇图书馆事业发展,促进人才成长起到了积极的促进作用。最后,代表们还对襄樊市社区乡镇图书馆进行了考察。

会议在中国图书馆学会、文化部全国文化信息资源建设管理中心的领导下,在湖北省文化厅、襄樊市委、市政府、市文化局的支持下,在会议代表的共同努力下取得了圆满成功。还得到了北京方正阿帕比技术有限公司、安徽儒林图书有限公司、北京华夏网络科技有限公司、武汉高德信息产业有限公司和湖北省高校图书馆服务中心的支持。

(湖北省图书馆学会)

第九次全国民族地区图书馆学术研讨会

由民族文化宫、中国民族图书馆、中国图书馆学会学术研究委员会少数民族图书馆专业委员会主办,内蒙古自治区图书馆学会、内蒙古自治区图书馆协办,呼伦贝尔市文化局、呼伦贝尔市图书馆、呼伦贝尔市图书馆学会承办的第九次全国民族地区图书馆学术研讨会,于6月24至30日,在内蒙古自治区呼伦贝尔市海拉尔区召开。来自全国10个省(区、市)的14个民族的70位代表出席了会议。民族文化宫副主任杨崇清、呼伦贝尔市副市长金昭、呼伦贝尔市政协副主席谷盛成、中国民族图书馆馆长吴贵飙、呼伦贝尔市文化局局长诺敏等有关领导到会并讲话。呼伦贝尔市电视台、呼伦贝尔市人民广播电台和呼伦贝尔日报等多家新闻媒体对会议进行了报道。

改革开放以来,在党和政府的亲切关怀和积极扶持下,民族地区的图书馆像雨后春笋般发展起来,这些图书馆为保存当地汉文和各种民族文字的古籍文献,为当地的经济社会发展和满足民族地区人民群众的精神生活作出了重要贡献。但由于民族地区大多地处偏远,经济欠发达、交通不便,致使民族地区图书馆事业发展较为缓慢。自1983年7月,第一次全国民族地区图书馆学术研讨会在北京召开,从此,会议成为连接民族地区图书馆的纽带和推动民族地区图书馆工作的交流平台。本次会议继续遵循以往会议的宗旨,在加强民族地区图书馆之间的横向联系,加深同行之间的了解和沟通等方面做出了积极的努力。本次会议全面系统研讨和总结了两年来民族图书馆的理论和实践问题,使民族地区图书馆研讨会更加走向成熟。九次学术研讨会的胜利召开,是民族地区图书馆发展繁荣的重要标志。

这次会议的主题是:民族地区图书馆的发展与创新。此次会议共收到论文204篇,超过以往历届,比上一届翻一番,获奖比例达25%。会上给获奖代表颁奖。这说明民族地区图书馆研究队伍在不断扩大,民族地区图书馆学术研讨会在民族地区图书馆工作者中影响越来越深入,两年一届的研讨会成为检阅民族地区图书馆学术水平、研究成果的大舞台。同时也说明大家都关心、支持民族地区图书馆事业的发展。这些论文的研究领域包括民族地区图书馆建设和事业发展问题、民族地区文献资源共建共享问题、民族地区图书馆数字化问题、民族地区图书馆人才队伍建设问题、为民族地区各族读者服务问题、民族文献资源开发问题、民族古籍整理保护问题等。论题抓住了当前民族地区图书馆发展中的重点、难点,体现了民族地区图书馆的发展趋势,具有重要的理论意义和现实意义。

北京大学图书馆朱强研究馆员关于数字图书馆建设的报告,主题鲜明、内容丰富、体系完整、概念清晰、逻辑关系严谨。今天,数字图书馆作为一个概念本身,已越来越为图书馆的同仁及广大公众所熟知,数字图书馆本身已经走过了探索的阶段,因此我们的关注方向应该转向数字图书馆建设的实际,从试验走向实用已经成为我们面临的新的、紧迫的任务。

西北民族大学于洪志教授关于民族文字古籍数字化研究进展情况的介绍,使我们看到民族数字图书馆的实现途径,明确民族地区数字图书馆建设的发展方向,增强了我们建设数字图书馆的信心。

宁夏回族自治区图书馆张欣毅研究馆员主旨发言论证了政府加强对图书馆投入的必要性;图书馆在社会发展中的地位作用;知识经济与公共信息资源积累、提供、服务的关系;图书馆员在目前发展阶段应具备什么样素质、哲学思维方式以适应图书馆变革与发展。

内蒙古自治区图书馆忒莫勒研究馆员呼吁要加强民族文献保护工作,提高民族文献保护意识。无论有关图书馆的高新技术如何发展,我们都不能忽略民族地区图书馆事业赖以生存发展的基础——民族地方文献的收集和保护。我们注意到,即使是技术最先进的美国、日本等国,也没有放弃对原始纸质文献的收集保存,文献本身所蕴涵的除了其所表述的内容之外,更重要的是文献代表一个国家、一个民族文明不断繁衍所必需的文化基础。

民族地区图书馆事业的发展,离不开彼此之间的交流与合作。民族文化宫、中国民族图书馆长期以来一直关注支持民族地区图书馆事业的发展,多次在民族地区开展捐书等文化交流活动。此次会议,民族文化宫、中国民族图书馆向呼

伦贝尔市图书馆和海拉尔区图书馆赠

送图书总计 7060 册,为呼伦贝尔地区图书馆的事业发展

尽一份微薄之力。

（中国民族图书馆）

全国中小型公共图书馆联合会 2006 年理论研讨会

由中国图书馆学会少数民族图书馆专业委员会和全国中小型公共图书馆联合会主办、四川省凉山州图书馆承办的"构建和谐社会,促进图书馆事业发展"理论研讨会,于 2006 年 7 月中旬在四川省凉山彝族自治州图书馆举办。共有来自北京、上海、天津、广东、福建、江西、浙江、湖北、陕西、山东、河北、四川等十多个省、自治区、直辖市和少数民族地区的 80 余名代表参加了大会。

本次会议得到了文化部社图司、中国图书馆学会、四川省图书馆、浙江省图书馆学会等方面领导的大力支持与帮助。全国中小型公共图书馆联合会会长郭斌致开幕词,文化部社图司巡视员周晓璞在大会上讲话。周晓璞巡视员指出:"这次会议选择四川凉山彝族自治州首府并且在彝族非常盛大的火把节期间召开,有着不同寻常的意义。它一方面反映出联合会对中西部地区,特别是少数民族地区图书馆建设的关注和支持,另一方面也反映出了公共图书馆联合会对民俗民间文化,对非物质文化遗产保护工作的关注和支持。我们国家现在已经进入了全面建设小康社会的新的历史时期,公共图书馆的发展,现在处于一个最好的历史发展时期,全国中小型

公共图书馆联合会 11 年来得到了蓬勃、健康的发展,其影响力、凝聚力不断增强,为此感到由衷的欣慰。"

周晓璞巡视员在大会上做了"非物质文化遗产保护与图书馆"专题报告;天津南开大学徐建华教授做了"现代图书馆人的职业生涯"专题报告;佛山市图书馆副馆长平丽娜介绍联合图书馆发展状况;论文获奖代表西安图书馆研究馆员王军、河北省秦皇岛市图书馆馆长李跃民、全国中小型公共图书馆联合会秘书长董海以及东道主凉山州图书馆熊克江馆长做了典型发言。全国中小型公共图书馆联合会副会长栗祥忠在做大会总结时概括了以下几个特点:

1. 全国中小型公共图书馆联合会第一次在少数民族地区召开,并且在中图学会少数民族专业委员会和四川省图书馆以及凉山州政府的大力支持下取得了圆满成功。

2. 文化部领导结合当前社会对非物质文化遗产保护的关注点,阐明了图书馆在国家非物质文化遗产保护工作中有着独特的资源整合优势和历史文化传播功能,由此把图书馆理论研讨会引向了更加广泛的领域。

3. 本次会议紧扣当前全社

会进行的荣辱观教育,组织代表参观了西昌卫星发射基地,代表反映意义重大,非常值得。

4. 会议采用专家授课与典型经验交流的研讨方式,既有对往届会议的传承,也有本次会议的突破。如天津南开大学图书馆徐建华馆长关于"现代图书馆人的职业生涯"的专题报告,打破了就公共图书馆论公共图书馆的常规思维模式,这叫借脑借式。各具特色的代表发言,也都从具体一个馆延伸到一个地区、一座城市乃至全社会,这叫超越自我。公共图书馆要不断挖掘出更大的社会服务潜能。

5. 本次会议征集的论文质量有很大提高,这是专家评审时感到特别欣喜的。这也说明通过近几年的论文征集和理论研讨,全国中小型公共图书馆联合会正在受到业内广泛关注并吸引了越来越多的有识之士对中小型公共图书馆事业发展建言献策。

6. 四川省图书馆馆长、浙江省图书馆学会秘书长等领导参加大会,表示出了他们对中小图书馆事业发展的关注与支持,也为今后中小型图书馆事业发展与合作搭建了平台。

7. 联合会奉行"大手拉小手,东部带西部,南北互交流,共同求发展"的宗旨,由成员馆

之一深圳市图书馆为少数民族地区图书馆赠送了价值近 3 万元的图书馆自动化管理软件，为凉山州图书馆今后全面实现自动化管理奠定了良好的基础。

本次论文征集共收到来自全国公共图书馆和高校、医院专业图书馆工作者撰写的论文 81 篇，经过专家评审，共评选出一等奖 3 篇、二等奖 5 篇、三等奖 8 篇、优秀奖 12 篇。

这次大会通过交流研讨，形成以下共识：

1. 中小型图书馆要抓住全国文化体制改革和构建公共文化服务体系的契机，自尊自立自强，不等不靠，开拓创新，做好服务。在构建和谐社会的进程中，发挥好图书馆的作用，推动图书馆事业的发展。

2. 高度重视社区乡镇图书馆建设，探讨社区乡镇图书馆的发展和服务模式，充分认识社区乡镇图书馆在构建和谐社会中的作用，规划好社区乡镇图书馆网络的建设，迎接社区乡镇图书馆的更大发展。

3. 转变观念，树立中小型图书馆网络化信息服务的新形象，注重网络信息资源导航，做好"全国文化资源共享工程"的宣传利用和建设，引导大众读书与搜集文献信息的新方式。整合网络资源，加强地方文献的数字化建设，在共享网络资源特别是共享文化信息资源上做扎实的工作。

（北京市西城区图书馆管理协会）

全国少年儿童图书馆会议在温州召开

金秋十月，由文化部社会文化图书馆司主办的全国少年儿童图书馆工作经验交流会在浙江省温州市少年儿童图书馆隆重召开。此次会议旨在认真贯彻落实中共中央国务院关于加强未成年人思想道德建设的精神，全面推进少儿图书馆事业的蓬勃发展。

10 月 18 日，全国少年儿童图书馆工作经验交流会拉开帷幕，刘小琴副司长、白雪华副处长、金庚初副厅长、钱成良副市长、瞿纪凯局长、湖南省少年儿童图书馆馆长罗建国在主席台就座，来自全国 27 个省、市（县）的 167 名代表参加了会议。刘小琴副司长发表重要讲话，对少儿图书馆事业发展提出了意见和希望，对少年儿童图书馆在构建和谐社会、培养少年儿童的社会系统工程中的作用，强化知识信息传递功能，加快少年儿童图书馆自动化、网络化、信息化建设，参与文化信息资源共享工程建设、提高少年儿童图书馆工作人员队伍素质、加强少年儿童图书馆理论研究工作等方面提出了更深层次的要求。接下来，来自 23 个省、市的代表作了大会发言，总结了各地少儿图书馆事业建设的工作成绩和先进经验。

会议第二天下午进行了大会分组讨论，代表们各抒己见，畅所欲言，通过分组讨论，各馆振奋了精神，开阔了思路，达成了共识。

闭幕式上，白雪华副处长做大会总结，他说，全国少儿图书馆工作经验交流会议的召开在当前我国深化改革、扩大开放，加强和改进未成年人思想道德建设，坚持科学发展观构建和谐社会的新形势下，具有特殊和深远的意义。在祖国改革开放的二十一世纪，愿全国的少图工作者团结一致，锐意进取，全面推进少儿图书馆事业更快地发展。大会在热烈、和谐的气氛中圆满结束。

本次会议充分体现了党和政府部门对日益增长的少年儿童阅读需求及对少儿图书馆事业的关心和重视，充分体现了我国公共图书馆界对少年儿童阅读服务的重视。除目前我国 80 余所独立建制的少儿图书馆外，江西、山东、山西、新疆、河南等 10 余所公共图书馆的少年儿童分馆也派代表参加了会议。

会议期间，代表们还饶有兴趣地参加了第二届浙江省未成年人读书节活动。

（湖南省少儿图书馆　薛　蓉）

全国图书馆网站建设研讨会在西安开幕

2006 年 11 月 7 日—10 日，由中国图书馆学会、陕西省图书馆学会共同举办的"全国图书馆网站建设研讨会"在古城西安隆重召开。来自全国 20 个省、市、自治区各系统图书馆的领导、网站专家及代表共 85 人参加了会议。会议开幕式由陕西省图书馆学会秘书长、陕西省图书馆副馆长徐大平主持，中国图书馆学会常务理事、陕西省图书馆学会理事长、陕西省图书馆馆长谢林致开幕词，陕西省文化厅副厅长蒋惠莉到会并讲话，中国图书馆学会学术委员会委员、法律与知识产权研究委员会副主任、清华大学图书馆研究馆员肖燕博士代表中国图书馆学会、汤更生秘书长及李国新常务副主任向大会致辞并祝会议圆满成功。

会上，肖燕博士为大家作了"图书馆网站建设与知识产权"的报告。报告对今后图书馆更准确、更合理和最大限度地享用全球网络的和非网络的知识资源，提供了一个权威的认识标准和操作标准，也给图书馆网站建设从知识产权领域提供了安全和健康发展的前提。西安空军工程大学的薛玲、湖南农业大学的何静、河北衡水学院的郑艳玲、深圳图书馆的张洪彬等 8 位论文作者在会上进行了交流发言，他们的发言受到与会代表的关注和重视，并一致要求得到发言的电子文本。

11 月 8 日，会议安排了分组讨论。与会的 80 余位代表分成 3 个小组，在讨论中各抒己见，进行了充分的交流和讨论，彼此的交流与联系加深了代表之间的相互了解与友谊。与会代表感谢中国图书馆学会、陕西省图书馆学会为大家搭建了这座友谊的桥梁，提供了这次难得的交流机会，代表们一致认为，通过这座桥梁，大家不仅可以在会上进行交流，而且还可以通过网站进行更深层次的交流研讨，使我国的图书馆网站得到更快、更完善的发展。

本次会议共收征文 71 篇，论文经中国图书馆学会和陕西省图书馆学会共同组成的评审委员会的认真评审，共评出获奖论文 38 篇，其中一等奖 7 篇、二等奖 14 篇、三等奖 17 篇。会议向与会的获奖作者颁发了证书。

在闭幕式上，本次征文评审委员会副主任、全国高校图书馆期刊专业委员会常务委员、《大学图书馆学报》编委、西安交通大学图书馆副馆长邵晶对研讨会征文进行了评述，肯定了论文关注现实、注重国内外信息研究的特点，列举了征文中的一些新亮点，同时，也指出了征文中存在的不足，并对与会代表今后的研究提出了期望。她还就论文中提出的网页维护等问题，结合西安交通大学图书馆的网站建设，给代表们提出了一些建议与意见，受到代表们的普遍欢迎。随后，会议组织代表们对西安交通大学图书馆、陕西省图书馆的网站进行了实地考察交流。大会自始至终在充满着和谐与友谊的气氛中进行。

（陕西省图书馆学会）

中国数字出版年会"图书馆数字文献需求分论坛"

"2006 中国数字出版年会"于 2006 年 10 月 13 日—15 日在北京香山饭店举行。本次年会由国家新闻出版总署主办，中国出版科学研究所承办，中国出版工作者协会、中国图书馆学会、中国期刊协会、中国互联网协会、中国大学出版社协会、中国印刷技术协会、北京燕园锦绣教育科技中心、新浪网、中国出版网、北京阿帕比技术有限公司、清华同方知网（北京）技术有限公司、社会科学文献出版社、中文在线、北京形意达国际广告有限公司协办。来自全国各地出版界、数字出版界、图书馆界等领域的 350 多人参加了会议。今年的数字出版年会首次专函邀请图书馆界的代表参加。图书馆界有 10 多人出席了本次年会。

在图书馆服务数字化、网络化迅速发展,图书馆事业发展与数字出版产业发展关系日益密切的背景下,中国图书馆学会第一次参与协办中国数字出版年会,显示了中国图书馆学会代表中国图书馆界积极拓展社会合作、扩大图书馆的社会影响、传播图书馆人的职业理念与呼声的积极姿态。

在本次年会上,新闻出版总署副署长柳斌杰做了题为《国家"十一五"时期文化发展规划纲要与我国数字出版产业》的专题报告,11 位各方面的代表作为特邀嘉宾做了大会主题演讲。作为图书馆界的代表,文化部社会文化图书馆司副司长刘小琴做了题为《图书馆的传统服务与数字化服务》的主题演讲,中国图书馆学会学术研究委员会常务副主任、北京大学教授李国新做了题为《图书馆:从数字出版到数字享用的重要桥梁》的主题演讲。

中国图书馆学会还主办了本次年会的"图书馆数字文献需求分论坛"。分论坛由中国图书馆学会秘书长汤更生和中国出版科学研究所《出版发行研究》杂志社常务副社长沈菊芳共同主持。来自图书馆界、出版界、数字出版界的代表就信息网络传播权保护与图书馆服务和数字出版、图书馆的数字资源需求、图书馆的数字资源利用现状等话题进行了坦诚对话和热烈讨论。代表们认为,加强图书馆界与出版界、数字出版界的交流与对话,对加深相互理解、促进合作,共谋图书馆事业和数字出版产业的和谐发展具有重要意义。国家图书馆吕淑萍代表分论坛向大会做了分论坛讨论情况汇报。

第十八届全国十五城市公共图书馆工作研讨会在广州隆重召开

9 月 20 日,由中国图书馆学会主办、广州图书馆承办的第 18 届全国十五城市公共图书馆工作研讨会在广州隆重召开。

文化部社会文化图书馆司巡视员周小璞,国家图书馆原副馆长、中山大学资讯管理系教授谭祥金,广州市政府副秘书长古石阳,广州市文化局局长陶诚,中国图书馆学会学术委员会副主任、中山大学图书馆馆长程焕文教授,广州市文化局副局长张润华,中国图书馆学会秘书处卓连营,中山大学图书馆原馆长、资讯管理系教授赵燕群,广东图书馆学会常务副理事长、广东省立中山图书馆馆长李昭淳,全国十五城市公共图书馆的负责人和代表,广东省文化厅、广州市委宣传部、广州市文化局等部门有关处室的负责人出席了开幕仪式。

开幕式由陶诚局长主持,程焕文教授、古石阳副秘书长、周小璞巡视员分别致辞。谭祥金教授宣读了本届研讨会征文评选结果,出席开幕式的领导、专家为获得"优秀论文奖"的作者颁奖。

(广州图书馆)

第十次全国图书馆学期刊工作会议

第十次全国图书馆学期刊工作会议于 2006 年 10 月 24—27 日在江西省井冈山市召开。中国图书馆学会编译出版委员会主任戴龙基,江西省图书馆馆长章伏源、书记谭兆民,编译出版委员会副主任刘兹恒、李万健等出席了会议。来自全国 26 个省(市)、33 种图书馆学期刊的 54 名代表参加了会议。

戴龙基代表中国图书馆学会致辞,对编译出版委员会和图书馆学期刊编辑出版专业委员会所做的大量工作给予表扬。他说,在全面改革开放和图书馆事业大发展的进程中,我们的图书馆学专业期刊起到了宣传事业发展的喉舌,推动专业学术交流、促进科学研究的主力军作用，培养专业人才、加强队伍建设的育人园地作用，以及积累专业资料的文献库作用。

中国图书馆学会图书馆学期刊编辑出版专业委员会主任李万健代表期刊编辑出版专业委员会做了工作报告，对近5年来的期刊工作做了总结；对2002—2005年全国图书馆学优秀期刊评选（第6次评选）情况作了详细说明；对近些年全国图书馆学期刊的发展作了分析总结；对今后的期刊工作提出了要求。12个图书馆学期刊代表在会上做了交流发言。与会代表针对网络环境下图书馆学期刊的定位、特色创新、编辑规范和编辑队伍的建设等问题展开了热烈而认真的讨论。代表们一致认为，期刊编辑出版专业委员会的总结实事求是、客观全面；第六次全国图书馆学优秀期刊的评选工作客观、公正；通过交流，各刊收获多多。通过总结经验，制定对策，使大家增强了信心，进一步明确了今后工作方向。

大会对中国图书馆学会评选出的12种优秀期刊和8种受表彰期刊进行了表彰并颁发了证书。12种优秀期刊是：《中国图书馆学报》、《图书情报工作》、《大学图书馆学报》、《图书馆杂志》、《现代图书情报技术》、《图书情报知识》、《图书馆论坛》、《图书馆》、《图书馆理论与实践》、《图书馆建设》、《图书与情报》、《图书馆工作与研究》。8种受表彰的期刊是：《国家图书馆学刊》、《图书馆学研究》、《新世纪图书馆》、《图书馆学刊》、《四川图书馆学报》、《高校图书馆工作》、《江西图书馆学刊》、《晋图学刊》。

会议取得圆满成功，达到了预期效果。

（徐 苇）

第六次中文文献资源共建共享会议在敦煌召开

2006年9月7日—9日，第六次中文文献资源共建共享会议在甘肃省敦煌市召开。会议由国家图书馆主办，甘肃省图书馆承办，敦煌市图书馆协办。敦煌市副市长杨晓、敦煌市人大常委杨宗仁出席了会议开幕式，敦煌市市长孙玉龙为欢迎参会代表举办了专场歌舞晚会。

国家图书馆馆长詹福瑞在致词中指出，前五次合作会议，专家、学者共商中文图书馆之间的合作，推动各地中文文献信息资源的共建共享工作，成绩有目共睹，意义深远。无论是海外学者还是内地同仁都认为这种交流机会十分必要，是业界一个重要的沟通平台。今后，会议要向研究宏观政策和解决技术问题相结合的方向发展，既务虚也务实，在信息交流中寻求双方或者多方的合作机会。每次会议前，要确定会议的主题，就大家共同关心的热点问题组织报告；要成为两岸五地图书馆界的高层论坛和研究技术层面并举的会议；宏观的合作决策问题，需要各机构的负责人做决断，而技术层面的问题则交由专家讨论。

在协调委员会会议上，代表们赞同詹馆长对会议的分析，指出今后应该拓宽合作思路，共建共享诚然是会议的追求目标，但有些合作如编目规范等的合作，比资源共享更容易实现，可以率先实施。会议要发挥对业界的感召作用和指导意义，有了生命力，才能够吸引更多的图书界人士参加；有了更大的影响力，欧洲的中文图书馆同仁和内地其他省份的图书馆员都会有兴趣参加。要充分发挥协调委员会的作用，确定会议的主题、项目的准入和结题以及相关重大问题。鉴于会议现实情况，每两年举办一次为宜。

与会代表指出，詹馆长的讲话务实、具体，解决了许多人的困惑和疑问，有很强的操作性。国家图书馆为这个会议的发展方向定下了很好的基调，为这个会议增强生命力，为促进全球的中文图书馆的合作与资源共享做出了积极的努力。这次会议紧凑高效、内容丰富、风格务实，与会者纷纷感谢甘肃省图书馆和敦煌市图书馆为这次会议付出的辛勤劳动。

（国家图书馆）

国际学术交流

引导我们的梦想

——第七十二届国际图联大会述评

【Abstract】This paper introduces "the World Library and Information Congress：72nd IFLA General Conference and Council" which was held on August 20—24,2006,in Seoul,Korea.

【Key Words】IFLA；72nd IFLA General Conference

"你能指引光明之路，建设光明世界，引导梦想之路，探求人生真谛。"

——第七十二届国际图联大会主题歌《引导梦想》

2006 年 8 月 20 日—24 日，"2006 年世界图书馆与信息大会：第七十二届国际图联大会暨理事会"在韩国首都首尔召开，来自 100 多个国家的 5000 余名代表参加了本次盛会，今年从而成为国际图联大会历史上参会人数最多的一年。中国参会代表人数约为 300 名，其中随中国图书馆学会代表团出席本次大会的代表为 158 名。

一、大会概况

(一)主题与会议

第七十二届国际图联大会的主题为："图书馆：知识与信息社会的原动力"。之所以选择这个主题，是因为广大的图书馆同仁都相信，在知识与信息社会中，图书馆应当像一台发动机，推动着社会的发展与进步。近年来，随着新数字时代的到来，随着信息技术的迅猛发展，整个社会发生了急遽的转变。在这样的背景下，如何应对变化带来的挑战，如何让图书馆在知识与信息社会中发挥其原动力，是世界各地的图书馆界同仁们应当共同探讨和解决的问题。本届大会及各分会场均紧扣主题，对所涉及的各个领域进行了探讨和研究。

8 月 20 日上午，第七十二届国际图联大会在首尔 COEX 会展中心的大西洋厅举行了盛大的开幕式。韩国第十五届总统金大中先生、韩国现第一夫人权良淑女士、韩国文化观光部部长金明坤先生、首尔市市长 Ho Se-Hoon 先生、国际图联现任主席阿里克斯·拜恩先生、2006 年 IFLA 大会韩国组织委员会主席辛基南先生、韩国图书馆协会主席韩相烷博士等出席了开幕式。开幕式在悠扬的古琴声中拉开了帷幕。本次开幕式采用了现代的光电声技术，在灯光设计和背景设计等方面都别具匠心，令人耳目一新。然而在现代新技术的包装下，开幕式却传递出浓浓的韩国韵味和东方情调，让人不胜回味。在开幕式上，国际图联现任主席阿里克斯·拜恩先生致开幕词，2006 年 IFLA 大会韩国组织委员会主席辛基南先生致欢迎词，韩国前总统金大中先生做了主旨发言。金大中先生的主旨发言从民主与进步的角度出发，阐述了图书馆在社会民主进程中扮演的角色和起到的作用，他的讲话引发了全场长时间的热烈鼓掌，将开幕式推向了高潮。

8 月 21 日—24 日，各专业分会场在 COEX 会展中心召开。本届国际图联大会共设置分主题 76 个，来自世界各地的 424 名代表陆续登上国际图联的讲台,宣读论文。联合国教科文组织开放论坛和两次全体大会成为本次盛会引人瞩目的焦点。8 月 20 日,联合国教科文组织开放论坛在 COEX 会展中心 301 房间召开,论坛主题为:"世界数字图书馆工程",国际图联当选主席克劳迪亚·鲁克斯女士主持了本次论坛。论坛围绕着世界各地数字图书馆创新及其背景、欧洲的数字图书馆、数字图书馆创新以及 WSIS 联合国教科文组织之间的联系等问题展开了讨论,引起了参会代表的广泛兴趣。8 月 20 日和 24 日,全体大会在 COEX 会展中心的 102—104 房间召开,韩国图书馆协会主席韩相烷先生和韩国前信息与交流部前部长陈大济先生分别做了题为《为推动韩国发展和推动阅读开展 NGO 政府合作》和《韩国 ICT 现状与韩国经济发展新动力》的报告。二人的发言均立足于韩国现状,介绍了韩国解决问题的经验和办法,为参会代表提供了新的思路。

8 月 24 日,"2006 年世界图书馆与信息大会:第七十二届国际图联大会暨理事会"闭幕式在 COEX 会展中心 102 房间召开。国际图联主阿里克斯·拜恩先生主持了本次会议,韩国组委会主席辛基南先生在会上致词。辛基南说:"本次大会的举办是圆满而成功的,会议的召开必将推动韩国图书馆事业的发展。"在闭幕式上,来自 2007 年国际图联大会主办国南非德班和来自 2008 年国际图联大会主办国加拿大魁北克的

代表均登台对各自主办的国际图联大会进行了宣传,此外,在会上还宣布了 2009 年国际图联大会主办地为意大利的米兰。最后闭幕式在欢乐的气氛中结束。

（二）理事会与文化活动

8 月 24 日下午,国际图联理事会召开,国际图联主阿里克斯·拜恩先生主持了本次会议,国际图联秘书长彼得·乔汉·劳先生做了年度报告,国际图联司库贡纳·塞林先生做了年度财务报告。在会上,彼得·乔汉·劳先生公布了关于国际图联章程修改的投票情况和审议通过情况,理事会通过了增长会费的提议。

大会在会议期间还举办了丰富多样的文化活动。8 月 21 日晚 19 时,部长庆典在 COEX 会展中心的太平洋厅召开,这是韩国文化与观光部长对与会代表的宴请。传统韩国美食与韩国歌舞点燃了在场所有代表的热情,在韩国组委会主席辛基南先生带领下,代表们纷纷步入舞池,这是图书馆人的狂欢之夜。8 月 22 日 19 时 30 分,文艺晚会在 Sejong 中心召开,这是一场集传统韩国歌舞与现代韩国歌舞于一台的文艺晚会,它让代表们充分领略到了韩国艺术的魅力。8 月 23 日 19 时,首尔市市长在 COEX 会展中心的 12 号会议厅举办了盛大的接待晚宴,到场代表们把酒言欢,共同庆祝本次大会的胜利召开。

此外,大会还为与会代表安排了丰富多彩的图书馆之

旅,来自世界各国的图书馆届人士在短短的几天内参观了韩国图书馆、高丽大学图书馆、韩国国会图书馆等,代表们对韩国诸图书馆别具一格的管理理念、完善的馆藏有了直观的认识。

（三）卫星会议

8 月 14 日—18 日,第七十二届国际图联大会 7 场卫星会议分别在韩国、中国和日本召开。其中于 8 月 14—16 日在杭州召开的卫星会议由浙江图书馆承办,会议主题为"中国书写与印刷文化遗产和图书馆工作",8 月 16—17 日在上海召开的卫星会议由上海图书馆承办,会议主题为"多元文化背景下,图书馆的管理和营销"。韩国作为会议东道主承办了 4 场卫星会,会议主题分别为"数字时代的资源共享、参考咨询与藏书建设——一条实践之路"、"传统医学中的信息资源"、"议会图书馆"、"21 世纪东亚学术信息"。此外,日本国会图书馆也承办了一场卫星会议,会议主题为"亚洲的保存与保护",来自中国国家图书馆的代表李春明在会上宣读了论文,向与会代表介绍了中国报刊的数字化与缩微胶卷的发展状况。

（四）展览会

8 月 19 日—23 日,国际图联大会展览会在首尔市 COEX 会展中心举行,来自世界各地的 150 家公司和机构在展览会上展示了他们的最新产品和服务项目。参加本次展览的主要有图书馆设备生产商、大型出版社、电子图书与期刊、图书馆

593

软件提供商和文化机构与文化团体。EBSCO、Thomson Science、3M 公司、OCLC、Elsevier 电子期刊、Blackwell 出版公司、Emerall 出版集团等公司和机构，作为大会展览会长期合作伙伴，均在展会上派出了强大的参展阵容。此外，OCLC、EBSCO、Thomoson Scientific、Emerald、Springer 等几家公司在展览期间举办了产品演示活动。本次展览会推出了不少新产品，吸引了来自世界各国与会代表的眼球。韩国作为主办方，也派出了实力阵容，韩国科技信息中心、韩国国会图书馆、韩国教育与研究服务中心、韩国出版公司等四家单位参加了展览。此外，国际图联总部联合 2007 国际图联南非组委会和 2008 国际图联加拿大组委会在大会上设立了展台，为 2007 年和 2008 年国际图联大会造势。

值得一提的是，有两家中国单位参加了本次展览会，分别是由中国科学技术协会推出的中国科技期刊和清华同方推出的中国知网。本次展会上的中国科技期刊展览是由中国科协主办、中国图书馆学会承办的科技期刊战略推广项目中的一个环节。该展览展出了中国科协旗下的 524 种中国科技期刊。本次展览是对中国科技期刊进行的整体的、全方位的展示，它有助于提高中国科技期刊的国际影响，加强中国科技期刊同世界各国图书馆、出版机构、书刊发行机构之间的交流和了解。

二、中文工作语言与中文代表预备会议

8 月 19 日晚 18∶00—19∶00，中文代表预备会议在 COEX 会展中心 102 房间召开，这次会议的召开具有里程碑的意义，因为它的召开表明中文将首次被列入国际图联工作语言。近 200 位中国代表、海外华人代表参加了本次会议。中国图书馆学会副理事长、中国科学院国家科学图书馆副馆长张晓林主持了会议。中国图书馆学会理事长、国家图书馆馆长詹福瑞首先致词，他强调了在国际图联这样一个世界性的学术及图书馆行业组织中，中文作为世界上使用者最多的语种之一而成为其工作语言，不但与我国现在的国际地位极为相称，而且与我们所倡导的文化多样性也是协调一致的。中文成为工作语言，将为中国参会代表直接表达观点提供便利条件，从而充分实现中国代表的话语权，提高中国在国际图联的影响力。随后，国际图联主席阿列克斯，国际图联当选主席卢克斯，韩国图书馆协会副会长、国际图联管理委员会委员韩相烷，新加坡国家图书馆管理局高级处长陈爱清，香港康乐及文化事务所助理署长李玉文先后致辞，对中文成为国际图联工作语言表示祝贺。10 位在国际图联核心活动委员会及专业组任职的中国代表也走上台来，介绍了各专业小组的情况。最后，刘小琴副司长与卢克斯主席、詹福瑞理事长一

起为《国际图联快报》(中文版)第一期揭幕。

中文工作语言政策的实施主要体现在两个方面：印制《国际图联快报》(中文版)，并免费发放给参会代表；在本次大会主要会场增设中文同声传译。在本次国际图联大会上，中文语言工作组共印制《国际图联快报》(中文版)7 期，总计 3500 份。大会在 17 个分会场及主要会场设立了同声传译服务。

早在 1997 年，中国代表就向国际图联提出了增设中文作为国际图联大会工作语言的提案。由于种种原因，该提案一直未能获得国际图联的批准。通过中国图书馆界的不懈努力和争取，在距 1997 年 10 年之后的 2006 年，关于设立中文作为国际图联工作语言的政策终于得到了通过。为了纪念十年间中国图书馆人为此付出的努力，中国图书馆学会特别印制了《国际图联快报号外》，记述了中文成为国际图联工作语言的历程，对支持 2006 年国际图联中文工作语言的单位和个人表示感谢。

中文工作语言政策的实施从一定程度上打破了中文代表同非中文代表在交流中存在的语言壁垒，有助于提高中国代表的会议参与度。在中文工作语言政策的帮助下，中文代表能够更好地听取国外同行的发言，同时国外代表也能对中国图书馆事业的发展状况有更加深入的了解。毋庸置疑，中文工作语言政策的落实必将推动中外图书馆人之间的交流和理

解,提高中国图书馆界在国际图联的影响力。

三、大会特点

本次大会召开的时间先后共5天,通过5天的交流和探讨,来自世界各地不同国家的图书馆界同仁均对当今全球图书馆事业发展的现状有了更深入的了解和认识。纵观5天的会议,凸显出以下几个特点:

(一)会议主题折射人文精神

本次大会的主题为"图书馆——知识与信息社会的原动力"。大会的各分会场及主要会议均围绕着这一主题展开。反观10年前国际图联的大会主题,同今年设置的大会主题已有了明显的不同。1996年,国际图联大会在北京召开,当时会议的主题为"变革的挑战:图书馆与经济发展。"当年的主题点明了10年前图书馆的发展方向,即要在经济社会发挥重要的作用。白驹过隙,十年已逝,我们社会已经发生巨大的变化,知识与信息时代挟全球数字化的浪潮飞奔而来。在这种背景下,如何发挥图书馆的作用,是所有图书馆人关心的问题。图书馆,作为知识与信息的中心,应当发挥出社会原动力的作用,推动社会的进步与发展。本次大会围绕着会议主题,在关注青少年图书馆建设、推行残障人服务等问题上展开了深入的讨论,体现出人文关怀的精神。近年来,中国经济取得了很大进步,在这种情况下,传递人文精神,构建和谐社会成为了时代的强音。本次大会的主题值得中国的图书馆员和图书馆专家们深思。如何在图书馆体现人文精神,实现人性化服务,如何在知识与信息社会实现图书馆对社会的推动力应当是每个图书馆必须面对的问题。换句话说,只有在图书馆实现了人性化服务,对读者体现出人文关怀,我们的图书馆才真正能在知识与信息的社会中起到原动力的作用,才能真正推动社会的前进和人类的进步。

(二)体现文化多样性

尊重不同文化之间的差异性,尊重文化多样性是很多国际组织都倡导并遵循的原则,也是国际图联的一贯主张。在文化多样性这个问题上,本次大会非常注重以下两个方面:增设中文和韩文作为国际图联大会工作语言;加大了东亚代表的发言的比例。

多年来,国际图联一直坚持5种工作语言,即英语、法语、德语、俄语和西班牙语。这种工作语言政策不利于非工作语言国家的代表听取会议、发表论文、进行交流,也不利于非工作语言参会代表融入世界图书馆界的主流。为了让更多的人加入交流,获取不同国家图书馆发展方面的经验,国际图联将中文和韩文列为本届大会工作语言。在大会开幕式上,国际图联主席谈到,增加中文和韩文作为国际图联工作语言,是国际图联重视文化多样性的表现。他希望在条件许可的情况下,设立更多的工作语言,在国际图联的会场上充分体现文化多样性。新工作语言政策的实施有助于代表们听到更多来自于不同文化的声音,在对不同文化的理解中,寻求图书馆发展的道路。

今年,东亚代表登台发言的比例与往年相较有了很大增长。在本次大会上,共有12名中国代表宣读了论文。韩国作为主办国,亦有多名代表登台发言,介绍来自韩国的经验和体会。近年来,东亚图书馆事业取得了长足的进步,这种进步得到了世界其他地区图书馆界同仁的认同。东亚图书馆事业发展的经验和教训是值得很多地区图书馆借鉴的。加大本届会议东亚代表发言的比例这一事实说明,东亚图书馆发展所体现出的文化特殊性得到了人们的关注。在不同文化背景中发展起来的图书馆事业有其特殊性,但也有其共性,只有尊重文化多样性,在文化差异中寻找可以放之四海而皆准的真理,才能让我们在不同体验中总结经验和教训,寻找到适合自身发展的图书馆前进之路。

(三)凝结图书馆精神

本次大会由东道主韩国主办,在会议各项活动中,韩国都着力体现图书馆精神。本次大会组委会专门为会议创作了主题歌《引导梦想》,歌中唱到:"你能指引光明之路,建设光明世界,引导梦想之路,探求人生真谛。"歌曲颂扬了图书馆人不畏艰险,勇于寻找梦想的精神,这种精神贯穿了整个大会。正是在这种精神的指引下,来自世界各地的图书馆人汇聚一堂，共同讨论图书馆面临的问题和未来发展的方向。代表们在不同的分会场，对自己所研究和关注的问题提出自己的意见和看法。所有代表都有一个共同的目的，寻找图书馆的梦想之路。相信通过图书馆人的不懈努力，在图书馆精神的引领下，图书馆事业将走得更远。

（原载《国家图书馆学刊》2006 年第 15 卷第 4 期，吴悦、卓连营、杨仁娟、汤更生）

第二届数字时代中美图书馆学情报学教育国际研讨会

2006 年 10 月 9 日—10 日，第二届数字时代中美图书馆学情报学教育国际研讨会在武汉大学召开。来自国内外多所大学的信息管理学院院长（或系主任）、图书馆馆长、档案馆馆长 120 余人齐聚一堂，共商图书馆学情报学学科发展事宜。

本次研讨会由武汉大学主办，武汉大学信息管理学院、信息资源研究中心、图书馆与情报学国际合作研究中心共同承办。本次会议是继首届"数字时代中美图书馆学与情报学教育创新与发展国际研讨会"之后，6 年来中美图书馆学、情报学教育专家在珞珈山的再度聚首。本次研讨会旨在进一步探讨数字时代我国图书馆学、情报学、档案学面临的挑战与发展机遇，探讨学科的变革与创新问题。

开幕式由武汉大学信息管理学院院长陈传夫主持，武汉大学副校长黄进教授出席了开幕式。武汉大学资深教授彭斐章，中国科学院国家科学图书馆研究员孟广均，北京大学信息管理系资深教授吴慰慈，美国华盛顿大学信息学院院长 Harry Bruce 教授，香港大学图书馆馆长 Anthony W. Ferguson 博士，美国雪城大学信息研究院副院长 Bruce Kingma 教授，吉林大学工商管理学院院长靖继鹏，国家自然科学基金委管理科学部杨列勋处长，（中国台湾）政治大学图书资讯与档案学研究所所长王梅玲教授，北京大学图书馆副馆长朱强教授，中国图书馆学会秘书长汤更生女士，以及武汉大学相关职能部门领导出席了开幕式。

中国图书馆学会秘书长汤更生代表中国图书馆学会在开幕式上发言，呼吁图书馆学、情报学教育者对国家颁布的相关职业标准和我国图书馆员职业资格认证制度和体系的研究与构建给予更多关注，为行业培养更多具有社会责任感和职业精神，符合行业需求的高层次人才。

在接下来的会议中，Harry Bruce 教授、Anthony W. Ferguson 博士、孟广均研究员、吴慰慈教授、马费成教授等 13 位中外专家学者分别作了专题报告。

会议还安排了"图书馆学、情报学与档案学教育者与领导者之间的对话与链接"、"大会论文交流"、"图书馆、情报与档案学院长（系主任）圆桌会议"、"图书馆、情报、档案管理学科建设与研究发展学术研讨会"等四个分会场。其中"图书馆、情报与档案学院长（系主任）圆桌会议"，是由本次大会和中国图书馆学会教育与培训专业委员会联合举办的，30 余位图书馆、情报与档案学院长（系主任）就草拟中的《数字时代图书馆学情报学教育发展方向及行动议程》进行了坦诚而热烈的讨论。

（卓连营）

第三届上海国际图书馆论坛

8 月 17 日—19 日，"第三届上海国际图书馆论坛"在上海图书馆隆重举行。这是继前两届成功举办"上海国际图书馆论坛"基础上的第三次盛会。世界各地的图情界专家、学者济济一堂，围绕"管理创新与图书馆服务"主题，就组织文化、营销与推广、危机管理、绩效评估和用户服务等方面的最新研究成果、实践经验以及未来发展趋势进行广泛的学术交流和

探讨。同时举行的还有题为"文化多元化背景下图书馆的管理与营销"的国际图联会前会。

中国文化部副部长周和平为"第三届上海国际图书馆论坛"发来贺信。

在本次论坛上，国际图联管理委员会当选主席卢克斯

（Claudia Lux）博士作题为《全球化对图书馆的影响及国际图联的作用》的主旨报告；国际知名专业杂志《图书馆管理》主编奥康纳（Steve O'Connor）先生作题为《面向未来的有创见的图书馆管理者》的学术演讲。

（上海图书馆）

2006 长春国际图书馆学术会议

"2006 长春国际图书馆学术会议"于 6 月 21 日在长春市新民宾馆隆重召开。此次会议是由中国图书馆学会用户研究与服务专业委员会和长春市文化局首次主办、长春图书馆首次承办的国际性学术会议。在国家文化部、国家图书馆、上海图书馆、浙江图书馆以及各位专家的大力支持下，在长春市政府、长春市文化局的直接领导下，在与会专家学者、代表的共同努力下，圆满地完成了预定的各项议程，于 23 日胜利闭幕。这次会议主要体现了以下几个特点：

一、主题鲜明，意义深远

中国图书馆学会用户研究与服务专业委员会从专业委员会的专业研究的特点和宗旨着眼，从当代图书馆事业的实践和图书馆事业发展的美好愿景出发，将本次国际学术会议的主题定为"理性、开放、和谐的图书馆"。专业委员会主任王世伟先生深刻阐释了"理性"的主题是建立在丰厚与深邃的基

础之上。理性提倡冷静的观察、深入的调研、实践的总结、辩证的分析、理智的判断、统筹的谋划、和谐的掌控，反映了一种对图书馆事业发展以及对图书馆管理与服务规律的进一步深化。无论是一个图书馆员还是一个图书馆，无论是一个城市的中心图书馆体系还是全国一个行业的图书馆系统，都需要发展的激情和创新的冲动，但这种激情与冲动必须建立在理性的、符合实际的、适应历史发展逻辑的基础之上，那种心血来潮的骚动，那种目光短视的浮躁，那种没有持续发展力的急功近利，那种人云亦云的一阵风和一哄而上，那种注重表面文章和轰动效应的昙花一现，都缺少了高瞻远瞩的思考和精深细致的分析，显然都是与理性的思维相背离的。近年来，图书馆界提倡以读者和馆员为本的科学发展观，正是折射出了一种理性的深层次的思考。

其次，"开放"的主题证明了图书馆是构建公共文化服务

体系的重要载体，表明了图书馆作为广大公众的精神家园和终身学校的教育定位，体现了图书馆作为人类文明的记忆与多元文化交流的功能。图书馆存在的理由就是服务，就是发挥图书馆作为没有围墙的学校的教育功能，就是要将以往的等待服务转变为主动服务，将图书馆在书库中沉睡尘封的文献转变为流动与活化的文献，将少数人利用的文献转变为广大读者共享的文献，从读者走近图书馆转变为图书馆走近读者，从一般服务和规范服务转变为个性化服务和精致服务。图书馆的开放，不仅仅表现在大门的开放和时间的开放，更多的是表现在管理制度的开放性，服务内容和服务方式的开放性，图书馆员理念的开放性，从而将"开放"的思想融入图书馆的组织文化之中，化为成千上万图书馆员的自觉行为

第三，"和谐"的主题体现了全面、协调和可持续的科学发展观，体现了图书馆管理和服务中的统筹与协调。这种和

谐,既表现在物与物之间的和谐,如图书馆与周边社区与城乡环境的互动,图书馆建筑的节能和节约等等;也表现在人与物之间的和谐,如图书馆要营造一个人在书中、书在人中的典雅高尚的愉快阅读的环境,为读者提供一个人际自由交流和激扬智慧的知识共享空间;也表现在人与人之间的和谐,如通过图书馆员精致的卓越的知识服务与读者之间建立起来的和谐互动的氛围,图书馆自身创建的愉快工作的组织文化等等。

二、各级领导高度重视 社会多方关注与支持

本次会议得到了国家文化部、国家图书馆、长春市委市政府、吉林省文化厅和中国图书馆学会的高度重视。在开幕式上,长春市政府李龙熙副市长代表长春市政府做了热情洋溢的讲话。吉林省文化厅谢文明副厅长亲自到会。各级领导从各自的角度对本次会议的主题进行了诠释。国家文化部周和平副部长发来了贺信,他站在历史的高度提出了图书馆的历史责任和任务。国家文化部李宏副司长代表文化部社会文化图书馆司,从图书馆职业使命的角度肯定了这次会议的时代意义。国家图书馆詹福瑞馆长从图书馆业务体系构成的三个要素,即用户、馆员、文献三者的关系,从哲学的思考,阐述了当今和未来图书馆在数字时代的挑战、生存和发展的重要意义。中国图书馆学会用户研究

与服务专业委员会王世伟主任以理性的思维对会议的主题"理性、开放、和谐"的内涵进行了精辟的阐释。

本次会议还得到了中国图书馆学会秘书处的大力支持,同时国内外各大数据公司和省市各新闻媒体对本次会议给予了热切的关注与支持。

三、大会组织策划严密 专业委员会工作严谨

长春图书馆作为承办单位在中国图书馆学会用户研究与服务专业委员会的直接指导下,在长春市文化局的领导下,对本次会议进行了认真的策划、筹备与组织,成立了大会组委会组织机构,先后建立了国际会议网站,设计了国际会议的标识,编制了大会议程,组织参会论文和优秀论文的评选,编辑出版了大会优秀论文集等,为本次国际会议的成功举办进行了大量的卓有成效的工作。

在整个会议论文的评审过程中,专业委员会的委员们以严谨的学术态度,高度的责任精神,对所征集的论文进行了认真的评选和严格把关,对观点的阐述和资料的来源也都进行了仔细地审核,这种严谨的学术态度,工作精神,为树立图书馆界良好的学术风气做出了努力,为本次学术交流和研讨选出了高质量的论文。

四、参与地域广 学术质量高

据统计,本次国际学术会

议共收到论文和文摘301篇,涉及26个省、市、自治区,75个市、州、县、区,153个图书馆,327位论文作者,包括大专院校系统、科学院系统、公共系统、党校系统等各种类型的图书馆和图书、情报院系。

为了提高本次会议的学术质量,大会特别邀请了美国、日本、香港以及中国科学院、中国社会科学院、国家图书馆、首都图书馆、深圳图书馆等图书馆界和情报界的专家学者为大会做了主旨发言和专题报告。专家们紧紧围绕与大会主题相关的问题,面对全球数字信息化发展的趋势,从不同的角度对现代图书馆的基本精神、职业使命、组织文化、服务创新、公众意识以及未来图书馆公共服务的挑战等目前国内外图书馆界共同关注和正在实践的问题进行了经验总结、理论探讨、憧憬展望。各位论文作者也都从各自不同的角度,结合工作的实践论述了图书馆、图书馆员、图书馆服务在创建和谐社会中的作用。

五、兼顾贫困地区 体现图书馆间"和谐"

本次会议还特别关注了贫困地区的图书馆,经专业委员会研究决定对吉林、辽宁、内蒙三个经济欠发达地区的基层图书馆进行资助参会。专业委员会的这一举动得到图书馆界业内人员的充分肯定和赞扬,体现了本次会议"和谐"的主题。

2006长春国际图书馆学术会议圆满地落下了帷幕,与会

代表普遍反映,本次会议主题鲜明,内容丰富、程序安排紧凑、准备充分、研究深入,成果丰硕。会议时间虽然短暂,但是成功地达到了交流成果、沟通情感的目的。会议的成功举办,将对吉林省的图书馆事业建设将起到积极的推动作用,对长春图书馆取得的收获将是巨大的:一是本次会议将使图书馆的馆员们对图书馆的任务和使命、图书馆的职业精神、图书馆的服务理念等有更进一步的理解和认知,今后能够为广大读者提供更好的服务打下坚实的基础。二是锻炼了队伍,

丰富了经验,增强了凝聚力,为以后举办其他学术会议打造了一支能力较强、技术过硬的队伍。三是积极促进了长春图书馆与国内外各类型图书馆之间的交流,在与国际接轨的道路上迈出了重要的一步。四是此次会议不仅向中外友人证明了长春图书馆有能力举办国际性的学术会议,而且更好地宣传了长春这座美丽现代化的城市。

建设"理性、开放、和谐的图书馆",是当今全球图书馆追求卓越的办馆理念、办馆精神、办馆模式的崇高境界,它将有

赖于各个图书馆基于读者需求服务结构的建立和完善,有赖于各系统图书馆之间的联合与协作,更有赖于国内外图书馆界、大陆图书馆界与港澳台地区图书馆界的沟通与交流。中国图书馆事业正面临着难得的发展机遇,我们应以海纳百川的气概汲取国际图书馆界先进的技术和理念,不断进取不断完善,打造中国图书馆事业更加美好的明天。2006长春图书馆国际学术会议将给每位与会者留下美好的记忆。

(长春图书馆)

参加美国图书馆协会2006年年会并访问美国主要图书馆综述

由中国图书馆学会常务副理事长,武汉大学信息管理学院院长陈传夫为团长、中国图书馆学会秘书长汤更生为副团长的中国图书馆学会代表团一行36人于2006年6月17日—7月2日赴美参加了美国图书馆协会年会并访问了美国主要图书馆。参会代表来自全国十几个省市的各类型图书馆,其中高等院校系统图书馆8人,省市公共图书馆系统13人,军队院校系统图书馆5人,专业图书馆系统3人,文化厅官员2人,其他专业学会代表2人,学会秘书处2人及1位企业会员代表。

一、美国图书馆协会及其年会概况

美国图书馆协会American

Library Association(ALA)是美国图书馆界的专业组织,是世界上历史最悠久、规模最大的图书馆协会。成立于1876年,总部设在芝加哥。其1879年制定的章程规定宗旨是:通过交流观点、得出结论和诱导合作,通过使公众意见倾向于建立和改进图书馆,通过在其会员之间培养良好的意愿等,促进全国图书馆的利益。该章程在1942年的修订时将宗旨中的"促进全国图书馆的利益"改为"促进全世界图书馆的利益"。ALA的决策和立法机构是理事会,任期4年,执行主席任期1年。ALA下设11个部门、15个协商会议、21个专门的图书馆协会(如美国法律图书馆协会、研究图书馆协会、医学图书馆协会等)和51个州或地区分会

等。此外,ALA还设有一些更小的组织,如会员发展小组、ALA学生分会(设在各图书馆学院)等。ALA多年来的重点活动领域是:培训图书馆员、制定图书馆法和图书馆标准、编辑出版物、保护求知自由、合作编目和分类、编制书目工具、促进馆藏建设和情报检索、推动自动化和网络化等,还致力于促进国际图书馆事业的交流合作活动。美国图书馆协会对美国及世界其他地区的图书馆与图书馆员起着引导作用,美国图书馆协会的目标是用高质量的图书馆服务创建自由、开放的信息社会。目前有来自115个国家的65 000名会员。

美国图书馆协会年会分冬季理事会和各专业委员会会议及夏季理事会和各专业委员会

会议及全体会员大会。ALA已成功地举办了100多次年会，是世界上规模最大的盛会，每年都有近20 000名来自美国和世界各地的图书馆员汇聚在美国图书馆协会的年会上，就当前世界图书馆界共同关心的话题展开交流与探讨，以达成共识。

二、2006年新奥尔良ALA年会与展览

去年夏天新奥尔良遭受了卡特丽娜飓风，为帮助该地区图书馆的重建和恢复，美国图书馆协会决定选择2006年年会在美国南部路易斯安那州新奥尔良举行。这也是在卡特丽娜飓风后首次在新奥尔良举办的大型会议。来自美国和世界各国的图书馆界专家、代表和参展商约2万人（海外代表约200多人）参加了这次年会。

自6月22日起，整个年会有2000多场各类会前会、理事会、专业委员会会议、文艺演出及展览等活动。此会也是"老友相聚、结识新友"的好场所，整个会场充满了平等、开放、自由和温馨的气氛。

（一）大会开幕式、重要会议与闭幕式

6月24日傍晚五点三十分，盛大的ALA年会开幕式在美国路易斯安那州新奥尔良的额内斯特。莫瑞尔会展中心举行。规模宏大，整个会议大厅能容纳2万人。

美国图书馆协会主席迈克尔。戈德曼先生主持并致词。他代表美国图书馆协会欢迎来自美国全国各地及世界各国的图书馆代表，并利用年会这个平台，号召并鼓励图书馆与图书馆员在建设社区中发挥巨大的作用。同时，他还表彰了在去年美国南部海湾地区遭受飓风灾害期间，在图书馆重建，恢复社区建设中作出贡献的图书馆员和志愿者，悼念了在灾难中死难的图书馆员。同时，他也感谢全国图书馆界、专业图书馆会员以及社会各界对遭受飓风重创的图书馆的恢复与重建慷慨解囊，捐赠资助的款额已高达1千多万美元。最后，他还表彰了前西蒙学院院长，国际图联前执行委员会委员罗伯特。斯图亚特先生，授予他最高荣誉会员奖，为表彰他对美国和世界其他国家图书馆事业中所作出的杰出贡献。

新奥尔良当地主办方委员会主席致词，她感谢全美国图书馆员与世界其他国家的图书馆员来新奥尔良参加ALA年会，对于新奥尔良的重建与振兴起了很大的作用和支持，并祝大家在新奥尔良过的愉快。新奥尔良市市长雷。那吉和路易斯安那州副州长分别在开幕式上致词，他们强调了图书馆是提供信息资源的重要场所，同时，他们高度赞扬了图书馆员把我们的社区团结在一起，在帮助社区恢复、重建和经济复苏中发挥了重要的作用。

开幕式上还播放了美国著名爵士乐明星的致词，他指出图书与音乐一样重要，能鼓舞人和改变人，同时，他也高度评价了图书馆员的工作对社会和谐发展起了一定作用。

大会开幕式上还邀请了美国前国务卿奥尔布赖特作主旨报告，奥尔布赖特首先祝贺并感谢ALA在新奥尔良重建中树立了良好的信誉，在倡议专业图书馆会员捐款帮助图书馆振兴中具有一定的号召力。她赞扬了图书馆作为一个给人乐趣与受教育的场所，在她的一生中，就跟绝大多数美国人一样，图书馆是非常重要和不可缺少的。并就她最新出版的《强大和全能：关于美国、上帝以及世界事务的思考》一书作了点评，反思了美国的宗教观念以及外交政策，得到了与会者的掌声。

大会期间，大大小小分会场举行了近2000场会议和讨论会，就图书馆的业务，即国际图书馆教育论坛、馆藏发展与编目技术服务、读者服务与参考咨询、阅读、儿童与青少年图书馆服务问题、数字图书馆资源与技术、自动化和网络化、人力资源与员工培训发展等问题展开研讨。

最受人们关注是美国第一夫人劳拉。布什，前学校图书馆馆员作了题为"学校图书馆工作：为学习而重建"的演讲。她高度赞扬了学校图书馆在新奥尔良遭受重灾期间，在图书馆一无所有的情况下，与社区团结协作，在恢复重建中发挥了积极的作用，成功地建立起学校，召回了迁离的学生并恢复了图书馆的服务。她强调了学校图书馆是儿童生活中的学习中心，同时，她感谢每天为社区和国家作出贡献的人们。劳拉。布什基金会成立于2001

年,至2005年,该基金会已给学校图书馆捐款300万美元,这次为海湾地区遭受飓风捐款已达1000万美元。聆听她演讲的每位听众须付35美元,其所得款项全部捐赠给图书馆。

大会闭幕式上邀请了美国最畅销图书《我们是我们母亲的女儿》一书的作者科克。罗伯特致词,他强调了图书与图书馆的密切关系,同时也就他的图书作了点评。

大会期间共出版了4期快报,头版都用大幅照片和文字宣传介绍了开幕式的情况、主持人美国图书馆协会主席迈克尔。戈德曼先生的照片及简要介绍、美国前国务卿奥尔布赖特作主旨报告的镜头及要点介绍、美国第一夫人劳拉。布什演讲的镜头及其演讲要点介绍等。此外,每天重要会议的通知以及展览的宣传广告等也都占了不少篇幅。

在大会期间,ALA培训部还为图书馆辅助工作人员提供了为期一天半的培训,以便让更多的辅助工作人员熟练地掌握图书馆业务。

自1997年ALA冬季会议开始,在大会会场外大厅提供一个供参会代表免费使用的电脑,同时还提供免费上网查询资料和打印资料的服务。今年在新奥尔良的额内斯特。莫瑞尔会展中心设立的"咖啡网吧",不但免费提供人们使用电脑和打印资料,还可免费享用一杯咖啡。

（二）展览

ALA年会的展览也是世界最大型展览之一,规模之大远远超过国际图联大会的展场。每年都会吸引近千家来自美国和世界各国的出版商、批发商、电子出版物公司、图书馆系统、软件提供商、图书馆设备以及家具制造商等云集ALA的展会。今年会议期间的展览有900多家参展商加入,展期为6月24日—27日。世界最大型的公司和文化团体,诸如google,3 M公司,EBSCO,SIRSI,OCLC,Elsevier电子期刊,Blackwell出版公司,Thomoson Science公司等派出了强大的参展阵容,不少公司还举办了现场演示活动。本次展览会还推出了不少新产品,吸引了来自世界各国与会代表观看。美国图书馆协会和美国国会图书馆的展台也引起了众多代表的兴趣。更值得一提的是新奥尔良公共图书馆的展台,除了展示他们的重建图片外,还出售一些图书和T恤衫为图书馆重建筹款。

由中国科协主办、中国图书馆学会承办的"中国科技期刊展"也参加了此次展览,这是中国首次在美国图书馆协会的年会上举办的科技期刊展览。共展出中国主要科技期刊513种,目的是为了向海外宣传和推广我国的科技期刊。为此,中图学会制作了宣传小册子、光盘介绍以及目录介绍,同时还在现场用电脑屏幕演示的方式,宣传、介绍中国的文化发展史及科技期刊,受到参观者的关注。

三、访问美国主要图书馆

为了进一步学习美国图书馆界的先进经验和管理理念,拓展与美国文化交流与合作的领域,促进我国图书馆事业的发展,中图学会特别安排了在会前和会后访问了世界有名的馆藏丰富、管理手段先进、设备一流、建筑完美的美国国会图书馆、纽约公共图书馆、哈佛大学(哈佛燕京)图书馆、加州大学洛杉矶分校图书馆、夏威夷大学图书馆以及新奥尔良市公共图书馆(详见各图书馆介绍)。给大家留下了深刻的印象。

四、广泛开展交流活动

大会期间,中图学会秘书长汤更生与美方代表美国研究图书馆协会主席林齐博士、斯德林女士、美国国会图书馆亚洲部主任李华伟博士以及加州大学贝克莱分校东亚图书馆馆长周欣平先生等就第四届中美合作会议的主题、时间、地点、费用、会议期间提供同声传译等问题进行商讨,达成基本共识。并定于8月20日在韩国首尔国际图联大会期间再进一步商量并落实有关事宜。

另外,中图学会利用参观美国图书馆以及与华美图书馆协会执行董事和前任美国图书馆协会主席的会谈时进一步拓展了对外交流合作的渠道,积极帮助国内一些图书馆与美国图书馆寻求建立姐妹图书馆等合作关系。如:南京图书馆拟与美国州级或市级图书馆建立姐妹图书馆关系,重庆图书馆寻求与美国西雅图图书馆恢复业务合作关系等。美国加州大学洛杉矶分校图书馆也寻求与中国有关中医图书馆建立合作研究关系，拟由解放军医学图书馆与该校医学系进一步洽谈。此外，学会的企业会员在此次出访中积极开拓了公司的业务。

五、文化之旅，快乐之旅

除参加 ALA 年会、展览以及访问图书馆外，我们此行也顺道参观了联合国大厦、美国航天博物馆以及自然博物馆和艺术博物馆等，大家对美国的政治、历史、经济、宗教、民俗、艺术和科技有了进一步的了解和认识，同时对联合国的机构设置及作用等也有了进一步的感性认识。

在短短的十多天的旅程中，老友新朋相聚，交情友谊与日俱增。每位代表不论在公务活动中，参观访问中，还是在旅行生活中都表现了良好的状态，认真、守时、守纪、顾全大局、团结互助、互敬互谅才有了这 16 天的快乐之旅。

总的来说，本次出访是成功的，通过参会和访问图书馆，代表们交流了观点、加强了联系、增进了友谊，同时激励我们更加努力工作，为中国图书馆事业发展贡献力量。

（杨仁娟）

法律、法规与规范性文件
Laws, regulations and regulatory documents

法律、法规与管理性文件

Laws, regulations and regulatory documents

法律、法规与规范性文件

法律法规与政策性文件全文

整理、编辑 张美怡(北京大学信息管理系)

信息网络传播权保护条例
(2006—05—18)

第一条 为保护著作权人、表演者、录音录像制作者(以下统称权利人)的信息网络传播权,鼓励有益于社会主义精神文明、物质文明建设的作品的创作和传播,根据《中华人民共和国著作权法》(以下简称著作权法),制定本条例。

第二条 权利人享有的信息网络传播权受著作权法和本条例保护。除法律、行政法规另有规定的外,任何组织或者个人将他人的作品、表演、录音录像制品通过信息网络向公众提供,应当取得权利人许可,并支付报酬。

第三条 依法禁止提供的作品、表演、录音录像制品,不受本条例保护。

权利人行使信息网络传播权,不得违反宪法和法律、行政法规,不得损害公共利益。

第四条 为了保护信息网络传播权,权利人可以采取技术措施。

任何组织或者个人不得故意避开或者破坏技术措施,不得故意制造、进口或者向公众提供主要用于避开或者破坏技术措施的装置或者部件,不得故意为他人避开或者破坏技术措施提供技术服务。但是,法律、行政法规规定可以避开的除外。

第五条 未经权利人许可,任何组织或者个人不得进行下列行为:

(一)故意删除或者改变通过信息网络向公众提供的作品、表演、录音录像制品的权利管理电子信息,但由于技术上的原因无法避免删除或者改变的除外;

(二)通过信息网络向公众提供明知或者应知未经权利人许可被删除或者改变权利管理电子信息的作品、表演、录音录像制品。

第六条 通过信息网络提供他人作品,属于下列情形的,可以不经著作权人许可,不向其支付报酬:

(一)为介绍、评论某一作品或者说明某一问题,在向公众提供的作品中适当引用已经发表的作品;

(二)为报道时事新闻,在向公众提供的作品中不可避免地再现或者引用已经发表的作品;

(三)为学校课堂教学或者科学研究,向少数教学、科研人员提供少量已经发表的作品;

(四)国家机关为执行公务,在合理范围内向公众提供已经发表的作品;

(五)将中国公民、法人或者其他组织已经发表的、以汉语言文字创作的作品翻译成的少数民族语言文字作品,向中国境内少数民族提供;

(六)不以营利为目的,以盲人能够感知的独特方式向盲人提供已经发表的文字作品;

（七）向公众提供在信息网络上已经发表的关于政治、经济问题的时事性文章；

（八）向公众提供在公众集会上发表的讲话。

第七条　图书馆、档案馆、纪念馆、博物馆、美术馆等可以不经著作权人许可，通过信息网络向本馆馆舍内服务对象提供本馆收藏的合法出版的数字作品和依法为陈列或者保存版本的需要以数字化形式复制的作品，不向其支付报酬，但不得直接或者间接获得经济利益。当事人另有约定的除外。

前款规定的为陈列或者保存版本需要以数字化形式复制的作品，应当是已经损毁或者濒临损毁、丢失或者失窃，或者其存储格式已经过时，并且在市场上无法购买或者只能以明显高于标定的价格购买的作品。

第八条　为通过信息网络实施九年制义务教育或者国家教育规划，可以不经著作权人许可，使用其已经发表作品的片断或者短小的文字作品、音乐作品或者单幅的美术作品、摄影作品制作课件，由制作课件或者依法取得课件的远程教育机构通过信息网络向注册学生提供，但应当向著作权人支付报酬。

第九条　为扶助贫困，通过信息网络向农村地区的公众免费提供中国公民、法人或者其他组织已经发表的种植养殖、防病治病、防灾减灾等与扶助贫困有关的作品和适应基本文化需求的作品，网络服务提供者应当在提供前公告拟提供的作品及其作者、拟支付报酬的标准。自公告之日起30日内，著作权人不同意提供的，网络服务提供者不得提供其作品；自公告之日起满30日，著作权人没有异议的，网络服务提供者可以提供其作品，并按照公告的标准向著作权人支付报酬。网络服务提供者提供著作权人的作品后，著作权人不同意提供的，网络服务提供者应当立即删除著作权人的作品，并按照公告的标准向著作权人支付提供作品期间的报酬。

依照前款规定提供作品的，不得直接或者间接获得经济利益。

第十条　依照本条例规定不经著作权人许可、通过信息网络向公众提供其作品的，还应当遵守下列规定：

（一）除本条例第六条第（一）项至第（六）项、第七条规定的情形外，不得提供作者事先声明不许提供的作品；

（二）指明作品的名称和作者的姓名（名称）；

（三）依照本条例规定支付报酬；

（四）采取技术措施，防止本条例第七条、第八条、第九条规定的服务对象以外的其他人获得著作权人的作品，并防止本条例第七条规定的服务对象的复制行为对著作权人利益造成实质性损害；

（五）不得侵犯著作权人依法享有的其他权利。

第十一条　通过信息网络提供他人表演、录音录像制品的，应当遵守本条例第六条至第十条的规定。

第十二条　属于下列情形的，可以避开技术措施，但不得向他人提供避开技术措施的技术、装置或者部件，不得侵犯权利人依法享有的其他权利：

（一）为学校课堂教学或者科学研究，通过信息网络向少数教学、科研人员提供已经发表的作品、表演、录音录像制品，而该作品、表演、录音录像制品只能通过信息网络获取；

（二）不以营利为目的，通过信息网络以盲人能够感知的独特方式向盲人提供已经发表的文字作品，而该作品只能通过信息网络获取；

（三）国家机关依照行政、司法程序执行公务；

（四）在信息网络上对计算机及其系统或者网络的安全性能进行测试。

第十三条　著作权行政管理部门为了查处侵犯信息网络传播权的行为，可以要求网络服务提供者提供涉嫌侵权的服务对象的姓名（名称）、联系方式、网络地址等资料。

第十四条 对提供信息存储空间或者提供搜索、链接服务的网络服务提供者，权利人认为其服务所涉及的作品、表演、录音录像制品，侵犯自己的信息网络传播权或者被删除、改变了自己的权利管理电子信息的，可以向该网络服务提供者提交书面通知，要求网络服务提供者删除该作品、表演、录音录像制品，或者断开与该作品、表演、录音录像制品的链接。通知书应当包含下列内容：

（一）权利人的姓名（名称）、联系方式和地址；

（二）要求删除或者断开链接的侵权作品、表演、录音录像制品的名称和网络地址；

（三）构成侵权的初步证明材料。

权利人应当对通知书的真实性负责。

第十五条 网络服务提供者接到权利人的通知书后，应当立即删除涉嫌侵权的作品、表演、录音录像制品，或者断开与涉嫌侵权的作品、表演、录音录像制品的链接，并同时将通知书转送提供作品、表演、录音录像制品的服务对象；服务对象网络地址不明、无法转送的，应当将通知书的内容同时在信息网络上公告。

第十六条 服务对象接到网络服务提供者转送的通知书后，认为其提供的作品、表演、录音录像制品未侵犯他人权利的，可以向网络服务提供者提交书面说明，要求恢复被删除的作品、表演、录音录像制品，或者恢复与被断开的作品、表演、录音录像制品的链接。书面说明应当包含下列内容：

（一）服务对象的姓名（名称）、联系方式和地址；

（二）要求恢复的作品、表演、录音录像制品的名称和网络地址；

（三）不构成侵权的初步证明材料。

服务对象应当对书面说明的真实性负责。

第十七条 网络服务提供者接到服务对象的书面说明后，应当立即恢复被删除的作品、表演、录音录像制品，或者可以恢复与被断开的作品、表演、录音录像制品的链接，同时将服务对象的书面说明转送权利人。权利人不得再通知网络服务提供者删除该作品、表演、录音录像制品，或者断开与该作品、表演、录音录像制品的链接。

第十八条 违反本条例规定，有下列侵权行为之一的，根据情况承担停止侵害、消除影响、赔礼道歉、赔偿损失等民事责任；同时损害公共利益的，可以由著作权行政管理部门责令停止侵权行为，没收违法所得，并可处以10万元以下的罚款；情节严重的，著作权行政管理部门可以没收主要用于提供网络服务的计算机等设备；构成犯罪的，依法追究刑事责任：

（一）通过信息网络擅自向公众提供他人的作品、表演、录音录像制品的；

（二）故意避开或者破坏技术措施的；

（三）故意删除或者改变通过信息网络向公众提供的作品、表演、录音录像制品的权利管理电子信息，或者通过信息网络向公众提供明知或者应知未经权利人许可而被删除或者改变权利管理电子信息的作品、表演、录音录像制品的；

（四）为扶助贫困通过信息网络向农村地区提供作品、表演、录音录像制品超过规定范围，或者未按照公告的标准支付报酬，或者在权利人不同意提供其作品、表演、录音录像制品后未立即删除的；

（五）通过信息网络提供他人的作品、表演、录音录像制品，未指明作品、表演、录音录像制品的名称或者作者、表演者、录音录像制作者的姓名（名称），或者未支付报酬，或者未依照本条例规定采取技术措施防止服务对象以外的其他人获得他人的作品、表演、录音录像制品，或者未防止服务对象的复制行为对权利人利益造成实质性损害的。

第十九条 违反本条例规定，有下列行为之一的，由著作权行政管理部门予以警告，没收违法所得,没收主要用于避开、破坏技术措施的装置或者部件;情节严重的,可以没收主要用于提供网络服务的计算机等设备,并可处以10万元以下的罚款;构成犯罪的,依法追究刑事责任:

(一)故意制造、进口或者向他人提供主要用于避开、破坏技术措施的装置或者部件,或者故意为他人避开或者破坏技术措施提供技术服务的;

(二)通过信息网络提供他人的作品、表演、录音录像制品,获得经济利益的;

(三)为扶助贫困通过信息网络向农村地区提供作品、表演、录音录像制品,未在提供前公告作品、表演、录音录像制品的名称和作者、表演者、录音录像制作者的姓名(名称)以及报酬标准的。

第二十条　网络服务提供者根据服务对象的指令提供网络自动接入服务,或者对服务对象提供的作品、表演、录音录像制品提供自动传输服务,并具备下列条件的,不承担赔偿责任:

(一)未选择并且未改变所传输的作品、表演、录音录像制品;

(二)向指定的服务对象提供该作品、表演、录音录像制品,并防止指定的服务对象以外的其他人获得。

第二十一条　网络服务提供者为提高网络传输效率,自动存储从其他网络服务提供者获得的作品、表演、录音录像制品,根据技术安排自动向服务对象提供,并具备下列条件的,不承担赔偿责任:

(一)未改变自动存储的作品、表演、录音录像制品;

(二)不影响提供作品、表演、录音录像制品的原网络服务提供者掌握服务对象获取该作品、表演、录音录像制品的情况;

(三)在原网络服务提供者修改、删除或者屏蔽该作品、表演、录音录像制品时,根据技术安排自动予以修改、删除或者屏蔽。

第二十二条　网络服务提供者为服务对象提供信息存储空间,供服务对象通过信息网络向公众提供作品、表演、录音录像制品,并具备下列条件的,不承担赔偿责任:

(一)明确标示该信息存储空间是为服务对象所提供,并公开网络服务提供者的名称、联系人、网络地址;

(二)未改变服务对象所提供的作品、表演、录音录像制品;

(三)不知道也没有合理的理由应当知道服务对象提供的作品、表演、录音录像制品侵权;

(四)未从服务对象提供作品、表演、录音录像制品中直接获得经济利益;

(五)在接到权利人的通知书后,根据本条例规定删除权利人认为侵权的作品、表演、录音录像制品。

第二十三条　网络服务提供者为服务对象提供搜索或者链接服务,在接到权利人的通知书后,根据本条例规定断开与侵权的作品、表演、录音录像制品的链接的,不承担赔偿责任;但是,明知或者应知所链接的作品、表演、录音录像制品侵权的,应当承担共同侵权责任。

第二十四条　因权利人的通知导致网络服务提供者错误删除作品、表演、录音录像制品,或者错误断开与作品、表演、录音录像制品的链接,给服务对象造成损失的,权利人应当承担赔偿责任。

第二十五条　网络服务提供者无正当理由拒绝提供或者拖延提供涉嫌侵权的服务对象的姓名(名称)、联系方式、网络地址等资料的,由著作权行政管理部门予以警告;情节严重的,没收主要用于提供网络服务的计算机等设备。

第二十六条　本条例下列用语的含义:

信息网络传播权,是指以有线或者无线方式向公众提供作品、表演或者录音录像制品,使公众可以在其个人选定的时间和地点获得作品、表演或者录音录像制品的权利。

技术措施,是指用于防止、限制未经权利人许可浏览、欣赏作品、表演、录音录像制品的或者通过信息网络向公众提供作品、表演、录音录像制品的有效技术、装置或者部件。

权利管理电子信息，是指说明作品及其作者、表演及其表演者、录音录像制品及其制作者的信息，作品、表演、录音录像制品权利人的信息和使用条件的信息，以及表示上述信息的数字或者代码。

第二十七条　本条例自 2006 年 7 月 1 日起施行。

关于进一步支持文化事业发展的若干经济政策（财政部、中宣部）
（2006—06—09）

为加强社会主义先进文化建设，推动宣传文化事业健康发展，进一步深化文化体制改革，根据《中华人民共和国国民经济和社会发展第十一个五年规划纲要》中关于"加大政府对文化事业的投入，逐步形成覆盖全社会的比较完备的公共文化服务体系"的要求，现提出"十一五"期间国家支持文化事业发展的有关经济政策：

一、继续征收文化事业建设费

（一）各种营业性的歌厅、舞厅、卡拉 OK 歌舞厅、音乐茶座和高尔夫球、台球、保龄球等娱乐场所，按营业收入的 3% 缴纳文化事业建设费。广播电台、电视台和报纸、刊物等广告媒介单位以及户外广告经营单位，按经营收入的 3% 缴纳文化事业建设费。

（二）文化事业建设费由地方税务机关在征收娱乐业、广告业的营业税时一并征收。中央和国家机关所属单位缴纳的文化事业建设费，由地方税务机关征收后全额上缴中央金库。地方缴纳的文化事业建设费，全额缴入省级金库。

（三）文化事业建设费纳入财政预算管理，分别由中央和省级设立基金，用于文化事业建设。财政部要根据有关规定，会同相关部门对原有的政策进行修订和完善，制定新的文化事业建设费征收和使用管理办法，以体现政府性基金预算的管理要求，加强对资金的宏观调控和监管力度。

二、继续实行税收优惠政策

继续对宣传文化单位实行增值税优惠政策，对电影发行单位实行营业税优惠政策。有关部门要在完善相关政策的同时，突出扶持重点，更好地促进宣传文化事业健康发展。具体实施办法由财政部和国家税务总局另行制定。

三、继续实施促进电影事业发展的有关经济政策

（一）从电影放映收入中提取 5% 建立"国家电影事业发展专项资金"，实行基金预算管理方式，用于电影行业的宏观调控。财政部要会同有关部门进一步完善原有的电影事业发展专项资金管理政策，制定新的国家电影事业发展专项资金征收和使用管理办法。

（二）继续设立电影精品专项资金，用于支持电影精品摄制。

四、继续增加对宣传文化事业的财政投入

（一）中央和省级财政建立宣传文化发展专项资金，每年按 2005 年实际拨付数为基数列支出预算。财政部要会同有关部门研究修订宣传文化发展专项资金管理办法。

（二）整合"万里边境文化长廊"等补助经费，设立"中央补助地方文体广播事业发展专项资金"，用于支持地方文化、体育和广播事业的发展。有关地方人民政府也要逐步增加对文化事业的投入。

五、建立健全专项资金管理制度

为促进宣传文化事业发展，增强调控能力，保证重点需要，规范资金管理，财政部门要做好专项资金的预算安排。专项资金使用部门要按照有关财政法规的要求，健全制度、加强管理，保证专项专用并接受财政和审计部门的监督检查。

六、继续鼓励对宣传文化事业的捐赠

社会力量通过国家批准成立的非营利性的公益组织或国家机关对宣传文化事业的公益性捐赠，经税务机关审核后，纳税人缴纳企业所得税时，在年度应纳税所得额 10% 以内的部分，可在计算应纳税所得额时予以扣除；纳税人缴纳个人所得税时，捐赠额未超过纳税人申报的应纳税所得额 30% 的部分，可从其应纳税所得额中扣除。公益性捐赠的范围为：

（一）对国家重点交响乐团、芭蕾舞团、歌剧团、京剧团和其他民族艺术表演团体的捐赠。

（二）对公益性的图书馆、博物馆、科技馆、美术馆、革命历史纪念馆的捐赠。

（三）对重点文物保护单位的捐赠。

（四）对文化行政管理部门所属的非生产经营性的文化馆或群众艺术馆接受的社会公益性活动、项目和文化设施等方面的捐赠。

七、狠抓落实，加强管理

各级财税部门要认真落实支持文化事业发展的各项经济政策。宣传文化主管部门要充分发挥有关政策的宏观调控作用，拓宽文化事业资金投入渠道。宣传文化机构要按照中央关于文化体制改革的总体部署，深化文化体制改革，促进文化产业发展；要健全财务制度，加强基金和专项资金的管理；接受的捐赠资金要专门用于发展宣传文化事业，不得挤占、挪用甚至私分，也不得以捐赠为由搞乱摊派、乱集资等活动。对出现的各种违法违纪行为，要追究责任，严肃处理。

贵州省图书、资料系列中、高级职务任职资格申报评审条件（试行）
（2006—06—09）

一、总则

为进一步深化职称改革，完善专业技术人才评价机制，客观、公正、科学地评价专业技术人员的业务水平，根据《图书、资料专业职务试行条例》，结合我省实际，制定本《条件》。

适用范围：在全省各类企事业单位图书馆和图书、资料室从事图书资料管理及研究工作的人员（含文献信息开发、文献采编、读者服务、技术开发与服务等岗位）。

任职资格名称：馆员、副研究馆员、研究馆员。

二、基本条件

第一条 拥护党的路线、方针、政策，坚持四项基本原则，遵守中华人民共和国宪法和法律。具有良好的思想政治素质和职业道德。

第二条 身体健康，能全面履行本岗位职责。

第三条 外语（古汉语）水平、计算机应用能力符合当年国家和贵州省对外语（古汉语）、计算机应用能力考试的有关规定。

第四条 已完成规定的本专业继续教育任务。

第五条 任现职期间，有下列情况，按以下规定执行：

1. 在规定任职年限内考核被确定为"基本合格"的，每次延期一年申报；被确定为"不合格"的，每次延期二年申报。

2. 在职称考试中违纪受查处者，从通报之日起延期二年申报；在申报中弄虚作假者（伪造学历、资历、业绩，剽窃他人成果），从认定之日起延期三年申报。

3. 受党纪、行政"警告"处分的，从解除处分之日起延期三年申报；受"记过"及以上处分的，从解除处分之日起延期四年申报。触犯法律，受刑事处罚的，从解除处罚之日起延期六年申报。

三、申报条件

第六条 申报馆员任职资格人员的学历、资历应符合下列条件之一：

1. 获得硕士学位，从事图书、资料工作二年以上。

2. 大学本科毕业，取得助理馆员资格，并担任助理馆员职务四年以上。

3. 大学本科毕业，取得助理馆员任职资格，并担任助理馆员职务五年以上。

4. 中专毕业，取得助理馆员任职资格，并担任助理馆员职务五年以上。

第七条 申报副研究馆员任职资格人员的学历、资历应符合下列条件之一：

1. 获得博士学位，从事图书、资料工作二年以上。

2. 获得硕士学位，取得馆员任职资格，并担任馆员职务四年以上。

3. 大学本科毕业，取得馆员任职资格，并担任馆员职务五年以上。

4. 大学专科学历，取得馆员任职资格，并担任馆员职务七年以上。

第八条 申报研究馆员专业技术职务任职资格，必须具有大学本科以上学历，取得副研究馆员任职资格，并担任副研究馆员职务五年以上。

四、评审条件

第九条 馆员任职资格评审条件。

一、任现职期间，须具有下列工作业绩之一：

（一）文献信息开发专业

1. 参与文献信息开发选题、内容分析及实际开发，在一些重要专题开发中发挥骨干作用。

2. 参与文献信息编辑工作，撰写提要、文摘、题录和一般性文献信息专题综述。

3. 熟悉信息产品营销，积极推广传播文献信息。

（二）文献采编专业

1. 熟悉藏书和出版发行情况，参与制定、修订文献资料采访工作规章。

2. 了解分类法、主题法、编目法、排检法等各种工具及其方法，熟悉分编工作全过程，在文献形态描述和内容标引方面起骨干作用。

3. 熟练运用计算机进行文献整理工作。

（三）读者服务专业

1. 主持借阅服务工作，胜任一般性参考咨询。

2. 承担读者调研任务，分析阅读倾向，开展优质服务。

3. 熟练运用主要中外文各种工具书及文献书目检索方法（含传统手工方法和计算机检索方法）为读者进行服务。

（四）技术开发与服务专业

1. 参与制定或实施本部门技术工作总体方案。

2. 了解缩微、音像、计算机、多媒体等技术，并熟练运用其中一项技能。

3. 解决一般性技术问题，承担程序设计和系统维护等。其他图书资料专业岗位人员，比照以上四类人员的条件执行。

二、任现职期间，须独立或作为第一作者取得下列学术成果之一：

（一）在省级以上公开出版的学术期刊上发表学术论文1篇；或在省级内部资料性学术出版物（内刊、论文集），增刊上发表学术论文（含省级以上学术会议交流）2篇。

（二）在市（州、地）级刊物上发表学术论文2篇（本款仅适用于县及县以下单位的图书、资料专业人员）。

（三）获省级以上专业学会优秀论文奖或地厅级图书馆优质服务奖。

（四）获市（州、地）级科研成果二等奖或省级科研成果优秀奖。

（五）主持编写二、三次文献（十万字以上），使用效果好。

第十条　副研究馆员任职资格评审条件：

一、任现职期间，须具有下列工作业绩之一：

（一）文献信息开发专业

1. 根据有关政策及社会需求，把握文献信息开发方向，开发有关专题文献信息。

2. 较准确分析、判断文献信息价值及其优劣，独立进行信息加工整理。

3. 主持大型书目索引编制工作，撰写较高质量的提要、文摘、注释和综述。

（二）文献采编专业

1. 主要参与制定、修订文献资料采访工作条例或规章，在文献类型结构，入藏品种及其比例、复本数量等工作中发挥重要作用。

2. 较熟悉运用分类法、主题法、编目法、排检法等各种工具及其方法。

3. 熟悉图书采访、编目工作全过程，协助总审校。

（三）读者服务专业

1. 全面主持或指导某项读者服务工作。

2. 熟练运用中外文各种工具书及各种文献检索方法（含传统手工方法和计算机检索方法），从事各类参考咨询或用户辅导工作。

3. 主持1项重大服务项目；或指导1名能胜任参考咨询工作的业务骨干。

（四）技术开发与服务专业

1. 参与缩微、音像、计算机及多媒体等技术工作，承担较大系统可行性分析、总体方案设计和组织实施。

2. 参与解决重大技术难题，主持制订各项规章制度，组织、指导技术人员进行程序设计和系统维护等。其他图书资料专业岗位人员，比照以上四类人员的条件执行。

二、任现职期间，须独立或作为第一作者取得下列学术成果之一：

（一）在省级以上公开出版的学术刊物上发表学术论文3篇；或在省级以上公开出版的学术期刊上发表学术论文2篇，在省级内部资料性学术出版物（内刊、论文集）、增刊上发表学术论文2篇。

（二）撰写并正式出版学术专著作或二、三次文献1部（十五万字以上）。

（三）获省部级科研成果三等奖或市（州、地）级科研成果一等奖。

第十一条　研究馆员任职资格评审条件：

一、任现职期间，须具有下列工作业绩之一：

（一）文献信息开发专业

1. 根据有关政策及社会需求，把握文献信息开发方向，开发有影响的专题文献信息。

2. 准确分析判断文献信息价值及其优劣，独立进行信息加工整理。

3. 主持并参与大型书目索引编制工作，撰写高质量提要、文摘、注释和综述。

（二）文献采编专业

1. 主持制定文献资料采访工作条例或规章，在确定文献类型结构、入藏品种及其比例、复本数量等工作中发挥主要作用。

2. 熟悉运用分类法、主题法、编目法、排检法等各种工具及其方法，主持或主要参与省级以上专业规范、技术标准的编制工作，或主要参与组织、实施全国或地区性重大采编业务建设项目。

3. 精通图书采访、编目工作全过程,担任总审校。

(三)读者服务专业

1. 全面主持或指导读者服务工作。

2. 全面运用中外文各种工具书及各种文献检索方法(含传统手工方法和计算机检索方法),从事各类高难度参考咨询服务或用户辅导工作。

3. 主持 2 项重大服务项目;或指导 2 名能胜任参考咨询工作的业务骨干。

(四)技术开发与服务专业

1. 主持缩微、音像、计算机及多媒体等技术工作,承担较大系统可行性分析、总体方案设计和组织实施。

2. 主持或主要参与制定全国或地区图书资料部门的发展规划,对本专业技术工作提出建设性意见。

其他图书、资料专业岗位人员,比照以上四类人员的条件执行。

二、任现职期间,须独立或作为第一作者取得下列学术成果之一:

(一)在省级以上公开出版的学术刊物上发表学术论文 6 篇,其中 2 篇在核心期刊上发表或获中国图书馆学会、中国情报学学会优秀论文奖 1 次。

(二)撰写并正式出版学术专著或二、三次文献 1 部(二十五万字以上)。

(三)获省部级科研成果二等奖。

五、破格条件

第十二条 对不具备规定学历、资历的专业技术人员,任现职两年以上可破格申报馆员任职资格。破格申报馆员任职资格者,除具备馆员正常晋升评审条件外,还应具备下列条件之一:

1. 独立或作为第一作者,在省级以上公开出版的学术期刊上发表学术论文共 2 篇。

2. 获省部级社会科学奖三等奖、科技进步四等奖,或地厅级科技成果一等奖。

3. 独立编写本专业教材或主持编写二、三次文献(十五万字以上),使用效果好。

第十三条 对不具备规定学历、资历的专业技术人员,任现职两年以上可破格申报副研究馆员任职资格。破格申报副研究馆员任职资格者,除具备副研究馆员正常晋升评审条件外,还应具备下列条件之一:

1. 独立或作为第一作者,在省级以上公开出版的学术期刊上发表学术论文共 5 篇,其中 1 篇在核心期刊上发表或获中国图书馆学会、中国情报学学会优秀论文奖 1 次。

2. 独立或作为第一作者撰写并正式出版学术专著或二、三次文献 1 部(二十万字以上)。

3. 获省部级科研成果二等奖,或主持、承担的省级科研项目通过国家组织鉴定并达到国内较高水平。

第十四条 对不具备规定学历、资历的专业技术人员,任现职两年以上可破格申报研究馆员任职资格。破格申报研究馆员任职资格者,除具备研究馆员正常晋升评审条件外,还应具备下列条件之一:

1. 独立或作为第一作者,在省级以上公开出版的学术期刊上发表学术论文共 9 篇,其中 3 篇在核心期刊上发表或获中国图书馆学会、中国情报学学会优秀论文奖 2 次。

2. 独立或作为第一作者撰写经国家正式出版的学术专著或二、三次文献 2 部(四十万字)。

3. 获国家发明奖、自然科学奖、科技进步奖二等奖或省部级科技进步奖一等奖。

六、附 则

第十五条 本《条件》中"公开出版物"是指有国内统一刊号(CN)的学术期刊,"核心期刊"是指北京大学图书馆最新出版的《中文核心期刊目录》刊登的学术期刊。

第十六条　本《条件》由省人事厅、省文化厅负责解释。

第十七条　本《条件》自发布之日起执行。原《贵州省图书资料专业人员评聘中、高级专业职务推荐条件(试行)》(黔人职〔1995〕22 号)和《贵州省图书资料专业人员破格评聘中、高级专业职务试行办法》(黔人职〔1995〕23 号)同时废止。

文化部关于进一步做好文化系统体制改革工作的意见(文政法函〔2006〕1329 号)
(2006—07—12)

各省、自治区、直辖市文化厅局、新疆生产建设兵团文化局、本部各司局、国家文物局、各直属单位:

为贯彻落实中共中央、国务院《关于深化文化体制改革的若干意见》(中发〔2005〕14 号,以下简称《若干意见》)和全国文化体制改革工作会议精神,进一步深化文化系统体制改革,推动文化事业和文化产业的全面发展,结合文化系统实际,提出如下意见:

一、认真学习、深入领会《若干意见》和全国文化体制改革工作会议精神

深化文化体制改革,是以胡锦涛同志为总书记的党中央在科学判断国际国内形势,全面把握当今世界文化发展趋势,深刻分析我国基本国情和战略任务的基础上做出的关系全局的重大决策。各级文化部门要从全面落实科学发展观、构建社会主义和谐社会、建立完善的社会主义市场经济体制、推动中华文化走向世界、维护国家战略安全的高度,充分认识改革的必要性和紧迫性,认真学习和宣传《若干意见》和全国文化体制改革工作会议精神,全面理解、深刻领会中央关于文化体制改革的指导思想、方针原则、基本思路和目标任务,把思想统一到中央的精神上来,统一到中央关于改革的部署上来,进一步增强责任感和使命感。

二、切实贯彻"区别对待、分类指导、循序渐进、逐步推开"的工作方针,积极稳妥推进改革

各级文化行政部门要按照中央关于"六个坚持"和"六个形成"的要求,以发展为主题,以改革为动力,以体制机制创新为重点,紧紧围绕加强公共文化服务、重塑文化市场主体、完善市场体系、改善宏观管理、转变政府职能等关键环节,深入调查研究,摸清情况,理清思路,明确目标,把中央关于深化改革的精神和部署落实到行动中去。要切实贯彻"区别对待、分类指导、循序渐进、逐步推开"的原则,研究本部门和本系统文化体制改革的总体规划和实施方案。区别对待,就是要考虑东、中、西部不同地区经济社会发展的不平衡性,考虑城市和农村的差别,因地制宜,不搞一刀切,不要求用一个标准、一个模式解决所有问题。按照中央的部署,先行试点地区要在巩固已有成果的基础上,继续探索创新,并率先将改革在本地区推开。其他省(区、市)要先确定一批地、市和文化单位作为试点,取得经验后逐步展开。少数条件尚不成熟的地区可根据自身实际情况,深入调查研究,积极创造条件,为下一步改革做好思想准备和工作准备。各地文化部门要按照这一总体要求开展工作。分类指导,就是充分考虑不同行业、不同单位的性质和特点,分别提出不同的改革要求。要在公益性文化事业单位和经营性文化产业单位这一基本分类的基础上,结合文化发展的实际,进一步细化,对每一个文化单位的性质和功能进行认真的分析,有针对性地加强指导。循序渐进、逐步推开,就是要把改革的总体目标和阶段性目标有机统一起来,先点后面,先易后难,从实际出发,工作上积极主动,进度上可有先有后,完成时间上不搞整齐划一,确保改革有计划、有步骤、平稳有序地推进。

三、坚持"两手抓,两加强",创新体制,转换机制,推动公益性文化事业和经营性文化产业全面发展

一手抓公益性文化事业,一手抓经营性文化产业,做到"两手抓,两加强",是深化文化体制改革的基本思路。要坚持以政府为主导,鼓励社会力量参与,按照"增加投入,转换机制,增强活力,改善服务"的要求,大力发展公益性文化事业,积极构建覆盖全社会的比较完备的公共文化服务体系,为人民群众提供基本的公共文化服务。要充分发挥市场配置资源的基础性作用,大力发展文化产业,满足人民群众多方面、多层次的精神文化需求。一方面按照"创新体制,转换机制,面向市场,壮大实力"的要求,有计划、有步骤地推动经营性国有文化事业单位转制为企业;另一方面通过支持、鼓励和引导各类社会资本进入文化产业,兴办文化企业,形成以公有制为主体、多种所有制共同发展的文化产业格局。

国家兴办的图书馆、博物馆、文化馆(站)、群众艺术馆、美术馆等,面向社会提供公共文化服务,是公益性文化事业单位,实行事业体制。各级文化部门要按照"增加投入、转换机制、增强活力、改善服务"的基本要求,研究制定切合实际的改革办法。一是协助政府有关部门完善投入政策,逐步增加对公益性文化事业单位的投入,改善投入方式,严格财务管理,积极探索公共服务成本核算制,降低运行成本,提高资金使用效益。二是继续深化单位内部人事、分配制度改革,引入竞争激励机制。建立健全领导干部选拔任用、管理监督机制,探索实行从业人员职业资格制度,推行全员聘用和岗位目标责任制,完善奖惩机制。加快建立文化艺术人才社会化服务体系,促进人才资源合理配置和有序流动。在执行国家统一工资制度和工作政策的基础上,实行工效挂钩,按岗定酬,按任务定酬,按业绩定酬,加大内部收入分配改革力度。建立健全文化事业单位职工养老、医疗和失业保险等社会保障机制,保障职工合法权益,为公益文化事业单位的改革和发展创造良好的环境。三是确立公益性文化事业单位的功能定位,明确服务目标、任务和责任,制定公共文化服务质量标准体系,加强监管,建立健全以群众满意度为重要标准的公共文化服务绩效考评机制。

国家兴办的演出公司、电影公司、中介机构等,要落实政策保障,逐步向企业体制过渡。各级文化部门要对本部门所属的国有经营性事业单位进行分析梳理,确定重点,制定转制工作方案,分步实施。转企改制要在做好清产核资、资产评估、产权界定、非经营性资产剥离和不良资产的核销等工作的基础上稳步推进,并建立和完善资产经营责任制,探索国有文化资产监督管理的有效办法,防止国有文化资产流失。改制前已办理的各项专项审批手续和文化经营许可证不因单位性质的变化而取消。认真落实改革中涉及职工利益的有关政策,切实做好劳动人事、社会保障的政策衔接,按照老人老办法的原则,妥善解决好职工的社会保障和富余人员的分流安置等问题,维护好群众的基本利益。各地可以结合实际情况研究制定有关"中人"的安置政策。

对艺术表演团体的体制改革工作,要实行"一团一策"。既要大胆探索、勇于创新,又要积极稳妥、有序推进,在改革进度和目标设定方面不搞一刀切。要从各地各单位实际情况出发,根据不同艺术院团的发展状况、市场环境和主营艺术品种的性质,确定具体的改革政策。对于从事的艺术品种具有大众消费特征,有较强市场需求的,可以先行转企改制。要积极创造条件吸纳外部资金转制为股份制企业,鼓励社会资本参与国有艺术表演团体的股份制改造。对于从事高雅艺术演出的单位,在转制的同时,为培育市场,政府要给予一定补贴。对主要面向农村演出的国办基层艺术表演团体,继续给予政策扶持。转制的艺术院团在政府采购、政府评奖、对外文化交流等方面原享有的政策待遇不变;承担公益性创作演出任务,政府要给予支持;创作的优秀作品,政府要给予奖励;面向农村或者未成年人的公益性演出,政府要给予补贴。

国家兴办的体现民族特色和国家水准的艺术表演团体,承担重要艺术创作、研究和艺术教育等公益性任务的艺术研究机构、艺术学校、画院等单位,继续实行事业体制,由国家重点扶持。各地文化部门要从本地区文化事业的长远发展和人民群众不断增长的文化需求考虑,通过结构调整对现有的国有文化资源进行必要的整合,实现合理布局,有效利用。要从实际出发,协助各地党委和政府确定一批继续实行事业体制、政府重点扶持的文化事业单位,并按照"政府扶持,转换机制,面向市场,增强活力"的要求,制定深化改革的措施。一是要进一步明确政府扶持重点内容,探索扶持的有效方式。对重点艺术表演团体,要保证基本支出、基本设施建设,并在重点剧目创作、公益性演出、人才培养、艺术普及和走出去方面给予扶持。对艺术学校,按照教育体制改革的政策给予扶持。改进扶持方式,探索政府采购、专项补贴、项目投入等方式,提高资金使用效益,使财政资金更多地用于艺术生产和事业发展。二是要对文化部门所属的重点扶持的艺术表演团体和其他文化事业单位,实行目标责任制,通过合同等方式,确定必须完成的创作演出和事业发展任务,并建立监督考核与奖惩制度。三是要进一步推进内部机制的改革,充分调动干部职工积极性和创造性,特别是强化经营意识,建立与市场需求变化相适应的富有活力的艺术经营机制,提高开拓市场、服务社会的能力。

加快国有文化企业的公司制改造,鼓励、支持和引导非公有资本发展文化产业。按照国家有关政策规定,积极推进投资主体多元化,使国有和国有控股的文化企业真正成为自主经营、自我约束、自我发展的市场主体,形成一批有创新能力、著名品牌和市场竞争力的文化企业和文化企业集团。落实《国务院关于非公有资本进入文化产业的若干规定》,积极配合立法机关和有关部门,对不利于非公有经营发展文化产业的政策和法规进行认真清理,抓紧制定文化产业投资指导目录,允许非公有制经济进入法律法规未禁止的文化产业领域。在政策许可的范围内,鼓励非公有制经济参与国有文化单位的资产重组和产权结构调整。中央和地方建立的文化产业发展专项基金对符合条件的非公有制文化企业项目的支持,实行与国有、集体文化企业统一程序、统一标准。对有市场前景、发展潜力大、运行机制好的非公有制文化企业,给予重点扶持,鼓励做大做强,同时要加强对各类文化企业运营的监管。积极实施"走出去"战略,着力培养外向型文化企业,大力拓展国际市场,通过扩大文化产品和服务的出口,形成以民族文化为主体,吸收外来有益文化,推动中华文化产品和服务走向世界的文化开放格局。推动国家文化产业示范基地建设。

健全完善文化市场体系。积极发展文化产品和要素市场,形成统一、开放、竞争、有序的现代文化市场体系,促进文化产品、服务和文化资本、人才、信息、技术等文化生产要素在全国范围内有序流动。发展和完善独立公正、规范运作的文化中介服务机构,提高文化产品和服务的市场化程度。完善现代流通组织形式,发展连锁经营、物流配送、电子商务等现代流通方式。在大中城市推广演出、会展等文化活动的票务连锁服务。进一步推广音像、网吧、娱乐业连锁经营。加强文化市场监管,规范文化市场秩序。

四、调动社会力量办文化的积极性,支持、引导民办文化事业的发展

支持、引导个人、企业和其他社会组织兴办博物馆、图书馆、美术馆、纪念馆、艺术表演团体、老年大学、艺术学校、农村文化大院、农民书屋、农村电影放映队等各类具有公益性功能的民办非营利文化机构。探索"民办公助"的有效方式,对民办非营利文化机构予以扶持。加强国办公益性文化事业单位对民办非营利文化机构的指导,研究制定支持民办非营利文化机构的有关经济政策。将民办非营利文化机构从业人员纳入业务评估体系,专业技术达到相应水准的从业人员,可以参与相同或相近专业的职称评定。在政府部门主导的评奖、表彰、对外文化交流及知识产权保护等方面,民办非营利文化机构享有与国办文化机构同等待遇。

落实文化部、财政部、人事部、国家税务总局《关于鼓励发展民营文艺表演团体的意见》,支持民营艺术院团发展。允许民营文艺表演团体以合资、合作、并购等形式,参与市、县国办艺术团体转企改制。取消对民营文艺表演团体注册资本限额的特殊规定和个体演员证,放宽民营文艺表演团体的市场准入。加强对民营文艺表演团体创作演出剧节目的指导,帮助其提高艺术水准,以符合社会主义精神文明建设的要求。对于适合在基层农村演出的剧节目,可由政府购买版权,提供给民营文艺表演团体移植、改编和演出。在政府组织的文艺评奖或调演、演员及相关技术人员职称评定等活动中,给予民营文艺表演团体同等待遇。民营文艺表演团体参加非物质遗产保护工作,可以申请非物质遗产保护工程专项资金的资助。支持有条件的民营文艺表演团体参加国际民间文化交流活动,经批准的重大演出项目可给予一定的资金补助。鼓励社会资本向民营文艺表演团体面向基层、面向农村的公益性演出提供捐赠并享受国家有关税收优惠政策。积极引导民营文艺表演团体依法经营、诚实守信、健全管理,不断提高自身素质和水平。

五、以转变政府职能为着力点,改革文化行政管理体制

进一步理顺政府与市场、行业组织、企事业单位的关系,实行政企分开、政资分开、政事分开、政府与市场中介组织分开,逐步实现由办文化向管文化转变,由微观管理向宏观管理转变,由对文化直属单位和系统的管理向面向社会文化事务管理转变,从以行政管理为主,逐步转变为行政、经济、法律等多种管理手段并重。推进文化市场综合执法改革,建立统一的文化市场综合行政执法队伍。坚持属地管理,加强和充实县级文化市场行政执法队伍,充分发挥乡镇综合文化站监管作用。全国文化市场监控平台建设,建设覆盖全国的文化市场管理信息网络,提高文化市场监管能力和效率。推进和落实行政执法责任制,继续深化审批制度改革。建立健全文化中介组织和行业组织,丰富文化管理的功能结构和层次。充实和完善演出、音像发行、娱乐、网吧等行业协会的组织网络,支持行业协会在协调、监督、服务、自律等方面充分发挥作用,为文化市场提供专业化、社会化服务。

六、以落实和完善相关政策为重点,切实加强对文化体制改革工作的领导

各级文化行政部门要按照中央关于建立健全党委统一领导、政府组织实施、党委宣传部门协调指导、行政主管部门具体落实、有关部门密切配合的领导体制和工作机制的要求,在当地党委、政府的领导下,进一步建立健全文化体制改革领导机构,加强对文化体制改革工作的领导。要及时向党委、政府汇报,经常和有关部门沟通,确保改革有计划、有步骤、平稳有序的推进。各省、自治区、直辖市文化部门设立的改革领导机构要及时向文化部文化体制改革领导小组通报有关改革的重要进展情况。

制订完善并落实相关配套政策,积极推进文化立法,为文化体制改革顺利推进提供有力保障。各级文化行政部门要认真学习研究、全面贯彻落实已经出台的各项改革政策,并积极开展调研,针对改革中出现的具体问题,提出完善改革政策的具体方案,协助党委、政府研究制定更加细致和优惠的政策措施,为改革的深化提供良好的政策环境。特别是要积极配合有关部门研究制定和完善制约改革深化的公共文化事业投入、转企改制、社会保障、富余人员安置、国有文化资产管理等相关政策。科学测算改革成本,落实改革启动经费,确保改革的顺利进行。积极建立与公益性文化事业单位以及其他非营利文化机构的功能、任务相匹配的财政投入机制,确保正常运行所必需的经费。针对舞蹈、武功、杂技、管乐等特殊专业人员工作的特点,争取设立转岗培训专项资金,建立岗位培训机制,促进人员合理流动。落实、完善转制单位人员的社会保障政策,妥善解决人员流动时的社保关系转移、转制前后社保待遇衔接等问题,切实保障为国家文化事业作出突出贡献的文化艺术工作者的正当权益。进一步研究和完善支持转制单位发展的政策。

各级文化行政部门要在党委、政府的统一领导下,加强对文化系统改革工作的组织指导,精心组织文化体制改革方案的具体实施,及时总结经验,抓好典型示范和督促检查,把改革引向深入。

湖南省高等学校数字图书馆建设管理办法(试行)
(2006—08—01)

为了加强湖南省高等学校数字图书馆的建设与管理,充分发挥数字图书馆的投资效益,实现数字图书情报资源的共建共享,确保湖南省高等学校数字图书馆的可持续发展,特制定本办法。

第一章　总则

1. 湖南省高等学校数字图书馆(以下简称数字图书馆)是由湖南省教育厅与湖南师范大学共同投资,由省教育厅委托湖南师范大学建设,为全省高等学校提供教学、科研用数字图书情报资源服务的高等教育公用基础设施。

2. 数字图书馆按照"整体规划、统一标准、联合共建、资源共享"的原则进行建设和管理,以最大限度地满足全省高校教学科研对数字图书情报资源的需求。

第二章　权利与义务

3. 湖南省教育厅负责主持制定数字图书馆的建设规划、实施方案和管理办法,协调解决数字图书馆资源建设和管理运行中的重大问题,督促数字图书馆充分发挥数字资源的使用效益,引导数字图书馆实现可持续发展。

4. 湖南省高等学校图书情报工作委员会(以下简称高校图工委)负责对数字图书馆进行技术指导,组织制定统一规范的技术标准,统筹规划和组织、协调数字图书馆的资源建设,引导全省高校图书馆积极参与数字图书馆的建设和管理,实现资源共享,不断提高数字图书馆的建设水平和投资使用效益。

5. 湖南师范大学具体负责数字图书馆的建设与管理工作,提供数字图书馆运行所需的人员、场地、水电等必要的条件保障,确保数字图书馆系统的正常运转;代表数字图书馆签署各类数字资源及服务购置协议,做好数字资源购置、运行、维护、更新等日常工作;为使用单位提供技术培训、技术咨询和优质服务,解决相关技术问题;每年底向湖南省教育厅提交年度经费使用报告、投资效益报告、资源利用状况报告和下一年度的建设计划,并向高校图工委和各使用单位通报。

6. 各使用单位应高度重视和支持数字图书馆的建设,营造良好的网络环境和数字资源使用平台并确保其正常运行,鼓励全校师生充分利用数字图书馆的全部资源,为学校的教学、科研提供优质服务,对数字图书馆的建设和发展提出合理化建议,并及时足额缴付分摊的数字资源建设与使用经费。

将数字图书馆购置的资源在本单位另建镜像站点的单位,必须定期向湖南师范大学提交资源利用情况统计数据。

第三章　资源建设与管理

7. 数字图书馆的资源建设遵循"引进为主、自建为辅、分步实施、共建共享"的原则,充分发挥集团购买优势,最大限度地降低各校数字化信息资源的投资成本,并采用低价有偿使用的方式,实现数字资源的共建共享。

8. 引进资源以各高校公用的资源为主,其建设方案由数字图书馆通过广泛收集各使用单位需求信息后提出,高校图工委负责对建设方案进行审定并监督实施。引进资源的建设方案原则上每年制定一次,并采取"集团采购,成本分摊"的方式购置,各种资源采购合同原则上每年签订一次。对资源的后期购置采取滚动淘汰机制,对于使用率低的资源,不再继续购置。

9. 自建资源以各高校的特色数据库为主,自建资源项目由各使用单位自愿申报,高校图工委负责组织专家评审确定。建设单位和数字图书馆依法共同享有自建资源的知识产权,并可按我国知识产权保护的有关规定向使用单位提供有偿服务。

10. 全省高校均可免费使用我厅拨付的经费购置的数字资源。对采取"集团采购,成本分摊"的方式购置的数字资源,各使用单位必须及时足额缴付分摊经费后才能使用。

第四章　经费投入与资产归属

11. 数字图书馆运行所需的人员、场地、水电等经费及设备运行、维护经费主要由湖南师范大学承担,省教育厅适当给予补助。

12. 数字图书馆资源的购置、使用、维护费用由各使用单位按学校类型、教职工数量和办学规模分摊,具体分摊方案由高校图工委在广泛征求使用单位意见的基础上制定。

13. 由湖南师范大学建立数字图书馆经费专用账户,确保专款专用。数字图书馆专用经费应统筹安排,严格核算,其使用应公开、透明,符合国家有关财务制度,并接受省教育厅、高校图工委和各使用单位的监督。

14. 各使用单位所能利用的数字图书馆的所有数字资源均可作为其馆藏数字资源进行统计,并按实际投入资金总额计入使用单位的固定资产。

15. 本办法自公布之日起执行,其解释权属湖南省教育厅。

相关法律法规与政策性文件摘要

整理、编辑　张美怡(北京大学信息管理系)

法律法规

2006—2020 年国家信息化发展战略
(2006—03—19)

五、我国信息化发展的战略行动

(一)国民信息技能教育培训计划

加大政府资金投入及政策扶持力度,吸引社会资金参与,把信息技能培训纳入国民经济和社会发展规划。依托高等院校、中小学、邮局、科技馆、图书馆、文化站等公益性设施,以及全国文化信息资源共享工程、农村党员干部远程教育工程等,积极开展国民信息技能教育和培训。

青海省科学技术普及条例
(2006 年 3 月 30 日青海省第十届人民代表大会常务委员会第二十一次会议通过,青海省人民代表大会常务委员会公告第二十九号公布)
(2006—03—30)

第三章　社会责任

第十六条　文化、新闻出版、广播电视、电信等有关单位应当根据行业特点,开展科普工作。

各类报刊应当开辟科普专栏、专版;电视台、广播电台应当开办科普栏目,播出科普节目,发布公益性科普广告;出版发行单位应当加强科普书籍和科普音像制品的出版和发行;声讯服务台和网站应当提供科普类信息服务;影视生产、发行和放映单位应当加强科普影视作品的制作、发行和放映;图书馆、文化馆(站)、演出团体等文化事业单位应当结合各自特点,开展科普宣传活动。

云南省江城哈尼族彝族自治县自治条例
(1990 年 3 月 28 日云南省江城哈尼族彝族自治县第十届人民代表大会第一次会议通过　1990 年 4 月 27 日云南省第七届人民代表大会常务委员会第十一次会议批准　2006 年 1 月 20 日云南省江城哈尼族彝族自治县第十三届人民代表大会第四次会议修订　2006 年 3 月 31 日云南省第十届人民代表大会常务委员会第二十一次会议批准　2006 年 4 月 21 日云南省江城哈尼族彝族自治县人民代表大会常务委员会公告公布)
(2006—04—21)

第六章　自治县的社会事业

第四十条　自治县的自治机关发展具有民族特点的文学、艺术、新闻、出版、广播、电视、电影等文化事业。加强城乡文化馆(站、室)、图书馆等文化设施建设,培养民族文化艺术人才,开展群众性文化活动,丰富各族人民的文化生活。

<h3 style="text-align:center">云南省石林彝族自治县自治条例</h3>

(1986 年 10 月 14 日云南省路南彝族自治县第九届人民代表大会第四次会议通过　1986 年 10 月 29 日云南省第六次人民代表大会常务委员会第二十四次会议批准　2006 年 2 月 11 日石林彝族自治县第十四届人民代表大会第四次会议修订　2006 年 3 月 31 日云南省第十届人民代表大会常务委员会第二十一次会议批准　2006 年 4 月 26 日云南省石林彝族自治县人民代表大会常务委员会公告公布　自公布之日起施行)(注:路南彝族自治县于 1998 年 10 月 8 日经国务院批准,更名为石林彝族自治县)

(2006—04—26)

第六章　自治县的社会事业

第四十九条　自治县的自治机关发展具有民族特色的文学、艺术、新闻、出版、广播、电视、图书、档案等文化事业。加强文化馆、图书馆、博物馆、档案馆、方志馆等文化基础设施建设。自治县的自治机关扶持和发展具有民族特色的专业和业余文艺团体,培养文化艺术人才,培育和发展民族文化产业,打造阿诗玛民族文化精品。开展对外文化交流和群众性文化活动,丰富各族人民的文化生活。自治县的自治机关鼓励各种经济组织和个人投资兴办文化产业。依法规范文化市场秩序。

<h3 style="text-align:center">云南省兰坪白族普米族自治县自治条例</h3>

(1990 年 3 月 28 日云南省兰坪白族普米族自治县第八届人民代表大会第一次会议通过　1990 年 7 月 2 日云南省第七届人民代表大会常务委员会第十二次会议批准　2006 年 1 月 25 日云南省兰坪白族普米族自治县第十一届人民代表大会第四次会议修订　2006 年 3 月 31 日云南省第十届人民代表大会常务委员会第二十一次会议批准　2006 年 5 月 16 日兰坪白族普米族自治县人民代表大会常务委员会公告公布　自 2006 年 7 月 1 日起施行)

(2006—05—16)

第六章　自治县的社会事业

第四十四条　自治县的自治机关发展文学、艺术、新闻、广播、电影、电视等文化事业。加强档案馆、图书馆和文化馆(站)的建设,完善县、乡、村文化基础设施。培养文化艺术人才,扶持和指导业余文艺团体。鼓励集体和个人兴办文化产业。开展群众性的健康向上的文娱活动,丰富各族人民的文化生活。

自治县的自治机关重视挖掘、搜集、整理民族民间文化,保护历史文化遗产,做好民族图书的出版发行工作,编纂地方史志。

<h3 style="text-align:center">松桃苗族自治县自治条例(2006 修正)</h3>

(1988 年 4 月 30 日松桃苗族自治县第九届人民代表大会第二次会议通过　1988 年 9 月 20 日贵州省第七届人民代表大会常务委员会第四次会议批准　根据 2006 年 3 月 12 日松桃苗族自治县第十三届人民代表大会第四次会议通过,2006 年 5 月 26 日贵州省第十届人民代表大会常务委员会第二十一次会议批准的《松桃苗族自治县人民代表大会关于修改〈松桃苗族自治县自治条例〉的决定》修正)

(2006—05—26)

619

第四十一条　自治县的自治机关发展民族文化事业,加强对少数民族非物质文化遗产和名胜古迹、文物等物质文化遗产的保护和抢救;加强博物馆、图书馆、文化馆、文化站等文化基础设施建设;挖掘优秀民族民间文化资源,培养民族民间文化传承人;抢救、征集、搜集、整理、研究、保护和开发民族民间文化珍品、文献典籍和实物。

台湾"著作权法"
(2006—05—30)

第48条　供公众使用之图书馆、博物馆、历史馆、科学馆、艺术馆或其他文教机构,于下列情形之一,得就其收藏之著作重制之:

一　应阅览人供个人研究之要求,重制已公开发表著作之一部分,或期刊或已公开发表之研讨会论文集之单篇著作,每人以一份为限。

二　基于保存资料之必要者。

三　就绝版或难以购得之著作,应同性质机构之要求者。

第51条　供个人或家庭为非营利之目的,在合理范围内,得利用图书馆及非供公众使用之机器重制已公开发表之著作。

潮州市名人档案管理办法
(2006—06—09)

第六条　收集名人档案通过以下形式进行:

(四)对其他档案馆及其他部门(如图书馆、纪念馆、博物馆等)保管的名人档案的复制或交换目录;

云南省档案征集暂行办法
(2006—06—19)

第二章　档案征集

第十八条　既是文物、图书资料又是档案的,档案馆可以与博物馆、图书馆、纪念馆等单位相互交换重复件、复制件或者目录。

松桃苗族自治县人民代表大会关于修改《松桃苗族自治县自治条例》的决定

(2006年3月12日松桃苗族自治县第十三届人民代表大会第四次会议通过　2006年5月26日贵州省第十届人民代表大会常务委员会第二十一次会议批准　2006年6月30日松桃苗族自治县人民代表大会常务委员会公告[2006]第1号公布)

(2006—06—30)

三十七、第三十四条改为第四十一条,修改为:"自治县的自治机关发展民族文化事业,加强对少数民族非物质文化遗产和名胜古迹、文物等物质文化遗产的保护和抢救;加强博物馆、图书馆、文化馆、文化站等文化基础设施建设;挖掘优秀民族民间文化资源,培养民族民间文化传承人;抢救、征集、搜集、整理、研究、保护和开发民族民间文化珍品、文献典籍和实物。"

"自治县发展文学艺术、新闻出版、广播影视等事业,扶持具有民族特色的公益性文化事业,加强公共文化服务体系建设,定期举办少数民族文艺汇演,培育和发展民族文化产业。"

威宁彝族回族苗族自治县人民代表大会关于修改《威宁彝族回族苗族自治县自治条例》的决定

（2006 年 4 月 1 日威宁彝族回族苗族自治县第十四届人民代表大会第四次会议通过　2006 年 7 月 19 日贵州省第十届人民代表大会常务委员会第二十二次会议批准　2006 年 8 月 24 日威宁彝族回族苗族自治县人民代表大会常务委员会公告［2006］第 1 号公布）

（2006—08—24）

五十一、第五十九条改为第四十七条,修改为:"自治县的自治机关发展民族文化事业,加强对非物质文化遗产和名胜古迹、革命遗址、文物等物质文化遗产的保护和抢救;加强博物馆、图书馆、文化馆、文化站等文化基础设施建设;挖掘优秀民族民间文化资源,培养民族民间文化传承人;抢救、征集、搜集、整理、研究、保护和开发民族民间文化珍品、文献、典籍和实物。定期举办少数民族文艺汇演。"

东营市城市基础设施配套费征收管理办法
（2006—09—05）

第六条　下列建设项目免缴城市基础设施配套费:
(十)博物馆、图书馆、档案馆、艺术馆、少年宫等文化设施;

黔西南布依族苗族自治州人民代表大会关于修改《黔西南布依族苗族自治州自治条例》的决定

（2006 年 3 月 28 日黔西南布依族苗族自治州第五届人民代表大会第六次会议通过　2006 年 7 月 19 日贵州省第十届人民代表大会常务委员会第二十二次会议批准　2006 年 10 月 1 日黔西南布依族苗族自治州人民代表大会常务委员会公告［2006］第 1 号公布）

（2006—10—01）

五十三、第五十二条改为第五十五条,修改为:"自治州的自治机关发展具有民族特色的文学艺术、新闻出版、广播电影电视等文化事业,培养文艺创作人才和民族民间文化传承人。"

"自治州加强图书馆、博物馆、文化馆（站）、影剧院等文化设施建设,对山区和贫困地区的广播、电影、电视等文化事业给予扶持。"

围场满族蒙古族自治县自治条例
（2006 年 3 月 9 日围场满族蒙古族自治县第四届人民代表大会第四次会议通过　2006 年 9 月 28 日河北省第十届人民代表大会常务委员会第二十三次会议批准）

（2006—10—12）

第四章　经济建设与社会发展
第五十一条　自治县自治机关加强文化事业建设,重视发展具有民族形式和民族特点的文学艺术,办好文化馆、图书馆、博物馆、档案馆和乡镇文化活动中心,丰富各族人民的文化生活。

四川省实施《中华人民共和国民族区域自治法》若干规定
（2006—11—09）

第二十七条　上级人民政府应当从资金、政策等方面支持民族自治地方建设博物馆、图书馆、文化馆、文化站等文化基础设施,保护民族民间古籍、文物、民族民间传统文化。

云南省迪庆藏族自治州自治条例
（1989 年 7 月 16 日云南省迪庆藏族自治州第七届人民代表大会第四次会议通过　1989 年 10 月 21 日云南省第七届人民代表大会常务委员会第八次会议批准　2006 年 8 月 15 日云南省迪庆藏族自治州第十一届人民代表大会第一次会议修订　2006 年 9 月 28 日云南省第十届人民代表大会常务委员会第二十四次会议批准　2006 年 11 月 28 日迪庆藏族自治州人民代表大会常务委员会公告公布）
（2006—11—28）

第六章　自治州的社会事业

第五十五条　自治州的自治机关发展具有民族特点的文学、艺术、新闻、出版、广播、电视、电影等文化事业。保护和发掘以藏文化为主的香格里拉多民族文化资源,实施民族文化精品工程,创建特色文化品牌,繁荣民族文化事业,培育和发展民族文化产业。

自治州的自治机关加强民族文化之乡的建设,完善博物馆、图书馆、文化馆、乡村社区文化站(室)等文化基础设施。培养民族文化艺术人才,优待民族民间文化传承人。开展健康有益的群众性文化活动,丰富各族人民的文化生活。

文化建设与图书馆

新疆维吾尔自治区关于认真贯彻国务院《公共文化体育设施条例》加强公共文化体育设施建设与管理的意见
（自治区文化厅、自治区体育局、自治区发展和改革委员会、自治区财政厅、自治区建设厅、自治区国土资源厅　2005 年 12 月 9 日）
（2006—01—25）

一、自治区公共文化体育设施建设和管理的范畴:由国家和社会投资兴办的,向公众开放用于开展文化活动的公益性的图书馆、博物馆、纪念馆、美术馆、群艺馆、文化馆(站、室)、体育场(馆)、青少年宫(活动中心)、工人文化宫(活动中心);由国家或社会力量投资兴办的,面向公众服务、以公益性为主、兼有经营性的剧场、影剧院等的建筑物、场地和设备(以下简称公共文化体育设施)。

三、规划、建设和管理公共文化体育设施是各级人民政府(行署)义不容辞的责任。各级文化、体育行政主管部门按照同级人民政府(行署)规定的职责,负责本行政区域内的公共文化体育设施的监督管理。

要努力实现自治区文化事业发展规划关于"县县有文化馆、图书馆,乡乡有文化站,村和社区有文化室",以及体育事业发展规划"到2010 年,全区三分之二的地(州、市)要建设和完善能够承办全区性综合运动会和部分全国单项体育比赛功能的体育中心,全区三分之一的县(市、区)体育设施要达到自治区体育先进县标准(即:一个标准田径场、一个灯光篮球场、一个标准游泳池、一个训练房)"的建设目标。要在现有公共文化设施(主要是公共图书馆、群众艺术馆、文化馆、文化站、文化室)中积极开辟由该公共文化设施管理单位统一管理的老年、少儿和残疾人文化活动场所;体育场(馆)要重视向青少年、老年和残疾人群体开放,尽可能满足各方面群众的文化活动需求。

十、公共文化体育设施管理单位应从自身功能、特点出发,并结合当地公众的作息规律,合理安排开放时间。公共图书馆、博物馆、展览馆、群艺馆、文化馆、影剧院和城市街道文化站、社区文化室应坚持每周7天开放,不少于自治区文化行政部门规定的开放时间;农村文化站(室)应根据农牧业生产的季节特点,合理安排开放时间。国家法定节假日和学校寒暑假期间,应适当延长开放时间,并应适当增设适合学生特点的文艺活动项目。公共体育场(馆)应当每天早、晚向公众开放,企事业单位的体育场(馆)应当定期向社会开放,学校的体育场(馆)在节假日期间应当对学生免费开放。公共文化体育设施因维修等原因需要暂停开放的,应提前7日向社会公示。

中共温州市委关于加快建设文化大市的决定(温委〔2006〕3号)
(2006—01—26)

三、加快建设文化大市的主要任务

10、实施文化阵地提质工程。巩固和发展社会主义文化阵地,是文化大市建设的基础性工程。既要加快文化阵地建设步伐,更要努力提高文化阵地质量和内涵。要进一步丰富和充分发挥现有图书馆、文化馆、博物馆、科技馆、体育馆、档案馆以及工人文化宫、青少年活动中心、老年活动中心等文化设施的功能和作用,继续建设一批现代化文化设施,尤其是要加快温州大剧院建设步伐。以加强县及县以下特别是农村、社区公益性文化阵地的建设为重点,形成比较完备的基层公共文化服务体系。县(市、区)要搞好文化设施的布局调整,重点抓好图书馆、文化馆、影剧院、青少年活动中心"两馆一院一中心"的规范化建设,建好一批群众性、大众化、综合型的文化场所。乡镇(街道)要以"东海明珠金海岸"文化工程建设为载体,大力加强以乡镇(街道)文化站为中心的乡镇基层文化设施建设,积极培育一批文化示范村和文化示范社区,基本建成覆盖城市大部分社区和村的基层工作网络和基础文化设施。大力推进文化下乡,逐步做到经常化、制度化。到2010年争取多数的县(市、区)成为省级以上文化先进县,60%的乡镇(街道)建成省东海文化明珠和市金海岸文化明珠,城乡万人拥有公共文化设施面积达1000平方米。

浙江省文化建设"四个一批"规划(2005—2010)
(2006—02—10)

二、建设一批重点文化设施

(一)有序建设标志性文化设施

1. 省级标志性文化设施

在原有省博物馆、省图书馆、杭州剧院等大型文化设施基础上,续建西湖文化广场、黄龙体育中心,新建浙江美术馆、浙江日报传媒广场、浙江广电传媒大厦、浙江高科技广播影视后期制作中心、浙江小百花艺术中心、浙江国际旅游展示中心等省级标志性文化设施,根据需要适时规划建设省级其他大型文化设施。省级标志性文化设施要服务浙江全省,充分体现浙江文化特征与品位,要积极探索建立现代管理运营机制,充分发挥其经济与社会效益,真正成为展示交流浙江文化、促进浙江文化发展的标志。

(二)加强建设基层文化设施

1. 县级文化设施

　　按照全省县级图书馆、文化馆、档案馆、体育场馆达标建设规划,加快欠发达县文化设施建设。条件具备的县,可适时建设综合性的文化艺术中心、体育中心。具有独特地方文化资源的县(市),可建设特色博物馆,成为展示、保护地方文化资源的重要载体。要根据地方特色、经济实力和城镇规模,量力而行,提高设施的经济社会效益。

　　2. 社区文化设施

　　社区文化具有很大的需求空间。社区文化设施含图书馆、电子阅览室、文化活动室、健身路径、游泳池、健身活动室、篮球场、羽毛球场等。要按照国家文明城市考核指标和全国文化信息资源共享工程的要求,结合浙江实际,加快制定落实社区文化设施标准,加强活动场所室内外面积、安全、卫生标准的监督落实。要鼓励财政转移支付、以奖代拨、社会集资、个人捐助、单位社区共建等多渠道融资,积极探索社区文化健身休闲场所建设、运营、维护的新形式,要积极扶持鼓励社区业余文化演出团队开展活动,丰富居民文化生活。

　　(三)着力建设文化信息网络设施

　　3. 文化信息网络

　　加快全省文化信息资源共享工程建设,基本形成覆盖全省所有市县和重要单位的文化信息网络。加快浙江省图书馆数字图书项目建设进程,与全省各地电子图书馆联成便捷网络,并与国内外重要数字图书馆、数字期刊联网互通,实现图书信息资源的共建共享。积极推进浙江社会科普网络、档案资源信息网络建设,普及人文社科知识,实现全省档案资源信息共享。

中共云南省委、云南省人民政府关于加强公益性文化事业建设的若干意见

(云发[2006]2号)
(2006—02—24)

　　一、公益性文化事业的性质和范围

　　(一)公益性文化事业是由国家兴办,不以营利为目的,面向社会、面向公众提供公共文化服务的文化事业及其相关载体。其主要内容涵盖公益性的文学艺术、新闻出版、广播影视、文物博物、群众文化、体育事业等领域。国家兴办的图书馆、博物馆、文化馆(站)、科技馆、群众艺术馆、美术馆等为群众提供公共文化服务的单位,为公益性文化事业单位。党报、党刊、电台、电视台、通讯社、重点新闻网站和时政类报刊,少数承担政治性、公益性出版任务的出版单位,重要社会科学研究机构,体现地方民族特色和较高水准的艺术院团,实行事业体制,由政府重点扶持。

　　三、"十一五"时期公益性文化事业建设的主要目标和重点工程

　　(四)全省"十二五"时期公益性文化事业建设的主要目标:到2010年,确保实现全省县县有达到国家规范建设标准的图书馆、文化馆、体育场馆和农村电影流动放映队伍,乡乡有文化(广播、体育)站,城市社区有文化、体育服务设施,60%以上的行政村有文体活动室,90%的行政村建立妇女之家(妇女学校);国家级重点文物保护单位得到全面维护和合理利用,85%以上的省级文物保护单位得到抢救性维护,50%以上的重点博物馆和有文物但无库房文管所的保管条件达到规范要求;20户以上通电的自然村村村通广播电视,全省每个县都建有"村村通"维修维护站,实现云南广播电台经济生活、音乐、交通旅游、民族语四套节目覆盖全省,广播、电视人口综合覆盖率达到95%以上,进一步改变边境地区广播电视"外强我弱"的局面;初步构建起以省为中心,州市为枢纽,县、乡、村为基点的完整的公益性文化事业设施和服务体系,逐步形成民族文化特色鲜明、文化精品不断涌现、文化服务体系日益完善、社会效益显著提高的公益性文化事业发展新格局。

　　(五)公益性文化事业建设的重点工程。为确保全省公益性文化事业建设目标的顺利实现,要不

断加快实施"文化基础设施两馆一站建设工程"、"千里边疆文化长廊建设工程"、"农村电影放映 2131 工程"、"文化信息资源共享工程"、"民族民间传统文化保护工程"、"兴边富民文化建设工程"和"广播电视西新工程"、"村村通工程"等八项公益性文化建设重点工程。要按照填平补齐、满足基本功能需求和不重建、不漏建的原则,在"十一五"期间力争建成省博物馆、云南大剧院等省级重点项目和若干个州、市级公益文化事业重点项目;重点规划新建和改扩建县级图书馆、文化馆 70 个,乡镇文化站 800 个;实施省级文物保护维修工程 20 项,博物馆文管所库房建设工程 9 项;规划建设行政村科技文化室(含妇女之家)8000 个以上;创建特有民族文化保护区 16 个,特色文化保护区 9 个,省级民族民间文化艺术之乡 50 个,培养民族民间文化传承人 100 个,为实现民族文化大省的战略目标奠定坚实的基础。

宁夏回族自治区党委办公厅、人民政府办公厅关于进一步加强农村文化建设的实施意见
（宁党办[2006]12 号）
（2006—03—10）

二、加大农村公共文化建设的力度

3. 积极发展农村文化信息资源共享工程服务点建设。文化信息资源共享工程要与农村文化设施建设统筹规划,综合利用,使县文化馆、图书馆和乡镇综合文化站、村文化活动室逐步具备提供数字化文化信息服务的能力。依托农村党员干部现代远程教育和农村中小学现代远程教育网络,以共建方式发展基层服务点。

5. 坚持以政府为主导,以乡镇为依托,以村为重点,以农户为对象,发展县、乡(镇)、村文化设施和文化活动场所,构建农村公共文化服务网络。到 2010 年,全面实现县有文化馆、图书馆,乡镇有综合文化站,行政村有多功能文化活动室。县文化馆要具备综合性功能,图书馆要加强数字化建设。乡镇文化站要建成集图书阅读、广播影视、宣传教育、文艺演出、科技推广、科普培训、体育和青少年校外活动于一体的综合性文化阵地,配备专职人员管理。村文化活动室要坚持"一室多用",明确由一名村干部具体负责,定期定时开放,组织群众活动。充分发挥农村中小学在开展农村文化活动方面的作用,提倡中小学图书室、电子阅览室定时就近向农民群众开放,把中小学校建成宣传、文化、信息中心。积极探索对居住偏远、分散村社提供流动文化服务的途径和办法。

四、改革创新农村文化建设体制和机制

1. 深化县级文化馆、图书馆等公益性文化事业单位的劳动、人事、分配制度改革,建立健全竞争、激励、约束机制和岗位目标责任制,全面实行聘用制和劳动合同制。县文化馆、图书馆、乡镇综合文化站等公益性的事业单位,严格禁止企业化或变相企业化,不得以拍卖、租赁等任何形式,改变其文化设施的用途,已挪作他用的,要限期收回。县、乡文化机构要面向农村,面向基层,制订年度农村公益性文化项目实施计划,明确服务规范,改进服务方式,开展流动文化服务。加强对农村文化骨干和宣传文化中心工作人员的培训,扶持奖励民办文化,自治区文化主管部门每年要对县、乡宣传文化骨干免费培训一次,对效果突出的民办文化要给予表彰奖励。

内蒙古党委办公厅、政府办公厅关于进一步加强农村牧区文化建设的实施意见
（内党办发[2006]12 号）
（2006—04—07）

二、切实加强农村牧区公共文化建设,保障和实现农牧民基本文化权益

3. 加强农村牧区公共文化设施建设。进一步完善以旗县(市、区)为龙头,以苏木乡镇为依托,以

嘎查村为重点,以农牧户为对象的公共文化设施服务网络。到 2010 年,实现旗县(市、区)有较高标准的文化馆、图书馆,苏木乡镇有综合文化站,行政嘎查村有文化活动室。旗县(市、区)文化馆要具备综合性功能,图书馆要加强数字化建设。苏木乡镇要结合机构改革和站(所)整合,组建集图书阅读、广播影视、宣传教育、文艺演出、科技推广、科普培训、体育和青少年校外活动等于一体的综合性文化站,并配备专职人员管理。嘎查村文化活动室可"一室多用",明确由一名嘎查村干部具体负责。"十一五"期间,各级政府要结合撤乡并镇改革,统筹规划苏木乡镇综合文化站建设,改善基层文化站条件。边境地区和地广人稀适宜开展流动服务的牧区苏木乡镇文化站要配备多功能流动文化车,开展灵活、多样、方便的文化服务。对经济欠发达困难地区的文化建设,自治区财政可给予适当的资金补助。大力实施文化信息资源共享工程,积极发展农村牧区基层服务点,力争到 2010 年,全面建成自治区、盟市、旗县(市、区)分中心和 30% 以上城市社区、苏木乡镇基层中心,形成以基层图书馆、群艺馆、文化馆、苏木乡镇和社区综合文化站、嘎查村文化室(中心)、校园网、有线电视网等为依托,遍及城乡的文化信息资源服务网络。要依托农村牧区党员干部现代远程教育和农村牧区中小学现代远程教育网络,以共建方式发展基层服务点。在学校布点整顿中腾出的闲置校舍,可改造为嘎查村文化活动基地。充分发挥农村牧区中小学在开展农村牧区文化活动方面的作用,提倡中小学图书室、电子阅览室定时就近向农牧民群众开放,把中小学校建成宣传、文化、信息中心。

三、繁荣农村牧区文化事业,丰富农牧民群众精神文化生活

7. 开展丰富多彩的群众文化活动。坚持业余自愿、形式多样、健康有益、便捷长效的原则,积极开展内容健康、形式多样的群众文化活动,丰富和活跃农牧民群众精神文化生活。承办"中国·内蒙古国际草原文化节"的盟市,由自治区财政从文化事业建设费中补助 100 万元。各级政府要对群艺馆、文化馆、图书馆、文化站等公益文化单位除给予正常经费外,还要保障必要的活动经费和图书馆购书经费。全区各级艺术表演团体全年下基层演出不少于 4000 场,每支乌兰牧骑每年下基层演出不少于100 天。采取演出补贴和奖励等措施,鼓励各级艺术表演团体深入基层演出。紧密结合农牧民脱贫致富的需求,倡导他们读书用书、学文化、学技能,普及先进实用的农牧业科技知识和卫生保健常识。以创建文明村镇、文明户等为载体,积极引导广大农牧民群众崇尚科学,破除迷信,移风易俗,抵制腐朽文化,提高思想道德水平和科学文化素质,形成文明健康的生活方式和社会风尚。继续实施草原书屋工程,深入开展农村牧区图书联展活动,各盟市新华书店利用农闲季节和节假日,定期组织旗县(市、区)书店举办丰富多彩的图书展销、图书赶集会等活动,繁荣农村牧区书市。根据时代的特点和农牧民群众精神文化需求的变化,不断充实农村牧区群众文化活动内涵,创新活动形式。

四、创新文化建设体制和机制,增强农村牧区文化发展活力

10. 加快推进公益性文化事业单位改革。要按照增加投入、转换机制、增强活力、提高公共服务水平的原则,深化旗县(市、区)文化馆、图书馆在劳动、人事、分配等方面的内部改革,建立健全竞争、激励、约束机制和岗位目标责任制,全面实行聘用制和劳动合同制。旗县文化馆、图书馆、苏木乡镇综合文化站等属于公益性事业单位,不得企业化或变相企业化,不得以拍卖、租赁等任何形式改变其文化设施的用途;已挪作他用的,要限期收回。旗县(市、区)、苏木乡镇文化机构要面向农村牧区,面向基层群众,制订年度农村牧区公益性文化项目实施计划,明确服务规范,改进服务方式,开展流动文化服务,加强对农村牧区文化骨干和文化中心户的免费培训辅导,扶持发展民办文化。

五、繁荣农村牧区文化市场,促进农村牧区文化产业发展

13. 鼓励发展农村牧区民办文化。通过民办公助、政策扶持,鼓励农牧民自办文化,开展各种面向农村牧区、面向农牧民的文化经营活动,使农牧民群众成为农村牧区文化建设的主体。积极扶持热心文化公益事业的农牧户组建文化大院、文化中心户、文化室、图书室等,允许其以市场运作的方式开展形式多样的文化活动。支持农牧民群众自筹资金、自己组织、自负盈亏、自我管理,兴办农牧民书社、

个体放映队等,大力扶持民间职业剧团和农村牧区业余剧团、演出队的发展。引导文化专业户相互联合,进行市场化运作,逐步向个体、私营等非公有制文化企业发展,变资源优势为产业优势。扶持以公司加农户、专业加工户等形式,从事农村牧区特色文化产品开发和文化服务,促进农村牧区文化产业发展。有关行政部门要简化对农村牧区个体、私营等非公有制文化企业的登记审核程序,在土地使用、信贷、行业政策等方面,与国有文化企业享受同等待遇。要通过免费培训农村牧区文化骨干、提供文化交流项目、组织文艺汇演等多种方式,引导、扶持和推动农牧民自办文化的繁荣发展。将自办文化从业人员纳入岗位考核和业务评估体系,专业技术水平达到相应程度的自办图书馆、民办剧团及从业人员,可参加相应级别的职称评定。鼓励社会资本在政策允许的范围内,以各种形式兴办文化实体,形成以公有制为主体、多种所有制共同发展的农村牧区文化产业格局。

中共黄山市委、黄山市人民政府关于深化文化体制改革的意见
(黄字〔2006〕16号)
(2006—04—16)

三、积极探索文化体制改革新路子,进一步明确文化体制改革的主要任务

7. 改革国有文化单位。加快公益性文化事业单位内部管理体制、运行机制以及事业经费投入方式和管理方式的改革;促进经营性文化单位创新体制、转换机制,重点实施公司制改造,建立现代企业制度。文化企事业单位要进一步深化内部改革,全面推行劳动、人事、分配三项制度改革,实行全员考评聘用制、任期目标责任制、岗位工资制等。要按照管人管事管资产相结合原则,规范国有文化事业单位转制,加强对国有文化资产的监管,确保国有资产安全,确保国有资产保值增值,防止国有资产流失。合理界定转制企业产权归属,明确出资人权利,建立资产经营责任制。

党报、电台、电视台等新闻媒体是重要的思想文化阵地,实行国有事业体制,享受国家重点扶持政策,同时要优化组织结构、整合内部资源、转变经营方式,科学划分新闻媒体宣传业务与经营业务,实现宣传与经营两分开、事业与产业两分开。政府投入兴办的图书馆、博物馆、群艺馆、文艺创研室、文化馆(站)等,继续实行事业体制。市歌舞剧团要在原改革基础上,继续深化改革、完善制度、激发活力、提高效益。一般艺术院团、一般出版单位、影剧院、新华书店、文化经营中介机构等,要逐步转制为企业。

四、进一步建立健全文化体制改革工作的保障机制,保证改革顺利进行

11. 继续加大政府对公益性文化事业的投入力度,改革扶持方式,发挥资金效益。各级政府应在财政预算中逐年增加对公益性文化基础设施的投入,逐步构建公共文化服务体系。加大对农村文化、社区文化、企业文化的投入,创作和塑造一批文化精品。政府文化投入要重点投向满足人民群众公共文化产品与服务需求的文化馆、图书馆、博物馆,尤其是增加对农村乡镇文化广播电视站、村文化室等城乡文化基础设施的投入以及文物保护、文化遗产保护、民族优秀传统文化扶持等。积极推进文化信息资源共享工程、广播电视村村通工程、农村电影放映工程。政府对文化事业单位和文化企业单位的投入方式,要以项目投入为手段、激发活力为目标,提高资金使用效益。进一步完善鼓励捐赠和赞助等各项政策,引导社会资金以多种方式投入文化公益事业。

郑州市文化局关于加强农村文化建设的实施意见
(2006—04—24)

一、指导思想和目标任务

2. 农村文化建设的目标任务是,按照建设社会主义新农村的要求,大力繁荣农村文化事业,到2010 年基本形成适应社会主义市场经济体制、符合社会主义精神文明建设规律的农村文化建设新格局,全面实现县(市)区有文化馆、图书馆,乡镇有综合文化站,行政村有文化室的目标。

二、实施内容

1. 大力推进县级图书馆、文化馆建设。严格按照国家县级图书馆、文化馆一级馆要求,采取以地方为主,申请上级适当补贴的方式,重点指导和支持巩义市、登封市、中牟县和市属六区新建、扩建图书馆。同时,努力促进已有图书馆、文化馆上档升级,并逐步达到国家、省"两馆"建设标准。

2. 规范乡镇综合文化站建设。按照省定乡镇文化站标准,扶持、命名 5 个示范文化站。建立和完善县、乡两级文化专干培训考核制度,充分利用郑州市群众艺术馆以及各县(市)文化馆的人才优势,分级分批举办培训班,加大培训力度,提高基层文化工作者的综合素质,发挥乡镇文化站在农村文化服务体系中的重要作用。

3. 加强村级文化室建设。制定出台村级文化室建设标准。由市图书馆组织培训村图书室管理人员,指导建立完善村图书室,并扶持1—2 个行政村图书室。选择、命名 10 个示范村文化室,以全面推动村级文化室建设,培训农村业余文化骨干,建好业余文化队伍,使农村文化活动室建设落到实处,功能逐步完善。

8. 加快文化信息资源共享工程建设。争取市财政支持,申请上级专项经费,建立郑州文化网,新建一些县、乡、社区文化信息资源共享分中心和基层网点,实现郑州市图书馆与县(市)图书馆联网,并与郑州文化网对接,使广大人民群众能够享受到健康丰富的文化信息资源。

10. 组织开展好送文化下乡活动。积极组织全市专业演出团体、群艺馆、图书馆等公益性文化单位,开展经常性、多样性的送文化下乡活动。

青岛市人民政府关于加强农村文化建设的实施意见
(青政发〔2006〕15 号)
(2006—04—25)

一、目标任务

1. 按照大力发展社会主义先进文化的要求,加快实施"新农村文化家园"建设工程,经过 3 年的努力,基本建立起设施完善的市(区)、镇(街道)、村三级文化服务网络。县级文化馆、图书馆全部达到国家一级馆标准,镇镇建有综合文化站,村村建有文化活动室,村图书室藏书量达到农民人均一册书,一村一月放映一场电影,建成覆盖全市农村的数字化文化信息服务网络。积极发展农村文化产业,规范农村文化市场管理,不断满足人民群众日益增长的精神文化需求,为率先建成社会主义新农村提供强大的精神动力和智力支持。

二、实施"新农村文化家园"建设工程

2. 完成市(区)文化馆、图书馆达标升级。各市(区)要按照文化部一级馆的评估定级标准,从场馆面积、藏书数量、数字化建设、文化信息资源共享和经费投入、人员编制等方面,对县级文化馆、图书馆进行对照检查,逐项落实。要创新机制,加强管理,充分发挥文化馆和公共图书馆在满足广大农民学习科学文化知识方面的作用。

5. 建设农村数字化文化信息服务网络。积极推进农村文化信息资源共享工程建设。充分利用现有信息资源传播设施,把"共享工程"与数字电视、农村党员干部现代远程教育工程、农村中小学现代远程教育工程、政务网、公共图书馆、文化馆等基层文化活动中心相连接,争取在全国率先建成覆盖全市城乡的文化信息网络,为农民群众提供数字化文化信息服务,促进"数字青岛"建设。

12. 开展"大地欢歌"为主题的文化艺术活动。每年组织"大地欢歌"农村文化艺术节。组织实施文化活动在村镇、文化展览在村镇、文化讲座在村镇、读书活动在村镇"四在"活动和群文辅导进村镇、电影放映进村镇、专业文艺演出进村镇、图书馆服务进村镇"四进"活动,提高农民参与程度,用先进的文化活动充实农民群众生活。

三、创新农村文化建设的体制机制

14. 加强农村公共文化设施的管理。文化馆、图书馆、博物馆、美术馆、镇综合文化站属于公益性公共事业单位,不得挪用、拍卖、租赁,不得以任何形式改变其用途。对市财政投入的各种设备,市主管部门要会同各市(区)进行国有资产登记,并对管理和使用情况进行定期检查评估。镇综合文化站要配备专职管理人员,村文化活动室明确由一名村干部具体负责。要本着建好、管好、使用好、服务好的原则,制定镇综合文化站、村文化活动室建设的管理办法,最大限度发挥其作用,使其真正成为农民群众学用科技、接受先进文化、丰富业余生活的主要载体。

15. 搞好农村文化事业单位改革。按照公益性和经营性分开的原则,对文化馆、图书馆、博物馆、美术馆、镇综合文化站等公益文化单位,各级政府不断加大投入力度,确保其正常运转。同时,公益文化单位要转换机制,全面推行聘用制和劳动合同制,增强活力,提高服务水平。

中共陕西省委办公厅、陕西省人民政府办公厅关于进一步加强农村文化建设的实施意见
(陕办发[2006]17号)
(2006—05—10)

三、采取有效措施,推进农村公共文化建设

5. 进一步加强文化基础设施建设。坚持以政府为主导,以乡镇为依托,以村为重点,以农户为对象,发展县、乡镇、村文化设施和文化活动场所,构建农村公共文化服务网络。"十一五"期间,省上支持建设46个县级图书馆、文化馆,200个乡镇综合文化站,500个农村示范文化室,维修改造50个县级影剧院。各市、县必须将基层文化设施建设项目列入发展规划和年度建设计划,加大资金投入,积极推进本地区"两馆一站一室"建设。到2010年,基本实现县有文化馆、图书馆,乡镇有综合文化站,村有文化室的目标。

各县要结合乡镇机构改革和站(所)整合,组建集图书阅读、广播影视、宣传教育、文艺演出、科技推广、科普培训、体育和青少年校外活动等于一体的综合文化站。根据《陕西省乡镇(街道)文化站编制标准》,重新清理核实文化站编制,配备专职人员,专人专用。综合文化站要做到"五有"(有机构、有设施、有人员、有经费、有活动)与"三证"(《事业单位登记证》、《土地使用证》和《房产证》)齐全。村文化室可"一室多用",配备必要的音响、图书、计算机、桌椅、乐器等设备,明确由一名村干部具体负责。在学校布点整顿中腾出的闲置校舍,可改造为村文化活动基地。提倡农村中小学图书室、电子阅览室向农民群众开放。对老少边穷及地广人稀适宜开展流动服务的地区,各县要为文化馆配备多功能流动文化车,开展灵活、多样、方便的文化服务。

8. 开展农村数字化文化信息服务。以省、市、县图书馆、群艺馆、文化馆和乡镇综合文化站、村文化室为依托,加快陕西文化信息资源共享工程省级中心、基层中心和基层服务点建设,支持扶贫开发工作的重点乡镇、村建立服务点。逐步使县文化馆、图书馆和乡镇综合文化站、村文化室具备向农村群众提供文化信息数字化服务的能力。加快公共图书馆电子阅览室建设,为共享工程基层中心建设创造条件。"十一五"期间,省上扶持建设200个示范性基层中心。各市、县政府要统筹规划,加强本地区公共图书馆电子阅览室和共享工程基层中心服务点建设。各级党建、文化和教育部门要紧密合作,依托农村党员干部现代远程教育和农村中小学现代远程教育网络,以共建方式发展共享工程基层

服务点,实现资源共享。

9. 推动服务"三农"出版物的出版发行。新闻出版部门要在出版计划、出版重点上向农村倾斜,每年支持一批服务"三农"、建设社会主义新农村为主的重点出版物。政府要在资金、税收等方面予以支持,县新华书店应在农村设立销售点,使农民群众需要的图书就近能找得到、买得起、读得懂、用得上。切实改进报刊发行发送工作,让农民群众及时看上报刊。继续实施送书下乡工程。在"十一五"期间,以政府采购形式,省上每年集中招标采购一批适用于农村的图书,直接配送到县图书馆、乡镇综合文化站和村文化室,方便农民群众阅读。各市、县要组织实施本地区的送书下乡工程。支持发展农民读书社等农民自助读书组织,为农民群众读书提供方便,推进农村学习型和知识型社会建设。

五、深化改革,创新机制,不断提高农村文化建设水平

16. 加快公益性文化事业单位改革。县级文化馆、图书馆的改革主要是增加政府投入,转换机制,增强活力,提高公共服务水平。全面实行聘用制和劳动合同制。深化劳动、人事、分配等方面的内部改革,建立健全竞争、激励、约束机制和岗位目标责任制。实施公共图书馆、文化(群艺)馆和乡镇综合文化站从业人员从业资格制度。各级人事行政部门要将乡镇综合文化站的专业技术人员纳入职称评聘范围,关心他们的职称待遇问题。县文化馆、图书馆和乡镇综合文化站等属于国家兴办的公益性公共文化事业,不得企业化或变相企业化,不得以拍卖、租赁等任何形式,改变其文化设施的用途。已挪作他用的,在2006年底前要全部收回。严防各类公共文化设施国有资产在搬迁或更新改造中流失。县、乡公共文化机构要面向农民群众,明确服务内容,改进服务方式,提高服务水平。

六、动员社会力量,积极支持农村文化建设

23. 组织开展农村文化服务活动。各级教育、人事部门要在"大学生志愿服务西部计划"和"高校毕业生到农村服务计划"中增加农村文化服务内容,鼓励应届大学毕业生到乡镇综合文化站从事文化信息传播、活动组织、人员培训等活动,服务期限为两年,其生活补贴由省、市财政共同支付。服务期满后三年内报考硕士研究生,可享受初试总分加10分的优惠,在同等条件下招生单位优先录取,并享受报考公务员有关优先录用政策。从2007年起,各级文化行政部门要制定措施,对新招录进入群艺馆、文化馆、图书馆、美术馆、艺术研究所等全额预算事业单位的高校毕业生,可根据具体情况,适当安排到乡镇综合文化站服务1年。服务期间工资,福利待遇不变,交通费和生活补贴由原单位负担,服务经历作为聘任上岗、职称评定等的重要依据。

七、明确职责,切实加强对农村文化建设的组织领导

25. 切实加大政府投入力度。各级财政行政部门要统筹规划,加大对农村文化建设的投入,扩大公共财政覆盖农村的范围,不断提高用于乡镇和村的比例。同时,保证一定数量的中央转移支付资金用于乡镇和村的文化建设。省、市、县应设立农村文化建设专项资金,确保农村重点文化建设资金需求。各县要认真落实文化馆活动经费和图书馆购书经费的最低标准。乡镇综合文化站经费要按照最低标准纳入县级财政预算,足额拨付,保证工作和活动正常开展。

26. 加强农村文化队伍建设。从2006年起,县级文化馆、图书馆和乡镇综合文化站补充人员要根据岗位空缺情况,纳入当地事业单位公开招聘工作人员计划,由县人事、文化行政部门从具有大专以上学历和所需专业的人员中按照公开、平等、竞争、择优的原则,通过统一考试和考核招聘。鼓励高校毕业生到县文化馆、图书馆和乡镇综合文化站从事文化工作,改善干部队伍知识结构。采取有力措施,加强县、乡镇和村文化室文化从业人员及农村文艺骨干的培训,提高他们的综合素质和业务能力。充分发挥民间艺人、文化能人在活跃农村文化生活、传承发展民族民间文化方面的作用,巩固农村文化建设的群众基础。注意发挥农村文化经纪人的作用。对作出突出贡献的农村文化单位和基层文化工作者予以表彰奖励,在全社会形成关心支持农村文化建设的良好氛围。

深圳市纪委、市监察局关于进一步加强廉政文化建设的意见
（2006—05—16）

三、挖掘和整合促进廉政文化建设的相关资源

（一）开发廉政文化产品。由市委党校廉政建设教研室牵头成立深圳廉政文化研究会，吸纳相关部门和科研院所的研究力量，开展廉政文化理论研究，不断丰富深圳廉政文化的内涵，提炼有深圳特色的廉政建设先进理念，有计划地编辑出版一批高质量的廉政文化图书。市纪委、市监察局每年要编印反腐倡廉学习资料，摄制宣传正面典型事迹的专题片和剖析典型案例的警示片，供党员干部学习、观看。市纪委要定期编印《国外反腐败动态》，供全市局级以上领导干部参阅。市、区纪委要制作廉政宣传手册和廉政指引以及经济实用的宣传品，将一些思想性和艺术性较高的廉政宣传片和警示片制成光盘，赠予公共部门、社会团体和图书馆，方便市民使用和取阅。市、区纪检监察和宣传、文化部门要集中人力、财力，组织文艺工作者创作一批高质量的反腐倡廉文学艺术和影视作品，聘请专业人士策划制作一批优秀的廉政公益广告。城管、文化、旅游等部门，要因地制宜规划和建设廉政文化景观。

（三）拓展廉政文化活动的平台。每年集中开展一至二项廉政文化创建和推广活动，如举办"廉政文化论坛"、廉政知识竞赛、廉政歌曲创作比赛、廉政书画大赛（展）、反腐倡廉文艺汇演等，形成规模，扩大影响。同时，有关部门要把廉政文化纳入"深港文化交流与合作计划"，融入"深圳文化大讲堂"、"深圳市民论坛"、"深圳读书月"、"社会科学普及周"、"少儿艺术节"、"四进社区"等文化活动；让影剧院、音乐厅、图书馆、美术馆、展览馆、文化宫、群艺馆、文化广场等场馆成为廉政文化建设的主阵地，充分发挥职能作用。审判机关和深圳监狱要积极提供警示教育活动的平台，方便党员干部通过旁听典型案件庭审、实地参观监狱等形式接受警示教育。

新乡市公益文化事业捐赠管理暂行办法
（2006—05—29）

第二条　自然人、法人或其他组织为以下公益文化事业捐赠财产的，适用本办法。

（一）对公益性图书馆、博物馆、科技馆、美术馆、革命历史纪念馆、爱国主义教育基地等的捐赠；

第三条　捐赠应当是自愿和无偿的，禁止强行摊派或变相摊派，不得以捐赠为名从事营利活动。

第四条　捐赠的财产由文化行政管理部门负责接收，但捐赠人有指定用向的，也可由受赠的公益性文化团体接收。受赠的财产及其增值为社会公共财产，受国家法律保护，任何单位和个人不得侵占、挪用和损毁。

第五条　鼓励自然人、法人或其他组织为公益文化事业捐赠。对公益文化事业捐赠有突出贡献的自然人、法人或其他组织，由市人民政府或有关部门予以表彰。对捐赠人进行公开表彰的，应当事先征求其意见。

第六条　捐赠人可以与受赠人就捐赠财产的种类、质量、数量、用途等内容订立捐赠协议。捐赠人有权决定捐赠的数量、用途和方式。

捐赠人应当依法履行捐赠协议，按照捐赠协议约定的期限和方式将捐赠财产转移给受赠人。

第七条　捐赠人有权向受赠人查询捐赠财产的使用、管理情况，并提出意见和建议。对于捐赠人的查询，受赠人应当如实答复。

第八条　受赠人接受捐赠后，必须向捐赠人出具合法、有效的收据，将受赠财产登记造册，妥善保管。

第九条　文化行政管理部门应当将受赠财产用于资助公益文化活动和事业，不得以本机关为受

益对象。公益性文化团体应当将受赠财产用于发展本单位的公益文化事业,不得挪作他用。

第十条　受赠人应当严格遵守国家的有关规定,按照合法、安全、有效的原则,积极实现受赠财产的保值增值。对于不易储存、运输和超过实际需要的受赠财产,受赠人可以变卖,所取得的全部收入,应当用于捐赠目的和用途。

第十一条　受赠人应当依照国家有关规定,建立健全财务会计制度和受赠财产的使用制度,加强对受赠财产的管理。

第十二条　受赠人应当及时公开接受捐赠的情况和受赠财产的使用、管理情况,接受社会监督。每年度末应当向政府有关部门报告受赠财产的使用、管理情况,并接受政府有关部门对其财务进行的审计。

第十三条　受赠人与捐赠人订立捐赠协议的,应当按照协议约定的用途使用捐赠财产,不得擅自改变用途。

第十四条　受赠人未征得捐赠人许可,擅自改变捐赠财产性质、用途的,由县级以上人民政府有关部门责令改正;挪用、侵占或者贪污捐赠款物的,由县级以上人民政府有关部门责令退还所用、所得款物。

依照前款追回、追缴的捐赠款物,应当用于原捐赠目的和用途。

第十五条　受赠单位的工作人员,滥用职权,玩忽职守,徇私舞弊,致使捐赠财产造成重大损失的,依照有关规定予以处理;构成犯罪的,依法追究刑事责任。

第十六条　纳税人对公益文化事业的捐赠,经同级文化行政管理部门确认,并经同级税务机关审核后,可享受税收优惠政策。

陕西省文化厅关于认真学习贯彻中共陕西省委办公厅、陕西省人民政府办公厅关于进一步加强农村文化建设的实施意见的通知

(2006—05—30)

二、贯彻落实17号文件,要发挥文化主管部门的职能协调作用。各市、县要结合本地区、本单位的实际,认真学习、领会文件精神。各级文化主管部门及群艺馆、文化馆(站)、图书馆、文艺表演团体、电影放映单位的负责同志要带头学习,正确掌握和运用文件中的各项政策,不断提高落实政策的水平和能力。要充分发挥文化主管部门的职能协调作用,提出本地区落实文件精神,促进农村文化工作发展的新思路、新举措和新办法,不空喊口号,不做表面文章,扎扎实实地抓好文件精神的贯彻落实工作。

五、贯彻落实17号文件,要做好文件精神的宣传工作。在抓好学习的基础上,要采取灵活多样的宣传方式,多层次、全方位地开展宣传工作。各地要运用图书馆、群艺馆、文化馆、综合文化站、村文化室、文艺表演团体、电影放映单位等文化阵地,利用广播、电视、报刊、网站等新闻媒体开展宣传活动。在宣传17号文件和省重点文化建设项目的同时,也要注重宣传本地区、本单位的重点建设项目、重大文化活动、服务于农民群众的先进典型等,充分体现各级党委、政府对农村文化工作的重视和支持,营造加快农村文化建设的工作氛围和社会舆论,推动我省农村文化事业迈上新的台阶。

中共甘肃省委办公厅、甘肃省人民政府办公厅关于进一步加强农村文化建设的实施意见
（省委办发〔2006〕42号）
（2006—06—21）

二、组织实施农村文化建设工程,逐步完善农村公共文化服务体系

（一）加强县乡村三级公共文化基础设施建设。坚持以政府为主导,完善县级、建设乡级、发展村级公共文化基础设施,到2010年,实现全省县有文化馆、图书馆,乡镇有综合文化站,行政村有文化活动室。县文化馆要具备综合性文化服务网络功能。县图书馆要具备图书收藏、公共阅览、信息查询等功能,逐步向数字化迈进。乡镇综合文化站要通过整合文化资源,逐步建成集图书阅读、广播影视、宣传教育、文艺演出、科技推广、科普培训、体育健身和青少年校外活动于一体的综合性文化站,配备专职人员管理。村文化活动室建设要做到场地固定、管理规范、一室多用。

（四）推动文化信息资源共享工程。在积极争取国家专项资金的同时,各级财政要搞好资金配套,加快全省文化信息资源共享工程建设步伐。县文化馆、图书馆率先普及数字化文化信息服务网络,并逐步向乡镇综合文化站、村文化活动室延伸。同时,要依托农村党员干部现代远程教育和农村中小学现代远程教育网络,实现文化信息资源共享工程与农村文化设施建设的统筹规划、综合利用,共同建设发展基层服务点。

五、理顺体制,创新机制,不断增强农村文化建设的生机与活力

（一）稳步推进国有文化事业单位改革,提高农村公共文化服务水平。县文化馆、图书馆,乡镇综合文化站等公益性文化事业单位,要在确保投入的前提下,进一步深化劳动、人事和分配等内部制度改革,建立健全竞争、激励、约束机制和岗位目标责任制,全面实行聘用制和劳动合同制,不断增强活力,提高服务质量。市、县、乡镇艺术院团、电影公司、电影院、新华书店等经营性文化事业单位,要选择部分试点,积极开展转企改制工作,广泛吸收社会资本参与进行股份制改造,鼓励采取文企合作、院线制、连锁经营等多种形式,实现投资主体多元化,在更大范围整合文化资源,进一步壮大实力,增强活力,提高服务农村文化建设的能力。

杭州市文化广电新闻出版局关于开展"百姓文化工程"系列活动的通知
（杭文广新科〔2006〕6号）
（2006—07—06）

一、活动内容和要求

（四）建设百个村级图书网络流通站

各区、县（市）、乡镇要充分发挥现有图书馆（室）的作用,落实村级图书流通站的场地和管理人员,把农民群众看得懂、用得上的科普读物和通俗读物流通到村一级,把服务触角延伸到村落。省级"东海文化明珠"的乡镇（街道）建立3个以上、市级"东海明珠"乡镇建立2个以上村级图书流通站,其他乡镇（街道）至少有一个以上村级图书流通站。市、区、县（市）公共图书馆要积极开展"捐一本书"活动,将万册图书送到村图书室去。

浙江省文化产业项目投资指南
（2006—07—25）

六、文化艺术服务

18. 文化保护和文化设施服务

坚持保护与开发并重,积极吸纳非公有资本投资参与文物保护和文化设施建设。根据相关规划,建设一批高质量的图书馆、博物馆、档案馆、烈士陵园和纪念馆,加强文物库房和安全技防建设,以及不可移动文物的保护和开发。

——市场准入:鼓励和支持非公有资本进入博物馆和展览馆;不得进入国有文物博物馆。

——重点领域:建设和经营图书馆、博物馆、展览馆和纪念馆。民间博物馆文物的复制以及文物复制品、相关纪念品、相关书报刊和音像制品的经营,提供文物影像服务等。投资参与良渚文化遗址、跨湖桥遗址等古文化遗址的保护和开发,经营不影响文物安全的衍生文化产品和服务。

杭州市文化广电新闻出版局办公室关于深化文化体制改革推进文化创新的意见
(杭文广新党办〔2006〕13号)
(2006—07—27)

二、围绕解放和发展文化生产力,推进体制机制创新

(三)转换机制,增强公益性事业单位发展活力

1. 继续深化内部三项制度改革

坚持和完善领导干部公开选拔、竞争上岗制度。实行基层领导任期目标和中层干部年度聘任考核。按照《干部任用条例》,在考核基础上,通过"公开职位、公开条件、公开程序、公开竞争",建立优秀人才脱颖而出的选拔机制。

不断创新用人制度。继续推行以聘用制为基本内容的用人制度,新进人员实行公开招聘、考试考核录用。建立新型人事关系,用人单位和聘用人员按照合同约定双方的权利与义务,逐步解除固定的人事依附关系。对文化特殊人才采用考核办法择优引进。对因阶段性工作需要的人员实行临时聘用。

创新完善分配制度。研究统发工资政策下的搞活工资自主分配办法,建立灵活多样的分配激励机制。单位一把手分配与本单位分配制度适当分离,根据年终目标责任制考核结果兑现工资待遇。图书馆、少儿馆、群艺馆继续推行岗位管理,打破职称、学历、资历和身份限制,加大内部分配制度改革力度。市艺校要完善校、科二级分配制度,坚持分配与效益挂钩,拉开专业间及教职员间的收入档次。

建立健全以岗位目标责任制为核心的各项制度。进一步健全岗位设置及目标责任制。完善单位内部考核体系,推行按岗位系数和实绩系数决定收入分配的考核机制,将实绩考核与岗位分配挂钩。深化职称评聘分开制度,推行专业技术人员职称评审社会化,职称职务聘任由单位引入竞争机制,按照结构比例竞争上岗。

2. 创新完善公益性文化事业单位体制

调整市本级一馆二中心机构编制。根据创文化名城的要求,重新设置杭州图书馆新馆内部机构及人员编制,以适应杭州图书馆的职能与定位;整合全市艺术创作资源,成立"杭州市艺术创作研究中心",加强我市的文艺创作与研究;调整市广播电视监测中心编制,确保广播电视监测职责的履行。

整合社会文化资源。整合六城区区级图书馆资源,在"九馆一证通"基础上建设"十五馆一证通"系统。以市图书馆、少儿图书馆为中心,建立淳安、桐庐市少儿图书馆分馆。继续办好张铭音乐图书分馆和西泠印社图书分馆,扩展专业图书馆功能,强化专业特色,提供专业服务。以市群艺馆为中心馆,协调区县(市)馆,建立公益性文化单位网络,形成市、区(县、市)、街道、社区的多级管理与服务体系。继续加强市艺校与各类专业学校的联合教学与交流,加强与各类用人单位的合作,争取在学生的升学和就业环节上有新的突破。

3. 创新服务方式,面向基层改善服务

坚持面向基层、面向群众,明确服务规范,改进服务方式,不断提高服务水平。

市图书馆要发挥中心图书馆作用,带动杭州地区公共图书馆全方位开放,为读者提供无障碍阅读服务环境;以建设"平民图书馆"为抓手,进一步向社会及家庭延伸;开展"捐一本好书,献一份爱心"活动,动员社会各界捐助乡镇图书馆。每县(市)重点扶持2—3家乡镇图书馆,将公共图书服务延伸到基层;推进全市公共图书馆数字化建设与管理;探索杭州市图书馆事业基金会的有效运作;组建"图书馆之友"组织,举办知识讲座读者及联谊活动,扩大公共图书馆的社会影响力。

少儿图书馆要实践"以书育人,寓教于乐"服务理念,发挥临安、淳安、桐庐少儿分馆及各流通点作用,办好少儿馆网站中外名著导读等特色栏目,为全市少年儿童提供适合少儿身心健康的读书服务;建好明德图书馆,关注儿童早期教育开发,开办智力玩具图书馆,与香港亲子活动中心合作开展低幼儿智力开发工作;以动漫大赛县(市)巡展为契机,开展面向全市城乡少年儿童的读书、娱乐、教育等活动。

中共杭州市委办公厅、杭州市人民政府办公厅关于全面推进文化体制改革的实施意见
(市委办〔2006〕12号)
(2006—07—31)

三、全面推进文化体制改革的目标任务

9.加快构建公共文化服务体系。

工作目标:通过转变服务观念,加强政策法规建设、基础设施建设、组织队伍建设、服务能力建设,构建比较完善的公共文化服务体系,增强公共文化服务能力,实现和保障人民群众基本文化权益。

主要任务:

——转变文化服务观念。转变群众文化观念,树立公共文化理念,提高公民文化权益意识。打破服务对象、服务区域、服务手段的限制,开展无界限服务,探索建立适合市场经济的公共文化服务手段和方式。鼓励社会力量参与公共文化服务体系建设。

——完善四级文化设施网络。按照"优化结构、均衡布局、突出重点、分级配置"原则,规划文化设施布局,抓好一批重点文化设施建设和改、迁建工程,优化市、区县(市)、街道(乡镇)、社区(村)四级公共文化设施网络,建成区基本形成15分钟文化服务圈。整合资源,加强管理,改善服务,切实提高设施利用率。

——抓实一批重点工程。落实《中共中央办公厅、国务院办公厅关于进一步加强农村文化建设的意见》(中办发〔2005〕27号),加大农村文化投入,加强农村文化建设。抓好新一轮东海明珠工程、农村科技文化信息网点、广播电视"村村通"工程、农村电影放映"2131"工程、社区文化信息资源共享工程、百姓文化工程和小康健身工程等一批重点工程。

——丰富群众文化生活。建立"三下乡"、"四进社区"的长效机制,探索完善演艺大篷车、流动图书馆等多种形式的文化服务机制。鼓励企业文化、校园文化、广场文化等的发展。以经济困难家庭、外来务工人员和残疾人为重点,推出为弱势群体提供文化服务的优惠举措,积极开展面向弱势群体的文化活动和精神文明创建活动。

四、扎实推进改革和发展的五大建设

16.加强设施建设。市本级重点建好杭州波浪文化城、动漫卡通城、市图书馆新馆、广电中心、杭报文化产业大楼、国际会议中心、杭州奥体中心等市属重点文化设施及一批文化名城保护、文化旅游开发工程。各区、县(市)要按相关标准,重点加强文化馆、图书馆、广播电视台、电影院、科技馆、档案

馆、青少年活动中心等设施建设。街道(乡镇)、社区(村)重点要推进文化设施标准化建设,建设综合性多功能公共文体场所。

陕西省农村文化建设实施方案
(2006—08—07)

一、我省农村基础文化建设的现状

近年来,我省农村基础文化建设取得了一定的成绩,全省现有县级文化馆 111 个,县级图书馆 103 个,乡镇文化站 1621 个,城镇影剧院 108 个。从事农村文化工作的专业人员 4600 多人,农村文化服务网络基本健全。但是由于长期以来对农村文化建设重视不够、投入不足,全省现有 20 个文化馆、26 个图书馆由于馆舍狭小、设施陈旧不能正常开展活动;现有的乡镇文化站,绝大多数因面积狭小或有站无址、缺乏必要的活动设备,不能开展经常性的文化活动;有 80 个影剧院因年久失修、线路老化、设备陈旧、存在严重的安全隐患;农村文化工作人员年龄老化,知识陈旧,文化服务能力普遍较低,难以满足广大农民群众对文化生活的需求。因此,加强农村基础文化建设是摆在我们面前的一项重要而紧迫的任务。

四、实施新农村文化建设项目的主要内容

根据我省实际,"十一五"期间重点实施以下项目:

1."两馆一院一站一室"建设工程

"两馆"即县级文化馆和图书馆,"一院"即城镇影剧院,"一站"即乡镇文化站,"一室"即乡村文化活动室。按照《陕西省国民经济和社会事业发展第十一个五年规划》,"十一五"期间,我省将建设 4 个市级图书馆、20 个县级文化馆和 26 个县级图书馆、200 个乡镇文化站和 500 个村级示范文化室,维修改造 50 个影剧院。

4. 文化信息资源共享工程

该工程自从 2002 年实施以来,全省已建成省、市、县、乡基层中心和服务站(点)70 个,开通了陕西文化信息网,建成了 19 个大类共 132 个文化信息资源数据库。2006 年将按照文化部的资助计划,选择 3 个试点县,推动工程深入实施。

(1)加强文化信息资源征集。加大自有文化资源征集,购买优秀文化资源版权,编辑制作一批具有自主版权的分布式专题数据库,为文化信息资源共享工程提供丰富的数字资源。

(2)搞好共享工程试点县工作。确定凤翔县、泾阳县和安塞县作为共享工程建设试点县,分别在县级图书馆建设县级分中心,在每个乡镇文化站和 10% 的行政村建设服务站(点)共 120 个。

(3)与农村党建、中小学远程教育等站(点)相结合,实现农村文化、教育、党建等资源共建共享。

5、农村文化人才培训工程

为了进一步提高各级文化干部的整体素质,拟将省艺术馆、省图书馆作为全省文化干部培训基地,完善和新增部分设施设备,对面向农村服务的图书馆、文化馆(站)业务人员、管理人员、文化信息资源共享工程技术人员和数字电影设备维护放映人员等开展经常性的培训工作,每年培训 800 人。

无锡市政府关于支持文化事业和产业发展的若干政策意见
(锡政发〔2006〕286 号)
(2006—08—10)

一、加强公共文化建设

3. 对因城乡建设确需拆除或改变其功能、用途的图书馆、博物馆、纪念馆、美术馆、文化馆(站)、新华书店、体育场(馆)、青少年宫、工人文化馆、广播电视发射台、转播台、微波站等公共文化设施,必须按照国家有关规定报批。经批准拆除或改变其功能、用途的,应按照规划要求择地重建,一般不得小于原有规模。迁建工作应坚持先建设后拆除或建设拆除同时进行的原则,迁建所需费用由造成迁建的单位承担。新建住宅小区由建设单位按照有关规定配套建设社区文化活动用房。

6. 对政府兴办的公益性文化单位,包括:图书馆、文化馆(站)、博物馆、科技馆、革命历史陈列馆、美术馆等公益性文化单位,各级财政要确保人员经费和业务活动经费等方面的拨款,逐年增加所属图书馆购书和博物馆文物的征集经费。

7. 继续对纪念馆、博物馆、文化馆(站)、美术馆、展览馆、书画院、图书馆、文物保护等文化单位举办文化活动的门票收入免征营业税。对公益性青少年活动场所暂免征企业所得税。

中共贵州省委、贵州省人民政府关于推进文化体制改革和加快文化发展的若干意见
(2006—08—18)

三、深化文化事业单位改革

7. 对现有文化事业单位明确不同改革要求:

——政府兴办的图书馆、博物馆(纪念馆、陈列室)、文化馆(站)、科技馆、群众艺术馆、美术馆等为群众提供公共文化服务的单位,为公益性文化事业单位,必须面向基层、面向群众,向社会提供更多更好的公共文化服务。

8. 加大公益性文化事业投入。随着经济社会的发展,建立财政性文化投入稳定增长的机制,保证文化事业经费的增长幅度高于财政经常性收入的增长幅度,逐步提高全省财政性文化投入在财政支出中的比例,重点加大对文化基础设施建设、农村文化建设、文物和民族民间非物质文化遗产保护的投入。进一步完善城市(镇)、社区文化基础设施。将文化基础设施建设项目作为社会服务设施的重要内容纳入城市(镇)总体规划、城市(镇)近期建设规划、土地利用总体规划和使用计划,对图书馆、博物馆(纪念馆、陈列室)、文化馆(站)、科技馆、群众艺术馆、美术馆等公益性文化基础设施建设用地,可采取行政划拨的方式解决,并免收城市基础设施配套费。在文明城市(区)、文明县城、文明村镇的创建和测评中,将有一定规模、水平和特色的文化基础设施作为一项硬指标进行考核。文化事业单位转让、开发土地取得的收益,全额用于文化基础设施建设。支持采用"建设—运营—移交"(BOT)方式吸引国内外资本参与文化基础设施建设。贯彻落实《贵州省农村文化建设规划纲要(2006—2010年)》(黔党办发[2006]7号),继续实施文化信息资源共享工程、广播电视村村通工程和农村电影放映工程,新建一批县级图书馆、文化馆和乡镇综合文化站。设立农村文化建设专项资金,用于支持农村文化家园建设。把历史文化名城(街区)、名镇、名村保护规划纳入城乡规划。凡涉及文物保护事项的建设项目,必须依法在项目批准前征求文物行政部门的意见,在进行必要的考古勘探、发掘并落实文物保护措施以后方可实施。非文化文物部门利用文物设施和文物保护单位开发旅游项目,应将所得收入的3%缴入当地财政专户,由当地财政部门和文物保护机构负责管理,用于本地文物保护,专款专用。进一步健全非物质文化遗产保护名录体系,建立比较完备的文化遗产保护制度。对确属濒危的少数民族文化遗产和文化生态区,要尽快列入保护名录,落实保护措施,抓紧进行抢救和保护。定期对有重大影响的民族民间优秀文化的传承人授予荣誉称号,给予必要的补助和奖励。落实《国务院办公厅转发〈财政部、中宣部关于进一步支持文化事业发展的若干经济政策〉的通知》(国办发[2006]43号)中鼓励捐赠和赞助的有关规定,拓宽渠道,引导社会资金以多种方式投入文化公益事业。

9. 改进和完善政府扶持方式。增加政府采购计划中文化产品和服务所占的比例,通过文化产品

和服务的采购来体现政府的重点扶持。实施文艺影视创作、演出和理论研究精品工程,实行项目预算,增加项目补助,以项目投入为手段,推动文化事业单位的工作重心落实到围绕党委、政府的工作大局而进行的重大项目运作上。图书馆、博物馆(纪念馆、陈列室)、文化馆(站)、科技馆、群众艺术馆、美术馆等公益性文化事业单位在自有场所举办文化活动取得的门票收入,免征营业税,用于加强和改善公益性文化服务。文化事业单位可以对其享有使用权的土地、房产、建筑物依法进行经营、租赁、转让,对以划拨方式取得的土地使用权及其地上房产、建筑物进行经营、租赁、转让的,由有批准权的人民政府审批,依法办理有偿用地手续。

中共金华市委办公室、金华市人民政府办公室关于全面推进文化体制改革的实施意见
(市委办〔2006〕105 号)
(2006—09—05)

二、全面推进文化体制改革的主要任务

(一)深化文化事业单位改革

7. 科学界定现有文化事业单位的不同性质和功能。国家兴办的图书馆、博物馆、文化馆(站)、群众艺术馆、美术馆等为群众提供公共文化服务的单位,为公益性文化事业单位。

(四)构建公共文化服务体系

14. 加快文化设施建设。认真实施文化阵地工程,为丰富人民群众精神文化生活提供必需场所。市里要加快博物馆、群艺馆、图书馆和大剧院等文化场馆建设,各县(市、区)要以图书馆、博物馆、文化馆、乡镇文化站、社区和村级文化活动中心等基础性设施建设为重点,巩固充实基层文化工作的物质基础。按照建设社会主义新农村的目标要求,落实《中共中央办公厅、国务院办公厅关于进一步加强农村文化建设的意见》(中办发〔2005〕27 号),加大农村文化基础设施建设投入,重点抓好新一轮广播电视"村村通"工程、农村电影放映工程和文化信息资源共享工程,进一步优化公共文化设施的区域布局,提高文化设施覆盖率和利用率。

中共湖南省委办公厅、湖南省人民政府办公厅关于加强农村文化建设的实施意见
(湘办发〔2006〕26 号)
(2006—09—18)

三、加强农村文化工作队伍建设

健全农村文化工作机构。对县文化馆、图书馆实行责任制和目标管理,强化其农村文化服务的职能,切实提高服务能力和水平。根据农村文化工作需要,结合农村综合改革,组建集图书阅读、广播电视、宣传教育、文艺演出、科技推广、科普培训、体育和青少年校外活动等于一体的综合性文化事业站所,配备相应的工作人员管理。县文化馆、图书馆、乡镇文化事业站所为公益性事业单位,不得企业化或变相企业化,不得以拍卖、租赁等任何形式,改变其文化设施的用途;已挪作他用的,要限期收回。乡镇文化事业站所工作人员由乡镇人民政府管理,业务上接受县文化行政部门指导,各行政村要明确1 名村干部负责村级文化设施的管理。

四、逐步完善农村文化阵地网络

农村文化阵地建设要统筹规划,防止无效投入、重复建设,防止闲置和浪费。要整合资源,统筹宣传、党建、文化、广电、教育、体育、科技、计生、群团、老年活动场所的规划建设和综合利用,充分发挥现有各类文化阵地的综合效益。在建设好县文化馆、图书馆的同时,重点搞好乡镇、村文化设施和文化

活动场所建设。已有的乡镇文化站要丰富内涵,完善设施,有效利用,规范管理;新建的乡镇文化事业站所要因地制宜,合理布局,建在交通便利、人口相对集中、文化活动频繁的地方。行政村要利用村级组织活动场所、学校腾出的校舍、屋场、戏台等建好文化活动室(场),面向农民群众开展文化服务。充分发挥中小学在开展农村文化活动方面的作用,实现中小学图书室、电子阅览室定时就近向农民群众开放,把中小学校建成宣传、文化、信息中心。

五、丰富农民群众的精神文化生活

加大公益性文化服务的力度。以政府采购形式,每年集中招标采购一批适用于农村的出版物,直接配送到部分乡镇文化事业站所和村文化活动室;层层开展"政府买单、群众看戏看电影"活动,送戏送电影到农村。县文化馆、图书馆要加强对乡镇文化工作的辅导,帮助开展文化活动。建立和完善城市对农村的文化援助机制,组织开展文化扶贫活动,动员组织城市单位和居民向农村捐赠文化用品和提供文化服务。

江苏省政府关于加快文化事业和产业发展若干经济政策的通知

(苏政发〔2006〕113号)
(2006—09—19)

一、加大对文化事业的财政投入

(三)对政府兴办的公益性文化单位,包括图书馆、文化馆(站)、美术馆、博物馆、科技馆、革命历史纪念馆等,各级财政要确保人员经费和业务活动等经费,保证图书馆购书和博物馆文物征集的必要经费。

(四)"十一五"期间,省财政每年在预算中安排专项资金支持文化事业的发展,并视财力逐年增加。重点支持文艺精品创作与生产、省级文物与非物质文化遗产保护、文物征集与艺术精品收藏,增加南京图书馆图书购置、省社会科学研究与发展、文化市场管理等方面的经费。

三、加快公共文化设施建设

(十二)对因城乡建设确需拆除或改变其功能、用途的图书馆、博物馆、纪念馆、美术馆、文化馆(站)、新华书店、体育场(馆)、青少年宫、工人文化宫、广播电视发射台、转播台、微波站、卫星上行站等文化设施,必须按照国家有关规定报批。经批准拆除或者改变其功能、用途的,应按照规划要求择地重建,一般不得小于原有规模。迁建工作应坚持先建设后拆除或建设拆除同时进行的原则。迁建所需费用由造成迁建的单位承担。

四、扶持文化产业发展

(十七)鼓励、支持、引导社会资本以股份制、民营等形式,兴办影视制作、动漫、放映、演艺、娱乐、发行、会展、中介服务等文化企业。非公有制文化企业在投资核准、土地使用、财税政策、融资服务、对外贸易等方面享受国有文化企业同等待遇。支持、引导和规范非公有资本投资文化事业中非营利性和营利性领域。社会力量兴办图书馆、博物馆、文化馆等,在用地、税收等方面给予政策优惠。对民营文化企业从事公益性文化活动给予资助。

六、落实税收优惠政策

(三十)继续对纪念馆、博物馆、文化馆、美术馆、展览馆、书画院、图书馆及文物保护等文化单位举办文化活动的门票收入按规定免征营业税。对公益性青少年活动场所暂免征企业所得税。

八、鼓励对宣传文化事业的捐赠

(三十八)社会力量通过依法成立的非营利性公益组织或国家机关对下列宣传文化事业的公益性捐赠,经税务机关审核后,纳税人缴纳企业所得税时,在年度应纳税所得额10%以内的部分,可在计算应纳税所得额时予以扣除;纳税人缴纳个人所得税时,捐赠额未超过纳税人申报的应纳税所得额30%的部分,可从其应纳税所得额中扣除。公益性捐赠的范围为:

2. 对公益性图书馆、博物馆、科技馆、美术馆、革命历史纪念馆的捐赠;

上海市关于本市体育、文化、教育设施资源向社区开放的指导意见
(2006—10—11)

三、实施范围

(二)文化设施

市、区县所属的文化馆、图书馆、美术馆、博物馆(包括行业博物馆)、档案馆、纪念馆等,以及其他单位的公益性文化设施,在规定时段内向市民免费开放,并在节假日延长开放时间。

金华市人民政府关于推进社会主义新农村文化建设的实施意见
(金政发〔2006〕185号)
(2006—10—20)

二、加强农村公共文化建设

(一)加快县(市、区)文化馆、图书馆建设。各县(市、区)要结合自身实际,按照国家二级馆的标准要求,抓紧实施文化馆、图书馆的新改扩建,同时要创新机制,加强管理,切实发挥文化馆和公共图书馆在满足广大农民文化需求方面的作用。

(五)加强农村数字化文化信息服务网络建设。积极推进农村文化信息资源共享工程建设。充分利用现有信息资源传播设施,把"共享工程"与数字电视、农村党员干部现代远程教育工程、农村中小学现代远程教育工程、政务网、公共图书馆、文化馆等基层文化载体相连接,建成覆盖全市城乡的文化信息网络,为农民群众提供数字化文化信息服务。

四、丰富农民群众精神文化生活

(一)开展形式多样的文化艺术活动。积极组织实施文化活动在村镇、文化展览在村镇、文化讲座在村镇、读书活动在村镇"四在"活动和群文辅导进村镇、电影放映进村镇、专业文艺演出进村镇、图书馆服务进村镇"四进"活动,提高农民参与程度,用先进的文化活动充实农民群众生活。

陕西省财政厅、省委宣传部关于支持文化事业发展若干经济政策的意见
(2006—10—20)

二、继续实行税收优惠政策

(六)对纪念馆、博物馆、文化(艺术)馆、图书馆、美术馆、展览馆、书画院及文物保护单位举办文化活动的门票收入免征营业税。

三、继续鼓励对宣传文化事业的捐赠

(十)社会力量通过国家批准成立的非营利性的公益组织或国家机关对下列宣传文化事业的捐赠,纳入公益性捐赠范围,经税务机关审核后,纳税人缴纳企业所得税时,在年度应纳税所得额10%以内的部分,可在计算应纳税所得额时予以扣除;纳税人缴纳个人所得税时,捐赠额未超过纳税人申报的应纳税所得额30%的部分,可从其应纳税所得额中扣除。

2. 对公益性图书馆、博物馆、科技馆、美术馆、革命历史纪念馆的捐赠。

四、深化文化体制改革,加快文化事业和文化产业发展

(十五)贯彻落实省委办公厅、省政府办公厅《关于进一步加强农村文化建设的实施意见》(陕办发〔2006〕17号),切实加大政府对公益性文化事业的投入,加大对基层特别是农村文化基础设施建设的投入,将群众艺术馆、文化馆(站)的业务经费和图书馆的购书经费纳入同级财政预算,保障公益性文化单位的正常运转。

惠州市文化体制改革综合性试点工作方案
(2006年9月修订)
(2006—11—07)

二、工作目标和主要任务

(二)主要任务

2. 关于转换微观运行机制。具体在5个方面:

(2)推进公益性文化事业单位三项制度改革。惠州慈云图书馆、博物馆、群众艺术馆属公益性文化事业单位,实行事业体制,以政府投入为主,加大财政支持力度,改革扶持方式,提高财政资金使用效益。积极而稳妥地推行劳动、人事、分配三项制度改革,实行竞争上岗、全员聘用制、劳动合同制、任期目标责任制等制度,明确岗位职责,量化指标,考核业绩,形成能进能出、能上能下、优胜劣汰的劳动用工机制。建立竞争、激励和约束机制,加强管理,降低成本,提高社会服务水平。

——惠州慈云图书馆。充分发挥现代化城市中心图书馆的引导、辐射作用,大力发展公共图书资源网络,实现图书资源共享。要建立健全行政领导人员任期目标责任制,实行任期目标管理,推行人员聘用制度和岗位管理制度,不断提高图书馆建设和管理水平,完成市少儿图书馆建设。

中共湖北省委办公厅、湖北省人民政府办公厅关于进一步加强全省农村文化建设的实施意见
(鄂办发〔2006〕44号)
(2006—11—14)

二、全面推进农村文化建设

5. 加快文化信息资源共享工程建设,大力提供农村文化信息服务。以基层网点建设、资源开发为重点,加大财政投入,运用现代先进技术,促进图书馆数字化成果在农村的应用。到2010年,普及共享工程乡镇基层中心。开展共享工程村级基层服务点建设试点和推广工作。

配合国家送书下乡工程,做好所赠图书的配送、利用工作,方便农民群众阅读。构建农村图书发行网络,力争乡镇5年左右新增新华书店网点100个、非国有图书发行网点1000个,实现每个乡镇都有图书发行网点。支持"三农"图书出版,力争到"十一五"期末,省内出版单位出版100余种、100余万册"三农"图书。改进报刊订阅发行工作,缩短发送时间,使农民群众及时看到报刊。农村版报纸要不断提高质量,坚持为"三农"服务方向。

6. 实施农村文化设施建设工程,加大乡村文化设施建设力度。坚持以政府为主导,以乡镇为依托,以村为重点,以农民为对象,科学规划,大力发展县、乡、村文化设施和文化活动场所,构建农村公共文化服务网络。到2010年,在加大县级文化馆、图书馆建设力度的同时,实现乡镇有综合文化站,村有文化活动室。县级文化馆要具备综合性功能,图书馆要加强数字化建设。70%以上的县级文化馆、图书馆要达到文化部规定的二级馆标准。乡镇综合文化站一般应设置多功能活动厅和文化与科普培训室、图书及电子阅览室(文化共享工程基层中心)等;建有简易的室外文体活动场所。村文化活

动室可结合村级组织办公活动场所建设,一室多用,并明确一名村干部具体负责。在学校布点整顿中腾出的闲置校舍,可改造为村文化活动基地。加强农村中小学文化体育设施建设,充分发挥农村中小学在开展农村文化体育活动方面的作用。提倡中小学图书室、电子阅览室和体育设施定时就近向农民群众开放,把中小学校建成当地宣传、文化、信息中心和体育活动中心。

三、创新农村文化建设的体制和机制

9. 深化农村文化体制改革。坚持把社会效益放在首位,把发展公益性文化事业作为保障人民文化权益的主要途径,推动文化事业和文化产业共同发展。推进农村文化体制改革,形成富有活力的文化管理体制和文化产品生产经营机制。实行文化事业与文化产业分类指导、协调发展。县级文化馆、图书馆等公益性事业单位的改革,主要是增加投入,转换机制,增强活力,提高公共服务水平。深化劳动、人事、分配等方面的内部改革,建立健全竞争、激励、约束机制和岗位目标责任制,全面实行聘用制和劳动合同制。加快产权制度改革,积极鼓励社会资本参与经营性文化事业单位的股份制改造,实现投资主体多元化。规范农村文化市场,强化县级文化市场行政综合执法,采取划分责任区域、分片负责的方式,或委托乡镇政府执法的方式,做好农村文化市场管理相关工作,确保农村文化市场健康有序发展。

11. 探索农村文化设施运行管理新机制、新办法。统筹文化、教育、科技、体育和青少年、老年活动场所的规划建设和综合利用,努力做到相关设施能够共建共享,着力解决农村文化设施分散、使用效率不高的问题。对电影院、剧院等设施,在确保其功能不变的前提下,鼓励其进入大型文化企业集团,也可以实行所有权与经营权相分离的运营模式,采取公办民营、公开招标、委托经营的方式,更好地提供文化服务。机关、学校内部的文化设施,有条件的要采取多种方式对农民群众开放。贯彻国务院颁布的《公共文化体育设施条例》,加强国有资产管理。不得以拍卖、租赁等任何形式,改变图书馆、文化馆、文化站等公益文化设施用途;已挪作他用的,要限期收回。

辽宁省财政厅、省委宣传部、省国税局、省地税局、省文化厅、省广电局关于进一步支持文化事业发展的实施意见

(2006—12—06)

五、继续鼓励对宣传文化事业的捐赠

"十一五"期间,为鼓励社会力量资助文化事业,纳税人通过国家批准成立的非营利性的公益性组织或国家行政机关对宣传文化事业的公益性捐赠,经税务机关审核后,纳税人在年度应纳税所得额10%以内的部分,在计算应纳税所得额时予以扣除,纳税人缴纳个人所得税时,捐赠额未超过纳税人申报的应纳税所得额30%部分,可从其应纳税所得额中扣除。公益性捐赠范围包括:

(二)对公益性图书馆、博物馆、科技馆、美术馆、革命历史纪念馆的捐赠。

江苏省文化体制改革试点工作方案
(2006—12—28)

三、公益性文化事业的改革

政府兴办的图书馆、博物馆、文化馆(站)、科技馆、群众艺术馆、美术馆和社科机构等为公益性文化事业单位。公益性文化事业单位改革,坚持以政府为主导,鼓励社会参与,贯彻"增加投入、转换机制、增强活力、改善服务"方针,把深化内部机制改革与加强政策引导结合起来,把加大投入力度与改进投入方式结合起来,不断增强发展活力,提高服务质量。

1. 深化文化事业单位改革。按照政事分开、事企分开的原则,整合公益性文化事业资源,优化文化事业布局结构。推进人事、收入分配和社会保障制度改革。在用人制度上,按照政事分开的原则,事业单位和行政机关人员不得相互混岗。全面推行以人员聘用制度和岗位管理制度为重点的用人制度改革,推进用人机制的转换。在收入分配上,实行岗位绩效工资制度,建立与岗位职责、工作业绩、实际贡献紧密联系和鼓励创新的分配激励机制。加大人才培养和引进力度,打破地域、身份界限,面向全国招聘和吸纳急需的优秀人才。

2. 加大公益性文化事业的投入。加大政府投入,调整资源配置,逐步构建公共文化服务体系。鼓励支持社会资本投资、捐赠和赞助公益性文化事业,形成多元投入机制。各级财政确保公益性文化单位的必要经费。加强对公共文化服务网络建设的投入,完善以大型公共文化设施为骨干、以社区和乡镇基层为基础的公共文化服务网络布局。加强农村文化基础设施建设,推进全省实现"县有两馆、乡有一站、村有一室"的目标。坚持"集成、综合、联网"的原则,整合农村各种宣传教育阵地,共建共用,提高效益。加大对经济欠发达地区农村文化建设的扶持力度。公益性文化事业单位必须面向基层、面向群众,向社会提供更多更好的公共文化服务。加快推进文化信息资源共享工程、广播电视村村通工程、"农家书香"工程和送戏送电影送书下乡"三送"工程。加强文物保护,扶持民族优秀传统文化。

3. 改进财政资金投入方式。以项目投入为手段,以激发活力为目标,提高财政资金使用效益。对公共文化产品实行政府招标、集中采购,重大文化设施项目实行代建制。继续对文艺院团下基层演出实行场次补贴,对重大节庆活动、大型公益性展览和社科研究课题等实行公开招标。

4. 探索文化设施国有民营的新路子。在确保公益性文化场馆性质、功能不变,确保一定数量公益文化活动的基础上,按照"国有资产、市场运作、自负盈亏、自担风险"的原则,探索公共文化设施"国有民营"的新路子。对政府兴建的剧院、体育场馆等文化设施,通过公开招标的方式,探索实行委托经营、承包经营、租赁经营等,实现文化设施物业管理的社会化、产业化。

5. 稳步推进新闻传媒体制机制创新。党报、党刊、电台、电视台、重点新闻网站和时政类报刊在确保党和人民喉舌的性质不能变,党管媒体不能变,党管干部不能变,正确的舆论导向不能变的前提下,优化组织结构,整合内部资源,转变经营方式,扩大主流媒体的社会影响。新闻媒体中的广告、印刷、发行、传输网络部分,以及影视剧等节目制作和销售部门,可逐步从事业体制中剥离出来,转制为企业,进行市场运作,为主业服务。转制企业要接受所属新闻媒体的领导和监督,经营性公司与宣传编辑部门实行"事企分开",不得混岗,经营性公司不得干预宣传编辑部门人事任免和宣传编辑业务。电台、电视台的文艺、科技、体育类节目可以有选择地探索节目招标采购,以丰富节目源,提高节目质量,降低节目成本。所有新闻媒体的改革方案都必须报经省文化体制改革工作领导小组批准后实施。

广西壮族自治区人民政府关于文化广西建设若干政策的规定
(桂政发[2006]60号)
(2006—12—28)

二、加大文化基础设施建设力度。在自治区、市、县(市、区)政府每年安排的基本建设专项资金中,必须安排有公益性文化基础设施建设项目,强化政府在文化基础设施建设中的主导作用。各级政府要确保本级重大公共文化设施项目特别是"十一五"期间确定的重大文化设施项目建设。自治区人民政府主要负责制定相关发展规划和政策措施,加大对重点文化基础设施项目投入的力度,特别是要确保自治区级重大文化基础设施项目建设,加强历史文化名城(镇、村)和风景名胜区的保护、规划和建设。各地要认真贯彻落实中央关于新增文化事业经费主要用于农村的要求,进一步加强县级文化馆、图书馆、青少年活动中心和乡镇文化广播电视站、村文化广播电视室等公共文化设施建设,加强对边境地区文化设施建设的扶持力度。把农村文化基础设施建设纳入对口扶贫计划,对困难地区的基层公共文化设施建设给予适当补助。

四、鼓励对文化事业的捐赠。社会力量通过国家批准成立的非营利性公益组织或国家机关对规定范围的宣传文化事业的公益性捐赠,经税务机关审核后,纳税人缴纳企业所得税时,在年度应纳税所得额 10% 以内的部分,可在计算应纳税所得额时予以扣除;纳税人缴纳个人所得税时,捐赠额未超过纳税人申报的应纳税所得额 30% 的部分,可从其应纳税所得额中扣除。公益性捐赠的范围包括:对民族表演艺术团体的捐赠,对公益性的图书馆、博物馆、科技馆、美术馆、革命历史纪念馆和重点文物保护单位的捐赠,以及对文化行政管理部门所属的非生产经营性的文化馆或群众艺术馆的社会公益性活动、项目和文化设施等方面的捐赠。对捐赠额度大、带动力强、受益范围广的单位和个人,给予表彰和冠名。

五、实行优惠的税收政策。在西部大开发税收优惠政策执行期内,对以国家规定的鼓励类文化产业项目为主营业务,且其当年主营业务收入超过企业总收入 70% 的,经税务机关审核批准后,可减按 15% 税率征收企业所得税。

对由财政全额拨付事业经费的文化事业单位自用的房产、土地和车船,免征房产税、城镇土地使用税和车船使用税。文化企业缴纳土地使用税确有困难需要定期减免的,由自治区税务机关按照国家有关城镇土地使用税困难减免审批的规定执行;缴纳房产税确有困难的,由自治区人民政府确定定期减征或者免征。纪念馆、博物馆、文化馆(站)、美术馆、展览馆、书画院、图书馆、文物保护单位等,在自有场所举办的属于文化体育业税目征税范围的文化活动,取得的第一道门票收入免征营业税。

广西壮族自治区党委办公厅、自治区人民政府办公厅关于进一步加强农村文化建设的意见(桂办发[2006]48 号)

(2006—12—31)

一、加强农村公共文化建设,着力构建公共文化服务体系

(三)开展农村数字化文化信息服务,推进文化信息资源共享工程建设。积极发展文化信息资源共享工程农村基层服务点,重点支持边远贫穷地区乡镇、村基层服务点建设。到 2010 年,我区要在现有基础上再建 600 个文化信息资源共享工程农村基层服务点(站),初步形成自治区、市、县、乡镇四级服务网络。文化信息资源共享工程要与农村文化设施建设统筹规划,综合利用,使县文化馆、图书馆和乡镇综合文化站、村文化活动室逐步具备提供数字化文化信息服务的能力。要依托农村党员干部现代远程教育和农村中小学现代远程教育网络,以共建方式发展基层服务点。

(五)加强文化设施建设,构建农村公共文化服务网络。坚持以政府为主导,以乡镇为依托,以村为重点,以农户为对象,发展县、乡镇、村文化设施和文化活动场所,构建农村公共文化服务网络。从 2007 年起,每市每年要新建、改扩建 1 个以上县文化馆或图书馆基础设施,已完成基础设施建设任务的市每年重点为 2 个以上县文化馆、图书馆增添业务设备器材;每县(市、区)每年要完成 1—2 个乡镇综合文化站基础设施建设,已完成基础设施建设任务的县(市、区)每年重点为 3 个以上乡镇文化站增添业务设备器材,以及每年按照本地行政村总数 10% 以上的比率新建行政村文化室或农家书屋。到 2008 年自治区成立 50 周年大庆时,以"中国绿城——南宁"、"右江百里文明河谷"、"环北部湾文明示范带"、"玉贵文明走廊"、"沿边国门形象文明示范线"、"桂西文明通道"、"桂东文明绿洲"、"桂北百里文明长廊"、"沿边文化长廊"为模式的农村文化建设取得明显成效,并开始向周边和纵深地区辐射、延伸。到 2010 年,基本实现县有符合有关标准的文化馆、图书馆,乡镇有综合文化站,行政村有文化活动室。县文化馆要具备综合性功能,图书馆要加强数字化建设。乡镇可结合乡镇机构改革和站

(所)整合,组建集图书阅读、广播影视、宣传教育、文艺演出、科技推广、科普培训、体育和青少年校外活动等于一体的综合性文化站,配备专职人员管理。村文化活动室可"一室多用",明确由一名村干部具体分管。在学校布点整顿中腾出的闲置校舍,可改造为村文化活动基地。充分发挥农村中小学在开展农村文化活动方面的作用,提倡中小学图书室、电子阅览室定时就近向农民群众开放,把中小学校建成宣传、文化、信息中心。

二、创新农村文化活动方式,丰富农民群众精神文化生活

(一)开展乡村文化活动,丰富和活跃农民群众的精神文化生活。积极开展多种形式的群众文化活动。各文化(群艺)馆、站和图书馆,要组织业务人员深入农村(文化馆平均每人每年不少于60天,群艺馆平均每人每年不少于40天,文化站平均每人每年不少于80天,图书馆平均每人每年不少于30天)辅导农民群众开展各种文化活动。农村文化活动要贴近群众生产生活实际,坚持业余自愿、形式多样、健康有益、便捷长效原则,丰富和活跃农民群众精神文化生活。充分利用农闲、节庆、集市和民族传统节日,组织文艺演出、对歌、农业知识讲座、劳动技能比赛等活动,不断增强活动的趣味性、知识性和实效性,吸引农民群众广泛参与,在参与中获取信息、增长知识、掌握技能、受到教育、提高素质。紧密结合农民脱贫致富的需求,引导他们读书用书、学文化、学技能,普及先进实用的农业科技知识和卫生保健常识。要紧紧围绕社会主义核心价值体系,根据时代的特点和农民群众精神文化需求的变化,进一步深化社会主义荣辱观学习教育活动,切实加强农村思想道德建设,教育引导广大农民群众明荣辱之分,做当荣之事,拒为辱之行,树立与建设社会主义新农村相适应的思想观念和文明意识。以创建文明村镇、文明户等为载体,广泛深入开展群众性精神文明创建活动和群众文化娱乐活动,组织发动广大农民群众积极参与"城乡清洁工程",不断提高思想道德水平和科学文化素质,形成文明健康的生活方式和社会风尚,促进乡风文明。

三、加快体制改革和机制转换,增强农村文化事业发展活力

(一)加快公益性文化事业单位改革,提高农村公共文化服务能力和水平。县级文化馆、图书馆等公益性文化事业单位的改革主要是增加投入,转换机制,增强活力,提高公共服务水平。深化劳动、人事、分配等方面的内部改革,建立健全竞争、激励、约束机制和岗位目标责任制,全面实行聘用制和劳动合同制。文化事业单位新进人员实行公开招考、择优聘用制度,严把人员进口关。要积极探索进行公益文化活动项目的社会化运作招标制。加强对县文化馆、图书馆、乡镇综合文化站等公益性事业单位的管理和使用,不得企业化或变相企业化,不得以拍卖、租赁等任何形式,改变其文化设施的用途;已挪作他用的,要限期收回。县、乡文化机构要面向农村,面向基层,制订年度农村公益性文化项目实施计划,明确服务规范,改进服务方式,开展流动文化服务,加强对农村文化骨干和文化中心户的免费培训辅导,鼓励和扶持民办文化发展。

五、加强组织领导,为加快农村文化建设提供有力保障

(二)坚持"多予少取放活",切实加大政府投入力度。各级财政要统筹规划,扩大公共财政覆盖农村的范围。要根据当地的财力可能,设立农村文化建设专项资金,加大对乡镇和农村文化建设的资金投入,确保农村重大文化建设项目的资金需求。各级政府要积极落实每年已通电自然村的村村通广播电视工程建设资金,落实每年新建、改扩建县文化馆、图书馆和乡镇综合文化站、村文化室基础设施建设资金;在确保农村基础文化设施建设目标实现的同时,着力解决县文化馆、图书馆和乡镇文化站等公益性文化事业单位的基本工作经费以及每年的下乡辅导、设备器材更新、图书购置等经费,以保证各单位工作正常运转、功能发挥。

(三)加强农村文化队伍建设,努力提高队伍的整体素质。稳定和发展专兼职结合的农村文化队伍,逐步提高队伍的整体素质。切实落实县文化馆、图书馆、文管所、文工团和乡镇文化站等公益性文化事业单位人员编制及工资待遇,保证乡镇文化站工作人员每年每人从事文化工作的时间不少于200

天。农村放映队可采取政府购买服务的市场化运作方式进行。安排一定经费,以"送出去、请进来"等多种形式使从事文化工作的人员能够每年接受上级文化业务部门的培训,不断提高业务素质。根据相关法律法规的规定对农村文化事业单位人员实行从业资格制度。采取多种形式,充分发挥专业艺术人员的积极性,加强对农村文化队伍的教育培训。充分发挥民间艺人、文化能人在活跃农村文化生活、传承发展民族民间文化方面的作用,巩固农村文化建设的群众基础。自治区将通过开展评选表彰活动的形式,对作出突出贡献的农村文化单位和基层文化工作者予以表彰奖励。

教育事业与图书馆

中共西安市教育局委员会、西安市教育局关于贯彻《西安市建设学习型城市规划纲要》的实施意见
(2006—01—06)

三、创建学习型城市工作的各项任务

(五)充分利用现有的教育资源为创建工作服务。教育系统创建学习型城市工作,必须进一步加强校园文化建设,不断丰富校园文化建设的内涵,提升校园文化的品位,深化校园文化的建设成果。要建设好"校园网"、小广播站、小电视台、校报以及图书馆等。要加强爱国主义教育基地、科普基地、文化体育活动基地和青少年社会活动基地建设,并最大限度地发挥其教育功能。同时,教育部门的图书馆、文化体育设施也要按有关要求,逐步向社会开放,为创建学习型城市全局服务。

中共北京市委教育工作委员会、北京市教育委员会2006年工作要点
(2006—01—16)

三、加快推进义务教育均衡发展,进一步提高基础教育普及水平

13. 加快中小学信息化建设。加强区县城域网建设,形成市、区县、学校联接畅通的网络体系。建设教学资源库群和中小学数字图书馆,实现校内外教育教学资源共享。完善管理信息平台和办学条件统计分析系统,提高考试招生、学籍管理、人事管理、设备管理的信息化水平。全面推进课程资源库群的应用。研究制定北京市加强信息技术应用的意见。充分利用远程教育平台,加强城乡教育交流,缩小城乡教育差距。

梅州市教育局关于实施"五项工程"切实解决我市农村基础教育重点难点问题的意见
(2006—01—20)

一、实施"五项工程",加快农村基础教育发展

(三)实施农村中小学"新装备"工程。各县(市、区)要结合近年来农村中小学校布局调整的实际和实施基础教育新课程的要求,开展新一轮的农村中小学教学仪器设施设备建设,重点是完善义务教育学校实验室建设和常规教学仪器设备,尤其要抓好乡镇中心小学和初中常规教学仪器的配备工作。

鉴于我市高中教学设备设施水平整体较为落后,随着近年扩容速度加快,教学设备设施不足现象越来越突出,我们要结合"新装备"工程和普通高中"扩容促优"工程的实施,将高中的实验室、计算机室、图书馆(室)等的建设和常规教学仪器设备的配备一并规划实施。

至2006年,全市中学教学仪器设备基本达到省规定的标准,基本能保证实验课正常开课的需要;

按规模配备必要的理、化、生实验室和仪器室、计算机室、语言实验室、音乐室、美术室、图书馆(室);演示实验开出率要达100%,分组实验开出率达90%以上。

至2007年,全市农村义务教育学校教学仪器设备基本达到省规定的标准,基本能保证实验课正常开课的需要。乡镇中心小学要按规模配备必要的科学实验室、计算机室、语言实验室、音乐室、美术室、仪器室、图书馆(室)。乡镇中心小学演示实验开出率要达100%,分组实验开出率达90%以上。

台湾"高级中学法"
(2006—02—03)

第16条 高级中学设图书馆,置主任一人,由校长就具有专业知能之专任教师中聘兼之,或遴选具有专业知能人员担任之。

宁波市教育局2006年工作要点
(2006—02—04)

二、主要工作

(一)强化服务型区域教育体系的构建,提高教育对经济社会的贡献度

3. 进一步提升高等教育质量。继续推进我市重点学科、重点专业、重点课程建设,打造一批市级精品学科、专业和课程;启动数字图书馆、产学研网站建设;完善"甬江学者"特聘教授岗位制度;完善市级高校督导制度,探索建立高校专业指导委员会制度;鼓励高校开展国际教育交流,积极引进优质课程教学资源。

韶关市农村基础教育"五项工程"工作实施方案
(2006—03—31)

一、目标和任务

(三)农村中小学"新装备"工程

至2007年,全市农村义务教育学校教学仪器设备基本达到省规定的标准,基本能保证实验课正常开课的需要。乡镇中心小学要按规模配备必要的科学实验室、计算机室、语言实验室、音乐室、美术室、仪器室、图书馆(室)。初级中学要按规模配备必要的理、化、生实验室和仪器室、计算机室、语言实验室、音乐室、美术室、图书馆(室)。乡镇中心小学和初中演示实验开出率要达100%,分组实验开出率达90%以上。

台湾各级各类私立学校设立标准
(2006—04—04)

第7条 私立专科学校之设立标准如下:

三、设备:

(二)应设图书馆:并备置足够之基本图书、资讯、专门期刊及相关设备。

第8条 私立大学校院之设立标准如下:

三、设备:

（二）应有图书馆，并备置足够之基本图书、资讯、专门期刊及相关设备。

太原市教育系统关工委二〇〇六年工作计划
（2006—04—10）

一、十项具体工作

6. 继续做好阳曲、古交、娄烦三个革命老区学校"关爱下一代图书室"的充实完善工作，创造条件再选点创办几个图书室，并将活动纳入太原市教育局 100 个图书馆的兴建规划中。

淄博市教育局关于进一步做好 2006 年度"校园建设十大工程"的通知
（淄教发［2006］13 号）
（2006—04—12）

一、"校园建设十大工程"的任务目标

（二）建设文化校园。加强校园文化设施建设，推动各种学生社团组织和校报校刊、校园电视台、网站、图书馆、阅览室等阵地建设。开展第二课堂活动，组织校园剧编排、展演活动，定期开展校园文化艺术节、体育节、运动会、科技节等丰富多彩的文体科技活动，组织好中小学影视节、"布谷"科技节、"百灵"艺术节和大学生艺术节等活动。结合节庆日、重大事件和开学典礼等，开展特色鲜明、吸引力强的主题文化活动。

（三）建设书香校园。开展"青少年美文诵读活动"、新世纪读书活动，在广大青少年中倡导"读书、学习、成才"的良好风尚，通过知识讲座、征文比赛、读书论坛等多种形式，引导青少年多读书、读好书。建设并利用好学校信息平台，图书馆有丰富的名著、名诗、名片资料，校园网有"读名著、诵名诗、看名片、学名人"内容，学校图书馆、阅览室每天向师生开放。以开展社会主义荣辱观学习教育活动为契机，扎实开展"树立社会主义荣辱观"主题读书活动。

（六）建设平安校园。完善学校安全工作责任制和追究制，层层签订目标责任书，做好学校周边环境的治理工作，强化学生的安全教育。加强对学生公寓、实验室、图书馆等重点消防部位管理人员的消防知识培训，年内实现全员普及，积极组织消防演练，提高师生自救自护能力。树立安全典型，推广先进经验，促进全市学校安全工作再上新台阶。积极筹措资金，全面消除农村中小学新增危房，建立农村中小学危房改造长效机制。

（八）建设数字校园。所有普通高中学校实现多媒体进教室，同时加快全市中小学"班班通"工程，积极实施农村中小学远程教育工程，为农村学生提供较好的信息化环境。教育教学资源库建设取得实质性进展，实现信息技术与课程资源的有机整合，教师运用现代信息技术开展教育教学的能力显著增强。扎实开展电子音像图书馆创建、中小学电脑制作评选、中小学电脑机器人竞赛、全市教师软件设计大赛、信息技术与课程整合观摩评选、交互电子白板进入课堂的研究、利用敏特网络学习平台提高学生英语能力研究等活动。

福建省普通高中新课程实验工作方案（试行）
（2006—04—17）

三、重点工作
（三）提高课程管理与实施水平

有效开发和利用校内外课程资源。各地要根据新课程实施的需要,加大教学设施建设力度,更新实验教学仪器设备。学校要充分发挥现有图书馆、实验室、专用教室及其他各类教学设施和实践基地的作用,同时,广泛利用校外的图书馆、博物馆、展览馆、科技馆、青少年活动中心、政府机关、企事业单位、部队、中等职业学校、高等院校和科研院所等各种社会资源及丰富的自然资源,积极利用和开发信息化的课程资源。

深圳市教育局关于提升高等院校自主创新能力的配套政策
(2006—04—17)

三、坚持产学研结合,加快科技成果转化,构建高等院校科技创新平台体系

(十五)提高高等院校和大学城图书馆(市科技图书馆)的信息服务水平。开发资源,服务社会,提供科技文献保障和科技信息服务,促进知识创新、技术创新、知识传播和知识应用,满足深圳经济社会发展和企业研发的需求。

山东省教育厅关于认真做好减轻中小学生课业负担工作的意见
(鲁教基字〔2006〕7 号)
(2006—04—19)

二、"减负"工作的措施及要求

(十一)丰富学生的校园文化生活和课余生活。各青少年宫、儿童活动中心要积极面向中小学生开展喜闻乐见的活动。图书馆、文化馆(站)、体育场(馆)、科技馆、影剧院等场所也要发挥教育阵地的作用,积极主动地为中小学生开展活动创造条件。学校要在课余时间向学生开放教育教学活动场所,为学生创造良好宽松的学习氛围。

上海市教育委员会关于转发国家禁毒委员会办公室、教育部办公厅《关于进一步规范学校禁毒宣传教育资料的通知》的通知
(沪教委青〔2006〕12 号)
(2006—05—12)

一、各区县教育行政部门要会同区县禁毒部门承担学校禁毒宣传教育资料开发、管理、运用的职责,组织各校对使用的禁毒宣传教育资料进行一次全面清理,对不符合教育大纲要求、违反禁毒宣传有关规定、内容陈旧、印制粗劣的禁毒宣传教育资料要尽快修改或淘汰,要积极帮助学校图书馆装备适用的禁毒宣传教育资料。

台湾空中大学设置条例施行细则
(2006—05—15)

第 14 条 空中大学所设之图书馆、研究中心、电子计算机中心及其他单位,其主管由校长聘请职级相当之教职员兼任或担任之。

台湾专科学校改制技术学院与技术学院及科技大学设专科部实施办法
（2006—05—19）

第4条　专科学校符合下列条件者，……择优核准其改制为技术学院，并得设专科部：

五、设备：

（二）应设有图书馆，并已完成学术、校园网路连线及图书业务自动化设施与功能；其图书馆基本图书量至少十万册，每系、科之专门期刊至少二十种。

福州市普通高中新课程实验实施方案（试行）
（福州市教育局　二〇〇六年五月二十日）
（2006—06—03）

四、组织、管理与保障

（二）保障措施

2. 经费、物资及政策保障

（1）经费：根据省教育厅的要求，市和县（市）区要根据高中新课程实施的需要，增加教育经费投入，拓展高中教育资源，加大对教学用房、实验室、图书馆（室）、体育场馆和信息化建设的力度，更新实验教学仪器、设备，努力实现实验设备与实验手段的现代化，开发和建设新型的实验教学体系，满足各科实验教学的需要。

上海市精神文明建设委员会办公室、上海市教育委员会、共青团上海市委员会、中共上海市科技教育工作委员会、上海市青少年保护委员会、上海市妇女联合会关于做好2006年上海市中小学生暑期工作的通知
（沪教委德（2006）17号）
（2006—06—20）

二、开展"文明、感恩、诚信"主题活动，构建民族精神教育的课外活动体系

（二）构建民族精神教育和生命教育的课外活动体系

2、挖掘社区资源，凸现生命教育的内涵。一要引导学生认识生命，亲近自然。在动物园、植物园、自然博物馆、绿地和感受农村生活中，让学生感受自然生态保护和休闲对促进个人身心健康的重要性。二要培养学生珍爱生命的情感。通过情景模拟、角色体验、实地训练、志愿服务等形式，提高学生的生存技能和对生命价值的体验。如，结合上海公安博物馆等有关生命教育的主题活动，让青少年学生参观、模拟、体验场景演练、参观刑侦总队、了解市公安局应急联动中心，掌握安全防范知识，不断增强自我保护的本领。三要普及健康教育的知识。要依托社区图书馆、社区学校、家长学校、计划生育生殖保健服务站（室）和青少年活动中心等场所，对中小学生进行健康教育知识普及，青春期、心理健康辅导、团队训练等，培养学生良好的意志品格。

中共北京市委办公厅、北京市人民政府办公厅关于进一步加强和改进未成年人校外教育工作的意见

（2006—08—17）

二、坚持公益性原则，充分发挥未成年人校外活动场所的教育服务功能

4. 由各级政府投资建设的专门为未成年人提供公共服务的少年宫、青少年活动中心、科技馆、儿童活动中心、少儿图书馆、少年之家等未成年人校外活动场所，是公益性事业单位，要始终坚持把社会效益放在首位，全面贯彻公益性原则。面向公众开放的博物馆、展览馆、图书馆、文化馆、体育场（馆）等公益性文化设施及其他各类未成年人校外活动场所，要坚持公益性原则，明确功能定位，发挥各自优势，实现资源共享，满足未成年人多样化的校外活动需求。

5. 市及区县少年宫、青少年活动中心、科技馆、儿童活动中心、少儿图书馆等要充分发挥对校外教育的示范带动、人才培养、服务指导的功能。要利用基础设施好、师资力量强的优势，在项目设计、活动组织、运行模式等方面进行探索，为未成年人提供多种服务；要在积极开展普及性教育实践活动的基础上，发现和培养优秀人才；市少年宫要在加强自身发展的同时，为全市校外活动场所提供业务指导和咨询服务。

6. 少年宫、青少年活动中心、科技馆、儿童活动中心、少儿图书馆要坚持常年开放，坚持节假日、寒暑假为未成年人服务。要充分发挥普及推广、兴趣培养、体验实践的功能，要针对未成年人的身心特点，组织策划和广泛开展经常性、大众化、参与面广、实践性强的校外活动。要结合学校课程设置和改革，组织开展生动活泼、怡情益智的文体、科技等活动，使广大未成年人在形式多样的校外活动中培养兴趣爱好，发挥发展特长。

7. 少年宫、青少年活动中心、科技馆、儿童活动中心、少儿图书馆不得开展以营利为目的的经营性创收活动。对确需集中食宿、使用交通工具或使用消耗品的集体活动，只能收取成本费用；对集体组织的大规模普及性科技、艺术、体育竞赛及教育活动，要实行免费；对特长、专长学生的培训项目要按照财政、物价部门核准的收费标准，适当收取成本费，确有特长又有特殊困难的未成年人应实行免费。

9. 面向公众开放的博物馆，应重视发挥其社会教育功能，积极开发各类科普动手项目，摸索并开展与学校教育结合的活动形式。展览馆、图书馆、文化馆、体育场（馆）等公益性文化设施及其他各类未成年人校外活动场所，要积极拓展服务功能，组织学生开展参观考察、科普教育、劳动实践、素质拓展、军事训练等活动。要主动走进学校、深入社区和农村，让学生在亲身体验和直接参与中增长知识，提高动手能力，树立劳动观念和团队意识，培养热爱科学的态度，磨炼意志品质。

三、加大资源整合力度，积极促进校外教育与学校教育有机结合

13. 各类校外活动场所要加强与教育行政部门和学校的联系，为学生参加校外活动提供周到优质服务。要根据学校校外活动的需要，及时调整活动内容，精心设计开发与学校教育教学有机结合的活动项目，积极探索参与式、体验式、互动式的活动方式，使校外活动与学校教育相互补充、相互促进。少年宫、青少年活动中心、科技馆、儿童活动中心、少儿图书馆要坚持全天开放，依托现有的场地、设备和师资条件，根据学校校外活动的需要，积极开发活动项目，策划设计活动方案，促进学校教育与校外教育的有机结合。

享受国家财政支持的各级各类公益性文化设施，要按照文化部等部门《关于公益性文化设施向未成年人免费开放的实施意见》的有关规定，对中小学校组织的学生集体参观实行免费。积极创新活动载体，配备相应的辅导讲解人员，使活动更加贴近学生实际，喜闻乐见。

四、认真落实未成年人校外活动场所的各项政策和保障措施

18. 少年宫、青少年活动中心、科技馆、儿童活动中心、少儿图书馆的建设和改造资金以各级政府

投入为主,各级政府要把校外教育机构运转、维护和开展公益性活动的经费纳入同级财政预算,切实予以保障。要加强对未成年人校外活动场所使用经费的监督管理,提高资金使用效益。

市、区县的财政和教育行政部门要加大校外教育经费投入力度。按照《北京市普通教育事业公用经费定额标准》安排校外教育经费,保障开展校外教育活动的公益性。确保中央返还本市用于校外教育的彩票公益金按规定拨付,专款专用。市校外创新项目专项经费要逐年有所增加。要落实社会公益性文化设施免费开放所需的补偿资金。由市校外联席会议办公室统筹协调,对社会各公益性文化设施向未成年人免费开展活动予以补贴。结合财力,设立专项资金,奖励在未成年人校外活动中做出突出成绩的各级各类校外活动场所,改善教育教学环境,购置专项设施设备。由市教委牵头,会同市发展改革委、市规划委、市财政局等部门,制定北京市校外教育机构办学条件标准。教育部门所属的校外活动场所要纳入中小学校舍维修计划和设备、设施配置计划。根据财力情况,逐步加大未成年人校外活动场所建设的力度。

江西省加强中小学校园文化建设的实施意见
(2006—08—20)

三、加强中小学校园文化建设的主要内容和基本要求

9、因地制宜因校制宜进行校园环境的整治。要面向全体学生开放图书馆(室)、阅览室、实验室、微机室等各种功能教室,提高教学资源的利用率。

四川省民族地区义务教育阶段寄宿制学校标准(规范)化管理办法(试行)
(2006—09—10)

第四章 学校装备

第二十三条 寄宿制学校理科教学仪器及音体美卫设备配备按教育部和省教育厅实施新课程改革实验后颁发的配备目录执行。其中中小学劳动技术(综合实践活动)仪器设备可根据本地实际,结合本民族特色进行配备。

图书资料按《四川省教育厅关于转发教育部关于印发〈中小学图书馆(室)规程(修订)〉的通知的通知》(川教〔2003〕124号)要求配备。实施双语教学的学校还应配备一定数量的民族文字图书和报刊。

广州"教育E时代"应用实验区、校实施方案(试行)
(2006—09—11)

四、实验内容和要求

(四)广州"教育E时代"工程应用系统及其信息资源在学校教育教学过程中的应用

要求:认真探索"教育E时代"工程教育资源库、教育数字图书馆、教学与学习城、广州教研网、广州市师生多媒体创作天地等系统在学校教育教学及教研活动过程中的应用,促进信息技术与教育教学的有效整合。

(六)广州"教育E时代"工程应用系统及其信息资源在学生综合实践活动和青少年科技教育中的应用

要求:认真探索广州"教育E时代"工程名师辅导网、学生学习城、英语EE广场、教育资源库、教

育数字图书馆、学生频道、科普谷、网上少年宫等系统在学生综合实践活动和青少年科技教育中的
应用。

广州"教育 E 时代"应用实验校建设指标体系

一级指标	二级指标
信息化环境建设	8. 图书馆与阅览室

广州"教育 E 时代"应用实验区建设及评估标准

A 级指标	B 级指标	主要观察点	B 级指标具体内容	分值
A2 信息化 环境建设 30 分	B10 资源建设	数字图书馆建设	积极参与市教育数字图书馆建设,有具体有效的措施推进其在学校的应用。建设可以使教育数字图书馆兼容的数字图书馆,并有 4 万册以上数字图书资源,对全市教师学生开放。	2
A3 实践与 应用45 分	B16 资源应用	图书借阅情况	教师、学生每学期在市教育数字图书馆借阅图书量不少于本地区师生总数的 50%。	2

广州"教育 E 时代"应用实验校建设及评估标准(城区或农村中心地区学校)

A 级指标	B 级指标	主要观察点	B 级指标具体内容	分值
A2 信息化 环境建设 20 分	B8 图书馆与 阅览室	图书馆 开放情况	图书馆实现信息化管理。配有电子阅览室,座位充足(50 个以上机位),链接市、区(县级市)教育数字图书馆,免费向学生开放。	1.5
		师生阅读电子 图书情况	所有学生都能在市或区(县级市)教育数字图书馆注册用户号,每学期至少组织 1 次读书活动,并有具体的活动方案;每学期借阅电子图书数不少于师生总数×2。	1.5
A3 教育应用 45 分	B13 综合实践	措施与 办法	安装"教育 E 时代"应用中心专用客户端,有具体有效的措施推进名师辅导网、学生学习城、英语 EE 广场、教育资源库、数字图书馆等系统在学校中的应用。	1.5

广州"教育 E 时代"应用实验校评估表(城区或农村中心地区学校)

A 级指标	B 级指标	主要观察点	分值	评估	
				自评	复评
A2 信息化环 境建设	8. 图书馆与 阅览室	图书馆开放情况	1.5		
		师生阅读电子图书情况	1.5		

淄博市教育局关于进一步做好 2006 年支持沂源教育发展工作的意见
（淄教办字[2006]108 号）
（2006—10—18）

一、指导思想与目标任务

（二）为了进一步做好支持沂源教育加快发展工作,市教育局从全市教育均衡发展的要求和我市教育的实际出发,坚持教育科学发展观,以量力而行、尽力而为为原则,围绕发展,突出一个"实"字,2006 年将在前两年援助的基础上,通过采取补助、减免、引进等多种方式提供不低于 650 万元左右的资金(或实物)支持,力争使沂源全面完成中小学布局调整,完善"以县为主"的义务教育管理体制,全面普及学前三年教育、高中段教育和信息技术教育,所有学校实验室、图书馆(室)等建设达到国家配备标准,全面提高沂源县教育的整体发展水平。

二、主要措施

（六）支持沂源县搞好农村中小学"课桌凳更新工程",协调市直有关部门、单位,基本解决沂源县农村中小学课桌凳自带、自购和破损严重等问题。继续从市直学校中调剂一部分教学设备和设施,用于装备沂源县贫困乡镇的中小学,帮助沂源县所有学校的实验室、图书馆(室)等建设达到国家配备标准。

淄博市教育局关于做好 2006 年突破高青教育工作的意见
（淄教办字[2006]107 号）
（2006—10—18）

一、指导思想与目标任务

（二）为了做好突破高青教育工作,市教育局从全市教育均衡发展的要求和我市教育的实际出发,坚持教育科学发展观,以量力而行、尽力而为为原则,围绕突破,突出一个"实"字,2006 年通过采取补助、减免、引进等多种方式每年提供不低于 500 万元左右的资金(或实物)支持,力争使高青县全面完成中小学布局调整,大力普及学前三年教育、高中段教育和信息技术教育,所有学校实验室、图书馆(室)等建设达到国家配备标准,全面提高高青县教育的整体发展水平。

二、主要措施

（六）支持高青县搞好农村中小学"课桌凳更新工程",协调市直有关部门、单位,基本解决高青县农村中小学课桌凳自带、自购和破损严重等问题。继续从市直相关学校中调剂一部分教学设备和设施,用于装备高青县贫困乡镇的中小学,帮助高青县所有学校的实验室、图书馆等建设达到国家配备标准。

淄博市区县基础教育办学水平监测评估指标（试行）
（2006—10—26）

A级指标	B级指标	C级指标	满分	自评	复评
A10 教育条件装备 （20）	B43 图书馆建设、设备	管理机构健全,建立了图书购置、指导机制,有具体的图书馆工作管理措施。	1		
		图书、报刊数量达到市级规范化要求,图书购置逐年增补,渠道正常,教辅和各种资料征订规范,图书质量高。建立了管理人员培训机制。	2		
		学校图书馆建设符合国家《中小学图书馆建设规程》,并向学生开放。图书馆借阅率高。	1		

湖南省教育厅关于印发《湖南省民办学校年度办学情况检查细则(试行)》的通知

(湘教发[2006]105号)

(2006—11—10)

湖南省民办普通小学年度办学情况检查细则(试行)

一级指标	二级指标	三级指标	分值	检查内容 与方法	检查 评分
A3 办学条件 25分	B6教育 教学设施	C14①设有图书馆(室)、阅览室单独使用并有专人管理,印刷图书配备能满足教师教学、学生学习需要;②生均印刷图书15册、报刊15种以上,教学参考书50种以上(以上均不含电子图书)。	3	①实地查看;②查看财产登记和使用登记;③查网络是否畅通、安全。	

湖南省民办普通初级中学年度办学情况检查细则(试行)

一级指标	二级指标	三级指标	分值	检查内容 与方法	检查 评分
A3 办学条件 25分	B6教育 教学设施	C14 设有图书馆(室)和阅览室,印刷图书配备和更新能满足教师教学和学生学习的需求,生均藏书量10册以上,报刊30种以上,工具书、教学参考书50种以上(以上均不含电子图书)。	3	①实地查看;②查财产登记和使用登记;③查网络是否畅通、安全。	

湖南省民办普通高级中学年度办学情况检查细则(试行)

一级指标	二级指标	三级指标	分值	检查内容 与方法	检查 评分
A3 办学条件 25分	B6教育 教学设施	C14 设有图书馆(室)和阅览室,印刷图书配备和更新能满足教师教学和学生学习的需求,生均藏书量15册以上,报刊50种以上,工具书、教学参考书100种以上(以上均不含电子图书)。	3	①实地查看;②查财产登记和使用登记;③查网络是否畅通、安全。	

湖南省民办中等职业学校年度办学情况检查细则（试行）

一级指标	二级指标	三级指标	分值	检查内容与方法	检查评分
A3 办学条件 25 分	B6 教育教学设施	C13①生均适用印刷图书不少于30册(其中专业书籍达40%以上)，有电子阅览室;②报刊、杂志30种以上;③年购置新书费大于学杂费收入的1%。	2	①查图书登记账、分类账及注销账;②查报刊、杂志订购清单;③实地查看图书馆、电子阅览室情况。	

湖南省民办职业技术学院年度办学情况检查细则（试行）

一级指标	二级指标	三级指标	分值	检查内容与方法	检查评分
A3 办学条件 25 分	B6 教育教学设施	C14①建有图书馆,图书馆生均面积达到1.5平方米以上;②生均馆藏图书达50册以上,专业期刊平均每个专业不少于5种,生均年进书量达3册以上(以上均不含电子图书);③有电子阅览室和图书资料数据库。	1	查图书馆建筑面积表,分类藏书统计表,图书资料数据库购买协议及经费依据。	

湖南省独立学院年度办学情况检查细则（试行）

一级指标	二级指标	三级指标	分值	检查内容与方法	检查评分
A3 办学条件 30 分	B6 教学设施	C18①与母体学校共享图书馆,或有自建图书馆;②有杂志阅览室;③自有的图书达到国家规定的普通高等学校基本办学条件指标合格标准,与母体学校共用图书馆的,图书册数应与母校同时达到国家规定的相同标准;④年进新书数量生均不少于3册(以上均不含电子图书)。	3	①查财产登记和使用登记;②实地查看。	

湖南省民办普通本科学校年度办学情况检查细则（试行）

一级指标	二级指标	三级指标	分值	检查内容与方法	检查评分
A3 办学条件 36 分	B6 教学设施	C18①有图书馆,有杂志阅览室;②生均图书达到国家规定的普通高等学校基本办学条件指标合格标准;③年生均新进书量不少于3册。	4	①查图书登记档案;②实地查看。	

中共北京市委教育工作委员会、北京市教育委员会、北京市公安局、北京市卫生局、北京市财政局、北京市社会团体管理办公室关于开展 2006/2007 学年北京市民办高等教育机构办学状况评估工作的通知

（京教高〔2006〕35 号）

（2006—11—17）

北京市民办高等教育机构办学状况评估指标及标准

一级指标	二级指标	分值	检查标准	注释	核查材料及核查方式
2. 办学条件	2—2 教学设备[注10]	30	(10)教学仪器设备总值[注11]不低于 500 万元,生均[注7]教学仪器设备值不低于 1000 元。如果开设专业仅限于哲学、经济学、法学、文学、教育学、历史学等六个学科范围内,教学仪器设备总值应不低于 300 万元,生均[注7]教学仪器设备值不低于 800 元。 (11)图书资料不少于 5 万册,能满足教学需要,图书馆生均[注7]座位数不低于 0.05 个,生均[注7]图书册数不低于 20 册。 (12)生均[注7]教学用计算机不低于 0.05 台,设有多媒体教室等必要的办学条件。	[注10]:非全日制高等教育机构教学仪器设备能够满足教学需要,函授(远程)教育机构应有自编教材、学生自学指导资料,教学仪器设备值、图书资料、图书馆座位数、教学用计算机的数量不作要求。 [注11]:教学仪器设备总值指不包括办公设备在内的单价在 800 元以上的仪器设备总值。	核查院系及专业设置目录、教学计划; 核查图书资料统计资料; 核查教学仪器设备清单(应包括教学仪器设备名称,需要使用该仪器设备的学生数量、年级和专业名称,该教学仪器设备教学时数等项内容); 核查审计报告(审计报告应披露图书、教学仪器设备的保值、增值情况); 现场考察。

福建省关于进一步推进义务教育均衡发展的工作意见
（教育厅、省委编办、省发展改革委、省财政厅省人事厅　二〇〇六年十一月）
（2006—12—12）

一、统一思想认识,把推进义务教育均衡发展摆上重要位置

（三)推进义务教育均衡发展,是实践"三个代表",解决"三农"问题,办好让人民满意的义务教育的基本要求。各级政府和教育行政部门要根据"积极进取、实事求是、分区规划、分类推进"的原则,制定分年度、分片区推进义务教育均衡发展的工作规划,按照当地经济和教育发展水平,分县(市、区)推进义务教育的均衡发展。根据省政府确定的县级政府教育督导工作三类地区的划分,一、二、三类地区(见附件"县级政府教育工作督导评估分类表")分别于 2010 年、2012 和 2015 年底前基本实现区域内的义务教育均衡发展。要逐步实现中小学办学条件标准化,区域内中小学经费投入、管理水平、师资队伍、教育质量基本均衡。基本达到校校有符合办学规模要求的校园用地和教学用房,有合格的教师,有合格的实验室、图书馆(室)和配套的教学仪器设备,有卫生安全的食堂和宿舍的"四有"要求。

福州市民办学校设立设置标准和审批办法
（2006—12—14）

一、民办学校筹设、设立设置标准

（四）各类学校设立设置标准

1. 设立普通完全中学、高级中学应具备下列基本条件：

（4）办学条件与教学设施

学校的藏书室、学生阅览室和教师阅览室按福建省中小学图书馆建设基本标准分别设置,生均图书25册以上,年订阅报刊种类达到70种以上,工具书150种以上;

2. 设置职业技术学校应具备下列基本条件：

（4）办学条件与教学设施

配有图书馆,生均图书不少于25册或藏书量不少于1万册或与之容量相适应的电子阅览光盘和设备。教师阅览室和学生阅览室的座位应分别按不低于教职工总数的15%和学生总数的10%设置;

安徽省人民政府关于促进职业教育发展的若干政策意见
（皖政〔2006〕118号）

（2006—12—20）

二、加大税费扶持力度

4. 减免建设规费。经批准建立或筹建的职业院校基本建设项目,可免收或减半征收新型墙体材料专项基金、散装水泥专项基金、征地管理费、城市基础设施配套费、房屋拆迁管理费和河道管理费等,具体减免标准由各市确定;基本建设项目在污染物达标排放的情况下,当地环保部门应及时予以核准,并免征基本建设施工排污费;免征教学楼、实训楼、图书馆、宿舍楼、食堂等建设工程的人防工程易地建设费。

陕西省教育厅关于做好"2006年度中国移动爱心图书馆(室)项目"到货图书验收工作的通知
（陕教基办〔2006〕31号）

（2006—12—27）

"中国移动爱心图书馆"项目图书公开招标工作已于近日完成。根据合同规定,所采购图书将于2006年底陆续到达各项目学校,为使到货的图书尽快投入使用,发挥效益,现将有关事项通知如下:

五、图书上架的同时,各项目学校要在图书馆(室)的门前悬挂"中国移动爱心图书馆(室)"的匾牌(牌匾将随图书同时送到学校),并拍摄照片,发送电子邮件至省教育厅基础教育处。

六、学校要保证项目图书馆(室)的条件基本符合《中小学图书馆(室)规程(修订)》(教基〔2003〕5号)的要求。各项目学校要对"中国移动爱心图书馆(室)"实施良好的日常管理维护,提高图书的利用率,维持年度图书完好率在95%以上。保证"中国移动爱心图书馆(室)"长期正常运转。

抚顺市关于全市中小学(职高)2006—2007学年度寒假工作安排的通知
（2006—12—28）

六、开展有益的课外活动

各级教育行政部门和学校要组织学生开展科普知识传授、科技制作、发明创造、科学实验等活动；组织课外阅读、集邮、摄影、摇篮工程、体育锻炼和竞赛等活动；组织开展社会实践、社区服务等校外活动，所有活动必须坚持安全第一、学生本人自愿的原则。各校现有的校内设施（图书馆、阅览室、微机室、体育场等）要充分向学生开放。严禁中小学生进录像厅、电子游戏厅、舞厅、网吧和参与赌博活动，严禁学生阅读、观看黄色书刊及音像制品。

沈阳市教育局办公室关于 2006—2007 学年度中小学寒假工作安排的通知
（沈教发〔2006〕137 号）
（2006—12—31）

五、工作要求

4. 积极创造条件，提供和开放有益学生身心健康的活动设施与场所。学校的运动场、图书馆、阅览室和各类专用教室要有计划地向学生开放，并用足、用好。重视和发挥各区、县（市）关工委、少年宫、青少年科技站、少年活动中心、少儿图书馆等部门的育人功能，充分利用市政府规定的对中小学生免费开放的文化设施和活动场所。积极组织寒假期间的各项体育比赛、艺术展演和心理健康培训活动，开展好节日期间的双拥活动。各区、县（市）青教办要加强青少年活动场所的建设和管理工作，按照市青教办《关于做好 2007 年青少年学生寒假工作的通知》（沈青教办发〔2006〕15 号）要求，认真组织好有关活动。

互联网与图书馆

国家工商行政管理总局关于进一步做好网吧管理工作的通知
（工商个字〔2006〕127 号）
（2006—07—05）

三、依法行政，严格执法，做到职责到位、执法到位

各级工商行政管理机关在查处过程中，要认真落实属地监管职责，依法行政、严格执法。一是要依法没收黑网吧开办者从事黑网吧违法经营活动的专用工具、设备，包括电脑主机、电脑显示器、服务器、路由器、交换机，不留后患。二是要严厉打击变相黑网吧。对利用学校网络教室、计算机房和图书馆电子阅览室等场所变相经营网吧的，对以"电子竞技俱乐部（馆）"、洗浴中心、娱乐中心和电脑服务部、劳动职业技能培训机构等名义变相经营活动的，依法予以查处取缔。三是要通过询问笔录等，摸清黑网吧的互联网接入服务提供者，并及时书面通知互联网接入服务提供者终止或暂停其互联网接入服务。四是要对明知是黑网吧而为其提供接入服务或租赁场所等行为，依照《无照经营查处取缔办法》等有关法律法规的规定严肃查处。

天津市关于加强我市技术防范网络体系建设的意见
（2006—09—04）

三、主要任务与实施步骤

（二）认真做好视频监控点位建设和用户发展整合工作。

5. 重点单位、要害部位视频监控点位建设任务。各有关部门和单位要按照全市统一规划的要求

和标准,在市技术防范网络体系建设领导小组指导下,认真做好技防系统建设、整合工作,全部联入"技防网"。对关系国计民生的党政首脑机关、广播电台、电视台、通讯社、出版社等重要新闻出版单位,机场、港口、火车站、地铁、轻轨、大型公共客运站等重要交通枢纽,国防科技工业重要产品的研制、生产单位,电信、邮政、金融单位,研制、生产、销售、储存危险物品或者实验、保藏传染性菌种、毒种的单位,大型能源动力设施、水利设施和承担城市水、电、燃气、热力供应单位,大型物资储备单位,大型商场、超市、博物馆、档案馆、图书馆和重要文化保护单位,教育、科研、医疗单位,以及收费站、加油站、金店等重点单位和要害部位的视频监控报警系统必须按要求进行建设、整合,至 2008 年底完成 20%,至 2010 年底完成 50%。

国家工商行政管理总局关于进一步推进未成年人思想道德建设工作的实施意见(工商个字〔2006〕第 224 号)
(2006—12—04)

二、继续加强网吧管理,坚决取缔黑网吧

(三)要强化执法力度,依法没收黑网吧开办者从事黑网吧违法经营活动的专用工具、设备,不留后患。要严厉打击变相黑网吧,对以学校网络教室、计算机房、图书馆电子阅览室、电子竞技俱乐部(馆)、娱乐中心和电脑服务部等名义变相经营的,依法予以查处。对明知是黑网吧而为其提供接入服务或租赁场所的行为,要依照《无照经营查处取缔办法》等有关法律法规的规定严肃查处。

兰州市人民政府关于进一步加强网吧管理工作的意见
(兰政发〔2006〕121 号)
(2006—12—18)

三、工作措施和要求

(五)疏堵结合,引导未成年人文明上网。针对未成年人进入网吧、沉溺网络游戏、不健康网络聊天等突出问题,在各行政管理部门加大网吧监管力度、严厉打击违法违规经营行为的同时,教育、共青团、妇联及学校要根据未成年人的生理、心理特点,积极主动地配合开展中小学生文明上网宣传教育活动,有组织地引导其在学校、图书馆、文化馆、少年宫等有网络文化资源的地方和单位进行上网,使未成年人通过正常渠道获得计算机知识和网络知识;要进一步强化学校、家庭的教育监护责任,特别是强化家长作为未成年人监护"第一责任人"的责任意识,防止、矫治未成年人的不良行为,培养他们良好的上网习惯。

特殊人群保护与图书馆

湖州市人民政府优待老年人实施办法
(2006—02—25)

四、70 周岁及以上老年人进入政府投资主办(产权属国家并由专门机构管理的、或承包经营的、或改制后国资为主要股份的)的公园、文化宫(馆)、图书馆、博物馆、美术馆、展览馆、纪念馆、科技馆和旅游景点(风景点、文物点、工业性项目游览点和农业观光点)以及体育健身等公共场所,一律免购门票。其他老年人进入上述场所时享受半价优惠。80 周岁以上高龄老人游览时,允许随同一名陪伴人员。老年人免费使用收费公共厕所。

宁波市优待老年人实施办法
（2006—03—27）

七、70周岁以上老年人凭《优待证》进入寺庙和政府投资主办或政府控股的公园、文化宫（馆）、图书馆、文保点、博物馆、美术馆、展览馆、纪念馆、科技馆和旅游景区（点）以及体育健身等公共场所，实行门票全免；其他老年人享受半价优惠（其中，对市属的文保点、博物馆、纪念馆享受门票全免）。非政府投资主办或政府控股的上述公共场所，应对70周岁以上老年人给予门票优惠，提倡对其他老年人给予适当的门票优惠。老年人在民光影城、宁波影都观看日场电影享受半价优惠。70周岁以上老年人在全市公共图书馆办理借书证，免收工本费。老年人免费使用全市收费公共厕所。

衢州市优待老年人规定
（2006—04—10）

三、70周岁以上老年人凭《优待证》进入政府投资主办的公园、文化宫（馆）、图书馆、博物馆、美术馆、展览馆、纪念馆、科技馆和旅游景点以及体育健身等公共场所，一律免购门票，其他老年人享受半价优惠。其他社会资金投资的旅游景点，70周岁以上老年人享受半价优惠。老年人免费使用收费公共厕所。实行优待的场所由当地政府予以公告，并在相关场所设置明显标志。

2006年四川省未成年人保护工作要点
（省未成年人保护委员会）
（2006—04—12）

三、大力开展"净化工程"
（二）大力实施未成年人文化建设工程。

四是积极建设未成年人活动场所。积极推进学校、企事业单位、社会团体的科技文化体育设施向未成年人开放，博物馆、纪念馆、图书馆、自然风景区等场所免费或优惠向未成年人开放；积极建设文化信息资源共享服务站，为未成年人汲取文化知识提供健康的网络学习环境。

湘西自治州老年人优待规定
（2006—04—18）

第三条　老年人持县市以上（含县市）老龄工作委员会颁发的《湖南省老年人优待证》在全州范围内享有以下待遇：

（二）免费参观国有或国家投资为主体的展览馆、纪念馆、博物馆等，国有图书馆免费办理图书借阅证。

全国妇联、中央宣传部、中央文明办、全国总工会、共青团中央、中国科协、教育部、公安部、民政部、文化部、卫生部、国家广电总局、国家工商总局、国家质检总局、国家新闻出版总署、中国残联、中国

关心下一代工作委员会关于庆祝 2006 年"六一"国际儿童节的联合通知
（2006—04—27）

四、积极行动,采取切实措施为儿童办好事办实事

各地各部门要发挥各自优势,及时制定出台促进儿童健康成长的政策措施,改善儿童的成长环境。要以农村和贫困地区为重点,为贫困、孤残、单亲儿童和下岗失业家庭儿童办实事、解难事、做好事。要按照建设社会主义新农村的要求,落实中发［2004］8 号文件精神,关注解决流动人口子女、农村留守儿童、孤残儿童在就学、公共安全、医疗保健、文化生活等方面存在的问题,通过多种形式,帮助他们解决实际困难,维护他们的合法权益。享受国家财政支持的各类博物馆(院)、展览馆、纪念馆、美术馆、科技馆、烈士纪念建筑物、名人故居、公共图书馆、文化馆(站)、文化宫(工人文化宫、工人俱乐部)等公益性文化设施要按照《关于公益性文化设施免费向未成年人开放的实施意见》要求,向未成年人免费或优惠开放。各地各部门要高度重视节日期间的安全问题,明确责任,落实措施,防止意外事故发生。

舟山市贯彻《浙江省优待老年人规定》实施办法
（2006—04—27）

三、70 周岁以上的老年人凭《优待证》进入政府投资主办的公园、文化宫(馆)、图书馆、博物馆、美术馆、展览馆、纪念馆、科技馆和旅游景点以及体育健身等公共场所,免购门票;60—69 周岁的老年人享受半价优惠。老年人可凭《优待证》向图书馆免费办理借书证、阅览证。老年人进入各类文娱场所观看日场电影(指有自主定价权的电影)、戏剧演出、体育比赛等,凭《优待证》享受半价优惠。老年人免费使用收费公共厕所。实行优待的场所,由当地政府予以公告,并在场所内设置明显标志。

绍兴市人民政府关于市区贯彻浙江省优待老年人规定的意见
（绍政发［2006］54 号）
（2006—05—23）

三、所有由政府投资主办、收费的公园、文化宫、图书馆、博物馆、展览馆、科技馆和旅游景点以及体育健身等公共场所,凭《优待证》,70 周岁以上老年人免购门票,60 周岁以上老年人门票半价优惠。老年人免费使用收费公共厕所。实行优待的场所,由各主管部门向社会公布,并在购票处或入口处设置"老年人优待"的明显标志。

深圳市文化局、市发展和改革局、市教育局、市科技和和信息局、市民政局、市财政局、深圳警备区、市总工会、共青团深圳市委员会、市妇女联合会、市科学技术协会关于公益性文化设施向未成年人免费开放的通知
（深文〔2006〕168 号）
（2006—05—23）

一、积极创造条件加大公益性文化设施向未成年人免费开放的力度

市少儿图书馆与学校图书馆要在国家法定的节假日设定"未成年人参观接待日",免费接待未成年人参观,为未成年人免费办理图书借阅,对复印等收费项目要实行半价优惠。市少儿图书馆要开设

免费的未成年人阅览室或未成年人多媒体阅览室,免费举办面向未成年人的讲座、培训、展览等活动。

二、免费开展针对性强的各类文化活动,提升未成年人思想道德水平

市少儿图书馆要有针对性地向不同层次的未成年人提供适合他们实际需要的各种文献信息服务,培养未成年人自觉走进图书馆、使用图书馆的意识,使未成年人在利用图书馆文献资源的过程中开阔视野、丰富知识、增长见识、提高能力。

各级各类学校图书馆要制定具体借阅办法,积极向本区或本社区范围内的未成年人开放。大专院校的图书馆可限定在中学就读或具有中学文化程度的未成年人到馆借阅。

博物馆、图书馆、纪念馆、美术馆、科技馆、群众艺术馆、文化馆(站)以及文化信息资源共享工程的各级中心要积极利用互联网站,精心制作集知识性、趣味性、科学性为一体的文化信息资源,制作面向未成年人的网站、网页、专栏,为未成年人提供他们喜闻乐见的文化信息服务并组织开展健康有益的网上文化活动。

四、扩大公益性文化设施融资渠道,加强公益性文化设施向未成年人免费开放的资金保障

市各主管部门要贯彻落实《公共文化体育设施条例》和中央、省的有关文件精神,加强青少年宫、儿童活动中心和少年儿童图书馆和科技馆、青少年科技教育基地等未成年人活动场所的建设力度。要逐步建立起布局合理、规模适当、功能配套齐全的市、区、街道、社区四级未成年人活动场所网络,要做好市少儿图书馆的改造工作,做好少年儿童主题公园和科技馆的建设规划论证工作。各文化馆(站)、科技馆等综合性公益性文化设施,要按照向未成年人倾斜的原则,在规划设计和功能配备等方面充分考虑未成年人的特点、兴趣和爱好,利于未成年人使用。在城市建设、城中村改造和小区建设中要配套建设向未成年人开放的基层活动场所,特别是社区的综合性活动场所中要设有未成年人活动的项目和场地。

要制定优惠政策,吸纳社会资金,鼓励、支持社会力量兴办未成年人活动场所,逐步形成政府主导、社会广泛参与、多渠道投入的运行格局。要按照中央和省的统一部署,加大对公益性文化设施的建设、运转、管理、维护的经费投入力度,认真落实公益性文化设施免费或优惠开放所需补偿资金,落实配套设施建设和设备更新经费,保证公益性文化设施在免费和优惠开放后能够正常、高效运转。

市属公益性文化设施单位要测算本单位实施免费或者优惠开放所需补助资金,纳入部门年度预算,向市财政部门申请。

江门市区敬老优待办法
(2006—05—24)

第二条　年满 60 周岁以上的老年人(含外地老年人),凭身份证在市区范围内可享受以下优惠:

(一)免费进入公园、风景区、旅游景点、文化馆、纪念馆、艺术馆、博物馆、展览馆、图书馆(以上场所有重要活动除外)。

南通市关于进一步加强残疾人帮扶工作的若干意见

(市残联　市委宣传部　市农办　市教育局　市公安局　市民政局　市司法局　市财政局　市劳动和社会保障局　市国土资源局　市建设局　市规划局　市城管局　市交通局　市文化局　市卫生局　市广电局　市房管局　市体育局　市旅游局　市港务局　市总工会　团市委　市妇联　南通工商局　市国税局　市地税局　人行南通市中心支行)
(2006—05—25)

五、进一步优化帮扶残疾人的社会环境

（十八）大力推行公共场所无障碍设施建设。各地要严格执行《城市道路和建筑物无障碍设计规范》，加强无障碍设施的维护管理，有计划地对公共场所进行无障碍设施改造。开展创建无障碍社区和无障碍单位活动。大力发展无障碍公共交通，铺设盲道、坡道，安置语音提示器、残疾人专用电话亭、服务柜台等设施。积极推行信息无障碍建设，鼓励电视、电影播出配有字幕或手语翻译的节目。发展盲人有声读物图书馆，鼓励科技人员研制残疾人专用学习、生活、工作用品用具。

中共马鞍山市委、马鞍山市人民政府关于进一步加强和改进未成年人思想道德建设的实施意见
（马发［2006］16 号）
（2007—06—26）

八、加强活动场所建设。充分发挥现有的濮塘烈士陵园、三国朱然墓博物馆、规划馆、展览馆等爱国主义教育基地的作用，对集体组织参观活动的未成年人实行免费。青少年宫等未成年人活动场所要把社会效益放在首位，坚持面向未成年人、服务未成年人的宗旨，积极开展教育、科技、文化、艺术、体育等未成年人喜闻乐见的活动，把思想道德建设内容融于其中。要进一步重视和加强未成年人校外活动场所建设。市建委、规划等部门，在城市规划的编制、实施过程中，要充分考虑未成年人活动场所的建设。在城市建设、旧城改造、住宅新区开发中督促建设单位按照"谁投资谁所有"的原则，配套建设未成年人活动场所。人口规模在 30000—50000 人以上的居住区要建设文化活动中心，人口规模在 7000—15000 人的居住小区要建立文化活动站。社区文化活动中心（站）都要开辟专门供未成年人活动的场地。加大农村未成年人校外活动场所的规划和建设力度。要依托基础设施较好乡镇中小学校或其他社会资源，配备必要的设施和设备，建立乡村少年儿童活动场所。农村现有的宣传文化中心（站）、科技活动站要开辟未成年人活动场所。各级政府对属于公益性文化事业的未成年人校外活动场所建设和运行所需资金要予以保证，并制定优惠政策，吸纳社会资金，鼓励、支持社会力量兴办未成年人活动场所。"十一五"期间，要新建市图书馆、市少儿图书馆和 3 个区的区级图书馆。同时，要建设市妇女儿童活动中心、扩建市青少年宫、市中学生实践基地等一批未成年人活动场所，力争在 2010年各乡镇建有集图书阅览、广播影视、文艺演出、科普培训、艺术体育于一体的综合性文化站；全市80％的街道建立文化活动中心。

金华市优待老年人规定
（2006—07—03）

三、70 周岁以上的老年人凭《优待证》进入政府投资主办的公园、文化宫（馆）、图书馆、博物馆、美术馆、展览馆、纪念馆、科技馆和双龙洞、冰壶洞、金华观、大黄山公园、侍王府、天宁寺、八咏楼、艾青纪念馆、汤溪城隍庙等公共场所，一律免购门票；60—69 周岁老年人享受半价优惠。老年人免费使用收费公共厕所。实行优待的场所由当地政府予以公告，并在场所设置明显标志。

安徽省人民政府关于进一步做好农民工工作的通知
（皖政［2006］52 号）
（2006—07—10）

六、努力改善农民工的生产生活条件

（二十三）努力改善农民工生活条件。用人单位要保证农民工居住场所符合基本的生活条件,农民工人均住宿面积不得低于 2.5 平方米,并符合卫生和安全要求,严防疫病传播和食物中毒。开发区、工业园区等农民工集中的聚集区,在符合土地利用总体规划和城市规划的情况下,可以建设廉租房供农民工租住。对纳入经济适用房计划的廉租房用地,可以通过划拨方式提供。各地要向农民工开放图书馆、文化馆、博物馆、体育场馆等公益性文化体育设施,有条件的用人单位还要开辟阅览室、棋牌室、文体活动室等文体活动场所,丰富农民工的业余文化生活。

哈尔滨市优待老年人规定
（2006—07—11）

第六条　70 周岁以上的老年人除享受第五条所列有关优惠待遇外,持墨绿色《敬老优待证》进行下列活动还可以享受如下优惠待遇:

（一）免费参观博物馆、展览馆、纪念馆;

（二）进入影剧院、文化宫（馆）和体育场（馆）观看电影（分账影片除外）、日常性文艺演出和体育比赛（商业性演出、比赛除外）,半价购票;

（三）免费办理公共图书馆借阅证;

宜宾市人民政府关于进一步加强敬老优待服务工作的意见
（宜府发〔2006〕33 号）
（2006—07—11）

六、提供文体休闲优待,丰富老年人的精神文化生活

（一）政府投资主办的旅游景点（开放的文物景点）、各类博物馆、纪念馆、展览馆、公共图书馆等公益性文化设施,要向老年人免费开放。

台州市人民政府关于实施《浙江省优待老年人规定》的意见
（台政发〔2006〕41 号）
（2006—07—24）

三、老年人凭证进入有关公共场所的优待。70 周岁及以上老年人凭《优待证》免费进入由政府投资主办的公园、风景名胜区、旅游景点和文化宫（馆）、俱乐部、影剧院、图书馆、美术馆、博物馆、科技馆、展览馆、纪念馆等公共文化娱乐场所;其他老年人享受半价优惠。进入非政府性投资主办的上列公共文化娱乐场所,凡收取门票费的,在"老人节"期间应对老年人给予优惠或减免,具体办法由各县（市、区）人民政府制定。老年人凭《优待证》免费使用公共厕所。老年人凭《优待证》半价办理各公共图书馆（少儿图书馆、学校图书馆除外）借阅证,70 周岁及以上老年人免费。

福建省人民政府关于进一步做好老年人优待工作的意见
（闽政〔2006〕17 号）
（2006—07—30）

六、提供文体休闲优待,丰富老年人的精神文化生活

（一）博物馆（院）、美术馆、图书馆、科技馆、纪念馆、烈士纪念建筑物、名人故居、文化馆（站、宫，含工人文化宫）等公益性文化设施应向老年人免费或优惠开放。

文化部办公厅关于贯彻落实《国务院关于解决农民工问题的若干意见》的通知
（2006—08—01）

四、充分发挥公共文化设施的社会教育职能，完善服务方式，各级文化行政部门要充分利用图书馆，文化馆、文化站、博物馆等公益性文化设施为农民工服务，发展文化工作在提高农民工思想道德素质和科学文化素质方面的作用。城市公共文化设施要进一步向广大农民工开放，并逐步完善社区文化设施建设。要充分利用全国文化信息资源共享工程、送书下乡，送书到工地等文化项目为农民工提供方便快捷的文化服务。

2006 年自贡市未成年人保护工作要点
（2006—08—21）

三、大力开展"净化工程"

（二）大力实施未成年人文化建设工程。一是加强以未成年人为对象的各类出版物的监管工作，积极推行"绿色上网"行动。严厉查处含有淫秽、色情、暴力、恐怖等有害内容的网络游戏，努力营造"寓教于乐、寓知于乐、寓学于乐"的绿色网络游戏环境。二是积极扶持农村儿童文化设施的建设。深入开展"送书下乡"、农村电影"2131"工程等活动，兴办农村文化设施，努力满足农村未成年人的精神文化需求。三是积极建设未成年人活动场所。积极推进学校、企事业单位、社会团体的科技文化体育设施向未成年人开放，博物馆、纪念馆、图书馆、自然风景区等场所免费或优惠向未成年人开放；加大对青少年校外活动场所的资金投入，突出社会效益，制定优惠政策，引导、鼓励和吸纳社会资金积极参与青少年活动场馆设施建设。积极建设文化信息资源共享服务站，为未成年人汲取文化知识提供健康的网络学习环境。

广元市残疾人救助保障暂行办法
（2006—08—31）

第五章　维权

第二十一条　推动残疾人信息和交流无障碍。创造条件，逐步开办电视手语节目，服务行业推广手语，电视新闻、电影、电视剧逐步加配字幕。公共图书馆逐步添置盲文书刊，设置盲人有声读物阅览场所。

各新闻媒介在发布涉及残疾人事业的公益广告时，应免收广告费用。

第二十二条　公共服务机构和公共场所，应当采取设立服务窗口或者醒目标志等方式，为残疾人提供优先、优惠和辅助性服务。

残疾人凭《残疾人证》免费进入博物馆、纪念馆、科技馆（宫）、美术馆、展览馆、体育场（馆）、文化馆（室、中心）、科技活动中心、公共图书馆、公园、动物园、旅游风景区、公厕等公共场所。

邮政部门免费寄递按普通水陆路方式交寄的盲人读物邮件。

杭州市优待老年人规定
（2006—09—01）

四、提供文体休闲优待，丰富老年人的精神文化生活

22. 70周岁以上老年人进入政府投资主办的公园、文化宫（馆）、图书馆、博物馆、美术馆、展览馆、纪念馆、科技馆和旅游景点以及体育健身等公共场所，一律免购门票；60—69周岁老年人享受半价优惠。

23. 持有《杭州市困难家庭救助证》的低保、困难老年人家庭，每户可按2折价订阅《杭州日报》一份；免收有线电视安装费和有线电视视听维护费；免费办理杭州图书馆借书证；免费办理公园IC卡。

天津市人民政府关于贯彻落实《国务院关于解决农民工问题的若干意见》的实施意见
（津政发（2006）78号）

（2006—09—04）

四、搞好公共服务体系建设，加强农民工管理服务

（二十一）发挥社区管理服务的重要作用。构建以社区为依托的农民工服务和管理平台。加强对社区内农民工的基本素质培训和职业技能培训，帮助农民工逐步提高素质和就业能力。完善社区公共服务和文化设施，城市公共文化设施要向农民工开放，充分利用图书馆、文化馆（站）、博物馆等公共文化设施，为农民工提供健康有益的文化产品和服务。有条件的企业要设立农民工活动场所，开展多种形式的业余文化活动，丰富农民工的精神生活。

辽宁省人民政府关于解决农民工问题的实施意见（辽政发〔2006〕35号）
（2006—09—09）

十、加强和改进对农民工工作的领导

（三十八）发挥社区管理服务的重要作用。要建设开放型、多功能的城市社区，构建以社区为依托的农民工服务和管理平台。鼓励农民工参与社区自治，增强作为社区成员的意识，提高自我管理、自我教育和自我服务能力。发挥社区的社会融合功能，促进农民工融入城市生活，与城市居民和谐相处。完善社区公共服务和文化设施，各级公共图书馆、群众艺术馆（文化馆）、博物馆等城市公共文化设施要向农民工开放，有条件的企业要设立农民工活动场所，开展多种形式的业余文化活动，丰富农民工的精神生活。

重庆市政府关于进一步做好重庆老年人优待工作的意见
（渝文备〔2006〕30号）
（2006—10—10）

一、重庆市老年人优待服务的主要内容

（五）提供文体休闲优待，丰富老年人的精神文化生活

1. 财政支持的各级各类博物馆（院）、美术馆、科技馆、纪念馆、烈士纪念建筑物、名人故居、公共图书馆、文化馆（站、宫，含工人文化宫）等公益性文化设施要向老年人免费或优惠开放。

河北省农民工工作联席会议 2006 年工作要点
（2006—10—20）

二十四、发挥社区管理服务的重要作用

落实《居委会组织法》,加强对社区内农民工的基本素质培训和职业技能培训,帮助农民工逐步提高素质和就业能力。把农民工教育培训的情况作为社区教育实验工作的考核内容。充分利用图书馆、文化馆（站）、博物馆等公益性文化设施,发挥文化工作在提高农民工思想道德素质和科学文化素质方面的作用。为农民工提供健康有益的文化产品和服务,城市公共文化设施面向农民工开放。发挥社区共青团和妇联组织作用,为农民工提供服务。（民政厅、教育厅、文化厅、人口计生委、团省委、省妇联分别负责）

汕头市各区县实施老年人优惠待遇的具体单位和优待项目
（2006—10—23）

一、公园、风景区等

60 周岁以上老年人凭《汕头市老年人优待证》（以下简称《优待证》）可以免费进入下列享受财政补助的公园、风景区、纪念馆、博物馆、图书馆等场（所）：

龙湖区：

龙湖区图书馆。

澄海区：

澄海区红头船公园、澄海图书馆、澄海博物馆、陈慈黉故居、盛安百草园、莲花山温泉度假村;70 周岁以上老年人凭《优待证》免费进入塔山风景区、科隆千树园（不属于财政补贴单位）。

濠江区：

青云岩风景区、双泉公园、图书馆;半价优惠进入濠城影剧院。

潮阳区：

潮阳东山公园、文光公园、海门莲花峰旅游景区、和平大峰旅游景区、潮阳区图书馆。

潮南区：

潮南区仙城镇深溪翠峰古岩、仙城镇仙湖风景区（八角亭）、潮南区大南山革命历史纪念馆。

南澳县：

宋井、青澳湾、总兵府、金银岛、风电场、黄花山景区、县文化馆、县海防史博物馆、县图书馆。

南阳市残疾人保障办法
（2006—11—16）

第十六条　残疾人凭《中华人民共和国残疾人证》可免费进入全市辖区内各类对外开放的文物古迹、博物馆、展览馆、公园、爱国主义教育基地的游览参观点、公共图书馆等公共场所。对盲人、双下肢残疾人和其他重度残疾人,允许一名陪护人员免费进入上述公共场所陪护。

浙江省军人抚恤优待办法
(2006—11—16)

第三章　优待

第二十条　现役军人、残疾军人、三属持有效证件,享受下列优待:

(二)免费借阅公共图书馆开放的图书资料;

社会力量投资兴办的教育、科学、文化、体育、交通、旅游等机构应当向现役军人、残疾军人、复员军人、三属提供优待。

阿坝州政府残工委关于在推进社会主义新农村建设中切实做好农村残疾人工作的实施意见
(阿坝州政府残工委　二○○六年十月)
(2006—11—20)

六、丰富农村残疾人精神文化生活,形成扶残互助、文明向上的社会风气

(十九)重视并满足农村残疾人多层次、多方面的精神文化需求。要将农村残疾人文化体育工作纳入农村公共文化服务体系,县文化馆、图书馆和乡镇文化站、村文化室等公共文化设施要为残疾人提供必要的无障碍设施和高质量的特别服务;县公共图书馆或残疾人综合服务设施内,要有盲人图书室。文化、科技、卫生等部门在"三下乡"活动中,要对农村残疾人给予重点服务。积极开展多种形式的农村残疾人喜闻乐见、寓教于乐的文体活动;将农村残疾人体育活动纳入农民体育健身工程。根据农村残疾人文化生活需要,有针对性地、有计划地兴办残疾人文化、体育、娱乐活动场所。

绍兴市人民政府关于进一步加强市区残疾人扶助工作的意见
(绍政发〔2006〕108 号)
(2006—11—28)

五、文化生活

(二十七)在法定节假日、"全国助残日"和"国际残疾人日",残疾人可免费进入公园、科技馆、图书馆、博物馆、展览馆等公共场所,市区影剧院在全国助残日对残疾人实行免费开放。

(三十)公共图书馆应当开设盲文阅览室,并提供盲文读物或语音读物。

福州市人民政府关于进一步做好老年人优待工作的意见
(榕政综〔2006〕308 号)
(2006—12—14)

六、提供文体休闲优待,丰富老年人的精神文化生活

(一)博物馆(院)、美术馆、图书馆、科技馆、纪念馆、烈士纪念建筑物、名人故居、文化馆(站、宫,含工人文化宫)等公益性文化设施应向老年人免费开放。有收费的公益性项目,70 周岁以下老年人 5 折优惠,70 周岁以上老年人免费。

蚌埠市政府关于进一步做好农民工工作的通知
(蚌政〔2006〕133 号)

（2006—12—19）

五、努力改善农民工的生产生活条件

（二）努力改善农民工生活条件。图书馆、文化馆、博物馆、体育场馆等各类公益性文化体育设施要向农民工开放，有条件的用人单位还要开辟阅览室、棋牌室、文体活动室等文体活动场所，丰富农民工的业余文化生活。（市房管局负责，市文化局、体育局配合）

铜陵市人民政府关于进一步做好农民工工作的实施意见
（铜政〔2006〕76 号）
（2006—12—21）

五、努力改善农民工的生产生活条件

（二十三）关心农民工的业余文化生活。全市文化、体育行政部门要充分利用图书馆、文化馆、博物馆、体育场馆等公益性文化体育设施，为农民工提高思想道德素质、科学文化素质和身体素质服务。鼓励文艺工作者积极创作反映农民工生活的文艺作品，积极组织文化经营单位和文艺工作者为农民工免费或优惠提供文艺表演、音像制品、电影、图书等文化产品和服务。有条件的用人单位还要开辟农民工阅览室、棋牌室、文体活动室等，丰富农民工的业余文化生活。

中共广州市委办公厅、广州市人民政府办公厅关于进一步加强我市农村文化建设的实施意见
（穗办〔2006〕26 号）
（2006—12—22）

二、加强农村公共文化基础设施建设，健全农村公共文化服务体系

5. 加强农村文化设施建设。坚持以政府为主导，以镇为依托，以行政村为重点，以农户为服务对象，发展区（县级市）、镇、村文化设施和文化活动场所，构建农村公共文化服务网络。到2010 年，全市建成和完善市、区（县级市）、镇、村农村四级公共文化设施网络，实现区（县级市）有公共图书馆、文化馆（文化馆业务用房面积超过省颁3500 平方米的达标标准，将文化馆全部建设成为省一级以上文化馆），文化遗产资源较丰富的区（县级市）有博物馆，镇有综合文化站（力争全部达到省一级文化标准），行政村和自然村有文化活动室和活动场地。区（县级市）文化馆要具备综合性功能，图书馆要加强数字化建设。中心镇要将文化基础设施作为重要内容纳入总体建设规划，一起规划和建设。要建设集图书阅读、广播影视、宣传教育、文艺演出、科技推广、科普培训、体育和青少年校外活动等于一体的综合性文化设施，图书室、文化站、电影院、文化广场、广播电视站、宣传文化长廊、体育场所、青年中心和公园等设施要有专人管理。行政村要结合创建文明示范村，建设功能健全、运作正常的文化活动室，包括图书室、文娱室、宣传文化橱窗、灯光球场、公园等设施，明确由一名村干部具体负责。近年来新实行村改居的地区，可根据居民构成情况，街参照中心镇、居委会参照行政村的标准建设文化设施。整合农村文化建设资源，统筹文化、教育、科技、体育和青少年、老年活动场所的规划建设和综合利用，努力做到相关设施能够共建共享，着力解决农村文化设施分散、使用效率不高的问题。文化、教育、体育等部门要制定相关鼓励政策与措施，在试点的基础上，推进中小学的图书室、电子阅览室、体育场地和机关、企业的内部文体设施定时就近向城乡群众开放。进一步贯彻实施《公共文化体育设施条例》、《广东省文化设施条例》等相关政策法规，结合广州实际，制定相应措施。镇级行政区划调整后原有的文化设施要继续发挥作用，原则上不能更改其属性和使用功能，文化主管部门要加强检查督促；在学

校布点整合中腾出的闲置校舍,可改造为镇、村文化活动基地。

8. 开展农村数字化文化信息服务。加快文化信息资源共享工程建设,积极发展文化信息资源共享工程农村基层服务点。文化信息资源共享工程要与农村文化设施建设统筹规划,综合利用,使区(县级市)文化馆、图书馆和镇综合文化站、村文化活动室逐步具备提供数字化文化信息服务的能力。要整合科技系统"信息直通车工程"、教育系统"校校通工程"、卫生系统"金卫工程"以及农村党员干部现代远程教育等网络资源,与有线电视数字化推进工作相结合,以共建方式发展基层服务点。

四、创新农村文化建设的体制和机制,增强农村文化建设活力

14. 全面推进公益性文化事业单位改革。深化区(县级市)文化馆、图书馆、博物馆(纪念馆)、镇综合文化服务中心等公益性文化事业单位改革。整合基层公共文化资源和事业站所,组建镇综合文化站,实行财政核拨经费。其改革主要是增加投入,转换机制,增强活力,提高公共服务水平;不得企业化或变相企业化,不得以拍卖、租赁等任何形式,改革其文化设施的用途;已挪作他用的,要限期收回。要推动公益性文化事业单位劳动、人事、分配等方面的内部改革,全面实行聘用制,建立健全竞争、激励、约束机制和岗位目标责任制,推进"馆(站)长负责制、专业干部聘任制、岗位责任制"为主要内容的文化(图书、博物)馆和业务干部的选聘、考核、奖惩及培训工作的规范化、制度化。区(县级市)文化馆、图书馆、博物馆、镇文化服务中心要加强自身业务建设,制订年度农村公益性文化项目实施计划,明确服务规范,改进服务方式,提高农村文化设施的利用率,提高公共文化服务的能力。

五、加强对农村文化建设的组织领导,落实各项保障措施

20. 加强农村文化队伍建设。采取有效措施,稳定和发展专兼职结合的农村文化队伍。农村文化机构事业编制,要确保落实到位,不得挪作他用。建立健全文化馆、图书馆和镇(街)文化机构等事业单位的工作岗位规范,根据相关法律法规的规定对农村文化事业单位工作人员逐步实行从业资格制度,逐步提高队伍的整体素质。保证农村文化工作者的工作、生活条件,充分发挥其积极性。积极培养农民文化骨干,充分发挥民间艺人、文化能人在活跃农村文化生活、传承发展民族民间文化方面的作用,巩固农村文化建设的群众基础。制定农村文化队伍培训计划,组织专家学者和专业文化工作者深入农村基层,通过举办短期培训班、讲座等形式,帮助农民文化骨干掌握文化知识,增进艺术技能,将农民文化骨干乡土人才纳入农村乡土人才培养计划。鼓励高校毕业生,特别是熟悉农村文化生活、有一定文艺专长的毕业生到农村从事文化工作,落实我市有关鼓励高校毕业生"三支一扶"的优惠政策。注意发挥农村文化经纪人的作用。

山西省保障残疾人合法权益规定
（2006—12—23）

第五章　文化生活

第三十六条　各级人民政府和社会组织应当采取下列措施,满足残疾人的精神文化需求:

一、通过广播、电影、电视、报刊、图书、网络等形式,反映残疾人生活,为残疾人服务;

二、有条件的县市、区和设区的市级以上公共图书馆设立盲文及盲人有声读物图书室;电视台开办手语节目,公共电视节目加配字幕;

三、各级广播电台开办残疾人专题栏目。公共媒体无偿刊登、播出反映残疾人事业的公益广告;

四、组织和扶持残疾人开展群众性文化、体育、娱乐活动,举办残疾人艺术演出和残疾人运动会,参加国家和国际体育赛事;

五、公园、动物园、烈士陵园、旅游区点、文化馆、展览馆、博物馆、文化活动中心、科技活动中心、影剧院、体育场馆等公共文化和体育场所,对参观游览的残疾人、重度残疾人的1至2名陪侍人员免费。

中华人民共和国未成年人保护法（2006 修订）
（2006—12—29）

第三十条　爱国主义教育基地、图书馆、青少年宫、儿童活动中心应当对未成年人免费开放；博物馆、纪念馆、科技馆、展览馆、美术馆、文化馆以及影剧院、体育场馆、动物园、公园等场所，应当按照有关规定对未成年人免费或者优惠开放。

淮南市人民政府关于进一步做好农民工工作的意见
（淮府〔2006〕91 号）
（2006—12—31）

六、努力改善农民工的生产生活条件

（二十五）努力改善农民工生活条件。用人单位要保证农民工居住场所符合基本的生活条件，农民工人均住宿面积不得低于 2.5 平方米，并符合卫生和安全要求，严防疫病传播和食物中毒。开发区、工业园区等农民工集中的聚集区，在符合土地利用总体规划和城市规划的情况下，可以建设廉租房供农民工租住。对纳入经济适用房计划的廉租房用地，可以通过划拨方式提供。各地要向农民工开放图书馆、文化馆、博物馆、体育场馆等公益性文化体育设施，有条件的用人单位还要开辟阅览室、棋牌室、文体活动室等文体活动场所，丰富农民工的业余文化生活。

江苏省政府关于解决农民工问题的实施意见
（苏政发〔2006〕162 号）
（2006—12—31）

六、着力改善对农民工的公共服务

（十五）把农民工纳入城市公共服务体系。各地在编制城市发展规划、制定公共政策、建设公用设施等方面，要统筹考虑长期在城市就业、生活和居住的农民工对公共服务的需要。输入地政府要认真落实属地管理原则，切实为农民工提供相关公共服务。图书馆、文化馆、博物馆等城市公共文化设施要向广大农民工开放。要充分利用文化信息资源共享工程，开展送书下乡、送书到工地等活动，为农民工提供方便快捷的文化服务。进一步完善对农民工的金融服务，健全适合农民工特点的金融产品和服务体系，满足农民工多层次的金融需求。要增加公共财政支出，逐步健全覆盖农民工的城市公共服务体系。

样本缴送、收费制度与图书馆

陕西省物价局关于充分发挥物价部门职能作用促进我省社会主义新农村建设的若干意见
（2006—03—29）

三、合理运用收费政策，支持农村基础设施建设

13、规范有线电视等收费，繁荣农村文化事业。为扶持农村地区通信及广播电视事业发展，要在充分征求社会有关方面和广大农民意见的基础上，对农民实行收费优惠政策，从低制定农村地区的有

线电视收视维护费和安装材料费标准。按照中省有关规定,降低用于"村村通工程"的无线电通信和无线电广播电视传输发射台站的频率占用费收费标准,免收卫星地球站(或卫星移动电话)、电视差转台、广播差转台的频率占用费。鼓励电信企业推出适合农村市场和农民需求的电信套餐。规范图书馆、体育设施使用等收费,满足广大农民多层次、多方面的精神文化需求,繁荣农村文化事业。

安徽省财政厅、安徽省物价局关于取消我省 61 项行政事业性收费的通知
(财综[2006]417 号)
(2006—05—09)

取消的省级行政事业性收费项目(61 项)

部门	收费项目	收费依据	
文化	•	46. 图书馆收费	省物价局、财政厅皖价费字[1992]420 号

注:加 • 号的项目为转为经营服务性收费的项目。

上海市财政局、上海市物价局关于发布《2005 年上海市行政事业性收费项目目录》的通知
(沪财预[2006]43 号、沪价费[2006]18 号)
(2006—05—09)

2005 年上海市行政事业性收费项目目录

部门	序号	项目名称		收费标准	批准文号	文件依据
		一级项目	二级项目			
图书馆						
	133	读者证(IC 卡)工本费和年度注册费	读者证(IC 卡)工本费	10 元/证	沪财预【2005】46 号 沪价费【2005】34 号	计价格【2001】1928 号 财综【2004】100 号
			年度注册费	见文件	沪财预【2005】46 号 沪价费【2005】34 号	计价格【2001】1928 号 财综【2004】100 号

国家发展和改革委员会关于加强涉农价格和收费管理 为建设社会主义新农村服务的意见
(2006—05—17)

二、完善价格收费政策,改善农民生活条件

(8)规范有线电视等收费。合理制定农村有线电视收费,对低收入用户实行收费减免政策。按照国家有关规定,减免用于"村通工程"和"村村通工程"的无线电频率占用费。规范农村图书馆、体育设施使用等方面的收费,满足广大农民多层次、多方面的精神文化需求。

四川省物价局关于加强涉农价格和收费管理推进社会主义新农村建设的意见
（川价发〔2006〕109号）
（2006—05—17）

三、完善相关价格政策,改善农民生活条件

（十五）规范有线电视等收费。合理制定有线电视收费,对农民群众实行收费优惠政策。按照国家有关规定,减免用于"村通工程"和"村村通工程"的无线电频率占用费,促进农村无线电通信和无线电广播电视事业的发展。规范农村图书馆、体育设施使用等方面的收费,满足广大农民群众多层次、多方面的精神文化需求。

台湾台中图书馆规费收费标准
（2006—06—01）

第1条　本标准依"规费法"第十条规定订定之。

第2条　台中图书馆各项规费收费数额如下：

一、文化广场使用费:每小时新台币一百七十元。

二、研习教室使用费:每小时新台币七百四十元。

三、网路资源中心使用费:每小时新台币一千一百六十元。

四、第二会议室使用费:每小时新台币八百六十元。

五、视听室使用费:每小时新台币八百元。

六、借阅证补发费:每张新台币五十元。

七、电脑资料列印费:每张新台币二元。

第3条　本标准所定收费数额,依办理费用、成本变动及消费者物价指数变动情形等影响因素,每三年至少检讨一次。

第4条　本标准自发布日施行。

郑州市物价局关于加强涉农价格和收费管理为建设社会主义新农村服务的意见
（2006—07—14）

二、工作任务

（二）开展调查研究,完善和规范农村价格收费政策,改善农民生活条件

8. 规范有线电视等收费。合理制定农村有线电视收费,对低收入用户实行收费减免政策。按照国家有关规定,减免用于"村通工程"和"村村通工程"的无线电频率占用费。规范农村图书馆、体育设施使用等方面的收费,满足广大农民多层次、多方面的精神文化需求。

山东省物价局关于充分发挥价格职能作用促进社会主义新农村建设的意见
（鲁价调发［2006］151号）
（2006—08—07）

四、完善涉农价格与收费政策,促进农村基础设施建设

17. 规范有线电视等服务收费。合理制定农村有线电视收费政策,对农村低收入用户实行收费减

免。认真落实国家有关减免"村通工程"和"村村通工程"无线电频率占用费的政策规定。授权市、县根据当地实际情况,必要时对农村图书馆、体育设施使用等方面收费进行规范,其规范的办法和措施报省备案后实施。

安徽省关于发挥价格职能作用服务社会主义新农村建设的意见
(省物价局 二〇〇六年八月十四日)
(2006—09—04)

二、完善价费政策,促进农村公共事业发展

9. 完善农村有线电视和文化事业收费政策。规范农村图书馆、体育设施使用等方面的收费,促进农村文化事业发展。鼓励社会投资和建设农村文化产业,对新办的农村文化经营企业,在3年内免收文化注册登记等行政性收费。

重庆市物价局、重庆市财政局关于规范我市高等学校服务性收费和代收费管理有关问题的通知
(渝价〔2006〕570号)
(2006—10—08)

二、高等学校服务性收费项目及标准

2. 学校图书馆为学生正常完成课业提供本馆资料检索、查询等,不得收费。

六安市物价局关于做好涉农价格收费管理工作服务社会主义新农村建设的意见
(市物价局 二〇〇六年十月二十四日)
(2006—11—14)

二、完善价格收费政策,改善农民生产生活条件

8. 规范农村有线电视和文化事业收费。合理制定农村有线电视初装费、收视费标准。按照国家规定减免"村村通"无线电通信频率占用费。规范农村图书馆、体育设施使用等方面收费,满足广大农民多层次、多方面的精神文化需求。

芜湖市物价局关于发挥价格职能作用服务社会主义新农村建设的意见
(2006—11—20)

三、支持农村公共事业,促进城乡和谐发展

10. 完善农村有线电视和文化事业收费政策。充分考虑农民承受能力,合理制定农村有线电视初装费、收视费标准。按照国家规定,减免"村村通"无线电通讯频率占用费。规范农村图书馆、体育设施使用等方面的收费。鼓励社会投资和建设农村文化产业,对新办的农村文化经营企业,在三年内免收文化注册登记等行政性收费。

博士后管理工作规定
(2006—12—29)

第二十九条 博士后人员工作期满,须向设站单位提交博士后研究报告(以下简称报告)和博士后工作总结等书面材料,报告要严格按照格式编写。设站单位应将报告报送国家图书馆。博士后人员出站时,设站单位要及时组织有关专家对其科研工作、个人表现等进行评定,形成书面材料归入其个人档案。

土地税收政策与图书馆

江西省国家税务局税收减免管理实施办法
(2006—01—13)

部分企业所得税减免税审批条件

十七、新办第三产业所得税优惠

(一)《财政部、国家税务总局关于企业所得税若干优惠政策的通知》(94)财税字第001号关于新办第三产业企业的范围参照国家统计局2002年发布的《国民经济行业分类标准》具体明确如下:

12. 教育文化事业:包括教育,学前教育、初等教育、中等教育、高等教育及其他教育;文化,包括文艺创作与表演艺术、表演场馆、图书馆与档案馆、文物及文化保护、博物馆、烈士陵园、纪念馆、群众文化活动、文化艺术经纪代理、其他文化艺术。

浙江省地方税务局关于支持社会主义新农村建设有关税收政策的通知
(浙地税函[2006]358号)
(2006—08—08)

二、支持社会力量参与助建新农村公益性项目

(一)乡镇企业报经主管地税机关批准后,可按应缴企业所得税款减征10%,用于补助无偿助建新农村公益性项目等社会性开支费用。

(二)转制后的乡镇企业,助建新农村公益性项目等社会性开支的费用支出,经主管地税机关核实后,可在应缴企业所得税款10%以内给予减征照顾(以不超过实际支出为限)。

(三)企事业单位、社会团体和个人等社会力量通过非营利的社会团体和国家机关向新农村义务教育、公益性青少年活动场所、福利性(非营利性)老年服务机构的捐赠,准予在缴纳企业所得税和个人所得税前的所得额中全额扣除;向新农村公益性图书馆、博物馆、科技馆、美术馆、革命历史纪念馆的捐赠,经主管税务机关审核后,企业在年度应纳税所得额10%以内的部分,个人在申报应纳税所得额30%以内的部分,准予在税前扣除;向新农村其他公益性项目建设的捐赠,企业在年度应纳税所得额3%以内的部分,个人在申报应纳税所得额30%以内的部分,准予在税前扣除。

三、支持加快发展新农村社会事业

(一)对农村纪念馆、博物馆、文化馆、美术馆、展览馆、书(画)院、图书馆、文物保护单位和省级政府以上批准的爱国主义教育基地、少年儿童活动中心等公益性未成年人校外活动场所举办的文化活动收入,免征营业税、城建税、教育费附加和地方教育附加。

深圳市经营性停车场（位）土地使用费征收办法
（2006—08—10）

停车场（位）土地使用费征收标准　　　　　　　　　　　　　　单位:元/位·年

类型		未缴纳地价的	缴纳地价的	
			非商品性	商品性
政府指导价类	机关单位及公益配套类		500	
	工业区、物流区配套类	1300	700	400

备注:4. 机关、事业单位及其他公益性机构等场所配套停车场:包括由政府投资建设（含合资建设）的各类机关、事业单位办公场所的配套停车场、医院、学校、政府投资（含合资建设）的游览参观点、博物馆、展览馆、图书馆、青少年宫、文化馆、体育场馆、音乐厅、影剧院、新闻单位等场所配套停车场。

江苏省地方税务局关于营业税减免税若干问题的通知
（苏地税发[2006]168号）
（2006—08—25）

一、减免税分类

（一）备案类减免税项目及相关政策规定:

11. 纪念馆、博物馆、文化馆、美术馆、展览馆、书画院、图书馆、文物保护单位举办文化活动销售第一道门票取得的收入。

安全卫生与图书馆

吉林省安全生产委员会关于进一步做好春节前安全生产隐患排查和整改的紧急通知
（吉安委明电[2006]1号）
（2006—01—14）

六、认真做好消防安全工作。要把医院、学校、商场、宾馆、饭店、集体宿舍、影剧院、客运站、夜总会、录像厅、舞厅、游戏厅、网吧、洗浴、图书馆等人员密集场所和公共场所的消防安全疏散通道、安全出口、应急照明、防火设备、设施作为检查排查的重点。对不符合消防技术规范要求的单位，坚决进行整改。对整改措施不落实的单位，要坚决依法予以停产、停业。要加强对公园、风景名胜区等旅游场所及举办大型公共活动的安全管理，细致做好安全和保卫工作,严密防范各类伤亡事故发生。

台湾建筑技术规则建筑设计施工编
（2006—02—23）

第113条　（适用范围）建筑物应按左列用途分类分别设置灭火设备、警报设备及标示设备,应设置之数量及构造应依建筑设备编之规定:

五、第五类:学校补习班、图书馆、博物馆、美术馆、陈列馆等。

潍坊市艾滋病防治宣传干预方案
（2006—04—10）

三、职责与要求

（三）教育部门

6. 凡有图书馆、阅览室的初高级中学和大中专院校,要备一定数量的艾滋病防治及其相关知识的读物供师生阅读。

教育部关于做好"五一"黄金周期间学校安全工作的紧急通知
（教发[2006]8 号）
（2006—04—25）

三、各学校在"五一"节前要集中力量开展一次全面的安全大检查。要认真查找安全方面存在的漏洞和事故隐患,要把校内外学生公寓、教职工宿舍、食堂、实验室、教室、图书馆、会议室等人群集中场所作为检查的重点,特别要查找火灾隐患,检查消防设施和消防通道。要认真排查、梳理存在的突出问题,采取果断措施,迅速解决存在的安全隐患。要制定突发事件应急预案,并结合节日期间的实际情况,进行周密布置。

汕头市城市环境卫生质量标准
（2006—05—08）

4. 公共文化、艺术、体育活动场所的清扫和保洁

4.1 公共文化、艺术、体育活动场所的清扫、保洁范围

公共文化、艺术、体育活动场所的清扫、保洁范围为文化、艺术活动场所（包括影剧院、文化宫、图书馆、博物馆等）以及体育活动场所（包括体育馆、体育场及主要体育比赛场地等）内的所有公共场所。

4.2 公共文化、艺术、体育活动场所的清扫、保洁质量要求

4.2.1 室外公共文化、艺术、体育活动场所的清扫、保洁应按一级道路保洁标准执行。

4.2.2 室内公共文化、艺术、体育活动场所的门窗、墙壁、顶棚应无积灰、无污迹和蛛网,玻璃窗应光洁明亮。

4.2.3 室内灯具、沙发、椅凳、栏杆扶手、指示牌、工作台、体育活动用具等设备和设施应完好、干净卫生,表面无污物,用手擦拭时无积尘感。

4.2.4 公共文化、艺术、体育活动场所周围环境整洁、无乱堆杂物、无存留垃圾、污水,无明显灰沙、污物。

4.2.5 公共文化、艺术、封闭式体育活动场所必须设置垃圾分类收集容器。垃圾分类收集容器应无残缺破损、封闭性好,干净美观,与周围环境相协调。容器放置点及周围应整洁、无蝇、无存留垃圾和污水。保持容器无臭。

4.2.6 开放式体育活动场所必须设置垃圾分类收集容器。垃圾分类收集容器应无残缺破损、封闭性好,干净美观,与周围环境相协调。容器放置点及周围应整洁、无蝇、无存留垃圾和污水。保持距垃圾分类收集容器 0.5M 外无臭。

4.2.7 公共文化、艺术、体育活动场所的公共厕所保洁作业质量标准应按本标准中一类标准

执行。

4.3　公共文化、艺术、体育活动场所的清扫、保洁作业时间

公共文化、艺术、体育活动场所的保洁时间应覆盖其营业时间。

西宁市爱国卫生管理条例

（1999 年 8 月 20 日西宁市第十二届人民代表大会常务委员会第十八次会议通过　1999 年 11 月 25 日青海省第九届人民代表大会常务委员会第十二次会议批准　2006 年 4 月 25 日西宁市第十三届人民代表大会常务委员会第三十二次会议修订　2006 年 5 月 26 日青海省第十届人民代表大会常务委员会第二十二次会议批准修订）

（2006—05—26）

第三章　社会责任

第十七条　医院、影剧院、图书馆、车站、机场、学校、大中型商场、展览馆、博物馆、体育馆等室内公共场所及公共交通工具内，除专设地点外，禁止吸烟。

辽宁省学校安全条例
（2006—05—26）

第二章　安全教育和管理

第十六条　学校应当按照消防法律、法规的规定履行消防安全职责，实行防火责任制，配备消防设施和器材，定期组织检验、维修，确保消防设施和器材完好、有效。公安消防部门应定期进行检查，并指导学校开展消防安全教育和应急演练。

教学用房、学生宿舍、食堂、图书馆、体育馆等学生聚集的场所应当按照消防规定配备应急照明装置，设置安全出口标志，并保证疏散通道、安全出口畅通。

上海市教育委员会关于全力做好 2006 年防汛防台工作的通知
（沪教委后〔2006〕7 号）
（2006—06—02）

三、采取防汛防台具体措施，提高应急抢险实战能力

（四）开展重点部位的防汛防台工作。注重各类地下空间的防雨水倒灌、渗水和防触电工作，提前落实有关预防措施；汛期要加强对锅炉房、配电间、危险品仓库、图书馆、机房等部位的实时监控，防止发生恶性事故。

银川市农村消防管理规定
（2006—06—03）

第十五条　农村学校、医院（卫生所）、图书馆和歌舞厅、影剧院、网吧、旅馆、商店等公共场所和企事业单位，应当按照公安部《机关、团体、企业、事业单位消防安全管理规定》，落实消防安全责任制，明确岗位消防安全职责，确定消防安全责任人，保证消防安全。

单位的法定代表人或者主要负责人是本单位的消防安全第一责任人，应当按照国家有关规定，对

本单位的消防安全工作全面负责。农村个体工商户应当根据经营特点采取防火安全措施。

延安市人民政府办公室关于加强学校传染病防治工作的紧急通知
（延政办发〔2006〕50 号）
（2006—06—19）

二、落实措施,坚决防控学校传染病流行

3. 全面开展学校内外环境卫生整治工作。各县区要组织学校认真开展爱国卫生运动,开展环境卫生大扫除,彻底清理卫生死角和垃圾,保持教室、图书馆、食堂、宿舍、厕所等学生学习生活场所的通风与清洁卫生,消除传染病发生和流行的隐患。各县区政府要组织卫生、教育、工商、质监等部门要会同卫生部门加强对学校内外饮食摊点的管理和监督检查,加强饮食从业人员体检和食品安全教育,坚决取缔各种无证饮食摊点,防止因校园周边环境不良引起食物中毒及食源性传染疾病的发生和传播。

安徽省爱国卫生条例
（2006 年 6 月 29 日安徽省第十届人民代表大会常务委员会第二十四次会议通过）
（2006—06—29）

第三章　公共场所卫生

第十八条　宾馆、饭店、影剧院、体育场、展览馆、博物馆、图书馆、商场、候诊室、候车(机、船)室等公共场所应当有卫生管理人员和配备必要的卫生设施,保持公共场所的清洁卫生。

中小学幼儿园安全管理办法
（2006—06—30）

第十四条　举办学校的地方人民政府、企业事业组织、社会团体和公民个人,应当对学校安全工作履行下列职责:

(二)配置紧急照明装置和消防设施与器材,保证学校教学楼、图书馆、实验室、师生宿舍等场所的照明、消防条件符合国家安全规定;

湛江市爱国卫生管理办法
（2006—07—13）

第二十条　积极开展创建无吸烟单位、无烟草广告城市活动。禁止在医院、影剧院、候车(机、船)室、公共交通工具内、大中型商场、图书馆、展览馆、博物馆、会议厅(室)、体育场馆、学校、幼儿园和专供未成年人活动的场所吸烟。禁止吸烟的场所应当有明显的禁止吸烟标志。禁止设置户外烟草广告。

内蒙古自治区人民政府关于贯彻国务院进一步加强消防工作意见的实施意见
（内政字〔2006〕246 号）
（2006—08—02）

三、大力整治火灾隐患,改善消防安全环境

(一)加大火灾隐患整治力度。各级人民政府应将严重影响城市公共消防安全的易燃易爆危险物品生产储存场所、易燃建筑密集区、城中村等纳入城市改扩建计划,并组织建设、市政等部门对不符合消防安全要求的城市消防供水系统、消防车通道、消防通信线路等进行改造、维护和增设,对医院、学校、幼儿园、影剧院、体育场馆、宾馆饭店、图书馆、博物馆、车站等存在重大火灾隐患,单位自身无力整改的,应给予政策和财力支持,加大整改力度,预防火灾事故发生。各地要建立政府督办、部门联动、行业督导、单位负责的重大火灾隐患整改责任机制,以及以新闻媒介为载体、以人民群众为主体的隐患整改监督机制。对经专家论证确定的重大火灾隐患单位,旗县级以上人民政府和有关部门要采取召开整改协调会、制定进度表、签订责任状、政府挂牌公示、明确督办人等方式,落实整改责任、期限和防范措施,责令隐患单位限期整改。下级政府要及时向上级政府报告重大火灾隐患整改情况,对未按要求和时限整改完毕的,上级政府要进行督办;对严重威胁公共安全的重大火灾隐患,上级政府要直接挂牌督办;对公安消防部门依法报请当地政府责令停产停业的,当地政府应在接到申请后 7 日内做出决定。对自身无力整改重大火灾隐患的单位,有关单位要及时报本行业或本系统主管部门或当地政府确定整改措施,并认真落实。

山西省消防管理条例

(1999 年 9 月 26 日山西省第九届人民代表大会常务委员会第十二次会议通过 根据 2006 年 8 月 4 日山西省第十届人民代表大会常务委员会第二十五次会议关于修改《山西省消防管理条例》的决定修正)

(2006—08—04)

第二章 火灾预防

第十八条 禁止在物资仓库、大中型计算机房、图书馆(室)、档案馆(室)、商场商厦、影剧院以及安装使用精密仪器仪表、重要设备和财物集中的场所吸烟、焚烧可燃物品。

贵州省人民政府关于贯彻国务院进一步加强消防工作意见的实施意见

(黔府发[2006]28 号)

(2006—08—22)

三、加强公共消防安全基础建设,提高全社会防控火灾能力

(十二)广泛开展消防安全宣传教育。要加强消防宣传教育中心、消防教育馆、消防站、消防网站、消防刊物等阵地建设,加大消防教育馆、消防站的对外开放力度。"十一五"期间,各市(州、地)、县(市、区)要建成一个固定的消防宣传教育阵地。要依托农村党员干部现代远程教育网络,设置消防宣传栏目,依托县文化馆、图书馆和乡镇、村、社区文化站(室)等公共文化设施建设,加强消防文化和宣传阵地建设,构建消防文化服务体系。

乌鲁木齐市防雷减灾管理办法

(2006 年 7 月 30 日乌鲁木齐市人民政府第 42 次常务会议审议通过 2006 年 8 月 25 日乌鲁木齐市人民政府令第 78 号公布 自 2006 年 9 月 28 日起施行)

(2006—08—25)

第六条　下列场所或者设施,必须安装防雷装置:

(五)学校、影剧院、商场、集贸市场、体育馆、图书馆、广场等人员集中的公共场所;

邢台市学校安全管理办法

(2006—08—30)

第二十六条　学校教学楼、图书馆、师生宿舍等场所应当配备应急照明装置。

高等学校、中等专业学校应配备应急电源。

上海市教育委员会关于认真做好"国庆"期间安全生产工作的通知

(沪教委保〔2006〕19号)

(2006—09—14)

二、开展深入细致的安全大检查

各单位要在国庆节前对所辖部门和单位进行一次以危险化学品、民爆器材和消防安全为重点的安全大检查,做到不留死角。要结合各单位实际,重点对学校实验室、易燃易爆危险品仓库、学生公寓(宿舍)、食堂、锅炉房、燃气设施、供电设施、图书馆、阅览室、计算机房等人员集中场所或易发安全事故的建筑施工工地等要害部位进行一次全面彻底的安全大检查。对在检查中发现的问题和安全隐患,要即知即改,不得拖延;对一时难以整改的,也应采取切实有效的措施,严防死守,坚决防止危及师生员工安全的事故发生。对因玩忽职守、工作推诿、措施不力、管理不善而酿成重大人员伤亡事故的,要依法追究有关人员和领导的责任。

深圳市教育局关于做好国庆节期间学校安全工作的通知

(深教〔2006〕416号)

(2006—09—25)

二、开展深入细致的安全大检查

各单位要在国庆节前对所辖部门和单位进行一次以消防、校车、用电、饮食卫生、危险化学品安全为重点的安全大检查,做到不留死角。要结合各自实际,重点对学校校车、实验室、易燃易爆危险品仓库、学生公寓(宿舍)、食堂、锅炉房、燃气设施、供电设施、图书馆、阅览室、计算机房等人员集中场所或易发安全事故的边坡等要害部位进行一次全面彻底的安全大检查。对在检查中发现的问题和安全隐患,要立即研究解决,不得拖延;对一时难以整改的,要及时上报,并采取切实有效的措施,严防死守,坚决防止危及师生员工安全的事故发生。对因玩忽职守、工作推诿、措施不力、管理不善而酿成重大人员伤亡事故的,要依法追究有关人员和领导的责任。各区教育局和学校的主要领导在国庆节前要亲自参加一次学校安全检查,9月29日,市教育局将组织市局直属各学校进行一次安全交叉检查。

吉林省人民政府办公厅关于做好今冬明春安全生产工作的通知

(吉政办明电〔2006〕129号)

(2006—10—31)

八、加大隐患排查力度,认真做好消防安全等工作

要加强公共消防设施建设,提高防御火灾能力。把商场、宾馆、饭店、集体宿舍、影剧院、医院、学校、公铁客运站、礼堂、夜总会、录像厅、舞厅、游戏厅、网吧、浴池、图书馆等人员密集场所消防安全疏散通道、安全出口、应急照明、防火设备设施作为检查排查的重点。对不符合消防技术规范要求的单位,坚决进行整改。对整改措施不落实的单位,要坚决依法予以停产、停业。要针对冬季农村火灾易发多发的特点,采取针对性措施,全力做好农村火灾预防工作。

湖北省全省集中开展火灾隐患普查整治工作实施方案
(2006—11—07)

二、普查整治的范围和内容

(一)普查整治的范围。

5. 礼堂、大型展览馆、图书馆、博物馆;

马鞍山市公安消防支队关于在全市集中开展火灾隐患普查整治工作的方案
(市公安消防支队 二〇〇六年十一月)
(2006—11—13)

五、职责分工

火灾隐患普查整治工作坚持"政府统一领导、部门依法监管、单位全面负责、群众积极参与"的工作原则,县区政府、马钢两公司要对本行政区域内火灾隐患普查整治工作进行统一部署,并组织有关部门认真实施。各部门、各行业要按照各自职责,对本行业、本系统进行普查。文化部门重点普查公共娱乐场所、公共图书馆、展览馆、古建筑和文物保护单位;安全生产监管部门重点普查危险化学品生产、经营、储存及运输单位或场所;

台州市全市集中开展火灾隐患普查整治工作方案
(2006—11—16)

六、职责分工

各职能部门:文化广播新闻出版部门负责对公共娱乐场所、文艺演出场所、文化文物市场、图书馆、文化馆、群艺馆、博物馆、纪念馆、影剧院、文物保护单位、印刷业的火灾隐患普查整治;

文山州集中开展火灾隐患普查整治工作实施方案
(2006—11—16)

四、组织领导和职责分工

(十二)文化部门:负责文化系统(包括公共图书馆、公共展览馆、网吧及歌舞厅、影剧院等公共娱乐场所等)的火灾隐患普查整治,对文化行政许可情况进行检查、梳理,对未经消防审核、验收、检查或消防安全不合格的,依法撤销文化行政许可。

单位类别(重点单位和一般单位)的界定标准

重点单位:

六、公共图书馆、展览馆、博物馆、档案馆以及具有火灾危险性的文物保护单位：

1. 建筑面积在 2000 平方米以上的公共图书馆、展览馆；

2. 公共博物馆、档案馆；

3. 具有火灾危险性的县级以上文物保护单位。

六盘水市贯彻落实国务院关于进一步加强消防工作的意见实施方案
（2006—11—20）

五、工作要求

（五）拓展形式，广泛宣传，提高全社会消防安全意识

3. 推进消防宣传阵地建设。要加强消防宣传教育中心、消防教育馆、消防站、消防网站、消防刊物等阵地建设。"十一五"期间，各县、特区、区均要建成一个固定的消防宣传教育阵地。要依托农村党员干部现代远程教育网络，设置消防宣传栏目，依托县文化馆、图书馆和乡、村、社区文化站（室）等公共文化设施建设，加强消防文化和宣传阵地建设，构建消防文化服务体系。

国家安全生产监督管理总局、教育部关于贯彻落实全国电视电话会议精神切实加强中小学安全监管的紧急通知
（安监总管二〔2006〕244 号）
（2006—11—23）

二、搞好中小学校的安全检查。各级安全监管部门要在地方政府的统一领导下，配合教育、公安、交通、建设等部门认真全面排查辖区内中小学校安全方面存在的突出问题。当前，要以预防交通、火灾、拥挤踩踏、坍塌、触电、中毒等事故为重点，开展对中小学校楼梯、楼道、教室、实验室、图书馆、礼堂、食堂、体育场馆、学生宿舍、学校门口交通标识标线、校车或租用车辆车况及驾驶人等设施、设备及管理人员的监督检查，督促中小学校安全管理、安全应急预案、安全责任制的落实。针对排查出的问题和薄弱环节，采取切实有效措施，坚决督促整改。

全市教育系统集中开展火灾隐患普查整治工作实施方案
（2006—11—25）

二、普查整治的重点

3. 安全疏散设施方面：人员密集场所（学校办公楼、教学楼、图书馆、实验室、体育馆、学生公寓、学生餐厅、礼堂、浴室、幼儿园）安全出口、疏散通道不足，安全疏散通道被封堵、分隔、占用，安全出口锁闭、常闭式防火门常开，疏散指示标示、应急照明缺少或损坏，在公共区域外窗安装铁栅栏等影响人员安全疏散等问题。

上海市教育委员会关于开展火灾隐患普查整治工作的通知
（沪教委保〔2006〕27 号）
（2006—11—28）

二、工作范围和重点

（四）区域方面。实验室、易燃易爆危险品仓库、学生宿舍（公寓）、食堂、锅炉房、燃气设施、供电设施、图书馆、阅览室、计算机房等人员聚集场所的建筑物，存在的耐火等级低、安全出口和疏散通道堵塞或不足、防火间距不足、消防车通道不畅、消防水源缺乏等问题。

成都市人民政府办公厅关于集中开展火灾隐患普查整治工作的通知
（成办发〔2006〕117 号）
（2006—12—06）

成都市火灾隐患普查整治工作协调小组部门职责

七、市文化局：组织普查清理由文化部门主管的公共娱乐场所、互联网上网服务营业场所、营业性演出场所、电影院、县级以上公共图书馆、文化馆、博物馆、文物古建筑（含古城、镇）的火灾隐患情况。

成都市火灾隐患普查整治重点范围界定标准

一、单位、场所的性质和规模标准

（六）公共图书馆、展览馆、博物馆、档案馆以及具有火灾危险性的文物保护单位：

1. 建筑面积在 2000 平方米以上的公共图书馆、展览馆；

吉林省人民政府关于做好当前安全生产工作的通知
（吉政明电〔2006〕12 号）
（2006—12—06）

三、突出重点、加强监管、落实责任，坚决遏制重特大事故

四是加大排查力度，认真做好消防安全等工作。要加强公共消防设施建设，提高防御火灾能力。把商场、宾馆、饭店、集体宿舍、影剧院、医院、学校、公铁客运站、礼堂、夜总会、录像厅、舞厅、游戏厅、网吧、浴池、图书馆等人员密集场所消防安全疏散通道、安全出口、应急照明、防火设备设施作为检查排查的重点。对不符合消防技术规范要求的单位，坚决进行整改。对整改措施不落实的单位，要坚决依法予以停产、停业。

青海省安全生产监督管理局、省教育厅转发国家安全生产监督管理总局、教育部关于贯彻落实全国电视电话会议精神切实加强中小学安全监管的紧急通知
（青安监指〔2006〕148 号）
（2006—12—06）

三、认真开展校园内（外）隐患大排查

教育部门要会同安全监管、公安、交通、建设、卫生、工商、质监、食品与药品监督等相关部门认真全面排查辖区内中小学校、幼儿园安全方面存在的突出问题，以预防道路交通、火灾、拥挤踩踏、坍塌、触电、食物中毒等事故为重点，开展对楼梯、楼道、教室、宿舍、实验室、图书馆、礼堂、食堂、会议室、体育场馆和其他运动场地、学校门口交通标识标线、校通勤车或接送学生车辆状况等设施、设备和管理人员及驾驶人的监督检查，对查出的隐患和问题，必须立即采取措施，认真整改。对学校、幼儿园自身难以解决的重大隐患，要及时报告主管部门或当地政府，尽快排除，切实保障学生的人身安全。对存在重大隐患以种种借口拒绝、拖延整改的单位，要进行通报批评，对失职渎职、造成严重后果的依法追究责任。要坚决制止组织学生在公路特别是在交通要道上锻炼的行为。禁止学校组织学生以任何形

式、名义从事接触易燃、易爆、有毒、有害等危险品或危险性的劳动。禁止将学校场地出租用于易燃、易爆、有毒、有害等危险品生产经营活动,以及其他可能触及学生安全的活动。要加强对学校、幼儿园周边生产经营单位的安全监管,防止企业生产安全事故祸及学校师生。同时,要加大中小学、幼儿园危房改造力度,特别是边远山区、牧区村镇的学校,真正为中小学校、幼儿园创造一个良好的内外安全环境。

汉中市烟花爆竹管理规定
(2006—12—12)

第三条 本市行政区域内的国家机关、学校、幼儿园、医院、疗养院、敬老院、影剧院、博物馆、图书馆、商场、飞机场、火车站、汽车站、码头、文物保护单位、风景名胜区、林地、竹木器市场、仓库、加油站、液化气站及其他易燃易爆生产、销售、使用等重点消防单位的场地及周边安全距离以内禁止储存、销售、燃放烟花爆竹。

运城市人民政府办公厅关于贯彻实施国家十部委《中小学幼儿园安全管理办法》的通知
(2006—12—12)

三、分工协作,明确领导组各成员单位的工作职责
共青团职责
(二)配置紧急照明装置和消防设施与器材,保证学校教学楼、图书馆、实验室、师生宿舍等场所的照明、消防条件符合国家安全规定;

吉林省交通厅直属单位消防安全管理办法
(2006—12—17)

第四章 重点要害部位消防安全管理
第三十二条 学校
(一)教学办公区
1.办公楼、教学楼、图书馆等办公区域要建立健全消防安全管理制度,实行防火安全责任制,层层签定防火安全责任书。
2.各办公区域严格按照消防安全规定配足备齐各种消防设施、器材,建立消防设施、器材管理档案,定期进行维修保养。
3.各办公区通道口均应设置明显的紧急疏散标志、安全出口标志和应急照明设施,禁止在通道内堆放物品,确保通道的畅通。
4.学校办公、教学等建筑内应安装烟感喷淋、自动报警、监控系统,配备专职消防监控人员,健全消防安全规章制度,实行24小时值班。
5.学校师生、员工应严格遵守消防安全管理制度,不得在办公区域内燃烧废纸及其他物品,禁止在办公室内存放易燃易爆及化学危险物品。
6.学校师生、员工应严格遵守安全用电管理制度,不得在办公室内私拉乱扯电气线路,禁止私自安装、维修电器设备。
7.学校职工应积极参加本单位组织的消防安全培训,熟知本单位消防设施、器材的分布情况和消

防应急预案处置程序。

8. 学校职能部门应定期组织相关人员,开展以防火为重点的安全大检查、发现隐患及时整改,确保安全。

抚顺市教育局加强冬季供暖设施管理防止一氧化碳中毒等事故发生的紧急通知
(抚教发〔2006〕77 号)
(2006—12—29)

采用燃煤取暖的学校,在教室、宿舍、办公室等室内安装的燃煤取暖设施必须安装有排烟通道,并保证排烟通道畅通、不漏气,同时房间应装有风斗,以防止一氧化碳积聚造成中毒。学校的锅炉房应远离教室、宿舍等人群集中的场所,如果靠近上述场所,要认真检查房屋设施,防止锅炉燃烧产生的废气通过墙壁、管道进入上述场所,危及师生安全。同时,教室、图书馆、宿舍等学生学习和生活场所要经常开窗通气,确保室内空气流通。学校应每天对各班教室、宿舍等学生学习、生活场所开窗通风换气情况进行督促检查,纳入学校安全管理的内容。

宁波市爱国卫生条例
(2006 年 9 月 28 日宁波市第十二届人民代表大会常务委员会第三十二次会议通过　2006 年 12 月 27 日浙江省第十届人民代表大会常务委员会第二十九次会议批准)
(2006—12—31)

第十八条　爱卫会应当组织开展吸烟有害健康的宣传,鼓励创建无烟单位。

在影剧院、音乐厅、游艺厅、歌舞厅、候车(船、机)室和售票厅,室内体育场(馆)、商场(店)、网吧、图书馆、展览馆、博物馆、美术馆、科技馆、档案馆,邮政、电信和金融、证券机构的营业厅等公共场所以及各单位的会议室除专设地点外禁止吸烟。

文物遗产保护与图书馆

北京市人民政府办公厅关于加强本市非物质文化遗产保护工作的意见
(京政办发〔2006〕1 号)
(2006—01—12)

三、逐步建立科学、有效的非物质文化遗产保护工作体系和保护制度

(三)加强非物质文化遗产的研究和保护工作。非物质文化遗产保护既是一项具体的工作,也是一个重大的理论研究课题。要鼓励全市各类文化单位、科研机构、大专院校以及专家学者加强对非物质文化遗产保护理论和实践的研究。要正确处理好保护与利用的关系,坚持非物质文化遗产保护的真实性和整体性原则,在有效保护的前提下合理利用。市及区县两级文化行政主管部门可以对非物质文化遗产的实物、资料等进行征集,并加以保护和保存,防止损毁、遗失或流出境外。要充分利用文化馆、图书馆、博物馆和科技馆等公共文化机构场地进行展示和保存,有条件的地区可以建立非物质文化遗产专题博物馆和展示中心。

四、加强领导、落实责任,建立协调有效的工作机制

(四)充分发挥非物质文化遗产在传统文化教育和爱国主义教育中的特殊作用。各级图书馆、文

化馆、博物馆和科技馆等公共文化机构要积极开展对非物质文化遗产的传播和展示活动。

南宁市人民政府关于加强我市非物质文化遗产保护工作的意见
（南府发［2006］11 号）
（2006—02—15）

三、建立名录体系,逐步形成非物质文化遗产保护制度

（三）加强非物质文化遗产的研究、认定、保存和传播。

组织各类文化单位、科研机构、大专院校及专家学者对非物质文化遗产的重大理论和实践问题进行研究,注重科研成果和现代技术的应用。组织力量对非物质文化遗产进行科学认定,鉴别真伪。经各级政府授权的有关单位可以征集非物质文化遗产实物、资料,并予以妥善保管。采取有效措施,防止珍贵的非物质文化遗产实物和资料流出境外。对非物质文化遗产的物质载体也要予以保护,对已被确定为文物的,要按照《中华人民共和国文物保护法》的相关规定执行。充分发挥各级图书馆、文化馆、博物馆、科技馆等公共文化机构的作用,有条件的县、区可设立专题博物馆或展示中心。

五、加强领导,落实责任,建立有效的工作机制

（四）充分发挥非物质文化遗产对广大未成年人进行传统文化教育和爱国主义教育的重要作用。

各级图书馆、文化馆、博物馆、科技馆等公共文化机构要积极开展对非物质文化遗产的传播和展示。教育行政部门和各级各类学校要利用优秀的、体现民族精神与民间特色的非物质文化遗产内容开展教学活动。鼓励和支持新闻出版、广播电视、互联网等媒体对非物质文化遗产及其保护工作进行宣传展示,普及保护知识,强化保护意识,努力在全社会形成共识,营造保护非物质文化遗产的良好环境和氛围。

莱芜市人民政府办公室关于加强我市非物质文化遗产保护工作的通知
（莱政办发［2006］8 号）
（2006—03—13）

二、明确非物质文化遗产保护工作的方针和目标任务

（三）加强非物质文化遗产的研究、认定、保存和传播。要积极组织各类文化单位及专家学者,对非物质文化遗产保护的重大理论和实践问题进行研究,注重科研成果和现代技术的应用。组织力量对当地非物质文化遗产进行科学认定、鉴别、分类,制订和落实保护方案。各级公共文化机构以及经政府文化主管部门授权的有关单位,可以征集非物质文化遗产实物、资料,并予以妥善保管。要采取有效措施,防止珍贵的非物质文化遗产实物和资料流出境外。对非物质文化遗产的物质载体也要进行保护,对已被确定为文物的,要按照《中华人民共和国文物保护法》的相关规定执行。要充分发挥各级图书馆、文化馆等公共文化机构的作用。市级非物质文化遗产保护中心设在市艺术馆,各区文化馆要把非物质文化遗产保护工作作为一项长期任务承担起来。

枣庄市人民政府办公室关于贯彻鲁政办发［2005］94 号文件做好我市非物质文化遗产保护工作的通知
（枣政办发［2006］8 号）
（2006—03—13）

二、明确非物质文化遗产保护工作的方针和目标任务

（三）加强非物质文化遗产的研究、认定、保存和传播。积极组织全市各类文化单位、科研机构、大专院校及专家学者，对非物质文化遗产保护的重大理论和实践问题进行研究，注重科研成果和现代技术的应用。组织力量对全市非物质文化遗产进行科学认定、鉴别、分类，制订和落实保护方案。各级公共文化机构以及经政府文化主管部门授权的有关单位，可以征集非物质文化遗产实物、资料，并予以妥善保管。采取有效措施，防止珍贵的非物质文化遗产实物和资料流出境外。对非物质文化遗产的物质载体也要进行保护，对已被确定为文物的，要按照《中华人民共和国文物保护法》的相关规定执行。充分发挥各级图书馆、文化馆、博物馆等公共文化机构的作用，有条件的地方可设立专题博物馆或展示中心。市级非物质文化遗产保护中心设在市群众艺术馆，各区（市）文化馆要把非物质文化遗产保护工作作为一项长期任务承担起来。

无锡市人民政府办公室关于开展工业遗产普查和保护工作的通知
（锡政办发〔2006〕59 号）
（2006—04—06）

二、全面开展工业遗产普查

在摸清底数的基础上，对普查到的工业遗产进行依法登记、建档，分类制定文物保护规划，并认真组织实施。年内，市政府将对具有历史、艺术和科学价值的工业建筑公布为第五批市级文物保护单位；市文物管理委员会也将公布一批市级文物控制单位。市文化部门要积极提升工业文物保护等级，使更多的工业文物申报为全国重点文物保护单位和省级文物保护单位，一些有建筑特色、有规划水平、有突出价值的历史厂区，要作为历史街区纳入城乡规划进行整体保护。对较具价值的工业可移动文物，市博物馆、图书馆、档案馆和国有专题博物馆要分别征集收藏。

长阳土家族自治县民族民间传统文化保护条例
（2006 年 2 月 17 日长阳土家族自治县第六届人民代表大会第三次会议通过　2006 年 3 月 31 日湖北省第十届人民代表大会常务委员会第二十次会议批准　2006 年 4 月 21 日长阳土家族自治县人民代表大会常务委员会公告公布　自 2006 年 6 月 10 日起施行）
（2006—04—21）

第二十二条　自治县人民政府应当重视和发挥文化馆、博物馆、图书馆等公共文化机构在征集、收藏、研究和展示地方民族民间传统文化中的作用。

泰安市人民政府办公室关于加强非物质文化遗产保护工作的通知
（泰政办发〔2006〕12 号）
（2006—04—25）

三、加强领导，建立协调有效的工作机制

（三）各级文化馆、图书馆、博物馆、科技馆等公共文化机构要积极开展非物质文化遗产的传播和展示，发挥非物质文化遗产对广大未成年人进行传统文化教育和爱国主义教育的作用，宣传保护知识，培养保护意识，努力在全社会形成保护非物质文化遗产的良好氛围。

南京市市级文化(文物)行政执法依据
(2006—05—08)

第六部分　其他行政行为

(共21项)

八、博物馆、图书馆等文物收藏单位藏品档案及管理制度的备案

法律依据:

1.《中华人民共和国文物保护法》第三十六条第一款:博物馆、图书馆和其他文物收藏单位对收藏的文物,必须区分文物等级,设置藏品档案,建立严格的管理制度,并报主管的文物行政部门备案。

2.《中华人民共和国文物保护法》第三十八条第一款:文物收藏单位应当根据馆藏文物的保护需要,按照国家有关规定建立、健全管理制度,并报主管的文物行政部门备案。未经批准,任何单位或者个人不得调取馆藏文物。

3.《南京市文物保护条例》第二十三条:非文物部门收藏的文物,亦按以上有关馆藏文物保管工作的规定,妥善保管,并按博物馆藏品卡片和藏品档案的要求登记、造册报市文物行政主管部门。市文物行政主管部门对其保管和安全负有监督、检查的责任。对于不具备收藏重点藏品条件的馆(所),限期改善保管条件,或由市文物行政主管部门另指定单位收藏。

4.《博物馆管理办法》第十九条第一款:博物馆藏品的收藏、保护、研究、展示等,应当依法建立、健全相关规章制度,并报所在地市(县)级文物行政部门备案。

贵阳市关于加强我市非物质文化遗产保护工作的实施意见
(2006—05—22)

四、非物质文化遗产的保护措施

(四)加强非物质文化保护工作队伍建设。队伍建设是搞好我市非物质文化遗产保护工作的重要保证。市、区(市、县)文化行政部门要采取积极措施,加大工作队伍的培训力度,积极组建一支业务素质好、年龄结构合理的非物质文化保护队伍,逐步形成比较完善的非物质文化遗产保护工作人才培训体系。市群众艺术馆要建立非物质文化遗产保护工作中心,区(市、县)文化馆、乡(镇)文化站建立相应的基层中心,形成市、县、乡(镇)三级非物质文化保护体系,大力开展非物质文化遗产的保护工作。各级公共图书馆、博物馆、科技馆等公共文化机构要积极开展对非物质文化的传播和展示。

忻城市政府办公厅关于加强我市非物质文化遗产保护工作的意见
(忻政办发[2006]57号)
(2006—06—06)

四、建立市县(市、区)名录体系,逐步形成和完善非物质文化遗产的保护、研究、传承机制

2、加强非物质文化遗产的研究、认定、保存和传播。

市及各县(市、区)要组织文化、社科、史志、学校(院)及专家学者对非物质文化遗产的重大理论和实践问题进行研究,注重科研成果和现代技术的应用;做好对非物质文化遗产科学认定、鉴别真伪的工作;经政府授权的有关单位可以征集非物质文化遗产实物、资料,并予以妥善保管。要采取有效措施,防止珍贵的非物质文化遗产实物和资料流出境外。对非物质文化遗产的物质载体也要保护,对已被确定为文物的,要按照《文物保护法》的相关规定执行;要充分发挥各地文化馆、图书馆、博物馆、

文管所、科技馆等公共文化机构的作用,有条件的地方可设专题博物馆或展示中心。

甘肃省人民政府关于进一步加强文化遗产保护工作的意见
(甘政发〔2006〕48 号)
(2006—06—07)

三、完善文化遗产保护体制,创新文化遗产保护机制

(三)努力探索全社会参与文化遗产保护工作的机制。充分发挥各级文化馆、图书馆、博物馆、科技馆、文物保护研究院所等现有公共文化机构专业人才的优势,借助省内大专院校、科研机构和专家学者、社会团体及民间艺人的力量,对省内文化遗产保护的重大理论和实践问题进行研究。各级政府要研究制定有关社会捐赠和赞助文化遗产保护事业的政策措施,调动社会团体、企事业单位、个人参与文化遗产保护的积极性,努力探索全社会保护文化遗产的新机制,形成政府、社会、个人多渠道投资保护文化遗产的新格局。

呼和浩特市民族工作若干规定
(2006—06—07)

第二十三条 各级人民政府要继承和发扬优秀的民族文化遗产;抢救和保护民族古迹、珍贵文物;加强民族历史和民族语言文字的研究、收集、整理;翻译和出版民族书籍;建好、管好、用好各级具有民族特点的文化馆、图书馆、博物馆。

广东省人民政府贯彻落实国务院关于加强文化遗产保护工作的通知
(粤府〔2006〕70 号)
(2006—06—21)

四、我省非物质文化遗产保护的主要任务

(四)利用现代科技手段对全省非物质文化遗产进行系统的抢救和保护。在全面普查的基础上,对现有珍贵、濒危的具有重大历史价值的非物质文化遗产,濒危门类的非物质文化遗产的传承人和年老体弱的非物质文化遗产传承人所掌握的知识和技艺,要以文字、音像及数字化的手段,抓紧进行抢救性的记录、整理;对一些珍贵的非物质文化遗产实物和资料,要授权有关单位积极征集,妥善保管,采取有效措施,防止流失。要充分发挥各级图书馆、文化馆、博物馆、科技馆等公共文化机构的平台作用,要充分发挥行业协会的桥梁、纽带作用,调动中介组织的积极性,协助政府做好非物质文化遗产保护的有关工作。

五、加强文化遗产保护的保障措施

(一)加强对文化遗产保护工作的领导,建立健全文化遗产保护机构。各地、各有关部门要落实领导责任制,将文化遗产保护工作列入重要的议事日程,纳入经济社会发展和城乡建设规划。参照国家建立文物、非物质文化遗产保护工作部际联席会议制度的做法,各地要进一步发挥现有的文物管理委员会的作用,相应建立健全非物质文化遗产保护工作联席会议制度和非物质文化遗产鉴定专家委员会等专业机构,研究解决全省文化遗产保护工作中的重大问题。同时,充分发挥专家、学者和科研机构、学校以及图书馆、文化馆、科技馆、博物馆等机构的作用,广泛吸纳有关学术研究机构、大专院校、企事业单位、社会团体等各方面共同开展文化遗产保护工作。

黑龙江省人民政府关于加强文化遗产保护工作的意见
（黑政发〔2006〕55 号）
（2006—07—06）

四、积极推进非物质文化遗产保护工作

（四）加强非物质文化遗产的研究、认定、保存和传播。各地要组织各类文化单位、科研机构、大专院校及专家学者对非物质文化遗产的重大理论和实践问题进行研究，注重科研成果和现代技术的应用。要组织力量对当地非物质文化遗产进行科学认定、鉴别、分类，制定并落实保护方案。要运用文字、录音、录像、数字多媒体等各种现代化方式，对非物质文化遗产进行真实、系统和全面的记录，建立档案和数据库，编辑出版非物质文化遗产名录。各级公共文化机构以及经政府授权的有关单位要尽快征集、收藏优秀非物质文化遗产，并予以妥善保管。要充分发挥各级图书馆、文化馆等公共文化机构的作用，有条件的地方可以建立专题博物馆或展示中心。

宁夏回族自治区非物质文化遗产保护条例
（2006—07—21）

第四章　保障措施

第三十八条　图书馆、文化馆、博物馆、科技馆、展览馆等公共文化机构，应当展示、传播非物质文化遗产。报刊、广播电视、网络、音像制品等媒体应当介绍、宣传和弘扬优秀非物质文化遗产，普及非物质文化遗产保护知识。

陕西省文物保护条例
（1988 年 6 月 3 日陕西省第七届人民代表大会第一次会议通过　根据 1995 年 4 月 21 日陕西省第八届人民代表大会常务委员会第十二次会议《关于修改〈陕西省文物保护管理条例〉的决定》修正　2004 年 8 月 3 日陕西省第十届人民代表大会常务委员会第十二次会议修正　2006 年 8 月 4 日陕西省第十届人民代表大会常务委员会第二十六次会议修订通过）
（2006—08—04）

第四章　馆藏文物

第三十七条　博物馆、纪念馆、图书馆、档案馆、文化馆等文物收藏单位，对其收藏的文物应当区分等级，登记造册，建立文物藏品档案和相应的管理制度，并将文物藏品档案副本报送主管的文物行政主管部门和省文物行政主管部门。

第四十一条　博物馆、纪念馆、图书馆、文化馆等文物收藏单位举办文物展览，应当按照国家有关规定采取安全保护措施，保证文物和参观者的安全。

需要出馆展览馆藏文物的，应当报主管的文物行政主管部门批准。

一级文物出省展览的，应当经省人民政府批准。

杭州市人民政府办公厅关于加强我市非物质文化遗产保护工作的意见
（杭政办函〔2006〕217 号）
（2006—08—10）

三、建立名录保护体系,逐步形成非物质文化遗产保护制度

(三)加强非物质文化遗产的研究、认定、保存和传播。要组织各类文化单位、科研机构、院校及专家学者对非物质文化遗产进行理论研究,注重科研成果和现代技术的应用。组织力量对非物质文化遗产进行科学认定、分类和鉴别真伪,制订和落实保护方案。各公共文化机构及经政府文化行政部门授权的有关单位可以征集非物质文化遗产实物、资料,并予以妥善保管。要采取有效措施,防止珍贵的非物质文化遗产实物和资料流出境外。对非物质文化遗产的物质载体也要予以保护,对已被确定为文物的,要按照《中华人民共和国文物保护法》的相关规定执行。充分发挥图书馆、群艺馆、文化馆、博物馆、科技馆等公共文化机构的作用,有条件的地方可设立专题展示中心。

江门市人民政府关于加强全市文化遗产保护工作的意见
(江府[2006]36号)
(2006—09—04)

四、加强非物质文化遗产保护的主要任务

(三)加强非物质文化遗产的研究和保护工作。要鼓励全市各类文化单位、科研机构、大专院校以及专家学者加强对非物质文化遗产保护理论和实践的研究。要正确处理好保护与利用的关系,坚持非物质文化遗产保护的真实性和整体性原则,在有效保护的前提下合理利用。对珍贵的非物质文化遗产实物和资料,要授权有关单位积极征集,妥善保管,采取有效措施,防止流失。要充分利用文化馆(站)、图书馆、博物馆、美术馆和科技馆等公共文化机构场地进行展示和保存,有条件的地区可以建立非物质文化遗产专题博物馆和展示中心。

湖南省人民政府关于切实做好文化遗产保护工作的通知
(湘政发[2006]24号)
(2006—09—21)

四、积极推进非物质文化遗产保护工作

(五)积极抢救珍贵非物质文化遗产。各级政府要采取有效措施,加强非物质文化遗产的研究、认定、征集、保存和传播,组织各类文化文物单位、科研机构、高等院校及专家学者对非物质文化遗产的理论和实际问题进行研究,注重科研成果和现代技术的应用。组织力量对非物质文化遗产进行科学认定,鉴别真伪。组织文化文物部门征集具有历史、文化和科学价值的非物质文化遗产实物和资料,并予以妥善保管,防止珍贵的非物质文化遗产实物和资料流出境外。各级图书馆、文化馆、博物馆等公共文化机构要积极开展对非物质文化遗产的传播和展示,有条件的市州、县市区可设立专题博物馆或展示中心。要重点扶持少数民族地区的非物质文化遗产保护工作,对确属濒危的少数民族文化遗产和文化生态区,要尽快列入保护名录,抓紧抢救和保护。

江西省文物保护条例
(2006—09—22)

第四章　馆藏文物和民间收藏文物

第三十条　博物馆、图书馆和其他文物收藏单位可以根据其收藏的性质和职责征集藏品。对收藏的文物,文物收藏单位应当按照国家有关规定区分等级,编制目录,设置藏品档案,并报主管的文物

行政部门备案。

鼓励单位和个人将收藏的文物捐赠、转让给国有文物收藏单位或者提供给文物收藏单位展览和研究。

江苏省非物质文化遗产保护条例
(2006 年 9 月 27 日江苏省第十届人民代表大会常务委员会第二十五次会议通过)
(2006—09—27)

第五章　保障措施

第三十二条　图书馆、文化馆、博物馆、科技馆等公共文化机构应当展示和传播本地有代表性的非物质文化遗产,有条件的应当向中小学生免费开放。

湖州市人民政府关于进一步加强历史文化遗产保护的意见
(湖政发〔2006〕70 号)
(2006—11—01)

三、全面推进非物质文化遗产保护工作

(一)全面开展非物质文化遗产普查工作。在我市民族民间艺术普查成果的基础上,分地区、分类别制定非物质文化遗产普查工作方案。组织调查,全面了解和掌握我市非物质文化遗产资源的种类、数量、分布状况、生存环境、保护现状及存在问题。运用文字、录音、录像、数字化多媒体等各种方式对非物质文化遗产进行认真、系统、全面的记录。三年内基本完成全市普查工作,建立好市级非物质文化遗产档案和数据库。县级文化馆、图书馆、乡镇文化站必须建有本地区的非物质文化遗产档案和数据库,对本区域内的非物质文化遗产予以全面的掌握。充分发挥各级文化馆、图书馆、博物馆和科技馆等公共文化机构的作用,完善对非物质文化遗产资料和实物的征集和保管制度。

成都市文物保护管理条例
(1992 年 10 月 23 日成都市第十一届人民代表大会常务委员会第二十八次会议通过,1993 年 4 月 18 日四川省第八届人民代表大会常务委员会第二次会议批准;根据 1997 年 11 月 20 日成都市第十二届人民代表大会常务委员会第二十八次会议通过,1999 年 4 月 3 日四川省第九届人民代表大会常务委员会第八次会议批准的《关于修改〈成都市文物保护管理条例〉的决定》修正;2006 年 8 月 10 日成都市第十四届人民代表大会常务委员会第二十六次会议修订,2006 年 11 月 30 日四川省第十届人民代表大会常务委员会第二十四次会议批准)
(2006—11—30)

第二十四条　市和区(市)县博物馆、纪念馆、展览馆、陈列馆、文管所、文化馆、图书馆及其他国有企事业文物收藏单位应当根据文物等级,设置藏品档案,建立严格的管理制度,并报市文物行政主管部门备案。

宁夏回族自治区实施《中华人民共和国文物保护法》办法
(2006 年 11 月 30 日宁夏回族自治区第九届人民代表大会常务委员会第二十五次会议通过 2006 年 11 月 30 日宁夏回族自治区人民代表大会常务委员会公告第 38 号公布　自 2007 年 1 月 1 日

起施行)

（2006—11—30）

第四章　馆藏文物

第二十五条　博物馆、图书馆和其他文物收藏单位应当建立总账、分类账、卡片和档案,并建立馆藏文物核查制度,对馆藏文物定期进行检查。

未经文物行政主管部门批准,任何单位或者个人不得调取馆藏文物。

文物收藏单位应当将文物档案报同级文物行政主管部门备案。

江苏省政府关于加强文化遗产保护工作的意见

（苏政发〔2006〕144 号）

（2006—12—15）

四、加大非物质文化遗产保护力度

（三）加强非物质文化遗产的研究、认定、保存和传播。组织各类文化单位、科研机构、大专院校及专家学者对非物质文化遗产的理论和实践问题进行研究,加强对非物质文化遗产的科学认定,注重科研成果和现代技术的应用。经各级政府授权的有关单位可征集非物质文化遗产实物和资料,并妥善保管。对非物质文化遗产代表作所涉及的建筑物、场所、遗迹及其附属物,县级以上地方人民政府应当划出保护范围,作出标志说明,建立专门档案,并在城乡规划建设中采取有效措施予以保护。凡已被确定为文物的,按照文物保护法有关规定执行。对列入濒危名单的非物质文化遗产代表作,县级以上地方人民政府要及时制定抢救保护方案,进行科学、有效的保护。认真实施昆曲艺术抢救、保护和扶持工程。充分发挥各级博物馆、文化馆、图书馆、科技馆等公共文化机构的作用,有条件的地方可设立非物质文化遗产专题博物馆或展示中心。鼓励有条件的单位和个人成立研究机构,兴办专题博物馆,开设专门展室,开展对非物质文化遗产的研究工作,展示有代表性的非物质文化遗产。鼓励和扶持有关单位和个人在有效保护的前提下合理利用非物质文化遗产资源,进行弘扬优秀传统文化的文艺创作,开发具有民间和地方特色的传统文化产品,拓展民间民俗文化旅游服务。加强非物质文化遗产知识产权的保护。纳入保密范围的传统工艺、制作技艺和艺术表现方法以及其他技艺,必须依照有关规定进行传播、传授和转让。

五、切实加强文化遗产保护工作的组织领导

（四）动员社会力量参与文化遗产保护。开展"五五"普法期间文物法制宣传,利用多种形式广泛宣传文化遗产保护知识,提高全社会保护文化遗产的意识。图书馆、文化馆、博物馆、科技馆等公共文化机构和各级各类文化遗产保护机构要经常举办展览、论坛、讲座等活动,展示和传播本地有代表性的文化遗产,使公众更多地了解文化遗产的丰富内涵。教育部门要将优秀文化遗产内容和文化遗产保护知识纳入教学计划,编入教材,组织参观学习活动,激发青少年热爱优秀传统文化的热情。各类新闻媒体要通过开设专题、专栏等方式,介绍文化遗产和保护知识,大力宣传保护文化遗产的先进典型,及时曝光破坏文化遗产的违法行为,发挥舆论监督作用,营造保护文化遗产的良好氛围。鼓励、支持境内外的单位和个人依法开展文化遗产保护工作的合作和交流活动。制定实施有关捐赠和赞助的政策措施,充分调动社会力量参与文化遗产保护的积极性。

扬州市人民政府关于扬州文化博览城建设的若干政策意见

（扬府发〔2006〕206 号）

（2006—12—15）

（九）支持公民、法人和其他组织自办、合办或与市外主体在扬州联办文化博览活动。文化、工商、公安等相关部门负责为活动提供技术、安全、市场等保障。对纪念馆、博物馆、文化馆、美术馆、展览馆、书画院、图书馆及文物保护等文化单位举办文化活动的门票收入免征营业税。

（十）鼓励社会力量通过文化行政主管部门或批准成立的非营利性公益组织向公益性的图书馆、博物馆、革命历史纪念馆、美术馆、科技馆，向文化行政管理部门所属的非经营性文化馆、群众艺术馆的社会公益性活动、建设项目和文化设施，向国家和省重点艺术表演团体和县级以上的重点文物保护单位提供公益性捐赠。经税务机关审核后，纳税人缴纳企业所得税时，其捐赠额在年度应纳税所得额10%以内的部分，可在计算应纳税所得额时予以扣除；纳税人在缴纳个人所得税时，其捐赠额未超过纳税人申报的应纳税所得额30%的部分，经税务机关审核批准，可从应纳税所得额中扣除。

福州市人民政府关于加强非物质文化遗产保护工作的实施意见
（2006—12—22）

二、全面摸清我市非物质文化遗产的现状和价值

7. 要集中展示我市丰富的非物质文化遗产。要充分利用现有博物馆、文化馆、图书馆和科技馆等公共文化设施，对我市非物质文化遗产的典型实物和文献资料等进行陈列和展示。市里要积极筹建非物质文化遗产专题博物馆，有条件的县（市）区也要积极筹建非物质文化遗产展示中心，或在各县（市）区博物馆中设立非物质文化遗产专题展区。同时还要创造条件，对著名的非物质文化遗产项目，统筹设立博物馆。文化信息资源共享工程要将我市非物质文化遗产列入网络服务内容，供群众查询。要通过集中展示，让社会充分了解我市非物质文化遗产。

四、积极发挥我市非物质文化遗产的优势和作用

15. 要充分发挥我市非物质文化遗产资源优势，搞好以爱国主义为核心的思想品德教育。各级图书馆、文化馆、博物馆、科技馆等公共文化机构和教育部门，要经常利用我市非物质文化遗产对广大人民群众特别是对广大青少年进行以爱国主义为核心的思想品德教育。要通过举办非物质文化遗产专题书展、专题讲座、专题学术研讨、专题实物展示以及专题兴趣小组活动等形式，增进广大人民群众特别是广大青少年对福州历史文化的了解、以及对祖国历史文化的了解，激发广大人民群众和广大青少年的爱国主义热情和民族自豪感。

广西壮族自治区关于加强少数民族古籍抢救搜集整理工作的意见
（民族古籍办）
（2006—12—25）

二、突出重点，抓紧抢救搜集整理少数民族古籍

（二）按时保质完成《中国少数民族古籍总目提要·广西各民族卷》的编纂任务。《中国少数民族古籍总目提要》是国家民委部署的重要文化工程，已列入国家"十一五"文化事业发展规划重点项目。按照国家民委的要求，我区负责完成《中国少数民族古籍总目提要》壮族卷、瑶族卷、苗族卷、侗族卷、仫佬族卷、毛南族卷、京族卷、回族卷、彝族卷、仡佬族卷、水族卷等全卷或部分的编纂工作，并在2006年年底基本完成编纂任务，2008年正式出版，任务重，时间紧。此项工作由自治区民族古籍办负责组织实施，各级人民政府要组织本地区民族、文化、文博、修志、档案、图书馆等单位的有关人员参加这项

工作,落实经费,并根据自治区民族古籍办的安排组织有关人员参加编纂工作的培训、简目编制、卡片登录等工作,确保2008年完成所有编纂任务,为自治区成立50周年大庆献礼。

政府工作与图书馆

中共深圳市委、深圳市人民政府关于实施自主创新战略建设国家创新型城市的决定
(深发[2006]1号)
(2006—01—04)

六、提升源头创新能力,建设创新公共基础平台

(二十一)加快建设创新技术平台体系。政府、企业、高校、科研机构、行业组织等多元投入,共同参与,建设面向社会、资源共享的创新技术平台体系。建设以国家重点实验室和工程中心为核心的公共研发平台,提高承接重大科研攻关项目的能力。以产业集聚基地为主要依托,建设以高新技术改造传统产业为重点的公共技术平台,提高行业技术水平和竞争力。依托现有质量检测机构,合理整合资源,建设公共检测平台,提供全方位的检测服务。依托现有科技情报机构、标准研究机构、高等院校和图书馆,建设专业化的科技图书馆和科技信息平台,提供科技文献、标准、情报、信息服务。

国务院2006年立法工作计划
(2006—01—05)

二、需要抓紧研究、待条件成熟时适时提出的其他立法项目(108件)

(五)促进教育科技文化卫生等社会事业全面发展需要提请全国人大常委会审议的法律草案、法律修订草案以及需要制定、修订的行政法规。(24件)

教育法(修订)(教育部起草),科技进步法(修订)(科技部起草),广播影视传输保障法(广电总局起草),非物质文化遗产保护法(文化部起草),图书馆法(文化部起草),商标法(修订)(工商总局起草),初级卫生保健法(卫生部起草),国境卫生检疫法(修订)(质检总局起草),执业药师法(食品药品监管局、卫生部起草),体育仲裁条例(体育总局起草),地名管理条例(修订)(民政部起草),人类遗传资源管理条例(科技部起草),历史文化名城和历史文化街区、村镇保护条例(建设部起草),软件与集成电路产业发展条例(信息产业部起草),处方药与非处方药分类管理条例(食品药品监管局起草),商标代理条例(工商总局起草),广播电视播放作品付酬办法(版权局、广电总局起草),出版管理条例(修订)(新闻出版总署起草),基础测绘条例(国土资源部起草),海洋基础测绘条例(海军司令部起草),无线电管理条例(修订)(信息产业部起草),互联网上网服务营业场所管理条例(修订)(文化部起草),清真食品管理条例(国家民委起草),中药品种保护条例(修订)(食品药品监管局起草)。

中共江西省委、江西省人民政府关于推进社会主义新农村建设的实施意见
(赣发[2006]1号)
(2006—01—17)

五、大力发展农村公共事业

(16)繁荣农村文化事业。各级财政要增加对农村文化发展的投入,加强县文化馆、图书馆和乡镇文化站、村文化室等公共文化设施建设,继续实施广播电视"村村通"和农村电影放映工程,发展文化

697

信息资源共享工程农村基层服务点,构建农村公共文化服务体系。积极开展多种形式的群众喜闻乐见、寓教于乐的文体活动,保护和发展有地方特色的优秀传统文化,创新农村文化生活的载体和手段,引导文化工作者深入乡村,满足农民群众多层次、多方面的精神文化需求,活跃农民文体生活。扶持农村业余文化队伍,鼓励农民兴办文化产业。

金华市文化广电新闻出版局职能配置、内设机构和人员编制方案
(2006—01—18)

一、主要职责

(五)综合管理全市社会文化,加强图书馆、群艺馆、文化馆(站)和影剧院的建设,推进保护民族民间艺术,组织指导群众性文化活动的开展,指导少儿、老年、民族文化;综合管理图书馆事业。

二、内设机构

(二)社会文化处

管理全市社会文化事业和图书馆事业,制订实施全市群众文化事业和图书馆事业发展的战略、政策及规划;宏观指导全市社区文化、企业文化、校园文化、农村文化、少数民族文化、少儿文化的建设;归口管理全市重大社会文化活动;承担社会文化社团资格审查。

实施《国家中长期科学和技术发展规划纲要(2006—2020年)》若干配套政策
(2006—02—07)

八、教育与科普

(四十七)全面推进素质教育。大力推进基础教育课程改革和教学改革,加强和改进德育、智育、体育和美育,使青少年主动地生动活泼地得到发展。大力倡导启发式教学,注重培养学生动手能力,从小养成独立思考、追求新知、敢于创新、敢于实践的习惯。切实加强科技教育。广泛运用现代远程教育手段,倡导新的学习方式和教学方式。积极开发并合理利用校内外各种课程资源,发挥图书馆、实验室、专用教室及各类教学设施和实践基地的作用,广泛利用校外的展览馆、科技馆等丰富的资源,加强中小学生科技活动场所建设,拓宽中小学生知识面和锻炼实践能力。

天津市2006年改善城乡人民生活20件实事的决定
(津政发[2006]10号)
(2006—02—10)

十九、改造天津图书馆。升级改造广播电视网络,年内完成30万户(终端)数字广播电视整体转换。建设曹禺大剧院。复建小白楼音乐厅。举办第十期农村艺术教师免费培训班。

湖北省关于开展"文明湖北"建设活动的实施意见
(2006—02—15)

二、精心组织"文明湖北"建设的十项活动

(五)繁荣文化活动

(1)加强宣传文化基础设施建设,逐步解决图书馆、文化馆(站)、体育馆(站)、科技馆、博物馆、青

少年活动中心、妇女儿童活动中心等公共文化设施不能满足需要的问题。继续实施"百县千乡"宣传文化工程,建设一批宣传文化中心。切实加强乡镇文化站建设,建立80个乡镇文化工作联系点,积极探索农村文化发展新路。大力扶持发展农村文化中心户和城市社区图书室,在全省城乡初步形成各类文化设施齐全、布局合理的公共文化设施网络,建立公共文化服务体系。(此项活动由省发改委、省委宣传部、省财政厅、省文化厅、省教育厅、省科技厅、省科协、省民政厅、省体育局、团省委、省妇联负责)

中共阜阳市委、阜阳市人民政府关于推进社会主义新农村建设的实施意见
(2006—02—20)

四、加快发展农村社会事业,促进农村乡风文明

18. 提升农村文化生活水平。加强农村文化基础设施建设,逐步构建农村公共文化服务网络,到2010年实现县(市、区)有文化馆和图书馆、乡镇有综合文化站和电影放映队、建制村有文化活动室或文化大院的目标。积极开展群众喜闻乐见、寓教于乐的文体活动,创新农村文化生活的载体和手段,满足农民群众多层次、多方面的精神文化需求。鼓励农民兴办文化产业,加强农村文化市场管理。

中共宁波市委、宁波市人民政府关于推进自主创新建设创新型城市的决定
(甬党[2006]6号)
(2006—02—21)

六、加强科技基础平台建设,完善创新服务体系

17. 加强科技创新公共平台建设。大力推进"一馆三中心"建设,加快形成全市开放共享的科技创新公共平台。注重开发利用科技信息资源,加快建设市(区)图书馆、研发园区图书馆、高校图书馆和各大中企业联合研究机构四位一体的数字图书馆,并实现与国家大型数据库网的联接共享。

上海市规划局、财政局、民政局、建设交通委、国资委、房地资源局关于加强社区公共服务设施规划和管理的意见
(2006—02—22)

四、基本要求

(二)加强社区公共服务设施建设

2. 发挥社区文化、体育设施功能,努力提高社区文明程度。社区文化活动设施建设是社区精神文明建设活动的载体,要加强基层群众文化阵地建设,整合社区图书馆、文化馆(宫)、群艺馆、青少年宫(中心)和少科站等文化设施资源,构建以社区文化活动中心为主体,惠及未成年人、中老年人和残障人士等群体的社区公共文化服务网络。要保障公益性文化设施的投入,采取多种渠道,加快社区文化设施建设,加强管理,充分发挥其应有的功能。要充分利用所在社区的学校、单位体育场(馆)向社区开放。

台州市人民政府2006年工作要点
(台政发[2006]8号)
(2006—02—24)

六、以文化大市建设为重点,着力提高社会发展水平

繁荣发展文化体育广电事业。加快文化体制改革试点工作,积极推行"百分之一文化计划",进一步加强文化设施建设,重视天台山等历史文化挖掘和发展。动工建设市图书馆,筹建市少体校基地。加强农村人口的文化服务,新建 500 家基层文化俱乐部。进一步加强文化市场管理。举全市之力办好省第十三届运动会,力争取得好成绩。大力实施"文明素质工程",推进学习型城市建设和文明礼仪"五进"活动。推进电视数字化,加强电视网络建设。

中共芜湖市委、芜湖市人民政府关于全面推进社会主义新农村建设的实施意见
(2006—03—06)

三、主要任务

4. 着力推进城乡社会事业一体化

发展农村文化体育事业。加强县区文化馆、图书馆和中心镇、社区(居民点)文体设施建设,实现镇镇有文化站,社区(居民点)有文化活动室、有体育休闲活动场地、通广播电视和互联网。

中共安徽省委、安徽省人民政府关于贯彻《中共中央、国务院关于推进社会主义新农村建设的若干意见》的实施意见
(皖发〔2006〕5 号)
(2006—03—07)

六、大力发展农村社会事业

(25)繁荣农村文化事业。引导文化工作者深入乡村,开展多种形式、生动活泼的文化活动,满足农民群众多层次、多方面的精神文化需求。加强县文化馆、图书馆和乡镇文化站、村文化室等公共文化设施建设,继续实施广播电视"村村通"和农村电影放映工程,发展文化信息资源共享工程农村基层服务点,鼓励农民兴办文化产业,构建农村公共文化服务体系。努力增加对文化事业的投入,同时广开资金筹措渠道,逐步形成政府与企业、社会团体相结合的资金投入机制,实现农村文化事业投入的良性循环。

中共云南省委、云南省人民政府关于贯彻《中共中央国务院关于推进社会主义新农村建设的若干意见》的实施意见
(云发〔2006〕5 号)
(2006—03—23)

三、实施十大建设工程

(十三)社会事业发展工程。加快发展农村各项社会事业,是广大农民群众的迫切要求。发展和繁荣农村文化体育事业,推进农村电影放映工程,加快文化馆、图书馆、乡镇文化站、村文化室和体育设施建设步伐,弘扬民族文化、民间艺术和开展民族传统体育运动,扶持农村业余文化队伍,鼓励农民兴办文化产业,满足农民群众多方面、多层次精神文化需求,促进农民身心健康。

2006 年鞍山市政务公开工作要点
(2006—03—31)

二、完善制度、理顺机制,确保政务公开规范运行

一是完善健全政府信息目录管理制度和政务公开内容备案制度,规范政府信息公开工作。要切实加强对市公共行政服务中心、档案馆、图书馆、经济信息技术研究中心等政府信息和政策查询点管理工作,及时充实、更新各类政策信息,为人民群众、企业法人和其他组织提供政策信息服务。

上海中长期科学和技术发展规划纲要(2006—2020 年)
(沪府〔2006〕1 号)
(2006—03—31)

五、上海科技创新体系的建设

(四)建设创新基础设施,改进研发公共服务

9. 面向重点产业建设知识库。围绕生物医药、能源环境、先进制造、信息通信等产业发展的需求,建设若干个以生命健康和化学化工等为主要特色的国际一流的上海大型综合性知识库。建设数据库群和科技数字图书馆;发展数据库内容产业,形成覆盖主要行业、反应迅速且使用便捷的科技情报信息管理系统,提高知识供给、利用与服务能力。完善专利数据库,提高专利检索的效率与专利分析的效果,方便公众对专利资源的利用,使专利数据库成为创新的重要工具。

中共海南省委、海南省人民政府关于推进社会主义新农村建设的实施意见
(琼发〔2006〕4 号)

(2006—03—31)

六、提高农村公共服务能力和农民素质

(二十七)完善农村文化基础设施。"十一五"时期,实现县县有图书馆、文化馆,达到国家三级馆标准。到 2008 年全部完成全省乡镇文化站建设和改造任务,到 2010 年全部完成建制村文化室(党员活动室)的建设和改造任务。实施新一轮农村广播电视覆盖工程,"十一五"期间,新建、改造电视发射台和广播转播台 14 个,实现全省所有的自然村通广播电视,每个建制村每月放一次电影。推动实施农民体育健身工程,逐步建设一批农村体育设施。农村文化、教育、科技、体育等公共设施要统筹建设和综合利用,做到共建共享。

海南省 2006 年政府工作要点及分解落实责任方案
(2006—04—03)

二、省发展与改革厅

(八)通过多渠道筹措资金或贴息等方式加大投入,加快桂林洋高校园区和三亚学院二期建设;抓好省人民医院综合楼、省干部医疗保健中心、省肿瘤医院、省传染病医院、省心血管医院、省中医院等卫生项目建设;继续做好文化公园项目建设,基本完成省博物馆主体工程,加快市县文化馆、图书馆建设,推进省体育中心项目前期工作。

十七、省文化广电出版体育厅

(一)按计划完成海南博物馆年度工程量,做好海南博物馆二期工程(南海博物馆)前期工作;加快海南文化公园配套设施建设,尽快使海南文化公园具备部分开放条件。

(二)抓好省图书馆开馆工作。加快省图书馆开馆各项筹备工作进度,确保省图书馆在先期数字

化开馆的基础上,尽快实现全业务开馆。

(五)组织开展各类文化活动。组织开展好文化下乡(进社区)、东西南北中广场文艺会演、群艺大舞台、非物质文化遗产艺术展、图书馆讲座等文化活动;与省委宣传部共同举办"海南本土文化节";完成大型舞剧《黄道婆》的创作排演任务。

三十五、洋浦经济开发区管理局

(四)以落实搬迁安置和就业为重点,全面构建和谐社会。启动图书馆、体育馆和一个区办事处的文化体育设施建设,丰富文化生活,弘扬先进文化。

中共广西壮族自治区党委办公厅、自治区人民政府办公厅关于在全区开展社会主义荣辱观学习教育活动的通知

(厅发[2006]42号)

(2006—04—03)

二、加大宣传,舆论先行,积极营造树立和落实社会主义荣辱观的浓厚氛围

坚持以邓小平理论和"三个代表"重要思想为指导,以科学发展观为统领,以在全社会倡导"八荣八耻"为主线,组织协调报刊、广播、电视和互联网等大众传媒,充分运用新闻宣传、社会宣传和文艺宣传等各种手段,对社会主义荣辱观展开强有力的宣传,在全社会倡导"八荣八耻"。要充分发挥各类爱国主义教育基地、文化馆、博物馆、图书馆、科技馆等文化阵地的作用,运用多种形式开展宣传教育。通过扎实有效的宣传教育,使社会主义荣辱观家喻户晓,深入人心。

五、把握社会导向,健全工作机制,引领社会风尚和规范社会道德生活

要褒扬高尚,鞭挞邪耻,鼓励人们积极向上,追求真善美。要善于发现典型、宣传典型,大力宣传表彰具有鲜明时代特点和广泛群众基础的道德建设先进典型,把他们的崇高思想品行传播到广大群众中去,变成千百万人的自觉行动。要把组织开展社会主义荣辱观宣传教育活动的成果作为文明城市、文明村镇、文明行业、文明单位等各类文明创建活动以及新闻、出版、文艺、体育、教育、科技等各级各类评优评先活动的考核目标和内容,进行考核评比。要在社区、农村、企业、学校等基层广泛开展多种形式的道德评议活动。要利用群众喜闻乐见的形式,广泛开展丰富多彩、健康向上的群众文化活动,把社会主义荣辱观的要求体现在基层文化建设中。各类爱国主义教育基地、文化馆、图书馆、博物馆、科技馆和基层宣传文化中心等文化阵地,要面向社会、服务群众,传播先进文化,弘扬社会正气,塑造美好心灵,成为传播社会主义荣辱观的生动课堂。

中共山东省委、山东省人民政府关于贯彻《中共中央、国务院关于推进社会主义新农村建设的若干意见》的实施意见

(2006—04—03)

三、突出重点 全面推进社会主义新农村建设

(二)加快发展农村"路、水、电、气、医、学"等社会事业,建立健全农村社会保障体系

加快繁荣发展农村文化。认真贯彻《中共中央办公厅、国务院办公厅关于进一步加强农村文化建设的意见》,充分认识农村文化建设的重要性和紧迫性,加强农村公共文化建设,逐步做到县有文化馆、图书馆,乡有综合文化站,村有文化体育活动场所和综合服务中心。建立文化、科技、卫生三下乡长效机制,不断丰富农民群众的精神文化生活。推进农村精神文明建设,大力发展先进文化,支持健康有益文化,改造落后文化,抵制腐朽文化,倡导科学、文明,克服愚昧、落后,促进农村物质文明、政治

文明、精神文明协调发展。广泛开展"文明户、文明村、文明街"创建活动,引导农民崇尚科学、抵制迷信、移风易俗、破除陋习。

2006 年为农民群众办的十件实事

七、全面开展科技卫生文化下乡活动。省财政安排专项资金,支持科技文化下乡活动。采取"以奖代补"形式,继续实施"科普卫生村村通"工程,向广大农民群众提供实用技术。各级政府要组织医疗机构常年开展多种形式的医疗救助下乡活动。启动科技富民强县专项行动计划,引进、推广、转化一批先进适用技术成果,培育壮大一批具有较强区域带动作用的特色支柱产业。启动"送戏下乡"工程,带动市、县两级艺术团体免费送戏下乡 2000 场以上。启动农村文化资源共享工程,选择部分县文化馆、图书馆和乡镇文化站进行数字化改造,实现全省联网,资源共享。开展"农民电影年"活动,组织农村科教电影"千片进村"活动和送万场电影到农村社区活动。继续实施广播电视"村村通"工程,力争今年年底前完成拥有 20 户居民以上的自然村通广播电视。

中共陕西省委、陕西省人民政府关于贯彻落实《中共中央国务院关于推进社会主义新农村建设的若干意见》的实施意见

(陕发〔2006〕5 号)

(2006—04—06)

七、加快农村社会事业发展,培养有文化、懂技术、会经营的新型农民

(二十六)繁荣农村文化事业。加大政府对公益性文化事业的投入,加强县文化馆、图书馆和乡镇综合文化站、村文化室等公共文化设施建设,着力抓好文化先进县创建工作。继续实施广播电视"村村通"和农村电影放映工程,发展文化信息资源共享工程农村基层服务点,构建农村公共文化服务体系。大力发展集镇文化、乡村文化,积极开展群众喜闻乐见、寓教于乐的多种形式的文体活动。推动实施农民体育健身工程。扶持一批面向农村、服务农民的文艺团体,发展农村业余文化队伍,鼓励农民兴办文化产业,挖掘、保护和发展有地方特色的优秀民族民间文化。加强农村文化市场管理,促进农村文化事业健康发展。

中共青岛市委、青岛市人民政府关于深入推进城乡互动加快社会主义新农村建设的意见

(青发〔2006〕5 号)

(2006—04—07)

五、加强农村社会事业建设

(十五)大力发展农村文化科技体育事业。各级财政要不断增加对农村文化发展的投入,加强市(区)文化馆、图书馆和镇(街道)综合文化站、村(居)文化室等公共文化设施建设。2006 年市财政安排专项资金,重点用于 64 处镇综合文化站和 1200 个村文化活动室的文化设施配套,市(区)、镇、村(居)负责房屋等基础设施建设,尽快实现中央提出的每个镇(街道)有综合文化站、每个村(居)有文化活动室的目标。加强农村数字化文化信息服务,积极开展文化信息资源共享工程,搞好镇(街道)、村(居)基层服务点和数字图书馆建设。

中共台州市委关于在全市广泛深入开展社会主义荣辱观学习宣传教育实践活动的通知

(台市委〔2006〕5 号)

(2006—04—11)

二、广泛开展宣传教育实践活动,大力营造加强社会主义荣辱观教育的浓厚氛围

(一)深入进行宣传教育。社会主义荣辱观教育要坚持邓小平理论和"三个代表"重要思想为指导,以科学发展观为统领,以"八荣八耻"为主线,大力宣传胡锦涛同志关于社会主义荣辱观重要论述的重大意义。市级新闻媒体要把社会主义荣辱观的宣传作为当前新闻报道的重要内容,要拿出重要时段、重要版面,开辟专题、专栏、专版,通过新闻报道、言论评论、专家点评、群众讨论和公益广告等多种形式,深入报道全市开展社会主义荣辱观学习宣传教育实践活动的新进展、新成效,创造的新做法、新经验。要充分发挥广播、电视、报刊、局域网、阅报栏、黑板报、灯箱广告等宣传阵地作用,广泛发动群众、宣传群众、教育群众。新闻网站要组织开展好社会主义荣辱观网上学习宣传教育实践活动,积极营造良好的网上舆论环境。文化部门要组织广大文艺工作者,创作排演一批反映社会主义荣辱观的优秀文艺作品,深入机关、企业、学校、社区、农村、军营举办文艺演出,通过群众喜闻乐见的形式,大力宣传普及社会主义荣辱观。社科理论部门要组织理论工作者围绕树立社会主义荣辱观撰写理论文章,系统阐释社会主义荣辱观的科学内涵,对干部群众关心的热点、难点问题,作出回答,解疑释惑。爱国主义教育基地、文化馆、博物馆、图书馆、科技馆、体育馆等宣传文化阵地,要发挥各自特色和优势,开展丰富多彩、生动活泼的社会主义荣辱观宣传教育。

中共温州市委、温州市人民政府关于印发《温州市文明素质提高工程》等六项工程实施方案的通知

(温委办〔2006〕16 号)

(2006—04—11)

温州市文化研究提炼工程

第一章　温州文化研究提炼工程

三、实施温州文化研究工程的运作思路

(八)扎实推进。

各县(市、区)、温州大学、温州医学院、温州市委党校、职业技术学院、工贸学院、市社科院、教科院和各研究所、市图书馆、博物馆、档案馆、各个学会等,各有所长,各有特色,要按照规划,联手协作,优势互补,共同努力,推进研究工程的深入实施。市社科联要做好工程的联系服务和日常管理工作。新闻媒体要以多种形式,宣传报道文化研究工程的进展和成果。

第二章　温州市文化保护工程

二、温州市民族民间艺术保护工程

(五)重点项目

6. 建设一批民族民间艺术展示场馆。新建温州市民间艺术馆,集中展示全市优秀民间民族艺术;巩固发展红蜻蜓中国鞋博物馆、方介堪艺术馆等一批已建的民族民间展示场馆。各市和有条件的县(市、区)要建设特色鲜明的民间艺术馆或专题艺术馆。在有条件的场馆,如博物馆、科技馆、图书馆、展览馆、群艺馆、文化馆等,开辟民族民间艺术展示区,广泛征集民族民间艺术精品和资料,充分运用现代科技手段进行记录、保存和宣传,使我市60%以上的优秀民族民间艺术种类得到充分展示,并成为传承和展示民族民间艺术的中心。

温州市文化阵地提质工程

本工程旨在进一步推进全市的公益性文化阵地建设,包括图书馆、文化馆、乡镇文化站、社区和村级文化活动中心(文化俱乐部)等基础设施、活动内容、运作载体、人才队伍等建设,从而形成比较完备

的基层公共文化服务体系。

三、总体目标

到 2010 年,全市城乡基本建立适应全面建设小康社会发展要求,文化设施完整、活动内容丰富、组织机构健全、服务对象广泛的基层文化建设新格局;构建起覆盖全市城乡的群众文化权益保障体系、基层文化建设先进示范体系、现代科技信息网络传播体系。文化阵地覆盖面、文化资源利用率、文化科技含量、文化服务能力等重要指标全省领先。力争省级以上文化先进县达到 5 个,其中全国文化先进县达到 2—3 个;全市 50% 的乡镇(街道)成为"浙江东海文化明珠"、"温州金海岸文化明珠",在全市范围推进县级图书馆、文化馆、乡镇文化站普及建设,使其平均面积分别达到 2500 平方米、2000平方米、800 平方米;文化信息共享工程基层二级中心(乡镇中心)达到 100 个,基层一级中心(县级)基本建成;省级文化示范村 30 个,示范社区 10 个;市级文化示范村 50 个,示范社区 20 个。

四、主要任务

(一)加快设施建设,夯实物质基础。以县图书馆、文化馆、博物馆、乡镇文化站、社区和村级文化活动中心(文化俱乐部)等基础性设施建设为重点,巩固充实基层文化工作的物质基础。

1. 县级文化设施建设。实现县县建有符合标准的图书馆、文化馆。条件具备的县市,可适时建设综合性的文化艺术中心,具有独特地方文化资源的县(市、区)可建设特色博物馆。各县(市、区)图书馆、文化馆建设标准分别达到 2500 平方米、2000 平方米(国家一级馆标准);县级公共图书馆平均藏书 15 万册以上,全市每万人拥有公共图书馆个数及人均拥有藏书量有较大幅度的提高。

4. 增强城乡图书服务的功能和效率。以县级图书馆为基地,进一步发挥汽车图书馆和渔船图书馆的作用,完善县域范围内的流通借阅;以社区和村落为对象,建立社区和村落图书流通点,开展集科技、教育、卫生、文化、体育为一体的讲座活动和读书活动,实现城乡图书资源、人才资源的流通与共享。

宁夏回族自治区党委办公厅关于开展社会主义荣辱观教育实践活动的通知
(宁党办[2006]23 号)
(2006—04—13)

二、广泛宣传,使社会主义荣辱观家喻户晓、深入人心

各地、各部门要开展各具特色的宣传教育活动,广泛运用读书会、座谈会、演讲会、报告会、知识竞赛、图片展览等群众喜闻乐见、生动活泼的形式,进行普及教育。在人群密集的街道社区、乡村集市、机场车站、公园广场、饭店商场等公共场所树立"八荣八耻"社会公益广告牌和宣传栏,扩大宣传教育覆盖面,把工作做到城乡基层和每一个公民。各类爱国主义教育基地,文化馆、图书馆、博物馆、科技馆和基层宣传文化中心等文化阵地,要面向社会,服务群众,传播先进文化,弘扬社会正气,塑造美好心灵,成为传播社会主义荣辱观的生动课堂。

广西壮族自治区中长期科学和技术发展规划纲要(2006—2020 年)
(2006—04—14)

四、重大专项

11. 科技基础条件平台建设

构建研究实验基地和大型科学仪器设备共享平台,重点建设一批面向优势产业并具有区域特色的重点实验室、工程技术研究中心和博士后科研流动站,支持高校重点学科、企业博士后科研工作站

和企业技术中心建设,进一步推进大型科学仪器设备的共建与共享;构建科技文献数据信息服务共享平台,扩充与集成专利、工艺、技术标准、科技报告等各种科技文献资源,整合各种科学数据和科技信息资源,推进图书馆数字化和面向各类创新主体的信息数据共享服务网建设;构建自然科技资源利用共享服务平台,重点建立和完善特色畜禽、特色农作物、特色花卉林木、特色海洋生物、特色药用动植物、濒危野生动植物、工农业微生物菌种等种质资源库、馆,提高其利用水平;构建科技成果转化公共服务平台,新建一批科研中试和产业化示范基地,建设和完善一批具有特色的专业孵化器,强化一批骨干科技中介机构的服务功能。

深圳市"基层基础年"工作方案
(2006—04—17)

八、加大对基层的投入,加强长远规划

1. 继续推进"固本强基"社区建设项目工作。按省、市有关文件要求,对全市社区服务和活动场所进行全面规划。进一步简化审批手续,参照市重大项目"绿色通道"的方式,限定100个工作日研究、批复有关项目申请。按照每个社区1100平方米办公活动场所的标准,通过新建、购买、置换、调剂、租赁、改扩建、清欠等方式,重点建设完善社区居委会和社区工作站办公用房、党员活动室、社区警务室、社区综治办和人民调解室、社区健康服务中心、星光老年之家、青少年活动中心、社区图书馆等社区公共服务设施,并提供其后续发展的保障。力争年内,使全市所有社区100%拥有200平方米以上办公用房,同时50%的社区拥有公共服务场地900平方米以上、户外文体广场1000平方米以上。加快社区信息化建设,整合各类服务热线、呼叫热线,建立社区信息化服务平台,以信息化推动社区管理、服务的现代化。

市民政局、发展改革局为责任单位,市科技信息局、各区政府协办。

深圳市委宣传部、深圳市文明办关于组织开展社会主义荣辱观宣传教育活动的意见
(2006年4月5日)
(2006—04—17)

二、大力营造树立社会主义荣辱观的舆论氛围

舆论宣传要为树立社会主义荣辱观鸣锣开道,形成强大的舆论声势。要在报刊、广播、电视、网站开辟专题、专栏,通过通讯报道、专家访谈、群众讨论、有奖征文、知识竞赛、言论评论、图片新闻等形式,教育引导群众明荣辱之分、做当荣之事、拒为辱之行,凝聚人心、提升境界、激发活力,掀起"八荣八耻"舆论宣传的高潮。要大力宣传树立社会主义荣辱观的重大意义,宣传社会主义荣辱观的深刻内涵和基本要求,积极报道各单位各部门开展宣传教育活动的新进展、新举措、新经验,营造树立社会主义荣辱观的浓厚舆论氛围。新闻报道要坚持正面宣传为主,坚持重在建设的原则,大力宣传人们身边的好人好事,树立道德楷模,激励人们尊荣弃耻、见贤思齐;立足本职,从自己做起,从身边的小事做起。同时,也要发挥舆论监督的作用,对"八耻"案例进行曝光批评,激浊扬清,弘扬正气。组织社科专家结合深圳实际,开展社会主义荣辱观研究,撰写理论文章,编写教材和通俗读本,组织宣讲团,阐释社会主义荣辱观的时代背景、深刻内涵和现实意义,解疑释惑。组织我市文艺工作者创作生产一批反映社会主义荣辱观的优秀文艺作品,通过开展歌曲征集、小品汇演、诗歌朗诵会和歌咏比赛等文艺活动,祝福祖国、赞美和谐,传播先进思想、先进道德和先进文化,推动宣传教育活动不断深化。各媒体要制作发布与宣传教育内容相关的公益广告和动漫作品,机场、车站、码头等公共场所要设置标语宣传牌,让

人们耳濡目染,受到熏陶。要充分发挥爱国主义教育基地、文化馆、博物馆、图书馆、科技馆、文化广场和社区宣传栏等宣传阵地的作用,扩大宣传教育面,使社会主义荣辱观宣传教育活动既有声有色,又扎实有效,让"八荣八耻"家喻户晓,深入人心。

中共池州市委办公室、池州市人民政府办公室关于当前推进社会主义新农村建设的若干意见
(池发〔2006〕5 号)
(2006—04—24)

六、全面推进农村综合改革,大力发展农村社会事业

构建农村公共文化服务体系。加强县文化馆、图书馆和乡镇文化站、村文化室等公共文化设施建设,加快有线电视县乡联网,启动 20 户以上通电自然村"村村通工程"。继续实施农村电影放映工程,发展文化信息资源共享工程农村基层服务点,鼓励农民兴办文化产业。

南京市文化(文物)系统开展法制宣传教育的第五个五年规划
(2006—04—30)

二、主要任务

9. 组织开展法制宣传教育主题活动。以开展法制主题活动促进法制学习内容的深化,以法制学习内容来规范和推动法制宣传教育活动的开展。

开展"法律进单位"活动,促进法治化管理。市和各区县文化行政机关所属各基层单位要切实履行法制宣传教育的责任。首先是积极组织开展形式多样的社会性公益法法制宣传教育活动。在办好"18"法律咨询广场的基础上,全市各级各类公共图书馆都要面向社会开展法律咨询和服务活动;全市专业艺术院团、民间职业剧团、群众业余文艺团队都应当积极创作和演出法制文艺作品;全市各级各类公共博物馆、纪念馆、展览馆都要因地制宜、不失时机地举办各类法制宣传教育展览活动;全市各影剧院要有计划地放映法制电影专场。通过全系统的努力,把法律咨询、法制文艺作品、展览、电影等等,送进工厂、送进工地、送进乡村、送进社区、送进校园,充分发挥文艺的审美、愉悦、宣传和教育作用。其次是各基层单位要切实抓好本单位的法制学习,开展经常性法制教育和法律培训工作。

盐城市政务信息公开办法
(2006—05—09)

第三章　政务信息公开的程序和形式

第二十七条　政府公报应当备置于政府机关办公地点的适当场所、档案馆、现行文件服务中心、图书馆等地点,方便公众免费查阅;同时应当在行政服务中心或行政审批服务中心、居民社区等地点免费发放,方便公众获取。

河南省中长期科学和技术发展规划纲要(2006—2020 年)
(2006—05—17)

八、若干政策和措施
(七)加强科学技术普及,提高全民科技文化素质

提高科技意识,弘扬科学精神,传播科学思想,普及科学知识,传授科技方法,推广实用技术。抓住完善基础设施、健全宣传阵地、开拓传播渠道三个环节,加强创新文化建设,营造科技创新氛围,办好科学普及活动。充分利用图书馆、科技馆、博物馆等基础设施,并开放有关的重点实验室,提高公众的参观与学习兴趣;充分利用新闻出版、广播电视、国际互联网等公共媒体推动科普工作,鼓励全社会兴办科普公益性事业;鼓励专家学者和科技人员开展科普创作和科普讲座,提高全民科学素养。

江苏省人民政府办公厅关于印发农村新五件实事工程实施方案的通知
(苏政办发[2006]33号)
(2006—05—17)

农村文化建设工程实施方案

二、送科普书籍、送电影、送戏下乡

(一)送科普书籍下乡。省里按照每个乡镇1万元标准补助,集中招标采购一批农村适用、农民喜爱的科普图书,直接配送到全省经济薄弱县图书馆和乡镇文化站,再由乡镇文化站以流动文化服务的形式,将图书送至行政村文化活动室,方便群众就近读书。

农村文化建设工程文化站建设和送科普书籍、送戏、送电影下乡实施方案

二、送科普书籍、送戏、送电影下乡

(一)送科普书籍下乡。省通过政府采购方式,集中购买农村适用、农民喜爱、内容健康的科普图书,直接配送到全省经济薄弱地区的县(市、区)图书馆,县(市、区)图书馆再分配给所属各乡镇文化站,由乡镇文化站以流动文化服务的形式,将图书送至行政村文化活动室,方便群众就近读书。

中央精神文明建设指导委员会关于深入学习实践社会主义荣辱观大力加强思想道德建设的意见
(2006—05—19)

五、努力创造弘扬社会主义荣辱观的文化环境

要广泛开展弘扬社会主义荣辱观的群众文化活动,运用人们喜闻乐见的方式和乐于参加的形式,活跃基层文化,把"八荣八耻"的要求渗透在社区文化、村镇文化、企业文化、校园文化之中。要广泛开展科普活动,弘扬科学精神、普及科学知识、传播科学方法、提倡科学观念,形成学习科学、相信科学、依靠科学的良好氛围。爱国主义教育基地,博物馆、文化馆、图书馆、科技馆等公益性文化设施和各类基层宣传文化阵地,都要面向社会、服务群众,通过专题展览、知识问答、动漫展示、影视展映、文体表演等形式,传播社会主义荣辱观。

2006年度海南生态省建设工作意见
(2006—05—22)

五、改善人居环境,完善社会保障,提高人口素质和生活质量

(二十四)实施文化体育与教育工程。推进城乡文化体育基础设施建设,在城市建设各类文化主题公园、图书馆、体育场馆等文体设施,在乡镇建设综合文化站(宣传文化中心),在农村建设文化室(责任单位:省文化广电出版体育厅、各市、县政府)。

内蒙古党委、政府关于推进社会主义新农村新牧区建设的实施意见

（内党发〔2006〕6 号）
（2006—05—22）

五、加快农村牧区基础建设和社会事业发展，培养造就社会主义新型农牧民

（21）繁荣农村牧区文化事业。"十一五"期间，逐步完善以旗县为龙头，以苏木乡镇为依托，以嘎查村为重点，以农牧户为对象的公共文化和广播电视设施服务网络。深入推进广播电视"村村通"工程和农村牧区电影"2131"工程。通过无线、有线和卫星等多种覆盖形式，使 20 户以上通电嘎查村都能收听收看到 4 套以上广播、8 套以上电视节目；支持城镇有线电视网向周边嘎查村辐射。在所有旗县和苏木乡镇以及有条件的嘎查村建成文化信息资源共享工程基层服务站，并与全国联网。鼓励农村牧区题材文化产品创作。加强农村牧区文化遗产的抢救与保护，弘扬优秀的民族文化，建立文化遗产旗县级名录。继续深入开展文化、科技、卫生"三下乡"活动，扶持和鼓励农牧民自办文化，积极开展全民健身活动，实施草原万里健身长廊工程，进一步加强农村牧区体育设施建设，活跃农牧民文化体育生活。加强旗县文化馆、图书馆和苏木乡镇文化站、嘎查村文化室等公共文化设施建设，实现旗县有文化馆、图书馆，苏木乡镇有文化站，嘎查村有文化室。加强农村牧区文化市场管理，用社会主义先进文化占领农村牧区思想文化阵地。

郑州市文化局 2006 年优化经济发展环境工作意见
（郑文〔2006〕77 号）
（2006—05—23）

二、目标任务

（三）开展"阳光文化"建设，优化文化服务环境

5. 营造绿色文化生态。

强调中原地域文化特性，积极实施精品战略，积极开展文化交流，积极组织文化活动，全面启动商都文化苑、郑州图书馆新馆、郑州歌舞剧院、大河村原始文化苑、世界客属文化中心等一批文化设施建设项目，打造贴近实际、贴近生活、贴近群众的"绿色文化"产品，拓展城市的"绿色文化"空间，为广大市民提供内容健康、形式新颖、方便周到的"绿色文化"服务，提升城市的文化品位。

遵义市政府信息公开规定
（2006—06—02）

第三章　政府信息公开的程序和形式

第二十八条　政府公报应当备置于政府机关办公地点的适当场所、档案馆、图书馆等地点，方便公众免费查阅；同时应当在政务服务中心、居民社区等地点免费发放，方便公众获取。

深圳市委宣传部、市司法局关于在全市深入开展法制宣传教育第五个五年规划
（2006—06—05）

五、组织领导和保障

（八）实现法制宣传教育创新实现法制宣传教育观念、机制、载体和形式的创新。坚持理论和实践相结合，研究新问题、开拓新思路、提出新方法，改进和创新工作观念、工作措施、工作部署和工作方

式。要鼓励支持模拟法庭、法律辩论赛、法律展览摊位设计比赛、法制动漫、法制电脑游戏、法制网络游戏等新型普法载体,建设城市法制雕塑、法律图书馆等多种与文化建设相结合的新型普法基地。

中共金华市委、金华市人民政府关于加快推进社会主义新农村建设的若干意见
(市委[2006]9号)

(2006—06—07)

四、实施"乡风文明示范行动",培养推进社会主义新农村建设的新型农民

18. 发展农村文化体育事业。认真研究并制定农村文化事业发展规划,深入实施"文化阵地工程",推动文化资源向农村倾斜,加强农村公共文化设施建设,加快城市先进文化向农村传播,基本建成适应广大农民群众需求的农村公共文化服务体系。加强农村公共文化服务网络和乡镇文化站、广播电视站和村文化室、广播电视室阵地建设,达到县县有文化馆、图书馆,乡乡(镇镇)有文化站、广播电视站,村村有文化室、广播电视室的目标,创建200个文化示范村。以农民小康健身工程为抓手,加大农村体育健身活动场所和设施建设力度,培训乡村体育骨干,组织开展各种比赛活动,切实改善农村体育活动条件,提高农民健康水平。继续开展"文化大蓬车"、"万场电影千场戏"等文化下乡活动,倡导以村为主组建群众性舞龙队、秧歌队、锣鼓队、演出队等组织,丰富群众文体生活。扶持农村专业和业余文化队伍,鼓励农民兴办文化产业。做好农村传统文化的挖掘保护工作,促进民间优秀非物质文化遗产的传承与创新,分批创建30个民族民间艺术特色村。

河南省人民政府关于加快推进城乡一体化试点工作的指导意见
(豫政[2006]33号)
(2007—06—12)

四、加快发展覆盖城乡的社会事业

16. 加强文化建设。加快公共文化设施建设,创新文化管理体制和运行机制,扩大先进文化向农村的辐射。2007年全面完成县级文化馆、图书馆的达标改造,实现乡镇有综合文化站、村有文化活动室;扩大广播电视"村村通"工程覆盖面,实现20户以上的自然村通广播电视。加强体育设施建设,因地制宜地开展适合农村特点的大众体育活动。

深圳市人民政府2006年度立法工作计划
(2007—06—15)

三、有关部门提出进行调研论证的法规草案和规章草案
(一)法规草案
34. 深圳经济特区公共图书馆条例(修订)(市文化局起草)

南京市人民政府关于贯彻国家信息化发展战略加快我市国民经济和社会信息化的若干意见
(宁政发[2006]136号)
(2007—06—16)

二、"十一五"期间我市信息化发展重点

（五）建设先进网络文化

19、改善公共文化服务。认真实施"全国文化信息资源共享工程"，实现县（区）有分中心、所有乡镇有基层点；"十一五"末，实现所有文化馆功能综合化和图书馆数字化。建设"南京地方文献资源库"，进一步做大、做强、做优金陵图书馆网站，积极发展网上信息服务。通过实施"有线电视数字化工程"和"有线电视村村通工程"，进一步完善农村广播电视服务体系，实现我市 130 万用户有线电视数字化，二十户以上的自然村都通有线电视，入户率超过 85%。

金华市人民政府关于进一步鼓励支持和引导个体私营等非公有制经济发展的实施意见
（金政发〔2006〕97 号）
（2007—06—19）

一、放宽非公有制经济市场准入

（五）鼓励非公有资本进入社会事业和文化产业领域。

（5）积极鼓励民营资本及个人资本投资博物馆、图书馆（室）、科技馆、文化馆、收藏馆等民办非企业机构，对民办公益性单位提供的公益性文化产品和服务，以政府采购、奖励和资助等方式进行扶持。非公有制企业兴办非营利性的社会公益事业，符合《划拨用地目录》（国土资源部第 9 号令）的项目用地，可以按划拨方式供地；符合《协议出让国有土地使用权规定》（国土资源部第 21 号令）的，可以按协议方式供地。

中共山西省委、山西省人民政府关于加快建设社会主义新农村的意见
（晋发〔2006〕13 号）
（2007—07—05）

六、大力发展农村社会事业，为广大农民提供更多的公共服务

（20）大力发展农村文化和体育事业。各级政府要增加对农村文化发展的投入，全面加强农村文化基础设施建设，努力建立布局合理的县乡村户四级文化网络体系。深化文化先进县创建活动，努力实现"县县有图书馆和文化馆"的目标。继续实施广播电视"村村通"和农村电影放映"2131"工程。加强乡（镇）文化站、图书馆和村文化室建设，力争乡（镇）文化站达标率、村文化室普及率达到 50%。大力发展农村民办公助文化大院、文化专业户、农民书屋、农村个体放映队和民间剧团。鼓励乡村文化工作者创造适合农村特点的文化产品，满足农民群众的精神需求。加强农村公共体育设施和全民健身场所建设，积极倡导农民健身运动。

南宁市人民政府办公厅关于开展规范性文件规范年活动的通知
（南府办〔2006〕118 号）
（2007—07—06）

四、落实《规定》关于规范性文件制定程序各项制度，确保规范性文件质量

（四）对外公开发布制度。经签署发布的规范性文件，由制定机关通过政府公报、政府网站或者公开发行的报刊等形式向社会公布。未向社会公开的规范性文件，不得作为实施行政管理的依据。制定机关还应当自文件发布之日起 10 个工作日内，将文件送政府公报编辑机构、县以上的图书馆、电子政务服务机构等单位，这些单位应向社会公众提供文件的公开免费查阅服务。

实施《贵州省中长期科学和技术发展规划纲要(2006—2020年)》的若干配套政策
(2006—07—06)

八、教育与科普

(四十四)全面推进素质教育。大力推进基础教育课程改革和教学改革,加强和改进德育、智育、体育和美育,使青少年主动地生动活泼地得到发展。大力倡导启发式教学,注重培养学生动手能力,从小养成独立思考、追求新知、敢于创新、敢于实践的习惯。切实加强科技教育。广泛运用现代远程教育手段,倡导新的学习方式和教学方式。积极开发并合理利用校内外各种课程资源,发挥图书馆、实验室、专用教室及各类教学设施和实践基地的作用,广泛利用校外的展览馆、科技馆等丰富的资源,加强中小学生科技活动场所建设,拓宽中小学生知识面和锻炼实践能力。

晋西北、太行山革命老区开发社会事业发展规划
(2007—07—11)

二、指导思想、基本原则和主要目标

3. 主要目标

(3)积极发展文化事业

"十一五"期间,建设覆盖"两区"的县、乡、村三级文化网络,新建县图书馆40个、县文化馆39个、乡镇文化活动中心628个、村文化活动室14 986个。改扩建县图书馆3个、县文化馆5个,实现县县有文化馆和图书馆,每个乡镇有一个文化活动中心(文化站),每个村有一个文化活动室的目标。

"十一五"期间,实现每个县有文化馆和图书馆,县图书馆达到国家三级馆以上标准:馆舍面积不低于1000平方米,年购书经费不低于5万元,藏书量不低于8万册,年入藏量不低于2000册,设立文化信息资源共享基层站点,电子阅览室拥有计算机20台以上。县文化馆达到国家三级馆以上标准:馆舍面积不低于1000平方米,设有文化活动厅(室)6个,设有宣传橱窗(栏)10平方米,馆内设备总值达到30万元以上。

每个乡镇有一个文化活动中心。乡镇文化活动中心建设标准:建筑面积在300平米以上,设有阅览室1个,藏书量不低于2000册,年入藏量不低于100册,活动室1个,电子阅览室1个,至少配备电脑1台,投影仪1台,卫星接收设备1套,可结合文化信息资源共享工程建设。配备基本文体活动设施:棋牌室1个,配备象棋、扑克牌等基本娱乐工具。已建有广播站的乡镇将广播站并入文化活动中心。

每个村有一个文化活动室。村文化活动中心(文化活动室或文化大院)建设标准:要有与本村人口数量相适应的活动面积,阅览室1个,活动室1个,配备基本文体活动设施,棋牌室1个,配备象棋、扑克牌等基本娱乐工具,电影放映设备1套。

江西省人民政府关于实施《江西省中长期科学和技术发展规划纲要(2006—2020年)》的若干配套政策的通知
(赣府发〔2006〕16号)
(2006—07—12)

八、重视教育与科普

(四十二)全面推进素质教育、大力发展与改革职业教育。倡导启发式教学,注重培养学生动手能力,从小养成独立思考、追求新知、敢于创新、敢于实践的习惯。切实加强科技教育,广泛运用现代远程教育手段,倡导新的学习方式和教学方式。积极开发并合理利用校内外各种课程资源,发挥图书馆、实验室、专用教室及各类教学设施和实践基地的作用,广泛利用校外的展览馆、科技馆等丰富的资源,加强中小学生科技活动场所建设,拓宽中小学生知识面和锻炼实践能力。

政府收支分类改革后有关科目具体运用解答
(2006—07—25)

问:部门所属的图书馆、博物馆、艺术表演团体等,在功能分类中如何反映?

答:由于功能分类是职能分类,因此部门所属的独立核算的图书馆、艺术表演团体等,应按功能分类的原则,分别列入 20701"文化"款下的"图书馆"、"艺术表演团体"两个项;博物馆列入 20702"文物"款下的"博物馆"项。不能按隶属关系,列入本部门所属功能分类。

杭州市社会主义新农村建设规划
(2006—08—09)

三、新农村建设的主要任务

(四)实施社会发展工程,促进农村进步

24、繁荣农村文体事业。加强农村公共文化设施建设,实现区、县(市)有文化馆、图书馆,乡镇有综合文化站,行政村有文化活动室的目标。组织开展丰富多彩的群众性文化活动,进一步深化文化、科技、卫生"三下乡"。发掘和保护具有民族传统和地域特色的民间艺术项目,发展农村优秀民俗文化。实现农村有线电视、广播全覆盖。深入实施农民小康健身工程。

池州市关于贯彻落实中发〔2006〕10 号文件的意见
(2006—08—10)

六、抓住国家加大对中部地区社会事业投入的机遇,推进社会事业快速发展。规划建设市博物馆、文化馆,加强县文化馆、图书馆、博物馆和乡镇综合文化站建设,全面改善县、乡镇、村和城市社区文化体育服务设施条件,促进文化事业和文化产业的发展。进一步调整市级财政的投入结构,确保教育、卫生、文化等领域各类中央和省专项工程市级财政配套资金的落实。

中共济南市委、济南市人民政府关于扎实推进社会主义新农村建设的意见
(济发〔2006〕1 号)
(2006—08—10)

五、积极倡导乡风文明

深入开展农村精神文明创建活动。按照建设新农村的要求,修订和实施文明村镇创建规划。重视发展农村文化事业,调整城乡文化资源配置,加强农村文化基础设施建设,到 2007 年全面实现县有文化馆、乡有综合文化中心及图书馆、村有文化体育活动场所的目标,构建农村公共文化服务体系。积极开展群众喜闻乐见、寓教于乐的多种文体活动,保护和发展有地方特色的优秀传统文化,丰富农

民的业余文化生活。深入开展"党的政策、文化知识、科学技术、文明生活方式四进农户"活动和争创"五好家庭"、"十星文明户"等活动,引导农民破除迷信、远离邪教、移风易俗、崇尚科学,努力提升广大农民的思想道德水平和文明素质。

中共惠州市委、惠州市人民政府关于加快社会主义新农村建设的实施意见
(惠市委发〔2006〕23 号)
(2006—08—11)

六、全面加快农村社会事业发展

21. 发展繁荣科技文化事业。增加对农村科技文化发展的投入,加强县文化馆、图书馆、科技馆和乡镇文化站、村文化室等公共科技文化体育设施建设,全面实现村村通广播电视,继续实施农村电影放映工程,发展文化信息资源共享工程农村基层服务点,设立村文化辅导员。深入开展文化、科技、卫生"三下乡"活动,推进科学文化进村,引导科技、文化工作者深入乡村,广泛开展科普宣传和农村实用技术推广活动,积极开展群众喜闻乐见、寓教于乐的文体活动,丰富和活跃农民群众精神文化生活。保护和发展有地方和民族特色的优秀传统文化,扶持农村业余文化队伍,鼓励农民兴办文化产业。加强农村文化市场管理,抵制腐朽落后文化,用先进文化占领农村文化娱乐阵地。

福建省中长期(2006—2020 年)科学技术发展规划纲要
(2006—08—17)

六、科技发展的保障措施

(六)提高公民科学文化素质

努力发展科普事业。实施全民科学普及行动计划,鼓励全社会兴办科普事业,逐步增加科技宣传和普及工作经费的投入,进一步抓好科技普及设施场所的建设;通过报刊、广播、电视、网络等媒体,利用图书馆、科技馆、博物馆等科普场所,开展多种类型的科技宣传普及活动;充分发挥科技学会和行业协会、县乡专业技术协会的作用,推广先进实用技术;大力普及科技知识,提高群众的科学素质和能力,为科技创新奠定广泛的社会基础。

台州市区城市建设"710 工程"实施方案
(2006—08—22)

三、建设任务和 2006 年实施计划

(一)建设任务

4. 建设 10 个文化工程。坚持保护与建设并重,贴近群众生活,建设文化产品,使历史文化、乡土文化、现代文化渗透进城市肌理,使城市特色和个性展现出来,增强城市软实力。

(4)建设文化设施。建好青少年妇女儿童活动中心、国际友好村、路桥图书馆,建成葭沚泾文化长廊。

7. 建设十大建筑。城市风貌的凸现、城市形象的丰满最后要落实到具体建筑上。要精心规划、精心设计、精心建设,打造经得起历史检验的建筑精品。重点建设好台州大剧院、台州博物馆、台州图书馆、台州科技馆、白云阁、台州火车站、台州客运总站、台州电力大楼、黄岩柑桔博物馆、民营经济论坛等十大建筑。

中共杭州市委办公厅、杭州市人民政府办公厅关于加快"一名城、四强市"建设的若干政策意见
（市委办〔2006〕13号）
（2006—08—31）

二、加强基础设施建设和利用，解决"有房办事"问题

7. "十一五"期间建设一批标志性项目。重点建好西溪湿地综合保护工程（二、三期）、西湖龙井茶文化景区整合、良渚文化展示和遗址保护、北山街历史文化街区保护、吴山民俗文化街区、灵隐宗教文化景区、萧山湘湖综合保护和开发工程（一期）、余杭南湖综合开发工程、杭州波浪文化城、动漫卡通城、市图书馆新馆、市科技馆、市公共卫生中心、市第十人民医院（第二传染病医院）、下沙医院、广电中心、国际会议中心、城北体育公园、新向阳体育健身中心等工程；根据实际需要，新建、改建、搬迁一批基础设施；盘活现有资源，改善市属文艺院团馆舍条件；结合重大体育赛事的申办，加快体育设施建设。"十一五"期间，确保对大文化领域设施投资规模比"十五"期间有明显增长。

四、推进城乡、区域、群体统筹，解决"平衡发展"问题

18. 统筹城乡基础设施建设。各区、县（市）要抓好文化馆、图书馆、广播电视台、电影院、科技馆、档案馆、青少年活动中心、青少年素质教育实践基地、体育中心、全民健身苑（点）、基础教育设施、卫生健康设施等建设。以一街道（乡镇）一中心的标准，建设集宣传教育、健身娱乐、科学普及、青少年和老年活动场所为一体的综合性多功能公共文体活动中心，社区（村）建设一室多用的综合性文体活动室（场所）。

五、大力扶持社会力量兴办文化

23. 积极鼓励社会力量兴办博物馆、图书馆、科技馆、文化活动室、休闲健身室、学校、非营利性医院等民办公益性事业。对杭州文化建设、文化传承有重要意义的民办公益性项目，政府将视情在场地（馆）、设施等方面加以支持。对民办公益性单位提供的公益性文化产品和服务，可以政府采购、奖励和资助等方式进行扶持。积极探索合作开发、国办民营、委托管理等方式吸引社会力量参与国有基础设施、文艺院团的经营管理，国有基础设施、文艺院团委托给社会力量经营的，经营者可享受政府对该单位的各项优惠政策。

中共杭州市委、杭州市人民政府关于加快"一名城、四强市"建设的意见
（市委〔2006〕17号）
（2006—08—31）

四、扎实推进文化名城建设主要任务

15、着力打造公共文化服务体系

打造公共文化服务体系是文化名城建设的民心工程。要整体推进政策法规建设、基础设施建设、组织队伍建设、业务能力建设，实现和保障人民群众基本文化权益。按照"优化结构、均衡布局、突出重点、分级配置"原则，抓好一批市属重点文化设施项目建设和改建、迁建工程，提高城市广场、主题公园等设施的文化功能，按标准建设区县（市）文化馆、图书馆、档案馆等场馆；按一街道（乡镇）一中心、一村（社区）一室（场），建设综合性多功能文体设施，优化市、区县（市）、街道（乡镇）、社区（村）四级公共文化设施网络。加强工、青、妇文化设施建设，鼓励企业等基层单位完善文化设施配套。整合资源，加强管理，改善服务，切实提高文化场馆利用率。继续实施东海明珠工程、文化信息资源共享工程、农村科技文化信息网点、"村村通"工程、"2131"工程、百姓文化工程等基层公共文化建设工程。加快培养高素质的群众文化专业骨干和管理队伍。按照市级品牌化、区县（市）普及化、基层特色化的

要求,广泛开展各类群众文化活动。按规定和实际需要保障公共文化建设的人、财、物,推进制度化、法制化建设。到2010年,基本形成覆盖全社会的比较完备的公共文化设施体系、公共文化活动品牌体系、公共文化工作队伍体系、公共文化服务保障体系,增强公共文化服务能力,建成区基本形成15分钟文化服务圈。

杭州市文化广电新闻出版局关于学习贯彻全市"一名城、四强市"建设工作会议精神的通知
(杭文广新党办〔2006〕17号)
(2006—09—06)

二、联系实际,理清思路,落实举措,努力推进新发展

(二)以农村文化建设为重点,加快公共文化服务体系的构建

切实抓好杭州图书馆新馆建设。努力把杭州图书馆建设成为文化氛围浓、科技含量高、服务环境优和辐射能力强的现代化一流公共图书馆。以杭图新馆建设为契机,加强区、县(市)图书馆建设,整合图书资源,建立覆盖城乡的"通借通还"体系。积极发展社区图书馆、专业图书馆和数字图书馆。深入开展全民读书活动。进一步加强市群艺馆和区、县(市)文化馆建设。积极创造条件,建设杭州群众文化活动中心。按国家一级馆的标准,推动区、县(市)文化馆建设。创新群文活动新机制,以群艺馆、文化馆为载体,建立服务网络,延伸服务领域。建立基层文化骨干网络队伍,培育群众文化活动品牌,提高各级公共文化机构服务群众的能力。

辽宁省全民科学素质行动计划纲要(2006—2010—2020年)
(2006—09—16)

三、主要行动

根据指导方针和目标,在"十一五"期间实施以下主要行动:

(一)未成年人科学素质行动。

措施:

——整合社会科学教育资源,发挥校外资源在科学教育中的作用。充分发挥科技馆、图书馆、博物馆、纪念馆、青少年宫、儿童活动中心等场所的科普教育功能;利用科技馆、科研院所等教育资源,创建100个未成年人科普教育基地;建设辽宁青少年科技信息网,创办辽宁未成年人网上科技学校;在有条件的市、县(市、区)建设青少年科技活动中心;发挥社区教育在未成年人校外教育中的作用。

宁波市人民政府关于进一步鼓励支持和引导我市个体私营等非公有制经济发展的实施意见
(甬政发〔2006〕77号)
(2006—09—18)

二、进一步放宽非公有制经济市场准入

(七)继续大力鼓励非公有资本进入文化体育产业领域。除法律、法规尚未允许进入新闻传媒的部分领域外,鼓励非公有资本对文化体育事业的投入。根据文化、体育产品不同的公益性和市场运行条件,积极探索政府投入,市场化经营;民间投入,政府支持,市场化经营;政府和民间按比例投入,市

场化经营等新机制。力争在 2010 年前,培育出一批具有知名品牌、较高管理水平和广泛影响力的多元投资的文化体育产业集团和龙头企业。

积极鼓励非公有资本投资、经营、管理博物馆、图书馆(室)、科技馆、文化馆、收藏馆等民办非企业机构,对民办公益性单位提供的公益性文化产品和服务,以政府采购、奖励和资助等方式进行扶持。对我市文化建设、文化传承具有重要意义的民办公益性项目,在场地(馆)、设施等方面予以支持。

中共西安市教育局委员会、西安市教育局关于全市教育系统贯彻落实中共中央决定认真学习胡锦涛同志重要讲话和《江泽民文选》的通知
(市教党发〔2006〕64 号)
(2006—09—19)

四、加强领导,突出重点,切实做好对《江泽民文选》学习的指导和宣传工作,把学习不断引向深入

当前,全市教育系统各级党组织要把学习《江泽民文选》和胡锦涛同志重要讲话摆在重要地位,加强领导,精心组织,切实抓紧抓好。各区县教育局和全市各级各类学校要提高对《江泽民文选》发行工作的认识,要使《江泽民文选》进党团支部、进阅览室和图书馆。

运城市招商引资工作考核奖惩办法
(2006—09—28)

招商引资考核奖惩办法说明
二、认定范围
(五)引进用于地方社会公益性项目的固定资产投资,是指外来投资者用于医院、福利院、学校、幼儿园、体育场(馆)、博物馆、图书馆、公园、垃圾处理、污水处理等社会事业性项目的固定资产投资。

中共重庆市人民政府党组关于落实 2006 年度民主生活会重点问题整改措施的细化方案
(2006—09—30)

四、以落实"五个统筹"为重点促进经济又快又好发展

18. 大力发展文化事业。深入推进文化体制改革,加快推进重庆图书馆、重庆大剧院等重大文化基础设施建设和乡镇文化站、区县文化馆和图书馆建设,不断满足人民群众的文化需求。
责任领导:谢小军
责任单位:市文化广电局

中共台州市委办公室、台州市人民政府办公室关于进一步加强高层次专业技术人才队伍建设的意见
(台市委办发〔2006〕71 号)
(2006—10—10)

三、完善政策,优化环境,吸引、留住高层次专业技术人才

11. 进一步改善科研条件和工作环境。加强基础设施建设,尤其要加强图书馆、科技馆等硬件设施和数据库建设,为科研人员提供良好的学习条件。

杭州市人民政府办公厅关于认真做好 2007 年度《杭州政报》赠阅和订阅工作的通知
（杭政办函〔2006〕263 号）
（2006—10—12）

一、认真做好《杭州政报》的赠阅和自愿订阅工作,努力满足社会需求。《杭州政报》赠阅的范围及数量有限,目前还不能完全满足社会各方面的需求。因此,在实行赠阅的同时,还要做好自愿订阅的工作。各区、县(市)政府和市政府各部门、各直属单位要加强对《杭州政报》性质、作用的宣传,让更多的企事业单位和群众了解政报、认识政报,做好没有列入赠阅范围的企事业单位和个人订户的订阅服务工作,确保政令畅通,保障人民群众对法规政策的知情权和对政府施政行为的参与权、监督权。杭州政报社要进一步做好编辑出版工作,确保刊物质量,准时出刊。各级各部门要做好赠阅单位名单的核对、上报工作,并安排专人做好《杭州政报》的签收、保管和发放工作;各受赠单位(含图书馆、新华书店、办事窗口、车站、星级宾馆等)要安排专人做好《杭州政报》的签收、保存工作,为群众查阅、利用《杭州政报》提供方便;邮政部门要落实责任,切实做好《杭州政报》的订阅服务和及时投递等工作。

莱芜市信息化建设实施方案
（2006—10—19）

一、信息化建设的工作重点和远景目标
（一）政务信息化工程

6. 促进科教文卫领域信息化。建设莱芜教育信息网络、莱芜数字图书馆;推进公共文化信息资源共享工程;完善全市疫情监测防治、医疗卫生信息、医药食品检疫防疫等信息系统,推进远程医疗的运用。

朔州市晋西北、太行山革命老区开发实施方案
（2006—10—22）

三、"两区"开发项目实施目标任务
(四)社会事业项目
2. 文化体育
(2)2007 年:右玉县投资 5000 万元,建设占地面积 50 亩的大西街宣传文化活动中心;平鲁区投资 2066.32 万元,建设建筑面积 4500 平方米的多功能、多层次、综合性的公共图书馆。

马鞍山市创建安徽省文明城市及全国创建文明城市工作先进城市工作方案
（2006—10—25）

三、工作任务
(四)健康向上的人文环境方面
26. 加速建设大剧院、博物馆、图书馆、广电中心、科技馆、综合档案馆,积极筹建奥林匹克体育中心等重大文体设施,形成布局合理、设施先进、功能齐全和特色鲜明的文化设施网络。
责任单位:市发展改革委、市文化局、市广电局、市科技局、市档案局、市体育局

27. 全市每百人公共图书藏书量不少于 160 册,市新图书馆建成二级以上图书馆,各区均建有规模不等的图书馆,并达到三级以上标准。市群众艺术馆改建成一级馆,各区文化馆 40% 以上为二级馆,建设市级文化广场舞台 1 个、区级文化广场舞台 3 个,群众文化辅导员进社区、包片辅导制度健全。

责任单位:市文化局、各区政府

青岛市人民政府关于贯彻全民科学素质行动计划纲要的实施意见
(青政发[2006]39 号)
(2006—10—26)

三、实施四项基础工程,增加公民提高自身科学素质的机会与途径

(二)科普资源开发与共享工程

——建立全市科普信息资源共享和交流平台。集成国内外现有科普图书、期刊、挂图、音像制品、展教品、文艺作品以及图片、科普志愿者等各类科普信息,建成数字化科普信息资源库和共享交流平台,通过互联网为社会和公众提供资源支持和公共科普服务。积极开展文化科技信息资源共享工程,搞好镇(街)、村(居)基层服务点和数字图书馆建设。

(四)科普基础设施工程

——发展基层科普设施。规划建设青岛市科技馆,将科普场馆、设施纳入城乡建设规划和基本建设规划。以市科技馆和图书馆为核心,加快市、区(市)、社区(镇)三级科普设施、科技展馆体系和图书馆体系建设。在城乡社区改造并建设科普画廊、科普活动室、远程科普宣传教育终端设备。

无锡市生态市建设规划纲要
(2006—10—30)

三、生态市建设的主要任务

(七)构建传承历史、延续温情的无锡特色生态文化体系

2. 积极推进生态文化建设

——大力普及生态知识。充分利用广播、电视、报刊、网络等各种媒体,通过音像、图片、书籍、资料等在全社会开展生态宣传和生态教育;以博物馆、图书馆、生态公园和社区文化中心为生态教育基地,通过专题讲座或培训,形成多层次、多形式的生态知识宣传和教育。

中共广州市委关于贯彻《中共中央关于构建社会主义和谐社会若干重大问题的决定》的实施意见
(穗文[2006]15 号   2006 年 11 月 2 日中共中央广州市第八届委员会第七次会议全体会议通过)
(2006—11—02)

三、大力发展社会事业,确保群众共享发展成果

12. 加快文化事业和文化产业发展,不断满足人民群众的精神文化需要。大力加强公益性文化设施建设,保障广大人民群众享有公共文化权益,在 2010 年前全面实现区(县级市)有三馆(图书馆、文化馆、科技馆或博物馆),一街(镇)一站(综合文化站)、一村一室(文化室)、"村村通"广播电视的基础上,构建布局合理、设施先进、功能完善的城市农村公共文化服务体系和结构合理、繁荣健康的文化市场服务体系。加快文化产业结构调整和自主创新步伐,做强一批具有集聚辐射功能的文化产业集团,打造一批具有自主知识产权的文化品牌,发展一批具有高技术含量的新兴文化产业集群,构建一

批具有国内外吸引力的文化产业经贸平台,努力使文化产业成为我市国民经济新的支柱产业。遵循文化自身发展规律,不断深化文化体制改革,不断完善富有活力的文化管理体制和文化产品生产经营机制。引导社会力量兴办和资助公益性文化体育事业,大力发展体育产业。

石家庄市人民政府关于全市服务业结构调整的实施意见
(2006—11—09)

四、调整重点

(二)壮大五大新兴行业

1. 信息服务业

数字图书馆工程:依托省会图书、文化、信息等单位,开发利用数字化借阅系统和在线浏览系统,为市民提供在线阅读、在线借阅、在线欣赏等数字化图书音像服务。

3. 文化产业

标志性文化设施工程:完成一批标志性文化设施改建工程,包括河北博物馆、省、市图书馆、石家庄美术馆、文化中心、石家庄水上训练中心、石家庄广电中心、大众文化娱乐广场等设施。

广州市 2006—2008 年创建全国文明城市工作规划
(2006—11—09)

四、主要任务

(十)大力实施"科教兴市"、"文化强市"战略,进一步提升推动现代都市发展的文化力。

——发展文化事业。抓好南越王官署遗址博物馆、辛亥革命纪念馆、中共"三大"会址纪念馆、广州歌剧院、广州新图书馆、广州文学艺术创作中心、沙河顶艺术苑、蓓蕾剧院等一批重点文化设施的建设,加强区、街、社区三级群众文化设施建设,特别是抓紧规划和建设新区的文化馆、图书馆,确保我市群众文化设施建设达标。积极推进文化体制改革试点工作,加快发展文化产业,增强文化产业的自主创新能力。

广州市 2006—2008 年创建全国文明城市重点建设项目表

二、社会事业项目			
序号	项目名称	规模	完成时间
23	广州新图书馆	建筑面积 9.8 万平方米,计划总投资 92400 万元。	2008 年
28	广州市少儿图书馆海珠分馆	建筑面积 4545 平方米,总投资 600 万元。	2006 年

金华市人民政府办公室关于做好 2007 年《金华政报》工作的通知
(金政办发〔2006〕90 号)
(2006—11—10)

三、做好《金华政报》赠阅工作。赠阅《金华政报》是市政府促进政务公开,推进依法行政和建设法治政府的一项重要举措。各级各部门要高度重视,落实责任,努力做好《金华政报》各项工作。有条件的地方要开辟公共阅览点,市内的各家图书馆和市区的各报刊亭要免费投放一份以上《金华政报》,供公众查阅。

中共北京市委关于构建社会主义和谐社会首善之区的意见
(2006 年 11 月 10 日中共北京市委九届十二次全会通过)
(2006—11—10)

七、完善公共服务体系,满足人民群众基本公共需求

三是推进公共文化服务体系建设。以实现和保障人民基本文化权益、满足首都广大市民基本文化需求为目标,构建结构合理、发展平衡、网络健全、运营高效、服务优质、覆盖城乡、惠及全民的公共文化服务体系。按照面向基层、服务群众的要求,加大政府对公益性文化设施建设投入,构筑以文化馆、图书馆、博物馆、文化广场为主体的四级公益性文化设施网络。推动公共文化服务重心下移,优先安排关系群众切身利益的文化建设项目,为每个社区和村配置方便群众读书、阅报、健身、开展文艺活动的场所和设施。切实维护低收入群体和特殊群体的基本文化权益。建立农村文化建设的长效机制,加大文化资源向农村的倾斜力度,着力推进农村文化设施和重点工程建设,全面提升农村公共文化服务水平。组织开展内容丰富、形式多样的群众文化活动,丰富和活跃市民文化生活。完善文化产业政策,繁荣首都文化事业,为广大市民提供优质文化产品和服务。

广州市"书香羊城"——全民阅读系列活动方案
(2006—11—13)

二、组织机构

全民阅读系列活动在市文明委的统一领导下进行,由市委宣传部、市文明办、市直机关工委、市文化局、市教育局、市民政局、市新闻出版和广电局、市科技局、市总工会、团市委、市妇联、市科协、市社科联、市文联、广州警备区政治部以及各区(县级市)党委宣传部(文明办),中山图书馆、广州图书馆、广州市少年儿童图书馆等单位联合主办。

四、工作要求

2. 精心组织,积极落实。各区(县级市)和市属各单位要结合实际,围绕全市的总体部署,精心制定本地区本单位的阅读活动方案,认真组织实施。要广泛挖掘和利用各种社会资源,调动一切积极因素,充分利用和发挥各级各类图书馆的作用,组织开展丰富多彩的阅读活动,营造良好的社会氛围,吸引广大市民自觉参与。

中共甘肃省委关于构建社会主义和谐社会的若干意见
(2006 年 11 月 14 日中国共产党甘肃省第十届委员会第十一次全体会议通过)
(2006—11—14)

四、着力加强社会事业建设,促进经济社会协调发展

(13)发展文化事业和文化产业,努力满足人民群众文化需求。深化文化体制改革,形成富有活力的文化体制和文化产品生产经营机制。完善公共文化设施网络布局,实现县县有文化馆、图书馆,乡镇有文化站。优先安排好关系群众切身利益的文化建设项目,突出抓好广播电视"村村通"工程。加大文化资源向农村倾斜,不断丰富农民群众的文化生活。

宁波市中长期科技发展规划纲要(2006—2020 年)
(2006—11—16)

三、战略任务和重点领域

(一)培育三大创新群体,夯实自主创新基础

3. 培育科技服务群体,提高科技中介水平

(2)创建与完善公共创新服务平台。大力推进"一馆三中心"建设,加快形成全市开放共享的科技创新公共服务平台。加快数字图书馆建设,实现与国家科技部等大型数据库网的联接共享。加快为广大中小企业提供产品和材料检测检验的各类检测中心建设、为宁波主导产业科技创新设计服务的创新设计服务中心和创意文化设计中心建设,以及网络型、服务型的科技政务服务中心建设。加强科技信息网络建设,推进网上技术市场专业化发展。建立创新平台共享机制,促进重大科技设备、重点实验室等公共科技资源向社会、企业开放。

(二)实施三大创新工程,推进产业技术进步

3. 实施社会发展科技支撑工程,促进经济社会和谐发展

(3)公共服务与公共安全行动计划

——城乡设施与服务平台。重点应用数字技术,建立数字图书馆,开发统一检索、身份认证、资源调度、虚拟参考咨询服务、网络导航和文献传递技术。充分运用科学技术,大力发展印刷出版发行、网络信息、艺术品创作交易、动漫产业和创意产业等文化产业。研究开发天一阁、天童寺、保国寺等古文化建筑技术,天一阁藏书保护技术,开发应用传统戏曲保护和深化开发技术,用现代音像技术改造提升传统戏曲艺术。

哈尔滨市政务公开规定实施细则
(2006—11—22)

第三章　政务公开形式

第十五条　行政机关应当通过下列一种或者几种形式主动公开政务信息:

(八)便于公众及时获取政务信息的其他形式。

市政府公报应当及时放置于市、区、县(市)、乡(镇)人民政府办公地点、档案馆、公共图书馆以及其他指定的公共场所,方便公众免费查阅。

三门峡市中长期科学技术发展规划纲要(2006—2020 年)
(2006—11—22)

八、政策和措施保障

(六)加强科学技术普及,提高全民科技文化素质。围绕构建和谐文化,加强科学精神、科学思想、科学知识、科技方法的普及传播,大力推广先进实用技术。抓住完善基础设施、健全宣传阵地、开拓传播渠道三个环节,完善科普体系,加强创新文化建设,营造科技创新氛围,办好科学普及活动。充分利用图书馆、博物馆等基础设施,提高公众的参观与学习兴趣;充分利用新闻出版、广播电视、互联网等公共媒体,鼓励全社会兴办科普公益性事业;鼓励专家学者和科技人员开展科普创作、科普讲座,提高全民科学素养。

中共湖北省委关于解决当前关系群众切身利益若干突出问题促进和谐社会建设的意见

（鄂发〔2006〕22 号　2006 年 11 月 23 日中共湖北省委八届十一次全体会议通过）

（2006—11—23）

六、加快文化事业和文化产业发展，丰富人民群众精神文化生活

加强基层文化基础设施建设。优先安排关系群众切身利益的文化建设项目。逐步加大县级文化馆、图书馆、乡镇文化站、村文化室建设力度。省政府每年补助 2000 万元专项资金，重点扶持改造、新建 100 个乡镇综合文化站。到 2010 年，实现乡镇有综合文化站，行政村有文化活动室。

不断丰富群众精神文化生活。深入开展群众性精神文明创建活动，繁荣文学艺术、新闻出版、广播影视，组织实施荆楚特色文化资源开发战略和文化精品工程，创作更多更好适应人民群众需求的文化精品。积极促成各级博物馆、公共图书馆、纪念馆、美术馆免费或优惠向老年人、未成年人、残疾人等群体开放。大力发展民间文化，切实保护农村乡土文化和民族文化艺术。广泛开展全民健身运动，普遍增强人民群众的体质，基本建成以体育服务体系为重点的具有湖北特色的全民健身体系。大力发展文化产业，进一步加大政策扶持力度，放宽市场准入，努力为人民群众提供健康向上的文化产品和服务。加强对互联网等新兴媒体的应用和管理，开展以网吧经营秩序为重点的文化市场专项治理。

中共温州市委、温州市人民政府关于深化"和馨行动"的若干意见

（温委发〔2006〕120 号）

（2006—12—04）

八、关心外来务工人员精神文化生活

26. 开展公益性文化活动。市本级和各县（市、区）现有的图书馆、展览馆、文化馆（宫）、文化中心以及社区公益性文化活动场所等，要进一步对社会免费开放，并且不得有身份歧视性的规定，使外来务工人员平等享受文化公共产品。鼓励文艺团体、电影公司等单位，深入外来务工人员集中的社区、农村、企业、工地，开展各类文艺活动，丰富外来务工人员的业余文化生活。

扬州市人民政府关于印发扬州市政府信息公开暂行办法的通知

（2006—12—18）

第三章　公开的程序和形式

第三十四条　政府公报应当备置于政府机关办公地点的适当场所、档案馆、图书馆等地点，方便公众免费查阅；同时应当在行政办事服务中心、居民社区等地点免费发放，方便公众获取。

哈尔滨市人民政府办公厅关于进一步做好政府公报有关工作的通知

（2006—12—31）

四、进一步发挥市政府公报赠阅点的作用。

目前，在哈太平国际机场、哈火车站、哈国际会展体育中心、哈开发区管委会、市政府、市工商局、市财政局、市劳动和社会保障局、市政府行政服务中心、市老干部活动中心、市游泳馆、友谊宫宾馆、马迭尔宾馆、和平屯宾馆、花园屯宾馆、新加坡大酒店和省、市图书馆设立了 18 个市政府公报赠阅点，为

广大人民群众获取市政府公报提供了便利条件。今后,要加强管理,搞好服务,提供保障,进一步发挥市政府公报赠阅点的作用,为推行政务公开、构建社会主义和谐社会营造良好的环境。

邯郸市"和谐共建八项工程"实施纲要
(2006 年 12 月 28 日,中共邯郸市委七届二次全会通过)
(2006—12—31)

二、工作内容

(八)和谐文化工程

30. 推进公共文化体育设施建设,丰富和活跃群众文体生活。加快落实市文化艺术中心建设和市艺校建设。在 2010 年前全面实现县级文化馆、图书馆达标建设,乡镇(街道)和村(社区)组建综合文化站和文化活动室。到 2010 年,全市基本形成较为完备的农村公共文化服务网络。加快体育场馆建设和群众性体育锻炼活动设施建设。到 2010 年,中心城区人均拥有公共体育设施面积达到 0.72 平方米,主城区体育辅导员比例不低于总人口千分之一,农村体育辅导员比例不低于总人口两千分之一。

呼和浩特市政府网站内容保障方案
(2006—12—31)

3　企业频道

3.2　服务指南

·文化体育

(1)文化活动管理、文化设施建设、文化市场管理、文化市场稽查、社会文化事业管理、图书馆事业管理、文物保护管理、文物考古、电影发行管理、职业资格培训、职业技能培训、民办学校审批等事项的相关信息、相关法规、办事指南、表格下载(文化局提供资料)。

专业文献
Professional literature

专业文献

2006 年部分院校图书馆学情报学博士学位论文摘要

（以高校名称音序排列）

**北京大学 2006 年
博士学位论文摘要**

【中文题名】 信息资源价值研究

【论文作者】 杨文祥

【指导老师】 吴慰慈

【学位授予单位】 北京大学

【内容提要】 本文是在图书馆学信息资源建设理论的基础上，在当代人类社会信息化的背景下形成的一项研究。本文的研究是一项由众多学科相互交叉的多学科综合研究，是一项以基础研究为主、应用研究为辅，融基础和应用为一体的对信息资源价值问题所进行的整体性综合研究。本文的根本学术目标是通过人的本质、人的价值及价值实践与信息资源之间的内在联系，探讨信息资源与人和人类社会之间的价值关系，并在此基础上构建一个信息资源价值论体系。全文由基础理论研究、应用理论研究和由基础研究向应用研究过渡的过渡性和中间性研究三方面内容组成。这些内容分为：

绪论、信息资源价值研究基本问题研究、信息资源价值研究相关问题研究、信息资源价值基础研究、信息资源价值形态研究、信息资源价值机制研究、信息资源价值评价研究、结论八章。本文的具体成果是形成了一个具有自身特色的信息资源价值理论体系。本文信息资源价值研究的研究方法以整体思维为基本原则，以跨学科研究为基本方法，强调跨学科多维交叉研究方法的运用。主要内容包括：对信息资源及其价值实践与人的意识、心理、行为和人的价值及价值实践的内在联系进行了具有一定深度的探讨；在信息传递机制的内在规律——自由流动与人和人类社会的价值实践方向以及人类从必然走向自由的历史过程三者之间建立了理论上的内在联系，建立了信息资源人文价值论理论体系以及由信息资源本体论与信息资源价值论相互关联和互动所构建的"信息资源本体论—价值论"的整体理论思考；在对价值哲学成果借鉴和探讨的基础上，结合信息资源管理研究，提出了关于信息

运动和信息资源价值实践过程的理论认识。

【中文题名】 数字图书馆用户关系管理研究

【论文作者】 吕娜

【指导老师】 余锦凤

【学位授予单位】 北京大学

【内容提要】 本文从理论和实践两个方面研究了数字图书馆用户关系管理涉及的问题。理论部分的内容有：数字图书馆用户关系管理的一些基本概念；数字图书馆用户关系管理研究框架的建立；用户满意度测评模型的构建等。实践部分主要是在相关调研的基础上，讨论了数字图书馆实施用户关系管理涉及的组织变革。另外，从技术角度考虑如何构建数字图书馆的用户关系管理系统，设计了系统模型，并实现了主要的子系统。论文通过结合企业的 CRM 研究和数字图书馆本身的特点，提出了数字图书馆用户关系管理的研究框架，并依据该框架对数字图书馆用户关系管理的核心概念、营销活动、组织变革和用户满

意度等内容进行了探讨。与营利性组织和传统图书馆的用户管理研究相比较,数字图书馆用户关系管理将网络用户、虚拟用户作为重点研究对象。对数字图书馆业务系统和网站中的用户访问数据和行为数据进行收集并进行提炼、共享和利用是数字图书馆用户关系管理研究的重要内容。在前人研究的基础上,考虑到网站可用性这一因素,论文初步构建了数字图书馆领域的用户满意度模型,并对该模型的有效性进行了验证。利用该模型对数字图书馆用户满意度进行定期的测评不仅可以改善与用户的关系,战略图的绘制还有助于数字图书馆制定管理方案。论文探讨了数据采集、数据挖掘、数据仓库等技术在数字图书馆用户关系管理中的应用。作者提出了基于 XML 的用户日志格式,并将该日志格式应用于实验系统,通过用户使用该实验系统收集了一定量的用户行为数据,进而进行了数据挖掘实验,提取出用户频繁下载集。利用这些技术,论文最终构建了数字图书馆用户关系管理系统的实验原型,对系统体系结构、系统模型、功能模块的划分等问题进行了分析,实现了部分子系统的功能模块。

【中文题名】 企业知识网络能力研究

【论文作者】 马德辉

【指导老师】 秦铁辉

【学位授予单位】 北京大学

【内容提要】 本文对知识管理理论、社会网络理论和企业能力理论等与企业知识网络能力相关的理论基础和企业知识网络研究现状等问题进行了认真的梳理。在文献综述的基础上,本文界定了知识网络的内涵和特点,归纳了企业知识网络的存在形式;进一步把知识网络视为企业知识管理工作的一项基本能力,并将其明确化,界定了知识网络能力和企业知识网络能力的基本概念。其次,在文献综述的基础上,提出企业知识网络能力模型。该模型由三大部分组成,即企业知识网络基本要素(人、知识、社会网络、能力场)、企业基础结构(组织结构、企业文化和信息网络等)和企业知识流程(知识获取、知识共享以及知识创造等)。同时,分析了每一个构成因素的主要影响因素。第三,为了掌握企业知识网络能力在企业知识管理实践中被认知的情况,本文对 IBM 中国有限公司部分员工就"企业知识网络能力相关问题"进行了问卷调查,并对部分员工进行了个人访谈。问卷调查结果表明,在企业知识管理实践中,员工在获取、共享和创造知识时,较大程度上依赖于信息网络,社会网络的作用没有得到应有发挥。最后,本文分析和论述了企业知识网络能力的培育问题。主要论述了企业知识网络

的建立和在企业知识网络能力培育过程中,应该注意的几方面宏观性的指导措施。另外,本文还在其他人研究成果的基础上,从知识网络能力的视角,分析了丰田公司的企业知识共享网络能力的培育措施和运行情况。同时,提出我国企业在知识网络能力培育过程中应该借鉴的重要经验。文章认为,企业知识网络是企业知识管理工作的一个社会平台,同时,也是企业实现知识管理人本化战略的一项基本能力。企业知识网络能力是建立在企业内外社会网络基础上,充分挖掘和利用企业知识资源,主要是隐性知识资源的能力。

【中文题名】 基于重用的企业内容管理策略研究

【论文作者】 孙广芝

【指导老师】 赖茂生

【学位授予单位】 北京大学

【内容提要】 本文旨在构建一种效率更高、效果更好的企业内容管理策略并对其实施进行深入分析,以满足企业的内容管理需求。文章大规模重用的思想引入企业内容管理领域,构建了基于重用的企业内容管理策略(ReECMS),并按照实施框架对 ReECMS 的各个方面进行了深入研究。研究内容包括分析企业的内容管理需求、构建 ReECMS、提出 ReEC-MS 的实施框架并依据框架对企业 ReECMS 实施的各个方面

726

进行深入分析。根据企业内容的特点、内容管理相关人员的需求以及法律遵从的要求，概括出企业对内容管理的需求为：确保企业内容遵从相关法律的要求；提高内容的查找、使用效率；提高内容的创建、维护效率和质量；灵活提供各种格式的内容；建立内容管理的统一流程和规则；提高内容服务的水平。文章借鉴制造业的生产模式演变过程的启示以及重用在软件、工程设计等领域的成功经验构建了 ReECMS。ReECMS 的关键要素包括：内容的结构化，内容及其管理的标准化，内容重用，内容服务的个性化。ReECMS 的实施框架包括：企业内容结构化的实现，企业内容描述的标准化，ReECMS 的实施平台、影响 ReECMS 实施的非技术因素以及企业 ReECMS 实施的评价。文章还对影响 ReECMS 实施的非技术因素进行分析，并提出克服障碍、发挥非技术因素积极作用的主要措施。此外，本文还提出了内容重用成熟度模型（CRMM），将影响内容重用成熟度的因素划分为策略与规划、组织与制度、人员、技术 4 个关键域及 18 项关键活动，给出了定量和定性的评估方法。最后，本文在前面研究的基础上得出研究结论，并分析了企业内容管理以及内容重用领域需要进一步研究的问题。

【中文题名】 基于本体的语义处理模型及其在自然语言检索中的应用研究

【论文作者】 汤艳莉

【指导老师】 赖茂生

【学位授予单位】 北京大学

【内容提要】 本论文将语义网理念和本体技术引入信息检索领域，结合本体和已有的自然语言处理技术，建立基于本体的语义处理模型，以期为网络文本和用户自然语言查询的深层内容的挖掘、形式化表达和匹配提供一种行之有效的方法，实现知识层面的信息检索。文章首先对语义信息处理和语义检索研究领域的国内外研究现状进行了全面、详细的调研和分析评述。其次，从理论角度对语义信息、语义信息处理方法进行系统的归纳，指出语义信息处理的基本方法包括概念从属理论、语义场理论、格语法、知网、HNC 理论等，总结出信息检索中为提高文本内容分析和表达能力所需的语义元素。然后，通过分析现有的语义概念模型，重点提出了基于本体的语义处理模型，详细阐述了该模型中 4 个组成成分：领域本体、语义对象、语义关系和语义处理。同时，建立了电影领域本体，分析了建立本体的原则、方法、步骤及构造工具和语言选择，对语义处理模型的实现方法和检索流程作了阐述，内容涉及语义对象的识别、语义关系和语义索引的建立。接着，依据此语义处理模型设计了文档和用户自然语言提问的处理流程，探讨语义索引的构成和用户查询的语义分析及检索过程。最后，为了验证所提出模型的合理性和有效性，本论文还分别进行了语义索引以及不同查询类型对检索效果的影响实验研究，不同类型的提问对检索效果的影响实验，并对实验结果进行了分析和讨论。

【中文题名】 数字档案馆关键技术研究

【论文作者】 王红印

【指导老师】 徐学文

【学位授予单位】 北京大学

【内容提要】 本论文研究档案文献数字化的技术支持及相关问题，介绍了数字档案馆的核心技术——EAD DTD 技术，使用基于 Schema 的 XML 描述扩展 RBAC 模型，对 EAD 实施中存在的问题提出了解决方案。文章第一部分介绍数字档案馆的概念、分类、特点、数字档案馆的元数据研究、数字档案馆中访问控制策略。第二部分研究数字档案馆的 DA-RBAC 模型，第三部分介绍档案描述编码格式 EAD，分析了 EAD 的定义与特征，传统机读编目格式 MARC 的局限，改进 EAD 应遵循的设计原则。第四部分论述基于 XML 的 RBAC 策略规范语言，包括 XACML 介绍，使用 XACML 表达 RBAC 策略，基于 XACML 的 RBAC 框架的扩充。

第五部分研究基于 Category 的自动分类与聚类技术，包括常用文本自动分类方法，文本聚类方法综述，基于范畴与函子的分类方法，范畴方法和传统分类与聚类方法的比较，给出一个完整的将分类与聚类混合使用的方法。最后研究了访问控制及安全管理系统的设计与实现，包括数字档案馆体系结构、安全需求分析、系统架构、认证与授权协议、RBAC 实现。

【中文题名】 知识审计的方法与应用研究
【论文作者】 杨光
【指导老师】 梁战平
【学位授予单位】 北京大学
【内容提要】 首先对目前该领域所存在的种种理论以及相关领域作了系统的整理和综合评述，尤其是对现有的国内外的知识审计方法进行归类和比较分析，目的是在此基础上发现问题，展开论述。然后在理论探讨的基础上提出了自己的看法，尤其是对现存的知识审计方法进行了综合比较，分析了各自的优缺点，并且从组织知识运动的全过程出发，提出了一套经过改进后的知识审计方法。为了验证论文所提出的方法的可操作性，作者还选取了一个研究对象进行了实证研究，结果证明了所提出知识审计方法的科学性和可行性。在结合、借鉴和利用前人的研究成果的基础上，论文在以下 3

个方面作了有益的探索并试图进行创新性的工作：1. 针对目前的知识审计方法普遍适用性差的特点，从组织知识活动的全过程出发，提出了贯穿组织战略、组织机构和文化、人、技术和流程的知识审计方法。2. 利用所提出的知识审计方法，在所选取的研究对象内进行了具体的知识审计活动，然后对数据利用 Excel 等软件工具进行整理、统计和分析，最终提出了知识审计报告。知识审计的结果客观准确，得到了审计单位的领导的肯定。整个实证研究过程论证了作者所提出的知识审计方法的科学性和可行性。3. 将情报学等相关学科的研究方法用在了论文的写作过程中。在建立知识审计方法指标体系使用到了头脑风暴法，在数据的分析阶段使用了 SWOT 分析法。

【中文题名】 数字资源微观结构研究及应用
【论文作者】 张成昱
【指导老师】 赖茂生
【学位授予单位】 北京大学
【内容提要】 本论文在对目前数字资源和知识管理研究领域的相关热点问题进行了综述和分析的基础上，提出了以知识对象为核心的数字资源微观结构的研究和应用范式，也就是以知识解构和重构为线索的数字资源知识组织、管理和传播的理论框架，并对于知识

重构方法进行了概念性的方法论探讨，提出了借鉴本体技术和理论，但具有更强的动态性和对象化特征的用于数字资源重构的广义本体方法。同时，论文就上述思想在若干应用系统设计和开发中的作用进行了案例研究和分析。论文对知识对象的概念、逻辑结构和基本组成要素进行了描述和分析。论文提出，知识解构是知识对象创建的主要途径。而知识解构范式就是为实现知识解构所需的一系列研究和应用模式和进行系统设计和功能实现的结构和步骤。它应该是在数字资源结构、知识组织和人工智能技术等学科的交叉领域完成数字资源的知识发现和知识对象构建工作过程中大家所公认的一般性原则，是在具体方法、格式和算法之上进一步抽象的结果。论文对知识解构和重构范式及其子范式进行了描述和分析。知识重构是对于数字资源进行基于特定知识发现方法而生成的知识对象及其关联关系，按系统自身知识对象组织规则以及在知识对象生成过程中产生的知识对象合成规律，对于特定知识对象进行的重新组织和构建以生成新的知识载体及其相应知识表现模式的行为。论文提出的基于知识对象集合的广义本体方法是在本体的方法论基础上进行了适应其应用环境的扩展和演绎，是以构成数字化文献的各种知识对象为基本要素和概念实体的，

这些知识对象一般主要通过在数字化文献中的相关物理属性来加以界定。广义本体的主要作用就是要把通过数字化文献的知识解构提取出来的这些隐性关联表达出来,并实现根据这些关联构建的知识对象集合之间的各种运算。论文对广义本体方法的基本内容和运算进行了描述和分析。论文根据上述思路对 3 个不同类型的信息资源服务系统的开发和设计进行了应用研究。

【中文题名】 信息检索的知识组织工具研究

【论文作者】 赵丹群

【指导老师】 徐学文

【学位授予单位】 北京大学

【内容提要】 本论文主要包括现状综述、宏观研究、微观(个类)研究和案例分析四部分内容。第二部分主要内容包括:知识组织工具在信息检索系统中的地位与作用;知识组织的(学科)理论基础;知识组织技术理念的多维认知;知识组织工具的主要类型及实例代表;基于检索流程的知识组织工具应用参考模型的构建等。第三部分选择以核心知识组织工具的两种代表性工具——叙词表和 Ontology 为剖析对象,研究内容涵盖了叙词表的基本原理、基本结构、应用实践、存在问题;Ontology 的形式化特性、理论优势、(三阶段)构建周期与构建过程、应用模式等方面。

第四部分以独立搜索引擎为对象,通过对其工作原理的分析,指出其在核心知识组织工具缺失的情况下采用的后端控制策略——搜索结果排序,以及因搜索结果排序而引发的 SEC 作弊与搜索引擎反作弊的技术较量。文章基于信息检索的基本原理及知识组织的(学科)理论基础认知,阐述了知识组织技术理念的多维分析观,并首次总结、归纳了它的 4 个技术维度,即分类 vs 主题、受控 vs 非受控、先组 vs 后组、形式化 vs 非形式化。从知识组织工具的视角审视信息检索活动的发展演变,抽象并提出这种发展演变的基本动因和趋势在于其核心知识组织工具更新的观点。提出信息检索系统中 Ontology 的三阶段构建周期思想,并对这种思想进行了逐阶段论述和分析。基于叙词表和 Ontology 的比较研究,提出并论证了 Ontology 在信息检索系统中的两类较适宜的应用模式,即传统应用模式和异构多信息源应用模式,其中后者又进一步区分为元搜索和互操作两种模式。从信息检索的基本流程分析入手,构建并论述了一个基于检索流程的知识组织工具应用参考模型。

吉林大学 2006 年博士学位论文摘要

【中文题名】 多视角信息组织模式研究:复杂科学视野下的信息组织模式

【论文作者】 曹锦丹

【指导老师】 毕强

【学位授予单位】 吉林大学

【内容提要】 本论文以增强信息组织模式与数字信息环境的适应性与有效性为研究目的,以数字环境复杂性研究为逻辑起点,通过对国内外相关研究成果的系统分析及案例的考察,从数字环境特性出发,分析了数字环境中的信息组织复杂性因素——优化及需求复杂性、信息生态复杂性及信息资源复杂性,并以复杂性理论为基础,提出了数字环境下信息组织的原则与范式,讨论了信息组织衍生的基本机理。在对其共性与本质进行总结和分析的基础上,提出三个并非全面、但适合本文讨论语境的信息组织新生态模式。分析概括了用户认知域结构,提出了适应用户认知的信息组织模式。立足于数字信息资源新的增长点,引入本体演化机制,提出适应新型数字资源 Blog 自组织特性的信息重组模式。基于开放和可扩展的信息组织方法,提出实现信息资源本体与用户问题域融合的信息组织机制与资源建构模式。对不同的模式分别加以案例分析。文章引入阐释学理论及资源建构理念,把信息资源客体与用户主体看做是相互依存和相互作用的关系,探讨从信息组织机制上实现与用户问题域融合的机制。利用元数据扩展机制设计了资源的本体框架,以此增强信息资源的描述能力。文章采用扩展标记语言格式建构了原型系统"文献知识单元数据库检索系统"。

【中文题名】 超媒体信息空间智能导航理论与实证研究
【论文作者】 刘甲学
【指导老师】 毕强
【学位授予单位】 吉林大学
【内容提要】 本文从超媒体系统的结构特性入手,探讨了超媒体系统结构的元素及优化方案,分析了用户超媒体信息空间浏览中的认知因素,介绍了超媒体系统智能导航设计中的技术条件,构建了智能导航的需求概念模型、智能框架模型和评价的指标体系。本文从各个方面揭示超媒体系统智能导航的机制,以便进一步完善超媒体信息空间的管理与服务功能,提高其利用效率。主要内容包括超媒体系统结构特性研究、超媒体导航活动中的用户认知因素研究、超媒体智能导航支撑技术研究、超媒体系统智能导航模型设计、超媒体导航系统评价及实证分析。本文首先分析了了超媒体系统的两个组成元素——节点和链,介绍了其类型。在给出超媒体结构的数学模型的基础上,重点探讨了超媒体系统的标准模型——Detex 模型。给出了超媒体节点和链的度量方法,通过计算节点和链的相似性,实现对超媒体系统节点的聚合,并结合新浪网站的新闻栏目给出了实证分析。超媒体系统结构的优化,本文给出了三种优化方法:利用遗传算法对超媒体结构优化、具有例外性质的集合簇化方法及层次化方法优化。文章分析了超媒体导航活动的认知因素,探讨了导航支持与用户认知因素之间的关系、超媒体信息环境影响用户认知信息活动的基本因素、超媒体系统中的认知风格和认知策略,给出了结构化超媒体的认知模型。最后,分析了智能导航系统中的认知因素及导航措施,探讨了智能导航活动中认知因素的分布性及智能导航活动中用户认知地图的构建。文章论述了领域知识库的构建,探讨了知识的推理和搜索策略,并给出了知识库的更新方法:真值维护的方法,分析了智能导航需求产生的动因:环境认知需求、语义理解的需求、功效的需求,在此基础上给出了智能导航需求概念模型。文章给出了开放式超媒体系统自适应导航结构图,并结合 petri 网技术模拟了超媒体系统的智能导航功能;介绍了三种智能导航活动中的信息可视化技术:鱼眼视图、概貌导航图和 XEROC PARC 可视化工具组;构建了基于层次分析的超媒体导航系统评价体系,然后利用德尔菲方法和层次化方法对评价指标界定了权重。在实证部分,选择了两个代表性的网站——Yahoo! 和 Google,对其信息导航的智能性进行对比分析。

【中文题名】 智能企业门户构建研究
【论文作者】 宋绍成
【指导老师】 毕强
【学位授予单位】 吉林大学
【内容提要】 本论文以企业门户建设实践活动的(EIP→EKP→IEP)渐进和跃变的发展过程为切入点,首先对国内外企业门户研究成果进行了系统研究,通过对国外典型的企业门户平台的分析比较,归纳总结了企业门户渐进和跃变过程的理论基础、关键技术及其内在规律。在此基础上,以企业门户建设的相关理论为指导,从体现信息技术在企业门户建设中应用价值的视角,构建了智能企业门户体系结构的概念模型、知识框架、门户的业务、门户的控制块、实施块、开发块以及门户信息集成、门户信息中介等智能企业门户平台的子模块,并详细阐释了各子模块的功能。然后,从宏观和微观两个层面,论述了智能企业门户平台的运行机制,构建了宏观和微观运行机制模型,并从门户信息中介系统、智能决策支持系统、安全机制、导航机制、公共接口、知识组织机制几个方面分析了智能企业门户的微观运行机制。最后,通过阐述构建智能企业门户评价模式的基本要求和原则,探讨了智能企业门户评价的技术和效益指标及指标要素,展示出一个完整的智能企业门户评价指标体系。文章提出了智能企业门户(IEP)的新概念,分析研究信息构建、信息资源集成、知识管理等理论对其具有的借鉴意义,分析研究商业智能、Agent技术、智能决策支持系统和语义 Web 等技术在 IEP 建设中的应用价值。文章从定性研究的角度出发,构建智能企业门户评价的指标体系、技术评价体系模型与投资回报评价体系模型。最后选择了国外有代表性的企业门户平台,即 Microsoft sharepoint portal、IBM Websphere portal、Oracle portal、Bea weblogic portal、Aqualogic portal 等,比较研究这些门户平台在体系结构与功能应用方面的特点,分析归纳其优势与不足。

南京大学 2006 年博士学位论文摘要

【中文题名】 中国东西部地区数字鸿沟研究

【论文作者】 龚岚

【指导老师】 孙建军

【学位授予单位】 南京大学

【内容提要】 本论文主要研究国内外数字鸿沟的测度方法以及信息化指数的测度方法,比较其优劣、针对性、可操作性,结合中国国情及数据的可获取性,构建了衡量地区间数字鸿沟的综合指标体系。文章选取中国东西部大企业有代表性的数个省份,依据国家统计局原始数据,对数据进行深度挖掘分析,比较我国东西部地区数字鸿沟的差距,运用 SPSS 统计软件,通过均值检验、聚类分析、因子分析、回归分析等统计方法对东西部地区数字鸿沟进行定量分析,研究现状与发展趋势,找出影响东西部地区数字鸿沟的主要因素,结合国外填平和跨越数字鸿沟的成功经验,提出跨越我国东西部地区数字鸿沟的基本思路。文章涉及的内容包括数字鸿沟的基本概念、本质、原因分析、测量方法,分析了对待数字鸿沟的三种态度。我国东西部地区数字鸿沟的现状涉及信息资源、信息基础设施、信息化创造力、信息技术普及与应用、信息产业发展、信息消费系数等方面。文章总结的影响东西部数字鸿沟的主要因素包括经济因素、技术因素、制度因素和教育因素。文章给出的建议包括跨越发展、政府主导、企业推动、公众参与等方面。

【中文题名】 杰出科学家科学贡献若干影响因素的计量分析

【论文作者】 刘俊婉

【指导老师】 金碧辉

【学位授予单位】 南京大学

【内容提要】 本论文采用文献计量学的方法对影响杰出科学家科学贡献的年龄、人才流动、科学合作及科研周期等因素进行分析,以此寻找杰出科学家进行科研活动的规律性特征。论文第一部分是数据和方法。第二部分研究杰出科学家生产力的年龄特征,包括生理年龄分布、职业年龄分布、不同国家科技工作者的年龄结构。第三部分研究杰出科学家影响力的年龄特征,包括杰出科学家引文数的生理年龄分布、篇均引文数的生理年龄分布、职业年龄分布、杰出科学家重要论文的生理年龄特征。第四部分研究人才流动与科学合作对杰出科学家生产力的影响。第五部分研究从诺贝尔奖看杰出科学家创造力的若干影响因素,包括诺贝尔自然科学奖获得者取得获奖成果的年龄特征、重大科学发现的长周期现象、诺贝尔自然科学奖的传承效应和生长效应、诺贝尔获奖机构的优势积累。最后给出了杰出科学家科学贡献若干影响因素研究结果,并基于研究结果提出了 10 个方面的思考。文章发现杰出科学家发表大量具有影响力论文的高峰期是在中年时期,适度的人才流动和科学合作能够提高杰出科学家的科学生产力。重大科学发现往往需要较长的科学研究周期和社会确认周期。

【中文题名】 基于 XML 和本体的异构信息集成研究

【论文作者】 粟湘

【指导老师】 郑建明

【学位授予单位】 南京大学

【内容提要】 本论文通过对本体的基本理论和关键技术的研究,提出了基于 XML Schema 和本体的信息集成模型(XIIOM),重点研究 XIIOM 模型的三大核心模块。文章论述了 XIIOM 的核心组成部分和处理思想,研究了 XIIOM 模型的模式映射模块,提出查询结果的局部模式与 XML Schema 公共数据模式,和 XQuery 全局语言和子查询语言进行模式转换的映射规则。在物流企业本体建模的实证研究中,以物流行业标准术语、供应链管理参考模型为基础,采用 protege2000 作为本体构建工具,借鉴混合本体架构思想,建立了物流企业本体的顶级概念模型和物流活动的本体实例。文章论述了基于本体推理的全局查询式扩展方法,使用 XQuery 表示全局查询语言。在构建的客户管理和配送管理本体实例基础上,实践了 XIIOM 模型中的语义查询处理。根据本体推理结果分解句子为子查询,再将各子查询转化为针对各局部数据源能直接执行的查询语句,最后将查询结果用 XML 文档的格式返回。

【中文题名】 高校图书馆电子期刊管理体系研究

【论文作者】 赵乃瑄

【指导老师】 叶继元

【学位授予单位】 南京大学

【内容提要】 本论文利用价值链理论、知识管理理论、自组织理论、业务流程再造理论等管理科学相关理论,结合国内外高校图书馆的建设现状,分析电子期刊过程管理的特点,提出构建电子期刊管理体系,并构建了电子期刊管理体系的链状循环模型,阐述了电子期刊管理体系的各个组成环节,包括电子期刊的采集方案、资源组织、用户服务模式、评价。文章提炼了电子期刊管理的相关模式,包括电子期刊价格模式、整合模式、用户服务模式等,提出了一些管理方法,如电子期刊采集方式、电子期刊评价指标体系等,研究了电子期刊管理体系的组织结构实现和系统实现,最后以江苏省高校图书馆电子期刊建设为例,初步构建了江苏省高校图书馆电子期刊管理体系平台。关于电子期刊管理体系的基本架构,包括电子期刊管理体系的基本问题、构建原则、构架模型等内容。关于电子期刊的资源组织包括电子期刊的编目、电子期刊的资源整合、电子期刊的持久保存。关于电子期刊的用户服务,包括集成信息服务模式、智能式主动服务模式、个性化服务模式、基于电子期刊特点的用户教育。关于电子期刊评价,包括电子期刊评价与印刷期刊评价的比较、相关电子期刊评价典型案例。关于电子期刊管理体系的实现,包括组织结构实现和系统实现,在此分析了电子期刊管理工作流的变化特点、电子期刊管理的扁平化组织结构设计、图书馆自行创建的电子期刊管理系统。案例研究部分介绍了江苏省高校图书馆电子期刊建设现状,提出江苏省高校图书馆电子期刊管理体系平台构建的依据、体系框架、平台应用系统构建、平台管理和运行机制。

【中文题名】 企业危机信息预警机制研究

【论文作者】 郑德俊

【指导老师】 叶继元

【学位授予单位】 南京大学

【内容提要】 本论文以企业危机信息预警机制为研究对象,分析企业危机预警中信息管理过程及相关影响因素,阐述了危机信息预警能力的综合评价指标体系,主要内容包括企业危机信息预警中的基本问题分析、企业危机信息的收集与监测、企业危机信息的分析与预测、企业危机信息预警机制综合框架、企业危机信息预警能力测度。文章探讨了危机信息预警的两个主要过程,讨论了危机发生的影响因素、企业危机信息收集的途径、收集方法及技术,阐述了几种危机信息分析方法、危机信息预警指标及危机预测模型,借助于相关调查和案例揭示危机信息预警的具体方案和步骤。文章研究危机预警信息系统与企业其他管理信息系统的关系、预警信息系统的概念框架，各个子系统的功能及模块构成，分析了企业危机预警过程中偏差产生的原因及偏差防范对策。关于企业危机信息预警能力的评价，包括企业危机信息预警能力测度的基本构成要素与评价原则、评价方法的选择、基于模糊层次法的危机信息预警能力评价模型、企业危机信息预警能力评价指标体系构建的基本原则、评价指标的筛选与确立、评价指标的权重实证，提出企业领导的危机意识、信息预警人员的素质、信息分析与预测的技术水平等重要指标及信息预警在企业中的战略地位、信息预警制度的健全程度、信息预警的投入、信息报告被决策层关注的程度、企业与外界的联系及友好关系等其他指标。文章认为，企业危机信息预警机制是组织结构、技术系统、偏差控制的综合协调机制。

武汉大学 2006 年博士学位论文摘要

【中文题名】 中国高等教育出版产业研究

【论文作者】 邓香莲

【指导老师】 方卿

【学位授予单位】 武汉大学

【内容提要】 本论文以我国的高等教育出版产业为研究对象，研究内容覆盖我国高等教育出版产业研究的现状、体制演变过程中的中国高等教育出版产业、高等教育大众化背景下的中国高等教育出版产业、新技术条件下的中国高等教育出版产业以及全球化趋势下的中国高等教育出版产业。论文指出目前我国高等教育出版产业研究内容体系不平衡，教育领域和出版领域之间就高校教材质量问题的交流和互动不够，理论研究滞后于实践的发展。论文就高校教材的双重属性即文化属性与商品属性进行了分析，总结了体制演变过程中我国高等教育出版产业取得的成就，探讨了非国有书业在高等教育出版产业中的地位和作用、高校教材营销中的寻租行为及其治理等问题。论文分析了高等教育大众化对我国高等教育出版产业的影响，研究了高等教育大众化背景下的高校教材建设与评估问题，包括高校教材生产的质量管理、高校教材建设与高校教材评估。论文研究了出版技术与教育技术对出版产业的影响、对高等教育出版企业的影响、对高等教育出版物内容和品种的影响，论述了我国高等教育出版企业的信息化建设问题。论文论述了全球化趋势下的文化传播，提出出版产业走向全球化应坚持的原则以及我国高等教育出版产业走向全球化的途径，涉及内容包括版权贸易、图书贸易和合作出版。

【中文题名】 图书馆战略联盟的模式与机制研究

【论文作者】 付先华

【指导老师】 彭斐章

【学位授予单位】 武汉大学

【内容提要】 本论文研究图书馆战略联盟发展的基础平台，重点研究了图书馆战略联盟的运行机制与运行模式，阐述了图书馆战略联盟的经济效应和社会意义，图书馆战略联盟的功能与意义，论述了图书馆战略联盟的管理内容与评价方法，提出了图书馆战略联盟的发展思路。文章首先介绍了国内外图书馆战略联盟实践的进程与研究现状、图书馆战略联盟的概念与特征。文章指出组建图书馆战略联盟的优势在于通过联盟和协作增强图书馆的服务能力，节约资金，提高图书馆的整体效益，降低风险等方面。文章分析了图书馆战略联盟产生的宏观背景和微观动因。关于图书馆战略联盟的基础平台，研究内容包括思想基础、组织基础、经济基础和实践基础，阐述了组织文化发展平台、经济学发展平台、资源共享发展平台和系统管理发展平台对图书馆联盟的影响和作用。关于图书馆战略联盟的组织模式，分别研究了从合作形式和合作程度划分出松散型、紧密型、跨州型、州内型，从合作项目和合作内容划分出电子资源协同采购系统、联合编目系统和读者服务系统、技术联盟系统等不同模式。关于图书馆战略联盟的运行机制与模式,内容包括组织保障机制、政策保障机制、利益驱动机制、公平竞争机制、协调发展机制、技术推动机制、需求拉动机制、虚拟服务机制、安全控制机制、代理服务器访问机制及治理机制。关于图书馆战略联盟的管理与绩效评价,内容包括组织机构的管理、资源的管理、知识管理和效用管理。文章最后分析了网络环境下图书馆战略联盟的发展趋势。

【中文题名】 出版者权研究

【论文作者】 高俊宽

【指导老师】 陈传夫

【学位授予单位】 武汉大学

【内容提要】 本论文以著作权法为依据,从邻接权的角度对出版者权进行研究,论述了出版者权研究的背景。在概述部分分析了出版、出版者和出版者权的概念,区分了出版者权与出版权的不同。关于出版者权的主体,论述了图书出版社、期刊社和报社、音像出版社和电子出版物出版社等。关于出版者权的客体,论述了图书的版式设计、装帧设计,以及电子图书和数据库。关于出版者权的取得,论述了图书出版合同的内容性质、常见问题。关于出版者权的内容,论述了专有出版权、版式设计权和修改权,并探讨了信息网络传播

权和数据库的特殊权利保护。关于出版者权的保护,论述了法律、行政法规、司法解释、部门规章及技术保护等内容。关于出版者权的发展趋势,论述了出版者权呈现主体范围不断扩大、客体类型和权利内容日益丰富、保护力度逐步加强的发展趋势。

【中文题名】 公共决策咨询研究

【论文作者】 黄力

【指导老师】 詹德优

【学位授予单位】 武汉大学

【内容提要】 本论文围绕公共决策相关理论与实践论述了中外公共决策咨询发展历史与现实,探讨了我国公共决策咨询发展的方向。文章分析了信息时代公共决策面临的问题,指出公共决策咨询活动的重要作用,归纳和总结了国内外公共决策咨询问题研究的现状和存在问题。文章讨论了关于公共决策咨询的一些基本概念和基本理论问题,分析了公共决策和公共决策咨询的特征与功能。关于公共决策咨询制度的演进历史,选取夏商周、春秋战国、秦汉、唐代、清代等几个我国历史上幕僚制度较有特色的时期,介绍了我国历史上决策咨询制度发展演化的过程。文章分析了西方发达国家公共决策咨询制度的萌生、始创和发展完善3个阶段,介绍了新中国公共决策咨询制度的

发展历程。文章研究了公共决策咨询的理论基础、方法和程序,内容涉及"老三论"、"新三论"、现代决策理论、公共选择理论和信息不对称理论等内容。关于公共决策咨询系统与公共决策咨询机构,内容包括东北亚式、东盟式、美国式和欧洲式等不同的模式,并介绍了思想库的定义、功能、类型和运行机制。文章还研究了公共决策咨询的信息保障与信息沟通,对中外公共决策咨询进行了比较分析,最后对我国公共决策咨询的发展存在的问题、发展思路进行了研究。

【中文题名】 中国出版产业竞争力评价问题研究

【论文作者】 廖建军

【指导老师】 罗紫初

【学位授予单位】 武汉大学

【内容提要】 本论文从产业竞争力的基本定义出发,揭示了出版产业竞争力概念的内涵、外延、性质及表现形式,根据出版产业竞争力的形成机理构建其分析评价模式,从影响出版产业竞争力的关键要素剖析了出版产业竞争力的综合评价指标体系,对中国出版产业现实竞争力予以初步评价,最后对出版产业发展战略提出建议。影响出版产业竞争力的关键要素包括出版资源、市场需求及政府管理3个方面。关于竞争力评价的内容包括产业竞争力评价的方法、模型,提出了

出版产业竞争力评价的模型是分层立体评价模型。文章研究了竞争力评价指标体系的构建原则与方法,剖析了出版产业竞争力评价指标体系的分层结构及具体指标。关于我国出版产业竞争力评价包括总体状况、市场结构、竞争活力、竞争能力、竞争实力、核心竞争力、基础竞争力、环境竞争力等内容。文章根据对中国出版产业竞争力现实状况的初步分析,对中国出版产业发展战略提出自己的意见。

【中文题名】 中国书业物流发展研究

【论文作者】 刘灿娇

【指导老师】 黄凯卿

【学位授予单位】 武汉大学

【内容提要】 本论文对书业物流的基本概念进行了界定和梳理,对国内外书业物流的发展进行了比较,以书业物流信息化与标准化为重点阐述了现代书业物流建设,针对不同的书业主体,提出了个性化的物流发展方案,针对我国书业物流存在的突出问题,提出了相应的宏观发展对策。文章介绍了美国、日本、欧洲等国家和地区书业物流的发展状况,总结了国外书业物流发展的特点及对我国的启示。在信息化和标准化的实施方面,文章介绍了信息处理技术和自动拣选技术在书业的应用,介绍了书业企业物流信息系统的构建,选

取江西省新华书店物流信息系统为案例进行分析,提出了实施书业物流标准化的建议。不同书业主体的物流发展方案涉及大型书业集团、连锁书店、中小书业企业、网上书店等内容。最后制定了书业物流发展的总体规划,提出实现书业物流总体规划的措施。

【中文题名】 信息控制与获取的法律平衡机制研究

【论文作者】 刘青

【指导老师】 陈传夫

【学位授予单位】 武汉大学

【内容提要】 本论文采用了法学与经济学交叉的方法、国内法与国际法相结合的方法、法理分析与案例分析相结合的方法,对信息领域的利益平衡问题进行研究。文章首先概述了信息、信息权利与信息法的发展,分析了信息控制与获取的失衡现象及其影响,认为信息控制与获取问题是信息法的核心问题。在平衡信息控制与获取的理论基础方面,论述了基于权利模型的信息法体系框架。文章以知识产权为例分析信息控制与获取的失衡现象,主要从复制技术的发展、技术措施的版权保护、自由软件运动、生物技术的专利保护等方面来分析其影响。关于平衡信息控制与获取的权利基础,文章认为信息获取权相关法律的缺失是整个信息法的缺憾。文章从信息权利与合同自由的

平衡、信息财产权与信息获取权的平衡、信息财产权与信息隐私权的平衡、信息隐私权与信息获取权的平衡等几个方面探讨了信息控制与获取的法律平衡体系框架。文章论述了信息控制与获取的法律平衡机制的构建目标,包括静态目标和动态目标,构建原则包括正义价值原则、效益价值原则、公共利益原则和国家利益原则。平衡机制的具体构建涉及到信息生产领域的利益平衡机制、信息流通领域的利益平衡机制、信息服务领域的利益平衡机制和信息安全领域的利益平衡机制。最后提出信息法的未来——信息控制与获取的平衡是信息社会永恒的主题。

【中文题名】 中国出版业制度创新研究

【论文作者】 万胜

【指导老师】 罗紫初

【学位授予单位】 武汉大学

【内容提要】 本论文研究我国出版业制度创新的内涵和原理,包括一般制度创新的动力和原因,不同创新主体的目标利益、制度创新的方式和成本结构。文章首先研究了我国出版业的制度及制度特征、制度类型,影响出版业制度创新的文化传统,出版业制度创新的主体分析、方式选择和成本构成问题。文章选取海南社改制实践来分析体制改革中的制度创新,分析了改制前的基本

情况,介绍了改革总体思路和措施,分析了改革过程中的问题与调整,总结与反思了体制改革的经验。文章分析了出版业制度创新与改制实践冲突的根源,包括制度创新主体间成本—收益关系不明,出版业现行体制的制度均衡与非均衡,对出版市场与市场制度的不同认识等问题。最后是关于转型期出版业制度创新的现实考量,包括尊重制度创新主体,培育创新内在动力,以竞争机制遏制出版业机会主义行为,以出版业人力资本培育多元化产权雏形,政府宏观出版管理体制改革是一切的关键。提出的具体措施有:以人为本,搭建平等公正市场平台;行业自律,从政府推进到行业自主;先难后易,从观念更新到制度创新;保持对出版内容与总量的宏观控制,营造法制制度环境,维护公平竞争,实现宏观文化战略,提供公益性文化服务,以经济和行政手段调节市场失灵等。

【中文题名】 版权公共利益研究

【论文作者】 韦景竹

【指导老师】 陈传夫

【学位授予单位】 武汉大学

【内容提要】 本论文主要内容包括公共利益与版权公共利益的界定,版权公共利益的基础,版权制度变革对公共利益的影响,我国版权法中公共利益的评价及立法建议,我国版权司法过程中对公共利益的维护,维护版权公共利益的成本与收益分析。第一章论述版权制度中的利益格局和公共利益,总结了版权利益格局中作品创作者、传播者和使用者之间利益关系的特点,认为版权公共利益包括科学文化事业的有序繁荣发展,思想、信息的自由流动,社会公众基本的民主、文化权利在版权法中的体现,社会公德伦理,弱势群体的利益。第二章论述了版权公共利益的理论基础、法律基础和经济社会基础。认为在版权法定的原则下,公共利益有存在和实现的必然性和可行性。第三章论述了信息网络技术的发展导致的版权扩张对公共利益的影响。第四章考察了我国著作权法对公共利益的维护机制、不足及在立法中如何维护公共利益的建议。建议在我国著作权法立法过程中实行立法听证制度,建立通畅的公共利益表达机制。第五章从法官的公共利益意识、我国司法实践、版权侵权诉讼、宪法诉讼等方面论述公共利益的维护情况。第六章阐述了维护公共利益的成本,包括立法听证成本、立法寻租成本、立法实施成本、立法机会成本等。最后分析了维护版权公共利益的收益,强调维护版权公共利益带来的经济效益、社会效益和伦理效益。

【中文题名】 信息保障及其评价指标应用基础研究

【论文作者】 肖英

【指导老师】 刘家真

【学位授予单位】 武汉大学

【内容提要】 本论文在研究国内外信息安全领域相关文献和实践的基础上,针对信息安全风险,提出建立信息保障体系的三大要素——战略、管理和技术。以三大要素为切入点,勾勒出信息保障体系的整体框架,通过顶层设计,提出了一套动静结合的信息保障评价指标体系,并结合理论、实践初步对该指标体系的应用进行了说明。文章分析了信息保障风险的内在形成机制和外传表现形式,阐明了信息保障体系的特点及其意义,提出战略体系、管理体系和技术体系3个组成部分。关于信息保障评价指标体系的基本概念,包括评价对象、评价目标、评价指标,阐述了信息保障评价指标体系的顶层设计的基本框架、概念模型、逻辑模型和物理模型,勾画出"一个核心,两个维度,三个要素,三个阶段"的信息保障评价指标体系逻辑框图。最后以信息保障评价指标体系的应用为主线,附以案例,介绍了该套指标体系应用的几个重点步骤,即首先确定边界,然后针对面临的风险进行需求的定性定量分析,通过统一的指标数据采集、整理,选取适宜的计算方法,最终获得科学的、合理的、全面的、量化的评价结果,为决策提供依据。

【中文题名】 大学知识产权协调管理研究

【论文作者】 曾明

【指导老师】 陈传夫

【学位授予单位】 武汉大学

【内容提要】 本论文的主要内容包括大学知识产权协调管理的目标、原则、理论基础、国外经验、国内现存问题及其原因、效率问题和理论应用。文章认为大学知识产权协调管理的目标是实现版权与专利协调发展、大学自主依据与企业合作协调发展、申请专利与成果转化协调发展、大学科技创新与经济社会协调发展。大学知识产权协调管理要遵循的原则是促进导致创新、遵守知识产权法规、调动科研人员积极性。大学科技成果取得的公益性、知识产权的附属性及大学功能的实现为大学知识产权协调管理奠定了理论基础。大学知识产权协调管理必须贯穿于科技管理的全过程,大学科技管理包括项目申报和立项、评审和成果报奖、成果转化 3 个阶段,管理内容包括防止重复研究、保护各阶段成果、保持资料的完整性、资助专利申报、明确专利归属、促进成果转化、协助查处各种知识产权侵权行为、鼓励科技创新等方面。文章论述了我国大学知识产权管理的范围,具体包括专利管理、著作权管理、商标管理、商业秘密。论文分析了我国大学知识产权管理存在的不协调现象,包括版权多、专利少,知识产权成果数量多、转移数量少,知识产权流失严重,大学自主研究多,与企业合作少。文章分析了这些协调现象存在的原因,包括意识与观念问题,对知识产权制度,特别是对专利制度不了解,科研工作重学术、轻专利的评价体系和考核机制,缺少知识产权专用经费和专利资助基金。文章研究了提高大学知识产权管理的效率,包括保护成本、管理成本、协同效率、人力资源协调、管理方案优化、管理过程控制、效果评价、反馈信息等方面。文章最后提出增强大学知识产权保护与管理意识,建立健全的大学知识产权管理体系,设立专利专项基金,加强人员流动中的知识产权管理,防止权益流失,全面推进大学知识产权转移等措施。

【中文题名】 电子政府战略对应模型及应用研究

【论文作者】 张节

【指导老师】 刘家真

【学位授予单位】 武汉大学

【内容提要】 本论文剖析了传统政府面临的危机,介绍了电子政府产生的背景,分析了传统政府与电子政府的主要差异,对电子政府的本质和电子政府战略进行了阐述,认为传统政府必须借助于信息技术进行政府再造,以实现政府向更有责任的、更高效的和更有能力的电子政府的转变。文章对信息技术在电子政府中的角色进行了定位,认为信息技术的角色已经由内部的支持功能转向外部的战略功能。本文用分类的方法把电子政府中的关键障碍归并为政府战略、组织基础设施、信息技术、信息技术基础设施四类。文章以战略对应思想为基础,结合政府相关理论,构建了一个电子政府的战略对应模型。文章阐述了电子政府发展中的 12 个实现途径,包括战略驱动的战略对应实现途径、基础设施驱动的战略对应实现途径、战略对应途径的聚合、战略对应途径的循环、电子政府战略对应实现途径的 AHP 决策框架等。文章采用层次分析法来简化电子政府战略对应途径的决策过程。文章还结合美国、中国、加拿大三国电子政府建设途径进行案例分析。最后研究电子政府战略对应的实现和保持,分析了电子政府战略对应的促进要素和抑制要素,阐明了电子政府战略对应的实现步骤,提出了信息技术治理的目标、范围、步骤与框架,并对信息技术治理框架的 COBIT 的最新版本进行了介绍。

【中文题名】 合作数字参考咨询服务研究

【论文作者】 张喜年

【指导老师】 詹德优

【学位授予单位】 武汉大学

【内容提要】 本论文主要

研究合作数字参考咨询服务的系统、模式、管理、标准化与规范化、平台建设、未来发展思考等内容。文章以参考咨询的发展历程为起点，提出参考咨询范围从传统服务模式发展为数字化服务模式、从单馆服务模式发展为合作模式背后的动因。介绍了国内外代表性的合作数字参考咨询范围系统，包括 QuestionPoint、VRD、AskNow、CSDL、网上联合知识导航站等。分别从服务模式、合作模式、建设模式、运营模式来介绍了合作数字参考咨询服务的现状。合作数字参考咨询服务的管理主要涉及管理原则、成员机构管理、咨询人员的管理与配备、服务流程管理、组织机构与协调管理、服务质量管理等方面。文章认为需要在详细分析合作数字参考咨询服务质量的构成因素的基础上提出合理的服务质量管理规划，在借鉴主要合作数字参考咨询服务系统的服务质量评价方案的基础上建立适合自身发展的合作数字参考咨询服务评价体系。文章构建了一个由通用基础标准、业务操作规范、业务应用标准 3 个层面组成的标准化规范化体系。关于平台建设的内容从技术、业务、应用三个层面进行论述，选择"联合参考咨询网"进行了实证研究，指出其系统结构、系统功能及其使用情况，分析其优势与不足，并提供若干建议。最后提出加强宏观调控、建立合作咨询知识库、创立

知识地图、解决好知识产权问题和用户隐私问题等策略。

【中文题名】 信息安全风险管理与评估研究
【论文作者】 陈亮
【指导老师】 马费成
【学位授予单位】 武汉大学
【内容提要】 本论文主要研究信息安全的内涵、信息安全风险的生成机理、信息安全风险评估标准和评估方法。文章分析了我国信息安全的现状，回顾了信息安全的历史发展，阐述了信息安全的哲学思考。文章对国际信息安全风险管理经验进行了综述，包括美国、英国、经合组织、世界银行等国家和国际组织，分析了信息安全风险的概念模型与风险源，指出信息安全分析生成是由内外两方面原因导致，认为信息安全风险管理包括对象确立、风险评估、风险控制、审核批准、监控与审查、沟通与咨询 6 个方面的内容。根据信息系统的生命周期特征，文章提出基于信息系统的生命周期的风险管理理论，阐明了信息安全风险管理、信息系统生命周期和信息安全目标三者之间的关系。关于评估标准的研究涉及国际上最通用的几种信息安全风险评估标准，指出这些标准的特点、适用范围及不足，并结合我国信息化实践的具体问题，提出在建立信息安全评估标准中所需要考虑的因素。关

于评估方法的研究涉及信息安全风险评估的基本原理与风险评估因素论，提出信息安全风险评估的流程——分为评估准备阶段、资产评估、威胁评估、脆弱性评估、安全措施的确认以及安全风险的识别。文章给出了信息安全风险的计算模型和详细的计算方法，提出了信息安全高校评估的辅助计算指标和信息安全预算方法，总结归纳了信息系统生命周期各阶段实施风险评估的具体方法、手段和注意事项。关于评估工具的研究对不同类型的信息安全风险评估工具进行了分类、对比，提出一套信息安全风险评估工具的设计方案，总结了风险评估工具的研究发展方向。

【中文题名】 基于电子政务的政府信息流程重组研究
【论文作者】 陈氢
【指导老师】 娄策群
【学位授予单位】 武汉大学
【内容提要】 本论文遵循从一般理论到具体方法的逻辑顺序，在相关研究综述的基础上，按照政府信息流程内涵、政府信息流程重组内涵、政府信息流程重组原则、政府信息流程重组方法、政府信息流程重组应用的思路展开论述。基于对政府信息流程内涵的理解，总结了几种基于电子政务的政府信息流程重组模型，即网络模型、层次模型、对象模型、生

态模型。基于电子政务的政府信息流程重组的原则包括以公众为中心的原则、并联整合的原则、信息整合的原则、渐进性原则。基于电子政务的政府信息流程重组的方法涉及信息流程的识别和描述、信息流程的分析与诊断、信息流程的重新设计等内容,包括次序改变、简化、整合、自动化等方法。基于电子政务的政府信息流程重组的应用包括几种应用模式,包括基于电子政务的政府信息流程重组、基于事务的政府信息流程重组、基于公众类型的政府信息流程重组。文章选取加拿大"政府在线工程"和北京市工商局"企业登记互联审批"为例探讨了基于电子政务的政府信息流程重组的方法及其应用。

【中文题名】 中国电子政务的知识管理模式研究
【论文作者】 党锋
【指导老师】 张玉峰
【学位授予单位】 武汉大学
【内容提要】 本论文从中国电子政务的知识管理选择入手,在分析国内外电子政务知识管理现状的基础上,以中国电子政务知识管理的基础理论为指导,提出了中国电子政务知识管理的层次模式,并分别论述了各层次上实施知识管理的具体目标、内容和方法,分析了保障电子政务层次知识管理模式实施的三种主要运行机

制,以国内外政府实施知识管理的实践案例进一步指出中国电子政务实施知识管理层次模式的必然,提出了一些保障中国电子政务实施知识管理层次模式的建议。文章指出中国电子政务知识管理的实施应该在个人、部门(行业)、政府内部和政府外部 4 个层次逐级展开。个人知识管理是实施知识管理的基础,部门(行业)知识管理是电子政务知识管理的重点,政府内部知识的整合促进政府内部知识交流和共享的畅通、构建政府知识网络,政府外部知识的整合使政府不断学习、逐渐成为学习型政府。保障电子政务知识管理层次模式实施的运行机制包括控制机制、社会机制、反馈学习机制。控制机制包括整体的视角和个体的视角两个角度。整体控制包括电子政务的知识管理绩效评估、电子政务绩效评估和电子政务法律环境建设。个体控制是对政务系统的控制。影响中国电子政务知识管理层次模式运行的社会因素包括中国传统文化、现代科学技术、社会可持续发展和国际竞争力。文章还对加拿大、新加坡、英国和我国青岛电子政务实施知识管理的情况进行了比较分析。

【中文题名】 面向国家创新的知识信息网络构建与服务组织研究
【论文作者】 谷斌
【指导老师】 胡昌平

【学位授予单位】 武汉大学
【内容提要】 本论文根据系统论的观点,从分析国家创新体系的理论与应用进展出发,分析国家创新的信息需求,在此基础上论述知识网络的构建、现代信息技术在信息资源管理与信息服务利用的应用、国家知识创新的数据基础以及面向国家创新的信息服务的评价。关于构建创新体系,包括国家创新体系的构成、创新模式的转变、世界主要国家的国家创新体系及其信息保障等内容。关于国家创新体系的知识信息网络建设,包括面向国家创新体系的隐性知识网络、显性知识网络、显性知识与隐性知识转换网络等内容。关于面向国家创新信息管理与服务的技术支撑,包括信息技术结构、发展趋势、信息资源管理技术、信息服务技术、信息管理与服务技术的集成等内容。其中面向国家创新信息管理和服务技术的发展趋势包括数字化趋势、网络化趋势、宽带化趋势、全球化趋势。面向国家创新的信息资源管理技术包括数字化技术、信息存储技术、信息组织技术、信息检索技术、信息传输技术、信息网络技术、信息安全技术。文章还研究了国家知识创新的信息服务数据的标准化问题,包括信息服务数据的标准、信息服务平台的共享标准和存贮标准。面向国家创新的信息服务业务组织包括学科信

息门户建设、集成信息服务等内容。最后阐述了面向国家创新的信息服务评价的原则、方法及效益评价。

【中文题名】 基于证券产业价值链的信息资源规划研究
【论文作者】 胡翠华
【指导老师】 马费成
【学位授予单位】 武汉大学
【内容提要】 本论文从产业价值链和信息管理学的角度来分析证券信息的生产与需求、证券产业价值链及其信息分布、证券产业价值链中的信息资源规划问题,并以证券服务产业价值链中的移动证券为例来分析移动证券产业价值链及其信息资源规划实现,从证券市场政策法规的角度来分析证券信息资源开发与利用的政策环境、法律保障。文章分析了证券发行人、证券投资者、证券中介机构、自律性组织、证券监管机构等证券市场主体的信息需求。关于证券产业价值链的内容包括基本内涵、构造原则信息分布与流动规律。证券产业价值链中信息资源规划内容包括证券信息产品或服务的构想、业务流程设计、证券信息产品或服务的开发及其市场营销、协同管理等方面。在案例分析部分,移动证券的业务流程分析涉及 SMS、WAP、JAVA、IVR 炒股业务流程。关于证券信息资源开发与利用的政策保障,文章分析了证券市场政策

法规体系框架、证券交易信息的产权归属及实施建议、公益信息合理收费与规范竞争问题、投资者利益保护问题、产品开发过程中的标准规范问题及执法力度问题。文章还分析了 34 号文对证券信息资源开发与利用政策制定的重大影响。

【中文题名】 基于个性化需求的学科信息门户构建与服务研究
【论文作者】 黄晓梅
【指导老师】 胡昌平
【学位授予单位】 武汉大学
【内容提要】 本论文研究网络环境下学科信息门户的信息需求以及基于个性化需求的学科信息门户构建与服务理论框架与实践指导方案。第一章研究学科信息用户的构成、学科信息用户的需求类型、内容及其需求特点,探讨了学科信息门户的概念、性质、特点及产生与发展情况。第二章研究学科信息门户形态的演变、学科信息门户信息需求的个性化发展及基于个性化需求的学科信息门户构建目标、原则、规范和技术。文章认为学科信息门户形态从单纯提供网络信息资源导航功能的学科导航工具发展到基于开放数字信息服务机制的信息服务系统,其服务模式从分散分布式的以资源为中心模式发展到集中集成式的以用户为中心的服务模式。第三章研究面向用户信息资源整合的

理论与方法、基于个性化服务的门户资源整合与组织、跨门户资源共享与整合中的互操作机制。其中跨门户资源共享与整合中的互操作机制包括学科信息门户互操作标准与协议、实现途径与方法等内容。第四章研究学科信息门户个性化服务组织与功能集成,具体内容是包含信息浏览和信息检索学科信息门户的基本服务,包含用户定制服务、用户推荐服务、用户社区服务、参考咨询服务的个性化服务功能研究,包含集成机制、集成模型、集成服务业务组织等内容的学科信息门户服务集成研究。第五章研究以需求为导向的学科信息门户服务评价,内容有以需求为导向的信息服务评价机制、基于个性化需求的学科信息门户服务评价体系。评价机制包括信息服务质量的影响因素、信息用户满意度的影响因素等内容,评价体系包括评价指标体系的构建原则、指标设计、评价方法与技术、评价活动的组织与实施等内容。文章还列举了 SOSIG、CSDL 学科信息门户及 CALIS 重点学科网络资源导航库为实例进行了研究与评价。

【中文题名】 基于认知理论的语义检索研究
【论文作者】 李敏
【指导老师】 张玉峰
【学位授予单位】 武汉大学
【内容提要】 本论文以认

知理论为基础，将认知的多维性引入到语义检索的研究中分别从认知行为维度、认知内容维度、认知环境维度探讨语义检索中的认知辅助，并以认知模型、ontology、情境作为各认知维度在语义检索应用中的具体代表，以此作为构建基于认知维度的语义检索模型的基础，并进行对各语义检索模型的差异性比较研究，分析了各认知维度之间的关系。通过对一个基于多认知维度协作的语义检索实例——VICODI 语义检索系统的分析，探讨了基于认知的语义检索研究的发展策略和未来发展前景。第一部分的具体内容包括面向内容检索方法的比较，包括分类检索、主题词检索、概念检索、智能检索和认知检索，分析了信息环境对语义的影响，探讨了语义检索的关联性、整体性和个性化等特点。第二部分的内容包括认知科学与信息科学之间的关系，提出认知研究是语义检索研究的切入点，语义检索过程本身就是一个认知过程。第三部分的内容包括用户认知行为的影响因素和特征，列举了基于行为层次、认知风格、认知协作、认知动态等认知模型，介绍了 ontology 的起源、定义、分类、描述语言和构建，探讨 ontology 在语义检索中的应用。第四部分介绍、分析和比较基于各认知维度的语义检索模型，介绍认知 Agent 的构成、功能，分析基于 Agent 协作的语义检索模型。

第五部分是语义检索实例研究，介绍了 VICODI 语义检索系统的框架、各构件概念、检索过程等，认为认知环境维度上的情境在语义检索中的应用是必然趋势，且情境在各认知维度中占据主导地位。

【中文题名】 我国三大门户网站的战略研究：基于互联网信息服务产业背景
【论文作者】 刘辉
【指导老师】 马费成
【学位授予单位】 武汉大学
【内容提要】 本论文基于现代企业战略管理理论研究我国著名三大门户网站，即搜狐、新浪、网易的战略管理实践。主要内容包括互联网信息服务与门户网站的战略背景、三大门户网站成长路径的战略性回顾、三大门户网站战略环境分析、三大门户网站战略与战略分析、三大门户网站业务战略、三大门户网站未来战略展望。文章介绍了互联网信息服务产业模式及全球主要门户网站研究的情况，分析了三大门户网站的样本意义及其纳斯达克之路。关于战略环境包括环境构成要素、我国网络信息资源要素分布、我国网络信息用户要素分布特征等内容，并运用波特五种力量分析模型来分析行业外部环境，认为在战略环境构成要素中，信息资源和信息用户是最重要的。关于三大门户网站的战略包括总体战略、

业务战略、不同发展阶段的战略选择等内容。在此用 SPACE 矩阵评价三大门户网站的战略，用波士顿矩阵分析研究三家公司如何进行战略业务组合或战略投资组合，指出网上短信业务可能是"金牛"产品，博客极有可能成为明日之星。关于业务战略主要研究营利模式和寡头竞争，分析了网络信息服务效应与效用、三大门户网站营利模式的创新、门户网站寡头竞争均衡的形成等内容。文章认为在门户网站领域，越来越多的各种合作行为开始出现，年轻的互联网企业将更多地表现市场经济的理性，从竞争走向竞合。

【中文题名】 基于查询翻译的跨语言信息检索研究
【论文作者】 刘伟成
【指导老师】 焦玉英
【学位授予单位】 武汉大学
【内容提要】 本论文研究跨语言信息检索的基本原理和模式，以基于查询翻译的跨语言信息检索为研究对象，分析查询翻译前的文字信息预处理、查询翻译中的语言歧义问题。提出了跨语言本体的概念，跨语言本体的构建及其在查询翻译消歧中的应用，以典型案例对基于查询翻译的跨语言信息检索的几种主要模式进行了对比，为跨语言信息检索的进一步研究提供了现实依据。文章阐述了跨语言信息检

索的类型、应用领域,分析了跨语言信息检索与机器翻译的联系与区别。论文归纳出五种主要模型,包括布尔模型、向量空间模型、概率模型、统计语言模型、本体模型。文章以汉语、英语为例分析文本信息预处理的方法、成果及其在跨语言信息检索中的应用。关于语言歧义问题总结了 4 个问题,包括语言的歧义性、未登录词、短语的识别与翻译、翻译资源中的错误,并提出几种解决办法,包括基于词性标注的词义消歧、基于主题词表的词义消歧、虚拟语境消除目标查询的多义性、基于互信息的词义消歧,基于浅层句法分析的短语识别、基于查询扩展的词义消歧、基于语料库的词义消歧、专有名词的音译、基于机读词典的词义消歧。关于跨语言本体的构建,阐述了本体在查询翻译消歧中的应用,以 CCD(中文概念词典)等为例研究了跨语言本体的构建方法。最后研究了跨语言信息检索系统的评价,包括评价模型、效率评价指标、现有测试平台运行状况、跨语言信息检索测试集等内容。

【中文题名】 音频信息可视化研究

【论文作者】 刘玮

【指导老师】 周宁

【学位授予单位】 武汉大学

【内容提要】 本论文针对语音和音乐这两个方面的音频信息,分析其可视化描述的理论与方法,总结并比较了现有的音频信息可视化研究成果,构筑了音频信息可视化应用模型,探讨了这个应用模型在信息检索领域的应用,并用实例验证了音频信息可视化方法的应用。第一章研究信息可视化的基本问题,阐述了音频信息可视化的目的和意义。第二章研究语音信息可视化组织与检索,包括汉语语音、语音识别、语音信息可视化、基于分类的语音信息可视化、基于关键词的语音信息可视化、语音信息可视化与其他信息可视化的不同等内容。第三章研究音乐信息可视化的组织与检索,包括基于旋律的音频检索(检索提问)、基于旋律的音乐检索(旋律特征抽取与表示、匹配算法)、音乐文件个体可视化、音乐文件集合可视化。第四章研究音频信息可视化应用模型,包括应用模型的需求分析、设计原则、语音可视化框架分析、音乐可视化框架分析。在实例部分研究了基于乐谱的音乐旋律可视化、基于音乐集合内容的可视化、语音信息可视化。把音乐信息可视化划分为 3 个层次,基于频谱的音乐可视化、基于乐谱的音乐可视化、基于元数据的音乐集合可视化。文章还探讨了语音信息可视化的中介选择问题、音乐信息可视化中的特征选择问题、音频信息的可听化问题。

【中文题名】 我国学术期刊的宏观评价研究

【论文作者】 刘霞

【指导老师】 邱均平

【学位授予单位】 武汉大学

【内容提要】 本论文通过广泛调查和统计,搜集我国学术期刊的基础数据,揭示我国学术期刊在数量规模、结构分布和质量水平的现状,运用相关的统计学、科学计量学和文献计量学的理论和方法将中国学术期刊置于历史发展中和世界舞台上对其数量、结构和质量这三项指标进行纵向和横向对比,找出中国学术期刊的差距和弱点,并提出了相应对策。第一章阐述了期刊评价的起源与发展,分析了期刊评价的主体和类型,介绍了国内重要期刊评价活动。第二章对我国学术期刊的数量规模和结构分布进行评价,介绍了科学团体的科学活动和科学生产率的分布规律,分析了科学生产率的影响因素。等三章通过研究近十年我国 R&D 经费、R&D 人力增长幅度与 GDP 增长之间的对比来评价我国科技事业与经济发展的适应程度。通过中外横比分析全球各国的科技地位、人均发文量、单位经费发文量及人均期刊数等指标来评价我国现实情况的总体数量。研究发现我国期刊载文率高,期刊数量偏多。第四章揭示出我国学术期刊在出版地、学科、主办单位、出版周期和语种等方面的分布特征,重点分析了期刊的地域分布和学科分布。第五章研究我国学术期刊的整体质量评价,介绍了期刊评价的五种方法,研究发现,中国最优秀的学术期刊在国际上大部分处于中低档水平。最后对我国学术期刊存在数量偏多、结构不太合理、整体质量较低的问题进行了成因分析,提出了我国学术期刊发展的七大对策。

【中文题名】 IRM 共同体与情报空间构建:IRM 视角下的情报学发展模式研究
【论文作者】 宋恩梅
【指导老师】 马费成
【学位授予单位】 武汉大学
【内容提要】 本论文以信息资源管理为视角作为情报学的背景框架来探讨情报学的发展。主要内容包括情报学的发展现状、信息资源管理研究图景、情报学的定位、情报空间。第一章回顾了情报学的产生及其发展,借助于著者同被引方法 ACA,反映出国内情报学研究学科研究力量不均衡、具有特色的学术流派尚未形成、学者的研究领域较为宽泛等特点。第二章分别从政府、企业和情报学界 3 个领域分析了IRM,指出 IRM 研究的整合机制正在形成。第三章研究学科互涉与 IRM 共同体的形成,内容包括 IRM 共同体的概念、组成、结构及共同规范。第四章以 IRM 共同体为框架来研究情

报学的定位,内容包括信息生命周期管理与情报过程、ILS 和GLIS 的情报学原理、情报学的发展困境。研究发现,情报学的一些基本原理、研究方法、研究思路为 IRM 所广泛应用,并且在解决 IRM 信息层面的问题时大有用武之地。第五章提出情报空间模型,通过模型的构建对信息和知识的组织、利用等问题进行研究。分析了情报学研究的 3 个层面:面向物理对象的情报组织、连接情报和用户的情报传递过程、面向用户的认知规范。情报空间是基于 S-C-R 模式及情报学范式整合之下所构建的一个概念框架。最后探讨了情报空间中的知识表示、信息技术对情报空间的影响及情报空间在 IRM 中的应用。

【中文题名】 基于资源与服务集成的企业知识门户研究
【论文作者】 汪会玲
【指导老师】 胡昌平
【学位授予单位】 武汉大学
【内容提要】 本论文研究知识门户构建的资源整合与服务集成问题,初步构建了基于资源和服务集成的企业知识门户框架体系,分析了集成知识门户中的资源整合策略与服务集成策略。主要内容包括企业知识门户的发展及其目标体系定位、企业知识门户的集成架构模型、集成知识门户技术支撑体系、企业知识门户构建中

的资源整合、基于集成架构的企业知识门户服务业务组织、集成知识门户实现方案的案例分析。文章讨论企业知识资源的具体存在形式及其利益障碍,比较了企业知识门户与企业信息门户在功能设置、体系构建方面的差异。文章分析了大型软件提供商的知识门户产品特征及其系统框架、专业知识门户公司的知识门户解决方案及其体系架构及目前市场上的知识门户产品存在的问题。在技术支撑体系部分,介绍了商务智能技术、门户技术、协同技术、内容管理技术、在线学习技术及其在集成知识门户中的应用。关于资源整合的内容包括企业知识门户中的资源构成及其搜集方法,企业知识资源共享的困境及其整合需求,企业知识门户中资源整合的原则、内容与方法,企业知识门户中资源整合推进模式。关于服务业务组织的内容包括企业知识门户服务中的业务集成,基于集成知识门户的企业知识流重组、基于集成架构的企业知识门户服务组织与服务模型构建。案例分析的内容是武汉电信信息化建设的现状及其对集成知识门户的需求分析,最后给出了武汉电信集成知识门户的实现方案。

【中文题名】 经济增长的知识动力及模型研究
【论文作者】 王成
【指导老师】 马费成

743

【学位授予单位】 武汉大学

【内容提要】 本论文从不同的经济理论对经济增长的影响因素和动力机制出发，揭示各种因素对经济增长产生动力作用的实质，探讨在知识动力作用下的供给与需求、生产与消费，分析知识动力作用下产业带变迁及企业性质，提出了经济增长的知识动力模型，运用该模型分析了企业、产业、国家和地区的经济增长，并对经济周期以及经济的平面增长和立体增长进行分析，论证了知识是促进经济增长和经济发展的核心的、本质的、内在的原动力。第一章归纳和综述了有关经济增长的重要理论和模型。第二章论述了古典学派、凯恩斯主义、新经济增长理论、制度学派关于经济增长问题的分析。第三章论述了土地、自然资源、劳动、资本、制度等方面对经济增长的动力作用。第四章论述了规模经济产生的报酬递增、分工、知识作用下资本的边际产量和边际成本、消费者的边际效用、知识对消费行为的影响、知识作用下的供求平衡与经济增长。第五章论述了知识作用下的农业经济、工业革命，分析了技术制度和管理与工业结构的演变。第六章论述知识创造企业，分析了企业性质、企业的竞争力。第七章论述生产与消费过程中的知识动力作用，分析了知识作用下的劳动者、劳动对象、劳动工具、劳动生产率、消费者、消费对象和消费选择等内容。第八章研究经济增长的知识动力模型，提出知识动力模型建立的基本依据。第九章论述知识的作用与企业的成长，知识作用下产业的生命周期，国家的知识创新与经济增长等问题。

【中文题名】 虚拟企业知识管理模型研究
【论文作者】 王林
【指导老师】 胡昌平
【学位授予单位】 武汉大学

【内容提要】 本论文从虚拟企业知识管理的需求分析入手，构建了虚拟企业知识管理模型，探讨了基于虚拟企业知识管理模型的各种业务的开展，针对具体虚拟企业案例，结合虚拟企业知识管理评价指标体系，评价其知识管理的现状和优势，并提出改进模型。第一章从两个角度探讨虚拟企业知识管理模型研究的重要性和必然性，一是虚拟企业是企业知识管理发展的必然组织形式，二是知识管理是虚拟企业管理模式的必然选择。等二章探讨了虚拟企业的发展背景、特点、运作方式、运行流程、运作平台，分析了虚拟企业中的知识分类、特点、知识转换过程及其描述，基于虚拟企业生命周期的知识管理流程，提出虚拟企业知识管理的目标、内容和原则。第三章研究虚拟企业知识管理模型的定位和体系构建，虚拟企业知识管理的网络模型，虚拟企业知识管理的过程模型，虚拟企业知识管理的系统模型。第四章研究基于虚拟企业知识管理模型的经营管理，基于虚拟企业知识管理模型的组织学习和知识创新活动，基于虚拟企业知识管理模型的技术推进。第五章研究虚拟企业知识管理模型应用的案例，分析典型虚拟企业美特斯邦威的形成、IT 经营管理模式、企业知识管理评价、优势分析，提出与该虚拟企业相适应的知识管理改进模型。最后展望了虚拟企业知识管理模型的发展趋势。

【中文题名】 科学评价的理论问题研究
【论文作者】 文庭孝
【指导老师】 邱均平
【学位授予单位】 武汉大学

【内容提要】 本论文从国内外科学评价实践出发，从各类型和各层次的科学评价活动中归纳出不同类型科学评价活动的共性，构建了科学评价的方法论基础，发现科学评价活动的基本规律。主要内容包括科学评价概述、科学评价理论基础、科学评价方法论基础、科学评价的体系构建、科学评价理论研究的发展趋势。第二章阐述了科学评价的意义、基本概念、类型、基本原则、主要内容及科学评价系统。第二、三章分别是科学评价外部理论主要来源和内部理论构成,包括价值理论、认识理论、计量学理论、信息管理科学理论、科技评价理论、科技竞争力评价理论、科研绩效评价理论、综合评价理论等。第四章研究科学评价一般方法与具体方法,科学评价指标体系形成的理论方法,科学评价指标权重赋值的理论方法,科学评价信息获取与数据处理的理论方法,科学评价信息分析与集成的理论方法,科学评价方案和程序的设计理论方法,科学评价实施过程管理与控制的理论方法,科学评价结论信度与效度检验的理论方法等。第五章研究科学评价理论体系、环境体系、科学评价活动体系、科学评价规范体系,涉及生活环境对科学评价的影响,科学评价机制与制度,科学评价立法,科学评价行业规范,科学评价管理与监督等内容。第六章研究科学评价活动的新动向,科学评价理论的整合研究,科学评价理论研究的国际融合,从科学评价研究到知识评价研究,网络科学评价研究,科学评价学研究等内容。

【中文题名】 合作数字参考服务研究

【论文作者】 武琳

【指导老师】 焦玉英

【学位授予单位】 武汉大学

【内容提要】 本论文以合作数字参考服务为研究对象,总结了国内外 CDRS 实践经验,研究网络环境下的 CDRS 系统构建与技术,以及数字参考服务的标准与评价,对合作数字参考服务运行保障机制进行研究,介绍了国内外合作数字参考服务工作实践经验,从多机构合作创新管理、信息技术、人力资源、信息资源、法律等方面考虑,提出适合中国国情和现状的可行的、可操作的合作数字参考服务实施方案,针对 web2.0 环境图书馆 2.0 的兴起,分析 web2.0 技术对 CDRS 的影响,提出构建基于合作数字参考服务的开放知识服务社区。文章研究了 CDRS 系统,主要包括成员资料库、请求管理器、知识库系统,分析了 QP 模型、VRD 模型和 Ask Jeeves 模型。介绍了协同工作技术、协同应用共享技术、同步浏览技术等 CDRS 系统平台构建技术,采用实时交互技术、主动推送技术、智能代理技术和本体技术等来优化构建关键技术。关于合作数字参考服务的标准与评价,内容涉及参考数据交换格式、知识库格式标准、协议标准草案,基于数据描述的元数据保障、互操作的问答交换协议,知识库标准研究最新进展 DREW 项目,提出 6 个方面测度的三级层次评价指标体系。关于运行保障机制,内容有人员配备、技术配置、制订培训计划、宣传推广、成本与质量问题、版权及许可等。最后还分析了 3 个典型知识搜索服务系统:Google Answers、新浪 iAsk、雅虎奇摩知识,剖析了其合作运行机制。

【中文题名】 基于本体的国共合作领域知识推理研究

【论文作者】 徐国虎

【指导老师】 董慧

【学位授予单位】 武汉大学

【内容提要】 本论文研究知识推理的逻辑基础、本体知识库建设、语义关系分析、本体推理规则的定义与描述、本体推理引擎的功能问题,对基于本体的知识推理理论进行分析,结合国共合作领域本体的实例,进行了具体的推理实现。第一章是研究背景、国内外研究现状等内容。第二章研究知识推理的定义、方法,分析了基于规则、基于模型、基于实例的 3 种知识推理范式。第三章研究基于本体的知识推理的逻辑基础,内容包括描述逻辑、基于描述逻辑的本体描述语言的推理能力、国外本体推理引擎比较等内容。第四章研究国共合作领域本体库的构建,内容包括国共合作领域本体库构建的框架结构、构建思路、基于 OWL 的国共合作领域知识的表示与存储等。第五章研究国共合作领域本体的语义关系,包括常用关系、N 元关系的分解与表示等内容。第六章研究国共合作领域本体推理规则的确立,包括本体规则推理的基本原理、规则描述语言的选择。第七章研究国共合作领域本体知识推理的具体实现,包括开发思路、总体框架、开发环境、基于规则的本体推理算法、基于 Racer 的本体逻辑检错推理实现、基于 Jena 的蕴涵知识发现推理实现,阐述了静态推理、动态推理、推理结果可视化、推理路径回溯等关键技术环节。

【中文题名】 信息可视化系统框架与关键技术研究
【论文作者】 杨峰
【指导老师】 周宁
【学位授予单位】 武汉大学
【内容提要】 本论文研究信息可视化系统的模型与关键技术,主要内容包括信息可视化的产生与发展、信息可视化模型与技术、信息属性可视化、信息空间结构的可视化、高维信息可视化、应用分析与算法研究。第一章论述了信息可视化的研究现状。第二章总结了信息可视化系统模型必须具备的特点,提出基于代数系统原理的信息可视化系统模型——RDV 模型,给出该系统模型的数学描述。第三章研究模型框架,定义了一个可行的模型框架 RDV—IVSF,阐述了基于信息层次的信息可视化技术分类方法,分析了信息特征表示方法。第四章研究信息属性的可视化,提出建立领域标准图符库以及个性化可视化等观点。第五章研究信息集合的结构可视化,包括顺序结构、层次结构、网状结构可视化,网状结构

可视化的主要方法有力导向算法、模拟退火算法和寻径网。第六章研究更多的隐藏在高维信息集合中的规律和知识,高维信息可视化技术有三类,包括增加新维法、维对应映像法、降维法。第七章研究基于属性可视化技术在信息交流中的应用,设计一种新的中心优先顺序映射降维法,给出中心优先顺序映射降维的详细描述,分析了若干种确定基准点的方法,指出他们各自的特点,给出误差判断标准。

【中文题名】 复杂自适应数字图书馆研究
【论文作者】 杨宁
【指导老师】 董慧
【学位授予单位】 武汉大学
【内容提要】 本论文提出复杂自适应数字图书馆的概念,从图书馆的自适应特征出发,以复杂系统的思维方式,对数字图书馆发展过程中形态演进的途径和方式问题进行研究。主要内容包括数字图书馆的自适应性和复杂性、复杂自适应数字图书馆的研究框架、知识过程中社会组织的官能置换与融合、知识过程中局部自相似性涌现的实例分析、知识过程中个体知识行为的社会化协同、复杂自适应数字图书馆的多核溢散概念模型。文章指出当前数字图书馆研究与实践的重心已经逐步从信息资源转移到知识之上,复杂自适应数

字图书馆是一种复合信息系统,其目的在于支持并促进社会知识的协同演化。文章就当前社会知识活动中的各种社会组织的生存方式和社会行为进行分析,可以看出这些社会组织的生存方式和社会行为在整个社会知识所构成网络中相互作用和相互影响的结果,呈现出一种自身官能不断分解,并与其他社会组织的官能不断发生置换和融合的变化趋势。文章选择 3 个数字图书馆系统,即 DSpace 系统、FEDORA 系统、aDORe 系统分析流程的局部自相似性、信息组织结构的局部自相似性及数字图书馆系统形态在多层面演化的特征。论文研究个体知识行为的考察方式、线性模型、非线性模型、内在协作性,认为社会化协作是个体知识行为的根本性变革,分析了大众化元数据生成与利用机制的兴起,并对社会化协作的要素进行分析。文章构造了用于模式复杂自适应数字图书馆演化方式和途径的多核溢散模型,认为多核溢散模型对于数字图书馆多层面形态变化的趋势进行了解答。论文最后还探讨了集体智慧、具有参与机制的共同平台等问题。

【中文题名】 知识管理范式及其对情报学发展的影响研究
【论文作者】 张勤
【指导老师】 马费成
【学位授予单位】 武汉

大学

【内容提要】 本论文在范式理论的指导下,运用实证研究方法,揭示知识管理研究的范式特点。主要内容包括国内外知识管理研究生命周期分析、国内外知识管理研究热点对比分析、国内外知识管理研究结构分析、知识管理研究范式探讨、知识管理范式下的情报学发展模式。文章探讨二元范式下知识管理的研究路径,以信息链为基础,将知识管理和情报学研究联结起来,探讨了情报学的研究路径,即知识为导向的研究路径、以信息为导向的研究路径、以智能为导向的研究路径,并进而提出知识管理范式下我国情报学的知识化发展模式,强调知识单元组织、知识服务的提供是当今情报学研究的重点所在。文章通过寻找国内外知识管理文献中的高频关键词来发现研究热点分布,国外有 58 个热点关键词,国内有 54 个热点关键词,分别以这些关键词为基础,运用共词分析方法、因子分析、聚类分析方法确定国内外知识管理的研究结构。国外知识管理研究结构包括组织知识管理理论、创新绩效、企业知识管理行为、人力资源管理、信息资源管理、电子商务系统等 9 个方面,国内知识管理研究结构包括信息资源管理、知识服务、知识发现、创新管理、信息化管理等 10 个方面。文章提出知识管理范式下的情报学知识化发展模式是基于知识单元组织和揭示的发展模式,体现在知识单元的抽取、知识单元间关联度的揭示、知识地图的绘制,其目标是提供定制化的知识服务,满足个性化的知识需求。

【中文题名】 中外大学评价的比较研究
【论文作者】 张蕊
【指导老师】 邱均平
【学位授予单位】 武汉大学
【内容提要】 本论文选取国内外主要国家典型的大学评价项目,对评价理念、评价目标、评价主体、评价方法、评价指标体系、评价的影响等 6 个方面进行系统研究。主要内容包括大学评价的基本理论问题、大学评价基本理论问题比较研究、大学评价指标体系的比较研究、大学评价影响的比较研究、我国大学评价的对策研究。第一章介绍了国内外大学评价研究与实践状况,论述大学评价的基本概念、作用、内容及其哲学基础、教育科学基础、系统科学基础、数学与计算机科学基础、信息管理科学基础、科学计量学基础、信息计量学基础。第二章比较研究大学评价的分类评价理念、单项评价理念、学科评价理念、综合评价理念,分析了国内外单项评价目标的一致性与差异性,将大学评价主体分为官方评价和非官方评价,分别阐述其不同特点和影响,认为我国单项评价应该加强学校内部评价和非官方评价。第三章讨论了评价指标体系的形成及构建指标体系应注意的问题,比较了九家大学评价机构的指标体系,认为应注意处理好总量与平均量、数量与质量、教学与科研、完整性与可行性、绝对指标与相对指标、定量指标与定性指标的关系。第四章比较了大学评价的正向功能和消极影响。正面影响包括影响高校的资源和资金流向、生源质量、师资质量、考生择校的导向、激励大学提高教育质量、改革和改进学校管理等方面。消极影响包括加剧大学腐败、产生急功近利思想和情绪等。第五章分析我国大学评价在评价主体、评价指标体系等方面的问题和不足,从大学评价的理论、制度、观念、实践 4 个方面提出对策。

【中文题名】 网络信息计量学理论与实证研究
【论文作者】 张洋
【指导老师】 邱均平
【学位授予单位】 武汉大学
【内容提要】 本论文在总结国内外网络信息计量学研究的基础上,从理论、方法、应用 3 个方面展开研究。主要内容包括网络信息计量学的学科体系构建、网络信息计量学的方法论研究、网络链接分析法、网络信息计量学的应用研究、网络环境下布拉德福定律的实证研究、大学评价中网络指标有效性的实证研究。第一章研究文献计量学、科学计量学、信息计量学之间的关系，网络信息计量学产生和发展的轨迹，剖析其学科性质。第二章从科学研究方法论的基本原理出发，按照哲学方法、一般科学方法、特征方法3个层次探讨网络信息计量学的研究方法，重点分析了网络内容分析法、网络数据挖掘方法。第三章介绍了引文分析法与网络链接分析法及网络链接分析的术语体系、研究内容和进展。第四章分析了网络信息计量学与网络信息资源管理的关系，以数字图书馆为例探讨网络信息计量学在网络信息资源管理领域的具体应用，阐述了网络信息计量学在科学评价中应用的必然性及应用现状。第五章应用相关分析、区域分析、图像分析、回归分析、比较分析等方法对布拉德福定律进行实证研究，指出网络信息的数量特征和内在规律，认为网络信息同样具有布拉德福分布特征，但同时也有新特点。第六章针对目前大学评价的问题，从完善指标体系、扩展来源、改进分类方法等方面论述网络信息计量学应用到大学评价中的意义，以网络影响因子为例总结了目前主要的研究成果。对大学网站的总链接数、外链数、网络影响因子、大学学报的 Web 下载总频次等网络指标进行研究。

【中文题名】 知识网络及其应用研究

【论文作者】 赵蓉英

【指导老师】 邱均平

【学位授予单位】 武汉大学

【内容提要】 本论文以知识网络为研究对象，探讨了知识网络的概念及其演进，分析了其类型、结构、构建及应用功能，介绍了我国中文知识网络的发展阶段、应用现状、发展方向及未来构想，评析了我国主要中文知识网络及评价型检索工具的发展阶段和应用现状，对我国中文知识网络的未来发展提出建议。第一章介绍知识网络的概念演进，总结出引证网络与地图说、基因说、网络说、知识载体形态说。第二章是知识网络的类型学解读，内容包括中国古代的知识分类、亚里士多德的三分法、马克卢普的五类知识等九种不同类型，介绍了主观知识与客观知识的特征及相互转化。第三章分析知识网络的结构与特性，包括知识网络的结构与组成、知识网络的共享性、整体性、增值性等特性。第四章研究知识网络的构建，分别介绍广义与狭义知识网络构建的目的、原则、主要技术工具、构建方法、构建机理，把 CNKI 中国医院知识仓库的知识网络化建设作为实例进行分析。第五章研究知识网络的主要应用功能，包括知识网络的存储功能、传播功能、检索功能，指出知识网络将走向知识服务，介绍了知识网络的评价功能。第 6 章是基于 CNKI 的知识网络应用研究，分析了 CNKI 中国知识资源总库的构建模式、CNKI 知识网络的功能与特点、CNKI 知识网络构建的关键技术与机理、CNKI 基于互联网出版的资源共享机制、CNKI 数字化学习平台、CNKI 知识管理平台的建构、CNKI 在科学评价中的应用及 CNKI 的未来发展，指出 CNKI 的不足及有待完善的方面。

【中文题名】 网络信息安全的人文研究

【论文作者】 周黎明

【指导老师】 邱均平

【学位授予单位】 武汉大学

【内容提要】 本论文从人文视野展开对网络信息安全的研究，用人文主义的思维方法理解网络信息安全的问题、本质，研究人、社会文化、国家、网络与网络信息安全的关系，构建以人为本的网络信息安全传播新秩序。其主要内容包括网络信息安全的人文问题、网络信息安全的人文特质分析、网络信息安全的人本道德观、网络信息安全的文化观、网络安全与国家安全、网络信息安全新传播秩序的建立。第一章分析网络信息安全技术发展的相对性、网络信息安全问题的表现、网络信息安全问题的构成、网络信息安全新思维。第二章研究人性与网络的工具性、网络信息技术与信息自由的冲突、网络科技与人文的割裂、网络信息利益与信息共享的对立。第三章研究网络媒体与人的自由度、网络信息安全的道德自律、网络信息安全价值体系。第四章研究网络媒介的文化特性、网络文化危机、跨文化传播与多文化的宽容与共存、确立以文化安全为核心的网络信息安全观。第五章研究网络信息安全是国家安全的实质内容,分析了网络媒体的权力、网络媒体与政治文明、网络信息安全中政府的责任。第六章探讨了网络媒体的社会责任、网络信息安全传播控制、新世界信息秩序等内容。文章设定一个应对网络信息安全技术危机的理论框架,在技术之外,在政策和法律的边缘寻求一条符合人的需求与本性的解决网络信息安全的思路,为维护信息安全、网络安全、文化安全、国家安全提供一个消除不安全隐患的人文主义途径。

【中文题名】 以用户为中心的信息集成服务研究

【论文作者】 周永红

【指导老师】 胡昌平

【学位授予单位】 武汉大学

【内容提要】 本论文以信息用户为中心,把信息集成服务作为一种新的服务理念和类型来看待,研究当前数字网络环境下图书情报领域的服务发展与创新问题。第一章研究用户中心理念的发展及要求,信息集成服务的理论基础与相关概念,信息集成服务的主要类型,以用户为中心的信息集成服务发展动因等内容。第二章研究信息集成服务平台的构建,包括信息构建理论在信息集成服务平台中的应用,信息集成服务平台的构建原则、网络结构、功能结构、功能分析,信息集成服务平台实例分析,指出以用户为中心是信息集成服务平台的本质要求。第三章研究面向用户的信息资源集成管理,包括信息资源集成管理理论的发展,信息资源集成管理原则与要求,信息资源集成管理层面与主要内容,信息资源集成管理技术与方法,信息资源集成管理战略的实现。第四章研究以用户为中心的信息集成服务模式,包括个人数字图书馆集成服务模式、学科信息门户集成服务模式、面向用户的集成检索服务模式、基于合作数字咨询的集成服务模式、基于智能代理的信息集成服务模式、基于 web services 的信息集成服务模式、集成化的知识服务模式。第五章研究信息集成服务的关键技术,包括信息链接技术、互操作技术、信息过滤技术、智能信息推拉技术、网格技术及其应用等。第六章研究信息集成服务的运行机制,包括信息集成服务的用户管理、服务人员管理、信息集成服务流程的优化、质量控制、标准化管理、知识产权管理等。

2006 年部分院校图书馆学情报学硕士学位论文目录

姓名	论文名称	导师	毕业学校
蔡 菁	网络媒体生态系统的危机及系统控制策略研究	周庆山	北京大学
陈 洁	图书馆人力资源管理研究	刘兹恒	北京大学
胡文倩	企业危机中的组织传播策略研究	周庆山	北京大学
李 丹	现代图书馆危机管理研究	刘兹恒	北京大学
李 歆	东方图书馆研究	王余光	北京大学
刘贞君	支持移动工作的知识管理系统建设研究	祁延莉	北京大学
孙志鹏	中国大众体育期刊经营模式研究	李常庆	北京大学
王明良	我国网络新闻媒体的种群规律与生态治理研究	周庆山	北京大学
王蕊寒	欧美国际版权贸易发展研究	李常庆	北京大学
张晓新	论图书馆资料提供中的限制问题———项基于成都图书馆"限制性资料"的实证研究	李国新	北京大学
郑碧敏	郑鹤声文献学研究	王余光	北京大学
朱 琳	数字环境下图书馆与著作权平衡问题研究	刘兹恒	北京大学
王霜霜	数字图书馆评价研究	乔 欢	北京师范大学
张丽静	综合性中文门户网站信息分类组织体系构建研究	贾卫民	北京师范大学
冯 玉	学科信息门户资源体系建设研究	雷菊霞	北京师范大学
张 亚	数字图书馆个性化信息服务研究	茹海涛	北京师范大学
庞跃霞	我国高校图书馆书目信息资源整合研究	丁申桃	北京师范大学
孙若飞	我国网络隐私权保护研究	周晓燕	北京师范大学
宋慧敏	儿童数字图书馆的信息构建研究	赵 荣	北京师范大学
张 冲	学术交流变革中的图书馆学术服务研究	贾卫民	北京师范大学
苏建华	数字参考咨询规范化建设研究	王 琼	北京师范大学
李瑞玲	企业级搜索平台综述与功能设计	赵 荣	北京师范大学
孙博阳	服务理念在图书馆网站设计中的体现	张 三	北京师范大学
王秀玲	张静庐与中国近现代图书出版文化研究	贾卫民	北京师范大学
张 波	杨守敬文献学研究	曹 之	武汉大学
郭伟玲	清代中央官修书考略	曹 之	武汉大学
袁 霞	罗振玉文献学研究	曹 之	武汉大学
马刘凤	朱熹文献学研究	曹 之	武汉大学
徐 轩	推进开放存取的政府策略研究	陈传夫	武汉大学
严 安	Web Service 在数字图书馆互操作中的应用研究	陈传夫	武汉大学

姓名	论文名称	导师	毕业学校
陈 鹏	生物信息资源的公共获取及其知识产权保护	陈传夫	武汉大学
刘 琳	政府信息公开的绩效分析	陈传夫	武汉大学
徐强平	出版社版权管理研究	陈传夫	武汉大学
许 芹	推进学术信息资源公共获取的公共策略研究	陈传夫	武汉大学
雷险平	国家专利战略中的标准问题研究	陈传夫	武汉大学
向瑕嫔	国内外主要数字图书馆项目的比较研究	黄如花	武汉大学
费 巍	搜索引擎的优化策略研究	黄如花	武汉大学
徐 澎	图书馆参与开放存取出版研究	黄如花	武汉大学
李 瑜	面向公众的数字图书馆的资源建设与利用研究	黄如花	武汉大学
冯艳花	开放存取仓储研究	黄如花	武汉大学
武利红	电子图书服务平台的功能研究	黄如花	武汉大学
刘 星	书籍装帧审美研究	罗紫初	武汉大学
夏 凡	图书馆为残疾人服务研究	王子舟	武汉大学
刘 金	图书馆收费问题研究	王子舟	武汉大学
郭卫宁	网络支持下的数字图书馆知识服务	王子舟	武汉大学
郜向荣	梁启超图书馆学目录学思想	王子舟	武汉大学
陈玉顺	知识构建原理在图书馆实践中的应用	王子舟	武汉大学
蒋业政	网络以学习信息资源整合与服务研究	王子舟	武汉大学
徐军华	大学图书馆管理评价	燕今伟	武汉大学
张 敏	学术信息交流的开放获取模式研究	燕今伟	武汉大学
周 迪	图书馆博客研究	袁 琳	武汉大学
沙征宇	图书馆服务质量用户评价研究	袁 琳	武汉大学
黄 丹	智能咨询服务模式研究	袁 琳	武汉大学
张 芳	E-learning 环境下高校图书馆信息服务研究	袁 琳	武汉大学
袁俊华	图书馆网络个性化定制服务研究	袁 琳	武汉大学
明 莉	网络用户信息查询行为分析与研究	袁 琳	武汉大学
樊国平	网络百科全书研究	詹德优	武汉大学
丁永玲	图书馆信息咨询服务定价研究	詹德优	武汉大学
翟 江	服装文献收集与利用	詹德优	武汉大学
文 炯	图书馆咨询服务的隐知识管理	詹德优	武汉大学
刘伟兰	20 世纪 80 年代以来我国年鉴出版与利用研究	詹德优	武汉大学
毛 娟	数字参考咨询服务模式比较研究	詹德优	武汉大学
王丽娜	图书馆人文精神研究	詹德优	武汉大学
张金凤	检索语言在学科门户的应用评价研究	张燕飞	武汉大学

续表

姓名	论文名称	导师	毕业学校
李　平	图书馆电子图书资源建设政策研究	初景利,许儒敬	中国科学院
赵　新	中国科学院科技期刊的现状和发展策略研究	周金龙,彭俊玲	中国科学院
唐　炜	面向战略决策服务的专利分析指标研究	刘细文	中国科学院
周静怡	面向科学映射的共现可视化研究	孙　坦	中国科学院
李　麟	开放获取对科研人员学术交流行为的影响与对策研究	初景利,许儒敬	中国科学院
黄国彬	e-science 环境下数字图书馆的功能演变分析	孙　坦	中国科学院
张　剑	分类法形式化描述研究	宋　文	中国科学院
程佳羽	中国古代物理学史古文献征引研究	罗　琳	中国科学院
林　颖	数字保存仓储的技术研究与原型系统开放	张智雄	中国科学院
李　飒	基于 GATE 的中文信息抽取系统的开发与实现	张智雄	中国科学院
刘延华	中国科学院图书馆藏满铁调查报告研究——以大连调查报告为例	罗　琳	中国科学院
徐刘靖	学科预印本系统运行管理机制研究	刘细文	中国科学院
陈月婷	学术期刊网络化发展研究	周金龙,彭俊玲	中国科学院
邵　燕	基于知识库的电子期刊集成与服务研究	宋　文	中国科学院
燕　辉	图书馆危机管理研究	程焕文	中山大学
史　拓	改革开放以来我国图书馆小说研究	程焕文	中山大学
史聪慧	我国数字资源唯一标识符研究	程焕文	中山大学
陈一梅	少年儿童数字图书馆建设若干问题的研究	程焕文	中山大学
徐　涌	AACR/RDA 的发展演进及其对我国编目规则的影响研究	程焕文	中山大学
姜瑞其	广东高校图书馆女性馆员现状研究——以广东省国家"211 工程"院校图书馆为例	程焕文	中山大学
张文彦	公共图书馆的推广服务研究	程焕文	中山大学
蔺梦华	公共图书馆残疾人无障碍服务研究	肖永英	中山大学
袁玉英	高校图书馆馆员工作满意度研究	肖永英	中山大学
詹　林	电子期刊长期保存研究	肖永英	中山大学
廖昀赟	医学信息门户资源组织研究	潘燕桃	中山大学
陈　莉	基于 MyLibrary 的个性化信息服务研究	潘燕桃	中山大学
田丽丽	中美大学图书馆开放获取资源建设调查研究	潘燕桃	中山大学
朱四荣	广东省地级市公共图书馆数字资源建设研究	潘燕桃	中山大学
冯　吉	我国公共图书馆的地方文献工作研究——广州市公共图书馆的个案分析	黄晓斌	中山大学
朱俊卿	数字图书馆的用户心理研究	黄晓斌	中山大学
唐　琼	高校图书馆电子资源使用评价研究——以中山大学图书馆为例	罗　曼	中山大学
曾　颖	我国高校图书馆学科馆员制度研究	罗　曼	中山大学
张　玫	广州市公共图书馆为农民工服务研究	罗　曼	中山大学
吴　杨	休闲类畅销书出版策划研究	徐建华	南开大学

姓名	论文名称	导师	毕业学校
杨荣刚	国内高校出版社图书营销策略研究	徐建华	南开大学
张 希	网上书店顾客价值研究	徐建华	南开大学
李卓卓	基于复杂自适应系统范式的数字图书馆服务研究	柯 平	南开大学
庞 佳	面向天津优势产业发展的信息资源保障体系研究	李晓新	南开大学
吴淑娟	天津市金融信息化现状与对策研究	李晓新	南开大学
洪秋兰	在外经商农民信息需求与信息交流研究——以辽宁省某木材经营社区为例	于良芝	南开大学
沙淑欣	面向知识消费的图书馆知识服务体系研究	柯 平	南开大学
王颖洁	机构知识库的模式研究	柯 平	南开大学
晁栋村	当前我国农村信息服务的政府行为研究——信息政治经济学分析	于良芝	南开大学
吴 萌	天津市书业市场研究	徐建华	南开大学
刘玉红	我国搜索引擎产业发展对策研究	柯 平	南开大学
闫 慧	网络阅读文化体系研究	柯 平	南开大学
崔轲娃	基于战略的图书馆人力资源开发与管理研究	徐建华	南开大学
张 颖	面向机构内生资源的大学图书馆角色构建	于良芝	南开大学
付 哲	企业内部知识共享障碍的分析与对策	柯 平	南开大学
杨红英	美国图书出版业运营特色及对我国的启示研究	徐建华	南开大学
储济安	电子政务环境下的 G2B 模式分析	邹 凯	湘潭大学
孙 娟	全社会信息资源共享的可持续发展研究	陈能华	湘潭大学
何 岸	高校内部审计信息化建设问题研究	邹 凯	湘潭大学
李三凤	我国高校图书馆特色数据库建设研究	刘昆雄	湘潭大学
李 玲	基于信息营销的图书馆人力资源建设研究	刘昆雄	湘潭大学
王丙炎	论信息增值和图书馆信息增值服务	陈能华	湘潭大学
彭备芳	基于信息营销的我国图书馆信息资源开发策略研究	刘昆雄	湘潭大学
张 畅	我国档案网站绩效评估问题研究	肖文建	湘潭大学
刘 颖	大型连锁零售业供应链管理信息系统结构与功能研究	邹 凯	湘潭大学
阳 艳	面向企业的信息服务市场的开拓与有效维护	陈能华	湘潭大学
申 慧	我国信息资源数字化建设及其体制构建研究	陈能华	湘潭大学
廖敏秀	论我国政府网站政务信息资源建设	邹 凯	湘潭大学
刘进军	我国高校政务信息资源数据库群规划研究	陈能华	湘潭大学
刘 欢	竞争情报与企业竞争战略管理	刘昆雄	湘潭大学
运桂芬	我国高校图书馆员职业生涯管理研究	徐建华	南开大学
张丽丽	我国高校图书馆特色数据库的建设与服务研究	杨 勇	云南大学
刘 宁	虚拟参考咨询的质量控制和评价指标体系构建	柴雅凌	天津工业大学
武雪芹	高校内生学术资源整合研究	周凤飞	天津工业大学

续表

姓名	论文名称	导师	毕业学校
郝 飞	中美数字图书馆电子商务比较研究	柴雅凌	天津工业大学
姜 燕	图书馆信息资源数字化建设规范框架研究	臧国全	郑州大学
潘晓蓉	新时期信息资源建设的影响因素及与信息服务的关系研究——国家工程技术图书馆案例分析	沈玉兰	中国科学技术信息研究所
孙 莉	市场营销理念在高校图书馆管理中的应用研究	武继山	人民大学
胡 军	网络环境下著作权侵权探讨	王国强	郑州大学
王 博	中美图书馆信息资源数字化环境比较分析	臧国全	郑州大学
刘 博	基于《文渊阁〈四库全书〉电子版》分析的我国古籍数字化问题与对策研究	王国强	郑州大学
张宏玲	数字馆藏服务绩效评估研究	崔慕岳	郑州大学
孙文杰	五十五年来河南旧志整理与新志编纂	王国强	郑州大学
郑 婷	个人数字资源组织研究	臧国全	郑州大学
郭育艳	20 世纪中西文献学发展比较研究	王国强	郑州大学
段 莹	宋代目录学研究	王国强	郑州大学
宋迎迎	数字馆藏评价指标体系研究	崔慕岳	郑州大学
郭丛莲	网络环境下高校图书馆的个性化信息服务	张怀涛	郑州大学
王 敏	天一阁藏书研究	王国强	郑州大学
张爱民	职业技术学院人才就业网的设计与实现	齐向华	山西大学
史尚元	信息资源共享中的产权分析	相丽玲	山西大学
张珍连	数字参考咨询服务的质量控制研究	齐向华	山西大学
何小峰	数字图书馆运营分析	相丽玲	山西大学
李小霞	中外信息安全法制建设比较研究	相丽玲	山西大学
原小玲	基于社区信息化的信息资源建设	裴成发	山西大学
朱 丹	高校信息资源建设与服务模式研究	裴成发	山西大学
杨丽兵	学科馆员：大学学科信息的传播者	李景峰	山西大学
毋江波	出版物与知识的演化传播——基于书籍的渐进式比较分析	李景峰	山西大学
陈秀丽	图书馆联盟建设及其管理	王东艳	东北师范大学
张 冲	学术交流变革中的图书馆学术服务研究	贾卫民	北京师范大学
苏建华	数字参考咨询规范化建设研究	王 琼	北京师范大学
李瑞玲	企业级搜索平台综述与功能设计	赵 荣	北京师范大学
杨 波	链接分析用数据采集系统的设计与实现及实证研究	胡立耘	云南大学
甘友庆	20 世纪上半叶云南地方文献事业研究	杨 勇	云南大学
杨克香	大众媒介发展对图书馆的影响	张治红	东北师范大学
林忠娜	期刊发展对期刊资源建设的影响	张治红	东北师范大学
李 治	图书馆特色数字资源组织与建设问题研究	徐 宽	东北师范大学
陆永兵	高校图书馆信息资源整合研究	王翠萍	东北师范大学

姓名	论文名称	导师	毕业学校
穆晓婷	我国五种常用图书馆集成管理系统编目子系统比较研究	孔庆杰	东北师范大学
丁春燕	我国图书馆哲学的发展轨迹和建设方向——基于内容分析法和比较法的研究	孔庆杰	东北师范大学
李玉梅	论品牌化的公共图书馆发展之路	张淑艳	东北师范大学
王学艳	我国少数民族文献研究的现状与展望	李瑞勤	东北师范大学
孙启存	数字图书馆建设中的数据仓库技术应用研究	王守宁	东北师范大学
托 雅	图书馆在我国理工类院校学生信息素质教育中的作用研究	李瑞勤	东北师范大学
张泽梅	我国高校图书馆评估体系的构建与应用研究	徐跃权	东北师范大学
李晓霞	图书馆文化研究	徐跃权	东北师范大学
商晓帆	政府信息资源建设研究	王 巍	东北师范大学
王 娜	网络信息资源挖掘障碍及策略分析	王东艳	东北师范大学
周 莉	网络信息资源知识组织与揭示研究	王东艳	东北师范大学
钱丽珠	蒙古文文献编目标准化问题研究	徐跃权	东北师范大学
王 萃	图书数字化传播版权授权模式研究	张治红	东北师范大学
李 静	基于 XML 的网络信息管理研究	李瑞勤	东北师范大学
王戈非	网络环境下我国高校图书馆信息共享空间的构建研究	张秀兰	辽宁师范大学
陈金萍	网络环境下我国著作权集体管理电子化问题研究	张秀兰	辽宁师范大学
梁 丽	基于个性化服务的用户需求信息的深层挖掘	张秀兰	辽宁师范大学
刘 波	网络信息资源分类组织研究	张秀兰	辽宁师范大学
宫 宇	高校图书馆干扰管理模型研究	李永先	辽宁师范大学
刘瑞华	公共图书馆形象塑造研究	李永先	辽宁师范大学
朱鹏威	基于 Multi-Agent 的数字图书馆个性化信息检索模型研究	李永先	辽宁师范大学
舒正勇	商业搜索引擎的点击欺诈问题研究	贾玉文	辽宁师范大学
姜 海	图书馆知识供应链构建模式研究	贾玉文	辽宁师范大学
冯晓玉	学科导航中网络信息资源建设策略研究	贾玉文	辽宁师范大学
田 昊	RSS 技术在图书馆的应用研究	贾玉文	辽宁师范大学
李学庆	本体论在网络信息检索中的应用研究	贾玉文	辽宁师范大学
贾空寒	图书馆信息化支撑体系研究	贾玉文	辽宁师范大学
肖国华	专利地图研究与应用	叶建忠	四川大学
黄 磊	政府网站 IA(Information Architecture)研究	沈治鸿	四川大学
杨 峰	高校校园网络文化建设若干问题研究	党跃武	四川大学
朱 江	科技会议文献开放保障体系研究	叶建忠	四川大学
冯 熹	中国公共图书馆营销研究	徐恩元	四川大学
樊 戈	Web 无障碍建设:价值、现状与对策研究	徐恩元	四川大学
魏辅铁	高校校园文化建设理论与实践研究	党跃武	四川大学

续表

姓名	论文名称	导师	毕业学校
韦春伊	研究生个人知识管理研究	沈志宏	四川大学
周建芳	RSS 技术在图书馆网络信息服务中的应用研究	黄春毅	四川大学
郝丽娜	信息环境与我国图书馆可持续发展研究	黄春毅	四川大学
李 娟	竞争情报与知识管理的融合研究及在企业战略管理中的应用	黄春毅	四川大学
王瑞荣	高校图书馆员自主学习研究	沈治宏	四川大学
李 洁	分布式联合数字参考咨询合作体系研究	沈治宏	四川大学
汪育健	物理电子学学科导航数据库建设研究	徐恩元	四川大学
刘桂芳	开放存取实现途径及其影响研究	沈治宏	四川大学
王海英	数字资源整合管理系统研究	徐恩元	四川大学
胡 琳	多校区高校图书馆的信息资源建设研究	党跃武	四川大学
邓 勇	专利信息集成服务研究与实践	叶建忠	四川大学
张 芮	学科信息门户建设研究	叶建忠	四川大学
曹树华	论信息化社会图书馆的信息服务	顾潇华	河北大学
赵会懂	1999—2004 年我国临床心理学研究的文献计量研究	吴永臻	河北大学
白献阳	公共信息传播机制研究	顾潇华	河北大学
王新明	高校图书馆人力资源管理创新研究	王淑慧	河北大学
苏海燕	我国信息化进程中公共图书馆的历史职能	杨文祥	河北大学
范乔真	我国图书馆自动化系统的选型分析	张长安	河北大学
王 蕾	面向用户的图书馆知识服务研究	吴永臻	河北大学
刘瑞瑞	我国学科信息门户建设的研究	顾潇华	河北大学
张 淼	OA 环境下学术图书馆发展研究	赵俊玲	河北大学
罗忠凤	网络环境下我国图书馆事业可持续发展问题研究	孟世恩	河北大学
刘孝文	信息素养评估指标体系研究	金胜勇	河北大学
王云才	数字信息资源版权许可使用研究	吴永臻	河北大学
李 飒	基于 gate 的中文信息抽取系统的开发和实现	张智雄	中国科学技术信息研究所
齐艳丽	基于 XML 的知识组织在知识图书馆中的应用研究	曹锦丹	吉林大学
张 馨	西安地区高校图书馆员工心理健康与社会支持及应对方式的相关性研究	王家同	第四军医大学
吴淦峰	数字图书馆信息资源优化配置	潘淑春	中国农业科学院

统计资料
Statistics data

2006 年全国公共图书馆事业统计

2006 年各地区公共图书馆

	机构数（个）	从业人员数				总藏量		
		（人）	高级职称	中级职称			图书	
								古籍
								善本
总　　计	2 778	51 311	3 631	15 159	500 245	375 129	27 700	2 373
中　　央	1	1 418	174	567	25 704	9 704	1 920	277
地　　方	2 777	49 893	3 457	14 592	474 541	365 425	25 780	2 096
北　　京	24	1 216	58	271	12 060	10 928	507	34
天　　津	32	1 086	98	352	9 451	8 364	552	103
河　　北	156	1 680	153	544	13 510	11 155	599	35
山　　西	122	1 629	75	461	9 934	7 684	776	123
内　蒙　古	110	1 754	113	555	7 610	6 600	314	16
辽　　宁	127	2 931	238	1 157	24 001	19 430	1 127	233
其中：大连	13	418	35	167	5 006	4 127	260	23
吉　　林	64	1 767	193	666	12 286	10 776	600	68
黑　龙　江	95	1 797	238	745	14 360	11 523	460	26
上　　海	28	2 425	182	552	60 624	21 701	1 960	192
江　　苏	104	2 429	258	804	34 102	30 423	3 360	198
浙　　江	92	2 433	187	699	24 970	20 526	1 926	56
其中：宁波	12	252	9	72	3 027	2 546	169	2
安　　徽	85	1 219	87	314	9 070	7 324	718	33
福　　建	85	1 113	64	303	13 616	11 246	552	75
其中：厦门	8	160	6	41	2 298	1 884	76	1
江　　西	105	1 409	66	277	13 089	10 675	1 068	51
山　　东	145	2 707	391	1 135	28 464	23 621	1 347	114
其中：青岛	13	270	32	94	3 520	3 081	152	1
河　　南	136	2 784	93	551	14 703	12 276	1 140	66
湖　　北	102	2 243	153	911	19 811	16 104	1 005	80
湖　　南	120	1 968	102	627	17 041	14 159	1 210	86
广　　东	129	3 425	163	552	34 538	29 658	850	54
其中：深圳	8	490	54	114	5 600	4 753	15	1
广　　西	100	1 484	118	431	15 639	11 833	516	27
海　　南	20	250	6	25	1 927	1 576	7	－ －
重　　庆	43	759	64	230	7 920	6 193	748	76
四　　川	146	1 889	68	500	20 944	16 960	1 594	84
贵　　州	91	883	45	193	7 707	6 569	283	20
云　　南	149	1 693	76	607	13 967	11 330	1 005	45
西　　藏	3	66	4	16	447	356	10	3
陕　　西	111	1 777	45	332	9 133	7 727	664	78
甘　　肃	92	1 219	40	215	8 724	7 007	561	88
青　　海	43	380	18	117	2 885	2 333	62	12
宁　　夏	20	487	25	154	3 886	3 479	148	6
新　　疆	98	991	36	296	8 107	5 873	98	－ －

基本情况（一）

（千册、件、套）			总藏量中：开架书刊（千册、件、套）	当年购买的报刊种类（种）	书架单层总长度（千米）	累计发放有效借书证数（千个）	总流通人次（千人次）	书刊文献外借人次	书刊文献外借册次（千册次）
报刊	缩微制品、视听文献	其他							
67 479	**20 296**	**37 341**	**164 786**	**816 293**	**14 127**	**11 598**	**252 175**	**114 079**	**210 393**
12 569	1 483	1 947	– –	22 100	333	96	3 905	1 105	3 315
54 910	18 813	35 394	164 786	794 193	13 794	11 502	248 270	112 974	207 078
533	404	194	6 881	20 618	172	621	7 465	4 043	7 340
609	123	354	4 110	14 864	195	261	4 739	1 801	3 592
1 526	354	474	5 453	23 643	490	437	5 884	3 674	4 966
1 905	91	253	3 775	13 340	158	209	2 566	1 235	2 277
824	22	163	2 030	6 428	276	155	3 236	1 487	2 598
2 391	522	1 656	10 641	36 950	454	480	12 090	5 398	12 446
316	227	334	2 745	9 927	72	193	3 059	1 449	3 093
1 264	113	132	3 135	17 135	181	161	5 512	2 242	4 322
1 876	58	902	6 424	19 273	210	345	5 473	2 131	4 252
3 040	12 831	23 050	8 826	36 645	551	555	13 424	4 357	10 869
2 664	331	683	10 312	53 899	863	822	17 527	10 940	16 421
2 801	798	843	10 812	64 645	827	829	16 509	8 153	16 117
324	51	103	1 536	9 604	383	120	3 435	1 296	2 314
1 448	14	284	1 966	33 938	174	250	5 599	2 784	4 162
1 648	183	538	5 770	26 695	268	254	7 124	3 769	7 002
195	91	127	1 841	4 435	53	83	1 519	771	1 152
1 793	94	526	4 226	19 549	192	157	4 602	2 434	4 372
3 638	127	1 076	10 769	47 293	901	757	13 342	6 953	11 658
370	6	61	1 786	12 636	53	126	2 714	1 673	2 279
2 236	66	123	4 306	20 451	305	292	7 804	4 673	6 966
2 960	212	533	9 318	31 474	1 008	749	11 974	5 663	10 779
2 394	256	231	6 834	19 416	353	635	9 596	4 697	8 796
3 503	684	691	19 004	76 319	2 620	1 727	46 947	17 772	30 968
556	82	208	1 143	16 301	1 432	410	10 514	849	2 389
3 202	220	382	5 205	31 083	759	323	13 809	3 747	6 835
320	– –	30	1 019	5 127	34	29	1 386	288	438
734	71	920	2 235	13 223	119	121	3 301	2 066	5 862
3 306	274	403	5 554	52 592	1 173	295	8 894	3 679	7 132
956	35	146	2 196	12 297	131	112	1 901	845	1 231
2 115	321	199	4 334	41 769	421	268	6 945	3 171	6 312
73	– –	16	189	1 605	23	7	25	7	55
1 152	60	192	2 216	14 030	164	239	3 683	1 819	2 778
1 528	33	154	3 035	12 507	405	127	3 059	1 500	2 651
390	6	155	519	2 341	78	66	567	273	459
385	13	8	379	4 697	142	52	1 602	534	1 722
1 681	484	67	3 295	20 347	128	151	1 672	826	1 686

2006 年各地区公共图书馆

	为读者举办各种活动		信息化装备				共享工程服务点（个）
	次数（次）	参加人次（千人次）	计算机（台）	电子阅览室终端数	网站数（个）	因特网总带数（Mbps）	
总　　计	83 117	27 415	75 297	37 148	762	15 226	14 355
中　　央	729	149	1 751	96	1	112	－ －
地　　方	82 388	27 265	73 546	37 052	761	15 114	14 355
北　　京	5 654	1 409	2 954	1 063	23	561	361
天　　津	1 127	1 804	1 760	888	11	186	98
河　　北	2 281	425	2 379	1 225	22	261	838
山　　西	1 075	623	1 393	565	17	260	194
内　蒙古	570	127	871	279	8	74	67
辽　　宁	5 599	2 401	3 728	1 440	21	253	201
其中:大连	426	417	1 147	464	3	22	37
吉　　林	2 123	424	1 418	569	14	87	407
黑　龙江	917	497	2 456	1 385	9	755	164
上　　海	4 809	1 122	4 534	1 317	37	211	420
江　　苏	2 932	2 152	5 613	3 219	50	1 192	98
浙　　江	2 039	1 439	6 448	3 331	57	3 237	4 115
其中:宁波	257	233	1 160	666	4	350	3 353
安　　徽	2 242	292	1 623	862	13	520	169
福　　建	1 475	983	1 981	1 051	21	241	71
其中:厦门	693	565	559	223	4	28	3
江　　西	1 576	511	1 670	451	75	514	151
山　　东	1 834	1 124	4 307	2 429	29	1 330	1 245
其中:青岛	418	353	802	488	4	129	830
河　　南	1 255	518	1 914	1 156	35	468	318
湖　　北	2 389	1 924	4 197	2 632	81	573	648
湖　　南	2 416	1 487	1 883	1 312	28	378	835
广　　东	21 451	3 189	7 582	3 782	83	2 320	2 156
其中:深圳	18 252	287	1 313	263	8	297	605
广　　西	1 294	933	1 992	1 021	21	148	355
海　　南	55	30	642	335	3	112	29
重　　庆	577	522	1 507	949	17	319	239
四　　川	5 559	1 017	3 684	2 378	39	414	402
贵　　州	752	420	615	347	2	73	154
云　　南	904	666	2 299	1 095	21	236	179
西　　藏	4	－ －	88	45	1	20	3
陕　　西	2 558	432	1 369	432	6	155	106
甘　　肃	3 699	410	1 002	521	6	86	117
青　　海	173	66	225	109	1	6	52
宁　　夏	241	79	261	159	2	11	67
新　　疆	2 808	225	1 151	705	8	113	96

基本情况(二)

本年新购藏量 (千册、件)	新购图书	年末固定资产原值 (千元)	增加值 (千元)	(千平方米)	书库	阅览室	书刊阅览室	电子阅览室	(千个)	少儿阅览室座席数
21 020	**16 860**	**13 293 513**	**2 186 246**	**7 189**	**1 755**	**1 590**	**1 124**	**194**	**500**	**142**
747	319	1 662 174	170 111	164	50	21	21	--	3	--
20 273	16 541	11 631 339	2 016 135	7025	1 705	1 569	1 103	194	497	142
1 592	1 519	799 374	90 779	155	28	34	26	5	12	3
856	812	178 251	56 735	126	37	30	19	5	9	2
507	387	276 146	49 874	260	64	55	34	6	20	6
224	171	152 045	43 865	167	48	43	32	5	14	4
162	142	182 245	47 432	155	36	39	28	3	14	4
933	793	692 240	106 032	386	78	81	58	9	26	9
267	233	108 821	16 343	114	19	26	19	4	7	3
312	216	185 721	52 297	136	33	39	20	3	12	3
462	370	166 706	52 375	219	47	52	34	7	14	4
1 175	1 027	1 812 403	212 018	235	79	45	37	5	14	3
1 682	1 362	827 303	153 279	491	122	97	67	16	26	8
1 909	1 628	829 180	158 701	453	100	107	85	16	28	7
369	340	71 963	19 252	78	6	25	22	2	5	1
460	341	131 144	42 661	154	28	29	20	3	11	3
749	523	301 081	48 786	238	64	59	42	6	17	5
289	187	69 292	11 985	25	9	8	7	1	2	1
343	250	171 100	38 851	215	54	61	34	5	17	6
1 015	776	625 784	112 666	401	98	83	64	12	27	8
217	169	121 286	19 708	54	6	15	12	2	5	1
372	308	244 658	53 661	271	81	50	27	5	18	5
572	484	291 544	59 667	280	70	64	45	10	25	7
441	318	213 994	48 523	260	84	61	50	6	23	9
3 558	2 962	1 010 415	199 713	781	129	143	98	23	45	9
1 228	1 152	191 924	42 787	80	13	19	15	4	7	1
447	279	331 344	59 957	225	70	65	52	4	19	7
56	21	30 599	6 735	73	13	7	4	1	3	1
276	192	129 350	24 451	134	35	28	19	4	9	3
893	738	837 977	76 438	274	72	78	54	13	22	7
141	103	101 523	27 023	134	33	36	22	3	11	3
355	247	396 213	59 872	276	71	53	38	6	20	6
11	10	37 213	3 786	24	7	4	1	1	1	--
236	194	329 616	36 991	191	35	44	32	3	12	3
133	114	130 925	32 666	113	34	32	23	4	12	3
26	11	46 154	14 459	33	9	6	3	1	2	--
62	53	44 309	14 720	42	14	11	6	1	4	1
313	190	124 782	31 122	123	32	33	29	3	10	3

2006 年各地区公共图书馆

	本年收入合计(千元)							本	
		财政拨款	上级补助收入	事业收入	经营收入	附属单位上缴收入	其他收入		基本支出
总　　计	3 660 892	3 194 791	63 600	212 141	34 974	6 110	149 276	3 440 759	2 307 925
中　　央	341 974	292 112	78	32 740	6 434	4 989	5 621	301 403	135 733
地　　方	3 318 918	2 902 679	63 522	179 401	28 540	1 121	143 655	3 139 356	2 172 192
北　　京	176 387	155 612	4 605	9 195	1 401	－ －	5 574	178 456	80 739
天　　津	103 267	92 647	1 701	4 787	80	－ －	4 052	96 792	84 796
河　　北	68 724	65 832	628	714	464	－ －	1 086	65 674	56 272
山　　西	64 151	55 793	3 661	2 432	1 756	400	109	59 786	46 441
内　蒙　古	55 960	53 580	2	881	－ －	－ －	1 497	55 635	54 869
辽　　宁	160 379	150 063	412	7 114	20	－ －	2 770	159 802	110 371
其中:大连	37 529	35 274	－ －	1 904	－ －	－ －	351	37 152	16 552
吉　　林	68 863	65 255	1 113	328	693	517	957	68 688	55 551
黑　龙　江	77 019	73 129	949	1 155	－ －	－ －	1 786	77 604	62 004
上　　海	405 915	323 577	3 954	64 680	2 229	86	11 389	385 885	214 720
江　　苏	348 735	310 827	4 775	16 879	2 593	25	13 636	239 761	186 630
浙　　江	262 626	216 563	6 314	16 475	1 714	36	21 524	259 511	168 648
其中:宁波	32 519	28 735	1 000	725	－ －		2 059	31 706	21 586
安　　徽	65 902	58 564	1 210	1 907	162	30	4 029	63 979	35 662
福　　建	76 717	65 333	1 666	2 777	2 997	－ －	3 944	72 218	52 486
其中:厦门	18 873	17 268	－ －	1 295	13	－ －	297	19 507	14 054
江　　西	49 802	41 023	1 298	3 032	3 094	－ －	1 355	50 744	40 829
山　　东	151 829	140 841	940	6 863	－ －	－ －	3 185	149 738	117 925
其中:青岛	24 282	22 163	487	717	－ －		915	24 611	17 353
河　　南	73 484	65 882	3 714	1 675	1 487	－ －	726	69 787	48 868
湖　　北	92 636	75 789	2 058	4 807	364	2	9 616	91 197	55 317
湖　　南	74 170	61 626	1 729	3 674	3 178	11	3 952	71 244	63 401
广　　东	383 796	318 193	13 768	12 249	2 527	－ －	37 059	397 523	241 928
其中:深圳	110 281	68 086	10 693	2 110	520	－ －	28 872	126 667	94 998
广　　西	75 142	65 418	775	3 948	131	－ －	4 870	74 433	56 321
海　　南	20 917	19 772	406	29	5	－ －	705	11 890	5 470
重　　庆	46 712	40 222	2 025	3 090	337		1 038	39 942	26 205
四　　川	98 582	89 633	1 828	4 094	879		2 148	90 568	55 118
贵　　州	48 146	44 077	1 174	678	36		2 181	43 136	35 999
云　　南	80 722	73 476	924	2 273	2 313		1 736	76 138	54 146
西　　藏	3 503	3 503	－ －	－ －	－ －		－ －	3 463	2 425
陕　　西	56 278	52 953	303	1 996	75	－ －	951	56 567	53 138
甘　　肃	49 721	47 482	1 200	441	－ －	－ －	598	48 538	44 106
青　　海	16 841	16 364	176	74	－ －	14	213	16 829	15 867
宁　　夏	17 995	17 563	－ －	150	－ －		282	17 731	15 923
新　　疆	43 997	42 087	214	1 004	5	－ －	687	46 097	30 017

基本情况（三）

		年　支　出　合　计（千元）									
				在　支　出　合　计　中							
		人员支出			公　用　支　出						对个人和家庭补助支出
项目支出	经营支出		社会保障缴费		福利费	维修费	各种设备购置费	新增藏量购置费		税金支出	
									图书购置费		
970 006	**21 341**	**1 269 944**	**111 030**	**1 636 283**	**31 523**	**85 884**	**931 938**	**727 533**	**660 948**	**16 009**	**336 965**
164 583	1 087	48 993	1 620	172 670	8 369	4 653	130 027	130 027	130 027	2 165	44 097
805 423	20 254	1 220 951	109 410	1 463 613	23 154	81 231	801 911	597 506	530 921	13 844	292 868
82 573	339	45 270	2 130	114 429	502	7 355	68 637	45 316	41 876	1 057	11 975
7 544	39	37 264	2 528	44 972	402	1 252	29 110	26 277	25 896	343	11 596
4 703	470	30 935	1 806	26 253	347	1 647	14 565	11 079	9 492	198	7 348
9 025	1 756	31 165	1 840	21 603	644	2 064	10 101	6 620	4 376	106	5 868
766	– –	33 905	1 532	14 057	428	1 066	6 034	3 389	2 813	108	5 701
32 916	– –	57 320	4813	72 339	1 146	5 909	25 510	22 767	20 792	704	19 168
16 566	– –	10 561	1 934	22 702	472	2 705	8 791	8 049	7 037	8	949
9 437	690	33 414	1 338	23 402	167	1 432	10 724	8 072	7 576	49	11 238
12 316	– –	34 730	1 629	22 427	223	1 152	11 520	7 878	6 585	152	10551
162 573	368	123 235	20 767	243 735	2 812	12 041	134 315	111 646	106 864	1 694	11 781
50 648	1 999	87 320	6 955	111 222	1 887	5 413	65 479	50 718	43 695	1 075	29 905
79 890	1 200	98 614	13 081	128 872	3 759	8038	66 140	52 632	43 749	1 494	21 667
10 120	– –	13 076	2 349	15 907	521	449	9 785	7 370	6 592	56	2 720
18 415	136	26 004	2 693	25 869	329	1 422	11 261	7 244	5 934	97	10985
15 855	945	28 260	3 595	32 923	320	1 545	17 548	15 889	13 014	571	7 592
5 453	– –	6 798	836	10 313	76	113	4 781	4 507	2 465	– –	2 339
7 061	896	23 299	1 814	18 947	737	2 493	10 246	8 705	8 065	1 049	6 922
28 147	– –	69 632	9 390	61 075	656	3 755	31 027	24 742	19 224	484	16 863
4 170	– –	12 549	1 921	8 810	202	39	5 158	4 883	4 833	35	2 071
10 082	1 596	34 970	3 672	22 788	519	1 283	10 953	9 862	8 269	138	8 248
26 645	662	37 351	2 920	42 386	1 091	3 090	22 502	17 018	15 342	420	9 143
4 366	3 145	32 110	3 326	28 526	918	2 519	14 376	10 267	9 136	643	6 292
149 180	920	125 974	10 645	205 730	3 224	5 753	134 692	88 321	80 564	1 286	28 812
31 528	– –	28 807	2 464	74 889	784	1 859	49 317	23 820	22 826	197	5 322
14 408	67	35 755	2 212	23 816	508	1 797	14 015	9 991	7 471	766	9 674
4 382	– –	5 202	717	2 557	32	93	1 093	1 014	661	7	270
9 600	785	14 088	864	19 856	294	1 648	9 800	6 235	5 703	276	4 619
27 481	765	33 797	3 160	43 231	864	2 610	24 170	15 667	12 303	295	7 963
7 137	– –	17 508	499	19 399	122	383	9 626	4 273	3 834	104	5 228
14 561	2 697	38 685	1 613	21 881	260	934	11 732	9 635	8 432	573	4 505
648	– –	1 964	47	1 157	41	205	874	550	400	– –	292
1 505	725	20 861	789	29 510	354	1 892	11 325	5 249	5 042	16	2 567
4 264	49	21 589	730	16 875	263	450	10 591	6 493	5 876	31	5 546
843	– –	9 782	191	4 108	11	374	1 715	785	715	18	2 802
541	– –	10 235	431	4 250	32	452	2 267	2 005	1 326	11	2 670
7 911	5	20 713	1 683	15 418	262	1 164	9 963	7 167	5 896	79	5 077

2006 年各地区少儿公共图书馆

	机构数(个)	从业人员数				总藏量			
		(人)	高级职称	中级职称			图书	古籍	善本
总　计	**86**	**1 605**	**149**	**526**	**14 580**	**12 826**	**58**	**3**
北　京	4	95	4	14	762	657	－－	－－
天　津	12	196	18	58	1 358	1 260	－－	－－
河　北	1	5	－－	4	50	50	－－	－－
山　西	1	15	1	3	93	68	－－	－－
内　蒙　古	2	30	－－	9	169	148	－－	－－
辽　宁	15	273	30	92	1 997	1 778	－－	－－
其中:大连	1	43	9	17	424	358	－－	－－
吉　林	3	93	18	27	511	439	－－	－－
黑　龙　江	1	17	1	11	47	21	－－	－－
上　海	5	113	8	29	1 247	1 162	－－	－－
江　苏	6	49	10	23	753	709	1	－－
浙　江	3	100	12	34	865	730	－－	－－
其中:宁波	－－	－－	－－	－－	－－	－－	－－	－－
安　徽	2	49	1	6	122	84	－－	－－
福　建	5	72	4	22	804	726	－－	－－
其中:厦门	3	46	2	12	501	445	－－	－－
江　西	－－	－－	－－	－－	－－	－－	－－	－－
山　东	1	8	－－	3	76	74	－－	－－
其中:青岛								
河　南	1	16	1	6	111	86	－－	－－
湖　北	4	79	6	41	914	702	38	3
湖　南	6	139	12	58	1 214	1 121	－－	－－
广　东	4	113	12	35	2 280	2 105	7	－－
其中:深圳	1	31	3	15	370	335	－－	－－
广　西	3	57	2	26	611	360	－－	－－
海　南	－－	－－	－－	－－	－－	－－	－－	－－
重　庆	1	46	8	17	397	359	－－	－－
四　川	－－	－－	－－	－－	－－	－－	－－	－－
贵　州	－－	－－	－－	－－	－－	－－	－－	－－
云　南	3	2	－－	1	55	55	－－	－－
西　藏	－－	－－	－－	－－	－－	－－	－－	－－
陕　西	2	25	1	6	130	116	10	－－
甘　肃	1	13	－－	1	7	7	－－	－－
青　海	－－	－－	－－	－－	－－	－－	－－	－－
宁　夏	－－	－－	－－	－－	－－	－－	－－	－－
新　疆								

基本情况（一）

（千册、件、套）			总藏量中：开架书刊（千册、件、套）	当年购买的报刊种类（种）	书架单层总长度（千米）	累计发放有效借书证数（千个）	总流通人次		书刊文献外借册次（千册次）
报刊	缩微制品、视听文献	其他					（千人次）	书刊文献外借人次	
853	**507**	**394**	**9 213**	**25 541**	**141**	**711**	**12 226**	**6 755**	**12 383**
60	33	11	674	1 594	8	52	603	465	535
17	34	45	705	1 594	6	31	682	575	914
--	--	--	37	215	--	--	26	20	20
24	--	--	--	--	--	--	4	2	2
17	1	2	16	52	2	18	78	29	32
85	50	82	994	3 145	36	66	1 349	844	2 059
3	13	48	298	453	5	35	367	166	474
61	--	10	100	584	8	12	283	131	336
9	--	16	30	116	--	3	93	59	96
5	79	--	851	1 870	12	56	939	329	737
30	13	--	617	1 215	6	39	1 193	587	1 044
56	76	1	685	2 306	4	71	597	316	715
--	--	--	--	--	--	--	--	--	--
36	1	--	49	644	1	11	386	220	339
40	12	25	606	1 605	10	49	1 272	1 029	1 302
18	12	25	371	1 029	7	48	822	639	794
--	--	--	--	--	--	--	--	--	--
1	--	--	58	223	1	8	44	27	76
23	--	--	110	208	--	4	110	110	146
18	15	177	484	1 139	7	50	457	175	465
50	36	6	1 040	2 098	11	74	701	290	627
56	104	14	1 806	3 704	11	142	1 756	427	1 015
18	16	--	20	1 643	1	3	80	16	80
215	35	--	18	1 933	7	13	915	564	631
--	--	--	--	--	--	--	--	--	--
27	10	--	238	1 051	2	--	655	510	1 181
--	--	--	--	--	--	--	--	--	--
--	--	--	--	--	--	--	--	--	--
--	--	--	55	58	--	--	11	8	11
14	--	--	31	183	1	2	61	30	89
--	--	--	--	4	--	3	4	--	2
--	--	--	--	--	--	--	--	--	--
--	--	--	--	--	--	--	--	--	--

2006 年各地区少儿公共图书馆

	为读者举办各种活动		信息化装备				共享工程服务点（个）
	次数（次）	参加人次（千人次）	计算机（台）	电子阅览室终端数	网站数（个）	因特网总带数（Mbps）	
总　　计	5 360	3 920	3 125	1 635	33	428	203
北　　京	605	102	217	106	2	6	1
天　　津	262	962	283	202	1	23	17
河　　北	8	6	——	——	——	——	——
山　　西	9	3	23	23	1	10	1
内　蒙　古	47	10	23	20	——	——	2
辽　　宁	468	1 193	468	207	3	29	31
其中:大连	81	4	188	125	1	8	1
吉　　林	331	65	72	59	1	4	7
黑　龙　江	10	6	2	2	——	——	——
上　　海	1 421	270	369	271	2	14	——
江　　苏	141	194	204	123	4	41	5
浙　　江	281	142	195	99	3	112	3
其中:宁波	——	——	——	——	——	——	——
安　　徽	39	8	80	49	1	20	21
福　　建	614	128	213	109	2	17	15
其中:厦门	570	114	151	66	1	6	——
江　　西	——	——	——	——	——	——	——
山　　东	7	——	21	——	1	——	3
其中:青岛	——	——	——	——	——	——	——
河　　南	12	12	13	——	——	——	——
湖　　北	179	86	133	78	2	20	4
湖　　南	343	181	129	78	4	12	2
广　　东	238	312	402	110	4	108	1
其中:深圳	16	48	91	——	2	4	——
广　　西	137	97	120	12	1	2	1
海　　南	——	——	——	——	——	——	——
重　　庆	129	110	149	87	1	10	87
四　　川	——	——	——	——	——	——	——
贵　　州	——	——	——	——	——	——	——
云　　南	2	——	1	——	——	——	——
西　　藏	——	——	——	——	——	——	——
陕　　西	72	25	8	——	——	——	2
甘　　肃	5	——	——	——	——	——	——
青　　海	——	——	——	——	——	——	——
宁　　夏	——	——	——	——	——	——	——
新　　疆	——	——	——	——	——	——	——

基本情况(二)

本年新购藏量 (千册、件)	新购图书	年末固定资产原值(千元)	增加值(千元)	公用房屋建筑面积 (千平方米)	书库		阅览室面积 书刊阅览室	电子阅览室	阅览室坐席数 (千个)	少儿阅览室坐席数
1 405	**1 206**	**358 465**	**74 582**	**178**	**25**	**49**	**35**	**8**	**20**	**18**
105	102	41 959	4 813	14	1	5	4	1	2	2
112	107	14 210	7 454	14	2	4	2	1	1	1
13	13	－－	－－	1	－－	1	－－	－－	－－	－－
－－	－－	503	795	－－	－－	－－	－－	－－	－－	－－
3	3	1 169	671	3	－－	1	－－	－－	－－	－－
209	183	44 530	9 420	27	4	6	3	1	3	3
71	58	25 008	2 185	6	1	2	－－	1	1	1
37	32	11 573	3 503	7	1	1	－－	－－	1	1
1	－－	－－374	1	－－	－－	－－	－－	－－	－－	－－
128	96	28 339	7 649	12	2	3	3	1	2	2
57	48	20 856	3 240	13	2	5	4	1	2	2
86	64	59 998	8 768	19	－－	5	3	1	1	1
－－	－－	－－	－－	－－	－－	－－	－－	－－	－－	－－
18	12	7 352	1 276	3	－－	－－	－－	－－	－－	－－
105	91	22 976	4 900	11	2	3	3	－－	1	1
82	69	18 413	3 794	8	1	3	2	－－	1	1
－－	－－	－－	－－	－－	－－	－－	－－	－－	－－	－－
2	2	700	500	4	－－	2	－－	1	－－	－－
－－	－－	－－	－－	－－	－－	－－	－－	－－	－－	－－
14	11	1 418	536	－－	－－	－－	－－	－－	－－	－－
58	47	11 945	3 747	6	2	2	2	－－	1	1
44	30	18 780	4 077	18	6	3	3	－－	2	2
324	287	53 543	7 808	11	1	4	4	－－	1	1
111	90	12 158	2 384	1	－－	1	－－	－－	1	1
37	30	8 963	2 092	7	1	2	2	－－	1	1
－－	－－	－－	－－	－－	－－	－－	－－	－－	－－	－－
39	37	7 882	2 313	4	－－	2	1	－－	－－	－－
－－	－－	－－	－－	－－	－－	－－	－－	－－	－－	－－
－－	－－	－－	10	－－	－－	－－	－－	－－	－－	－－
－－	－－	－－	－－	－－	－－	－－	－－	－－	－－	－－
3	2	1 666	379	2	1	1	－－	－－	－－	－－
－－	－－	103	249	－－	－－	－－	－－	－－	－－	－－

2006 年各地区少儿公共图书馆

| | 本 年 收 入 合 计 （千元） | | | | | | | 本 | |
	财政拨款	上级补助收入	事业收入	经营收入	附属单位上缴收入	其他收入		基本支出
总　　计	**136 086**	**114 995**	**5 064**	**7 607**	**1 746**	**– –**	**6 674**	**131 275**	**87 022**
北　京	7 555	6 937	26	14	382	– –	196	7 109	4 360
天　津	18 067	16 416	41	779	– –	– –	831	14 136	10 960
河　北	– –	– –	– –	– –		– –		– –	– –
山　西	917	916	– –	– –			1	918	918
内蒙古	772	760	– –	– –			12	772	772
辽　宁	15 229	13 934	2	573			720	14 837	11 351
其中：大连	4 427	3 846	– –	230			351	4 038	2 320
吉　林	4 976	4 554	– –	6			416	4 962	4 864
黑龙江	398	– –	– –	398			– –	398	– –
上　海	15 643	12 471	947	1 458			767	15 152	8 587
江　苏	5 751	3 510	770	723	102		646	5 388	5 286
浙　江	12 950	11 381	585	269	– –		715	11 499	8 754
其中：宁波	– –	– –	– –	– –			– –	– –	– –
安　徽	2 032	1 699	– –	– –			333	2 052	1 118
福　建	7 443	6 705	– –	520			218	7 527	5 781
其中：厦门	5 817	5 196	– –	406			215	5 783	4 197
江　西	– –	– –	– –	– –			– –	– –	– –
山　东	720	680		40				745	550
其中：青岛	– –	– –	– –	– –			– –	– –	– –
河　南	914	853	– –	50		– –	11	914	914
湖　北	7 803	6 644	38	– –			1 121	7 791	3 908
湖　南	7 000	5 299	50	324	1 256		71	6 653	5 440
广　东	19 300	15 701	2 605	881			113	22 192	7 651
其中：深圳	8 056	5 363	2 580	– –			113	10 087	3 311
广　西	3 249	2 932	– –	229	6		82	3 198	1 995
海　南	– –	– –	– –	– –			– –	– –	– –
重　庆	4 565	2 907	– –	1 307	– –		351	4 230	3 022
四　川	– –	– –	– –	– –			– –	– –	– –
贵　州	– –	– –	– –	– –			– –	– –	– –
云　南	11	11						11	– –
西　藏	– –	– –	– –	– –			– –	– –	– –
陕　西	526	420	– –	36	– –	– –	70	526	526
甘　肃	265	265	– –	– –			– –	265	265
青　海	– –	– –	– –	– –			– –	– –	– –
宁　夏	– –	– –	– –	– –			– –	– –	– –
新　疆	– –	– –	– –	– –			– –	– –	– –

基本情况（三）

项目支出	经营支出	人员支出	社会保障缴费	公用支出	福利费	维修费	各种设备购置费	新增藏量购置费	图书购置费	税金支出	对个人和家庭补助支出
40 365	**1 271**	**46 082**	**4 266**	**67 448**	**827**	**4 940**	**31 914**	**26 381**	**23 962**	**842**	**12 493**
2 283	— —	2 626	99	4 089	14	352	1 832	1 455	1 129	101	394
2 829	— —	4 723	206	4 681	72	308	2 627	2 579	2 569	37	2 054
— —	— —	— —	— —	— —	— —	— —	— —	— —	— —	— —	— —
— —	— —	526	5	155	12	— —	13	13	13	— —	237
— —	— —	511	— —	154	7	10	53	53	45	— —	107
2 098	— —	5 990	447	6 671	101	299	3 349	2 889	2 502	26	1 522
1 718	— —	1 169	192	2 499	16	267	1 370	1 200	860	— —	— —
92	— —	2 363	105	1 923	3	42	846	568	461	— —	675
— —	— —	374	— —	24	— —	7	15	1	1	— —	— —
6 564	— —	5 665	1 239	8 105	67	1 153	3 739	2 292	2 113	23	761
— —	102	2 006	244	3 077	65	223	1 209	971	882	30	305
2 745	— —	4 393	309	5 468	156	1 076	2 619	1 655	1 246	182	1 638
— —	— —	— —	— —	— —	— —	— —	— —	— —	— —	— —	— —
934	— —	632	41	1 162	70	104	331	302	302	22	258
1 746	— —	3 225	338	3 524	27	92	1 097	993	935	7	722
1 586	— —	2 417	242	2 693	24	25	633	558	550	— —	617
— —	— —	— —	— —	— —	— —	— —	— —	— —	— —	— —	— —
195	— —	414	71	274	1	3	114	80	66	— —	57
— —	— —	— —	— —	— —	— —	— —	— —	— —	— —	— —	— —
— —	— —	339	2	439	5	11	137	137	137	— —	136
3 883	— —	2 209	189	4 596	63	664	1 689	1 413	1 044	12	986
50	1 163	2 230	270	2 423	61	79	1 320	967	634	202	833
14 541	— —	4 585	439	16 611	86	199	9 273	8 650	8 537	— —	996
6 776	— —	1 559	137	8 257	68	92	4 882	4 410	4 410	— —	271
1 197	6	1 323	141	1 458	— —	65	632	542	542	— —	411
— —	— —	— —	— —	— —	— —	— —	— —	— —	— —	— —	— —
1 208	— —	1 398	72	2 436	15	198	948	750	734	190	395
— —	— —	— —	— —	— —	— —	— —	— —	— —	— —	— —	— —
— —	— —	— —	— —	— —	— —	— —	— —	— —	— —	— —	— —
— —	— —	4	— —	1	— —	— —	— —	— —	— —	— —	6
— —	— —	— —	— —	— —	— —	— —	— —	— —	— —	— —	— —
— —	— —	301	49	157	2	55	70	70	70	10	— —
— —	— —	245	— —	20	— —	— —	1	1	— —	— —	— —
— —	— —	— —	— —	— —	— —	— —	— —	— —	— —	— —	— —

2006 年各地区省级公共图书馆

	机构数（个）	（人）	从业人员数		总藏量	图书	古籍	善本
			高级职称	中级职称				
总　计	37	7 531	1 187	2 261	147 079	91 692	13 756	1 253
北　京	1	317	32	92	4 557	3 869	445	33
天　津	2	322	45	153	4 729	4 223	511	103
河　北	1	171	58	46	1 583	1 302	59	1
山　西	1	188	34	57	2 478	1 597	290	50
内　蒙　古	1	185	41	46	1 667	1 507	180	4
辽　宁	1	257	40	98	3 985	3 308	459	122
吉　林	1	217	39	72	3 152	2 737	370	23
黑　龙　江	1	210	60	56	2 704	2 039	133	6
上　海	2	1 287	145	273	51 722	13 207	1 901	192
江　苏	1	384	70	116	8 286	7 428	1 414	103
浙　江	1	368	48	80	5 162	4 138	837	14
安　徽	1	160	33	41	2 637	2 113	411	24
福　建	1	220	23	69	2 880	2 510	247	20
江　西	1	131	35	36	2 375	2 161	560	10
山　东	1	217	46	85	5 633	4 306	745	94
河　南	1	179	28	68	2 914	2 607	506	24
湖　北	1	173	41	81	4 538	3 357	448	49
湖　南	2	282	46	102	4 077	3 576	620	50
广　东	1	379	38	81	5 242	4 071	410	32
广　西	3	326	97	145	4 223	3 388	261	7
海　南	1	10	6	—	—	—	—	—
重　庆	2	217	35	69	2 949	2 180	525	56
四　川	1	242	17	60	4 422	3 620	686	60
贵　州	1	131	26	39	2 288	2 021	200	1
云　南	1	191	23	59	2 451	1 944	582	28
西　藏	1	45	4	16	345	261	10	3
陕　西	1	250	17	59	2 952	2 485	385	62
甘　肃	1	185	20	64	2 978	2 453	316	60
青　海	1	101	17	31	1 525	1 204	14	10
宁　夏	1	105	13	34	1 456	1 383	137	—
新　疆	1	81	10	33	1 153	682	80	—

基本情况（一）

报刊	缩微制品、视听文献	其他	总藏量中：开架书刊（千册、件、套）	当年购买的报刊种类（种）	书架单层总长度（千米）	累计发放有效借书证数（千个）	总流通人次（千人次）	书刊文献外借人次	书刊文献外借册次（千册次）
15 969	**13 987**	**25 431**	**26 785**	**143 656**	**3 104**	**1 954**	**34 318**	**15 623**	**32 770**
282	287	118	913	5 467	63	128	2 738	845	2 287
342	86	76	1 942	5 498	75	135	1 459	629	1 330
179	100	– –	1 168	4 682	34	146	369	187	295
809	54	16	1 218	3 000	31	13	450	288	288
69	2	87	198	1 515	84	13	243	55	227
476	99	100	1 883	5 990	87	21	1 091	346	2 027
404	10	– –	316	3 492	43	34	496	441	543
409	20	234	460	3 012	– –	22	500	67	122
2 908	12 609	22 996	3 784	16 944	245	269	2 117	759	2 298
644	148	65	44	7 886	118	20	545	297	503
965	57	– –	1 430	5 466	58	36	976	307	756
517	5	– –	250	2 868	60	48	1 377	509	1 002
290	25	53	36	5 610	38	6	695	469	918
200	5	8	920	4 370	– –	35	545	186	315
666	41	618	2 217	4 497	135	178	1 698	584	1 222
257	24	24	– –	3 876	43	7	970	238	391
1 048	70	61	1 980	4 509	752	170	1 135	230	782
379	76	43	1 600	4 597	74	91	1 652	415	1 678
940	86	144	1 052	10 154	102	243	9 856	6 896	11 675
771	59	4	1 300	9 580	526	90	1 330	368	928
– –	– –	– –	– –	837	12	– –	– –	– –	– –
132	14	622	481	4 373	40	30	847	568	1 355
785	16	– –	436	2 864	82	9	78	14	25
262	4	1	452	2 960	31	13	203	45	82
444	34	28	300	4 154	128	43	979	206	413
68	– –	15	90	1 214	22	7	15	– –	9
449	17	– –	818	4 449	78	30	980	284	502
514	9	– –	800	5 133	60	40	657	246	493
208	4	108	252	1 044	37	35	273	105	223
64	9	– –	42	856	32	– –	28	28	67
471	– –	– –	392	2 759	– –	30	– –	– –	– –

2006 年各地区省级公共图书馆

	为读者举办各种活动		信息化装备				共享工程服务点（个）
	次数（次）	参加人次（千人次）	计算机		网站数（个）	因特网总带数（Mbps）	
			（台）	电子阅览室终端数			
总　计	7 101	3 995	12 605	3 182	78	1 686	5 127
北　京	1 364	604	730	120	5	50	194
天　津	160	969	583	245	2	20	63
河　北	74	56	300	－ －	4	100	617
山　西	147	300	320	40	3	150	130
内　蒙　古	3	－ －	177	100	2	10	1
辽　宁	460	304	339	104	1	15	44
吉　林	98	22	362	35	3	10	304
黑　龙　江	219	23	565	272	2	110	74
上　海	809	315	2 308	150	9	120	420
江　苏	256	28	298	30	2	20	1
浙　江	100	41	761	90	3	100	1
安　徽	153	60	397	160	1	100	81
福　建	97	20	220	80	1	100	1
江　西	156	21	220	82	1	100	92
山　东	127	133	562	190	2	200	283
河　南	82	14	220	110	1	20	95
湖　北	387	143	363	148	2	20	164
湖　南	996	76	304	88	3	110	99
广　东	260	111	480	80	9	108	1 259
广　西	310	210	453	150	5	20	186
海　南	－ －	－ －	394	164	1	100	27
重　庆	183	120	312	115	5	25	167
四　川	36	38	238	30	2	16	402
贵　州	75	42	163	84	1	10	105
云　南	160	200	412	150	1	10	108
西　藏	1	－ －	21	－ －	－ －	－ －	1
陕　西	232	105	656	160	3	10	68
甘　肃	52	9	178	57	1	10	61
青　海	75	13	101	58	－ －	2	40
宁　夏	－ －	－ －	60	30	1	10	37
新　疆	29	10	108	60	1	10	2

基本情况（二）

本年新购藏量		年末固定资产原值（千元）	增加值（千元）	公用 房 屋 建 筑 面 积					阅览室坐席数	
（千册、件）	新 购图 书			（千平方米）	书库	阅 览 室 面 积			（千个）	少 儿阅览室坐席数
							书 刊阅览室	电 子阅览室		
4 078	**3 153**	**4 712 691**	**516 933**	**1 047**	**349**	**208**	**176**	**13**	**38**	**7**
360	316	464 521	39 637	37	4	7	6	— —	1	— —
246	211	107 517	19 948	38	11	6	5	1	2	— —
56	51	55 215	6 740	18	10	4	4	— —	— —	— —
40	34	55 706	10 095	28	18	3	3	— —	1	— —
44	43	92 934	8 750	20	5	6	6	— —	1	— —
189	170	181 181	17 918	47	7	9	8	— —	1	— —
93	51	40 829	9 886	13	6	2	2	— —	1	— —
101	72	— —	7 148	33	3	9	7	1	1	— —
516	420	1 587 779	125 028	122	58	13	11	— —	2	— —
213	139	173 214	31 692	31	26	5	4	— —	1	— —
153	120	271 103	32 877	42	19	10	9	— —	1	— —
81	73	48 105	9 553	36	8	7	6	— —	1	— —
70	63	101 342	12 717	38	6	7	6	— —	1	— —
115	93	52 380	7 291	22	15	7	— —	— —	1	— —
263	121	286 471	24 187	64	18	14	13	— —	1	— —
32	28	53 565	9 334	38	10	4	— —	— —	1	— —
126	117	66 438	9 373	25	11	7	6	— —	1	— —
128	79	83 514	12 224	43	14	9	8	— —	2	— —
456	413	184 041	29 207	38	9	8	8	— —	3	— —
156	104	76 029	18 664	38	14	15	15	— —	1	— —
— —	— —	2 561	501	28	— —	— —	— —	— —	— —	— —
124	102	64 870	9 902	39	7	4	3	— —	— —	— —
104	71	55 507	8 367	17	8	4	4	— —	— —	— —
33	29	25 114	5 057	22	3	5	5	— —	— —	— —
62	38	181 443	11 754	31	7	7	6	— —	1	— —
9	8	24 501	2 724	17	4	3	— —	— —	— —	— —
66	57	211 150	13 357	44	13	7	6	— —	2	— —
56	48	58 360	8 046	22	10	7	6	1	— —	— —
12	1	37 346	5 552	12	3	1	1	— —	— —	— —
21	19	14 906	4 553	7	3	— —	— —	— —	— —	— —
135	49	55 049	4 838	24	7	5	4	— —	— —	— —

2006 年各地区省级公共图书馆

	本 年 收 入 合 计 （千元）							本	
		财政拨款	上级补助收入	事业收入	经营收入	附属单位上缴收入	其他收入		基本支出
总　计	1 092 068	946 707	5 734	91 434	18 241	414	29 538	922 977	516 475
北　京	74 072	67 268	– –	6 361	– –	– –	443	75 460	39 591
天　津	44 647	39 440	1 030	2 432	– –	– –	1 745	38 100	32 225
河　北	9 213	8 239	113	– –	– –	– –	861	9 792	5 763
山　西	18 598	15 940	166	300	1 756	400	36	17 350	8 162
内 蒙 古	9 685	8 442	– –	600			643	9 771	9 738
辽　宁	25 431	21 803	– –	1 987	– –	– –	1 641	25 111	15 713
吉　林	13 018	12 404		581			33	13 467	9 377
黑 龙 江	20 674	19 783	– –	– –			891	22 719	14 655
上　海	267 306	205 714	254	54 738	2 067	– –	4 533	247 854	116 382
江　苏	165 579	159 270	835	3 456	46	– –	1 972	58 258	29 183
浙　江	56 640	47 692	– –	5 892	540	– –	2 516	49 387	30 477
安　徽	20 752	19 161	– –	321	– –		1 270	19 968	7 852
福　建	20 955	17 298	737	– –	2 920		– –	18 098	9 713
江　西	10 878	7 639	– –	300	2 939	– –	– –	11 920	5 838
山　东	34 531	29 435	– –	3 696	– –		1 400	33 241	15 607
河　南	15 840	14 135	– –	270	1 411	– –	24	15 107	8 196
湖　北	17 476	15 884	– –	1 223	– –		369	17 626	6 612
湖　南	20 950	16 217	– –	1 616	3 016	– –	101	20 603	17 680
广　东	65 226	57 837	– –	3 166	– –		4 223	63 329	23 286
广　西	26 375	20 895	397	1 961	– –		3 122	26 351	18 477
海　南	13 308	12 826	406	– –	– –		76	4 291	479
重　庆	22 975	19 547	1 770	1 307	– –		351	16 764	10 241
四　川	24 617	22 715	– –	495	719		688	18 020	6 800
贵　州	17 477	15 936	– –	– –	– –		1 541	12 483	12 483
云　南	12 501	9 878	– –	– –	2 246		377	12 294	4 918
西　藏	2 513	2 513	– –	– –	– –		– –	2 473	2 025
陕　西	25 298	24 194	– –	935	– –		169	26 132	25 094
甘　肃	16 215	16 036	– –	179	– –		– –	15 590	15 590
青　海	5 611	5 326	26	53	– –	14	192	5 727	5 034
宁　夏	5 792	5 765	– –	26	– –		1	5 656	5 476
新　疆	7 915	7 475	– –	120	– –		320	10 035	3 808

基本情况（三）

项目支出	经营支出	人员支出	社会保障缴费	年支出合计（千元）/在支出合计中	公用支出 福利费	维修费	各种设备购置费	新增藏量购置费	图书购置费	税金支出	对个人和家庭补助支出
393 932	12 508	240 192	24 001	575 781	4 014	23 051	345 783	254 449	231 550	7 647	76 573
35 869	– –	16 110	870	54 479	77	5 239	27 604	18 439	16 086	479	4 391
5 875	– –	10 705	631	20 195	227	211	15 334	12 674	12 674	183	4 533
4 029	– –	2 963	– –	5 458	60	87	4 031	4 031	4 029	138	1 371
7 432	1 756	5 057	460	9 968	391	1 004	5 499	3 000	1 636	95	2 324
33		3 585	48	4 954	119	253	3 088	1 241	1 055	97	1 232
9 398	– –	6 910	715	15 347	260	1 001	6 000	6 000	6 000	647	2 854
3 508	581	5 790	416	5 255	14	178	3 110	2 150	2 150	27	2 422
8 064	– –	5 323	363	7 517	10	225	5 359	2 705	2 008	– –	1 815
131 166	245	53 767	9 322	187 860	692	6 409	103 682	84 588	82 533	1 093	5 965
29 048	27	16 771	719	33 983	115	343	24 720	21 568	18 530	401	7 477
18 377	533	17 046	2 592	27 704	347	2 535	16 464	13 408	10 351	536	4 104
12 116	– –	4 378	456	12 356	9	813	5 253	2 313	1 524	8	3 234
7 488	897	5 692	1 029	8 370	44	227	5 250	5 116	5 116	472	2 456
5 289	793	2 971	80	6 669	45	961	4 459	3 735	3 735	693	1 487
17 634	– –	8 455	319	20 958	21	1 061	10 756	8 457	4 902	425	3 828
5 500	1 411	4 769	600	8 093	100	191	3 207	3 207	2 364	78	2 245
11 014	– –	4 342	– –	11 203	177	315	7 901	5 000	4 247	116	2 081
– –	2 923	5 791	1 078	9 475	198	181	6 687	4 845	4 576	484	2 411
40 043	– –	15 844	1 378	42 290	323	58	41 425	24 519	23 213	484	5 195
7 874	– –	11 005	810	8 059	294	352	5 970	4 149	3 068	527	3 797
3 812	– –	340	66	80	– –	– –	– –	– –	– –	– –	59
6 523	– –	5 193	498	9 741	53	343	5 000	3 164	3 148	233	1 829
10 501	719	4 173	427	12 025	39	310	8 638	4 600	3 315	113	1 822
– –	– –	3 017	61	8 472	– –	75	1 692	1 692	1 692	42	994
4 753	2 623	4 206	68	5 569	– –	293	2 989	2 514	2 514	198	93
448	– –	1 411	42	770	41	5	724	400	400	– –	292
1 038	– –	3 431	252	20 423	240	250	7 803	2 441	2 441	– –	1 240
– –	– –	3 981	275	9 982	104	65	6 328	3 979	3 979	– –	1 627
693	– –	2 631	7	1 689	3	37	886	543	543	18	1 407
180	– –	2 713	202	1 709	11	28	857	821	571	– –	1 233
6 227	– –	1 822	217	5 128	– –	1	5 067	3 150	3 150	60	755

2006 年各地区地、市级公共图书馆

	机构数（个）	（人）	从业人员数			总 藏 量		
							图书	
			高级职称	中级职称			古 籍	
								善 本
总　　计	349	13 193	1 380	4 879	130 101	107 430	6 868	340
北　　京	－－	－－	－－	－－	－－	－－	－－	－－
天　　津	－－	－－	－－	－－	－－	－－	－－	
河　　北	12	461	63	201	5 324	4 072	447	23
山　　西	6	223	18	71	1 715	1 359	149	16
内　蒙　古	12	461	49	198	2 257	2 005	95	3
辽　　宁	24	1 323	155	557	12 747	9 754	557	26
其中:大连	2	209	25	86	3 274	2 527	260	23
吉　　林	10	594	95	246	5 756	5 120	196	16
黑　龙　江	12	670	139	305	7 305	5 645	308	15
上　　海	－－	－－	－－	－－	－－	－－		－－
江　　苏	15	786	109	296	11 543	10 144	1 414	70
浙　　江	13	672	82	231	7 926	6 289	593	20
其中:宁波	1	85	3	23	998	796	98	－－
安　　徽	12	330	34	106	2 398	1 803	162	7
福　　建	9	266	19	80	2 945	2 386	94	4
其中:厦门	2	123	6	36	1 589	1 359	62	1
江　　西	18	434	16	94	3 619	3 083	259	31
山　　东	17	812	175	330	7 865	6 682	359	7
其中:青岛	1	111	13	28	1 469	1 221	143	1
河　　南	16	677	50	217	5 391	4 487	486	32
湖　　北	19	780	79	410	7 948	6 750	404	9
湖　　南	12	377	39	206	3 570	2 978	155	5
广　　东	25	1 258	92	285	15 179	13 298	196	6
其中:深圳	3	318	44	97	3 790	3 078	15	1
广　　西	13	382	18	154	3 375	2 541	95	2
海　　南	2	71	－－	13	487	434	5	－－
重　　庆	15	300	21	96	3 230	2 441	168	19
四　　川	20	625	33	185	7 632	6 373	446	10
贵　　州	9	230	15	82	1 851	1 572	31	6
云　　南	18	418	30	183	3 284	2 562	109	－－
西　　藏	2	21	－－	－－	102	95	－－	－－
陕　　西	6	222	10	64	1 588	1 395	32	－－
甘　　肃	7	244	12	52	1 329	1 127	79	1
青　　海	7	101	－－	46	408	322	5	－－
宁　　夏	4	148	10	58	1 122	1 006	2	－－
新　　疆	14	307	17	113	2 194	1 694	10	－－

基本情况（一）

（千册、件、套）			总藏量中：开架书刊（千册、件、套）	当年购买的报刊种类（种）	书架单层总长度（千米）	累计发放有效借书证数（千个）	总流通人次		书刊文献外借册次（千册次）
报刊	缩微制品、视听文献	其他					（千人次）	书刊文献外借人次	
14 922	2 557	5 192	52 051	266 781	6 110	3 796	76 784	32 298	60 430
--	--	--	--	--	--	--	--	--	--
--	--	--	--	--	--	--	--	--	--
714	238	298	2 019	13 250	310	121	2 180	1 147	1 773
324	19	12	575	4 628	33	23	543	120	203
190	13	47	843	2 323	128	37	1 073	572	826
1 214	374	1 403	5 146	16 465	244	230	5 477	2 384	5 161
245	217	283	1 588	4 385	39	124	1 320	611	1 347
527	95	12	1 389	8 399	75	62	2 821	672	1 730
1 041	22	596	3 579	9 446	108	208	2 718	901	1 843
--	--	--	--	--	--	--	--	--	--
889	59	449	3 749	16 793	493	337	6 668	4 356	5 856
642	380	614	3 781	22 871	441	295	5 940	2 900	5 969
91	9	102	397	1 972	297	26	615	318	560
422	2	170	404	20 390	29	83	1 449	735	881
432	22	103	1 777	5 696	68	86	1 673	1 005	1 496
182	19	27	1 387	2 930	35	62	1 184	696	927
296	--	238	1 280	4 648	66	49	1 161	806	1 676
1 042	53	87	3 371	21 332	148	206	3 944	2 048	3 736
203	1	42	849	2 811	22	83	843	372	682
865	25	12	1 781	8 694	117	123	2 648	1 608	2 795
810	95	291	3 227	10 398	130	221	4 631	2 263	4 298
520	58	13	1 683	4 429	75	138	1 751	1 126	2 127
1 206	447	227	8 385	29 646	2 251	997	14 510	3 782	8 219
508	59	144	401	8 950	1 400	330	5 224	568	1 559
653	105	74	1 143	7 906	83	101	7 092	1 287	1 993
52	--	--	195	1 430	3	18	420	74	122
483	54	251	1 014	6 186	52	43	1 430	911	2 216
913	228	116	2 649	12 266	941	103	3 597	1 182	2 336
257	12	9	621	4 167	48	44	527	339	504
484	218	20	970	19 526	94	51	1 462	625	1 488
5	--	1	99	391	--	--	10	7	45
177	8	7	212	3 821	13	93	767	378	461
147	2	51	729	2 586	31	16	741	499	932
62	--	23	107	564	19	21	127	93	106
108	3	3	259	2 061	31	26	908	250	957
433	12	53	1 050	6 469	66	51	500	214	669

2006 年各地区地、市级公共图书馆

| | 为读者举办各种活动 | | 信息化装备 | | | | 共享工程服务点（个） |
	次数（次）	参加人次（千人次）	计算机（台）	电子阅览室终端数	网站数（个）	因特网总带数（Mbps）	
总　计	11 197	9 608	22 414	11 403	248	5 218	5 861
北　京	— —	— —	— —	— —	— —	— —	— —
天　津	— —	— —	— —	— —	— —	— —	— —
河　北	409	157	785	366	8	56	118
山　西	89	30	217	115	3	48	11
内　蒙古	93	20	250	116	2	47	3
辽　宁	948	1 381	1 814	648	15	114	74
其中:大连	183	117	441	209	3	18	13
吉　林	517	214	492	194	5	40	63
黑　龙江	273	213	1 298	826	4	366	19
上　海	— —	— —	— —	— —	— —	— —	— —
江　苏	1 225	1 059	1 814	837	16	328	16
浙　江	738	461	1 743	830	20	842	3 670
其中:宁波	47	61	155	75	1	100	3 306
安　徽	170	97	502	281	3	140	17
福　建	763	574	619	221	5	39	5
其中:厦门	634	500	398	112	3	19	2
江　西	208	117	630	237	6	251	22
山　东	565	332	1 713	882	10	845	402
其中:青岛	146	50	373	158	1	100	320
河　南	412	223	643	385	7	321	12
湖　北	607	912	1 766	892	58	269	255
湖　南	383	575	332	206	9	127	371
广　东	1 627	1 701	2 851	1 298	29	634	621
其中:深圳	211	126	512	69	4	209	434
广　西	417	425	530	285	7	39	55
海　南	18	4	151	103	2	7	2
重　庆	271	245	724	528	8	250	53
四　川	475	460	1 232	810	16	203	— —
贵　州	269	84	246	154	1	37	3
云　南	107	46	705	360	3	70	15
西　藏	3	— —	67	45	1	20	2
陕　西	144	20	224	99	1	16	4
甘　肃	173	173	290	130	3	23	13
青　海	34	7	81	50	1	4	1
宁　夏	92	21	83	81	— —	1	1
新　疆	167	43	612	424	5	81	33

基本情况(二)

本年新购藏量		年末固定资产原值(千元)	增加值(千元)	公用房屋建筑面积					阅览室坐席数	
(千册、件)	新购图书			(千平方米)	书库		阅览室面积		(千个)	少儿阅览室坐席数
							书刊阅览室	电子阅览室		
7 108	5 478	2 981 349	594 643	2 115	515	511	382	57	126	31
– –	– –	– –	– –	– –	– –	– –	– –	– –	– –	– –
– –	– –	– –	– –	– –	– –	– –	– –	– –	– –	– –
268	180	104 769	19 399	70	17	13	9	2	4	– –
52	37	52 739	9 754	41	5	18	13	1	2	– –
55	50	40 755	14 415	46	11	12	9	– –	4	– –
467	383	228 314	48 993	182	40	36	25	4	9	3
151	127	71 739	9 171	46	8	11	9	1	1	– –
149	107	100 112	23 394	67	16	23	10	– –	4	– –
262	216	110 164	24 435	110	24	21	15	3	3	– –
– –	– –	– –	– –	– –	– –	– –	– –	– –	– –	– –
470	425	407 954	58 772	159	46	35	21	3	8	2
743	535	273 510	50 127	147	37	35	29	4	8	2
97	80	37 335	5 771	10	1	2	2	– –	– –	– –
90	75	28 484	11 700	42	6	8	6	1	2	– –
361	229	72 775	14 054	49	13	14	9	2	3	1
237	146	59 278	9 972	14	3	5	4	– –	1	– –
88	51	43 124	11 745	76	15	26	18	2	3	1
460	394	216 156	41 221	150	33	29	25	3	8	2
144	100	103 383	11 654	25	– –	8	7	– –	1	– –
170	139	95 306	20 058	86	36	16	11	2	4	– –
231	187	121 637	25 963	119	27	25	19	3	8	2
99	70	45 322	11 776	53	23	12	10	1	4	1
2 166	1 739	470 937	94 298	236	40	52	43	6	14	2
816	748	130 077	33 690	29	4	6	5	– –	3	– –
164	94	80 309	18 035	72	15	15	11	– –	4	1
37	6	7 439	2 430	13	3	1	– –	– –	– –	– –
99	54	41 216	9 219	51	15	14	10	2	4	1
288	224	144 181	22 947	110	30	33	26	3	6	1
49	28	49 037	10 145	38	11	10	8	– –	2	– –
123	69	86 754	16 253	68	13	12	9	1	4	– –
2	2	12 712	1 061	7	2	1	– –	– –	– –	– –
76	64	54 966	6 320	34	2	19	14	– –	1	– –
37	35	35 640	8 423	27	6	10	9	1	2	– –
4	2	3 108	3 965	4	2	1	– –	– –	1	– –
27	25	19 578	4 722	13	4	4	3	– –	1	– –
57	45	34 351	11 007	34	9	6	4	1	2	– –

2006 年各地区地、市级公共图书馆

| | 本 年 收 入 合 计（千元） | | | | | | | 本 | |
		财政拨款	上级补助收入	事业收入	经营收入	附属单位上缴收入	其他收入		基本支出
总　计	961 048	834 293	13 240	45 875	2 918	584	64 138	966 467	699 232
北　京	－－	－－	－－	－－	－－	－－	－－	－－	－－
天　津	－－	－－	－－	－－	－－	－－	－－	－－	－－
河　北	34 353	33 380	－－	477	376	－－	120	30 758	28 279
山　西	12 766	10 761	85	1 879	－－		41	12 283	10 840
内 蒙 古	19 017	18 210		185			622	18 476	17 746
辽　宁	88 050	84 096	－－	3 349	－－	－－	605	87 802	65 432
其中:大连	24 594	22 963	－－	1 280			351	24 205	8 937
吉　林	32 499	30 443	1 028	161	－－	517	350	32 029	25 544
黑 龙 江	32 400	30 723	329	474			874	31 367	27 456
上　海	－－	－－	－－	－－	－－	－－	－－	－－	－－
江　苏	82 192	68 174	2 180	7 142	643	25	4 028	81 501	65 930
浙　江	89 748	65 306	3 143	7 717	571	21	12 990	91 934	47 143
其中:宁波	10 390	8 796	338	381	－－	－－	875	10 283	5 006
安　徽	18 257	17 235	6	259	136	10	611	17 888	12 104
福　建	21 669	19 690	170	1 392	－－		417	22 579	16 433
其中:厦门	15 671	14 207	－－	1 207			257	16 360	11 187
江　西	15 849	12 828	328	1 922	40		731	15 259	13 836
山　东	60 989	57 278	70	2 515	－－		1 126	60 023	50 757
其中:青岛	14 035	12 570	－－	560	－－		905	14 035	10 535
河　南	26 447	25 178	40	945	－－	－－	284	25 696	19 008
湖　北	44 131	36 038	521	1 817	94	－－	5 661	42 634	23 086
湖　南	15 691	14 326	230	339	－－	11	785	15 959	13 613
广　东	187 075	147 020	3 391	6 173	487	－－	30 004	205 718	133 041
其中:深圳	80 196	48 060	2 680	1 460			27 996	96 892	76 699
广　西	25 755	23 077	138	1 271	65	－－	1 204	25 352	19 332
海　南	3 553	3 008	－－	－－			545	3 599	1 548
重　庆	14 994	12 659	－－	1 658	320		357	14 975	10 340
四　川	38 957	35 541	266	2 635	90		425	38 554	23 075
贵　州	16 568	15 370	－－	578	29		591	16 629	10 322
云　南	29 747	26 590	635	1 886	67		569	25 482	18 991
西　藏	990	990	－－	－－	－－		－－	990	400
陕　西	9 409	8 494	－－	501	－－	－－	414	9 596	9 595
甘　肃	11 748	10 775	600				373	11 728	11 583
青　海	5 772	5 762					10	5 683	5 683
宁　夏	6 122	5 826	－－	60			236	6 000	5 639
新　疆	16 300	15 515	80	540	－－	－－	165	15 973	12 476

基本情况（三）

年 支 出 合 计 （千元）

在 支 出 合 计 中

项目支出	经营支出	人员支出	社会保障缴费		公用支出		各种设备购置费	新增藏量购置费	图书购置费	税金支出	对个人和家庭补助支出
					福利费	维修费					
232 927	3 572	358 008	34 557	438360	8 109	25 195	223 247	163 581	140 227	3 654	105 618
－ －	－ －	－ －	－ －	－ －	－ －	－ －	－ －	－ －	－ －	－ －	－ －
－ －	－ －	－ －	－ －	－ －	－ －	－ －	－ －	－ －	－ －	－ －	－ －
524	383	10 919	831	15 055	197	1 123	7 847	5 344	4 048	60	4 033
1 443	－ －	6 185	822	3 953	65	114	1 407	1 284	764	1	1 394
730	－ －	10 378	885	4 395	214	435	1 304	1 070	920	8	2 185
20 754	－ －	28 747	2 640	43 112	734	3 573	13 755	12 301	11 275	26	10 354
15 268	－ －	5 606	1 149	17 989	456	2 636	6 179	5 700	5 360	－ －	240
5 410	－ －	14 011	734	12 692	68	497	5 681	4 845	4 613	－ －	5 311
3 910	－ －	13 624	680	10 316	178	507	4 409	3 732	3 430	152	6 075
－ －	－ －	－ －	－ －	－ －	－ －	－ －	－ －	－ －	－ －	－ －	－ －
15 102	469	31 388	2 534	34 871	543	1 958	18 576	14 660	13 009	473	10 050
39 947	573	28 905	3 772	51 067	1 780	3 374	25 343	19 072	14 477	811	7 691
5 277	－ －	3 035	775	6 206	145	301	4 850	3 000	2 375	56	1 042
4 227	136	7 660	987	7 038	131	221	3 082	2 596	2 429	1	2 769
5 626	－ －	8 456	1 204	11 029	124	196	5 096	4 628	2 752	30	2 533
5 173	－ －	5 427	756	8 826	67	109	3 899	3 818	2 016	－ －	2 107
697	－ －	7 198	522	5 489	262	579	2 700	2 403	2 075	250	2 311
9 266	－ －	24 049	4 111	27 391	366	1 598	13 546	10 385	9 525	59	8 101
3 500	－ －	5 956	1 217	6 722	171	－ －	3 641	3 500	3 500	35	1 357
3 212	－ －	11 984	2 049	7 848	190	791	4 396	4 203	3 734	50	4 022
13 260	622	16 061	1 581	20 706	463	1 615	9 158	8 019	7 527	154	4 420
2 346	－ －	7 611	942	6 423	301	1 278	2 312	1 924	1 723	128	1 924
69 671	505	59 035	5 396	105 284	1 575	2 432	66 104	41 969	38 067	600	14 251
20 192	－ －	22 517	1 927	57 320	694	881	39 061	15 868	15 658	160	5 116
5 953	67	11 348	812	10 109	71	1 138	5 361	3 872	2 772	201	3 203
476	－ －	1 983	335	1 465	－ －	27	488	488	358	－ －	150
2 657	750	5 719	259	6 825	171	861	3 224	2 182	1880	40	1 641
12 989	－ －	13 393	1 189	17 707	238	563	8 987	6 849	5 413	167	3 382
6 307	－ －	5 599	322	8 571	72	180	6 811	1 554	1 249	54	2 459
6 423	67	10 418	703	7 825	117	130	4 339	3 628	3 067	368	1 880
200	－ －	553	5	387	－ －	200	150	150	－ －	－ －	－ －
－ －	－ －	3 560	123	5 334	36	574	1 893	1 774	1 774	－ －	526
145	－ －	5 194	296	4 609	83	229	3 135	1 785	1 369	10	1 711
－ －	－ －	2 817	77	1 786	6	185	729	155	105	－ －	1 018
361	－ －	3 334	42	1 676	－ －	325	1 097	961	580	－ －	605
1 291	－ －	7 879	704	5 397	124	492	2 317	1 748	1 292	11	1 619

2006 年各地区县、市级公共图书馆

	机构数（个）	从业人员数			总　藏　量			
		（人）	高级职称	中级职称		图书		
							古　籍	
								善　本
总　　计	2 391	29 169	890	7 452	197 360	166 303	5 156	504
北　京	23	899	26	179	7 502	7 059	61	－ －
天　津	30	764	53	199	4 722	4 141	40	－ －
河　北	143	1 048	32	297	6 603	5 780	92	10
山　西	115	1 218	23	333	5 740	4 728	336	56
内　蒙　古	97	1 108	23	311	3 685	3 086	38	8
辽　宁	102	1 351	43	502	7 268	6 366	110	84
其中：大连	11	209	10	81	1 731	1 599	－ －	－ －
吉　林	53	956	59	348	3 378	2 919	32	28
黑　龙　江	82	917	39	384	4 350	3 838	18	4
上　海	26	1 138	37	279	8 902	8 494	59	
江　苏	88	1 259	79	392	14 272	12 850	531	25
浙　江	78	1 393	57	388	11 881	10 098	494	21
其中：宁波	11	167	6	49	2 028	1 750	70	2
安　徽	72	729	20	167	4 035	3 406	144	1
福　建	75	627	22	154	7 790	6 349	211	50
其中：厦门	6	37	－ －	5	709	524	14	－ －
江　西	86	844	15	147	7 094	5 429	249	10
山　东	127	1 678	170	720	14 965	12 633	242	12
其中：青岛	12	159	19	66	2 050	1 859	9	－ －
河　南	119	1 928	15	266	6 397	5 180	148	9
湖　北	82	1 290	33	420	7 324	5 996	152	21
湖　南	106	1 309	17	319	9 393	7 604	434	31
广　东	103	1 788	33	186	14 116	12 288	242	15
其中：深圳	5	172	10	17	1 810	1 674	－ －	－ －
广　西	84	776	3	132	8 040	5 903	160	16
海　南	17	169	－ －	12	1 439	1 142	1	－ －
重　庆	26	242	8	65	1 740	1 570	55	－ －
四　川	125	1 022	18	255	8 889	6 966	461	12
贵　州	81	522	4	72	3 567	2 975	51	13
云　南	130	1 084	23	365	8 230	6 823	313	16
西　藏	－ －	－ －	－ －	－ －	－ －	－ －	－ －	－ －
陕　西	104	1 305	18	209	4 591	3 847	246	15
甘　肃	84	790	8	99	4 417	3 426	165	26
青　海	35	178	1	40	951	806	42	1
宁　夏	15	234	2	62	1 308	1 090	8	5
新　疆	83	603	9	150	4 759	3 496	7	－ －

基本情况（一）

报刊	缩微制品、视听文献	其他	总藏量中：开架书刊（千册、件、套）	当年购买的报刊种类（种）	书架单层总长度（千米）	累计发放有效借书证数（千个）	总流通人次（千人次）	书刊文献外借人次	书刊文献外借册次（千册次）
24 018	2 269	4 771	85 950	383 756	4 580	5 752	137 167	65 052	113 876
251	116	76	5 968	15 151	109	493	4 726	3 197	5 052
267	36	277	2 168	9 366	120	126	3 279	1 171	2 262
632	14	174	2 265	5 711	146	169	3 333	2 339	2 897
772	16	223	1 981	5 712	94	172	1 572	826	1 785
564	6	28	989	2 590	63	103	1 919	859	1 543
699	47	153	3 612	14 495	122	228	5 521	2 667	5 258
70	10	51	1 157	5 542	33	69	1 738	837	1 745
332	7	119	1 429	5 244	62	64	2 193	1 128	2 048
425	15	71	2 384	6 815	101	114	2 254	1 161	2 286
131	221	54	5 041	19 701	306	286	11 306	3 597	8 571
1 130	122	169	6 518	29 220	251	463	10 312	6 286	10 061
1 193	360	229	5 601	36 308	326	497	9 592	4 945	9 391
233	42	1	1 138	7 632	86	94	2 820	977	1 754
508	6	113	1 311	10 680	84	118	2 773	1 539	2 278
925	134	381	3 955	15 389	161	161	4 756	2 295	4 588
13	71	99	454	1 505	17	20	335	75	224
1 296	88	279	2 026	10 531	126	72	2 895	1 440	2 379
1 928	32	370	5 181	21 464	618	372	7 699	4 319	6 699
166	5	18	937	9 825	30	42	1 871	1 301	1 596
1 113	15	87	2 525	7 881	145	162	4 185	2 826	3 779
1 102	46	179	4 110	16 567	125	357	6 207	3 169	5 698
1 493	120	174	3 550	10 390	204	405	6 191	3 155	4 991
1 355	151	320	9 566	36 519	266	486	22 580	7 093	11 074
48	23	63	741	7 351	32	79	5 290	280	829
1 778	55	303	2 761	13 597	149	132	5 386	2 091	3 912
267	－－	30	824	2 860	18	11	965	214	316
119	3	47	740	2 664	27	48	1 022	586	2 290
1 606	29	286	2 468	37 462	149	181	5 217	2 482	4 770
436	18	135	1 122	5 170	51	55	1 170	460	645
1 186	68	151	3 063	18 089	198	174	4 502	2 339	4 410
－－	－－	－－	－－	－－	－－	－－	－－	－－	－－
524	34	185	1 184	5 760	71	115	1 935	1 156	1 815
867	20	103	1 506	4 788	313	71	1 659	754	1 225
119	2	23	160	733	21	9	166	74	129
212	－－	5	78	1 780	78	25	664	256	697
775	472	14	1 851	11 119	62	68	1 171	612	1 017

2006 年各地区县、市级公共图书馆

| | 为读者举办各种活动 | | 信 息 化 装 备 | | | | 共享工程服务点（个） |
| | | | 计算机 | | | | |
	次 数（次）	参 加 人 次（千人次）	（台）	电子阅览室终端数	网站数（个）	因特网总带数（Mbps）	
总　计	**64 090**	**13 662**	**38 527**	**22 467**	**435**	**8 210**	**3 367**
北　京	4 290	804	2 224	943	18	511	167
天　津	967	834	1 177	643	9	166	35
河　北	1 798	211	1 294	859	10	105	103
山　西	839	293	856	410	11	62	53
内　蒙　古	474	106	444	63	4	17	63
辽　宁	4 191	715	1 575	688	5	124	83
其中:大连	243	300	706	255	－ －	4	24
吉　林	1 508	187	564	340	6	37	40
黑　龙　江	425	260	593	287	3	279	71
上　海	4 000	807	2 226	1 167	28	91	－ －
江　苏	1 451	1 064	3 501	2 352	32	844	81
浙　江	1 201	935	3 944	2 411	34	2 295	444
其中:宁波	210	171	1 005	591	3	250	47
安　徽	1 919	134	724	421	9	280	71
福　建	615	388	1 142	750	14	102	65
其中:厦门	59	64	161	111	1	9	1
江　西	1 212	372	820	132	68	163	37
山　东	1 142	658	2 032	1 357	17	285	560
其中:青岛	272	303	429	330	3	29	510
河　南	761	280	1 051	661	27	127	211
湖　北	1 395	868	2 068	1 592	21	284	229
湖　南	1 037	835	1 247	1 018	16	141	365
广　东	19 564	1 376	4 251	2 404	45	1 578	276
其中:深圳	18 041	160	801	194	4	88	171
广　西	567	297	1 009	586	9	89	114
海　南	37	26	97	68	－ －	5	－ －
重　庆	123	156	471	306	4	44	19
四　川	5 048	517	2 214	1 538	21	195	－ －
贵　州	408	294	206	109	－ －	26	46
云　南	637	419	1 182	585	17	156	56
西　藏	－ －	－ －	－ －	－ －	－ －	－ －	
陕　西	2 182	307	489	173	2	179	34
甘　肃	3 474	227	534	334	2	53	43
青　海	64	46	43	1	－ －	－ －	11
宁　夏	149	58	118	48	1	－ －	29
新　疆	2 612	172	431	221	2	22	61

基本情况(二)

本年新购藏量 (千册、件)	新购图书	年末固定资产原值 (千元)	增加值 (千元)	公用房屋建筑面积 (千平方米)	书库	阅览室面积	书刊阅览室	电子阅览室	阅览室坐席数 (千个)	少儿阅览室坐席数
9 087	**7 910**	**3 937 299**	**904 556**	**3 864**	**843**	**849**	**545**	**124**	**333**	**107**
1 231	1 201	334 853	51 141	117	22	26	19	4	10	3
608	600	70 734	36 786	87	26	23	14	4	7	1
182	155	116 162	23 733	170	36	36	20	4	15	4
130	99	43 600	24 015	97	23	21	14	3	10	3
60	48	48 556	24 266	88	18	19	11	2	8	3
276	239	282 745	39 119	156	30	34	23	4	14	5
116	105	37 082	7 171	67	9	14	10	2	4	2
68	57	44 780	19 016	55	10	12	7	1	7	2
99	81	56 542	20 791	75	19	20	11	2	8	3
658	605	224 624	86 989	112	21	31	25	4	11	2
998	797	246 135	62 814	299	49	56	40	11	16	5
1 011	972	284 567	75 696	263	43	61	46	11	18	5
271	259	34 628	13 480	66	4	22	20	1	4	— —
288	191	54 555	21 407	74	12	14	7	1	6	2
316	229	126 964	22 014	150	43	37	25	3	12	3
51	40	10 014	2 012	11	5	2	2	— —	— —	— —
138	104	75 596	19 813	115	23	27	15	2	12	4
290	260	123 157	47 257	185	46	38	25	7	16	5
73	67	17 903	8 054	28	5	6	4	1	2	— —
168	139	95 787	24 268	146	33	28	14	2	12	4
214	179	103 469	24 329	135	31	30	18	5	15	4
212	168	85 158	24 521	163	46	39	29	4	15	6
934	808	355 437	76 206	505	78	81	46	16	26	6
411	403	61 847	9 096	50	8	13	9	3	3	— —
125	80	175 006	23 257	113	40	34	25	2	13	4
18	14	20 599	3 802	31	9	5	2	— —	2	— —
50	35	23 264	5 328	43	11	9	5	1	3	1
499	442	638 289	45 123	146	33	39	23	9	15	5
57	44	27 372	11 819	73	18	19	8	1	7	2
169	138	128 016	31 863	176	50	34	21	3	14	5
— —	— —	— —	— —	— —	— —	— —	— —	— —	— —	— —
92	71	63 500	17 313	111	19	17	10	1	8	2
39	30	36 925	16 196	62	17	14	7	2	9	2
9	7	5 700	4 941	17	3	3	1	— —	— —	— —
13	8	9 825	5 445	21	6	5	2	— —	2	— —
120	95	35 382	15 276	63	15	22	19	1	7	2

2006 年各地区县、市级公共图书馆

	本 年 收 入 合 计 （千元）							本	
		财政拨款	上级补助收入	事业收入	经营收入	附属单位上缴收入	其他收入		基本支出
总　计	1 265 802	1 121 679	44 548	42 092	7 381	123	49 979	1 249 912	956 485
北　京	102 315	88 344	4 605	2 834	1 401	－ －	5 131	102 996	41 148
天　津	58 620	53 207	671	2 355	80	－ －	2 307	58 692	52 571
河　北	25 158	24 213	515	237	88	－ －	105	25 124	22 230
山　西	32 787	29 092	3 410	253	－ －		32	30 153	27 439
内　蒙古	27 258	26 928	2	96			232	27 388	27 385
辽　宁	46 898	44 164	412	1 778	20		524	46 889	29 226
其中:大连	12 935	12 311	－ －	624	－ －		－ －	12 947	7 615
吉　林	23 346	22 408	85	167	112		574	23 192	20 630
黑龙江	23 945	22 623	620	681	－ －		21	23 518	19 893
上　海	138 609	117 863	3 700	9 942	162	86	6 856	138 031	98 338
江　苏	100 964	83 383	1 760	6 281	1 904	－ －	7 636	100 002	91 517
浙　江	116 238	103 565	3 171	2 866	603	15	6 018	118 190	91 028
其中:宁波	22 129	19 939	662	344	－ －		1 184	21 423	16 580
安　徽	26 893	22 168	1 204	1 327	26	20	2 148	26 123	15 706
福　建	34 093	28 345	759	1 385	77	－ －	3 527	31 541	26 340
其中:厦门	3 202	3 061	－ －	88	13		40	3 147	2 867
江　西	23 075	20 556	970	810	115		624	23 565	21 155
山　东	56 309	54 128	870	652	－ －		659	56 474	51 561
其中:青岛	10 247	9 593	487	157	－ －		10	10 576	6 818
河　南	31 197	26 569	3 674	460	76	－ －	418	28 984	21 664
湖　北	31 029	23 867	1 537	1 767	270	2	3 586	30 937	25 619
湖　南	37 529	31 083	1 499	1 719	162		3 066	34 682	32 108
广　东	131 495	113 336	10 377	2 910	2 040		2 832	128 476	85 601
其中:深圳	30 085	20 026	8 013	650	520		876	29 775	18 299
广　西	23 012	21 446	240	716	66		544	22 730	18 512
海　南	4 056	3 938	－ －	29	5		84	4 000	3 443
重　庆	8 743	8 016	255	125	17		330	8 203	5 624
四　川	35 008	31 377	1 562	964	70		1 035	33 994	25 243
贵　州	14 101	12 771	1 174	100	7		49	14 024	13 194
云　南	38 474	37 008	289	387	－ －		790	38 362	30 237
西　藏	－ －	－ －	－ －	－ －	－ －		－ －	－ －	－ －
陕　西	21 571	20 265	303	560	75	－ －	368	20 839	18 449
甘　肃	21 758	20 671	600	262	－ －		225	21 220	16 933
青　海	5 458	5 276	150	21	－ －		11	5 419	5 150
宁　夏	6 081	5 972	－ －	64	－ －		45	6 075	4 808
新　疆	19 782	19 097	134	344	5	－ －	202	20 089	13 733

基本情况（三）

项目支出	经营支出	年 支 出 合 计 （千元）					在 支 出 合 计 中				对个人和家庭补助支出
		人员支出			公 用 支 出			各种设备购置费			
			社会保障缴费		福利费	维修费		新增藏量购置费		税金支出	
									图书购置费		
178 564	**4 174**	**622 751**	**50 852**	**449 472**	**11 031**	**32 985**	**232 881**	**179 476**	**159 144**	**2 543**	**110 677**
46 704	339	29 160	1 260	59 950	425	2 116	41 033	26 877	25 790	578	7 584
1 669	39	26 559	1 897	24 777	175	1 041	13 776	13 603	13 222	160	7 063
150	87	17 053	975	5 740	90	437	2 687	1 704	1 415	– –	1 944
150	– –	19 923	558	7 682	188	946	3 195	2 336	1 976	10	2 150
3	– –	19 942	599	4 708	95	378	1 642	1 078	838	3	2 284
2 764	– –	21 663	1 458	13 880	152	1 335	5 755	4 466	3 517	31	5 960
1 298	– –	4 955	785	4 713	16	69	2 612	2 349	1 677	8	709
519	109	13 613	188	5 455	85	757	1 933	1 077	813	22	3 505
342	– –	15 783	586	4 594	35	420	1 752	1 441	1 147	– –	2 661
31 407	123	69 468	11 445	55 875	2 120	5 632	30 633	27 058	24 331	601	5 816
6 498	1 503	39 161	3 702	42 368	1 229	3 112	22 183	14 490	12 156	201	12 378
21 566	94	52 663	6 717	50 101	1 632	2 129	24 333	20 152	18 921	147	9 872
4 843	– –	10 041	1 574	9 701	376	148	4 935	4 370	4 217	– –	1 678
2 072	– –	13 966	1 250	6 475	189	388	2 926	2 335	1 981	88	4 982
2 741	48	14 112	1 362	13 524	152	1 122	7 202	6 145	5 146	69	2 603
280	– –	1 371	80	1 487	9	4	882	689	449	– –	232
1 075	103	13 130	1 212	6 789	430	953	3 087	2 567	2 255	106	3 124
1 247	– –	37 128	4 960	12 726	269	1 096	6 725	5 900	4 797	– –	4 934
670	– –	6 593	704	2 088	31	39	1 517	1 383	1 333	– –	714
1 370	185	18 217	1 023	6 847	229	301	3 350	2 452	2 171	10	1 981
2 371	40	16 948	1 339	10 477	451	1 160	5 443	3 999	3 568	150	2 642
2 020	222	18 708	1 306	12 628	419	1 060	5 377	3 498	2 837	31	1 957
39 466	415	51 095	3 871	58 156	1 326	3 263	27 163	21 833	19 284	202	9 366
11 336	– –	6 290	537	17 569	90	978	10 256	7 952	7 168	37	206
581	– –	13 402	590	5 648	143	307	2 684	1 970	1 631	38	2 674
94	– –	2 879	316	1 012	32	66	605	526	303	7	61
420	35	3 176	107	3 290	70	444	1 576	889	675	3	1 149
3 991	46	16 231	1 544	13 499	587	1 737	6 545	4 218	3 575	15	2 759
830	– –	8 892	116	2 356	50	128	1 123	1 027	893	8	1 775
3 385	7	24 061	842	8 487	143	511	4 404	3 493	2 851	7	2 532
– –	– –	– –	– –	– –			– –	– –	– –		– –
467	725	13 870	414	3 753	78	1 068	1 629	1 034	827	16	801
4 119	49	12 414	159	2 284	76	156	1 128	729	528	21	2 208
150	– –	4 334	107	633	2	152	100	87	67	– –	377
– –	– –	4 188	187	865	21	99	313	223	175	11	832
393	5	11 012	762	4 893	138	671	2 579	2 269	1 454	8	2 703

2006 年各地区公共图书馆

地区	总计					省区	
	经费自给率（%）	劳动报酬占总支出比重（%）	新购图书比上年增减（%）	购书费占总支出比重（%）	平均每册新书单价（元）	经费自给率（%）	劳动报酬占总支出比重（%）
中　央	36.68	16.25	319	43.14	407.61	— —	— —
北　京	20.03	25.37	1519	23.47	27.57	17.19	21.35
天　津	10.52	38.5	812	26.75	31.89	12.96	28.1
河　北	4.02	47.1	387	14.45	24.53	14.94	30.26
山　西	10.11	52.13	171	7.32	25.59	30.53	29.15
内　蒙古	4.33	60.94	142	5.06	19.81	12.76	36.69
辽　宁	8.97	35.87	793	13.01	26.22	23.09	27.52
其中：大连	13.62	28.43	233	18.94	30.2	— —	— —
吉　林	4.49	48.65	216	11.03	35.07	6.55	42.99
黑　龙江	4.74	44.75	370	8.49	17.8	6.08	23.43
上　海	36.51	31.94	1027	27.69	104.05	52.7	21.69
江　苏	17.75	36.42	1362	18.22	32.08	18.76	28.79
浙　江	23.57	38	1628	16.86	26.87	29.36	34.52
其中：宁波	12.9	41.24	340	20.79	19.39	— —	— —
安　徽	17.18	40.64	341	9.27	17.4	20.26	21.93
福　建	18.52	39.13	523	18.02	24.88	30.06	31.45
其中：厦门	11.42	34.85	187	12.64	13.18	— —	— —
江　西	18.32	45.91	250	15.89	32.26	55.47	24.92
山　东	8.52	46.5	776	12.84	24.77	32.65	25.44
其中：青岛	9.4	50.99	169	19.64	28.6	— —	— —
河　南	7.96	50.11	308	11.85	26.85	20.8	31.57
湖　北	26.73	40.96	484	16.82	31.7	24.07	24.63
湖　南	17.06	45.07	318	12.82	28.73	26.77	28.11
广　东	21.43	31.69	2962	20.27	27.2	31.73	25.02
其中：深圳	33.16	22.74	1152	18.02	19.81	— —	— —
广　西	15.89	48.04	279	10.04	26.78	27.51	41.76
海　南	13.51	43.75	21	5.56	31.48	15.83	7.92
重　庆	17.04	35.27	192	14.28	29.7	16.19	30.98
四　川	12.92	37.32	738	13.58	16.67	27.97	23.16
贵　州	8.04	40.59	103	8.89	37.22	12.34	24.17
云　南	11.68	50.81	247	11.07	34.14	53.32	34.21
西　藏	— —	56.71	10	11.55	40	— —	57.06
陕　西	5.69	36.88	194	8.91	25.99	4.4	13.13
甘　肃	2.36	44.48	114	12.11	51.54	1.15	25.54
青　海	1.9	58.13	11	4.25	65	5.14	45.94
宁　夏	2.71	57.72	53	7.48	25.02	0.49	47.97
新　疆	5.65	44.93	190	12.79	31.03	11.55	18.16

活动情况分析

市 级			地 市 级					县 市 级				
新购图书比上年增减(%)	购书费占总支出比重(%)	平均每册新书单价(元)	经费自给率(%)	劳动报酬占总支出比重(%)	新购图书比上年增减(%)	购书费占总支出比重(%)	平均每册新书单价(元)	经费自给率(%)	劳动报酬占总支出比重(%)	新购图书比上年增减(%)	购书费占总支出比重(%)	平均每册新书单价(元)
--	--	--	--	--	--	--	--	--	--	--	--	--
316.87	21.32	50.77	--	--	--	--	--	22.76	28.31	1201.91	25.04	21.46
211.68	33.27	59.87	--	--	--	--	--	9.02	45.25	600.35	22.53	22.02
51	41.15	79	3.44	35.5	180.96	13.16	22.37	1.93	67.88	155.5	5.63	9.1
34.38	9.43	47.58	17.71	50.35	37.87	6.22	20.17	1.04	66.07	99.22	6.55	19.92
43.2	10.8	24.42	4.55	56.17	50.3	4.98	18.29	1.2	72.81	48.36	3.06	17.33
170.05	23.89	35.28	6.04	32.74	383.26	12.84	29.42	7.94	46.2	239.63	7.5	14.68
--	--	--	18.25	23.16	127.07	22.14	42.18	8.19	38.27	105.75	12.95	15.86
51.26	15.96	41.95	4.02	43.74	107.58	14.4	42.88	4.13	58.7	57.02	3.51	14.26
72.13	8.84	27.84	4.91	43.43	216.27	10.94	15.86	3.53	67.11	81.45	4.88	14.08
420.89	33.3	196.09	--	--	--	--	--	17.33	50.33	605.95	17.63	40.15
139.52	31.81	132.81	17.96	38.51	425.45	15.96	30.58	17.29	39.16	797.1	12.16	15.25
120.02	20.96	86.25	45.18	31.44	535.74	15.75	27.02	10.44	44.56	972.66	16.01	19.45
--	--	--	25.08	29.51	80.16	23.1	29.63	9.22	46.87	259.45	19.68	16.25
73.67	7.63	20.69	8.39	42.82	75.62	13.58	32.12	22.42	53.46	191.75	7.58	10.33
63.08	28.27	81.11	11.01	37.45	229.6	12.19	11.99	18.94	44.74	229.91	16.32	22.38
--	--	--	13.09	33.17	146.86	12.32	13.73	4.92	43.57	40.26	14.27	11.15
93.04	31.33	40.15	19.46	47.17	51.86	13.6	40.01	7.32	55.72	104.89	9.57	21.5
121.37	14.75	40.39	7.17	40.07	394.37	15.87	24.15	2.54	65.74	260.11	8.49	18.44
--	--	--	13.9	42.44	100.93	24.94	34.68	2.45	62.34	67.77	12.6	19.67
28.97	15.65	81.59	6.47	46.64	139.87	14.53	26.7	4.4	62.85	139.22	7.49	15.59
117.24	24.1	36.23	32.8	37.67	187.28	17.65	40.19	21.96	54.78	179.72	11.53	19.85
79.58	22.21	57.5	8.34	47.69	70.59	10.8	24.41	15.41	53.94	168.25	8.18	16.86
413.13	36.65	56.19	27.56	28.7	1739.82	18.5	21.88	9.09	39.77	808.93	15.01	23.84
--	--	--	38.4	23.24	748.12	16.16	20.93	11.18	21.13	403.8	24.07	17.75
104.81	11.64	29.27	13.14	44.76	94.08	10.93	29.46	7.16	58.96	80.03	7.18	20.38
--	--	--	35.18	55.1	6.57	9.95	54.51	3.43	71.97	14	7.57	21.64
102.47	18.78	30.72	22.58	38.19	54.19	12.55	34.69	8.39	38.72	35.04	8.23	19.26
71.43	18.4	46.41	13.65	34.74	224.32	14.04	24.13	8.2	47.75	442.05	10.52	8.09
29.81	13.55	56.77	11.61	33.67	28.4	7.51	43.98	1.18	63.41	44.83	6.37	19.92
38.98	20.45	64.5	13.28	40.88	69.2	12.04	44.32	3.89	62.72	138.65	7.43	20.56
8.03	16.17	49.79	--	55.86	2	--	--	--	--	--	--	--
57.03	9.34	42.8	9.54	37.1	64.88	18.49	27.34	5.44	66.56	71.93	3.97	11.5
48.62	25.52	81.84	3.22	44.29	35.03	11.67	39.08	2.88	58.5	30.28	2.49	17.44
1.16	9.48	468.91	0.18	49.57	2.02	1.85	51.9	0.62	79.98	7.79	1.24	8.6
19.65	10.1	29.07	5.25	55.57	25.6	9.67	22.66	2.27	68.94	8.12	2.88	21.56
49.73	31.39	63.34	5.65	49.33	45.29	8.09	28.53	4.01	54.82	95.42	7.24	15.24

排序资料

2006 年全国公共图书馆分级别按总藏量排序

单位: 册(件)

次	单位名称	总藏量	次	单位名称	总藏量
	一、省级公共图书馆		3	辽宁省大连市图书馆	2849319
1	上海图书馆	50952232	4	黑龙江省哈尔滨市图书馆	2414565
2	江苏省南京图书馆	8286779	5	湖北省武汉图书馆	1949729
3	山东省图书馆	5633531	6	辽宁省沈阳市图书馆	1945020
4	广东省立中山图书馆	5242520	7	黑龙江省大庆市图书馆、石油学院图书馆	1896601
5	浙江图书馆	5162638	8	四川省成都市图书馆	1848195
6	北京市首都图书馆	4557827	9	吉林省长春市图书馆	1731262
7	湖北省图书馆	4538327	10	江苏省苏州图书馆	1668914
8	四川省图书馆	4422609	11	广东省广州少年儿童图书馆	1599110
9	天津图书馆	4150979	12	山东省青岛市图书馆	1469695
10	辽宁省图书馆	3985656	13	江苏省常州市图书馆	1412992
11	湖南图书馆	3215131	14	山东省济南市图书馆	1394906
12	吉林省图书馆	3152373	15	江苏省金陵图书馆(南京市)	1348053
13	甘肃省图书馆	2978058	16	吉林省吉林市图书馆	1318311
14	陕西省图书馆	2952792	17	江苏省无锡市图书馆	1307491
15	河南省图书馆	2914712	18	浙江省杭州图书馆	1247062
16	福建省图书馆	2880865	19	浙江省金华严济慈图书馆	1229385
17	黑龙江省图书馆	2704512	20	黑龙江省齐齐哈尔市图书馆	1177746
18	安徽省图书馆	2637201	21	福建省厦门市图书馆	1162634
19	重庆图书馆	2552236	22	辽宁省鞍山市图书馆	1160065
20	山西省图书馆	2478019	23	山东省烟台图书馆	1140865
21	云南省图书馆	2451942	24	四川省广安市图书馆	1100000
22	江西省图书馆	2375525	25	广东省东莞图书馆	1088301
23	贵州省图书馆	2288728	26	浙江省宁波市图书馆	998899
24	广西桂林图书馆	2158528	27	江苏省扬州市图书馆	986163
25	广西自治区图书馆	1814980	28	吉林省辽源市图书馆	977320
26	内蒙古自治区图书馆	1667696	29	河北省石家庄市图书馆	953242
27	河北省图书馆	1583060	30	浙江省温州市图书馆	944248
28	青海省图书馆	1525908	31	江苏省南通市图书馆	913786
29	宁夏自治区图书馆	1456114	32	江苏省镇江市图书馆	884223
30	新疆自治区图书馆	1153903	33	重庆市北碚区图书馆	866000
31	湖南省少年儿童图书馆	862473	34	江西省南昌市图书馆	859000
32	上海少年儿童图书馆	770086	35	浙江省嘉兴市图书馆	814805
33	天津市少年儿童图书馆	578273	36	河南省郑州市图书馆	801739
34	重庆市少年儿童图书馆	397421	37	四川省泸州市图书馆	795597
35	西藏自治区图书馆	345427	38	湖北省黄石市图书馆	794824
36	广西少年儿童图书馆	250133	39	辽宁省抚顺市图书馆	787311
	二、地市级公共图书馆		40	山东省淄博市图书馆	772881
1	广东省广州图书馆	3610301	41	江苏省徐州市图书馆	768824
2	广东省深圳市图书馆	2888336	42	河北省唐山市图书馆	760991

2006 年全国公共图书馆分级别按总藏量排序

单位:册(件)

名次	单位名称	总藏量	名次	单位名称	总藏量
43	辽宁省丹东市图书馆	753158	83	湖南省长沙市图书馆	449970
44	河北省保定市图书馆	743866	84	内蒙古自治区呼市图书馆	448723
45	山西省太原市图书馆	741190	85	云南省曲靖市图书馆	446142
46	辽宁省沈阳市少年儿童图书馆	730000	86	重庆市涪陵区图书馆	442442
47	辽宁省锦州市图书馆	703333	87	江苏省连云港市图书馆	441229
48	贵州省贵阳市图书馆	701325	88	湖南省株洲市图书馆	440031
49	湖北省武汉市少年儿童图书馆	698300	89	四川省南充市图书馆	439025
50	广西柳州市图书馆	696539	90	湖南省湘潭市图书馆	433271
51	辽宁省本溪市图书馆	680871	91	贵州省遵义市图书馆	427738
52	河南省南阳市图书馆	662524	92	福建省厦门市少年儿童图书馆	426911
53	浙江省绍兴图书馆	660628	93	江苏省盐城市图书馆	426554
54	湖北省荆州市图书馆	652225	94	福建省三明市图书馆	425560
55	湖北省恩施州图书馆	650067	95	辽宁省大连市少年儿童图书馆	424981
56	河南省洛阳市图书馆	642774	96	江苏省泰州市图书馆	420000
57	广东省中山市中山图书馆	642695	97	辽宁省营口市图书馆	414628
58	湖北省宜昌市图书馆	632222	98	四川省绵阳市图书馆	414094
59	河南省新乡市图书馆	625634	99	江苏省淮安市图书馆	413726
60	河北省张家口市图书馆	617064	100	江西省萍乡市图书馆	413526
61	辽宁省辽阳市图书馆	573874		**三、县级公共图书馆**	
62	广东省汕头市图书馆	570131	1	山东省东营中心城区图书馆	1630000
63	河南省开封市图书馆	551314	2	江苏省常熟市图书馆	1352686
64	广西南宁市图书馆	548879	3	上海市黄浦区图书馆	823047
65	河北省廊坊市图书馆	533048	4	广东省深圳市福田区图书馆	805814
66	广东省深圳市南山图书馆	531386	5	北京市朝阳区图书馆	697530
67	广东省江门市五邑图书馆	520000	6	广东省佛山市图书馆	648830
68	江西省九江市图书馆	516405	7	福建省福州市图书馆	601855
69	湖南省衡阳市图书馆	516050	8	福建省泉州市图书馆	599604
70	浙江省杭州少年儿童图书馆	515526	9	新疆沙湾县图书馆	558000
71	陕西省宝鸡市图书馆	510447	10	北京市崇文区图书馆	556807
72	云南省昆明图书馆	490120	11	上海市宝山区图书馆	555344
73	湖北省十堰市图书馆	489313	12	江苏省江阴市图书馆	534119
74	浙江省湖州市图书馆	479110	13	天津市泰达图书馆	520000
75	河北省秦皇岛市图书馆	478101	14	福建省建宁县图书馆	500432
76	重庆市渝中区图书馆	473206	15	北京市西城区图书馆	491797
77	湖北省襄樊市图书馆	469000	16	江西省庐山图书馆	491300
78	广西梧州市图书馆	463794	17	广东省佛山市南海区图书馆	489960
79	四川省宜宾市图书馆	456101	18	广东省顺德图书馆	485627
80	吉林省延边图书馆	453778	19	江苏省昆山市图书馆	480000
81	山东省枣庄市图书馆	451187	20	江苏省张家港市图书馆	476824
82	安徽省合肥市图书馆	450000	21	浙江省萧山区图书馆	470029

2006 年全国公共图书馆分级别按总藏量排序

单位:册(件)

名次	单位名称	总藏量	名次	单位名称	总藏量
22	上海市长宁区图书馆	469546	62	浙江省海宁市图书馆	337991
23	广东省越秀区图书馆	462686	63	北京市昌平区图书馆	330000
24	上海市浦东新区图书馆	457317	64	上海市青浦区图书馆	323643
25	广东省深圳市宝安区图书馆	457000	65	上海市杨浦区图书馆	323611
26	天津市塘沽区图书馆	454370	66	浙江省慈溪市图书馆	318264
27	上海市普陀区图书馆	453467	67	广东省从化市图书馆	314612
28	北京市大兴区图书馆	453442	68	北京市顺义区图书馆	311659
29	辽宁省抚顺市望花区图书馆	450000	69	北京市石景山区图书馆	311233
30	上海市嘉定区图书馆	442382	70	江西省新余市图书馆	309889
31	上海市卢湾区图书馆	441930	71	云南省个旧市图书馆	308365
32	上海市静安区图书馆	438404	72	山东省文登市图书馆	303180
33	广东省荔湾区图书馆	435000	73	浙江省余姚市图书馆	299733
34	北京市东城区图书馆	434291	74	山东省青岛市李沧区图书馆	296000
35	上海市徐汇区图书馆	425215	75	天津市河西区图书馆	292288
36	广东省番禺区图书馆	425000	76	浙江省平湖市图书馆	291111
37	浙江省桐乡市图书馆	423652	77	广东省佛山市三水区图书馆	290519
38	上海市崇明县图书馆	413082	78	山东省莒南县图书馆	287263
39	上海市闸北区图书馆	397349	79	北京市门头沟区图书馆	284895
40	四川省双流县图书馆	388000	80	河南省鹤壁市图书馆	283099
41	上海市松江区图书馆	387813	81	四川省达县图书馆	282070
42	广东省新会区景堂图书馆	386000	82	浙江省宁波市鄞州区图书馆	280063
43	广东省天河区图书馆	380000	83	天津市河北区图书馆	279253
44	北京市平谷区图书馆	379250	84	天津市南开区图书馆	279073
45	江苏省通州市图书馆	378006	85	北京市怀柔区图书馆	277365
46	北京市房山区图书馆	377097	86	江西省吉安市图书馆	277000
47	江西省吉水县图书馆	370000	87	天津市和平区图书馆	276710
48	北京市石景山区少年儿童图书馆	366531	88	广东省花都区图书馆	276623
49	上海市闵行区图书馆	366310	89	浙江省余杭区图书馆	275591
50	浙江省临海市图书馆	363389	90	江苏省海安县图书馆	268486
51	北京市宣武区图书馆	361052	91	北京市密云县图书馆	268000
52	新疆独山子区图书馆	360942	92	江苏省东台市图书馆	264104
53	江苏省吴江市图书馆	355125	93	江苏省宜兴市图书馆	263256
54	上海市奉贤区图书馆	350729	94	浙江省桐庐县图书馆	262893
55	江苏省南京市江宁区图书馆	348667	95	北京市通州区图书馆	262125
56	上海市虹口区图书馆	346481	96	浙江省长兴县图书馆	260957
57	山东省平度市图书馆	342339	97	广东省榕城区图书馆	260685
58	北京市海淀区图书馆	341123	98	广东省佛山市禅城区图书馆	260538
59	山东省青州市图书馆	341088	99	贵州省遵义县图书馆	260180
60	天津市河东区图书馆	339863	100	辽宁省甘井子区图书馆	259942
61	上海市南汇区图书馆	339785			

2006 年全国公共图书馆分级别按外借册次排序

单位:册次

名次	单位名称	外借册次	名次	单位名称	外借册次
	一、省级公共图书馆		2	广东省广州图书馆	789298
1	广东省立中山图书馆	6896468	3	福建省厦门市少年儿童图书馆	631449
2	北京市首都图书馆	845764	4	广东省东莞图书馆	556792
3	山东省图书馆	584275	5	江苏省无锡市图书馆	458460
4	上海图书馆	519430	6	辽宁省大连市图书馆	445278
5	重庆市少年儿童图书馆	510361	7	浙江省温州市图书馆	444106
6	安徽省图书馆	509615	8	广东省深圳市图书馆	406502
7	福建省图书馆	469000	9	山东省青岛市图书馆	372497
8	吉林省图书馆	441128	10	江苏省泰州市图书馆	356766
9	辽宁省图书馆	346215	11	广西北海市少年儿童图书馆	354500
10	天津图书馆	337302	12	辽宁省沈阳市图书馆	344009
11	浙江图书馆	307079	13	浙江省杭州图书馆	343662
12	江苏省南京图书馆	297159	14	江苏省镇江市图书馆	340000
13	天津市少年儿童图书馆	292085	15	湖北省荆州市图书馆	333000
14	山西省图书馆	288801	16	湖北省武汉图书馆	322959
15	湖南图书馆	288685	17	浙江省宁波市图书馆	318799
16	陕西省图书馆	284327	18	浙江省金华严济慈图书馆	308251
17	甘肃省图书馆	246720	19	甘肃省兰州市图书馆	297017
18	上海少年儿童图书馆	239619	20	吉林省长春市图书馆	294707
19	河南省图书馆	238340	21	浙江省湖州市图书馆	292889
20	湖北省图书馆	230027	22	浙江省嘉兴市图书馆	291441
21	云南省图书馆	206625	23	江苏省常州市图书馆	290000
22	广西自治区图书馆	198455	24	江苏省金陵图书馆(南京市)	283112
23	河北省图书馆	187571	25	辽宁省本溪市图书馆	280000
24	江西省图书馆	186924	26	四川省广安市图书馆	280000
25	广西桂林图书馆	128050	27	浙江省绍兴图书馆	270000
26	湖南省少年儿童图书馆	127036	28	湖北省孝感市图书馆	268000
27	青海省图书馆	105047	29	广东省广州少年儿童图书馆	265760
28	黑龙江省图书馆	67208	30	湖北省鄂州市图书馆	260000
29	重庆图书馆	57781	31	黑龙江省哈尔滨市图书馆	254814
30	内蒙古自治区图书馆	55239	32	江苏省扬州市图书馆	250000
31	贵州省图书馆	45314	33	江苏省扬州市少年儿童图书馆	249358
32	广西少年儿童图书馆	42139	34	山东省泰安市学院图书馆	247500
33	宁夏自治区图书馆	28936	35	重庆市沙坪坝区图书馆	240261
34	四川省图书馆	14563	36	广东省珠海市图书馆	238800
35	新疆自治区图书馆	- -	37	湖南省岳阳市图书馆	235000
36	西藏自治区图书馆	- -	38	辽宁省沈阳市少年儿童图书馆	232894
37	海南省图书馆(筹)	- -	39	内蒙古自治区包头市图书馆	229911
	二、地市级公共图书馆		40	四川省成都市图书馆	228002
1	江苏省苏州图书馆	1482119	41	湖北省黄冈市图书馆	225000

2006 年全国公共图书馆分级别按外借册次排序

单位:册次

名次	单位名称	外借册次	名次	单位名称	外借册次
42	安徽省阜阳市图书馆	220000	82	河南省濮阳市图书馆	133000
43	河北省张家口市图书馆	210000	83	甘肃省白银市图书馆	132000
44	山东省淄博市图书馆	210000	84	河南省漯河市图书馆	123716
45	河南省新乡市图书馆	205616	85	重庆市九龙坡区图书馆	123476
46	山东省潍坊市图书馆	200035	86	宁夏自治区中卫市图书馆	123000
47	河北省石家庄市图书馆	200000	87	湖南省常德市图书馆	122560
48	广东省江门市五邑图书馆	200000	88	河北省唐山市图书馆	121912
49	河北省邯郸市图书馆	193686	89	湖南省湘潭市图书馆	120859
50	吉林省吉林市图书馆	188686	90	江西省南昌市图书馆	120000
51	山东省济南市图书馆	187295	91	湖北省襄樊市图书馆	120000
52	广西柳州市图书馆	186729	92	河北省秦皇岛市图书馆	119683
53	江苏省南通市图书馆	180000	93	湖南省株洲市图书馆	115479
54	河南省南阳市图书馆	180000	94	湖北省十堰市图书馆	113843
55	浙江省杭州少年儿童图书馆	175575	95	河南省洛阳市图书馆	112355
56	浙江省衢州市图书馆	169468	96	河南省安阳市少年儿童图书馆	110280
57	广西南宁市少儿图书馆	167967	97	河南省济源市图书馆	110000
58	辽宁省大连市少年儿童图书馆	166050	98	湖北省神农架林区图书馆	110000
59	河北省沧州市图书馆	162100	99	湖南省长沙市图书馆	110000
60	河南省郑州市图书馆	160896	100	广西北海市图书馆	110000
61	山东省威海市图书馆	160000	**三、县级公共图书馆**		
62	山东省枣庄市图书馆	157603	1	广东省榕城区图书馆	1250000
63	山东省泰医图书馆	157360	2	浙江省桐乡市图书馆	415000
64	福建省南平市图书馆	155000	3	江苏省张家港市图书馆	398000
65	黑龙江省鸡西市图书馆	151270	4	上海市浦东新区图书馆	366729
66	陕西省宝鸡市图书馆	151222	5	福建省福州市少儿图书馆	340000
67	云南省玉溪市图书馆	150633	6	江苏省昆山市图书馆	320000
68	河南省安阳市图书馆	150000	7	上海市宝山区图书馆	314734
69	广东省深圳市南山图书馆	146073	8	浙江省余杭区图书馆	308000
70	广东省湛江市少儿图书馆	145637	9	上海市普陀区图书馆	296100
71	贵州省贵阳市图书馆	145538	10	北京市西城区图书馆	295220
72	山东省烟台图书馆	143000	11	北京市石景山区图书馆	285703
73	广东省惠州慈云图书馆	141402	12	上海市奉贤区图书馆	281094
74	广东省中山市中山图书馆	141070	13	广东省增城市图书馆	265320
75	广西贺州市图书馆	140410	14	上海市杨浦区图书馆	264553
76	安徽省合肥市图书馆	140000	15	北京市崇文区图书馆	263579
77	江西省高安市图书馆	139000	16	江苏省大丰市图书馆	256000
78	广西南宁市图书馆	138534	17	上海市卢湾区图书馆	253005
79	新疆克拉玛依市图书馆	137000	18	辽宁省旅顺口区图书馆	243802
80	辽宁省辽阳市图书馆	134360	19	北京市西城区青少年儿童图书馆	233563
81	广东省汕头市图书馆	133091	20	江苏省通州市图书馆	231200

2006 年全国公共图书馆分级别按外借册次排序

单位:册次

名次	单位名称	外借册次	名次	单位名称	外借册次
21	浙江省绍兴县图书馆	228023	61	北京市大兴区图书馆	150510
22	浙江省慈溪市图书馆	225247	62	辽宁省凤城市图书馆	150340
23	上海市闸北区图书馆	214500	63	山东省平度市图书馆	150000
24	广东省顺德图书馆	212786	64	广东省佛山市三水区图书馆	150000
25	上海市杨浦区延吉图书馆	210000	65	广东省罗定市图书馆	150000
26	北京市顺义区图书馆	204520	66	浙江省瓯海区图书馆	149000
27	浙江省海宁市图书馆	204500	67	湖北省枝江市图书馆	148000
28	江苏省江阴市图书馆	200000	68	广东省肇庆市端州图书馆	147332
29	广东省天河区图书馆	200000	69	安徽省太湖县图书馆	145272
30	广东省佛山市南海区图书馆	200000	70	浙江省临海市图书馆	145000
31	北京市房山区图书馆	199564	71	山东省李沧区图书馆	142361
32	吉林省敦化市图书馆	199000	72	江苏省沛县图书馆	141270
33	江苏省泰兴市图书馆	193000	73	河北省赵县图书馆	140000
34	上海市闵行区图书馆	192749	74	河北省宣化区图书馆	140000
35	山东省茌平县图书馆	190000	75	江苏省铜山县图书馆	140000
36	广东省花都区图书馆	190000	76	浙江省永嘉县图书馆	140000
37	北京市昌平区图书馆	188422	77	安徽省合肥市少儿图书馆	140000
38	山东省即墨市图书馆	180990	78	湖北省武汉市汉阳区图书馆	140000
39	江苏省太仓市图书馆	180000	79	广东省化州市图书馆	138000
40	江苏省仪征市图书馆	180000	80	四川省金牛区图书馆	136080
41	安徽省濉溪县图书馆	180000	81	浙江省宁海县图书馆	135900
42	河南省鹤壁市图书馆	179870	82	北京市丰台区青少年儿童馆	134755
43	广东省番禺区图书馆	176000	83	广东省高州市图书馆	133567
44	北京市怀柔区图书馆	173052	84	广东省佛山市高明区图书馆	131000
45	河北省栾城县图书馆	171000	85	天津市静海县图书馆	130008
46	广东省佛山市图书馆	170115	86	宁夏自治区青铜峡市图书馆	130000
47	天津市河东区图书馆	169109	87	上海市徐汇区图书馆	128341
48	山东省文登市图书馆	168680	88	浙江省余姚市图书馆	128137
49	浙江省杭州市萧山区图书馆	167043	89	上海市崇明县图书馆	128000
50	北京市密云县图书馆	166656	90	北京市平谷区图书馆	127843
51	北京市宣武区图书馆	166102	91	河南省偃师市图书馆	126135
52	湖南省攸县图书馆	165000	92	上海市松江区图书馆	126100
53	河北省正定县图书馆	163000	93	湖北省罗田县图书馆	125000
54	河北省新乐市图书馆	162000	94	广东省南雄市图书馆	124731
55	北京市朝阳区图书馆	161201	95	山东省临沭县图书馆	124600
56	江苏省吴江市图书馆	160000	96	湖南省茶陵县图书馆	124000
57	湖北省红安县图书馆	160000	97	上海市黄浦区图书馆	123945
58	广东省荔湾区图书馆	157634	98	广西北流市图书馆	121600
59	山东省青岛市北区图书馆	155327	99	河北省藁城市图书馆	120000
60	辽宁省普兰店市图书馆	151175	100	河北省鹿泉市图书馆	120000

2006 年全国公共图书馆分级别按购书费占总支出比重排序

单位:%

名次	单位名称	购书费占总支出比重	名次	单位名称	购书费占总支出比重
	一、省级公共图书馆		3	河北省廊坊市图书馆	54.28
1	河北省图书馆	41.15	4	黑龙江省七台河市图书馆	50.68
2	广东省立中山图书馆	36.65	5	山东省东营市图书馆	50.45
3	天津图书馆	34.97	6	广东省深圳少年儿童图书馆	43.72
4	上海图书馆	34.12	7	重庆市大渡口区图书馆	40.00
5	江苏省南京图书馆	31.81	8	广东省清远市图书馆	38.59
6	新疆自治区图书馆	31.39	9	广东省广州少年儿童图书馆	37.75
7	江西省图书馆	31.33	10	河南省济源市图书馆	36.66
8	福建省图书馆	28.27	11	广东省广州图书馆	35.66
9	湖南图书馆	26.40	12	四川省眉山市图书馆	31.65
10	天津市少年儿童图书馆	26.39	13	陕西省西安图书馆	29.71
11	甘肃省图书馆	25.52	14	云南省玉溪市图书馆	28.51
12	湖北省图书馆	24.10	15	辽宁省沈阳市少年儿童图书馆	28.36
13	辽宁省图书馆	23.89	16	江苏省淮安市图书馆	27.90
14	北京市首都图书馆	21.32	17	重庆市长寿区图书馆	26.93
15	浙江图书馆	20.96	18	湖北省宜昌市图书馆	26.40
16	云南省图书馆	20.45	19	浙江省金华严济慈图书馆	25.61
17	重庆图书馆	19.26	20	江苏省扬州市少年儿童图书馆	25.48
18	四川省图书馆	18.40	21	江西省萍乡市图书馆	25.23
19	重庆市少年儿童图书馆	17.35	22	贵州省贵阳市图书馆	25.16
20	西藏自治区图书馆	16.17	23	安徽省铜陵市图书馆	25.09
21	吉林省图书馆	15.96	24	山东省青岛市图书馆	24.94
22	河南省图书馆	15.65	25	新疆阿克苏地区图书馆	24.86
23	山东省图书馆	14.75	26	江西省南昌市图书馆	24.20
24	广西自治区图书馆	14.31	27	四川省成都市图书馆	23.51
25	贵州省图书馆	13.55	28	广东省茂名市图书馆	23.36
26	上海少年儿童图书馆	11.51	29	湖南省邵阳市少儿图书馆	23.32
27	内蒙古自治区图书馆	10.80	30	安徽省合肥市图书馆	23.17
28	宁夏自治区图书馆	10.10	31	浙江省宁波市图书馆	23.10
29	青海省图书馆	9.48	32	浙江省嘉兴市图书馆	23.06
30	山西省图书馆	9.43	33	河南省濮阳市图书馆	23.05
31	陕西省图书馆	9.34	34	湖北省孝感市图书馆	22.93
32	黑龙江省图书馆	8.84	35	重庆市渝北区图书馆	22.89
33	湖南省少年儿童图书馆	7.84	36	湖北省武汉图书馆	22.85
34	安徽省图书馆	7.63	37	吉林省长春市图书馆	22.41
35	广西桂林图书馆	7.29	38	山东省济南市图书馆	22.40
36	海南省图书馆(筹)	0.0	39	辽宁省大连市图书馆	22.31
	二、地市级公共图书馆		40	四川省德阳市图书馆	21.99
1	湖北省十堰市少儿图书馆	100.00	41	河南省郑州市图书馆	21.85
2	江苏省宿迁市图书馆(非独立机构)	70.59	42	浙江省杭州图书馆	21.69

2006 年全国公共图书馆分级别按购书费占总支出比重排序

单位:%

名次	单位名称	购书费占总支出比重	名次	单位名称	购书费占总支出比重
43	广东省湛江市图书馆	21.65	83	新疆巴州图书馆	16.59
44	云南省红河州图书馆	21.62	84	河南省新乡市图书馆	16.48
45	江苏省常州市图书馆	21.48	85	浙江省衢州市图书馆	16.33
46	辽宁省大连市少年儿童图书馆	21.30	86	重庆市渝中区图书馆	16.30
47	湖北省黄冈市图书馆	21.14	87	云南省思茅市图书馆	16.23
48	福建省南平市图书馆	20.93	88	河南省三门峡市图书馆	15.67
49	重庆市九龙坡区图书馆	20.92	89	江苏省无锡市图书馆	15.58
50	湖北省荆州市图书馆	20.86	90	福建省莆田市图书馆	15.56
51	辽宁省丹东市少儿图书馆	20.30	91	四川省泸州市图书馆	15.55
52	湖北省鄂州市图书馆	19.94	92	甘肃省白银市图书馆	15.53
53	江苏省连云港市少儿图书馆	19.74	93	江苏省镇江市图书馆	15.48
54	内蒙古自治区兴安盟图书馆	19.61	94	浙江省湖州市图书馆	15.33
55	湖南省衡阳市少年儿童图书馆	19.28	95	广西贺州市图书馆	15.12
56	广西南宁市少儿图书馆	19.12	96	江西省德兴市图书馆	15.11
57	湖北省黄石市图书馆	18.93	97	河南省安阳市少年儿童图书馆	14.99
58	甘肃省兰州市图书馆	18.87	98	江苏省苏州图书馆	14.92
59	浙江省丽水市图书馆	18.84	99	山东省烟台图书馆	14.85
60	重庆市巴南区图书馆	18.69	100	湖北省天门市图书馆	14.81
61	四川省绵阳市图书馆	18.55	**三、县级公共图书馆**		
62	内蒙古自治区乌海市图书馆	18.39	1	北京市朝阳区少儿图书馆	100.00
63	辽宁省营口市少年儿童图书馆	18.31	2	吉林省长春市南关区图书馆	100.00
64	湖北省荆门市图书馆	18.19	3	吉林省长春市朝阳区图书馆	100.00
65	新疆和田地区图书馆	18.18	4	黑龙江省伊春市南岔区图书馆	100.00
66	广东省梅州市剑英图书馆	18.03	5	上海市闸北区少儿图书馆	100.00
67	江苏省泰州市图书馆	17.93	6	山东省青岛市崂山区图书馆	100.00
68	江苏省南京市金陵图书馆	17.81	7	新疆青河县图书馆	100.00
69	甘肃省嘉峪关市图书馆	17.79	8	福建省罗源县图书馆	79.14
70	黑龙江省哈尔滨市图书馆	17.69	9	湖北省沙洋县图书馆	76.92
71	浙江省杭州少年儿童图书馆	17.27	10	北京市大兴区图书馆	76.05
72	江西省樟树市图书馆	17.27	11	浙江省滨江区图书馆	75.00
73	新疆吐鲁番地区图书馆	17.27	12	河北省新华区图书馆	72.36
74	江西省瑞金市文化局	17.24	13	广东省白云区图书馆	69.02
75	湖南省常德市图书馆	17.22	14	贵州省岑巩县图书馆	61.86
76	云南省普洱市图书馆	17.14	15	贵州省织金县图书馆	61.46
77	江苏省盐城市图书馆	17.10	16	山西省高平市图书馆	61.04
78	广东省潮州市谢慧如图书馆	16.89	17	浙江省衢州市柯城区图书馆	60.00
79	黑龙江省伊春市图书馆	16.70	18	四川省蓬安县图书馆	59.88
80	四川省广安市图书馆	16.67	19	山西省娄烦县君宇图书馆	58.16
81	辽宁省沈阳市图书馆	16.64	20	浙江省杭州市上城区图书馆	57.04
82	云南省保山市图书馆	16.64	21	浙江省宁波市江北区图书馆	56.50

2006 年全国公共图书馆分级别按购书费占总支出比重排序

单位:%

名次	单位名称	购书费占总支出比重	名次	单位名称	购书费占总支出比重
22	山东省禹城市图书馆	55.56	62	北京市昌平区图书馆	31.21
23	江苏省苏州市金阊区图书馆	52.17	63	江西省弋阳县图书馆	30.99
24	河南省中牟县图书馆	51.38	64	湖南省长沙市岳麓区图书馆	30.93
25	山东省青岛市南区图书馆	50.00	65	河北省栾城县图书馆	30.37
26	湖南省长沙市芙蓉区图书馆	49.00	66	云南省巍山县图书馆	30.23
27	浙江省宁波江东区图书馆	48.57	67	重庆市石柱土家族自治县图书馆	30.00
28	广东省潮安县图书馆	48.08	68	广东省鹤山市图书馆	29.94
29	北京市怀柔区图书馆	46.66	69	广东省广州市番禺区图书馆	29.80
30	广东省始兴县图书馆	44.94	70	广东省蕉岭县图书馆	29.78
31	福建省长乐市图书馆	44.17	71	北京市房山区图书馆	29.76
32	新疆巴楚县图书馆	44.02	72	四川省新都区图书馆	29.76
33	河南省鄢陵县图书馆	42.25	73	广东省清新县图书馆	29.41
34	黑龙江省同江市图书馆	41.84	74	上海市长宁区图书馆	29.26
35	陕西省大荔县图书馆	41.67	75	广东省雷州市图书馆	29.07
36	陕西省户县图书馆	40.80	76	江西省南昌县图书馆	28.99
37	天津市泰达图书馆	40.26	77	浙江省永康市图书馆	28.97
38	四川省蒲江县图书馆	40.00	78	新疆哈密市图书馆	28.90
39	湖南省长沙市雨花区公共图书馆	39.74	79	北京市燕山图书馆	28.76
40	河南省鹤壁市图书馆	39.40	80	内蒙古自治区霍林郭勒市图书馆	28.74
41	河北省辛集市图书馆	39.27	81	广东省清城区图书馆	28.62
42	四川省新津县图书馆	39.25	82	山西省太原市尖草坪区图书馆	28.57
43	北京市密云县图书馆	38.71	83	江苏省丹阳市少儿图书馆	28.57
44	四川省宁南县图书馆	37.74	84	山东省东营中心城区图书馆	28.57
45	四川省绵竹市图书馆	37.43	85	江西省黎川县图书馆	28.46
46	浙江省绍兴县图书馆	37.10	86	江西省鹰潭市图书馆	27.89
47	山西省潞城市图书馆	36.71	87	四川省平武县图书馆	27.78
48	重庆市綦江县图书馆	34.56	88	四川省武胜县图书馆	27.78
49	北京市平谷区图书馆	34.10	89	贵州省长顺县图书馆	27.78
50	湖南省城步县图书馆	33.65	90	云南省南华县图书馆	27.78
51	广东省深圳市宝安区图书馆	33.59	91	陕西省凤县图书馆	27.78
52	河南省孟州市图书馆	33.56	92	福建省漳浦县图书馆	27.27
53	河南省新密市图书馆	33.33	93	广东省连平县图书馆	27.27
54	四川省屏山县图书馆	33.33	94	北京市门头沟区图书馆	27.05
55	上海市奉贤区图书馆	33.21	95	四川省兴文县图书馆	26.80
56	广东省深圳市福田区图书馆	33.04	96	四川省广元市元坝区文体旅游局	26.67
57	福建省福州市图书馆	32.26	97	福建省福州市少儿图书馆	26.47
58	四川省普格县图书馆	31.96	98	广西南宁市江南区图书馆	26.47
59	北京市顺义区图书馆	31.71	99	四川省高坪区图书馆	26.47
60	浙江省宁波市海曙区图书馆	31.62	100	黑龙江省塔河县图书馆	26.32
61	安徽省霍邱县图书馆	31.25			

2006 年全国公共图书馆分级别按经费自给率排序

单位:%

名次	单位名称	经费自给率	名次	单位名称	经费自给率
	一、省级公共图书馆		2	浙江省绍兴图书馆	72.01
1	江西省图书馆	55.48	3	湖北省孝感市图书馆	50.63
2	重庆市少年儿童图书馆	54.86	4	江苏省扬州市少年儿童图书馆	49.21
3	云南省图书馆	53.33	5	湖北省武汉图书馆	47.97
4	上海图书馆	53.31	6	四川省成都市图书馆	47.51
5	湖南省少年儿童图书馆	43.24	7	重庆市沙坪坝区图书馆	46.47
6	上海少年儿童图书馆	37.23	8	重庆市南岸区图书馆	45.70
7	山东省图书馆	32.65	9	重庆市九龙坡区图书馆	45.56
8	广东省立中山图书馆	31.73	10	云南省昆明图书馆	43.79
9	广西自治区图书馆	30.88	11	广东省深圳市图书馆	43.49
10	山西省图书馆	30.53	12	浙江省嘉兴市图书馆	43.01
11	福建省图书馆	30.06	13	广东省江门市五邑图书馆	39.99
12	浙江图书馆	29.36	14	山西省太原市图书馆	34.33
13	四川省图书馆	27.97	15	湖北省随州市图书馆	33.42
14	湖北省图书馆	24.08	16	辽宁省辽阳市少年儿童图书馆	33.33
15	辽宁省图书馆	23.09	17	重庆市长寿区图书馆	32.32
16	湖南图书馆	22.72	18	海南省三亚市图书馆	31.98
17	广西桂林图书馆	21.97	19	广西贵港市图书馆	31.44
18	河南省图书馆	20.80	20	湖北省武汉市少年儿童图书馆	30.97
19	安徽省图书馆	20.26	21	广东省广州图书馆	30.58
20	江苏省南京图书馆	18.76	22	江西省南昌市图书馆	30.33
21	北京市首都图书馆	17.19	23	江西省赣州市图书馆	29.83
22	海南省图书馆(筹)	15.87	24	广东省广州少年儿童图书馆	28.89
23	河北省图书馆	14.94	25	安徽省淮南市少儿图书馆	27.92
24	天津图书馆	13.12	26	浙江省舟山市图书馆	27.36
25	内蒙古自治区图书馆	12.76	27	江苏省南通市图书馆	27.14
26	贵州省图书馆	12.34	28	贵州省六盘水市图书馆	26.25
27	天津市少年儿童图书馆	12.13	29	浙江省宁波市图书馆	25.09
28	新疆自治区图书馆	11.55	30	辽宁省大连市少年儿童图书馆	25.04
29	吉林省图书馆	6.55	31	山西省阳泉市图书馆	25.02
30	黑龙江省图书馆	6.08	32	江苏省连云港市图书馆	24.53
31	青海省图书馆	5.15	33	江苏省南通市少年儿童图书馆	23.92
32	陕西省图书馆	4.40	34	湖北省恩施州图书馆	23.68
33	甘肃省图书馆	1.15	35	江西省萍乡市图书馆	23.35
34	宁夏自治区图书馆	0.49	36	江苏省常州市图书馆	22.96
35	西藏自治区图书馆	- -	37	山东省泰医图书馆	22.44
36	重庆图书馆	- -	38	广西柳州市图书馆	22.36
	二、地市级公共图书馆		39	江苏省连云港市少儿图书馆	21.67
1	湖北省仙桃市图书馆	96.00	40	江苏省苏州图书馆	21.58

2006 年全国公共图书馆分级别按经费自给率排序

单位:%

名次	单位名称	经费自给率	名次	单位名称	经费自给率
41	贵州省毕节地区图书馆	21.36	80	四川省自贡市图书室馆	13.84
42	湖南省衡阳市图书馆	21.29	81	浙江省温州市图书馆	13.69
43	浙江省金华严济慈图书馆	21.17	82	湖北省潜江市图书馆	13.39
44	广西南宁市少儿图书馆	20.74	83	云南省楚雄州图书馆	13.00
45	江西省景德镇市图书馆	20.57	84	新疆乌鲁木齐市图书馆	12.69
46	江苏省泰州市图书馆	19.74	85	重庆市涪陵区图书馆	12.59
47	江苏省扬州市图书馆	19.32	86	山西省吕梁市图书馆	11.43
48	重庆市万盛区图书馆	19.05	87	四川省宜宾市图书馆	11.31
49	重庆市渝北区图书馆	18.88	88	福建省厦门市图书馆	11.26
50	内蒙古自治区乌兰察布市图书馆	18.62	89	江苏省金陵图书馆(南京市)	11.17
51	河南省漯河市图书馆	18.40	90	陕西省西安图书馆	11.17
52	江西省贵溪市图书馆	17.76	91	辽宁省沈阳市少年儿童图书馆	11.06
53	湖南省岳阳市图书馆	17.71	92	吉林省长春市少年儿童图书馆	11.04
54	广东省韶关市图书馆	17.31	93	广西防城港市图书馆	11.02
55	河北省邢台市图书馆	17.22	94	湖北省神农架林区图书馆	10.92
56	江西省九江市图书馆	17.19	95	陕西省咸阳图书馆	10.78
57	福建省厦门市少年儿童图书馆	16.93	96	江西省樟树市图书馆	10.44
58	安徽省合肥市图书馆	16.67	97	江西省丰城市图书馆	10.20
59	陕西省安康市图书馆	16.64	98	甘肃省嘉峪关市图书馆	10.17
60	重庆市渝中区图书馆	16.63	99	宁夏自治区银川市图书馆	10.12
61	广东省潮州市谢慧如图书馆	16.47	**三、县级公共图书馆**		
62	江苏省无锡市图书馆	16.29	1	福建省晋江市图书馆	171.01
63	湖北省襄樊市图书馆	16.29	2	湖南省宁远县图书馆	165.00
64	广东省河源市图书馆	16.19	3	云南省富源县图书馆	125.51
65	贵州省贵阳市图书馆	16.09	4	湖北省咸丰县图书馆	100.00
66	辽宁省大连市图书馆	15.87	5	四川省合江县图书馆	100.00
67	浙江省杭州图书馆	15.85	6	陕西省绥德县子洲图书馆	98.10
68	河南省洛阳市图书馆	15.79	7	广东省深圳市盐田区图书馆	87.72
69	四川省泸州市图书馆	15.65	8	湖南省衡阳市珠晖图书馆	69.57
70	江西省乐平市图书馆	15.38	9	湖南省湘潭县图书馆	69.52
71	重庆市北碚区图书馆	15.10	10	广西靖西县图书馆	68.92
72	河南省济源市图书馆	14.95	11	广东省新会区景堂图书馆	62.54
73	浙江省杭州少年儿童图书馆	14.85	12	湖南省岳阳县图书馆	60.00
74	四川省攀枝花市图书馆	14.35	13	江苏省金湖县图书馆	58.81
75	四川省南充市图书馆	14.20	14	天津市蓟县图书馆	58.66
76	河南省信阳市图书馆	14.19	15	江苏省靖江市图书馆	57.43
77	广西南宁市图书馆	14.01	16	湖北省安陆市图书馆	55.52
78	山东省青岛市图书馆	13.91	17	湖北省英山县图书馆	53.57
79	山东省泰安市学院图书馆	13.84	18	湖南省沅江市图书馆	52.89

2006 年全国公共图书馆分级别按经费自给率排序

单位:%

名次	单位名称	经费自给率	名次	单位名称	经费自给率
19	广东省遂溪县图书馆	52.76	58	江苏省昆山市图书馆	36.45
20	湖北省麻城市图书馆	52.66	59	重庆市南川市图书馆	36.30
21	江苏省常熟市图书馆	52.07	60	湖北省恩施市图书馆	36.13
22	湖南省南县图书馆	50.64	61	江苏省高邮市图书馆	35.78
23	湖南省平江县图书馆	49.65	62	浙江省天台县图书馆	35.64
24	上海市黄浦区图书馆	47.50	63	湖北省武汉市黄陂区图书馆	35.32
25	福建省台江区图书馆	46.75	64	湖北省武汉市江夏区图书馆	35.27
26	陕西省王益区少儿图书馆	46.67	65	浙江省临安市图书馆	34.92
27	辽宁省沈阳市和平区少年儿童图书馆	46.45	66	北京市石景山区图书馆	34.68
28	湖北省武汉市新洲区图书馆	45.70	67	江苏省金坛市图书馆	34.07
29	上海市长宁区图书馆	45.17	68	湖南省祁东县图书馆	33.94
30	湖北省老河口市图书馆	44.97	69	湖北省武汉市江岸区少年儿童图书馆	33.89
31	安徽省蒙城县图书馆	43.84	70	湖北省公安县图书馆	33.73
32	陕西省靖边县图书馆	43.01	71	福建省柘荣县图书馆	33.33
33	浙江省桐乡市图书馆	42.81	72	湖北省团风县图书馆	33.33
34	湖北省武汉市硚口区图书馆	42.68	73	湖北省罗田县图书馆	33.33
35	广西藤县图书馆	42.35	74	江苏省东海县图书馆	33.13
36	新疆乌什县图书馆	42.32	75	湖北省京山县图书馆	32.80
37	湖南省桑植县图书馆	42.17	76	四川省崇州市图书馆	32.50
38	浙江省路桥区图书馆	42.11	77	广东省高州市图书馆	32.43
39	湖北省广水市图书馆	42.11	78	湖北省洪湖市图书馆	32.26
40	辽宁省北票市图书馆	41.82	79	江西省鹰潭市图书馆	32.06
41	安徽省黄山市屯溪区图书馆	41.82	80	山东省汶上县图书馆	32.06
42	广西南宁市江南区图书馆	41.67	81	浙江省张元济图书馆	31.90
43	湖南省常宁市图书馆	41.65	82	江西省抚州市临川区图书馆	31.69
44	福建省松溪县图书馆	41.61	83	湖北省大冶市图书馆	31.66
45	上海市杨浦区延吉图书馆	40.47	84	江西省莲花县图书馆	31.53
46	湖南省溆浦县图书馆	40.00	85	安徽省合肥市少儿图书馆	31.46
47	重庆市双桥区图书馆	40.00	86	河南省沈丘县图书馆	31.45
48	湖北省江陵县图书馆	39.46	87	重庆市秀山县图书馆	31.10
49	江西省新建县图书馆	39.22	88	福建省厦门市思明区图书馆	30.89
50	江苏省南京市浦口区图书馆	38.49	89	湖北省监利县图书馆	30.83
51	河南省睢县图书馆	38.14	90	内蒙古自治区商都县图书馆	30.61
52	天津市南开区少年儿童图书馆	37.75	91	上海市杨浦区图书馆	30.61
53	湖南省桂东县图书馆	37.75	92	陕西省陈仓区图书馆	30.52
54	江西省龙南县图书馆	37.50	93	浙江省奉化市图书馆	30.48
55	安徽省旌德县图书馆	37.14	94	天津市河北区图书馆	30.29
56	四川省普格县图书馆	37.11	95	北京市西城区图书馆	30.11
57	广东省普宁市图书馆	36.81			

按年份各地区公共图书馆机构数

单位:个

地　　区	1949 年	1957 年	1965 年	1978 年	1980 年	1985 年	1990 年	1995 年	2000 年	2003 年	2005 年	2006 年
总　　计	52	400	562	1 218	1 732	2 344	2 527	2 615	2 675	2 709	2 762	2 778
中　　央	1	1	1	1	1	1	1	1	1	1	1	1
地　　方	51	399	561	1 217	1 731	2 343	2 526	2 614	2 674	2 708	2 761	2 777
北　　京	2	7	6	17	20	22	22	22	24	25	25	24
天　　津	2	5	10	19	18	26	30	31	31	31	32	32
河　　北	2	14	12	42	80	104	121	134	145	147	153	156
山　　西	…	5	17	61	72	103	111	119	121	122	122	122
内 蒙 古	…	15	12	24	83	94	104	107	108	108	110	110
辽　　宁	…	22	30	71	85	121	123	127	128	128	126	127
吉　　林	2	11	18	60	48	39	47	51	60	62	63	64
黑 龙 江	…	12	26	78	80	87	96	96	97	97	96	95
上　　海	20	21	24	17	23	46	51	31	31	35	28	28
江　　苏	…	25	35	78	82	90	91	94	101	100	103	104
浙　　江	2	31	35	63	69	76	80	81	83	83	90	92
安　　徽	…	16	34	36	80	82	84	83	84	84	88	85
福　　建	…	10	12	23	26	65	74	78	81	82	84	85
江　　西	2	11	20	38	49	105	104	104	104	104	104	105
山　　东	3	40	27	80	88	99	115	130	133	140	145	145
河　　南	1	10	17	36	71	118	127	132	134	136	136	136
湖　　北	3	15	7	47	101	99	101	100	103	103	102	102
湖　　南	1	15	37	72	77	110	116	116	115	115	120	120
广　　东	2	19	46	76	97	117	103	114	124	129	129	129
广　　西	…	10	29	84	87	89	90	92	94	96	95	100
海　　南	…	…	…	…	…	…	19	19	19	19	20	20
重　　庆	…	…	…	…	…	…	…	…	42	44	43	43
四　　川	…	26	44	78	98	115	148	166	129	132	141	146
贵　　州	…	9	16	25	44	76	84	87	89	90	91	91
云　　南	…	10	16	16	80	149	148	148	148	149	149	149
西　　藏	…	1	1	1	1	1	18	18	18	1	1	4	3
陕　　西	7	9	13	43	69	113	113	114	114	111	111	111
甘　　肃	1	12	8	6	39	75	83	86	91	92	92	92
青　　海	…	1	1	13	23	27	41	41	38	38	43	43
宁　　夏	…	3	3	8	14	20	20	20	22	21	20	20
新　　疆	1	14	5	5	27	58	62	60	80	84	96	98

按年份各地区公共图书馆总藏量情况

单位:万册(件)

地 区	1979 年	1980 年	1985 年	1990 年	1995 年	2000 年	2002 年	2003 年	2005 年	2006 年
总 计	18 353	19 904	25 573	29 064	32 850	40 953	42 628	43 776	48 056	50 025
中 央	1 020	1 060	1 310	1 598	1 959	2 249	2 373	2 412	2 505	2 570
地 方	17 333	18 844	2 426	27 466	30 891	38 704	40 256	41 364	45 551	47 454
北 京	483	548	560	607	670	767	876	944	1 121	1 206
天 津	547	550	584	664	677	786	822	840	869	945
河 北	384	423	504	707	845	1 081	1 132	1 179	1 307	1 351
山 西	427	444	588	662	777	867	898	912	963	993
内 蒙 古	401	367	482	550	621	683	696	707	744	761
辽 宁	1 391	1 487	1 521	1 557	1 786	1 970	2 119	2 115	2 326	2 400
吉 林	651	665	834	831	921	1 030	1 071	1 090	1 202	1 229
黑 龙 江	535	613	848	1 009	1 094	1 186	1 227	1 248	1 291	1 436
上 海	1 107	1 138	1 430	1 585	1 586	5 500	5 817	5 894	6 049	6 062
江 苏	1 364	1 433	1 816	2 110	2 420	2 669	2 777	2 846	3 179	3 410
浙 江	814	843	1 038	1 266	1 511	1 715	1 848	1 918	2 324	2 497
安 徽	556	563	651	681	752	787	792	807	847	907
福 建	395	431	709	845	902	985	1 053	1 097	1 274	1 362
江 西	513	768	916	1 003	1 070	1 122	1 167	1 197	1 282	1 309
山 东	1 070	1 159	1 234	1 469	1 724	1 989	2 176	2 246	2 746	2 846
河 南	660	708	975	1 022	1 062	1 239	1 303	1 336	1 429	1 470
湖 北	650	771	1 032	1 220	1 445	1 678	1 759	1 819	1 923	1 981
湖 南	732	808	1 120	1 239	1 362	1 514	1 548	1 602	1 667	1 704
广 东	689	798	1 065	1 260	1 651	2 316	2 300	2 498	3 119	3 454
广 西	581	644	935	1 102	1 243	1 312	1 378	1 419	1 491	1 564
海 南	…	…	…	100	137	154	165	167	184	193
重 庆	…	…	…	…	…	811	678	700	768	792
四 川	1 471	1 502	1 880	2 125	2 356	1 722	1 746	1 773	2 002	2 094
贵 州	229	292	451	527	616	681	691	713	764	771
云 南	420	503	906	1 034	1 104	1 254	1 252	1 287	1 371	1 397
西 藏	…	17	46	54	51	60	60	60	42	45
陕 西	482	480	645	658	733	837	840	852	887	913
甘 肃	323	338	586	579	670	745	759	795	860	872
青 海	195	220	287	260	280	286	295	295	324	289
宁 夏	156	185	300	328	338	380	368	361	378	389
新 疆	107	147	321	412	489	579	644	649	817	811

注:本年鉴的总藏量,1991 年以前只包括图书。

按年份各地区公共图书馆人均拥有藏书册数

单位:册

地　区	1980 年	1985 年	1990 年	1995 年	2000 年	2005 年	2006 年
全　国	**0.2**	**0.2**	**0.3**	**0.2**	**0.3**	**0.3**	**0.3**
北　京	0.6	0.6	0.6	0.6	0.7	0.7	0.7
天　津	0.7	0.7	0.8	0.7	0.9	0.8	0.8
河　北	0.8	0.1	0.1	0.1	0.2	0.1	0.2
山　西	0.2	0.2	0.2	0.2	0.3	0.2	0.2
内　蒙　古	0.2	0.2	0.3	0.2	0.3	0.3	0.3
辽　宁	0.4	0.4	0.4	0.4	0.5	0.5	0.5
吉　林	0.3	0.4	0.3	0.3	0.4	0.4	0.4
黑　龙　江	0.2	0.3	0.3	0.3	0.3	0.3	0.3
上　海	1.0	1.2	1.2	1.1	1.5	1.4	1.2
江　苏	0.2	0.3	0.3	0.3	0.4	0.4	0.4
浙　江	0.2	0.3	0.3	0.3	0.3	0.4	0.4
安　徽	0.1	0.1	0.1	0.1	0.1	0.1	0.1
福　建	0.2	0.3	0.3	0.2	0.3	0.3	0.3
江　西	0.2	0.3	0.3	0.2	0.3	0.2	0.3
山　东	0.2	0.2	0.2	0.2	0.2	0.2	0.3
河　南	0.1	0.1	0.1	0.1	0.1	0.1	0.1
湖　北	0.2	0.2	0.2	0.2	0.3	0.3	0.3
湖　南	0.2	0.2	0.2	0.2	0.2	0.2	0.2
广　东	0.2	0.2	0.2	0.2	0.3	0.3	0.3
广　西	0.2	0.1	0.3	0.2	0.3	0.3	0.3
海　南	…	…	0.2	0.2	0.2	0.2	0.2
重　庆	…	…	…	…	0.1	0.2	0.2
四　川	0.2	0.2	0.2	0.2	0.5	0.2	0.2
贵　州	0.1	0.2	0.2	0.1	0.2	0.2	0.2
云　南	0.2	0.3	0.3	0.2	0.3	0.3	0.3
西　藏	0.1	0.2	0.3	0.2		0.1	0.1
陕　西	0.2	0.2	0.2	0.2	0.2	0.2	0.2
甘　肃	0.2	0.3	0.3	0.2	0.3	0.3	0.3
青　海	0.6	0.7	0.6	0.5	0.6	0.5	0.4
宁　夏	0.5	0.7	0.7	0.6	0.7	0.6	0.6
新　疆	0.1	0.3	0.3	0.3	0.3	0.4	0.3

按年份各地区公共图书馆总流通人次

单位:万人次

地 区	1979 年	1980 年	1985 年	1990 年	1995 年	2000 年	2003 年	2005 年	2006 年
总 计	7 787	9 045	11 614	12 435	18 298	18 854	21 440	23 331	25 218
中 央	48	53	72	169	133	381	449	458	391
地 方	7 739	8 992	11 542	12 266	18 165	18 473	20 991	22 873	24 827
北 京	126	157	142	180	272	320	443	715	747
天 津	209	214	291	245	265	461	399	483	474
河 北	135	242	289	390	473	736	602	634	588
山 西	200	251	247	330	227	261	348	255	257
内 蒙 古	139	195	190	179	282	270	291	380	324
辽 宁	432	544	606	686	829	1 184	1 132	1 133	1 209
吉 林	133	132	182	314	385	409	510	505	551
黑 龙 江	241	327	514	619	631	608	441	505	547
上 海	439	544	797	660	687	1 225	1 204	1 249	1 342
江 苏	575	640	883	909	883	1 227	1 533	1 734	1 753
浙 江	446	464	482	589	555	1 140	1 174	1 397	1 651
安 徽	274	487	358	402	372	561	541	460	560
福 建	142	130	405	384	466	647	777	733	712
江 西	279	319	778	490	413	485	553	533	460
山 东	701	707	494	504	509	795	1 055	1 421	1 334
河 南	323	555	442	440	650	713	799	828	780
湖 北	263	316	370	548	559	714	897	1 145	1 197
湖 南	396	375	616	498	618	808	978	787	960
广 东	524	504	739	903	1 447	2 235	2 635	3 542	4 695
广 西	320	239	452	461	809	927	949	895	1 381
海 南	…	…	…	52	94	121	115	114	139
重 庆	…	…	…	…	…	266	459	594	330
四 川	740	814	850	933	776	554	638	766	889
贵 州	113	129	275	320	462	228	241	187	190
云 南	206	289	463	517	559	654	739	735	695
西 藏	…	…	3	5	…	2	3	1	3
陕 西	217	236	258	207	242	275	617	365	368
甘 肃	65	71	166	222	225	185	334	316	306
青 海	33	35	73	43	39	58	61	68	57
宁 夏	40	38	101	131	140	142	140	166	160
新 疆	28	38	76	105	140	263	384	211	167

按年份各地区公共图书馆图书外借册次

单位:万册次

地　区	1979 年	1980 年	1985 年	1990 年	1995 年	2000 年	2003 年	2005 年	2006 年
总　计	9 625	11 830	18 942	20 242	11 814	16 913	18 775	20 268	21 039
中　央	110	129	177	654	29	217	321	428	332
地　方	9 515	11 701	18 765	19 588	11 785	16 697	18 454	19 840	20 708
北　京	279	361	367	366	283	442	448	678	734
天　津	485	471	581	467	237	274	339	379	359
河　北	133	234	358	504	379	673	541	468	497
山　西	228	310	403	467	204	207	181	272	228
内　蒙古	116	202	246	294	239	233	264	243	260
辽　宁	726	957	1 321	1 197	856	1 119	1 101	1 173	1 245
吉　林	165	165	474	338	332	259	466	794	432
黑 龙 江	268	533	1 346	1 239	500	527	457	789	425
上　海	673	862	1 143	1 045	507	970	956	1 027	1 087
江　苏	720	837	1 758	1 557	967	1 269	1 245	1 493	1 642
浙　江	513	600	926	1 068	550	1 054	1 087	1 233	1 612
安　徽	289	588	497	463	343	455	399	340	416
福　建	179	217	633	610	517	779	1 002	729	700
江　西	326	364	987	726	383	543	524	722	437
山　东	932	872	753	807	573	718	984	1 378	1 166
河　南	401	614	652	796	517	695	948	646	697
湖　北	293	371	661	954	543	769	965	926	1 078
湖　南	457	388	1 081	953	562	735	858	801	880
广　东	374	498	952	1 439	687	1 192	1 452	2 036	3 097
广　西	251	287	338	546	528	688	687	761	684
海　南	…	…	…	39	49	64	78	28	44
重　庆	…	…	…	…	…	435	603	471	586
四　川	960	953	1 328	1 370	691	564	664	651	713
贵　州	115	141	372	289	133	189	179	117	123
云　南	218	338	540	705	529	680	618	700	631
西　藏	…	…	3	10	10	11	1	3	6
陕　西	209	299	366	311	238	305	671	263	278
甘　肃	89	94	220	398	173	153	275	261	265
青　海	36	40	136	86	51	52	60	57	46
宁　夏	47	62	197	372	125	265	123	212	172
新　疆	33	53	126	172	91	251	280	175	169

按年份各地区公共图书馆财政拨款情况

单位:万元

地　区	1979 年	1980 年	1985 年	1990 年	1995 年	2000 年	2002 年	2003 年	2005 年	2006 年
总　　计	**5 040**	**5 467**	**15 272**	**29 296**	**65 838**	**139 321**	**176 882**	**205 252**	**277 848**	**319 479**
中　央	470	489	1 292	3 420	9 421	15 293	18 326	18 155	23 650	29 211
地　方	4 570	4 978	13 980	25 876	56 417	124 028	158 556	187 096	254 198	290 268
北　京	144	127	322	743	1 683	8 734	8 173	8 984	15 554	15 561
天　津	159	162	321	409	1 295	2 751	3 298	3 445	10 980	9 265
河　北	108	111	569	741	1 827	2 980	3 638	4 150	6 717	6 583
山　西	154	124	331	517	1 184	2 150	2 719	3 433	4 862	5 579
内　蒙　古	131	167	420	876	1 432	2 452	3 437	3 792	5 086	5 358
辽　宁	344	368	973	1 841	3 737	6 822	9 425	9 620	15 446	15 006
吉　林	194	193	530	876	1 707	3 364	4 068	4 850	5 861	6 526
黑　龙　江	281	234	625	1 068	2 088	3 104	4 193	5 871	7 752	7 313
上　海	399	433	990	2 159	5 558	22 871	22 442	23 862	30 636	32 358
江　苏	226	297	741	1 403	3 620	6 729	10 683	13 792	16 075	31 083
浙　江	121	146	725	1 195	2 356	6 509	9 935	13 582	20 316	21 656
安　徽	125	149	313	519	1 165	2 054	3 031	4 830	5 436	5 856
福　建	84	131	411	879	1 778	3 681	4 448	4 513	6 579	6 533
江　西	121	111	451	700	1 184	2 022	2 651	2 965	3 780	4 102
山　东	254	283	543	1 284	2 814	6 129	7 720	8 618	12 039	14 084
河　南	143	119	429	819	1 766	3 591	4 704	4 776	5 987	6 588
湖　北	168	211	768	941	1 649	2 896	4 541	5 383	6 498	7 579
湖　南	199	176	771	884	1 816	2 550	3 428	3 996	5 376	6 163
广　东	219	286	844	2 157	6 110	11 868	18 920	26 025	28 592	31 819
广　西	138	174	456	793	1 563	2 851	3 989	4 345	5 469	6 542
海　南	…	…	…	123	378	322	628	440	631	1 977
重　庆	…	…	…	…	…	1 491	2 249	2 410	2 957	4 022
四　川	254	291	690	1 545	2 591	2 877	3 811	4 752	7 229	8 963
贵　州	91	101	241	479	746	1 259	1 779	1 969	3 401	4 408
云　南	97	140	401	944	2 178	5 134	4 558	4 497	6 096	7 348
西　藏	…	…	13	11	72	111	188	194	336	350
陕　西	118	132	253	566	934	2 038	3 225	3 468	3 973	5 295
甘　肃	93	85	217	482	985	1 752	2 318	3 852	4 438	4 748
青　海	69	70	164	227	724	678	1 001	909	1 237	1 636
宁　夏	67	85	178	264	408	786	1 138	997	1 504	1 756
新　疆	69	72	290	431	1 062	1 476	2 221	2 778	3 360	4 209

按年份各地区公共图书馆总支出情况

单位：万元

地 区	1979 年	1980 年	1985 年	1990 年	1995 年	2000 年	2002 年	2003 年	2005 年	2006 年
总　　计	5 206	5 486	13 393	30 271	74 080	157 173	208 929	235 819	312 571	344 076
中　　央	511	490	1 325	3 550	9 460	21 155	23 462	24 608	28 686	30 140
地　　方	4 695	4 996	12 068	26 721	64 620	136 018	185 466	211 211	283 885	313 936
北　　京	142	130	284	733	1 851	5 326	9 181	10 270	16 840	17 846
天　　津	164	160	323	643	2 128	3 074	4 084	4 130	7 548	9 679
河　　北	125	135	306	758	2 044	3 458	4 395	4 603	7 208	6 567
山　　西	148	126	287	527	1 170	2 270	3 159	3 677	5 085	5 979
内　蒙　古	143	150	370	734	1 458	2 536	3 584	3 898	4 959	5 564
辽　　宁	348	375	846	2 099	4 392	7 783	10 636	10 596	16 225	15 980
吉　　林	192	176	474	871	1 835	3 520	4 318	4 986	6 295	6 869
黑　龙　江	290	286	518	1 132	2 139	3 409	4 448	5 612	8 602	7 760
上　　海	402	379	897	2 484	7 021	24 425	28 659	29 432	36 757	38 589
江　　苏	219	259	695	1 514	4 046	8 400	12 609	15 712	20 630	23 976
浙　　江	130	135	624	1 237	3 082	8 500	12 229	16 506	22 905	25 951
安　　徽	134	137	254	521	1 384	2 641	3 361	5 656	5 767	6 398
福　　建	91	90	335	777	1 710	3 916	5 386	5 447	7 446	7 222
江　　西	114	137	372	744	1 323	2 343	3 227	3 552	4 343	5 074
山　　东	275	269	496	1 268	2 968	6 881	8 238	9 623	13 242	14 974
河　　南	161	168	371	815	2 140	3 902	5 348	5 320	6 377	6 979
湖　　北	166	225	636	1 109	2 372	3 952	6 070	6 745	8 120	9 120
湖　　南	199	207	548	982	2 329	3 399	4 374	4 887	6 431	7 124
广　　东	201	259	691	2 011	6 807	14 597	20 800	26 569	33 777	39 752
广　　西	148	165	431	749	1 769	3 077	4 598	5 182	6 288	7 443
海　　南	…	…	…	118	369	355	679	476	658	1 189
重　　庆	…	…	…	…	…	2 026	2 679	3 009	3 856	3 994
四　　川	258	287	618	1 789	3 245	3 462	4 657	5 290	8 218	9 057
贵　　州	83	95	241	417	810	1 428	1 806	2 104	3 497	4 314
云　　南	108	142	398	843	2 234	3 928	6 099	5 339	6 786	7 614
西　　藏	…	3	31	15	61	110	190	195	336	346
陕　　西	126	133	214	482	951	2 263	3 526	3 766	4 405	5 657
甘　　肃	107	99	200	441	1 011	1 799	2 492	3 728	4 399	4 854
青　　海	81	89	165	237	424	780	1 039	1 040	1 315	1 683
宁　　夏	69	82	153	265	430	783	1 174	1 017	1 574	1 773
新　　疆	71	98	290	406	1 119	1 677	2 423	2 848	3 999	4 610

按年份各地区公共图书馆购书费支出情况

单位:万元

地　　区	1979 年	1980 年	1985 年	1990 年	1995 年	2000 年	2002 年	2003 年	2005 年	2006 年
总　　计	2 163	2 273	4 164	8 474	16 788	37 141	41 853	44 407	59 781	66 095
中　　央	297	297	735	2 200	6 036	9 000	10 991	10 993	12 001	13 003
地　　方	1 866	1 975	3 429	6 274	10 752	28 141	30 862	33 414	47 780	53 092
北　　京	42	42	102	163	251	914	1 664	1 755	3 413	4 188
天　　津	67	67	104	106	318	563	609	617	1 527	2 590
河　　北	63	68	76	161	302	428	367	444	677	949
山　　西	50	49	68	93	131	292	184	281	385	438
内　蒙　古	45	51	66	85	86	166	192	211	169	281
辽　　宁	115	117	205	454	768	948	1 777	1 482	2 027	2 079
吉　　林	98	61	104	152	250	459	597	491	777	758
黑　龙　江	79	91	128	251	235	395	390	409	410	659
上　　海	172	187	431	1 079	2 204	11 210	7 607	8 607	10 342	10 686
江　　苏	98	99	284	458	732	1 780	2 657	2 933	3 739	4 370
浙　　江	68	68	191	374	578	1 577	1 990	2 337	3 994	4 375
安　　徽	57	60	62	121	262	297	370	271	619	593
福　　建	42	47	111	170	311	716	890	929	599	1 301
江　　西	44	58	67	129	99	302	351	347	646	807
山　　东	87	85	113	237	506	978	1 468	1 434	1 868	1 922
河　　南	62	65	80	165	255	413	530	540	655	827
湖　　北	55	94	120	256	299	699	972	1 033	1 296	1 534
湖　　南	68	73	115	177	207	415	549	627	900	914
广　　东	74	83	251	465	1 186	2 832	4 575	5 222	7 394	8 056
广　　西	71	82	96	159	291	520	516	556	674	747
海　　南	…	…	…	21	59	41	100	61	92	66
重　　庆	…	…	…	…	…	330	306	340	569	570
四　　川	107	109	168	289	431	485	417	559	1 095	1 230
贵　　州	48	46	79	128	100	166	216	232	301	383
云　　南	49	63	110	207	441	538	598	647	720	843
西　　藏	…	2	5	3	14	16	13	30	43	40
陕　　西	62	42	61	88	1 041	117	275	295	701	504
甘　　肃	41	51	61	108	170	289	352	480	594	588
青　　海	38	37	40	39	33	54	54	36	72	72
宁　　夏	29	32	42	59	41	68	111	42	136	133
新　　疆	35	46	89	77	91	136	168	170	347	590

按年份各地区公共图书馆人均购书费情况

单位:元

地 区	1984 年	1985 年	1990 年	1995 年	2000 年	2005 年	2006 年
全 国	**0.023**	**0.040**	**0.074**	**0.139**	**0.287**	**0.457**	**0.503**
北 京	0.049	0.106	0.150	0.239	0.661	2.219	2.649
天 津	0.089	0.129	0.120	0.360	0.562	1.463	2.409
河 北	0.013	0.014	0.026	0.048	0.063	0.098	0.138
山 西	0.020	0.026	0.032	0.045	0.089	0.114	0.130
内 蒙 古	0.027	0.033	0.039	0.039	0.070	0.070	0.117
辽 宁	0.034	0.056	0.114	0.194	0.224	0.480	0.487
吉 林	0.028	0.045	0.061	0.101	0.168	0.286	0.278
黑 龙 江	0.029	0.039	0.070	0.067	0.107	0.107	0.172
上 海	0.163	0.354	0.807	1.710	6.697	5.816	5.888
江 苏	0.017	0.046	0.068	0.108	0.239	0.500	0.579
浙 江	0.018	0.047	0.090	0.135	0.337	0.815	0.878
安 徽	0.012	0.012	0.021	0.045	0.050	0.101	0.097
福 建	0.019	0.041	0.056	0.101	0.206	0.452	0.366
江 西	0.018	0.019	0.034	0.026	0.073	0.149	0.186
山 东	0.012	0.015	0.028	0.059	0.108	0.202	0.207
河 南	0.009	0.011	0.019	0.029	0.045	0.069	0.088
湖 北	0.020	0.024	0.047	0.054	0.116	0.226	0.269
湖 南	0.014	0.020	0.029	0.033	0.064	0.142	0.144
广 东	0.016	0.040	0.073	0.183	0.328	0.804	0.866
广 西	0.023	0.025	0.037	0.067	0.116	0.144	0.158
海 南	…	…	0.032	0.088	0.052	0.110	0.079
重 庆	…	…	…	…	…	0.203	0.203
四 川	0.011	0.016	0.027	0.039	0.058	0.133	0.151
贵 州	0.017	0.027	0.039	0.030	0.047	0.080	0.102
云 南	0.020	0.032	0.052	0.117	0.125	0.161	0.188
西 藏	0.011	0.030	0.014	0.061	0.063	0.155	0.142
陕 西	0.015	0.021	0.027	0.031	0.033	0.188	0.135
甘 肃	0.027	0.030	0.048	0.074	0.113	0.228	0.225
青 海	0.098	0.098	0.087	0.074	0.103	0.132	0.130
宁 夏	0.086	0.086	0.126	0.084	0.120	0.228	0.220
新 疆	0.036	0.065	0.050	0.058	0.071	0.172	0.288

按年份各地区公共图书馆购书费占总支出比重

单位:%

地 区	1979 年	1980 年	1985 年	1990 年	1995 年	2000 年	2001 年	2004 年	2005 年	2006 年
中 央	58.1	60.8	55.5	62.0	63.8	42.5	45.5	44.9	41.8	43.1
地 方	39.7	39.5	28.4	23.5	16.6	20.7	20.2	15.8	16.8	16.9
北 京	24	25.5	26.2	20	9	14.2	14.4	11.6	18.5	23.5
天 津	32.1	31.6	19	10.5	7.5	7.9	8.5	14.7	15.3	26.8
河 北	41.4	45.3	26.5	19	6.4	9.4	7.2	13	8.9	14.5
山 西	32.9	53.1	24.3	20.2	10.1	6.3	3.1	2.8	6.7	7.3
内 蒙 古	25.5	32.5	19.3	8.9	7.4	8.3	4.4	3.1	4.0	5.1
辽 宁	29.5	28.8	27.3	18.2	18.2	17.1	16.8	15.9	11.0	13.0
吉 林	34.8	31.7	20.4	14.8	17.2	15.2	13.6	14.8	15.4	11.0
黑 龙 江	21.8	20.8	28.4	23.9	14.7	12	10.4	9.6	10.5	8.5
上 海	40.5	25.4	27.4	17.4	11.8	14.5	17.9	13.8	14.1	27.7
江 苏	38.7	32.9	41.5	31.5	17.7	21.5	19.1	14	16.5	18.2
浙 江	40.4	45.7	27.7	25.4	19.1	19.1	11.3	14.9	14.5	16.9
安 徽	35.4	37.5	22.9	21	21.5	14	12.1	12.5	16.7	9.3
福 建	33.1	50.1	21.4	16.6	19.7	23.7	22.4	18.4	16.4	18.0
江 西	38.6	35.5	21.1	17.9	5.8	10.5	19.7	11.8	15.1	15.9
山 东	35.4	34.1	26.7	21.5	17.4	15.4	16.5	13	15.4	12.8
河 南	37.7	42.2	26.9	22.5	12	15	10.5	13.1	12.3	11.9
湖 北	41.4	42.4	24.4	23.7	15.1	16	16.9	14.8	15.2	16.8
湖 南	37.3	33.3	14.8	14.1	8.4	12.8	10	7.5	10.8	12.8
广 东	25.7	26.8	45.7	24.5	20.6	21.6	21	21.2	22.1	20.3
广 西	43.3	45.9	16.7	26.1	18.9	16.1	12.5	12	10.5	10.0
海 南	…	…	…	21.1	15.7	9.7	12.1	19.3	19.5	5.6
重 庆	…	…	…	…	…	12.8	11	13.4	16.2	14.3
四 川	44.2	37.6	34.1	15.8	15.2	14.2	10.6	13.7	15.7	13.6
贵 州	55.8	52.4	21.2	38.3	7.2	14.5	23.2	4.6	9.7	8.9
云 南	50.8	49.8	35.4	38.3	13.6	15.9	15.6	8.5	7.1	11.1
西 藏	…	57.6	…	…	…	14.9	…	…	13.6	11.6
陕 西	57.6	34.9	33.3	14.7	11.4	5.9	16.2	15.8	25.9	8.9
甘 肃	44.8	41.4	23.2	26.8	13.4	12.5	12.9	15	13.3	12.1
青 海	55.4	36.1	14.1	12.2	3.7	0.6	1.4	2.6	3.0	4.3
宁 夏	53.1	46.7	22.1	20	12.2	20.3	27.4	13.6	6.8	7.5
新 疆	70	49.2	29.8	21.6	11.3	11.3	10.8	10.1	7.7	12.8

按年份各地区地市级公共图书馆购书费占总支出比重

单位:%

地　　区	1979 年	1980 年	1985 年	1990 年	1995 年	2000 年	2001 年	2004 年	2005 年	2006 年
总　　计	**36.7**	**31.8**	**28.0**	**20.3**	**14.8**	**16.0**	**15.4**	**14.3**	**15.1**	**14.5**
北　　京	24.0	25.5	26.2	20.0	9.0	14.2	14.4	11.6	18.5	– –
天　　津	32.1	31.6	19.0	10.5	7.5	7.9	8.5	14.7	15.3	– –
河　　北	41.4	45.3	26.5	19.0	6.4	9.4	7.2	13.0	8.9	13.2
山　　西	32.9	53.1	24.3	20.2	10.1	6.3	3.1	2.8	6.8	6.2
黑　龙　江	25.5	32.5	19.3	8.9	7.4	8.3	4.4	3.1	4.0	5.0
辽　　宁	29.5	28.8	27.3	18.2	18.2	17.1	16.8	15.9	11.0	12.8
吉　　林	34.8	31.7	20.4	14.8	17.2	15.2	13.6	14.8	15.4	14.4
黑　龙　江	21.8	20.8	28.4	23.9	14.7	12.0	10.4	9.6	10.5	10.9
上　　海	40.5	25.4	27.4	17.4	11.8	14.5	17.9	13.8	14.1	– –
江　　苏	38.7	32.9	41.5	31.5	17.7	21.5	19.1	14.0	16.5	16.0
浙　　江	40.4	45.7	27.7	25.4	19.4	19.1	11.3	14.9	14.5	15.8
安　　徽	35.4	37.5	22.9	21.0	21.5	14.0	12.1	12.5	16.8	13.6
福　　建	33.1	50.1	21.4	16.6	19.7	23.7	22.4	18.4	16.5	12.2
江　　西	38.6	35.5	21.1	17.9	5.8	10.5	19.7	11.8	15.1	13.6
山　　东	35.4	34.1	26.7	21.5	17.4	15.4	16.5	13.0	15.5	15.9
河　　南	37.7	42.2	26.9	22.5	12.0	15.0	10.5	13.1	12.3	14.5
湖　　北	41.4	42.4	24.4	23.7	15.1	16.0	16.9	14.8	15.3	17.7
湖　　南	37.3	33.3	14.8	14.1	8.4	12.8	10.0	7.5	10.8	10.8
广　　东	25.7	26.8	45.7	24.5	20.6	21.6	21.0	21.2	22.1	18.5
广　　西	43.3	45.9	16.7	26.1	18.9	16.1	12.5	12.0	10.5	10.9
海　　南	…	…	…	21.1	15.7	9.7	12.1	19.3	19.6	10.0
重　　庆	…	…	…	…	…	12.8	11.0	13.4	16.2	12.6
四　　川	44.2	37.6	34.1	15.8	15.2	14.2	10.6	13.7	15.8	14.0
贵　　州	55.8	52.4	21.2	38.3	7.2	14.5	23.2	4.6	9.7	7.5
云　　南	50.8	49.8	35.4	38.3	13.6	15.9	15.6	8.5	7.1	12.0
西　　藏	…	57.6	…	…	…	14.9	…	…	13.6	– –
陕　　西	57.6	34.9	33.3	14.7	11.4	5.9	16.2	15.8	26.0	18.5
甘　　肃	44.8	41.4	23.2	26.8	13.4	12.5	12.9	15.0	13.3	11.7
青　　海	55.4	36.1	14.1	12.2	3.7	0.6	1.4	2.6	3.0	1.9
宁　　夏	53.1	46.7	22.1	20.0	12.2	20.3	27.4	13.6	6.8	9.7
新　　疆	70.0	49.2	29.8	21.6	11.3	11.3	10.8	10.1	7.7	8.1

按年份各地区县级公共图书馆购书费占总支出比重

单位:%

地　　区	1979 年	1980 年	1985 年	1990 年	1995 年	2000 年	2001 年	2004 年	2005 年	2006 年
总　　计	**37.0**	**35.3**	**17.2**	**15.1**	**10.3**	**9.9**	**9.3**	**9.4**	**10.9**	**12.7**
北　　京	39.1	34.7	19.2	13.5	8.6	6.9	9.0	9.3	40.8	25.0
天　　津	31.5	51.3	22.8	7.2	8.6	4.2	1.8	5.4	0.7	22.5
河　　北	46.9	40.7	16.7	14.6	13.6	4.6	5.1	5.2	5.5	5.6
山　　西	33.8	32.1	16.6	13.0	4.8	5.4	4.6	3.6	6.1	6.6
内 蒙 古	35.6	32.0	14.4	10.9	4.9	4.2	3.6	3.0	3.2	3.1
辽　　宁	32.9	24.4	16.6	13.9	14.1	11.4	10.3	7.4	9.2	7.5
吉　　林	34.4	28.8	12.3	9.6	7.2	4.0	3.9	3.8	4.8	3.5
黑 龙 江	23.6	23.9	16.7	14.6	7.8	6.4	4.4	4.7	5.0	4.9
上　　海	40.5	39.4	26.8	27.1	15.8	18.4	14.6	22.1	12.2	17.6
江　　苏	41.8	34.0	19.3	19.5	11.4	13.9	12.1	12.1	12.0	12.2
浙　　江	51.4	47.1	19.7	25.1	14.2	14.7	13.2	11.6	15.7	16.0
安　　徽	39.2	37.1	18.0	17.6	8.8	5.1	5.5	5.0	6.0	7.6
福　　建	36.4	50.9	23.8	22.0	11.6	9.5	11.0	9.6	23.5	16.3
江　　西	31.6	39.8	12.8	9.5	7.5	12.5	8.4	8.0	8.9	9.6
山　　东	24.1	23.9	9.6	8.3	10.0	6.7	8.9	8.7	9.3	8.5
河　　南	36.2	36.8	12.9	12.7	5.8	6.3	5.5	6.2	5.7	7.5
湖　　北	35.9	41.9	8.3	15.0	10.7	14.2	16.2	10.7	12.3	11.5
湖　　南	29.4	31.5	17.2	14.2	8.4	8.4	8.1	7.4	10.0	8.2
广　　东	31.0	29.8	19.4	18.0	13.3	13.5	13.2	14.4	16.6	15.0
广　　西	45.0	45.4	19.5	16.3	11.1	8.0	9.0	8.6	8.4	7.2
海　　南	…	…	…	16.3	16.3	12.5	13.8	7.8	9.6	7.6
重　　庆	…	…	…	…	…	12.7	12.1	7.7	5.1	8.2
四　　川	38.1	34.3	17.7	11.3	10.5	10.1	8.9	15.1	8.2	10.5
贵　　州	66.7	43.6	35.0	18.9	7.0	6.5	6.9	6.0	4.8	6.4
云　　南	48.0	44.1	21.5	20.6	14.2	10.5	10.0	8.3	8.3	7.4
西　　藏	…	…	17.5	20.0	…	…	…	…	…	…
陕　　西	52.4	22.3	19.3	8.9	3.6	2.4	4.0	3.8	5.3	4.0
甘　　肃	37.1	84.0	18.8	14.5	7.1	4.5	4.4	4.3	4.4	2.5
青　　海	48.9	44.0	17.4	10.8	2.8	1.6	2.1	0.8	1.7	1.2
宁　　夏	32.9	39.5	19.8	13.7	6.2	5.9	11.1	3.9	3.5	2.9
新　　疆	55.8	55.9	16.9	14.4	6.3	5.8	3.1	4.7	8.7	7.2

按年份各地区地市级公共图书馆平均每馆购书费情况

单位:万元

地 区	1979 年	1980 年	1985 年	1990 年	1995 年	2000 年	2001 年	2004 年	2005 年	2006 年
总　计	1.8	1.9	3.3	5.7	10.0	19.4	21.9	32.9	40.9	40.2
北　京	1.4	1.8	3.2	7.8	7.2	25.6	28.2	31.2	76.3	--
天　津	1.9	1.6	1.4	1.6	2.7	4.9	6.5	19.7	28.0	--
河　北	2.5	2.8	3.4	5.1	6.0	12.2	9.9	27.3	29.8	33.7
山　西	1.2	1.3	1.9	3.2	3.4	6.1	3.3	8.4	14.5	12.7
内　蒙古	1.2	1.5	2.2	1.8	3.1	5.4	4.1	4.4	5.8	7.7
辽　宁	3.5	4.2	5.0	8.7	18.1	27.6	34.8	48.0	44.0	47.0
吉　林	2.1	2.1	3.1	6.3	16.7	23.4	24.3	38.5	48.6	46.1
黑龙江	2.0	3.1	3.5	10.3	12.9	15.8	13.7	22.1	25.2	28.6
上　海	2.1	2.1	2.9	5.6	14.7	30.3	45.4	60.7	79.9	--
江　苏	2.7	2.8	8.1	13.5	17.5	49.5	59.5	69.3	79.9	86.7
浙　江	2.5	2.9	4.3	8.0	15.0	38.8	27.7	63.5	86.6	111.4
安　徽	1.5	1.1	2.3	3.3	10.2	9.1	10.4	17.7	25.9	20.2
福　建	1.7	2.1	1.9	3.3	7.7	39.6	30.4	43.6	45.8	30.6
江　西	1.1	1.5	2.7	3.5	3.0	3.2	9.8	9.7	12.3	11.5
山　东	1.8	1.9	3.1	6.5	12.3	20.1	26.9	43.2	45.3	56.0
河　南	2.0	1.9	2.7	4.0	5.7	14.6	11.0	17.7	17.7	23.3
湖　北	2.2	1.9	2.8	5.4	6.8	9.3	19.1	22.4	30.9	39.6
湖　南	1.1	1.3	1.8	3.1	4.1	8.5	8.3	8.3	12.6	14.4
广　东	1.2	1.4	12.5	15.3	33.3	69.4	71.2	148.1	152.7	152.3
广　西	1.8	2.4	2.6	6.0	13.3	16.1	16.2	17.0	17.6	21.3
海　南	…	…	…	4.0	11.8	6.2	8.8	22.6	28.3	17.9
重　庆	…	…	…	…	…	5.9	5.9	11.0	14.3	12.5
四　川	2.7	2.0	3.8	7.1	9.5	9.2	6.1	29.3	22.8	27.1
贵　州	1.8	2.0	2.2	5.2	2.0	10.1	18.9	5.1	12.0	13.9
云　南	1.0	1.2	1.9	3.4	4.6	13.1	11.9	9.2	9.8	17.0
西　藏	…	1.9	…	…	…	16.4	…	…	4.3	…
陕　西	1.7	1.8	1.3	1.8	3.0	6.5	13.7	19.2	38.9	29.6
甘　肃	1.0	0.9	1.2	3.2	3.4	6.5	10.3	16.3	15.9	19.6
青　海	1.3	1.4	1.0	1.3	0.6	0.1	0.5	1.3	1.5	1.5
宁　夏	3.8	2.8	2.7	1.3	5.4	12.3	20.4	23.6	7.9	14.5
新　疆	1.0	1.7	1.8	2.6	3.4	5.1	5.9	7.5	7.0	9.2

按年份各地区县级公共图书馆平均每馆购书费情况

单位:万元

地　区	1979 年	1980 年	1985 年	1990 年	1995 年	2000 年	2001 年	2004 年	2005 年	2006 年
总　　计	**0.5**	**0.5**	**0.5**	**0.8**	**1.2**	**1.9**	**2.0**	**3.3**	**4.1**	**6.7**
北　京	1.3	1.3	1.3	3.3	3.2	5.9	10.3	15.0	119.5	112.1
天　津	0.7	1.0	2.0	0.8	2.2	1.8	0.7	3.4	0.5	44.1
河　北	0.3	0.3	0.2	0.4	0.9	0.4	0.5	0.8	0.9	1.0
山　西	0.4	0.4	0.3	0.4	0.3	0.5	0.5	0.6	1.2	1.7
内　蒙　古	0.3	0.3	0.4	0.5	0.5	0.6	0.6	0.8	0.9	0.9
辽　宁	0.6	0.6	0.7	1.0	2.2	2.8	2.9	3.7	4.3	3.5
吉　林	0.5	0.5	0.9	0.9	1.2	1.0	1.0	1.2	1.8	1.5
黑　龙　江	0.6	0.5	0.5	0.7	0.7	1.0	0.8	1.2	1.3	1.4
上　海	1.7	1.9	1.8	3.0	11.6	31.2	33.0	64.2	49.0	93.6
江　苏	0.6	0.5	0.7	1.7	2.8	5.6	5.6	12.3	12.8	13.8
浙　江	0.6	0.6	1.1	2.4	3.3	7.8	8.4	15.6	22.6	24.3
安　徽	0.4	0.3	0.3	0.7	0.8	0.8	0.9	1.3	1.5	2.8
福　建	0.6	0.7	0.6	1.0	1.3	1.8	2.2	2.6	9.4	6.9
江　西	0.4	0.5	0.3	0.5	0.6	2.2	1.2	1.6	2.1	2.6
山　东	0.5	0.5	0.3	0.6	1.5	1.7	2.3	3.1	3.8	3.8
河　南	0.4	0.4	0.3	0.5	0.5	0.9	0.8	1.3	1.2	1.8
湖　北	0.3	0.5	0.4	1.0	1.4	4.0	4.2	3.4	4.8	4.4
湖　南	0.5	0.5	0.6	0.7	1.0	1.3	1.5	1.9	3.2	2.7
广　东	0.4	0.5	0.5	1.5	3.2	7.2	7.3	16.1	16.9	18.7
广　西	0.5	0.6	0.5	0.9	0.9	1.0	1.4	1.6	1.9	1.9
海　南	…	…	…	0.8	2.1	1.7	2.0	1.7	2.1	1.8
重　庆	…	…	…	…	…	2.0	2.4	2.3	2.2	2.6
四　川	0.5	0.5	0.6	0.8	1.2	1.3	1.4	5.1	2.6	2.9
贵　州	0.7	0.5	0.7	0.5	0.4	0.4	0.6	0.8	0.7	1.1
云　南	0.4	0.5	0.4	0.7	1.4	1.7	1.8	2.2	2.2	2.2
西　藏	…	…	0.2	0.5	…	…	…	…	…	…
陕　西	0.6	0.2	0.2	0.2	0.2	0.2	0.5	0.6	1.0	0.8
甘　肃	0.6	0.9	0.3	0.4	0.4	0.4	0.6	0.7	0.8	0.6
青　海	1.1	0.8	0.5	0.3	0.1	0.1	0.2	0.1	0.1	0.2
宁　夏	0.9	1.2	0.8	1.2	0.8	1.3	4.3	1.5	1.2	1.2
新　疆	1.0	1.0	0.5	0.5	0.6	0.7	0.5	1.0	1.8	1.8

按年份各地区公共图书馆新购图书册数

单位:万册

地 区	1983 年	1985 年	1990 年	1995 年	2000 年	2005 年	2006 年
总　　计	**1 541**	**1 343**	**895**	**551**	**692**	**1535**	**1686**
中　央	41	70	71	17	21	28	32
地　方	1 500	1 273	824	534	671	1507	1654
北　京	44	30	23	11	33	114	152
天　津	39	31	13	14	17	35	81
河　北	38	45	22	26	15	33	39
山　西	32	30	25	7	12	17	17
内 蒙 古	33	31	18	7	11	8	14
辽　宁	97	94	66	41	39	72	79
吉　林	50	34	17	14	14	32	22
黑 龙 江	43	48	32	17	17	26	37
上　海	90	67	49	44	67	100	103
江　苏	108	68	54	41	57	106	136
浙　江	73	67	50	33	54	142	163
安　徽	33	27	17	9	11	23	34
福　建	49	40	23	18	25	71	52
江　西	44	61	19	9	15	26	25
山　东	52	44	28	23	32	64	78
河　南	73	40	25	16	21	30	31
湖　北	70	64	43	23	28	43	48
湖　南	76	62	26	19	24	54	32
广　东	64	54	58	69	77	316	296
广　西	55	38	66	16	20	26	28
海　南	…	…	4	6	3	3	2
重　庆	…	…	…	…	12	23	19
四　川	86	74	46	25	21	47	74
贵　州	34	36	20	5	8	7	10
云　南	83	69	33	22	15	26	25
西　藏	5	3	1	0.1	0.3	2	1
陕　西	33	28	10	5	6	25	19
甘　肃	30	26	15	7	7	12	11
青　海	20	13	4	1	2	4	1
宁　夏	25	24	7	2	3	5	5
新　疆	21	25	10	6	5	15	19

按年份各地区地市级公共图书馆
平均每馆新购图书册数

单位:万册

地　　区	1983 年	1985 年	1990 年	1995 年	2000 年	2001 年	2004 年	2005 年	2006 年
总　　计	**1.8**	**1.3**	**0.8**	**0.6**	**0.7**	**0.8**	**1.2**	**1.5**	**0.6**
北　京	2.7	1.6	1.5	0.4	1.3	1.9	1.6	3.0	6.3
天　津	1.3	0.9	0.3	0.3	0.3	0.4	0.7	0.6	2.5
河　北	1.4	1.4	1.0	0.5	0.6	0.5	1.0	1.3	0.3
山　西	1.0	0.9	0.7	0.1	0.1	0.3	0.3	0.3	0.1
内　蒙　古	1.5	1.1	0.4	0.2	0.3	0.3	0.2	0.2	0.1
辽　宁	3.1	2.2	1.3	1.0	0.8	1.1	1.4	1.4	0.6
吉　林	2.1	1.1	0.7	0.8	0.9	0.6	0.7	1.4	0.3
黑　龙　江	0.9	1.3	1.3	0.8	0.8	0.7	1.0	1.3	0.4
上　海	2.1	1.6	0.9	0.9	1.0	1.2	1.7	2.3	3.7
江　苏	3.3	2.8	1.7	1.3	1.6	1.9	2.4	2.9	1.3
浙　江	2.4	1.8	1.2	0.8	1.8	1.5	2.7	3.6	1.8
安　徽	1.0	0.9	0.6	0.2	0.3	0.3	0.5	0.7	0.4
福　建	3.3	1.1	0.7	0.5	1.6	1.2	1.5	2.2	0.6
江　西	2.0	1.3	0.5	0.3	0.2	1.1	0.4	0.6	0.2
山　东	1.8	1.4	0.6	0.4	0.7	0.9	1.3	1.8	0.5
河　南	5.1	1.3	0.7	0.4	0.7	0.5	0.7	1.0	0.2
湖　北	1.7	1.5	0.9	0.5	0.4	0.7	0.8	1.0	0.5
湖　南	1.4	1.2	0.6	0.3	0.4	0.4	0.4	0.6	0.3
广　东	1.9	1.8	0.9	1.7	1.4	2.1	4.8	6.2	2.3
广　西	1.8	1.3	1.0	0.5	0.9	0.8	0.7	0.7	0.3
海　南	…	…	0.5	1.2	0.3		1.6	0.6	0.1
重　庆	…	…	…	…	0.2	0.2	0.4	0.8	0.5
四　川	2.1	1.7	1.0	0.5	0.4	0.2	1.0	0.9	0.5
贵　州	2.4	1.2	0.5	0.1	0.5	0.6	0.4	0.2	0.1
云　南	1.1	1.1	0.4	0.3	0.2	0.5	0.3	0.4	0.2
西　藏	…	…			0.3	…	…	0.3	0.3
陕　西	1.1	0.6	0.3	0.2	…	1.4	0.7	1.2	0.2
甘　肃	1.8	0.6	0.8	0.2	0.2	0.2	0.4	0.5	0.1
青　海	0.5	0.4	0.1	0.02	…	0.01	0.2	0.1	— —
宁　夏	2.7	1.4	1.0	0.5	0.5	0.6	0.8	0.5	0.3
新　疆	0.8	0.6	0.3	0.3	0.2	0.5	0.3	0.3	0.2

按年份各地区县级公共图书馆
平均每馆新购图书册数

单位:万册

地　区	1983 年	1985 年	1990 年	1995 年	2000 年	2001 年	2004 年	2005 年	2006 年
总　　计	**0. 44**	**0. 32**	**0. 17**	**0. 10**	**0. 11**	**0. 11**	**0. 20**	**0. 25**	**0. 33**
北　京	1. 39	0. 88	0. 56	0. 33	0. 28	0. 43	0. 80	6. 00	5. 23
天　津	0. 78	0. 68	0. 17	0. 18	0. 10	0. 18	0. 18	0. 14	2. 00
河　北	0. 35	0. 19	0. 08	0. 13	0. 04	0. 06	0. 10	0. 09	0. 11
山　西	0. 26	0. 22	0. 13	0. 03	0. 07	0. 03	0. 15	0. 10	0. 09
内　蒙　古	0. 20	0. 21	0. 12	0. 05	0. 05	0. 04	0. 09	0. 05	0. 05
辽　宁	0. 54	0. 45	0. 27	0. 14	0. 13	0. 13	0. 20	0. 26	0. 23
吉　林	0. 49	0. 61	0. 23	0. 15	0. 06	0. 08	0. 09	0. 16	0. 11
黑　龙　江	0. 34	0. 27	0. 14	0. 08	0. 07	0. 05	0. 09	0. 09	0. 10
上　海	1. 54	0. 92	0. 55	0. 72	1. 17	1. 10	1. 60	1. 53	2. 33
江　苏	0. 64	0. 44	0. 38	0. 25	0. 34	0. 33	0. 68	0. 61	0. 91
浙　江	0. 71	0. 57	0. 49	0. 25	0. 31	0. 39	0. 74	1. 06	1. 25
安　徽	0. 28	0. 20	0. 11	0. 07	0. 04	0. 05	0. 08	0. 08	0. 27
福　建	0. 91	0. 33	0. 18	0. 11	0. 09	0. 11	0. 16	0. 63	0. 31
江　西	0. 35	0. 47	0. 13	0. 07	0. 14	0. 08	0. 11	0. 11	0. 12
山　东	0. 40	0. 23	0. 12	0. 12	0. 13	0. 17	0. 22	0. 19	0. 20
河　南	0. 36	0. 20	0. 12	0. 06	0. 07	0. 06	0. 10	0. 09	0. 12
湖　北	0. 30	0. 23	0. 26	0. 13	0. 21	0. 18	0. 23	0. 23	0. 22
湖　南	0. 54	0. 41	0. 15	0. 12	0. 12	0. 11	0. 16	0. 38	0. 16
广　东	0. 34	0. 26	0. 27	0. 25	0. 33	0. 33	0. 79	1. 11	0. 79
广　西	0. 45	0. 29	0. 21	0. 09	0. 08	0. 08	0. 11	0. 10	0. 10
海　南	…	…	0. 18	0. 21	0. 12	0. 07	0. 08	0. 10	0. 08
重　庆	…	…	…	…	0. 10	0. 12	0. 13	0. 13	0. 13
四　川	0. 53	0. 35	0. 15	0. 09	0. 11	0. 09	0. 41	0. 20	0. 35
贵　州	0. 36	0. 36	0. 13	0. 03	0. 04	0. 02	0. 06	0. 04	0. 06
云　南	0. 40	0. 33	0. 15	0. 10	0. 07	0. 08	0. 10	0. 12	0. 11
西　藏	…	0. 14	0. 06	…	…	…	…	…	…
陕　西	0. 27	0. 16	0. 05	0. 02	0. 04	0. 02	0. 06	0. 07	0. 07
甘　肃	0. 29	0. 22	0. 05	0. 04	0. 03	0. 08	0. 04	0. 04	0. 04
青　海	0. 71	0. 26	0. 06	0. 01	…	0. 01	0. 03	0. 06	0. 02
宁　夏	1. 26	1. 02	0. 18	0. 05	0. 06	0. 16	0. 08	0. 04	0. 05
新　疆	0. 35	0. 30	0. 09	0. 04	0. 02	0. 03	0. 05	0. 09	0. 11

图书馆业主要指标解释

1. 总藏量:指本馆已编目的古籍、图书、期刊和报纸的合订本、小册子、手稿,以及缩微制品、录像带、录音带、光盘等视听文献资料数量之和。

对同一书名,但分若干册(卷)的图书,按每一册(卷)作为一册统计。期刊和报纸均以每一合订本为一册统计。至填报本表时,尚未装订成册编目的期刊和报纸不应统计在内。

2. 古籍、善本:指实际成书和出版年代在1911年(含1911年)以前的线装、卷轴装、经折装、蝴蝶装、包背装等书籍为古籍;其中清乾隆六十年,即1795年(含1795年)以前的古籍为善本,1795年至1911年间的具有历史文献性、学术资料性和印刷装帧艺术代表性的也归为善本。

3. 图书:指不少于49页并在"古籍"范围以外的图书。少儿读物、连环画49页以上的按图书统计,48页以下的按小册子统计到"其他"类中。

4. 报纸:指刊登当前事件的专题或综合新闻,每周至少出版一张并按年、月、日顺序或按编号排列的连续出版物。

5. 期刊:指同一刊名下,按顺序号或按年、月、日出版的定期或不定期的一种连续出版物。

6. 缩微制品:指本馆所有经过缩微处理制成缩微胶卷和缩微平片,使用时需要放大的文献资料。

7. 视听文献:指要求使用专用设备阅读和(或)听声的非书型、非缩微制品型文献。包括声频文献(例如:唱片、录音带、盒式磁带等),视频文献(例如:幻灯片、透明正片等)和声频与视频混合文献(例如:有声电影、录像片等),电子文献(例如存储在光盘、软盘、硬盘等通过计算机阅读、视听的文献)。

8. 其他:指手稿和48页以下的小册子等。

9. 当年购买的报刊种类:指图书馆当年购买的期刊和报纸种类之和。其计量原则同图书。

10. 书架单层总长度:指按书架(包括书柜)每层(不包括书架顶部遮尘板)长度累计计算的长度,其中两面放书的书架每层应按两个长度计算。

11. 累计发放有效借书证数:指图书馆发放并正在使用的有效的借书证累计数。

12. 总流通人次:指包括在馆内阅读和借出阅读书、刊、缩微制品、视听文献、电子文献等的读者人次。

13. 书刊文献外借人次:指由馆内借出阅读书、刊、缩微制品、视听文献等的读者人次。

14. 书刊文献外借册次:指读者通过借阅手续借出,在馆外阅读的书、刊、缩微制品、视听文献等册次,包括外文图书。

15. 为读者举办各种活动次数,参加人次:指由本馆举办或与外单位联合举办的为读者服务的各种活动次数及参加这些活动的人次。如读书会、报告会、读书辅导班等。不包括零散咨询、辅导次数。

16. 举办展览个数、参观人次:指本馆举办或与外机构联合举办的在馆内或馆外展览的个数及参观人次。个数按展览的内容计算。同一内容的展览不论在哪些地点展出和展出时间多久,只计算一个。

17. 举办训练班班次、培训人次:指本馆举办或与外机构联合举办的各种科普、文化、艺术等训练班,按截止到年底办完的班数及培训人数,分别计算班次及培训人次。截止到年底未办完的班数和人数均在下一年度统计。

18. 网站数:指有独立域名的 Web 站点,其中包括 CN 和通用顶级域名(gTLD)下的 Web 站点。此处的独立域名指的是每个域名最多只对应一个网站"WWW. + 域名",如:对域名 sina. com. cn 来说,它只有一个网站 www. sina. com. cn,并非它有 dailynews. sina. com. cn, mail. sina. com. cn……等多个网站。

19. 新增藏量购置费:指本馆本年购进图书、报刊、缩微制品和视听文献等藏品所用经费之和。

20. 图书购置费:指本馆本年购进图书、报刊所用经费。

21. 本年新购藏量:指本年购进馆的图书、报刊、缩微制品和视听文献等藏品之和。

22. 本年新购图书:指本年购进馆的图书,包括从出版、发行、邮政等部门购进的已装订成合订本的期刊、报纸。

23. 阅览室坐席数:指阅览室内可供读者坐阅的座位数。

24. 少儿阅览室坐席数:指少儿图书馆阅览室和公共图书馆中的少儿阅览室可供少儿读者坐阅的座位数。

2006 年中国高校图书馆统计

（数据来源：教育部高等学校图书馆事实数库）

2006 年 84 所高校图书馆具有博士学位的职工数量排行榜

序号	图书馆名称	数据	序号	图书馆名称	数据
1	清华大学图书馆	8 人	30	陕西师范大学图书馆	1 人
2	复旦大学图书馆	5 人	31	北京外国语大学图书馆	1 人
3	中山大学图书馆	5 人	32	辽宁中医药大学图书馆	1 人
4	四川大学图书馆	4 人	33	辽宁科技大学图书馆	1 人
5	北京大学图书馆	4 人	34	东北财经大学图书馆	1 人
6	中央民族大学图书馆	4 人	35	中北大学图书馆	1 人
7	中国人民大学图书馆	3 人	36	北京工商大学图书馆	1 人
8	北京林业大学图书馆	3 人	37	北京中医药大学图书馆	1 人
9	东华大学图书馆	3 人	38	北京印刷学院图书馆	1 人
10	西南交通大学图书馆	3 人	39	北京科技大学图书馆	1 人
11	厦门大学图书馆	3 人	40	中国农业大学图书馆	1 人
12	武汉大学图书馆	2 人	41	天津工程师范学院图书馆	1 人
13	武汉理工大学图书馆	2 人	42	安徽大学图书馆	1 人
14	重庆大学图书馆	2 人	43	中国科学技术大学图书馆	1 人
15	西安理工大学图书馆	2 人	44	温州职业技术学院图书馆	1 人
16	同济大学图书馆	2 人	45	南京航空航天大学图书馆	1 人
17	上海财经大学图书馆	2 人	46	南京理工大学图书馆	1 人
18	华东师范大学图书馆	2 人	47	江南大学图书馆	1 人
19	东南大学图书馆	2 人	48	杭州师范学院图书馆	1 人
20	南京师范大学图书馆	2 人	49	上海师范大学图书馆	1 人
21	宁波大学图书馆	2 人	50	上海外国语大学图书馆	1 人
22	浙江大学图书馆	2 人	51	上海立信会计学院	1 人
23	北京化工大学图书馆	2 人	52	上海大学图书馆	1 人
24	中国人民公安大学图书馆	2 人	53	上海工商外国语职业学院图书馆	1 人
25	河北大学图书馆	2 人	54	上海工程技术大学图书馆	1 人
26	河北工业大学图书馆	2 人	55	上海理工大学图书馆	1 人
27	河北经贸大学图书馆	2 人	56	上海电机学院图书馆	1 人
28	长安大学图书馆	2 人	57	东北电力大学图书馆	1 人
29	西北农林科技大学图书馆	2 人	58	哈尔滨理工大学图书馆	1 人

序号	图书馆名称	数据	序号	图书馆名称	数据
59	西安电子科技大学图书馆	1 人	72	武汉工业学院图书馆	1 人
60	西安工业大学图书馆	1 人	73	华南理工大学图书馆	1 人
61	西安建筑科技大学图书馆	1 人	74	番禺职业技术学院图书馆	1 人
62	四川师范大学图书馆	1 人	75	华中师范大学图书馆	1 人
63	西北大学图书馆	1 人	76	湖南科技大学图书馆	1 人
64	西安交通大学图书馆	1 人	77	中国地质大学图书馆	1 人
65	西北工业大学图书馆	1 人	78	上海体育学院图书馆	1 人
66	咸阳师范学院图书馆	1 人	79	上海音乐学院图书馆	1 人
67	绵阳师范学院图书馆	1 人	80	聊城职业技术学院图书馆	1 人
68	内江师范学院图书馆	1 人	81	安徽师范大学图书馆	1 人
69	西南石油大学图书馆	1 人	82	皖西学院图书馆	1 人
70	成都理工大学图书馆	1 人	83	烟台大学图书馆	1 人
71	西南财经大学图书馆	1 人	84	青岛科技大学图书馆	1 人

2006 年 97 所高校图书馆文献传递传出量排行榜

序号	图书馆名称	数据	序号	图书馆名称	数据
1	民办金华职业技术学院图书馆	191912 篇	19	南京医科大学图书馆	588 篇
2	北京大学图书馆	30976 篇	20	浙江金融职业学院图书馆	500 篇
3	伊犁职业技术学院图书馆	20000 篇	21	海南医学院图书馆	496 篇
4	复旦大学图书馆	14043 篇	22	华东理工大学图书馆	483 篇
5	上海交通大学图书馆	8940 篇	23	天津工程师范学院图书馆	418 篇
6	四川师范大学图书馆	8676 篇	24	浙江万里学院图书馆	384 篇
7	四川大学图书馆	6575 篇	25	浙江工业大学图书馆	376 篇
8	中山大学图书馆	4636 篇	26	华南理工大学图书馆	364 篇
9	厦门大学图书馆	2984 篇	27	成都理工大学图书馆	315 篇
10	电子科技大学图书馆	2298 篇	28	中国科学技术大学图书馆	308 篇
11	东华理工学院图书馆	1986 篇	29	大连理工大学图书馆	306 篇
12	西安交通大学图书馆	1722 篇	30	上海商学院图书馆	286 篇
13	西华师范大学图书馆	1500 篇	31	西南石油大学图书馆	280 篇
14	浙江传媒学院图书馆	1500 篇	32	武汉工业学院图书馆	265 篇
15	川北医学院图书馆	1408 篇	33	天津外国语学院图书馆	260 篇
16	中国农业大学图书馆	1000 篇	34	西安翻译学院图书馆	230 篇
17	西安建筑科技大学图书馆	701 篇	35	江汉大学图书馆	203 篇
18	天津科技大学图书馆	659 篇	36	青岛科技大学图书馆	200 篇

序号	图书馆名称	数据	序号	图书馆名称	数据
37	天津师范大学图书馆	200 篇	68	西北工业大学图书馆	17 篇
38	同济大学图书馆	180 篇	69	湖北大学图书馆	16 篇
39	华东师范大学图书馆	150 篇	70	辽宁大学图书馆	15 篇
40	湖北美术学院图书馆	150 篇	71	扬州大学图书馆	14 篇
41	中国地质大学图书馆	137 篇	72	上海师范大学图书馆	13 篇
42	首都医科大学图书馆	125 篇	73	西安铁路职业技术学院图书馆	12 篇
43	重庆医科大学图书馆	110 篇	74	北京交通大学图书馆	11 篇
44	合肥工业大学图书馆	100 篇	75	北京工业大学图书馆	11 篇
45	大连外国语学院图书电教馆	100 篇	76	山西大学图书馆	10 篇
46	华东政法大学图书馆	100 篇	77	宁波大学图书馆	10 篇
47	西南交通大学图书馆	82 篇	78	广西师范大学图书馆	10 篇
48	天津中德职业技术学院图书馆	81 篇	79	北京林业大学图书馆	9 篇
49	上海水产大学图书馆	65 篇	80	西南财经大学图书馆	7 篇
50	南京理工大学图书馆	62 篇	81	天津商学院图书馆	5 篇
51	西北农林科技大学图书馆	60 篇	82	北京邮电大学图书馆	4 篇
52	福建工程学院图书馆	56 篇	83	四川理工学院图书馆	4 篇
53	湖州师范学院图书馆	56 篇	84	贵州师范大学图书馆	4 篇
54	山西师范大学图书馆	55 篇	85	成都大学图书馆	3 篇
55	陕西科技大学图书馆	53 篇	86	北京化工大学图书馆	3 篇
56	北京科技大学图书馆	52 篇	87	天津理工学院图书馆	3 篇
57	丽水学院图书馆	50 篇	88	东北财经大学图书馆	3 篇
58	十堰职业技术学院图书馆	50 篇	89	上海外国语大学图书馆	2 篇
59	重庆大学图书馆	44 篇	90	东华大学图书馆	2 篇
60	柳州师范高等专科学校图书馆	42 篇	91	绍兴文理学院图书馆	1 篇
61	上海应用技术学院图书馆	42 篇	92	中北大学图书馆	1 篇
62	天津中医学院图书馆	39 篇	93	河北大学图书馆	1 篇
63	西安科技大学图书馆	33 篇	94	渝西学院图书馆	1 篇
64	四川烹饪高等专科学校图书馆	32 篇	95	西南民族大学图书馆	1 篇
65	上海中医药大学图书馆	21 篇	96	福建华南女子职业学院图书馆	1 篇
66	鲁迅美术学院图书馆	20 篇	97	汕头大学图书馆	1 篇
67	浙江财经学院图书馆	19 篇			

2006 年 363 所高校图书馆个人电脑(包括笔记本)数量排行榜

序号	图书馆名称	数据	序号	图书馆名称	数据
1	浙江大学图书馆	1240 台	9	徐州工程学院图书馆	750 台
2	武汉大学图书馆	1200 台	10	武汉理工大学图书馆	727 台
3	南京师范大学图书馆	965 台	11	复旦大学图书馆	690 台
4	南京航空航天大学图书馆	851 台	12	同济大学图书馆	688 台
5	中山大学图书馆	815 台	13	北京工业大学图书馆	688 台
6	西安翻译学院图书馆	812 台	14	华东师范大学图书馆	685 台
7	四川大学图书馆	760 台	15	西北农林科技大学图书馆	682 台
8	浙江万里学院图书馆	752 台	16	合肥工业大学图书馆	680 台

序号	图书馆名称	数据	序号	图书馆名称	数据
17	上海师范大学图书馆	679 台	63	西南交通大学图书馆	386 台
18	上海交通大学图书馆	678 台	64	上海第二工业大学图书馆	381 台
19	宁波大学图书馆	668 台	65	广西师范大学图书馆	377 台
20	成都理工大学图书馆	663 台	66	西北大学图书馆	367 台
21	上海工程技术大学图书馆	620 台	67	北京交通大学图书馆	360 台
22	东南大学图书馆	600 台	68	安康师范专科学校图书馆	357 台
23	华东政法大学图书馆	598 台	69	西安建筑科技大学图书馆	352 台
24	华南理工大学图书馆	592 台	70	天津理工学院图书馆	350 台
25	江汉大学图书馆	590 台	71	中央民族大学图书馆	350 台
26	清华大学图书馆	589 台	72	武汉科技学院图书馆	350 台
27	西昌学院图书馆	589 台	73	厦门大学图书馆	350 台
28	湖北大学图书馆	581 台	74	南京理工大学图书馆	349 台
29	集美大学图书馆	580 台	75	河北经贸大学图书馆	347 台
30	温州医学院图书馆	578 台	76	广东海洋大学图书馆	346 台
31	首都师范大学图书馆	550 台	77	上海建桥学院图书馆	331 台
32	西安电子科技大学图书馆	548 台	78	眉山职业技术学院图书馆	330 台
33	扬州大学图书馆	539 台	79	西安科技大学图书馆	327 台
34	浙江工商大学图书馆	524 台	80	中国民用航空飞行学院图书馆	327 台
35	四川农业大学图书馆	523 台	81	绍兴文理学院图书馆	322 台
36	浙江财经学院图书馆	520 台	82	杭州师范学院图书馆	320 台
37	东华大学图书馆	520 台	83	宜宾学院图书馆	312 台
38	北京大学图书馆	514 台	84	华侨大学图书馆	310 台
39	浙江工业大学图书馆	510 台	85	江南大学图书馆	310 台
40	天津师范大学图书馆	508 台	86	黎明职业大学图书馆	309 台
41	四川师范大学图书馆	501 台	87	东华理工学院图书馆	308 台
42	陕西师范大学图书馆	500 台	88	湖南理工学院图书馆	306 台
43	华东理工大学图书馆	498 台	89	成都大学图书馆	303 台
44	湖南科技大学图书馆	493 台	90	四川文理学院图书馆	302 台
45	西安交通大学图书馆	491 台	91	青岛科技大学图书馆	300 台
46	西南财经大学图书馆	482 台	92	泉州师范学院图书馆	300 台
47	烟台大学图书馆	480 台	93	天津体育学院图书馆	299 台
48	西南民族大学图书馆	475 台	94	西北工业大学图书馆	296 台
49	太原师范学院图书馆	474 台	95	北京科技大学图书馆	293 台
50	潍坊学院图书馆	449 台	96	成都信息工程学院图书馆	291 台
51	天津科技大学图书馆	445 台	97	渝西学院图书馆	291 台
52	华中师范大学图书馆	440 台	98	中国美术学院图书馆	290 台
53	辽宁大学图书馆	437 台	99	辽宁中医药大学图书馆	290 台
54	西安理工大学图书馆	433 台	100	华中科技大学武昌分校图书馆	289 台
55	上海应用技术学院图书馆	429 台	101	贵州师范大学图书馆	286 台
56	北京林业大学图书馆	420 台	102	西安思源职业学院图书馆	280 台
57	湖北警官学院图书馆	420 台	103	西华大学图书馆	280 台
58	乐山师范学院图书馆	413 台	104	中北大学图书馆	276 台
59	天津商学院图书馆	406 台	105	浙江林学院图书馆	275 台
60	丽水学院图书馆	402 台	106	辽东学院	272 台
61	福建农林大学图书馆	400 台	107	民办浙江树人学院图书馆	270 台
62	中国人民大学图书馆	400 台	108	浙江广厦建设职业技术学院图书馆	270 台

序号	图书馆名称	数据	序号	图书馆名称	数据
109	上海工商外国语职业学院图书馆	269 台	156	上海电力学院图书馆	184 台
110	首都医科大学图书馆	258 台	157	沈阳工程学院图书馆	180 台
111	莆田学院图书馆	257 台	158	北京邮电大学图书馆	180 台
112	大连民族学院图书馆	256 台	159	石家庄学院图书馆	177 台
113	浙江国际海运职业技术学院图书馆	250 台	160	石家庄经济学院图书馆	176 台
114	安徽大学图书馆	250 台	161	内江师范学院图书馆	172 台
115	中国科学技术大学图书馆	250 台	162	汕头大学图书馆	171 台
116	西安欧亚学院图书馆	250 台	163	苏州市职业大学图书馆	171 台
117	山西大学图书馆	248 台	164	泸州医学院图书馆	170 台
118	四川烹饪高等专科学校图书馆	246 台	165	咸宁学院图书馆	168 台
119	辽宁科技大学图书馆	244 台	166	电子科技大学图书馆	168 台
120	无锡职业技术学院图书馆	244 台	167	温州职业技术学院图书馆	168 台
121	海口经济职业技术学院图书馆	244 台	168	天津工程师范学院图书馆	165 台
122	西南石油大学图书馆	241 台	169	重庆医科大学图书馆	165 台
123	淮阴师范学院图书馆	238 台	170	成都中医药大学图书馆	164 台
124	西安财经学院图书馆	237 台	171	大连大学图书馆	162 台
125	北京化工大学图书馆	236 台	172	浙江交通职业技术学院图书馆	162 台
126	辽宁师范大学图书馆	234 台	173	北京建筑工程学院图书馆	160 台
127	嘉兴学院图书馆	232 台	174	天津商业大学宝德学院图书馆	158 台
128	西华师范大学图书馆	230 台	175	中国矿业大学(北京)图书馆	155 台
129	榆林学院图书馆	230 台	176	上海水产大学图书馆	152 台
130	延安大学图书馆	230 台	177	北京工业职业技术学院图书馆	150 台
131	川北医学院图书馆	228 台	178	天津职业大学图书馆	150 台
132	荆门职业技术学院图书馆	226 台	179	浙江工商职业技术学院图书馆	150 台
133	武汉工业学院图书馆	226 台	180	湖州师范学院图书馆	150 台
134	复旦大学太平洋金融学院图书馆	226 台	181	长治学院图书馆	146 台
135	广东警官学院图书馆	225 台	182	上海电机学院图书馆	146 台
136	陕西理工学院图书馆	224 台	183	东北电力大学图书馆	145 台
137	陕西中医学院图书馆	223 台	184	大连轻工业学院图书馆	143 台
138	山西师范大学图书馆	220 台	185	厦门理工学院图书馆	140 台
139	湖北工业大学图书馆	216 台	186	浙江警官职业学院图书馆	138 台
140	天津中医学院图书馆	215 台	187	商洛学院图书馆	137 台
141	宝鸡文理学院图书馆	210 台	188	北京服装学院图书馆	136 台
142	天津外国语学院图书馆	208 台	189	中国农业大学图书馆	133 台
143	衡阳师范学院图书馆	206 台	190	西安美术学院图书馆	130 台
144	四川外语学院图书馆	203 台	191	上海新侨职业技术学院图书馆	129 台
145	四川音乐学院图书馆	202 台	192	北京中医药大学图书馆	125 台
146	宁波工程学院图书馆	202 台	193	中国民航大学图书馆	122 台
147	上海对外贸易学院图书馆	202 台	194	西安铁路职业技术学院图书馆	121 台
148	浙江传媒学院图书馆	200 台	195	吕梁高等专科学校图书馆	120 台
149	西南科技大学图书馆	199 台	196	河北工业职业技术学院图书馆	120 台
150	重庆大学图书馆	199 台	197	常熟理工学院图书馆	120 台
151	绵阳师范学院图书馆	198 台	198	福建商业高等专科学校图书馆	120 台
152	合肥学院图书馆	197 台	199	闽西职业技术学院成功图书馆	120 台
153	东北财经大学图书馆	188 台	200	铜仁师范高等专科学校图书馆	118 台
154	滁州学院图书馆	187 台	201	台州职业技术学院图书馆	115 台
155	长沙师范专科学校	185 台	202	辽宁工程技术大学图书馆	114 台

序号	图书馆名称	数据	序号	图书馆名称	数据
203	西安邮电学院图书馆	113 台	237	怀化学院图书馆	77 台
204	大连理工大学图书馆	112 台	238	广东外语艺术职业学院图书馆	71 台
205	浙江经济职业技术学院图书馆	111 台	239	上海东海职业技术学院图书馆	71 台
206	琼州大学图书馆	110 台	240	上海海事大学图书馆	71 台
207	贵州教育学院	108 台	241	西北政法大学图书馆	71 台
208	长安大学图书馆	107 台	242	西安培华学院图书馆	71 台
209	杨凌职业技术学院图书馆	102 台	243	安徽师范大学图书馆	70 台
210	郧阳师范高等专科学校图书馆	102 台	244	河北工程技术高等专科学校图书馆	69 台
211	广西农业职业技术学院图书馆	101 台	245	河北大学图书馆	68 台
212	丽水职业技术学院图书馆	100 台	246	山东艺术学院图书馆	65 台
213	大连外国语学院图书电教馆	100 台	247	辽宁金融职业学院图书馆	62 台
214	复旦大学上海视觉艺术学院图书馆	100 台	248	宜宾职业技术学院图书馆	62 台
215	上海济光职业技术学院图书馆	100 台	249	宁德师范高等专科学校图书馆	60 台
216	咸阳师范学院图书馆	100 台	250	浙江科技学院图书馆	60 台
217	西安石油大学图书馆	97 台	251	成都航空职业技术学院图书馆	59 台
218	四川理工学院图书馆	96 台	252	陕西国际商贸职业学院	58 台
219	漳州职业技术学院图书馆	91 台	253	茂名学院图书馆	58 台
220	成都电子机械高等专科学校图书馆	90 台	254	中国人民公安大学图书馆	58 台
221	四川交通职业技术学院图书馆	90 台	255	上海旅游高等专科学校图书馆	57 台
222	南宁地区教育学院	90 台	256	天津中德职业技术学院图书馆	54 台
223	康定民族师范高等专科学校图书馆	89 台	257	南京医科大学图书馆	53 台
224	哈尔滨理工大学图书馆	89 台	258	河南工业大学图书馆	51 台
225	浙江金融职业学院图书馆	88 台	259	闽江学院图书馆	50 台
226	福建公安高等专科学校图书馆	84 台	260	西安音乐学院图书馆	50 台
227	湖南城市学院朝阳图书馆	83 台	261	上海财经大学图书馆	48 台
228	北京工商大学图书馆	83 台	262	张家口医学院	48 台
229	上海行健职业学院图书馆	80 台	263	中央戏剧学院图书馆	47 台
230	淮海工学院图书馆	80 台	264	杭州电子科技大学图书馆	47 台
231	西安工业大学图书馆	80 台	265	陕西邮电职业技术学院	42 台
232	海南医学院图书馆	79 台	266	贵州财经学院图书馆	41 台
233	广西工业职业技术学院图书馆	78 台	267	福建工程学院图书馆	41 台
234	上海城市管理职业技术学院图书馆	78 台	268	三亚航空旅游职业学院图书馆	40 台
235	西安工程大学图书馆	78 台	269	北京印刷学院图书馆	40 台
236	柳州师范高等专科学校图书馆	77 台	270	忻州师范学院图书馆	40 台

序号	图书馆名称	数据	序号	图书馆名称	数据
271	上海外国语大学图书馆	38 台	313	四川职业技术学院图书馆	14 台
272	郧阳医学院图书馆	38 台	314	西安医学院图书馆	14 台
273	广西电力职业技术学院	35 台	315	武汉科技大学城市学院	13 台
274	聊城职业技术学院图书馆	35 台	316	绍兴托普信息职业技术学院图书馆	12 台
275	上海音乐学院图书馆	35 台	317	天津滨海职业学院图书馆	12 台
276	西安外国语大学图书馆	35 台	318	太原大学图书馆	12 台
277	攀枝花学院图书馆	34 台	319	黔南民族医学高等专科学校图书馆	12 台
278	上海立信会计学院	34 台	320	贵州广播电视大学	11 台
279	石家庄铁道学院图书馆	34 台	321	漯河职业技术学院图书馆	11 台
280	河池学院图书馆	32 台	322	上海中侨职业技术学院图书馆	10 台
281	上海戏剧学院图书馆	31 台	323	西安交通大学城市学院图书馆	10 台
282	陕西科技大学图书馆	31 台	324	上海科学技术职业学院图书馆	9 台
283	番禺职业技术学院图书馆	30 台	325	上海海事职业技术学院信息图文中心	9 台
284	仰恩大学图书馆	30 台	326	湖南中医药高等专科学校	8 台
285	贵州商业高等专科学校图书馆	29 台	327	四川航天职业技术学院	8 台
286	上海体育学院图书馆	28 台	328	上海出版印刷高等专科学校图书馆	7 台
287	天津电子信息职业技术学院图书馆	28 台	329	上海托普信息技术职业学院图书馆	6 台
288	山西警官高等专科学校图书馆	25 台	330	四川化工职业技术学院	6 台
289	河南科技学院图书馆	25 台	331	福州英华职业学院图书馆	5 台
290	成都体育学院图书馆	25 台	332	上海大学图书馆	3 台
291	西安体育学院图书馆	24 台	333	上海中医药大学图书馆	3 台
292	广西经济管理干部学院	24 台	334	山东体育学院图书馆	2 台
293	湖州职业技术学院图书馆	24 台	335	皖西学院图书馆	2 台
294	洛阳工业高等专科学校图书馆	23 台	336	中国地质大学图书馆	2 台
295	西安航空技术高等专科学校图书馆	23 台	337	伊犁职业技术学院图书馆	2 台
296	湖北美术学院图书馆	22 台	338	陕西能源职业技术学院图书馆	1 台
297	安徽职业技术学院图书馆	22 台	339	陕西职业技术学院图书馆	1 台
298	陕西国防工业职业技术学院图书馆	21 台	340	西京学院图书馆	1 台
299	福建华南女子职业学院图书馆	20 台	341	毕节学院图书馆	1 台
300	浙江工贸职业技术学院图书馆	20 台	342	西藏民族学院图书馆	1 台
301	宁波职业技术学院图书馆	20 台	343	西安外事学院图书馆	1 台
302	上海金融学院	20 台	344	渭南师范学院图书馆	1 台
303	上海海关学院图书馆	18 台	345	洛阳师范学院图书馆	1 台
304	成都纺织高等专科学校图书馆	18 台	346	黄冈师范学院图书馆	1 台
305	西安电力高等专科学校图书馆	18 台	347	十堰职业技术学院图书馆	1 台
306	西安文理学院图书馆	17 台	348	海南大学图书馆	1 台
307	芜湖职业技术学院图书馆	17 台	349	广东轻工职业技术学院图书馆	1 台
308	上海商学院图书馆	16 台	350	安徽工程科技学院图书馆	1 台
309	天津农学院图书馆	16 台	351	安徽交通职业技术学院图书馆	1 台
310	陕西交通职业技术学院图书馆	16 台	352	民办金华职业技术学院图书馆	1 台
311	四川警官高等专科学校图书馆	15 台	353	浙江公安高等专科学校图书馆	1 台
312	常德职业技术学院图书馆	15 台	354	浙江海洋学院图书馆	1 台

序号	图书馆名称	数据	序号	图书馆名称	数据
355	上海理工大学图书馆	1 台	360	大连交通大学图书馆	1 台
356	辽宁农业职业技术学院图书馆	1 台	361	河北工业大学图书馆	1 台
357	沈阳大学图书馆	1 台	362	太原理工大学图书馆	1 台
358	鲁迅美术学院图书馆	1 台	363	北京外国语大学图书馆	1 台
359	中国医科大学图书馆	1 台			

2006 年 302 所高校图书馆文献资源购置费排行榜

序号	图书馆名称	数据	序号	图书馆名称	数据
1	复旦大学图书馆	29294356 元	34	西华大学图书馆	7746000 元
2	中山大学图书馆	28061400 元	35	仰恩大学图书馆	7500000 元
3	上海交通大学图书馆	21989373 元	36	南京理工大学图书馆	7478989 元
4	厦门大学图书馆	20980476 元	37	电子科技大学图书馆	7100000 元
5	四川大学图书馆	19950276 元	38	北京林业大学图书馆	7089771 元
6	华南理工大学图书馆	17318524 元	39	中国民航大学图书馆	7000000 元
7	同济大学图书馆	15667578 元	40	浙江财经学院图书馆	7000000 元
8	西安交通大学图书馆	15433883 元	41	上海师范大学图书馆	6969506 元
9	华东师范大学图书馆	13962348 元	42	浙江林学院图书馆	6873549 元
10	浙江工商大学图书馆	13931295 元	43	集美大学图书馆	6738590 元
11	重庆大学图书馆	13356509 元	44	上海对外贸易学院图书馆	6703432 元
12	安徽工程科技学院图书馆	12940000 元	45	汕头大学图书馆	6150000 元
13	大连理工大学图书馆	12050000 元	46	山西大学图书馆	6070400 元
14	中国科学技术大学图书馆	11671674 元	47	咸阳师范学院图书馆	6000000 元
15	浙江工业大学图书馆	11585300 元	48	西北农林科技大学图书馆	5760000 元
16	西安电子科技大学图书馆	11482150 元	49	哈尔滨理工大学图书馆	5651592 元
17	华东政法大学图书馆	11226000 元	50	天津科技大学图书馆	5618753 元
18	西北工业大学图书馆	10900719 元	51	江汉大学图书馆	5500000 元
19	北京工业大学图书馆	10230000 元	52	中国地质大学图书馆	5468000 元
20	四川师范大学图书馆	10129557 元	53	成都理工大学图书馆	5448681 元
21	长安大学图书馆	10000000 元	54	湖北大学图书馆	5400000 元
22	华东理工大学图书馆	9927152 元	55	洛阳师范学院图书馆	5305177 元
23	上海大学图书馆	9840000 元	56	闽江学院图书馆	5300000 元
24	合肥工业大学图书馆	9400000 元	57	四川农业大学图书馆	5300000 元
25	安徽师范大学图书馆	9360000 元	58	华侨大学图书馆	5300000 元
26	海南大学图书馆	9230935 元	59	沈阳大学图书馆	5260241 元
27	扬州大学图书馆	8514048 元	60	上海应用技术学院图书馆	5184512 元
28	东华大学图书馆	8500000 元	61	嘉兴学院图书馆	5178690 元
29	西南交通大学图书馆	8441560 元	62	南京医科大学图书馆	5150000 元
30	青岛科技大学图书馆	8110000 元	63	江南大学图书馆	5135000 元
31	潍坊学院图书馆	8000000 元	64	上海工程技术大学图书馆	5116670 元
32	安徽大学图书馆	8000000 元	65	延安大学图书馆	5061390 元
33	陕西师范大学图书馆	7790000 元	66	西南科技大学图书馆	5050369 元

序号	图书馆名称	数据	序号	图书馆名称	数据
67	淮阴师范学院图书馆	5050000 元	101	宜宾职业技术学院图书馆	3794000 元
68	福建农林大学图书馆	5000000 元	102	上海立信会计学院	3770360 元
69	成都中医药大学图书馆	5000000 元	103	上海金融学院	3750000 元
70	湖北工业大学图书馆	5000000 元	104	川北医学院图书馆	3741700 元
71	湖南理工学院图书馆	5000000 元	105	怀化学院图书馆	3730000 元
72	民办上海工商外国语职业学院图书馆	4991625 元	106	四川理工学院图书馆	3700000 元
73	上海财经大学图书馆	4873940 元	107	西安石油大学图书馆	3700000 元
74	西南民族大学图书馆	4827455 元	108	四川外语学院图书馆	3602965 元
75	南京航空航天大学图书馆	4810975 元	109	西南财经大学图书馆	3594803 元
76	石家庄经济学院图书馆	4794385 元	110	西安工业大学图书馆	3586452 元
77	大连大学图书馆	4790059 元	111	东北财经大学图书馆	3560066 元
78	西北大学图书馆	4766600 元	112	西安欧亚职业学院图书馆	3531500 元
79	烟台大学图书馆	4750000 元	113	上海电机学院图书馆	3512010 元
80	大连民族学院图书馆	4750000 元	114	重庆医科大学图书馆	3501103 元
81	天津师范大学图书馆	4738000 元	115	浙江工商职业技术学院图书馆	3481939 元
82	陕西科技大学图书馆	4634700 元	116	四川音乐学院图书馆	3411765 元
83	辽宁大学图书馆	4504196 元	117	泉州师范学院图书馆	3400000 元
84	河北工业大学图书馆	4500000 元	118	浙江科技学院图书馆	3377528 元
85	宁波大学图书馆	4500000 元	119	上海水产大学图书馆	3340686 元
86	西安建筑科技大学图书馆	4434561 元	120	辽宁工程技术大学图书馆	3291004 元
87	辽宁科技大学图书馆	4370000 元	121	河北经贸大学图书馆	3290000 元
88	渝西学院图书馆	4346270 元	122	攀枝花学院图书馆	3252114 元
89	西藏民族学院图书馆	4300000 元	123	西北政法大学图书馆	3234652 元
90	宜宾学院图书馆	4282023 元	124	黔南民族医学高等专科学校图书馆	3220000 元
91	绍兴文理学院图书馆	4167309 元	125	西安科技大学图书馆	3200000 元
92	西安理工大学图书馆	4160000 元	126	天津商学院图书馆	3190600 元
93	天津理工学院图书馆	4151922 元	127	常熟理工学院图书馆	3159888 元
94	温州医学院图书馆	4134325 元	128	山西师范大学图书馆	3150000 元
95	河南科技学院图书馆	4029700 元	129	天津工程师范学院图书馆	3114820 元
96	西南石油大学图书馆	3955548 元	130	厦门理工学院图书馆	3110000 元
97	上海海事大学图书馆	3940000 元	131	北京服装学院图书馆	3010241 元
98	中国美术学院图书馆	3899832 元	132	浙江传媒学院图书馆	3010000 元
99	西安工程大学图书馆	3856928 元	133	福建工程学院图书馆	3000000 元
100	民办浙江树人学院图书馆	3850000 元	134	淮海工学院图书馆	3000000 元

序号	图书馆名称	数据	序号	图书馆名称	数据
135	上海体育学院图书馆	3000000 元	169	上海商学院图书馆	2000000 元
136	上海理工大学图书馆	3000000 元	170	湖州师范学院图书馆	2000000 元
137	西安文理学院图书馆	2968000 元	171	西安财经学院图书馆	2000000 元
138	复旦大学太平洋金融学院图书馆	2850000 元	172	西安美术学院图书馆	2000000 元
139	西安邮电学院图书馆	2807000 元	173	东华理工学院图书馆	2000000 元
140	漳州职业技术学院图书馆	2753907 元	174	达县师范高等专科学校图书馆	1979765 元
141	茂名学院图书馆	2732183 元	175	西华师范大学图书馆	1900000 元
142	山东艺术学院图书馆	2670821 元	176	大连轻工业学院图书馆	1898047 元
143	浙江海洋学院图书馆	2660000 元	177	浙江广厦建设职业技术学院图书馆	1850408 元
144	中国民用航空飞行学院图书馆	2615600 元	178	西安航空技术高等专科学校图书馆	1850000 元
145	上海中医药大学图书馆	2600000 元	179	上海第二工业大学图书馆	1730000 元
146	上海电力学院图书馆	2560000 元	180	海南医学院图书馆	1720000 元
147	石家庄铁道学院图书馆	2534000 元	181	浙江警官职业学院图书馆	1719032 元
148	成都信息工程学院图书馆	2517297 元	182	西安体育学院图书馆	1692161 元
149	湖北警官学院图书馆	2500000 元	183	西安思源职业学院图书馆	1691032 元
150	乐山师范学院图书馆	2474607 元	184	天津商业大学宝德学院图书馆	1661000 元
151	浙江公安高等专科学校图书馆	2452868 元	185	陕西国际商贸职业学院	1631020 元
152	辽宁师范大学图书馆	2441316 元	186	四川警官高等专科学校图书馆	1611800 元
153	宝鸡文理学院图书馆	2439791 元	187	河北大学图书馆	1540000 元
154	陕西理工学院图书馆	2400000 元	188	石家庄学院图书馆	1500000 元
155	贵州师范大学图书馆	2386423 元	189	河北工业职业技术学院图书馆	1500000 元
156	西昌学院图书馆	2358700 元	190	北京中医药大学图书馆	1500000 元
157	合肥学院图书馆	2300000 元	191	天津外国语学院图书馆	1500000 元
158	上海外国语大学图书馆	2260542 元	192	东北电力大学图书馆	1500000 元
159	武汉科技大学城市学院	2214457 元	193	黎明职业大学图书馆	1500000 元
160	洛阳工业高等专科学校图书馆	2200000 元	194	上海海关高等专科学校图书馆	1497480 元
161	西安培华学院图书馆	2186282 元	195	西安翻译学院图书馆	1472848 元
162	上海建桥学院	2120680 元	196	福建商业高等专科学校图书馆	1466290 元
163	大连交通大学图书馆	2100000 元	197	广东外语艺术职业学院图书馆	1465482 元
164	辽东学院	2100000 元	198	榆林学院图书馆	1450840 元
165	成都大学图书馆	2080000 元	199	宁波工程学院图书馆	1450783 元
166	绵阳师范学院图书馆	2032715 元	200	太原师范学院图书馆	1450026 元
167	西安医学院图书馆	2022552 元	201	丽水学院图书馆	1442626 元
168	皖西学院图书馆	2017000 元	202	西安外事学院图书馆	1427420 元

序号	图书馆名称	数据	序号	图书馆名称	数据
203	三亚航空旅游职业学院图书馆	1395000 元	237	内江师范学院图书馆	801342 元
204	渭南师范学院图书馆	1360000 元	238	康定民族师范高等专科学校图书馆	800506 元
205	丽水职业技术学院图书馆	1327486 元	239	广东警官学院图书馆	732693 元
206	复旦大学上海视觉艺术学院图书馆	1316171 元	240	上海戏剧学院图书馆	730000 元
207	黄冈师范学院图书馆	1314000 元	241	西安交通大学城市学院图书馆	724000 元
208	西安外国语大学图书馆	1300000 元	242	四川航天职业技术学院	720000 元
209	浙江工贸职业技术学院图书馆	1286989 元	243	浙江交通职业技术学院图书馆	700000 元
210	闽西职业技术学院成功图书馆	1286467 元	244	郧阳师范高等专科学校图书馆	688136 元
211	鲁迅美术学院图书馆	1270000 元	245	上海科学技术职业学院图书馆	650000 元
212	首都师范大学图书馆	1262900 元	246	辽宁农业职业技术学院图书馆	628484 元
213	漯河职业技术学院图书馆	1220000 元	247	上海音乐学院图书馆	601387 元
214	广东轻工职业技术学院图书馆	1216175 元	248	太原大学图书馆	600000 元
215	无锡职业技术学院图书馆	1200000 元	249	杨凌职业技术学院图书馆	600000 元
216	湖州职业技术学院图书馆	1195390 元	250	柳州师范高等专科学校图书馆	567264 元
217	琼州大学图书馆	1114082 元	251	安康师范专科学校图书馆	555549 元
218	西京职业学院图书馆	1113058 元	252	贵州商业高等专科学校图书馆	513274 元
219	天津农学院图书馆	1100000 元	253	常德职业技术学院图书馆	500000 元
220	民办金华职业技术学院图书馆	1089972 元	254	宁德师范高等专科学校图书馆	500000 元
221	泸州医学院图书馆	1087000 元	255	安徽交通职业技术学院图书馆	500000 元
222	陕西中医学院图书馆	1080000 元	256	四川烹饪高等专科学校图书馆	477000 元
223	民办东海职业技术学院图书馆	1074662 元	257	广西农业职业技术学院图书馆	445988 元
224	忻州师范学院图书馆	1013767 元	258	上海海事职业技术学院图书馆	440000 元
225	沈阳工程学院图书馆	1000000 元	259	上海旅游高等专科学校图书馆	409000 元
226	福建公安高等专科学校图书馆	1000000 元	260	上海出版印刷高等专科学校图书馆	400000 元
227	长沙师范专科学校	1000000 元	261	十堰职业技术学院图书馆	400000 元
228	湖北美术学院图书馆	968518 元	262	绍兴托普信息职业技术学院图书馆	389081 元
229	陕西国防工业职业技术学院图书馆	918900 元	263	河北工程技术高等专科学校图书馆	387400 元
230	商洛师范专科学校图书馆	885916 元	264	西安电力高等专科学校图书馆	366670 元
231	天津中医学院图书馆	869740 元	265	陕西交通职业技术学院图书馆	356893 元
232	浙江经济职业技术学院图书馆	855749 元	266	长治学院图书馆	340000 元
233	上海新侨职业技术学院图书馆	844134 元	267	天津职业大学图书馆	330000 元
234	成都航空职业技术学院图书馆	835808 元	268	上海城管学院图书馆	300000 元
235	四川交通职业技术学院图书馆	830000 元	269	上海行健职业学院图书馆	300000 元
236	成都电子机械高等专科学校图书馆	823380 元	270	陕西邮电职业技术学院	300000 元

序号	图书馆名称	数据	序号	图书馆名称	数据
271	陕西能源职业技术学院图书馆	273349 元	287	贵州教育学院	122222 元
272	铜仁师范高等专科学校图书馆	257546 元	288	太原理工大学图书馆	120000 元
273	天津中德职业技术学院图书馆	242450 元	289	成都体育学院图书馆	116000 元
274	西安铁路职业技术学院图书馆	235983 元	290	成都纺织高等专科学校图书馆	100000 元
275	浙江国际海运职业技术学院图书馆	228141 元	291	伊犁职业技术学院图书馆	100000 元
276	民办上海中侨职业技术学院图书馆	217767 元	292	四川职业技术学院图书馆	90934 元
277	民办上海济光职业技术学院图书馆	200000 元	293	安徽职业技术学院图书馆	80000 元
278	天津电子信息职业技术学院图书馆	200000 元	294	南宁地区教育学院	74804 元
279	天津滨海职业学院图书馆	200000 元	295	眉山职业技术学院图书馆	20000 元
280	广西经济管理干部学院	200000 元	296	四川化工职业技术学院	10000 元
281	上海托普信息技术职业学院图书馆	190119 元	297	广西工业职业技术学院图书馆	2000 元
282	西安音乐学院图书馆	176130 元	298	中国医科大学图书馆	300 元
283	福建华南女子职业学院图书馆	168302 元	299	大连外国语学院图书电教馆	100 元
284	吕梁高等专科学校图书馆	160000 元	300	中北大学图书馆	100 元
285	贵州广播电视大学	140000 元	301	福州英华职业学院图书馆	100 元
286	天津体育学院图书馆	132000 元	302	陕西职业技术学院图书馆	100 元

2006 年 300 所高校图书馆馆舍总面积排行榜

序号	图书馆名称	数据	序号	图书馆名称	数据
1	中山大学图书馆	117800 平方米	14	西南财经大学图书馆	50000 平方米
2	同济大学图书馆	72645 平方米	15	安徽师范大学图书馆	48000 平方米
3	华南理工大学图书馆	67169 平方米	16	上海财经大学图书馆	47504 平方米
4	厦门大学图书馆	66768 平方米	17	大连理工大学图书馆	45627 平方米
5	四川大学图书馆	63100 平方米	18	长安大学图书馆	45319 平方米
6	浙江工业大学图书馆	60063 平方米	19	中北大学图书馆	45007 平方米
7	华东师范大学图书馆	59854 平方米	20	哈尔滨理工大学图书馆	44847 平方米
8	浙江工商大学图书馆	57800 平方米	21	西安工业大学图书馆	42350 平方米
9	陕西师范大学图书馆	57578 平方米	22	烟台大学图书馆	42300 平方米
10	上海交通大学图书馆	55900 平方米	23	湖北大学图书馆	42051 平方米
11	合肥工业大学图书馆	54900 平方米	24	宜宾学院图书馆	39373 平方米
12	上海大学图书馆	53900 平方米	25	江南大学图书馆	39082 平方米
13	扬州大学图书馆	53359 平方米	26	淮阴师范学院图书馆	38995 平方米

序号	图书馆名称	数据	序号	图书馆名称	数据
27	上海工程技术大学图书馆	37988 平方米	61	渝西学院图书馆	26417 平方米
28	东华理工学院图书馆	37929 平方米	62	南京航空航天大学图书馆	26000 平方米
29	辽宁大学图书馆	37470 平方米	63	西南民族大学图书馆	25566 平方米
30	复旦大学图书馆	36934 平方米	64	辽宁科技大学图书馆	25506 平方米
31	西南科技大学图书馆	36475 平方米	65	西安翻译学院图书馆	25190 平方米
32	西安交通大学图书馆	36394 平方米	66	西北大学图书馆	25054 平方米
33	四川农业大学图书馆	36311 平方米	67	西南交通大学图书馆	24993 平方米
34	浙江财经学院图书馆	35053 平方米	68	乐山师范学院图书馆	24822 平方米
35	重庆大学图书馆	34662 平方米	69	四川师范大学图书馆	24364 平方米
36	西北政法大学图书馆	34400 平方米	70	天津科技大学图书馆	24300 平方米
37	成都信息工程学院图书馆	34279 平方米	71	绍兴文理学院图书馆	24189 平方米
38	东华大学图书馆	34266 平方米	72	无锡职业技术学院图书馆	24000 平方米
39	西华师范大学图书馆	34000 平方米	73	丽水学院图书馆	23500 平方米
40	西安外国语大学图书馆	34000 平方米	74	北京林业大学图书馆	23400 平方米
41	天津商学院图书馆	33621 平方米	75	皖西学院图书馆	23300 平方米
42	上海师范大学图书馆	32946 平方米	76	西安外事学院图书馆	23160 平方米
43	西北农林科技大学图书馆	32866 平方米	77	安徽大学图书馆	23000 平方米
44	江汉大学图书馆	32225 平方米	78	西安科技大学图书馆	22820 平方米
45	宝鸡文理学院图书馆	32200 平方米	79	上海外国语大学图书馆	22702 平方米
46	中国科学技术大学图书馆	31481 平方米	80	大连交通大学图书馆	22700 平方米
47	华东政法大学图书馆	31000 平方米	81	天津理工学院图书馆	22200 平方米
48	渭南师范学院图书馆	30381 平方米	82	河北经贸大学图书馆	22068 平方米
49	西安理工大学图书馆	30078 平方米	83	西北工业大学图书馆	22000 平方米
50	华侨大学图书馆	29637 平方米	84	浙江海洋学院图书馆	21874 平方米
51	宁波大学图书馆	28870 平方米	85	大连轻工业学院图书馆	21683 平方米
52	黄冈师范学院图书馆	28507 平方米	86	大连大学图书馆	21550 平方米
53	温州医学院图书馆	28500 平方米	87	浙江传媒学院图书馆	21400 平方米
54	西安邮电学院图书馆	28427 平方米	88	太原理工大学图书馆	21360 平方米
55	浙江林学院图书馆	28158 平方米	89	成都大学图书馆	20993 平方米
56	湖州师范学院图书馆	27876 平方米	90	华东理工大学图书馆	20748 平方米
57	泉州师范学院图书馆	27803 平方米	91	西安思源职业学院图书馆	20740 平方米
58	西安电子科技大学图书馆	27228 平方米	92	北京工业大学图书馆	20713 平方米
59	首都师范大学图书馆	26743 平方米	93	沈阳工程学院图书馆	20700 平方米
60	河北大学图书馆	26521 平方米	94	仰恩大学图书馆	20500 平方米

序号	图书馆名称	数据	序号	图书馆名称	数据
95	陕西理工学院图书馆	20100 平方米	129	福建工程学院图书馆	15800 平方米
96	西昌学院图书馆	19735 平方米	130	西安工程大学图书馆	15794 平方米
97	常德职业技术学院图书馆	19662 平方米	131	上海对外贸易学院图书馆	15690 平方米
98	上海第二工业大学图书馆	19400 平方米	132	浙江国际海运职业技术学院图书馆	15661 平方米
99	漳州职业技术学院图书馆	19160 平方米	133	上海戏剧学院图书馆	15471 平方米
100	西京职业学院图书馆	19149 平方米	134	贵州师范大学图书馆	15430 平方米
101	集美大学图书馆	19000 平方米	135	长沙师范专科学校	15000 平方米
102	民办金华职业技术学院图书馆	18958 平方米	136	中国民航大学图书馆	15000 平方米
103	上海应用技术学院图书馆	18737 平方米	137	西藏民族学院图书馆	14821 平方米
104	淮海工学院图书馆	18600 平方米	138	西安财经学院图书馆	14000 平方米
105	西安欧亚职业学院图书馆	18328 平方米	139	沈阳大学图书馆	14000 平方米
106	天津师范大学图书馆	18105 平方米	140	浙江广厦建设职业技术学院图书馆	13837 平方米
107	山西大学图书馆	18000 平方米	141	天津外国语学院图书馆	13650 平方米
108	辽宁师范大学图书馆	18000 平方米	142	西南石油大学图书馆	13500 平方米
109	民办浙江树人学院图书馆	18000 平方米	143	西安石油大学图书馆	13480 平方米
110	攀枝花学院图书馆	18000 平方米	144	浙江经济职业技术学院图书馆	13403 平方米
111	福建农林大学图书馆	18000 平方米	145	复旦大学太平洋金融学院图书馆	13213 平方米
112	中国地质大学图书馆	18000 平方米	146	上海立信会计学院	13202 平方米
113	南京理工大学图书馆	17800 平方米	147	重庆医科大学图书馆	13191 平方米
114	大连民族学院图书馆	17694 平方米	148	忻州师范学院图书馆	13142 平方米
115	西安建筑科技大学图书馆	17605 平方米	149	河北工业大学图书馆	13100 平方米
116	湖北警官学院图书馆	17488 平方米	150	湖北工业大学图书馆	13041 平方米
117	太原师范学院图书馆	17454 平方米	151	闽江学院图书馆	13000 平方米
118	成都理工大学图书馆	17340 平方米	152	四川音乐学院图书馆	13000 平方米
119	中国美术学院图书馆	16721 平方米	153	内江师范学院图书馆	13000 平方米
120	辽东学院	16630 平方米	154	浙江工商职业技术学院图书馆	13000 平方米
121	天津工程师范学院图书馆	16466 平方米	155	广东外语艺术职业学院图书馆	12985 平方米
122	嘉兴学院图书馆	16394 平方米	156	榆林学院图书馆	12800 平方米
123	电子科技大学图书馆	16360 平方米	157	四川理工学院图书馆	12795 平方米
124	汕头大学图书馆	16311 平方米	158	海南大学图书馆	12760 平方米
125	安康师范专科学校图书馆	16300 平方米	159	天津中医学院图书馆	12658 平方米
126	中国民用航空飞行学院图书馆	16135 平方米	160	石家庄铁道学院图书馆	12639 平方米
127	西安文理学院图书馆	16000 平方米	161	陕西中医学院图书馆	12538 平方米
128	陕西国防工业职业技术学院图书馆	15914 平方米	162	合肥学院图书馆	12513 平方米

序号	图书馆名称	数据	序号	图书馆名称	数据
163	宁波工程学院图书馆	12400 平方米	197	安徽职业技术学院图书馆	8693 平方米
164	西安航空技术高等专科学校图书馆	12268 平方米	198	民办上海工商外国语职业学院图书馆	8652 平方米
165	四川警官高等专科学校图书馆	12208 平方米	199	常熟理工学院图书馆	8542 平方米
166	四川交通职业技术学院图书馆	12166 平方米	200	怀化学院图书馆	8457 平方米
167	安徽工程科技学院图书馆	12000 平方米	201	浙江工贸职业技术学院图书馆	8402 平方米
168	辽宁工程技术大学图书馆	12000 平方米	202	长治学院图书馆	8400 平方米
169	湖州职业技术学院图书馆	11921 平方米	203	西安医学院图书馆	8300 平方米
170	上海中医药大学图书馆	11854 平方米	204	西安培华学院图书馆	8273 平方米
171	上海金融学院	11800 平方米	205	浙江公安高等专科学校图书馆	8170 平方米
172	杨凌职业技术学院图书馆	11800 平方米	206	延安大学图书馆	8040 平方米
173	上海体育学院图书馆	11537 平方米	207	成都体育学院图书馆	8033 平方米
174	浙江科技学院图书馆	10946 平方米	208	石家庄学院图书馆	8000 平方米
175	上海建桥学院	10900 平方米	209	天津体育学院图书馆	7800 平方米
176	河南科技学院图书馆	10800 平方米	210	洛阳师范学院图书馆	7720 平方米
177	东北电力大学图书馆	10700 平方米	211	绵阳师范学院图书馆	7700 平方米
178	辽宁农业职业技术学院图书馆	10606 平方米	212	河北工业职业技术学院图书馆	7500 平方米
179	湖南理工学院图书馆	10600 平方米	213	四川外语学院图书馆	7470 平方米
180	西华大学图书馆	10578 平方米	214	四川航天职业技术学院	7400 平方米
181	成都中医药大学图书馆	10200 平方米	215	咸阳师范学院图书馆	7333 平方米
182	黎明职业大学图书馆	10200 平方米	216	北京服装学院图书馆	7267 平方米
183	山西师范大学图书馆	10135 平方米	217	上海海关高等专科学校图书馆	7121 平方米
184	贵州教育学院	10000 平方米	218	大连外国语学院图书电教馆	7056 平方米
185	上海水产大学图书馆	9980 平方米	219	泸州医学院图书馆	6947 平方米
186	洛阳工业高等专科学校图书馆	9844 平方米	220	陕西能源职业技术学院图书馆	6850 平方米
187	上海理工大学图书馆	9700 平方米	221	漯河职业技术学院图书馆	6838 平方米
188	东北财经大学图书馆	9679 平方米	222	安徽交通职业技术学院图书馆	6764 平方米
189	南京医科大学图书馆	9610 平方米	223	琼州大学图书馆	6700 平方米
190	上海电力学院图书馆	9400 平方米	224	民办上海济光职业技术学院图书馆	6688 平方米
191	上海商学院图书馆	9200 平方米	225	民办东海职业技术学院图书馆	6509 平方米
192	福建公安高等专科学校图书馆	9200 平方米	226	西安体育学院图书馆	6356 平方米
193	浙江警官职业学院图书馆	9070 平方米	227	天津滨海职业学院图书馆	6194 平方米
194	川北医学院图书馆	9008 平方米	228	上海出版印刷高等专科学校图书馆	6100 平方米
195	石家庄经济学院图书馆	9000 平方米	229	复旦大学上海视觉艺术学院图书馆	6000 平方米
196	青岛科技大学图书馆	8940 平方米	230	伊犁职业技术学院图书馆	6000 平方米

序号	图书馆名称	数据	序号	图书馆名称	数据
231	上海电机学院图书馆	5910 平方米	266	上海新侨职业技术学院图书馆	3600 平方米
232	成都电子机械高等专科学校图书馆	5886 平方米	267	广西工业职业技术学院图书馆	3573 平方米
233	康定民族师范高等专科学校图书馆	5700 平方米	268	鲁迅美术学院图书馆	3500 平方米
234	广东警官学院图书馆	5676 平方米	269	海南医学院图书馆	3466 平方米
235	上海行健职业学院图书馆	5600 平方米	270	民办上海中侨职业技术学院图书馆	3300 平方米
236	陕西职业技术学院图书馆	5600 平方米	271	丽水职业技术学院图书馆	3243 平方米
237	绍兴托普信息职业技术学院图书馆	5500 平方米	272	西安交通大学城市学院图书馆	3204 平方米
238	厦门理工学院图书馆	5407 平方米	273	浙江交通职业技术学院图书馆	3200 平方米
239	四川职业技术学院图书馆	5323 平方米	274	上海城管学院图书馆	3170 平方米
240	天津职业大学图书馆	5317 平方米	275	四川化工职业技术学院	3170 平方米
241	北京中医药大学图书馆	5200 平方米	276	天津电子信息职业技术学院图书馆	3140 平方米
242	陕西科技大学图书馆	5200 平方米	277	陕西交通职业技术学院图书馆	3133 平方米
243	宁德师范高等专科学校图书馆	5200 平方米	278	商洛师范专科学校图书馆	3100 平方米
244	西安铁路职业技术学院图书馆	5170 平方米	279	西安音乐学院图书馆	3094 平方米
245	四川烹饪高等专科学校图书馆	5050 平方米	280	河北工程技术高等专科学校图书馆	3056 平方米
246	广西经济管理干部学院	5000 平方米	281	天津商业大学宝德学院图书馆	3000 平方米
247	武汉科技大学城市学院	5000 平方米	282	吕梁高等专科学校图书馆	2992 平方米
248	陕西国际商贸职业学院	4900 平方米	283	福建商业高等专科学校图书馆	2972 平方米
249	三亚航空旅游职业学院图书馆	4800 平方米	284	宜宾职业技术学院图书馆	2900 平方米
250	上海海事大学图书馆	4661 平方米	285	南宁地区教育学院	2900 平方米
251	郧阳师范高等专科学校图书馆	4642 平方米	286	福建华南女子职业学院图书馆	2666 平方米
252	柳州师范高等专科学校图书馆	4609 平方米	287	湖北美术学院图书馆	2457 平方米
253	成都纺织高等专科学校图书馆	4600 平方米	288	上海旅游高等专科学校图书馆	2400 平方米
254	成都航空职业技术学院图书馆	4517 平方米	289	上海托普信息技术职业学院图书馆	2337 平方米
255	贵州商业高等专科学校图书馆	4500 平方米	290	广东轻工职业技术学院图书馆	2300 平方米
256	太原大学图书馆	4500 平方米	291	山东艺术学院图书馆	2200 平方米
257	铜仁师范高等专科学校图书馆	4400 平方米	292	福州英华职业学院图书馆	2163 平方米
258	天津农学院图书馆	4260 平方米	293	上海音乐学院图书馆	2152 平方米
259	十堰职业技术学院图书馆	4246 平方米	294	贵州广播电视大学	2139 平方米
260	达县师范高等专科学校图书馆	4112 平方米	295	广西农业职业技术学院图书馆	2089 平方米
261	上海科学技术职业学院图书馆	4000 平方米	296	中国医科大学图书馆	2000 平方米
262	西安电力高等专科学校图书馆	3950 平方米	297	陕西邮电职业技术学院	1414 平方米
263	黔南民族医学高等专科学校图书馆	3937 平方米	298	眉山职业技术学院图书馆	1300 平方米
264	闽西职业技术学院成功图书馆	3863 平方米	299	上海海事职业技术学院图书馆	1100 平方米
265	西安美术学院图书馆	3628 平方米	300	天津中德职业技术学院图书馆	1040 平方米

2006 年 266 所高校图书馆具有硕士学位的职工数量排行榜

序号	图书馆名称	数据	序号	图书馆名称	数据
1	武汉大学图书馆	50 人	34	集美大学图书馆	11 人
2	中山大学图书馆	48 人	35	安徽师范大学图书馆	11 人
3	清华大学图书馆	46 人	36	湖北工业大学图书馆	10 人
4	北京大学图书馆	45 人	37	西南交通大学图书馆	10 人
5	复旦大学图书馆	37 人	38	四川农业大学图书馆	10 人
6	四川大学图书馆	37 人	39	中国医科大学图书馆	10 人
7	浙江大学图书馆	34 人	40	辽宁中医药大学图书馆	10 人
8	华东师范大学图书馆	28 人	41	石家庄学院图书馆	10 人
9	上海大学图书馆	27 人	42	河北经贸大学图书馆	10 人
10	中国人民大学图书馆	21 人	43	天津理工学院图书馆	10 人
11	中国农业大学图书馆	20 人	44	南京航空航天大学图书馆	10 人
12	上海交通大学图书馆	20 人	45	重庆大学图书馆	10 人
13	南京师范大学图书馆	20 人	46	西安电子科技大学图书馆	9 人
14	北京工业大学图书馆	18 人	47	西安工业大学图书馆	9 人
15	西安交通大学图书馆	18 人	48	东南大学图书馆	9 人
16	首都师范大学图书馆	17 人	49	杭州电子科技大学图书馆	9 人
17	武汉理工大学图书馆	17 人	50	东华大学图书馆	9 人
18	安徽大学图书馆	17 人	51	上海水产大学图书馆	9 人
19	合肥工业大学图书馆	16 人	52	上海工程技术大学图书馆	9 人
20	北京林业大学图书馆	16 人	53	北京化工大学图书馆	9 人
21	大连理工大学图书馆	15 人	54	河北大学图书馆	9 人
22	华东理工大学图书馆	15 人	55	河北工业大学图书馆	9 人
23	上海师范大学图书馆	15 人	56	山西师范大学图书馆	9 人
24	厦门大学图书馆	15 人	57	武汉科技学院图书馆	9 人
25	中北大学图书馆	14 人	58	电子科技大学图书馆	8 人
26	北京交通大学图书馆	14 人	59	广西师范大学图书馆	8 人
27	华中师范大学图书馆	13 人	60	海南大学图书馆	8 人
28	华南理工大学图书馆	13 人	61	福建农林大学图书馆	8 人
29	上海财经大学图书馆	12 人	62	沈阳大学图书馆	8 人
30	南京理工大学图书馆	12 人	63	同济大学图书馆	8 人
31	北京科技大学图书馆	11 人	64	杭州师范学院图书馆	8 人
32	北京外国语大学图书馆	11 人	65	西北农林科技大学图书馆	8 人
33	辽宁大学图书馆	11 人	66	西安科技大学图书馆	7 人

序号	图书馆名称	数据	序号	图书馆名称	数据
67	陕西科技大学图书馆	7人	101	徐州工程学院图书馆	5人
68	浙江工业大学图书馆	7人	102	上海体育学院图书馆	5人
69	宁波大学图书馆	7人	103	上海外国语大学图书馆	5人
70	上海理工大学图书馆	7人	104	上海电力学院图书馆	5人
71	大连外国语学院图书电教馆	7人	105	上海对外贸易学院图书馆	5人
72	中国人民公安大学图书馆	7人	106	大连民族学院图书馆	5人
73	北京邮电大学图书馆	7人	107	哈尔滨理工大学图书馆	5人
74	北京印刷学院图书馆	7人	108	辽宁科技大学图书馆	5人
75	中央民族大学图书馆	7人	109	山西大学图书馆	5人
76	洛阳师范学院图书馆	7人	110	石家庄铁道学院图书馆	5人
77	四川师范大学图书馆	7人	111	北京工业职业技术学院图书馆	5人
78	内江师范学院图书馆	6人	112	北京建筑工程学院图书馆	5人
79	西南科技大学图书馆	6人	113	天津师范大学图书馆	5人
80	江汉大学图书馆	6人	114	天津商学院图书馆	5人
81	中国地质大学图书馆	6人	115	青岛科技大学图书馆	5人
82	河南工业大学图书馆	6人	116	闽江学院图书馆	5人
83	烟台大学图书馆	6人	117	中国科学技术大学图书馆	5人
84	首都医科大学图书馆	6人	118	湖北大学图书馆	5人
85	北京工商大学图书馆	6人	119	汕头大学图书馆	5人
86	大连交通大学图书馆	6人	120	成都理工大学图书馆	5人
87	大连轻工业学院图书馆	6人	121	西南民族大学图书馆	5人
88	鲁迅美术学院图书馆	6人	122	成都信息工程学院图书馆	4人
89	上海海事大学图书馆	6人	123	西华大学图书馆	4人
90	华东政法大学图书馆	6人	124	成都中医药大学图书馆	4人
91	南京医科大学图书馆	6人	125	广东轻工职业技术学院图书馆	4人
92	江南大学图书馆	6人	126	广东海洋大学图书馆	4人
93	浙江科技学院图书馆	6人	127	中国美术学院图书馆	4人
94	西北工业大学图书馆	6人	128	河南科技学院图书馆	4人
95	陕西师范大学图书馆	6人	129	郧阳医学院图书馆	4人
96	西北政法大学图书馆	6人	130	黄冈师范学院图书馆	4人
97	渝西学院图书馆	5人	131	天津农学院图书馆	4人
98	四川外语学院图书馆	5人	132	中国矿业大学(北京)图书馆	4人
99	西安建筑科技大学图书馆	5人	133	天津科技大学图书馆	4人
100	浙江林学院图书馆	5人	134	太原理工大学图书馆	4人

序号	图书馆名称	数据	序号	图书馆名称	数据
135	上海第二工业大学图书馆	4 人	169	安徽交通职业技术学院图书馆	2 人
136	淮阴师范学院图书馆	4 人	170	华侨大学图书馆	2 人
137	常熟理工学院图书馆	4 人	171	合肥学院图书馆	2 人
138	西安石油大学图书馆	4 人	172	芜湖职业技术学院图书馆	2 人
139	西藏民族学院图书馆	4 人	173	嘉兴学院图书馆	2 人
140	西安体育学院图书馆	4 人	174	民办浙江树人学院图书馆	2 人
141	商洛学院图书馆	4 人	175	山东艺术学院图书馆	2 人
142	西安财经学院图书馆	4 人	176	湖北警官学院图书馆	2 人
143	西安外国语大学图书馆	3 人	177	湖北美术学院图书馆	2 人
144	绵阳师范学院图书馆	3 人	178	漯河职业技术学院图书馆	2 人
145	西安理工大学图书馆	3 人	179	天津中医学院图书馆	2 人
146	长安大学图书馆	3 人	180	天津工程师范学院图书馆	2 人
147	宝鸡文理学院图书馆	3 人	181	天津外国语学院图书馆	2 人
148	咸阳师范学院图书馆	3 人	182	天津职业大学图书馆	2 人
149	渭南师范学院图书馆	3 人	183	辽东学院	2 人
150	淮海工学院图书馆	3 人	184	山西警官高等专科学校图书馆	2 人
151	浙江工商大学图书馆	3 人	185	石家庄经济学院图书馆	2 人
152	湖州师范学院图书馆	3 人	186	上海中医药大学图书馆	2 人
153	上海应用技术学院图书馆	3 人	187	上海海关学院图书馆	2 人
154	沈阳工程学院图书馆	3 人	188	上海戏剧学院图书馆	2 人
155	东北财经大学图书馆	3 人	189	上海建桥学院图书馆	2 人
156	北京服装学院图书馆	3 人	190	上海立信会计学院	2 人
157	咸宁学院图书馆	3 人	191	上海商学院图书馆	2 人
158	泉州师范学院图书馆	3 人	192	榆林学院图书馆	2 人
159	浙江万里学院图书馆	3 人	193	陕西中医学院图书馆	2 人
160	浙江国际海运职业技术学院图书馆	3 人	194	西安邮电学院图书馆	2 人
161	川北医学院图书馆	3 人	195	西安航空技术高等专科学校图书馆	2 人
162	海口经济职业技术学院图书馆	2 人	196	西安电力高等专科学校图书馆	2 人
163	成都大学图书馆	2 人	197	西安工程大学图书馆	2 人
164	西南财经大学图书馆	2 人	198	西安音乐学院图书馆	2 人
165	广东警官学院图书馆	2 人	199	陕西国防工业职业技术学院图书馆	2 人
166	茂名学院图书馆	2 人	200	伊犁职业技术学院图书馆	2 人
167	番禺职业技术学院图书馆	2 人	201	西安铁路职业技术学院图书馆	1 人
168	湖南科技大学图书馆	2 人	202	延安大学图书馆	1 人

序号	图书馆名称	数据	序号	图书馆名称	数据
203	西安文理学院图书馆	1人	235	武汉工业学院图书馆	1人
204	西安培华学院图书馆	1人	236	聊城职业技术学院图书馆	1人
205	西安欧亚学院图书馆	1人	237	福建华南女子职业学院图书馆	1人
206	杨凌职业技术学院图书馆	1人	238	潍坊学院图书馆	1人
207	西京学院图书馆	1人	239	福建商业高等专科学校图书馆	1人
208	陕西理工学院图书馆	1人	240	福建公安高等专科学校图书馆	1人
209	西北大学图书馆	1人	241	厦门理工学院图书馆	1人
210	重庆医科大学图书馆	1人	242	浙江交通职业技术学院图书馆	1人
211	贵州师范大学图书馆	1人	243	浙江工贸职业技术学院图书馆	1人
212	成都电子机械高等专科学校图书馆	1人	244	浙江警官职业学院图书馆	1人
213	贵州教育学院	1人	245	皖西学院图书馆	1人
214	上海东海职业技术学院图书馆	1人	246	滁州学院图书馆	1人
215	浙江海洋学院图书馆	1人	247	安徽工程科技学院图书馆	1人
216	温州医学院图书馆	1人	248	仰恩大学图书馆	1人
217	宁波工程学院图书馆	1人	249	宁德师范高等专科学校图书馆	1人
218	浙江传媒学院图书馆	1人	250	福建工程学院图书馆	1人
219	浙江公安高等专科学校图书馆	1人	251	湖南理工学院图书馆	1人
220	扬州大学图书馆	1人	252	荆门职业技术学院图书馆	1人
221	上海中侨职业技术学院图书馆	1人	253	华中科技大学武昌分校图书馆	1人
222	无锡职业技术学院图书馆	1人	254	湖南中医药高等专科学校	1人
223	河北工业职业技术学院图书馆	1人	255	广西农业职业技术学院图书馆	1人
224	天津商业大学宝德学院图书馆	1人	256	广西工业职业技术学院图书馆	1人
225	太原师范学院图书馆	1人	257	西南石油大学图书馆	1人
226	辽宁师范大学图书馆	1人	258	成都体育学院图书馆	1人
227	辽宁工程技术大学图书馆	1人	259	四川音乐学院图书馆	1人
228	天津滨海职业学院图书馆	1人	260	乐山师范学院图书馆	1人
229	天津体育学院图书馆	1人	261	成都航空职业技术学院图书馆	1人
230	中国民航大学图书馆	1人	262	眉山职业技术学院图书馆	1人
231	北京中医药大学图书馆	1人	263	四川理工学院图书馆	1人
232	中央戏剧学院图书馆	1人	264	西昌学院图书馆	1人
233	东华理工学院图书馆	1人	265	泸州医学院图书馆	1人
234	郧阳师范高等专科学校图书馆	1人	266	西华师范大学图书馆	1人

2006 年 278 所高校图书馆临时聘用职工数量排行榜

序号	图书馆名称	数据	序号	图书馆名称	数据
1	浙江大学图书馆	130 人	34	上海外国语大学图书馆	34 人
2	四川大学图书馆	92 人	35	浙江林学院图书馆	34 人
3	西安工业大学图书馆	80 人	36	上海对外贸易学院图书馆	33 人
4	上海交通大学图书馆	59 人	37	西南科技大学图书馆	33 人
5	西北工业大学图书馆	55 人	38	湖北警官学院图书馆	32 人
6	广西师范大学图书馆	53 人	39	浙江工业大学图书馆	32 人
7	中国农业大学图书馆	50 人	40	石家庄铁道学院图书馆	31 人
8	榆林学院图书馆	49 人	41	大连理工大学图书馆	31 人
9	北京大学图书馆	48 人	42	华侨大学图书馆	31 人
10	中国美术学院图书馆	46 人	43	长安大学图书馆	31 人
11	西安建筑科技大学图书馆	46 人	44	西南财经大学图书馆	30 人
12	南京师范大学图书馆	45 人	45	汕头大学图书馆	29 人
13	西安理工大学图书馆	44 人	46	合肥学院图书馆	29 人
14	复旦大学图书馆	43 人	47	淮海工学院图书馆	28 人
15	海南大学图书馆	43 人	48	陕西理工学院图书馆	28 人
16	北京林业大学图书馆	42 人	49	洛阳师范学院图书馆	27 人
17	重庆大学图书馆	42 人	50	宜宾学院图书馆	26 人
18	陕西师范大学图书馆	42 人	51	河南工业大学图书馆	25 人
19	西北大学图书馆	41 人	52	浙江传媒学院图书馆	25 人
20	西安邮电学院图书馆	41 人	53	天津科技大学图书馆	25 人
21	同济大学图书馆	41 人	54	陕西科技大学图书馆	25 人
22	河北经贸大学图书馆	40 人	55	西安工程大学图书馆	25 人
23	石家庄学院图书馆	39 人	56	上海立信会计学院	24 人
24	南京航空航天大学图书馆	38 人	57	浙江工商职业技术学院图书馆	24 人
25	西安石油大学图书馆	37 人	58	乐山师范学院图书馆	24 人
26	东南大学图书馆	36 人	59	成都信息工程学院图书馆	24 人
27	中山大学图书馆	36 人	60	民办浙江树人学院图书馆	23 人
28	成都大学图书馆	35 人	61	安徽大学图书馆	23 人
29	闽江学院图书馆	35 人	62	河南科技学院图书馆	23 人
30	上海财经大学图书馆	35 人	63	长治学院图书馆	23 人
31	西安电子科技大学图书馆	35 人	64	西安科技大学图书馆	23 人
32	西安交通大学图书馆	34 人	65	西藏民族学院图书馆	22 人
33	西北政法大学图书馆	34 人	66	辽东学院	22 人

序号	图书馆名称	数据	序号	图书馆名称	数据
67	浙江海洋学院图书馆	22 人	101	上海师范大学图书馆	15 人
68	荆门职业技术学院图书馆	22 人	102	上海电力学院图书馆	15 人
69	南京理工大学图书馆	21 人	103	上海理工大学图书馆	15 人
70	中国民航大学图书馆	21 人	104	大连外国语学院图书电教馆	15 人
71	天津外国语学院图书馆	20 人	105	丽水学院图书馆	15 人
72	华南理工大学图书馆	20 人	106	无锡职业技术学院图书馆	15 人
73	西南交通大学图书馆	20 人	107	首都师范大学图书馆	15 人
74	中国科学技术大学图书馆	20 人	108	天津职业大学图书馆	14 人
75	浙江警官职业学院图书馆	20 人	109	湖州师范学院图书馆	14 人
76	西北农林科技大学图书馆	20 人	110	湖北工业大学图书馆	14 人
77	四川农业大学图书馆	19 人	111	四川烹饪高等专科学校图书馆	14 人
78	辽宁科技大学图书馆	19 人	112	西京学院图书馆	14 人
79	华东师范大学图书馆	19 人	113	贵州商业高等专科学校图书馆	13 人
80	南京医科大学图书馆	18 人	114	绍兴文理学院图书馆	13 人
81	广东海洋大学图书馆	18 人	115	东华大学图书馆	13 人
82	广东警官学院图书馆	18 人	116	上海商学院图书馆	12 人
83	宁波工程学院图书馆	18 人	117	淮阴师范学院图书馆	12 人
84	民办金华职业技术学院图书馆	17 人	118	徐州工程学院图书馆	12 人
85	烟台大学图书馆	17 人	119	北京印刷学院图书馆	12 人
86	成都理工大学图书馆	17 人	120	四川文理学院图书馆	12 人
87	石家庄经济学院图书馆	17 人	121	川北医学院图书馆	12 人
88	中国人民大学图书馆	17 人	122	四川师范大学图书馆	12 人
89	辽宁工程技术大学图书馆	16 人	123	西华大学图书馆	12 人
90	辽宁中医药大学图书馆	16 人	124	武汉工业学院图书馆	12 人
91	上海金融学院	16 人	125	西安财经学院图书馆	12 人
92	西南石油大学图书馆	16 人	126	贵州师范大学图书馆	11 人
93	四川理工学院图书馆	16 人	127	海南医学院图书馆	11 人
94	湖南理工学院图书馆	16 人	128	厦门大学图书馆	11 人
95	宝鸡文理学院图书馆	16 人	129	北京工业大学图书馆	11 人
96	安康师范专科学校图书馆	15 人	130	天津商学院图书馆	11 人
97	西安美术学院图书馆	15 人	131	辽宁师范大学图书馆	11 人
98	西南民族大学图书馆	15 人	132	中国矿业大学(北京)图书馆	10 人
99	福建农林大学图书馆	15 人	133	山西大学图书馆	10 人
100	东华理工学院图书馆	15 人	134	天津体育学院图书馆	10 人

序号	图书馆名称	数据	序号	图书馆名称	数据
135	中国人民公安大学图书馆	10 人	169	西安文理学院图书馆	7 人
136	复旦大学太平洋金融学院图书馆	10 人	170	西华师范大学图书馆	7 人
137	宁波大学图书馆	10 人	171	泸州医学院图书馆	7 人
138	上海体育学院图书馆	10 人	172	湖南城市学院朝阳图书馆	7 人
139	上海工程技术大学图书馆	10 人	173	嘉兴学院图书馆	7 人
140	湖州职业技术学院图书馆	10 人	174	厦门理工学院图书馆	7 人
141	武汉科技学院图书馆	10 人	175	漳州职业技术学院图书馆	7 人
142	华中师范大学图书馆	10 人	176	郧阳师范高等专科学校图书馆	7 人
143	黄冈师范学院图书馆	10 人	177	咸宁学院图书馆	7 人
144	中国民用航空飞行学院图书馆	10 人	178	山东艺术学院图书馆	7 人
145	四川音乐学院图书馆	10 人	179	上海科学技术职业学院图书馆	7 人
146	西安航空技术高等专科学校图书馆	10 人	180	上海行健职业学院图书馆	7 人
147	陕西职业技术学院图书馆	10 人	181	北京外国语大学图书馆	7 人
148	伊犁职业技术学院图书馆	10 人	182	北京化工大学图书馆	7 人
149	四川外语学院图书馆	10 人	183	山西警官高等专科学校图书馆	7 人
150	西昌学院图书馆	9 人	184	沈阳工程学院图书馆	6 人
151	茂名学院图书馆	9 人	185	中国医科大学图书馆	6 人
152	洛阳工业高等专科学校图书馆	9 人	186	鲁迅美术学院图书馆	6 人
153	苏州市职业大学图书馆	9 人	187	西安体育学院图书馆	6 人
154	中北大学图书馆	9 人	188	渭南师范学院图书馆	6 人
155	吕梁高等专科学校图书馆	9 人	189	成都航空职业技术学院图书馆	6 人
156	河北工业大学图书馆	8 人	190	延安大学图书馆	5 人
157	北京交通大学图书馆	8 人	191	陕西邮电职业技术学院	5 人
158	上海电机学院图书馆	8 人	192	北京中医药大学图书馆	5 人
159	武汉理工大学图书馆	8 人	193	天津中医学院图书馆	5 人
160	闽西职业技术学院成功图书馆	8 人	194	天津中德职业技术学院图书馆	5 人
161	莆田学院图书馆	8 人	195	上海城市管理职业技术学院图书馆	5 人
162	皖西学院图书馆	8 人	196	复旦大学上海视觉艺术学院图书馆	5 人
163	浙江科技学院图书馆	8 人	197	华东理工大学图书馆	5 人
164	湖北美术学院图书馆	8 人	198	上海海关学院图书馆	5 人
165	怀化学院图书馆	8 人	199	上海戏剧学院图书馆	5 人
166	成都纺织高等专科学校图书馆	8 人	200	上海第二工业大学图书馆	5 人
167	绵阳师范学院图书馆	8 人	201	黎明职业大学图书馆	5 人
168	四川警官高等专科学校图书馆	8 人	202	衡阳师范学院图书馆	5 人

序号	图书馆名称	数据	序号	图书馆名称	数据
203	广西经济管理干部学院	5 人	241	浙江工商大学图书馆	2 人
204	内江师范学院图书馆	5 人	242	上海中侨职业技术学院图书馆	2 人
205	攀枝花学院图书馆	4 人	243	上海海事大学图书馆	2 人
206	成都中医药大学图书馆	4 人	244	上海旅游高等专科学校图书馆	2 人
207	武汉科技大学城市学院	4 人	245	北京工商大学图书馆	2 人
208	潍坊学院图书馆	4 人	246	天津理工学院图书馆	2 人
209	山东体育学院图书馆	4 人	247	张家口医学院	2 人
210	福建商业高等专科学校图书馆	4 人	248	大连交通大学图书馆	2 人
211	福建工程学院图书馆	4 人	249	陕西交通职业技术学院图书馆	2 人
212	安徽交通职业技术学院图书馆	4 人	250	陕西国际商贸职业学院	2 人
213	浙江国际海运职业技术学院图书馆	4 人	251	杨凌职业技术学院图书馆	2 人
214	华东政法大学图书馆	4 人	252	重庆医科大学图书馆	2 人
215	上海出版印刷高等专科学校图书馆	4 人	253	四川航天职业技术学院	2 人
216	浙江财经学院图书馆	4 人	254	贵州教育学院	2 人
217	北京建筑工程学院图书馆	4 人	255	铜仁师范高等专科学校图书馆	1 人
218	忻州师范学院图书馆	4 人	256	毕节学院图书馆	1 人
219	西安思源职业学院图书馆	4 人	257	宜宾职业技术学院图书馆	1 人
220	四川化工职业技术学院	4 人	258	西安铁路职业技术学院图书馆	1 人
221	贵州财经学院图书馆	4 人	259	西安交通大学城市学院图书馆	1 人
222	贵州广播电视大学	3 人	260	商洛学院图书馆	1 人
223	四川职业技术学院图书馆	3 人	261	大连民族学院图书馆	1 人
224	四川交通职业技术学院图书馆	3 人	262	辽宁大学图书馆	1 人
225	陕西中医学院图书馆	3 人	263	中央民族大学图书馆	1 人
226	陕西能源职业技术学院图书馆	3 人	264	天津电子信息职业技术学院图书馆	1 人
227	咸阳师范学院图书馆	3 人	265	天津滨海职业学院图书馆	1 人
228	西安音乐学院图书馆	3 人	266	首都医科大学图书馆	1 人
229	太原大学图书馆	3 人	267	哈尔滨理工大学图书馆	1 人
230	北京服装学院图书馆	3 人	268	上海水产大学图书馆	1 人
231	浙江公安高等专科学校图书馆	3 人	269	上海建桥学院图书馆	1 人
232	杭州电子科技大学图书馆	3 人	270	浙江交通职业技术学院图书馆	1 人
233	浙江金融职业学院图书馆	3 人	271	安徽职业技术学院图书馆	1 人
234	浙江经济职业技术学院图书馆	3 人	272	丽水职业技术学院图书馆	1 人
235	福建公安高等专科学校图书馆	3 人	273	合肥工业大学图书馆	1 人
236	湖北大学图书馆	3 人	274	漯河职业技术学院图书馆	1 人
237	湖南中医药高等专科学校	2 人	275	长沙师范专科学校	1 人
238	青岛科技大学图书馆	2 人	276	广西电力职业技术学院	1 人
239	福建华南女子职业学院图书馆	2 人	277	柳州师范高等专科学校图书馆	1 人
240	宁波职业技术学院图书馆	2 人	278	十堰职业技术学院图书馆	1 人

2006 年 331 所高校图书馆购买电子资源经费排行榜

序号	图书馆名称	数据	序号	图书馆名称	数据
1	福建农林大学图书馆	19300000 元	34	西南交通大学图书馆	2350050 元
2	上海交通大学图书馆	7579731 元	35	上海海事大学图书馆	2303942 元
3	浙江大学图书馆	7399129 元	36	宁波大学图书馆	2259384 元
4	北京大学图书馆	5516658 元	37	南京理工大学图书馆	2191023 元
5	武汉大学图书馆	5303827 元	38	华侨大学图书馆	2156362 元
6	重庆大学图书馆	5255422 元	39	东华大学图书馆	2154821 元
7	四川大学图书馆	5005875 元	40	中国农业大学图书馆	2096136 元
8	西安交通大学图书馆	4732428 元	41	北京工商大学图书馆	2054869 元
9	东南大学图书馆	4656382 元	42	河北工业大学图书馆	2042554 元
10	华东师范大学图书馆	4488717 元	43	安徽师范大学图书馆	2000000 元
11	厦门大学图书馆	4449325 元	44	青岛科技大学图书馆	1850000 元
12	大连理工大学图书馆	4369513 元	45	西安欧亚学院图书馆	1800026 元
13	华南理工大学图书馆	4327011 元	46	烟台大学图书馆	1796115 元
14	复旦大学图书馆	4295800 元	47	杭州电子科技大学图书馆	1786240 元
15	同济大学图书馆	4106612 元	48	广西师范大学图书馆	1784525 元
16	西北工业大学图书馆	3929574 元	49	北京化工大学图书馆	1708017 元
17	北京工业大学图书馆	3902445 元	50	安徽大学图书馆	1697305 元
18	南京师范大学图书馆	3744351 元	51	西安电子科技大学图书馆	1674735 元
19	中国科学技术大学图书馆	3563797 元	52	山西大学图书馆	1664424 元
20	武汉理工大学图书馆	3505685 元	53	哈尔滨理工大学图书馆	1605327 元
21	中山大学图书馆	3472354 元	54	华东政法大学图书馆	1557421 元
22	合肥工业大学图书馆	3370194 元	55	浙江工商大学图书馆	1547232 元
23	首都师范大学图书馆	3337106 元	56	辽宁科技大学图书馆	1498018 元
24	华东理工大学图书馆	3137814 元	57	上海师范大学图书馆	1468312 元
25	中国人民大学图书馆	3079391 元	58	西北大学图书馆	1454080 元
26	汕头大学图书馆	3027600 元	59	上海财经大学图书馆	1424879 元
27	浙江工业大学图书馆	2977968 元	60	天津理工学院图书馆	1375506 元
28	集美大学图书馆	2933555 元	61	陕西师范大学图书馆	1361590 元
29	电子科技大学图书馆	2899996 元	62	中国地质大学图书馆	1353743 元
30	上海大学图书馆	2882373 元	63	四川师范大学图书馆	1345288 元
31	北京科技大学图书馆	2854665 元	64	扬州大学图书馆	1330150 元
32	西北农林科技大学图书馆	2712582 元	65	北京外国语大学图书馆	1319455 元
33	北京交通大学图书馆	2609654 元	66	西南财经大学图书馆	1310000 元

序号	图书馆名称	数据	序号	图书馆名称	数据
67	北京邮电大学图书馆	1279746 元	101	中国民航大学图书馆	835220 元
68	江南大学图书馆	1179408 元	102	仰恩大学图书馆	830000 元
69	江汉大学图书馆	1179294 元	103	北京服装学院图书馆	828869 元
70	延安大学图书馆	1145180 元	104	广东海洋大学图书馆	815400 元
71	东北财经大学图书馆	1121585 元	105	上海外国语大学图书馆	811954 元
72	南京航空航天大学图书馆	1111988 元	106	四川理工学院图书馆	805976 元
73	成都理工大学图书馆	1067552 元	107	武汉工业学院图书馆	783339 元
74	陕西科技大学图书馆	1037500 元	108	西安科技大学图书馆	782592 元
75	西安建筑科技大学图书馆	1034245 元	109	四川农业大学图书馆	774373 元
76	绍兴文理学院图书馆	1018480 元	110	怀化学院图书馆	761542 元
77	四川外语学院图书馆	1016832 元	111	潍坊学院图书馆	742943 元
78	西南民族大学图书馆	1016748 元	112	成都中医药大学图书馆	738400 元
79	西南科技大学图书馆	1013820 元	113	厦门理工学院图书馆	697000 元
80	辽宁大学图书馆	1009298 元	114	河南科技学院图书馆	688966 元
81	浙江林学院图书馆	1009005 元	115	河南工业大学图书馆	685500 元
82	天津师范大学图书馆	1002722 元	116	太原理工大学图书馆	678394 元
83	浙江财经学院图书馆	1000000 元	117	天津科技大学图书馆	669194 元
84	南京医科大学图书馆	987190 元	118	重庆医科大学图书馆	657139 元
85	天津商学院图书馆	974100 元	119	浙江海洋学院图书馆	650000 元
86	山西师范大学图书馆	962902 元	120	福建工程学院图书馆	648475 元
87	西华大学图书馆	957073 元	121	淮阴师范学院图书馆	641870 元
88	湖南科技大学图书馆	946583 元	122	成都信息工程学院图书馆	633861 元
89	湖北大学图书馆	942055 元	123	辽宁工程技术大学图书馆	628784 元
90	上海水产大学图书馆	939352 元	124	河北大学图书馆	619566 元
91	中国矿业大学(北京)图书馆	936102 元	125	广东轻工职业技术学院图书馆	605000 元
92	北京林业大学图书馆	934800 元	126	山东体育学院图书馆	593848 元
93	西南石油大学图书馆	915651 元	127	宝鸡文理学院图书馆	585798 元
94	上海工程技术大学图书馆	907771 元	128	西安工业大学图书馆	583061 元
95	嘉兴学院图书馆	884702 元	129	西安航空技术高等专科学校图书馆	583000 元
96	温州医学院图书馆	882158 元	130	西安文理学院图书馆	571000 元
97	首都医科大学图书馆	876003 元	131	西安工程大学图书馆	569746 元
98	大连民族学院图书馆	851961 元	132	洛阳师范学院图书馆	556081 元
99	咸阳师范学院图书馆	850000 元	133	上海应用技术学院图书馆	549083 元
100	绵阳师范学院图书馆	837900 元	134	湖州师范学院图书馆	545359 元

序号	图书馆名称	数据	序号	图书馆名称	数据
135	浙江科技学院图书馆	536009 元	169	西安培华学院图书馆	323162 元
136	温州职业技术学院图书馆	519661 元	170	湖北工业大学图书馆	321750 元
137	泸州医学院图书馆	518900 元	171	渝西学院图书馆	318496 元
138	民办浙江树人学院图书馆	510000 元	172	闽江学院图书馆	315994 元
139	杭州师范学院图书馆	509227 元	173	张家口医学院	312906 元
140	辽宁师范大学图书馆	504834 元	174	东北电力大学图书馆	309793 元
141	北京建筑工程学院图书馆	489933 元	175	上海电力学院图书馆	309511 元
142	湖南理工学院图书馆	480000 元	176	辽东学院	308000 元
143	中国民用航空飞行学院图书馆	471642 元	177	陕西国际商贸职业学院	308000 元
144	淮海工学院图书馆	469577 元	178	滁州学院图书馆	306418 元
145	民办金华职业技术学院图书馆	458000 元	179	西安邮电学院图书馆	303869 元
146	西安石油大学图书馆	457113 元	180	河北经贸大学图书馆	302300 元
147	乐山师范学院图书馆	445736 元	181	湖北警官学院图书馆	300000 元
148	河北工业职业技术学院图书馆	430000 元	182	茂名学院图书馆	300000 元
149	西安外国语大学图书馆	429525 元	183	中国人民公安大学图书馆	285600 元
150	西安财经学院图书馆	422361 元	184	浙江工商职业技术学院图书馆	278930 元
151	内江师范学院图书馆	421909 元	185	上海金融学院	274121 元
152	贵州师范大学图书馆	415200 元	186	石家庄学院图书馆	272210 元
153	西安理工大学图书馆	410590 元	187	西华师范大学图书馆	268121 元
154	大连轻工业学院图书馆	408852 元	188	石家庄经济学院图书馆	262956 元
155	郧阳医学院图书馆	408617 元	189	河北工程技术高等专科学校图书馆	262000 元
156	北京工业职业技术学院图书馆	400000 元	190	上海中医药大学图书馆	261244 元
157	上海对外贸易学院图书馆	399893 元	191	泉州师范学院图书馆	260100 元
158	大连交通大学图书馆	394636 元	192	海口经济职业技术学院图书馆	257116 元
159	莆田学院图书馆	390000 元	193	常熟理工学院图书馆	254251 元
160	成都大学图书馆	380062 元	194	上海电机学院图书馆	250350 元
161	武汉科技学院图书馆	379744 元	195	海南大学图书馆	249810 元
162	西昌学院图书馆	366400 元	196	皖西学院图书馆	248000 元
163	合肥学院图书馆	360395 元	197	闽西职业技术学院成功图书馆	244090 元
164	中央民族大学图书馆	354958 元	198	浙江传媒学院图书馆	244000 元
165	贵州财经学院图书馆	342881 元	199	西藏民族学院图书馆	243760 元
166	北京中医药大学图书馆	340000 元	200	天津工程师范学院图书馆	242000 元
167	成都体育学院图书馆	328269 元	201	丽水职业技术学院图书馆	235000 元
168	湖南城市学院朝阳图书馆	323250 元	202	上海第二工业大学图书馆	231436 元

序号	图书馆名称	数据	序号	图书馆名称	数据
203	安康师范专科学校图书馆	230041 元	241	陕西邮电职业技术学院	135000 元
204	太原大学图书馆	230000 元	242	四川航天职业技术学院	135000 元
205	郧阳师范高等专科学校图书馆	220000 元	243	浙江交通职业技术学院图书馆	130000 元
206	浙江工贸职业技术学院图书馆	214250 元	244	广西农业职业技术学院图书馆	129824 元
207	天津外国语学院图书馆	211565 元	245	四川音乐学院图书馆	129354 元
208	聊城职业技术学院图书馆	210000 元	246	徐州工程学院图书馆	127239 元
209	咸宁学院图书馆	209153 元	247	西安医学院图书馆	126241 元
210	华中科技大学武昌分校图书馆	208790 元	248	四川文理学院图书馆	125000 元
211	常德职业技术学院图书馆	200000 元	249	上海商学院图书馆	121000 元
212	上海科学技术职业学院图书馆	200000 元	250	宁波职业技术学院图书馆	119000 元
213	上海东海职业技术学院图书馆	200000 元	251	上海音乐学院图书馆	117500 元
214	榆林学院图书馆	199331 元	252	太原师范学院图书馆	117000 元
215	西安外事学院图书馆	199000 元	253	无锡职业技术学院图书馆	115365 元
216	陕西理工学院图书馆	199000 元	254	洛阳工业高等专科学校图书馆	109400 元
217	西安体育学院图书馆	193290 元	255	广西工业职业技术学院图书馆	107150 元
218	浙江经济职业技术学院图书馆	191000 元	256	湖南中医药高等专科学校	105000 元
219	台州职业技术学院图书馆	186000 元	257	广东外语艺术职业学院图书馆	103486 元
220	华中师范大学图书馆	185689 元	258	川北医学院图书馆	102900 元
221	西安翻译学院图书馆	185000 元	259	武汉科技大学城市学院	100000 元
222	渭南师范学院图书馆	183000 元	260	上海济光职业技术学院图书馆	100000 元
223	陕西职业技术学院图书馆	180000 元	261	上海行健职业学院图书馆	100000 元
224	上海海事职业技术学院信息图文中心	180000 元	262	上海立信会计学院	100000 元
225	沈阳工程学院图书馆	179546 元	263	宁德师范高等专科学校图书馆	98000 元
226	浙江公安高等专科学校图书馆	173413 元	264	西安美术学院图书馆	96366 元
227	海南医学院图书馆	172908 元	265	荆门职业技术学院图书馆	95000 元
228	河池学院图书馆	167779 元	266	陕西中医学院图书馆	92699 元
229	天津中医学院图书馆	166000 元	267	福建商业高等专科学校图书馆	90810 元
230	上海体育学院图书馆	166000 元	268	安徽职业技术学院图书馆	90000 元
231	衡阳师范学院图书馆	160800 元	269	四川警官高等专科学校图书馆	90000 元
232	苏州市职业大学图书馆	158000 元	270	吕梁高等专科学校图书馆	87633 元
233	丽水学院图书馆	152365 元	271	安徽工程科技学院图书馆	83606 元
234	浙江警官职业学院图书馆	150000 元	272	北京印刷学院图书馆	82375 元
235	石家庄铁道学院图书馆	149770 元	273	复旦大学上海视觉艺术学院图书馆	80000 元
236	西安思源职业学院图书馆	145000 元	274	十堰职业技术学院图书馆	78712 元
237	忻州师范学院图书馆	141063 元	275	中国美术学院图书馆	75106 元
238	福建华南女子职业学院图书馆	140000 元	276	漯河职业技术学院图书馆	75000 元
239	天津农学院图书馆	139070 元	277	上海中侨职业技术学院图书馆	75000 元
240	三亚航空旅游职业学院图书馆	135000 元	278	毕节学院图书馆	75000 元

序号	图书馆名称	数据	序号	图书馆名称	数据
279	辽宁中医药大学图书馆	73300 元	306	陕西交通职业技术学院图书馆	20000 元
280	山东艺术学院图书馆	72550 元	307	商洛学院图书馆	20000 元
281	大连大学图书馆	69367 元	308	宜宾职业技术学院图书馆	20000 元
282	中央戏剧学院图书馆	66640 元	309	上海戏剧学院图书馆	20000 元
283	天津职业大学图书馆	63000 元	310	天津滨海职业学院图书馆	20000 元
284	广东警官学院图书馆	62880 元	311	伊犁职业技术学院图书馆	17000 元
285	柳州师范高等专科学校图书馆	55539 元	312	康定民族师范高等专科学校图书馆	15760 元
286	湖州职业技术学院图书馆	55000 元	313	长治学院图书馆	12000 元
287	西安电力高等专科学校图书馆	53095 元	314	湖北美术学院图书馆	10987 元
288	贵州商业高等专科学校图书馆	53000 元	315	四川烹饪高等专科学校图书馆	10000 元
289	浙江金融职业学院图书馆	53000 元	316	成都纺织高等专科学校图书馆	10000 元
290	成都航空职业技术学院图书馆	52800 元	317	福州英华职业学院图书馆	10000 元
291	上海托普信息技术职业学院图书馆	50400 元	318	攀枝花学院图书馆	8400 元
292	广西电力职业技术学院	50000 元	319	鲁迅美术学院图书馆	8000 元
293	四川交通职业技术学院图书馆	49708 元	320	辽宁农业职业技术学院图书馆	8000 元
294	黎明职业大学图书馆	49500 元	321	天津体育学院图书馆	7800 元
295	福建公安高等专科学校图书馆	49492 元	322	西京学院图书馆	4500 元
296	贵州广播电视大学	46235 元	323	黔南民族医学高等专科学校图书馆	3500 元
297	宜宾学院图书馆	37300 元	324	南宁地区教育学院	3308 元
298	辽宁金融职业学院图书馆	37016 元	325	天津中德职业技术学院图书馆	2530 元
299	广西经济管理干部学院	36000 元	326	杨凌职业技术学院图书馆	1070 元
300	西安音乐学院图书馆	36000 元	327	上海旅游高等专科学校图书馆	688 元
301	宁波工程学院图书馆	34250 元	328	大连外国语学院图书电教馆	500 元
302	成都电子机械高等专科学校图书馆	28000 元	329	安徽交通职业技术学院图书馆	500 元
303	陕西国防工业职业技术学院图书馆	25000 元	330	上海出版印刷高等专科学校图书馆	200 元
304	黄冈师范学院图书馆	24402 元	331	中国医科大学图书馆	100 元
305	四川职业技术学院图书馆	24000 元			

2006 年 343 所高校各图书馆电子图书累积量排行榜

序号	图书馆名称	数据	序号	图书馆名称	数据
1	上海交通大学图书馆	2682513 册	34	泉州师范学院图书馆	930100 册
2	武汉大学图书馆	1619913 册	35	贵州财经学院图书馆	928000 册
3	西南交通大学图书馆	1412723 册	36	中山大学图书馆	927274 册
4	辽宁科技大学图书馆	1374929 册	37	清华大学图书馆	919000 册
5	延安大学图书馆	1331574 册	38	华侨大学图书馆	916701 册
6	西南科技大学图书馆	1296554 册	39	西安欧亚学院图书馆	915000 册
7	浙江工业大学图书馆	1288000 册	40	渝西学院图书馆	909948 册
8	南京理工大学图书馆	1224846 册	41	安徽师范大学图书馆	908000 册
9	绍兴文理学院图书馆	1218460 册	42	咸宁学院图书馆	891025 册
10	同济大学图书馆	1216964 册	43	石家庄铁道学院图书馆	882900 册
11	番禺职业技术学院图书馆	1214000 册	44	哈尔滨理工大学图书馆	873950 册
12	西安电子科技大学图书馆	1207000 册	45	华东师范大学图书馆	855707 册
13	合肥工业大学图书馆	1195000 册	46	嘉兴学院图书馆	846605 册
14	浙江工商大学图书馆	1151655 册	47	湖北工业大学图书馆	807000 册
15	集美大学图书馆	1132803 册	48	张家口医学院	805300 册
16	大连大学图书馆	1125877 册	49	河北大学图书馆	800000 册
17	四川大学图书馆	1125582 册	50	东华大学图书馆	799582 册
18	上海水产大学图书馆	1120453 册	51	华南理工大学图书馆	796993 册
19	上海海事大学图书馆	1109025 册	52	西北工业大学图书馆	790469 册
20	湖南科技大学图书馆	1081542 册	53	天津工程师范学院图书馆	781190 册
21	复旦大学图书馆	1033318 册	54	南京师范大学图书馆	779550 册
22	北京邮电大学图书馆	1028556 册	55	天津商学院图书馆	776048 册
23	中国民航大学图书馆	1025000 册	56	天津理工学院图书馆	755000 册
24	天津师范大学图书馆	1024462 册	57	上海财经大学图书馆	749162 册
25	辽宁工程技术大学图书馆	1020748 册	58	成都理工大学图书馆	719364 册
26	四川农业大学图书馆	1012555 册	59	北京林业大学图书馆	713100 册
27	西南民族大学图书馆	983000 册	60	中国地质大学图书馆	710000 册
28	西北政法大学图书馆	979208 册	61	四川理工学院图书馆	701089 册
29	首都师范大学图书馆	969025 册	62	武汉理工大学图书馆	690224 册
30	烟台大学图书馆	963481 册	63	青岛科技大学图书馆	690000 册
31	杭州电子科技大学图书馆	961722 册	64	大连理工大学图书馆	689054 册
32	怀化学院图书馆	950924 册	65	扬州大学图书馆	683481 册
33	天津职业大学图书馆	950000 册	66	西北农林科技大学图书馆	681631 册

序号	图书馆名称	数据	序号	图书馆名称	数据
67	江南大学图书馆	673043 册	101	陕西理工学院图书馆	521267 册
68	北京化工大学图书馆	670040 册	102	江汉大学图书馆	517506 册
69	电子科技大学图书馆	667901 册	103	北京工业职业技术学院图书馆	500000 册
70	西华师范大学图书馆	667513 册	104	河北工业大学图书馆	500000 册
71	东南大学图书馆	663485 册	105	西安思源职业学院图书馆	500000 册
72	西安理工大学图书馆	657440 册	106	大连民族学院图书馆	497331 册
73	南京航空航天大学图书馆	641000 册	107	华东理工大学图书馆	496307 册
74	湖北大学图书馆	640000 册	108	乐山师范学院图书馆	485725 册
75	西华大学图书馆	636036 册	109	宜宾学院图书馆	483850 册
76	天津体育学院图书馆	620976 册	110	河北经贸大学图书馆	480551 册
77	南京医科大学图书馆	616852 册	111	无锡职业技术学院图书馆	480000 册
78	浙江科技学院图书馆	609313 册	112	淮阴师范学院图书馆	470000 册
79	西安外事学院图书馆	607713 册	113	西安邮电学院图书馆	467113 册
80	广东轻工职业技术学院图书馆	607554 册	114	河南工业大学图书馆	465000 册
81	北京工商大学图书馆	606636 册	115	漳州职业技术学院图书馆	463726 册
82	厦门大学图书馆	574335 册	116	郧阳医学院图书馆	463366 册
83	西南石油大学图书馆	572300 册	117	宁波大学图书馆	460000 册
84	山西师范大学图书馆	565000 册	118	四川师范大学图书馆	453100 册
85	浙江工商职业技术学院图书馆	560002 册	119	河南科技学院图书馆	450000 册
86	常熟理工学院图书馆	554153 册	120	中国科学技术大学图书馆	450000 册
87	天津外国语学院图书馆	553400 册	121	陕西科技大学图书馆	450000 册
88	浙江林学院图书馆	549300 册	122	潍坊学院图书馆	443852 册
89	徐州工程学院图书馆	540576 册	123	陕西职业技术学院图书馆	440000 册
90	西南财经大学图书馆	540200 册	124	咸阳师范学院图书馆	440000 册
91	湖南理工学院图书馆	540000 册	125	民办浙江树人学院图书馆	439000 册
92	中国民用航空飞行学院图书馆	533963 册	126	丽水学院图书馆	437831 册
93	海南大学图书馆	533044 册	127	汕头大学图书馆	435453 册
94	安徽大学图书馆	533000 册	128	北京大学图书馆	433251 册
95	西安翻译学院图书馆	532000 册	129	中央民族大学图书馆	431574 册
96	淮海工学院图书馆	531000 册	130	武汉科技学院图书馆	430529 册
97	仰恩大学图书馆	530200 册	131	天津农学院图书馆	430000 册
98	西安石油大学图书馆	528651 册	132	上海师范大学图书馆	417456 册
99	成都中医药大学图书馆	526000 册	133	重庆大学图书馆	412529 册
100	浙江财经学院图书馆	521272 册	134	湖州师范学院图书馆	411930 册

序号	图书馆名称	数据	序号	图书馆名称	数据
135	黄冈师范学院图书馆	403000 册	169	贵州广播电视大学	300146 册
136	上海科学技术职业学院图书馆	400228 册	170	浙江传媒学院图书馆	300000 册
137	华东政法大学图书馆	400100 册	171	浙江国际海运职业技术学院图书馆	300000 册
138	荆门职业技术学院图书馆	400000 册	172	宁波职业技术学院图书馆	300000 册
139	河池学院图书馆	400000 册	173	四川外语学院图书馆	295700 册
140	福建农林大学图书馆	400000 册	174	广西师范大学图书馆	291524 册
141	中国美术学院图书馆	397820 册	175	商洛学院图书馆	286602 册
142	西安科技大学图书馆	392244 册	176	辽宁师范大学图书馆	284986 册
143	攀枝花学院图书馆	390000 册	177	成都信息工程学院图书馆	284229 册
144	中北大学图书馆	390000 册	178	武汉工业学院图书馆	280000 册
145	闽江学院图书馆	380000 册	179	绵阳师范学院图书馆	275421 册
146	西安培华学院图书馆	364761 册	180	陕西中医学院图书馆	273457 册
147	浙江工贸职业技术学院图书馆	363000 册	181	太原师范学院图书馆	271000 册
148	上海对外贸易学院图书馆	359801 册	182	西安财经学院图书馆	263000 册
149	上海中医药大学图书馆	358000 册	183	东华理工学院图书馆	258941 册
150	上海应用技术学院图书馆	354778 册	184	中国矿业大学（北京）图书馆	252831 册
151	民办金华职业技术学院图书馆	350000 册	185	西安交通大学图书馆	251841 册
152	黎明职业大学图书馆	350000 册	186	沈阳大学图书馆	250000 册
153	上海电力学院图书馆	345068 册	187	浙江广厦建设职业技术学院图书馆	250000 册
154	上海立信会计学院	343996 册	188	北京外国语大学图书馆	248384 册
155	西安医学院图书馆	338212 册	189	华中科技大学武昌分校图书馆	247054 册
156	渭南师范学院图书馆	335000 册	190	贵州师范大学图书馆	237772 册
157	黔南民族医学高等专科学校图书馆	333586 册	191	滁州学院图书馆	228815 册
158	上海外国语大学图书馆	320000 册	192	安康师范专科学校图书馆	225000 册
159	上海体育学院图书馆	320000 册	193	西藏民族学院图书馆	224586 册
160	宜宾职业技术学院图书馆	320000 册	194	长安大学图书馆	222110 册
161	泸州医学院图书馆	317940 册	195	北京交通大学图书馆	213392 册
162	辽宁大学图书馆	317914 册	196	浙江海洋学院图书馆	212000 册
163	福建商业高等专科学校图书馆	315000 册	197	宁波工程学院图书馆	212000 册
164	湖北警官学院图书馆	314266 册	198	浙江万里学院图书馆	212000 册
165	西安航空技术高等专科学校图书馆	312048 册	199	四川警官高等专科学校图书馆	210300 册
166	上海大学图书馆	311500 册	200	浙江经济职业技术学院图书馆	210200 册
167	上海金融学院	310000 册	201	安徽交通职业技术学院图书馆	210000 册
168	陕西师范大学图书馆	303032 册	202	成都体育学院图书馆	207708 册

序号	图书馆名称	数据	序号	图书馆名称	数据
203	西昌学院图书馆	206200 册	241	眉山职业技术学院图书馆	150000 册
204	漯河职业技术学院图书馆	204000 册	242	沈阳工程学院图书馆	149000 册
205	河北工业职业技术学院图书馆	203500 册	243	西北大学图书馆	146560 册
206	大连交通大学图书馆	203000 册	244	西安建筑科技大学图书馆	146385 册
207	石家庄经济学院图书馆	202000 册	245	中国人民大学图书馆	146150 册
208	四川烹饪高等专科学校图书馆	201000 册	246	海口经济职业技术学院图书馆	143800 册
209	成都电子机械高等专科学校图书馆	200000 册	247	东北财经大学图书馆	141729 册
210	广东海洋大学图书馆	200000 册	248	广西经济管理干部学院	140150 册
211	广西工业职业技术学院图书馆	200000 册	249	福州英华职业学院图书馆	140000 册
212	闽西职业技术学院成功图书馆	200000 册	250	四川交通职业技术学院图书馆	139601 册
213	芜湖职业技术学院图书馆	200000 册	251	内江师范学院图书馆	135000 册
214	湖州职业技术学院图书馆	199000 册	252	上海商学院图书馆	133000 册
215	川北医学院图书馆	190000 册	253	长治学院图书馆	130000 册
216	首都医科大学图书馆	184978 册	254	常德职业技术学院图书馆	130000 册
217	西安文理学院图书馆	183000 册	255	安徽职业技术学院图书馆	129000 册
218	琼州大学图书馆	181425 册	256	陕西交通职业技术学院图书馆	125790 册
219	北京中医药大学图书馆	178285 册	257	上海建桥学院图书馆	125557 册
220	合肥学院图书馆	177946 册	258	茂名学院图书馆	125000 册
221	西安工业大学图书馆	175800 册	259	大连轻工业学院图书馆	123520 册
222	福建工程学院图书馆	175113 册	260	北京工业大学图书馆	123499 册
223	宝鸡文理学院图书馆	170000 册	261	贵州商业高等专科学校图书馆	120734 册
224	杭州师范学院图书馆	169215 册	262	辽宁农业职业技术学院图书馆	120000 册
225	上海第二工业大学图书馆	165965 册	263	浙江警官职业学院图书馆	119324 册
226	西京学院图书馆	164943 册	264	西安工程大学图书馆	115596 册
227	山东体育学院图书馆	164700 册	265	海南医学院图书馆	115192 册
228	浙江大学图书馆	161000 册	266	成都航空职业技术学院图书馆	107000 册
229	丽水职业技术学院图书馆	160000 册	267	吕梁高等专科学校图书馆	102280 册
230	广东外语艺术职业学院图书馆	157453 册	268	北京科技大学图书馆	102259 册
231	成都大学图书馆	156000 册	269	浙江公安高等专科学校图书馆	101831 册
232	辽宁金融职业学院图书馆	156000 册	270	衡阳师范学院图书馆	101546 册
233	温州医学院图书馆	155097 册	271	四川文理学院图书馆	100000 册
234	浙江金融职业学院图书馆	153700 册	272	上海工商外国语职业学院图书馆	100000 册
235	十堰职业技术学院图书馆	152000 册	273	陕西国际商贸职业学院	100000 册
236	上海海关学院图书馆	152000 册	274	广西农业职业技术学院图书馆	98881 册
237	天津中医学院图书馆	151886 册	275	重庆医科大学图书馆	95494 册
238	上海东海职业技术学院图书馆	151000 册	276	西安外国语大学图书馆	95350 册
239	洛阳工业高等专科学校图书馆	151000 册	277	上海海事职业技术学院信息图文中心	92099 册
240	四川音乐学院图书馆	150000 册	278	上海戏剧学院图书馆	90000 册

序号	图书馆名称	数据	序号	图书馆名称	数据
279	上海行健职业学院图书馆	90000 册	312	陕西国防工业职业技术学院图书馆	35000 册
280	山西大学图书馆	86938 册	313	四川职业技术学院图书馆	34739 册
281	上海工程技术大学图书馆	82004 册	314	康定民族师范高等专科学校图书馆	32000 册
282	北京服装学院图书馆	81201 册	315	安徽工程科技学院图书馆	28000 册
283	湖南城市学院朝阳图书馆	80000 册	316	上海电机学院图书馆	25000 册
284	厦门理工学院图书馆	78000 册	317	中央戏剧学院图书馆	22675 册
285	辽宁中医药大学图书馆	77110 册	318	聊城职业技术学院图书馆	20762 册
286	上海中侨职业技术学院图书馆	75000 册	319	上海新侨职业技术学院图书馆	20695 册
287	皖西学院图书馆	75000 册	320	陕西邮电职业技术学院	20000 册
288	四川航天职业技术学院	74000 册	321	西安音乐学院图书馆	20000 册
289	福建公安高等专科学校图书馆	72000 册	322	辽东学院	18000 册
290	浙江交通职业技术学院图书馆	71500 册	323	台州职业技术学院图书馆	15340 册
291	绍兴托普信息职业技术学院图书馆	70000 册	324	北京印刷学院图书馆	15200 册
292	西安体育学院图书馆	69196 册	325	湖北美术学院图书馆	14915 册
293	上海济光职业技术学院图书馆	65000 册	326	洛阳师范学院图书馆	13500 册
294	铜仁师范高等专科学校图书馆	61228 册	327	广东警官学院图书馆	12915 册
295	伊犁职业技术学院图书馆	60000 册	328	河北工程技术高等专科学校图书馆	10570 册
296	太原大学图书馆	60000 册	329	西安电力高等专科学校图书馆	6919 册
297	山东艺术学院图书馆	60000 册	330	郧阳师范高等专科学校图书馆	4682 册
298	三亚航空旅游职业学院图书馆	60000 册	331	天津滨海职业学院图书馆	4000 册
299	上海托普信息技术职业学院图书馆	59600 册	332	毕节学院图书馆	3000 册
300	北京建筑工程学院图书馆	58902 册	333	中国人民公安大学图书馆	2112 册
301	山西警官高等专科学校图书馆	57000 册	334	贵州教育学院	1708 册
302	石家庄学院图书馆	56000 册	335	武汉科技大学城市学院	1560 册
303	上海理工大学图书馆	54790 册	336	莆田学院图书馆	1500 册
304	天津中德职业技术学院图书馆	50800 册	337	天津电子信息职业技术学院图书馆	1200 册
305	复旦大学上海视觉艺术学院图书馆	50000 册	338	柳州师范高等专科学校图书馆	1000 册
306	东北电力大学图书馆	45000 册	339	大连外国语学院图书电教馆	200 册
307	温州职业技术学院图书馆	43990 册	340	上海音乐学院图书馆	163 册
308	上海城市管理职业技术学院图书馆	42000 册	341	中国医科大学图书馆	30 册
309	湖南中医药高等专科学校	41437 册	342	杨凌职业技术学院图书馆	20 册
310	陕西能源职业技术学院图书馆	40000 册	343	上海旅游高等专科学校图书馆	7 册
311	广西电力职业技术学院	36222 册			

2006 年 302 所高校图书馆纸质图书累积量排行榜

序号	图书馆名称	数据	序号	图书馆名称	数据
1	四川大学图书馆	4028537 册	34	江南大学图书馆	1562021 册
2	中山大学图书馆	4027965 册	35	西南交通大学图书馆	1550146 册
3	复旦大学图书馆	3840996 册	36	集美大学图书馆	1537781 册
4	同济大学图书馆	3323639 册	37	安徽大学图书馆	1520659 册
5	华东师范大学图书馆	3298822 册	38	浙江工商大学图书馆	1507323 册
6	上海大学图书馆	3260271 册	39	渭南师范学院图书馆	1500000 册
7	西安交通大学图书馆	3075172 册	40	辽宁大学图书馆	1489084 册
8	上海交通大学图书馆	3046923 册	41	西北农林科技大学图书馆	1469070 册
9	上海师范大学图书馆	2563009 册	42	天津商学院图书馆	1452000 册
10	扬州大学图书馆	2521423 册	43	西华大学图书馆	1444060 册
11	四川师范大学图书馆	2441774 册	44	潍坊学院图书馆	1418586 册
12	重庆大学图书馆	2431533 册	45	福建农林大学图书馆	1407783 册
13	陕西师范大学图书馆	2376761 册	46	合肥工业大学图书馆	1405672 册
14	天津师范大学图书馆	2326122 册	47	沈阳大学图书馆	1362000 册
15	厦门大学图书馆	2277651 册	48	烟台大学图书馆	1358136 册
16	华东理工大学图书馆	2199043 册	49	天津科技大学图书馆	1357478 册
17	长安大学图书馆	2193807 册	50	西华师范大学图书馆	1357422 册
18	中北大学图书馆	2070300 册	51	西安理工大学图书馆	1346918 册
19	大连理工大学图书馆	2066234 册	52	中国科学技术大学图书馆	1336500 册
20	首都师范大学图书馆	2016131 册	53	天津理工学院图书馆	1320213 册
21	河北大学图书馆	1931807 册	54	辽宁师范大学图书馆	1305881 册
22	西安建筑科技大学图书馆	1911109 册	55	山西师范大学图书馆	1283325 册
23	浙江工业大学图书馆	1888978 册	56	西安电子科技大学图书馆	1278623 册
24	西北大学图书馆	1887283 册	57	淮阴师范学院图书馆	1270541 册
25	江汉大学图书馆	1847085 册	58	西安科技大学图书馆	1270458 册
26	华南理工大学图书馆	1833240 册	59	西昌学院图书馆	1270200 册
27	安徽师范大学图书馆	1799722 册	60	电子科技大学图书馆	1268700 册
28	山西大学图书馆	1777424 册	61	西北工业大学图书馆	1257754 册
29	宝鸡文理学院图书馆	1732889 册	62	青岛科技大学图书馆	1255000 册
30	太原理工大学图书馆	1680960 册	63	西南石油大学图书馆	1254747 册
31	西南财经大学图书馆	1680000 册	64	河北经贸大学图书馆	1247612 册
32	湖北大学图书馆	1660228 册	65	东华大学图书馆	1243666 册
33	北京林业大学图书馆	1644282 册	66	哈尔滨理工大学图书馆	1240669 册

序号	图书馆名称	数据	序号	图书馆名称	数据
67	海南大学图书馆	1231631 册	101	东北财经大学图书馆	982410 册
68	渝西学院图书馆	1226958 册	102	西南民族大学图书馆	961573 册
69	四川理工学院图书馆	1213479 册	103	上海理工大学图书馆	956228 册
70	泉州师范学院图书馆	1211100 册	104	湖北工业大学图书馆	945405 册
71	成都理工大学图书馆	1202212 册	105	陕西理工学院图书馆	936697 册
72	上海海事大学图书馆	1198871 册	106	东华理工学院图书馆	936260 册
73	南京理工大学图书馆	1196303 册	107	浙江林学院图书馆	933900 册
74	贵州师范大学图书馆	1189084 册	108	上海应用技术学院图书馆	931959 册
75	大连大学图书馆	1188811 册	109	茂名学院图书馆	904634 册
76	石家庄经济学院图书馆	1186950 册	110	宜宾学院图书馆	902646 册
77	四川农业大学图书馆	1180784 册	111	上海工程技术大学图书馆	901857 册
78	西安邮电学院图书馆	1178617 册	112	绍兴文理学院图书馆	896957 册
79	华东政法大学图书馆	1175323 册	113	河南科技学院图书馆	890125 册
80	洛阳师范学院图书馆	1168272 册	114	汕头大学图书馆	881099 册
81	上海财经大学图书馆	1143687 册	115	淮海工学院图书馆	878666 册
82	成都信息工程学院图书馆	1113239 册	116	天津工程师范学院图书馆	868670 册
83	西安财经学院图书馆	1108815 册	117	内江师范学院图书馆	859531 册
84	辽宁工程技术大学图书馆	1097177 册	118	西安外事学院图书馆	858075 册
85	陕西科技大学图书馆	1066539 册	119	湖州师范学院图书馆	856180 册
86	嘉兴学院图书馆	1054729 册	120	西安工程大学图书馆	854073 册
87	成都大学图书馆	1054620 册	121	忻州师范学院图书馆	850000 册
88	宁波大学图书馆	1045791 册	122	民办金华职业技术学院图书馆	831399 册
89	中国民航大学图书馆	1044935 册	123	闽江学院图书馆	830129 册
90	南京航空航天大学图书馆	1040023 册	124	大连民族学院图书馆	827616 册
91	辽宁科技大学图书馆	1029327 册	125	黄冈师范学院图书馆	819761 册
92	浙江财经学院图书馆	1028256 册	126	咸阳师范学院图书馆	807231 册
93	中国地质大学图书馆	1019991 册	127	上海水产大学图书馆	796407 册
94	西北政法大学图书馆	1019970 册	128	攀枝花学院图书馆	783918 册
95	湖南理工学院图书馆	1015777 册	129	河北工业大学图书馆	780610 册
96	上海对外贸易学院图书馆	1014392 册	130	皖西学院图书馆	776147 册
97	太原师范学院图书馆	999101 册	131	延安大学图书馆	773055 册
98	西安工业大学图书馆	994871 册	132	常熟理工学院图书馆	772069 册
99	天津外国语学院图书馆	992100 册	133	西安欧亚职业学院图书馆	772000 册
100	浙江海洋学院图书馆	987000 册	134	宁波工程学院图书馆	768094 册

序号	图书馆名称	数据	序号	图书馆名称	数据
135	成都中医药大学图书馆	763786 册	169	安康师范专科学校图书馆	604996 册
136	大连轻工业学院图书馆	761913 册	170	上海金融学院	601639 册
137	北京工业大学图书馆	749274 册	171	四川警官高等专科学校图书馆	597063 册
138	乐山师范学院图书馆	738213 册	172	西安医学院图书馆	596738 册
139	民办浙江树人学院图书馆	737959 册	173	浙江公安高等专科学校图书馆	591796 册
140	上海第二工业大学图书馆	734840 册	174	上海中医药大学图书馆	589116 册
141	大连交通大学图书馆	733679 册	175	安徽工程科技学院图书馆	582155 册
142	怀化学院图书馆	732382 册	176	西安思源职业学院图书馆	578263 册
143	仰恩大学图书馆	726237 册	177	漳州职业技术学院图书馆	578000 册
144	上海外国语大学图书馆	725911 册	178	无锡职业技术学院图书馆	568383 册
145	上海电力学院图书馆	725857 册	179	上海电机学院图书馆	564475 册
146	石家庄铁道学院图书馆	725112 册	180	广东警官学院图书馆	559855 册
147	西安翻译学院图书馆	707827 册	181	天津职业大学图书馆	559001 册
148	西南科技大学图书馆	707545 册	182	陕西中医学院图书馆	550410 册
149	绵阳师范学院图书馆	706936 册	183	福建公安高等专科学校图书馆	546919 册
150	东北电力大学图书馆	701718 册	184	成都电子机械高等专科学校图书馆	545853 册
151	丽水学院图书馆	698817 册	185	四川外语学院图书馆	544428 册
152	洛阳工业高等专科学校图书馆	690015 册	186	北京中医药大学图书馆	540440 册
153	温州医学院图书馆	688473 册	187	四川烹饪高等专科学校图书馆	524162 册
154	福建工程学院图书馆	684281 册	188	康定民族师范高等专科学校图书馆	522511 册
155	西安石油大学图书馆	682278 册	189	南京医科大学图书馆	516949 册
156	西藏民族学院图书馆	677835 册	190	杨凌职业技术学院图书馆	514526 册
157	浙江科技学院图书馆	672318 册	191	成都体育学院图书馆	508404 册
158	西安文理学院图书馆	668113 册	192	琼州大学图书馆	508385 册
159	四川音乐学院图书馆	662888 册	193	民办上海工商外国语职业学院图书馆	507750 册
160	郧阳师范高等专科学校图书馆	656413 册	194	泸州医学院图书馆	503339 册
161	西安外国语大学图书馆	652298 册	195	浙江工商职业技术学院图书馆	492674 册
162	西京职业学院图书馆	633475 册	196	重庆医科大学图书馆	487981 册
163	榆林学院图书馆	631322 册	197	合肥学院图书馆	487441 册
164	石家庄学院图书馆	628000 册	198	西安培华学院图书馆	487311 册
165	浙江传媒学院图书馆	624500 册	199	上海海关高等专科学校图书馆	481228 册
166	上海立信会计学院	620000 册	200	沈阳工程学院图书馆	472069 册
167	上海建桥学院	609635 册	201	西安体育学院图书馆	452991 册
168	达县师范高等专科学校图书馆	605190 册	202	西安美术学院图书馆	450000 册

序号	图书馆名称	数据	序号	图书馆名称	数据
203	湖北警官学院图书馆	447350 册	241	铜仁师范高等专科学校图书馆	276728 册
204	浙江经济职业技术学院图书馆	446828 册	242	常德职业技术学院图书馆	274200 册
205	中国美术学院图书馆	445616 册	243	华侨大学图书馆	272890 册
206	川北医学院图书馆	432913 册	244	四川职业技术学院图书馆	264652 册
207	天津中医学院图书馆	428866 册	245	陕西能源职业技术学院图书馆	260400 册
208	厦门理工学院图书馆	413816 册	246	商洛师范专科学校图书馆	260385 册
209	山东艺术学院图书馆	410603 册	247	上海戏剧学院图书馆	260239 册
210	上海体育学院图书馆	405954 册	248	天津电子信息职业技术学院图书馆	255048 册
211	广东轻工职业技术学院图书馆	391891 册	249	民办东海职业技术学院图书馆	254500 册
212	浙江工贸职业技术学院图书馆	387248 册	250	上海旅游高等专科学校图书馆	254227 册
213	浙江广厦建设职业技术学院图书馆	384813 册	251	复旦大学太平洋金融学院图书馆	252300 册
214	浙江警官职业学院图书馆	377289 册	252	陕西国防工业职业技术学院图书馆	252000 册
215	四川交通职业技术学院图书馆	371434 册	253	辽宁农业职业技术学院图书馆	251306 册
216	西安电力高等专科学校图书馆	361676 册	254	浙江国际海运职业技术学院图书馆	250361 册
217	中国民用航空飞行学院图书馆	357381 册	255	河北工程技术高等专科学校图书馆	250311 册
218	成都纺织高等专科学校图书馆	352817 册	256	上海出版印刷高等专科学校图书馆	248500 册
219	北京服装学院图书馆	349302 册	257	浙江交通职业技术学院图书馆	247958 册
220	湖州职业技术学院图书馆	345139 册	258	成都航空职业技术学院图书馆	242858 册
221	黎明职业大学图书馆	344794 册	259	贵州商业高等专科学校图书馆	239362 册
222	长治学院图书馆	341268 册	260	太原大学图书馆	238000 册
223	海南医学院图书馆	339862 册	261	闽西职业技术学院成功图书馆	237121 册
224	西安铁路职业技术学院图书馆	329736 册	262	绍兴托普信息职业技术学院图书馆	216333 册
225	宜宾职业技术学院图书馆	328000 册	263	十堰职业技术学院图书馆	215500 册
226	天津中德职业技术学院图书馆	324997 册	264	河北工业职业技术学院图书馆	215000 册
227	安徽职业技术学院图书馆	315048 册	265	广西经济管理干部学院	210660 册
228	吕梁高等专科学校图书馆	307876 册	266	西安音乐学院图书馆	210098 册
229	广东外语艺术职业学院图书馆	306589 册	267	伊犁职业技术学院图书馆	210000 册
230	西安航空技术高等专科学校图书馆	306185 册	268	上海科学技术职业学院图书馆	206397 册
231	天津滨海职业学院图书馆	303000 册	269	民办上海济光职业技术学院图书馆	203458 册
232	上海托普信息技术职业学院图书馆	301790 册	270	漯河职业技术学院图书馆	201333 册
233	天津体育学院图书馆	301409 册	271	西安交通大学城市学院图书馆	191221 册
234	长沙师范专科学校	300000 册	272	四川化工职业技术学院	187370 册
235	丽水职业技术学院图书馆	291750 册	273	湖北美术学院图书馆	182840 册
236	柳州师范高等专科学校图书馆	288848 册	274	武汉科技大学城市学院	181019 册
237	上海新侨职业技术学院图书馆	283245 册	275	安徽交通职业技术学院图书馆	168666 册
238	鲁迅美术学院图书馆	282523 册	276	上海音乐学院图书馆	168659 册
239	广西工业职业技术学院图书馆	280910 册	277	上海海事职业技术学院图书馆	166341 册
240	宁德师范高等专科学校图书馆	276762 册	278	四川航天职业技术学院	166250 册

序号	图书馆名称	数据	序号	图书馆名称	数据
279	上海行健职业学院图书馆	165000 册	291	福建华南女子职业学院图书馆	108944 册
280	上海城管学院图书馆	158945 册	292	眉山职业技术学院图书馆	107816 册
281	民办上海中侨职业技术学院图书馆	157348 册	293	上海商学院图书馆	100372 册
282	陕西交通职业技术学院图书馆	150961 册	294	天津商业大学宝德学院图书馆	99719 册
283	天津农学院图书馆	149552 册	295	南宁地区教育学院	97100 册
284	贵州广播电视大学	146633 册	296	贵州教育学院	90686 册
285	广西农业职业技术学院图书馆	143646 册	297	福州英华职业学院图书馆	67256 册
286	陕西国际商贸职业学院	140000 册	298	复旦大学上海视觉艺术学院图书馆	64224 册
287	福建商业高等专科学校图书馆	139528 册	299	三亚航空旅游职业学院图书馆	50100 册
288	黔南民族医学高等专科学校图书馆	122449 册	300	辽东学院	40036 册
289	陕西邮电职业技术学院	120000 册	301	中国医科大学图书馆	400 册
290	陕西职业技术学院图书馆	110285 册	302	大连外国语学院图书电教馆	200 册

2006 年 363 所高校图书馆当年采购图书量排行榜

序号	图书馆名称	数据	序号	图书馆名称	数据
1	浙江财经学院图书馆	1623651 册	19	渝西学院图书馆	763661 册
2	大连大学图书馆	1244883 册	20	淮海工学院图书馆	712318 册
3	上海交通大学图书馆	1213443 册	21	淮阴师范学院图书馆	699242 册
4	天津师范大学图书馆	1114236 册	22	四川大学图书馆	693106 册
5	武汉大学图书馆	1034132 册	23	四川理工学院图书馆	688500 册
6	番禺职业技术学院图书馆	1019700 册	24	怀化学院图书馆	678892 册
7	天津工程师范学院图书馆	988930 册	25	咸阳师范学院图书馆	669744 册
8	宝鸡文理学院图书馆	930807 册	26	华东政法大学图书馆	664925 册
9	首都师范大学图书馆	925383 册	27	天津商业大学宝德学院图书馆	657679 册
10	华南理工大学图书馆	920926 册	28	华东师范大学图书馆	626959 册
11	西安欧亚学院图书馆	915100 册	29	北京工商大学图书馆	626053 册
12	张家口医学院	878760 册	30	延安大学图书馆	622050 册
13	天津理工学院图书馆	849506 册	31	西南交通大学图书馆	606770 册
14	天津商学院图书馆	845123 册	32	北京邮电大学图书馆	596604 册
15	四川师范大学图书馆	814280 册	33	嘉兴学院图书馆	596299 册
16	南京航空航天大学图书馆	788522 册	34	辽宁工程技术大学图书馆	586319 册
17	西华大学图书馆	775986 册	35	徐州工程学院图书馆	571923 册
18	中国地质大学图书馆	769447 册	36	青岛科技大学图书馆	552139 册

序号	图书馆名称	数据	序号	图书馆名称	数据
37	集美大学图书馆	543887 册	73	西安邮电学院图书馆	312359 册
38	河北工业大学图书馆	536542 册	74	四川农业大学图书馆	306859 册
39	潍坊学院图书馆	499360 册	75	贵州财经学院图书馆	300162 册
40	同济大学图书馆	497572 册	76	民办浙江树人学院图书馆	297182 册
41	北京林业大学图书馆	485135 册	77	石家庄经济学院图书馆	296797 册
42	浙江工商大学图书馆	484237 册	78	江南大学图书馆	288210 册
43	西安工程大学图书馆	473994 册	79	武汉工业学院图书馆	287275 册
44	合肥工业大学图书馆	469832 册	80	海南大学图书馆	285447 册
45	湖南科技大学图书馆	469167 册	81	四川音乐学院图书馆	284417 册
46	上海金融学院	466000 册	82	华中科技大学武昌分校图书馆	283370 册
47	东华大学图书馆	449299 册	83	武汉科技学院图书馆	282317 册
48	乐山师范学院图书馆	440713 册	84	浙江科技学院图书馆	271118 册
49	西安培华学院图书馆	436102 册	85	武汉理工大学图书馆	262433 册
50	陕西职业技术学院图书馆	433075 册	86	陕西科技大学图书馆	257550 册
51	陕西师范大学图书馆	425632 册	87	北京交通大学图书馆	256100 册
52	湖北工业大学图书馆	421999 册	88	中国民用航空飞行学院图书馆	255079 册
53	上海科学技术职业学院图书馆	421770 册	89	长安大学图书馆	254314 册
54	西南科技大学图书馆	414053 册	90	杭州师范学院图书馆	248748 册
55	南京理工大学图书馆	408050 册	91	河南工业大学图书馆	248041 册
56	上海电力学院图书馆	405802 册	92	中国人民公安大学图书馆	237571 册
57	西安外事学院图书馆	396421 册	93	浙江公安高等专科学校图书馆	237314 册
58	上海工商外国语职业学院图书馆	370662 册	94	四川外语学院图书馆	235910 册
59	浙江工业大学图书馆	367797 册	95	安徽交通职业技术学院图书馆	235000 册
60	上海财经大学图书馆	361950 册	96	西安航空技术高等专科学校图书馆	233238 册
61	辽宁科技大学图书馆	355013 册	97	安徽师范大学图书馆	231398 册
62	西安科技大学图书馆	348589 册	98	西安石油大学图书馆	228421 册
63	西安理工大学图书馆	341383 册	99	西南民族大学图书馆	228400 册
64	杭州电子科技大学图书馆	336415 册	100	上海对外贸易学院图书馆	225193 册
65	仰恩大学图书馆	332780 册	101	西藏民族学院图书馆	221931 册
66	广东轻工职业技术学院图书馆	332637 册	102	南京师范大学图书馆	220240 册
67	安徽大学图书馆	329018 册	103	湖北大学图书馆	220229 册
68	绵阳师范学院图书馆	326293 册	104	浙江经济职业技术学院图书馆	218147 册
69	西南石油大学图书馆	325515 册	105	西北农林科技大学图书馆	216770 册
70	成都信息工程学院图书馆	324486 册	106	内江师范学院图书馆	215400 册
71	浙江工商职业技术学院图书馆	320783 册	107	中北大学图书馆	214096 册
72	泸州医学院图书馆	312440 册	108	北京印刷学院图书馆	212553 册

序号	图书馆名称	数据	序号	图书馆名称	数据
109	烟台大学图书馆	212331 册	145	重庆大学图书馆	163826 册
110	北京外国语大学图书馆	209179 册	146	郧阳医学院图书馆	162511 册
111	河南科技学院图书馆	208150 册	147	大连理工大学图书馆	162402 册
112	福建农林大学图书馆	205694 册	148	辽东学院	162355 册
113	湖北警官学院图书馆	205231 册	149	浙江林学院图书馆	161287 册
114	湖南理工学院图书馆	205000 册	150	华侨大学图书馆	160471 册
115	东南大学图书馆	204820 册	151	浙江广厦建设职业技术学院图书馆	159638 册
116	西安思源职业学院图书馆	204459 册	152	辽宁金融职业学院图书馆	157240 册
117	泉州师范学院图书馆	203876 册	153	哈尔滨理工大学图书馆	156746 册
118	广西工业职业技术学院图书馆	203187 册	154	辽宁师范大学图书馆	155648 册
119	合肥学院图书馆	197817 册	155	常德职业技术学院图书馆	155000 册
120	复旦大学图书馆	195722 册	156	浙江海洋学院图书馆	154794 册
121	扬州大学图书馆	194542 册	157	宜宾职业技术学院图书馆	154000 册
122	沈阳大学图书馆	193962 册	158	上海工程技术大学图书馆	153144 册
123	大连交通大学图书馆	193422 册	159	西昌学院图书馆	152000 册
124	成都理工大学图书馆	192309 册	160	浙江传媒学院图书馆	151739 册
125	丽水职业技术学院图书馆	187423 册	161	宜宾学院图书馆	150299 册
126	茂名学院图书馆	186143 册	162	无锡职业技术学院图书馆	149584 册
127	西南财经大学图书馆	185944 册	163	川北医学院图书馆	149363 册
128	上海海事大学图书馆	185230 册	164	浙江工贸职业技术学院图书馆	149164 册
129	衡阳师范学院图书馆	182400 册	165	北京工业大学图书馆	147736 册
130	福建公安高等专科学校图书馆	179899 册	166	常熟理工学院图书馆	144693 册
131	电子科技大学图书馆	179221 册	167	河北经贸大学图书馆	144606 册
132	辽宁大学图书馆	173329 册	168	安徽工程科技学院图书馆	141710 册
133	天津职业大学图书馆	173032 册	169	山东艺术学院图书馆	141667 册
134	陕西国际商贸职业学院	173000 册	170	西安医学院图书馆	140083 册
135	西安电子科技大学图书馆	171272 册	171	西安美术学院图书馆	139603 册
136	闽江学院图书馆	171000 册	172	北京工业职业技术学院图书馆	137000 册
137	洛阳师范学院图书馆	170530 册	173	安徽职业技术学院图书馆	136515 册
138	西安财经学院图书馆	169403 册	174	宁波职业技术学院图书馆	136350 册
139	上海立信会计学院	169079 册	175	广西师范大学图书馆	135816 册
140	河北工业职业技术学院图书馆	167000 册	176	中山大学图书馆	135207 册
141	忻州师范学院图书馆	166537 册	177	西安文理学院图书馆	134585 册
142	四川文理学院图书馆	165269 册	178	天津科技大学图书馆	134211 册
143	上海东海职业技术学院图书馆	165000 册	179	成都中医药大学图书馆	133582 册
144	大连民族学院图书馆	164471 册	180	湖南城市学院朝阳图书馆	129408 册

序号	图书馆名称	数据	序号	图书馆名称	数据
181	漳州职业技术学院图书馆	128457 册	217	贵州教育学院	90056 册
182	上海师范大学图书馆	127082 册	218	中国人民大学图书馆	89747 册
183	洛阳工业高等专科学校图书馆	126236 册	219	首都医科大学图书馆	87349 册
184	中国农业大学图书馆	120900 册	220	西安体育学院图书馆	87317 册
185	绍兴文理学院图书馆	120754 册	221	北京大学图书馆	86870 册
186	湖州师范学院图书馆	117413 册	222	上海水产大学图书馆	86508 册
187	北京科技大学图书馆	116411 册	223	浙江交通职业技术学院图书馆	86247 册
188	厦门理工学院图书馆	113648 册	224	上海济光职业技术学院图书馆	86000 册
189	江汉大学图书馆	112030 册	225	中国美术学院图书馆	85457 册
190	华东理工大学图书馆	107577 册	226	莆田学院图书馆	84521 册
191	陕西理工学院图书馆	106970 册	227	中国科学技术大学图书馆	82000 册
192	广东海洋大学图书馆	106881 册	228	上海中医药大学图书馆	80936 册
193	山西师范大学图书馆	105745 册	229	上海行健职业学院图书馆	80118 册
194	山东体育学院图书馆	105460 册	230	成都体育学院图书馆	78897 册
195	中央民族大学图书馆	104912 册	231	中国民航大学图书馆	78699 册
196	西华师范大学图书馆	103924 册	232	上海电机学院图书馆	78277 册
197	皖西学院图书馆	102867 册	233	四川交通职业技术学院图书馆	78212 册
198	浙江大学图书馆	100750 册	234	上海应用技术学院图书馆	77327 册
199	西北政法大学图书馆	100671 册	235	上海建桥学院图书馆	74836 册
200	长沙师范专科学校	100000 册	236	太原大学图书馆	74734 册
201	西安建筑科技大学图书馆	97550 册	237	武汉科技大学城市学院	74631 册
202	厦门大学图书馆	97282 册	238	清华大学图书馆	74159 册
203	西安工业大学图书馆	95954 册	239	西安交通大学图书馆	71114 册
204	上海海事职业技术学院信息图文中心	95859 册	240	东北财经大学图书馆	70782 册
205	上海商学院图书馆	95700 册	241	西安翻译学院图书馆	69391 册
206	南京医科大学图书馆	95364 册	242	滁州学院图书馆	69310 册
207	渭南师范学院图书馆	95000 册	243	北京建筑工程学院图书馆	66603 册
208	中国矿业大学(北京)图书馆	93480 册	244	成都航空职业技术学院图书馆	66030 册
209	咸宁学院图书馆	93190 册	245	民办金华职业技术学院图书馆	65825 册
210	上海中侨职业技术学院图书馆	92452 册	246	广东外语艺术职业学院图书馆	65165 册
211	西北工业大学图书馆	92269 册	247	聊城职业技术学院图书馆	65065 册
212	复旦大学上海视觉艺术学院图书馆	91756 册	248	丽水学院图书馆	63860 册
213	浙江万里学院图书馆	91300 册	249	湖州职业技术学院图书馆	62922 册
214	温州医学院图书馆	91270 册	250	上海第二工业大学图书馆	61283 册
215	上海大学图书馆	90657 册	251	上海理工大学图书馆	60395 册
216	福建工程学院图书馆	90251 册	252	西安外国语大学图书馆	60308 册

序号	图书馆名称	数据	序号	图书馆名称	数据
253	宁波大学图书馆	60147 册	283	陕西中医学院图书馆	46444 册
254	西北大学图书馆	60013 册	284	东华理工学院图书馆	46173 册
255	四川航天职业技术学院	60000 册	285	大连轻工业学院图书馆	45676 册
256	荆门职业技术学院图书馆	59911 册	286	三亚航空旅游职业学院图书馆	44050 册
257	福建商业高等专科学校图书馆	59415 册	287	贵州广播电视大学	43031 册
258	海口经济职业技术学院图书馆	58849 册	288	琼州大学图书馆	41860 册
259	华中师范大学图书馆	58230 册	289	浙江金融职业学院图书馆	40500 册
260	十堰职业技术学院图书馆	58002 册	290	榆林学院图书馆	40477 册
261	石家庄铁道学院图书馆	57802 册	291	石家庄学院图书馆	39963 册
262	太原师范学院图书馆	56966 册	292	河池学院图书馆	39869 册
263	浙江警官职业学院图书馆	56762 册	293	成都电子机械高等专科学校图书馆	39188 册
264	康定民族师范高等专科学校图书馆	56311 册	294	鲁迅美术学院图书馆	37463 册
265	北京服装学院图书馆	56290 册	295	上海体育学院图书馆	37455 册
266	芜湖职业技术学院图书馆	56000 册	296	上海外国语大学图书馆	36855 册
267	上海新侨职业技术学院图书馆	55666 册	297	苏州市职业大学图书馆	36750 册
268	东北电力大学图书馆	55417 册	298	北京化工大学图书馆	36333 册
269	贵州师范大学图书馆	54550 册	299	复旦大学太平洋金融学院图书馆	36010 册
270	上海海关学院图书馆	51959 册	300	西安交通大学城市学院图书馆	34590 册
271	天津外国语学院图书馆	50852 册	301	西京学院图书馆	33398 册
272	攀枝花学院图书馆	50400 册	302	漯河职业技术学院图书馆	32116 册
273	长治学院图书馆	50084 册	303	广东警官学院图书馆	31998 册
274	黄冈师范学院图书馆	48690 册	304	贵州商业高等专科学校图书馆	31777 册
275	黎明职业大学图书馆	48660 册	305	汕头大学图书馆	31382 册
276	成都大学图书馆	48384 册	306	河北工程技术高等专科学校图书馆	30412 册
277	宁波工程学院图书馆	48236 册	307	天津中医学院图书馆	30380 册
278	北京中医药大学图书馆	47304 册	308	天津农学院图书馆	29201 册
279	山西大学图书馆	47207 册	309	沈阳工程学院图书馆	28618 册
280	闽西职业技术学院成功图书馆	47197 册	310	四川烹饪高等专科学校图书馆	28137 册
281	重庆医科大学图书馆	47030 册	311	柳州师范高等专科学校图书馆	26985 册
282	河北大学图书馆	46518 册	312	商洛学院图书馆	26670 册

序号	图书馆名称	数据	序号	图书馆名称	数据
313	浙江国际海运职业技术学院图书馆	25991 册	339	上海旅游高等专科学校图书馆	9003 册
314	陕西国防工业职业技术学院图书馆	24200 册	340	陕西能源职业技术学院图书馆	8544 册
315	湖北美术学院图书馆	24120 册	341	广西电力职业技术学院	8264 册
316	海南医学院图书馆	23246 册	342	毕节学院图书馆	8218 册
317	温州职业技术学院图书馆	23000 册	343	上海出版印刷高等专科学校图书馆	8175 册
318	西安音乐学院图书馆	21790 册	344	湖南中医药高等专科学校	8007 册
319	上海托普信息技术职业学院图书馆	21644 册	345	四川警官高等专科学校图书馆	7834 册
320	台州职业技术学院图书馆	20896 册	346	宁德师范高等专科学校图书馆	7774 册
321	郧阳师范高等专科学校图书馆	20849 册	347	福建华南女子职业学院图书馆	7627 册
322	福州英华职业学院图书馆	20000 册	348	四川职业技术学院图书馆	6790 册
323	上海戏剧学院图书馆	19952 册	349	上海城市管理职业技术学院图书馆	6252 册
324	辽宁农业职业技术学院图书馆	19436 册	350	伊犁职业技术学院图书馆	6200 册
325	山西警官高等专科学校图书馆	18000 册	351	天津滨海职业学院图书馆	6100 册
326	太原理工大学图书馆	17015 册	352	吕梁高等专科学校图书馆	5000 册
327	陕西交通职业技术学院图书馆	16633 册	353	西安铁路职业技术学院图书馆	4865 册
328	杨凌职业技术学院图书馆	16485 册	354	天津电子信息职业技术学院图书馆	4453 册
329	绍兴托普信息职业技术学院图书馆	15333 册	355	广西经济管理干部学院	3596 册
330	成都纺织高等专科学校图书馆	15123 册	356	四川化工职业技术学院	3447 册
331	安康师范专科学校图书馆	15000 册	357	上海音乐学院图书馆	2032 册
332	天津中德职业技术学院图书馆	13158 册	358	南宁地区教育学院	2000 册
333	辽宁中医药大学图书馆	11605 册	359	眉山职业技术学院图书馆	1230 册
334	黔南民族医学高等专科学校图书馆	11378 册	360	大连外国语学院图书电教馆	400 册
335	广西农业职业技术学院图书馆	10848 册	361	天津体育学院图书馆	206 册
336	西安电力高等专科学校图书馆	10381 册	362	中国医科大学图书馆	140 册
337	中央戏剧学院图书馆	9695 册	363	陕西邮电职业技术学院	100 册
338	铜仁师范高等专科学校图书馆	9369 册			

2006 年 299 所高校各图书馆购买纸质资源经费排行榜

序号	图书馆名称	数据	序号	图书馆名称	数据
1	复旦大学图书馆	24801756 元	34	上海师范大学图书馆	5985491 元
2	中山大学图书馆	17390900 元	35	陕西师范大学图书馆	5969187 元
3	上海交通大学图书馆	15456893 元	36	青岛科技大学图书馆	5900000 元
4	厦门大学图书馆	13777989 元	37	北京工业大学图书馆	5844643 元
5	华南理工大学图书馆	12516040 元	38	上海财经大学图书馆	5837159 元
6	安徽大学图书馆	12494763 元	39	浙江林学院图书馆	5808722 元
7	四川大学图书馆	12414039 元	40	集美大学图书馆	5624169 元
8	同济大学图书馆	11445705 元	41	西南交通大学图书馆	5548953 元
9	贵州教育学院	11115233 元	42	华东理工大学图书馆	5486954 元
10	西安交通大学图书馆	10662200 元	43	北京林业大学图书馆	5482032 元
11	华东师范大学图书馆	10000282 元	44	哈尔滨理工大学图书馆	5411374 元
12	首都师范大学图书馆	9672363 元	45	南京理工大学图书馆	5242629 元
13	华东政法大学图书馆	9326782 元	46	四川理工学院图书馆	5179024 元
14	海南大学图书馆	8981125 元	47	石家庄经济学院图书馆	5118569 元
15	浙江工业大学图书馆	8530125 元	48	民办上海工商外国语职业学院图书馆	4989215 元
16	长安大学图书馆	8480449 元	49	天津科技大学图书馆	4931773 元
17	四川师范大学图书馆	8336431 元	50	上海海事大学图书馆	4876888 元
18	大连理工大学图书馆	8250677 元	51	洛阳师范学院图书馆	4737453 元
19	重庆大学图书馆	8074855 元	52	上海大学图书馆	4729538 元
20	湖北工业大学图书馆	7827173 元	53	安徽工程科技学院图书馆	4711519 元
21	浙江工商大学图书馆	7668264 元	54	大连大学图书馆	4597540 元
22	安徽师范大学图书馆	7600000 元	55	烟台大学图书馆	4559215 元
23	合肥工业大学图书馆	7390646 元	56	河北大学图书馆	4486588 元
24	中国科学技术大学图书馆	7360573 元	57	西南科技大学图书馆	4319997 元
25	浙江财经学院图书馆	7164825 元	58	东华大学图书馆	4316325 元
26	西安电子科技大学图书馆	7085070 元	59	淮阴师范学院图书馆	4273343 元
27	西北工业大学图书馆	6871486 元	60	湖南理工学院图书馆	4255000 元
28	西华大学图书馆	6753340 元	61	宜宾学院图书馆	4237023 元
29	扬州大学图书馆	6411575 元	62	成都中医药大学图书馆	4232610 元
30	上海对外贸易学院图书馆	6296969 元	63	西南财经大学图书馆	4202583 元
31	咸阳师范学院图书馆	6247597 元	64	江南大学图书馆	4198935 元
32	山西大学图书馆	6213519 元	65	江汉大学图书馆	4191877 元
33	福建农林大学图书馆	6204603 元	66	西藏民族学院图书馆	4146524 元

序号	图书馆名称	数据	序号	图书馆名称	数据
67	四川农业大学图书馆	4121377 元	101	上海应用技术学院图书馆	3233993 元
68	沈阳大学图书馆	4062607 元	102	浙江工商职业技术学院图书馆	3203009 元
69	成都理工大学图书馆	4061358 元	103	西安理工大学图书馆	3179302 元
70	电子科技大学图书馆	4042587 元	104	四川音乐学院图书馆	3176814 元
71	渝西学院图书馆	4027774 元	105	河北经贸大学图书馆	3145584 元
72	延安大学图书馆	3910031 元	106	汕头大学图书馆	3127638 元
73	嘉兴学院图书馆	3843987 元	107	辽宁科技大学图书馆	3114077 元
74	西南民族大学图书馆	3835677 元	108	厦门理工学院图书馆	3110000 元
75	南京航空航天大学图书馆	3831623 元	109	西安美术学院图书馆	3106054 元
76	川北医学院图书馆	3803662 元	110	西南石油大学图书馆	3039897 元
77	中国美术学院图书馆	3802369 元	111	中国地质大学图书馆	3032679 元
78	西北农林科技大学图书馆	3795628 元	112	河北工业大学图书馆	3010800 元
79	上海电机学院图书馆	3793653 元	113	怀化学院图书馆	2991376 元
80	上海工程技术大学图书馆	3793002 元	114	上海理工大学图书馆	2910999 元
81	湖北大学图书馆	3789005 元	115	常熟理工学院图书馆	2895942 元
82	大连民族学院图书馆	3779234 元	116	天津工程师范学院图书馆	2846987 元
83	宜宾职业技术学院图书馆	3774000 元	117	浙江科技学院图书馆	2841519 元
84	上海金融学院	3761336 元	118	漳州职业技术学院图书馆	2751448 元
85	闽江学院图书馆	3716254 元	119	辽宁工程技术大学图书馆	2659670 元
86	上海立信会计学院	3658480 元	120	天津师范大学图书馆	2654525 元
87	洛阳工业高等专科学校图书馆	3596649 元	121	淮海工学院图书馆	2606727 元
88	西安石油大学图书馆	3536176 元	122	西安邮电学院图书馆	2589159 元
89	仰恩大学图书馆	3497997 元	123	四川外语学院图书馆	2586134 元
90	辽宁大学图书馆	3494908 元	124	浙江传媒学院图书馆	2581364 元
91	南京医科大学图书馆	3436493 元	125	山东艺术学院图书馆	2572503 元
92	西安建筑科技大学图书馆	3373393 元	126	东北财经大学图书馆	2476420 元
93	河南科技学院图书馆	3355783 元	127	重庆医科大学图书馆	2475706 元
94	民办浙江树人学院图书馆	3350000 元	128	天津理工学院图书馆	2446307 元
95	华侨大学图书馆	3341023 元	129	湖北警官学院图书馆	2445000 元
96	西北大学图书馆	3340191 元	130	天津商学院图书馆	2441700 元
97	绍兴文理学院图书馆	3319129 元	131	上海水产大学图书馆	2401334 元
98	陕西科技大学图书馆	3269300 元	132	西安科技大学图书馆	2397133 元
99	西安工程大学图书馆	3255253 元	133	中国民航大学图书馆	2387867 元
100	温州医学院图书馆	3252167 元	134	石家庄铁道学院图书馆	2383514 元

序号	图书馆名称	数据	序号	图书馆名称	数据
135	合肥学院图书馆	2340853 元	169	福建商业高等专科学校图书馆	1519020 元
136	西北政法大学图书馆	2307266 元	170	上海第二工业大学图书馆	1513221 元
137	浙江公安高等专科学校图书馆	2278110 元	171	上海海关高等专科学校图书馆	1497485 元
138	上海电力学院图书馆	2269106 元	172	西安体育学院图书馆	1497483 元
139	上海外国语大学图书馆	2241680 元	173	黎明职业大学图书馆	1478465 元
140	宁波大学图书馆	2212383 元	174	复旦大学太平洋金融学院图书馆	1462779 元
141	上海中医药大学图书馆	2205234 元	175	大连轻工业学院图书馆	1462643 元
142	贵州师范大学图书馆	2164322 元	176	太原师范学院图书馆	1450026 元
143	陕西理工学院图书馆	2122057 元	177	西安财经学院图书馆	1449193 元
144	北京服装学院图书馆	2107032 元	178	辽东学院	1420287 元
145	中国民用航空飞行学院图书馆	2106040 元	179	湖州师范学院图书馆	1408857 元
146	山西师范大学图书馆	2102187 元	180	天津外国语学院图书馆	1387507 元
147	西安欧亚职业学院图书馆	2101500 元	181	皖西学院图书馆	1380000 元
148	上海建桥学院	2100343 元	182	渭南师范学院图书馆	1360000 元
149	武汉科技大学城市学院	2085497 元	183	广东外语艺术职业学院图书馆	1319757 元
150	泉州师范学院图书馆	2053000 元	184	福建工程学院图书馆	1302882 元
151	西安医学院图书馆	2036305 元	185	宁波工程学院图书馆	1301452 元
152	浙江海洋学院图书馆	1998678 元	186	西安航空技术高等专科学校图书馆	1300000 元
153	西昌学院图书馆	1989900 元	187	丽水学院图书馆	1285385 元
154	上海体育学院图书馆	1981548 元	188	鲁迅美术学院图书馆	1278250 元
155	西安培华学院图书馆	1941894 元	189	西安翻译学院图书馆	1270576 元
156	乐山师范学院图书馆	1935302 元	190	三亚航空旅游职业学院图书馆	1260000 元
157	东华理工学院图书馆	1913120 元	191	无锡职业技术学院图书馆	1255807 元
158	辽宁师范大学图书馆	1912481 元	192	榆林学院图书馆	1251510 元
159	成都信息工程学院图书馆	1883435 元	193	复旦大学上海视觉艺术学院图书馆	1236171 元
160	达县师范高等专科学校图书馆	1854765 元	194	西安外事学院图书馆	1228520 元
161	宝鸡文理学院图书馆	1838433 元	195	漯河职业技术学院图书馆	1220000 元
162	上海商学院图书馆	1802500 元	196	广东轻工职业技术学院图书馆	1216175 元
163	攀枝花学院图书馆	1785523 元	197	东北电力大学图书馆	1171401 元
164	浙江广厦建设职业技术学院图书馆	1761378 元	198	大连交通大学图书馆	1162059 元
165	西华师范大学图书馆	1709971 元	199	黄冈师范学院图书馆	1158117 元
166	成都大学图书馆	1677875 元	200	湖州职业技术学院图书馆	1140390 元
167	浙江警官职业学院图书馆	1559032 元	201	西京职业学院图书馆	1113059 元
168	西安工业大学图书馆	1554725 元	202	福建公安高等专科学校图书馆	1100912 元

序号	图书馆名称	数据	序号	图书馆名称	数据
203	长沙师范专科学校	1100000 元	241	泸州医学院图书馆	589058 元
204	海南医学院图书馆	1077545 元	242	上海托普信息技术职业学院图书馆	562289 元
205	浙江工贸职业技术学院图书馆	1072739 元	243	内江师范学院图书馆	553001 元
206	琼州大学图书馆	1060282 元	244	上海音乐学院图书馆	544358 元
207	河北工业职业技术学院图书馆	1050000 元	245	杨凌职业技术学院图书馆	511767 元
208	丽水职业技术学院图书馆	1044070 元	246	安徽交通职业技术学院图书馆	500000 元
209	闽西职业技术学院成功图书馆	1042377 元	247	安康师范专科学校图书馆	499038 元
210	绵阳师范学院图书馆	995855 元	248	郧阳师范高等专科学校图书馆	468136 元
211	成都体育学院图书馆	980951 元	249	四川烹饪高等专科学校图书馆	467000 元
212	天津农学院图书馆	939016 元	250	贵州商业高等专科学校图书馆	463056 元
213	湖北美术学院图书馆	906951 元	251	天津商业大学宝德学院图书馆	462429 元
214	陕西国际商贸职业学院	881900 元	252	四川警官高等专科学校图书馆	431800 元
215	忻州师范学院图书馆	878007 元	253	西安文理学院图书馆	417000 元
216	民办东海职业技术学院图书馆	874662 元	254	陕西职业技术学院图书馆	406352 元
217	西安外国语大学图书馆	869475 元	255	上海出版印刷高等专科学校图书馆	399694 元
218	商洛师范专科学校图书馆	864790 元	256	上海旅游高等专科学校图书馆	395363 元
219	北京中医药大学图书馆	850000 元	257	绍兴托普信息职业技术学院图书馆	389081 元
220	上海新侨职业技术学院图书馆	840678 元	258	十堰职业技术学院图书馆	377513 元
221	浙江交通职业技术学院图书馆	830000 元	259	陕西交通职业技术学院图书馆	356894 元
222	成都电子机械高等专科学校图书馆	823380 元	260	太原大学图书馆	353490 元
223	沈阳工程学院图书馆	818754 元	261	常德职业技术学院图书馆	350000 元
224	陕西中医学院图书馆	812623 元	262	上海行健职业学院图书馆	320000 元
225	天津中医学院图书馆	793452 元	263	黔南民族医学高等专科学校图书馆	317012 元
226	太原理工大学图书馆	790000 元	264	广西农业职业技术学院图书馆	316164 元
227	成都航空职业技术学院图书馆	777684 元	265	上海城管学院图书馆	302822 元
228	四川交通职业技术学院图书馆	777292 元	266	上海海事职业技术学院图书馆	286202 元
229	四川航天职业技术学院	742451 元	267	广西经济管理干部学院	270000 元
230	陕西国防工业职业技术学院图书馆	736900 元	268	天津中德职业技术学院图书馆	269336 元
231	西安交通大学城市学院图书馆	724000 元	269	西安铁路职业技术学院图书馆	263846 元
232	柳州师范高等专科学校图书馆	720973 元	270	铜仁师范高等专科学校图书馆	254946 元
233	安徽职业技术学院图书馆	718000 元	271	陕西能源职业技术学院图书馆	253710 元
234	康定民族师范高等专科学校图书馆	702236 元	272	宁德师范高等专科学校图书馆	246240 元
235	天津职业大学图书馆	699004 元	273	上海戏剧学院图书馆	245457 元
236	辽宁农业职业技术学院图书馆	676609 元	274	西安电力高等专科学校图书馆	230046 元
237	广东警官学院图书馆	658612 元	275	福建华南女子职业学院图书馆	221819 元
238	浙江经济职业技术学院图书馆	656034 元	276	长治学院图书馆	208000 元
239	民办金华职业技术学院图书馆	631971 元	277	天津电子信息职业技术学院图书馆	192794 元
240	上海科学技术职业学院图书馆	618388 元	278	天津滨海职业学院图书馆	180000 元

序号	图书馆名称	数据	序号	图书馆名称	数据
279	浙江国际海运职业技术学院图书馆	175141 元	290	南宁地区教育学院	94600 元
280	成都纺织高等专科学校图书馆	171766 元	291	四川职业技术学院图书馆	66934 元
281	民办上海中侨职业技术学院图书馆	142767 元	292	伊犁职业技术学院图书馆	65000 元
282	西安思源职业学院图书馆	141408 元	293	陕西邮电职业技术学院	50100 元
283	西安音乐学院图书馆	132230 元	294	眉山职业技术学院图书馆	36260 元
284	天津体育学院图书馆	132000 元	295	广西工业职业技术学院图书馆	33350 元
285	吕梁高等专科学校图书馆	117986 元	296	福州英华职业学院图书馆	8000 元
286	河北工程技术高等专科学校图书馆	115400 元	297	大连外国语学院图书电教馆	400 元
287	民办上海济光职业技术学院图书馆	109000 元	298	中国医科大学图书馆	365 元
288	贵州广播电视大学	107702 元	299	中北大学图书馆	200 元
289	四川化工职业技术学院	100000 元			

索引
Index

索引 871

索　引

编制说明

1.本索引为主题索引,在主题分析的基础上按条目的内容编制,依汉语拼音音序排列。

2.为便于检索,本索引的标引范围涉及本年鉴中除大事记以外的所有部分。

3.索引采用标题形式,二级标题在主标题下缩格显示,以"—"表示对主标题的区分,以","表示主标题的补充说明。主标题通常为特定主题对象,一对象某一方面的内容通常作为二级标题从属于该主题对象之下。本索引中二级标题有时也作为进一步揭示条目内容的手段使用。

4.索引编目后的数字表示内容所在的页码,数字后的拉丁字母 a、b、c 表示正文中从左到右的栏别。文中图表,均于标题后以(图)、(表)注明,以便识别。

5,一条目中一内容的表述延续超过一栏或页时,通常只标引起始的栏或页,同一主题在书中不同部分出现时,分别标示不同出处。

G

K

M

Q

R

S

T

X

Y

（本索引由马张华、侯晓琼、彭陶,张宇、刘雅琼、邱奉捷编制）

国家图书馆出版社简介

国家图书馆出版社,原名书目文献出版社,1979 年成立。1996 年更名为北京图书馆出版社,2008改为现名。

本社是中华人民共和国文化部主管、国家图书馆主办的中央级出版社。建社三十年来,依托国家图书馆的丰富馆藏,并与各图书馆密切合作,形成了两大专业出版特色:一是整理影印中文古籍等各种稀见历史文献;二是编辑出版图书馆学和信息管理科学著译作,出版各种书目索引等中文工具书。此外还编辑出版各种文史著作和传统文化普及读物。

国家图书馆出版社设有社长总编办公室、财务部、古籍整理影印编辑室、图书馆学情报学编辑室、综合编辑室、文史编辑室、中华再造善本编辑室、营销策划部、发行部、储运部等部门。